李玉/主编

Selected Historical Materials of
China Merchants Steam Navigation Co.
in the Shen Pao, 1912-1949

执行主编 李婕 聂庆艳

《申报》招商局史料选辑

I

公司治理

民国卷

招商局文库·文献丛刊

社会科学文献出版社
SOCIAL SCIENCES ACADEMIC PRESS (CHINA)

招商局文库总序

　　1872年创立的中国第一家民族工商企业——轮船招商局是晚清洋务运动仅存的硕果，它发展至今天，已成为横跨金融、交通、地产等三大核心产业的企业集团。自创立以来，招商局与祖国共命运，同时代共发展，饱经沧桑，几度挫折，几度辉煌，生生不息，以它与中国近现代化进程和中国近代社会经济生活的紧密联系从一个侧面折射了中国社会一百多年来的发展历程，它在自身经营发展中的重大事件印证了中国社会发展的跌宕起伏、荣辱兴衰，也成为中国近现代史上的重要坐标。招商局史不仅属于招商局，也属于全社会。招商局的发展史，值得学术界不断地探寻和回视。因此，有些学者提出了"招商局学"概念，希望学术界努力使之成为中国近代史研究的一个分支学派。可以说，发展和繁荣招商局历史研究，是大家的共同心愿。

　　自20世纪早期开始，不少专家、学者潜心研究，陆续出版、发表了许多有关招商局研究的著述，新观点、新发现层出不穷。继承招商局金字招牌的招商局集团深刻认识到招商局厚重历史的社会意义，自觉肩负起社会责任，也从20世纪80年代开始，就积极组织、投入各方面力量，挖掘招商局百年历史，分别在1992年和2007年成功举办了招商局历史学术研讨会，在2004年成立了招商局史研究会和设立了招商局历史博物馆，在2005年开设了招商局史研究网，历年出版和赞助出版了多本招商局历史研究书籍，出资拍摄了多部招商局历史题材专题片，鼓励和支持了院校普及招商局历史知识以及培养招商局历史研究人才，派员对散落在各地的招商局文献进行了调查和复制以及购买，定期公开了许多招商局馆藏招商局历史档案。我们不遗余力地做好这些工作，除了推动招商局自身的企业文化建设外，最重要的是为社会各界研究招商局史提供力所能及的帮助，为社会研究招商局历史服务。

2010 年，鉴于招商局历史研究的迫切需要和为了系统化地展示招商局历史研究的著述、文献史料，我们提出了出版"招商局文库"的设想，希望将以前历年来已出版的和今后将出版的有关招商局历史研究书籍以统一的版式集中出版。

社会科学文献出版社对我们的这一设想给予了大力支持，对如何建立"招商局文库"提出了具体的工作建议，并承担了出版任务。目前，"招商局文库"主要设有"研究丛刊"、"文献丛刊"两个系列。2012 年，适逢招商局创立 140 周年纪念，我们将集中出版一批学术论著和历史文献，以作为"招商局文库"的开篇。今后，"招商局文库"书籍将陆续与大家见面。

希望"招商局文库"书籍能为大家提供更好的帮助，并引起更多的专家、学者和社会人士对招商局及招商局历史研究的关注、支持。

招商局集团
2012 年 1 月

本书编辑委员会

主　　　编　李　玉

编辑委员会　（以姓氏拼音为序）

编辑体例

1. 本书相关史料在《申报》原版基础之上进行重新编排。文字一律改为简体，并照现行方式加以断句标点。为便于学界使用，编者将这些史料分为若干专题，再依时间顺序编排相关内容。

2. 每则史料以原文标题为题名，并在右下角注明《申报》出处，以备核查。

3. 原文部分标题格式酌情进行了改动，字数较多的设成"主标题—副标题"格式，实在太长的则改为主标题下的"导语"形式。

4. 《申报》原版强化版面效果的"▲"等符号，一律删除，另以小标题的形式显示，以增强提示效果。

5. 因部分史料是《申报》某一专题报道中的一部分，所以不相关的内容尽量予以省略，文中出现的"〖上略〗"、"〖中略〗"、"〖下略〗"均为编者所加。

6. 原文中的相关名词或人名、概念等，酌加注释，以便阅读。

7. 凡是编者在原文之外增加的正文内容，一律加注说明。原文中的异体字一律改成通行字。原文无法识别的字，以"□"代替。对原文错误之字加以勘正，正确之字用"［］"标出。原文缺漏的内容用"（）"标出。原文衍生内容以"〈〉"标出。

前 言

——《申报》中的轮船招商局呈现

李 玉

　　《申报》是近代中国第一大报，轮船招商局是近代中国著名的民族航运公司，两者均于同治十一年（1872）在上海诞生。在此后的发展历程中，两者联系密切，这从招商局在《申报》中的显现频度可以看出。

　　测度招商局在《申报》中的显现状况，需要借助于方兴未艾的具有一定"大数据"功能的"爱如生"全文数据库。在该数据库中，以"招商局"为关键词进行全文检索，剔除其中包含"招商局"三字，但不是"轮船招商局"的结果项，包括"织布招商局"6项（1880年）、"矿务招商局"40项（1880年30项、1885年8项、1887年2项）、"招商局桥"20项（1938年2项、1939年18项），然后将检索结果整合为表1。

　　之后以"轮船招商总局"为关键词进行全文检索，结果如表2所示。

　　轮船招商局有时还被称为"招商轮船局"、"轮船公局"、"招商公局"和"招商轮船总局"，分别以这些为关键词进行全文检索，所得结果如表3至表6所示。

　　招商局还一度使用"招商轮船公司"与"招商局轮船公司"名称，以此为关键词进行检索，分别得到71条和66条结果（见表7、表8）。

　　虽然还可以招商局船名、人名进行检索，但其结果大致可以被上述各种检索，尤其是以"招商局"为关键词进行的全文检索结果覆盖。将上述各表进行整合之后，共得170509项，较以"招商局"为题名在"爱如生"数据库进行全文检索的135393项，多出35116项（表2至表8）。

兹将整合之后的轮船招商局在《申报》中的显现频率列于表9。

表 1　以"招商局"为关键词进行全文检索剔除错误项之后的结果

年　度	检索结果数	年　度	检索结果数	年　度	检索结果数
1872	13	1899	3038	1926	1388
1873	347	1900	2716	1927	1592
1874	381	1901	3254	1928	3154
1875	944	1902	3261	1929	2521
1876	959	1903	3047	1930	2281
1877	2385	1904	3164	1931	1366
1878	2263	1905	619	1932	1594
1879	1952	1906	535	1933	2076
1880	2186	1907	522	1934	1973
1881	2236	1908	645	1935	1670
1882	2615	1909	1099	1936	1803
1883	3457	1910	867	1937	1306
1884	3353	1911	874	1938	59
1885	1766	1912	1333	1939	70
1886	3622	1913	881	1940	15
1887	3595	1914	719	1941	27
1888	3023	1915	1157	1942	4
1889	3313	1916	1102	1943	3
1890	3422	1917	1238	1944	1
1891	3377	1918	1801	1945	95
1892	3421	1919	989	1946	1128
1893	3480	1920	1496	1947	1757
1894	2753	1921	1974	1948	1773
1895	2306	1922	1337	1949	504
1896	2940	1923	1015		
1897	3055	1924	1212	合　计	135393
1898	3010	1925	1164		

表2 以"轮船招商总局"为关键词进行全文检索的结果

年　度	检索结果数	年　度	检索结果数	年　度	检索结果数
1873	36	1896	155	1919	103
1874	17	1897	91	1920	38
1875	51	1898	5	1921	79
1876	82	1899	233	1922	108
1877	87	1900	72	1923	20
1878	89	1901	172	1924	59
1879	101	1902	63	1925	40
1880	110	1903	16	1926	77
1881	82	1904	60	1927	37
1882	153	1905	2752	1928	198
1883	120	1906	2833	1929	109
1884	362	1907	2798	1930	63
1885	243	1908	2329	1931	51
1886	129	1909	2552	1932	24
1887	54	1910	2310	1933	21
1888	46	1911	2372	1934	101
1889	51	1912	2170	1935	333
1890	39	1913	2073	1936	343
1891	47	1914	2133	1937	214
1892	4	1915	2260	1948	1
1893	34	1916	2185		
1894	23	1917	318	合　计	34091
1895	14	1918	146		

注：凡表中未出现的年度，检索结果均为0项，后同。

表3 以"招商轮船局"为关键词进行全文检索的结果

年　度	检索结果数	年　度	检索结果数	年　度	检索结果数
1873	22	1912	1	1928	8
1874	22	1913	8	1929	16
1875	9	1917	4	1930	3
1876	2	1918	10	1931	15
1877	28	1919	3	1932	2
1878	3	1920	5	1933	6
1879	1	1921	5	1934	6
1880	7	1922	3	1935	1
1882	1	1923	5	1936	2
1884	81	1924	3	1937	8
1897	3	1925	6	1939	2
1902	1	1926	6	1941	1
1905	3	1927	15	合　计	327

表4 以"轮船公局"为关键词进行全文检索的结果

年　度	检索结果数	年　度	检索结果数	年　度	检索结果数
1873	4	1898	1	1935	3
1874	73	1905	1	1936	3
1894	1	1911	20	合　计	106

表5 以"招商公局"为关键词进行全文检索的结果

年　度	检索结果数	年　度	检索结果数	年　度	检索结果数
1872	5	1879	19	1919	2
1873	16	1882	30	1920	1
1874	3	1883	4	1926	7
1875	1	1910	53	1930	1
1877	13	1911	26	1947	47
1878	1	1912	5	合　计	234

表 6　以"招商轮船总局"为关键词进行全文检索的结果

年　度	检索结果数	年　度	检索结果数	年　度	检索结果数
1877	1	1919	22	1929	7
1878	1	1920	12	1930	2
1883	1	1922	1	1931	1
1897	86	1923	1	1934	4
1898	1	1925	4	1936	1
1908	50	1926	6		
1916	3	1927	7	合　计	221
1918	9	1928	1		

表 7　以"招商轮船公司"为关键词进行全文检索的结果

年　度	检索结果数	年　度	检索结果数	年　度	检索结果数
1874	3	1917	2	1928	8
1905	1	1918	2	1930	5
1910	10	1921	2	1931	2
1912	5	1922	1	1932	1
1913	2	1923	3	1935	1
1914	7	1925	1	1947	1
1915	1	1926	4		
1916	1	1927	8	合　计	71

表 8　以"招商局轮船公司"为关键词进行全文检索的结果

年　度	检索结果数	年　度	检索结果数	年　度	检索结果数
1873	1	1923	3	1933	1
1886	7	1925	5	1948	13
1912	15	1928	4	1949	7
1913	2	1929	2		
1919	1	1930	2	合　计	66
1921	1	1932	2		

表9 《申报》轮船招商局显现频率——基于主要关键词的检索结果

年 度	检索结果数	年 度	检索结果数	年 度	检索结果数
1872	18	1899	3271	1926	1488
1873	426	1900	2788	1927	1659
1874	499	1901	3426	1928	3373
1875	1005	1902	3325	1929	2655
1876	1043	1903	3063	1930	2357
1877	2514	1904	3224	1931	1435
1878	2357	1905	3376	1932	1623
1879	2073	1906	3368	1933	2104
1880	2303	1907	3320	1934	2084
1881	2318	1908	3024	1935	2008
1882	2799	1909	3651	1936	2152
1883	3582	1910	3240	1937	1528
1884	3796	1911	3292	1938	59
1885	2009	1912	3529	1939	72
1886	3758	1913	2966	1940	15
1887	3649	1914	2859	1941	28
1888	3069	1915	3418	1942	4
1889	3364	1916	3291	1943	3
1890	3461	1917	1562	1944	1
1891	3424	1918	1968	1945	95
1892	3425	1919	1120	1946	1128
1893	3514	1920	1552	1947	1805
1894	2777	1921	2061	1948	1787
1895	2320	1922	1450	1949	511
1896	3095	1923	1047		
1897	3235	1924	1274	合 计	170509
1898	3017	1925	1220		

现将这些数据转换成图示形式，以利更加形象地展现招商局在《申报》中显现频度的变化趋势（见图1）。

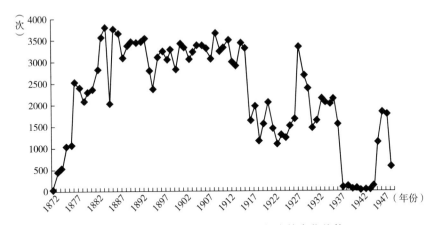

图1 招商局在《申报》中显现频度的变化趋势

由图1可见，在创办之后的最初十年，招商局在《申报》中的显现频度快速上升，从1883年到1916年的30多年时间，这一频度基本维持在高位，除个别年份之外，多在3000次以上；此后的10年时间，大致呈低谷状态；1928年前后又一次攀升，此后基本呈下降趋势，仅在抗战胜利之后小有抬升。

招商局在《申报》中的显现频度虽然与该局的经营状况有直接关系，两者之间也并非单纯的线性关系，显然受多种因素影响，其中就有《申报》方面的原因。例如抗战全面爆发之后，《申报》于1937年12月14日停刊，1938年1月15日至7月31日出版汉口版，同年10月10日在上海复刊，1949年5月27日终刊。其中，1938年3月1日至1939年7月10日又出版香港版。战时的媒体，本不能正常发行，而太平洋战争爆发之后，上海租界沦陷，招商局业务早已转移至内地，不可能在《申报》中频繁出现。所以，抗战时期《申报》中的招商局显现频度属于特殊状况，不具有其他阶段的统计意义。本书之所以列出，也仅是出于时限完整性考虑。

作为近代中国第一家民族航运公司，轮船招商局产生了多方面的巨大影响。无论是中国的政治、军事、经济、社会，还是文化、教育与慈善事业，轮船招商局都有相当程度的参与，其历史被打上了近代中国曲折发展历程的深刻烙印，与时代脉搏紧密呼应。招商局的历史并不仅属于一家企业，也是近代中国大历史的重要组成部分。可以说，《申报》是近百年轮船招商局的全方面记录者，从《申报》观察招商局，无疑是一个重要的窗口。

在招商局领导的重视与关怀之下，该局史料编纂工作已经取得相当大的成绩。但已经出版者除了盛宣怀档案之外，则为《国民政府清查整理招商局委员会报告书》等旧籍，在一定程度上属于企业"内部资料"。这些史料固然重要，但毕竟只能呈现某一个方面。

现代企业不仅仅是一个单纯的经营单位，其社会性决定了从社会的角度观察企业，可拓展和加深相关认识。有鉴于此，我们设计编纂了这套《〈申报〉招商局史料选辑》，意在扩大轮船招商局的历史认知视域，广泛了解轮船招商局在近代社会中的传播与影响，增加研析轮船招商局史的参照系，尽可能展现轮船招商局在近代中国社会视野中的企业形象。

由于《申报》体量宏大，内容丰富，加之版面漫漶，字迹不清，实际操作过程中遇到的难度远远超出预想，所以只得调整方案，分步进行。兹将民国时期的相关内容加以整理编校，供学界参考。

目　录

二　账目管理

三 民元政局应对

四　民初改组风潮

目 录

五 1914 年资产重组

六　1920 年代初的查办风潮

七　关于董事、股东的其他内容

八　发息公告

九　买卖股票广告

十　遗失股票公告

十一 股票权属处置

十二　股票市价

绪　言

中国近代公司制发端于轮船招商局，该局虽无"公司"之名，实乃一公司企业无疑。由朱其昂等人拟定，并经李鸿章批准的创办章程第一条即言："（中国）轮船之有商局，犹外国之有公司也。"李鸿章亦说"轮船招商局，本仿西国公司之意"，他曾有将其易名"中国轮船公司"的打算。刘坤一和盛宣怀更指出该局"系仿泰西各国设立公司办法"，"系众商公司"。盛氏还言，该局"从前称公局者，即系公司之谓也"。张之洞也称轮船招商局为"公司"。在晚清，中外媒体将招商局表述为公司者也较为多见。

轮船招商局还创办了数家直接冠名"公司"的企业，如光绪元年（1875）以"公司集股"方式创办"保险招商局"，次年该局创办"仁和水险公司"，两年后续办"济和水火险公司"，再阅数年，仁和、济和合并为仁济和保险公司。凡此皆为中国近代较早以"公司"直接命名的商办企业，皆附于轮船招商局集团之下，丰富和发展着招商局的公司属性。

相对于企业治理而言，轮船招商局的公司治理较为滞后。就晚清时期而言，股东会有名无实，公司账目混乱，难以反映企业实际资产运营质量，管理层腐败严重，"官督"与"商办"之争一直影响着该局的经营与治理。虽然该局在清季完成"商办"注册，但并未成为普通的民族企业，政府与政治的干预如影相随，进入民国时期有过之而无不及。内外因素时相叠加，使招商局掀起一波又一波风潮，从而冲击着该局公司治理质量与业务发展绩效。

就民国时期而言，招商局在公司治理方面大致经历了民国元年抵借外债风波、出售改组风潮、1914年资产重组、1920年代的政府查办风潮；南京国民政府成立之后，对该局从查办、清理到监督、改组，直至收归国营。

"公司治理"卷主要就《申报》对于招商局上述重要事件的报道进行选编，分为若干专题。就实际内容而言，各专题篇幅不尽相等，少者万余字，多者数万言。例如关于民国初年改组风潮、1920年代政府查办风潮等，篇幅都较大。关于国民政府成立之后的招商局应对及最终改制，《申报》史料尤多，专门裒为一册，包括若干议题，如"股权登记"、"政府清查"、"监督整理"、"内部改组"、"赵李之争"、"收归国营"、"李国杰案"、"理事会运行"、"商股收回问题"和"整理改组期间的股东维权"等。

《申报》反映国民政府清查、整理、监督与接收招商局过程的内容较为丰富，一方面因为事件重大，公司内外皆有所关注，需要报道的消息本身较多；另一方面在于，国民政府在此过程中主动向媒体进军，掌握舆论主导权，在《申报》开设《招商半月刊》专栏，发布了大量关于该局的评论、消息与规章。

抗战期间，招商局内迁，惨淡经营。《申报》先是内迁，后在上海复刊，办刊形式与风格大变，反映招商局的内容几无。抗战胜利之后，国民政府实行国有企业股权改革，向民间让股，招商局也在其列，虽然限于形势未能得到充分实施，但《申报》也对此有所报道。

贯穿"公司治理"卷各个专题的两个焦点，分别是董事/董事会与股东/股东会，因为两者是公司治理的基础构件。民国时期的招商局董事会虽然不无作为，但并未能发挥公司治理的主体作用，在一系列重大事件之中，往往疲于应对，其弊固然可归因于外部压力，但与公司董事会的建制不完善与内部分裂也不无关系。

相较之下，招商局股东的活动更形踊跃，这从《申报》所载招商局股东的各类通告、宣言便可得到证明。不过，股东派系也很明显，时有冲突、斗争，有时还相当激烈，几次股东大会均发生了斗殴事件，有的甚至对簿公堂，持久诉讼。

股东维权直指官府，从民国初年改组到被国民政府收归国营，各类股东维权团体层出不穷，其诉求多刊诸报章，产生了相当大的社会影响。但招商局股东群体比较复杂，虽然有过多次股权调查，但一直未有精确统计。在股权限制方面，该局虽然进行过多次讨论，终未形成有效方案。除了官府，招商局股东对董事会也有所指驳。在一些重要的经营与治理风潮中，招商局股东会与各类社会团体互相配合，彼此联动，形成影响招商局内外经营的势力。

对于股东而言，或许股利重于股权。《申报》刊载的大量发息公告，说明招商局在股息发放方面基本遵章而行。股息在晚清被称为"官利"，是公司经营者必须确保的一项支出，即使利润不足，亦不得短少。进入民国，虽然在议改此制方面企业界多有所探索，但毕竟说易行难，招商局亦不例外。

招商局股票在民国时期的市场信誉一直较高，多家股票交易机构专门收售，《申报》刊载了不少买卖招商局股票的广告。招商局在民国初年股票市场上的龙头地位，也可从其股票市价变化看出。因《申报》的证券行情表除了招商局之外，还有别的中外公司，甚至还有债券市价，编者在收集之时一并加以网罗，一方面作为招商局股票市价的参照，另一方面也可供中国近代证券史研究者参考。

民国时期的轮船招商局跌宕起伏，企业经营与政治流变、社会环境联系紧密，公司治理的边界被不断扩大，从而与政局、政潮纠缠在一起。《申报》关于招商局公司治理的丰富报道，有助于我们认识近代大型公司治理的复杂性与多维性。

一　总论

清　谈

东　吴

今我国新举之债，有苏路公司之三百万、招商局之一千万；而尚在提议者，则有汉冶萍之二千万、粤路公司之若千万。此项债款皆以公司名义间接而成，此亦可见人民关垂[①]大局、热心国事之一斑矣。

昔恶劣政府举债则反对之，今共和政府举债则欢迎之，人心之向背有如是耶！我是以愿我政府，宜好好利用此人心，鼓励此人心，与人民相见以诚，而勿徒以武力行使威□［逼］也。则人心之归附，有不如水赴壑者哉？

（1912 年 2 月 5 日，第 3 版）

整顿招商局十五策

陈可扬

招商局设立数十年来，营业不能振兴，实因内容腐败，危险万状，资本亏蚀，颇难支持。去年底，幸得向汇丰借贷一百五十万两，勉强支撑一二月。但所有船只，其中旧而小不久废弃者居多，其余亦须巨款修葺。此外，漕运一项异日终须改变，恐不足以久恃。设不急谋整顿，不出明年，大厦之倾奚能幸免？鄙人附有巨股，谊难坐视，敢沥陈其腐败各节及如何整理之策，不避嫌怨，据实直陈，倘荷采择施行，力加改革，则大之可以振兴我国之实业，小之可以保全股东之血本，鄙人亦受其赐矣。兹就管见所及条陈如左：

---

① 关垂：关怀垂爱。（清）曾国藩：《复黄恕皆侍郎书》："仰荷关垂，感甚，感甚！"

一、委任买办之法当变通也。凡委任买办，不得徇情援用私人，在局办事人员，更不得私自推荐，荐主私受干俸之弊，亦当查禁；船中职役人员当定有限制，惟以前俸给不丰，自当酌量增加。独卖客票一层最难防范，不得已惟有改用包认客票之法。（其）法以航行往返一次，包认客票银若干。招人承包，不论何人，择其价高者使之承充，订立合同，以一年为限。未满限一月之前，登报宣布，招人包认，其有包认之价高于原额者，即令其接任原包之人；愿增加价额者，亦许继续充任。惟其认款须按次缴清，并须预存二次认款于局中，以为押保。仍须殷实商人拉约保证，倘未到期而背约者，即将存项充公，苟有亏短货物、拖欠包款等情，除将存款扣抵外，如尚不敷，仍向保证人赔偿。如是，则买办吞蚀客票之弊可除矣。

二、购用煤斤之法当整顿也。局中向用煤斤，大半购月〔自〕日本，每年约计十余万吨。其中价值有无弊窦，虽难查察，第计核煤斤，例以斗量，均不过磅，故一千吨中至少可赢余三十余吨。今试以十万吨计算，可赢三千余吨，而此三千余吨之煤款殆不知其何在。整顿之法当令办事董及局中人员不涉手购煤，所需煤斤概由董事会各董公同议购，与大行号订立合同，限期交煤。每月订交若干，当未购订以前，可在产煤各口岸刊登广告，招人承办，先期一月，将价值开明，并将煤块、煤碎之样各半吨，送交总局试验，然后议订。至试验之法，即归之太古可矣。各船领煤时，局中须遴派妥人，与船中司机所派之人认真过磅，煤栈尤应派稳妥之人或印人专一看守。因煤斤出入滋弊甚多，非认真防范，则耗折极巨。如是整顿，即此煤斤项下，每年至少亦可节省十余万也（数十年来，何止二三百万两？理宜查究，以申公论）。

三、船只修理宜认真检查也。局中消耗以修理船只之费为最巨，苟董事会能认真整顿，剔除其经手扣佣、通同侵蚀之费，则所撙节数颇不资〔赀〕。每届各船修葺时，须由船主或司机人、验船师先将应修葺、增减之件详细开列，呈请董事会查检相符，分别铁工、木工、□工三项应修工程，布登告白，招人投票承修，限期修竣。投标者无论华洋船厂、铁厂，均可投标，但就价廉者使之承修。苟微小修葺，不必入坞，况华人之铁厂，总较洋人船厂相宜，惟重大者，斯不得不入坞耳。

四、管理码头及船中小工当审慎也。凡各船起落货物之小工，暨各码头扛工，栈中拆庄、堆庄等工每年不下二三十万金，然其积弊甚大。推其舞弊之法，不外以小作大、以轻作重，欲免其弊，非用投标之法不可。至码头买办向有扣用，概由局中明订，以免任情勒索之弊。码头及船中小工之投标合同，以一年为期，承充之人务须殷实商人为担保，其他各口分局亦当照此办理。

五、船中用品之回头税当提归公中也。查海关定章，凡船用各件，无论何种材料，概行免税，惟进口时须照完纳，随后用时陆续报关给还。局中所购煤斤以及各件，其进口税由售主完纳，已计在价内，亦归该局收回。此项回头税每年奚啻数万，而报销册中未见收入，不知此项入款如何支出，而董事会、查账员有无觉察，非外人所知。嗣后须一律提归公中，以免漏溢。

六、总局干俸宜革除，分局包额宜增加也。局中各口办事分董，其中有包费包额者，有不包费不包额者，情弊百出，莫可究诘。宜由董事会派谙练公正之董事，分别前往各口，切实整顿，裁汰浮费，增加包额。如分董有营私舞弊者，即行黜退，不得徇蔽；如有愿增口〔包〕额之人，而原办之分董不愿者，亦即黜换之。如是，分局事务亦弊绝风清矣。至于总局人员勤慎者固不乏人，绝不到局而受干俸及挂名者亦复不少，苟能革除一尽，节省数万金之耗费，（亦）意中事也。

七、保险回用当归公也。各船船身及产业所保水、火各险，除自保外，如欲向他家转保者，当由董事会公议，向殷实价廉之公司订保，其保险回用亦必涓滴归公。

八、船用材料当以廉价购置也。船中所用各种材料物品，其大宗货物须向外洋采办，其零星物件不妨就近购备。总局暨各口分局所需簿册、文具及印刷等品为数甚巨，近数十年均由某肆独家承办，殊非公允，宜择其价廉物美者订办，或用投标法包办更妙。（未完）

（1912 年 3 月 15 日，第 3 版）

整顿招商局十五策（续）

陈可扬

九、船员俸给当酌减也。局中所请各船洋员，其薪水、伙食较怡和、太古为优，若较诸日本、挪威等国之船员，更有天渊之别。当事者从不注意及此，今急切似难改变，惟有择其任事年久、勤慎从公者，仍照旧章。其新任之船员，俸给务宜酌减；其余水手、火夫亦当商妥船主、司机等员，每船减去二三人，以节糜费。

十、码头营业当整顿也。该局共有码头五处，其金利源一处，已足局中各船之用。此外北栈与华栈，专营业外洋船之用，所入亦可敷衍。惟杨家渡码头，向者只用以运漕，今共和大局已定，漕粮本系弊政，异日定必革除，一经革除尚何恃耶？此不得不预为之谋也。至于中栈码头，全恃南满洲之船寄泊，不如竟租与他公司，每年或可得十余万，以资律捕。

十一、欧洲航线宜推广也。航业之盛衰于商务有密切之关系，我国欲扩张土产于世界市场，则非推广外洋航业不可。欲推广外洋航业，又非与各国订定便利己国之条约不可。客岁，沈仲礼君倡议与美国大航业家合设华美轮船公司，固甚善也，但所订航业条约究能便利我国否？货物交换果能相抵否？沈君殆未计及。况美国航线来货多而去货少，恐难获其利益，故欲推广航业，当先欧洲而后美洲。且查我国出口货在五六年前以丝、茶二种为大宗，然皆由邮船装运者居多，因其航行有定期，而转运敏捷，故无改装运货之船者，五六年之后，出口杂粮突驾丝、茶之上。虽杂粮价值不及丝、茶，而运费则较丝、茶千万倍之。言海运者总以运费为主，鄙人经营各地杂粮出口贸易最早，其中事实颇知梗概。查从前出口欧洲杂粮，水脚不足二百万，自一千九百零六年以迄今日，我国所产杂粮，欧洲各国互相争购，日增月盛。航运家莫不获利，查海关贸易册所载可了然矣。故杂粮贸易之发达，即我国推广航业莫大之机会。但必先请新政府与各国商订便利之商约及航业条约，为之张本。果能实行推广，即就招商局固有之基为之扩张，其利有二：（一）该局各口皆有分局，既可省费，且资熟手，则易于举办；（二）即照旧股增收一倍，已可得股本四百万两。倘政府能效法欧美，补助数年股息，以维持商力，则各股东必能踊跃赞成，即股东中间有无力增加者，不妨增收新股。但期积弊尽□［除］，力图振作，区区数百万股金何难立集？再，欧洲各航业家皆集合巨大团体，分航各线，均有一定之范围，不容稍紊；所定水脚彼此一律，无所轩轾。各大公司之入团体者十居八九，其中间有一二小公司不入团体，如货客改装，此不入团体之船，则在团体公司对于货客，得永远革除其水脚特别回照，以相抵制，故货客有所顾忌，而不敢顾问，此又不可不预为研究者也。

兹将本国出口杂粮之数及所得水脚价值略述如下：

由东三省出口之黄豆约六十余万吨，芝麻约三万吨，萆麻子、高粱各二万吨；由汉口、长江上海一带出口之黄白芝麻约十五万吨，黄豆约三万吨，蚕豆约十万吨，莞豆约二万吨，菜子、棉花核约三万吨；山东出口之花生肉约五万吨，连壳花生约二万吨，其余各口杂粮共约十五万吨；由东三省、汉口出口之豆油、花子油、籽油、桐油约十五万吨，统共约一百四十余万吨。其水脚每吨由三十先令至四十五先令匀扯，每担计银九钱，则共得水脚银二千余万两，此仅指杂粮一项。而言水脚之价值尚如是之巨，则其货价之巨更可想矣。前、昨两年出口之数如此，若新政府能厉禁积弊，振兴实业，则将来出口货何难什百倍蓰于今日哉？（未完）

(1912 年 3 月 16 日，第 3 版)

整顿招商局十五策（再续）

陈可扬

十二、船员当养成也。养育船员为当务之急，我国欲振兴航业，非养育船员不可。往者环球航业以英国为最，次则挪威，近二十年来，那〔挪〕国航业竟驾英国而上。阅今年路易协会统计表，那威居然有商船一百四十二万吨，去年所得运费又三倍于英国。夫那威小国耳，其人民仅二百四十余万，其政府既无海军保护，其航业独能如是发达，且远胜于他国。我国人民四万万，而通国商船尚不足二十万吨，讵不大可羞耶？今日本亦复追随而起，十年间商船骤增，横行海上，查其故，莫非能养育船员所致。窃查二十年前三菱会社各船，所有船主及司机等均系欧人，厥后商船学堂成立，凡毕业生皆派往商船习练，遇有上级空缺，先以欧人升之，下级空缺，以本国学生补之，不十余年，通国船员皆其本国人矣，航业亦随之而发达。由是广设会社，力图进步，或以家资置一船，家人父子营业其中，往来各国招人租赁，其子弟既得谋食之所，又得习练驾驶之学，一举而数善备焉。苟航业家资本不足，可将船抵押于劝业银行，抵款八成者，管业之权归于银行；抵款七成者，其权仍归己操，且利息极微；所得运费除船中开支外，如有盈余，陆续提还，以清偿为止。我国招商局设立已久，此等关乎国家强弱、商务盛衰之事业，从未认真提倡，皆由清政府但知压制不知奖励，并以门外汉之官蠹充当总办，无怪振兴难期，而以营私为手段，以运动为才能也。今幸民国成立，百度振兴，航业尤当亟谋发达。况欲御外患，当重海军，殊不知海军之兴，尤非以商船辅之不可。前中日、日俄二次海战，日人独获大胜者，皆赖商船补助，此前事之可师也。虽然，果已推扩，苟无本国人驾驶其间，恐难纵横海面，与敌国争雄，是故揭之曰：欲兴商船，实所以助海军，尤贵养成多数驾驶之人。况学驾驶之术较他科为易，无论学于本国商船学校，或留学日本，三四年间必能毕业。学生能识英文固佳，若不识英文亦属无碍，即日本船员能识英文者亦甚鲜少。但使卒业生尽得风涛、砂线、驾驶之学，则一朝告警，权自我操，可作运船，或作假装巡洋舰，无事以之航运，有事则拨隶海（军）部，岂非一举两得耶？曾忆三十年前唐公景星总办招商局时，原有是议，曾升拔领港张某为“江永”船主，当时各洋商保险公司颇怀疑忌，相戒概不保险，以为掣肘计。后唐公组织仁济和保险两公司自行受保，各洋公司见计不成，终无如之何。况迩来华商公司林立，更无虑此。即或各船洋员忌我，联络抵制，以阻我谋，但各洋员置散各口，各国皆有，彼去此就，不患无人。但必须谋定后动，明订合同，令学生分派各船，实地学习，其在船学习之毕业生，责成训诲。如是不待十年，我国驾驶人才辈出矣。至于该局现有之总管、船主、总理各船洋员更宜改用曾充船主之本国人充之，总船主既以本国人承充，将来调换各航员即易为力。由是而言，则养育船员诚为整顿航业之第一要务焉。

十三、当与铁路相辅转运也。夫各国铁路公司均置备轮船，以便互相转运，故能流通无滞。我国各省铁路业已次第工竣，亦须仿照各国成法，以轮船为之转运，方臻美备。但各省铁路公司势难兼备轮船，若与招商局之船相辅而行，洵为利便。但须会议章程，订立铁路与轮船包运水脚之方法，不论装货搭客，如铁路不能径达者，济之以轮船；如轮船不能径达者，济之以铁路。并须与各省铁路公司立约，无论货物之多寡，彼此可出包运提单。似此办理，中外货物送运权利专为该局所独擅，如能办理妥适，嗣后商人无须托人转运，可省一切经理转运之费，则亦何乐而不就耶？兹略举数端以资考证，如英国之加拿大铁路轮船公司、南满洲之铁路公司均系自备轮船转运，俄国东清铁路公司则由该国义勇舰队转运，德人之山东铁路公司则归德美公司之轮船转运，故轮船铁路相辅转运已成不易之成法也。今招商局航业已有江河日下之势，倘不及早挽回，以杜他国公司之觊觎，则异日必有噬脐之悔者矣。（未完）

（1912 年 3 月 17 日，第 3 版）

整顿招商局十五策（再续）[①]

陈可扬

十四、当改购新船，注重装货也。苟招商局欲与西人竞争，则非陆续弃旧船增新船不可。如照该局腐败情形，恐早不能存立，幸各口岸赖有绝佳之码头栈房，又得国家每年运漕藉以补助，聊以支持。今共和成立，漕运改银折，值此腐败亏折之时，复顿失数十万之水脚，则更恃何术以挽回之乎？然当有漕运补助之时，而营业情形尚不及洋公司者，其故皆由所置船只既旧且小，较太古新造之船二十四艘相去有霄壤之别。夫太古新船式样极佳，载货既多，用煤亦少，吃水又浅，其容积自二千五百吨至三千余吨，吃水由十四尺至十六七尺，上中下三舱悉以装货，不虚尺寸，且不另备客舱，可谓深得商船位置之法矣。招商局之船则大不然，专求客舱精致，以悦官场往来，装货之利全不计及，殊不知搭客利益大半入买办及大副之私囊，纵使涓滴归公，所得亦不合算。况华人搭客与洋人不同，每客收水脚数元，随带行李物件向无限制，且无另收水脚之例，除客房不计外，所带行李又占去舱位若干吨，此中亏耗正复不少，刬局中所获尚未及小半耶。今略举一端以证之。查由申至汉口，买办私票所收房舱水脚，每客售洋二元至二元五角而已，按"江新"一轮造本计四十万两，只得此区区客舱之价值，而尚不能归诸公家，可见其计之左矣。昔太古行已故经理燕君深知此弊，然尚不及华人知之较确。为总办者苟能联合各洋公司，定

---

① 原文标题为"再续"，实则为"三续"。

一妥善章程，仿照铁路公司售票之例，但许在局中买票，凭票落船，并随时派人查察，如无票者，科以重罚。为买办者，但司货件出入，不得干预搭客，诚能如是，每年获利必□［增］二三十万两。再，该局如"普济"、"广济"等旧船吃水既深，容积又不足千吨，除去客房外，能装货几何？若论船中费用，则较大船减少无多，幸赖有佳善码头、栈房相辅而行，得以勉强支持，否则更不知亏耗伊于胡底矣。总之，此等旧而且小将成废弃之船，应乘日俄战时善价售去，另造船身大而吃水浅之新船。其时，鄙人曾有条陈上于总办，乃总办不知权变，一味严守中立，致失可乘之机，殊为可惜。而怡和、太古二行鉴于此，随时一切旧船全行脱手，获利极丰，二者相形得失，不可以道里计。倘迄今仍不舍旧图新，恐虽有佳善之码头，亦不足以恃矣。

十五、仁济和保险法当改变也。仁济和水险公司宜兼保火险以广营业，而保利权是乃唯一办法。或曰二十年前济和公司亦曾兼保火险，总以不能获利而罢，殊不知彼一时此一时也。况火险保价数倍于水险，他埠姑且勿论，即指上海而言，每年火险保费不下三四百万两，前者均为洋公司所得。近年华人亦知此利，故相继开设华兴、华安等公司，以为抵制之计。而所得利益无不较仁济和为厚，今仁济和独退缩不前，何因循坐误一至于此？不然，数十年来所得盈余、公积何止数百万，而该仁济和公司除资本八十万两，办理三十余年仅余公积十万余两，殊失唐公创办之初心。苟能从此改良，添保火险，更有轮船辅行之利益，其营业犹不能蒸蒸日上者，吾不之信也。

招商局股东陈可扬拜上。（完）

（1912 年 3 月 20 日，第 3 版）

汉冶萍公司及上海招商局国有问题

自各国有所谓路矿国有之说，论者颇艳称之，以为凡百实业，宜无不可攫而归之国有，且可不问其利弊，而但以国有为归宿，铁路以外，今又及汉冶萍公司与招商局矣。

夫外国何以倡国有之议？亦曰将以求实业之发达而已，发达之术多端，有收为国有者，有盛行奖励补助者，惟利是视，无成心也。吾国之主张为国有者，吾不知其将以求实业之发达耶？抑欲为国家置一产业为将来之财源计耶？如欲谋实业之发达，则各国对于航业未有不行奖励补助，今发言盈廷，谋夫孔多矣。然奖励补助之说绝不之及，惟"国有"、"国有"之声喧阗于吾耳，岂果欲为国家谋实业之发达耶？

（1912 年 10 月 21 日，第 7 版）

上海之股份买卖

欧美各国实业之振兴，皆因股份公司之发达；而股份公司之发达，则全赖股份买卖之活动。欲求股份买卖之活动，必先有良好之买卖居间人（俗称股份捐客）与完美之机关，然后证券有市价，市面乃活动。

上海外国股份之有买卖机关由来已久。中国股份之买卖则至民国时代始自成一种事业，然初亦不过收买各种股票，间有代客买卖者，无不各自定价，始无划一之办法。至民国四年始有公兴、大利、中国、惠通、三益、黄顺泰、复大、公益、永祥、信益、兴业、兴昌、万顺丰、永和泰、谦益、公信、祥和、大成、通商、裕祥等二十家组织上海股票公会，但此不过一种同行性质之团体，自谋利益摒斥新开之店而已。沪上之股票商亦不尽入此公会，如资格最老之股票交通公司等皆不入会。

中国人自办之股份公司失败者多，发达者少，且执有股份者出卖者甚少，故在前清时代可谓无甚交易。股票业之发轫，盖在苏路国有之际，其时苏路收归部办，路股发给证券，交易甚多，买卖始盛。今则招商局、汉冶萍之股票，浙、苏、皖、粤、汉、南浔铁路之证券或股票，交通、中国、通商、浙江兴业等银行之股票、存单等项，八厘六厘之内国公债，以及他种股单证券，即小而至于彩票性质之储蓄票，几无不有交易矣。

中国股票之交易机关最初发议于财政部员王璟芳等。其时为二年前，王等议由部拨经费，设证券物产懋迁处于上海等埠，事卒未成。至民国四年，政府始设证券交易所于上海，主其事者为粤人梁望秋。其时政府由梁士诒等办理内国公债，梁士诒恐上海市价之跌落，乃议设证券交易所于上海，而任梁望秋为所长。其目的固专为维持内国公债之上海市价也。证券交易所现设于宁波路九号上海商业储蓄银行之内，其生涯冷静已极，即股票捐客亦罕顾问，惟一二粤籍捐客间一至耳。实则政府亦无资维持公债票之价格，证券交易所之事业实不过每日造一市价单，送报登载而已。其所开市价亦多与真确之市价不符，且恒有多日无涨落者。

上海外国股票之买卖机关有二：一译上海股份交易所，一译上海股份捐客总会。各有捐客数十人，交易甚发达，华商亦多顾问者。其经手买卖之证券约分十三类：（一）银行股票，如汇丰道胜等；（二）保险公司股票；（三）轮船公司股票；（四）船坞及水步公司股票；（五）开矿公司股票；（六）地产公司股票，如业广营业等；（七）橡皮公司股票；（八）纺织公司股票，如怡和、公益、瑞记、老公茂等；（九）蓝格志公司、自来火行、自来水公司、祥泰木行等之股票；（十）商店之股票，如福利泰、兴汇司、谋得利、屈臣氏、汇中等；（十一）电车公司、龙飞、《文汇报》、德律风等之股票；（十二）公共租界工部局及法工部局之公债票；（十三）业广礼查自来火行等之债券。

外国股票之买卖最多者，实皆投机性质之股票，如橡皮股票与蓝格志是也。六七年前，橡皮市大起风潮之初，上海组织之橡皮公司有三四十家之多，故此项股票之贸易独盛，蓝格志者市价亦曾大起涨落。蓝格志地在荷属南洋，其产品以火油为大宗，股票票面为荷兰币十哥尔达，而市价则在三十六左右，数年前曾涨至百余两之多。盖其历年产额，五年前为十四万余吨，四年前为十五万余吨，三年前为十二万余吨，前年为十万余吨，而去年则仅八万吨也。交易次多者为营业较稳健之公司之股份，如电车公司、德律风公司、耶松船厂、公益纱厂、瑞记纱厂、福利公司、业广公司等。

（1916 年 1 月 26 日，第 10 版）

五团体追悼盛杏荪续志

前日红十字会、招商轮船公司等五团体开会追悼盛杏荪情形，已志昨报，兹将是日招商局董事会会长杨杏城演词补志于下，略谓："招商局数十年经过之波折，鄙人相知最深，当前清同治初年招商局开办之时，有朱云甫创议条规，经李文忠奏准试办，其时仅轮船数号，专运漕粮；同治十二年，李文忠派盛到局，曾文正力主轮船以揽载为第一义，运漕次之。当时各口轮船除英、法、美、日各公司由香港、汉口、上海等处直达外国不计外，其专在各口往来者计五十号，而旗昌洋行独有十七号之多，本局何足与之抗衡？会旗昌不欲竞争，愿将航业退让，本局乘机进行奔走，筹集官商各款，于光绪二年尽将旗昌所有之船栈、码头订约归并，规模于是大定。光绪四年本局与怡、太互争，股票跌至四折，后订约和解，至今四十年来，本局得与怡、太相安无事，营业蒸蒸日进，创中国之航权，虽在局诸公之群策群力，实盛为之先导"云云。

（1916 年 12 月 12 日，第 10 版）

招商局章程私议

张一鹏

弁言

此一鹏主任招商局修订章程会时所手订之草案也。今主任一职业经辞谢，此草案已等于废纸无用，又何为乎付之手民，徒留残迹耶？则以吾国实业最早成立，且关系一国航权者仅仅一招商局，乃欲求一完备之章程规则而不可得，岂独招商局一公司之耶？实亦吾全国实业之羞。幸而当事者有所觉悟，设会修订。一鹏知识、学问，自惭浅陋，然曷敢不竭其一得之愚，成斯宏举？爰将局中旧有规制，残者完之，冗者删之，不适于时势者更正而增益之，寥寥四十余条，其于公司之组织权限，几经研究，几经商榷，虽缘事中止，坐言未能起行，而耿耿此心，自信实为对症发药之举。且使继吾职者有所参考，或不无土壤细流之助云尔。

吴县张一鹏。

（1922 年 5 月 29 日，第 16 版）

招商局轮船股份有限公司章程草案

第一章　总纲

第一条　本公司就招商局全部事业，以股份有限公司组织之，定名为招商局轮船股份有限公司，简称为"招商局"。

说明：旧章名称为商办轮船招商局，此"商办"二字，当时与部几费争执，其所以必争者，因有官督之成案，有部派之督办，而邮部又故意侵权，动以谕旨压制，后恐喧宾夺主，事权倒置，是以重视"商办"二字；其旧章之第一、二、三三节，又复再声明，曰"完全商股"，曰"实行公司商办之义，悉遵《商律》"，曰"董归商举，责在办事"，处处咬定一"商"字，皆所以表示不涉于官之意。今则政体已经变更，事势迥非昔比，一切编制悉遵现行《公司条例》，官督已不成问题，全权则属诸董事，完全商办，与他公司一律，正不必再行表示，而自异于众矣。至招商局是公司之牌号，轮船是公司之营业事项，其他公司名称，皆先牌号而后营业事项，是以改为今名。（未完）

（1922 年 5 月 29 日，第 16 版）

招商局章程私议（续）

张一鹏

第二章　营业范围

第二条　本公司以航行国内外江河海各著名巨埠运输货物、揽载客商为主要营业，以公积财产置买房地不动产收取租赁为附属营业。

说明：旧章于营业范围，并未列有专条，仅于第六节上节云专做合同所办之事，极不明了。招商局营业事项，本只航运揽载货客，嗣于民国二年以局存盈余公积财产结出洋四百万元，以积余公司名义，另给产业股票，专以产业收息。然招商局总以航业为主要营业，产业不过附属而已，故订专条以区别之。

第三条　本公司于现在航行各埠外，如须添辟码头，应呈部立案，核饬该地方官保护，其在国外者，并转咨该国保护。

第四条　本公司于旧有船只外，须添制新轮，应呈部领照，并请海关给发船牌，其旧船拆卸变售时，应即缴销。

说明：以上两条，悉参照旧章第五、第六、第七三节，其添辟码头之应呈部立案、添制新轮之应请给部照，以及旧船变卖缴销执照，均属法定应有之手续，必须遵照，均应仍旧。惟旧章三节，词意参杂，且字面亦有应行更改者，兹并为两条，一则添辟码头，一则添制新轮，较为醒目。

第五条　本公司除遇政府因战事调用商船，作为运输兵士饷械之用，由主官［管］管［官］署商准本公司，临时另订特别专章，互相遵守外，其他不论何项机关，概照普通商人一律办理。

说明：本条系参照旧章第九、第十两节，惟旧章另订专章之手续，由海陆军部转手，在前次修订章程时，局中原拟，及以后签注部章，均以直接为请，再三陈说，终以格于邮部管督之权，为所改易，今亟应更正直接办法，以顺众意，而期便捷。（仍未完）

（1922 年 5 月 30 日，第 16 版）

招商局章程私议（再续）

张一鹏

第三章　资本及股份

第六条　本公司航业资本银八百万两，产业资本洋四百万元。

第七条　本公司航业分为八万股，每股银一百两，产业分为四万股，每股洋一百元，但以二航业股、一产业股合为一整股。

说明：旧章第十一节规定股份四万股，每股银一百两，共计股份四百万两。今资本总额扩充为八百万两，仍以一百两为一股，共为八万股。又，民国二年分以盈余公积四百万元发给产业股票四万股，每股洋一百元，虽为公司附属事业，然同为招商之根基，自应互相维系，不可分离。按，航股数额多于产股一倍，以二航一产为一整股，适相吻合，而无畸零。

第八条　本公司发给股票，由董事全体签名、盖章，但产业股股票以积余公司名义行之，并由主管产业之经理人签名、盖章。

说明：股票之应由董事签名为《公司条例》所规定，亦为一般公司所通行，全体董事签名、盖章，尤昭郑重。此节为旧章所无，应行增入。至于产业股票，本以积余公司名义发行，另设专员经理，应归该管经理签名、盖章，各专责任。

第九条　本公司股票为记名式。

说明：旧章第二十节前段，执票股商应报明本人名姓、住址，备开会时投票选举，即是记名式，与此相同。

第十条　本公司股东每一股有一议决权，但附属于航业之产业股，不算入股权之内。

说明：旧章股权未列专条，附载于第二十八节之后段，并说明加以限制。按，限制股权虽《公司条例》第一百四十五条但书中有此规定，第正条固明明曰一股一权，考其文义，限制非必要条件，不过曰得以章程限制，显非一定之词。当时立法精神，限制一事大抵专制［指］官商合办而言。盖公司如有官股，则官权与财权合并，危险必多；若不加限制，不足以保护少数商股之利益。至于招商局，系完全商办，并无官股，创业既久，又非新设公司可比，一股一权斯为至极公平之办法。至于限制之害，约计如下：（一）股权散漫，团结无方，意见庞杂，易于捣乱；（二）股少者利害轻微，必不能尽心赞助，裨益公司；（三）徒供小股东之把持；（四）易启大股东化名伪托，多所纷扰。此限制股权不适宜于招商局之理由也。更进而言之，方今过激潮流倡言破坏大资本家之际，凡我正当商民，亟应严防遏止，以弭巨祸。盖吾国实业未兴，正赖有大资本家出而投资，方将赞助维护之不遑，焉能加以摧残，使人寒心？忽使已经创办数十年之招商局而必为此抑制大资本家之举动，则风声所播，适以启工党披倡之渐，一方助过激恶潮，一方为实业自杀，为祸之烈，何堪设想！此于现今时代上，又为万不能限制之情形也。至于产业股份，本系别于航业，其股票亦以积余公司名义发行，专属产业部分，所以不得与航业股份同有议决权也。（仍未完）

（1922 年 6 月 1 日，第 16 版）

招商局章程私议（再续）

张一鹏

第十一条　本公司股份之移转，应具移转证，由双方签字，请求过户，但在股东常会三个月前为限。

说明：按《公司条例》第一百四十七条，公司召集股东会，应于一个月前通知各股东；又，《中国银行条例》第五十条，股东须在开会之日起算，在六十日以前注册。旧章第二十八节中段亦称，股东会议在结账发息之前一月登报，皆所以为预留开会时通知股东之期间。是以本条规定过户须在开会三个月前，以免局促。至迁转股份之应由双方签字，既昭郑重，亦所以杜绝暗售外人之弊。与旧章第二节规定股票不得售于非中国人相同。第旧章未规定过户期限，故设此条，以便遵守。

第四章　股东会

第十二条　股东会分常会、临时会二种。常会于每年三月终行之，临时会于监察人或十分之一以上之股东之请求行之。

说明：按《公司条例》第一百四十一条，股东会每年至少一次，于结账后一定时期召集；一百四十二条，有必要时，亦得临时召集；一百四十六条，有股份总数十分之一以上之股东，得请求召集；一百七十二条，监察人认为必须特开股东会时，得即召集；又，旧章第二十八节股东寻常会议，每年一次；又第十四节，遇有要紧事件，举行特别会议；又，第十五节，有股份全数十分之一之股东，有事欲会议者，举行特别会议，各等语。本条即根据上述条例及旧章各节，合订一条。

第十三条　每届常会前，将本年账结册表，制造齐全，并先行分配利息、花红，按股发给，开会时提出追认。（仍未完）

（1922 年 6 月 2 日，第 16 版）

招商局章程私议（三续）

张一鹏

第十四条　股东常会应议决之事项如下：（一）选举董事、监察人及其补选事项；（二）追认本届账略及利息分配方法事项；（三）临时提议事项。

说明：按《公司条例》，凡公司之计算，应将各项簿册提出于股东会，请求承认。旧章第十三节，举行寻常会议时，董事应宣读年报，并由股东查阅账目，与此条相同，惟于分配利息等经后追认，稍为更易。

第十五条　股东临时会应议决之事项如下：（一）修改章程事项；（二）增加资本及扩充事业事项；（三）补选董事、监察人事项；（四）股东十分之一以上或监察人临时提议事项。

说明：本条即照旧章第十四节编订，今更分列事项，以期明显。

第十六条　股东会召集开会，及议决方法，悉遵《公司条例》程序办理。

第五章　董事会

第十七条　本公司设董事九人，监察人四人。

说明：旧章第十六节，董事九人，查账员二人，今董事人数仍旧照。《公司条例》无查账员，故改为监察人。《公司条例》第一百七十三条，监察人有二人以上时，得各自行其监察权。今设定四人，使监察人各自行使职权，以裨公司。

第十八条　本公司股东年在二十五岁以上、有股份一百股以上者，得被选为董事、监察人，但有左列各款情事者不得当选：（一）曾处徒刑以上之刑者；（二）褫夺公权或停止公权尚未复权者；（三）受破产之宣告尚未复权者；（四）有精神病者；（五）亏欠公款尚未清结者。

说明：按《商人通例》，须年满二十岁时得营商业，至被选为董事监察人者，当取富有经验、股份较多之人，所以规定年龄须在二十五岁以上、股份须在一百股以上，方得当选。旧章并未规定年龄，股份限五十股，现在股额扩充一倍，故当选亦加一倍；至于消极资格，又应严示限制，以重公权而杜滥进。

第十九条　本公司董事应选时，须将合格被选之股票交由监察人封存。

说明：按《公司条例》第一百五十三条，董事被选就任后，应将章程所定被选合格之股票数交由监察人存执，本条即根据于此。

第二十条　董事会以董事九人组织之，并互选一人为之长。

第二十一条　董事会每星期开会一次，遇有特别事故，得临时召集之。

说明：按，公司全部事权均属诸董事，是以以全数董事组织董事会，并规定每星期开会一次，有特别事故并开临时会，庶事无阻滞，而利进行。旧章第二十八节上段，亦规定董事会议每星期一次。

第二十二条　董事会以董事长为主席，非有董事过半数到会，不得开议；非有到会董事过半数之可决，不得议决。但到会董事适成双数，而可否各半时，应依董事长之所决。

说明：按《公司条例》第一百五十七条，董事之执行业务，除章程别有订定外，以其过半数决之，免少数之专擅，得议决之公平。董事长为全体董事中推选，自可予以可否各半取决之权。

第二十三条　董事会应议决之事项如下：（一）股东会议决案执行方法之事项；（二）章程疑义事项；（三）各科请示事项；（四）局员进退及给奖事项；（五）其他应付会议事项。（仍未完）

（1922 年 6 月 3 日，第 15 版）

招商局章程私议（四续）

张一鹏

第二十四条　董事会依照章程及股东会之议决，执行本公司全部业务，所有总分各局办事人员，均归其监督。

说明：按，董事会为公司办事纲领，是以旧章第十九节亦规定局内应商应办事件，悉秉承于董事会；重大事件，必须董事会议决准办，方可施行。本条所以规定总分各局人员均归其监督，俾收统一事权之效。

第二十五条　董事长应指定董事二人，常川驻局，稽察各部分业务之执行。

说明：董事九人，非能全数到局，自应指定二人，庶有专责，而免推诿。

第二十六条　董事任期三年，连举得连任，但每年应改选三分之一，其第一届、第二届应退职三分之一董事，以抽签法行之。因改选而董事长遇有退职时，仍照选一人为之长。

说明：本条规定之任期及连举连任，均根据《公司条例》第一百五十五条。旧章第二十节任期只一年，全部更选，自不如改选三分之一之为善，亦为现在其他公司所通行。

第二十七条　监察人任期一年，连举得连任。

说明：本条按照《公司条例》第一百六十八条规定。

第二十八条　监察人之职务如左：（一）随时检查公司事务；（二）复

核董事会造送各种簿册，报告其意见于股东会；（三）认为必须开股东会时，得临时召集。

说明：本条按照《公司条例》第一百七十至一百七十三条规定，亦与旧章第二十六节查账员之事权相符。

第二十九条 董事监察人薪俸、夫马由股东会定之。

说明：旧章董事及查账员不取薪俸，仅取极廉之夫马费，第时代不同，今非昔比，欲责以实心任事，须予以相当俸结〔给〕，否则懦弱者职务废弛，狡滑者弊病百出，于公司有百害而无一利。至于应给数额，应听股东之公决。

第六章 总局及分局

第三十条 总局为管理机关，应分设总务处、产业经理处、核收科、支发科、查验科、修缮科、庶务科、编造科，各司其事。

说明：总局为管理机关，即董事会发号施令之地，犹之中央政府之内阁分局为办事机关，各个独立。然必须归总局监督者，亦犹行省之必秉承于中央。但总局与分局之权限必须划清，亦犹中央之与行省，只宜联络而不可牵掣。旧制总局董事有兼任科长者，统属不明，流弊滋多，是以本条开首，即揭出总局为管理机关，以明其旨。以下分设各科，各司其事，又设总务处，以为各科之首领；至产业经理处，即旧时之积余公司，自应附属于总局之内，另设处长，专司其事。旧制总局内部分为主船、营业、会计三科，凡添建码头、栈房，购造、修验船只，采办煤炭、物料，管理局栈、洋船生意，均属诸主船科。第修造工程与查验工程，属诸一科，不特事权太重，亦恐易滋弊混，是以分为查验、修缮两科。至于采办煤炭、物料，管理局栈、洋船生意，均属营业范围，与原有营业科所办之揽载货脚、各轮船期客脚，同为分局应办之事，不应属诸管理机关之总局。原有会计科，总司银钱出入等事，第为慎重财政管理起见，总以收入、支出划分经管，较为妥善，是以分为核收、支发两科。并以其剩余杂务事件增设庶务一科。又，现在编制从新，计算均用簿记，统计亦为至要，编造一科，亦在必要增设之列。

（1922 年 6 月 16 日，第 16 版）

招商局章程私议（五续）

张一鹏

第三十一条　总务处设处长一人，依董事会之命，专司承转各科及不属各科之特别事宜。

第三十二条　总务处分设四股如下，股员无定额：第一股，保管机要文件、合同印信；第二股，撰拟一切文牍；第三股，收发；第四股，翻译。

第三十三条　产业经理处设处长一人，依董事会之命，专司产业经管事宜。

第三十四条　产业经理处分设三股如下，股员无定额：第一股，保管契据印信；第二股，会计及文牍；第三股，庶务。

第三十五条　核收科设科长一人，依董事会之命，专司款项收入事宜。

第三十六条　支发科设科长一人，依董事会之命，专司款项支出事宜。

第三十七条　查验科设科长一人，依董事会之命，专司查验总分局款项账目，以及船只装运货客并验勘工程事宜。

第三十八条　修缮科设科长一人，依董事会之命，专司修造船只及总分局房屋、码头一切工程事宜。

第三十九条　庶务科设科长一人，依董事会之命，专司总局内除产业经理处外其他各处科一切庶务事宜。

第四十条　编造科设科长一人，依董事会之命，专司全年公司计算、各类表册及股东名册事宜。

第四十一条　分局各设局长一人，归董事会委任，经理分局全局，以及该管码头、栈房一切事宜，但董事会认该分局事务繁剧者，得设副局长一人。

第四十二条　分局应用人员，以及一切编制，各视事务之繁简，自行厘订，呈请总局核定遵行。

第七章 决算及净科之分配

第四十三条 每年决算期间，分为两期，自一月至六月为前期，自七月至十二月为后期。全年决算报告，每年当提由股东常会议决。

第四十四条 每年应造具左列各种表册，由董事于开股东会前一个月，送交监察人复核：（一）财产目录；（二）贷借对照表；（三）营业报告书；（四）损益计算书；（五）公积金及盈余利息分派之议案。

第四十五条 每年所得净利，于总额内先提十分之一为公积金。

第四十六条 本公司股息常年七厘，若分派不满七厘时，得由公积金内提出，补足七厘之率。

第四十七条 净利中提出公积金，及付给股利后，如尚有盈余，应以二成为特别公积金，五成为股东红利，三成为董事、监察人酬劳金，二成为职员奖励金。

第四十八条 本公司分派净利，应于每年监察人复核账册后分配，提交股东常会追认。

说明：本章各条悉遵《公司条例》，及参《中国银行章程》编订，旧章于分派官利，以及提存公积及红利、劳金等项，均无一定准则，自不足以资遵循。今拟核定成数，永以为例，以后即可先行分配，随后提交股东会追认，较为利便。

第八章 附则

第四十九条 各处、科及各分局办事细则，以及栈房、轮船规条，另行编订，在新规则未发布以前，仍循旧章。

第五十条 凡本章程未规定者，悉遵《公司条例》办理。（完）

（1922 年 6 月 21 日，第 15 版）

上海航业之消长（一）

退 之

航轮业关系于运轮交通，占商业界重要地位。上海为中国第一口岸，各国商货之运入吾国者，咸从吴淞进口。欧战以后，各国对华贸易日益激增，而沪上之中外商轮亦随之而俱兴。就现状而言之，上海一埠航线遍达全球，而大小轮公司何止四五十家。平均计之，以英国占第一位，日本占第二位；若吾国华商航轮，则仅能在国内航行，绝无一远洋船舶，比较任何各国，均所不逮，言之亦滋可愧也。独去岁自五卅惨案发生后，全国民众激于受外人之凌辱，忍痛含辛，起而为商业上之消极抵制，一时罢工、罢市，停装英轮之风潮渤起，在华各外商轮乃受一重大之痛击。迨后事过境迁，迄今已毫无影响矣。说者谓吾华商轮苟能当时因势导利，乘机扩充，亦未始非一绝好之良遇也。惜乎吾国航轮界不能利用机会，固步自封，常［长］此以往，何能与得寸进尺、日求发展之各外轮公司竞争营业乎？今者，爆竹声中又过一年矣，爰就沪上各航轮公司之营业概况撮述一二，想亦为留心商业者所乐闻欤！

招商局营业状况。招商局为吾国最大轮（船）公司之一，有三十余年之基础，经营江海各路之航业，全部使用轮舶，达三十余艘。营业上之最大而最重要者厥为长江一路。该局之长江轮自前岁增建"江安"、"江顺"两新轮后，合"江华"、"江新"、"江永"、"江裕"、"江靖"、"江天"及"江大"号等，共有九艘之多。本年又增入三公司合办之"联益"轮，仅上海至汉口一路内业有十轮行驶。该局江轮之优点在乎客位优美，为本埠六公司轮所不及。天下事往往利弊各半，优于舱位者，即绌于运货。由是水脚上之收入，以较太古、怡和之各江轮，不免相形见绌矣。去年五卅而后，长江航业该局以华商所办各地商帮以爱国心之驱使，即向为太古、怡和之主顾者，至是亦改装该局之船矣。六、七、八、九等月为该局江轮营业全盛之时，及至十月内，浙奉军兴，宁、镇间发生军队扣轮事，该局之江轮若"江大"、"江安"、"江天"等船悉被扣留，致营业稍落，外商轮即乘此而起。闻该局长江一路之水脚，去年收入近七十万元。至于近海线内，以厦、汕、粤三埠之华商仍坚持不装外商轮船，故该局之营业历半载而发达如故，迄今转觉有货多轮少、不敷供求之势。惟香港则不能开往。现在之航行广东、厦门、汕头者，计有"广大"、"广利"、"新华"、"新昌"、"泰顺"、"遇顺"、"同华"、图南以及"爱仁"、"飞鲸"等十艘之多，占近海轮中十分之七。而每班之进出货，必满载也。此外，若福州则派"新济"，温州则派"海晏"、"广济"，该路因与南洋公司竞争航务，水脚已减为七折矣。沪甬线内则派"新江天"行驶。北洋之烟津班轮，近来封河停驶，业届两月余矣。本日起，因闻解冻，始派"新丰"、"新铭"两轮初次复班也。又，该局之扬子江上游轮，自"江通"失事之后，在宜昌一汉口一路内今只"快利"、"固陵"两船；重庆线内之"江庆"号轮，虽为该局之船，另用中法公司出名，悬挂法旗，所以防川军沿途而扣轮也。去年该局营业比较前岁，水脚收入，闻至少可多收五六十万元。此招商局现状之大概也。

（1926 年 2 月 20 日，第 23 版）

清查招商局报告书总论

自本委员会着手清查招商局以来，为时已三阅月，曾于六月底摘要报告一次。查该局账务非常紊乱，办事亦毫无秩序，以致清查之事不易进行。本委员会一方面调查各部分办事之情形，一方面根据账册作成各种统计表，以为比较研究之责，一月以来，颇具成效。惟该局已有五十四年历史，欲以局外人之眼光考查其□［详］细利弊，决非短日月所能即事，故分为三类同时进行：（一）关于各项重大事件认为非彻查不可者，如欧战期内租船合同、购办煤斤及扛力等是；（二）各部分办事情形及其账项要略，如沪局及各分局营业状况、沪局办事及会计制度、积余公司产业等是；（三）民国元年以来各种统计表。以办事人员之勤劳日积月累，所得资料已不在少，将来清查告竣，再重加整理汇呈钧鉴，此时只得就业已调查有得之各项中择其紧要之处，略为陈述如左。

一、欧战期内租船合同。自民五至民八，该局租出船只共计二十一次，每次租期自数月至年余不等，均预先订立合同，由承租人与出租人双方签字，始为有效。惟事隔数年，此项合同已有五次未经保存，屡询该局当事人，均云无从查考。综计二十一次租价，据现存合同及账簿所载，共港币七百十八万五千余元，合现银四百九十万两，其中除经纪人用金二十二万有奇，香港杂项开支六万六千两左右，上海杂项开支二万九千两左右，总局、沪局抽去用金二十三万两之谱，共计耗费五十四万余两，总局净收不过四百三十六万两，即占租价百分之十一，① 可谓巨矣。就中最可注意之一点，即原合同并无用金之规定，且将已印就"用金条"文用笔涂去，而今日账上所付之经纪人用金数目乃至百分之五之多。又各项开支，如修理费、代理费、津贴费等均无凭证可稽。总、沪局用金为总、沪局办事人员之一种奖金，乃在此数年间，即此租船项取得二十三万两之巨，实属骇人听闻。究竟欧战期内世界船只缺乏，该局乘此时机，侥幸获得巨利，并非总、沪局办事人之功，理应将所得意外盈余，用以扩充航业，整顿局务，乃竟听少数人之曚蔽，开支数十万不合理之费用，其愧对股东，实无可言。

二、购办煤斤与扛力。该局各轮二十八艘，每年用煤在十万吨以上，每吨平均价在九两以上，故每年用煤总价在百万两以上，占水脚总收入四分之一或三分之一，为数之巨实可惊骇。其数量之偷漏，使用上之浮滥，价格上之空虚，不待查而可知也。关于数量上之偷漏问题，现既无从稽核，不能断定其数目；使用上之浮滥，或可诿为船只过旧所致，今亦无从置辩。至于价格上之空虚，则可依据账册作大略之统计。查民国十三年每吨平均价为九五［两］一钱二分九厘，民国十四年为九两零五分，民国十五年为九两五钱零三厘，较之市面相同之煤价超过甚多。民十五为煤价最高之年，上等煤屑市价大约在七两至九两之间，次等煤屑则在六两至八两之间，该局所用之煤乃至九两五钱，则浮报之数不言可知。再查该局轮船用煤有两种办法：（一）由局中外煤行采办，堆存金利源及浦东栈房，以供海轮之用；（二）走长江及宁波各轮所用之煤，均由上海裕昌公司包办。长江来回一次，包价自一千两至一千八百两不等，此与各轮坐舱包办客脚之法相同，均为一种黑暗之历史。尤可异者，由局采办存栈之煤，年吨均付扛力七钱，合银元将及一元，此项扛力系煤行将煤运至码头交货，须由该局另雇扛夫扛入栈房所付之力钱，征之别家船公司，则每吨扛力不过一角左右，是该局所付有十倍之多矣。询据局中人云，金利源栈房可存煤量仅六千余吨，故大批煤斤须存入浦东杨家渡栈房，而海轮停泊又不得不在金利源码头，故每次出口以前须用驳船由对岸运煤上轮，因驳船需费甚贵，故不得不预付扛力七钱，以资弥补。据此，则此项扛力乃提拨一笔空

---

① 54万两经手费用占租价436万两的12.38%。

款，以为煤斤成本之一部分，原亦无可厚非。但查该驳船并非局中自办，乃局中人另资组织之鸿昌公司所有，每次每吨向该局取费二钱七分，最近五年共付元一万一千余两，若以之自购驳船可得十余艘，应用毫无不足，而且过之。则是此种办法纯为该局人员营私之一种确据无疑。

三、沪局营业与九五局用。沪局办事地方与招商总局均在上海四马路外滩，其营业范围为水脚一项，最近三年间，招商局水脚总收入，少者为十五年之二百八十万两，多者为十四年之五百三十万两，实为全局之命脉。此项水脚总数之中，大半系沪局经手所收，其办事情形另有详细报告，兹不多赘。惟"水脚"一名词，包含货脚与客脚两种。货脚又分为进口、出口、转口三项，客脚又分为大餐间客票及官房统舱客票二项。沪局对于进出口货脚及客脚均抽回百分之五，对于转口货脚，则抽回用百分之一。在客户方面，即有未付水脚款以前之各种折扣（彼等亦谓之回用），复有年底付水脚款时之后用，名称繁多，积弊不堪言状。就最近三年而言，客户所解各种回用，每年多至四十万两以上，而不入账之折扣尚不在内。究竟此种回用是否悉为客户所得，殊属疑问。客票分为大餐间及官房统舱二项，前者由客人向公司或船上账房直接购买，情弊尚少；后者均由船上坐舱（即买办）包办，每次走水定额若干，由坐舱付与局中，坐舱既包办客票，则惟恐收入不足，于是尽量卖座，甚至连一隅隙地亦尽作铺位卖去，坐舱之收入则丰，而客人之地位则苦矣。此种括办制度在西洋人初到中国之时，不懂中国习惯语言，不得不如此；招商局为华人自办之公司，乃亦效之，岂不可笑？尤有异者，该局规定分局用金办法，实为世界古今所未闻。沪局办事经费由总局每月津贴一千三百两，当然不足，然而实支实销，则虽每月须用一万三千两，亦无足怪。然该局为掩人耳目计，不用实支实销形式，而采用金办法，以文其奸。就沪局而言，每年水脚营业总数定为八十万两，表面上似乎此种额一定，不足此额者应罚，超过者有奖，制度似极为公允。无如沪局历年所收水脚总在二百万两以上，所定比额不足百分之四十，故"罚"之一字永无实现之可能，而奖则每年行之，且为数甚巨。其法系以八十万两定额，水脚之五厘回用，即四万两充沪局用费，不足仍由总局贴补。例如某年沪局用费为七万两，除四万两可由定额局用抵补外，余三万两仍须由总局另行开支；但营业超过八千万两时，譬如二百万两，则超过定额之一百二十万两，应得九五局用六万两，由沪局在所收水脚内扣去，以充分配同人之用，此项局用最近三年少者为九万两，多者竟至十三万余两，局中每年亏耗甚多，而沪局当事者则席丰履厚，如此岂不可怪？局用在沪局账上年底竟一笔勾销，并无分配细账，则其内幕之黑暗更可想见。（未完）

（1927 年 8 月 25 日，第 15 版）

清查招商局报告书总论（续）

　　四、沪局办事及会计制度。招商局为中国最大航业机关，其内容之腐败恐亦为中国各公司中最甚者之一。照常理，该局应早无营业之可言，然核计水脚收入，每年仍有数百万两，实非该局自身之努力有以致之，其最大原因，大约一由于所占各埠码头地位之良好，二由于国人爱国心之激烈。该局名虽为商办公司，实则最初之成立出自官僚，至今犹不脱腐败官僚之习气。沪局在表面上虽似较总局为近于商业组织，然其办事之迟钝实亦不可讳言。民国九年七月一日，该局与怡和、太古两公司订立合同，关于水脚及用金之收付规定办法，原为避免航运竞争过烈之损失。至十四年六月二十日，因五卅事件发生之后，不得不宣布废约。然据当局者言，实际上仍须遵守旧合同。该局不思利用国人爱国心之发展，努力自奋，以谋拔出于竞争之漩涡，而徒以暗中多给用金，以相抵制，实亦可笑之至。究竟此种解释恐尚远乎事实。该局之所以多给用金，不必尽为兜揽生意，吾人仅据账面，实难断言其内容，不过兜揽水脚为沪局最大任务。该局现虽有"揽载三人"，实际上不能尽揽载之职。该局贪天之功，坐待客户之自来，暇则暇矣，其如不整何，在于会计制度之紊乱，更不足说（详情另有报告）。以如此重要之航业公司，乃迁延五十余年，犹不一思会计上之革新，当局者之颟顸亦可惊矣。航业为交通机关之一，与政局关系綦切。该局营业之不振，固不能悉归罪于人谋之不臧，至于内部之整理，在位者无所辞其责。会计制度之改革，与政局可谓毫无关系，而令其腐败至此，是谁之过欤？

　　五、积余公司产业情形。积余公司为招商局分设机关，自民国三年至于今已有十四年历史。原有系避免招商局之政治上影响，将局中财产升出数百万两，而以其中一部分无关航业之财产划出，独立组织一积余公司，保管而经营之。其所划出之数为洋四百万元，合成规银三百二十一万二千两，迄至十五年底结账，财产方面增至四百七十九万两有奇。此四百八十万两中，在上海之房产值二百六十五万两，在外埠之房产值一百十二万五千两，其余约一百万两为其他产业；以言财产之确定与否，即一百万两之他项产业不计，仅就房地产一项而论，已足超过股本而有余。然自收益一方面言之，民国十五年份共计二十一万四千余两，除去各项开支八万一千余两外，净收不过十三万二千两左右，对于资产不及百分之三。详考其内容，则他项产业一百万两之收益几等于零。上海房地产收入约十八万三千余两，对于资产合到百分之七，外埠房地产收入约二万八千余两，对于资产合计百分之二六五，故上海房地产之收入实为积余公司之精髓，非此更不知弄到如何景象。外埠产业无人清查，招商局向取旁观态度，以致成绩不良。即上海房产管理方法，亦极腐败陈旧，观另案报告可知。

六、内河招商局腐败情形。内河招商轮船局开办于前清光绪末年，为招商总局之子局，专备小火轮行驶于内地各小河，资本六万八千五百两。民国三年以来，历年亏损。至民国十五年七月底，账上结亏竟至十八万一千八百九十九两余。若严格的核算，亏达三十五万两以上，为资本总额之五倍，详细情形另有报告。惟其中最堪注意者，为内河招商局、招商机厂及招商总局三者之关系。查内河招商局为招商总局所分设之机关，招商机厂又为内河招商局所分设之机关，三者之关系恰如祖子孙。机厂于民国三年创设，历年盈余共计十五万一千二百余两，均拨入内河局账上。机厂之所以有盈余，则以包修总局船只机件之故，是不啻祖以钱给孙，孙则以转给于子。质言之，总局每年间接补助内河局款项，不下二万余两也。招商局之狼狈为奸，于此可见一斑。

七、民国元年以来各种统计表之制造。统计为考察情势变迁之一种方法，在财政经济或工商运输上所占地位甚为重要。招商局设有所谓比较处，似亦知有统计之必要。然其目的在求得各轮坐舱之包额，并无其他用意，故不得谓之统计。今欲研究该局历年来之情势，非将五十余年来之材料一一取而梳爬之，以造成极有系统之图表，不足以一目了然。此项工作既非少数人所能胜任，亦非短期间所能竣事。本委员会为事势所限，故仅取民国元年以来各种账册先加探讨，择其中最为重要之材料，分门别类，略为比较之。开始办公以来，已成立各种表格二十余种，务使阅者一览之下，即知该局财政状况、最近变迁之大势，一俟全体调查告竣，再当重加整理，与各种报告汇呈钧鉴，兹且略述大要如此。

民国十六年八月　日

(1927 年 8 月 26 日，第 15 版)

一年用万金的洗衣费

退　之

衣、食、住是人生的三大要素。我国人〈的〉穿衣服很考究、很华丽，外国人〈的〉穿衣服，亦未尝不然。但是不论中服西服，第一要清洁，洁则虽布衣亦美观，不洁则纵使竟体绸缎，亦不见其美，而适彰其污。可见衣服清洁，确为人生的日常生活中值得注意的一件事。尝闻人言，洗衣勤与卫生大有益处，执此以观，无怪西人之洗衣要特别的注重。观乎招商局内之西人，一年内用去洗衣费一万元左右，在我国人见之，不免视为怪事，而在彼辈，正是不算什么一回事也。

招商局为中国第一家航商，规模之大、场面之阔，虽外国轮船公司亦不及。社会盛传其内容腐败，但是五十余年来，该局之内幕如何，真如商业上一个大谜，个中情形，局外人总不能知。记得五六年前，北方的交通总长高某，曾欲清查其账，打破此谜，结果诚如赵铁桥总办所言，"到底被钞票的能力"将查账员硬硬的挡住入局。查账员空费了千般计策，徒耗数百元旅费，白白的走了一趟，此一个商界的大谜，又得延了数年光阴。直到青天白日旗至上海，这个数十年不揭之大谜方始揭破。观于清查委员会之彻查报告书，其中可惊、可骇、可怪、可笑之事，正是层出不穷，大都均不涉本题者，可不多赘，吾人择其中至小至微之一事，略为记出。招商局虽则是华人之资产，但是外国人亦享巨大之权利，全部轮船中之重要船员，均系西人，薪金较华员大数倍，例如"新江天"二副一职，原用一乞丐之酒鬼俄人充当，月薪支二百三十元；及调冯载穆继任，每月只八十元。华人尚未亡国，待遇不如乞丐俄人（见报告书第六页第十二行原文），局中对西人待遇，无微不至，若洋人住宅费、电汽费、自来水费，以至草纸费等等，亦都由局中供给。每年西人之工食开支，着实可观，其中仅仅洗衣费一项小支出，计付出六千六百四十四两四钱二分规银，合之洋数，已近乎一万元左右矣。单是洗洗衣服，要用这们许多钱，可见得外国人之阔绰，亦足见招商局内西人之慎重卫生，出乎其类拔乎其萃矣。招商局中国船员亦不少，非但不能援例支领此万元之洗衣费，连应得的月薪，亦要比外国人小四五倍，无怪刁培然君之报告书中，有外人用费占全年收入百分之十二又八强。若能改用华人，非特薪津可以减少，而若一年中西人请假费，支出竟有四万二千四百余两之多，再加如许洗衣费，尚有无从调查之西人工食杂用等等，统可减省之。慨乎言之也，说者一万元一年的洗衣费，在我华人正不知要洗濯多少件衣，窃恐合该局全局之华员，亦用不了如许的洗衣费，大约连做衣费亦足够（贵重皮不在内）的了。

（1928 年 3 月 14 日，第 16 版）

栈务改良私议

洪雁宾

海上堆栈业，遍浦江两岸。本局五栈，独占历史、地利之优胜，向有自堆、客堆之分。中、北、华三栈招堆客货，金利源（南栈）、杨家渡（新栈）二栈备以堆置本局轮运之货，相沿已久。近年来经营堆栈业者日新月异，设备完全，管理周密，极受客家之欢迎。本局即窘于经济，又失于管理，故欲与人争，瞠乎其后。自总局改组，凡百设施，锐意整顿。栈务为收入之源，不图维新，鲜克有功。惟欲谋维新，先除旧习；欲除旧习，先察积弱。今察其积弱之点有三：曰设备不周，曰偷漏太甚，曰起卸迟缓。三者居一，即足以使栈务减色，其况甚乎？

设备不周。因窘于资，南栈屋宇垂五十年，土瓦砖垣，日受车轮之震动，倾斜碎破，触目皆是。新栈半砖半竹，在当时为堆置粮食计，使其流通空气不至立受潮发热，意甚善。但年深月久，编竹为垣，究不足以御风雨。中、北、华三栈之设备，差强人意，但水迹裂痕常呈眼底，若以修补，动辄巨款。昔日在上者不加究察，在下者任意中饱，巨额修费所得之成绩竟如此。

偷漏太甚。因失之宽，来往客货迭遭小工偷漏、管栈改装、黑夜偷运、中宵潜伏、掘箱换包，无所不用其极。一经发觉，船诿之栈，栈诿之局，局又诿之船与栈，循环推托，极无已时。积年累月，不为理清，客号损失，曾受极大之隐痛。

起卸迟缓。因各栈只知有己，不知有公。在自堆方面而言，码头拥挤，应卸他栈，但因肥己不愿分润，宁使各船向江以待，则船期损失、货价误期，所失不赀；在客堆方面而言，有意迟缓，以邀贴费，上下交征，有意留难，无怪乎运商视本局为畏途也。

三种积弊，即如上述，求改良之法，舍严厉监督外，其道末由。设备方面，当此经济竭蹶之际，欲出巨资以谋兴修，实为难事。惟有以头痛救头、脚痛救脚之方法，局部办理之。偷漏方面，裁冗员以绝弊，增薪金以养廉，装设电炬，加派巡警，所以防外。明定剖则，慎选保证，所以防内。迟缓方面，则限定时刻，不容弛缓，如有违背，课以罚则。借此整理，或可廓清，而唯一关键仍在栈长。考昔年之办法，在客堆之栈听命于洋经理，自堆之栈卸责于沪局长。任一栈之责任者，饱食终日无所用心，岂非奇事？故新定系以栈长为一栈之领袖，须负完全责任，既难卸责，又难规避，指挥管理，与以全权，改良栈务，或有济焉。

(1928 年 5 月 15 日，第 23 版)

招商局之新希望

张人杰

招商局内容之腐败，积弊之深重，财政之枯竭，举世皆知其然，而未知其所以然。自清查委员会公布报告以来，真相始暴露于天下，国府有鉴于次 [此]，知整理改革之刻不容缓，乃委诸交通部王伯群部长监督之，而任赵铁桥同志总办其事。闻自接管以来，颇能奋发从事，延揽专家，分工整理，博采群言，竟使岌岌可危之招商局，顿有蓬勃之新生机。苟能循此改进，则数年后，未必不可分世界航业之片席。予因曾参清查之事，于该局前途，期望尤殷，爰缀数言，以为国人绍介，兼以勖当局孟晋弗懈。

招商局过去之弊，可以"贪滥"二字括之。如去年董事会之滥发酬劳，最近发现汉局局长之任意舞弊，诸如此类，不胜枚举。铁桥同志则专以廉洁撙节为诰诫，购置收支，悉行公开，回扣局佣，剔除殆尽。外更厘订水脚，派员赴外稽核，胥足证其能一矫往失，所裨于商局者至多。招商局范围广大，业务繁迹，非采科学之方法，万难求条理之井整。总管理处之改良组织，即颇能致力于此，故设科虽多于前，而仍呈指臂相联之效。又若改良会计、核算成本、统计事项、划一分局系统，胥求以科学为根据，毋怪予每以琐细诘铁桥同志，彼皆了如指掌，视昔之紊乱疲敝者，真不可同日而语矣。

虽然，余仍有不能已于言者。今之商局虽已渐上轨道、大胜于前，然行百里者半九十，必再赴以持久不懈之精神，务使营业日进，盈余可期，赖以增添船艘，扩张航路，挽我国久失之航权，助工商实业之发达，令青天白日之旗帜，得以招展于东西重洋之上。斯则整理商局之大功始成，国府所以整理之初愿始达，幸商局同志，均勉力于此，大者远者，悬为最终之目的也。

（1928 年 6 月 1 日，第 23 版）

五月二十八日纪念周赵总办演说

——我对于招商局的根本主张

诸位同事，我们要谈招商局的根本主张，须先明白甚么叫做"商办轮船招商局"。这一定是先叫招商局，然后再加上"商办"二字的。因为当初是官发起，要招商人来入股，所以定名叫"招商局"。后来被奸商滑吏混在里面，眼见有利可图，设法把官股退了，就给他带上"商办"二字的帽子，于是便叫做"商办轮船招商局"，以便于一般奸商滑吏把持包办、营私舞弊，维持他们"世袭罔替"的子孙们，把一个与国家有绝大关系的航业弄到这步田地。诸位想想，这便是招商局败坏的最大原因了。

须知航业与国本民生都是息息相关，事业既大，责任自重。商人办理而善，国家亦应随时指导监督，何况现在弄到这样糟糕，国家简直可以起而代办，收归国有。兄弟和王部长几经讨论，所以暂不收归国有的意思，主因就是为革命工作尚未成功，政府建设尚未稳固。恐怕这唯一航业机关的招商局，被落在政治漩涡当中，随时更易局面，非但不能整理改善，反而陷入万劫不复的境地，是很可惜的，所以才来设监督办公处，从事监督而已。岂知一般董事们既不能令，又不受命，眼见汇丰银行咄咄逼人，不得已乃为改理，接管一切，现在算是把外债缓和了。这种临时处治的方法，尚未能引为定例，总要想一永久根本的办法，就是要避免任何方面的把持包办。我主张仿照日本邮船会社，采用商办官督的制度，或者官商合办的制度，不过现在最紧要的是要把招商局的大资本家打倒。因为招商局的业务败坏，证诸已往历史，都是被大股东垄断把持，操纵其间，才得到这样结果。照先总理节制资本的意思，我们就应当用限制股权的方法去节制他，才是正本清源的道理。否则小股东终被压迫，招商局永无整顿希望了。就是"招商局"三字，顾名思义，也觉不甚适当。照我个人意见，不妨采用东西各国邮船公司的命名，直捷了当，改为"中国邮船公司"，凡中国邮件，概归此公司运送。名称既定，至于制度及任期，亦应规定，使办事人各存责任心，才能把变产还债或募公债造新船的种种重大计划实现。不过先要把紊乱及不安的状态消除，才能于建设上做工夫呢。股东协济会的成立，仍是一部分奸商滑吏想复辟，重理他的旧业，所以有这种集合。但是王部长整理招商局的热忱，存心正大，所以容纳一部分股东的请求，听其集会抒见，并希望股东将股票登记名册成立后，召集股东大会，产生合法董事，以便共扶招商局走上轨道，避免任何方面操纵包办的弊病。但是办理股票登记、召集股东会，都是监督办公处分内应做的事，并非协济会所可代庖，因为协济会仅片面股东所组织，是否合法、是否有此职权，尚属疑问。乃该会不察，竟皇〔惶〕然登报，代监督处行使股票登记、召集股东会各种职权起来，已是根本错误。后来竟擅发通电至各分局，属各分局长在股东大会未开以前暂维现状，以致宁波局长发生抗不交代事情。监督为纠正该会错误起见，曾行文该会，大加申斥，当协济会成立的时候，我被监督派往指导，曾经到过，见该会登场人物都是从前股东联合会阻挠改组的股东和那辈已被政府查办停职的董监。看他们已往的陈述，不是和我们背道而驰的么？倘然现在他们和我们假意的合作，不是把招商局又要开倒车，离远整理的路么？就像施省之，他是汉局局长，也是协济会重要份子，他在汉局买煤舞弊、侵蚀公款，已经派员查明，证据确凿，经本局延律师在临时法院控告，他在庭上说当时他自己在陇海铁路督办任上，不在汉局，所以不知道这件事情的谬话，可笑不可笑呢？无论如何本局要彻底查究，不容诋赖的，那辈股东董事们，也许有忠心对局，诚意合作，帮同我们整理的，自可不咎既往。倘若名为合作，暗图扰乱，就当绳以法律，彻底查办的。我们服务商局，总是实事求是，不因外界阻力而畏怯的，或者因受种种刺激，办事反觉奋勉，设施愈见公正，如此才对得住招商局和党国呢。

（1928 年 6 月 1 日，第 23 版）

对于整理局务之我见

汪　浩

现在我们唯一的重要工作，就是"整理局务"。这种工作，不是简单的，是复杂的；不是空谈的，是要实行的。必如何才能透彻复杂的真相，达到实行的目的，这个问题提出来颇不容易解答。我觉得整理应分两方面说：一精神的，一物质的。匝月以来所做的工作，大都偏于精神的。就现在趋势看起来，物质的整理，确有"急起直进"的必要，因为招商局是经济上的团体，必达到下列三个目的，才算整理成功：一生产力愈强愈好，生产额愈多愈好；二要保障不致贫乏；三要维持永久的状况。这三个目的，前一个最紧要，后二个就是前一个所得的效果。要生产力强，生产额多，都是物质的工作。

物质的整理比精神上的整理更复杂，更不容易实行。本局物质的生产工具：（一）轮船；（二）航产——局屋、栈房、趸船、驳船等；（三）业产——积余公司所属之房屋、地皮等。据最近调查，全局产业价额总数在四千万两以上，以最低利率"五厘"计算，每年应有二百万两之剩余，何以历年亏损，致不可收拾。他的致命伤是债务，不特全部工具尽受束缚，无丝毫活动之余地，且受重利的盘剥，全部生产所入尚不敷付，利金遑言还本。现在本局情势，讲客气点，可以说被债权者侵掠。讲蛮横点，可以说被债权者征服，急先锋便是汇丰。长此亏损，生产工具因年代的消耗逐渐减少其生产力，债务的负担额因之逐渐增多。无论计划如何精善，办事如何努力，"精神的"不过四五年，其结果仍非破产不可。

查本局《清查整理委员会报告书》"历年各口产租统计表"，产业租金自民元至民十五，历年收入有减无增——有全无收入者——近年地价物价递高，无论何种生产力，莫不扩大其价格，何以本局产租适得其反。积余公司经理各产是否与此相同，无从知悉。照这样办法，要使生产力强，生产额多，真是"南辕北辙"，永无达到之日。

古语云："蝮蛇螫手，壮士断腕。"在今日的招商局，除照这个方法去整理，别无善策，基于以上理由，拟定办法如左。

一、轮船和航产，是业务上必要的工具，固应妥为保管。其他业产的生产力微薄，既如上述，不若割舍一部分，售得相当的价值，把千余万两债务悉数支拨，但政府只有监督管理的职权。关于售产事项，似应由股东方面作主，而股东登记和召集股东大会尚需时日，又不能因噎废食，宜有妥善方法，以济其穷。

一、在未售产还债以前，宜先组设清理产业委员会。清理下列各事项：（一）各地产业确数，（二）估计价值，（三）收入确数，（四）收入减少原因，（五）设法矫正。

一、华北中各栈和码头每年保险费、捕捐、中外地捐、洋员薪资、水电等费支出甚巨，收益无多，不若招人赁佃，既可得巨额的押金补助业务之进行，又可得巨额的赁金增一部分生产力，并订立短期的赁约。希望在此期间，局务整理就绪，仍旧收回经营。

这三个办法都做了，物质的整理之初步算是成功，进一步再增加船舶、扩大航线，生产力和生产额都能尽量充分的发展。一面继续精神的整理方法，去促进他、拘束他，给他以实行的机会，自然取得不贫乏的保证，而维持永久的状况。管蠡之见，是否有当，敬候鉴择。

（1928 年 6 月 1 日，第 23 版）

整理招商局刍议

何扬烈

陈旧腐败的招商局，五十年来局促扬子江及南、北两洋间，无丝毫成绩可言。吾国唯一的航业机关，不绝如缕，论理、论势不能不改用监督制，由政府代为整理。天下没有便宜事，担担子的人，有了"担"的能力，还要知道"担"的方法，才能够胜任愉快。整理招商局的着手方法，得分五个步骤：第一，组织健全的机关；第二，防止反对者的破坏行动；第三，清理债务；第四，谋业务上的改善；第五，图全部的发展。

现代的团体不是少数人力量所能支持的，是要靠全部团员的互助。换一句说，非"群策群力"组成的团体，万万不能生存于现代。故组织健全的机关，至少要具有下列四个条件：（一）机关的职员，个个都有充分能力；（二）对于应做的那一部分事，忠实热心做去，绝对不避嫌、不躲懒；（三）把这件事看做我的生命一样，无论别的什么好处，到底不肯把现做的事和他交换；（四）把全部精神集中到一件事上。这四个条件，无论做何种事业，都是应守的原则，在招商局今日尤为切要。改组以来，内而局员，外而船员，莫不慎重人选，明定赏罚。对于前三个条件，谅不难一一实现，但局中常有兼差的习惯，相沿未革，任何才能，身兼数职，欲其精神集中，事实上恐不可能。至于薪资问题，人各其说。主张薄薪的，以"局款支绌"为词；主张厚薪的，又说"生计不能支持，难望其安心任事"。这两说宜有折中办法，职员们果能适合前所说的四个条件，似不可不从优待遇，提高其兴味。

每一事业之成就，离不了"奋斗"。无论如何困难曲折，一步一步，奋斗到底，"苦过甘回"，渐渐得到平坦的途径，自有成功之一日。现在反对整理招商局的人，虽各有用意，大概不外一个"私"字。招商局整理就绪，中国的航权和股东的成本固然受莫大的利益，另有一部分人，却受了莫大的不利益。所以种种阴谋，力图破坏，或登广告，或造谣言，甚谓"把本局财产卖与外人"，此种谰言虽不值一笑，然影响所及，亦足以妨害局务的进行。现在这副重担子，我们已经担上肩了，只有抱定奋斗的决心，把"革新"两个字表现到一般心理之上，养成社会信条，反对者自无所施其伎俩。在这群疑众谤的时候，宣传工作却［确］很重要，"不定期刊""半月刊"宜用最经济、最精采的文学手段，描写局中真实情状和进程，使读者有一种充分满意的感觉。

本局资产四千余万，债额仅千余万，并不算十分亏累。从前几个不肖的领袖，闹得一塌糊涂，全部产业抵押殆尽。改组后，"汇丰"、"花旗"两大债务虽未能即日清偿，确已筹有具体的办法，不特本局利权可保，即债权方面的希望，亦认为餍足，这是最近一件狠可观的成绩。

对于业务的改善，我有几点贡献。（一）要用革命的方式、革命的精神，在"不妥洽"任定［何］立场，不能与相反的意思通融让步，更不可迁就事实，变更固有的主张。从前局事败于"因循"、"懈怠"，现在惩后惩前，这种行为是要彻底讨伐、万不可容赦的。（二）要有历史的观念。大凡一个问题发生，要把他的起源和经过的事实详细考查一下，才可得到一个精当的批评和判断。现在的招商局是他全部历史中的一时期、变迁中的一状态，业务现况也是有［由］狠长的历史和许多变迁造成的，过去的业务因何不善、未来的业务如何改善，必先考查清楚，方可着手去做，"调查"、"统计"、"比较"、"研究"，都是必要的工作。（三）要有完备的法规。恶制度铲除后，应时式［势］的需要，须产生一种完善的法规，如一盏明灯从黑暗途径引到光明路上去，避免一切复杂的指导和一切动作上的"渣滓"才对。例如买办制度打倒了，业务主任执务规则就应赶速公布施行，否则弊去而利未兴，于业务上可说没有什么利益。

业务上的改善达到目的，进一步，就可图发展了。在这个时期，我也有两点贡献。（一）培植航业的人才。凡举办一种事业，应预备相当的人才，供其驱使。此项人才必有科学的研究、过程的认识、时间的训练，使其才器适合本事业的要求。然后试事程功，无虞竭蹶，招商公学年耗巨金，苟能悬此标的，从事教育，数年之后，学业成就，公门桃李，美不胜收，以相当的学力，办相当的事业，何致借才异国，多糜廪食？此宜遴选富有教育经验的人主持学务，改订课程，注重实习，养成专才，留为局用。（二）预备燃料出产。本局各船用煤为业务上消耗大宗，年需十六余万吨，耗款百数十万两，何不拿一部分资财，觅一良好矿区自行开采，既可供本局的需用，且可获巨额的收益。其他应做的事固多，我觉得这两点独重要些。

我想说的话已说完了，最后有几句话声明，我不特对于航业没有学识，并且没有商业的经验，我的话当然是外行话，不过都从事实上、良心上说出来的，如有不对的地方，深望指教。右稿，狂瞽之见，无补高深，谨附壤流之义，录备钧择。

(1928 年 6 月 15 日，第 23 版)

政府监督招商局之法律解释

孙慎钦

世有以曲为直，似是而非，乱人观念，淆人听闻者，莫如报载招商局股东许仲记陈诉交通部侵权违法文。商办董事，营私舞弊，国民政府，监督整理，乃海上行政之应有处分。各国于重要事业皆特颁条例，如各股东之须经国家认可，总裁之归政府任命，营业之派监理官，合计之委检查员，均取干涉主义。日本邮船会社虽系商股，实归官办，明治十六年任农商部员森冈昌纯为社长，其创业觉书谕定十五年内社长、理事由部简任，十五年后股东选举，政府核准。明治二十六年新商法颁布，始改现在组织。盖以航业关系海权、邮政，不可放任，故寻常之公司得以遵照普通之商法，自由营业，独于中央银行、邮船会社、交易所、保险公司，必须适用特别条例，严加取缔。法学上所以有普通法与特别法之分，招商局之不得援引《商律》，自由行动，宜解释明白，俾股东周知。

(1928 年 6 月 15 日，第 23 版)

考试会计员记事书后

俞凤韶

我国以行科举制，故历史上未有深固之贵族阶级。先总理亟称之，列考试权为五权之一，诚重之也。政治上人才当一出于考试，无弃才、无旷职，发皇党治，跂立可俟。鄙意则谓考试制度不特施诸政治，且当推诸工商业，挽近纲纪废弛、政治恶浊之空气，蔓延遍于工商界，不特政治受其弊，全国实业从风而靡。尝历见大公司之用人矣，其权在董事者，则董事争用其私人，□在经协理者，则经协理争用其私人。甲援其亲族，乙引其故旧，各植其党，各营其私，时离时合，若显若隐，闹意见，竞权利，纵横捭阖，倾轧排挤，尽钩心斗角之能，极苍狗白云之幻。公司中俨然一小政局，而公司业务如何，不问焉，股东利益如何，不问焉。如此而欲求实业之发展，是犹缘木而求鱼也。全国青年学子成专门之学，无专门之用，弃材如束薪，谋事若登天，间有得位置者，则多出于亲族故旧之援引，或学派之关系，又多学非所用，用非所学，或大受而小知，或小知而大受，人才事业，两受其损。且举纯洁坦白、学成致用之青年，而使求生活于奔走营求，结党自植之途，社会人心，所害尤巨。今宜由政府颁定法令，遵先总理考试之旨，凡工商业公司资本在若干万以上者，除经协理及部分主任外，其事务人员，凡旧公司之缺补、新公司之录用，必照海关、邮局之例，经过考试手续。考试必守政府制定规则，其人数较多、关系较重者，并请地方公团推员监视，政府并应制定一种职员保障通例，使公司重员不得以爱憎为取舍，职员不得为非分之要求，上下相维，秩序安定，人才有登进之路，内部绝党争之纷，则工商业必大有起色。政府或地方公团，应更设一公立绍介所，凡学有专门者，如考验医师，例政府应考试一次。凡考试及格，或某职业具若干年之经验者，准登记于介绍所。其有公司规模较小，未能招考者，如由介绍所登记人员选用，则小公司亦得选用人才矣。天下大患，莫过于不肖者盘据权位而贤能废置，此必生两种结果：一则事业颓败，一则人心不平。昔重政治则造成政治革命，今重经济则造成社会革命。被僻之学说、诡激之行为，皆缘不平之气而生。乱所由始，斯为厉阶。毋谓一团体、一机关之用人，关系微渺也。然则政治、工商各机关用人咸出于考试，其足以弭社会之不平乎？曰过效半矣，而犹未尽也。考试者，取学成之人才，而不能补救天才之失学。聪明才智之士，既经失学，即无从应考。科举时代，学费廉而求学易，数十文钱之《高头讲章》、《启悟集》，能者即可以此取得状元、宰相。囊萤凿壁之士有以自奋，今小学之费几何，中学之费几何，大学及国外留学之费又几何，非中人之产不能进至中学。上于此者，不知有几多人作望洋之叹。今社会中往往习闻无本钱读书之语，此一语中不知埋没多少聪明才智之青年，闻之最为痛心。自物质发达，资产占胜，资本家不特垄断财产，且垄断知识，夫至知识为一种人所垄断，则其激起不平为何如，此不可不为预防者也。考试用人，以拔擢学成之人才，必济之以公家担负教育费，乃能使天才无失学之虞，而有应试之机会。二者如车之两轮，相辅而行，使国无弃才，才悉称职，则凡百事业之发皇，可操胜券也。招商局向以积弊称，政府刻意整理，赵铁桥总办及某（君）均力主考试制，以打破瞻徇情面、援引所私之宿习，先务之急，从招考会计员试行之。愿以招商局为全国商业机关之嚆矢，略志意见于此，或亦足供当此之参考也。

（1928 年 7 月 1 日，第 25 版）

招商局新会计制度方案绪言

李云良

招商局之腐败历史，世人闻之久矣。自客夏政府派员清查以后，真相益形曝露，其原因固不止一端，而会计制度之不良，实情弊之所由滋也。云良尝参与清查之役，当时颇思筹拟改良方案，以为整理局务之一策，只以时促事多，未遂所愿。今春招商局实行改组，由政府派员整顿，云良又得参与其事，总办赵铁桥、总稽核处处长俞寰澄二氏于接事之初，即下改良会计之决心，俞处长并昕夕督率第一科同人筹划改良事宜，并嘱云良秉承科长徐广德氏主拟稿件。云良以从此夙愿得偿，乃欣然应命，自三月一日至四月十五日，凡一月有半，终日从事，会商同人拟就会计规程□份，总分局会计科目、簿记组织、簿记程序、簿记规则全份。其中，会计规程一种为本局会计之宪法，极为重要，历经俞处长及会计顾问徐永祚氏、科长徐广德氏之修订，已由监督核准于五月一日实行。关于簿记方案，较为繁重，不得不先期慎密筹备，因于四月十日拟订实行改良会计步骤节略，由总办颁行，并据该项节略设立改良会计委员会，聘请俞寰澄、徐广德、徐永祚、熊宝荪、王仲武、邓燹任及云良为委员，专事筹备实行改良事宜，由俞寰澄氏主持一切，于四月十九日正式成立，历次会议纪录另行专载。其重要工作可列举者约有二端：一为审查云良等所拟方案加以修改；一为培植会计人才，以巩根基。关于前者以熊宝荪氏尽力最多，除补充所缺程序如票据期日账、股东分户账等外，对于总局簿记及科目之说明，均由渠一人担任。分局簿记之说明，亦曾加以整理及补充，其他委员均各有相当之努力。货栈簿记极为重要，初以栈务情形复杂，未能着手。至六月八日始明端倪，乃从事拟订，因待用甚急而日间公务繁忙，又无人愿为代劳，乃以夜继日，至六月二十日关于货栈会计科目、簿记组织程序及其说明业已略具雏形，先后由熊氏及熟悉栈务人员审查，认为妥当适用。至此，关于本局会计方案之筹订可暂告一段落矣。新会计之至要原则有四——曰防弊、曰精密、曰准确、曰迅速，此云良与同事诸君于筹订方案时，未尝或忘者也。综计此方案之拟订，自三月至六月凡百有二十二日，全以旧账及办事情形为根据，参考数据如美国航业会计则例、我国铁路会计则例、商务印书馆账法、银行账法等，不下十余种。参与人员除全体改良会计委员外，各部分新旧职员对于调查旧账情形多曾予以诚意协助，使云良了解旧制内容，始能着手筹划。其中关于总局账法以盛秀甫君，关于沪局账法以葛仲良、钟韩堂二君，关于货栈账法以孙纯一、金铎、叶传芳、钟文标、荷兰 C. Glsant 诸君帮忙为尤多；关于新式舱单之筹拟及说明，孙纯一君致力不少；关于格式之清缮、文件之抄写，均由何泉声、陆继奎、钱鼎、赵如璧、唐景崇等担任，极为劳苦。而自始至终，总办赵铁桥、总稽核处长现任总文书俞寰澄、会计科长徐广德诸氏之坚毅卓绝精神，及其不断之鼓励，实为此方案成功之根基。此吾人所当特别标记者也。

本方案分为五编：第一编专列会计规程，第二、三、四各编分列总局、分局及货栈会计之方案、各分（局）会计科目、簿记组织、簿记程序等章，第五编附录旧会计制度大要、实施新会计程序、改良会计委员会纪录、会计养成所经过等项。关于本局附属机关如积余公司、仁济和保险公司、内河招商轮船公司、内河机器厂等均已由各该机关自行着手改良。关于物品会计、主管部分亦已应用新式账册，惟以时间关系未及精密审定，当另出专集，兹不附列。本方案虽经同人悉心厘订，但为时过促，疏漏之处势所难免，如荷各部同人及社会明达进而教之，岂独同人所企望？亦招商局之大幸也。

（1928 年 7 月 1 日，第 26 版）

新会计制度之方案

李云良

一、旧制不良为局务腐败之主因

招商局历年之腐败本难讳言，考其原因虽多，要以管理制度不良为主。会计乃管理之命脉，局务之盛衰系焉。旧制之内容及其流弊，政府清查委员已有详细报告刊布，兹不赘述，其缺点可列举者凡十有二项：

（一）系统纷乱；（二）稽核乖方；（三）科目凌乱；（四）整理疏虞；（五）银洋不实；（六）账目不全；（七）账情胡涂；（八）账簿不当；（九）形式欠妥；（十）手续疏漏；（十一）记账迟缓；（十二）货币纷杂。

简言之，招商局旧时会计错综纷杂，既为中外账法之破格，含混疏漏，尤属新旧账册所罕见。会计之重要原则有三——曰精密、曰准确、曰敏捷，局制处处与此背道而驰。究其用心，无非为便于营私舞弊而已。此招商局之所以日趋贫乏，而其同人多团团作富家翁也。

二、改组后之财务管理

招商局改组以后，当局深知会计不良为局务症结所在。对于组织方面，即将会计与出纳分设二科，会计分日账、转账、总账、杂务四股，分司各种账务。出纳科分收款、付款二股，分别办理收、付款项事宜。另在总管处设复核主任，核算一切收付往来账目，统计调查主任综核全局利害得失。各以专门人才司之，近更延聘专家，组织改良会计委员会，讨论革新会计具体办法，已积极进行。此种制度既收分工协力之效，尤有互相牵制之力，与旧制不可同日而语矣。

招商局办事向无章制，易滋情弊，当局对于财务管理既改进组织矣，乃积极筹订会计规程六十九条，分总则、预算、轮船及产业、购置及修缮、收款手续、付款手续、转账手续、报账手续、职员责任、决算、附则等十一章，关于全局会计事宜均有精密之规定，已由本局监督核定于五月一日起切实执行，现已成为习惯，近更由总务会议推定俞寰澄等编就精密预算。由是观之，本局管理方面以人治与法治并重，实为中国实业管理上之一新纪元。至于偿债添船等大计，当局无日不在筹维中也。

三、革新会计步骤

招商局自着手整顿以后，总办即决定彻底改良会计制度，以为兴利除弊之张本。但兹事体大，筹划颇需时间，乃以三月一日至六月三十日为准备时期。本年六月三十日以前，总局及附属机关账目仍照旧法办理，六月底仿年终决算办法，将所有账目完全结束一次。自七月一日起，正式实行新会计制度，所有总、分局及货栈应用新会计科目，簿记组织及程序均已全部拟就，虽系云良主稿，而总文书俞寰澄君及会计科长徐广德君供献意见甚多。当局为集思广益起见，已组织改良会计委员会，聘任俞寰澄、徐广德、徐永祚、荣宝荪、邓变任、王仲武、李云良诸君专司筹备改良会计事宜，对于云良所拟各稿业已审查完毕，颇多修改，应用账簿并已陆续付印矣。目前有两种工作正在进行：其一，对于考取会计员十六名、练习生六名施行严密之训练，使能胜任新账；其二，清查产业及历年宕账疑账，并决定整理办法，以求核实。当局对于人、法两层均极注意，七月一日全局会计必能焕然一新而尽其能事焉。

四、新订之会计科目

新订之会计科目资产类凡二十四、负债类凡二十三（其中有二项系资产共同科目）、利益类凡十四、损失类凡二十、总损益类凡十二，共计八十九科目，列举如左，细目及说明以篇幅关系，不及备载。

损失类科目：轮船航运费、船产维持费、货损赔偿、各船公费、小轮用费、拖驳航运费、拖驳维持费、栈务费、栈房维持费、各栈公费、房地产用费、俸给、办公费、特别费、分局开支、付出利息、提存准备费、有价证券损失、兑换损失、杂损。

总损益账（类）科目：轮船营业盈亏、拖驳营业盈亏、货栈码头营业盈亏、房地产盈亏、杂项损益、各项开支、本期损益、提存公积金、抵补历年积亏、股息、花红、盈余滚存。

五、簿记组织系统及程式〖下略〗

（1928 年 7 月 15 日，第 23 版）

请以商战策略挽回航权案

提议人 李伟侯

（一）组别：第十组。

（二）提议人：交通部函聘专门会员李伟侯。

（三）议题：请以商战策略挽回航权案。

（四）理由：招商局在前清同治十二年，由先祖父文忠公在北洋大臣任内所创办，其命名立法即抱商战策略，思以抵御外人在中国之势力，而蕲有以制胜之，盖当五口通商以后，江海商权悉为外人所占尽，华商且多附股于洋商名下，文忠怒然忧之，以为此后欲求挽回中国利权，则航政所系实为巨要。凡经济势力之外涨、拓殖政策之实行、国际金融之周转运用、农产工作国货之出入流通，无一不以航业之枢纽，而在门户大开之后，舍兵战而言商战，自非以商力为主体，不能角逐于竞争之场。然而无官力为后援，亦不能希望有必胜之效，且览于英、法、美、日等国，专以商务为富强之基，对于航业无不实力补助。遂毅然招收商股，集合商力，确立招商局基础，并由南、北洋先后拨借官款二百余万以资补助，又付以漕运专利，以为营业之基，择购各埠码头，皆为衡要之地，遇有洋商及地方交涉，靡不为之持平主持，以期胜利。对于商局一切用人行政，悉责成商举之董事完全办理，毫不掣肘，维时商董唐景星等，亦能仰体文忠用意，悉心规划，初与英商怡和、太古订立三公司齐价合同，复禀承文忠会商南洋收买美商旗昌船栈以培根本，此招商局巩固之远因，亦即吾国航业一线绵延之历史。

迨文忠□去北洋，继任者昧斯本旨，渐视招商局为通常局所，安插闲冗，提先报效，而局中主事者又将公积现金移作他用，不以添船造栈，航业衰落之因已伏于此。民国肇兴，适值欧战机会，本可大期发展，惜因商力不充，而政府亦未特加提倡，更无所谓补助，且屡有征调军用、碰坏船只等事。又因时局多故，航路阻滞，于是招商局营业迭亏，债累层积，渐至不可收拾，而成今日之局面矣。伏读文忠当日奏议之言曰："轮船招商局之设，原与洋商争衡，要在损外以益中，不可损下以益上，俾中国自有之权利，不尽为外人所夺。"又曰："招商局之设，系由各商集股作本，按照贸易规程自行经理，诚以商务应由商任之，不能由官任之。"斯数语也，实为振兴航业之南针，而抉商战之奥略。惜乎无继起之人，得以继续完成其政策耳。

自欧战告终，万商激进，泰东西各国对于国外航务，罔不加意振作，而竞以吾国为尾闾。其商船之大者，每至六七万吨，其四五万吨及两□〔三〕万吨者，尤数见不鲜，且皆有其本国政府以为后援。日本递信省对于各航商，闻每年津贴有五千万之巨，宜渝一线便达九十万元；其他英美各国，更可概见。回顾吾国以前之政府，不惟不加维护，且视为无足重轻，摧残之若惟恐其覆亡之不速者，以我中华全国之大，各航业公司所有之船，曾无过九千吨者。而招商局以五十余年之经营，现仅有船二十七艘，且朽旧者已居大半，总计不过三万余吨。外人评论吾国航业不振之现象曰："今吾人在中国沿海各口，苟见一锈朽破旧之商轮，即可断定其为中国船。"何其言之冷酷耶？夫人以国外为与人竞争之地，我以国内为与人竞争之地，人以一国之财力与人相角逐，我以数商之财力与人相应付，胜负之数固不待既战而始决矣。乃即此本局区区三数万吨破朽之商船，尚复时时征调，视等差轮，即在班期航行之中亦动辄扣留，运兵运械，无论损失若干，事后并不予以赔偿，乃彼外国轮船则各由军舰保护，虽值战争激烈之时，仍能行驶如常，独本国商轮，一凭蹂躏，无可抵抗。至今年则招商局轮尤若专供政府差用之义务，此与文忠所言"损外益中，损上益下"之说适成反例。似此安能复与外商争衡，惟有日睹吾国内江、内河、沿海各埠，一任外轮之纵横驰骋，俨若天骄而已，航权丧失至于此极。宁非吾国绝人之耻辱，要之招商局者在政府眼光之中，只能视为与外商搏战之中坚，不能认为随意征求之产物，实资以利而不可分其利，宜助以长而不可蹙其长。今交通部既无国有特置之邮船，惟恃此仅存之局轮藉以装潢点缀，倘再扼之使濒于绝地，更何航权之可言，则欲急求挽救之道，舍仍实行商战策略莫由已。

（五）办法：请政府依照李文忠当日创办招商局所抱之商战策略，仍以商人为主体，而由政府实力补助，以为后盾；对于业务尤应完全由商任之，惟期召集合法股东会，慎选董事，认真责成，切实整理而已；至于一切征调劳役，概行免除，并予以邮务专利及路航运之各种利益，遇有洋商跌价争运时，并准酌予若干之津贴，俾能持久不败。同时，速谋推广国外航业，使互相为助，而资策应，庶几各航商得政府之援助，有恃无恐，奋勇搏战，以期最后之胜利焉。

（1928 年 8 月 10 日，第 12 版）

推广国外航业救济国内航业案

提议人 李伟侯

（一）组别：第十组。

（二）提议人：交通部函聘专门会员李伟侯。

（三）议题：请推广国外航业救济国内航业案。

（四）理由：招商局为国内最大航业机关，久为中外所共认。顾自民国肇造以来，时受军阀摧残、战争影响，以致营业日亏、债累层积，有儳焉不及终日之势。维时政府既声援助，股东方面为自身救济计，曾有倡变产救航之议者，然变产则必举平昔异常珍爱秘惜之产，□出而求售，否则不能骤获大宗价款，以资实用，而内地商民绝少雄厚之财力，足以接受巨产，势必仍须假借外赀，举数十年来辛苦经营声价日腾之优良地产，拱手让诸外人，深觉可惜，故董事会虽在艰难困苦之中，迄未肯贸然从事。兹幸大部注重商局，出予维持，则此等消极办法当然打消，宜亟谋所以振兴之策，与特别补救之道，审时度势，计无有善于推广国外航业以救济国内航业者。查招商局向有预备经营国外航业之码头三处：一名北栈、一名中栈，均在浦西；一名华栈，在浦东。三处均当冲要繁盛之区，共估地二百余亩，按照通和洋行最近估值，虽仅照普通地皮而论，值价已近千万。若以三码头之地点重要，将来于国外航业上占极优位置，则即代价数千万，仍恐难觅此等同样地点。此为华商手中硕果仅存唯一之优良码头，本备推广国外航业之用。顾以国内航业尚无办法，曷敢放言高论，遽及国外。唯处今之时，情势迥异，变产之议既已打消，借款之谋久同饮鸩，苟不急谋推广国外航业，则国内航业将益无振兴之望。窃尝环顾国籍商人之资力雄厚者，在内地虽不多见，而海外侨胞，其拥有数千万巨资者，实已指不胜屈，闻彼辈寄人篱下，身受种种压迫，昕夕盼望祖国轮舶高悬国徽、飞扬异域，藉可一吐郁积之气。诚能利用此种心理与机会，联合各地华侨船商，结合团体，筹集巨赀，组织国外航业公司，即以中、华、北三栈码头提出价值之半数与该公司合股，以每亩十万两，计公平作价二千万两，让渡与该公司，不惟此项珍贵难得之名产不致落诸外人之手，且可藉以推广国外航业，并以地价所入之半数整理国内航业。救济之策，莫善于此。

（五）办法：由交通部主持，并派专员分赴南洋群岛及新嘉［加］坡等处，联合各埠华侨船商，筹集资本五千万两组织公司，即定名为"招商局国外航业公司"。原有之招商局即改名为国内航业公司，由国内公司将中、华、北三码头作价二千万两让与国外公司，并由国内公司在应得之地价内划出一半，投入国外公司作为股份，其余半数一千万两由国外公司给付现金，俾获清偿债务，整理国内航业，两公司相辅而行，如兄如弟，虽彼此账目分立，而营业则照联运办法，以收互助之利。同时，由政府积极筹画建筑吴淞港口事宜，以便吨位较巨之商轮得以出入衔接。国外公司之总机关设于厦门，分机关设于上海及南洋群岛各埠，以免受国内各种不测之波动。该公司一切用人行政，悉听侨胞同志中富有航业知识者主持办理，似此一举两得，而吾国残延一线不绝如缕之航权，或可藉此恢复矣。

（1928 年 8 月 13 日，第 12 版）

编辑弁言

记　者

招商局过去之失败，皆由于少数人之把持，假商办之名饱私人之欲。至航线之如何开拓、航权之如何收回，当事者漫不经心，遂令大好江河尽是外舰充塞，兴言及此，感叹何如？

彻底言之，航政本应为国家经营，决非少数民众之力所能胜任，先总理《建国大纲》已不一言矣。我国当局有见于此，因由清查监督而代为管理，一自更张革陋规、减消费、还旧债、培人才，汲汲终日不遑暇食。虽当事者自视欿然不敢自满，然关于第一期之整理工作已卓有可观，非仅记者阿其所好也。然吾人苟一究及招商当局现处之地位、性质如何，则皆扑索迷离，钳口结舌，莫知所答。夫名正而后言顺，窃谓我国当道如不欲彻底整理商局则已，如欲之，宜先确定其地位，庶当事不致无所适从，而贤者有抱莫展宏猷之叹也。吾读赵总办交通会议改革招商局根本计划以求发展案，不禁有感而作是言。

（1928 年 8 月 15 日，第 23 版）

改革招商局根本计划以求发展案

——交通会议提案之一

招商局以办理失当，积弊滋深，国民政府因此局关系航权，由清查而监督，而管理，乃成今日特殊之现状。此种事实日本邮船会社亦曾有之，是皆属临时治标之策，而非根本改革之法也。铁桥承乏局务瞬经半载，按实地经验与各方考察，深知欲整顿本局积年紊乱萎靡之状况，非先具有根本改革计划不可，谨就鄙见所及，分述其理由与办法如下，是否有当，敬候公决。

理由：整理招商局非有根本改革办法不可，其重要理由有六。

一、招商局内容极其复杂，系统毫无，而各附属机关之制度尤为离奇（如积余产业公司、仁济和保险公司等，皆其特例），苟非有根本具体之办法难作彻底之改革。

二、招商局财政枯涸已达极点，加以产业全部抵押于汇丰银行，是经济上全失活动之能力，故非有根本办法不足以救济之。

三、外界欲投资招商局者颇不乏人（迭经接洽），然彼等必欲详悉具体规划与确实负责之人，征此则恐投资若掷泥沙于深渊。职是之故，局中财政永远无活动希望，是尤非有根本改革之具体办法不可。

四、招商局多数船只年龄过老，消费多而生产少，殊不合商业经济原则，是又非有根本具体之办法难于添置新船。

五、此外关于航线之推广，栈房、码头、造船厂之建设种种，均非有根本办法不能实行。

六、本局同事咸知现在局面为暂时的，苟无根本办法，人多怀五日京兆之心，虽加督饬，成绩较差。

办法：改革招商局根本计划分甲、乙两部。（甲）公司性质之先决问题；（乙）发展业务之进行程序。

（甲）公司性质之先决问题

缘公司性质为根本改革之先决问题，故首当确定，其办法不外下列五端。

（一）收回国有。此系根据本党政纲第十五条之规定，最为正当，应取何种手续，有下列各项可资研究。

A. 按照市价收买股票。查局股计老股四万四千股，额面百两，每股附发新股一股；积余公司股一股三种，股票合为一份，每份现时市价在五十两左右。若有现款二百余万，即可收买完全所有产业，抵作偿债之用，悉归国家处理，此法极称简便。惟政府急需筹集现款（查本局旧债，计汇丰五百万，花旗一百万，上海各银行、钱庄四百万，共约一千万两之谱），故政府如欲清理债款，除收买股票外，尚须一千万两。

B. 发行公债，照额面调换股票。此为前清收回商办苏浙路之法，迄今尚未偿清，若非有确实基金及偿付本息办法，不易得股东之同意。又调换公债，老股、新股、积余股如何分别，此其困难之点也。

C. 照市价收买股票，照原价收回产业。照市价收买股票，全数只须二百余万两，其他不动产照原价略增二三成维持及修理等费，一概收回（此系根据经济原则）。惟此法须核查、估价等精密计算工作，不如前法之简便易行。

总之，收还国有其焦点在于财政，且收还之后更须筹大宗资金方有办法，否则如获石田耳。故国有能行与否，当视财政情形为断。就财政现况论，似时机未熟也。

（二）交还商办。商办成绩如何，事实具在，不待烦言。既背党纲，又循覆辙。果仍由旧董事、大股东把持旧习，则清查整理之举，监督接管均〈有〉为无意识之举，等于开倒车也。

（三）国商合办。政府加入股本与商股合办，股本之数量、职权之分配不易规定，征诸前例，如中国银行等，成绩亦不甚佳。

（四）官督商办。局中有此旧例，未设总管理处以前，原意亦希藉此为整顿之计，然令之不从、督之不顾，高拱两月一无作为，何〔可〕谓已行而失败者。

（五）商有国办。政府委派专员自执行业务之责，原有股东仍选举董事，监察有相当督察之权。此参酌日本邮船会社创办时之先例及招商局之历史，定此办法。

上列五项，财政宽裕收归国有最为直捷了当。就现状论，政府筹大宗资金或公债确实基金颇非易易。以艰难筹得之资本，不以之直接生利、发展航业，而以之间接运用、发还股本，迂回曲折，未免为不经济。第五项"商有国办"之说既较易行，而收效尤速，其长处：（一）既归国办，则航业无垄断之弊，与政纲第十五条"企业之有独占性质及为私人之力所不能办者，如铁道、航路等，当由国家经营管理之"相符合。（二）政府补助资金直接用于业务可以节省巨款。（三）有商董督察，流弊自较少，然下列两端或所难免：①政府委派执行之人员随政潮为进退，朝令夕更，业务随而舛乱；②各机关视为公用物产，随意征调，蹂躏不堪（现已有此情状，国有之弊亦同）。今欲存其利、去其弊，则须依照下拟之办法：（一）照邮船会社例，政府为商股，保年息八厘（只保老股，岁费不过三十三万余两）；（二）商股照章选举，董事监察惟职权应详细另定；（三）政府委派之专员与商董同其任期，不受政府之影响；（四）军用或国用之征调，明定条例，不使受意外之蹂躏。如是则有利无弊。窃谓目下最适当之办法，无以逾此。征诸前事，招商局创办时期，五总办、三商董为无成文法之制度，成效最著；第二时期改总办为督、会办，为官督商办制，成绩已弱，犹能保持；第三期选举商董，完全商办，乃一落千丈，腐败日著。信乎，航业之必赖国力维持，而官商互察之，必不可少也。再征诸邮船会社，当三菱与共同运输会社合并时，政府选任森冈昌纯为社长，其觉书明文规定"十五年由部简任，十五年后股东选举，政府核准"，与今日情形相类。大部果采用商有国办之旨，则办法惟一，请政府颁定招商局商有国办之条例而已，事极简而效极巨。根本既定，发展程序乃有所附丽。

（乙）发展业务之进行程序

公司性质既已确定，则业务发展自可进行。兹遵照监督第一次宣言，分整理、补充、扩展三程序，拟具办法如下。

第一期，整理。当此整顿初步之时期，应以清除积弊、整理业务、节省縻费为目的，故其最重要办法不外下列数端。

（一）改革不良之制度，如分局包缴制、各轮各栈买办制等皆应完全改革。

（二）改良会计制度。该局会计向无系统，自本年七月起已改用新式簿记，以便稽核。

（三）改进营业方法，以增公司收入。

（四）编制精密统计，以供营业政策设施上之参考。

（五）节省用料，以免縻费。

（六）裁撤冗员，促进办事效率，节省无益用费。

（七）编订预算。凡大规模之公司，必有精确预算，以为各事进行之准绳，自六月起已实行编制。

（八）制定各船栈服务规则，以专职守而祛积弊。

（九）清查局产，以明公司资产之真象［相］。

（十）清理其他各项积弊，以为发展业务之基础。

上述各项清理业务办法，本局自二月改组后即已逐渐办理，详细情形见附件《招商局最近五月来整理局务概况报告》。

第二期，补充。此属整顿之次期，亦即本局目前之时期。因清理工作已完，故当进一步以补充各方业务之不足为目标，而使渐次完善，其进行要务如下。

（一）筹借低利资金。当此期间，种种设备在在需款，故亟应筹借低利资金，今拟数策如左。

（甲）政府保证发行社债。

（乙）发行公债，拨借于局。

（丙）抽出局产，抵借巨款。局产号称值四千万两，抵于汇丰仅五百万两、花旗一百万两，曾欲加抵，辄招拒绝。今若能另觅银团，抽出转抵，可抵千余万两，即有活资可以运用，然非先决问题决定后不能行施。

（丁）添募股本。其事较难，亦非先决问题决定后不能行。

（戊）政府津贴。以日本邮船会社之发达，政府尚岁津贴五百万元。招商局倘能得政府每岁津贴一二百万元，不难全局改观。

上引五项以（甲）、（丙）两策较易实行，俟决定采用何策后，再具详细节目另案陈述。

（二）创办车船联运。国内各铁路办理联运已久，而车船联运尚未有闻。今拟由局与各路商办联运，至运率之规定、运货之划算、赔货之预防、转运之手续、经理之雇用，须分头与各路订立专约，更请大部仿运漕津贴之意，车船联运。既由局创议，即由局主办，再分配与国人自办之航业公司，局中略取扣佣，以资津贴，在大部为不赏之惠，而水陆交通得格外发达，利莫大焉。

（三）废置老船添置新轮。因船龄过老、机器过旧，销煤多而速率缓，殊不经济，亟应废止。查本局海轮中"海晏"、"广大"、"广利"、"图南"四轮，年龄均在半百左右，锅炉不良，轮身太坏；江轮中有"老江天"、"江裕"、"江靖"三轮，年在四十左右，销煤过多，载货过少，均经专家查验，早应废止，免受成本过费之亏损。兹根据营业状况及财政能力，可先添半新海轮（船龄在十年以内者）八艘，以三千吨者为最宜，约需一百六十万两（每只约价银十六万至二十万两）。新造海轮三四艘，吨位在三千吨以上，约需一百二十万两之谱，此新添十余轮均分往南、北洋原有航线。江轮应添走沪汉线者三艘，约需一百五十万两；宜汉线者一艘，约需四十万两；重宜线者一艘，约需三十万两，共计约需添补船只费五百万两之谱。

（四）修理各地栈房、码头及趸船。择其急待修理者修理之，或改造之。兹据各方报告，共约需二三十万两。

（五）补充各轮必需设备，如无线电、救生圈、保航队等均当设置完全，以备应用。

（六）试开上海—海州新线。迩来据调查结果，决开辟此航线以承运陇、豫、鲁、海沿路之商货。

（七）设立航务学校培养专才。政府应即筹款，设立规模完备之航务学校，造就专门人才，以为扩展航务之预备。

（八）政府特予补助金以资提倡。当此期中，各方既力求补充，需款孔亟，故政府方面应予以适当之补助金，藉示提倡。查本时期最为重要盖不独在补充各方之不足，而使业务渐趋完善，尤为开将来扩展计划之预备，是亟宜注意。

第三期，扩展。在此期间，应将各项业务逐渐扩展，其进行应如下。

（一）扩展内河航线。因我政府既以取消一切不平等条约为职责，我国内河航权即应收回。当此大好机会，应即多添轮只，夺回已失之航权，增加本局之业务。假定沿海岸南、北洋各线最少可增加四十余艘（查近年航行中国海岸之外船，太古有四十四艘，日清有四艘，怡和有二十余艘，兹根据此数估定暂增四十余只，实属不敷），长江线最少可添十五只（因长江线现有日清十二只、太古十七只、怡和十四只），计共需银一千二百万至二千五百万两之谱。

（二）推广外国航线。应按实地需要与经济能力逐次增广航线。最初可增南洋线，因据各方调查，确有把握；次及中日、中欧、中美、中非各线。

（三）添置海轮。依据推广航线之需要，逐渐添置船只，船舶吨量、数目、价值等均须就实际情形规定之。假使先开南洋各埠航线，则可暂置四千吨海轮五六艘，约需三百余万两；如增加中日、中美、中欧等线，则假定每线暂需两三艘，吨位在万吨左右（但中日线只需四千吨），共需银二千万之谱。

（四）添置海外码头、栈房。须斟酌需要，分别设置。

（五）添置造船厂及船坞。查本局船只日增，每年待修理、改造者数目非细，而建造轮船亦在必需之事，故应筹设规模完善之船坞及造船厂（如能筹款收回大沽造船厂最为经济）。

（六）政府应实行保护航业。我国航业幼稚，航权丧失已久，值兹恢复之始，政府亟宜设法卫护，方能逐渐发展，否则，绝难与列强竞争。此外，如国家奖励金、补助金等条例亦当切实规定，以助长其竞争实力。再若海商法、遇难救护法、防止碰船规程，均当早日明定，以示护卫而期发展。于兹时期，倘得上开计划完全实现，则本局航线可以布满全球，中国航权不难雄飞世界，安见其不能驾乎日本邮船会社、美国大来公司而上之哉？

（附件）招商局最近五月来整理局务概况报告

发展招商局之计划，监督就职宣言中已明白表示，首整理，次补助，再次扩充，铁桥秉承方针，承乏局务，凤夜兢兢，历五阅月。当就任之初，内呼庚癸，外抗风潮，拮据艰难，靡言可喻，仰赖监督指导，按次进行。此五月中营业收支略可相抵，其中代为偿还旧董事会任内积欠债息七十余万两，各船、各栈及局友欠薪二十一万余两，地租、地捐、修船及各项杂欠十余万两，共偿旧欠一百余万两。悬釜待食，数米而炊，积至最近，茹苦节啬，稍得现金挹注，然债息仍苦无着，非有根本救济法，恐终无以支持。五月来阅历甘苦，略窥得失，监督所谓初步整理诸事，多照举办或在计划进行中。兹特撮要报告，藉供参考。

（一）改革不良制度。已办者内如：①设总管理处，改三科制为六科；②改各轮坐舱为业务主任，加增比额，每月增收二万余元，加收保证金，以杜流弊；③颁定分局章程，逐次改除局用，包缴制现正在进行中。

（二）改良会计制度。已办者：颁布会计规程、设改良会计委员会、招考会计员、制定会计科目。总局自本年七月起，改用新式簿记，分局则递派会计主任，渐次改用新簿记，正在进行中。又，六月份起每月编制预算一次，为一个月办事标准。

（三）编制统计。局中历来绝无统计，故营业比较航行成本等无可考查。今自接手日起，已按期编造各种必要之统计图表，逐求精密。

（四）选进华员及预备航务人才。局中船员多用洋人，薪资大而效益少。现正逐渐选用华员代其职事，既奖人才，兼节糜费。近又招考航务员十余人，于驾驶学有根底者训练一二月后派往各船服务，以为预备，并将原有招商公学添设航业专科，先招生五十名，将来拟逐渐扩充名额，多多培植航业人才。

（五）节省用料。旧用包煤，接手后照约折扣，节省银万余两。现试购趸煤，用资比较，并派专员研究节省燃料办法，以资整顿。他如购用五金等，务求精审，有弊必惩。

（六）制定各船栈服务规则。陆续颁布，务求实效，如取缔各船茶役及私带违禁物等，尤为注重，现尚在进行中。

（七）改革各栈积弊。各栈房、码头积弊深重，如扛力之浮报、铜元之高抬、购料修理之虚糜（芦席一项，旧时报价高出实价数倍）、栈租之侵收等，现正一一革除，如扛力之改、洋码修理之经勘验、购料领款之经核计，已著成效。

（八）营业之革新。局中旧习，搁置转口货及客货损失互推不赔，致客商裹足，业务一落千丈。今分置营业科，与沪分局划清权限，转口货随到随转，不使延搁；遇有赔货，即令负责任者速为理清，以便客商而矫前失。近更拟设业务改进委员会，延聘专家研究讨论，务使日进不已。

（九）估查局产。旧由董事会委托通和洋行估计局产，已有专册，惟未完备，且不甚精确，今拟续为估计，并确实清查，正在进行中。

（十）增设广告营业。各船地位可供悬牌广告，旧时废置不问，今开办广告月收千余元，将来如增添船只，又推行更广，不难以附庸蔚成大国，为大宗收入也。

（十一）代为公司注册。招商局号称商办有限公司，而注册手续未备，股东之责任不明，为责难旧董事之一端。今已代向国民政府注册，注明有限公司，使股东之责任明了。兹事虽小，关系颇巨。

（十二）添置设备。局中各船设备未完，即如无线电为海轮所必需，亦无一船装置者，现正陆续筹装，数月内可以竣事。

上述各节皆属整理中应有之事，其他如控追汉局积弊、改订大通趸船制、清理招商渝等，事关一隅，未遑备举。总之，整理期内以祛弊节流为目的，其结果仅能减少亏损，立定根基，为发展之预备功夫而已。

（1928 年 8 月 15 日，第 23 版）

对于改良我国航业之感想

徐广德

路航邮电为交通事业四大要政，成绩之善良与否，于一国之国计民生息息相关。近来东西各国，无论民众或政府方面均极重视。我国铁路、邮电早经定为国有，惟航业一端，仍归商办。兹鉴于我国航业之日就衰落，发生种种感想，随笔写来，聊作航业丛谈，未敢云有所计划也。

一、外洋航行我国全不参预

查世界八大航线，于我国地位较有直接关系者，为赴欧西之苏彝士运河线、赴北美之太平洋线、赴南太平洋澳洲线，以及横亘中美洲之巴拿马运河线。七八年前，我国留美华侨尚有自办之中国邮船公司海轮两艘，行驶于北太平洋中、美两国间，今则早经收束，我国外洋航业此时尚谈不到。

二、沿海航业之落后

沿海航线，除中国国内沿海线各商埠外，南洋群岛、日本沿海各埠以及高丽、西比利亚东埠各口，均可隶属在内。我国轮舶行驶于南洋各商埠及日本海者，只有欧战时代民国六七年间招商局海轮七八艘。此种机会今则不独难期再来，且本国境内沿海线一万数千里，北起南满大连，中经营口、秦皇岛、天津、威海湾、烟台、青岛、海州、上海、宁波、温州、福州、厦门、汕头、香港、澳门、广州、海南等埠，航运之权几尽为外商所侵夺。华轮行驶于其间，有定期班头者，在南部则有招商、三北、宁绍等公司；在北部仅有正记公司，总计全部海轮不到四十艘。对于客运、货运种种，且并不普遍行驶于各码头。

三、长江航业之消沉

谈到沿江航业，当然要推扬子江一线为最重要，其干线包括：甲、上海至汉口；乙、汉口至宜昌；丙、宜昌至重庆、叙洲〔州〕三段。其支线分：甲、汉口至湘潭；乙、汉口至常德两段。地处国中富庶之区，沿江一带沃野千里，商埠林立，货客云集，招商、太古、怡和三公司四十年前已开始国际间航业上之竞争，公认长江航业确有把握。迨甲午战后，日本亦取得长江航行之权，大阪商船会社于一八九八年得日本政府之津贴，开始长江航运。当时招商、太古、怡和以外，尚有麦边、鸿安两公司，于是原有之五公司互相联络，与之对抗。大阪商船一时虽受重大压迫，然卒能奋斗到底，造成今日之日清公司。据日本南满铁路经济调查局最近报告，谓迄今招商、麦边、鸿安诸公司营业陷于不振，而大阪商船会社（即日清公司）反能增加船只，完成陆上设备，骎骎伸张其势力，并扩充上游新航路。查民国十一年长江航行最近状况，走沪汉段者，有招商、太古、怡和、日清、三北、鸿安六公司船只，走宜汉段者有招商、日清、太古三公司船，航行宜重段者有太古、招商、怡和、日清及其他小公司之船只，走汉口、湘潭间者亦为上述之四家船只，走汉口、常德间者仅有日清一家。迨至去年秋季，长江军事爆发，我国唯一之航业公司招商局几至全部江轮停航。本局江轮原有九艘，旋又被北军毁去一艘，损失不赀。加以历年办理不善，债务累累，捉襟见肘，几濒破产。三北虽亦为我国航业公司，然仅有江轮四五艘，安能与太古、怡和、日清相颉颃。一年以来，长江航运之权几乎全部落于外商之手，对于国家体面、国民生计两有妨碍。近来，国民政府当局亦思设法挽救我国航业，曾有种种表示，所愿我国航业界自身亦应鉴于所负责任之重大，协力同心，亟起而谋所以改良之策。一国航业之盛衰，与全国国民生计、国权消张关系非浅。兹将鄙见对于维持我国航业分治标、治本两种方法陈述于下。偶然发生之感想，当然无系统可寻也。

四、维持我国航业之治标方策

所谓治标方策者：（一）在政府方面，对于已复航之各公司当力任保护，免受军事上之催折。对于未复航之各公司，当予与种种便利，俾得迅速复航。好在长江军事已告结束，政府当局对于征发商轮，此后更可缩小范围，如有政府租船事件，亦宜由交通部主管机关办理，以一事权而免纠纷。（二）邮件输运津贴，惟本国商轮得受此待遇。从前中国境内输运邮件，邮局向来与招商、太古、怡和三公司订约，平均分担运送，按季得受津贴。此后邮政局应改变方针，秉承主管机关，改与本国航业公司订约。运送邮件如能胜任愉快，津贴不妨从丰，以示奖励而重保护。（三）严重取缔不法军人干涉商运，以及无票乘轮之恶习。（四）凡政府现任官员一律须乘本国商轮，但因公出得购半价票。以上仅就政府方面着想，至于各航商自身，对于提倡货运、便利客商、统一价格、严守范围种种事务，以及扩充航线、增添轮船、改良陆上设备、造就航业人才种种计划，不妨合数公司之力，集思广益，共同经营之，庶克逐渐改良，维持局面。

五、改良我国航业之根本方策

根本计划，期在永久，非短期间可以办到，且非政府出面规划不可。今试约举数端，藉资讨论。（一）凡在我国沿海境内，各埠禁止外轮航行，惟外洋轮船往来，当然不在禁止之例。此条直接有关不平等条约，非俟该项条约取消后，实谈不到。（二）采取极廉之造船投标价格，设法招致本国航商向国有造船厂订造商轮。此法美国行之已久，颇有成效，因美国有造船厂重在制造军舰，不求谋利。凡属商办造船厂，政府特给重价制造军舰。惟政府与厂方有一种谅解，凡属承造商轮，不得取价过高于成本。（三）船身建筑材料，进口概免纳税。（四）政府津贴及借款。除上述之运送邮件津贴外，有所谓造船津贴，以每吨若干计算；所谓航海津贴，以每年所走海里计算，在法国、日本最为普通。然商轮之得受上述两项津贴者，规定资格极严，大抵非航行外洋新式船身、钢制船壳、速率每小时二十海里以上、重量万吨以上者，不得受此种待遇。至于政府借给商轮款项，在英国只有堪那公司一家，实属例外。以上各节根本方策，原属国家交通事业行政方针上之计划，非精密之研究不能下断语。兹略举数则，聊备讨论而已。

（1928 年 9 月 1 日，第 23 版）

对于招商局最低限度的几点希望

何应钦

总理民生主义，于"衣"、"食"、"住"之外，兼顾"行"字，这种独具只眼的见地，足使我国人民觉悟警醒。我国人民自来讨论人生问题，只及"衣"、"食"、"住"，而不及"行"，此实我国贫弱不振、文化实业落后的最大原因。一查欧美各国地图，真正令人愧死，他们铁道之敷设，何异星罗棋布。既有便利的交通，因之文化勃兴、工商业发达，使国家日趋富强。总理慨我国交通之不振，实国家贫弱一大症结，认为解决民生问题不特在足民食、裕民衣、乐民居，还得要利民行。

我国铁道之简单短促，现且暂置不论，单就航线方面来说，仅仅海岸线已有一万三千余里之长，内河航线还不在内。以如斯长的航线，若能积极整理，则交通之发达、航业之兴盛自必大有可观。但是可怜极了，不仅沿海航权操诸外人，就连内河航权也是外人把持操纵，不特利权外溢，亦且损及国体。依据国际公法所公认，一国对于他国商船，只许其在沿岸海面无害的通过，而对其沿海航权则享受专利，得禁止他国船舰在其领海沿岸航行、载运客货。至于内河之禁止他国船舶航行，更不待言，不过什么法不法，无非强国与强国间之规约，或强国自保之法权，弱国哪里能享受？

我国航线既如是之长，而航业公司惟有一招商局。他不特资本雄厚、规模宏大，且有极久远历史，其成立远在五十年前，与日本大阪邮船会社同时产生。现在大阪商船雄飞海上，营业之广遍于全球，而招商局之范围依然局促于长江及南、北洋三航路，所有资产大多抵押，股东血本日愈减缩，股票价值低落日下，与大阪航业两相比较，真是相形见拙［绌］。细考其中原因，一则自强不息，一则腐败不堪。就整理招商局委员会的调查，则以前该局无一而非弊病，会计科权限过大，现款无人点查，付款账单不加稽核，而煤价之浮报、数量之偷漏、使用之浮滥，其他如修理费之浩大、各轮用物之繁多、外人薪工之巨大、各项缴费之不实，而办事之不得法、组织之腐败，以及董事之尸位素餐、职员之营私舞弊，那得不失败而亏本。若再不从事整理，恐怕再过两三年，这资本雄厚、规模宏大、历史悠久、我国唯一的航业公司，就要宣告破产而关门。

我国不特招商局是如此，无论什么企业大都是如此。最初集股、开会、组织公司、开始营业、余利，一转瞬间，便成萎靡、亏本、倒闭。其中的原因虽多，而不求改良、不思进取、任用非人、营私舞弊，实其中最主要之原因，致使一般人民对于本国人经营之大企业公司大都裹足不前，不肯投资，外人招募股本反而容易。所以招商局之急应整理，影响所及，不仅在维持旧股东之血本，而在招徕一般人民对投资本国人经营实业之信仰，不仅在求营业上之发达，而在图挽回我国沿海内河航权上之损失。

至于招商局今后应如何整理，现在已有专员办理，一切革弊启新、推广营业、挽回权利等等，想负责人员已在详细计划之中，于此不欲多所论列。我现在要说的只是几个很小的问题，而且可以立刻办到的列举如下。

（一）遵守时刻。招商局轮船开行日期，大都不遵时刻，这种情形一面是公司损失信用，一面是营业反受损失。在公司方面，以为多延数日可以增加商货、多载行客，表面上所得收入不负此行，殊不知暗中所受损失则非常大，商人运货自以早达销售地，获供少求多的厚利，若船开延期，则彼大蒙损失。因此，宁搭定期准确之外轮，不搭时常改期之中国轮。中轮纵有载货，亦多属载外轮不及而来者，于是中国轮经营日削，外轮经营日盛。至乘客方面，因船行延期所受损失尤为不支，常因多延一二日关系，致误其大事者，所以为公司信用计、为营业发达计、为乘客便利计，均应遵照时间，严守不渝。纵令开行之日无有一货一客，亦应空行一次，必有如此决心，而后可以言商业。

（二）规定定价。此处至彼处价格，应由局中详为规定。一定不易，至少可以行之十年八年。若非极大变更，决不轻于更易，不特方便行人，公司亦感觉便易，稽算账目、考核职员亦较容易。现在船价大都每次一定，且不正确，照价买票者较吃亏，托公司人员往买者较便易［宜］，以致日乘一船，同等座位，而所买票价各有不同。这种情形，坐客自然是吃亏，而公司同时也未得利，从中取利、得实惠者自然是办事的职员们及船上的茶房。所以价值不予规定，不特不便于行人，且予办事人员及司会计者以作弊机会，很希望招商局速将各地航线规定之价，非特别情形永无更动。

（三）票价减轻。航行事业不仅在求盈余，且须兼顾交通。既属交通事业，有利时应该作，纵然于己无利，只须有利人民，也应该作。所以交通事业无论任何主义，多主收归国有者，一在妨［防］止大资本之产生与工人之受压迫，一即在便利人民，故不能以纯粹之营业性质视之。我国交通事业，国家既无力经营，于是任商人前往办理，轮船、火车价值之贵，令人乘坐不起。尤以近几年来时局变换大，办理交通事业者认为奇货可居，高昂其值，有时票价之高出人意表。此种行为不特国家不容许，就商业方面来说，亦未见得多大便宜。外国人只图营业发达，牧［谋］利若干年后，而不在一次、二次之盈亏，中国人经商恨不能第一个月就收回资本，第二个月就大获其利，图近功而不思久远，结果是终归失败。即如高昂船价，由表面看去，似乎公司大得其利，殊不知一般人民因为船价过贵，不轻易行动，平常应往返三四次者，往返一二次足矣。公司因乘客不足，于是有延期等等弊病发生，与其人少、延期、受损失，何若低价多行数次之为愈，所以船价不宜高昂，高昂结果，不特国家、人民蒙其害，即公司亦受无形损失。

（四）注重清洁。旅行是一种痛苦事，若是环境优美、起居安福，则沿途观山玩水，见所未见、闻所未闻，亦未尝非人生乐事。但是在中国旅行，绝对说不到快乐。就轮船论，大多数总是希图收入丰富，稍有一隙空地，尽作铺位卖出，以致欲出舱眺望都不可能。而舱内之龌龊不堪、船身之不肯轻易洗濯，以及臭气之逼人、饮食之恶劣，若非有特别事故、不得不旅行之苦衷，谁也不愿来受这痛苦。所以很希望招商局对于各轮清洁特别注意，以重卫生而慰行客，其他如像茶房之不负责、小费恶习之应取缔……均应积极改革。

以上数端，事体虽小，影响实大。若能切实办去，未始非招商局改良整理之先声，特为提出贡献，即作我个人对于招商局最低限度之建议。

十七、八、三十

何同志这篇文章，针砭我国商人弊病及航业腐败情形，真是入木三分、透辟极了，我们对于这种善意的指导，自然愿意极端接受，并且十二分的感谢。何同志所指示几点，如遵守时刻、规定定价、票价减轻、注重清洁等事，本局自改组以来也曾注意到此，将江海各船开行班期重新划定，并于每月月底，即支配好各船在下一月开行时日，印成一览表分发各客商，以便他们按图索骥，倘若不逢着怎么特别阻碍，断断不会无故捱延。次若各船的票价，现在的船票完全归总局印发各船，价目划一，不比从前那种不注价格的票，各船再不能任意高下（按各地旅客购船票，往往托旅馆、客栈代购，经手渔利，敲诈多端，此是向来票价混乱的唯一原因）。至若清洁问题，本局早即严令各船切实注重，不得玩忽，总算与何同志所见不谋而合。

但是吾人说到这确定班期及票价低廉两项问题，就联想到军队的扣船和国家的财政，不免发生无限的感慨。犹忆今年北伐动员及功成班师的时候，有些地方的军队常常借口装兵，一碰见本局的轮船，不管你有无旅客货物，或曾否到达目的地，半途之中就强迫的把船扣留起来，把旅客驱逐下去，货物抛弃岸上，又不实时上船，扣留着使你老等，而且照他出发的人数，明明有一个船尽够装载，他偏要扣你三个、四个，如像本局"江天"、"江顺"、"江裕"、"江安"、"江新"各船，三四月间在九江被扣两三次，"江新"在上海装着一百几十个兵士，不许另搭一个乘客，把一只空船单放汉口。依照这种情形，班期如何能够确定？论理，本国航业公司对于军事运输固然义不容辞，但也应常顾恤商家的艰难，事先算定人数的需要，通知公司调船来运，并偿还最小限度的用费（因为军队出发本领有开拔费），那才是正理啊。其次，票价低廉问题。吾人以党的立场来论交通事业，对于轮船公司，自然应该遵照党纲第十五条的规定，收归国办为最正当，那时自然可以最低廉的船价给一般民众充分的便利。即说国有一时办不到，也应仿照美日各国的办法，每年提出一笔钱补助轮船公司，藉以扶植航业的发展，则公司已经受了政府补助，对于票价也就可以加他一种限制。无奈目前国家财政还是百孔千疮，自顾尚且不暇，哪有余力收归国办、提款补助？那么，国内轮船公司受着这几年时局影响，已经亏折不堪，再要减低票价，虽明知是件好事，无奈也是力不从心，只能悬为将来营业发达后一种理想罢了。好了，现在我们国民政府总算把全国统一了，此后训政开始，一切建设事业当然积极筹备，何况航业又关系航权收回问题，自更在筹画扶植之中，航业界一线生机，从此或可找着一条出路，我们希望何同志本着他的热忱，多多在中央建议，我们在这里代全国民众先交上一张万分感谢的预约券。（记者附识）

（1928 年 9 月 15 日，第 23 版）

招商局新会计方案序言

招商局以弊著于全国。弊所由滋，会计之不完、不备实为重大原因之一。语曰："诸侯恶其害己也而皆去。"藉局中会计之迁延未改，与其谓为漠视，毋宁谓其有不可改者在也。今春承交部命管理局务，窃谓洁衣者必振领，举网者必提纲，会计为一局之纲领，不从此入手，诸纷莫理。老友俞寰澄君时任总稽核，允任改革会计事，余力促之，讨论擘划者数阅月，始于七月一日实行。诸同人之用力，盖甚劬矣。此后关于会计者，记载详尽，条理分明，我欲报告于人、人之欲稽核我者，翻卷即是，不至如向之冥行索途，清查须累月也。此足以扫前此隐匿、秘藏之习，不仅革新会计而已。同人汇集经过事实刊之，意期当世明达教其不及之处，更有所进益。故乐为之序。

民国十七年十一月，赵铁桥。

春季承乏招商局总稽核，欲知资产债务之真相若何，欲知营业盈亏之内容若何，于是问财产目录无有也，问承［成］本会计无有也，乃至应收未收、应付未付，将以汇总清结，藉知一时之状况者，亦茫然无下手处。取其簿记观之，乃数十年来相沿之旧式。而沪局允纠紊，即旧式论，亦谬劣者。夫新簿记之输入中国有年矣，二十余年前任浙江铁路公司会计，即锐意改革簿记，尤注重于成本会计。至以材料入账之故，迭与工程处争持，晓晓口舌不惜也。近年来各银行、各大公司已盛行新簿记。招商局拥有数千万财产，为商业重要机关，入世界竞争之场，而仍数千年之旧则，不能不咤前之当事者玩忽不注意也。总办赵公力主改革会计，乃不揣愚昧，与稽核处诸同人引任其事。首定规程，次订范式，决分科目，征诸学理，按诸事实，参诸他公司成式，一稿三四易，昕夕从事，不厌详求，创始属稿，及于实行。徐君广德、李君云良、徐君玉书、熊君实荪之一力为多，汇而存之，亦足以见一时之经营也。招商局业务之记载，根据于运货舱单。旧式舱单分国文、英文两种，支离谬漏，弊窦以滋。受事之始，即制定新舱单，并附详细说明书。欲推行诸各局，而反对者纷言其不便、不能行也。自汉局创改，又适调任营业，乃一意督促行之，今始一律通用，登账、结算便利不惩。呜呼，一舱单之微，而其经过之艰难曲折盖如是。此局外所不及知，而得失成于寸心。

民国十七年十一月

俞凤韶。

（1928 年 11 月 15 日，第 30 版）

招商局的历史

——俞凤韶在俭德会演讲

今天所谈的是占全国商业重要位置的招商局，我们旅行常常搭乘招商局的船，运货常常装招商局的船，□见那红圆心的旗、中心黄圈的烟囱，人人都晓得这船是招商局的。但是招商局已经过五十余年，究竟招商局是怎样的起原〔源〕，怎样的成立，怎样的改更，与国家、商业、社会各方面有什么关系，不要说普通的人不清楚，就是身在局中的，问问他们，亦多说不出所以然，或者是瞎三话四，造些事实来哄骗人，或者说这是专门家的事，内中有好多深微奥妙的情形，外行不能知道。总之，无非借"秘密"两字以行其私，除了开股东会时，有一种不痛不痒、敷衍其词的报告，有不完不备、似是而非的账略而外，再也没有别的东西可以探问其内容。最近几年因不开股东会，连这种报告账略也难找，真真变成一个深微奥妙的东西了。各国大公司有详细的统计、有精确的报告可以按图索骥，所以股票能在市面流通。主管之官吏、研究之学者都可藉以考察业务之盛衰、办理之得失，预备改良的计划。我国人凡事喜欢"秘密"，这可要套用罗兰夫人的说话，说他一句"秘密秘密"，许多弊恶借汝之名以行，事业之颓败、私人之侵占就葬送于这"秘密"两字，招商局亦是其中一例。

革命军到长江，那掀天撼地的潮流，连古老敝旧的招商局亦震得摇摇欲动。国民政府因为招商局是中国航水惟一的机关，亦是商业中最著名的弊薮，照总理的遗训、国民党的党纲，不能不注重这事。一到了青天白日之下，就破天荒组织了一个清查整理委员会，把招商局的积弊条分缕析的清查出来。诸君有见过清查报告书没有，这真是对招商局一种极有价值的著作，亦是中国实业中一种极有价值的著作。诸君如对招商局有研究的兴味，不可不找一部来看看，如果早几十年就有这种报告流布，招商局就不至腐败危险到今日的地步。可□以前总是敷衍了事，必等到国民军打到了，然后有此种举动，这真是招商局的不幸，亦是中国航业界的不幸。自从清查整理委员着手之后，政府跟着一二连三的积极整顿，设监督办公处，设总管理处，于是有今日之局面。

"不知来，溯诸往。"这中国一句老话，我们要晓得招商局何以有今日的局面，就不能不一问招商局的历史，今日所讲的是招商局怎样发生、怎样沿革，使万口喧传的招商局，还他一个来龙去脉。可惜鄙人知识短浅，不能讲得十分完全、十分透彻，这是要请诸君原谅的。

一部十七史从何处说起，必须分个时期，做一个段落。五十余年之招商局，亦得分作几个时期。就他的业务状况讲，可以分做：（一）创始时期；（二）维持时期；（三）衰落时期。再就他的内容组织讲，亦可以分做三个时期：（一）官商合办时期；（二）官督商办时期；（三）完全商办时期。这两样的时期不先不后，恰恰相会，这可以考见组织的好坏与业务的盛衰大有关系，不过每种时期，总是蝉蜕而下，不能绝对划清，我们就此窥见大意而已。最可怜，见历史通例，不论政治、商业，大概总有一个全盛时期。我找遍了招商局历史，□找不出一个全盛时期来，只得罢休，不能替这个古老敝旧的机关装点门面了。

（一）创始时期——官商合办。同治十一年（西历一八七二年）至光绪十一年（西历一八八五年）。招商局的发生，完全靠李鸿章一人，其动机专在抵制洋商航业，诸君要晓得当时的背景，然后知道招商局的重要。未有轮船以前，我国海运事业已经发达，沙船、钓船盛极一时，上海码头起初的兴旺，就全靠沙船集市此地，把稻米运到北方，把棉花、杂货装到南方，那时船只不下三四千艘。自从鸦片战争五口通商，西洋夹□船，驶入内江内海与我竞争，我们沙船、钓船不及□的轻快，其后汽船渐多，把我们旧船的营业抢得干干净净。前清同治年间，沙船、钓船从三四千艘减少至三四百艘，这可想见当时外力压逼之痛苦。同治十一年（西历一八七二年）淞江候补知府朱其昂在上海办理运漕事务，诸君要知道漕米是中国历史上一桩大事，现在不及详讲。所谓运漕，就是把南方几省向农民征收来的漕米运到天津、北京，嘉道年间，海运、河运（由运河输运）为政论上一个争点，后来海运占了优胜，就是交给那沙船装运。朱氏觉得沙船迟滞危险，想利用那崭新而快捷安稳的轮船，当时华人亦有购置轮船办运输事业，不过都是挂着洋旗，假着洋商名目。朱氏想由官设局，招呼这般挂洋旗的华商轮船投到中国旗帜之下，装运漕米，兼做运输，以抵制洋商，所以名为招商局。不明白这段故事，招商局的名义就不可解，后来硬加上"商办"两字，称为"商办招商局"，读起来觉得不顺口，解释字义更有点牵强。不过朱氏虽有此议，结果仍不能招致华商的轮船，其时北洋大臣李鸿章却是高瞻远瞩，知道这是一桩很重要的事情，借拨北洋练饷二十万串，又自己首先拿出五万两银子作为商股，尽□提倡，于是年十二月十六日正式开局，继续买轮船、码头，渐渐像个样子。经过二三年，居然募得商股四十余万两，由商股推选商董三人，官派总办五人，有五总办、三商董之名目。中国方面正在惨淡经营，洋商却猛吃一惊，要想把那呱呱堕〔坠〕地之产儿猛力一击，将其打死，于是就把运脚大跌特跌。起初洋商轮船由香港到上海，官舱客位每人要收船价一百二十八元，汉口到上海每客单躺〔趟〕价银七十五两，每吨货价银二十五两（见《徐愚斋年谱》）。诸君试想五十年前的物价，比现在□不多要强十倍，而船价之贵昂如是，可想见洋商获利是何等优厚。自有了招商局，客脚、货脚渐渐跌小，招商虽未能获利，而全国的交通，一般商旅已是隐受其福。洋商虽猛力攻击，然而□□的利益一变而为亏本之生涯，值价一百余两的航业公司股票骤跌至四五十两。那时招商局倒也不慌不忙，靠着政府做后台老板，着着不让，同他们竞争，先后开航长江线、沪甬线、南北洋线，并日扩充到新加坡、爪哇、西贡、海防、日本、高丽等处，虽是亏本，亦还立脚得住，这不能不说是政府帮忙之力。到底政府怎样帮他的忙？第一件是专运漕米，那时每石运脚五钱六分一厘，外加例定二成耗米，而且带货可以免税二成，种种优待，沾光不少；第二件是借拨官本，上面说过创办时借拨练饷二十万串，这就是官本之一。以后逢到困难时候，李鸿章常常拨官款救济，不止一次，尤其是收买旗昌这一回，拨款最大。那时南洋大臣、两江总督沈葆桢亦大帮其忙，奏拨公款一百万两，把这事办成，招商局基础才得立定。今日追想起来，李鸿章、沈葆桢可谓有胆有识。就局论局，李、沈两公真有百世不磨之功呵！讲到收买旗昌，实是招商局最重要、最荣誉的一件大事。当时洋商航业公司旗昌差不多是其领袖，内海、内江皆有航线，尤其是宁波口岸，被他单独营业，占十余年。自招商局同他竞争，拼个你死我活，起初还是大斗特斗，后来渐渐觉悟到有政府为后盾是斗不倒的，于是外国掮客运动归并与我，第一个接头的是徐润先生（见《愚斋年谱》），他计划一过，觉时机不可失，就决定下来。再找到唐廷枢、盛宣怀商量，大家赞成，共同到沈葆桢那里去请款，居然一拍就合，于光绪二年（西历一八七六年）十一月间订约，给价银二百二十二万两，收买江船八号、海船七号、小轮四号、趸船六号，金利源等码头、栈房五处及船澳机器厂煤铁等零件，另外尚有汉口、九江、镇江、天津四处栈房、码头一起在内，这可称中国商战第一件战利品。从此之后，洋商气焰稍戢。光绪三年，太古、怡和均来讲和，订立一种统一水脚合同，大家不相竞争，至今尚沿用未废。招商局内忧外患都已平定，渐渐有蓬蓬勃勃的气象，那时三商董、五总办中最出力的是商总唐廷枢先生（另有传见《旅航之友》），颇能公而忘私，认真办事，章程规条，多出其手，确是一位开创功臣。

（二）维持时期——官督商办。光绪十一年至宣统元年（西历一九〇九年）。此时期不过内部略有变更，没有十分重要的事情。光绪十年，中法战争，招商局船恐为敌人拎去，将各船栈仍交旗昌代管，换旗过户。十一年（西历一八八五年）又复收回，此为局船挂洋旗的第一先例。商董唐廷枢因事辞职，盛宣怀禀陈用人理财章程二十条，把制度改过，李鸿章就委盛宣怀为督办，用局产向汇丰银行抵借英金三十镑，此为抵借外债的第一先例。其时尚欠官款七十七万余两,奏明暂缓归还,政府维持之心,总算始终不懈。不过诸君要知道,此所谓政府,就是专指北洋大臣而言,当时招商局完全隶属于北洋,其他是不相干的。到了光绪二十年,招商局报效西太后万寿银五万两,其后匪首领刚毅奉旨查办招商局,责令提取二成盈余作为报效。其时李鸿章政治失势,招商局亦跟着倒霉,本来运漕是补助招商局的,后来运脚逐渐减少,免税两成也取消,运漕不能获利反而亏本,后台老板的政府,一变而为敲竹杠的大好老。到宣统元年,而一大改革。

(三)衰落时期——完全商办。宣统元年至民国十七年。宣统元年设农商部、邮传部,颁行《商律》,向在北洋卵翼之下的招商局不免别抱琵琶,另寻护法。邮传部颁行招商局商办隶部章程,声明为股分有限公司,举出董事查账人居然是商办股分公司的面目了,不过那时董事会之外,尚有正副坐办、会办、总董的名目,尚有官气。到了民国二年,股东大会议改章程,设董事会,从会中推出正副会长及科长,分掌主船、营业、会计三科。民国三年,又以大部分产业划出为积余公司,重定资本总额,股票分做航股、产股两种,改发新股票。正在那兴高采烈的时候,忽然霹雳一声,欧洲发生大战,照理讲,那时洋轮纷纷回国,正是收回航权千载一时的机会,可怜招商局这一班大人老爷们,那里知道得世界大势,航业准备,临到这种好机会,反把自己各船不做自己营业,廉价订租与人,其中吃亏令人不能了解(详见《清查报告书》)。股东们分得一二分股息,股东就算大恭其喜,不去顾问。欧战一停,洋轮竞争益加利害,股息不发了,股东会不开了,内外债利息付不出了,船员薪工欠而不发了。去年冬季,传说汇丰银行要拍卖局产,招商局快要破产了,此中情形我也不必多讲,诸君但一看清查委员报告书和最近总管理处发表半月报就知其详。三个时期,把这件老古董而有神秘性质招商局大概可以说明究竟。招商局与国家、与商业、与社会有何等的密切关系,不妨随便谈谈。先讲国家,原来一国的内江、内海为国防的原故,各国多不准外国商船行驶,我国受了不平条约的压迫,大开门户,洋轮遍地。不要讲到国防,假使国家有事,征调运送,没一个较大的航轮公司,简直内江、内海寸步难行。现在各商轮多以装兵为苦,这是军阀用不□当之故。返〔反〕过来说,国家正当的征发,那是商轮应尽的义务，不过国家平时须培养商轮，临时始得其用。李鸿章、沈葆桢确是有见识的。次讲商业，常听见说商战的必备利器有三种——银行、保险、航轮，可见航轮之重要了。华商做出口生意的，时常感觉到外洋公司船写定吨位之难、运费之贵，即如我们未有招商局以前，上海运到汉口一顿货的水脚要二十五两，现在不过四五两好了，商业上如何少得招商局？再讲社会，招商局虽则腐败，然免费装运难民、穷人却是常有的事，此洋商轮船所没有的。去年华轮停航期内，洋商客脚大涨，岂不是使一般旅客大受损失，穷人更不必说，可见招商局在社会的地位了。国家、商业、社会都少不了招商局，可见，招商局不是一家一人之事，亦不是一党一□之事，直是全国社会人人应该研究讨论的事。我们一出门要搭轮船，便与招商局发生直接、间接的关系，商店工厂输送货物更不必说，好得现在办事的人事事公开、随时宣布，诸君不乏研究讨论的材料，今天乱道几句，亦是供给诸君材料的一种呵。

（1928 年 12 月 15 日，第 22 版）

论招商局事一封书

俞凤韶

损时并媵以大著，回环雒诵，怅感弥深〖中略〗。招商局事，去年冬季，以旧友赵君铁桥之招为之助。赵为革命旧同志，且属患难交，当时人之侮赵、漠视赵者，甚至亦颇为之不平。弟之与闻局事，动于友情者十之七八，动于事业观念不过十之二三。入局后，洞悉积弊之深重，亦慨然以整理一部分事为己任，着手即改革会计，次则整理营业，事实如乱丝，条理如牛毛。局中同事又非一致，外间不谅，横加阻难，作苦七八月横拉紧扯，东扶西倒，殚思竭神，焦唇瘏口，昕夕鲜暇，臣精几亡生平。除任浙路公司会计昼夜作工十六七小时外，此实为第二次苦工。揽镜自照，白发丝丝，骤增几许，则亦自笑区区大圆四百之月俸（来书言八百元月入，误也），竟买得如许白发，未免太不值得。以此精力，事我故业，所得宁止此？会计虽革新有续，营业虽按月递增，于我何与哉？有庖代使去者，请三薰三沐以延之，三揖三叩以谢之，而何解铃、系铃之有？

　　来书谋主之说，大误大误。赵君于清季主持京津同盟会有年，声光甚著，办理四川官银号，剔除奸弊，一夕逮捕十余人，名满川中，其人固极有主宰、极有干力，徒以沪人士多不识赵，不知赵之生平，以弟友赵，故多归功于弟，实则诬弟并诬赵，绝不知内容者也。上言之矣，会计、营业早作夜思，已够受苦，安有余闲参与大计？备员事务等于委吏乘田，会计当而已矣，牛羊茁壮而已矣。国有、商有关系一国之航业政策，有政府、有交通部、有监督总办，安容区区一科长主持其间？弟非政客、非官僚，有何魔力参加其事？来书不太重视我耶，洋洋大文，不知指何篇目。弟入招商局后，曾以己名刊布两文：一招考会计员记事书后，为怀才不遇者鸣不平也；一唐公景星传略，为有功不报者鸣不平也。暗鸣凄伦抑扬往复于纸上者，无非不平之声而已（社会中各分子以种种机遇之不同而发生不平，以不平故，乃有圣贤豪杰铲除一时一事之不平，是为豪杰识破不平之原因，防止不平于永久。是为圣贤，简言之，圣贤豪杰不过俗语所谓打抱不平而已，近见如是，兄当未见。如见之，亦当如见我诗之知我也，他作绝鲜，间有所作，承意奉旨）。古人所谓箭在弦上，今语所谓打字机器，无足道焉。主张国有之文章，弟实未见（报载交通会议提案注重商有国办），更无论为弟手笔，弟敢矢言之。

　　来书言兄为极小股东，弟亦稍有股分，请以股东地位言（完全脱离个人地位），处若此环境之下，究以何种主张最与股东有益？旧董会停发股息有年矣，股东所希望者非息金，有著乎旧董会不开股会及开而无效者有年矣，股东所希望者非开股东会及开而有效乎？旧董会改选逾期，维持无术，股东所希望者非改选董事监察以维持之乎？总管理处代管不定期限，股东所希望者非规定期限，至期结束乎？凡此种种，商有国办案皆提及之，如政府保息，如开股（东）会，如改选董监，如定总管理处任期，为股东计，未尝不周。自党义言之，为不彻底，自政府言之，为加重担负（实则政府岁费数十万保息金，航业所益不止千万），反对之犹可言也。独至号称股东者，而亦嚣嚣然反对不遗余力，则真大惑不解。推股东之心理，必如旧董会之废弛不事事，乃为满股东之意乎？必如旧董会之私争不恤公，乃为满股东之意乎？必如旧董会之大发财源，加重公司负债，几陷破产地位，乃为满股东之意乎？应请真正股东扪着良心而答，"然否"两字无待词费，往事已矣。中国社会通病，遇事心浮气躁，不肯细细研究，又文字之关系，事实稍繁赜复杂者，辄厌倦不欲观，狡黠者因而利用，指鹿为马，以白作黑，吠影吠声，无一是处。弟愿利害切己之股东，平心静气考察事实，必可寻出一条路径，以保全其正当之利益。若视友为仇，认贼作父，多一番争执，经一回变动，不过使股东增加一重损失，或至悉丧其军而后已。中国四万万阿斗，岂招商局股东并阿斗而不如？弟亦小股东之一，深不愿其有有是也。招商局者，人人心目中之金穴也，弟视之则石田耳，作法自敝，私利殆绝，日日伏案，阅牍累数寸，宾从围绕，时有论争，刺刺不已，手披口讲，五官均废，宴晚归家，辄觉脑痛，深为厌苦，徒以负责恋友强而为之，一朝摆脱，如释重负，赤条条来去无牵挂，行止之间，绰有余地，故人念我何感如之，附上《旅航之友》（内载《唐景星传略》）、《新会计法案》（内载序言及招考会计员记事书后）各一册，即希大察赐教为幸。日属患喉恙，致稽答复，惶恐惶恐，此颂著安。

（1928 年 12 月 15 日，第 22 版）

招商局为官设之航政机关应彻底改革说

黄尔锡

革军阀之命易，去局阀之弊难，不彻底也。招商官局，而冠以"商办"二字，为盛氏之独出心裁，世界各公司之所绝无，借口商办，用抗部辖，狡哉愚斋。非独前交通部长被其所误，即今之国府当局亦受其所惑，商会等更为其所利用，推原其故，由于未知商局之渊源，不明官设之经过，分陈大略，以贡众览。

一、招商局是由官开设

同治十一年十一月十三日，李鸿章奏请试办，其原折略谓："本年夏，臣验收海运之暇，商同朱其昂等酌拟轮船招商局章程，该员等籍隶淞沪，稔知在沪殷商，或置轮船，或挟资本，向各口装载贸易，俱依附洋商名下。若由官设立招商局，则各商所有轮船股本，必渐归并官局。"云云。此可证招商之实为官局，并非商办。

二、招商局是拨官成立派员经理

十二年六月，委道员唐廷枢、徐润、盛宣怀、朱其诏综理其事，借练饷二十万串作设局商本，拨漕米二十万石由局轮运津，实为官营商业之局。会集道员胡光墉、李振玉等，招集商股四十七万六千两。光绪元年，轮船增至十二艘。是年二月，李鸿章奏奖朱其昂等，以彰劳勋。二年，沈葆桢奏拨浙江等省官款，买并旗昌公司，加船至二十八艘。三年，李鸿章奏明沿江、沿海官物统归局运，此可证商局系拨官款成立，且由北洋委员经理。

三、招商局股份为盛氏乘跌收买

招商局先后拨用直隶、江苏、江西、湖北、浙江等省官款一百九十万八千两，自光绪六年起获有盈余，分期缴还。光绪十年中法战起，股票跌至二十余两，盛宣怀以公债收买，旋归己有，义庄公股□出于此。十一年秋，盛充督办，大权独揽，擅将局中专备添船、造栈之公积现金二百五十万两，挪作汉冶萍厂矿、通商银行、纺织公司等股份，本局因此大受损失。

四、招商局委员应归部派

庚子之乱，袁世凯□沈能虎，会同员董妥筹维持，此时管理属于北洋。宣统元年，奏准归邮传部直辖。五月，部派钟文耀、沈能虎为正、副坐办，唐德熙充揽载股董事，陈猷充翻译股董事，均兼会办。六月，添派王存善充会办，专办稽核。是月开股东会，公选董事九人、查账员二人，会拟章程，呈部修改，并□北洋成案，用人办事由部监督，派员办理，以董事会补官力所不及。

五、招商局职权为商股侵占

辛亥光复，部员逃亡，彼党肆其诡谲手段，号召股东会议，另组新公司，以八百万出售，参议院以串卖航权，咨请严禁。十一月，特派杨士琦彻查。二年六月，股东会议决将改□之取消。三年二月，招商局在沪开特别大会，先经交通部查知有虚增股本、分立公司情事，特电杨晟到会监督。四月，令杨士琦为督理、王存善为稽察，由外交部照会驻京各使，转知各国银行及商人。对于商局所发股票，不得收买抵押，如有债务缪辖，由债权人自向债务人清理，与轮船招商局无涉。民国八年，孙宝琦以袁、盛亲家，被举为董事会长。盛氏商办之目的完全达到，官不预问。傅宗耀等分掌主船、营业、会计各科，横行不法。民十，股东会大起风潮。十一年，股东张士记等控董事会，营私舞弊，丧权媚外，欺压股东，草菅人命，胪列事实，请派员彻查，当经部派张福运等查办，为局董拒绝，并由商会包庇，电请收回命令。

六、招商局产业为商办抵押

十二年二月，交通部据胡礽泰一纸电，复即撤回查办命令。盛、傅结合抵押产业，将本局上海五栈，天津、汉口、镇江、芜湖、宁波、九江、汕头、沙市、宜昌等十一处地产，全部轮船、趸船、小轮等悉数抵押于英商汇丰银行，借外款以自肥，挟外人以自重。傅董事兼上海总商会会长，结交孙传芳，盛氏弟兄则欢迎张宗昌。十五年夏，主张停航以牵制国民军。十六年春，股东控于国民政府，委员清查商办黑幕，至是揭晓。夫盛氏之把持航政、垄断商局也，先后数十年，侵吞数千万。每逢政变，辄施奸谋，或以股票交结，或以金钱运动，控案因而中止，查办遂以取消。局阀魔力之大，财蠹神通之广，可见一斑。昔杨士琦、王存善上袁世凯节略称，为今之计，只须防止其不准将产业抵押变卖及股票卖与洋人，以航权落于外人之手，待时机一到，便可收回国有等语，似预料盛氏之有今日。商局系由官厅设立，产业是拨官款收买，商股二百万耳，私抵公产，擅借外债，至五百万之巨，侵权违法，莫过于斯，惩前毖后，官办为妥。傅宗耀为士豪、盛泽承[①]为劣绅、蒋尊簋（为）军阀、董康为官□、汪有龄为政客，何关于商？今总商会袭傅故智，强为出头，因有"商办"二字之故，应即撤去，以正名称，改为中国航业公司招商局，一面追究盛等擅动公积，贻害商局，估计损失，责令赔偿，宣布其罪状，没收其股票，以为之儆，名正言顺，彻底澄清，官设之航政机关，不致为商办所断送，国之福、民之利也。

（1928 年 12 月 15 日，第 22 版）

十八年招商局整理之新希望

赵铁桥

辛亥革命成功之初，本党同志莫不欢忻鼓舞，以为革命成功，一切国

---

① 又写作盛泽臣、盛泽丞。

计民生之事业，皆可进登建设之大道，而致国家民众于富强康乐之佳境。即先总理当时获闻革命急进之讯，亦立发生无穷之奢望，其自美至英伦往访吴稚晖先生时，留一订约再会之函，中谓："今后之策，只有各省同德同心，协力建设，则吾党所持民权、民生之目的，指日可达矣。"而吴先生更谓是时思想，同信一霎时间，中国将可与伦敦同其繁荣。是总理所以筹画建设，期以挽救我国之贫弱者，固已早具完密之成竹。故归国之后，膺选元首，旋竟弃如敝屣，甘欲退而担任建筑全国铁道之总理，盖深知交通事业为裕国济民最大之关键，亦即全国一切建设之初基也。庸知一般意识薄弱之同志，对于总理主义，罕有整个、真切之认识，纷骛荣利，各自为谋，演成革命成而革命党亡之痛史，致总理预定建设计划不获于短时期中一一奏实行之明效。然幸尚有少数忠实不二之同志，笃信主义，追随左右，努力奋斗，百折不挠，卒使革命大业得成于总理升遐之后，造成今日国民政府统治全国之盛事。吾人欣逢此革命统一第一年之十八年元旦之余，从而饮水思源，诚不能不感念今日党国当局，深能认识三民主义之真谛，本其大无畏之精神、再接再厉之毅力，用俾吾人今兹克享无上之厚赐矣。

虽然，革命虽已庆成，而揆其实际，则不过□事仅毕，转而入于建设方殷也。窃思诸革命领袖当此统一纪念之元旦，其最深刻之感想，必曰十八年之第一工作，当如何依据主义、纲领、《建国方略》，益用努力，以求建设遗教之孟晋，而致革命最终之大成是已。盖建设未有进步，民生主义固未由实现，而民众日日呻吟困顿之中，即民权亦安有余暇以兼顾？则处国菱民贫之境，民族又凭何力以跻于平等？此连环性之三民主义，实与建设消长相依为命、互成进退之正比例也。惟尝征之民生主义提示诸要点，归纳其宏旨，则以制造国家资本为指归，凡有独占性之企业，自不容私人之操纵；再考《实业计划》之详规，则以筑路、筑港为经纬，而计划各路之起讫，又莫不以衔接港口利便为原则。良以港口集一切航运中心，举凡国内生产、海外贸易，罔不赖航运为沟通、转输之枢纽；铁路之与航运，苟夫［失］贯串一气之功，则铁路即失接应宣化之力。故筑路、筑港处处并重，即所表彰路、航两政相提并挈，不容稍有偏倚。试绎《实业计划》之全文，斯言匪妄，例证綦繁。

我国航运衰败、航权沦丧，凡属有心，俦不痛恨。我党同志，尤切挽救。故在前岁军事孔亟之日，中央当局犹复分神兼顾，对于全国航运一线所寄之招商局，即鉴其日久残贼之危险，根其创兴沿革之历史，清查整理，接渐而至，其为主义策进航运之诚，可谓勇迈无匹。洎夫军事稍定，又特设铁道一部，以求路政之激进，则我党国当局，固明明式遵遗教，而以路航并趋为建设事业之先驱也。独铁桥一介愚庸，适奉管理商局之命令，受命之始，威利交胁，差幸革命半生，素沐训练，乃克终奋坚勇，如命接管。办理以来，首重驱奸除弊，从以正本清源。良以商局百孔千创，病根繁伏，必先施消导排泄之剂，以清其积毒，而后可进参苓峻补之品，始得渐回其元气。诊治十月，兢兢业业，矢以廉洁，旧时毒蔓逐臻芟除，收支已告适合，局基渐形稳固；今后培植之道，实在清理债务、增添船只、开辟航线数端最重而已。苟能计划精备，按步急进，则以商局丰厚之基，不难于三五年间与各外轮公司一较雌雄，固犹是挽回航权最适合之机关也。特目前商局情形，仍譬若贲育壮夫久病新起，虽曰生机已复，设欲立举千钧，尚觉力有未逮。则所谓各种远大速效之计，仍非仰赖政府之提挈不为功。想我党国当局既抱亟谋建设之决心，又视商局为挽回国家航权之公器，则今年对于商局必有彻底振作之办法，俾蔚为总理实业救国之初阶。铁桥躬逢整理之役，忝属督责之下，于此尤存弘大主义之愿望。爰于元日，率吐所怀，以当芹献焉。

（1929 年 1 月 1 日，第 35 版）

招商局与汉冶萍之比较

黄尔锡

军械工具，路轨农器，皆以铜铁为根本。张文襄知其要，创办汉阳铁厂，大冶之矿、萍乡之煤，均为日本所窥觊。盛宣怀悉其意，擅订外债合同。

试问今日汉冶萍主权，操于商办手，握于日人手。乘客运货，通商惠工，当以船舶为基础。李文忠公明其用，奏设招商轮局，船埠之优、货栈之便，素为外人所羡涎。傅宗耀贪其利，私抵英商款项。

汉冶萍之覆辙，即招商局之前车也。

对外丧失权利，每于订结契约之时，种其祸根，而于实行债权之时，见其大害。官僚买办，纠合团体，滥借外债，私押公产，窃取商办之名，实图卖国之利。汉冶萍为日本所并吞，未闻有一言之见责。招商局受政府之监督，竟起各方之干涉。欢迎外人，反对政府，其中大有作用，某侩而受外人之豢养，某厂而为日商所兼并，名谓商办，实归外有。不独汉冶萍，推原其始，皆从商办为过渡办法也。

（1929 年 1 月 1 日，第 36 版）

国民政府交通部接管招商局前后情形之对勘

招商局自同治十一年创办，至国民政府派员接收管理，凡五十六年，初以数十万两之官本创立，继招股本二百万两，复增至四百万两。讫至民国三年，全部资产已积增至一千七百余万两，至民国八年，连年营业赢余，尚存三百万两。此数十年间，虽未敢言弊绝风清，而就其结果言，资产则有增而无减，不可谓非当事者努力之所致。乃自民八以后，逐年亏累，数年之间，负债千万，债额已占全部资产之半，若不由政府接收管理，五年之间，非将全部资产亏折净尽，其势不止，亏累之巨，弊窦之大，实骇听闻。自经政府派员接管，承其江河日下之势，而为正本清源之谋，一年以来，涤荡旧污，厘订新制，底蕴渐明，规模粗具，继续努力，或可以奠将倾之基址，图航务之发展。兹特将一年来改革之情形与旧来情形作一对勘表。夫除旧布新，整饬局务，乃当事者责所应尔。作此，非以自彰成绩，盖以招商局积年腐败，百弊所丛，逐处检之，皆含病素，比照参稽，所以明改革之进程，资他端考镜，调查有得，尚拟陆续刊布也。编者识。

招商局由政府接管前与接管后情形之对勘表

政府接管前情形	政府接管后情形
现款收付，归会计科办理，记账与出纳两者不曾分离。故记账之日期，并不根据事实发生之日期，现款存数之多寡，每每不符；加以付款仅以其他各科签准之账单为凭，不再稽核，每有重付之事	付款事务，另立出纳科办理。凡各种支付款项，由主管部分将应付账单送交会计科，由会计科审核正确，开具付款凭单，由科长签字，经总办批准后，交出纳科照付，收付账目，逐日办理清楚，并按日编制金融日报表

政府接管前情形	政府接管后情形
招商会计科，自创立以来，沿用旧式簿记，对于收付款项并无预算统计，重要账簿约分草结、清簿、流水三种，内容异常紊乱，纷不可理	制定会计规程，确定会计科目，实行遵守，改用新式簿记，采用凭单制度，入簿过账，概以凭单为根据。计分表册、总清、日流、付现付票、收现收票、转账、凭单、分清，表册系统既明，内容详晰，并按月编制预算结算，年终并编制总决算，各种精算表、损益计算书、资债分类清册、财产目录
每年用煤十万吨以上，总价超过百万，占水脚总收入百分之四，其数量上之偷漏、使用上之浮滥、价格上之空虚，不言可知。以历年所报煤价论，较之历年市面相同之煤价，超过之数甚巨。其用煤办法，向煤行采办，供海轮应用。此项煤每吨又有扛力七钱，较他局所付扛力多至十倍。局中又另组鸿昌公司，以驳船运煤，每吨又取费二钱七分，一由煤号包办，长江各轮，来回一次，包银自一千两至一千八百两不等，用煤实为本局最大弊端之一	取消包煤制度，自设煤栈，向煤号趸购煤□。存栈待各轮领用，煤价既廉，煤量亦省。去年改组后至年底，各轮班次较多，煤费不过七十余万两而已。各轮均泊金利源码头上煤，各码头所距煤栈远近不同，扛力亦有高下，平均三钱左右
水脚分货脚与客脚，货脚分进口、出口、转口三项，客脚分大餐间及官房统舱两种。沪局对货脚及客脚均抽回佣百分之五，转口货脚则抽百分之一。客户方面，既有未付水脚款以前之各种折扣，复有年底付水脚款时之后佣，名称繁多，积弊不堪言状。近年客户所得各种回佣，每年多至四十万两以上，而不入账之折扣尚不在内，究竟此种回扣是否为客户所得，亦属疑问	客脚　（一）各轮特等舱票由局发售，查明铺位，编定号码，照铺售票，凡购来回票者，按八折收价，以广招徕。（二）各轮头、二、三等舱（即官房统）票，仍由各轮业务主任随船发售，剔除中饱，力增收入，票价未加于乘客，此额却增于主任，比较从前所定额数，各轮均增加百分之三十。而对于主任缴款办法，限于各轮到申之次日，即须照额缴解，迟二日则函催，五日则记过，十日则在存局保证金项下扣除，并通知补足保证。如此严格限制，故能收入增加、延欠绝少。货脚　商局水脚与太古、怡和两公司订有不准独自增减之契约，而各分局对于各商行之扣佣，任意订约，致令总局无从核实。兹已划一办法，通饬遵守，非经总局之特许，不准擅行扣佣成数。经此整顿，故于每月月终结算水脚时，收入若干，即有确数具在，非若以前之累年不清也

续表

政府接管前情形	政府接管后情形
各项修理，每年约六十万以上，其大部分即在各项收入内轧除。账上所开修理费仅十余万元，隐匿弊端，不问可知	自十七年十月成立工程委员会，各种工程即由该会办理。凡船栈应修理者，先行察勘，拟具详细工程说明书，公开投标，严格监工，务期工程完善，费不虚糜。已过七个月之中，彻底大修理船只共十八，装好无线电船只共十五，共费银二十八万余两；栈房修理者，大小共五十七件，已完工者三十五件，共费银三万四千余两。 船只多年失修，故须彻底大修，但事事核实，从前隐匿、浮滥之弊，一概剔除
各轮所用五金杂货，每年不下十余万两，其大部分即购自祥大源。而祥大源，即船务科长傅宗耀所办，情弊极为显然。 各轮领用五金，均由祥大源直接送至轮上，其品质、数量，局中无从稽考，弊害甚大	五金材料，以直接向行厂购买为原则，只零星物件由五金号采办，故费用较省，至年底止，不过七万余两。 设立储藏室，预备材料，待各轮领用，故品质、数量，易于考查改良
各轮任人实权，率操洋员，薪资既厚，复多川资等项杂费，各轮员役辛工，额逾百万，荏苒多年，不思补救	自改组后，所有任用船员，不论中外，悉经考验合格后始派委，以前优待洋员之恶习一律取消，陆续裁汰洋员，以资格及经验相当之华员补充之。辛工一项，年可减省数十万元，而工作成绩，较前反美
招商各口分局二十余，沪局亦分局之一，事权本无轻重。然自民三以后，总局营业科所有重要事务逐渐移至沪局，其他二十余分局，一切来往账目，悉归沪局记载。从经手货脚方面言，沪局实不啻一营业总机关，从水脚记载手续方面言，沪局实为招商全局之总账房，惟各分局之款项，直接与总局往来，不经沪局手耳	此制现已废除，关于各分局事务，直接由总局分归各科办理，不再由沪局转手
各分局均取包办制，总局对之，视同分设机关。所责成者，在各局经手水脚，能在规定额内，不致落后，余皆取不干涉主义，相习成风，视为固然。水脚收入，重重折扣，层层剥削。总局对于运载货物，每次航行，既无成本计算，复任分局以包办货脚之名义，恣意侵蚀，营业乌得而不亏累？	凡二、三等分局，取销包缴制度，按事务之繁简，定员司之各额。订立预算，规定薪级，所有开支，均归总局核定，并视其年年终营业成绩核定惩奖，节以往之滥支，示将来之鼓励。今昔殊不同也

政府接管前情形	政府接管后情形
沪局经费,日需一万三千两,总局每月只津贴一千三百两,不足之数,则采佣金办以补足之。其法系额定沪局水脚营业总数为八十万,抽五厘回扣(即四万两),以作局用。如不足,仍须总局另行开支。但沪局每年营业总数常在二百万两左右,除去额定之八十万两外,余数所抽之五五回佣(约六万两),则在所收之水脚内扣去,以充分配同人之用。局中每年亏耗,而沪局职员,反坐享厚利	现沪局经费全年定为五万两,视年终结算,营业之优良,至何程度,由总局酌量奖励,以前人员七十人,今已减为四十人;以前月支六千两,坐佣尚在外,今则坐佣废除,每年开支亦大核减

(1929 年 5 月 20 日, 第 20 版)

读中政会航政根本方针案之感言

余每恭读总理民生主义,见其于衣、食、住三者而外,兼顾及行,忧深思远,深谋硕虑,足使国人醒悟警觉于昏暗、醉梦之中矣。然总理当时言之谆谆,而听者藐藐,殆由认识不清,故奉行不力欤。国人研究经济原理、人生问题,往往专注衣、食、住而未及行,斯实我国近百年来民生凋敝、贫弱不振、文化落后、实业不兴之最大原因也。试察欧美各邦交通机关之完整普遍、客货运输之灵巧便利,远非吾人意想之所及。其铁道路网之敷设、航线港口之建筑,星罗棋布,相辅而行,脉络贯通,运用自如,则物质交通(communication of material)之便利从可知矣。且因物质交通之便利,人民乐于远行,货物便于输运与交易,思想自易传播,所谓思想交通(communication of idea)也。由思想之交通,而文化勃兴,工业发达,商业兴盛,遂使国家日趋于富强之域。

总理慨我国交通机关之窳败,为国家贫弱之最大症结,认为民生问题之解决,衣、食、住而外须利民行。故实业计划之详规,以筑路、筑港为经纬,其于交通事业,除邮电两政而外,注重航路,所以利民行也。盖交通事业实为裕国济民之关键,革命成功,首重建设,建设苦无进步,民生主义何由实行。筑路修港乃建设之大端,亦实行主义之善策,更兼航运港口集港运之中心,举凡国内生产、国外贸易,罔不赖港运以为沟通转运之枢纽。铁路之与航运相提并挈，不容偏倚，有由然也。政府于铁路早设主管专部以求路政之激进，而于航业，我党国当局又于中央政会通过航政根本方针之案矣。想我党国当局既抱亟谋建设之决心，又有彻底振作之办法，努力奋斗，协谋建设，十年之后，我国交通事业何难与欧美并驾齐驱？惟铁道已设主管专部暂勿论矣。而于航业，则在百孔千疮中，以图发展之良策，其困难当更百倍于铁道。第以我国海岸线虽有一万二千余里，但沿海航权操诸外人掌握之中，内河航权亦被外人把持操纵，利权外溢，且损国体。而航业公司之资本较厚，规模较大者，又仅一招商局，至其范围则局促于长江及南、北洋之三航路，有时且受帝国主义者经济之压迫，动辄遭受意外之摧残，本身资产又多抵押，积敝既深，整理匪易；况财政困难，船舶窳敝，更值国家多事之秋，又未能专理营业，病入膏肓，百废未举，欲有创制，不亦难乎！政府苟于此时不谋根本之计划与新发展，则招商局必趋危亡，我国航业亦将因之而破产。今者中政会通过之航政根本方针，既决定航路国有政策，于港务及由海关代管航政各部，均受中央之指挥与监督，更确定航政范围，航政法规，并决定沿海岸及本国境内之外船航行权应速收回，荦荦数端，固皆根本之大计，惜于发展之计划仍未能详备耳。间尝征诸欧美各邦之运输政策，其政府对于公司，虽各因环境不同政策互异，然无论其为国有国办、民有民办，或官督商办，要皆积极帮助公司，以力求事业之发展。譬如公债之发行、利息之担保、路基之建筑、河床之治理，鲜有不赖政府之力量以利进行者。政府亦以力之所及，尽保护之能事，故其进步迅速，成绩良好。现在我国航业方在风雨飘摇中，整理就绪，百端待理，即以招商局而论，目前最切要之利害，莫过于管理之革新、债务之清偿、新船之添置、购料之直接、修理之自办、保险之设立与房地产之整理诸端，至于商船管理之改善，特别会计之施用、河床之治理、港口之修筑、人才之培植、运输之灵便，均非巨款莫办，且非时间充裕与政府之力量无由举办。况以我国财政枯竭之情形，尤当利用外资，以谋建设，并定奖劝之方，刻期举办，庶其有济。

以上各点虽仅为目前发展航业之计划，确与航政根本问题有相互之关系，倘能采而行之，必收事半功倍之效也。

（1929 年 8 月 12 日，第 20 版）

中国航业之衰落及其救济

王伯群

我国交通事业，处列强压迫之下，非一日矣。而航业利权之被侵害，尤占外交痛史上最重要之一页。迄于今兹，门户洞开，沿海及内河航行权已完全为英、日等国所掌握，外邦旗帜到处飘扬，触目伤心，诚我民族之一大耻辱。曩当通商之始，外人本限于沿海通商口岸，不得擅入内地。乃自五口通商，沿海航权，遂断送于无形。厥后中英续约，辟扬子江沿岸为商岸，外人得以溯江深入内地。更经《烟台条约》及《中英续议通商行船条约》之缔结，内河航权遂全部丧失以尽。乃列强之野心，犹以为未足，更迫我政府，规定内港行轮章程，举凡穷乡僻壤之水道，亦皆供其行驶。于是我国境内航权，遂扫地而无余，而沿海内河，概成国际化矣。

虽然，航权丧失以后，若能依国家财务行政之行使，对外轮之驶入内地者课之以税，而尽保护本国航业之责任，尚不失为一补救之策也。不幸所资以为保护者，如关税、吨税、内地贸易税，亦以不平等条约之故，而为外人所操纵，航业专有既被劫持，航业保护复所不许。处兹情势之下，欲求航业之发展，自属万难。溯自民国成立，内乱频仍，政府以财政困难，又不能采取奖励政策，同时以航业商缺乏企业知识，业务经营亦多失策。譬如欧战期间，本为振兴航业之绝好机会，无如比时航商仅知注意分红，而于航线之扩充、船只之添置毫未顾及，以致良机坐失，尤为遗憾。迨欧战告终，外轮在华之势力复振，而我国乃以军兴之故，航轮多被征发，以是江海外轮不但恢复战前状态，且变本加厉。虽军事为一时现象，而航商处数方夹攻之中，固已难乎为继。言念及此，可胜慨焉。伯群承乏交通，目睹航业之衰败，忧心如焚，是以受命之初，即筹议改组招商局，以为发展航业之准备。而于废约一事，因关航业之隆替，尤不得不竭智尽能，以求贯彻。近方与外邦合商办法，期于整个收回航权而后已。他日吾国航业复兴之机，胥生乎是。

抑伯群有□为国人告者，航业为交通经济之命脉，非赖政府与人民

081

共同努力，不克有济。本党政纲关于国营事业之规定，乃以有独占性质及私人能力不能经营者为限，非不辨轻重、不顾民情而任意收归国营也。在兹经济衰落之时，欲求本国航业之振兴，自应以发展国家资本与扶植民营事业双方并进。方今航业幼稚已达极点，航业势力亦甚薄弱，政府对于国营事业亦尚无充分之准备，正宜奖励航商，加以相当之保护。最近四中全会决议案，已剀切言之矣。甚望全国人士一致拥护本党已定之方策，共图国内外航业之发展。诚如此，则不特可收回已失之航权，且将追踵英日，与外轮争一日之短长。语云"事在人为"，愿与国人共勉之。

（1931 年 1 月 1 日，第 8 版）

由招商局事件所引起之感想

诚

最近发生之招商局出押四栈事件，已引起社会人士极大之注意。谁应负此一案件之责任，与夫此案究应作如何之处置，社会大抵已有公论，吾人殊不顾抑亦不必再作若何之论断。独是由此一事件之刺激，吾人所生之感想则至多，谨申言之。

第一，招商局自创办迄今已有六十年之历史，同时成立之洋商航业公司，无不有惊人之进步，独招商局则六十年来不仅未见扩充，更且每况愈下，年赖举债以维持其残喘，即今年亦已亏百七十余万元。因之航业日益凋落，航权亦日被侵夺，影响所至，不仅招商局本身濒于奄奄一息，即我全国之交通与工商业之发展，亦无形遭受绝大之打击。所以致此，虽原因不一，而"缺乏保管责任心"要亦为其最要之一端。

据《国民政府清查整理招商局委员会报告书》有云："查自壬戌至丙寅年最近五年内，历年亏折总额计有四百三十七万余两，然总沪局每年发给员司酬劳金五年共计二十四万五千九百九十四两，查自癸亥年来，股东未获得分文息金，乃局中员司独享此厚酬。"

又有曰："修理费总计每年约六七十万两……而内河厂（所承办）实居最多数，约占全额之半，查丙寅年内河厂共计修理费三十一万四千余两……惟内河厂既系该局附属分枝［支］机关，内部办事人员当然与该局办事者关系甚密……曾经本会函调账籍备查，而该厂忽以账房失踪、账簿遗失呈报。内中情形，不问可知矣。"

就上录报告书所述两点而言，已可灼见"缺乏保管责任心"殆即为招商局最大之积弊。惟无保管责任心，故营私舞弊、中饱不负责、公私不分种种弊端皆从而滋生，此次出押四栈事件要亦即为弊端表现之一幕。前美使馆商务参赞安诺德先生在《中国问题里的几个根本问题》一书中曾有云："保管责任之观念在华人中，无论如何努力，终不能确立其稳定之意义……此弊为状不一，根深而普遍。"安氏之言至足令吾人警惕反省。而此次出押四栈事件之发生，则又不啻为安氏之言加以有力之证明。虽然吾人试一默察当前种种不负责、公私不分之所表现于事实者，又岂仅此次招商局出押四栈事件而已？吾人又从可知，招商局出押四栈事件之发生绝非偶然，病根深种由来已久。出押四栈事件之彻底查办，固为绝对应然，而如何拔去此深种之病根则尤为切要。

第二，官僚政治实为障滞我国政治莫克步上轨道之最大症结。迄至今日，此种政治之实质，更普遍侵入各个部门，无论公营或私营之事业都无不侵入，兼揽多职，遥领空衔，排斥异己，安插私人，谓"人得道，鸡犬皆可升天"，所谓"一朝天子一朝臣"。种种官僚政治之实质，殆无处不显明暴露。招商局虽为商营，而历年把握其实权者，大抵皆为失意之官僚政客，故其被劫持于官僚政治之下已非一朝。复以贷连年亏累不为人所重视之，故狡黠者得更据为营私舞弊之窟。此去彼来，恶习相乘，亦匪伊一朝。如今日四栈之出押，又不过为数十年来官僚政治之复演脱。从更大者、更远者而言，则肃清贪污、扶植廉洁，其根本之道则又在于□掘官僚政治之根基。

嗟乎！"天下攘攘皆为利往，天下熙熙皆为利来。"征诸老氏之言，可知人存私欲，今古无殊然。而欲人无私欲，固谁能具此伟力？能之者其成在于心理之彻底改造乎？其或在于社会制度之逐渐改善乎？以故吾人对于此次四栈出押事件，固极重视，而于四栈出押事件发生之意义及其由来，则尤为重视。去者已矣，吾人其更注目于来兹。

（1932 年 11 月 22 日，第 3 版）

招商局国营一年

昨抽换监理事

交部派航政司来沪监视

第一年抽换监理事十人

高廷梓谈一年来之回顾

招商局自改归国营隶属于交部办理国内外航运，迄将一年，昨日为监理事第一年任期届满，故特在该局举行抽签，掉换监理事卢洞泉等十人，部派航政司长高廷梓来沪监视。兹将详情志下。

监事理事

招商局自去岁收回商股，改归国营，曾设监事会、理事会及总经理处，监事会职掌全局人员失职检举以及预算、新债之审核等事项，理事会则专理业务之方针、契约之废订、债权之清理、预算之编制等事项。除总经理由交部简派刘鸿生担任外，其监事会当邀请卢学溥、陈辉德、虞和德、胡孟嘉、秦润卿、黄金荣、荣宗敬、金庭荪、郭顺等九人为监事，理事会邀请叶琢堂、史量才、刘鸿生、张寿镛、张公权、杨志雄、杜月笙（以上为常务）、胡笔江、李馥荪、钱永铭、余日章、王晓籁、张啸林、胡筠庄、盛蘋臣、黄江泉等十六人为理事。

组织规定

该局昨日抽换监理事，系其组织所规定。其第二章监事会第五条规定，监事由交通部长邀请简派，任期两年，期满得连任。第一届监事四人，任期一年，以押签定之云云。其第三章理事会第二十条规定，理事会理事任期三年，期满得连任，第一届理事以六人任期一年，以六人任期二年，其余任期三年，均以抽签定之云云。□此限定，故有昨日之抽签。

开会情形

昨日决定抽签，交部并派航政司长高廷梓监视，于下午二时，即在该局举行。监事会本设招商局三楼，理事会则设于楼下，故先抽监事，而后抽理事。到者有卢洞泉、李馥荪、叶琢堂、刘鸿生等。行礼如仪，监事由监事会主席卢涧泉代抽，理事会则由各人代抽，未到者代表代抽。结果第一年共抽去十人，盖监理事会自去年十一月十四成立，将足一年，至于递补人选，因须招商局呈报交部，由交部遴请决定，再经行政院通过，方能决定，故昨日对于递补或连任者，均尚未得知晓也。

抽签结果

昨抽签，先监事而后理事，监事九人，由卢涧泉主席抽去一年任满者四人，为卢学溥、胡孟嘉、黄金荣、荣宗敬等；理事会抽签由各人自抽，十六人中，因任期分一年、二年、三年者，故当抽定任期一年满者为史量才、张寿镛、杨志雄、杜月笙、李馥荪、盛蘋臣等六人，二年满者为叶琢堂、刘鸿生、张公权、钱永铭、余日章、胡筠庄等，三年满者为胡笔江、王晓籁、张啸林、黄江泉等。

高廷梓谈

航政司司长高廷梓谈招商局一年来之回顾，略谓，招商局自创办迄今，已有六十年之悠久历史，去年十一月，财政部宋部长、交通部朱部长会同向行政院提议，将招商局收作国营事业，经行政院第七十五次会议决议通过，复经中央政治会议第三三一次会议决议准照办。计该局自收回归国营后，至今迄将一载，在此一年内因过去基础已坏，局务之发展及航线之扩大，尚谈不到。当此百孔千疮之局面，只有整理工作而已，兹将整理较为重大者列举如次。

（一）组织与人才。招商局自收归国营后，即将原有监督处改组为理事会、监事会，并设总经理，遴选各界声望素著人士，充任理事、监事及总经理，彻底整理，通盘筹画，理监事诸公，热心维持国营航业，义务任职，不支薪金，通力合作，共负艰巨，对总经理抱牺牲精神，锐意整顿，细察局务之逐渐趋于正轨，可知招商局整理得人，此吾人可引为满意者也。

（二）股票之收回。招商局股票共四万二千套，自去年十二月进行收回，蒙各方之帮助及当事者之努力，计截至本年四月五日止，共收回三万九千三百八十二套，只余二千另二十五套未经收回。未收回之股票价，已存储中央银行，股东持票，仍可随时售卖，政府收买民营公用事业，可称公允与顺利。招商局往年，因股权之纠纷，已演成董事会屡召而不集之僵局，本年政府收回股票，竟有此良好之成绩，实为整理工作初步之成功。

（三）旧欠之整理。查招商局于民营时代，因业务不振，收入不敷支配，屡有借债之举，举债愈多，负担愈重，企业则迄无进展，以是借新还旧，复利递加，母子相生，债累日重，至本年六月底止，总计所欠债务已达二千一百余万元，迁流所极，恐破产不足以偿。现该局经聘定专家，设立债务整理委员会，从事清算，决定偿还标准与方法，所欠账目较少者，已有分期偿还办法，款项较大一时不能清偿者，亦已拟定办法，按步进行。

（四）码头、栈房之修造。货物之运输，胥赖码头、栈房为之基。招商局各地之码头、栈房，多已朽腐，益以管理不得其人，遂至营业竞争，瞠乎在后。但以该局各处之码头、栈房所处之地位，并非不优，徒以任情放弃，驯至颓废不堪；兼以抵押在前，改造棘手，亟应提前加以扩充修葺，以便招徕。各码头之急须修理者，经已修竣，其余新计划，预算计需款八百万元，又已拟定详细书表图说，一俟款项有着，即可实行。

（五）新船之添购。招商局原有船只，多为数十年旧物，以致连年营业，瞠乎人后。本年五月间，向中央政治会议决议，将中英庚款之水利工程应得部分，除导淮外，所有现在伦敦存储不能动用之款，计英金三十六万镑至四十万镑，暂时借充改进航业之用，由交通部饬招商局理事会与管理中英庚款董事会订定契约，分期偿还。以后仍由管理中英庚款董事会拨借与原订水利机关，一切仍照原案办理。嗣后招商局开具添造新船预算，计定造海轮四艘，行驶沪港粤线，江轮三艘，行驶沪汉宜线。计海轮四艘，约需造价国币四百四十八万元，江轮三艘材料，约需国币一百七十二万元，准备费约计十九万元，将来运回本国制造，尚需工料费一百余万元。至该项借款草约，亦经分别签订，明年秋间，当可有新船运输，更换旧船，其因旧船之种种恶习，亦可同时清除。

（六）业务之整理。招商局业务，因船只陈旧之限制，吨位不敷，又因债务累重，每年须负担巨额利息，以致收入支出相差过甚。营业上纵有赢余，而悉数应付债务，所欠甚巨。此一年中整理工作，仅就各轮船、栈房、码头及各埠分局办事处原有工具勉力进行，以期增加收入、减少支出。关于开源方面者，例如添租轮船、修建栈埠、增加长江沪甬班轮客脚比额等是；关于节流方面者，例如废除耗煤多而速率减之轮船，检查私货梢包，分局改行实报销制度，取消局用陋规，重订各栈扛力、栈租定率及改革各轮买办制度，改置事务长，直接由局管理等。或已见诸实施，或正拟进行，凡此种种直接间接，本年确已增加收入，计自二十二年一月至六月，营业收入达三百陆十陆万余元。查十八、十九、二十及二十一年四年内，同期间之营业收入，平均仅二百七十九万余元，是本年上半年收入增加之数目，与前四年相比，其百分率，货脚收入比，增百分之二十九；客脚收入比，增百分之四十四；货栈收入比，增百分之三十三，总额约增百分之三十一。将来经济力量稍裕，新建轮艘完竣后，营业发展，确有把握。

（1933 年 10 月 18 日，第 10 版）

朱家骅演讲交通事业

（丙）航政

〖中略〗

（三）国营招商局之筹画整理。招商局自收归国营以来，极力整顿，复添购海轮，招徕客货颇多。四新轮除去一切开支与保险、折旧以及分期还本付息外，平均每月净余约三万元之谱，同时办水陆联运。自此，该局南、北洋线及长江线，均可与各铁路衔接。以陇海线重要，去年扩充海州分局，专办联运事宜，该局营业收入因之颇有增加。又，该局码头地位本极优良，栈房容积亦多，近年添建广州栈房，修建汉口、南京、镇江、天津等局所房屋，修理南栈、扬子等栈，汕头、镇江、温州、长沙等处码头因之客货渐多。关于金利源、杨家渡、中栈、北（栈）、华栈，亦拟从新建筑，俟筹有的款，即可进行。又，金利源等栈沿浦滩地，历年均拟升科请领，未能解决，去秋方得办妥，因此该局增加财产七百五十余万元。又，各分局改行实报实销制度，以资严密管理，自此收入较裕。又，改革各轮买办制度，采用事务长制，直接由局管理，先行试办，现已逐渐推行于各轮。该局向有九五局佣，以为奖励招徕之法，本年业已革除，以塞漏卮。此外，如禁止梢包、注意各轮清洁卫生等，均在随时整理，便利行客。故二十二年之营业，较十八年至二十一年四年，平均数增加百分之二十五；二十三年下半年统计未齐，而上半年营业比十八年至二十一年同期间平均数增加百分之三十一。惟历年亏欠过巨，年息须二百数十万元，上年营业虽盈余四五十万元，何足相抵？故整理债务，实为目前急务。现在本部电政债务，业经全部解决，对于该局债务之整理，亦在筹划从速进行中，已令饬该局通知债权人商洽办理，在本年内务期结束。又，近来各方面均有开辟远洋航线的要求，招商局既为国营事业，责无旁贷，惟沿海与沿江尚力有不及，暂时只好从缓。今年本部复拟添造江轮及海轮七万吨，分二十四艘行驶沿海与长江，去年秋已开始分别接洽，一切颇为接近，倘再进行顺利，年内当有大部分加入各线航行。

〖下略〗

(1935 年 2 月 18 日，第 9 版)

国际航业竞争与我国之自卫

纪

国际航运竞争因受世界不景气浪潮之激荡日趋剧烈，而远东一角亦成为列强角逐之目标。美政府既允拨三千万美元，补助美商大来公司建造新轮，扩张远东航业。日本邮船会社亦急起直追，图迅速完成其二十万吨新式快轮之新计划，大阪商船公司并已自四月起恢复华南航路，同时更于日沪线增添船只。他如德、法、英、意、荷、挪诸国航商，亦莫不积极准备，不甘落后。本年春间，英内阁有航业津贴案之通过，以期英国外洋航商能与外国航业竞争营业。德国北德公司复有发展远东航业之大规模计划。素以营业发达见称之远东意国邮船公司，亦以向在大西洋行驶之三万三千吨邮船调入欧亚线充实阵势，以与北德争衡。至于法国邮船公司、挪威宝隆公司，皆急谋重振，以资应付。竞争之剧烈、局势之紧张，开远东航运角逐之新纪录。外轮在华本有喧宾夺主之势，而处此情形之下，我国之航业更将受巨大之影响矣。

夫我国航业势力本极薄弱，其不易发展之原因，则亦甚为复杂。列强凭其政治势力，以操纵我内河及沿海之航权，一也；外商轮船挟其雄厚之资本、完密之设备、快稳之速率、低廉之船价，以与我竞争，二也；国内航商之未能密切合作，三也；现有船只年龄之老朽、设备之简陋、行驶之迟缓，四也；政府之未能充分予航业界以实力之援助，五也；天灾、兵祸之频仍，影响船只之航行，六也。有斯六因，重以捐税之束缚、盗匪之骚扰，我国民族航业之能免于厄运者几希。以故自去年以来，各路航运皆极度不振，华北航路因船多货少，各轮水脚竞相跌价，以致筋疲力尽，亏损甚巨。长江航路自客秋以还，虽因水陆联运之完成营业稍有起色，但日商轮船卷土重来，骎骎日上，殊使我国航业受一打击。华南航路，如沪港、沪粤、粤桂诸线，营业亦皆凋敝不堪，且因营业之衰落，而国内航商之阋墙斗争亦每愈演愈烈。长此以往，其情形实至堪忧虑也。

交部有鉴于斯，曾于去年三月二十日召集全国航商，讨论促进航业办法，议案虽有二百余件，其中最主要者厥为航业合作一案。当时即决定由交部领导上海航业公会及国营招商局合组中国航业设计委员会，确立一整个之航业政策，使一盘散沙之航业界，迫于环境之需要，实行精诚之团结。

今者，中国航业合作理事会将于五月一日成立，而合作方案亦经交部批准。闻该会之主要职务为：（一）调剂江海各路之航线；（二）依据吨位、班次，均平货位之供求；（三）实现国营、民航之团结合作；（四）事事公开，永泯尔虞我诈之跌减运费弊害。以上所列诸端倘能一一见诸实行，则我国航业虽处此竞争剧烈之际，日后当有转机之望。

虽然我国航业衰落之根本症结不尽在同业间之互相水火，而与列强以不平等条约为凭藉，对我作有组织、有计划之航业侵略，亦有极大之关系。故如何收回外人在华之航行权，实亦全国上下所宜注意者也。

（1935 年 4 月 26 日，第 5 版）

公司股票不能流通之原因何在

罄

日前本报时评讨论工商业吸收资金问题，曾谓我国公司股票无公开行市与流通机关，求者难求，售者难售，成为不能流通之证券，此固我国一般公司股票之现状，然其原因究何在乎？请就此点，作一番历史的检讨。

考我国证券业之发轫，最初实以"股票公司"之名称为号召。当欧战初兴，我国实业蓬勃一时，股票交易亦颇繁盛。当时公司股票，若招商局、宁绍公司、大生纱厂、商务印书馆、汉冶萍公司等在市场活跃之状，至今犹深印于我人脑际，而公债交易则以发行数量有限仅居备位而已。然而曾几何时，欧战告终，一度兴盛之实业，大都一蹶不振。影响所及，股票市场之基础，摧毁殆尽，公债交易乃代兴而独占市场。及至信交风潮发生，投资者惑于利益之优厚，颇多囊括所有以应。不意一败涂地，资金掷于虚牝，一般投资者于此乃不得不稍有戒惧焉。

公司股票之被摈于市场，固属时势及环境使然，然而若干公司因经营不善而信用失坠，亦其重要原因。曩昔中华国民制糖公司之创设，发起人振臂一呼，投资者不可谓不踊跃，即内地人士亦多兼程来沪要求入股，方期国民之投资兴趣从此逐渐引起。不意又以事前之设计欠善与主持者之事业失败，未及正式开工，即陷于不可收拾之地步。十余年来虽经多方筹划，迄无复兴办法。至于往昔曾以营业优异著称，而因主持者不循常轨，过度扩充，卒蒙无可挽救之损失者，尤所在多有。凡此工商业中失败之事实，足以影响全体公司企业之信用，此今日我国公司股票之所以不易流通也。

抑近年证券市场因一般商人热中投机之故，其营业以公债之期货买卖为生命线，现货交易不过聊备一格，无足轻重，于股票买卖自更置之度外。前闻所外人士有另组股票交易所者，乃因仓猝开拍股票，现货交易，种类庞杂，交易寥寥，未及半月，遂复归于有行无市。良以公司股票名目众多，公司内容彼此互异，不仅一般人士对之无深切之认识，即证券业者恐亦少研究之素养；此类参考刊物，又绝无仅有，投资者问道无由，何从引起投资之兴趣乎？

今后欲求公司股票之重复活跃于市场，自应从一般商人减少其投机心理、经营实业者树立其社会信用始。

（1935 年 8 月 15 日，第 8 版）

招商局

于髯翁挽招商局前总办赵铁桥联："以奋斗殉其志，为建设惜此人。"足见当时招商局中的赵总办颇有一记的价值！

在中国的交通史上，在政府的政策上，招商局之改为国营，是一件很有价值的记事。过去的总办赵铁桥殉职，便是造成这事件所付的代价。

招商局是中国航业的基础，与汉冶萍同为国内仅有的两大现代企业，创办于同治十一年（即民国纪元前三十九年）十一月，在李鸿章任直隶总督时奏请设立。那时的动机，在装运漕粮，兼作运输，并且打算抵制洋商的航业。性质上官商合办，故名轮船招商局，由政府派总办五人，商股推选商董三人组织之。其后李在政治上失败，局务遂由鼎鼎大名的盛宣怀主持，旧制逐渐变更，商股地位逐渐提高。及至宣统元年（民国前三年）添设邮传部，盛任尚书（相当现制的部长），将招商归邮部管辖，并定为股份公司，另颁商办隶部章程，在名称上再加"商办"二字，变为"商办轮船招商局"，实在牵强而又累赘！

当袁世凯称帝时，曾派杨某为督理，后徐世昌、曹锟主政，亦曾选派大员到沪查办该局经济账目，但均足未进门，先已怀金而去。迨国民革命军抵到武汉，派杨杏佛主持招商局，杨因故未就。政府奠都南京后，复派张人杰、杨杏佛、虞洽卿等十一人为委员，组织清查整理招商局委员会，以张为委员长（时约在民十六年五月），曾编印《清查整理报告书》上下两册，这才把这个谜一样的问题一切公开了出来。

人事复杂　派别分歧

当革命军未克上海前，招商局隐然有三大派势力，即傅筱庵、盛蘋臣、李国杰，成鼎足之势。旋傅被通缉，逃往大连，甘受敌寇的庇护；盛氏的财产被查封，人亦避去；而李则以过期之董事长，虽能支持门面，已成尾大不掉之势，于是乃思结好于政府，一面则挟股东以自恃。清查团体所以能进行顺利，原因未始不由此。

自赵铁桥任总办后，即积极谋实际接管，曾于局内设立总管理处，并于十七年二月廿二日以总办及董事长名义进行整理。乃李国杰忽有所顾忌，届时称病不肯来，是日延至下午，赵乃匹马单枪到局实行接收管理。从此一个是大刀阔斧，勇往直前；一个则另谋途径，静以观变。来日种种风涛，大半种因于斯。

当时赵之环境困难已极，内忧外患，层出不穷。若是一个没有毅力、没有胆量、没有手面的人，身临此境，决不能一月居，绝无法支撑下去，然而赵氏竟主持历三年之久。试为屈指数记，在此三个年头之岁月中，内则李氏始终即不能合作，外有虞洽卿、施省之为中心之股东协济会、股东维持会，继复有另一部分持有盛氏股票之董康、蒋尊簋、汪有龄等，攻击之呈电传单纷如雪片。况虞、蒋均曾列名各清查委员，更能引起社会的视听。起初，海员发生工潮，继有汇丰、花旗等外商银行处分押产之议，更不幸发生"新华"、"新济"、"新康"等轮在南、北洋肇祸，然则均能一一从容应付，化险为夷。

改隶国府　总办殉职

后经二中全会议决，将招商局改隶国府，派专员负责整理，派专员之职权由总办赵铁桥代理，这一来更提高了赵的地位。

十九年七月二十四日晨八时许，赵乘自备汽车到局时，突被预伏之暴徒开枪轰击，中伤后送红十字医院，因流血过多不治身死。行凶者一行四人"王亚樵"辈，曾轰传社会，视为政治案中一关键。

胜利后，招商局之整理复员工作，积极紧张。可是，对于这位长眠地下的总办过去的丰功伟绩，能毋怅然？

（1946 年 10 月 30 日，第 12 版）

庆祝招商局七十五周年

国营招商局以今日为其创立七十五周年，本报与该局有同年之雅，逢此盛典，不能无一辞以为祝贺。过去的七十五年，确是中国历史上一个非常重要的时期。由于清廷的昏庸，列强对华的侵略步步加紧，终至欲闭关自守都不可能，于是门户大开，甚至到了瓜分的边缘。由于与列强的接触，此在政治上激荡而成国民革命的高潮。赖先烈的前仆后继，卒能颠覆清室，建立民国。于是又引起日本军阀的侵略，终至全面抗战和抗战的胜利结束。在经济文化方面，我们渐知不能墨守陈法，必须向西方学习坚甲利兵，提倡科学，一面致力于本国重工业及近代交通事业的建立，同时又须启发民智，使民众一般的知识水平得以提高。如此双方并进，中国方能跻于近代富强国家之林。《申报》和招商局都在此项的感召之下而创立。本报的七十五周年之庆，过去还不久，如今又逢招商局创立七十五周年，谊切"同年"，我们愿于此首致祝贺。

就招商局的历史来说，过去的七十五年，诚不能不使我们感触多端。招商局的创立与日本邮船会社的创立同时。在战前，日本邮船会社有轮舶一百五十余艘，其总吨数达一百余万吨，航线遍全球，已列为世界一等的航运机构；而我们的招商局，抱残守阙，既没有什么新的发展，就是创业时的那一番勇气和雄心，也已消沉，十足变成一副破落户的样子。中国人民看见了当时招商局和日本邮船会社的对照，谁也不禁唏嘘太息。然而造成招商局不振的原因，本也并不单纯。不平等条约的存在，竟连中国领水内的航运都为列强所控制，这对于招商局的发展，当然是一个致命的打击。人谋的不臧，自然也不可辞咎。积此多种原因，招商局的发展，于是处处遭顿挫。今日我们来庆祝招商局的七十五周年，有几点我们似乎不能不首先加以提出：（一）在抗战期中及胜利来临之后，招商局以其有限的船只，致力于军运及复员的工作，可以说对国家、民族曾尽了它最大的努力；（二）自徐学禹氏接任招商局以来，锐意整顿经营，不特旧欠清债，抑且添置新船，致力于远洋航线的扩展，顿使招商局遭逢了新生。兹当招商局七十五周年的今日，正该局遭逢新生之时，我们懔于惨痛的过去，展望将来，更愿再进数言。

第一，招商局以国营的航运机关，目前所拥有的吨位还很低，不特没有战前日本邮船会社的一百余万吨，即离其半数五十余万吨还有相当的距离，我们的航运业也实在离开我们的理想还很远很远。如今日本战败，它从前在东方乃至世界航运界所有的地位应该让给我国。然而以我国现有的商船吨位，实在还不能担任这一种使命。为今之计，政府应迅向有关方面提出，至少以日本现有商船总吨数的三分之一让予中国，作为部份的赔偿。中国对德、意也是交战国，德、意的一部商船亦应交予我国。

第二，我们应该积极建立我们的造船工业。我国的造船工业创办于清末，当时的马尾造船厂及江南造船所，都曾享一时盛名，其奈以后就一蹶不振，今日我们的造船工业连原有的一点基础也不保了。没有造船工业的建立，则航运业的发展，便有了先天不足的限制。我们在平时固能向国外购得船只，此不特消耗外汇，一旦发生战事，可能更受到打击。我们如果要发展航业，必须建立我们自己的造船工业，造船工业为重工业，依照三民主义的经济政策，应归国营，所以我们愿政府能注意及此，及早将我们的造船工业建立起来。

第三，就国防的观点，商船舰队为国防中不可或缺的一部门。不用说，商船舰队在战时就能参加海军勤务，成为海军的一部；就是不直接参战，它所能担任的运输、警卫等勤务，也对于国防直接、间接有关。我们如今既致力于海军的重建，来保卫我们的海疆，更不可忽略了商船舰队的建立。向以海军闻名于世的英国，就以商船舰队为它的商海军（Merchant Navy）。我国之能有强大海军的建立，目前的条件似犹未够，则如何扩充我们商船舰队的吨位，政府对于航运业自应予以最大的协助。

末了，就经济的观点来论，远洋航线的经营，是发展对外贸易的一种重要工具。在今天外汇万分困难的情形下，自运自销，益感重要。过去国际收支不能平衡，入超固然是一个主要原因，其中由于运费的支出，数量也颇可惊人。据报传消息，我国此次以剩余物资的废钢铁售与美国厂，其中一笔运费就须占美金一千八百万元，可知在国际贸易上，如果没有自己经营的海外航线，所耗外汇的数量实在可观。如今招商局已有远洋航线的开辟，我们希望由于将来吨位的增加，招商局更能扩充它的海外航线，来争取我们海外的市场，来协助我国民族经济的发展。

（1947 年 12 月 16 日，第 2 版）

招商局七五周年潘议长发表感想

〔本报讯〕国营招商局今日庆祝七十五周年，记者叩询潘议长公展之感想，潘氏谓：招商局与日本邮船会社几乎同时成立，但战前两者规模相差甚远，日轮航线遍及全球，而招商局航线不出本国江海范围，吾人实深惭悚。清季大员能如李鸿章之肯为维护航业挽回利权着想者甚少，而招商局历届主持人物，能如盛宣怀之收买旗昌洋行全部产业之勇气与魄力者亦不多觏，此为内在的致命伤。现幸招商局因抗战胜利而得解放，可望得复兴。该局在抗战期中的复员准备与胜利后所成就的复员工作，更值得称道。六艘在川江幸逃劫运之江轮，竟能克服困难，全部修复，即以用作军公复员之运输，收效之宏，实非其他交通机关所能企及。此其一。

抗战前夕，招商局产业抵押殆尽，八年血战，积欠更巨，而尤以外商银行之债款为最多。胜利以后，在财力正感竭蹶之时，毅然以偿还债款为急务，经年余之折冲，竟能全部清偿，所有抵质在外的契据亦经全数收回，从此该局基础益固，乃得一意发展其航运业务。其解决之痛快，又非一般银行对于存欠涉讼不决者所可几及。此其二。

复员以后，适值国家多故，"共匪"作乱，铁路、公路到处破坏，水上军公运输，因之更加频繁，招商局职责所在，独任艰巨。今天青岛仍得保全，烟台得以收复，整个东北尚未全陷"匪"手，不可谓非该局军运迅速之功。假使航权至今尚未收复，外商船只不能征用，恐"共匪"之猖獗，将更不堪设想。此其三。

招商局虽是国营，却能与民营航业和衷共济，精诚合作，权利义务毫无轩轾。以视其他国营事业，非与民争利，便互相倾轧，以致往往两败俱伤者，不可同日而语。此其四。

即此四者，已可为招商局寿。吾人当更希望该局于庆祝其七十五周年纪念之后，奋其老当益壮的精神，致力于社会大众的服务与远洋航线的开辟，以达成其应负之使命云云。

（1947 年 12 月 16 日，第 4 版）

促进生产至上！

在新经济改革方案将颁布之前，我们曾说恢复信用第一，现在方案颁布以后，我们又要说促进生产至上了！

上海自经济督导员蒋经国氏施展铁腕，加强经检，取缔居奇，扑灭黑市，未及一旬，物价下泻，治标工作，可说确告成功，此种不顾一切之作风，尤为胜利以来政府具有改革决心之初步表现，值得赞美。但经济问题之最后解决，仍不得不有赖于合理的经济措施，而政治威力只能济一时之急。所谓合理的经济措施，其根本实不外乎努力增加生产而已。

照常理说，现在各种生产事业，应剑及屦及，迎合目前利息降低、工资稳定等等对生产有利因素的新气象，以努力增产。但据企业界人士所表示，新发生的困难与故障此起彼伏，不一而足，尚待政府与人民互相合作，切实解决。我们为供当局认真注意问题的真相起见，也顾不得什么危言耸听，只好具体的约略说出几件来。

一、八月十九日之限价，并不能算得完全合理。因为是日以前，有些物品售价甫经调整，施行未久者；也有些物价磋商调整，拟议日久而未及付诸实施，适逢明令冻结者。这在后一类的工商业，无异错过机会，坐负损失，今后如生产愈多，则损失愈大，自不易激起其进取心。

二、八月十九日之美金结汇证书，其价为法币七百八十至八十五万元，加上挂牌外汇四十六万元左右，两共不过八百二三十万元，而新定兑价，定为四金圆比一美元，实际已增高至法币一千二百万元，是各工厂所需用外洋的原料，今后成本确已涨起三分之一弱，而卖出成品责令其仍照限价，不许比例提高，则损失太大，当然不易维持其再生产，更谈不到增产了。

三、有许多原料，现尚来自匪区或军事地带，其采办时，自然谈不到限价，加以抢购偷运，困难重重，其成本殊无从预计。如在销区执定限价，不予合理的补偿，则势必令人裹足不前，而因减少采运，减少来源的结果，便有停工减产的危险。

四、各种捐税费用，按照战前标准陆续调整的，已时有所闻，其他增税办法尚在中央或地方拟议中的，尤不在少数。除此之外，还有种种非公非私、亦公亦私的强摊义募，名目繁多，并不因限价而终止。转嫁既失其效用，羊毛不脱于羊身，工商业的处境自比从前更为艰窘了。

五、从前的事业界，虽在通货膨胀、万分艰苦之中，亦不少特殊的办法，或足补苴于万一，如谋取低利贷款、充分积贮原料、争取配额、套利周转等等，皆是极明显的事实。现在利率虽低，而贷款停做，限额减少，套利无从，不论原料与制品，其存储的数量与日期，又俱受到严格的限制。这在生产界看来，无疑地，都是不利的因素。

六、从前各业产销之间，价格有其自然的调节，无烦政府为之操心。而在政府普遍地实施限价之后，厂盘、批发价与门售价之间，究应如何划清，各各相距若干，政府还没有明文规定；又产地的进价，加上运销各种开支及合法利润，如何折成销地的市价，政府也还没有规定配合的办法。以致成本难合，厂家则不肯开货，补进困难，门售又无利可沾，贩运商人袖手观望，中间商人更难活动。现在游资充斥，头寸每每滥煞，而市面清淡，大宗交易迄未照常做开，其原因当在于此。这种局面如果挨持下去，不予以积极的疏导，深恐工业无从发展，市面亦断难期其繁荣。

以上各种情形，并不是我们杞人忧天，无病呻吟，更并不是说修正限价后一切均可解决。但配合未尽合理，进行不能圆滑，却是事实。现在有关当局，似也已注意及此，正在着手各种积极的办法，如中纺公司与招商局等的发行股票、物资机关的分别抛售等等。但我们以为还不够。最要紧的是，游资收了进去，能更进一步，使它转变成为长期的工业资金，以供经济建设的正当用途，而有助于生产的增加。否则左手回笼，右手为了纯粹消耗的事情而依然放了出来，这对疏导游资固无大效，而与增加生产更无关系。须知能善为运用，游资即是生产资金；不善运用，则原来生产资金恐反将逐渐变为游资。

至于抛售物资，以抑平物价，增加供应，这原是胜利以来一贯的政策。但要求抑平有效，则必须坚决做到几点。（一）放弃收入第一主义，而改采平价政策。尤其是厉行限价的时候，其抛售的价格，必须宽留余地，使买进的商人可以获得合法的开支与利润，否则无法恪守其限价了。（二）数量要多，地点要散。单在上海一市实施抛售，其效用已属有限，而在上海更指定一处零星门售，这只好说是一种象征作用，徒然为"黄牛党"造机会，与抑平物价恐怕无大关系。（三）假如所抛的是原料或是半制品，最好与工业界密切联系，系统地予以分配，以求扩大其生产作用，并以示办理之公开，而且手续必须迅捷、定价必须合理。以言内地的原料，如何使它源源外运，以与都市的制成品互相交流？这一点，尤其值得重视。否则如果各地各自为政，节节阻遏，国家经济将退步到部落经济。土货运不出来，则农村将益形衰落，出口货无从扩广，都市的工业亦终于无法维持。等到工商停滞、物资匮乏，再要挽救，必更费力。经济的事情不能专靠政治手段来解决的，而一切经济管制，尤不可不统盘筹划、全面推动。假使只完全注重在消极方面，自然还是一时治标的办法，就算做得万分圆满，能把仓库里现有的物资尽量地利用，而忽略了物资交流这一点，也未必就能达到增加生产的目的。所以我们愿向当局进一解，促进生产至上！

（1948 年 9 月 7 日，第 2 版）

二　账目管理

招商局董事温宗尧答复招商沪局全体办事人来书

读办事诸君来书，所以责董事者备至，而彰历来在局办事诸公之功亦备至。鄙人非有怨仇于诸君，只以承股东之委托，不能不就局务之应改良者，尽心竭力筹一整顿之法。因有前次意见书，不意乃干诸君之怒，而前书之所以含意未伸者，正以诸君在局办事有年，不无可念之劳，故特浑括其词，不欲一一证明，重伤诸君之意。讵意诸君不惟不见谅，而必追令一一指实也。鄙人初心良不愿出此，既承诘问，不敢不就来书所责者依次答复，望诸君察之，并望天下人察之。

来书以招商局成立之基础，未尝不得力于官。斯言而果然也，则本局当尸祝李文忠、沈文肃矣。既归功于李文忠、沈文肃二公，则凡在局办事人之不能皆诩其功，而索非分之酬报，亦彰彰明矣。鄙人不欲反对"成立基础得力于官"之一语，特因此而更有一语欲问诸公者，则招商局萎缩腐败之基础，亦似未尝不"得力于"官者。不欲援引局事重伤彼此之感情，姑以前清立宪譬之。当资政院、谘议局之开始也，宁不歌颂清廷之尊重舆论，而称其有成立立宪之功？乃未几而政府与资政院讧矣，未几而违法借债之难发矣。如曰成立之功可抵违法之过，则人民革命为非，而清廷当为亿万年有道之长基矣。为之解曰：主持立宪者一人，违法者一人，功过不能并论。惟其然，而违法者不必没主持立宪者之功，而主持立宪者亦不能掩违法者之过。违法者尤不能引主持立宪者之功，遂谓己之违法之无过，尤彰彰□矣。此为泛譬，而实曲当①。诸君但即国事以证局事，是非自在本心，当不待鄙人更为立竿见影之论矣。

---

① 曲当：恰当。

来书又谓，航线常及东西□，无如行之五六年，亏耗太巨，而归咎于政府之无津贴。航线之□，远及过去者非不之知，前书所论，特现在耳。政府之无津贴，似一亏折之一理由，特使内地航业而无弊，则亏耗可诿诸远航。若□内地之弊以推之政府，虽加津贴，远航亦当失败矣。且如来书所陈，从前官督商办时代，维持本局既如此其力，何于海外航业而不一维持之，且其时获利甚厚，何不可以所有余补所不足，坐令海外航业仅如昙花一现，是督办之官之罪耶，抑亦办事人之□［无］当耶？自来而未□航，不过因循之误。远航而不谨［仅］名誉已坏，恢复尤难。前书所以浑括者，正不欲尽言耳。

来书又云：四十年中三十八届之股息已达一千二百万，若深有憾，股东之不应得此厚利者甚矣。诸公为股东办事，不意待股东之□［苛］乃如此其极也。存款银行，生息不过四五厘，乡人买田数亩，益以终岁勤劳，所得亦不过五六厘，诸公而以此为例，则应以五厘为本位，而其余者皆拜诸公之赐，而非股东所应得矣。以唯一伟大之招商局，与普通零星之存款、买田相较，是何异于□［执］招商局办事人与乡里□［佣］作相较，而谓每年只合得工钱十千文、二十千文而已，诸公异地而观，当自悔□言之失词，而非招商局办事人对于股东应持之论矣。（未完）

（1912 年 7 月 15 日，第 7 版）

招商局董事温宗尧答复招商沪局全体办事人来书（续）

来书又谓，母金项下尚有一千六百万，子母并计，四十年已达二千八百万之总数，股票百金即涨至一千四百金，票价何止十倍云云。诸公之误，乃在不欲股东将母求子之一点，故并每年一分官息亦认为非分，而作为盈余，作为产业，作为票价，此理之至可笑而不可通，不待鄙人之费词矣。即以一千六百万论，三十八届之账略具在，结存共只九百四十九万而已。其中尚有汉冶萍股份、通商银行股份两项，共计一百四十一万余两，皆官督商办遗毒之铁证。由一二人办事人任意违法支配者，将来之纠葛尚不可知，再除此百四十一万，诸公所谓一千六百万者，即有所据，而得此倍于三十八届账略之数，何故现在股票在市面之价值较之所估财产之价值大相悬殊耶？苟曰不确，诸公试标一千六百万之价目，以待天下人有出此价，或减三成、四成以内，以收买本局者否？矜功之念过切，遂并一切事实而抹□之。鄙人以来书博征股东之言，则有谓股东假如以此二百万生息，以一分息计算，七年一对开①，四十年计，当五开，零五年，第一开四百万，二开八百万，推而至五开者，何止六千四百万之数？使诸公所持之数而□，则此言同走极端，诸公更费词以自解矣。

来书又谓，办事人积有资劳者，薪红稍优，则储蓄较易。恒心恒产，人情之常，因而穷究前书，十得其九之利从何而来；因而责备董事等，苟不指实，即有变瞆之咎见诘。如此其严，何敢再为涵盖。请举数事以报雅命。其一，则客票也。此次投标所发现，如"江新"前年只交一千二百元，去年整顿交至一千五百元至二千余元，今有人愿包三千元矣；"新铭"前年只交千余元，去年交至一千四百元，今有人愿包二千一百五十元矣；"新裕"前年交银五百元，去年交至八百余元，今有人愿包一千三百元矣；"江天"每月走十三次，去年每次由百五十元至二百余元，今有人愿包五百十元矣。又，内河小轮去年所入不足二千两，今有人愿包一万四千五百两矣。合二十八船原缴之数，及小轮十余年之数，与此次投标之数相较，每年相差三十余万两，四十年中平均计算，相差至少亦在千万，此非薪红也。将储蓄于何所，而为何人之恒产耶？其二，则购煤也。本局从前均购芳否煤，每吨定价五两零五分，本年始提议投标，凭样收货。当时办事人颇有阻之者，迨至开标，则三井、三菱、古河、武林等行所售之目尾等煤，货样既高，价只四两三钱。又购入太古行正月间买入三井之红煤层二万吨，作价三两九钱五分。证据昭然，办事者无可复阻，乃定购六万五千吨，按之旧账，实省五百余两。又，港局月前拟购峰地煤一万吨，系旧人志安号投标，每吨仍作旧价六两一钱，较之申局招人投标时，佐藤行投票地煤价四两五钱，虽香港水脚较高八钱，上下力及驳力、栈租应加七钱，而港无税应减三钱，两相比较，每吨实价五两七钱，一万吨竟糜费四千两矣。以申、港所用之煤，半年之间，糜费已六万余两，加以入栈时每千吨有余煤三十余吨，再加回头税三万余两，均不知归于何所，出栈时又有少

---

① 根据下文，当为"翻番"之意。

交者，即此煤之一端，全年至少糜费三十余万两，以四十年平均计算，又在千万以上。此亦非薪红也，将储蓄于何所，而为何人之恒产耶？（未完）

（1912 年 7 月 16 日，第 7 版）

招商局董事温宗尧答复招商沪局全体办事人来书（三续）

其三，则客货水脚也。近来太古、怡和不允付去年应摊长江水脚九万余两，而指本局被骗太甚，虽经无算唇舌辩论，幸而得免，然即此可为局外论定本局水脚舞弊之证也。水脚作弊之法，不外以多报少、以重作轻，而不知海关有册，可凭船中水尺可量也。有人亲赴海关调查，又有报关行公所函告为证，如油光、新闻等洋纸，每件重五百五十磅，即三百九十斤，而水脚报册均作为黄表纸，每件计重十五斤；又，宁波草席装运天津，每捆百条，应收水脚五两，而水脚报册作为茶席，每件五钱；又，铁锅乃空心之物，每担例收五钱，而水脚报册即作为铁条、铁板实心之类，每担收银二钱五分；又，洋线袋装运各口，应以尺寸计，每件限二十尺，水脚报册仅作七尺，或作旧米包计。诸如此类，罄竹难书，局中水脚每年不下二百余万。由此类推，每年至少亦少收水脚六七十万，以四十年平均计算，至少亦在二千万以上。此亦非薪红也，将储蓄何所，而为何人之恒产耶？况此事去年闰月初一日，董事会第八十六次议案曾以全权委托管事人力为整顿，至今果已整顿否？

以上三项乃其荦荦大者，若夫购买船用品扣用之弊尚不可悉数，即如油漆、木匠、帆篷之垄断投标一事，稍知局事者无不知也。但能入该团体者，即不承接生意，每年亦可分润一千数百元。本年董事会始行提议投标，不限八家，垄断之弊始绝。一油漆之利益均沾如此，招商局泽润所及，真河润之所不及矣。即此数种，每年何止虚（耗）一二十万？四十年之间何止虚耗五六百万？鄙人自恨历来放弃股东权责，不深研究本局利弊，此次被推董事，在职之日复浅，故所得亦仅止此。然即前列三项观之，四十年来股东已无形坐耗四千万以上应得之利益矣。

他如津、粤之船往返一次，恒较太古、怡和耽误一二日、三四日不等，此项损失为数亦巨。若此之类，尚难悉数，无恒心乃丧恒产，股东宜自引咎。办事者操廉守洁，董事等亦久深佩仰，特不知弊在经手诸公，既有督率之义务，亦当听其任意舞弊，以股东之储蓄为他人之恒产否？诸公诚能为本局兴利，则虽稍自为利，亦人情报施之常，股东何至察见渊鱼以矜其明？所不堪者，则耗蚀数目之巨如此，乃于股东，则愤其一无能力，而觉一分之子息得之尚为非分，于办事则诩为功无与比，于历年所得薪红之外，尚责股东应找银九十七万余两。此尤鄙人闻而掩耳，不敢不一正告诸公者。

诸公既谓商局定章，每有盈余，必为公司筹根本上之计划，而后办事人方沾余润。所谓根本者，即公积也。然则诸公固知局章订明，先提公积后分余润，所提公积之内固无余润可分，何以又谓公积项下派定一成红利？又云共计应得一成红利若干云云。诸公所谓派定者，是否原章载明，抑有股东议案？二者苟无凭证，然则谁为诸公派定？诸公将何所据，而以为应得耶？历届年结，均系先提公积，并无存欠办事人之红利，是即历来办事人默认公积并无红利之证据。来书请于股东大会，提议公决。果系照章派定，为诸公所应得，何必复向股东大会提议，而待公决？然则诸公固知公积不应复提红利，章程亦未派定，并非应得，特将全体辞职，姑为此要求耳。诸公果将本局应兴之利尽兴，应革之弊尽革，劳苦日久，今将退休，股东无瑕可摘，董事会亦不惮于股东大会，与诸公为略例言情之请求，所不敢贸然承命者，则诸公办事功过俱在，利弊显然。董事会不惜提一无足重轻之议案，特虑股东驳斥，既非诸公之荣誉，且伤主客之感情耳。

诸公责历届董事会之无效，前届董事于诸公办事有无牵制，曾否阻止诸公扩张某事、改良某事，应诸公逐一指明。请问前届董事苟有妨害公司之实，本届董事亦岂能曲为之讳？若本局董事以鄙人代评全体，自问过失所在，即此妄求有效之一念，因之而有购煤投标、买办投标之整顿，大拂诸公之心。至于最后提出股东大会意见书，措词尤失检点，致劳诸公之诘责。对于股东则忠，对于诸公诚不意而遂干犯。推来书历陈往日办事之苦心，仍是维持公司之盛意，用心既同，尚望诸公勿以语言相绳，不胜大幸。

又，来书陈怡和、太古之无利，以鄙人所知，则怡和系代理之船，在沪又无码头、栈房，似不能与本局自营己业，又有前人所遗天然优胜之码头、栈房相提并论。至于太古权利之厚，内容不及骤详，然以太古开航本在本局之后，由四船增至五十余船之多；又由一小码头起点，迩来竟置值价最昂之码头数座，即此二端，已非本局所能及。至日本邮船会社，虽亦官督商办，但以鄙人所知，彼亦有董事七人，总、副理各一人，其董事与总副理皆出自股东公举，报告政府，并非由政府札委。且其政府但有津贴，而无干预用人之事，不如前清之对本局只有剥削而无津贴，会办委至八人，无端动索报效也。即不得以日本政府维持航业之办法，与前清官督商办比附牵合也。小事附陈，并希鉴察。得书日久，本不欲报，因见来书已登上海《时报》，恐再缄默，将启局外之疑，因就个人所知略陈一二，上答明问。词语不修，还希鉴谅。

（1912 年 7 月 17 日，第 7 版）

招商总局声明原委布乞公鉴

迭见三月二十三号《申报》载杭州电，《委员赴沪提究漕运麻袋价》一则，又二十五号《新闻报》载《会追江浙漕运麻袋款》一则，又二十七号《民立报》、《时报》又复登载，均与事实不符，亟应声明原委，以免误会，而昭核实，幸祈公鉴。

查招商局自开创以来，保险局及漕务局另设机关，办事向有总力以及提调、文案、账房，管米、管袋各有专员，各司其职。一切收支款项，收兑漕银，每年所用麻袋售旧纳新，皆由漕务局全权经理，与本局总账房正、副经理毫不相涉。惟每届年终由漕务局造就报销收支总数，交与总账房汇列年结总账而已。究竟江、浙两省存有麻袋若干，并不注明。且以漕务局有专管麻袋之员，有专记麻袋之册，总账房向不越俎考查，无论每年添置麻袋若干，漕局概作正项缴费支销。故总局历年结账，麻袋成本皆作银二万两，亦商界中折轻成本之大例。此历来招商局与漕务局分职办事之实情也。

自辛亥年冬季漕米停运，经董事会议决将漕务局取销，以节糜费，当由该处将原存栈房之麻袋、器具等件报告董事会，作为交代，遂由董事会传知该栈点收保存。据报点见原捆好线袋七十五万三千九百五十只，破线袋七万九千七百只，麻袋四万七千只，共计八十八万另六百五十只，与所报九十万五千七百七十七只之数殊有不符。当初曾向漕务账房查取存册，据云"麻袋账册检寻无着，应向经管麻袋之人是问"等语。而其时漕务局各员业解散，只得凭该管栈点见实收之数存储。储迨壬子年春季，复经董事会议决，漕米既已停运，麻袋久搁，恐致坏烂，准将存储栈房之麻袋招人投标出售。当在董事会开标三次，当众决定以价高者得售，共计售出修好线袋、未修线袋、旧洋线袋、本丝口袋等八十万二千只，收价银九万八千余两，归入公司总账。有各售主可查，与报载麻袋变价在二十万左右相去悬殊，未知因何误传。既经售出之后，约在上年夏秋之间，即有江、浙两都督委员薛肇卿、沈遒梅二君来局，查询江、浙两省漕运项下有用剩麻袋若干。总账房邵君答以历年概未预闻此事，但据漕务局交卸后存栈点收麻袋数若干，并不知其中尚有两省麻袋在内，应请二君向漕务总办嘱执事人详查，方能明晰。嗣后屡次来问，总账房既不明白，无从对付。至十二月廿九日，薛、沈二君并邀同前充漕务局提调徐子云君、文案陈蓉池君、账房汪卓人君来局，计议一切。邵君所对如前。据文案陈蓉池云，此项麻袋应与江、浙两省作三分公摊，似亦平允。薛、沈两君即言准照如此禀复，何如？正商议间，适漕务总办王子展先生亦至，邵即告以此意，云如此办法亦甚和平，惟江浙粮道历年所欠水脚如何弥补，亦当有一交待。薛、沈二君云，麻袋照此禀复，惟后带一笔"粮道尚有欠款"可也，并谓邵君曰："向者未知究竟，今详谈之下，方知此中底蕴，实非总账房所能深悉。"如是而散。此乃上项问题发生后与各方面最后之谈论也。

不谓前、昨忽见报载云云，甚至谓三十余万之巨款均被邵某吞没殆尽，江、浙派员来沪守提到浙等语，不禁骇异。夫招商局商股商办者也，历年结账均有分存天津、汉口、福州、港粤诸大口，以便股东就近查阅。至前清宣统元年董事会成立之后，又有查账员查核，倘邵某果有吞没三十余万之巨款，不特合局哗然，并且举市哗然矣。况所指乃庚子年漕运之余十四万两及麻袋变价在二十万左右，夫漕运各事既非总账房所经理，何能有吞没之弊？所称庚子年漕余十四万一款，尤令人索解不得。查庚子年漕局报销总册仅余银一万三千九百余两，提付沪、津栈租十一万一千余两，反净亏银九万七千一百余两，焉得有十四万之余款？惟查前清光绪念八年二月，由前督办盛杏荪先生交下银十二万八千四百余两，嘱收备记项下，旋由盛督办陆续饬付津贴江苏罗粮道太古费用四万两，捐建李公祠三万两，京仓补耗二万六千余两，平粜亏耗九千余两，塘沽驴车费一万九千余两，给漕局司事分派余米三千一百余两，适与来数两讫，并无丝毫余存。或即以此款为架造之媒耶？但是年系壬寅，非庚子也。至麻袋投标出卖，乃董事会议决所行，各商所投标价亦董事会启封始定。此时，漕务局早经解散，故由总账房收银发货而已。共收见各项袋价九万八千余两，除收销向作成本二万两外，净余银七万八千余两，账目俱在，班班可考。至江、浙两省实有麻袋若干在内，今又询之漕务账房汪卓人君，亦称不知。谓庚子以后专管麻袋之员，始而沈瑞山，继而汪仲衡，每年应向江、浙添取麻袋系由文案备文向索，及至麻袋解到，则归管袋之人经收，伊乃专管银钱出入，故绝不知麻袋之事，所有麻袋之账册、案卷，皆无从寻觅等语。汪乃漕局之账房尚不能知，则总账房焉能知耶？至江、浙粮道历年所欠水脚，兹据漕局账房摘账报称，浙江各粮道自前清光绪廿五年至宣统二年止，积欠水脚四万八千六百余两，因每年只少数千两，已历年开除，故无专欠之户。然历年账册皆可查考，江苏粮道向无零欠，惟辛丑年罗粮道欠银六万一千一百余两，因为数较巨，故有专欠之户。然江、浙水脚共欠十余万两矣，而代罗粮道贴还太古费用之四万两，已由壬寅年在盛督办交下十二万余两之内开支（此款已叙明在前），尚不在内也。

总之，麻袋一项，江、浙两省各分派若干，可以由经办漕务之人查明核算，彼此秉公办理；所欠水脚应否扣抵，亦可由董事会公议，均非总局账房所能参预。况邵启义□字子愉，在局二十余年，矢慎矢勤，人所共知，何可不加细察而遽被以吞没巨款之恶名？名誉所关，如何能受？为特历叙各原委如右，以供公览。以上如有片言欺饰，天神共鉴。

招商总局谨启

(1913 年 3 月 28 日，第 1 版)

招商局账房答复董事温宗尧三十九届比较上届收支账略

（一）查码头一项系天津、香港两处为主，以每次停泊码头之费计，香港每船每次支银五十两；天津则有码头费、码头捐两款，每船每次船最大者每次各约四十余两，小者各约三十两左右。本年春季船期少走，故少支出三千余两。

（二）查客货栈租一项，每年有漕米每石提栈租银七分，若办全漕有八万余两，截留少办年份亦有四五万两。本年漕运停办，少此一项，故收数较绌。

（三）查华栈亏银一项，洋人全权办事，所做生意每届排下一年报销，因该栈专揽外洋船货，洋人结账核对必在五六月间，是以当年不及列账，本年结亏之数乃系上年之账。

（四）查各项息款一项，上年有汉冶萍、通商银行股息收进十一万六千余两，本年仅得三万七千余两，因通商股票已派与股东，汉冶萍又减发，且多支出汇丰押款利息六万七千余两，是以比较上届少十余万两。

（五）查折旧一项，上届折旧八万余两，今届折轻"江华"七万一千二百余两，趸船二万三千九百余两，上海、汉口栈房四千七百余两，共折九万九千八百余两。

（六）查结余三十万五千余两一项，正月至八月结亏十二万七千七百余两，本年秋季起生意渐旺，收数较多，至十一月结已无所亏；至十二月，较上年十二月多得水脚十四万余两，又公摊水脚十一万余两，沪军兵脚二十九万余两，以及北、中栈余款，各口产租等项，年终归清，是以十二月进款之多，较平常月份不同。即支款各船修理物料及客号回用、赔残一切，多有必待年终结算者，故亦较平常月份多支，所以本年十二月份月结，收进付出两抵，结余三十万零八千余两。

（1913 年 4 月 4 日，第 11 版）

招商局董事温宗尧对于总局开报辛亥壬子两年收支账略之疑问

一、历届账略折旧一项，据称"所得余利必先折轻船栈成本，愈折愈轻，固结根本"等语。查三十八届折旧，并非将全盘船栈一律折轻成本，只有"致远"、"江新"、"江裕"、"新铭"、"向华"五轮及上海北栈、汉口、镇江局产、杭州地产，四处合共折旧银八万余两而已。然是年营业亏折，尚有借拨自保船险户内十万两，以为该船产折旧，何以三十九届比较单内结报盈余三十万五千两，并不将船栈一律照章折旧，迨经诘问，始开出折旧共银九万九千八百余两，内计趸船二万三千九百余两，上海、汉口栈房四千七百余两；"江华"轮船七万一千二百余两，该船开驶未及一年，何以折旧如此之巨？试问该船是年收入水脚盈余几何？按照所得余利折轻成本之说，恐该船除缴费外，未必有此厚利。然既折旧，船栈共银九万九千八百余两，该款提存何处？归结何账？是否在结余三十万五千两之外计算？请调查答复。

一、辛年账内，"美富"赔款由自保船险项下支出银八万五千五百两。以三十八届结账办理情形节略内称，收回"美富"船失事，由自保船险项下赔还保本五万五千两，何以抹去三万五百两不提？收多报少，已不可解。复查辛年账内，各户往来存款忽有"美富"保险赔款存规银三万五百两出现。夫往来存款者，乃本局欠人存款之户也。反存为欠，是何理由？若不查出，则先由自保船险项下出支八万五千五百两，而本局仅收五万五千两，将来欠人存款项下，本局又须认还三万五百两之本息，一展转间，本局前后当失却六万余两之巨款矣。请调查答复。

一、辛年账略在自保船险户内拨银十万两，收入折旧户内，除支报效实业学堂银二万两，又除本届船栈折轻成本银八万二百余两，既有收入折旧之八万余两，何以又向自保船险户内拨借十万两？展转拨除，多未明白。究竟此项拨借如何结束？请调查答复。

一、辛年账略，汇丰押款一百六万一千余两，并未声叙何项用途，惟于结账办理情形节略内称与太古、怡和合买"联益"、"联和"两船，本局名下三股之一船价六万余两，又买进"同华"船价十二万四千余两；又拨还各户生息存项十万两，又沪军都督借款四十万二千余两。除由通商股另押十万两外，实借三十万二千余两，共支银五十八万余两，比对押款数目，尚余四十八万余两。是年夏间，由江南船坞定造江轮一号，价目未详，即使船价全由汇丰押款，逐期付出，当属有盈无绌。况辛年三十八届生意亏折已从积余记项下拨支六十八万余两，无须动用汇丰押款。而壬年三十九届又续借汇丰四十三万余两，前后共借用一百五十万两，此项巨款如何开支，应调查答复。

一、辛年账略，船栈折旧只有二千六百余两，并称本局历年结账所得余利必先折轻船栈成本，愈折愈轻，盖为固结根本起见。洵如所言，则历年折旧必由余利提出，确有实款存储，而后可历年积算，为数必多，何以账内滚存仅有此区区之数？或谓历年折旧已在船栈价值之内，果尔则并此二千六百余两亦不应存此虚名。今试以"江华"一船譬喻之，该船成本假定作价十五万算，甫经开驶即已折旧七万一千二百余两，保险当亦随价减少，万一意外，只能收回赔款七万余两，而折旧并无实款提存，将来另购新船，岂赔款所能购置？是名为愈折愈轻，实则愈亏愈重，久之势必船价与折旧同归乌有而已。所以账略所列船栈折旧办法未免名不副实，此中情形请调查答复。

一、壬年比较单内有华栈亏银一万一千二百余两，据称该栈生意每届排下一年报销，本年结亏之数乃系上年之账。照此推算，则三十八届该栈所余九千四百余两应入还三十七届计算，三十九届该栈所亏一万一千二百余两又应入还三十八届计算。然华栈三十九届账未结出，则本届总结三十万五千两之盈余，已非核实，请调查答复。

一、壬年比较单开三公司水脚公摊，三十八届收银十一万二千余两，三十九届收银十一万六千余两，比上年多收四千余两，"联和"、"联益"两船收入水脚是否已在公摊款内，未见声明，请调查答复。

一、壬年比较单内既称是年结余三十万五千两，何以现据六条答复又云结余三十万八千两，前后不符，以何为准？请调查答复。

（1913 年 4 月 6 日，第 11 版）

招商局账略之布告

招商局董事温宗尧驳复总局本届盈亏比较账略不确，拟定账式，提议照办，布告股东，以昭核实，文云：

前接三月十八号招商总局列表开报辛亥、壬子两年收支总数、生意盈亏大略比较各款，内列三十八届亏结二十八万二千余两，三十九届结余三十万五千余两，就表面而论，不加细察，本届生意收入岂非大有盈余？然将两年收支账略接连滚算，分清界限，其关于生意进出者，如下支存四款，一经照数拨还，实已浮出三十万五千余两之数，则壬子一年生意只有亏折，尚何盈余之有。

一、比较单开各船用煤一款〈六〉，辛年支银十五万五千余两，壬年支银六十二万六千余两，比上年少支银二万九千余两。查三十八届账略存煤七万五千四百余两，此款本系辛年支出，煤系壬年用去，应分清界限，拨还上届之账。

二、比较单开收北栈余一款，辛年收银五万四千余两，壬年收银二万三千三百余两，比上年少收银三万一千余两。查三十八届账内该栈未收客欠、栈租、扛力等款，净欠银七万五千余两，应分清界限，拨还上届之账。

三、辛年账略结存现银洋钱三项，共银十一万一千七百余两，应分清界限，拨还上届之账。

四、辛年账略折旧一款，曾在自保船险项下拨出银十万两，以资折抹畸零，应分清界限，拨还上届之账。

以上四款，共计银三十六万三千余两，理应照数拨还，则本年生意除所谓结余三十万五千余两抵支外，尚亏入银五万余两。

除此四款抵支外，尚有应滚入三十九届结算者约举十一款，摘录于下：

一、辛年账略，该仁济和银四十五万两，壬年加借银十万两；

一、辛年账略，该汇丰银一百六万一千余两，壬年加借银四十三万九千余两；

一、辛年账略，分局存欠银六万四百余两；

一、辛年各坐舱往来欠款银四千余两；

一、辛年备存礼物银三千余两；

一、辛年煤栈预垫缴费银五千两；

一、辛年华栈往来欠银一万一千余两；

一、辛年账略，"爱仁"船欠银十三万五千余两；

一、辛年账略，罗道欠银六万一千余两；

一、辛年账略报称，沪军欠水脚银二十万两，壬年比较单内收入沪军兵脚银二十九万余两；

一、辛年账略，结存麻袋银二万两，并不声明若干只数。近阅各报，总局声明原委，内称壬子春季售出麻袋八十万二千只，收价银九万八千余两。

以上十一款，共计银一百二十万六千四百余两，按照旧管新收账规，概应滚入三十九届账内结算。

（1913 年 4 月 7 日，第 11 版）

招商局董事温宗尧第三次诘问上下届账略之答复

第一条　答复历届账略折旧一节，"自戊戌定章四成折旧以来，每年所提之数不敷分折，故常在自保船险项下拨出，以资挹注"等语。似此办法，实与每届账略所言"本局历年结账所得余利，必先折轻船栈成本，愈折愈轻，（为）固结根本起见"迥不相符。不特折旧徒有虚名，势必牵动自保船险，存款日见短绌，循此以往，将与折旧同归无着。何也？查自保船险所得保费，系在各船缴费内开支实银，积贮之款今因不敷分折，常在自保船险内拨十万或二十万移入折旧项下，而折旧之款即存在该船折轻成本之中。试以"美富"而论，该船照估值保险，故失事后收回赔款八万五千五百两，除折轻成本五万五千两，溢出三万零五百两，溢出之数即为逐年折旧之数明矣。如该船原本八万余两，尚无出入，倘置本之初加以逐年修理之费，断不止此八万余两，则此次所收保险之赔款，必不敌折旧之巨亏。推而言之，后患何堪设想，反不如去此虚名折旧，将每年提出之四成，有银若干即实存若干，船只保险照实估值，以后自保船险，毋庸转拨，款必日增。设有意外，收回保险赔款，补购新船；不敷，则在每年所提四成款内添凑；再不敷，始在自保船险项下拨足，方与保固根本之意不相悖谬。

第二条　答复辛年账内"美富"赔款一节，"凡属欠人之款，必有何名何记，非他人所能索取"等语。然在他人则不能索取，在账簿则大有出入，明系"美富"赔款，本局在所应得，即不另标一户，亦应附入公积余记项下，使内外界限分清。今三十八届账略刊布结账办理情形，只称收回"美富"船失事，由自保船险项下赔还保本五万五千两，抹去三万零五百两，不提账簿，又转入本局欠人存款户内若干存款，总数六十万五千余两。不加细察，其为外欠之款无疑，况本局账略向无满收满除，以及款下加注来去源委，使人一阅便明之账，此届账略如仍蹈常习故，囫囵出之，不能按图索骥，实令人怀疑莫释也。

第三条　答复辛年账略在自保船险户内拨银折旧一节。其中展转抵除，无非由实款转入折旧，而折旧之数并非提存现款，一概积在船身成本之中，设有意外，无论保险借拨之款以及船价折旧之款，同归乌有而已。此种自欺欺人之账，无论如何抵除于公家，只有损无益。

第四条　答复汇丰押款用途一节，以"辛亥之冬将局产向汇丰押银一百五十万两，是年底取用一百六万余两，其余四十余万两乃壬子年支用该款，开支非片纸所能备述"等语。查辛亥账略总结进支结亏二十八万二千九百余两，加支本届股息四十万两，实计本届结亏六十八万二千九百余两，此项结亏之款在于上册积余记项下支销，合并声明；又查三月十八号总局抄报董事局辛亥、壬子两年生意盈亏比较大略，声明壬子总结余银三十万零五千两，可见辛亥生意虽有亏损，已在积余记项下抵销，壬子既有盈余，无须借拨。惟此汇丰押借则用至一百五十万两，系在辛亥、壬子两年之间。照辛亥三十八届账略只宣报是年添船、还欠、转借、沪督等四款，约计亦不过五十八万余两，所余九十余万巨款未见详细声明，故请摘要答复。今谓该款开支非片纸所能备述，只有仍俟查账董事认真查考而已。

第五条　答复账略船栈折旧只有二千六百余两一节，以"历年折轻船栈成本何止数百万，既曰折轻成本已在成本之内，焉有实款存储"等语。有此明白答复，可见折旧并无实款存储，其危险情形已尽于以上第一、第二条驳诘之中，无庸再议。

第六条　答复壬子比较单内华栈亏银一节，以"华栈排下一年开报，乃西人结账非五六月间不能结出，故本局排下一年核结，由来已久，势难更改"等语。查普通账例，亦常有排下一年结算者，然必另设一户，专载上年未收、未支各账，俟下年分别收除，滚存结算。惟本局账略向无此户，而华栈盈亏比较又不声叙，阅者何从知其理由？

第七条　答复壬子比较单开三公司水脚公摊一节，以"所收公摊水脚乃去年五月份收到，尚系辛亥年之公摊，至'联和'、'联益'两船乃辛年冬所置，归怡、太代理，水脚尚未开报"等语。查辛年账略、壬年比较单，均未分别声明，账法不清，徒滋疑问。

第八条　答复壬年比较单内既称是年结余三十万五千余两，何以现据六条答复，又云结余三十万八千两，以何为准一节，以"前言三十万八千余两乃指十二月一个月之收支大约而言，现统年实结余三十万五千余两耳"等语，姑照所言，以俟查账董事核对可也。

（1913 年 4 月 19 日，第 11 版）

招商局答复另单所开本届结余驳议各条再加质问仍请连前调查据实详复

一、开三十八届账略存煤七万五千四百余两，款系辛年支出，煤系壬年用去，应分清界限，拨还上届之账一节；一、开辛年账略结存现银洋钱三项共银十一万一千七百余两，应分清界限，拨还上届之账一节。答以"辛亥年结账存煤七万五千四百余两，又存现银洋钱三项，计银十一万一千七百余两，此皆应存之实银，无移动之理，非收支之款项可以转账；事已隔年，账略已刊，亦无可更改。今嘱拨还上届之账，未知如何拨法"等语。试问辛亥年结存之煤系未用出之煤，应滚入壬子年账否？辛亥年结存银洋钱三款系未用出之款，应滚入壬子年账否？譬之一人一家，每年用米十石，因上年存米三石，下年购七石而已足，两年比较省则省矣，亦知上年所存之米，已由上年银钱购得者乎？今三十九届结出盈亏比较单内，开壬子用煤六十二万六千余两，比辛亥用煤六十五万五千余两少支二万九千余两，不知辛亥存煤七万余两已否在内，未见声明，岂能核实？且列表开报两年比较，名为收支总数、生意盈亏，界限本极分明，虚实无难立见，若如本局定期发息告白，以无论前年、去年之款皆系股东之盈余，则何必多此盈亏之比较耶？查《商律》第一百九条，公司年报所应载者：（一）公司出入总账，（二）公司本年贸易情形节略，（三）公司本年盈亏之数，（四）董事局拟派利息并拨作公积之数，（五）公司股本及所存产业、货物以至人欠、欠人之数。第一百十一条，公司结账必有盈余方能分派股息，其无盈余者不得移本分派。本局系完全商办公司，自应遵照《商律》办理。乃总局已定期开派股息矣，割股东之肉以饵股东之口业已数年。以前派息提取通商银行股分，以后派息提取汉冶萍股票，挖肉补疮，后何能继？欲行整顿，非先从根本上清理不可。根本之要，在账略之接上滚下，来去分明，使股东一阅本届账略，即知本局生意盈亏之所在而已。

一、开北栈上年有未曾收到之栈租等项七万五千余两，应分界限拨还上届之账一节。答以"此系辛亥年生意进款，当年未及收来，自应向壬子年账内补收，而北栈之收支各款本待下年统核"等语。查此事与华栈事同一律，故必须设立专户，以记上年未收、未支之款，则每届盈亏真相可见。

一、开辛年账略结存麻袋二万两，并不声明若干只数一节。答以"麻袋乃漕务局之事，每年漕务局报销总账由总局账房抄入年结而已，数十年来总账房从未见过漕务局一簿一册，麻袋成本作银二万两者，亦数十年如是。至辛亥之冬，漕务局解散，始据漕务局将存栈麻袋九十万五千七百余只开报总局，由栈房点收，始知实存麻袋之只数"等语。麻袋只数姑不具论，至漕运局虽另设办事机关，然银钱仍与总局账房向来交涉，当其解散时，无论麻袋应要查明，即漕运局透支四万四千余两亦应追取着落，乃三十八届彩结账内遽将此项作为本局亏折开支，又不详注理由，实所未解。

一、开自保船险银二百三十六万九千余两，又自保趸船、拖驳船险银十三万六千余两，有无现银存储，抑系虚数一节。答以"此项保险原应积储现银，因历年所积自保船险及折旧之现银，皆抵添船置产及搭入通商银行及汉冶萍股用去，故应有之现银皆为轮船产业及股票矣。所以仅收股东二百万两之股本，今有一千数百万之局产"等语。洵如所言，自保船险不知始于何年，已无现银提存。惟查三月十八号总局开报辛亥、壬子两年收支比较单内开自保船险一项，辛年共支二十三万余两，壬年共支二十一万余两，皆在是年收入水脚项下开支现银。照此推算，每年所支自保船险之费，平均扯算，每年二十万两计，历年以来当已付出现银七八百万两，除赔偿款目之外，所存亦当不少。乃三十八届账略结存，自保船险两项，仅有存款银二百五十万零六千余两，现称此款并无现银积储，只存以上所云添船置产、股票等项。该款如何收支，历年账略并不宣布，近因诘问，反谓仅收股东二百万两之股本，今有一千数百万之局产，以为莫大之功。夫营业常规实存实欠相抵之外，始能确定盈亏，今将本届账内实在存欠条列于后，应请按款调查，明白指复，勿故作含混语，使查账董事再堕五里雾中也。

一、存轮船拖驳，照账略成本，共银二百五十七万五千余两；

一、存房产，照账簿原价，共银一百二十四万八千余两；

以上添船置产实存成本银三百八十二万三千余两。

一、存汉冶萍股分，共银一百一万九千八百两；

一、存招商内河小轮股分，共银五万两；

一、存大德榨油公司股分，共银五千两；

一、存铁路股分，共银四千五百二十一两八钱；

一、存通商银行股分，共银四十万两。

以上股分共银一百四十七万九千三百两，除通商股分四十万两拨付辛亥股息外，实存股票原价银一百零七万九千三百两，统共添船置产股票三项，共存本银四百九十万零二千三百两。

一、欠股本　三十八届账略　共银四百万两；

一、欠仁济和　三十八届账略四十五万两　现计共银五十五万两；

一、欠汇丰　三十八届账略一百零六万一千余两　现计共银一百五十万两；

一、欠往来存款　三十八届账略　计共银六十万零五千二百余两；

一、欠股分存息　三十八届账略　计共银六千零七十余两；

一、欠生息存款　三十八届账略　计共银一十二万零八百余两；

一、欠商股余利　三十八届账略　计共银一千零四十余万两。

以上七项共欠银六百七十八万三千一百余两，存欠两抵尚欠银一百八十八万零八百余两。

查船只一项，照验船官估单，较成本溢价银一百二十三万六千八百余两，产业一项照账略估值较成本溢价银三百零一万七千余两，共计溢银四百二十五万三千八百余两。此系廉价收入后自然之利，与原置成本无干，不应并入计算。今照船、产、股票三项原本核计，只存四百九十万余两，除抵七项欠款，尚短银一百八十八万零八百余两。据称历年所有自保船险及折旧之现银，皆抵添船置产及搭入股分用去。乃细查上列结存船、产、股票三项，则原日成本不过此数，究竟自有船险及折旧以来所提现银收进若干、支出若干，又所称现有一千数百万之局产，除以上所存船产、股票外，尚有何种物业足以相抵耶？

（1913 年 4 月 20 日，第 11 版）

招商局董事温宗尧第四次答复总局账房四月十七号来函

自三月十八号总局开报辛亥、壬子两年收支总数、生意盈亏大略比较单内，列款界限不清，故请查明，以资核实，乃选据答复，语焉不详，其最为含混之词莫如自保船险存款一节。据称，此项保险原应积储现银，因历年所积自保船险及折旧之现银皆抵添船、买产及搭入通商银行、汉冶萍股分用去，故应有之现银皆为轮船产业及股票矣，所以仅收股东二百万两之股本，今有一千数百万之局产等语。出入数目，迥不相符，故将本局账内实在存欠汇同各款复为第三次之质问。今据四月十七日来函，以所开似多误会，无从答复，并云账有根据可查，收支源委清簿及年结账内皆有注明，原非账略所能备载等语。查此次质问，本列多款，典守所在，不能以"似多误会，无从答复"一语了之。即以自保船险一节而言，初因账略列有自保船险二款，共该银二百五十五万余两，不知有无现银存储，且以各船保费每年系在收入水脚项下现银开支，账略从未声明。及见此次比较收支单，开辛亥支出保费二十三万七千余两，壬子支出保费二十一万六千余两，以此推算，历年支出当在七八百万两之数，此项保险生意系于本局船业、租业之外，另辟一附属品，界限本极分明，历年既久，为数不赀，不得不究其存款用途之所在。乃据答复，以历年所积皆抵添船置产及搭入通商银行、汉冶萍股分用去，并指今有千数百万之局产为词，是真令人求明反昧，无从仰测高深矣。

来函既称账有根据可查，收支源委清簿及年结账内皆有注明，应请将历年收入各船保费若干，折旧若干，是为进款；添船若干，置产若干，搭入股票若干，大小赔款若干，是为支款；房产原本之外，添本若干；轮船原本之外，添本若干，是否由保费折旧项下拨支若干，抑由别款项下拨支若干？除账略内所有船产、股票之外，尚有何项产业若干，足以证明。来函所云，今有一千数百万之局产，明白开报，以释董事之惑，即以慰股东之心。至历年刊派账略，循名核实，董事会与查账员均负责任。本届账略尤为众目所注视，前拟满盘满算账略格式一本，请将全年数目照式填明，由查账员核对无讹，再经董事会公议定夺，刊派账略，分送股东，以昭檄实可也。

（1913 年 4 月 25 日，第 7 版）

商办轮船招商局航业估价清册

一、上海码头栈房之估值

（甲）金利源码头：地皮值价银二百十万八千一百七十二两（工部局估价银二百四十五万八千七百十七两），房屋值价银五十九万一百七十五两，驳船埠头等处估价银十万三千五百两，共值价银二百八十万一千八百四十七两。

（乙）招商局中栈：地皮值价银六十万八千一百两，驳船埠头等处估价银二万八千两，共值价银八十八万三千八百四十五两。

（丙）招商局北栈：地皮值价银一百三十万六千八两（工部局估价同），房屋值价银四十六万五千四百两，驳船埠头等处估价银八万两，共值价银一百八十五万一千四百八两。

（丁）招商局浦东栈：地皮值价银三十二万两，房屋值价银七十五万六千四百两，驳船埠头等处估价银九万二千两，共值价银一百十六万八千四百两。

（戊）杨家渡码头：地皮值价银三十万三百两，房屋值价银三十九万二千六百两，驳船埠头等处估价银四万八千两，共值价银七十四万九百两。

以上码头地皮共值价银四百六十八万二千二百二十五两，栈房共值价银二百四十一万二千六百七十五两，驳船埠头等处共值价银三十五万一千五百两，此系汇丰银行抵押之时据该银行派工程师估计，总共值价银七百四十四万六千四百两。

内有金利源地价一项，比较工部局估价应增银三十五万余两，金利源划归无关航业之华产项下，五十二号照估地价三十四万三百六十三两，又屋价八万两；五十号照估地价十八万三千五百四十三两，又屋价三万四千九百两；五十四、五、六、七、八、九号，六十四号，照估地价三十二万一百十二两，又屋价八万九千两，应除银一百四万七千九百十八两，增除相抵，照汇丰抵押估价，应除银六十九万七千九百十八两，总共值价银六百七十四万八千四百八十二两。

二、沿江、沿海各口岸码头、栈房之估价

吴淞地照账略价银二万三千两，天津产照估值价银七十万七千六百三十四两，塘沽、大沽照估值价银三万两，通州产照账略价银五千两，北带〔戴〕河产照账略价银一千两，牛庄产照账略价银二万五千两，烟台产照估值价银四千九百两，宜昌产照账略价银二万两，长沙产照账略价银一万九千两，沙市产照账略价银五千两，汉口产照估值价银一百九十三万九千六百七十六两，九江产照估值价银十九万五千八百五十两，芜湖产照估值价银一万七千两，南京产照估值价银二万五千两，镇江产照估值价银十七万一千七百八十五两，宁波产照估值价银六万五千两，温州产照估值价银一万七千两，福州产照估值价银一万九千两，汕头产照估值价银十四万一千一百九十两，澳门产照账略价银五千两，广州产照账略价银七千两，梧州产照账略价银一万两，杭州产照账略价银三千两，香港产照估值价银二十二万五千两。

以上码头、地皮、栈房共值价银三百七十一万二千三十五两，此系通和洋行赴各埠估计总数，除去无关航业之华产项下九十一万四百七十七两，共值价银二百八十万一千五百五十八两。

三、轮船之价值

（一）"江华"轮船估价银四十万两；

（二）"江宽"轮船估价银十一万二千四百两；

（三）"江永"轮船估价银十万二千四百两；

（四）"海晏"轮船估价银二万两；

（五）"江天"轮船估价银七万两；

（六）"江孚"轮船估价银四万八千五百两；

（七）"江通"轮船估价银一万一千七百两；

（八）"致远"轮船估价银九万五百两；

（九）"图南"轮船估价银六万八千二百两；

（十）"普济"轮船估价银三万两；

（十一）"江裕"轮船估价银十一万五千两；

（十二）"广大"轮船估价银十八万二千四百两；

（十三）"广利"轮船估价银十四万四千两；

（十四）"广济"轮船估价银三万五千两；

（十五）"新裕"轮船估价银十三万九千两；

（十六）"固陵"轮船估价银四千两；

（十七）"新丰"轮船估价银十万两；

（十八）"新济"轮船估价银十万两；

（十九）"快利"轮船估价银十一万二千二百两；

（二十）"公平"轮船估价银二十万五千两；

（二十一）"安平"轮船估价银十七万二千五百两；

（二十二）"泰顺"轮船估价银十六万八千三百两；

（二十三）"飞鲸"轮船估价银五万三千两；

（二十四）"遇顺"轮船估价银十四万八千七百五十两；

（二十五）"江新"轮船估价银三十一万五千六百两；

（二十六）"新昌"轮船估价银二十二万五千四百两；

（二十七）"新康"轮船估价银二十三万二千七百五十两；

（二十八）"新铭"轮船估价银三十一万两；

（二十九）"同华"轮船估价银十二万一千两。

共计各轮船值价银三百四十四万七千六百两。

又，"江华"轮船值价银四十万两（按照造本核计），各口岸趸船值价银八万二千六百两，各口岸拖驳小轮值价银二十八万一千六百二两，共计趸船、拖驳小轮值价银三十六万四千二百二两。

以上轮船及趸船、拖驳小轮共值价银四百二十一万一千八百二两，此系壬子年二月二十九日照章由上海英领事署验船官派嘉估见各船实值之价，有洋文清单凭据，"江华"新船未入估单之内。

综计上海码头、栈房估价银六百七十四万八千四百八十二两；又，沿江、沿海码头、栈房估价银二百八十万一千五百五十八两；又，轮船及趸船、拖轮估价银四百二十一万一千八百二两。三共航业估价银一千三百七十六万一千八百四十二两。

（尚有不关航业之产业估价清册明日续登）

（1914 年 2 月 18 日，第 11 版）

商办轮船招商局无关航业之房地股票产业清册

一、上海英租界出租房产，坐落黄浦江福州路四川路。美册第一千一百三十八号地基四亩二分一厘四毫，计估价银四十四万二千四百七十两，洋房计估价银八万六千两，共计银五十二万八千四百七十两；美册第一千一百三十九号地基四亩九分八厘八毫，计估价银四十七万三千八百六十两，洋房计估价银三万两，共计银五十万三千八百六十两；美册第一千一百四十五号地基四亩一分四厘五毫，计估价银十八万六千五百二十五两，洋房计估价银九万两，共计银二十七万六千五百二十五两；美册第一千一百四十六号地基二亩六分七厘二毫，计估价银十三万三千六百两，洋房计估价银二万两，共计银十五万三千六百两。

以上四项共计估价银一百四十六万二千四百五十五两，癸丑正月二十二号，通和洋行复估值价银一百十三万八千二百三十五两。

二、上海法租界出租房产，坐落金利源栈房后面洋行街等处。法领事契第五十号地基六亩一分一厘八毫一丝，计估价银十八万三千五百四十三两，市房计估价银三万四千九百两；法领事契第五十二号地基十一亩三分四厘五毫，计估价银三十四万三百六十三两，市房计估价银八万两；法领事契第五十四号地基一亩五分二厘九毫九丝，计估价银四万五千八百九十七两，市房计估价银一万八百两；法领事契第五十五号地基九分五厘三毫七丝，计估价银二万八千六百十一两，市房计估价银七千两；法领事契第五十六号地基四分八厘七毫七丝，计估价银一万四千六百三十一两，市房计估价银三千两；法领事契第五十七号地基八分三厘五毫五丝，计估价银二万五千六十五两，市房计估价银六千两；法领事契第五十八号地基九分，计估价银二万七千两，市房计估价银七千七百两；法领事契第五十九号地基九分六厘三毫六丝，计估价银二万八千九百八两，市房计估价银六千五百两；法领事契第六十四号地基五亩，计估价银十五万两，市房计估价银四万八千两。以上九项共计估价银一百四万七千九百十八两。

三、上海南市及浦东出租房产地基，坐落十六铺出浦法租界。毗连（印契两纸、洋文契两纸）地基五亩四分，计估价银九万五千两，市房计估价银二万五千两；道契英册第五百十二号地基四分一厘五毫，连房产坐落集水街，计估价银一万两；道契英册第三千零六十四号地基四十一亩一分六厘六毫，坐落浦东东沟口，计估价银二万两。共计银十五万两。

四、沿江、沿海各埠出租房产、地产。天津朱家胡同租产地十七亩四分八厘（每亩估价银五千两），共估地价银八万七千四百两、屋价银八千六百八十两；天津朱家胡同前段东栈租产地三十亩二分四厘六毫（每亩估价银六千两），共估地价银十八万一千四百七十六两、屋价银二万两；天津西栈租产地十三亩一分九厘五毫（每亩估价银九千五百两），共估地价银十二万五千三百五十二两、屋价银二万三千三百三十九两；烟台租产地连屋价原［现］估银五千两（原估银四千九百两）；通州租产地连屋价原估银五千两；汉口马王庙下首租产地三百十六方、八十六方、三十五方，共估地价银二十七万四千八百八十两；九江龙开河地五十亩原估银一万两；九江庚和隆栈地一百三十五方，原估银九千四百五十两；九江局房后面地五百五十九方，连屋价原估银八万九百两；芜湖产业原估银一万七千两；镇江荷花塘地十亩，连屋价原估银二万两；镇江小码头地五亩二分二厘，连屋价原估银一万二千两；香港后边铺房两间原估银三万两。以上各埠租产共计估价银九十一万四百七十七两。

五、股票。汉冶萍公司股票本洋一百三十九万六千元，又辛亥、壬子两年息股洋十一万一千六百八十元，合银一百十万六百六两四钱，除壬子年派给股东利息四十万元，尚存一百十万七千六百八十元，癸丑年再派给股东利息四十万元，只存七十万七千六百八十元，合银五十一万六千六百六两四钱。内河小轮船股票，本银五万两；大德榨油厂股票，本银五千两；各省铁路股票本银四千五百两；本局股票一百五十九股，票本银一万五千九百两。

以上股票共计票本银五十九万二千六两四钱。

三共无关航业之房地、股票产业估实价银三百八十三万八千六百三十六两四钱。

(1914 年 2 月 19 日，第 11 版)

招商局去年之收支

轮船招商局第四十一届结账业已竣事，计民国四年乙卯旧历正月至十二月止，轮船水脚共收三百四十一万五千二百余两，除支船缴保险、修理、辛工、煤炭、各力、物料、杂用等项二百六十三万五千三百余两外，结余船利银七十七万九千八百余两。又收栈房产业杂款等项二十九万二千一百余两，支出地租、地捐、修理、缴费、利息等款五十六万五千八百余两，净余规银五十万六千二百余两，此利项大略也。

至本项内上届结存船栈等项银一千三百三十九万余两，今届加支"广利"轮船修换工料银二万一千一百余两；汉口购置铁码头船一号，连小帮通四号，银四万三千七百余两；上海北栈建造洋房找价银一万一千八百余两；金利源杨家渡华栈修筑浮码头、围墙等银二万四千七百余两；广州建造铁码头银一万六千一百余两；宁波翻造市房、南京添造货栈，银一千六百余两；汉口重造五号栈房及与太古换地费等银二万五百余两；湘潭购地一万九千九百余两；长沙填筑驳岸二千四百余两。及验船官估值各轮船时价，伸出成本银二十六万六千九百余两。除收回汉口掉地太古偿还地价银二万七千二百余两，金利源煤栈让进马路法工部局偿还地价银六千五百余两，上海北栈及长沙售出旧屋料银一千五百余两、折轻栈房成本银五万三百余两外，今届净加成本三十四万三千余两。此本项大略也。

至各轮船估价伸出之款已拨存折旧项下，未能作为实在盈余，俟钢铁价低，估小船价时仍须折回船本。

甲寅改章以来，两载于兹，今届计收水脚三百四十一万余两，比较上届又多收四十一万两。惟是船缴之洋员加薪、煤炭涨价、物料翔贵，以及外洋船只少来，北、中、华三栈之进款一落千丈。凡此皆欧战影响所致。

又自辛亥至癸丑三年中，两经兵衅，营业亏折，栈产损失，致骤增巨数之债项。又将所存通商银行及汉冶萍公司之股本历年凑发股息，是以息款一项少收，通商等之股利多出，债款之息银一转移间，每年暗耗已在二十余万。自辛亥至乙卯五年以来，水脚以本届为最巨，生意虽见起色，盈余仍未能多，职是故耳。自保船险，今届共收保费二十万四千余两，除赔各船碰撞、修理、抚恤十七款二一万一千七百余两，实存公积二百二十三万一千余两。今年积余产业公司第一届结账汇总，核列收各项租金规银十四万二千余两，支出地捐、保险、修理、薪费等项规银二万一千一百余两，结余规银十二万八百余两，派发股息规银十一万两，连上届净存公积规银一万二千五百余两，比较上届多余九千二百余两。业由董事会议定本届航业股份每股发息银四两七钱五分，共计三十九万九千两，产业股份每股发息银二两五钱，共计银十一万两，仍照航业两股、产业一股连带并发规银十二两，总共合计股息规银五十万九千两；定三月初一日发息，现已另刊账略，分送股东查阅矣。

（1916 年 4 月 1 日，第 10 版）

招商局去年之盈余

本埠招商局创办已近五十载，从前营业不甚发达，及至前年收入已增至三百万，去年则有三百六十万，除去开销，计可盈余七十余万，倘从此实力整顿，于吾国航业前途固甚有希望也。

（1917 年 1 月 27 日，第 10 版）

招商局去年营业之盈余

招商局上年营业状况甚为发达，计纯利达八十万之多，现该局正筹备股东大会，以便报告上年账略及重选董事云。

（1917 年 3 月 10 日，第 10 版）

商办轮船招商局第四十四届结账情形节略

　　谨查民国五年丙辰第四十三届结账业已刊布，周知在案，兹自民国六年丁巳夏历正月至十二月止为第四十四届结账，本年轮船水脚共收五百四十万零一千余两，三公司水脚公摊收入二十六万四千余两，除支船缴保险、修理、辛工、煤炭、物料、各力、杂用等项三百十八万余两外，结余船利二百四十八万五千余两；又收栈房、产业杂款等项三十万零六千余两，支出地租、地捐、修理、利息、缴费各款六十四万五千余两，股息酬劳一百零二万四千两，净计结余规银一百十二万二千余两。此利项大略也。

　　本项内，上届结存船栈等项银一千七百八十万零四千二百余两，今届加入"江天"、"江裕"、"江通"、"新铭"、"新丰"、"新济"、"泰顺"、"飞鲸"大修银八万两有奇，汉口添置拖轮一号、驳船二号，银二万五千七百余两，填筑码头银三万七千两零；芜湖滩地填泥银六千七百余两；安庆置地建筑码头等银七千六百余两；厦门趸船大修银四千八百两；汕头购置官产海坪地及筑码头银十四万六千五百余两；广州购置官产地基、栈房银五万三千一百余两；上海南栈翻造煤栈、大修浮桥银一万零七百余两，北栈大修浮码头银一万三千两零。除收折轻成本银六万九千五百余两、官产处拨抵"新裕"偿款内购去南京房产银六千两、"安平"失事转销成本银十八万九千四百两、"普济"失事转销成本银四万二千六百两外，今届净加成本银七万七千余两。此本项大略也。

　　今届计收水脚五百四十万零一千余两，比较上届多收一百五十一万两，而船缴之煤炭、修理两种，价涨逾倍；洋人辛工、物料、杂项等亦无不增涨，是以开支较上届加多五十五万余两之巨。北、中、华栈仍以外洋船只少来，未见起色。数年来，为国事、兵事经过困难直接、间接影响，损失不一而足。上年南北交通阻滞，货客裹足，不得已议将海船三号暂租行驶南洋群岛。至今各货更形寥落，运道仍难畅行，所有吨位较大之船，只得再驶南洋，既济华侨之粮运，又免轮船之停顿。

　　去春因"新裕"失事后即订造"新大"，以补缺额，已付船价五十万两，明年正月即可工竣。不料五月间，"安平"船驶至威海相近洋面触礁失事，幸人口均获救起。十一月间，"普济"船至铜沙洋地方与"新丰"船互撞，立时沉没，遇救一百零七人，意外之变，殊堪悲惨。是"新裕"一额方补，而又缺"安平"、"普济"两艘矣。

至自保船险，今届计收保费三十万零二千二百余两，赔出乙卯年"江新"船碰沉盐船案一万两，丙辰年"快利"碰沉驳船案、"泰顺"与贵州船相撞案、"江宽"碰沉货船案、"遇顺"失去车叶拖费，共赔银一万九千一三百余两；"新丰"碰损江平煤船及与"普济"相撞，修理赔偿二万八千五百余两；"安平"触礁失事，赔偿船本十八万九千四百两；淡水船援救搭客船员各费四千两零；"普济"沉没赔偿船本四万二千六百两；又料理遇救搭客衣食及寻捞被难尸体、棺殓等费一万一千五百余两；又各船碰撞修理七款共赔六千四百余两外，实存公积银二百三十二万三千余两。

综按丁巳年本局营业情形，天时、人事相辅而成，较之从前似有年胜一年之势。论者谓欧战以来，入口货远不如前，出口货更有限制，贸易一途不盈于彼即绌于此，何以收进水脚转见其多？不知洋商自战事发生，各公司调船赴敌，货船既因而减少，水脚遂因而议增，大势所趋，同归一辙，而投时利器，莫如借驶外洋，挹彼注兹，较占优胜。故一年中，所入之款亦以此为大宗矣。

所憾然者，"安平"、"普济"先后沉没。值此营业稍有盈余之时，乃遭此意料不及、人力难施之惨变，实属创巨痛深，为本局极大损失。幸该两船历年折旧成本估轻，于全局尚不致动摇。然少此两船，于营业已立见支绌，且欧战未平，造船无料，即欲以巨款添制，亦等无米为炊。语云："天有不测风云。"不禁同声浩叹。故本年入款虽比上年更增百余万，仍觉美中不足、遗憾殊多也。窃愿我同人勿因此稍获盈余，顿懈初心，亦勿因此意外龃龉，稍折锐气；百密难免一疏，惩前正可毖后，仍应再接再厉，奋勉趋公，期日进于无疆，惟自强之不息。是则办事人应尽之职务，亦即全体股东所殷殷属望者也。

再，今年积余产业公司第四届结账汇总核列，计收各项租金、股息规银十八万四千九百余两，支出地捐保险银一万八千七百余两，修理、薪水等项银一万一千九百余两，并连上届余款结余银十六万五千四百余两，派发股息、酬劳银十三万四千两，实存公积规银三万一千四百余两。总结告成，照章请查账员一律查核无讹，由董事会公同议定，本届航业股分，每股发息银十两，共计八十四万两；产业股分每股发息银三两，共计十三万二千两，仍照航业两股、产业一股连带并发规银二十三两，总共合计股息规银九十七万二千两。照章于旧历三月初一日发息，另刊账略分送股东公览，并缮总结大账上、下两册，分存沪、津、汉、闽、厦、粤、港各局，以便股东就近查阅焉。

中华民国六年旧历丁巳十二月。

董事会会长杨士琦，董事郑官应、周晋镳、傅宗耀、李国杰，经理兼董事盛重颐，科长兼董事唐德熙、陈猷、邵义鉴，谨启

（1918 年 4 月 6 日，第 11 版）

九江近事

〖上略〗

浔埠轮船五大公司每年水脚收入向以招商局为最，兹调查去腊各公司结算年终水脚，太古三十三万六千余元，怡和二十一万一千余元，日清二十四万三千余元，鸿安七万三千余元，招商仅二十三万二千余元，比较往岁减至二十余万。

〖下略〗

（1919 年 3 月 1 日，第 7 版）

招商局股东会预纪

招商局轮船公司订期四月二十七号（即阴历三月二十七日）午后假北市总商会议事厅开股东大会，昨已柬邀各股东请于届时一体莅会与议，并磋商要事。兹将该局董事会报告第四十五届结账情形节略摘录于下。

兹自民国七年戊午夏历正月至十二月止为第四十五届结账，本年轮船水脚共收六百八十八万七千余两，三公司水脚公摊收入十四万一千余两，除支船缴保险、修理、辛工、煤炭、物料、各力杂用等项三百五十万零六

千余两外，结余船利三百五十二万三千余两；又收栈房产业杂项息款等三十九万二千余两；支出地租、地捐、修理缴费各款六十二万七千余两，股息酬劳一百四十九万五千两，净计结余规银一百七十九万三千余两。此利项大略也。

本项内，上届结存船栈等项银一千四百九十八万六千余两，今届加耶松船厂定造"新大"海轮一号，银六十一万一千余两；"公平"大修锅炉、船身银十六万六千六百余两；"江孚"、"江通"、"江天"、"江裕"、"海晏"、"图南"、"广大"、"广利"、"新济"大修银二十四万一千余两；各趸船小轮大修银一万七千余两；上海南栈、中栈码头船大修银四万四千余两；汉口填筑滩地工料银七万三千二百余两；芜湖填筑滩地工程银三千六百余两；安庆建造码头、栈房工料银一万一千两。除收折轻成本银二十二万九千余两，销去"江宽"、"致远"失事成本银二十八万七千余两，粤政府发还江通码头建筑工料银二万一千八百余两外，今届净加本项银六十二万九千二百两。此本项大略也。

今届计收水脚六百八十八万七千余两，比较上届多收一百四十九万两者，为欧洲战事洋商在华船只抽调回国，南洋群岛运船缺乏，本局又为南北战争交通互阻，故将海轮七艘先后租与闽粤商，行驶新加坡等埠，租价增涨，收数是以见胜。而船缴煤炭、修理、保险等项又复增加，较之上届又多支三十二万两；北、中、华栈以外洋船只少来，连年亏耗，今届栈租较上届多收五万两。上年向耶松船厂订造"新大"海轮，今年二月告竣，船身坚固，装货亦甚相宜，无如一船甫经补造，不料"江宽"轮船于三月二十五之晚上驶至汉口丹水池地方，突被"楚材"兵轮下水猛撞，立时全船沉没，船上搭客及船员人夫仅获遇救二百余人，其余均遭灭顶之凶，其惨痛莫此为甚。现经政府设立审判讯问，尚求结案。又，"致远"船租与粤商，驶至南洋仰光地方，货舱失慎，全船焚毁，人员无伤，船本洋商保险三十七万五千两，自保十四万两，均已如数赔偿收讫。本局近年失事之船五艘，仅补"新大"一船。先经议决赶速添造大号江轮一艘、海轮二艘，现在欧战业已停止，铁价已渐平复，外洋铁料不久亦当弛禁，拟俟订定三船之后，接续再订三船，预备扩充航路地步。至自保船险，今届计收保费三十万零九千四百余两，又收"新康"船被中华邮船公司碰伤赔来船期拖费等二万一千二百余两，除赔出"致远"船失慎全毁成本十四万两；"江宽"船被"楚材"兵轮撞沉，成本十四万七千六百两，又料理费用三千一百余两；"广济"船撞损吴淞铁路码头，修费八千六百余两；"普济"船撞沉抚恤船员华洋人等一万一千七百余两；各船碰撞修理二千一百余两外，实存公积银二百三十四万零九百余两。今年积余公司第五届结账汇总核列，计收各项租金、股息银十九万七千九百余两，支出地捐、保险银二万四千五百余两，修理、薪水等项银一万三千二百余两，并连上届余款结余银十九万一千四百余两，派发股息、酬劳银十五万六千五百两外，实存公积规银三万四千九百余两。

总结告成，照章请查账员一律查核无讹，由董事会公同议定，本届航业股份每股发息银十四两二钱五分，共计一百十九万七千两，产业股份每股发息银三两五钱，共计十五万四千两，仍照航业两股、产业一股连带并发规银三十二两，总共合计股息规银一百三十五万一千两。照章于旧历三月初一日起，凭折发息，另刊账略，分送股东公览，并缮总结大账上、下两册，分存沪、津、汉、闽、厦、粤、港各局，以便股东就近查阅焉。

（1919 年 3 月 31 日，第 10 版）

招商局第四十六届账略

——结余规银五十一万六千八百余两

招商局第四十六届账略，业已结出，经查账员查核无误，由董事会刊报各股东。兹将该局董事会报告之账略录下。

谨查民国七年戊午第四十五届结账业已刊布周知在案，兹自民国八年己未夏历正月至十二月止为第四十六届结账。本年轮船水脚共收四百九十二万一百余两，三公司水脚公摊收入十七万九千八百余两，除支船缴保险、修理、辛工、煤炭、物料、船租、各力杂用等项三百八十三万九百余两外，结余船利一百二十六万九千余两；又收栈房产业息款、杂项等五十五万五千五百余两，支出地租、地捐、修理、缴费各款六十七万七千六百六百余两，股息酬劳六十三万一千两，净计结余规银五十一万六千八百余两。

此利项大略也。

本项上届结存船栈等项银一千五百六十一万五千余两，今届加"江天"大修舱面、机房换钢板银三万七千八百余两；"泰顺"大修舱面、机房换钢板银三万九千二百余两；"遇顺"大修锅炉、钢板银四万五千二百余两，"江永"、"江孚"、"江通"、"图南"、"广大"、"广利"、"广济"、"新铭"八船大修银九万三千余两；上海南、北、中、新栈修理码头船银三万六千六百余两；厦门大修趸船银二万三千九百余两；镇江、安庆、汉口趸船大修银二万六千六百余两；香港、澳门大修码头银一万五千三百余两；汉口翻造局房、栈房银二万六千八百余两；天津、南京、九江、广州翻造工程银一万五千七百余两；福州购地银四千四百余两。验船官估值各船时价伸加成本银十七万七千九百余两，除收验船官占轻各趸船价折去成本银四万二千九百余两；折轻局产成本银五万六千二百余两；静安寺路地基英工部局划筑马路，给还地价银四千五百余两外，今届净加本项银四十三万九千五百两。此本项大略也。

"江宽"被"楚材"兵舰撞沉一案，上海特设海军军法会审，迭次开庭审讯，而调验之"楚材"领江二副，避不到案，讯未终了，将就拟结。本局本应提起上诉，因政府传谕补助船本损失、勿再上诉等语，不得不勉从政府劝谕，俟领到补助金后，再行列收账款。今届计收水脚四百九十二万余两，比较上届，南洋少收二百三十余万两，系属少得南洋群岛租船之价，北洋少收三十余万两，长江多收六十余万两，客脚多收五万余两。统按国内水脚，虽亦逐步减跌，尚不致一落千丈。惟欧战以来，洋人之工食及煤炭、物料等项，无一不涨，比较上届，又多支四十余万，于昔时多至百余万之巨。现在战事已了，各项开支尚无减跌之望，而华、洋航商之船，则纷纷回来，此后航业竞争，势必较前更烈。本局船只，近年既少添置，且多失事，是以今春起，议订江轮两号、渝宜浅水船一号、海轮两号，共计五艘，价约二百五十万两，限十二个月内陆续交船。但原有之船，吨位本小，且老旧者居多，逐年缩短容量，殊不足与争胜。尚宜多筹现款，再添装货大船五六艘。广州、芜湖、安庆三埠，业已购置地基，建筑码头、栈房；汉口扩充码头，并翻添局屋、栈房，均已次第开工，明年皆可告竣，预备发展一切。北、中、华栈，今届外洋船只货物，上栈较多，比较上年多余四万四千余两。积余产业，亦较上届多余三万一千余两。自保船险，今届计收保费三十三万六千九百余两，又收"遇顺"船在宾觉埠碰伤帆船，怡和赔偿一千四百余两，除赔"致远"去年失慎，华洋船员行李及川旅费一万一千一百余两，各船碰撞修理、抚恤赔偿十八款一万七千五百余两外，实存公积二百六十五万六百余两。

今年积余产业公司第六届结账，汇总核列，计收各项租金、股息银二十二万八千六百余两，支出地捐、保险银二万四千三百余两，修理、薪水等项银一万三千七百余两，并连上届余款，共计结存银二十二万五千五百余两，派发股息、酬劳银十七万九千两外，实存公积规银四万六千五百两零。

总结告成，照章请查账员一律查核无误，由董事会公同议定，本届航业股分，每股发息银六两五钱，共计银五十四万六千两，产业股分每股发息银四两，共计银十七万六千两，仍照航业两股、产业一股连带并发规银十七两，总共合计股息规银七十二万二千两。照章定于旧历三月初一日起，凭折发息，另刊账略，分送股东公览，并缮总结大账上、下两册，分存沪、津、汉、闽、厦、粤、港各局，以便股东就近查阅焉。

（1920 年 4 月 14 日，第 10 版）

招商局第四十七届账略

招商局董事会发表第四十七届结账情形节略云：

谨查民国八年己未第四十六届结账业已刊布，周知在案。兹自民国九年庚申夏历正月至十二月止为第四十七届结账。本年轮船水脚共收银三百八十二万三千二百余两，除支船缴、保险、修理、辛工、煤炭、物料、船租、各力、杂用等项三百五十万七千九百余两，三公司水脚公摊支出一万一百余两外，结余船利三十万五千两零。又收栈房房产、利息杂项等七十五万四千九百余两。除支地租、捐、修理、缴费各款七十四万四千一百余两，股息三十一万五千两，净计结余规银七百余两。此利项大略也。

本项上届结存船栈等项银一千六百零五万五千四百余两，今届添置"嘉禾"海轮一艘，规银十万两；"江天"、"图南"、"江裕"、"广大"、

"广利"、"固陵"、"新丰"、"新济"、"泰顺"、"飞鲸"、"遇顺"、"江新"、"新昌"、"新康"、"同华"、"江华"等船大修，二十一万八千六百余两；"公平"换新锅炉二座，连机房舱面大修，十三万四千三百余两；福州新置驳船十号，二万七千两；广州建筑码头货仓十期工程，十四万七千七百余两，又购置旧小轮两号，一千二百余两；九江购置钢铁码头船一号，七千六百余两；安庆、香港趸船码头船修造工料，一万四千八百余两；上海北栈、中栈、华栈、新栈大修帮通梅花桩等，六万一千七百余两，北栈二十三号改造存货栈房及关栈，一万二千五百余两；塘沽收回漕运局房屋，价二千二百余两；汉口局房造价，七万九千余两；九江添置龙开河基地及涨滩地价，一万一千五百余两；汕头翻造局房，九千五百余两。除收"新大"轮船失本，保险赔偿八十一万三千四百两；江海各船各口局产估折成本二百二十万零二百余两。前为欧战船缺料贵，估折船价，今船多铁贱，仍复估低，故有巨数折价也。金利源十八号栈失慎，保险赔偿二万三千九百余两；九江售去电机，天津局房让码头地二厘一毫，九百余两外，净计成本银一千三百八十四万五千两，比较上届，核轻二百二十一万两。此本项大略也。

今届计收水脚三百八十二万余两，较上届短收一百十万两，船缴少支三十三万两，悉索敝赋，仅得船利三十万两。北、中、华栈今届联合洋商公议，外洋轮舶力费、栈租力加整理，较上届多余二十三万余两。而欧战告终，已届两年，华洋轮船纷至沓来，均集矢我华，故货脚争跌，不可终日。而各项开支，尚在步涨，航业颇有江河日下之慨矣。去年订购之江海各轮五艘，又为罢工问题，迟迟未能竣工。仅"江安"、"江庆"两轮，开正即可试车，其余三船，尚无准期告竣。因海轮不敷调遣，是以添置"嘉禾"轮船一艘，价银十万两，如遇价值相宜、合用之船，尚拟添购数艘，以资应用。今年九月份，"新大"轮船驶至成山石岛，触礁沉没，货物全失，幸人口无恙。福州班轮愆期，则添造驳船十艘；广州班轮愆期，则建筑码头、栈房，明春皆可藏事。此后闽、港、粤三埠，排定船期，货客便利，于局务大有裨益也。

又，汉口局房、货栈造成，重庆码头亦已租定，宜渝通轮，长江航运，当可较胜于昔。又，前年"江宽"被"楚材"撞沉一案，勉从政府劝谕，补助船本，不再上诉，今冬先领到八年公债票一百万元，市价太低，仅值二折有零。尚有政府允拨前赔"新裕"船本，交局抵押四年公债票余存五十万元，应俟手续办竣，一并列入收账。自保船险，今届计收保费三十二万二千二百余两，赔偿"新大"轮船船本银八十一万三千四百两，又捞救各费四万七千余两；赔偿各船碰撞修理、抚恤等十四款，银三万四千六百余两；拨入各轮折轻成本四十万两外，实存公积一百六十七万七千二百余两。今届英领事署验船官估折船价二百十余万之巨，而历年提存船本折旧，仅存一百四十万两，自保船险提支四十万两，尚不敷支。又，在积余记项下提拨四十万两，合并声明。今年积余产业公司第七届结账汇总核列，计收各项租金银二十一万八千二百余两，支出地捐、保险银一万九千两有奇，修理、薪水等项银一万三千六百余两，并连上届余款结存银二十三万一千九百余两，派发股息、酬劳银十七万九千两外，实存公积银五万一千九百余两。

总结告成，照章请查账员一律查核无讹。由董事会公同议定，本届航业股份，每股发息银三两七钱五分，共计银三十一万五千两；产业股份，每股发息银四两，共计银十七万六千两。仍照航业两股、产业一股连带并发规银十一两五钱，总共合计股息规银四十九万一千两。照章定于旧历三月初一日起，凭折发息，另刊账略，分送股东公览，并上、下总账两册，分存沪、津、汉、闽、厦、港、粤各局，以便股东就近查阅焉。

中华民国九年旧历庚申十二月。

董事会会长孙宝琦，副会长李国杰，董事周晋镳、陈兆焘，经理兼董事盛重颐，科长兼董事郑官应、陈猷、邵义鉴，产业经理兼董事傅宗耀，谨启

(1921 年 4 月 5 日，第 10 版)

招商局发表第四十八届账略

招商局董事会董事及查账员发表第四十八届结账节略云：

自民国十年辛酉夏历正月至十二月止为第四十八届结账。本年轮船水脚共收银三百七十一万六千六百余两，又收三公司水脚公摊银三万三千三百余两，除支船缴保险、修理、辛工、煤炭、物料、各力、船租、杂用等

项银三百六十九万三千五百余两外，结余船利五万六千五百余两；又收栈房、房产各项杂款等七十五万二千四百余两，支付各地租捐、修理、缴费、利息各款八十六万九千三百余两，股份利息二十七万一千两，净计结亏规银三十三万三千三百余两。此利项大略也。（未完）

（1922 年 3 月 26 日，第 14 版）

招商局发表第四十八届账略（续）

至本项内，上届结存船栈等项银一千三百八十四万五千两。今届添置"江安"轮船造本规银五十八万五千两，"江顺"轮船造本五十六万两，"江庆"轮船造本三十万五千八百余两，"新江天"轮船造本五十九万两，"新华海"轮英国船厂造价六十一万八千三百余两，汉口定造拖轮、铁驳船本十三万三千九百两。上海华栈马〔码〕头置造钢壳帮通一艘八万二千五百两，又旧帮通大修一万六千六百余□〔两〕；杨家渡马头置造钢壳帮通一艘三万七千五百两，又，大修梅花桩帮通筑河岸等二万两有奇；北栈建筑驳岸填泥木料、水泥扶梯一万二千九百余两；中栈筑马路、马头帮通等修造工料一万零二百余两；南栈翻造十八、十九号栈房连监工费二十万三千五百两，大修帮通等七千九百余两。又，一号栈马头北首相连公地，本局与太古合置，各得一半，前沿河三十尺，后至民国路，连立契、律师费等价二万六千一百余两；"嘉禾"轮船大修换钢板、房舱等四万五千二百余两；"江永"、"海晏"、"江孚"、"江裕"、"江新"、"广大"、"广利"、"泰顺"、"遇顺"、"公平"、"快利"等大修共计十三万六十七百余两；汉口定造新帮通造价三万三千两零；重庆造木趸船一艘三千两零；南京、安庆趸船大修九千五百余两，"飞舸"、"飞艇"、"齐烟"小轮大修四千六百余两；天津翻造南栈六万六十一百余两；汉口建造栈房、局屋七万九千两有奇；湘潭前购地基找款二千五百余两；香港翻造局房万一千两；广州建造码头、栈房，造价及监工、置器具五万九千六百余两。除船栈折轻成本九十二万六千五百余两外，净计成本银一千六百五十八万九千七百两，比较上届计加二百七十四万四千七百两。此本项大略也。

今届计收水脚三百七十一万余两，比较上届短收十一万两，船缴反多支十九万两，而各项开支，无一不增，即就洋员薪水一项，比上年又增十七万，较五年前，则增至四十万矣。支出冀其减少，既无把握；收入冀其加多，尤难臆断。且自欧战以还，泰西各国注重商战，商战必从交通始，然皆集矢于远东。去年英商曾一再宣告货脚以少收为满足，屡次跌价，至今未已，美商则投巨资以竞争，日商则恃公家有津贴，其他各国商船尚在络绎而来，要皆俱得政府为后盾。我国航业，区区一商局，其何以堪耶？自保船险，计收保费廿七万六千余两，除支"江宽"被"楚材"撞沉案各项开支七万六千一百余两，各船碰撞修理赔偿等八款一万三千四百余两外，实存公积一百八十六万三千六百余两，今届折轻轮船、栈产成本，以及亏耗股息之款，均在积余记项下拨支。政府赔偿"江宽"案之整理公债及前存悬宕之余款，并东流宣城探矿罗粮道旧欠，统共划入积余记项下，以清眉目，而了积案。今年积余产业公司第八届结账汇总核列，计收各项租金银十九万三千九百余两，支出地捐、保险银一万九千六百两有奇，修理、薪水等项一万七千一百余两，并连上届余款结存银二十一万二百余两，派发股息银十五万四千两、执事酬劳二千五百两外，实存公积银五万三千七百余两。总结告成，照章请查账员一律查核无讹，由董事会公同议定，本届航业股分每股发息银三两二钱五分，共计二十七万三千两；产业股分每股发息银三两五钱，共计十五万四千两。仍照航业两股、产业一股连带并发规银十两，总共合计股息规银四十二万七千两。照章定于旧历三月初一日起凭折发息，另刊账略分送股东公览，并缮上、下总账两册，分存沪、津、汉、闽、厦、港、粤各局，以便股东就近查阅焉云云。

（1922 年 3 月 27 日，第 15 版）

招商局之航栈业

招商局上年全年营业在运货、搭客两部之收入，计为三百八十七万一千一百两，支出须四百十万四千两。各码头栈租之收入为八十一万六千三百两，支出为一百二十三万四千六百两。收支不足为六十五万一千一百两，闻每股之息为一两云。

（1924 年 1 月 23 日，第 13 版）

清查发表之招商局资产（上）

　　招商局为中国最大轮船公司之一，徒以经营不善，遂使营业上经历五十余年之久而迄少发展。近年来该公司破产之流传，早已喧腾于社会，至其局中之内容，究竟若何，非特为社会上所急欲知，即一般弱小股东亦急欲明晓者也，顾向来把持于一部分人，致外间总无机会能得知其内幕者，直至国民政府委派专员清查该局而后，始得将此数十年来之闷葫芦打破。该局负债之额，除股款以外，要以汇丰与花旗各外银行之外债为最巨。查汇丰借款民元之时，初仅借一百五十万两，至民国十二三年份，乃加借至五百万两，月息八厘，以二十年为期，第五年起还本银三十一万二千五百两，每半年中算利一次，以上海及各埠之局产契据等作抵。花旗银行之百万两，系还钱庄各款所用者。又有仁济和借款及欠缴之各船保险费等等。兹摘记清查委员所报告该局之负债数目如下：

　　（民国十五年及现在负额）股份资本八四〇〇〇〇两〇〇〇厘、仁济和款七〇〇〇〇〇两、汇丰借款五一五〇〇〇〇两，往来欠款五七五四四八两五二〇，生息存款四五三六七二两五四四，股份存息一五三七〇两，船栈折旧八三八七六两六四七，自保船险费九九五七六四两六九，又趸船货驳费三三六七九〇两八六四，积余记存款七六四七五一两四二三，船产余款公积一二一七九八〇两一三，各户押款二〇七五九四两，各户期款一七九六〇〇〇两，花旗银行一〇〇〇〇〇〇两，通商银行九三四三二〇两二七〇。总计现在该局所负之债，共计规元①二千二百二十五万六千零八十两零七分，至于该局之资产表，则明日续刊。

（1928 年 3 月 10 日，第 14 版）

清查发表之招商局资产（下）

　　招商局资产部分之负债额，已经详载十日本报，关于该局之资产部分

---

① 规元，也称豆规银、九八银元，近代上海通用的银两计算单位。

之所存额，照其购下时之定价，若与负债数比较，似已亏空五百零五万有奇，但各项地产与码头，若照现时所值之价，则至少须超过原定成本额六七倍，故实际上虽然结亏，然而以近年之地产暗中升价估计之，则至少犹可盈余二千余万也。下表所列资产价值均系该局当时之购入成本数也。

项目	成本数额
上海地产	四三四一九四二两四一二厘
上海房产、码头	二九五八五〇九两九一〇厘
各埠趸船	一九八四〇〇两
拖驳船	四五二〇〇〇两
各埠地产	二七六五五八二两五三六厘
各埠房产、码头	一二七〇四一七两四九四厘
轮船成本	四〇七〇一五两三九〇厘
小轮船	三三五五〇两

又有生财一万两以上，总计为一千六百十万零一千一百十七两七钱二分二厘；又有外业股分及公债，计有十八万九千七百九十四两四钱八分；又放款项下之各户押款及政府借款，共计有七十万六千七百四十二两；又有存煤九万八千六百二十九两五钱一分；又各项欠缴局中之账，计四十九万零一百三十三两七钱；又存出押租项下之各种垫款，计有八十九万零六百零一两；又有银行及库存之款，计十一万一千六百五十五两八钱五分七厘。

（1928 年 3 月 13 日，第 15 版）

三 民元政局应对

招商内河轮船公司特开临时股东会广告

本公司现有紧要事件，关系股东血本，应由全体股东公决定于十一月二十日下午一钟，在招商总局董事会开临时股东特别大会，届期务望有股诸公随带股票息折，齐集会场，公同决议。至祷至盼。因各股东散处四方，无从函布，特此登报广告，统祈股东公鉴。

（1912 年 1 月 1 日，第 3 版）

招商局内河轮船公司全体股东致伍外交总长函

秩庸先生钧鉴：敬肃者，内河招商轮船公司开办之初，首由招商总局出资本银五万两，并招集零星商股一万八千五百两，收买利用轮船局产，行驶江、浙内河各埠，原为挽回华商权利起见，既无丝毫官款，亦非个人私产，纯系完全商股商办，彰彰在人耳目。近自江、浙等省光复以后，遇有因公需用船只，无不竭尽义务。前因各处商民未悉本公司内容，恐有误会，曾经登报声明。旋由镇江、扬州两军政府派员来沪调查，已将股票根据及股东户名、收入股本、付出股息各簿据交阅无异，一面商由招商总局转请执事函致镇、扬都督随时保护，凡属股东，回〔同〕深感荷。惟本公司航路延长，计江浙境内共有局埠七十余处，仍恐未尽周知，或致别生枝节，股东等血本攸关，因于阳历正月初八日假招商总局董事会开会公议，并各携带股单、息折呈由董事会潘明训君、梁伯翰君、严渔三君、陶兰泉君及谭干臣君之世兄公同查验，与股单根据、股东户名册据相符。经理人施子英君宣布开会宗旨，声请股东公议办法。其时股东到会者三十七人，金以本公司以招商总局为大股东，凡有总局股东资格者，亦即为本公司之股东；总局董事会正会长伍先生以董事领袖，兼股东地位，更有密切关系，现当民国新立，外交借重，尤为众望所归，公议拟请伍先生通函江、浙都督，表明本公司实系完全商股，请分行浙江之嘉兴、湖州，江苏之无锡、宜兴、溧阳、常州、镇江、扬州、清江、松江各军政府民政、财政长，凡本公司航路所经各埠，分别妥为保护，并出示晓谕周知，免致再有误会。除将股东户名及航路所经各局埠缮具清单三份，请以一份备案，以两份分送江、浙查照外，特具公函，奉恳伏乞察核，迅速施行。肃此！敬请钧安，统希垂照。

(1912 年 1 月 14 日，第 1 版)

收管小轮局

招商小轮局系盛宣怀私产，早由镇江军政使郑君派员调查清晰。近因有奸商为盛作伥，捏造股东股折及收据，以图抵制，为郑君查悉，于昨日派员将镇江内河招商小轮局收管，以充军实，一面申报苏州庄都督、沪军陈都督备案。

(1912 年 1 月 19 日，第 7 版)

伍廷芳谨白

轮船招商局开办多年，廷芳向不干涉局事，因本年二月间在张园开年会，承各股东公举廷芳为议事董，后又蒙董事会诸公推为会长。近因办理民国事务纷繁，不克赴会议事，良深歉仄，故不得已辞退董事及会长之职，嗣后该局事务概不预闻。特此布告。

(1912 年 1 月 22 日，第 2 版)

记新政府第一次阁议

初三日午后一时，南京民国政府开第一次阁议，议决大事三条：（一）议行政方针，主张中央集权；（二）筹措军饷，拟将招商局抵押一千万，缘招商局盛股居多，理当没收，商股可由政府认还，如该局不允，当以相当之法对付；（三）和议大定，优待清皇室条件已由伍总长开去，将来清帝退位后，将请袁世凯来南京，以就此间临时政府。是日到席者有陆军、海军、教育各部总长，余则为各部次长，且定此后每星期一、四午后二时开阁议云。

（1912 年 1 月 25 日，第 3 版）

苏州通信

〖上略〗

苏军先锋队差遣员徐镛禀都督府，以遵饬调查盛氏私产，查开细折，呈请查明没收等情，奉庄代都督指令云：

> 据禀，并清折均悉。盛宣怀招商局股份究有若干，已将折开姓名、股数，训令民政司李司长在沪就近派员确查，复候核夺，仰即知照。此令。

〖下略〗

（1912 年 1 月 26 日，第 6 版）

内河招商局确系盛氏私产

镇江军政分府军务部因内河招商轮局系盛宣怀个人私产业，已调查确实，于元月十三号将镇埠该局没收，以充军需。旋以盛氏私人登载报章，捏称商股，又经常州黄觐训君详悉报告于该局始末，言之綦详，舆论所在，恐该局终难幸免也。报告书录后：

> 具报告人黄觐训，为调查的实，据情驰报事：窃查内河招商轮船局开办有年，系顶盘前利用公司旧业。利用公司经办人为庄诵先，而接办改名为招商局，系盛氏宣怀。盛姓为庄君之姻亲，庄君用人不当，亏负累累，无法弥缝，情不得已，于前清光绪二十八年八月间挽

托乡人与盛氏说项。斯时，盛正总办招商总局，大权在握，取舍易易，于是请其设法将紧要各款首先料理，听其另委接办，或更换名号。盛氏初犹不允，继缘乡谊难却，亲情难拂，当即承认，计资本银六千两，该款即为料理利用之亏负，庄当即告退。此利用与招商交际之情形也。盛氏既担任资本，因一时接办无人，迁延至是年十月份，始定名为内河招商局，并添备资本银五万两，以作开办之资；札委镇江招商支局经办朱冯寿调为内河招商局总办，即于十月份任事，将利用一切进出统行料理清楚，改公司为局，定经理为总办，此非招股开办之铁证也。二十九年春盛氏被袁氏参，撤去招商总局督办差委，气焰顿馁。时朱冯寿拟推广内河各小埠，续请添本，盛氏不允，朱乃辞差要挟。盛于是又添资本洋一万元，交朱领去，并谕云："目下我甚不安逸，倘使不能发达，我决不怨怪及尔，尔其好自为之。如有盈亏，由尔一人担任可也。"所以嗣后进出归朱冯寿一人筹画，盛氏并未过问。后因各埠航业发达，连年获利，上至清扬，下至苏杭，无局不获巨利，朱冯寿办理数年从未报告一次，及缮呈账目等，从面谕之日起，一向独断独行，此非招股开办之又一铁证。旋朱冯寿疾殁，施省之接手，一切仍照前总办名称，盛亦未派人调查，从顶办至今，盈余几倍，当时亦未闻开股东会选举之事。查万国通律，无论大小公司，逐年年终结账，如有盈亏及营业情形，均登诸各报告白，以昭信实，此为商界通例。今招商内河局于何年何月曾登报章告白？此无商股在内之又一铁证也。且公司为公众而言，局乃个人名义，不待智者自明。今民国光复，该局总办施省之、会办吴瑞棠为此局系盛氏私产，诚恐波及，故施、吴两人不告而退，此中情形显然毕露。且前利用经理庄君亦在，愿甘出而作证。用特详晰报告，驰呈钧察。如需作证，觐训愿邀庄君协同质对；倘有虚妄，甘坐谎报之罪。特此报告。

（1912 年 1 月 28 日，第 3 版）

庄诵先声明

阳历正月廿八日贵报登有镇江军政分府据黄觐训报告招商内河公

司事件，鄙人愿甘作证一节，鄙人于利用（公司）交替之后，即便他往，从未预闻一切，而所报利用、招商交接情形亦多失实，合行登报声明。

（1912 年 1 月 30 日，第 1 版）

施子英启事

前承推举监理招商内河公司事宜，本系材不胜任，现因体弱多病，兼顾为难，已函致董事会，决绝辞退，嗣后不复预闻公司之事，合即登报声明，诸惟公鉴。

（1912 年 1 月 31 日，第 2 版）

捷成洋行愿借巨款之风说

闻上海德商捷成洋行愿做招商局担保，借款洋一千万元与民国军政府，其利息长年七厘半，九八扣，俟董事会允许即可成交。

（1912 年 2 月 1 日，第 7 版）

专　电

〖上略〗

日本邮船会社及日清汽船会社现议借银一千万两与中国民军，以招商局为抵押物。

〖下略〗

（1912 年 2 月 2 日，第 2 版）

潘明训启事

上海招商局董事唐翘卿君于旧历七月下浣因回港养疴，饬仆暂为庖代，至十月底复蒙董事会诸君委仆权理监察董事，至于一切公事照例仍由董事会多数议决。今唐君回沪无期，而仆因嫁线劳人，日鲜暇晷，所有代表董事一席实难兼顾，已于十四日在张园开股东会时专函告辞，嗣后即绝不与闻招商局之事。至于局内亦并无经手未完事件。合即登报声明，诸惟公鉴。

（1912年2月3日，第1版）

谭干臣辞退招商局董事

敬启者：前蒙股东会公举仆为招商局董事，自愧不堪任事，近以年老多疾，久未赴会，有负股东委任，实深抱歉，前曾致函辞退。昨十四日张园开股东会时，又复致函到会告退。特此登报布闻。

（1912年2月3日，第4版）

招商局股东赞成借款

轮船招商总局前因接到陆军全体军官将校公函及沪军都督转行中央政府急令，以民国新立，军需孔繁，暂借招商局抵押银一千万两备用，由中央政府分年担保本息等语，当由局中登报邀请各省各埠股东，借张园特开临时大会。二月一日三时五分摇铃开会，股东到者约四五百人，先由职员报告开会宗旨，宣读陆军全体军官将校致招商局函及沪军都督与招商局往来函件。次由陈英士都督代表政府宣布意见，大旨谓："民军已光复十余省，民国政府业已成立，惟专制政府尚未推翻，所恃者军人之热血耳。但有热血须有器械，器械非以代价交换不可；有热血更须有军饷，尤非筹大宗款项不可。筹款之法至今日已势穷力竭，一言以蔽之曰借款而已。然借款必有信物，万不得已始有借招商局虚抵之说。诸公深明大义，当能赞成，惟余可于诸公前发一誓：诸公如尽力助民国政府，他日政府必不负招商局之股东。"云云。又次张叔和君谓："招商局连年亏折，不如趁此时机为政府效力。以目前情形论，转瞬大局可定，则今日以义务贡诸政府，他日即可向政府要求权利，俾亏耗之招商局营业日渐发达也。"全场掌声如雷。执事员问全场有意见否，有顷，无发言反对者。执事员云："全体赞成，无庸投票再决。"遂摇铃散会，时三时二十二分，开会时间仅十七分钟耳。

（1912年2月3日，第7版）

招商内河轮船公司广告

　　中国轮船招商总局向为伟大永久之商产，中央政府为关系和战全局起见，该局乃巨资所在，不得已而仅用虚借名义，声明无损股东权利，股东开会亦无反对言论，由沪都督奖慰电陈，而中央政府迄未施干涉之手段，扰乱其贸易自由，一似日后应行正式之虚借交接，法理文明，人所共见。我招商内河公司资小效寡，沪苏杭嘉湘等多数航路一律照常，均受文明之保护。乃未奉正当名义之颁布，镇清扬一路，则军务部指为私产，以图没收；无锡、宜兴、溧阳、江阴、常州之短小航路，则常商会领衔、锡商会主动，利用军政分府之压力，借集股专利开轮之名，诬没我商产为基本，我股东合力以争，而苏都督训令交还无效，民政长出示保护无效，通电通禀应一得统一呼吁之门。昨阅报载张季直先生为民军焚毁两江师范校事诘问教育次长之函，核与我公司同此一叹。天日重开，终获最后伸理之胜利。现除根本筹备，死抗坚争，以确定自立不败地点外，登报广告，听候大总统、各部长、各省都督、各军政分府、各民政长、各界团体公鉴施行。

（1912 年 2 月 6 日，第 2 版）

轮船招商总局各省股东公鉴

　　现因禀南京孙大总统暨陆军部黄总长来电，将局产抵押银一千万两，暂借于中央政府，分年偿还本息，嘱令即派主任人员赴宁和衷协商借款一切事，并示远地股东未能深明委曲者，当不难于疏通等因。惟本局董事会诸公均已先后投函告退，敝处无议决之机关，即无执行之地步。查在局办事各董，董事会定有明章，第十九节云："照《商律》，董事会为纲领，局内应办应商事件悉秉承于董事会；凡本公司遇有重大事件，必须董事会决议准办，方可施行。"是以在局三董但有遵令办事之责，并无议事决行之权，实无派人之责任。而前项事体重大，股东权利攸关，虽叠接各埠股东来函不肯承认，然出中央政府命令，事关军需重要，非在局办事之人所敢依违，应请各省各埠大股东速公举代表数位，克期来沪会议，随即前赴南京与政府接洽，以昭郑重而示遵循。不胜急切翘盼之至。除已将各埠股东来函、来电抄呈南京政府外，为特登报广告，务祈公鉴。

轮船招商总局谨白

（1912年2月7日，第2版）

中国新借款汇纪

《字林报》云：民军拟以招商局轮船公司抵押之借款，目下正由南京政府磋商，尚未议定。此债闻与前述捷成公司之借款相同，其所争之点为抵押物。盖南京政府之意，不欲将轮船包含在内云。

同时民军当局并欲以粤汉铁路抵押借款，其详情未经宣布，惟闻将借银一千万两以上。昨日本埠盛传此事系由美孚火油公司经手，后经探问，始知不确。

汉冶萍煤铁矿厂借款日洋一千五百万圆，业已议定，闻数日之内可以交款。日本除借此项新债外，尚承借汉阳铁厂一处债款银五百万两，其合同内订明以该厂每年所出之铁条抵付若干万两。德国公司闻亦承借银一百万两，惟该厂停工之后，所有德人悉已辞去，今闻一月之后可以续行开工矣。

（1912年2月7日，第3版）

招商局议事机关之松懈

招商局办事总董唐德熙、陈猷、施亦爵等致董事会议事董函云："近日以来，得悉诸公均投函及登报告退，致令会议机关不能成立，既无议决，何从执行？敝同人等实觉皇皇失措，断难承认。现自本局股东于十四日在张园开会之后，已接南京政府孙大总统来电奖答，并嘱迅即派员赴宁，与政府接洽一切，事可速成，等因。此中机括及其他各种条件，千端万绪，最关紧要。究应如何兼顾，要求新政府担保权利及保全众股东资本，且使我国海权不失、华商航业永存。而本局仍为华股公司管理，仍属华人职权，略无更变。以上各方法均须切实研究，共同商榷，乃可为临时对付选举人员赴宁直接之预备。敝同人等为权限划清，无所秉成，用特公函敦请台驾于二月五日（即旧历十二月十八日）下午两点钟准临本局董事会决议，不胜急切，盼祷候玉之至。"

又，该局董事会致各议董函云："本会成立为监督机关，实亦为扶助机关。敝同人等受股东委托为代表，由正式选举而任董事，公益所在即义务所在。素仰热心毅力，共同维持，原期为公司谋进步，为本会图永久。不特可对全体股东，即敝同人等亦堪共明此志者也。时局变迁，公司困难，正宜群策群力，终始不渝，未可因难而退，以知几为先；又未可引嫌不出，以洁身自好。要知利害相关，责任共负，凡已受托于先者，必当善全于后。谅诸君子既以道义相交，决不致中途遐弃。乃近日多有投函本会，取消告退等情，致使团体不坚、机关不整，甚非计矣。窃以为诸公皆由股东选举而来，未届期满与非有特别事故告退者，宜正式宣告于股东会场。未便以一函投会，即认为告退及取消之凭证。敝同人等公同商榷，嗣后应仍请诸公按期莅会。如无暇，即托代表到议，以期广益集思，折衷有赖。否则，若以少数人之议决，或有不能悉协机宜，甚且失败之处，仍当由多数人一律负此责任。盖在本会既未承认退职，即在股东一方亦未见有宣告得其认可，当然仍以现任议董相待。如遇会期或不列席，其已成立之议案均作为默许。敝同人等非敢以义务强迫，亦为法理所在则然，不敢不尽言以告，尚祈垂谅是幸。"

(1912 年 2 月 7 日，第 7 版)

轮船招商局各股东公鉴

此次民国政府欲借招商局产抵押借债，董事等以关于股东权利，而各股东又函电交驰，对于此举多所疑虑，以致此事久悬未决。今也临时政府特委专员陈君其美、汪君兆铭来局，布告此次借款抵借招商局产，作为虚抵，一切用人营业悉仍其旧，并无请外人监督干预等事。及交出政府于招商局承认借款后优待条件如左：一、此项借款其本利俱由中华民国政府担任偿还，不使招商局受丝毫之损害；二、招商局如承认此次借款，中华民国当承认招商局为民国国家邮船公司；三、扩张其外洋航路，予以相当之补助津贴。董事等详审以上情节，知此次借款与我各位股东权利丝毫无损，虽暂将局产虚抵，而既由政府担任偿还，将来之危险无从发生，目前之利益亦无妨害。况尚有种种利益以为报酬，似无庸疑虑。当此民国甫建、军需孔亟之时，凡我国民皆宜有所尽力，以负责任。想我各位股东既稔内容，必无异议。除由董事等一致承诺外，谨此公布，以慰群情。至与政府委员协商之事，容续函布告，尚祈鉴察为幸。

（1912 年 2 月 11 日，第 2 版）

汉冶萍借款始末记

《大陆报》云，汉冶萍煤铁公司日本借款，外间谈论已久，其详情顷始宣布，此债虽名为民国政府之借款，实由盛宣怀发起，盖欲借此以仗外人保护其财产也。

汉阳产业系属公司性质，由盛宣怀为总理，其大股东为奕劻、载洵、载涛诸人，故此项产业大可由民国政府抄没之。

方盛宣怀离京之时，即恐民军有此一举，故至青岛后曾与某外国公司代表会商此事，拟将此产业归该公司出名，以得其保护。此事将近就绪，忽接清军夺回汉阳消息，盛乃大为得意，不复与该公司续议，其意以为清军必可战胜民军也。

既而盛赴日本，借款之议乃发生。盖盛在青岛时日人尝思与盛磋商，谋得汉阳产业之管理权。及民军获胜后，盛氏在苏、杭各处之产业悉被抄没，盛乃大恐，而有与日人协商之举。至谓此事将由股东会承认者，不过假托之词，以期避去他人之反对，实则盛氏代表清皇族，固总握管理之权也。

此事闻由盛与日人议定，系在名义上借债二千万两，而实交者为数无几，但此后诸厂将由日人管理，如开工及扩张厂务等事有需款项之处，则悉由日人借款中提用。

盛氏既与日人议定此事，复以银三百万两借与民国政府，以杜其干涉，故民军之借用该款，闻将担保不抄没盛氏此项产业，且须加以保护，使之即能开工。

曩者民军亦尝讨论抄没此项产业，惟因该公司前已借用日本债银八百万两之多，故遂作罢。据深悉大局之人云，民军大可以寻常之手段抄没此

146

产，而担任付还日本之借款，乃民军因需款孔急，且恐日本起而交涉，故乃允受三百万圆（上谓两，此为圆，不知孰是）之借款，而坐失抄没此产之机会也。

此事虽名为借款，按照条款，不啻实以此绝大产业之管理权界与日本，日人由此可以坐得太平洋一方面钢铁实业之权利矣。

此铁矿为中国最富之产业，数百万吨之铁块不难唾手而得。盖仅须由地面移入厂中，不必多费挖掘工程也。且中国工值极廉，如管理得法，则汉阳产业必可战胜他厂，独得厚利耳。

盛宣怀既以汉阳产业押款借与民军，则招商局之借款未必再能成立。盖盛在招商局中亦为一大股东，该局产业多在通商口岸，民军欲抄没之，颇费周折，故盛不必措意及此。今股东之中虽已有愿意抵押款项借与民军者，然非盛氏许可，必不能得多数股东之赞成。而盛氏则必不应允此事也。

（1912 年 2 月 11 日，第 3 版）

西报论中国新借款事

《大陆报》云："汉冶萍借款事，数日来反对者甚多。南京参议院亦曾提议此事，湖北刘君及他代表皆力加驳议，谓此种借款足伤国民之感情，日人占管理之地位，是不啻以贵重产业授与中日合办之公司也。"

外人评论此事，对于南京政府是否负责一层，意见不一。有谓新政府对于此举实出不得已者，盖借款而成，新政府可得三百万两，否则如此巨资无从得也；有谓新政府如坚拒此约，则有收复该产业之机会，如贪得三百万两，则永无收回之日矣。至于盛宣怀所执之契券是否有效，尤属可疑。如能详为调查，当知盛宣怀实无可以租押该产业之权力也。

汉阳借款已否画约，上海尚无确闻。惟知此约必犹未定，并料南京政府当能使此项产业仍为中国所有耳。

昨日有数方面声称：南京政府如果豫闻此项借款，则外人必受影响，将不承认中国之共和，盖他国不认日本独在中国享有权利也。

此约虽仅由盛宣怀一人办理，然无南京执政者之允可，则必不能定议，此固确实无疑者。近日参议院曾有向新政府诘问以兵力强迫招商局借款之事，并谓此举与汉阳借款，皆足损新政府之信用云。

昨日午后招商局股东代表开会，孙总统与陈都督各派代表与议，散会后闻政界中人言合同已署，股东已愿以招商局产业交付新政府，以作抵借洋款之用。然股东代表有何权力可以办理此事，殊难臆断，岂招商局为完全中国人之产业？其章程内有"不准外人购买股份"一条，而今此事适与相反也。

招商局董事未曾开议，盖在上海之董事仅居少数，照例不能开会，或谓董事有意不到会场以避责任，亦未可知。

闻股东曾思运动外人出场保护，以阻新政府之干预，然谋之不早，且外人已宣告中立，故其谋不成。

招商局借款亦系日资，闻有英美合资公司近亦谋订此约，以破坏日人之运动者。招商局本日船公司之劲敌，今日人欲管理该项营业，并各商埠贵重之码头，与汉阳借款殆同一用意耳。

又，《大陆报》十号东京电云："某日报谓南京政府屡向横滨正金银行借款，愿以招商局轮船为抵押物，故该银行经理已与日本邮船会社、大阪商船会社、日清轮船公司商榷此事，草约不日可定。日本轮船公司定能乘此机会以得管理中国商人产业之权也。"

又有数日报谓："日本某铜公司刻与新政府磋商借款，以安徽省铜矿（大约系铜官山矿）作抵。惟某外务大员谓，横滨正金银行与汉阳铁厂之借款早于阳历去年五月画约，时革命尚未起也（此语或指旧借款而言）。"

（1912 年 2 月 12 日，第 3 版）

陈辉廷启事

鄙人自三十岁时蒙唐景星、徐雨之前辈聘入招商局办事，屈指二十余年。董事会立后又蒙举为办事总董，历年来矢慎矢勤，幸无陨越。今年逾六旬，精力大不如前，且足又呆，本不堪久膺重负。现因足疾重发，步履艰难，据医者云，非五六月后不能全愈，诚恐旷职误公，除已函向董事会告辞职事外，今特再通告辞职。此启。

（1912 年 2 月 21 日，第 1 版）

施禄生上招商总局董事会信

因恐各股东远在他埠，一时未及周知，故再登报布告。

董事会诸位先生大人阁下，敬肃者：亦爵滥竽商局念有六年，始为沪局书记，既为总局司账，今春蒙董事会给予委任书，派为银钱股董事。原拟力图□称，因自夏至今，衰病侵寻，精神委顿，不得已于十月十九日请假回里养病。至十一月念八日由苏坐火车到沪，忽又因事羁留至十二月十七日，始得回局供职，神疲气短有加无减。本拟即行告□〔退〕，适当局中有事之时，恐旁边人不察，指为有意规避，且半途而止，有违商界大例，不得不力疾从公。兹届年终，正商界去留职任之时，亦爵奉委任银钱股董，以今年旧历除夕为止，请即遴派长才接管，以重要公。实因精力不继，非敢自外生成，不胜叩祷待命之至。专肃，敬叩钧安！伏希惠鉴。

施亦爵谨肃，辛亥十二月二十五日

（1912 年 2 月 21 日，第 1 版）

新政府借款谭

《字林报》云：招商局借款大约将由英国公司承借，盖恐日人承借此债后，将掌握中国之航权，此英人所不愿者也。

汉冶萍借款第一次所付之银三百万两，现已充作正用，以之开办银行及供军糈之用。

闻民军当局目下尚在磋议借款数种，将以各项产业抵押，而江南制造局亦居其一。

《捷报》云：据最近消息，中国新政府已在伦敦订立借款合同，俾庚子赔款及其他借款应付之利息有所抵偿。

《大陆报》云：横滨正金银行以日洋十兆元借与汉阳铁厂作为新股一事，现已作罢。闻此举系由他国出面抗议之故，而日本各报则谓此事必系德国所为。惟闻三井、正金两行已将日洋二百五十万圆交与盛宣怀，此款是否作为押款，或由盛宣怀以招商局或汉阳铁厂之股票售得，则未能探悉也。

日本驻华公使照会袁世凯，谓日政府不准本国人民于中国未设巩固政府以前承办借款。日使此举极有关系，前所议定之日本借款均将无效。闻袁世凯曾向日使抗议大仓洋行及招商局两处借款，今日使之照会，即答复此事也。

外国银行家目下皆在讨论将来中国新政府经各国承认后，当有极大之万国借款发现。现皆预料新政府应行之第一事，必为筹借款项，故各国银行家莫不注意此事。

（1912 年 2 月 21 日，第 2 版）

北京邮部安慰招商局

北京邮传部致本埠招商局电云："十二月二十五日奉旨（见第一张清帝逊位宣言），国是久持不定，大局立见倾危，兹朝廷俯顺民情，特颁明诏，允易共和政体，此实人民之幸福，尤为五洲列国所赞同。现定满、蒙、回、藏权利一律平均，皇室、皇族遇待特加优异，旧邦新造，与易姓改武迥乎不同，从此铲除专制，共享太平，凡我同胞应深喜慰。兹临时统一政府尚未成立，一切政务仍统由袁公全权综理，继续进行。京外衙署局所均一律照常办事。希即转知尊处，华洋各员司安心任职，将来效力之日方长，毋得轻听谣传，辄生疑虑。至各局财产款项册籍，统责成该局认真保管，勿得稍有疏懈，是为至要。邮传部，有①。"

（1912 年 2 月 21 日，第 7 版）

孙总统答复违法借款之质问

南京临时大总统咨参议院文云：二月十二日贵院质问违法借款两则，政府据院议通过之国债一万万元，因仓猝零星征集，颇难应急，遂向汉冶萍及招商局管产之人商请将私产押借巨款，由彼等得款后以国民名义转借于政府，作为一万万元国债内之一部分。嗣又因政府准以汉冶萍由私人与

---

① 按，《韵目代日表》中，"有"指 25 日。

外人合股得钱，难保无意外枝节，旋令取消五百万元合股之议，仍用私人押借之法，借到二百万元，转借于政府。是政府原依院议而行，因火急借入二百万元，以应军队之要需，手续未及分明，致贵院有违法之防。至现行于江宁之军用手票，系借自上海地方政府之中华银行。当时军用万急，兵士索饷，据称即空票亦愿领受。查得上海政府已通行有此手票，遂向借发。旋恐有碍商市，即将汉冶萍私人借来之国债，随时收放。贵院欲得该手票之报告，当由上海地方政府一并造报，以免纷歧。据此实无违法及另造报告之处，故未即答为歉。此咨。

（1912 年 2 月 25 日，第 2 版）

南北政府经济困难之状况

《大陆报》云：南北政府现皆需款甚急，故袁世凯不得不从速组织联合政府，庶商借外债，较今日可以稍易也。

各处战事虽停，南京政府仍拥大军十二万人，其目下维持及日后遣散办法，实为当局最难对待之问题。若徒收回其军械而遣散之，则必流为匪徒，扰害闾阎，故不得不筹费养之，姑俟大局平静，再筹遣散办法也。

据南京政府某要津云，民军之需款，自开战以来，未有如今日之急者。盖战事方殷，军士易于约束，即暂缓发饷，尚较今日易于处置也。

上海曾接北方来电，知北京政府之需款更急于南京政府，库空如洗，罗掘维艰，且清帝既已退位，袁世凯亦不能再向索款矣。

现在南北政府皆未经各国承认，复不便商借外债。北京军队其数大约尚在南军之上，且军士多有数月未领饷银者。至南军饷银虽按月照发，然大半付以军用钞票，将来亦须借债赎回耳。南北政府刻暂分别设立财政机关，俟联合政府成立后，再行合一办理。故南京当局已在上海设立机关部，专理公债事宜，嗣后凡关于公债之事务，均须归上海汉口路三号机关部经理，财政部长陈锦涛君亦将常驻上海，应付各事。

上海设立机关部后，将设法阻止各省任意借债之弊。近数月来，上海常有多人以代表各省军政府名义，指定各项财产为抵押物，而觅求借款者。故该机关部欲设法阻之，嗣后无论何种借款，均须由中央财政部经手。此事今已稍有成效，惟大仓洋行承募之沪甬铁路借款亦为外省借款之一，而南京当局竟未知有此事，是可异矣。

汉冶萍产业及招商局产业抵押之借款虽未议定，然据南京当局声称，两事亦未作罢。惟汉阳铁厂因外间竭力反对，谓此贵重之产业不应归外人掌握，故中日合办一层业已作罢。此事现方由盛宣怀与日本银行家商办，该银行等是否允借，尚无所知。

至招商局借款闻系汇丰银行承借，计洋一百五十万元，由该局以二十万元借与南京政府。据确实消息，此项借款实欲免去日人管理该局轮船之祸根，故此事于武昌起义之前已与汇丰银行开议云。

又据南京当局云，南京政府正宗入款全恃公债券一千万元之收入，数月以来，来信定购者，以海外华侨居多数，各省军政府亦多担任代售之义务。此债以八厘起息，初意但希望华人之购求，目下大局可保安宁，政府之编制将定，外人或亦乐于购买云。

（1912 年 2 月 26 日，第 2 版）

轮船招商局股东维持会告白

启者：招商局近值时事变迁，损失甚巨，办事董陈辉庭、施禄生二君先后登报辞职，董事会又告退解散，距股东年会尚有两月之久，无人主持。查近数月情形，无钱无货，开门坐食，有形之剥夺、无形之亏耗，以最完全之商业破坏至此，凡为股东，孰不痛心？再不赶急维持，不知如何结果。兹拟先由股东组织招商局股东维持会，为监察机关，实行维持，股东年会届期再□［定］正当办法，或可补救于万一。想股东事关切己，必表同情。务请有股诸君携带股票来会注册，请各抒伟论，以便公同筹画。所有本会经费概由发起人担任，事务所设在上海新马路昌泰里对门四十六号。

（1912 年 2 月 27 日，第 1 版）

轮船招商总局广告

本局董事会自伍会长允许复任后，各议董亦皆复职，如期集议。办事董事唐、施二君亦与陈董所托之代表照常办事，所有本局重大事件，董事会议董及办事董均担责任。诚恐各股东以局事无人主持，特登报广告，以释疑虑，务祈公鉴。

（1912 年 2 月 29 日，第 1 版）

施禄生再告招商局股东

去腊布告鄙人所有职守以旧历除夕为止，请即派人接手。兹于正月初九日董事会集议，虽承挽留，然病体未能报命，不得已勉从众议，至开股东会为止，不过权宜一月，并非蝉联复任。恐有误会，用再布告。

（1912 年 2 月 29 日，第 1 版）

商办轮船招商局开股东常会广告

照例常会，每年一举。现值本局第三十八届总结账期，奉准通令仍按照阴历年度计算，应即将上项盈亏实数及全年营业情形与其中变迁事迹，亟须开会布告。现择定阳历三月三十一日（即壬子二月十三日）下午两点钟，在上海张园开股东大会，并选举议事董暨查账员继续补任。凡在远埠各股东，请照前例，将股票息折就近向各埠分局验票挂号，随掣凭条，于开会期前数日来沪向本局换取入场券。其在本埠各股东即将票折径向本局挂号照办。特此预登广告，务祈公鉴，勿致迟误，不胜企祷。

再，本埠验票挂号，自阳历三月二十一日（即壬子二月初三日）起至阳历三月三十日（即壬子二月十二日）止，每日上午十点钟起至下午五点钟止，均在本局候玉。如过时，则迟至次日，过期，则统在会场门前挂验补券，一并声明。

（1912 年 3 月 1 日，第 1 版）

普告招商局有股诸君公启

敬启者：招商局之有董事会也，于今将三年矣。此三年中，会中之

153

人物以及会中之内容有不得不为诸股东告者。查是会之设，发起于大股东盛杏荪。盛氏素喜揽权，究其初意，直欲揽公司之全权而尽为己有，故其选举议董之初，即以自有之股数散而分布于其私党，已为会长，其子复为董事，其幕僚某某复以不合被选资格之股东而选为董事，其至戚某某复以数千票之权数而选为查账。此外，只有粤省数人与其素有交情、势力相敌者方得入选。此董会成立后第一次选举之情形也。至上年二月间，股东常会重选议董，盛氏掌邮部，权倾一时，而粤中一、二大股东权力亦不相上下，于是会中入选之人物，两党适得均势。论者有谓是会为盛党、粤党盘踞之要津，即有一二滥竽入会，与两党素无关系者，亦只依违两可，不敢发言。因之两年以来，于营业上毫无实效。此上年董会第二次选举之情形也。是年八月间，武昌倡义，盛氏之势一旦冰销瓦解，会长之名不敢自居，即其私党之或任董事，或任查账，平日趾高气扬，无一次不到常会，无一会不发议论者，乃亦噤若寒蝉，销声匿迹。盖自知冰山既倒，有天演劣败之势。于是乎，盛氏之势自上年八月后遂不知不觉而并入于粤党，而会长一席即公推伍秩庸先生为主任。虽然伍先生者，即今有功于中华民国之伟人也，其声望之隆重、名誉之纯洁、任事之公正廉明，诚不可与揽权植党、自私自利之盛氏同年而语，独惜其接任会长之初，值南北议和，军书旁午，一时不能兼顾。而会中亦当危急多事、纷乱无主之秋，其时粤人中有本非董事自居代表之潘明训，乘此偾扰之时机，施其运动之手段，遂俨然对于会场曰，"我乃某同乡个人之代表也"，不问事务之大小，不顾众论之可否，有意招怨，任性武断。及推举驻局监查，而并自忘其代表，不依公例，不待公议，腼然居之不疑；其驻局也，则又不知体统，不分权限，凡所作为，如公司日用之米盐琐屑及员司之少数薪俸，无不格外苛刻，自诩精明。而于办事董所报营业上极大之损害，若汉口船之沉没、"快利"轮船之被留、局产栈房之焚毁，以及长江轮船之日久停驶，江海各埠之种种失败，而彼反瞠目不对，束手无策。论其器量，譬诸市上杂货店、豆腐店之司账，目光所及，仅在锱铢累黍之微，坐井观天，可笑可鄙。推其私意，直欲将公司中办事人之权利尽归己有，逐逐耽耽，蓄心已久。是以上年腊月千万外债之大问题发生，而彼竟以私人之资格，盗公司之名义，发电赞成，为确当之答复（电文中"粤邦二人到会赞成"，及"以表一致欢迎之诚意"等语），既不与办事董商榷，又不与正式董会议，更不待全体股东公决，片刻之间，几几将公司中千万资本轻轻断送于一人之手。且外人啧有烦言，几起国际上严重之交涉。旋以股东大会，恐遭诘责，始则□[托]故不到，继又登报告退，种种自矛自盾、手足无措之情状，尤为可怜可恨，此商局自有董会以来，而忽发见一非董事之潘明训演出此惊天动地之怪现象也。要而言之，商局创办至今数十年，其未有董会以前，与既有董会以后，得失若何，利害若何，吾辈不必深究，识者自有公论。兹第就其两次选举之用意，两党在会之内容，而复有非驴非马之董事突出其间，以个人之代表作全局之主张，恍惚离奇，翻云覆雨，以一人而败坏数十年成效之公司，以一身而攘夺数千人固有之权利，此等举动，试问诸股东能安然再任其飞扬跋扈耶？近闻潘明训又混入维持会矣。又因会长复职，忘其为自退之代表，而重到常会□[矣]。出尔反尔，忽来忽去，一时尚不足虑，所虑者，股东常会之期不远，恐若辈运动之故智复萌，董事之狂热又发，以为吾党方盛，何难操劳而得，则其出尔反尔、忽来忽去之伎俩，未始非将来运动选举之地步也。况是会之选举，本彰明较著，以运动结党为唯一之宗旨乎！本届选举，吾辈可逆料潘明训之必能入选，且逆料粤党中之忠厚者必受其愚弄，狡猾者必引为同类。吾辈同为股东，不必问其代表之合例与否，不必问其办事之违法与否，但就千万外债之重大问题而论，万一全体不知，业经成议，试问潘明训所发粤省二人赞成之电，将何词以对我股东？将何颜以见我股东？而今则居然又为维持会会员矣，居然重入董会而复职矣！岂知外债果然赞成，已破坏而何暇维持？代表既经辞退，本无职而所复何职？举动之颠倒、权限之不明，一至于此！此而犹有受其运动为之选举者。是非欲商局之速就灭亡也，则亦无词可解矣。股东等一千数百余股，既非盛党，又非粤党，已于常会一日前组织一秘密调查会，专查本届会中选举与被选举者是否有党派之分、是否有运动之私。倘有股诸君亦有察出实情，或其人虽有被选资格，而实在不孚众望，有碍大局者，不妨各具意见书，临时投会，即使发表入选，亦须当场宣布，以示反对，而伸公论。而潘明训其前车之鉴也。至吾辈之发布此言，本无嫌隙，亦无觊觎，质诸鬼神可也，质诸天日可也。如有疑吾一千数百余股东，于此而有被选董事之希望者，则请更宣一誓，以告大众曰决非人类。

招商局一千四百七十二股股东王馥记等公启

（1912 年 3 月 22 日，第 3 版）

招商局请发还商轮酌偿亏耗

致袁大总统电：

北京袁大总统钧鉴：我公受职，南北统一，亿兆同胞其苏有日，神京遥望，抃贺欢呼。轮船商局押借款事，承公一言中止，大英雄、真豪杰所见自远，全体股东同深感纫。此局曩隶帡幪[①]，获利綦厚，洎公归隐，邮部把持，武汉军兴，损失尤巨。中国航权仅此硕果，洋人觊觎，商力脆薄，维持补救，尚待宏筹。"快利"、"固陵"两轮去秋见拘武昌，"新铭"、"新昌"、"新丰"、"致远"、"泰顺"五轮昨运兵烟台，又复见羁。春货畅旺，无船承载，局益难支，务恳分电黎副总统、烟台军政府，将该七轮一律迅予放归，藉资转运，停泊亏耗，酌予赔偿，以恤商艰，而重实业。并祈电复，不胜翘盼待命之至。

轮船招商股东维持会同叩

致黎副总统电：

武昌黎副总统鉴：顷阅报知前拘商轮均饬发还，敝公司"快利"、"固陵"两轮去秋承军政府假用，现军务已竣，春货需船甚殷，乞速饬发还。停泊亏耗，并祈酌予赔偿，以安商业，而协共和，感盼。

招商股东维持会叩

（1912 年 3 月 23 日，第 3 版）

声明捏诬招商局董事潘明训先生原委

启者：昨登各报《普告招商局有股诸君公启》内诬蔑潘明训先生各

[①] 帡幪：píng méng，本指帐幕，引申为覆盖。比喻受庇护。

节，实系挟潘君开除招商局文案各友之嫌，所云种种，俱系苕个人肆意捏诬，毫无根据之谈，并冒用"股东王馥记一千四百七十二股"字样，希冀耸人听闻，更□［属］凭空捏造。查中西律例，毁人名誉者科罚极重，一经追究，必难脱罪。是以心不自安，特挽至友向潘君处自行纠举，再四恳商，情愿登报声明更正，藉赎前愆。辛蒙潘君大度包涵，勉允所请，嗣后当痛自改悔，再不作此等含沙射人之事。如再蹈覆辙，任凭潘君禀官究治。至潘君在局中任事公正廉明，无非热心，为人［大］局起见，不辞劳怨，久在各股东闻见之中，无待鄙人喋喋。特此登报声明，回［恢］复潘君名誉，以志服罪之忱。务祈各界公鉴。

招商局股东王馥记代表朱苕谨白

（1912 年 3 月 25 日，第 1 版）

都督府批示

〖上略〗

吉承荣呈，批：招商局系属商办，非本都督权力所及，未便直接委派，所请应毋庸议。

〖下略〗

（1912 年 3 月 26 日，第 7 版）

招商局股东会记

招商局于阳历三月三十一日下午，在张氏味莼园开股东大会，到者甚众。首由伍秩庸君宣告开会，次由董事会报告营业大略情形，又由办事董报告第三十八届生意总结盈亏之数。复由庄得之君宣布提议事件。至第五推举总协理一条，金谓总协理应由所举董事九人中推任经理，则由董事会聘请庄得之君。正读第六条时，忽有微须者登台陈述，反对甚烈，口操粤音，不甚可辨。当时股东中有长利洋行买办傅小［筱］庵起立，指驳其纰缪之点，众以为然。而某帮股东以某君失败，群起鼓噪，遂致会场秩序大为紊乱。其实董事为股东所公举，必其声望足以服人，以之推为总协理，既于事实上无窒碍，按之法理亦甚相合。彼时以争执不决，当由伍君谓俟董事会聚会时，再由董事商议办法，众通过。至此，遂开筒检票。杨杏城二千五百八十九权，温钦甫二千二百八十五权，王子展二千二百四十四权，周金箴二千一百八十九权，施子英二千一百七十九权，张仲炤二千九十七权，伍秩庸二千九十三权，李叔云二千六十四权，陈可扬一千九百七十六权，以上当选本届董事，次多数梁伯翰一千九百念八权。查账员二人傅小庵九千五百九十九权，周清泉七千九百一权，次多数庄得之二千二十一权。

（1912 年 4 月 2 日，第 7 版）

招商总局董事会广告

本总局经理人唐凤墀、陈辉廷、施禄生三君上年均已辞职，昨日本会同人会议，以三君办理局务多年，诸称熟悉，未便承认告退，业经公司竭力挽留，以维局务，而专责任。所有以前三君辞职函启等件，均作取消。特此广告，务祈各界公鉴。

（1912 年 4 月 4 日，第 1 版）

招商局股东维持会广告

启者：前因招商局董事会解散，办事董纷纷登报辞职，各股东意在维持，故有本会之设。现届新董事举定，办事董亦照常复职，局中各务有人主持，本会应可暂行解散。特此布告，统希公鉴。

（1912 年 4 月 5 日，第 1 版）

陈辉廷、施禄生广告

仆等多次函告董事会及登报，辞招商局办事董之职，乃承董事会一再挽留，并为登报声明，不得已允为权理，以待长才。是否如此，董事会诸公可以证也。不料昨有（人）投书董事会，疑挽留登报非出董事之意。但仆等辞职，出于真诚，并非饰词而图恋栈者，候董事会举定贤能接管，立时交卸，愈早愈妙。特告投书人，弗以己之心度人之心也。

（1912 年 4 月 19 日，第 1 版）

鄂交通司之罪状

〖上略〗

轮船。鄂军起义须轮运输，以招商局系盛宣怀大股，故将其行驶宜昌、汉口水线之"快利"、"固陵"两轮截留应差，原属权宜之计。事定之后，招商局各处扣留之船均经董事会请求各当道发还，"快"、"固"两轮，黎副总统亦允交还。不知该司是何居心，至今犹揹不交出。宜汉间二千余里航路，中国商船惟此两艘，现各洋轮公司因"快"、"固"停班日久，已添轮行驶，航权遂尽操诸外人矣。至行驶附近各镇、市及武汉渡江小轮约共数十艘，前均为该司收罗当差。近日虽分别发还，然设为种种限制，非厚贿之不准复驶从前航路。如从前厚记、利记、荣记三公司，现仍不准复驶。闻该轮渡江日可获利数百串，今已为该司入款之一大宗矣。

〖下略〗

（1912 年 6 月 2 日，第 6 版）

催索商轮租费

沪军都督咨武昌黎副总统文云：

案据本府交通科转据招商局呈称，去秋民军起义时，经湖北交通司派员李馥棠由府中交通科长介绍，在局租去"固陵"轮船一艘，当时言明照轮船定例，每月租费银四千两，按日计算，交还时给付。现此轮虽然交还，而船身内外均有损坏，非大加修理不能行驶，核实估计，必须五千元方能竣事。至租费一层，计自去年阴历十一月初九日起，至阴历年底止，共五十二天，合银六千九百三十三两。本年正月初一日起至三月半交还之日止，共二个半月，合银一万两。共计租费银一万六千九百三十三两，修理费洋五千元，应请转行湖北交通司照款发给。又，"快利"轮船一艘亦于去年阴历九月初一日经该交通司在汉口就近调用，其租费算至本年阴历二月底止，已二万四千两，刻下尚未交还，仍须按月计算，此项租费银两亦请行知发给。等情，前来。当由敝处据情照会贵府交通司查照发给在案。

嗣准该司复称，以从前交战时间，一时运输孔亟，凡属中国船只，均由军队调用，概未发给租费等情。又经敝处将该局系商办营业性质，不能以他项船只比拟，详晰照复。讵该司坚执己见，竟置不理。函牍纷驰，徒劳往返。刻招商局又以"固陵"一轮系由敝处介绍承租，逐日来府索领。此间款项支绌，万难筹垫。为此，据情备文，咨请贵副总统，敬烦查照，转饬交通司速即照数发给，以恤商艰，而清经手。事关商款，迅盼施行。

（1912 年 6 月 6 日，第 7 版）

补偿招商局损失

上海招商局于去秋光复时运兵运饷，垫去水脚银五十余万两，曾经沪军都督承认补偿，迄未有着。现闻袁总统以该局损失不少，汉口分局亦失去商家存货一百三十余万金，未便令其受亏，已允由财政部发给公债票，以为抵偿，不日将派员到申，从长计议。

（1912 年 11 月 15 日，第 7 版）

四　民初改组风潮

商办轮船招商局各省各埠股东公鉴

董事等承诸位股东委托，整顿局务。惟近年金融恐慌，市面凋敝，航业大受影响，兹有极重大事件必须与众股东议决改良，组织各种办法，得多数同意方可进行。爰择定阳历六月十六日（即壬子五月初二日）下午二点钟在上海张园开特别大会，先期于上海总局及各埠分局发股息时掣给入场券，俟届期到会场再分给议事票，以凭投票取决。事关全体股东利害，务望诸公勿惮跋涉，准于会期数日之前，齐集到沪，不胜企盼候玉之至。特此登报广告，务祈公鉴。

轮船招商局董事会谨启

（1912 年 5 月 17 日，第 1 版）

轮船招商局股东开会展期广告

现经董事会议决展期至阳历七月十四日（壬子六月初一日）下午两钟，仍在上海张园开特别大会，所有入场券、议决票悉照前登广告办理。除将展期缘由分函各埠分局转告各位股东接洽外，特此再登广告，务祈届期惠临，不胜企盼之至。

上海总局谨启

（1912 年 6 月 7 日，第 1 版）

庄得之君函

敬启者：鄙人与郑陶斋、张仲炤诸君发起招商局股东维持会，自本年阴历二月十三日招商局开股东大会选定董事后，即于次日登报声明取消维持会事务所之名称，以后即未有与各股东通函之举动。近闻有假维持会之名义投函报馆者，深恐真伪莫辨，淆惑听闻，特再声明以上情形，贡诸社会，尚乞贵报登入来函一门，以征事实。

庄得之拜启

（1912 年 6 月 29 日，第 7 版）

纠正招商局董事召集股东大会布告节略之平议

——招商局股东一份子何觉悔来稿

处商务凋敝之秋、大局纷纭之际，敝董等谬承公举，与闻局务，极思认真整顿，竭力改良，以副众股东之委托。受事以来，倏已三月，议论虽多，成效殊鲜。

各董既承公举宜，如何秉公建议，为裨益局务之计，岂可不顾事实，徒逞私见，一味仇视办事人。如日前《时报》所登董会函稿，至以隔靴搔痒，遗笑通人。平日所议之不能中肯，于局务定多贻误，即此可以推见其为失职，实属已甚。按照法律，自宜另举。

固由敝董等德薄能鲜，亦实公司之事杂言庞。就目下办事情形而论，所谓虽有善者，莫如之何，将来之发达固无希望，现在之基础且难久存。商局为吾华航业之硕果，经军事之延扰，幸获留遗。

二语颇有自知之明，然诸公有受事已八九月或已一年余者，亦复不免此弊，抑又何说？

竟听其棼乱糅杂，因循敷衍，以堕坏于无形之中。敝董等虽极庸愚，固断断不敢出此也。既不敢出此，则非另筹办法不可，当由廷芳拟议办法三条。

去年军事，议者既追忆及之矣。当其时，局事危急达于极点，衮衮诸公或则放弃责任，连翩去职，或则野蛮举动，强迫抵借。试问其间能独力支持、坚忍不挠者为谁？然则招商局之今日幸获留遗者，其功正有所在。

一延雇洋人代办也。拟仿太古、怡和办法，雇洋人为总经理，仍隶于董事会之下，而受董事局之监督，准照《公司律》，凡用人办事有当为总经理所专办者，一以责之；有待董事局之许可者，仍由董事集议通过，而为订明可以随时辞退，先期通知之约，则操纵进退，主权在我，此一法也。

二则招商包办也。其法招股实商人，或独力或合力，量其资本可与招商局财产相当者，与之缔包办之约，由包办者每年认缴股东年息一分，红息若干，盈则包办者自得，折亦归其自赔，本公司概不过问。凡本公司堆栈、船舶、局所一切为营业必须之产物，皆由本公司列册点交包办者，只能使用，不得以之抵押变卖，仍由本公司特派稽查员若干人随时稽查，有损坏、遗失者，应由包办人负赔偿修补之责。包办之约多则三年，少则二年，未届满约彼此不得变更，此又一法也。

顾延雇洋人为总经理，虽云权自我操，终虑事多旁挠，且怡、太两公司近来成绩，亦未必远胜于商局，则雇用洋经理亦未必能遽收速效，而喧宾夺主，流弊转不可不防。

办法虽有三条，自认可行者只其一，实则并此所谓可行者，亦仍万不可行，此之谓并无办法。（未完）

（1912 年 7 月 12 日，第 7 版）

纠正招商局董事召集股东大会布告节略之平议（续）

——招商局股东一份子何觉悔来稿

此其自认办法之不可行者一。然既明知雇洋人代办之决不可行矣，而又必多耗此一扬一抑之评论，何欤？

至于招商包办，令股东坐享其成，同人亦极□主张，然股实巨商财力与本局相等者，华商既无从招集，洋商又未敢轻畀。若由二三商人辗转凑集，则实不敢因贪此一分之息，举本局千余万之财产贸然付托。

此其自认办法之不可行者二。然既明知招商包办之亦不可行矣，而又必浪费此一纵一擒之笔墨，何欤？总而言之，均所谓空言无裨者也，仍不脱议论多、成效鲜之痼弊而已。

或有云可包请政府专办者，以谓东西洋实业公司多有国家辅助奖励，今民国成立，事事效法友邦，于商局本应特别津贴，以助其发达，应即要求政府代为营业。年与股东一分子息有余，仍畀之股东，不足则由国库支付；振兴航业，巩固海权，亦政府应尽之责任，理由原极正大。顾中国官商之情向不融洽，民国之官又未必遽贤于清廷，欲保股票之信用，转滋股东之疑虑，同人等亦未敢轻于相诺。三则另组织全权办理公司事务也，招商局股本四百万两财产，估值一千余万两。

以不及二百万资本之商局，除数十年来已派出利息一千二百万不计外，今股本已值四百万，局产且值一千余万，议者亦既明知而笔述之，试问成此伟大之业均属伊谁之力？我华更有他公可能与并驾齐驱者否？是则办事人亦可告无罪于股东矣。而议者又复千方百计，必欲倾轧而推翻之，其意何居？

今拟折中定数，集合巨资作为新公司，给与全权办事。此项集资先尽旧股东，如旧股东不愿者，可将股本加若干成收回。以后公司一切大小事件，悉归集资之新公司全权办理。其旧股东之不愿退股，即令与新公司合股，利害共之。其退股之股东收给现银后，即与公司断绝关系，惟不集洋股，专集华股，此为另集办事之人。

项庄舞剑，意在沛公。通篇种种做作，至此真相毕露。顾既曰另集办事之人矣，则必有推翻旧办事人之理由也，而何以又置之不议不论之列？盖无论按诸万国商律，凡公司办事人，非有亏本甚巨、办理不善之确据，股东不应有另集办事人之举。即照其卤莽之手段从事，尽舍已著成效、富有经验之办事人不用，另集一般议论多而成效鲜之人办事，其为危险居于何等，而尚敢贸然号于众曰"思整顿也"、"求发达也"，自欺欺人，毋乃太甚。

　　并非将公司出卖，而股东之不愿再入股者，仍可收回现银，且可较票本酌加，实为有百利而无一弊。

按，局产现值千六百万之数，以四万股核实摊派，每股应值银四百两。若不愿入股者，收回现银，理宜查照此数给还方平允。今乃仅云可照票本酌加，岂不知票本之数？核诸局产所值之数，经办事人惨淡经营，日积月累，已加数倍，而乃竟欲于转移间，骤令股东损失千余两应享之权利，是尚得曰"有百利而无一弊"乎？然则其所谓办法之可行者，亦仍万不可行而已。

　　同人等全体所赞成者惟此一节。综上三节，皆关变更公司成例，同人等之以为非者，固不敢轻于进行；同人等之以为是者，亦未敢坚于自信。惟有大会届期，翘盼诸股东惠然□临，多数取决。总之，公司痼疾已深，人心离涣已□，欲求全局之固结、生意之丰盈，非事权统一不可，欲求事权之统一，非改弦更张不可。此另组新公司议案，同人等所用询谋佥同，而极望诸股东之认可者也。

综观各节无一是处，所愿我股东深思慎行，力袪淆惑，勿举应享一千数百万之权利，轻于一掷，则大局幸甚，股东幸甚。

　　诸股东不乏明时务之流，或不以斯言为河汉欤。

（1912 年 7 月 13 日，第 7 版）

招商局董事温钦甫先生鉴

　　读报载先生答复招商沪局全体办事人书，旁征曲引，如数家珍，并望天下人共察。先生当代伟人，一纸名言，环球瞩目，天下人读是书者，必皆曰先生有真知灼见者也。惟吾内河公司名称虽同，性质实异。招商沪局之办事人若何，各董事之整顿若何，固非吾内河公司所能言，亦非吾内河公司所能悉，今姑言内河公司之事。上年营业账略，除各项开支外，计结盈余一万五千余两，又开支项内支存自保船险五千两，两共余银二万余两，除提付股息五千四百八十两、各友花红二千两及上项提存自保船险五千两，尚净余七千五百余两，悉数将局产船只成本折旧报销招商总局及各股东，公司派员金泽荣、盛兆甫两君清查无讹，亲笔签字。今先生谓内河小轮去年所入不足二千两，今有愿包一万四千五百两等语，核诸原□账册，相去悬殊，包办利弊自有公议，兹姑不论。独以去年营业而论，即除花红外，共余一万八千余两，分为股息、折旧、自保船险三项，账目瞭然，且折旧为股东减轻成本，自保船险系备将来船只损失之补助，均为股东所得之利益，岂能抹煞不言？先生身为招商局董事，既蒙指摘，则内河公司之年终账册必已稽核清楚。内河公司缴招商总局股息四千两，今指谓所入不足二千两，不知何所据而云然？讵因比较江、海各轮水脚，牵涉内河公司，故意减少其数，作为比例之资料耶？然一登报牍，天下皆知，本公司既蒙此无价值之劣名，个人之名誉损失有限，而公司之名誉损失无穷。天下事必征诸事实，并非以语言相绳，望先生察之，并望先生专告股东暨天下人共察之。

内河招商轮船公司启

(1912 年 7 月 15 日，第 1 版)

商办招商局轮船公司董事会广告

本公司于七月十四号全体股东在张园开特别大会，公议办法三条，投票取决，在会股东多数赞成组织新公司一条。七月十七号董事局会议决将本公司招人承任，另组织新公司，首以现银交易、股票接办为主，照股本加增票价，多多益善。惟新公司股本不得参入丝毫洋股，以保中国航路主权。凡我本国绅商，能以现银交易，另组新公司者，请函知本会，以便定期面议可也。

中华民国元年七月十九日

招商局轮船公司董事会谨启

(1912 年 7 月 23 日，第 1 版)

招商局董事会鉴

初一开会赞成另组新公司，并非出卖。今诸君不照原案办理，竟擅将全局船产贱价出售，虽声明不搭洋股，但□暗中实受外人运动，不依《商律》，违法丧权，莫此为甚。中华航路必尽落外人之手，将来国家有事，无以装兵运械，而平时货客水脚既尽为外人所得，则必联合垄断，随意增价，为所欲为，以制我国民，于国政、商务两皆失败，此事万不承认。特此忠告，统希公鉴。

股东慎笃堂、静记、何慎思堂、云记、张鹰持、晓记、树德堂、仁记、张守□、陈文炳、久记，仝启

（1912 年 7 月 30 日，第 1 版）

讨论航权问题

招商局出售全局船产一事，于吾国航路关系至巨，闻有数团体于今日（三十一）上午十时在三马路小花园共和党本部上海交通事务所开谈话会研究此事。

（1912 年 7 月 31 日，第 7 版）

招商局出售船产之疑窦

七月三十一日各团体、各报馆为招商局出售全局船产一事，在共和党本部上海交通事务所议定办法：（一）由三团体合电国务院及参议院；（二）由各报馆担任以舆论伐奸谋。

各团体电文如下：

北京国务院、参议院均鉴：招商局关系中国航业，近该公司董事会忽以组织新公司，影射出卖，有刘学询独出六百万两承买，董事会索八百万两出卖，以价值千数百万之公司，忽而贱售，以股份公司忽

归独买，刘学询岂独力办此巨款之人？盛宣怀逗留日本，又发生此事，与汉冶萍事一辙，疑窦孔多，请为全国航业主持，无再堕奸计。

共和党、共和建设讨论会、国民协会，公叩。

（1912 年 8 月 1 日，第 6 版）

招商局全体董司电

袁大总统、黎副总统、参议院、交通部钧鉴：招商局董事会召集股东议决另组新公司，并非将旧公司出卖。旋即有粤人刘学询自称华商代表，愿出价八百万两收买全局，事在必成，商界骇甚，舆论哗然，皆以其中恐有影射，中国航权仅此一线，如果将来暗售与外人，后患何堪设想！事关全国航权、公司大局，商董等有典守之职，不敢不据实电陈。伏乞主持，不胜迫切感祷。

上海招商总局办事董唐德熙、陈猷、施亦爵暨各口分局全体董司公叩。东①。

（1912 年 8 月 3 日，第 2 版）

专　电

〔北京电〕袁总统昨将各团体反对出售招商局公电提交国务院迅即会议。

（1912 年 8 月 3 日，第 2 版）

特约路透电

〔北京电〕议长出席宣布谓，接上海招商局来电，辩论售卖该公司股票与外人事，请参议员核夺等语。当决定明日讨论此事。

（1912 年 8 月 3 日，第 2 版）

---

① 按，《韵目代日表》中，"东"指 1 日。

轮船招商局董事会广告

　　招商局组织新公司系股东多数公决，并非董事擅专，现在仍组织新公司，办法不同买卖，何人承受新公司，出资若干，正在磋商，并无定实何人之说。乃谣言纷纷，甚至局中办事三董亦有电告，云"事在必成，商界骇甚，舆论哗然"等语，不知何据。总之，董事受股东付托，断无受人欺骗、暗卖外人及串同新商、舍多就少之理。其中为难情形，此时未便布告外人，将来必遍告各股东查察，先此谨告各股东，如定实何人及出货若干，自当详细报告。如有弊端，愿受责任。如尚无定局，先布谣言，则董事无所措其手足，适堕造谣破坏者之术中，股东如为自己资本及大局计者，幸为垂听，勿信谣言，至盼。

　　董事会谨白

（1912 年 8 月 4 日，第 1 版）

轮船招商局董事会广告

　　招商局董事会报告，前次股东大会多数取决组织新公司，此系多数股东公意，并非董事擅专。嗣经登报招人，此系中国人与中国人交涉，与寻常买卖不同，系另行组织，由新商承受，全权办理，其旧股东如仍愿入股者，可以股票收回现银，仍附入新公司为股东如故，并不强人退股，何得谓之出卖？至谓卖与洋人，尤为与董事会办法大相反背，董事会议定，一不准搀入洋股，二不准代洋商出面，三不准将总、分局向用华人之经、协理等人更换洋人。如有三项情弊，除不许成交外，仍将承受之人重罚，所交银两一概充公。凡诸君应本局之招，来议承受者，务宜注意此三条办法，万勿自误致罚。外间谣言皆与事实相反，诸位股东幸无听信谣言，尤为至盼。

　　董事会公启

（1912 年 8 月 4 日，第 1 版）

招商局贱卖船产之阻力

〔香港股东电〕招商局转董事会鉴：阅报惊悉贵董擅将全局船产贱价出售，弟等有八百股，誓不赞成。甘作培、唐昭一等。

〔又电〕招商局转董事会鉴：顷闻贵董以少数人敢将全局产业贱卖外人，骇甚。此不独损失股东权利，且失中华航路，弟亦股东分子，不公认。叶荫琴、叶之孙、卢禧平、刘守慎堂、方伟臣等。

〔又电〕招商局转董事会：闻贵会董事擅将全局船产贱价出卖外人，弟等有股一千份，决不公认。佘饶毓、筠记、梁晓堂等。

〔烟台股东电〕招商局董事会鉴：八百万卖局，与此次股东大会议决另组织新公司案，办法不符，祈速取消。否则，决不承认。烟台全体股东叩。

〔广东股东电〕招商局董事会诸公鉴：中国实业，招商局硕果仅存，勿贪一时小利，卖与外人，免失主权。如卖，决不公承。股东黄人权、金作良。

(1912 年 8 月 4 日，第 6 版)

国务院致苏督及驻沪交涉使电

大总统交招商局股东等电称，招商局长董事会倡议另组公司，声明并非出卖，股东为改良局务，多数赞成，不料该董事受外人运动，阳为组织，阴实出卖，串出刘学询伪称华商代表，允出价银八百万两，将全局售与外人，愚弄股东，盗卖航权，请维持电阻等语。招商局为我国惟一之航业公司，经营缔造已垂三十年，规模始具，内江、外海赖有局船招展国旗，以壮声色，若听奸商朦蔽，出售外人，匪独丧失航权，受人以柄，即于国体受损亦多。仰即派专员彻底清查，如有其事，应严行禁阻，以保国权而维商业。

(1912 年 8 月 5 日，第 2 版)

航路权之千钧一发

上海总商会致招商局董事主席伍廷芳君函云：

近日市上纷传招商局全盘产业定价出卖，由洋商暗使华人出面抬价争购，董事会中人已多数受运动主持其事，并有自下星期三常会后停止会议，以后一切事务均用秘密会议等语，各报纸时评亦纷纷议论，于是商界中于招商局股份有关系者来会探问，即非股东亦骇然诘询，谓中国商业及航路两大问题，关乎生命财产、地利主权，商会焉可不问等语。适敝总理周金箴君有恙请假，已旬日未到会，究竟内容如何，敝会无从知悉，即无从答复。执事当代伟人，为招商局董事主席，一发千钧之系，仰赖于公务，望迅赐详示，鼎力保存，大局幸甚。

(1912 年 8 月 5 日，第 7 版)

清　谈

萍　梓

招商局问题发生已旬日矣，其中之底蕴鬼蜮情形有非外人能测者。

今者，国务院已有派员彻查之说，意或可以拨云雾而见青天，宵小之技〔伎〕俩必有水落石出之一日。

无何而一场恶战（见本埠新闻栏），有击碎头颅者，有穴窗逃遁者，亦有招致一般办事人勉强签字以分局中之公积者。

虽然，此一场恶战者非他，乃民国鼎鼎大名之外交家，亦躬与其列焉。呜呼，噫嘻！

(1912 年 8 月 6 日，第 3 版)

招商局一场恶战

招商局办事董事唐凤墀、陈辉庭、施禄生三君因闻董事会诸君议将全局产业出卖，事在必行，且已秘密签字，爰徇全体办事人之请，于前日在局集议对付方法，金以董事会既但顾私利，不顾大局，我辈亦不妨各自攘利，以为后来生计，决议将局中公积银九十余万尽行提出，以为办事人之花红。惟以局中提款，向章须由董事会签字认可，故于昨日午后邀请各董事到局开特别会。至时，各董事大都到会，此次出面承买该局之刘学询亦以董事名义到场。其时，办事董事唐、陈、施三君因国务院有电来沪（电文已见昨报公电栏）均往洋务局与陈交涉使面□［商］一切。至五句钟时，唐君等回局开议。旋有某董事责问办事董事擅发电报，称为暗售于外人，究竟有何凭据。因之，各董事对于提取公积一层均不肯签字，于是，大起争论。各董事以人多口杂，均欲走散，讵其时门已关闭，所有写字房等处上下人等已围聚一室，咸谓"如不签字，不放出去"。两方面相持良久，竟致打架。闻董事温宗尧君竟被击伤头额，陈可扬君则将玻璃窗撞穿一洞逸去，其结果仍由董事伍秩庸君、王子展君及某君一人勉强签字而散。事后，全局办事人当场约定，晚间均不许规避出外，因尚须集议各事，以为诉讼地步。至各人生意，横竖不能保全，誓必背城一战云。

（1912 年 8 月 6 日，第 7 版）

再请招商局宣布实情

上海总商会再致招商局董事主席伍廷芳君函云：

前日为招商局事奉布一函，盼候复示。正在悬悬，今日见各报新闻载有昨日在尊寓经伍、温、陈、王、张五位董事签字，由日本汇来银二百万两，交刘学询付与董事会等云。报纸传闻虽与目击有间，然敝会前函未蒙见复，而细阅董事会发报广告，令人不能无疑。招商局组织新公司，系股东会认可，堂堂正正之事，何所用其秘密。凡为新公司之股东，除洋股外，无论何人，但有资财，皆属正当，而事情重大，非三五人秘密会议所能擅决，且亦何不可对人言者？即谓如有弊端，愿受责任，自是董事应有之担负，倘竟铸成大错而再报告，虽食诸公之肉，其能挽回补救于万一耶？诸公皆缔造民国之伟人，日言振兴商务、扩充实业，乃竟出此下策，似非诸大伟人办事之初心。招商局关系不过千数百万，倘竟以少数人之密议售于外人，船只尚可恢复，现成之航路、码头、栈房即有财力亦岂能再有？此但就商业上而言，若为航路、海权关乎国际，则又为中华民国至重极大之事，无怪惊骇愤激动天下人之诘责也。为再函请省察，将实在情形迅速宣布，以释群疑。若果谣言，亦非宣布实情不足以资镇定，务祈见复，至为盼祷。

（1912 年 8 月 6 日，第 7 版）

轮船招商公局各省各埠股东公鉴

启者：八月五日下午六时在本局董事会因出售公司提议旧公司结束事件，由全体同事到会公议。不谓议董温宗尧行动野蛮，始而拍案大骂，口称鸣捕，继竟用武，将本局经理陈辉庭君猛力掀推。幸有陈辉庭君之侄在旁扶持，势将不敌，致动公愤。如此野蛮议董，其平日在会，专以意气用事，任性武断，凌辱办事之人，无所不至，至此地位，万难再行承认。特此登报布告，俾众周知。

招商局全体董司公启

（1912 年 8 月 7 日，第 1 版）

招商局股东公鉴

今因另组公司一事，谣言四起，致疑敝董等有将航权暗售外人之谣，实属误会。查商局自去岁长江公班江海装兵、民军借款，种种亏折已有不能支持之势，敝董为整顿改良起见，特从股东公决，组织新停［公］司，以便合力维持，日有起色。声明并非出卖航权，何有损失？望勿轻听谣言，致令中国航业从兹隳落，是所厚望。

董事会公启

（1912 年 8 月 7 日，第 1 版）

招商局董事会之声辩

伍廷芳等复政府电

北京大总统、国务院、交通部钧鉴：

冬、江两电谨悉。商局自上年武汉事起，长江停班，局轮被扣，江海装兵，民军借款，亏折过巨，欠华洋商人款项已达三百万外，汉口损失善后尚无所出；本年无漕可运，加以欠款利息，恐更甚于上年。董事受股东付托，虑大局岌岌不支，方开会请股东公意，非董事擅专。开会后，公议组织办法，新商连担承还债及备还股本，约须出现银一千余万两。此一千余万两，首在不收洋股，以保华权：一、不准搀入洋股；二、不准代外人出面；三、不准将华人换用洋人；四、如日后仍然亏折，只许转与华商，不准藉口转与洋人；五、须将股东姓名向商部注册；六、股票须载明，票入洋人之手即作废纸；七、所有本局之紧要码头、栈房与各口之趸船、码头、栈房，凡关碍本局航路者，永远不得转买［卖］与外人。并批明契据内均须列入合同，由律师签字。并须专条载明："如违七项条款，无论付过若干定银，股款悉数充公，公司仍归旧商执掌，新商仍须治罪。"其严如此，与大总统、贵院、贵部保守国权宗旨相合。次在抱定股东不出另组织范围，并非出卖办法：一、旧商不愿退股者，照旧仍为股东，须与待新商权利一律，不得歧异；二、总、分各局名目如故，办事如故，用人则各安其职，仍自照常办事，并不涣散。来议者不止刘代表一人，主持者亦不止三四董事，因按照先后次序商议调查，迄未定局。外间及局中办事人误会，先议者事在必成，后来者不免觖望。其实，董事循次询商，毫无成见，只求合格；究竟有无合格及合格为何人，亦尚未定。总之，此事若成，可以彻查，如实有洋股，尽可照章惩罚。董事不肯徇私受骗，蒙此恶名。近来风气，谣言孔多，一则误听传言，一则有心破坏，流言飞语，发电陈词，但求快意，不问实情。长此不已，诚如程都督所言，一事不能办，一人不能用，正派者束手，任事者灰心，民国前途，岂堪设想！俟有人合格，订议合同后，自当录案呈明，听候彻查，有则甘咎无辞，无则诬毁董事名誉者如何惩究，当有钧裁公断也。

招商局董事会伍廷芳、杨士琦、温宗尧、王存善、周晋镳、施则敬、张仲炤、李经滇、陈可扬，叩。歌①。

---

① 按，《韵目代日表》中，"歌"指 5 日。

陈可扬报告各股东书

股东诸公鉴，启者：组织新公司，曾经多数股东赞成，并非董事等擅专，奈何股东有未明个中理由者，纷纷函电反对。其实误听破坏者之言，其破坏者莫非欲保全一己之私利，股东不察，适坠其术中。况本局连年亏折，为数颇巨。即如今年而论，半年间连官利已亏四十余万两，至年终非百万外不可。新公司若不能成，股价势必跌至百两以内，不信请查目下亏折之款，何一非将产业抵押？虽然，局中产业富厚，倘年年如斯，能有几年可以支持？所以另组新公司者，正所以救危机，而保股东之权利也。至于外间谣言卖与外人之说，更是坡〔破〕坏者之计。董事等既承各股东之重托，如鄙人本不足道，其伍、杨、温等诸公皆是当代伟人，岂肯作此丧权失利之事？且所拟合同条款严厉周密，无隙可乘，请观报中所载电复袁大总统底稿，便可恍然矣。总之，鄙人既为董事，只知保全股东血本与夫国家航路权限，其他非所计也。诸希鉴谅。

（1912 年 8 月 7 日，第 7 版）

要求招商局宣布议案文牍

五族少年保国会会长周寿田，于八月六日午前十时致招商局董事会主席伍廷芳函云：

近日市传轮船招商局董事会中人已多数受人运动，阳为组织，阴实出卖，串出刘某，伪称华商代表，允出价银八百万两，将全局售与外国人，愚骗全体股东，盗卖维一航业，并盛传自下星期三常会后停止会议，以后一切要事均用秘密会议等语。报评屡屡，函电纷纷。于是敝会会员之与股份有关者咸来寿田处问探，佥谓招商局为中国维一航业，缔造匪易，今已三十年，内江、外海展扬国旗，惟局船是赖；倘果被奸商朦蔽，出售与外国人，航权丧失，国基影响。本会既命名"保国"，此等问题关乎生命财产、航利国权，会长必知其详云云。寿田以此事重大复杂，既尚未获诵贵董事会议案宣告，又系局外之人，内容如何，无由明悉，实不敢贸然以对，致妨大局。先生为国牺牲，遐迩敬佩，兹任招商局董事会主席，一发千钧之系，非赖先生其谁。故敢不揣冒昧，函渎台端，务祈于信到之时起四十八小时内，将议案、要牍择要宣布，俾寿田有所依据，以答复敝会各会员之问询，而释群疑。不胜盼切待命之至。

（1912 年 8 月 7 日，第 7 版）

私售招商局之公愤

沪上同盟会、社会党、自由党等各团体以粤人刘学询串同盛杏荪等，暗将招商局船产卖与某国人，断送中国航路主权，定于今日假座四马路丹桂第一台开救急大会，讨论对付方针，以图补救。捕房代理总巡麦君深恐人众拥挤，昨特传谕老闸捕房捕头，届时多派探捕至会场内外妥为照料。

（1912 年 8 月 7 日，第 7 版）

伍廷芳启事

廷芳不才，忝受招商局股东之托，举为董事会九人之一。受事之始，彻查局务，棼乱腐败，骇人听闻。以效果而言，近二年每年耗失资本二十余万两，负欠外债三百余万两，而由公积项下拨分利息也如故，拨分花红也如故，是无异挖肉补疮也。廷芳睹此情形，知非大加整顿，则我国惟一之航业将致一败涂地，不可收拾。于是建议办法三策，质之全体股东，七月十四日在张园大会，多数表决组织新公司之策。董事会既受股东之命，正在招人集资，组织商议办法，而外间谣言纷起，众议沸腾，谓廷芳等以八百万售招商局于外人。殊不知董事之权系由股东所授，股东只畀以组织之权，董事何得有权出售？即董事甘为国贼，外人亦不至为所愚。其实董事所议组织手续，系□组织人招集新股，组织新公司，旧股东欲附新公司者听其便，其不欲附股者亦不能强，惟须由新公司将其股本交还。此八百万者，系以备赎回旧股东不欲附新股之股票者也。如此则每股得一百八十两，股票原价一百，前数月跌至八十两，相比较不言而喻。然则此八百万系维持不愿附股之股东，并非出售全局之价值。此中外组织新公司一定之办法也。乃谣谤纷纷，函电交责，虽谣言之所起，或由于一二不肖之徒不

176

愿招商局之改良整顿，然舆论偏信，附和既多，廷芳力薄才疏，不孚众望，已向股东诸君敬谢不敏，宣告辞职，非敢谓局事不可为，特以明才不逮志耳。

（1912 年 8 月 8 日，第 1 版）

招商局股东公鉴

某等承诸君所托，滥厕议董之列，无日不以兴利除弊为宗旨。数月以来，该局经理人等屡次要求公积项下提给一成，计银九十七万余两，作为酬劳。董事会以该司事人等每年领取薪水、花红为数不赀，公积名义名为弥补商业损失而设，取之实非其道，故未议决。乃本月四日，该经理唐德熙、陈猷、施亦爵等公函邀请董事翌日莅会，开特别谈判。一声言已取通商银行股票四万两分派该司事人等上年之酬劳。上年股东亏本六十八万余两，而典守财政，不待董事议决，即擅取巨款作为花红，已属胆大妄为，不知人间羞耻。一声言历年公积项下要取一成花红，计银九十七万余两，尤属骇人听闻。迨董事到局，该经理唐德熙等预伏百数十人，其势汹汹，闭门逼胁。宗尧据理诘驳，竟敢蜂拥攒击，致被殴伤，禁锢多时，逼令为董事签名承认。后经探捕到场，始各纷散。翌日又复遍登日报，反诬董事用武，以为先发制人，居心实不可问。思公积一项，为股东应得之权利，中外公司章程，司事人员每年分红之外，断无复提公积银两之理。此次藉口另组公司，该经理等竟敢计诱董事，禁锢一室，主使凶徒暴动，勒令签字承认，不得不休，似此行为，实为商业司伙中所未见。用将日昨被逼情形布告列位，股东之血本为固有之利权，其巧取豪夺即此可见一端也。

董事会伍廷芳、温宗尧、陈可扬等公布。

（1912 年 8 月 8 日，第 1 版）

挽救航路主权之大会议

本埠同盟会、社会党、东亚大同社等十余团体，为招商局董事会托名组织新公司，暗将全局船产卖与日商，断送中国航路主权，特于昨日假座四马路第一台戏园开救急大会，各团体代表及招商局各股东等到者约千余人。午后一时开会，首由蓝瑞芳君报告开会宗旨。次由招商局执事总代表胡兰生及董事施禄生、唐凤墀三君登台，由胡君报告曰："今日之会，乃各界诸君子为全国航权计、四万万同胞生命计，不惮大声疾呼，则在局办事人自应将局中前后历史略陈于诸君子之前。查招商局开办至今已四十年，结账三十八次，从前向无董事会名目，历届办事均由三员三董总其任。三员者，总会办也；三董者，揽载、翻译、银钱三董事，今年改称为三经理者也。初以二百万之股本，积而为四百万；后以四百万之股本，除股东历年已经收去之官余利一千二百余万外，现在实存全局船产估值尚有一千七八百万之谱，此皆有账可稽，无烦细述。自前清宣统元年盛宣怀发起组织董事会后，事权皆属董事会，迄今四年。第一年只有官利，第二年官利仅有一厘余，第三年不但官利无着，且亏本二十八万余两，然办事人之诸多棘手，亦被其掣肘所致也。今年旧历三月，董事会忽发起雇用洋员、招人包办、另组新公司三条办法，而以第三条为主义。六月初一日召集股东大会，经股东多数赞成第三条办法。登报不及一日，即有粤人已破产之刘学询，自称华商代表，投函到会，愿以六百万承受。董事会接信后，未闻将局产从实估价，亦不报告股东，与三经理商酌，旋闻定价八百万，并令承认旧欠二百余万，将局产全盘出售。其与刘学询一再讨论，皆在伍董事住宅秘密会议，故办事人绝不闻其消息。现在人言籍籍，究竟暗中有无洋股，亦不敢以传闻之言妄加测度。惟是刘学询并非身家殷实之人，恐其既得之后，力有不支，或转让、转押与外人，则中国之航权实属可虑。故全体办事人万不得已，于八月一号上禀大总统、副总统，并非好事也。至五号到本局董事会会议与刘学询商订条款之际，始行通知三经理到会旁听，并谓草合同脱稿之后，当分送参酌，盖至成交时，始欲会同经理签字耳。三经理以此事始终未经到场，且连日所议情形亦无一预闻，断不敢贸然签字。正辩论间，全局同事因结束旧账及公积、花红等事到会讨论，董事温钦甫即拍案辱骂，大声鸣捕，并将陈经理猛力掀推，几至倾跌。于是激成众怒，致起冲突。故草合同尚未成立，此亦招商局或有一线生机之希望也。"

宣告毕，即由苏剑泉君演说，谓董事串同卖局，在饮水食饭之人皆不受若辈愚弄，此时不必再述。昨礼拜一各董事已将出卖招商局之合同议妥，要求局中办事三董事签字，不允。当时各董事有以柔言商恳者，有以婉词排解者，独温董受陈董之挑唆，盛气凌人，出言不逊，大闹而散，遂致卖局合同签字不成，实系招商局之幸福。不然，八十万定银早已收下，即使今日诸公热心保护，将来赔还，须一百六十万，必不能免。乃今日不致受累，实如天之福。今日董事伍君登报辞职，并非正式投函至局，此等假意，仍是欺人。请问伍君于民国初定之时早已正式辞职，事平后仍复入局，究系何人公举，伍君且如是，遑论其他，实堪浩叹。继由周寿田、戴天仇、孙铁州、叶惠钧、梅竹庐诸君及舒蕙桢女士相继演说毕，即由各团体议决，自今日起逐日午后一时至四时在福州路东亚大同社交通部集议维持之策，大众赞成。遂振铃散会，其时已钟鸣六下矣。

又闻，当会议时老闸捕房捕头派十三号、八十三号两西探及二十二号三道头西捕率同中西探捕在会场内外妥为照料，其秩序甚为整肃。

（1912 年 8 月 8 日，第 6~7 版）

续开挽救航权大会记事

沪上东亚大同社等各团体为维持招商局事，昨假四川路青年会续开救急大会，午后一时各团体代表与伍君廷芳及招商局各股东并男女来宾先后莅会，约一千余人，惟刘学询未到。首由孙铁舟君报告开会宗旨，略谓：今日开会为维持招商局大局起见，招商局董事共有九人，独领袖伍君莅会，伍君原系推倒满清之民国伟人，应请伍君发表意见。伍君即登台对众宣言，谓今日承诸君子邀请鄙人到会，宣布招商局情形，余固甚愿。要知招商局前系官办，后由盛杏荪等组织董事会，举鄙人为董事。鄙人因有股在内，为大局起见，慨允从事。惟该局已办四十余年，办事尚无主脑，董事九人亦各有意见，且九人内有八人阿附盛杏荪，凡鄙人所发议论，终无效力，故拟扩充航权，议有办法三条，于七月十四日在张园开会时，各股东多数赞成组织新公司。每逢星期三、日开董事常会，是日适刘学询言及

179

华侨积有巨款，愿为新公司资本。鄙人等嘱其将款分期交存银行，积成趸数①，并声明如有洋股在内，查出究罚。刘力辩并无外股，一力担任。总之，此事未收定银，亦未签字。现在外面谣传谓鄙人出卖招商局，实不知鄙人欲扩充资本，推广航权，尚望诸君明鉴。

言至此，即由孙铁舟、蓝瑞芬诸君诘问伍君"谣传"二字之不当，谓有刘学询致董事会一函可以证明。孙君遂宣布原函云："董事会各位先生台鉴，本月三日会议组织新公司及付定收票条款，经众取决，一言为定，两无翻异，并承雅嘱，速行集款，准定本月五日会订华文合同，即交律师缮正，以便缴款等因。日昨②会议承允翌日将条款交下，彼此研究，改定星期三、日到会，面定合同底稿，再交律师办理。至今未蒙掷下，殊深殷盼。敝处款已齐集，并延定徐思义律师办理此事。如何措置之处，祈即示复，是为至幸。专叩，并请日安。刘学询顿首。"（八月六日书）

宣告毕，即请伍君代表董事会全体签字，取消刘学询，不准过问招商局事。伍君答称："鄙人以个人名义到会，未便代表全体签字，且已告退董事，尤难专主。"孙君等遂将所书"公众议决取消棍徒刘学询，不准过问招商局事"之字条令伍君签字。伍君即亲笔签字，一时鼓掌之声雷动。各团体复讨论良久，谓今日所开维持大会，即请伍君为正会长，众皆赞成。伍君亦允可，遂请伍君正座，全体共摄一影，留为纪念，并定仍在福州路东亚大同社每日讨论维持之策，大众赞成。遂散会，时已钟鸣五下矣。

附工商部致招商局电

本部迭据九江商会等处来电，刘学询收买招商船［局］，业经董事会秘密签允，乞速干涉阻止等语，并准交通部咨钞各处来电到部，殊深骇异。该局成立多年，经农工商部注册有案，关系民国航业，即关系民国商务，该董事会、股东不乏明义之士，自应妥慎维持，顾全大局，不为奸谋所动摇。本部责在保商，断不容以已成之伟业破坏于一二不肖之徒，务望

---

① 趸数：整批，整数。

② 日昨：昨日。

在事诸人协力同心，坚持始终，以图保全，实深厚望。仍将办理情形报部
为要。

工商部，佳。

（1912 年 8 月 10 日，第 6～7 版）

挽救航权之毅力

沪上东亚大同社等各团体为维持招商局事，二次开救急大会，并举定
伍君廷芳为正会长，详情均志前报。兹悉各团体前日在青年会散会后，即
偕至四马路东亚大同社交通部重加讨论，议定电稿，即日拍发，电文
录下：

北京大总统、国务院、参议院、交通部、武昌黎副总统钧鉴：

刘学询串卖招商局，全国震动，不可收拾。敝社等危惧迫切，联
合团体开二次维持救急大会，代表孙铁舟、蓝镲等激动董事会长伍廷
芳君父子签字，承认取销刘学询串卖事，并永禁过问招商局事，当场
经公举伍君对众担任维持招商局公会会长职任，当时欢声如雷，足征
人心不死。现拟全沪团体大开公会，议决革除招商局积弊，成立新董
事会，狂澜克挽，保全万载长基，足为民国前途贺。

东亚大同社、女界协济会、同盟会、国民协会、工党、进业总
会、民生□［国］计会、社会党、五族少年保国会、自由党、伶界联
合会、全国盐务改良会、全国农圃公会、进步党、民族大同会、昌明
礼教会、工商勇进党、爱国群、孔孟正学会、国民公党、共和促进
会、国民共进会、统一国民党。

又闻招商局各股东定于八月十三号仍假座青年会开股东团体研究大
会，驻沪通商交涉使昨又接到北京国务院来电，照录如下：

南京程都督、上海陈交涉使鉴：奉大总统令，招商局一案前经电
饬程都督等查办，兹准参议院咨呈，据招商局股东等来电，董事会竟
借名另组新公司，欲将全局财产贱价出售于托名华商代表、已破产之

粤人刘学询。果如来电所称，暗系外人主谋，非特轻弃局产，行同盗卖，且于我国航权关系甚大，现经本院公众决议，应予咨请政府严电禁止，等因。此事关系极大，应再电饬该都督等迅速彻查，严为禁阻，即将查明情形电呈报闻，等因。特达。

国务院。

（1912 年 8 月 11 日，第 6 版）

招商局办事人广告各埠股东

本局董事会与刘学询计议，全局船产归伊代表承受一节，已奉部电严阻，各团体热心开会，均已见诸报章，毋待多赘。惟局事繁重，急待整理，务请各股东速即开会决议善法。

（1912 年 8 月 12 日，第 1 版）

挥扇闲谈

老　桃

〖上略〗

刘学询者，本一已破产之粤人也，近忽施其鬼蜮技〔伎〕俩，串同盛杏荪等，暗将招商局船产售于外人，彼则渔中取利，立可致富，然而我想颇不容易。共和告成，五族庆幸，讵一般倾心专制、反对共和者，竟敢勾结死党，到处煽乱，希冀推翻民国，然而我想颇不容易。

〖下略〗

（1912 年 8 月 13 日，第 9 版）

袁总统注意航路主权

粤人刘学询暗将招商局船产卖与外人，致起绝大风潮，详情屡纪本报。兹自各团体电达北京政府后，袁大总统以此事关系中国航路主权，特派高等参议蔡廷干率同精于商业之司员数人，克期南下，妥筹善后，各股东闻之，大为忻慰，业已将该局以前如何失败、此后如何补救诸大端，详具说帖，预备届时呈请蔡君研究。

（1912 年 8 月 14 日，第 7 版）

招商局办事人复东亚大同社交通部函

敬复者：顷间两奉大函，并附传单三百纸，聆悉之下，具征热忱毅力，挽救实多，同深感佩。承示明日在青年会开会，其宗旨专在研究，弟等自应加入议席，藉聆伟论。惟传单所刊发起以执事人同列全局，同人未敢承认。盖以今日已登报，广告各埠股东，请开大会，议决善后办法，弟等所处地位，自当静待股东处置，实不便再发生他种问题，恐受诘责，转负诸公盛心。再四思维，应请将传单列名取消，或更正之处，尚乞裁示是荷。专复，敬请公安。

陈猷、唐德熙、施亦爵暨全体办事人同启。八月十二夕。

（1912 年 8 月 14 日，第 7 版）

维持招商局研究大会纪事

招商局各股东昨与沪上各团体假座四川路青年会开维持招商局研究大会，午后二时，各股东、各团体，以及男女来宾先后莅会，约有五百余人。首由孙铁舟君报告开会宗旨，并谓刘学询串卖航业业已取消，现在维持伊始，诸君宜一致进行，惟维持会长伍廷芳刻尚未到，不知何故。昨日鄙人曾至伍君寓所，伍君云组织新公司，曾在张园开会，经各股东通过，现刘学询之事已经取消，设股东中另有大资本家，能否另组新公司。鄙人告以未便擅专，请君明日早临会场，当众发表，伍君亦深然其说。乃今日不见伍君到来，实难索解。

次由傅小［筱］庵君发言：鄙人曾被举为招商局查账员，局中董事会所议之事多秘密不宣，故不知其奥妙，现刘学询之事已经取消，所有各轮船更换买办，须俟报告后由维持会派人调查确有劣迹者，始能更易。

言毕，周君寿田登台宣言，略谓此次固结团体，原为大局起见，各股

183

东虽有血本，其关系尚小，万一中国航权丧失，则商业枢纽悉归外人掌握，遇有兵事则外人尤应守中立，何能载运兵士，其关系何等重大！至于经手人是否渔利，自有公论。

次由舒蕙桢女士登台宣言，谓刻到会所接有传单（传单附录于后），内载不认董事，即不认股东。然董事可以取消，股东岂有取消之理。须知董事系股东委托，岂能并论？且传单列名者，均用某记字样，似非正当之公布。

次由蓝瑞芬君宣言，谓招商局事由舒女士登报通告后，竟无人过问。迨由鄙人与孙铁舟君发起，邀同各团体开会挽救，外面尤颇有烦言，谓我大同社受招商局运动。不知发起此会经费非常困难，皆由鄙人一人筹垫，闻此谣诼，令人灰心。试问此后公益事尚能办否？要知各团体所争者，非争招商局权利，乃争中国航路主权。现目的已达，以后如何维持，全赖股东大力。因股东系执行机关，各团体处于监督地位也。

继由招商局董事施子英、唐凤墀、施录生、陈辉廷诸君登台。据施子英报告云，今日代表招商局全体执事到会，所有招商局二千余万之产业，平心而论，不为不发达，或犹谓之腐败，未足深信。现在刘学询之事业已取消，股东为保全航路主权起见，深堪钦佩。惟组织新公司一节，经董事会登报后，第二日刘学询即来包揽一切，当经磋商，所有产业须彻查明白，不能含糊从事。后北京来电阻止出售，招商局董事会已经取消，即由各团体出为维持，全体股东均感激之至。夫民国大定，路权扩张，何愁招商局之不能复兴？

言毕，即举定傅小庵为招商局股东维持会会长，孙铁舟君为团体维持会会长，大众赞成。复议定以华兴保险公司楼上为股东维持会事务所，团体维持会事务所仍设在四马路东亚大同社交通部，众亦赞成。遂散会。

传单

招商局股东同人均鉴：查《商律》第七十二条，"董事不妥，众股东可于会议时决议开除"。顷阅报登董事会布告书，本月四日该经理唐德熙、陈猷、施亦爵等"公函邀请董事翌日莅会，开特别谈判：一声言已取通商银行股票四万两分派该司事人等上年之酬劳。上年股东亏本六十八万余两，而典守财政者不待董事议决，即擅取巨款作为花红。一声言历年产业涨价之公积项下要取一成花红，计银九十七万余两。迨董事到局，该经理等预伏百数十人，闭门逼胁，竟敢蜂拥攒击，以董事被驱被困，禁锢多时，逼令董事签名承认。后经探捕到场，始各纷散"等语，闻之令人发指。近竟登报全体办事人不承认董事，又冒名董司，以为影射。不知司事人不承认董事，即不承认股东。按之《商律》，大相违背，所损股东权利非细。推而言之，将来公司产业可以任办事人据为己有，股票直等诸废纸耳。影响所及，凡属公司营业，股东能不寒心？应由董事会请开股东大会决议。再，伍秩庸君因遭横逆，辞退董事，亦于《商律》不合，我股东亟应慰留，并以大义责之，不能任其引退也。公司如有改革，权在股东，应由大众股东决之；政府只力任维持，若非转授航权于外人，则我招商局乃完全商办之公司，虽专制时代亦不能妄行干预。凡我股东幸勿自弃权利，是所切盼。

股东林安源、郑慎记、郑日新、陈文炳、梁统华、颂记、萧捷鳌、敦礼堂、张士记、张禄记、林杜氏　余畅记、余骁敬、钱笏记、余礼记、轩记、福记、邓亦文、义记、积厚堂、积后堂、修记、百福记、钰记、叶树勋、俞敬义、凌号、合记、恰记等同叩。

（1912 年 8 月 14 日，第 7 版）

参议院咨请禁阻售卖招商局

中国轮船招商局创办以来，历四十年，虽未能极力扩充，而于长江及沿海之运输足与外国公司竞争抵制，挽回利权不少。现因董事局藉组织新公司为名，意图卖与外人，违法丧权，经股东电请参议院设法禁阻，现已由院议决咨请大总统查禁，并闻共和党参议员推举干事四人，谒见陆总理，痛陈利害，力请主持。兹觅得参议院咨大总统禁阻原文，照录于下：

七月三十一日，据上海招商局股东欧阳华臣等二十四户电称，去年民军以饷需缺乏，议将招商局抵押银一千万元，事垂至急，仰蒙大总统设法维持，并得南京参议院否决，幸获挽回，股东感戴。今董事会以整顿商局为名，开会议决另组新公司，实则暗中运动，贱价券卖。即有已破产之粤人刘学询，托名华商代表，出价八百万元，全盘收买，董会三四人不再取决众股东，已有擅允之意，道路喧传暗系日人主谋。查商局创办已四十年，历尽艰苦，始有今日。统计全局船产，约值银一千七八百万两，我国实业惟此，中华航权惟此。乃董会擅主贱价出售，不遵《商律》，蔑视民国，轻弃商民，违法丧权，莫此为甚。为此，迫切电陈，伏乞迅赐主持，保全中国航权，大局幸甚，商局幸甚！等因，到院。八月初一日复据招商局股东王惠记等暨三千五百股股东、共和党、共和建设讨论会、国民协会亦以前情联名电请主持前来。查本院前于二月十二日曾据本院参议员刘成禹等以财政部以招商局抵押借债一事提出质问，咨请前孙大总统查照在案。此次该董事会竟藉名另组新公司，欲将全局船产贱价出售于托名华商代表已破产之粤人刘学询。果如来电所称，暗系日人主谋，非特轻弃局产，行同盗卖，且于我国航权关系甚大，经本院公众决议，应予咨请政府严电禁止。为此咨请大总统查照，请即迅电上海招商局董事会，严禁售卖局产，以维商局而保航权。

（1912 年 8 月 15 日，第 3 版）

选举招商局董事之预告

招商局股东维持会致大总统、副总统、参议院、国务院、交通部电云：

奉齐电，补助商局，明宣政策，令股东忍痛须臾；佳电又饬董事会停止进行，仰蒙保护维持，同深感激。八月十三号，沪上各团体与在沪股东齐集青年会，研究维持事宜，佥以重开大会，选举董事为宗旨。昨日由本局股东发起成立维持会，通告本埠、外埠各股东，持折挂号，定期开会，复行选举，一面函致办事董照常办事，以重责任，合先电陈。

招商局股东维持会发起人：傅宗耀、周晋镳、朱佩珍、施则敬、孙其镛、庄篆、谭国忠、严廷桢、陶湘叩。删[①]。

（1912 年 8 月 16 日，第 7 版）

---

① 按，《韵目代日表》中，"删"指 15 日。

关于招商局事之要电

国务院电

江苏都督鉴：奉大总统令："据交通部呈称，上海招商局股东内斗，群情惶惑，兹为注重航权起见，无论如何为难，当由中央补助，拟按照资本四百万，每年由政府保息一分，参酌各国成案，特订补助章程，并由部特派专员实行监督，以重局务等语。所拟尚属平妥，希即转致商局，以安各股东之心，一面当由部派员到沪接洽。"等因，特电遵照。

国务院，元①。

工商部电

江苏程都督鉴：招商局案前经电令该局在事诸人妥慎维持，兹准国务院抄交该局董事会来电，备知原委，并迭据办事董唐德熙等两电暨股东唐国泰电均悉，该局成立有年，经前农工商部注册，关系全国航业，即关系全国商务，该董事会及股东不乏明义之人，自应顾全大局，不为奸谋所动摇。本部有保商之责，以该局所关甚巨，此次忽起冲突，殊出意外，若非彻底清查，不特从前经营缔造之功一旦败坏，即中国商界前途何堪设想。究竟实在情形如何，必希彻查核办，设法保全，以重商务而保航业，并望电复。

工商部，元。

（1912 年 8 月 17 日，第 7 版）

招商局董事王子展告白

今日《民强报》载有王子展联合日清公司以六百万买招商局，因股东反对，遂归无效等语。此事毫无影响，鄙人甚为茫然，全体董事会议案具在，诸位股东查阅便知，既无此事，何从联合外人？特此声明。

王子展谨白。

（1912 年 8 月 18 日，第 1 版）

---

① 按，《韵目代日表》中，"元"指 13 日。

谭干臣声明

启者：招商局近来风潮发生，仆因年老，故未预闻。十四日有人来云，现欲组织招商局股东维持会，劝仆入会，当思维持局务确为紧要，故亦乐从，然未知维持之宗旨如何耳。今阅报见致大总统删电云，开会复行选举董事。既未与仆商过，又未将电稿抄阅，惟此举与仆意见不合，所有现设之维持会，鄙人概不与闻。除电致大总统外，特再声明。

（1912 年 8 月 18 日，第 1 版）

轮船招商局股东维持会广告

启者：八月十三号沪上各团体代表及在沪股东齐集青年会开会，研究维持招商航业事宜，皆以设立股东维持会，请股东挂号，重开大会，再行选举为宗旨，大众赞同。兹于八月十四号本局股东发起成立维持会，会所取设在上海四马路五号楼上。此次大会关系甚巨，与寻常股东会不同，专在上海一埠挂号，外埠概不另设机关，应请本埠、外埠各股东持息折到会验查挂号，以昭核实，而保权利。我各股东同具保存航权思想，务希从速挂号，是所至幸。此告。

发起人：傅筱庵、周金箴、严渔三、陶兰泉、庄得之、朱葆三、施子英、孙铁舟公启

（1912 年 8 月 18 日，第 1 版）

心直口快

昔日民心无不恨亡清，今日国民之恨政府，更胜于昔日之恨亡清，可叹。

世续向袁总统而索皇室经费，竟至大起冲突，可叹。

招商局风潮大起，致令缔造民国之伟人不免于历史上留一污点，可叹。

招商局办事人竟设计禁锢董事、殴辱董事，以强硬之手段勒索花红，

形同无赖，可叹。

招商局办事人于民军起义时已登报辞退，至今则出头露面，依然盘踞其中，可叹。

今日民穷国穷，惟盗贼土匪反因抢劫勒索而得免于穷，可叹。

〖下略〗

(1912 年 8 月 18 日，第 9 版)

唐国泰启事

仆养疴寓所，于招商局改组新公司一事，毫不与闻。初四日董事会，集议董事与办事董冲突亦未知情，并无具名电京之事，谨白。

(1912 年 8 月 21 日，第 1 版)

招商局股东唐国泰复办事人函

刻奉手教，并北京报纸抄稿，均已拜悉，弟于组织新公司及在局冲突之事，一概不与闻，何肯单名电致北京政府？不特无此电，凡所有报纸内所登传单各件，均系外人假冒弟名签入，从未见有持底稿来着弟署名者，以弟早已推却，不与闻其事也。今既如此猖獗，弟惟有登报表白，以释群疑，并杜后来之冒妄可耳。专此，复请台安。

唐国泰顿首，八月二十日。

(1912 年 8 月 23 日，第 7 版)

交通部复招商局股东维持会电

招商局股东维持会：删电悉，招商局事设会维持，足征热忱，良用嘉慰。本部现派专员赴沪筹商办法，希候专员到沪，再定举行股东大会日期，以资接洽。

交通部，马。

(1912 年 8 月 23 日，第 7 版)

轮船招商局股东维持会特别通告

启者：本会前承沪上各团体代表及在沪股东齐集青年会开会，研究维持招商局航业事宜，皆以设立股东维持会，公请股东挂号，重开大会，再行选举为宗旨，大众赞成，已于八月十四号成立通告。乃十五号奉大总统令，已由交通部派员到沪接洽，旋又奉交通部复本会报告成立之电，内开"本部现派专员赴沪筹商办法，希候专员到沪再定举行股东大会日期，以资接洽"各等因。是今日之情形与本会成立时之宗旨迥不相同，办法自应更易。正在筹商间，又奉到在沪股东沈仲礼、邵琴涛君等公函（已见各报）。是本会奉交通部电报在前，承各股东公函在后，自应实力筹商，专以保我股东利权为宗旨。诚恐各股东未能周知，用特再通告：本会设在上海四马路五号楼上，凡上海各股东即在本会凭折挂号，外埠各股东即在天津、汉口、香港、广东、福州、厦门、汕头等埠各分局凭折挂号。如各股东别有伟论，请各具意见书，寄上海本会，藉可集思广益，公同讨论，是为至幸。每日挂号时刻：早间九时至十二时止，午后一时至五时止，星期停挂。此告。

轮船招商局股东维持会公启

（1912 年 8 月 29 日，第 1 版）

招商局股东同人注意

现接京函，得有确实消息：交通部议将招商局收为国有，施省之为驻沪监督，运动成熟，不日南下；曹汝英候交通、工商二部办事权限划清即行等语。果有其事，民国政府可以压力从事，竟将完全商办公司强行夺去，较之专制时代尤为酷烈；且闻收归国有办法，与上年铁路国有政策无异，并非给以现银，我股东血本所关，岂能承认？事关全国商业存亡，影响甚巨，应合团体以抵御之，政府岂能舍《商律》悍而然［然而］不顾也？

股东王石如、杨从之、邓亦文，同布。

（1912 年 9 月 3 日，第 3 版）

交通部维持招商局之意见书

交通部近在国务院提出维持招商局意见书一件，略谓：查该局初由官拨款项提倡成立，成为官办商附之性质。嗣后交还官款，商股因组董事会，呈由前邮传部核准，仍定为官派总会办，驻局监督，又成为官监商办之性质，至今并未更改，本部应负责任。惟该局改组董事会后，曾向前农工商部遵照《公司律》注册有案，是该局关于公司营业法律上之关系，又应由工商部负其责任。现在本部派员赴沪查办，必应明定权限，以策进行。查《官制通则》第二条"关涉二部以上者，提出于国务会议定其主管"等语。今招商局事关系工商、交通两部，拟将关于维持补助一切办法仍由交通部按照官督商办成案全权办理，其关于组织公司与《商律》有无违悖，以及营业法律上应行核定之处，悉由工商部全权办理，以免纠葛。如何之处，仍候公决。

(1912 年 9 月 3 日，第 6 版)

招商局股东杨宝德等九十户致股东维持会函

启者：股东等前阅各报刊登招商局董事会招商投标承充各轮买办广告一则，仰见董事会于整顿水脚之中仍寓慎选坐舱之意，感佩莫名。现闻"江新"指日更换买办，而投标者年仅二十余岁，恐与议案富有经验一条大相背谬，股东等明知用人之权系招商局办事董事专职，股东等断不干预，然使不照议案查明投标人是否富有经验，辄即含糊更换，则将来设有损失该轮权利名誉之处，办事董应担完全责任，股东等血本攸关，亦惟办事董是问。诚恐口说无凭，谨缮公函，并另纸开明股单户名、号数、股数，一并呈请察核存查，一面并祈转致董事会办事董分别查照，免致日后别滋口实，是所至祷。

(1912 年 9 月 3 日，第 7 版)

招商局股东郑崇礼、王石如等致维持会函

招商局股东维持会均鉴：启者，招商局历年亏折，百弊丛生，董事会设

法维持，召集全体股东于七月十四日在张园大会，故有另组织新公司之决议。不料局内办事人等非理要索，与董事会大起冲突，忽有贵会乘时发起，力任维持，乃翘企兼旬，高深莫测，第见连篇广告，始则以重开大会再行选举为宗旨，继则谓今昔情形不同，又以专保股东权利为宗旨。至于列名发起者，已多申明不认，与闻其事，朝三暮四，与时变迁，旁观者訾议孔多，股东等怀疑滋甚，事关全体，痛切剥肤，有不能不向贵会诘问者数端，希即据实示复：

一、新公司之另组系经到会一万七千四百八十二权多数股东之赞成，董事会始招而与之开议，所订股票交换价值，由六百万增至八百万两，并代旧公司担认数百万之债；又严定洋股罚款，自八十万至八百万两之巨，为商局维持计，至周且密。董事会事前既非擅专，事后又无错误，贵会所谓再开大会，何说之词？所谓重行选举，其意安在？此次冲突，实缘局内办事人等强逼董事会于常年已得花红外，提分历年公积九十八万余两，董事不允，致被禁锢，横遭殴辱。事后□有救急会团体，招商局股东、执事纠众开会，名曰维持，刊发传单，指称董事会与新公司串卖局产于日人，回扣百五十万，是贵会必得有串卖回扣之证据，故能言之凿凿。否则凭空诬陷，蓄意破坏，不顾股东之血本，徒失股东之信用，法律公论均无可恕，应请贵会答复者一也。

一、新公司既备现银八百万两交换接办，董事会议定提之八十万两转交新公司，代付司友酬劳、押款补息、汉口用度外，股东每股实收票价一百八十两，比较现在市价已加一倍，且有任凭附股一体相待之议，是历年腐败、亏欠累累之商局一旦得此完美善果，股东已极意欢迎。今贵会以专保股东利权为宗旨，度必更有善法，使股东票价超出新公司所定现款八百万两以上者，方为言践其实。若徒袭"维持"美名，并无维持实际，股东损失，谁职其咎，应请贵会答复者二也 。（未完）

（1912 年 9 月 6 日，第 7 版）

招商局股东郑崇礼等致维持会函（续）

一、商局股东为整顿局务起见，故决议另组新公司，既无洋股参入，则商业航权仍归华人掌握，旧股东或收票价，或附新股，仍可利益同沾，所不愿者，办事人等不能如前舞弊耳。今贵会于局内办事人等擅取花红、通提公积种种不法，视若无睹，徒张大其词：一则曰维持招商航业，再则曰专保股东利权。试问航业之不振、利权之旁落，孰有甚于今日办事人等之明目张胆把持局务者乎？应请贵会答复者三也。

一、商局股票额数四万，然历次股东大会从未有过二万股者。此次张园特别大会，董事布告办法三条：一曰用洋人经理，赞成者四十七权；二曰招商包租，赞成者六千六百五十五权；三曰另组新公司，赞成者一万七千四百八十二权。是日股东到场合计竟有二万四千一百八十四权之多，为向所未见。今贵会通告所称，此次大会关系甚巨，与寻常股东会议不同；又称专在上海一埠挂号，外埠不另设机关，列名发起八人俱在上海，周金箴、施子英为商局董事，傅筱庵亦董事局之查账员，此外庄得之诸人既认股东，当日张园大会亦必在赞成之列。查商股公司，凡事自应以股东之多数取决，现在贵会名为股东维持，究竟会中发起之股东实占招商局股分若干权，能否溢出张园开会之权数，请公布花名清单，毋滥毋冒，以凭各股东切实调查，应请贵会答复者四也。

一、商局自官督，而复盛宣怀藉官权而罔商利，遂成最大之股东，植党营私，腐败已极，前年股东争回商办公司，注册立案，公举董事，以资整顿，已非办事人所愿。此次逼勒董事，提给花红、公积数至百万之巨，复敢登报声言全体办事人不承认董事，凡属股东谁不发指？乃贵会以股东名义发起维持，袒庇办事人，为之电告政府，重开大会，选举董事，函致办事人照常办事，交通部遂垂〔乘〕机干预，闻将派员与贵会接洽，拟给年息四十万，招商局即收归国有。贵会以维持自命，言行相背，是何居心？应请贵会答复者五也。

以上五端，如贵会不即时答复，则是贵会之成立适为股东之公敌，非维持股东之权利，实维持办事人之弊窦，应请将股东维持会名称取消，改称招商局办事人维持会，方为名副其实。愚直之言，幸弗见责。统希登报示复，是所至盼。专此，敬请台安。

招商局股东郑崇礼、王石如、杨从之等，同顿。

〖下略〗

（1912 年 9 月 7 日，第 7 版）

招商局股东维持会复王石如、郑崇礼、杨从之君函

敬复者：顷奉惠书，诘问五端，足征顾全大局，钦佩莫名。商局风潮之发生，系为售卖航路与外人而起，沪上士农工商街谈巷议，遍满城厢，于是先有丹桂第一台之大会，到者不下数千人，继有青年会两次续会，男女各界第一次到者千余人，第二次到者又九百余人。当日各团体创议设会维持，时有招商股东在场，即闻而起辩，谓各团体之维持只能对待于外，不能将商局出售于外人，是一问题，对于招商局内容应由招商局有股之人自行设会维持，方可分清界限。在场各团体均谓，所言甚为合理，即以维持之责责于股东。旋于八月十四日邀集有商局股份之人同任发起，始以董事与办事人交哄之后全局几成溃散，我股东既经设会，不得不先安慰办事人照常营业，一面登报召集股东开会选举。嗣后股东沈仲礼君等五千六百股来函，请董事诸君务仍按时会议，维持会诸君务必赶促进行，以为互相攻错之地。接聆之余，随即录函分致董事会及办事董照常开议办事，即登告白声明在案。查七月十四日张园开会，系组织新公司之决议，并未有"出让"字样，所以此次事起，是股东、非股东无不怀疑訾议。尊函反复辩难，悉以八百万两为目的，既以另组为然，何不于丹桂第一台青年会三次大会时登台演说，庶几有股之人可以知得善价之利，无股之人亦可知诸君决意出让之宗旨，乃当时竟灭迹消声，境过时迁，迨至部派员将临查办，出而质问，已经不及。现在敝会股东维持宗旨，实为召集大会公决正当办法，执事既以另组为然，应请于开会时当众宣布，听候股东公决，断非区区维持会所能悬拟。至办事人与董事会交哄，索取花红，皆在事前，更非维持会所能担认其咎。况维持会曾据股东来函，切实布告办事人，将来如有损失权利、名誉之处，惟办事董是问，可知敝会存心毫无偏袒，当为股东所共谅也。专此布复，敬颂台安。再，来函并未详注地址，无从投递，故登报奉复。

（1912 年 9 月 11 日，第 7 版）

招商局股东维持会沈仲礼、邵琴涛君接王姓股东来函

招商局东维持会自二公入会之后，所有从前会中列名诸人均已撤销列

名，告白内申明自接二公函后情形于前不同，所以大变宗旨。现在想必由二公主持会务，担负维持责任，所以他名全除，□留二公大名于告白中，惟二公是否完全担负维持之责，请即登报示复，否则约集股东到府请教也。

（1912 年 9 月 11 日，第 7 版）

招商局股东维持会复沈仲礼、邵琴涛二君转致王姓股东函

敬复者：顷奉大函，拜诵一是。敝会广告内系摘叙沈、邵二君来函所称云云，并非于告白列名之尾独具二君台衔，请王股东详细阅报，当可晓然，不辩自明。专复，即请刻安。

招商局股东维持会具，九月七号。

（1912 年 9 月 11 日，第 7 版）

招商局维持会复股东梁伯翰君函

伯翰先生台鉴：顷奉赐书，具征卓识，钦佩奚如。惟目前不能解决者，因部派员尚未南来，即南来后亦必召集大会，征求同意，方有端倪。台从①宏论，敝会同人极表同情，拟请拨冗枉临，以便公同研究，裨益大局，实非浅鲜也。专复，即请台安。

招商局股东维持会具。

（1912 年 9 月 12 日，第 7 版）

广　告

今日随报附送《招商局将为国有警告》传单一纸，如有遗漏，请向送报人索取为荷。

（1912 年 9 月 15 日，第 1 版）

---

① 台从：台驾。

轮船招商局股东维持会挂号通告

本会在上海四马路五号楼上设立挂号处，每日挂号时刻：早间九时至十一时，下午一时至五时正，星期停挂。此启。

（1912 年 9 月 19 日，第 1 版）

招商局董事王存善答复温君宗尧商局内讧书

钦甫先生大鉴：昨见先生报告招商局内讧之内容，诋毁鄙人不遗余力，初意止谤莫若不辨，又莫若自修，原可置之不闻，继思股东散处四方，在沪者见闻甚近，耳目较真，一经考查，虚实立见，若传诸远方，恐淆观听，致累股东之疑虑，谨以实事逐条奉答，惟先生察之。

原书谓，发起另组，倡自存善。另组之说，经多数股东赞成，即倡自存善，亦不必自讳，然开会时董事报告、分给股东之布告内载明倡议此事办法之人名，股东可以查阅；会议时何人倡议，董事全体所共闻，股东可以询问，存善不敢掠人之美，居为己功。此失实有据者一也。

原书谓，存善代表盛氏，欲将招商局串卖与盛；又谓存善欲做总协理。此两事不能问其有无此心，但当问其有无此事，今有卖与盛氏之事乎？有做总协理之事乎？自古杀人者死，必既杀方可治罪，若人尚未杀而先诛其心，则天下之人皆有罪矣。此失实有据者二也。

原书又谓，李叔云先生告之杨先生，杨先生大不谓然。有无此事，杨先生具在，可以问之。此失实有据者三也。

原书又谓，存善诬伍先生串卖外人。风潮既起，股东电京指名串卖者有存善在内，存善欲诬伍先生，而并以自诬，有是理乎？此失实有据者四也。

原书又谓，存善利用唐彦侣介绍，彦侣欲夺刘代表之事。唐彦侣具在，果自为华侨代表乎？抑为存善所利用乎？可以问之。此失实有据者五也。

原书又谓，办事人殴董事乃存善嗾使。当时相殴之人具在，聚至百数十人之多，存善岂能以一手掩众口，是否嗾使，可以问之。先生又谓李君、陈君皆由窗户逃出，存善果为嗾使之人，必先李、陈而潜行，或继李、陈而偕遁，又岂肯陪伴先生受此困辱，至晚而犹未去乎？此失实有据者六也。

原书又谓，内讧次日，存善至伍先生处力言解散董事会，另举总协理。不知存善见伍先生时问先生拟如何办理，伍先生言或开股东大会，或董事辞职，稿亦伍先生属拟，未用亦未付还，何曾有另举总协理之语？伍先生具在，可以问之。此失实有据者七也。

原书又谓，利用办事人殴先生，以报上年取消存善之仇。上年革命事起，借局款五十万，大帮船只装运兵械，欲将招商局抵押外人，皆董事会所赞成，皆在取消部员之后。若其时部员尚在局中，欲坐视则恐受政府股东之诘责，欲阻止又将洋枪、炸弹之纷来，幸而取消在先，可对股东无愧感，且不暇何仇之云？此失实有据者八也。

原书又谓，提取花红，存善曾在局办事，利益均沾。存善在局四年，除薪水、公费外，并无分过丝毫花红，可请查账员查历年分红簿据，如无分过，利益何来？此失实有据者九也。

原书谓，商局之成败利钝皆视存善一念为转移，其视鄙人太高。自□［维］老朽，愧勿克承。第自念当局员时所受，系股东之薪费，及为董事所受，系股东之付托，故所办各事，惟以帮助全体股东为宗旨，前开会时力争一分之利息及另组时又力主八百万之价值，其心迹人或不知，其事实则人人共见，亦因此为先生及投资者所深恨。此失实有据者十也。

先生千言万语，总以存善为盛氏代表，但原书又言决议另组之时，盛由日本特派代表回沪。使存善代表而果真耶，何必又另派他人；使另派而果真耶，则存善之不为盛氏所信任，实可知矣。前后所言得毋矛盾？此失实有据者十一也。

先生强分江、浙、安、直、粤人各派，明明谓股东分党，存善只论其是否股东，不问何省，亦不问何人，先生亦股东之一分子也，当能谅之。

此请公安。王存善谨白。

（1912 年 9 月 22 日，第 7 版）

广 告①

今日本埠随报附送《招商局真股东注意书》，如有遗漏，向派报人索取可也。

（1912年9月23日，第1版）

招商局董事温宗尧复王存善第二次辩护书

子展先生足下：鄙人前缄，引伍、杨、李诸公为据，早知足下不能引伍、杨、李诸公出而证足下之是非，而有此空洞巧妙之答复矣。宗尧戆人也，请与足下约吾二人之是非胜败即以最后之一答复判之，往还虽有千书，彼此苟缺一答，或有一答而近于空洞巧妙，□是即其自认理曲战败，永为中国第一不名誉之人，愿我中国四万万人共弃此人也。足下勉之。苟不能择出其人其事，以答复鄙人前缄者，是即足下自认宗尧所指一切罪状，吾股东必有以报足下矣。此请大安。

温宗尧白。

（1912年10月8日，第7版）

招商局股东郑崇礼、王石如、杨从之致交通部曹审查员函

谨肃者：敝股东等前开施省之，即肇曾，前来申调查帮办招商局之事，当以施与汉局总办施子钦及沪局董事施子英为兄弟，把持局务，因缘为奸，早已路人皆知。当民军光复时，施子钦带钥私逃，损失堆栈货物至一百廿余万两之巨；施子英身为董事，先则赞成张园股东大会法［决］议，招人另组新公司，备银交换股票，承受局务。嗣以局中办事人等非理索提公积作为花红，致起风潮，即又出尔反尔，赞助维持会，代表办事人登台演说，大言不惭，淆惑众听，以致本局董事会代表股东与新公司会议

---

① 原文仅为一句广告词。

承受条款合同约日签立事败垂成，各股东不得以股票收回现银，坐失利益。而施子钦恐遭赔累，擅串局董王子展，与伊弟子英，加抵汇丰押款十万两，付偿汉局。今复暗串省之，大肆运动，欲将汉局损失转累股东，沆瀣一气，为鬼为蜮，此而可忍孰不可忍。业由敝股东等据实分呈参议院、交通部，揭载施氏奸谋。所有汉局损失，本局股东断难承认，务请责令施子钦如数认赔，并禁止施氏干预局务在案。今幸明公莅沪审查，正敝东等拨云雾而见天日之时。乃施省之尚不知敛迹远嫌，闻已先有数千字之密电，径达大部，并有废止本局董事会议行一切事件。似此揽权植党，罔顾公益，应责令先将乃兄子钦汉局损失赔偿清楚，再理别事。股东等血本攸关，痛切剥肤，未敢再事缄默，用特肃函，伏祈明鉴，迅赐按款审查，据实复部，毋任互相党援，颠倒是非，以堕其狼狈营私之计，而保商局，敝股东等不胜叩祷待命之至。

招商股东王石如、郑崇礼、杨从之，谨启。

（1912 年 10 月 16 日，第 7 版）

交通部处置招商局之政策

北京交通部对于招商局事屡次会议对付政策，现已拟定三纲八则，探其三纲内容：（一）由部每年保息四十万；（二）官督商办；（三）总、分局用人皆由部派。其八则较为繁细，未及备悉。此次派曹汝英赴沪，即令以此三纲八则向董事会磋商办理，惟曹人颇公正，虽奉部委派，亦不以此种政策为然，未识将来作何办理也。

（1912 年 10 月 18 日，第 6 版）

招商局股东呈参议院、交通部文

招商局股东郑崇礼、王石如、杨从之等呈，为请追偿损失，以昭公允，而维航业事。窃以招商轮局自开办以来，股东散处，一切局务向归办事人经理，嗣因弊窦丛生，复经全体股东议设董事会，为全局代表，互相维持，历经循办无异。向有施子英、施子钦、施子芗、施肇曾等或充董事，或属员司，倚仗大股东盛宣怀为狼狈，结亲戚子弟为党援，把持盘踞，蔑视群伦。去年汉上光复，子钦为该局总办，当时汉商存积堆栈货物合计价值银一百二十余万两，屡经各商持单往提，该总办竟已带管钥潜逃无迹，以致堆栈货物全行损失。如谓该总办惧祸远飓，是与商货无涉，何必带钥避匿。如非先事搬运，何以兵燹之际，他栈并无损失，而招商独货物全空，该总办事前既不许提货，当事又无保护之方，种种情形，即非监守自盗，亦属办理不善。则此项损失，如公家赔偿，固属无因，如股东担负，实多屈抑。际此公款万分支绌，股价逐渐跌落，而以个人酿出之损失，转累公众赔偿，揆情度理，股东万无认赔之责，公家更无代偿之由。况当汉商索赔，该总办不商董事，不白股东，竟与子英串通，擅将汇丰押款加抵十万两，以作偿费。似此专横，其平日把持盘踞，概可想见。应请令招商总局将去年光复时汉商所失货物价值一百余万两，责令该局总办施子钦如数赔偿，以昭公允，以后一切局务，施姓诸人概不得干涉，庶害群之马既除，而航业可事振兴矣。为此呈请核议施行，不胜瞻望迫切之至。谨呈。

交通部批：

呈悉，汉口招商局损失情形已派员调查矣。

（1912年10月19日，第7版）

上海各团体力争招商局公电

北京袁大总统、国务院、参议院钧鉴：报载部拟招商局三纲，不出国有之费，不居国有之名，而收国有之实，群情惶骇。查该局积弊之深，正由于前清专制官督商办所致，现在民国共和，岂宜再蹈覆辙？况航业与铁路不同，此端一开，将来一切商办公司皆可收为国有，影响商业前途甚大，国民万难承认，务乞伟力维持，勿使官侵商权，致以后办理实业，人人裹足，全国幸甚！

中华实业联合会、国民党、国民协会、统一国民党、自由党、大同民党、工商勇进党、中国农圃公会，公叩。

（1912年10月20日，第2版）

电请撤回审查员

招商局董事温钦甫君致北京交通部、工商部、国务院电云:"闻部派审查商局风潮,委员曹汝英以宗尧主定国有,朦电贵部,其为办事人运动无疑,应请撤回,免致别生枝节,贻误大局。招商董事温宗尧叩,霰①。"

(1912 年 10 月 20 日,第 6 版)

施肇曾致交通部电

北京交通部钧鉴:肇曾此次因办理交通沪行事宜,由京来沪,曾蒙大部委托,以招商局□为另组公司一事演成风潮,业经派有曹司长汝英亲往审查,猥因肇曾居沪岁久,曾充商局董事,兼为股东分子,熟悉该局情形,嘱令到沪相助为理。旋于抵沪后,以个人资格往晤股、董两方人物,详询内容,博采众论。谨体大部审度现状之意,业已撮举概略,先行电闻,以慰□注。惟是商局现势,自应改弦更张,但见智见仁,议论莫衷一是。即大部苦心调护,主持何遵,亦须审择而行,两害取轻,三占从二,讨论商榷,恐非仓猝所能蒇功。肇曾经理银行,辞不获已,新旧接替,事务纷纭,自念身居沪滨,大部□□所及,第使绵力能逮,敢不勉效驰驱?现在审查一役,曹司长既为专员,即无庸于肇曾更加委任,所有曹司长赍到委任状,谨即另函寄缴,俾齐观听,而一事权。其追偿汉局损失一案,事关肇曾堂兄,理合回避,应请专饬曹司长查明办理。肇曾莅沪旬余,默察商局之事,报纸则飞短流长,股东则分门别户,即温君宗尧与肇曾面谈,宗旨前后亦微有异同。批却导窾之功,殊途同归之福,以肇曾之驽劣,虽执鞭弭于其际,诚未能测结果之何如也。谨布微忱,伏祈鉴察。

肇曾,效②。

(1912 年 10 月 21 日,第 2 版)

---

① 按,《韵目代日表》中,"霰"指 17 日。
② 按,《韵目代日表》中,"效"指 19 日。

招商局股东致北京电

北京参议院、国务院、交通部、工商部钧鉴：交通部委员曹汝英抵沪，审查商局近状，以为前次董事会组织新公司是否串卖洋人及办事人凌辱董事逼索公积巨款，可以彻底查明，是非大白。乃该委到沪，即与施肇曾及办事人酒食征逐，大受运动，捏电交通部谓，股东要官商合办等语，殊堪诧异。张士记等查询寓沪股东均不知情，遑问远方外埠。况另组新公司之取决，系董事会登报两月之久，始得召集远近股东二万四千余股到场会议。今曹委员到沪三日，仅与办事人往还秘密会议，即以股东要官商合办为言，似此抹煞股东，朦禀政府，置此案是非曲直于不顾。张士记等血本所关，万难隐忍，请将曹汝英、施肇曾撤回，速派严正大员秉公查明，以昭公道，而安商业。是所感祷。

招商局股东张士记、杨翼如、罗士理、赵平波、陈作舟、胡肇亭、梁统华、陈文炳、郑日新、林安源、萧捷□、郑崇礼、杨从之、王石如、佘饶敬、邓亦文、叶树勋、合敬义、合记、裕记、义记、项记、郑慎记、张禄记、林杜氏、佘畅氏、佘礼氏、福记、积厚堂、修记、百福记、钰记、凌号。

(1912 年 10 月 21 日，第 2 版)

招商局股东开会先声

招商局部派审查员曹汝英、施肇曾到沪后，坚持官督商办政策，广帮股东郑崇礼等以交通部不名一钱，竟欲强占招商局，此种举动较之满清铁路国有政策尤为专制，拟联合广帮全体股东并别省股东，邀集各团体，假座张园开招商局救亡大会，共筹抵制之策，闻不日即须实行。

(1912 年 10 月 21 日，第 7 版)

交通部复温董事电

巧电悉，该局迭起风潮，其初意为维持航业起见，本属可嘉。近闻各人互挟意气，以相争竞，于大局实有妨碍，民国时代不宜有此。本部开诚布公，不惜巨款，力予维持，特派专员赴沪，与股东等切实妥商，求一至当办法，并无强逼抑勒之意。该董事自当平心静气，听候筹办，岂得轹据影响之词，电部撤销派员，殊为不合。况该董事主张国有，未必能代表全体，个人主义无图轻重，该派员等何必藉此朦电，毋庸误会。

交通部，效①。

（1912 年 10 月 22 日，第 2 版）

温董事再致交通部电

北京交通部：效电悉，贵部何不平静至此？招商局风潮不过二三办事人把持所致，贵部苟不干预，董事会不难处分解决。乃贵部偏听办事人言，贸然派员，已有未协。然既以查办有无洋股立名，亦董事会所深愿，除此有无洋股一事而外，派员即不应更置一词。本局并未请款，何劳维持？自筹自办，何须听候？宗尧并未主持〔张〕国有，曹委如〔员〕未朦电贵部，何所据而断为宗尧所主张者？然则非宗尧之轹据影响，乃贵部自相矛盾、欲盖弥彰也。至宗尧以董事资格发言，董事乃股东全体所公举，来电乃以为个人主义无关轻重，是直欲以官力取消董事会、蹂躏全体股东权利。前清时代无此专制，民国时代乃竟有此，是否强逼抑勒，天下人必能共辨。要之，撤销委员与否，贵部尽有全权；有无洋股而外，法定投票公举之股东代表董事会自能处分，贵部毋庸违法越俎。

温宗尧，哿②。

（1912 年 10 月 22 日，第 2 版）

---

① 按，《韵目代日表》中，"效"指 19 日。

② 按，《韵目代日表》中，"哿"指 20 日。

关于招商局事电报

南京程都督等电

大总统、国务院鉴：辰密。前奉国务院电，大总统令招商局股东等电称，董事盗卖航权，请维持电阻；又准参议院议决咨请严电禁止，应即派员彻查严禁，将查明情形电呈报闻，等因。遵即派员往晤伍廷芳、王存善两董事，查询始末，一面抄电知照该董事会，先将新公司组织事宜即日停止，速行听候提查。

旋据委员报告，伍、王两董声称，招商局历年亏折，势已不支，董事报告，股东设法维持，议决组织新公司，改弦更张，借图整顿。适刘学询乘隙而来，承认集资改组之事。刘学询名誉平常，本为股东、董事所深悉，徒以案经公决，正在广为招徕，未便逆亿拒绝，惟有严定条款，以防流弊。外股关系限制尤严，条件具在，可凭查核。至外间传言合同业经签字，已付定银八十万，并收回扣八十余万，更非事实，条件尚未议定，何从签字付款？所有新公司代表开送草合同条款，系全未承认之件，有王董存善亲笔标志可证，各等语，并将旧董事会开送草合同及议案等件交阅前来。

复由贻范偕同德全所派委员至该局董事会详细质问。据办事董事唐德熙、陈猷、施亦爵面称，关于刘学询代表另组织新公司一案，董事会并未与闻，迭次开议，均未到席。惟据刘学询来函，"本月三十日会议组织新公司，及付定收票条款，当众取决，一言为定，两无翻悔，并承雅嘱，速行集款，准定本月五日会订草文合同，即交律师缮正，以便缴款等因。日昨会议承允，翌日将全款交下，彼此研究，改定星期三、日到会面定合同底稿，再交律师办理，至今未蒙掷下，殊深殷盼。敝处款已齐集，并延定徐思义律师办理此事，祈即示复，是为至幸"等语。是已定议交付在即，其为出售毫无疑义，虽资本家姓名屡经侦查未悉，而代表既守秘密，董事又不究诘，无论华股、洋股均示人以可疑，各等情。

嗣后检阅董事会议案记录，当时系由董事会推定伍廷芳、王存善、张仲炤三人，择定伍董寓所，专办公司另组与代表交接事件，议案所载，与委员报告伍、王两董面述情形及该局通告电文大致相同。

德全等查招商局为我国惟一航业，前清时本受政府补助，惨淡经营，得有今日，全国航权所关甚巨，局中积弊相沿不可为讳。此次组织新公司，经股东大会议决，系为整顿扩充起见，原无不合。惟刘学询人品卑污、信用堕落，所亏公私款项债负累累，迄未清偿，实无代表新公司之资格；且代表之资本家姓氏、来历对于各董事始终严守秘密，董事会又不究诘，迷离惝晃，更属滋人疑窦。证以董事会议案所载付款交产办法及刘学询原函所述各节，按之商业习惯，近于让渡盘顶行为，与组织新公司手续亦有未符，此股东内裂、舆论反对之所由来也。兹奉大总统令国务院、交通部、工商部严电禁阻，又经上海商务总会及各政党团体集议开会，严词质问，已由伍廷芳将刘学询原约宣布解散，别筹办法，以资补救。前约既经取销，自可毋庸置议。惟伍、王各董事纷纷辞职，董事会已有解散之势，局事凌乱，亟待维持。大总统分饬交通、工商两部核饬遵照，以重航权，而维实业。所有委查招商局纠葛情形，谨电具呈，伏乞鉴察。

程德全、陈贻范，叩。巧，印。

国务院复程都督等电

南京程都督、上海陈交涉使：奉大总统令："巧电悉，招商局事关系航权，万不可任其影射让渡，已将来电交部查饬遵照，仍由该督及交涉使随时留意察看，以免如刘学询等觊觎勾串。"等因。合行电达。

国务院，个，印。

(1912 年 10 月 23 日，第 7 版)

招商局董事会议案

十月念三日招商局董事会第一百四十次会议议案如左：

一、议今日各投标。新坐舱多人来会，声称前经董事会议决承包各船，已具保单，及交押柜银两；又有只具保单，不收押柜银两，唐凤翥不照执行，据说盛宫保（唐凤翥仍不敢不称宫保）为局中最大之股东，现奉盛宫保命令中止更换。又，新坐舱郑次韶、龚子良、陈兆敏、吴毓麟四人来，称说今日同往见盛杏翁，当经代表传述云。现在杏翁既非局员，亦非

205

董事，凡有局事，既有股东代表之董事会为之主持，概不便干涉等语，则与凤翁所云两歧，应请问明凤翁，停止各新坐舱是何理由，即日宣布。且查阳历九月初四，有本会董事五人公签信函致凤翁，嘱其将新标一律更换，得其承认，何以现在又与前言不合？应请将此节理由一并宣布。

一、议本局揽载。经理唐君凤墀自本局风潮发生以来，称病不出者两月有余，外间议论不一，有谓其年老多病，有谓其托病避匿者，姑不必深究，惟唐君前曾向董事会及股东大会屡次辞职，本局因念其任事多年，且经手事件一时无人交接，故未遽允所请。现查揽载副经理关君子明在局有年，富有经验，值此华洋航业竞争时代，揽载一席为航业最关紧要，司其职者日日到差，尚恐不能与外人争胜，岂容久病年老衰颓之人尸位贻误？应将唐君揽载经理一席即日开除，而以副经理关子明充当经理；其副经理一席，应即裁撤，以节糜费。至唐君凤墀如有经手未竟事件，应由关君子明与之清理，以免两有贻误。

（1912 年 10 月 24 日，第 7 版）

广　告①

本报今日随报代送《招商局国有公电书后》传单，如有遗漏请向送报人索取。

（1912 年 10 月 27 日，第 1 版）

招商局股东集团救危评论大会传单

按，刘学洵［询］积欠累累，信闻堕落，乃以为八百万巨款之代表，此人之不能不疑为出售之实证也。嗣经连番大会，复经伍廷芳当场签字取销，所有公正董事皆各解散辞职，此后董事会中不过二三董事盘踞而已。不谓刘学洵私心不死，又复煽惑人心，意图复逞，实于招商局前途受无穷

---

① 原文仅为一句广告语。

烈祸。更有温宗尧日前专电政府，假托全体代表，日昨复与陈可扬以二人之私见，竟不商诸股东及诸董事，擅行宣布取销公举之局董唐凤墀。又以二人之命令，擅委关子明接任。即使唐某宜撤，关某宜任，亦应公决，不应用如此强权。盖招商局乃四万股之招商局，非温、陈之招商局也。凡我股东当此横逆之来，何能再行袖手？为此，据情广告，定于阳历十月念七日，即阴历九月十八星期日，午后二时至六时止，在英大马路中泥城桥塊群乐影戏园，邀集各团体、各学商界及中华国民作证，特开评论大会，届期务请各界男女同胞莅会公评，万勿延却，以张公道而保航海。民国幸甚，四万股东幸甚。此启。

招商局股东：李云记、陈余德堂、李晋组、牲记、徐福轩公、源记、南昌梅、同济医院、春源、杨宝德公、易五楼、义广堂、能自宽斋、启运堂、贻清白斋、陈智记、胡紫山、陈炳文、长兴泰、四合、张禄记、关植生、徐秋记、礼亨、梁□华、安泗、刘南记、养绮石、苏延泽堂、绿荫山房、青藜精舍、紫槐山舍、爱莲舫、自在处、学记、文记、章记、王云记、阜记、唐恭让堂、济记、和记、寄鹤居士、吴永佑、裕昌庄、瑜记、叶家珍、瑟记、典记、颂记、徐三记、福记、陈金钟、潘身德堂。

各团体：实业团、工党、自由党、江苏教育总会、航海维持会、神州女子协济会、商务总会、全国盐务改良会、华侨联合会、民生国计会、国民党、公益党、社会党、世界语中央事务所、国货维持会。

（1912 年 10 月 27 日，第 7 版）

总商会常会议案

——讨论招商局事

十月二十六号，上海总商会开第九次常会，周总理、贝协理均出席，王协理因赴京，请假未到，录其议案如左：

周总理主席云：本日有临时发生要事，应先提议请贝协理报告。

贝协理云：本日午后招商局股东李晋组等公函，为招商局前受刘学询藉新公司影射出售，赖各界挽回。不料今日有死灰复燃之势，加以温、陈二董事以二人命令取消公举之局董，航权重大，倾覆可危，股东等要求团体开会评论等语，并致各团体知单，定于十月二十七号开会讨论，本会应否与议，请公决。

祝兰舫君云：公司如有亏损，只能添股或停止两项，断无出卖之理。

郁屏翰君云："卖公司"三字决不能说，惟有或请老股东添本，或招新股辅助。

叶明斋君云：商会乃公家团体，只能说公话，其内情应由股东自主。

公议：组织新公司与出卖老公司情节不同，组织新公司者添招股本，补助老公司，是正当办法。若全盘出卖，无论章程如何严密，载明丝毫不入洋股，保全航路主权，从重议罚，倘遇承受者转售、转押于外人，本人避走，外人以间接承买、承押之权干预管业，试问何法挽回？所以程都督、交涉使电致交通部，取消刘学询代表受买，以杜流弊，事极正当。至于温、陈二董事以少数人命令开除局董，大凡议会决事，应从多数，于《商律》亦有未合，挽回航权乃股东应该主张之事，但以如何办法为妥当，总须俟股东正式大会方可解决。

总理云：本会既允与议，应公举代表前往，拟举沈缦云先生与会讨论。

全体赞成。

沈缦云君云：鄙人初从南洋言旋，一切不甚详细，本会如何宗旨，应先决议，方可代表。

众议以公议所论三节为宗旨，因又公举郁屏翰、叶明斋二君同往。

全体赞成。

（1912 年 10 月 29 日，第 6～7 版）

招商局股东开会纪要

招商局股东昨日开会集议，先由张超季君报告：招商局风潮很多，亦很危险。今温、陈两董擅自取消办事董，我股、董皆不知刘学询又将飞[死]灰复燃，为此约会股东，召集团体各界同胞，开此救危评论会，取决办法。请孙铁舟君代表演说。股东各团体即公推临时主席孙君铁舟演说，谓今日此会为少数股东邀集十五团体作评论温、陈违背法律之证，故名为股东集团救危评论大会。旋将二人违背之实据详细布告，并谓今日开此大会以鄙人之见：（一）宜电请大总统驱逐温、陈；（二）股东团体公函质问温、陈；（三）请商务总会开全体会，设法挽救；（四）公函三局董，以后温、陈议案统归无效，如再受惑，惟三董是问。众人皆表同情。后又有来宾数人相继演说，至七时散会。

（1912 年 10 月 29 日，第 7 版）

招商局股东联合会函

顷阅报载，昨日招商局股东开会，孙铁舟君演说董事温、陈两君违背法律一节，极为可笑。孙君所谓法律，如非《商律》，则非公司所应守。如系《商律》，则第六十四条明明规定董事三人到会，即可议决事件，此次开除唐凤墀，到会董事三人，照律可以开会，董事照律以过半数取决，三人而得两人签字即是过半数，即可依律议决，温、陈两董事确系合法。孙君乃以为违法，一可笑也。

又，孙君演说温、陈两董擅自取消办事董。按之《商律》第七十七条，明明规定董事会有进退总经理之权，孙君如与唐凤墀有密切关系，欲为辩护，必先设法消灭《商律》第七十七条。不然，勿问何时，董事会皆可进退办事人，诸君之会将开不胜开矣。

至办事董（事），乃满清时代官督商办极腐败违法之名词，反正以后，即已依律正名为经理。观于办事人索取公积花红，历次呈送董事会之函，皆自称"经理"，可证办事董之名词久已消灭。孙君为共和时代之大志士，乃复袭用专制时代之恶名词，将以此名词为合法乎？抑将影射而别用之，造为董事不得开除董事，横反《商律》，抬高经理，与董事平等，以煽惑观听乎？二可笑也。

又，孙君之见，一拟电大总统驱逐温、陈。孙君亦知董事乃股东所公举，虽专制国皇帝亦无驱逐公司董事之权，曾谓共和国之大总统乃为孙君所摇惑，而为此违法之举动耶？二请股东团体质问温、陈。除股东大会外别无所谓股东团体，昨日所开股东会如系全体股东大会，岂但可以质问，直可另举董事，推翻全局而无妨。不然，孙君先无质问之资格矣。三请商务总会设法挽救。孙君亦知凡公司之性质，除本公司股东大会而外，别无可以越俎代谋之机关，商务□〔总〕会，非有万能，岂能妄赞一词？孙君既知尊重股东权利，忽又牵入他种机关，忽主忽奴，真不知用意所在矣。

至欲公函三局董，以后温、陈议案统归无效，尤为横绝，至此图穷而匕首见，知孙君之用心不过欲取消董事会，使招商局办事人专制招商局而已。虽然，孙君不能自定一律，规定公司不立董事会，只用经理人，或有董事会而不许三人开会，不许其进退办事人；此律一日不□〔颁〕，三经理终当服从董事，董事三人到会，议决终当有效□〔也〕。敬告□〔孙〕君速颁定一律，勿为开会演说不惮烦也。

（1912 年 10 月 30 日，第 7 版）

招商局股东联合会致北京电

其一：

北京袁大总统、国务院、参议院、工商部、交通部钧鉴：

招商局风潮迭起，初则办事人把持，继则部派员觊觎，股东等血本所关，业经张士记等通电力争，并组织股东联合会召集多数，共保权利所有，施肇曾等主张官督商办，并用公债票收归国有政策，股东等誓死不认。顷见报载有股东李征伍等四人通电政府，痛诋董事会，显系受人运动，核与法律、事实均甚背谬。

如称伍廷芳宣布取销另组原约，伍早登报声明，岂未知悉？且查《商律》，董事会无废止股东会议决事件之权，伍系法律专家，岂肯出此？

又称伍董辞职后，到会只少数董事，无处分全体资格。查《商律》六十四条，董事会有三人到场，即可议决各事。商局内讧之后，辞职仅伍一人，曾经股东函电慰留，每次到场均满三人，或不止三人，按律当得议决各事，乃谓少数不能处分全体，殊违法律。

又称温董哿电不合。详察原电上句云"宗尧以董事资格"，乃论个人；下句云"董事为股东全体公举"，乃论董事性质，语意极明。今就该股东等解释，以温董仅得二千二百八十五权，遂谓不能代表全体，实有不通者两端。

一、不知商局历届选举均用单记法，非用复记法，凡有选举权者，每人无论执股多寡，只能选一人。本届当选，首为杨士琦，较温多三百十三权。温为第二当选，不得以温董所得权数仅十分之一论。如以十分之一为少之，则本届董事无一可代表全体。是该股东等欲以至少数四人推翻董事会，不认全体股东。

一、不知董事性质。譬之参议院议员，为其本省所选出，不必得全国民同意。然一经当选，不问何省所举，皆得代表全国。如谓非全国同意，遂不能代表全国，定持商局董事可以推翻，即参议院与民国皆可推翻。

又称以后办法必须由股东大会议决，否则概归无效，尤为荒谬。另组公司系经特别大会股东到场，二万四千一百八十四权内经一万七千四百八十二权之议决，该股东等竟欲以四人取销多数之议决，股东会与国会同一性质，试问国会已经议决之案，少数议员忽起反对，请求再议，取销以前议决案可乎？商局不足惜，此例一开，无论何种议会，议决案将从此纷纭多事矣。

况温董事任事数月，全体翕服①，该股东等不闻有丝毫反对，今忽于董事会撤退唐凤墀之日，发现此种谬说，恶人所好，其甘为办事人所利用可知。此真少数股东不顾公益，颠倒是非，淆乱闻听，破坏全局，赵允记等多数股东自有对待之法一，俟侦察得实，再行指名，呈请惩处。先此电呈。

招商局股东赵允记、洪肇记、陈光记、唐记、丰记、阜记、许仲记、修记、秋记、王麟记、龙记、罗舒记、徐□记、积德堂、何慎思堂、承荫堂、何宜昌堂、朱燕乐堂、敦本堂、拙园、张士记、杨翼如、罗士理、赵平波、陈作舟、胡肇亭、梁统华、陈文炳、郑日新、林安源、萧捷鳌、郑崇礼、杨从之、王石如、佘饶敬、邓亦文、叶树

---

① 翕服：顺服，悦服。

勋、俞敬义、合记、洽记、义记、项记、郑慎记、张禄记、福记、积厚堂、百福记、钰记、双记叩。沁①。

其二：

北京袁大总统、国务院、参议院钧鉴：

前电谅荷鉴阅，昨日又有股东李云记等以前日董事会撤退办事人唐凤墀一事，大起反对，用各团体名义刊发传单，开救危评论大会。伏查招商局办事人劣迹彰著，通国皆知，前日温、李、陈三董议决以揽载经理唐凤墀老病，旷误局事，应行撤换。董事会为股东所公组，整顿局务，撤退经理，自属正当行动，若事事皆须全体股东公决，则又何须设立董事会。李云记等身为股东，竟甘为办事人所利用，不知是何心肝。至各团体本处于局外地位，除关系航权问题，国民有共同责任外，若撤换经理，纯全为招商局内政，各团体岂有插身干预之理，并闻其中颇多捏冒，已有纷纷不承认者，且到会不过六七十人，当然无效。诚恐该股东等借开会为名，捏词朦电，合行电陈。

招商局股东联合会叩。

（1912年10月30日，第6版）

电告救危评论大会之结果

大总统、国务院、参议院、工商部、交通部钧鉴：串卖招商局之刘学询死灰复炽，温、陈违背《商律》，个人擅专，曾屡电，谅达览。昨日股东等邀请各团体公民，特开救危评论大会，经众条陈：（一）电请大总统严按政律处治温、陈；（二）股东团体公函质问温、陈；（三）请商务总会开全体会，设法挽救；（四）公函三局董，以后温、陈议案概归无效，如再受惑，惟三局董是问。特此电呈，务乞大总统赞勖施行，民国航路幸甚。

招商局股东李晋组、杨宝德、寄鹤居士、关植生、梁统华、义广堂、陈金钟、叶家珍、礼亨等五十二户，并民生国计会、社会党、神州女子协

---

① 按，《韵目代日表》中，"沁"指27日。

济社、全国盐务改良会、公益党、国货维持会、华侨联合会、实业团、工党、航海维持会叩。艳。

（1912 年 10 月 30 日，第 6 版）

招商局经理唐凤墀先生鉴

　　昨阅各报，知招商局董事会温、□〔陈〕两议董，擅自取消多年之经理，殊深骇异。查董事会共有九人，照章第七条三人可开议，至少五人方可通过议决。今以两人私意议决，我股东等决不承认，请公照常办理，维持局务，切勿为议案所动，稍萌退志，我股东等有厚望焉。

　　招商局股东杨松记、周丁兴、积善堂、徐秉记、杨记、潘珍堂、朱翼记、慎笃堂、曹存善堂、积德堂、乾裕、许仲记，同启。

（1912 年 10 月 31 日，第 1 版）

招商局董事伍廷芳致北京电

北京袁大总统、国务院、参议院、交通部均鉴：

　　阅十月二十三日报载，始见程都督、陈交涉使八月九日为招商局事呈大总统、国务院电文一通，多系根据委员之调查，未符事实。如原电所称，廷芳将刘学询原约宣布解散，别筹办法一节，查八月十二日招商局救急会团体传单声称"八月十九开维持会时，伍君乔梓①首先亲笔签字，取销刘学询串卖招商局之约"等语，八月十四日，即由小子朝枢登报声明该传单语多失实等语。各报复载，该团体亦未敢异词。何此次电文复作是语？又原电谓，"董事会议案所载与会员报告伍、王两董面述情形及该局通告电文大致相同"等语，委尔则招商局何尚有风潮？自相矛盾，不言而喻。诸如此电文不合事实者尚多，此不过其尤者耳。其他有历次刊布文件参观自得，不待深辩。

　　伍廷芳，卅。

（1912 年 10 月 31 日，第 7 版）

---

①　乔梓：父子。

招商局股东联合会致伍秩庸君函

执事自经正式选举为招商局董事后，剔弊除奸，不遗余力，凡在股东，靡不感佩。乃因维持会风潮，先生虽有辞职之说，而股东等迄未承认。现在部派员南下，主张官督商办，风声日亟，势将实行，股东血本之生死、招商局命运之存亡，一发千钧，正在此日，用敢环乞先生强扶杖履，出而维持，以保存此垂亡之局。想先生为世界伟人，又为股东一分子，决不忍弃招商局与众股东如敝□〔屣〕也。

（1912 年 10 月 31 日，第 7 版）

（招商局股东联合会）又致招商局董事会函

招商局风潮迭起，有因办事人之把持，交通部乘隙而来，意欲攫为国有，全局危亡，间不容发。同人血本攸关，不能不联络一气，协谋抵制，因发起股东联合会，共策进行。伏念董事会为股东所公组，血本所托，际此局事日非，亟应力图挽救。乃自上次维持风潮之后，凡遇常会日期，诸公到者寥寥，未免有负股东之付托。用敢专函敦请，敬乞诸公嗣后照常莅会，共图良策，以救危亡，实为幸甚。

（1912 年 10 月 31 日，第 7 版）

总商会电请维持招商局

北京大总统、国务院、参议院、交通部、工商部均鉴：

招商局风潮未息，意见愈深，部派员到沪已久，毁谤交加，尚无办法。昨据股东李晋组等邀请各团体开会评论，本会举议董沈缦云、郁屏翰、叶明斋前往代表，总以股东大会为解决。惟刘学询藉口董事会曾与交谈，索赔损失；董事温、陈又以少数人侵及办事权限，愈闹愈坏。国家航路、股东血本所关甚巨，务请迅速维持。盼复，以安股东之心。

总商会，艳。

按，此电系于前日深夜送来，昨报未及排出，补录于此。

（1912 年 10 月 31 日，第 7 版）

敬告招商局股东

昨见报载招商局股东联合会公布，谓招商局风潮循起环生，无可究诘，千均〔钧〕一发，惟视我全体股东之趋向为得失，不幸分为二组，一曰招商局股东维持会，一曰招商局股东联合合，以两会分作两种主张，并谓两种必无两立等。因凡为股东者，总以保全血本为主要，奉读之下，甚以为佩。惟股东维持会设立于招商局组织新公司大起风潮之日，距今已将两月，登报请股东挂号，以股东大会为解决，尚未主张办法；股东联合会始于近日，见诸报章（不与维持会同时并组），所谓分为二组者，实联合分之，非维持会分之也。兹于甲、乙两种主张，以甲说官商合办指为维持会所主张，据部派员施省之致交通部密电为证。夫官商合办之说，出于社会之议论或者有之，密电乃施省之个人之事，我股东维持招商局股本乃光明正大行为，岂刺探个人秘密事为依据。官商合办既非维持会主张，而联合会不以为然者，恐政府以无期之债票易我股东血本，所见诚然。但联合会主张认可之新公司，若指刘学询代表所组而言，则种种风潮皆由此而起，就股东维持会心目中体察之，恐以后风潮尚不能已也。总之，同是股东，断无趋向纷歧自累其血本之理。甲乙两说皆不满意，则归重于股东大会妥定办法，为今日至急至要、不容须臾缓之事也。惟我全体股东慎择焉。

招商局股东维持会谨上

（1912 年 11 月 3 日，第 7 版）

熊秉三君来函

敬启者：

顷有致《民立报》函及北京两电，印呈台鉴，乞登贵报为荷。此颂，日祺。

致《民立报》函

敬启者：顷见贵报四号新闻关于招商局及《申报》两事，诬及鄙人，甚为诧异。招商局事关中国航权，鄙人亦国民之一分子，有应条陈政见之责，此电业由总统饬交国务院、交通部核议，不得谓之为密，亦不得谓之为私。鄙人家非殷实，素知廉耻，非金钱所能运动，决不致见利忘义，腼为黑幕中人之傀儡。现已电诘北京《亚细亚报》，得复再行理论。惟擅拨崇文门税款，收买《申报》一事，为名节所关，万难含默，亦经详电内务部查办。兹特函询，贵报所载是否得之于《大自由报》，而末段"又闻以下"等语是否为贵报所得北京访事之电？电中所谓"闻政府中人云"，果系何人姓名？乞将详情见复，并将北京访事原电示阅。如全系《大自由报》所载，鄙人自当向北京法庭起诉，否则，惟有延律师与贵报一辩虚实也。此泐。即颂日祺。

致内务部电

北京内务部赵兼总长鉴：

本日上海《民立报》载，据《大自由报》载称，熊希龄以十二万元收买《申报》，现款六万，期款三万，余三万作股本；又闻政府中人云，熊前在财政部假蒙古实业公司名义，擅拨崇文门税款十二万与共和党，今收买《申报》，恐即此款云云。阅之甚为骇异。查龄任内奉到大总统暨国务院函，饬部筹拨蒙旗事务处经费四五万两，龄当以本部经费支绌，无款可拨，函复蒙旗事务处阿王爵，请于所管崇文门税项下暂时挪用，报部核查。至此后允加拨款，乃我公代□财政部任内之事，与龄无涉，案卷俱在，可查而知。收买《申报》，此间授受，均有主者，尽人皆知，与龄杳不相干。盖掷侵公款、剥蚀民脂，以扩张党势、经营私业，实政治罪恶之尤，更龄平生所耻为者。事关名节，一面请公与财政部周总长据实查明，案卷宣布，一面由龄延请京沪律师向法庭控诉，务使水落石出，以昭公道。特陈，乞电复。

熊希龄叩。支①。

---

① 按，《韵目代日表》中，"支"指4日。

致《亚细亚报》电

北京《亚细亚报》馆薛君鉴：

　　昨日《民立报》载，希龄暗嗾贵报，诬诋招商局新公司确有日本款五百万，并暗指国民党为日商主动；且云此项消息，贵报自称根据希龄密电等语，甚为骇异。招商局事关航权得失，希龄身属国民，理得建言，业经总统饬交国务院、交通部核议，无所私密，且电中并未提及日款及国民党之语。原电具存部院，有卷可稽，岂容稍涉诬捏。丈夫行事，磊落光明，事苟近理，即以一身当冲，夫复何惧，暗使报馆，阴险诬人，乃小人、妾妇之行，向不屑为。兹特电询贵报是否有根据"希龄密电"之语，速行电复。法律具在，无论同党、异党而言，行不可苟，非礼不能容也。

　　希龄，微①。

（1912 年 11 月 7 日，第 7 版）

《亚细亚报》复熊秉三电

　　熊秉三君：本报载招商局事，虽引及执事主张国有之电，并无根据密电等语，原文具在，请查大可。

（1912 年 11 月 12 日，第 7 版）

熊秉三来函

熊希龄致《民立报》函

　　敬启者：昨见贵载有九号复龄函稿，阅之实未能满意。查《大自由报》中既只诬载希龄收买《申报》事，极其究竟，不过辩明希龄并未收买，而止是一极寻常事也。而贵访员电中，必将其所闻政府中人擅拨崇文门税之谤词，附会牵涉，故入人罪，以冀败坏希龄之名誉，其居心实不可问。来函乃以"恐"字本非肯定之词为之袒护，此何事也？假公济私，监守自盗，其罪应刑，而可仅以"更正"了之乎？今试转以质之贵

---

　　①　按，《韵目代日表》中，"微"指 5 日。

报，如近日招商局事，贵报颇右新公司，设有人谓贵报所言恐即为新公司所运动，试问贵报亦愿受此"恐"字名义乎？今收买《申报》既系《大自由报》所载，希龄入都另向理论，惟贵访员所称闻于政府中人一节，贵报以例守秘密，无从照办见答，希龄不以为然。盖访事之职，重在的确，既系得自所闻，自必实有其人，苟将其人姓名指出，希龄自当直与该人交涉，贵访员亦可置身事外，此件属于个人，迥非政治可比，非有严守秘密之必要。倘贵报不允指出，希龄延请律师，具控法庭，彼此对簿时，岂贵访员在法律上之地位尚能严守秘密，不指出其人姓名乎？昨闻贵报北京访事王君即此次发电者，业经到沪，务乞贵报转询明确，推诚示复，勿再回护，致起冲突，是所至祷。

　　熊希龄。

（1912 年 11 月 21 日，第 7 版）

招商局接交通部电

招商局董事、股东同鉴：

　　商局问题激荡已久，诸公维护，同具苦心。本部以局为商业，应视股东全体意向以定解决方针。董事会依《商律》发生，当然有代表全局股东之法人资格；其余各团体、党会对于该局之言论，与夫董事个人、股东个人所主张，虽各具保全航业之热诚，究非完全法人资格，似难据以定案。招商局自本年七月股东大会建议改组以来，具有完全法人资格之董事会迄未将改组情形正式呈报。而各股东、各团体党会□［驰］电反对者，或谓董事会盗卖航权，或谓新公司暗系外人主谋。嗣经大总统电饬江苏都督彻查呈复，电称改组原约已经取销，毋庸置议等语。则本部对于此案已无研究之余地。继接伍君廷芳电称，江苏都督呈复电文语多失实，本部更无法人文报可凭，虚实是非更难□［悬］断。而各处来电，或称反对国有，或谓本部前次派出审查现状之员系属调查新公司有无洋股，催请速复。不知航权为国家所必争，航业无国有之必要，苟非商民力不能胜，何待国家营办？至调查新公司有无洋股，论办事手续当在股东公认改组，经承认新公司之后，乃能施行。本部既未据董事会将公认改组与承认新公司之处正式报告，岂能仅据新公司一面之词，与董事个人、股东个人之语，即可断为股东均已公认，遽予调查有无洋股？此皆无庸误会者也。

内国航业久被外侵，维系前途，赖此硕果。萎缩亏耗，屡弱仅存，股东血本所关，全国航业所系。处此疾首痛心之势，应有通力合作之谋。若竟纷呶不已，解决无期，意气相持，同室互哄，致使董事会法定机关几同虚设，政府复无所依据，以为解决之标准，则不惟亏耗日深，股东实受其害，外人之□国者将谓吾国之人民真无建设能力，更恐生洋人之觊觎，尤为国家、人民之所同痛。诸公明达，必已熟虑及。兹本部于局事前途毫无成见，所欲为诸公进一言者：既云改组，则改组理由、改组办法与夫物业、债项如何移转授受，必经股东全体议决公认，后无异议，正式报告本部，乃能认为改组，乃得有新公司之发生。董事会为股东所公举，于股东实情知之必无不真，于局事利益谋之必无不力，各蠲成见，携手同行，客气既消，真理自出。现经大总统特派杨君士琦查明一切，诸公与杨君同处局中，休戚与共，必能会同切实筹商，希即决定办法，正式报部，俾得从速解决，免误进行，不胜切盼。

交通部，元字第廿八号。马①。

(1912 年 11 月 23 日，第 7 版)

招商局股东王吉记等致股东维持会函

维持会诸公均鉴：前接联合会传单，每股收回二百两，直捷爽快，亦是办法。乃闻人言，名为二百两，实止一百八十两，盖此中尚有遣散旧办事人员之花红，及上年汉口商人索赔损失，均需由旧股东承认，确否不可知，而人言啧啧，不为无因。窃维局产足值一千六七百万两，见之于办事员等之论说。今旧股东每股止收回二百两，则新公司已大占优胜，所有花红及赔费统应归新公司承认，方合情理。夙钦贵维持会专为保全股东血本起见，则苟有利于股东之处，断不可任其放弃。为此奉告，惟祈贵会格外

---

① 按，《韵目代日表》中，"马"指 21 日。

注意，勿稍疏懈，同深感幸。敬请公安。

招商局股东王吉记、郑怀义堂、李韵记、吴澄记、许仲记、吴春记、徐诗记、左柏轩公启。

（1912 年 12 月 10 日，第 7 版）

商议保守航权问题

院、部复招商局董事会电

杨杏城先生、招商局董事会同鉴：

董事会支电悉，商局组织，股商意见先尽政府尊重航权，公谊可佩。惟中央财源万分涸竭，目前救济纯恃借款，用途百出，竭蹶已极，千万巨款不惟四星期内无从筹集，即宽以时日，欲令国库担此巨资，亦无把握。目前财力实难兼营航业，只有保障航权，维持国内货物运费，俾农工实业不致专为外人航运所把持，此为政府应尽之责任，并非欲干预商业之事权。至招商局产久为外人所垂涎，凡系国民均有保守之义务，果有巨商具此伟力，聚集国内资本，起维惟一航权，但期流弊不滋，自属前途之幸。诸公熟审利害，洞彻机微①，计划必已周详，政府乐观成效，尚祈及时定议，早整新规，航政幸甚。

国务院、交通部，寒②。

招商局董事会复院部电

国务院、交通部同鉴：

寒电悉，政府既难兼营商业，自应遵示与新公司接续开议。至招商局久为外人垂涎，诚如来电，凡在国民，均有保守航权之义务，董事等为股东代表，尤当力防流弊。士琦奉大总统明令，确切彻查有无洋股，更不得不格外慎重，惟均无行政官资格，一俟议有眉目，应请工商、交通两总长来沪，督同彻查，以重责任。

招商局董事杨士琦、伍廷芳、温宗尧、王存善、周晋镳、施则敬、张

---

① 机微：细微。
② 按，《韵目代日表》中，"寒"指 14 日。

仲炤、李经滇、陈可杨等，啸①。

（1912 年 12 月 19 日，第 7 版）

组织招商局新公司之条款

招商局组织新公司一事，自董事会接奉大总统命令，暨国务院、交通部马电、寒电准归商组后，董事会即函招新公司同人于上年十二月三十日到会开议，由董事会开出条款三条，新公司一方面亦于本月二日开出条款九条，分别录后：

董事会条件

一、新、旧公司俟彼此商妥后，应由新公司于四星期内将八百万现银提存中国银行、交通银行，候董事会请政府派员来沪会同彻查后，果无洋股，方能签字。倘政府不愿派员，由士琦会同董事彻查无洋股后，亦即签字。

一、新公司将八百万现银提存该两行后，倘有倒闭情事，由旧公司担保。

一、新公司将八百万现银提存该两行后，在将签未签之时，万一有意外风潮不能成交，应由旧公司担任利息，按日照拆息计算。

新公司条件

一、新、旧公司俟彼此商妥后（此语系指交盘所有应议定各件而言），新公司准四星期内将银八百万两提存中国妥实银行或妥实庄号。

一、董事会于彼此商订各条件期内，可请先行查明新公司存银是否实在华股，以释群疑。

一、董事会于彼此商妥期内，既已先行确切彻查存款有无洋股，不得俟各条件商妥定议后再行藉口，致生枝节。

一、各条件经彼此商妥后，新公司于四星期内将八百万两提存中国银行、庄号之日，即是新、旧公司成交之日，彼此不准再有翻悔。如彼此再有异议，应另订严罚章程。

---

① 按，《韵目代日表》中，"啸"指 18 日。

一、新、旧公司仍应照从前新公司代表所开各条款办理。

一、董事会应将商局元年份进出账略简明开送新公司查核。

一、商局全盘产业已押与汇丰，闻系办事人签字，订期十五年，现在能否提前取赎？

一、汉商赔款，前由董事会宣告已由鄂军政府允予赔偿，现在汉商又登有告白，追偿一百二十万两，措词甚严，究竟如何办理？

一、董事会须先与办事人商明，不得再有异议。

（1913 年 1 月 4 日，第 6 版）

招商局董事会新公司互答条款

招商局改组新公司一事，先由董事会开出条款三条，继由新公司开出条款九条，均录昨报。兹悉董事会一方面业于本月二日将新公司开出各条详加研究，逐条答复，至本月四日新公司又将董事会答复各条公同讨论，除第一、六两条外，余又逐条答复，分别录后：

董事会答复

答复第一条：妥实银行或妥实庄号照新公司面称，改作"通商银行"。董事会赞成。

答复第二、三条：未经提存中国通商银行之前，无从彻查。

答复第四条：未经提存中国通商银行之前，先由董事会按照前致政府电，请派员会同彻查，倘政府不愿派员，即俟提存通商后，由全体董事往该行严查，果系现款，并非洋股，即订立合同，签字，始能作为成交。

答复第五条：新、旧公司应照八月三号新、旧公司两造代表所开各条办理。

答复第六条：应由旧公司董事饬账房照办。

答复第七、八条：汉口赔款、汇丰押款二事，既经议决有案，惟有仍照原案办理，所有预备汇丰贴息及汉口赔偿等款四十万两，异日议结，盈亏如何均归新公司自向前途办理，旧公司不必干涉。

答复第九条：办事人系董事会延聘，董事会签字后当无异议。

新公司答复

答复董事会复第二、三、四条：新公司查大总统命令暨国务院、交通部寒电，责成杨董事确切彻查，及时定议，并无派员会查明文。今贵会议复第四条，仍拟电请政府派员调查，若政府不愿派员，即俟提存通商后，由全体董事严查，果系现款，并非洋股，即订合同，签字，始能作为成交等语。新公司备银八百万两，若非现款，岂能提存？至于洋股一层，必查出实有证据，方得指为洋股。况新公司前经贵董事会订有八百万两之巨罚，并且有不论何时查出洋股，即将合同取销，局务仍归旧公司管理之语，已足证明新公司始终绝无洋股之铁据。若不考据事实，仅凭浮言，人云亦云，称为洋股，数月以来，新公司因此所受损失已属不赀，岂能一误再误，再增损失？是以本月二日新公司开列第二、三、四条款仍系遵照贵董事会第一次续议条款第一条办理，请贵董事会于彼此商妥期内，先行查明存银实在有无洋股，以释群疑，而便成交。如款未查明，即有条件可商，又何得为妥？事既未妥，新公司又岂能贸然提存此款？故仍请贵董事会一面商订条件，签立草合同后，新公司于四星期内将八百万两提存之日，即是新、旧公司成交之日，彼此不得再有翻悔。如有翻悔，应即另订严罚章程。

答复董事会复第七、八条：新公司查汉口赔款，从前贵董事会宣告鄂军政府允予赔偿，是以新公司有担任之议，然仍申明旧公司不得辞扶助之责。况今又延宕数月，已由汉商登报严追赔款至一百二十万两之巨，先后情形不同，应请贵董事会于彼此商妥期内，查明政府究竟如何赔偿，并电请汉商来沪，公同磋商办法，再行定夺。至汇丰押款，闻系办事人签字，若不将能否赎回办法商定，万一汇丰固执十五年之期，不允提前取赎，应请贵董事会于彼此商妥期内先行三面妥为接洽，以免将来镣辖，方为正办。

答复董事会复第九条：新公司与贵董事会议订条件，一经彼此商妥签字后，当无异议，贵董事会已负有完全责任，惟将来应请贵董事会准新公司与办事人先行接洽，销融意见，毫无隔阂，以便成交，而免推诿。

再第五条载明应照八月三号新、旧公司两造所开各条办理，新公司已允遵照，惟两造代表所议办法未载入八月三号议案之内者，亦应照办，合并声明。

（1913 年 1 月 5 日，第 10 版）

组织招商新公司之磋议

招商局改组新公司一事，先由董事会于上年十二月三十号开出条款三条，继由新公司于本月二号开出条款九条，同日即由董事会逐条答复。至本月四日，新公司又将董事会答复各条逐条答复，均志四、五两日本报。兹再将两方面近日互相答复各条，分别录后：

董事会第二次答复（一月四日）

复新公司第一条，即彻查洋股事。前复第三条云，未经提存中国通商银行之前，无从彻查；又，复第四条云，未经提存中国通商银行之前，先由董事会按照前致政府电，请派员会同彻查，若政府不愿派员，即俟提存通商后，由全体董事往该行严查。果系现款，并非洋股，即订合同，签字，始能作为成交。此两条一字不敢更易者，董事会因共和时代，非专制时代可比。专制时代何人查办，何人即有全权；共和时代，人人可以发言。数月来风潮之起，由于"洋股"二字，董事会不得不格外慎重。士琦责任更大，稍有通融，风潮又起。至请政府派员会查一层，已由董事会明电国务院，亦难更改。无论派员与否，断不因会查担［耽］延时日。

复新公司来函第二条，即前复第七、八条云，汉口赔款与汇丰押款原系两事，理宜分别办理。其汉口赔款须由新公司自向汉商妥办，旧公司但有扶助之责，此根据原议也。再，汇丰押款事，向汇丰提前取赎，旧公司照原议竭力扶助之。

复第三条，新公司与办事人尽可随时接洽，董事会赞成。

复第四条，凡七、八月已经两面议定之条件，彼此均作为有效，不止三号一案，董事会赞成。

新公司第二次答复（一月四日）

复第一条：彻查洋股事，有现值共和时代，不得不格外慎重，故贵董事会于前复第三、四两条一字不敢更易，而杨董事责任更大，稍予通融，风潮又起等云。思深虑远，洵属无微不至。惟念另组新公司系奉贵董事会代表股东所招致，所有筹备之八百万两若非现款，此次续议岂能首允提存？若有洋股，从前开议，又岂肯先订巨罚？倘蒙贵董事会早日详查，妥速从事，则虚实立判，群疑自释，风潮亦无从再起，而新公司亦不致坐受数月之损失。今者，贵董事会明电国务院派员会查，并承示无论派员与否，断不因会查耽延时日，是贵董事会亦不欲再行耽延，新公司实所深愿。至谓提存后严查，果系现款，并非洋股，即订合同，签字，始能作为成交等语。所谓合同签字者，自系指成交时签订正合同而言。查商场通例，无论何项交易，一经彼此议定，即当书立草约，原以示妥洽，而杜翻悔，并以备成交日签订正式合同有所根据。今新、旧公司于应商各条件一经彼此商妥，自应先订草约，俟成交时再行换立正合同，即以原订草约为准，不得再行更改，以昭信实。

复第二条：汉口赔款、汇丰押款事，汉商追赔损失，本系旧局之事，新公司既未接手局务，自未便直接与商。若不与商，彼此又何得为妥？况原议中有贵董事宣告此事已得鄂军政府允予赔偿之言，现在究竟如何赔偿？如何议结？请贵董事会于彼此商妥期内调查宣示，并邀汉商来沪公同商定，以符董事会原议尽力扶助之约。至于汇丰押款赎回成交，固属正办，惟押款有十五年之约，倘将来汇丰不允提前取赎，权在债主，不得不防，应请贵董事预饬经手人妥为商定，向汇丰索一承认之据，三面接洽，以免留难。

复第三条接洽办事人案：此事既经贵董事会赞成，新公司自当即日函致办事人，订期磋晤，一面应请贵董事会预为先容。

复第四条议定条件事：所有七、八月已经两面议定之条件，彼此作为有效，应候汉口赔款、汇丰押款两事妥洽后，即当根据从前及现在商妥各条件，克日先订草约，以便新公司将八百万两提存成交，免再耽延。

再，以上办法如无更改，即请订期妥商一切条件，以便进行。

董事会第三次答复 （一月七日）

复第一条严查洋股事：贵公司既承认前开第二、第三两条，俟将八百万两现银提存通商银行后，先行彻查，如无洋股，即定交易，董事会甚为满意，此后应将七八月间已经定议各条件及近日续行开议各条件从速协商，为将来订立合同之预备。

复第二条：汉口赔款事仍照原议，由新公司担任，旧公司竭力扶助，彼此不可推诿。汇丰事亦照原议，旧公司亦竭力扶助，立往接洽。

复第三条：董事会允为先容。

复第四条：已该括于第一、第二条内。

（1913 年 1 月 9 日，第 6~7 版）

自由谈话会

中国有肥肴四大篇：一铁路局，一招商局，一电报局，一矿务局。故凡口有道者道此四局，目有视者视此四局，亿万众馋涎满地，恨不得攫此四局而并吞之。前清以此四局为位置私人之窟，今民国则以此四局为酬庸伟人之地。呜呼，庖有肥肉，厩有肥马，买田置产，金钗十二，锦绣千屯，无一不是局中之公款，无一不是股东之血本也。彼督办、总办、会办、坐办，固得所矣，其如国家之损耗、人民之倒运何！

前清国务大员、外省大吏本无羞恶之心，故有嫖界八大王、赌界五虎将、烟界二十八宿等名称。自民国成立，方谓济济伟人必能敬谨持躬，一洗前朝之积秽，乃不虞大王益见发达，几于触目皆是。赌界虎将、烟界列宿更明目张胆，任意跳梁，且有专借妓室、烟室、赌馆为运动夤缘、暮夜献金之地，故总理则挟艳潜逃，总长则嫖赌被捕，都督则打鸡猎雉，上将则钓蚌偷孀，下至民具尔瞻之赫赫参议员，亦朝朝倚翠，夜夜偎红，置国事于脑后。今而后知，新民国之缙绅录直一部莠民渊鉴也。呜呼，革命不革心，昔之专制固无道，然今之共和亦犹吾大夫崔子耳。彼醉生梦死者，方手舞足蹈，日冀外人之公认我国，而不知有心人早已泪尽声嘶，知虞之不腊[①]矣。（息影庐）

〖下略〗

（1913 年 1 月 9 日，第 10 版）

---

① 虞之不腊：虞国不能举行年终的腊祭了，指非常危险。典出《左传·僖公五年》。

一月二十九日临时大总统命令

〖上略〗

委任令：前派杨士琦查办招商局改组有无洋股各项情形，现在杨士琦留京另候委用，应改派袁树勋切实查明呈报。此令。

（1913 年 1 月 31 日，第 2 版）

招商局股东广告

大总统、国务院、参议院、交通部、工商部、财政部钧鉴：招商局改组新公司之议，系阳历上年七月十四号张园大会决定，其议案要键〔件〕以集资先尽旧股东，如旧股东不愿，可将股本加成收回，严明要约，不集洋股，只求改弦更张，并非公司出卖。商等以航权仍属在我，局务可望改良，故乐于赞成，票权至一万七千四百八十三权之多。迨董事会登报招徕后，忽有曾经破产、信用堕落之刘学询首先来议，股东已极哗然。只因业经招徕，只查其资为何人资，不问其人为何如人。董会第一次议决新公司须承任出现银八百万两，每股收回现银二百两，所有人存公司、人欠公司款目及本年盈亏，一概均归新商承认；倘参入丝毫洋股，或代洋商出面，价银一概充公。其时各团体因刘资影射洋商，开会抵拒，局中办事人因争执分红与董（事）冲突，喧嚷之声达于四境。经参议院议决，咨请大总统严电禁止，派员彻查。程都督、陈交涉使巧电声复，有按之商业习惯，近于让渡盘顶，与组织新公司手续不符等语信。是则董会迭次与议，直是将公司出卖，并非改弦更张，大会所议维何，断不能再以业经通过多数赞成为口实也。总之，司马昭之心路人皆见，一餂①我先付定银八十万两，即欲执掌产业契据抵入外款，收我股票，一诱我先订草合同，即将所签草议转权外人，买我航业。迨董会必令交出现款八百万两，存入中国银行，诡计不行，于是只认股款八百万，不认外债三百五十万，为辗转推宕、索偿

----
① 餂：tiǎn，诱取。

损失之地。而此半年中办事人以及栈房、轮船各买办率存五日京兆之心，旧人不着力，新人更舞弊，亏损不知凡几，其直接受害者仍惟我全体股东，论事实断无再议之理。无奈交通部以无力收归官办之故，依回其词曰改组极所赞同；大总统以牵于国务员之势先命杨士琦，继命袁树勋，仍令专查洋股，于是新公司之气绝而复续，仅易刘为曹，略换面目，而其主体则依然存在。商等敢断言之曰，任其参入洋款，则八百万咄嗟立办；必令先交现银，虽千百次议无结果。求人不如求己，仍以自谋营业、自振局规为守先善后之计划，公议数四，定有四策。一、定限四星期，责令新商交存中国银行现款八百万两，仍担认外债三百五十万两，签立合同，准令改组。过此期限，即永无新公司名目，代表来议，董会不再接待。二、如逾四星期仍无成议，凡招商局因议改组所受营业损失，概须发起新商人照偿。三、过此四星期后，第三十九届账略本已结总，即订期召集股东大会，宣布事实，投票选举董事九人、查账员二人。四、就新举董事中当场复选，推举一人为总理，一人为协理，常川莅局办事，给以用人理财、兴利除弊之权，事关重大，仍须各董会议而行，按照《商律》逐条办理。综此四纲，已达完全商办之目的，其所以先尽新商者，即体交通部历次赞同之电。新商辍议，旧商利害切身，责无旁贷，商等一再商榷，意见相同，为亟联名电恳，务祈大总统、贵院、大部迅与照办。

再，此四星期系阳历二月五号为始，合并声明。

招商局股东李征五等八千八百股同叩，歌[1]。

（1913年2月9日，第1版）

改组招商之磋议

招商局改组新公司一事，曾由董事会与新公司开出条款，交换讨论，详情屡纪前报，兹将近日两方面答复条款分别录后：

一月九日新公司答复条款

一、本月七日贵董事会议复第一条，以敝公司承认贵董事会俟查无洋

---

[1] 按，《韵目代日表》中，"歌"指5日。

股后即定交易，贵董事会甚为满意，嘱将从前定议及近日续议各条件从速协商，为将来订立合同之预备，实与敝公司上次开送条款一经新、旧公司彼此商妥，先订草约，为将来签订正式合同之根据，语意相同。是贵董事会于本月七日敝公司所开第一款办法，已邀允准，不胜感纫。

二、贵董事会议复第二条，为汉口赔款事，彼此不可推诿，应请贵董事会即邀汉商来沪，并确探政府究竟如何赔偿，及将汉局损失查照簿据先行核实，开交敝公司，俾得研究赔偿，公同议结。又，汇丰事已否接洽，如何回复？乞速办理。

三、贵董事会议复第三条，为接洽办事人事，既承允为先容，敝公司同人特于今日备函，带来致意，以便定期晤商。

四、贵董事会议复第四条，为议定条件事，敝公司刻已遵将七、八月议定各条件及近日续议认可各条件择要开列，惟今日不及送阅，容俟开就，再当送核。其余如有应行增添及删减之条，彼此当再随时订期面商，或致函斟酌定议，一俟汉口及汇丰两事妥洽后，即照订立草约，为将来交易时正合同之预备。

五、本月二日所请开送商局元年分进出简明账略，请董事会饬账房克日开送，以凭查核。

董事会答复一月九日新公司开送之第二条

面议由董事会电请盛君来沪，与新、旧公司商妥后，再行会议。同人等一再筹商，倘盛竟不愿来，或暂不能来，徒延时日，彼此无益，不如仍照原议，由旧公司查照交通部文，代收国债票百廿万两，另贴回现款三十万，竭力扶助。至汇丰事，亦由旧公司先行与之接洽。

一月十三日新公司函询条件

一、汉局赔款承示代收国债票百二十万两，是否已由旧公司代收，连同贴回现银三十万两，一并交与新公司担任料理，仍由贵董事会竭力扶助？其追赔会盛君如不能来，已否电邀该会另派代表到沪，以便开议？

二、汇丰押款近日已否由贵董事会转饬经手人妥为商定，向该行索有承认新公司将来回赎之据？

三、前承允饬账房开送商局元年分进出简明账略，迄今尚未开送，应请转饬克日开送，以凭查核。

四、昨接办事人陈、唐、施三君复函，以新、旧正在订议，一切恐涉嫌疑，不允订期接洽。查新公司同人所欲与办事人先行接洽，以冀免除隔阂起见，事经贵董事会通过照允，尚何嫌疑之当避？应请再行知照，即日订晤，毋再推诿。

（1913 年 2 月 9 日，第 10 版）

再纪改组招商局之磋议

招商局改组新公司一事，屡由董事会与新公司互商条件，均志前报，兹将上月十五号两方面商议各款照录于后：

新公司提议两条

（一）上次集议在贵董事会见有交通部公函，有虞和德等条陈禁阻新公司以后不准向洋商抵押款项，已由外交部照会各国公使转饬各口岸洋商遵照。查抵押款项非租卖可比，向无禁阻之条，且为营业周转所必要，无论新公司将来果否抵押，但于主权不失，则商借商还，政府本无庸干涉。况以目前论，商局全盘产业早经旧公司押在汇丰，订期十五年方能回赎，倘新公司接手后该行不允提前取赎，则新公司显违部章，又将何说之辞？应请贵董事会先行将旧公司全盘产业已押在汇丰之实在情形通电政府，再行照会各公使准予取消禁阻之议，俾新公司接受局务得以自由营运。

（二）新公司接办后设或遇有战事，江海告警，新公司应查照旧公司对于中法、中东两次战事成案办理，以保实业而固航权。

以上两条请贵董事会先行办理，俟得有政府电复允行，即行定入草约。

再，本月十三日具函开列四条，仍请贵董事会确实示复，如均妥治，即可克日订期议订草约，以免拖延。

董事会答复条款

复第一条：徒生枝节。董事会无从办理，所有一切只有仍照旧公司成案办理。

复第二条：中外失和，自应查照旧章办理。

复第三条：请追赔会派代表，彼□［此］无益，碍难照办（按，此即答复十三日函）。

复第四条：汇丰押款当由经手人与商，可以随时先期赎取，能否给予承认凭据，得复再答。

复第五条：已面交。

复第六条：办事人似可无须见面，成交后，一切事宜董事会自有权直接交代妥当。

（1913 年 2 月 12 日，第 7 版）

改组招商局最近之磋议

招商局改组新公司一事屡由董事会与新公司磋商条件，均志前报。兹将近日两方面商议各条及函稿照录如左：

一月十七日新公司会议四条

（一）前议汉商赔款事，承示代收国债票一节，前日续议出示部文，并抄交损失账略，悉部拨国债票共一百三十七万余两，应请贵董事会全数代收，于议结汉商赔偿时，或于换立正式合同之时，一并交与新公司接收。

（二）查核开送账略仅有八个月收支数目，尚有人欠、欠人总略，请再开送。至客家回用、客货赔残、各船修理等项，虽未结算，然回用有一定折扣，客货赔残及修理轮船亦必有约数可计，亦请再抄约计总数，俾便查核。

（三）查核账略八个月共亏银十二万余两（回用、赔残、修理尚不在内），是营业既已亏本，断无官利之可派，前与贵董事会开议盈亏由新公司担任，系指营业盈亏而言，何得于开送收支总结"亏数"项下加注"官利尚未在内"字样，请即示明。

（四）汇丰押款事经手人曾否商定该行索有承认凭据，暨原订合同，请抄一份示知，以便新公司存查。

一月十七日董事会答复条款

复第一条：汉商赔款公债票正式合同未成立以前，由旧公司向政府催取，一俟领到正式合同签定，即交新公司向前途接洽。

231

复第二、第三两条：人欠、欠人之款，前与贵公司代表议时本有三百五十万两左右之说，后电告政府亦请政府担任三百五十万两，无论旧公司应付何项债款、何项利息，不得逾三百五十万两之数。

复第四条：汇丰事转户一节，业已应允，提前取赎补息十万两；须取凭据一节，已由汇丰电问香港总行，得复即告。合同送上，抄出即日见还，并请不可宣布遗失。

一月十八日新公司复董事会函

昨接贵董事会答复第二条云云。查敝公司第二条所请因查阅开送之账只有八个月收支数目，并无人欠、欠人总略，故请再行开送。今接答复，以为人欠、欠人之款前与敝公司代表议时本有三百五十万两左右之说。查敝公司代表从前并无是说，只有担任盈亏之议，更未确定担任数目。盈固无论，而所谓亏者自系指营业上正当之亏折而言；担任债欠者，自系指实在欠人之款，且均须根据各项账据为准，新公司方可担任，议案具在，可以复按。至第三条因开送收支账略内总结"亏数"项下注有"官利尚未在内"字样，深滋诧异。敝公司承认亏折之外，不能再有不应担之担任。是以专条询问，乃贵董事会答非所问。因官利商局结账盈则固可提派，亏则何利之有？万不能于亏折之外复生异议，加入官利巨款，新公司断不能承认也。为此先行奉复，请将贵董事会昨复第二、第三两条迅赐取销，以免徒生枝节，一面仍请将人欠、欠人总略即日开送查核为盼。

（1913 年 2 月 13 日，第 7 版）

改组招商局之函电

一月廿日董事会复新公司函

接奉贵发起同人来函，以前议时并无担任债项三百五十万两左右之说，敝董事等亦深滋诧异，当时岂独实有此说，并由账房开一大略账单，交刘代表阅看，此一据也。又有唐彦侣在座，愿出股本八百万两，担账三百五十万两，共银一千一百五十万两，交招商局自还自理，以与刘代表开议在前，故与唐彦侣约明，如刘代表亦愿照此数承认，则应先尽刘代表。其时刘代表并无异言，唐彦侣始失望而去，此二据也。此次电告政府，如四星期内能备现银八百万，担任债项三百余万，则先尽政府组织，此三据也。今贵发起同人忽谓并无是说，则敝董事等何以对股东？何以对唐彦侣？更何以对政府？倘使三方面群起责问，敝董事等何词以对？又将言董事与新公司串通卖局矣。敝董事等惟自立于不败之地，故风潮起后旋可消灭，与贵发起同人刘代表之名誉不至毁坏。若办理一不核实，则将一蹶不起，于贵组织公司亦大有不利也。至如何开销，总之不得出三百五十万之外，且必有凭据，决非假造，可以查核。俟此项问题解决，方能将人欠、欠人大略账目开送。再，汇丰已电询香港总行，星期三或星期四可得复电，再行奉告。

一月廿六日新公司复董事会函

接廿日大函，所述敝公司代表前议担任贵局本年盈亏及人欠、欠人之款实有三百五十万两之议等语，当将原函抄送敝代表查阅后，兹已得复，不独七次会议原案具在，并无担任债项三百五十万之说，且所述对于局产交易、财政出入四问题既有施经理面交存款清单，又有王董事亲笔答复及伍会长当面宣告之言，班班可考，断非一人所能假造，特将原函并所开议案清折一并附呈公鉴，足证敝公司先后议案只有担任贵局本年盈亏及债欠之款，并无实在指定三百五十万两之数。今盈固无论（因查核开送收支账略已属有亏无盈），惟所谓亏者自系指营业上正当之亏折而言，所说债欠者亦必有本年账据及上届（即三十八届）总结可以根据，应由敝公司先行查知实在，并将收付存欠互为乘除，究有若干，方可担任，此外一切不应担任之款，敝公司概无承认之理。仍请贵董事会速饬开送人欠、欠人账略，以便核定。至上次开送收支账略总结"亏数"项下注有"官利尚未在内"字样，实与商例、账情两俱不合，营业已亏，尚何官利可言，请贵董事会即行取销，免生枝节。此外尚有汇丰押款及汉商赔款两事，并请查照屡次会议，从速办理，以便诸事妥洽，即可签订草约，免再拖延，不胜盼切。敝同人等现拟礼拜三即本月廿九号再诣贵董事会面议一是，特此布订。

附一月廿四日刘代表致新公司同人函

接阅招商局董事会本月廿日复函，历引鄙人从前会议时担任债项三百五十万两之证据，是否误会，实所未解。查上年七月廿四日起至八月七日止，会议七次，并无担任债项三百五十万两之说，议案具在，可以复按。当日对于局产交易、财政出入问题，厥有四端。一、四万股票之价目。初议六百万两，后增至八百万两。二、公司欠人之债项。第二次会议，施六生面交七户存款清单，共计存元二百七十四万八千余两，此外尚有各同人未取花红共元九十八万二千余两。第三次会议，鄙人指驳同事花红不应列入债项，王董事亲笔答复："欠款按上年账略、今年账簿滚算，除花红一款另议外，至交代之日如有若干，由新公司担任。"第四次会议遂有旧公司收到八百万两，提出四十万两分派办事人花红之议案。鄙人仍请按照历年总结、今年账簿滚算为根据。三、人欠公司之账目。第二次会议，伍会长宣言新公司如有现银八百万两，并担任旧公司债款，则人欠旧公司款目概归新公司收取，即旧公司一招牌、一板凳皆为新公司所有，众董赞成。鄙人仍请按照历年总结、今年账簿滚算为根据。四、本年之盈亏。第一次会议本年盈亏归新公司承认，所谓盈亏者系指本年营业而言，如果实收实支簿据确凿，出于正当之亏，新公司自当承认。总之，旧公司欠人及人欠与本年盈亏三项性质不同，即范围各别，前时屡次会议，均握定历年总结、本年账簿滚算为根据。盖以收付存欠互为乘除，未经核实，何能臆断？本无担任三百五十万两之可言也。节录上年与董事会来往条件议案清折一扣，即希酌核答复。

交通部致董事会电

袁海观先生暨招商局董事会鉴：

据招商局股东李征五等八千八百股歌电称，商局改组，辗转推宕，此半年中亏损不知凡几，其直接受害者惟我全体股东，求人不如求己，仍以自谋营业、自振局规为守先善后之计划，公议数四，定有四策。（一）定限四星期令新商交存中国银行现款八百万两，仍担任外欠三百五十万两，签定合同，准令改组。过此期限，即永无新公司名目，代表来议，董事会不再接待。（二）如逾四星期仍无成议，凡招商局因议改组所受营业损失，概须发起新商人照偿。（三）过此四星期后，第三十九届账略本已结总，即订期召集股东大会，宣布事实，投票选举董事九人、查账员二人。（四）就新举董事中当场复选推举一人为总理，一人为协理，常川莅局办事，给以用人理财、兴利除弊之权。事关重大，仍须各董会议而行，按照《商律》

逐条办理。旧商利害切身，责无旁贷，一再商榷，意见相同等语。

改组问题延未解决，营业损失自属实情，该股东等利害切身，所陈不为无见。前此董事会电请先尽政府组织，系以四星期为限，交出现银八百万两，并担任债款三百五十万两，今由商民组织，若不明定期限，指交现银，承认债款，必致迁延日久，损耗日深，既失股东赞成改组之初心，亦非董事会前电定限交银之本意。除第二、第三、第四各条应俟限期已满由股东公同议决办理外，应请与新公司声明，自本日始限四星期内将现银八百万两交付中国银行备查，并担任债款三百五十万两，如此则股东自必无词。若不能如期交足现款，或不能担任债款，或所交现款系属外资，或参有洋股，即应由股东另筹办法，免致损失。本部为维持航业，划清界限，免滋延宕起见，合亟电闻，即希查照。

交通部，第二四八号，青，印。

董事会复交通部电

北京交通部鉴：

青电祗悉。董事会为全体股东代表，实具法人资格，改组一事其尽心竭力，尤甚于股东。前与新公司代表议定以草合同签字之日为始，四礼拜交银，所难反悔。现担任债项数目尚在磋商，草合同并未签字。除赶紧磋议外，先此陈复。

招商局董事会公具，文①。

（1913 年 2 月 14 日，第 7 版）

招商局新公司之提议

招商局改组新公司一事，屡由董事会与新公司互商条件，均载前报。兹将一月二十九日新公司向董事会提议各条录后：

一、新公司既担任旧公司之债欠，其人欠、欠人账略，理应先行开送查核，如系有账有据，确系欠人债项，新公司均可担任，此外各项概无担任之理，仍请即日开送。

---

① 按，《韵目代日表》中，"文"指12日。

二、旧公司对于中外商界订立之合同契券，系经董事会议准照订者，请即开示，以便新公司查核，经新公司承认后始能有效。

三、查"爱仁"轮船系北洋委托旧公司代理，请将从前委托一应凭据及历年代垫亏折各项账略抄示。

四、汇丰押款事有无回音，应请贵董事会速向汇丰商妥，以便三面接洽，弗再迟延。

五、汉商赔款事虽得贵董事会担任代收债票一百二十万两及贴回现银三十万两，以资料理。然国债票未能即日领到，而汉商连日迭电催促，应如何酌复之处，请贵董事会先行电复。

六、上次开送收支账略总结"亏数"项下注有"官利尚未在内"字样，实与商例、账情两俱不合，营业已亏，尚何官利可言？请即注销，免生枝节。

（1913 年 2 月 15 日，第 7 版）

改组招商局函稿汇录

一月廿九日董事会致新公司函

现接来函，言债项并无三百五十万两之说，查此事代表刘问刍先生在廷芳寓会议曾言债项须有限制，当由存善代答最多不过三百五十万两，实有此言，实有此事。当时代表刘君并无反对，仍接续开议，何得现称并无此言？应请贵公司仍照前议承认。至今日会议开来六条，容再逐条奉复。除汇丰一事，仍催取回信奉告外，专此奉复。

二月三日董事会致新公司函

所有敝董事会取得汇丰回信，顷间已经面交贵公司诸君携回，应须过户一节，成交后必可帮同办到。承嘱开送各项欠款账目，已转照账房，一俟缮就，再行送上。

二月十一日新公司致董事会函

前接二月三日大函，敬悉贵局人欠、欠人总略已蒙贵董事会转照账房开送，屈指多日，谅已缮就，应请转催即日饬送，以凭查阅。又，上次会议面交敝公司二次修正草约底稿，谅贵董事会必已公同鉴定，是否同意，或再有增删之处，亦乞从速示知，以便彼此将诸事商妥后即可签订。至今日接奉函送交通部青电及前日报载李征五等歌电，俱经阅过，惟敝公司与贵董事会屡次开议条件，本为双方必要之磋商，贵董事会既为股东全体代表，敝公司始终惟贵董事会是认。查十二月三十日贵董事会开送三条，其第一条即新、旧公司俟彼此商妥后，应由新公司于四星期内将八百万现银提存中国银行云云。敝公司惟有按照与贵董事会原议办理，此外概毋庸置议也。

二月十二日董事会复新公司函

顷接来函，祗悉。一是招商局人欠、欠人账目业已查开，其汇丰、汉口两事亦已议妥，只以三百五十万两以内一节，贵公司忽翻前议，以致迟延。现定二月十四日，即本星期五下午三点钟，请贵公司代表来局续议，速为解决，账目当于十四日上午送上。

二月十三日新公司复董事会函

昨接来函并附抄复部电稿均悉，承示贵局人欠、欠人账目业已查开，当于十四日上午送下，并嘱敝同人等即于十四日下午三时到会续议。敝同人等以为贵局人欠、欠人账目既经查开，必迟至十四日上午饬送，而即订是日午后开议，时间甚促，并不为敝同人等稍留研究余地，既未研究，何能赴议？应请贵董事会准期将先账目饬送，俾敝同人得以聚议研究，再行订期会议，方为正办。至谓三百五十万两以内一节，敝公司忽翻前议，以致迟延，敝公司断不能承认。因敝公司原议担任贵局人欠、欠人，并未明限数目，前后均有议案可凭，并未翻异，所以屡请开送人欠、欠人总账，原为按照贵董事会上年八月一日开示条件第二款所云"欠款按上年账略、今年账簿滚算，至交代之日如有若干，皆由新公司担任"起见，乃近日贵董事会忽翻原议，空言争执，并不开送账略，以致屡次会议无从解决，敝同人等实不能担此迟延之咎也。

（1913 年 2 月 16 日，第 7 版）

招商局股东质问袁海观先生、董事会先生

我等股东盼新公司成议久矣，因新公司推宕，致受航业之损失亦多矣。昨见报载李征五等八千八百股歌电，成不成以四星期为限计算，二月五号起至三月四号为满期；又见交通部青电，明定期限，指交现银，属令

与新公司声明，自发令日起亦以四星期为限计算，二月九号起至三月八号止，亦即期满。断无不定期限，混言以草合同条件议定之日为始，欺蒙股东。试问如千百次议无结果，千百日不签草议，难道我等股东因新商推宕致受之亏损，亦永永受之于无穷期耶？董事议事之权系股东所托付，照法律解释近于代议士。《商律》四十九条，遇有紧要事件董事须召集股东特别会议，不能擅以法人资格，轶出议事范围。贵会复部文电所称，以条件议定之日为始云云，事前并未特别会议，股东断不承认。袁先生专查洋股，系大总统委任，招商局航路向隶交通部管辖，南北统一，政体共和，大部青电所定期限自然有效。新商致贵会函曰，新公司只贵董事是认，其他毋庸置议。我等亦警告贵董事曰，倘至三月八号新商仍未存银认债，董会仍以磋磨草议扶同推宕者，我等即惟贵董事是问，请登报答复，俾与天下共论之。至先签草议之流弊，李股东歌电言之綦详，袁先生曾否察及，亦望一并答复为盼。

　　招商局股东谢蘅牕等三千七百六十六股，同启。

（1913 年 2 月 20 日，第 1 版）

再志改组招商局之磋议

　　招商局改组一事，屡由董事会与新公司互相磋议，迄未解决，所有两方面开出条件及函稿均载前报。兹又有函件数则录后：

二月十三日董事会复新公司函

　　兹将招商局人欠、欠人各款目摘开，至阴历上年十月份为止，缮就账单送上，祈察核。计附账单，照壬子年十月份月结应还、应收之数大略摘开，十一、十二两月之账各分局尚未来齐，故只能摘至十月分为止。如要详查细数，有月簿在。

　　计开：

　　一、存各户往来欠款，〈元〉二十四万余两；

　　一、存沪军都督借款，〈元〉七十一万余两；

　　共计〈元〉九十五万余两；

　　一、欠仁济和长期，〈元〉五十五万两；

一、欠仁济和往来，〈元〉二十六万两；

一、欠仁济和息，约〈元〉五万两；

一、欠汇丰押款，〈元〉一百五十万两；

一、汇丰息，约〈元〉五万两；

一、欠各往来存款，〈元〉十七万两；

一、欠漕米麻袋价，〈元〉十万两；

一、欠各户生息存款，〈元〉二十二万两；

一、欠股分存息，〈元〉五千两；

一、欠历年花红，〈元〉四十五万三千余两（此项已由旧公司股东担任四十万两，合注明）；

一、欠历年公积，〈元〉五十二万九千余两。

共欠各款约计三百八十九万两（除四十万两外，尚在三百五十万两以内，合注明）。

二月十七日新公司复董事会函

昨奉大函并附贵局人欠、欠人账目，均悉。敝同人等查来账中所开既多挂漏，又不符合，殊令人无从研究。兹特订于本星期三，即十九日午后二时，由敝同人等到会面询一是。至上次开送草约底稿，贵董事会能否同意，有无增减之处，亦乞从速酌定饬送，以便诸事商妥后即可签订。乞勿拖延，不胜盼切。

同日董事会复新公司函

顷奉大函，以所送账目不符，无从研究，兹特订于本星期三，即十九日午后三钟到会面询一是，等因。均经聆悉。兹敝同人等公议，准于是日在敝会拱［恭］候诸公驾临面议。再，前由贵公司开送第二次草合同底稿，现经敝同人拟就说略稿，一并缮送，即祈察核为荷。

二月十九日新公司到会提议条件

一、新公司担任贵局存欠（系指原议欠人债项由新公司担任，人欠款目由新公司收取）及本年盈亏（系壬子年生意盈亏），故两项账略屡请开送存欠、盈亏各项实数，乃迟之又久，始于二月十五日准贵董事会开送壬子十月止存欠账单，寥寥数笔，与账情殊不符合，实令人无从揣测，遑论研究。即如花红一款，前据施经理上年七月三十一日开报债项七户总共二百七十余万，此外另开各同事未取花红二笔共九十八万余两，早经新公司代表驳正。贵董事会答复除去花红另议，并允在新公司应交八百万之内提出四十万两分派各同事花红。乃此次开报账单，何得将花红并又增出公积两款，重复加入债项之内，以致人欠、欠人之数两抵，计短绌二百五十四万之巨。按之一月十六日开送壬子八月止收支账单，亏折不过十二万余两，何以现忽增出如此巨亏？实属骇人观听。查敝公司自经贵董事会函约赓续开议以来，所商各事皆系正当办法，并无苛求，原期彼此商妥后即可立约提款，专待成交，今准贵董事会两次抄送账单，既多挂漏，又不相符，转使敝同人等求明反昧，实深焦急。贵董事会既为全体股东代表，且又诚意待人，试为易地以处，必当具有同情，应请转知贵局账房将收支、该存各项账目分别四柱，核实开送，俾新公司一目了然，即可根据账据，按照原议承认，幸勿挂漏，并勿账外增列，徒事拖延。再，内有漕运麻袋价项及花红、公积两项，因无从索解，均请分别说明。

二、上次提议，请将旧公司对于中外商家订立之合同契券凡经董事会议准照订者，即行开示一节，迄今尚未开送，仍请即日转饬照开，以便查核，经新公司承认后始能有效。

三、汇丰押款，前接二月十二日函称已妥，然查阅二月三日贵董事会面交汇丰来信译悉，信尾有"贴息回赎一节，应从缓议"等语，显见贴息未允，即是不能提前取赎，应请从速商妥，以便三面接洽，幸勿含糊致误。

四、昨接函送草合同说略稿，因今日即须开议，敝同人等实不及研究，容公阅酌定后再行奉复。惟查阅说略所驳改者，只有第二、三、六、七、九、十八六条，其余各条是否均已得贵董事会同意，请即宣示。

五、前开收支账单总结"亏数"项下注有"官利尚未在内"字样，迭经新公司质问取销，现在未见提及，当已删除。

附志：是日新公司到会，面议及董事会删除账项情形，新公司到会指查招商局刊布三十八届账略中所列漕运麻袋价计存银二万两（系指存有麻袋估值之价，即系局中物产而言，并非欠人麻袋之债项），而上年漕运业已停止，何以此次开送存欠账单列有欠漕运麻袋价银十万两一笔？反存为欠，显系捏造。又，账单内所列历年花红一项，计欠元四十五万三千余两。查此事上年八月二日早由贵董事决议照股本四百万两之数提出一成，计银四十万两，以备分派，何以今又列入债欠之内？以上两笔，董事会当即亲笔勾除，注有"董事会删去"字样。又，账单内列有欠历年公债一项，计银五十二万九千余两，指查二十八届账略所列积余记，即公积存银二十九万余两。查商局是年营业亏折银二十八万余两，账略注明此项结亏之银即于积余项下抵除，是公积一项已经抵讫，何以今忽有此巨款公积？显见亦系假造。当时董事会并未答复，亦不允勾除，惟提议另候请人解决，并订二十二日星期六午后三时到会再议。

二月二十一日新公司复董事会函

附呈敝同人议复草约说略一，扣祈鉴核。如得贵会同意，即希示复。再，敝公司已延定丁榕律师，俟审查议案后，再订期咨照贵会。

（1913 年 2 月 25 日，第 7 版）

声明部电三月八号又已期满，招商局新公司仍无定议，股东应照章开会

招商局事先尽新商改组，逾限不成，归股东自谋营业，征五曾将二月五号歌电遍登各报，布告股东。嗣蘅牕等见报载交通部青电，言明四星期，以二月九号起至三月八号止，董事会复电乃以草合同签字日为始。众情骇异，又登报质问。该会一字不答。中国银行至本日止亦无新公司交存现银，是改组之事似已绝望。改组之议已再过期，我股东切肤之灾，直接受害，如何能忍？现在已届常会之期，应按照《商律》，查照历届向章，在二月中开会，由全体股东议决办法。除已电请交通部饬董事会明白答复，并知照局内办事员赶印第三十九届账略以便常会宣布外，请本埠、外埠各股东仍照向章，亲携票折至招商局验明登号，开会日期另由该局登报周知。事关自谋营业，幸勿放弃利权，是为至要。

股东李征五、谢蘅牕等公启。

（1913 年 3 月 8 日，第 1 版）

改组招商局最近之磋议

三月七日招商局新公司复董事会函云："前接贵会函送议复草合同六

条，业经敝同人聚议修改，因已倩丁榕律师审查一切，故拟俟律师审查后再复。兹接函催，特将敝同人修改六条，先另折录呈公鉴，尚祈贵会同意为盼。另附抄三月四日敝同人上大总统院部支电稿，并希誊入。至敝公司自上次会议后即已延请丁榕律师，正在审查一切，惟贵会所请何人，尚未见告，亦乞示知。"

新公司议复六条

来函第二条，问股东及政府派查之人是局内抑在局外？查政府派员会查，系指洋股而言，若政府不愿派员，即由全体董事严查，断不因会查耽延时日，早经贵会一月四日议复在案，是以敝公司另订专条办理，并于前次答复说略第六条内详晰声明。至于商局改组，本系全体股东张园大会所决议，而董事会实受股东委托而为全体股东之代表，具有法人资格者，敝公司承认贵会，即系承认股东，此外尚何股东之可言？是所谓局外不得干涉者，原以杜绝不应干涉之干涉。

来函第三条第四款，股东姓名不开，何从知其是华是洋？查新公司系发起人筹款组织一切，有发起人担其责任。查照《商律》，无论何项公司，均准发起人列名开报。况新公司防范洋股，早经订有巨罚，及无论何时查有洋股搀入，即可取销合同之条，自应按照新公司接办之日，由发起人列名，将合同抄明报部之原议办理。

来函第七条，罚款，董事会无此责任，无此财力。查签订罚款，贵会既不赞同允订，惟有请贵会实行上年十二月三十日开送第二条办理。如新公司立约后起限提银，万一有意外风潮，不能成交，所有新公司提银一切损失，应由贵会担任赔偿。

来函第九条，花红系老股东所出，应归还公司主政。查分派花红之款，虽自代价内提出，而仍交新公司办理，实为上年八月三日贵会所决议。

来函第十八条，旧公司股票在洋人之手，一年不来取银，必无此理。查洋人收藏旧公司股票，安知限内必来取银缴票？新公司列款声明不过划清界限，免贻将来口实。

来函第十五、六条，人欠、欠人照账滚算，实有公积，已请公正人。查贵会开送存欠账单，人欠项下既多挂漏，而于欠人项下又多浮开，虽贵会已将漕运麻袋价及历年花红两项删除，然尚有历年公积一款，根据三十八届公积核计，亦属浮开，应即一并删除，既毋庸辩论，亦无请公正人理由。惟有再请核实开送，如核对符合，即照原条定议。

新公司上大总统院部电

北京大总统、国务院、交通部、工商部钧鉴：商局改组条件订明，商妥签约始能起限提银，教仁抵沪，查阅前后议案及草约底稿，实为正当必要之争持。现正开查账项，拟倩丁榕律师办理，以期公允而符法律，既非故延时日，更无限满理由。除奉交通部青电，曾经董事会文电陈明外，合再电陈。

宋教仁、于右任、曹锡圭同叩，支①。

（1913 年 3 月 8 日，第 7 版）

招商局股东陈翊周等致董事局函

组织新公司一事发生以来，风潮迭起，自大总统任命杨先生全权办理，弟等拭目以俟厥成。乃磋议三个月之久，毫无头绪，其最难解决之问题，为先提银而后查。迨新公司既承认先将八百万两提存通商银行，则此问题业已解决，亟应迅速进行。至债款三百五十万，贵董局与新公司争执者五十余万，双方允洽各延公正人处断。新公司既延定丁榕，而贵董局始则延张謇，继又改延雷奋，今闻复改延伍光建，方针靡定，请一公正人积数星期而不获，各怀意见，惟事迁延，得毋负全体股东付托之重？论股价，如派周息一分，市值一二百；如派六厘，市值八十两，组织成，可收一百八十两，果真正股东，未有不愿新公司成立之理。闻道路哄传新公司无款，但款之有无，惟公司自知之，亦惟新公司自担责任。至于有无洋股，则政府全权代表确查自知。或有冒称股东与〈及〉真正股东而不满意于新公司者，可承受弟等之股，愿仍收一百八十两，则从此脱离股东权限，不再发言。衮衮诸公，其亦思一振精神，迅图解决，有以对全体股东耶。

（1913 年 3 月 9 日，第 7 版）

---

① 按，《韵目代日表》中，"支"指 4 日。

交通部对于招商局事之圆活

招商局改组新公司一事，头绪纷繁，磋商未决，详情已屡志前报。兹又得交通部电报一通，照录如下：

袁海观先生、招商局董事会暨宋遯初诸先生鉴：本部青电指限四星期，令新公司交银认债一层，系采用股东李征五等之意见。现董事会暨宋君等来电，均谓应自合同签字日起算，四星期内交银认债。各执一词，究竟应否以合同签字后起限，当由董事会与股东切实筹商，和平解决。董事会代表股东，有维持股本之责，谅不致与股东意见十分相左。如新公司因事实迫促，尚须转缓期限，亦须得董事会与股东之同意。本部始终以维持航业为宗旨，手续上之变更，决无成见也。

交通部，第三八六号。阳，印。

(1913年3月10日，第7版)

招商局董事会之议案

招商局董事会为该局改组新公司事，于三月十日下午（举行）特别会议，兹录其议案如左：

一议二月十九日新公司曹成翁在本会会议，以公积一项两造各请公正人判断，曹云承认之至。嗣接函告，已延定丁榕律师。今接新公司答复条件，内载"公积一款应删除，亦无请公正人之理由"等语，实与原议大相背驰。则是新公司背议，非旧公司背议。公议绝对不能承认，应即去函严重驳复。

一议除现在与新公司磋商六条件之外，其余均根据当初原开七条及历次双方商妥之各条办理，应即函告新公司，从速商订。

一议起限提银，原订在草合同签字之日起算，四星期为限。现距开议已两月有余，应去函催问新公司究竟议至何日为止，何日可以起算提银之期。定一期限，以免漫无限制。长此因循拖宕，孰执其咎？

附董事会议复新公司磋商草约六条

第二条 "局外不得干涉"上应加"除政府派员彻查洋股及真正股东不得谓之局外干涉外，其余无论何人不能干涉"。

第三条 股东姓名坚不肯开，应由政府彻查有无洋股委员核办。

第七条 罚款。上年十二月开送议案内声明"如现银八百万备齐，提存通商银行后，不能成交，应自提交之日起照市间拆息补还，并无一切损失"之语，不能用"一切"二字包括他项，并应添如"起限之后，四礼拜不能将现银八百万两备齐，应由新公司亦照未交银两数目，按四礼拜之期，照市间拆息补还旧公司，以昭平允；如查有洋款，理应充公，不在补还之列"。

第九条 花红一款，原议内并无"交代一切与董事会直接交涉"之一条，新公司既于原议所无者加此一条，旧公司自不能不于原议所有者改此一语。所谓原议者，不过两方面商量之词，故未定议，亦未彼此签允。若一语一事皆照原议，毫无更改，则照写两份便可定局，何用磋商条款，费此数月无谓之光阴，致董事受股东诘责，此事于公理、于法律、于商界习惯，皆应归旧公司无疑，未便迁就。

第十五、六条 人欠、欠人照大账滚算，账簿内实有公积一项，前次会议两造请公正人判断，当经新公司赞成。此次忽云亦属浮开，应即删除，毋庸辩论，亦无请公正人之理由。忽翻前议，断难承认。如新公司不欲请公正人，董事会亦可不请。第此款必无删除之理。

第十八条 股票在洋人之手。招商局股票押在洋人之手者，闻有一百八十两可取，除赎还外，可得余头，又省利息。而不来取款，情愿赔息，又不要余头，敢信其必无此理，必无此事。

（1913 年 3 月 12 日，第 7 版）

改组招商局最近之磋议

招商局改组新公司一事，屡由新公司与董事会磋商条件，尚未解决。兹将三月十三日新公司议复董事会各条照录于后：

第二条　政府派查洋股，早经议复。及修改草合同第六条"查款"专条内声明"电请政府"字样，毋庸再加。至"真正股东"句，董事会既为全体股东代表，新公司承认贵会，即系承认股东，前已声明，今必再加此句，试问贵会：会议改组条件是否担任完全责任？若担任完全责任，何必更言股东？如其不然，又何必有贵会之会议？况何者为真正股东，何者为非真正股东？不特新公司无从辨别，即贵会亦岂能尽悉，徒生枝节而已。新公司断难承认。

第三条　开报股东姓名，新公司完全承受后，自有正当之手续，无庸贵会预为指定。

第七条　新公司立约后，起限提银，深恐再有翻悔，致增损失，故请订明罚款，要其必成。因贵会坚不赞同，不得不委曲求全，请贵会实行担任损失。盖八百万巨款一经提存，其损失断非拆息一项所能包括，故必须订明罚款，担任赔偿一切损失。至于新公司不能依限提银，贵会又欲新公司照未交之数补还旧公司拆息，此就一面计算，实无如此办法，应请仍照原议，签订罚款，何造翻悔不能成交，即罚何造，较为公允。

第十八条①洋人所执旧公司股票果能如限缴票收银，亦与原订第十八条并无妨碍，新公司为防范洋股事，备案取缔，不得不有此条声明，以清界限，免贻口实。

第九条　花红一项仍交新公司办理，实系上年八月三日贵会所决议，且经贵会本年一月四日答复第四条所认为有效者，至成交后，"一切事宜董事会自有权直接交代妥当"一语，系一月十五日贵会第六条所答复，有案可稽，何谓原议所无？若以原议作为双方商量之词，不能援照定议，则是已议妥者不能作妥，而未议妥者更不能作妥，坐使新公司费此数月无谓之光阴，皆由贵会所致，新公司断不能迁就承认，应请仍照原议办理。

第十五、六条　新公司因原议担任商局存欠及上年盈亏，故请开送总略，以便查核。不料，来账所列公积五十二万余两一项，实与麻袋价及花

---

①　原文如此。

红两项有意捏造浮开，当于上次聚会时敝同人即经力争删除。乃贵会坚不允删，忽又提议请公正人判断。曹君当日声明，必得法律家解决。至于公积作为债欠，显系浮开，无请公正人理由，故延请律师，按照法律办理，系包括改组进行各条件而言。若专就公积一款，新公司始终并未承认，本无请公正人之理由也。

（1913 年 3 月 15 日，第 7 版）

改组招商局之催促

招商局改组新公司一事，屡议未决，详情迭见前报。兹将三月十四日新公司提议条件及拟订信约稿录后：

一、立约限期商妥各事。查赓续开议以来，又两月余，所议各事或议而未行，或议而未允，种种耽延，新公司实难任咎，今拟另行立约，限期商妥，以促进行而息浮言。约稿另附，如得同意即可签订。

一、实行担保提银。贵会上年十二月初次开送条件第一条，即新公司提银由旧公司担保，究竟如何担保之处，请切实宣示。

一、另函磋商草约六款。昨已逐条函复，必邀公阅。查此六款彼此修改，业经数次，新公司但期杜绝枝节，敦促进行，深望同意，勿再阻难。

一、汉口赔款。闻汉商近又屡次电致贵会，有非收现银一百二十万两不能解决之语，贵会如何电复，此事本系旧局种下恶因，贵会允为扶助，究竟近情如何，乞明示。

一、取赎汇丰押款。查阅议案及草约，订有贵会已经预向汇丰商妥之条，究竟汇丰如何承认，新公司随时提前取赎出，有何等承认凭据可以交执，及现在三面如何接洽之处，乞即实行。

至于重开实在存欠收支四柱账略，抄送旧局与商界所订各项合同，凡经董事会议准者，并删除公积、官利两项，早经面议及函请在案，乞照办。

附新公司拟请先订信约稿

立约人（轮船招商局董事会组织、新公司发起人）等，为招商局改组一事，本系商局全体股东于上年七月十四在张园大会所决议，由新公司首先开议，筹备现款八百万两，愿照董事会布告原股分四万股，每股照票面本银一百两，加价给银收回股票，承受全局财产，并担认存欠债项、本届盈亏。不料，嫉忌既多，觊觎纷起，阻滞数月，至上年十二月三十日复经董事会接奉国务院交通部电，准函订赓续开议，除上年七八月间议案董事会认为有效外，并又彼此开送条件及议订合同各款，开查账略。至本年三月十三日止，因有少数条件尚未商妥，不能即时成交。此中情形，惟商局方知其难，而局外不察，妄肆簧鼓，殊于进行有碍。为此公议先立此约，要其必成，订限期内务将各事商妥，签订条款合同，起限提银成交，庶内足以慰真股东之盼望，外足以杜局外人之干涉，并即以敦促当局者之切实进行。除已经议定合同条件外，彼此将未妥各条从速商妥签订，免再拖延。特立信约，二纸各执一纸存照。

（1913 年 3 月 17 日，第 7 版）

改组招商局最近之磋议

招商局改组问题屡经磋议，迄未解决，兹将三月十四日新、旧公司磋议条件及十九日董事会致新公司函录后：

新公司宋遯初君改定原合同内三条

一、自草合同订后四礼拜内，旧公司应即会同新公司与汇丰接洽妥当，承认新公司为债务者，并承认由新公司随时提前取赎。

一、但自草合同订后四星期内，旧公司应与汉商接洽妥当，除三十万两外，须俟政府债票发下后，方交由新公司议给赔偿，并应取示汉商承认之信据。

一、新公司将银八百万两提存通商银行后，在未接管全局以前，如有意外亏损，应由旧公司以公司全盘财产担保。

董事会与新公司协议四条

第二条　“局外不得干涉”一语应请删除。

第三条　股东姓名已由政府委员核办，本会毋庸干预。

第九条　花红一项于局产交代清楚后，应归旧公司会同新公司办理，以免日后有所争执。

第十八条　洋人执股票一节，既无此事，则新公司必欲列入此条，亦可照办。

右四条之外，尚有公积等两条件未经磋商解决。

董事会致新公司函

敬启者，改组一事磋议日久，近接股东纷函催促，究竟议至何日为止。各事皆已磋商就绪，其余公积亦可听公正人判断，不必因此耽误大局，务请贵公司定一期限，将各事商妥，签订草约合同，以便成交，免再延误。是为至盼。

（1913 年 3 月 20 日，第 10 版）

改组招商局最近之函牍

三月廿一日新公司致董事会函

接十四日函，复草约四条，注明罚款、公积二事尚待解决；又接十九日来函，只云公积可听公正人判断。查浮开公积，实无请公正人判断理由；罚款一层，尤为定议进行之必要。究竟此二事贵会已否解决，务即示明，以便敝同人函请订期到会面议，妥定草约。

三月廿六日新公司致董事会函

前因罚款、公积二事贵会尚待解决，业经敝公司于念一日泐函奉询，未蒙明复，殊深盼切。现在敝同人聚议改正草约各条，日内即可完备，务祈示复，俾得汇入约内，函请订期续议，商办一切，免再迟延。

三月廿六日董事会复新公司函

公积一事，敝会议决听公正人判断；罚款一节，如拆息及酌补汇费，尚可商议。"罚款"二字不便承认，早经面议，贵公司忽翻前案，以致耽搁。现在请即照原议办理，便可商立草合同，幸弗再迟。

三月廿九日新公司复董事会函

昨接三月廿六日来函，以公积、罚款二事敝同人忽翻前案，以致耽搁等云。深堪诧异。查三月十四晚贵会函送议复四条外，另注"第七，第十五、六条罚款，公积二事尚待解决，合并声明"字样。所谓尚待解决者，即尚未定议之谓也。如果敝同人等前经允洽，尚何待贵会之解决耶？且贵会曾于三月十日抄送议案，内开"第十五、六两条公积一项议请公正人判断。如新公司不欲请公正人，董事会亦可不请。第此款必无删除之理"等语。是贵会定议公正人可以不请，而公积五十二万余两在所必争。敝同人等实所不解，因晤陈可扬先生质问是何理由。旋据电话传述董事会王子展先生之言，实为股东争回公积，所言是否属实，请即明示，以解敝同人之惑。至于违约罚款一条，意在保全信用，要其必成。按照商业普通惯办法，无论大小交易，既订契约，罚款即在所必要。贵会如果诚心相待，理当极端赞同。否则，贵会所议条款合同即签订亦何足信？况贵会取缔新公司七条，罚款既严且密，有一违背，无论何时查出证据，所交八百万两全数充公，局务仍归旧公司执管。倘旧公司一方面不议明违约罚款，则签订之后，成交与否，悉凭贵会任意为之，又岂情理之平？敝同人等自与贵会续议以来，将四阅月矣。此中条件有议而未允者，有允而未办者，虚掷光阴，实非意料所及。函牍议案，斑斑可考，耽搁之咎，敝同人等断难承认。兹将公积、罚款二事再行奉询，盼切示复，俾即订期会议一切，是所感祷。

（1913 年 3 月 31 日，第 7 版）

三月三十一号新公司致袁海观君函

敬启者：近阅三月十六号《申报》登录北京电，袁电京：招商局新公司以磋商条款迁延时日，请电催并定期限。① 又，三月二十七号《民权报》登录交通部接清理招商局委员袁由上海来电，报告招商局会议新、旧股东大起冲突，因公积、罚款两项未能解决，请示办法。朱总长已将此问题提出国务院会议，等语。事实不符，深为骇异。以上两电是否确由尊处所发，特此专函奉询，务祈明示，不尽翘切。

（1913 年 4 月 4 日，第 11 版）

---

① 1913 年 3 月 16 日《申报》第二版《专电》栏载："北京电，袁树勋电京，招商新公司以磋商条款迁延时日，请电催并定期限。"

改组招商局最近之函件

四月二日新公司致董事会函

三月二十九日曾泐复函，谅邀公鉴。再，查敝同人等因原议担任贵局壬子年盈亏以及历年人欠、欠人各款，故屡请开示总略，以便查核。乃前接贵局开送收支之账，仅至上年八月份止，存欠之账又简漏不详，为再函请转饬贵局速将壬子全年收支盈亏总账另行开送。至存欠之账存款一项，凡有关于贵局财产各款，均须逐款开列，一并饬送敝公司查阅，幸勿再迟，不胜盼切。

四月三日董事会复新公司函

两接公函具悉。一是公积一项，王子展为股东争回，是否属实等语。公积系股东之款，如当争董事自不应放弃，不当争虽争无益。但此事已请公正人，全权在公正人，不在董事也。至罚款一节，董事实无此权力代股东承认。此二事本会早经议决，如得贵公司同意，即日便可会议定局，如不以为然，尚祈从速示复，立一期限，定议之后方可将账目开齐送上也。

四月二十八日新公司开列条件

（一）删除浮开公积

查二月十三日贵局抄送存欠账单内有浮开公积银五十二万余两，实与上年施君禄生所列办事人两项花红数目相同，当经敝同人屡次驳议，无请公判之理由。三月十日复承贵会抄送议案，公积一项请公正人判断，如新公司不愿请公正人，董事会亦可不请，第此款必无删除之理等语。敝同人曾于三月二十九（日）致函质问，至四月二日接奉贵会答复，公积系股东之款，如当争董事会不应放弃，不当争虽争无益；又以全权在公正人为词。尤滋疑惑，何也？招商局所有财产何一非股东之款？惟贵会与新公司自上年前后开议抄送议案内云，公议新公司承任须出现银八百万两，所有人存公司及人欠公司款目与本年盈亏一概均归新商承认，旧股东但收到现银二百两后，其余概不干涉。嗣因订明办事人花红四十万及押款补息、汉口用项四十万，在现银八百万价内扣出，余银七百二十万两，计股东每股收回现银一百八十两，不得丝毫扣折，彼此照此议定，且有董事王子展先生亲笔之答复，会长伍秩庸先生当众之宣言，新公司如有现银八百万两，并担任旧公司债款，则人欠旧公司款目概归新公司收取，即旧公司一招牌、一板凳皆为新公司所有。是股东应得之款，只在股票增价七百二十万两之内，其余存欠、盈亏概由新公司担任。倘旧公司毫无公积，新公司岂肯于现银八百万两外复为承认历年之存欠、本年之盈亏耶？今贵会于存欠单内存款概不详明，欠项复多浮冒，即此五十二万余两，既名为公积，则旧股东无可再争；若实为花红，则新公司岂能承认？况公积名义所包者广，旧公司除原股二百万外，所有财产何一非由公积而来？此端一开，则种种款目俱可指为股东公积之款，董事会不应放弃，不特与前后议案不符，揆之商场交易章程，亦无如此办法，故提回公积一款，仍请按照原议删除。

（二）签订罚款数目

查草合同开列罚款一条，原为杜悔议而坚信用起见。按之商场大小交易常规，既缔信约，理应照订，如贵会以一百万两为数太巨，不妨通融酌减，然以代价八百万两之一成计之，至少亦须八十万两。倘贵会诚心交易，即按通场通例，订约之后卖主翻悔，照收价数目倍罚，亦无妨碍。况一成罚款在新公司已格外通融耶。

（三）重开收支存欠账略

查贵局于一月十六日开送收支账单，仅抄至上年阴历八月份止，二月十三日开送存欠账单，又仅抄至上年阴历十月份止，不独参差挂漏，亦且捏造浮开，令人无从取信，虽经屡次面诘，加以函驳，请予据实重开，贵会均延宕未允，无论新公司储款八百万承受局务本系交易性质，即订明担任贵局历年存欠、上年盈亏二项，亦理应预先开送账目，以备查考。前以各局年结未全报，到犹可言也。今过年已四阅月矣，岂总局各账尚未能结出报告贵会耶？以上收支存欠各项账目，新公司既允负担任之责，自应切实详明逐款开列，先交敝同人查阅，万无俟定议后再行开送，使新公司担任贵局生意盈亏以及人欠、欠人各款于事前茫无知晓也。

总之，以上各项皆系新公司必要之争点、事实上正当之办法、而亦为贵会所力当赞同。乃贵会开议以来，迄不照办，延宕数月，未能签约，新公司实不任咎。今贵局开派官利，亦已定期登报矣，无论贵局本届营业果否盈余，无从揣测，即就董事温先生屡次诘问见之报章比类而观，已属有绌无盈，本无官利可派，如无商订另组，则挖肉补疮之计，诚非局外所能干预。惟此时间不应一面与敝同人订议本届盈亏归新公司担任，一面提取局产股票作为官利分派，将来彼此交易，新公司岂能于原议之外吃此巨亏？查另组之议，新公司本为贵会代表股东所招致，又奉大总统、国务院电示所承认，检查上年七、八月间议案以及十二月三十日以后续议条件，在新公司并无格外苛求，而贵会种种刁难，延宕至今，实非始料所及。今日到会所有前开各项，贵会如能照办，应请明示限期，俾得克期签订，以免延误，实纫公谊。

（1913 年 4 月 30 日，第 10 版）

招商局股东致董事会函

招商局董事会列位先生台鉴：近阅各报汇登贵董事会诘问总局账房收支各款，虽经略有答复，仍未详晰，皆由历年总结不依四柱清册成法，分清纲目，使人一目了然，不特贵董事会多此疑问，即我股东检查历年账略，亦无从窥其内容之所在也。从前刊派账略，既有董事会列名，又经查账员核对，既已担负完全责任，我股东耳目寄诸董事，而董事耳目寄诸查账员，以为实事求是，故无须过问。自上年七月股东特别大会以积习太深，公决另组，但求股票加价，本利有着，亦不必再问。乃新公司开议至今，迄未定局，为今之计，惟有重新整顿，以冀补救将来而已。整顿之事不一，要以通盘核算实存、实欠为根本上整顿之前提。今当一年结报时期，贵董事会不愿代人任过，屡经列款诘问，不辞劳怨，实所钦佩。惟海谆谆，而听藐藐，无论答复不详，外迎内拒，固无和盘托出之日，即使随问随答，亦属徒费笔墨，何能彻始彻终，昭示大众。因商局开办至今已历三十九届，向来账略此中底蕴秘不示人，本届账略如不认真查考，仍前敷衍，贵董事会固无以对股东，我股东亦非所望于贵董事会矣。此次务恳清查账目，改良账规，俾司簿记者永远遵守，实所殷盼。缘股分公司与合资社会不同，所有收支存欠、盈亏实在情形，无取名为严守秘密，实则转滋流弊。否则，我股东利害切己，一俟开会定期，当必自行组织股东团体公同清算，为彻底澄清办法。想贵董事会亦当以为然也。专此奉达，并颂均安。

招商局股东联合会祥记、张士记、梁统华、萧捷鳌、郑日新、林安源、佘骁敏、邓亦文、叶树勋、张德熙等同启。

（1913年5月7日，第11版）

轮船招商总局定期开股东常年大会广告

本局第三十九届总账业已结就，经查账员查核无讹，除刊印简明账略分送股东外，并将年结账册抄存津、汉、港、粤、闽各大埠分局，留备各股东就近查阅。现经董事会公议，应照例举行股东常年大会，报告上年营业情形，并选举议事及查账员。兹择定阳历六月十五号，即阴历五月十一日下午两点钟，在上海张园为开会地点，务望远近各省各埠股东于开会期前携带股票息折到上海总局验票挂号，领取入场券，以便届期到会。特先登报，通知定于阳历五月二十五号，即阴历四月二十日起，凭股票息折逐日持号，至六月二号，即阴历五月初八日为截止期，幸勿延误，致失利权，是所至祷。

（1913年5月21日，第1版）

商办轮船招商局开股东常会更正

前因开会告白与上年办法不同，恐于远埠股东不便，今公议更正：照上年章程办法，凡在远埠各股东，请照前例将股票息折就近向各埠分局验票挂号，随掣凭条，于开会期前数日来沪向本局换取入场券，并发选举票；其在本埠各股东，即将票折径向本局挂号照办。又恐更正之后日期稍形迫促，今将会期改迟七日，定阳历六月二十二日即阴历五月十八日二点钟仍在张园开会。尚祈公鉴。

再，本埠验票挂号自阳历六月十一日即阴历五月初七日起，至阳历六月二十日即阴历五月十六日止，每日上午十点钟至下午五点钟止，均在本局候玉。如过时，则递至次日。过期则统在会场门前补验领券。一并发明。

（1913年5月22日，第1版）

改组招商局之函牍

四月二十八夜董事会致新公司函

敬启者：本日贵公司同人到敝会会议各节，谨将议案录送察阅，务祈本星期三以前赐复，是为至盼。录送四月十八日新公司、董事会会议议案

一、公积五十二万两；

一、应定有无罚款，并数若干；

一、派分汉冶萍股票四十万元。

以上三项问题，公债一项本已入公正人范围之内，今新公司又诘问第二、第三项，公议亦并入前公积问题，均归公正人判断，当经新公司允与同人商议，但一经公正人判决，均须允从。

五月十日新公司复董事会函

敬启者：上星期接奉函开贵会议案所列公债、罚款、派利三项，请付公正人公判等因，刻经敝同人公同集议，皆以四月二十八日敝同人到会提议删除浮开公积、签订罚款数目、重开收支存欠账略及贵会不应提取局产汉冶萍股票作为官利分派四项，理由业经条分缕晰，详细开陈，均可复按，既为敝公司必要之争点，事实上正当之办法，而亦为贵会所应当赞同者。不料贵会始终坚持于公积、罚款、派利三者本无请公正人之理由，而均欲付之公判，于敝同人提议重开收支存欠各账略竟置不答，种种刁难，几无情理可喻，实为敝同人始料所不及。为再具函复申前议，倘贵会果能开诚相见，出以持平，应请即日示复敝同人，拟订下星期三即十四日贵会常会之期，再行到会，按照四月二十八日提议各款，请贵会面决照办，以便克期签约成交。否则，敝公司改组，本贵会代表股东所招致，而迁延阻难又复出自贵会，不独敝公司不任其咎，所有敝公司因此备受损失，均须贵会担其责也。

五月十四日董事会复新公司函

敬复者：日前接奉惠函，具悉。一是公积、罚款、股票三事均请公正人判断，此乃敝会当面与贵公司商量开诚相见之办法，如贵公司可得同意，再行定期会议；如仍不同意，自可无庸再议。招商局另组一事，全系

买卖性质，必须彼此愿意，若所定条款两方面均不愿意，彼此均可停止，无所谓担其责任也。

五月二十八日新公司再复董事会函

敬复者：十四晚接奉函示，聆悉一一。惟是敝同人等前承函约庚绩开议，满幸贵会具有法人资格，而又代表股东，担负完全责任，一经磋商，当易就绪，讵料贵会对于敝同人所商条件毫无诚意。他不具论，即如四月二十八日提议删除浮开公积、重开收支存欠账略、签订罚款数目，以及不应将局产汉冶萍股票分派官利四项，贵会既知商局改组全系买卖性质，即应知此四项实为新公司承受商局必要之办法，且为情理所当然，断无请公正人公判之理，乃贵会始终坚执，阻碍进行，揆之情理，两无一当。所谓具有法人资格及担负完全责任者，固如是乎？今者停止之议出自尊意，已见明示，是事须两愿，以敝同人正当要求尚不能得贵会之同意，而贵会非理固执又何能强敝同人以俯从？兹将敝同人议案抄呈。总之，改组无成，全出贵会不克持平所致，敝同人并无格外苛求，屡次议案俱可复按，可以质诸公论，所有改组经年一切损失，应须贵会担其责任，并希即日示复为荷。

（1913 年 5 月 29 日，第 10 版）

招商局股东公鉴

请自登报之日起，至开会前一日止，凭已领之入场券，仍至本局验票挂号处补领议决票，以备会场之用。不胜候玉之至。

招商总局谨白。

（1913 年 6 月 18 日，第 1 版）

招商局股东维持会告白

上年招商局因改组新公司，致起风潮，股东等设会维持，现在新公司已停，股东会亦开，维持之担负已完，即于本月二十日会议取消，所有各股东从前在维持会挂号之收条，请即交销。除电院部外，专此布告，即祈公鉴。

（1913 年 6 月 21 日，第 1 版）

招商局新公司决议停止进行

改组轮船招商局，新公司发起人上国务院、交通部电云：

> 改组招商局案自奉电准由旧局董事会函订新商赓续开议以来，因董事会对于新商商订承受条款既无诚心相待，复多非理争执，近接函开并有改组局全系买卖性质，彼此不能愿意，均可停止等语，尤见起灭自由，新商被搁经年，损失不赀，万难再事迁就，除决议停止外，惟改组无成，全出董事会不克持平所致，议案具在，可以质诸公论。至此次决议停止，新商原有发起十五人，因王凤文、宋教仁二君作古，刘问刍一人不赞同，故由十二人列名，今并附陈。
>
> 曹锡圭、于右任等十二人同叩，篠①。

（1913 年 6 月 19 日，第 7 版）

招商局股东大会详记

昨日招商局假张园开全体股东大会，股东到者计近千人。在事者恐主张改组新公司，人不免起而反对，特请捕房派有西、印捕各二名到会巡逻。二点钟开会，五点钟散会。兹将会场种种情形详列于后：

一、主席之报告

开会后，先由王子展君登台报告云：今日以伍秩庸、杨杏城二君均不在沪，温钦甫君亦未到会，权由鄙人报告一切。本局自光复以来，因沪军都督前年运兵水脚尚欠二十余万，各省所欠水脚数亦不赀，幸叨股东鸿福，尚得七厘五之利息。次又报告，股东李征五、谢蘅牕、孙铁舟、夏敬业等二十人主张，拟仿日本邮船会社成法，由股东公选取缔役、监查役等职之意见书。又，林孔瑞、徐秉记等十二人不认新公司要求赔偿损失之意见书，请众公决。于是各股东对于仿照邮船会社成法事则多数赞成，对于

---

① 按，《韵目代日表》中，"篠"指 17 日。

新公司要求赔偿事则都不承认。王君又谓，"现有一万八千余权之股东杨耀记主张照《商律》、局章，应留旧董事三人联［连］任，如公决任用何人，请用红色票书明姓名，与选举票同时投筒"云，亦得多数赞成。施子英君则谓："兄弟已任二年，请各股东勿再举及。"

二、股东之演说

先由廖德辉君演说，招商局非人之私产，实系多数股东所组合，欲免垄断，欲免股本尽付东流，各股东须结合团体，为严正之监察云。次由孙铁舟君历述种种维持之苦心及速仿邮船会社成法之必要，并谓"前年若非由鄙人等联合十七团体以救本局之急，恐各股东不能于今日在此开大会"云。次由常州人李某演说盛氏之历史，并訾王子展君为奴隶之奴隶。

三、秩序之扰乱

李某演说至此，王君已愤懑至极。商会总理周金箴大声叱之。于是，抵抗声、调和声及台下喝打声杂然而起。正在固结不解，忽有王芝轩为李代抱不平，将演说台及投票筒一并推翻。于是西捕、印捕跃上演说台，将王拥之而去，盖押赴静安寺捕房也。而演说之李某已于纷乱时从人丛中逸去。

四、王君之宣言

王君谓："顷间骂我者，鄙人尚须赴公堂起诉，至推翻演说台者，应否由各股东联名起诉，请公决。"于是，主张控告者亦得多数。

五、投票之结果

投票选举计分三种：（一）投留任旧董事三人票；（二）投新董事六人票；（三）投查账员五人票。投票毕，由各股东公推欧阳华臣、李征五、孙铁舟等四君为检票员。三种投票结果：（一）留任旧董事三人，周金箴得二万二千五百八十七权，王子展得二万三千三百五十六权，杨杏城得二万二千五百三十六权，最多数均当选；（二）新董事六人，盛杏荪得五千零十六权，唐凤墀得三千九百七十八权，郑陶斋得三千九百零七权，傅筱庵得三千四百八十二权，施禄生得三千四百六十四权，陈辉庭得三千三百八十三权，最多数亦当选；（三）查账员五人，顾咏铨得一万零零九十七权，张知笙得八千五百十七权，周清泉得六千零七十六权，谢蘅牕得五百四十五权，朱五楼得五百六十七权，最多数亦均当选。

六、对付之讨论

王芝轩既因推翻演说台，由捕拥入捕房，至是选举已毕，各股东又群相讨论，公举李征五君为股东代表，正式起诉。孙铁舟君谓："李某既经逸去，就此作罢，似可不必起诉。"粤帮周国源君则谓："彼此既均是股东，如果涉讼，恐被外人窃笑。"周金箴君主张须查其究竟是否股东，并股票是何号数。如无号数，即无股票，既无股票，即非股东，应作流氓对待云。

七、捕头之主张

王芝轩既至捕房，捕头即询以因何扰乱会场秩序。王称"我为二十股股东谈福堂之代表，现为铁道协会职员"等语。捕头谓王既是股东，即是体面商人，非由各股东正式起诉，捕房未便干涉，故未将王拘留，仅嘱其在写字间坐候散会后再行解决。

八、侦探之调查

张园既散会，即由股东代表李征五君至捕房声明王扰乱会场秩序情形，于是八号捕头派探徐阿华陪送王芝轩回铁路协会，并调查会中有无其人，及查取股票号数，禀复核办。

（1913 年 6 月 23 日，第 10 版）

招商局新旧董事告白

昨日在张园开股东大会，有分布宣言书者，并无股东姓名，直同匿名文书，请分布此书之人将姓名披露，我等可以实事答复，以备真正股东研究查考。若隐匿自己姓名，使我等无从答复，则是以空言毁坏人之名誉，非为股东大局起见也。

王子展、施子英、傅筱庵、周金箴、唐凤墀、陈辉廷、施录生同白。

（1913 年 6 月 24 日，第 1 版）

更　正

昨报《招商局股东大会详记》第五条第三项，票选查账员五人等语，兹悉该局定章只选查账员二人，除昨报所载顾咏铨、张知笙二君得票最多当选外，其余周清泉、谢蘅牕、朱五楼三君系属次多数，应作为候补查账员。合行更正，以昭核实。

（1913 年 6 月 24 日，第 10 版）

再志招商局股东会之冲突

招商局股东日前在泥城外张氏味莼园开股东大会，集议进行方针，并选举新旧董事及查账员，因有常州人李某于演说时陈说盛杏荪君之历史，并訾王子展君为奴隶之奴隶，故由商会总理周金箴大声呼叱，一时人声鼎沸，会场秩序大乱。突有自称股东谈福堂之代表王芝轩出而袒李，将演说台及投票筒一并推□〔翻〕，致被西、印各捕带入静安寺捕房，经捕头询知王系铁道协会职员，且为股东代表，非由股东起诉未便干涉，旋即派探将王送回铁路协会，候再查核在案。兹闻两方面现尚相持不下，咸拟起诉，恐难和平解决云。

（1913 年 6 月 26 日，第 10 版）

招商局股东之公愤

铁道协会职员王芝轩代表招商局股东谈福堂，在张氏味莼园开股东大会时因袒庇常州人李某陈述盛杏荪君之历史，并訾王子展君为奴隶之奴隶，遂将演说台及投票筒推翻，致起冲突，两方面各不相下，咸拟起诉，各情已屡纪本报。兹悉招商局各股东已举李征五为代表，以王吵闹会场、殴打会内之人，正式具禀公共公廨。昨由关谳员转饬捕房将王传案，先由原告代表维礼士律师上堂声明控告理由，并请饬令捕房传同当时照料会场之探捕到堂指证讯之，王亦延律师代辩。聂襄谳商之代理美领陪审之英领哲君谕王退去，定于今晨十一时详细研讯，以凭解决。

（1913 年 6 月 27 日，第 10 版）

招商局股东起诉之泡影

李征五代表招商局股东在公共公廨正式控告铁道协会职员王芝轩于张

园开股东大会时捣乱会场、殴打会内之人等情，已于前日由廨出单，将王传案，经聂襄谳会同代理美领陪审之英领哲君略讯一过，谕王退去，订于昨晨十一时详讯曲直，以凭解决在案。昨又传讯，据被告代表徐思义律师译称，此案昨奉堂上谕，期今晨上午集讯，现在已逾时刻，而原告与原告代表律师均不到堂，应请查照会审公堂定例，原告临讯不到即行将案注销，孙襄谳与英哲副领事会商之下，以原告既不到堂，应准律师所请，遂判将案注销。说者谓此事已经人理劝，双方均愿和平解决，以故原告临讯不到耳。

（1913 年 6 月 28 日，第 10 版）

改组招商局之尾声

交通部致袁海观电

本部现据曹锡圭等篠电，报明新商决议停止在案。复据罗瑞祺等请，派员监督新、旧公司交易，核与曹电事实绝不相符。查此事既经原发起人声明停止，所有罗瑞祺等真、篠、皓三电不能发生效力，特行电达，乞即转知。交通部，径①。

袁海观上大总统电

前奉命令彻查曹锡圭等另组新公司有无洋股，顷接交通部电，曹锡圭等已自请停止，树勋无可彻查，自应取消，谨呈明。袁树勋叩，感②。

袁海观复交通部电

径电聆悉，前奉大总统令系彻查曹锡圭等另组新公司有无洋股一事，曹锡圭等既自请停止，是无可彻查，应即取消。罗瑞祺等三电绝未预闻，尊电云不能发生效力，当遵照转知商局。树勋，感。

（1913 年 6 月 29 日，第 10 版）

招商局董事会推定职员

股东常会议决援照日本邮船会社章程，选举董事九人，即在董事内

---

① 按，《韵目代日表》中，"径"指 25 日。
② 按，《韵目代日表》中，"感"指 27 日。

公推正、副会长及专务员三人常川驻局，其余各董按期到会公议，多数取决。兹于六月三十日董事第一次开会，公推杨士琦为正会长、盛宣怀为副会长，正会长未到以前，副会长兼代，唐德熙为主船科长，陈猷为营业科长，施亦爵为会计科长，王存善、郑官应、周晋镳、傅宗耀及查账员顾润章、张武镛照章遇事会议，互相商榷，以期切实整顿。谨此报闻。

轮船招商局董事会公叩。卅①。

（1913 年 7 月 1 日，第 10 版）

招商局股东不甘受欺

招商局股东代表李征五等在公共公廨控告王芝轩于张园开股东大会时捣乱会场、殴打会内之人等情，曾于上星期四由廨将王传案，略讯情由，谕王退去，订期翌日（即星期五）上午十一时会讯，以凭解决。届期因原告表代〔代表〕与代表律师均未到堂，即由被告代表徐思义律师投案，译称原告已逾时刻不到，应请堂上按照会审公堂定例，将案注销。当经孙襄澉与英哲副领事照准，遂判将案注销在案。讵至昨晨忽有爱理思、罗礼士两律师投廨，据爱律师译称，敝律师亦为原告代表，并据译称原告代表李征五等三人均系股东，系由多数股东公举。至被告王芝轩上星期四奉传到案，堂上谕期翌日上午会审，讵王退去后，即央人向李代表声明，情愿服礼了事，故由李代表倩罗律师至检察处声请展期三天，以便调处。检察员以此案须由捕房派捕到堂证明，当用电话知照捕房。据说派捕一层，可以随时到堂，是以原告届期并未到廨，而王竟投案朦称原告临讯不到，请准将案注销。此等行为，情同欺骗。且王并非股东，无干涉股东会议之权，似此扰乱会场，殊与股东利权有碍，以故到堂要求再出传单，传王到案彻究，并由罗律师上堂声明以上各情形。王襄澉商之英领哲君，准再出单传讯，该律师唯唯而退。

（1913 年 7 月 1 日，第 10 版）

---

① 按，《韵目代日表》中，"卅"指 30 日。

重讯捣乱会场案

招商局股东公举代表李征五、孙铁舟、王子和等在公共公廨控告王芝轩捣乱会场一事，已迭志本报。昨晨十时，由公共公廨聂襄谳会同英领哲君升座楼上公堂集讯。先由被告代表徐思义律师投案，译称此案前星期五因原告不到，已奉注销，且查本月一号《申》、《新》等报纸登载此事，已由介绍人从中调停，敝律师以此事并无证据，毋须调停，并经堂上判准，将案注销在案。继由原告代表爱理司律师将控告理由当堂宣读毕，即据华探徐阿华投诉，"六月二十二号下午三时，奉捕头命令至张园会场照料，先有年轻一人登台演说，述及盛氏历史，并訾王子展为奴隶之奴隶，一时哗然，其人即从台后而逸。旋见被告王芝轩将演说台推翻，投票筒在台下未见王推翻。包探见已闹事，上前诘问，被告已被数华人执住，交由印捕带入静安寺捕房。捕头当用电话知照，将王暂行看守，俟散会再核。迨至五句余钟散会后，捕头嘱令将王带至北河南路四十号，即其家内察看情形，旋复带回。此系当时实在情形也"。

旋据静安寺捕房捕头投称，"是日率同二十三号、一百五十号两西捕，华探徐阿华、侯阿宝及印捕等到场弹压，见一人在台上演说，台下无一赞成，反多站起诘问，这人从台后走出。被告上台，亦欲演说，台下人声鼎沸，遂将演说台推翻下台，被执交捕带至写字间内。据称系二十股股东谈福堂之代表，曾具中西信函致招商局总理询问，迄未回答"云云。又据当时在会场照料之中、西、印各捕先后上堂，□明当时情形。复据原告代表爱律师声称："捕房有保护会场之责，刑律上有扰乱治安之条，按照英国法律，扰乱会场或罚金五磅，或拘留一月，即美国法律，扰乱会场亦为有罪。此会虽系一家之会议，亦属公众性质，开会时各报馆记者亦均到场，可照英国定例办理，且查中国新刑律第二百二十二条与旧律二百十八条所载，捣乱教堂、学堂、会场与此案可以比例。现在只须证明扰乱会场一层，堂上即可判决。"

据原告代表孙铁舟投诉，"系招商局五十股股东，户名敦本堂，六月二十二号在张园开股东常年会，集议进行以及选举董事、查账员等事，见有董事六七人坐于演说台，后时有姚某登台演说，谓局事腐败，当向驳诘。我谓二百万资本已达八百万，营业发达，不能指为腐败。姚即默然而退。旋一年轻者登台演说，因訾王子展为奴隶之奴隶，此人似系蒋姓，惟已逃逸。因王子展系招商局有功董事，以故大众向彼诘问。被告遽将演说台推翻，各股东大为不然，将王交捕带去。旋由被告代表徐思义律师向孙逐层驳诘，并称被告骂王子展为奴隶之奴隶，与局中有无关系，以及该局章程有无六董留三办事之条，前次开会是否亦有吵闹情事。孙代表逐一答复，谓訾王子展系个人之事，各股东很为文明，当时只向诘问，并不吵闹。至前次开会，吵闹等事情或有之，惟被告推翻演说台，系干众怒，按诸西律亦为有罪"。堂上诘孙按何国法律，孙称"即请照中国新刑律第二百二十二条捣乱会场定例办理"。徐律师复诘："反对党知有新、旧两派否？"孙答不知。徐律师又向堂上声称，被告见证五人，因案注销，业已各散，应请展期，以便再邀各见证到堂。堂上以时已过午，不及研讯，遂判王仍退去，候下礼拜一再行讯核。

（1913 年 7 月 4 日，第 10 版）

捣乱会场案改期复讯

招商局股东在公共公廨控告王芝轩捣乱会场一案，本订于前日午后二时半复讯，嗣因人证未齐，由中、西官另行订期会讯。

（1913 年 7 月 9 日，第 10 版）

扰乱招商局股东会之结束

招商局各股东公举代表李征五、孙铁舟、王和卿控自称股东谈福堂代表之王芝轩在张园开股东大会时扰乱会场一案，前日午后由公共公廨复讯。先由李征五及孙、王二人上堂证明，六月二十二号招商局股东假张园开股东大会演说时，忽有一少年在演说台上大骂招商局董事王子展为卖国奴之奴隶，以致在场之人群相诘责。乃该被告遽肆野蛮举动，将演说台及投票筒推倒于地，行凶殴辱在场之人，惟被殴者为谁，因当时人多，秩序已乱，故不能辨认。又据招商局书记沈松茂投称，招商局股东名簿内并无"谈福堂"之名。即据被告代表律师诘称，招商局股票有无辗转售卖未将户名更正者，沈答称事或有之，惟此次开会所分入场券系凭各股息折发给。质之被告王芝轩，供称"当时骂王子展为奴隶之人，似是姓蒋。继因群相诘问，会场秩序紊乱，伊即逸去，我只从旁解劝，并无野蛮举动。至演说台及投票筒系人多挤倒，并非由我推翻"。并据见证廖德辉、沈砚卿、王杏仁相继上堂供称，"我等均系股东，亦曾在场，只因有少年之人骂王子展为奴隶，因此台上下群相诘问，秩序紊乱，致将演说台挤倒，并非被告推翻，被告亦无野蛮举动，实被巡捕误拘"。旋据被告代表律师声称，此案起点甚微，且经见证证明被告实无行凶情事，是原告所控不特并无确证，其理由亦未充足，应请将案注销。复据原告代表律师译称，此案曾有捕头及中、西探在场目睹，已经到堂证明，故被告实犯扰乱会场秩序之刑律，须请核办。聂襄谳商之英哲副领事以原告所控证据不足，遂判将案注消，被告开释。

（1913 年 7 月 12 日，第 10 版）

五 1914年资产重组

招商局特别股东会纪事

商办轮船招商局昨在张园开股东特别大会，到者七八百人，会场秩序、议题如下：

一、摇铃开会。

二、报告照股东公函，分航业、产业两公司填换两种新股票，及股东公举审查代表批注赞成一切情形。

三、声明产业公司照股东公函，仍由董事会会长负完全责任，与各董事监督进行，并公举科长专司其事。

四、本年应派各股癸丑年之利息，仍照上届每股派给现银七两五钱、汉冶萍股票十元，照章应于阴历三月一日凭折支取。现既换填新式股分票折，开会之后各股东即可将旧股票息折一并缴局，一面照章发息，一面填发收条，再定期以收条换取两种新股票。

五、声明产业项下房产地基及契据等项照股东公函应点交产业公司收执。

六、本年股东常会请照股东公函，俟换票事宜办有头绪、账目一律结清后，再行定期。

七、摇铃散会。

午后二句钟摇铃开会，首由董事会王子展君宣布开会宗旨，谓此次开会盖因董事会迭准各股东函请分设航业、产业两公司，填换新式两种股票，以保存四十余年积有实在之资产，俾可从根本上着手之大计划也。查改换新股票一事，发起于前清宣统二年五月初六日股东大会，曾经公决通过，嗣因时势变更，未遑议办。上年冬间，股东纷纷函称，以本局积存资本一千六七百万两之巨，股东仅获有四百万两股票之实权，资本多而股票少，无怪垂涎者动生觊觎，拟请将股东产业实在数目均填股票，将关系航业者填给航业股票，无关航业者填给产业股票，由股东将原执之旧股票缴局，核明抵换，嗣后应付利息按年以实获之盈余照数摊派。又据股东函称，无关航业之产与有关航业之产必须同时分填股票，庶可稍戢觊觎者之心。又据股东函称，本局无关航业之产向无专办之人，以致数百万租产巨本，岁收租息甚微，深为可惜。现在各股东既议分填股票，即应另立一产业公司，选派得力者专司其事，认真办理。又因旧股票年号与国体不合，及香港曾有伪股票发现等事，佥称非改换新股票，分别航业、产业两项，迅速刊换，各立公司，不足为根本挽救、先事预防之计，异口同声，如出一辙，即经董事会公同议决，准于上年年底实行，登报布告。旋经会计科将关系航业之码头、栈房、轮船等项，无关航业之房产、地基、股票等项逐款清查，检齐历次各项估价原单，造具航业、产业两项估价清册。计航业项下估价银一千三百七十六万一千八百四十二两，拟填掣航业新股票八百四十万两，以八百万两分给股东，每股执旧票一百两者换给新票二百两；以四十万两分给新、旧各执事人，作为公积花红。其余五百卅六万余两存作公积，并备还欠款及修理等项之用。此项新股票名曰"商办轮船招商局有限公司股票"，共计八万四千股。无关航业项下估价三百八十三万八千六百三十六两四钱，拟填掣产业新股票四百四十万元，约合银三百二十一万五千两。每票银币一百元，以四百万元分给股东，以四十万元分给新、旧执事人，作为公积花红，余存六十余万两预备筹办各埠兴筑之用。此项新股票名曰"积余各埠产业有限公司股票"，共计四万四千股，并拟定两种新股票式样（式样附后）。当经各股东公举审查代表沈仲礼等十四位到局审查，得两项股本银两核与西历一千九百十三年及十三年以前洋员所估价目单据均属相符，所拟分填股票数目及新股票式样均极赞成，请定期速开股东大会通告，等因，批注签名在册。又经登报布告周知，董等复按：此事经各股东一再请愿，事越数年，至今日始行定议，实以时局多艰，未能仓猝举办。兹幸规复粗定，询谋佥同，自应一意进行，各求进步，以副各股东根本之至计，即以稍尽我董事责任所当然。所有□接各股东来函及审查代表批签清册，一并排印成帙，藉供公览。

次沈仲礼君报告云，航业、产业分为两公司，各填股票，除航业事宜仍照上次会期决定照邮船会社章程办理外，其积余产业公司应办一切事宜，即照股东公函仍由董事会会长负完全责任，与各董事监督进行，并由董事会公举身家殷实、确有经验者推任科长，专司其事。

施子英君声称，股东函请详订换填新刊航业、产业两项股票章程，现经会计科核议，应俟将癸丑年账目结清，核发股息时，请各股东将股票息折一并送局查对，一面将癸丑年应得利息仍照旧章发给，一面即将旧股票留局发给收条一纸，注明应换航业股票若干、产业股票若干，俟分别核填后，定期登报，请各股东即持原给之收条换取两种新股票，以期核实而免错误。

周金箴君云，本埠及各埠凡应归产业项下之房屋地址及契据、估单等项应分别划清检齐，点交积余公司收执。其有因航业所需，将契据抵押他处者，应照股东公函，出具借用字据，俟收回之时即行交割清楚。公司虽经分立，股东原是一家，应于各清界限之中，仍寓互相维持之意。

王子展君又云，每年股东常会均在结账之后，本年既已定议改换两种新股票，即应于此次结账之时划清界限。手续既属繁多，稽核必须详密，应照各股东公函，俟将换票事宜办有头绪，各项账目一律结清后，再定常会之期，以便报告而免丛脞。

以上沈、施、周诸君报告各节，系按照各股东来函所请，核与董事会应负之责任及各科长承办之次序，均属允洽，应请公决。

在场全体股东均举手赞成，遂即表决，摇铃散会，时已四时矣。兹将两种新式股票照录于下：

（甲）商办轮船招商局有限公司股票

为给发股票事，本公司于前清同治十二年创办，先后招集股东银二百万两，至光绪二十四年间经股东公议加填股票二百万两，分派各股东存执，名曰"公积股票"，连前共计股本银四百万两，合成四万股。现在本埠及各埠陆续置买局产，价值增长，经汇丰银行、通和洋行及海关验船司将所有码头、栈房、租产、房屋、地基以及轮船、趸船等项逐款调查，共计实值资本银一千七百余万两，均由各洋员估单签字为凭。公议除将无关航业（之）房屋、地基、股票等项估计银三百八十余万两，另设产业公司专办外，其余有关航业船产价值酌留银五百万两，以作公积，备还欠项及修理各用，不填股票，议定改填轮船有限公司股本规银八百四十万两。内四十万两分给各执事公积花红，仍按每股一百两，合计八万四千股，另刊新式股票，由各股东将原执之旧股票缴局，由局分给新票，应付利息亦照股东函请按照每年实获之盈余照数摊派，以昭核实。须至股票者。

本公司全系华股，专以票折为凭，如辗转买受及或有遗失，悉照本公司定章办理。

（乙）积余产业有限公司股票

为分给股票事，查招商局创办至今，积存船栈产业成本共计公估实价规银一千七百余万两，除将关系航业之各埠码头、栈房、轮船、趸船等照估价填发股票本银八百四十万两，并存公积产业约值银五百万两，以备还账及修造各用外，议定产业内以无关航业之房屋、地基、股票等项估计值银三百八十余万两，现经全体股东函请董事会议决，另设积余产业公司专理其事，俾得保全商业，实力进行，利益增厚，计填股本银币四百四十万元，每股一百元，计四万四千股，以四万股派给各股东收执，四千股派给各执事公积花红，余存款项留备兴筑所需，应得利息按照该产每年实获盈余照股摊派，以昭核实，而资信守。须至股票者。

附录招商局董事会来稿

本日招商局股东在张园开特别大会，共到二万四千三百三十九股，计二万零七百七十七权，按部电开已令上海观察使兼交涉员杨□〔晟〕君监督一切，等因。当由本局董事欢迎杨先生到会，首由董事王子展先生报告，以今日之会系照各股东来函办法，亦为自有招商局以来股东最有美满结果之一日。盖商局初由二百万股本增为四百万，现估共值一千七百余万两，内航业项下一千三百七十六万余两，产业项下三百八十三万余两，皆为股东之资产，是历来办事之人实为有功，而董事会成立以来，今日得此结果，不敢居功，亦尚可告无罪。现照股东来函，分填两种股票，此种办法实为保全资产，并杜绝私卖、私借起见，与部电宗旨正属相符。经全场股东全体赞成通过。

次由审查代表沈仲礼先生报告，审查得招商局航业、产业两项估本银两均与洋员估价单相符，甚为核实，分填两种股票，俾股东各得实在权利，足为各股东快慰欣贺云云。

又股东代表施子英先生报告，前年在青年会开会曾经报告招商局资产实值银一千六百余万两，然当时并未将账查明，此次经股东公举审查，经详细查核，共值一千七百余万两之实数。现在董事会照各股东来函，分填两种股票办法，如有不赞成者，请起立发表意见。全场股东异口同声，全体赞成，无一起立者。随〔遂〕摇铃散会。

（1914 年 2 月 16 日，第 10~11 版）

专　电

〔北京电〕上月二十八日之总统府会议曾提及招商局及汉冶萍事，袁总统谓该局年只短四十万，而现须贴补六百万，令张謇与杨士琦妥商。至汉冶萍借款事，有主张取消者，有主张改定合同者，孙总理曾言据孙武等呈请张謇、杨廷栋宜回避云云，此事亦无结果。

〔下略〕

（1914 年 3 月 4 日，第 2 版）

要闻一

〔上略〕

杨士琦氏交通失败，具见前函，兹又有长工商之说，某日总统府会议提及招商局事，大总统谓可与杨杏城一商，此虽是往者杨氏曾查办招商局事件之关系，然以杨氏为创办商部之人，如交通一席终归失败，则其复归老巢殆无疑义。

〔下略〕

（1914 年 3 月 17 日，第 2 版）

特约路透电·北京电（一）

闻日本现拟得中国招商局之管理权，该局股份四万股，盛宣怀实占一万三千股，值银一百八十万两，已于光复时押与汇丰银行。汉冶萍借款既成，盛即以款赎出股票，押与日本某银行，按该局资本虽只有四百万两，其产业值银二千万两。然公司之中并无现款，现信日本拟贷款，该局即以该局产业为抵押品云。

（1914 年 3 月 18 日，第 3 版）

特约路透电·北京电（二）

今夜（十五日）由华人处探悉，中国现正与日本商订轮船招商局借款，以所有轮船及一切产业为抵押品。夜深不及细探，明日再详。

（1914 年 3 月 18 日，第 3 版）

特约路透电·北京电（三）

据日本使署声称，北京并未开议招商局借款事，且未得悉日本与该局今有何谈判。日使之言虽如是，惟有消息灵通之数华人则坚信该局拟以产业向日本抵押借债，以应急需。其条件规定，以大份管理权许与日本，该局如归日本管理，则所有各通商口岸贵重之地址及大小轮船处置之法，必大异于昔，固无待言。而日本既得此局，势必藉此大加鼓励日本在华之贸易，此举发生之政治影响将远过汉冶萍公司借款也。

（1914 年 3 月 18 日，第 3 版）

杂评一·招商局与汉冶萍

无　名

汉冶萍与招商局，所谓中国商办之两大实业也。据今日所传之外电，则二者实有同一之处境：汉冶萍借日本债，今招商局亦云抵押于日本人；汉冶萍以盛宣怀为大股东，而招商局股东之大者亦为盛宣怀；汉冶萍入日本势力，外人多有不满之意，招商局入日本势力，外人亦有不满之意；汉冶萍借日本债，而政府不承认，人民起反对，假使招商局抵押于日本人之说而确，则日后政府亦必不承认，人民亦必起反对，是所谓两大实业而有同一之处境也。招商局抵押日本之说沪上未有所闻，而北京之西电言之如是，其言似未可信。虽然，今日之事秘密莫测者甚多，我又何能勿信焉？

（1914 年 3 月 18 日，第 3 版）

商办轮船招商局告白

近日各报载，北京电本局拟以产业向日本抵押借债，由日本主权办事，又云以股票押与日本某银行等语。查本局除前年董事公定向汇丰押借一款外，并无向他行押借之事，股东亦无以大宗股票向正金银行押款之事，所言毫无影响。又，《时报》、《时事新闻报》、《神州报》云，交通部电令王董为驻局董事。查本局因填换新式股票，事务烦重，公推董事王子展常川到局，监督进行，交通部并无电令，足见传闻同为失实。除查明由何报发生诘问更正外，特此登报声明。

（1914 年 3 月 20 日，第 1 版）

特约路透电·北京电

英文《京报》载称，汉冶萍借款尚系去年十二月十二日签押，迟至今日乃始宣布合同详文，狡狯之盛宣怀遂得利用中间之时日告成计划，而使政府之反对不能有效。近据道路喧传，盛宣怀拟将招商局之股份让与日人，此说虚实虽不可必，然政府不得不早自设备，以阻中国最大之轮船公司入于日人之手。如须需用外资，则须最后求诸日人。扬子江等处贵重之码头及中国仅有之商船队一旦权落日人，则实国家之大不幸。中政府苟不欲与日本起无穷之争论，则当竭力阻止日本于中国各处推广利益。现悉日本财政家涩泽荣一男爵之来华，实欲代表中日兴业公司开议推广江西让与权事宜云云。

（1914 年 3 月 21 日，第 2 版）

交通部关于招商局事之布告

为布告事：上海轮船招商局于二月十五日在沪开特别大会，先经本部电令杨观察使到会监督，并饬该局将会议情形报部。嗣据呈称，此次开会拟分设航业、产业两公司，填换新式股票二种，计航业项下填掣新股票八百万两，每股执旧票一百两者换给新票二百两，此项股票名曰"商办轮船招商局有限公司股票"。又，无关航业项下填掣新股票四百万元，每万股一百两者加给新票一百元，此项股票名曰"积余各埠产业有限公司股票"等语。查该公司章程第六节内载，本局产业如有售变买换等事，必须禀部核准，方能办理，历经遵行在案。兹据该局所拟变更股本、分析公司办法，此事关系至为重要。现在该局财产实存若干，所估价值是否正确，对外方面有无应还债务，以一公司资本所经营之财产析而为二是否适当，均应详细调查，以昭妥慎。现在本部会同农商部切实审查，所有此次办法非由两部核定，不能作准。在未经部准以前，该局如有印发新股票及以该新股票转售抵押或被人没收等情事，无论内外国人收执此项票据，不得作为有效，应即一体周知。除电该局遵照外，特此布告。

（1914 年 4 月 3 日，第 10 版）

商办轮船招商局股东诘问董事会告白

顷见四月三日《申报》载交通部布告，未经部准以前，该局如有印发新股票及以该新股票转售抵押或被人没收等情事，无论内外国人收执此项票据，不得作为有效，等因。全体骇异，破坏商业，剥削民权，莫此为甚。贵董事如何对待，亦未见通告，尤堪忿恨。查交通部布告内称，该公司章程第六节内载，本局产业如有售变买换等事必须禀部核准查。此次分填股票，换给股东收执，正为保存产业起见，不能援售变买换之条为比例，即不必禀部核准。

又称，该局财产实存若干？所估价值是否正确？查各项产业先经汇丰银行、通和洋行分别公估，又经股东公举代表十四位到局审查批明，与西历一千九百五十三年及十三年以前各洋员所估单据相符。股东有切肤之痛，较之两部审查必更确实。

又称，对外方面有无应还债务？查本局债务商借商还，两部岂肯代偿？且刷印册内声明有汇丰借款一百五十万两，又仁济和保险公司八十万两，并于股票内声明，酌留价值银五百余万两备还欠项、修理各用，不填股票。

又称，一公司资本所经营之财产析而为二，是否适当？查股东自有之利、自有之权如果不适当，股东大会岂能全体赞成？是日有部派代表监察，尽可质证。

至所称未经部准，新股票不得作为有效等语。此等强蛮手段，明系破坏我商业，剥削我民权，无此公理，无此法律。且查自阴历正月二十一日股东大会至今，已四十余日，贵董事会呈部立业文件到部计已一月左右，直至今日乃发此无公理、无法律之布告，是直欲置我股东于死地。谣传政府已派人与英商议押巨款，夺我航业，损我血本，且欲以中国莫大之航权拱手授于外人，我股东受此凌辱已属不堪，倘竟以全权归之他国，其关系国际者尚堪问乎？

总统圣明，深知商局底蕴，必不出此，剥商误国应有其人。贵董事何竟无抵制之策耶？

查股东自取息之日起，以旧股票赴局填换者已达三万数千股，旧股票当面涂销，以所给收条为铁据，以条内载明旧股一百两者填换航业股票二百两，另加产业股票一百元。股东执此明确信券，万不能有更改。无论政府如何强迫，亦不能稍有通融，百折不回，坚持到底。倘贵董事于股东大会议决之案不为据理力争，是负我股东之委托，我股东岂无相当之对付？

尚希贵董事一面将以上情形详达两部，一面将近日如何筹办方法限于二日内登报布告，俾我股东得尽知内容，然后可御外侮。

又闻，王董子展先生经杨会长电饬赴京面商，虽非我股东公举，应将到京后如何商办，随时电告。我股东一千七百余万两之血本命脉所关，在此一举。伫候报白，毋稍延误，盼切祷切之至。

股东杨济德堂、徐诗记、王云记、义记、安记、爱莲舫、郑莲峰、祝龄记、林杜记、竹记、陈尚志堂、张雨记、唐进记、安源隆、张守记、修业堂、许仲记、务记、志记、国记等三万六千一百五十股。

（1914 年 4 月 6 日，第 1 版）

商办轮船招商局董事会答复股东告白

贵股东三万六千一百五十股告白谨已聆悉，交通部布告本公司，诚有创巨痛深之势，诸公忿激难平，董事亦力争未懈，兹将来去电报并大概情形遵示宣布，以供公阅。查此次将历年公积、产业分填两种股票，由股东将旧股票缴消［销］，换给新票各节，实发起于上年股东大会，现系按照各股东公函办理。自二月十五日股东大会公决后，即于二月廿八日由董事会备具呈文说帖，并印刷股东各函，审查清册，呈送交通部立案。乃于事隔三旬后，三月廿六日接交通部宥电开"本部现正会商农商部切实审查，未经部核以前，如发给股票，不得作为有效"等语。经董事会于二十八日详细电复，并分电农商部杨正会长在案。四月四日接两部复电，似有不得不辩者数端。

一、电称该局债务累积迄未清理。查本公司外债只有汇丰借款一百五十万两，而政府应还前沪督所欠本公司之款，本利、水脚共计七十五万数千两；又，汉口本公司兵乱损失约十三万两，及垫付各帮损失十万两；又，去年运兵水脚尚欠八九万两，以之抵补，本公司自欠仅四十余万两。此外，借用仁济和保险公司八十万两，系本公司附设机关调度应用，与他项欠借不同。此外，往来存欠相抵，为数不多，政府所欠各款尚不归偿，而请该局债务累积，且云债务一日未清，则产业当为债权者所有，似尚未考求确实所致。本公司名誉所关，此不得不辩者一。

二、电称偿还方法不能以关系航业之产业偿还，应以不属航业之产业估抵。查本公司并未停止营运，公议以航业项下留出五百余万两备还欠款等用，是指此为预备之款，非指此为变偿之款。本公司从前癸未、乙酉年曾各欠债四百万之多，皆由营业余利分年归还，坚持不动产业，若照部电，则产业早已无存，何能待至今日。本公司正在力求进行，甚望营业发达，仍得以盈余弥补欠款，万不愿即以产业变偿债务。且关系航业与不属航业者，统为本公司资产，现虽另设机关，执此积余股票者仍是航业，股东既不变售现款，亦不分派产业，乃竟谓自由朋分，置债务于不顾，此不得不辩者二。

三、电称不属航业之产业另立公司，未经核准注册，何以能刊发股票？查本公司资产不属航业，与关系航业者，实系子母相生，数十年经营发展所积而成，非新创公司及加增现资可比，分设机关事有专责，经营发达获利，方可胜于昔日，且以资产积重而增加股票，乃股东自有之利益产业，异类而分立公司，亦股东应有之事权。况仍附属于本公司，同隶一董事会，盈亏利害同属股东担负，分而二之，仍系二而一之也。本公司向有附设仁济和保险公司，亦系另刊股票，则积余产业公司同一办法，自可引为比例，此不得不辩者三。

四、电称所请收归官办一节，该局积累太重，现在国体变更，若以四万万人之力为少数股东担负巨款，事关重大，是否可行，应俟查明后再行核办等语，似系误会。股东要求官办，董事会勘电因谣传有部与英商议押巨款，由债主代办二十五年之说，是以结束〈处询及〉。政府如欲收归官办，尚乞开诚布公，密示机宜。盖欲藉此探问部意，深恐借款后收归官办，非请归官办也。乃部将"如欲"二字改为"所请"二字，股东数十年、数千人商办产业岂肯一旦丧失？似此情形，恐收归官办、抵借外债或非无因，股商航业与国家航权所关甚大，此不得不辩者四。

至所谓新股票不得作为有效各节，贵股东持论至为确当。现计总局、分局收到换股者已有八九成，实无中止之理。统核全案，照估价分派公积股票，系按照从前办法；将租产分设公司，附属总局系援照仁济和保险公司之例，核与《商律》、商情确无违背。董事等惟有守定股东大会公决议案，据理直言，不敢稍有游移，致负委托，以期保全一公司之血产，即以维持我全国之航业航权。存善奉电赴京妥商，但其权限宗旨只能通情，不能定局，盖此权固操诸我全体股东也。除将以后情形随时报告外，特此答复，即希公鉴。

附登交通部宥电、董事会复交通部并致农商部杨正会长勘电，农商、交通两部江电。

北京交通部来电（三月二十六日）

招商总局：六号呈及说帖、印册均悉。该局此次变更股票，析分公司，关系綦重，本部现正会商农商部，切实审查，所有换填新票各节，应俟两部核定后，再行刊发。未经部核定以前，如发给股票，不得作为有效。希即遵照。交通部第　号，宥①。

北京交通部、农商部、杨正会长去电（三月二十八日）

北京交通部暨农商部杨正会长钧鉴：轮密宥电谨悉。换票一事系三年前股东在会场发议，上年新公司消灭，股东痛定思痛，即有多数公函，促令速办，势在必行，董事未敢擅主，特开股东大会公决，全体赞成，大部代表所目睹。是此事决自全体之股东，非由少数之董事，册籍可稽，计邀洞察。数日来，纷纷持票来换，已达二万五千余股，各分局寄在途者尚不在内。告以钧电，众论哗然。佥谓我等并未将产业出售外人，仅照估价换给股票，此乃股商主权，照《商律》，官难阻止。现今两部审查或虑股票浮于产业，不知产业估价比较股票尚有盈余数百万两，股东公派多人，已经审查确实，以后生意盈亏、股票涨落，皆属股东承认，政府非如各国优待保利，亦无补助奖励，则股票如何变更，官实不必过问。公司呈文已到部一月，如有不合，断无事隔三旬忽付审查之理。近日，上海谣言，政府因借款不成，拟将局产向洋商抵押，则南京政府强硬无理之事，又将见于今日。当今政府圣明，非前可比，警告董事勿再将此项电文来相恫吓等语。人众言庞，颇难对付。查股东坚持照估价换立股票，实因前年南京强欲抵押一千万，新公司硬买八百万，惊弓之鸟，防患而起。故部电愈形抑阻，股商愈疑强夺。前日京外各报载有以商局向日本抵押借债之说，实无其事，已登告白。惟又谣传大部派人与英商议押巨款，债主代办二十五年，已派人赴港开议。德领事函局查询公司历史，意在争办，人言籍籍，以致猜惧益深。维持会方以三公司齐价合同为不然，岂肯甘心全付外人！否则换票何至如此急切？日来股商到局换票，竟有数百人，拥挤不开，无可推拒。董事等惟有持政体、尊部权，兼顾商情，不准将公司产业售与外人。至于照估价，将公积填票，分给股东，本局前有存案可循，已经公决实行，于法律无碍，于事实亦无损，实难更改。如政府欲收归官办，尚乞开诚布公，密示机宜，或请杨正会长到沪会同办理，以重实业而免误会。

商办轮船招商局董事会公叩，勘②。

---

① 按，《韵目代日表》中，"宥"指 26 日。
② 按，《韵目代日表》中，"勘"指 28 日。

农商部、交通部来电（四月四日）

招商总局：勘电悉，所称股票如何变更，官实不必过问等语，不特与设局章程不符，即中外商律亦属无此办法。凡公司加增现股本，尚须经政府核定，方能作准。该局以物值加增虚股，是否属实，自应听候查验，以昭实在。况该局债务累积，迄未清理，据来呈所称，欲以分给股东之余款，作为偿债之资金，独不思债务系现资之交易，将来偿还方法是否将全盘产业估出，以其余数还债乎？抑以一部分之产业估出还债乎？无论所估价值不确，即有盈余，亦不能以关系航业之产业偿还债务，因以此项母业估出还债，即无异受一部分之破产也。故偿债方法，自应以不属航业之产业估抵为正当办法。况该局债务一日未清，则产业当为债权者所有，不能自由朋分，置债权于不顾。今该局遽将不属航业之产业另立公司，分给股东，而以虚价不动之母产，备还债务，殊属不合。且既已另组公司，未经核准注册，何以能刊发股票？尤所不解。

总之，本部一秉大公，并无偏见，但为维持该局信用起见，非切实查验不足以昭核实，已会同农商部派员即赴该局审查。如果属实，本部自当力予维持，幸勿过虑。惟未经两部审查以前，无论该局发出股票若干，皆为无效。该局并无外界逼迫之事，何以刻不容缓，汲汲如此？无怪外间有日本抵押之谣。本部一面须保护航业，一面仍须兼顾航权，断不能置之不理。该局既知有国体、部权，深明大义，务当静候部核，以符定章。至所请收归官办一节，该局积累太重，现在国体变更，若以四万万人之力为少数股东担负巨款，事关重大，是否可行，应统候查明后，再行核办。

农商部、交通部，第一千六百八十五号，江①。

（1914 年 4 月 8 日，第 1 版）

全国商会联合会纪事（廿三）

昨为全国商会联合会开会之第十八日，会员到者四十余人。上午十一时开会，周正会长仍未到，由贝副会长出席代表。兹将会议详情分别录后。

---

① 按，《韵目代日表》中，"江"指 3 日。

续到案之提出

贝代正会长提出续到案三件。第一件，山东代表贾毓骥、崔彝铭提议《提倡海外贸易，扩充招商局轮船意见书》，盛竹书言此案附在航业案，分送各商会注意。丁敬臣言，招商局事刻外间颇有议论，极有研究之价值。郑陶斋（即招商局董）起而陈述一切（内容暂守秘密）。公决，将此案分送各省。第二件，浙江乍浦商会提议严缉海盗，以安航业。公决，由联合会备文请浙省官厅保护。第三件，浙江乍浦商会提议减轻糖捐，涵养税源，以维实业。公决，归入税则案办理。

〖下略〗

(1914 年 4 月 8 日，第 10 版)

专　电

〔北京电〕招商局事现仍由梁士诒主持，梁意似主归国有。

(1914 年 4 月 18 日，第 2 版)

专　电

〔北京电〕政府本拟以扬士琦督办招商局云，不日发表，惟现尚未定，即以杨不能离京之故。

(1914 年 4 月 19 日，第 2 版)

命　令

又令，据交通总长朱启钤呈称，轮船招商局变更旧股，加增新票，难保无变卖抵押、辗转归与外人情事，请派人督理稽查等语。着派杨士琦为督理、王存善为稽查。此令。

(1914 年 4 月 21 日，第 2 版)

实业代表之最近戾①京者

汉冶萍代表

驻沪汉冶萍公司前因各项问题在沪开全体股东大会，决议一切，报部核办等情，迭纪前报。兹闻部中因该公司各项问题头绪纷繁，非得熟悉该公司情形之人商斟不可，特电请盛杏荪至京一行，以便接洽。闻盛氏因事未果，日昨特遣代表某君前往，并持有关于该公司说略云。

招商局董事

招商局此次董事会与各股东同意分组航、产两公司，倒换新股票，正在入手之际，交通部与农商部出而干涉，不得自由办理。现总局董事会诸君，以此事在京董事领袖杨杏城君与此事彼此有隔阂之处，特推驻局董事王子展到京，将办理情形向杨董详细面达，并与交通、农商两部切实讨论办法。如能允准，将此项手续即于上半年内办竣，以清手续。王君已于前日搭车入京。临行时，复将经手之汉冶萍公司扩充条件一并携带入都，以便与部面商一切云。

(1914 年 4 月 21 日，第 6 版)

杂评二

默

盗卖手段，鄂省前有盗卖全省官矿之人，今又有盗卖胭脂山之人，何卖国之人多也！然此辈以个人名义私立契约，一经官厅士绅查出，即可取消，尚不致酿成重大之交涉也。若其他公然以团体、公司名义而让与实业权于外人，或作为抵押品者，将奈之何耶？曰犹有政府不承认，以补救之也。如今日之招商局，交通部恐其转辗入外人之手，而派员督理矣。然则等而上之，政府而以实业权予人者，其有何人监督之耶？或曰政府断无无故而以实业权予人者也。信欤？否欤？

---

① 戾：到，至。

〖下略〗

（1914 年 4 月 21 日，第 7 版）

招商局

冷

招商局之命运，自革命以后随政权而变迁者也。政权在南方时，则欲以招商局抵押，以招商局改组；政权在北方时，则不许抵押，不许出售股票于外人。盖一则改革，一则保守也。

夫政权之人为改革派，则招商局亦受改革之潮流；政权之人为保守派，则招商局亦受保守之影响。而局之中实亦有改革与保守二派焉。股东多改革派也，办事人多保守派也，亦犹国会议员多改革而政府乃保守。今政府已战胜国会矣，于是招商局之办事人亦战胜股东。

虽然以招商局抵押与以股票售于外人，此诚改革派之咎，然若长此不加整顿，使办事人盘踞其中，而一无改良之法，虽仅保存，于事无益，对于航业前途岂不深可惜哉！愿政府更为之进计之。

（1914 年 5 月 22 日，第 2 版）

命　令

〖上略〗

又令，前据交通总长朱启钤呈称，招商局倡议变更旧股、虚增新股，恐有情弊，请派人督理稽查，当派杨士琦为督理、王存善为稽查，业经明令公布。兹复据该总长呈称，王存善到局后，迭次电告各情，随时与督理杨士琦会商电复，现董事会已愿遵所定办法，于两种股票上分别加盖戳记，所有股票户名，积余产业均不得分离为二，既可协众商之公意，亦可杜后之弊端等语，并附陈股票式样前来。查招商局开办以来，原系完全华商资本，因中国航权所系，三十余年间几经蹉跌，全恃官力维持，得以渐臻巩固。本大总统犹以故步自封，不能大加扩充为憾。比年责任不专，局务日紊，所分股息率多取给成本，几于挖肉补疮，不可收拾。今徒加增股票，粉饰外观，自欺欺人，于事何济？设或辗转售卖，浸至暗弃航权，试问该董事会何能当此重责？本大总统为顾惜全体股商资本起见，不欲遽为已甚，既据该总长转据王存善声称，该董事会业经遵照部定原文，分别盖戳，可杜弊端，姑准免予审查。着即责成王存善实力奉行，并常川住局稽查，随时报告督理。嗣后该董事会倘仍有阳奉阴违情事，定惟该董事会是问。懔之！慎之！此令。

〖下略〗

（1914年5月22日，第2版）

商办轮船招商总局布告积余产业公司办理章程

本公司为拥护根本、扩充利源起见，将向来附属于招商局之各种房屋、基地、股票等凡与航业无关之产业提出，开单由通和洋行工程师时值公估，计实值规银三百八十三万两，合计银币五百念四万六千余元，当经全体股东于民国三年旧历正月二十一日大会表决，以银币四百四十万元填给股票四万四千股，每股计银币一百元，以四百万元作为公积股份分给股东，以四十万元分给招商局新旧各执事，作为公积花红，其余银两为本公司预备筹措现资兴筑之需。复经全体股东公举代表详细审查，一律通过，宣布在案。兹因公司成立，爰仿照仁济和保险公司附属于招商局之成例，在总局内另组机关，事归专责，定其名曰"积余产业有限公司"，所以图保存而期久远也。所有本公司应办事宜谨订章程列左。

一、本公司股分资本银币四百四十万元，每股银币一百元，合计股分四万四千股，每年应派股息，俟结账后，由董事查核议定派发。

一、本公司即在招商总局内设立总机关，专理此项房地租产及公积股票各件，其外埠租产附设于各分局，所有出入款项按月汇报一次。

一、本公司遵照股东大会议案，所有应举董事、查账等员，仍由招商局董事兼任，并由会长负完全责任，惟须另举经理常驻公司，凡有建筑修理工程，均归经理报告董事会核定办理，以专责成。

一、本公司一切产业契据及各种股票由航业公司移交前来，当经逐项点验，分别登录簿册，由本公司归档执管，其契据等仍交董事会另储铁箱，锁匙仍备两个，一由会长执存，一由会计长执存，遇有查核契据等事，须报明董事会，方能开启。

一、本公司于民国三年一月三十日，即旧历甲寅正月初五日成立开办，逐日收支各项及各埠转账之款，仍由招商局会计科专派一人分管，仿照仁济和保险公司办法，与招商局往来存该各项周息六厘核结。

一、本公司接收各种产业，先将各埠房屋及基地详细调查绘图造册，一面点明本埠租产所有房屋间数房、客户名，编列第号，钉立门牌；店面房屋以每间为一号，库门洋式等房屋以每宅为一号，均于牌面标明。再以华、法、英三界分为三起，各从一号排起，俾易查考。至外埠产业，如有可以照办者，亦当次第推行。

一、本公司修理房屋，先由租户报告经理，即由经理前往察看属实，应用何等工料，与工头议定开标，签字为凭。俟董事会派人验收工程后，发交会计科结算。外埠则由该管分局函报经理酌定。其较大之工程，应由经理及会计科商明董事会会议核定，以昭核实，而杜流弊。

一、本公司所有产业系由招商局股东将历年未派之公积余款所置，尤幸股东坚守到今，地价日高，始得积成巨价，现经公决另发一种积余股票，即具附属公司之性质，其租产虽与航业无关，盈亏各自计算，而追溯源流，原是招商局根基，自当遵守保存主义，竭力进行，以冀公司日渐发达，互相维系，不得藉词无关航业，擅将产业售卖，俾得保全而期久远。

一、现奉交通部电令，内开该局换填股票事准予照办，惟未经审定以前，此项新票均宜加盖章记，分别声明"所有产业股票应加盖戳记，文曰'此项积余房产是否全系无关航业，现因未经交通部审查，不能离开招商局正股另售'等语"除列入议案，并遵部电，于下联票加盖戳记外，本公司自当遵办。

一、本公司以上章程原系暂时规定，如有增损再由股东大会随时修改，以期尽善。

（1914 年 5 月 26 日，第 8 版）

六 1920 年代初的查办风潮

招商局各股东公鉴

此次股东常会对于鄙人所提议及反对之章程问题并投票办法一节，各股东如与鄙人表同意者，可否请速与鄙人接洽，是为至盼。专此谨布。通讯处仁记路八号。

股东陈永霖启。

（1921 年 5 月 29 日，第 1 版）

招商局股东会纪

商办轮船招商局，昨日假北市总商会议事厅开第四十七届股东大会，到者八百余人，计七万二千九百一十一股，共六万六千一百五十五权。于午后二时十五分开会，由董事周晋镳为临时主席，宣布开会宗旨。次查账员张知笙将庚申全年营业结账情形当众宣布（见十月五日本报）。并称，民国三年至九年营业，总结共余一千四百十万两，除支局缴四百二十八万两、股息五百二十七万两、花红五十六万两，净存公积四百万两。惟近年添置产业，统共支出五百八九十万两以上。收支各款，至庚申年止，净存七百余两等语。报告毕，当有股东孙铁舟代表盛愚斋发表意见，继由股东朱启臣、张天禄、陈永林、夏履平、秦联奎等相继发言，主张改订局章，再行投票，反对者起而争辩。旋主席宣布投票，时有陆续投票者，人声嘈杂间，突有身穿黑色羽绸棉袍者一人，图将票瓯抢去，秩序大乱，主席无法制止。约逾刻许，忽有华、印巡捕四五人到会，欲强扭抢瓯人去。其时有人以为总商会内，巡捕房向无干涉之权，当令巡捕使去，抢瓯人亦即放去，而股东中颇有不平者。巡捕去后，秩序稍复，主席宣告继续开会。续行投票结果，公留旧董三人，李伟侯得六万六千五百九十八权，周金箴得六万六千四百一十二权，郑陶斋得六万六千四百零二权，均居最多数，各当选仍留董事旧任。次选举新董事六人、查账二人，盛泽承得八千七百七十六权，陈翙周得八千二百五十七权，陈安生得八千一百七十三权，麦佐之得八千零七十权，张知笙得八千零一十五权，邵子愉得六千八百二十一权，均得最多数，各当选新董事。周清泉得二万七千四百九十四权，金菊蕃得二万三千九百六十六权，均占最多数，各当选为查账员。并另举总经理一人，以盛泮澄[①]得六万零二百七十五权，多数当选。开瓯时，由众推定股东钟景榆、张仲炤、夏履平、宋德宜等四人监视。选举毕，摇铃散会，时已钟鸣六下矣。

（1921 年 5 月 29 日，第 11 版）

招商局股东会选举之涉讼

招商轮船局于本月二十八日下午，假北市总商会开股东大会选举董事，临时会场内发现抢夺投票瓯之事，会议散后，该局股东陈永霖以此次选举实属违法，决定对于该局，向公共公廨提起控诉。陈于正式诉状未递之前，特于昨晨，偕代表穆安素律师先呈一请求书，措辞略谓，被告此次开会有非法投票选举、议决，原告当场提出种种理由诘问反对，被告置之不理，贸然投票，故被告实不应得到此投票权数，原告亦不应得到此投票权数。其时多数股东均皆反对，乃摇铃散会，多数股东亦即走散。嗣竟复行投票选举董事，原告认此为非法行为，特行请求禁止此次会议通过及选举各件履行云云。经俞襄谳会同义费副领事升座第三公堂，察阅该请求书之下，援笔谕曰："准给谕招商轮船公司，本案未判决以前，对于本年五月二十八日该局会议通过及选举各件，不准履行，暂仍由老董事担任职务，原告照章具结补状，此判。"

（1921 年 5 月 31 日，第 10 版）

---

① 盛泮澄：亦作"盛泮臣"。

佑尼干公馆费信惇律师代表招商局股东联合会启事

本会因招商局突生讼事，应集合股东筹商应付方法，特设联合会，以资研究，并推举张云抟、林泽丰、李渭侯三君为代表，俟新董事会成立，本会即行解散。暂假静安寺路一百十号盛宅为事务所，凡我股东如有意见，请到所接洽为幸。

(1921 年 6 月 3 日，第 1 版)

招商局股东会选举涉讼续纪

招商局此次开股东会后，因股东中互争意见，经陈永霖等具控公廨，给谕选举无效等情，曾志前报。兹闻该局之在京股东，又赴交通部具控，由部派航务司胡礽泰到沪查办。胡司长奉委后，业已由京于昨日抵申，假寓沪北某旅馆内。闻胡君（字卓愚）江苏人，前清邮传部郎中，民国以来，久掌航政，于航业情弊颇为熟悉云。

(1921 年 6 月 3 日，第 10 版)

招商局多数股东之新组织

招商局股东陈永霖，以该局常会选举违法等情呈控公廨。及傅宗耀等电京，经交通部派员来沪彻查，均纪本报。兹闻该局股东张云抟等，以公廨既经成讼，交部又在彻查，将来必凭证见定案，爰组织股东联合会，日来正在搜集证据，详细研究，以供部员之采择。并闻该会宗旨，专以维持局务，使本案迅速解决为唯一要义，对于两方，不偏不倚，执和平公正之态度云。

(1921 年 6 月 4 日，第 10 版)

招商局股东接交部复电

招商局股东会发生风潮后，各股东一面在公廨起诉，一面致电交通部请派员查办，该部当派胡司长礽泰于日前来沪等情，已志前报。兹将招商局股东所接交部复电录下。

招商总局董事会：勘电悉，据股东艳电称，本日招商局股东常会，盛氏代表孙铁舟钳制舆论，不待表决，径行选举，致会场秩序大乱，选举匦被挤捣散。迨股东退出会场已逾半数，而孙铁舟强迫议长复行开会，将四散之票胡乱收集，私相检算，种种情形，认为违法，预备向公廨提起诉讼，乞迅派大员来沪查办等语。并据股东施肇曾、徐恩元、卢学溥、王克敏、陶湘、陶瑗等，函同前因。本部现派胡司长礽泰往查，仰即遵照，并转告股东傅宗耀、施肇曾等知悉。交通部，东，印。

（1921年6月5日，第10版）

招商局股东联会致总商会函

招商局股东联合会顷有致总商会函云：

敬启者，招商局因股东常会发生争议，有自称百七十二（股）之股东陈永霖，径向会审公廨控告，并先委托穆安素律师声请谕令商局不准履行议决之案，仍由旧董办事，公廨准其所请，即日发布谕单到局，各情想蒙洞察。此案是非曲直，今姑置诸不论，所不能已于言者，商局自奉到谕单之后，新董事会固难成立，旧董事会亦因分为两派，势难召集，虽经敝会委托费信惇律师代表，责成李会长、盛经理付以全权维持现状，而长此相持，局务益将停顿，将来纵得理直，而公司有形、无形之损失，何堪设想！查《公司条例》第一百五十一条，董事、监察人以外之股东为注销会议之呈控时，必先缴存其股票，且由公司之请求，应更出相当之担保等语。所以防股东之滥控，公司所受损失，有原控股东之股票保证金，为将来赔偿之地。立法森严，纯为保护公司起见。〖中略〗公廨审案，久经适用中国法律，陈永霖所控各端，亦以《公司条例》为利器，而行为乃与相反。商局为中国极重要之公司，在租界内不过商业之一，此外公司林立，能保股东中无陈永霖其人乎？稍不遂意，能保不援陈永霖之事为成例乎？是此后租界中设立之华商公司，将无日

287

不在危险之中矣。伏维贵会代表商界，关于公众事业，无不豫谋安全之策，凡此所陈，实有切肤之利害，敝会既有所见，不敢缄默不言，应如何设法防杜之处，统候卓裁。此致上海总商会公鉴。

招商局股东联合会启。

(1921 年 6 月 10 日，第 10 版)

招商局接廨谕后之致中央电

招商局股东于上月二十八日开常会后，有股东陈永霖以此次选举违法，禀请公廨给谕该局，不准履行会议通过及选举各件。该局接谕后，特电呈中央请示，其文如下：

本局股东常会经过，并选举董事、查账、经理各情，业于勘电呈明在案。正在筹备新董会成立事宜，忽接会审公廨意领签发之堂谕，内开"为谕饬事，案据陈永霖诉招商局轮船公司所开股东常会上业已作为通过之议决及选举等各议案，请求禁止被告等履行，及公司内老董事继续担任职务等情，并据代表律师穆安素到堂声请给谕前来。除堂谕照准外，合行谕饬，为此谕仰该公司遵照，本案未判决以前，对于本年五月二十八日该局会议通过及选举各件，不准履行，暂仍由老董事担任职务。毋违，特谕"云云。谨查本局前在农工商部注册，股东纯系华籍，股票并注明不准让与外人，实为完全中国航业公司，直接受中央管辖。本届开会实到股东共七万二千余股，六万七千余权，多数股东因局务腐败，公务〔议〕整顿方法。忽有陈永霖者，独为无意识之反对，比经大众当场否决，各股东遂投票选举。突有下流社会数人，不知受谁指使，乘投票之际，图抢票匦，幸经多人阻护。其时全场扰乱，主席急维持秩序，始复原状。迨投票毕，由股东所举检票员查核权数，当众布告，并无异议。一切手续，悉遵《公司条例》办理，决无不合之处。讵公廨不问此次议案经过情由，仅据陈永霖片面呈请，突发前项堂谕，制止新会成立，并不准履行会议通过及选举各件，本局不胜骇异。伏思到会股东有七万数千股之多，乃因一自称百三十二股之陈永霖牵动全体，推翻多数议决之案，实于中外商律不合，尤于国家主权有碍。本局地点虽在租界，究系完全华商，平时受中央维护，有事应听政府主持，若以公廨一纸谕文，迫令本局变更议案，势将新旧互诿，诸务停顿，其影响营业匪轻，而关系国权尤巨。辗转踌躇，不知所措，叩恳训示机宜，俾资遵率，并乞迅赐电令上海交涉员严重交涉，撤销堂谕，以保主权，而维商业。无任迫切待命之至。

（1921 年 6 月 10 日，第 10 版）

招商局全体股东公鉴

本届股东大会，泖澄因喉痛多日，未能到会，曾将泖澄所任总局经理一席，函请临时主席周金箴先生代为布告辞职，谅到会各股东均邀洞悉。昨接股东联合会代表张云抟、林泽丰、李渭侯诸君函称：伟侯、泖澄两先生阁下，今因招商局被控新董事一时未能开始办事，局务紧要，未便一日废弛，股东等素仰两先生办事认真，不辞劳瘁，当此新旧绝续之交，自应恳请执事全权办理，维持一切，俾利进行。想两先生本为局中领袖，必不负股东之重托也，等语。查经理一职，既经当场辞退在前，碍难再行到局维持。至此次新举之总经理，应俟大局解决后，再当坚辞，除函联合会声明难以遵命外，特此登报，伏祈公鉴。

盛泖澄谨启。

（1921 年 6 月 25 日，第 1 版）

招商局股东修订章程会通告

局事沸腾，原因复杂，根本解决，实维章程。从前办事手续散见函牍，均未连缀成文，且经历多年，或与现行法例未符，或与现在情形有异，纂修改订，未容视为缓图。肇曾等讨论再三，以为此举关系局务前途，至深且巨，众意佥同，设立此会，凡我股东利害切身，幸无放弃，解目前纠纷之局，树百年不拔之基，肇曾等与有荣焉。简章拟列后方，诸希垂鉴。发起人施肇曾等启事。

第一条　本会以国体改革以来，章程久未厘正，亟须修订完善，因将历年成案惯例汇齐审定，汰劣留优，务求合于《公司条例》及实在情形为主。

第二条　凡招商局股东均为本会会员。

第三条　本会由会员中推举起草员九人，并由被推举各员中指定一员为主任。

第四条　本会发起人均为审查员，此外会员如愿加入审查，经发起人五人以上之介绍者，亦得为审查员。

第五条　起草员应先调集商局关于办事之各种案牍，审定去留，并提出重大问题，作成意见书，报告于审查会，多数取决，交由起草员从事修订。

第六条　起草完竣，刊印草案，登报通告股东，并于一定期日内签注意见，附带股票或息折，送交本会；其在外埠各股东，即在各该地招商分局验明挂号，开具执股人真姓名，连同意见书，交由该局转寄到会。一面定期依法召集股东临时会，逐条通过，呈请主管官厅核定备案。

第七条　起草以二月为限，签注意见以一月为限。但如有不得已事故，得公议延长之。

第八条　本简章公布后，股东对于修订章程如有意见，随时寄交本会；其在外埠者，开具执股者真姓名，交由各招商分局转交。

（1921 年 7 月 2 日，第 1 版）

傅宗耀修正招商局章之原呈

傅宗耀呈交通部云：

具呈，轮船招商总局董事傅宗耀呈，为船长、船员遵议章选任海军军官，请将船东责任制限，一并规定，以循公例事。窃宗耀被举修正招商总局章程，正着手办理间，接委员会会长施督办肇曾由京来函，主张本局轮船之船长及航海轮机各员，应用本国人，以重航权，并议此项人材，遵奉交通部大部民国八年所颁之暂行章程，径商海军部派员到船候补，拟有章程，交会讨论。又据海军部委员许上校继祥来局云，各国商船官员，均为其海军后备军，我国航业只此商局，纯用外人，实为国际上之垢辱。今拟遵章改任本国海军人员，对于国际地位、海军前途，功同再造，并述海军切望商局照办等语。查船员雇用洋人，在领事裁判权未撤之时，本难依法约束，且引水营业凭商船船长之资格选任，水险价率；又因船长之国籍居奇，为人的问题。而二三大害，关系国权者随之，凡有血气，莫不知耻。宗耀在商言商，于主张撤换洋员之间，对于政府保护商航，不敢不通筹兼顾。要在循乎公例，不以自重其累为衡。查各国通例，船东若以自己之故意过失，而使他人蒙其损害者；又，自己之与他人为某种之行为，而负其义务者，此损害之患，应由股东赔偿，固理之当然，若关于船长之行为，或船员所加之损害，而使船东负无限之责任，实为过酷。各国对于是等之场合，均将船东之责任制限之焉。日本《海商法》称为船舶所有者之责任制限（见日本《海商法》第五百四十四条），英美《海商法》称为 Limit of Shipowner's Responsibility，其立法之意，以船东为在陆上于监督远在［较］海外之船员极为困难，故规定船长、船员乃特种之雇员，非船东之所得随意而选任之者，必有一定之资格者选任之。海军下等、中级舰员之格，即得充商船船长，此为各国通例。本局对于选任本国海军舰员资格一层，有例可循，无须讨论。施会长肇曾并议俟其在船候补，于航运及税则熟谙后，方予补充，则艺术一层，亦甚可靠。特本局于此船长、船员有相对之关系，不能无责任之制限。海上发生之事，本诸天时人力，多属不测。当事者负重大之责任，盖一日不能无法以为保障也。查美国《海商法》，凡航海中所生之损害，属于船长、船员之行为，应候船舶到达最终之港口时，计算损害之额，苟于同一次之航海中更有他损害之发生，合两者之额，较船现估之价值为小者，船东得以船抵偿，或照损害之金额赔偿，二者选择其一，其相较为大者，则以船抵偿，即可卸责。其船舶因之沉没者，则船东之责任随之俱尽；若沉没之后，尚有残存之物，即以此为赔偿。日本《海商法》亦循之例，谓船为法定之物，谓抵偿为委付主义，可以法定之物为委付，或以金钱代为委付；其无物可以委付者，免之。此指该船航行之时，错误之咎全属该船，而又遭沉没而言。德国《海商法》谓船为海产，苟海产自身干咎，即以自身负责，船东则无责任。法国《海商法》亦认此主义。惟英国《海商法》规定两船互撞所生之损害，其航行全错之船，所有应偿损害之额，应凭该船未受撞以前所值之价，以金钱赔偿，即免船东之责任，此为旧法。其现法规定航行各错之船，按总吨数每一吨偿英金八镑；其损害有关于之身体生命者，则为十五镑。但损害无论如何重大，满额赔偿为八千磅，即得以免船东之责任，然亦采责任有限之主义。日、德、法、美之立法政策，在奖励置船之营业，学者称为"船舶主义"。英国立法之政策，在推扩运输之招徕，学者称为"金钱主义"，或称为"吨数主义"。本国远洋及近海之船舶航业，在萌芽时代，似应采前者之主义。至各国船员以本国人为限，期与船东共守本国之律，而政府方得施行监督之法，此为通例。而又以船东与船员有特种之关系，故法律对于船东责任同时一并规定。宗耀衡审于权利、义务之程，既不愿本局外溢利权为国际之垢辱，亦不忍航务失所保障，为营业之畏途，海商法为国际的之法律，本国航商之责任制限，应依大陆主义，抑依英国主义，亟应规定，俾用人及保险两事，筹资解释。合亟仰恳钧部，俯念海权及航业相互之关系，航业为大部四政之一，迅赐会同交通部、海军部，将前次请求提出国务会议，对于船员责任制限一节，先行暂为规定，俾一举而数善俱备。除呈交通部、海军部外，谨陈下情，是否有当，伏乞鉴核示遵。谨呈海军部、交通部。

轮船招商总局董事修正章程委员傅宗耀。

（1921 年 8 月 29 日，第 14 版）

招商局股东修订章程会迁移通告

本会修订章程手续尚未完竣，交通银行租期已满，该行另有他用，兹商借北京路四明银行二层楼上为本会办事处，所有外来函件于阳历十一月十九日以后径递该处可也。

特此通告。

（1921 年 11 月 20 日，第 1 版）

招商局修订章程会起草员主任张一鹏辞职通告

一鹏于本月十四日在四明银行楼上开招商局修订章程第十次起草员会，即席辞退主任职务，我股东诸君散居各地，或不能洞悉真相，谨将经过始末情形，择要宣布，幸垂鉴焉。

本年五月招商局选举风潮初起，李君伟侯深夜踵门，告以现拟组织股东维持会，坚挽出任会员，辞不获已。翌日开成立会，被推为会长。嗣因部员胡君伯平南下查办，施君省之出而调停，双方接洽，均谓此次风潮由于局制不良，根本解决，惟有修订章程。第一次在张云伯公馆开会，手草简章，即日成立招商局修订章程会，被推为起草员；第二次在交通银行楼上开正式大会，被推为起草主任。迨会长施君北返，并蒙委托为代表。自是每逢星期三、六，起草员九人集合讨论，对于修改局章顺利进行，乃至股权问题，一鹏从法律上、事实上及招商局特别情形上详加研究，主张一股一权，不加限制，为股东谋利益，为社会争人格，并为招商局息永远之争执，意见书及历届议事，几于舌敝唇焦，其理由当另刊专书，兹不备载。而各员，除吕君幼龄外，均极端反对，会议因之停顿，不得已函请施会长省之到会，以期平允之解决。本月十四日，施君到会，公同研究，不特各员坚持初意，即施会长亦首述北方股东全体主张限制。尤可骇者，严君渔三委托盛君蘋臣代表到会，当众发言，大意谓伊系大股东一分子，自愿受股权之限制等语。李君伟侯鼓掌和之。一鹏私心窃怪，以为盛君自称代表严君，而所述之词全系盛君自身口吻，实开会议席上空前未有之创例，且一股一权乃全体股东之利益，若因一二人自甘放弃，至欲拘束全体股东利益之主张，并欲起草员改变独立自由之主张，不知是何用意。一鹏自信不能随声附和，股东完全应享之权利自我身而丧失，不得已立即辞职退席，与该会脱离关系。惟滥竽半载，虚掷光阴，成绩毫无，为谋不卒，此则清夜问心，不能无愧者也。

特此通告。

（1921 年 12 月 19 日，第 1 版）

招商局全体股东注意

阅报见修订章程起草主任张一鹏君辞职通告，始悉该会发生于一二股东之私相拟议，集会地点迁徙靡常，起草员均非由多数股东正式推举，所谓会长暨起草员、主任等名目，毫无根据，张氏之辞果知法律上不能存在，藉事脱离，抑所谓会长与其他起草员别有作用，亟须调查真相，见报迅即驰往张寓面询，讵称已北上多日，来沪尚无准期云云。是该通告之发表，益滋疑问，惟详绎通告内容，要只为施省之、张一鹏诸君个人行动，不能认为公司意思，我全体股东义不受其拘束。盖局章之应否修改，及如何修改，为我全体股东共有之权利，非施等所能无权代理；此等任意纠合之会议，不得假借招商局名义，其私自称谓之会长、起草员名目，自始无效，何得紊乱局章？该会并不产生于股东会，无从认施等所议为本于股东之资格。爰特正告我全体股东，并即劝告擅组该会之施君省之等人，速即取消所议。如以少数人蔑视全体，倒行逆施，挟盛氏大股东以相压迫，则该会本系局外人之非法集议，君等直以个人加害公司，我股东无承认更张之义务，公私法律有应负之责任在。谨布区区，诸惟公鉴。

招商股东林序记、光裕堂、三乐堂等启。

（1921 年 12 月 22 日，第 1 版）

所谓修订招商局章程会诸公鉴

报载张一鹏氏通告修订局章辞职一则，略称盛君蘋臣自谓伊系大股东一份子，自愿受股权限制等语，骤见之，似无他意，殊不知盛氏而外，颇有股份较多之户，非尽零星散股也。须知每股一权为《公司条例》明白规定之大原则，诚为全体股东利益，盛君纵能代表其房族，放弃一家之权利，岂能使全体股东同受限制？凡我股东当然有权反对。微闻盛氏股份悉归义庄名下，专办善举，各房本人均无直接利害，宜其不关痛痒、不恤慷他人之慨。我等股数较多，此等切肤之痛，难安缄默，致将来受其实害。贵会本非合法组织，若再偏徇一姓之私言，抹煞全体，誓不承认。特此声明。

招商局股东罗瑞生、潘万世、许仲记、卞铁生启。

（1921 年 12 月 23 日，第 1 版）

盛蘋臣启事

顷阅报载招商局修订章程会起草员主任张一鹏君辞职通告中，有述及鄙人代表严君渔三到会发言，谓所述之词全系鄙人自身口吻，实开会议席上空前未有之创例等语。查鄙人受严君渔三到会之委托，列席起草员会，当然可以陈述意见，对于议案一本良心之主张，而为具体的讨论，初不知何者为他人口吻、何者为自身口吻。张君此种误会，尚不愿多所论列。而张君通告中又云，因一二人自甘放弃，至欲拘束全体股东利益之主张，并欲改变起草员独立自由之主张，不知是何用意等云。阅之，殊堪发噱。夫限制股权，正所以防大股东之把持股权，而使全体股东得占利益，张君云云适得其反，此则为明眼人所公认，当毋待鄙人申说。但鄙人之主张限制股权，实为良心上之提议。因念先严在日，对于招商局几费精力，投资不可谓不多，而以限制股权，首为之倡。查阅前清宣统三年，邮传部奏定《商办轮船招商局股份有限公司章程》第廿八节之规定，有云凡一股至十股，每股一权；十一股以上，至一百股，每五股加一权；一百零一股以上，至五百股，每十股加一权；五百股以上，至无限数，每廿股加一权，等语，是皆出诸先严之手订，所以昭示大公，用意诚厚。鄙人自不能不仰体遗训，而有斯议。况以事实言，招商局系中国硕果仅存之航业，尤不可仅予一部分股东之操纵，此股权之应加限制；就事实理论言，当无可讳。至于张君所云，变更起草员独立自由之主张一语，更属无从索解。夫所谓起草员者，是否指张君一人而言，藉曰就张君通告中所云列席九人而言，即张君一人为少数，以一人独立自由之主张，不能得多数同意，而即谓为变更，斯诚可谓开会议席上空前未有之创例矣。更就张君通告中所云起草员中，除吕君幼龄外，均极反对，会议因之停顿云云，则张君意见之是非，一若曰即起草会意见之是非，因不徇张君之请，而曰均极反对，不从张君之议，而致会议停顿，意者张君独裁之主张，必欲群相服从乎？又就张君通告中所云，不特各起草员坚持初意，即施会长亦首述北方股东全体主张限制等云，是多数赞成股权之限制，出诸张君之口证明之，然则张君所云一二人自甘放弃，又属非是，何张君措辞之矛盾一至于此！鄙人与张君素无好恶，雅不愿多与辩论，徒以正义所在，未能遽安缄默，当世宏达，幸垂察焉。

（1922 年 1 月 1 日，第 3 版）

国内专电

〔北京电〕张某控招商局董事会，请派员彻查（八日下午二钟）。

（1922 年 11 月 9 日，第 2 版）

自称招商局股东张士记、潘宏记同鉴

顷沪上发现一种印刷品，署名"呈控上海招商局董事文件"，具呈人自称招商局股东张士记、潘宏记。查本局，张士记户名股份共九十股，其三十股在沪上，已询明该所有者，并未预闻此事；余六十股系香港股东所执，并不在沪。至潘宏记，本局股票查无此户名。该具呈人呈内所控各节，关系本局营业信用，及牵涉办事人个人名誉，均甚重要，务请贵具呈人于两星期内来局证明，以昭核实。如逾期不来，当以匿名揭贴禀官追究，法律解决，以维局务，而保人格。特此通告。

招商总局董事会启。

（1922 年 11 月 11 日，第 1 版）

招商局股东张雨苍（即张士记）声明

近日沪上发见印刷品，有署名"张士记"者，向政府呈控招商局董事会等情，鄙人绝未与闻其事，惟事属重要，未便含混，除已向招商局声明，并电部请予彻查外，特此登报声明。伏希公鉴。

（1922 年 11 月 14 日，第 2 版）

宁波同乡会紧急会议记

宁波旅沪同乡会于昨日午后二时，为会董傅筱庵被诬事，特召集特别会董朱葆三、虞洽卿、周金箴、谢蘅牕、盛竹书，及理事李征五、陈蓉馆等五十余人，开紧急会议。先由理事长李君宣布开会宗旨，在座均以交部滥用职权，□〔罗〕织人罪，愤激异常，一致主张电达府、院、部，严加质问，宣布真相，以免陷及无辜，并电致苏、浙军民长及护军使。兹录其致府院及司法部原电如左：

报载十四日指令：据交通部呈，傅宗耀勾结郑洪年等，煽惑路工罢业，接济徐树铮饷糈，把持招商局航政，实属触犯刑章，拿交法庭办理，等因。曷胜惊诧。查傅宗耀系敝会会董，群众信仰，经商沪上，向不干预政治，所称"勾结"、"接济"等语，究属有何确据？即以兼理招商局而言，平日处事质直公允，该局内部屡有龃龉，难保无意图破坏者砌词诬陷。交部不察情由，但凭片面之词，据以呈请，滥用职权，罗织人罪，群情愤激，人人自危。伏乞大总统、钧院、钧部饬咨交部，明白宣布，以维法律，而保人权，无任感盼。

宁波旅沪同乡会会长朱佩珍、虞和德，铣[1]。

(1922 年 11 月 17 日，第 13 版)

命　令

十一月十六日大总统令：

据署交通总长高恩洪呈称：迭据上海招商局股东呈控该局董事会傅宗耀等草菅人命，败坏航政，舞弊营私，侵占公产，情罪重大，应请派员彻查等语。着派邵恒浚、张福运、殷泰初前往切实查明，呈候核办。此令。

〖下略〗

(1922 年 11 月 18 日，第 3 版)

北京电

招商局案原告张士记、潘宏记，亦被他股东反控，政府并案交查（十七日下午二钟）。

(1922 年 11 月 18 日，第 3 版)

---

① 按，《韵目代日表》中，"铣"指 16 日。

北京电

闻交部拟将上海招商局收归官办（十七日下午六钟）。

（1922 年 11 月 18 日，第 3 版）

北京电

上海招商局案交部现派塘山大学校长丘恒浚、航政司长张福运、参事殷泰初赴沪彻查。

（1922 年 11 月 18 日，第 3 版）

轮船招商局股东维持会成立通告

报载交通部忽有呈请查办本公司之举，事出非常，关系公司安危大局，凡我股东亟应集合讨论，并筹正当办法。兹已组织股东维持会，于本月十八日开会成立，事务所设南京路生大银行二层楼，应请本局股东各持股票或息折，于每日午后二时至五时来所挂号，共策进行，是为至要。

轮船招商局股东维持会谨启。

（1922 年 11 月 19 日，第 2 版）

卢、何助傅筱庵之函电

招商局总董傅筱庵自被交通部指令拿办后，上海宁波同乡会曾致函护军使，请求主持公道。兹宁波旅沪同乡会接松［淞］沪护军使电云：

宁波旅沪同乡会会长朱葆三、虞洽卿两先生鉴：铣代电悉。查傅君本系沪上正当商人，平日声名甚好，共和国家人民自应受法律之保障，已据情转电中央，对于此案措施须格外慎重，以服人心，知注特复。何丰林，篠，印。

又接浙江军务善后督办处十九日电云：

上海宁波旅沪同乡会朱、虞会长同鉴：铣代电敬悉。筱庵兄事良为愤慨，贵会与沪上团体均经电诘，真相当可即白，敝处力所能逮，自当为助，以副盛谊。卢永祥，巧，印。

又，傅氏个人亦得何使来函，极致慰藉，末谓法律未能解决以前，请勿交卸中国银行监理官之职，北京府院方面业已去电诘问云。

（1922 年 11 月 21 日，第 13 版）

招商局股东维持会紧要函件

招商局股东维持会昨致该局董事会函云：

董事会台鉴：迭阅报载，知大总统有据交通部呈请查办本局之明令，并有先将傅董筱庵交法庭之指令，以杜把持，不知贵会已奉到此项命令否？前数日报载，中央觊觎本局航产，有押借二千万以充军实之说，未几而有股东呈控之文，未几而有傅董交法庭之指令，未几而又有查办本局之命令，蛛丝马迹，历历可寻，敝股东等血本所在，有不得不为贵会郑重声明者。本局为完全商办公司，不受官厅非法处分，官厅实无干涉之理由。前沪上发现之印刷呈文，其中盗用张雨苍股户，已经张雨苍登报更正，其为伪托可知。即使真正股东，查知本局实有弊端，亦应自行联合股东彻查，不应以非股东而干与局内之事。否则，此端一开，始则查办，继而干预，终且没收，引狼入室，为虎作伥，将我股东数千万血本攫夺而去，谁司其咎？故官厅查办一节，本股东等今日集议，佥以此次官厅果办，毫无理由，万难承认。除径电府、院，请其收回成命外，合亟函达贵会，自函到之日起，如有以非股东而至本局欲行使查办职权，无论何人，不得轻予接待，静候本股东开会，公举真正股东，彻底清查一切账目。至贵会董事为股东代表，近来各省装兵运械，动辄扣用局轮，不付运费，视本局与国有铁路相等，贵会职责所在，不能尽力为股东争持，已属有负委托，若再图保持禄位，或惧为傅董之续，轻允官厅非法查办，将来或派官督，或收国有，陷本局于万劫不复之地，则贵董事等岂能任此重咎哉？须知官厅无缉拿商办公司董事之权，股东有撤消本局原举董事之柄，何得何失，孰去孰从，惟贵董事图之。刿切直陈，诸希公察。即请台安，并候回玉。招商局股东维持会启，旧九月卅日。

国闻通信社云，昨晚六时招商局股东维持会，为交通部呈请指拿傅宗耀事，特开重要会议，到会股东七十余人。由朱葆三主席报告经过情形。佥以交通部此举，实属侵害商办实业，主张致电政府，一致反对。当付表决，全体通过。即着文牍处起草，修正后拍发。继又通过致全国商界及该局各股东宣言书一通，全体通过，并决议添请哈华托、谢永森等为法律顾问，积极进行，务达目的。兹录其宣言书云：

商办轮船招商局全体股东、全国商界公鉴：日前风闻交部对于本局有所举动，正探查间，阅报本月十六日大总统令，据署交通总长高恩洪呈送，迭据招商局股东呈控董事会傅宗耀等情罪重大，请派邵恒浚、张福运、殷泰初查明核办。本局并得交部行知，已另呈先将傅董拿交法庭。事出非常，同人不胜诧愕，相聚公议，佥以血本关系，利害切肤，对外不能受任何官厅非法之蹂躏，对内亦不能听任何职员溺职之败坏。爰于本月十一日，集合大多数股权，成立股东维持会，调查衅起根由，冀明内容真相。连日邀集董会各员，详晰质问，已得大概情形，请先为我全体股东暨全国商界缕析陈之。先是沪上发现自称招商局股东上府、院、部呈控董事呈文，列名有二：一为潘宏记，据董会查股册，无此股票户名；一为张士记，系张雨苍君所有。又据张君登报声明，未预其事。而此次交部行知，又称系高以长所控。高以长何人？亦复不见之于股册。是此等伪冒股东呈文，类于捏名揭帖，本无受理之价值。况本局完全为商办公司，非官吏所能违法侵害。就令有关民刑被控嫌疑，亦应按照《公司条例》及民、刑现行各律，执行手续，循序依法处理，岂有不问受理管辖权之合法与否、控告权之及格与否、证据与理由充分与否，贸然即行查办其公司，且先逮捕其职员之理？此为专制时代暴君污吏所不敢出。不意高恩洪以民国公仆，悍然肆无忌惮至此，此而可忍，则中国无论何种商办公司，官厅可据不知谁何者出面一控，破裂之而有余，凡我商界宁不人人自危？是以本会为本局计，为全国商办公司计，不能忍受交部此种举动，应即公电府、院，声请撤销该部查办职员，以杜官侵商业之害。至董事会所被指摘各项情弊，虽未前闻，既经人言，无论事之有无，股东等为自身血本计，自当公同彻底查明，分别依法处分之。届时并当造具正确报告，昭示国人。总之，内部整顿为当务之急，外界侵害则非有识者所甘受。尚祈全体股东急起直追，一致加入本会，共策进行，毋使千百万之资本一旦同付流水，且毋使官侵商业之恶例始作俑于本局，使股东与彼不肖官吏连带而为商界之罪人；更望全国商界左提右挈，以公谊为互助，保商即所以卫国。况近来交部有收本局为官办，藉以押借外债之风说，其借债用途则非国人所忍闻。是此事既恐断送中国唯一之航业，且影响所及，决非招商一局独蒙其害。此又邦人君子不论其为本局股东、非股东，商界、非商界，皆应披发缨冠，仗义而共起者也。迫切陈词，统祈公鉴。

轮船招商局股东维持会宣言。

（1922 年 11 月 21 日，第 13 版）

上海轮船招商局股东维持会通告第二号

本会顷上北京府、院等电文曰：北京大总统、国务院，保定曹巡阅使，洛阳吴巡阅使，杭州卢督办、张省长，南京齐督军、韩省长，龙华何护军使钧鉴：报载交通部忽有呈请查办上海招商局之举动，略以选据该局股东呈控董事会傅宗耀草菅人命、败坏航政、舞弊营私、侵占公产，情罪重大，请派员彻查，业于十一月十六日奉令照准，同时并由交部谏①电行知，已另拿办傅董等因。窃维民国以法治为本，行政之处分与执法之行

---

① 按，《韵目代日表》中，"谏"指 16 日。

使，均经定有条例，非可轻用威权，逾越常轨，断无不问受理管辖权暨告诉权之合法与否、证据及理由充分与否，贸然据一自称股东片面之辞，遽行查办其公司、拿办其职员之理。试问交部所据呈控者是否真正招商局股东？有股权若干？所谓草菅人命何年月日？何事何证？所指舞弊何款？占产何地？既尚未查明，何以即信其为情罪重大？既请派员查办，何以即与先行拿交法庭？似此举动，其为有意破坏商业，朦蔽府、院，显而易见，且查本局为完全商办公司，非官吏所可违法蹂躏。即有关涉民、刑被控嫌疑，亦应按照法定手续循序处理。股东等非敢无故反对命令，特以公司为千百万血本所关，股东身家性命所托，碍难坐视交部当局非法干涉。伏祈大总统收回前项查办命令，撤该部呈派各员，以杜官吏恃势违法之渐，而安商办航业之常。至该董会之有无情弊，虚实均应彻查，股东等利害切肤，现已集合大多数股权组织维持会，自当克日公同彻底查明，分别依法处理。届时并当公布正确报告，昭示国人。如有呈报官厅之必要，亦当按照《公司条例》及民、刑现行各律手续办理。总之，股东等不愿受局外非法之灭裂，亦决不听局员溺职之败坏。迫切陈词，统祈亮察。抑股东更有陈者，上海为万国所具瞻，招商局为华航之硕果，必欲横施暴举，股东等亦何患无术求全？况报载有中央觊觎本局航产，用为押借外款之风说，事倘有因，恐中外舆论激昂，难免不酿风潮于意外。川路亡清，殷鉴不远，心所谓危，不敢不告。并祈垂赐省览，幸甚！

轮船招商局股东维持会张謇、李经羲、朱佩珍等叩，马[①]。

除译发外，敬祈全国商界、各省报馆均鉴。

（1922 年 11 月 22 日，第 2 版）

上海轮船招商局股东维持会通告第三号

商办轮船招商局全体股东、全国商界公鉴：日前风闻交部对于本局有所举动，正探查间，阅报本月十四日大总统令，据署交通总长高恩洪呈，送选据招商局股东呈控董事会傅宗耀等情罪重大，请派邵恒浚、张福运、殷

---

① 按，《韵目代日表》中，"马"指 21 日。

泰初查明核办。本局并得交部行知，已另呈先将傅董拿交法庭。事出非常，同人不胜诧愕，相聚公议，佥以血本关系，利害切肤，对外不能受任何官厅非法之蹂躏，对内亦不能任听何职员溺职之败坏，爰于本月十一日集合大多数股东，成立股东维持会，调查衅起根由，冀明内容真相。连日邀集董会各员，详细质问，已得大概情形，请先为我全体股东暨全国商界缕析陈之。

先是沪上发现自称招商局股东上府、院、部呈控董事呈文，列名有二：一为潘宏记，据董会查股册，无此股票户名；一为张士记，系张雨苍所有。又据张君登报声明，未预其事。而此次交部行知，又称系高以长所控，高以长何人，亦复不见之于股册。是此等借冒股东呈文，类于捏名揭帖，本无受理之价值。况本局完全为商办公司，非官吏所能违法侵害。就令有关民刑被控嫌疑，亦应按照《公司条例》及民、刑现行各律，执行手续，循序依法处理，岂有不问受理管辖权之合法与否、控告权之及格与否、证据与理由充分与否，贸然即行查办其公司，且先逮捕其职员之理？此为专制时代暴君污吏所不敢出。不意高恩洪以民国公仆，悍然肆无忌惮至此，此而可忍，则中国无论何种商办公司，官厅可据不知谓何片面一控，破裂之而有余，凡我商界宁不人人自危？是以本会为本局计，为全国商办公司计，不能忍受交部此种举动，应即公电府、院，声请撤销该部查办职员，以杜官侵商务之害。至董事会所被指摘各项情弊，虽未前闻，既经人言，无论事之有无，股东等为自身血本计，自当公同彻底查明，分别依法处分。届时并当造具正确报告，昭示国人。总之，内部整顿为当务之急，外界侵害则非有识者所甘受。尚祈全体股东急起直追，一致加入本会，共策进行，毋使千百万之资本一旦同付流水，且毋使官侵商业之恶例始作俑于本局，使股东与彼不肖官吏连带而为商界之罪人；更望全国商界左提右挈，以公谊为互助，保商即所以卫国。况近来交部有收本局为官办，藉以押借外债之风说，其借债用途则非国人所忍闻。是此事既恐断送中国唯一之航业，且影响所及，决非招商一局独蒙其害。此又邦人君子不论其为本局股东、非股东，商界、非商界，皆应披发撄冠，仗义而共赴者也。迫切陈词，统祈公鉴。

轮船招商局股东维持会宣言。

（1922 年 11 月 22 日，第 2 版）

招商局股东维持会致府、院电

——反对官厅滥用职权，应由法律手续办理

招商局股东维持会对于指拿傅筱庵案积极反对，已志昨报。兹悉该会呈政府一电，已由文牍处拟就，由股东会加以修正，由张謇领衔，即日拍出。其原电云：

北京大总统、国务院，保定曹巡阅使，杭州卢督办、张省长，南京齐督军、韩省长，龙华何护军使均鉴：报载交通部忽有呈请查办上海招商局之举动，略以选据该局股东呈控董事会傅宗耀草菅人命、败坏航政、舞弊营私、侵占公产，情罪重大，请派员彻查，业于十一月十六日奉令照准，同时并由交通部谏电行知，已饬拿办傅董等因。窃维民国以法治为本，行政之处分与执法之行使，均经定有条例，非可轻用威权，逾越常轨，断无不问受理管辖权暨告诉权之合法与否、证据及理由充分与否，贸然据一自称股东片面之辞，遽行查办其公团、拿办其职员之理。试问交部所据呈控者是否真正招商局股东？有股权若干？所谓草菅人命何年月日？何事何证？所指舞弊何款？占产何地？既尚未查明，何以即信其为情罪重大？既请派员查办，何以即与先行拿交法庭？似此举动，其为有意破坏商业，朦蔽府、院，显而易见，且查本局乃完全商办公司，非官吏所可违法蹂躏，即有关涉民、刑被控嫌疑，亦应按照法定手续循序处理。股东等非敢无故反对命令，特以公团为千百万血本所关，股东身家性命所托，碍难坐视交部当局非法干涉。伏祈大总统收回前项查办命令，撤消该部呈派各员，以杜官吏恃势违法之渐，而安商办航业之常。至该董会之有无情弊，虚实均应彻查，股东等利害切肤，现已集合大多数股权组织维持会，自当克日公同彻底查明，分别依法处理。届时并当公布正确报告，昭示国人。如有呈报官厅之必要，亦当按照《公司条例》及民、刑现行各律手续办理。总之，股东等不愿受局外非法之灭裂，□〔亦〕决不听局员溺职之败坏。迫切陈词，统祈亮察。抑股东更

有陈者，上海为万国所具瞻，招商局为华航之硕果，必欲横施暴举，股东等亦何患无术求全？况报载有中央觊觎本局航产，用为押借外款之风说，□［事］倘有因，恐中外舆论激昂，难免不酿风潮于意外。川路亡清，殷鉴不远，心所谓危，不敢不告。并祈垂赐省览，幸甚！

轮船招商局股东维持会张謇、李经羲、朱佩珍等叩，马①。

（1922 年 11 月 22 日，第 13 版）

招商局股东维持会开会纪

——否认交部哿电官督商办说

昨日下午五时，招商局股东维持会又开第三次重要会议，到者股东六十余人，傅筱庵亦出席。当由朱葆三主席起立报告，谓本日交部发表哿②电，亟应考虑，故股东维持会函请局中董事会副会长李伟侯及傅君到会，藉便各股东面诘一切。兹先报告第二次议案录及发出函件。宣读毕，即请李伟侯君将招商局历届奏咨成案，留存维持会研究，并请报告局中条订章程经过情形。李起谓，查本日交部发表哿电，系根据招商局在前清时所订旧案，完全根本错误。彼所谓官督商办一层，如照旧章，应由政府派员督察，乃前清末叶，迄未派人，是前清政府已不适用旧章，矧自国体改革，交通部亦从未派员督察，是交部已无引用旧章余地。诸君当忆去年招商局股东已组修订章程会，其第一条即谓本会以国体改革以来，章程久未厘正，亟须修订完善，因将历年成案惯例，汇齐审定，汰劣留优，务求合于《公司条例》及实在情形为主。可见旧章已等于废弃，而新章正在产生中，本当早日告竣，因股权问题，股东中有主一股为一权者，有主十股为一权者，以致迁延至今。总之，招商局为商办公司，交通部所谓官督商办，毫无根据，当注意者也。至于股东查账，局中极端欢迎。至此，傅筱庵起谓，董事会由股东会产生，董事会愿从股东之主张为主张，至于局中账

---

① 按，《韵目代日表》中，"马"指 21 日。
② 按，《韵目代日表》中，"哿"指 20 日。

目，尽请股东审查，予为董事之一，有所诘问，当一一答复。总之，局中是否营私舞弊，此刻不容多辩，一经股东审查，不难水落石出云。当由各股东略加诘问，一致表决，否认官督商办，去电驳复。即着文书股起草修正后，再行拍发。嗣由大众主张，组织"股东查账委员会"。严子均谓，股东查账，照章须照全部股权十分之一，至少以八千股为度，本会是否已是此数，当由办事员报告，谓已达一万六千五百股，金谓已逾原额十分之一，当然可以组织。决议开大会，照股权组织查账委员会。有谓此次查账与普通不同，应请法团监视，以昭公允。又决议大股东盛氏愚斋义庄，有二万二千股，此次风潮，迄未表示态度，应派人访问究竟，请其加入维持会。遂由大众推定广东股东全权代表苏剑泉及张雨苍、严子均、林孟垂、巢少梧等五人，备函于今日前往接洽。次由庶务股报告迁移会所，并推定汪幼安为维持会主任干事，卢涧泉、严子均为会计主任。尚有提议事件，因时间过迟，不及讨论，决议留入下次讨论。随即散会，时已七时矣。

（1922 年 11 月 23 日，第 13 版）

国内专电

〔上略〕

〔北京电〕阁议决令招商局利诱少数股东，违令拒绝查办，严饬不得藉词拒绝，候查办员秉公彻查。

〔下略〕

（1922 年 11 月 24 日，第 3 版）

关于傅案之两复电

何丰林复招商局股东会电：

上海招商局股东维持会张季直、李仲宣、朱葆三诸先生鉴：马代电敬悉，已据情电请国务院转呈大总统鉴核，令饬交通部慎重办理，以慰众望，而服人心。知注特复。

何丰林，养①，印。

浙江张载阳复宁波同乡会电：

上海宁波旅沪同乡会朱葆三、虞洽卿两先生鉴：接读铣日代电，具见主持公道，已电请府、院转饬交部，将详情明白宣布矣。特复。

张载阳，马，印。

（1922 年 11 月 24 日，第 13 版）

国民保航会之组织

国民保航会自经刘予醒发起后，已得各界之赞成，业已着手筹备，并于昨晚七时在一品香宴会，到者有宋士骥、任矜蘋等五十余人。入席后，由发起人刘予醒说明中国国民应设保航会之必要，又提出对于保航会之目的二种：（一）商办招商局决不许交部非法收归国有；（二）以国民资格督促中国航业之发达，以与欧美各国并驾齐驱。至于此会之能否成立，全在各界协助。近见交部电文，对于侵害商办航业，益形逼迫，故本会亟须组织云。继由金润庠、应梦生、徐赓华发表意见，大致对于此举极端赞成。任矜蘋略谓，招商局内部纠葛，自有股东维持会审查，局外人无权干预。至于保航会之用意，其最重要者，所以防止官办，促进航务。盖交部手段，查办为名，侵夺其实，而抵押外债，其目的也。试思航权一落官手，必致腐败，更难免流入政潮，若再由官手而入外人之手，其痛苦尤为何如！证诸吾宁绍航权而益信。宁沪航权，初为外人侵夺，航客大感痛苦，于是组织公司，自操航权，乃得咸享安宁，故吾人须放大眼光，务其大者、远者乘此毅力，一致进行，为航权保障。次由筹备员讨论进行办法，又决议于今日租定会所，开第二次筹备大会，选举职员，进行一切。旋即散会，已九时余矣。

（1922 年 11 月 24 日，第 13 版）

---

① 按，《韵目代日表》中，"养"指 22 日。

盛氏愚斋义庄紧要声明

自政府下令查办招商局董事会后，各股东议论纷纭，莫衷一是，连日有人来问本义庄是否与股东维持会取一致行动。查该会之设，本义庄事前并未与闻，内容亦不得而知。惟本义庄既为招商局股东一份子，设或政府藉此有改归国有及官督商办之举，本义庄当然否认，诚恐各界以误传误，混淆黑白，特此登报声明，惟希诸股东公鉴。

（1922 年 11 月 25 日，第 1 版）

盛泽承启事

鄙人今夏一病累月，孱躯迄未复原，小妾复以侍疾，积瘁病殁，意索心灰，杜门谢客，对于时事概未与闻。即如此次招商局查办风潮，始终未知究竟。乃闻外间有人借名通电及接洽各种事件，诚恐传闻失实，致起误会，特此声明。

（1922 年 11 月 25 日，第 1 版）

上海轮船招商局股东维持会通告第四号

本会于廿三日下午七时四十五分接黎大总统复电，文曰：上海张季直、李仲轩、朱葆三先生：马电悉，已交院查照矣。元洪，漾①，印。

（1922 年 11 月 25 日，第 1 版）

招商局查办案之昨讯

国闻通信社云，部派查办招商局委员邵恒浚等到沪后，除张福运因部中另有会议，急电召回，已于昨日返京外，其余二人仍在麦根路办事处进

---

① 按，《韵目代日表》中，"漾"指 23 日。

行查办手续。该查办员前日曾致函局中，局中以商办公司不容官力查办，已复函拒绝。闻该查员尚须再函说明来意，以求容纳。昨有人往晤委员邵恒浚，据邵所述，力言外间所传抵押及国有说之非事实，谓前者不合事实，后者政府一穷至此，无此能力，并谓查办招商局与拿办傅筱庵纯为二事，不幸二事在同一时间发生，致启外间联想之误会。谓查办招商局，其原因实因董事会于九月间要求政府于新增关税及邮电增收项下指拨补助费，政府已批准，惟既已允准补助，不得不一查公司内容。适此时又有股东呈控，故部中特派鄙人等南下一查，自问殊无他意云。

又，刘予醒等发起之国民保航会，连日正分头接洽，闻定今日下午六时，在劳合路亿鑫里该事务所召集各发起人，举行紧急会议云。

又，股东维持会方面，昨接黄陂复电云："马电悉，已交院查照矣。元洪，漾，印。"又接镇海来电云："昨致政府一电，文云：北京大总统、国务院钧鉴：报载十四日指令，准交通部呈请将傅宗耀拿交法庭办理。查傅宗耀经商沪上，籍隶镇海，桑梓公益，向具热忱，平素操行一循正执，骤闻拿办指令，曷胜惊异。所举各项罪状，究据何人告发？有无确证？均未见明令宣布，群情惶惑，人人自危。为此请求政府明白电复，以释群疑，而定人心，无任感盼。镇海县商会会长江义昌、王正康，镇海城自治办公处委员金士源，镇海县修理后海塘塘工局主任朱忠煌、陈巨纲、李厚培，同叩，养①。"

又有应梦生者，昨致轮船招商局股东维持会函云："敬启者，本月十六日报载大总统令查贵局及交部另呈拿办傅董等因之后，非惟贵股东等之义愤填膺，即社会上亦惊骇万状。今贵股东等设立维持会，依法力争，不胜钦佩。但民国以法治为号召，而十一年来居其名而乏其实，夫人皆知。官吏之弁髦人权、毁蹂躏之举，不一而足，岂独对贵局然也。政府与官吏之毁法不足责，所可痛者，我神胄之国民，日日在醉生梦死之中，放弃国民之天职，不尽监督政府之责任，有以致之。今读贵会第三号通告云，列名呈控之股东，交部行知系高以长所控。而高以长何人，亦不复见股册，殊为骇异。查有限公司之内部，有腐败及不法之事实发生时，而为股东者，应依照《公司条例》第一四六、第一四二各条，向董事会请求之。董

---

① 按，《韵目代日表》中，"养"指 22 日。

事会若置之不理，可按第一四六条第二项办理之。至股东会时，提出不法之证据，要求大多数股东之议决，以第一五六条之规定而开除之。再不然，应根据第一六四条之规定，向监察人声请之，并缴存其股票，方为正当办法。若高以长果为真确之股东，理应遵照上述各条办理，乃竟弁髦法令，以不合法之手续，控呈交部；而交部既不驳斥，复贸然呈请大总统，以非法之命令，派员查办，此固政府之非法蹂躏，妨害我可贵、可爱之商办实业，其中之有无别谋，固非外人所能知。然为贵局计，欲谋正当之解决，究实在之真相，莫如依据交部之行知，呈请交部抄示高以长之呈文，然后查明其列名伪冒之股东（查明地址），遵照新刑律第一八二条之规定，提起反诉。如交部狡辩拒绝，则向平政院（查照《行政诉讼法》）控诉交部，亦无不可。再以我股东及国民坚决之精神为后盾，则本案自有水落石出之真相，岂不较诸无为之通告，及电求社会之救济，并呈请冥顽政府之撤回成命，为有益也！夫如是正当之办法，虽有非法之官吏、万恶之势力，我其何畏彼哉？谨陈一得，敬希察鉴，祗颂台安。"

（1922 年 11 月 25 日，第 14 版）

苏议员为招商局案致府、院电

陈琛等电

北京大总统国务院钧鉴：商办公司，官厅有依法保护之责，无任意干涉之权。奉读本月十四日指令，招商局董事傅宗耀拿交法庭，十六日又令派员查明核办，何总统、总理均受交通总长高恩洪一人之唆使，甘于违法下令而不顾也？自民国公布《公司条例》，招商局即依法改组，完全商办。傅宗耀有无犯罪行为，控傅者是否合法，是否有确实证据，始为别论。但究犯何罪，必有主名，假定如指令所云，煽惑罢工、接济徐树铮种种，则事属个人行为，不能以其兼任招商局董事，即牵连及于该局。假定如指令所云把持局务，则该局自有股东会、董事会依据章程纠正，何烦交通部越俎代谋，此理易明。乃故意并为一谈，突然下令，横加干涉，此国人所不解者也。据交通部之声明，无非以该局有统辖国内交通事业之权，招商局为国民唯一之航业公司，既有人以股东名义呈控董事，不得不特别维护，予以整顿彻查。而以宣统三年奏案为根据，此尤为奇淡。试问高恩洪为交通总长抑邮传尚书？该招商局为董事制抑督办制？招商局由官办变为商办，无异苏浙路之由民有变为国有，试问今日苏浙路公司股款未收之股东，能援前清商办成案指挥路局否？则三年奏案之是否有效，不烦言而解也。即退一步言，交通部于法律上仍取得官督地位，然对此呈诉，亦须有《公司条例》合法之股东提出相当证据，然后受理，交普通司法衙门办理，不得效从前帝制时代之钦案，不问控诉权正确与否、其条件备其与否，直接以上谕指名逮捕也。况傅为中国银行监理官，政府有权直接处分，乃令文不查中国银行，而专查办招商局，是明明处分招商局董事，非处分中国银行监理，坏法滥权，益觉百口莫辩。此例一开，政府将变为诉讼机关，以后不论何种商办公司，一职员被人控告，即将累及公司，不问是否股东，一二人呈诉，即足摇动全局，则股东何所恃以安心投资，职员何所恃以安心办事？是公司之合法权利，完全失其保障也。我大总统、总理，日以回复法治昭示国人，乃此等非法掠夺之行为，亦竟由政府行之，果何为哉？股东与公司之关系，早有条例公布，股东依法自有职权可以行使，不能任一二人以控诉为毁坏。政府对于公司，亦只能以条例为依据，不能根已消灭之官权，加商人以压制。道路传闻交通部计图押卖招商局之说，喧腾有日，以收归官办为第一步，以拿办董事、派员彻查为收归官办之第一步，今果发见此可骇之举动。虽交部加以声明，但以虎牧羊，虎虽自称好意，羊终不信，不如任羊自生活之为安也。在傅宗耀本一普通商人，似此重视，未免反增声价，但我大总统为整纪饬纲，雷厉风行，置豺狼当道而问狐狸，不亦倒施已乎！议员等尊重法律，大惧由此以后，人民依法取得之权利，将不时被官厅无上暴力之侵害，而商人公司，摧残无还，谨直陈意见，伏乞大总统、总理不惮为日月之更，从速收回成命。傅宗耀是否犯罪，另案办理，招商局应听该股东等依法自决。至高恩洪违法扰商，滥使职权，应请即日免职，付高等惩戒委员会依法惩戒，以彰国纪，而平民怒。

江苏省议员陈琛、季通、邵玉铨、钱名琛、王廷贻、陆曾芜、侯兆圭、龚廷鹗、周乃文、周凯、闵璘、章崇治、宋铭勋、钱鼎、吴辅勋、王景当、眭国襄、陈人厚、杨集华、戴海龄、仲洲、陈谟、李郁文、张长华、屠宜厚、吴月波、刘振殿、陆元萃、丁建尧、黄其德、蔡钧枢、夏光翰、吴儒增、高铁珊、崔荣申、刘昌威、张才鲁、王惠轩、杨成、朱积祺、庞振干、王纲、孙焕春、董浚、吴有龄、熊钟麟、左保南、许仲祥、王国谋、马甲东、袁铎、沈士翘、孙基士、孙建国、张望明、张树典、杨同时、蔡君植叩，敬①。

张葆培等电

北京大总统、国务院钧鉴：招商局为完全商办公司，忽奉明令查办，深滋疑讶。即使该局董事果有犯罪行为，亦应依法律程序办理，今政府任意弄权，是否欲摧残实业？谨尽忠告，乞收成命。

江苏省议会议员张葆培、黄申锡、黄端履、叶理封、陆以钧、俞祖望、朱世瑾、盛元首、谢同福、杨而墨、陈同伦、许铭范、陆元萃、张福增、赵云、薛嚣、陈亚轩、屠方、周征蕚、蒋丙华、盛守钰、陶达、王师会、杨懋卿、周仁泳、杜廷鸢、冯世德、周积伟、朱元直、顾宝瑛、陈大启、华彦铨，敬。

(1922 年 11 月 26 日，第 10 版)

招商局查办案昨讯

国闻通信社云，招商局查办案昨日仍无何等消息，现查办员邵恒浚等，正在拟一"告股东书"，该书首述交通部发表查办之经过与目的，及报告董事会今年九月间要求补助费之事与交通部批准原文。该书由三查办员具名，今日即可发表云。

(1922 年 11 月 27 日，第 13 版)

国民保航会筹备处通告

自政府对于招商局有查办之举，与全国航业有至巨之关系，凡我国民万难漠视，同人等以第三者之资格，组织斯会，以征求公论，保卫航权为

---

① 按，《韵目代日表》中，"敬"指 24 日。

要旨。爰于十一月二十五日在西藏路亿鑫里设立筹备处，除函请各团体赞助外，并希各界惠临赐教，共筹进行。特此通告。

主任干事刘予醒。

（1922 年 11 月 28 日，第 1 版）

招商局查办案昨讯

——查办员发表《告股东书》

部派招商局查办员邵恒浚等，因外间传说有政府派庄蕴宽、孙慕韩来沪襄助查办之说，于前日电京询问，兹悉该委员等已得复电，谓并无其事。又，查办员张福运因部事业于昨日返京，不久仍须来沪。至关于查办案本身，昨由该三委员具名，发出一《告股东书》，原书云：

招商局各股东公鉴：本委员等奉命来沪，查办招商局事，外间误传政府有将招商局收归国有、押借外债之谋，深堪骇异。迩者不时有人来访，欲知真相，并据该局董事会迭函声明拒绝查办，以为政府无查办之权，尤足征误会发生，当系纯由此项误传而起。果仅专为此点而怀疑虑，因以抗查，则此种误会似不难除，何则？政府实无此意，亦无此力。姑不论招商局现状是否我有出押之可能及人有承押之必要，即云有之，而政府前以维护航业、航权计，曾以该局产业不许抵押外债，行知驻京各国公使在案，岂有对外擅自出尔反尔之理？谓其倒行逆施，对于斯事，似亦决不至此，亦势所不能，固无待深辩而易喻。至查办之来，外间只知系因有讦告之导线，实则该局董事会呈请维护，备陈危状，亦为彻查之导源。交通部主管航□〔政〕，责无旁贷，既有应查之权，而批准补助，实亦有审查之必要。益之以有攻讦内幕者，稿列如绘，无论实与不实，非查办奚以明真相，奚以资保证？为该局计，为股东计，为国家航权计，至此而政府又复如聋如瞆，不为查办，中外人其谓我何？审是则查办之举，无可瑕疵，尤不待深辩而共晓。然则抗令拒查奚为者？本委员等以为抗令拒查，既非正当，亦涉嫌疑，影响前途，无异自戕。各团体法人随和助喊，亦觉

313

爱之非以其道。为实利计，与其不问来意，闭门不纳，无的放矢，永存疑点，以为己累，何如避却种种嫌疑，利用查办机会，以资昭雪，以资保证，用图恢复之为愈。本委员等代表政府真意，专为扶助维护，促令整顿，以保航权，用惠股东而来，绝无丝毫他意属杂其间，此言可特别留存，永作铁证。兹姑将查办缘起略为一述，并将本年九月交通部对招商局董事会呈请维护之批文列后，幸共鉴之。奉令查办招商局事宜，邵恒浚、张福运、殷泰初。

附交通部批（十一年九月十八日发）

原具呈人商办轮船招商总局董事会，呈一件，沥陈近年困难实在情形，呈请维护由，呈悉。该局自创办迄今，已阅五十余年，历与外商角逐，惨淡经营，具征毅力，本部殊深嘉许。方今全国航业正在幼稚时代，本部职司四政，颇欲为各航业力加扶助，俾得计日程功。无如经济艰难，力有未逮，前为准备提倡及奖励航业起见，曾提议由新增关税项下酌拨数成，作为航业补助金，并经咨准财政部咨称，应俟新增关税实加确数决定之后，如无窒碍，再行汇案核办。现在关税尚未增加，该局所请将拨助航业之成数，改由税务司直接交局，作为政府补助费用一节，须待关税实行增加之后，由部尽力与财政部协商酌拨。至请本部邮余项下拨助若干一节，此项盈余既为数无多，于该局无裨，且用充本部行政经费尚有不足，实未便准行。仍冀该局勉维危状，以待将来恢复发展之机，是为至盼，此批。

（1922 年 11 月 28 日，第 13 版）

国内专电

〔上略〕

〔汉口电〕感日商联会因招商局案电政府谓，股册既无原告之名，显系捏造，依法不能成立，请速收回查办，令饬该局速开股东会，自行清查（以上二十八日下午四钟）。

（1922 年 11 月 29 日，第 3 版）

招商局查办案消息

自招商局查办员发表《告股东书》后，股东维持会尚无正式表示，惟据该会某办事人声称，此次查办命令并未指明因呈请补助而派委查办，且明谓因有人呈控，派员查办，则必欲谓与傅案无关，亦殊令人不信。况部中批准补助文中，并无派委查办之意，苟谓补助必须查办，更觉无此先例云。至查办员方面，据谓不愿出之操切，暂时尚无动作云。

（1922 年 11 月 29 日，第 13 版）

招商总局启事

顷接敝港局唐君岳辉来函，接有股东黎君润生一信，合亟布告远近股东公鉴，原函录下：

岳辉先生大鉴，敬启者：顷闻招商局股东张士记向交通部控告本局董事等情，查张士记由三万六千三百九十一号起至三万六千四百五十号止，股份六十股，系弟名下所有，弟实无向交通部控告董事之事，兹特向阁下声明，希代通知总局，以免牵入漩涡为幸。专此，即颂台安。弟黎润生顿，阴历十月初一日。

（1922 年 11 月 30 日，第 1 版）

国民保航会筹备会宣言

国民保航会筹备会昨发宣言云：

国民保航会者，将集国民之全力，保航业之独立、策航务之健全者也。曷言乎保航业之独立？中国之航业历史不亚于他国，而领海、内河外帆林立，主宾错处，久已不竞，且航业经营，其事不同于他业，营业所资，为国家之领水，假若短视政府，假国有之名义，收航权为官办，值此需款孔亟之际，又谁能保其不落于外人之手？此国民对于航业，应以全力

315

保其独立者也。曷言乎航务之健全？中国之航业公司，历来许私人之经营，然商货输运、行旅安全，息息与航务经营之良窳有关，经营得其宜，则航务自身固日益繁荣，而商旅交通亦享其便益；经营不得其宜，则应兴者不兴，应革者不革，航务自身且日颓日废，而至于不支。航务自身之不支，自有公司股东负其损失，然因是而使商旅蒙意外之苦痛，而外航得乘间以相侵，国民所当起而过问者也。此国民对于航务应以全力策其健全者也。

自查办招商局案发生以来，政府与公司各执一词，公司以纯粹商办为理由，拒官力非法之侵入；政府以整理航政为名，自护其干涉政策之正当。吾人以国民之地位，平心观察本案，觉政府今次之举动，以手续言为不当，以动机言为可疑，而所以授政府干涉之隙者，则招商局股东平时之放弃责任，使局务不能如量发展，亦难免外界之责言。今问题焦点，集中于官办、商办之二面，道路传闻，且有政府将乘机攫为国有，以抵借外款之说。夫航业是否应归国家经营，此问题姑置不论，然以我国历来国有事业之成绩，以现时执政者之处处假托国家名义，僭权逾分，则以关系公众便利之航业，托于今日之国家机关，吾人实认为不妥。是以吾人主张国民应以全力保护招商局商办之面目，勿使官力有丝毫侵入，而同时主张以国民资格，督促招商局股东乘此时机，亟起整理内部之局务，务绝外界之责言，而杜政府之口实。盖国有、民有，商营、官营，利害得失，应视周围情势而论定，故招商局须知航业由［与］公众便利有关，举凡澄清弊害，杜绝觊觎，宜以发挥航业任务为前提，不当仅主维持股东之利益，而国民当国家政务一切未入轨道以前，亦不能听政府假何名义，攫商办之航业为官营。为今之计，对抗非法侵蚀，保全商办航业为治标，督促商局股东，力谋航务健全为治本。标本并治，庶吾国仅有之航权，不至发生意外。同人本此旨趣，发起国民保航会于沪上，唯兹事体大，非邦人硕彦相与竭诚输力，则弗克有济。是用先设机关，综司筹备，正式大会，宽以时日，世有君子援枹鼓以相应，所厚望焉云云。

（1922 年 11 月 30 日，第 14 版）

招商局股东维持会迁移通告第五号

本会于十二月一号迁至宁波路广肇公所西首 A 字第七号办公（处），

期间定于每日午前十时至午后五时止，凡未挂号各股票，祈即仍持股票或息折来所挂号，共策进行为祷。谨启。

（1922 年 12 月 1 日，第 1 版）

招商局股东维持会驳交部咨电及部员宣言卅电第六号

本会呈府院等卅电文曰：北京大总统云云，等叩，卅译发外，合亟通告，统祈公鉴。

招商局股东维持会谨启。

北京大总统、国务院，各省巡阅使、检阅使、督军、督办、督理、省长、护军使、都统、镇守使，各省商会、各报馆、招商局全体股东均鉴：交通部咨电，援引本局前清旧章，解释查办招商局理由，其言甚辩。而核之该项旧章全文暨历年经过事实，不无讹误。即如所称章程第二节载，沿袭北洋官督成案，不知本节第二句即载明"实行公司商办主义"；复重言声明，一切悉遵照《商律》，且第□□□［一节首］称："本局完全商股，悉按《商律》股份有限公司办理。"开宗明义，官商界限甚为分明，交部何能抹煞全文，断章取义？至第三节所指部派监察员，虽于第二十四节载明，如发觉办事□□□［董舞弊］，可揭之于部，而仍声明知照董会另举，足见部员虽可禀揭，而执行之权仍属之董会。盖所谓办事董者，原章载明，并非股东所举董事会之董事，乃董会委任办事之员，且此办□□□［事董之］名称早经改革，而自民国以来，部派监察亦经废止，何能再事援引？至董事会董事之进退，完全为公司股东特权，既散见原章各节，按之现行《公司条例》第一五二条及一五六□［等］□［条］，□［亦］相符合。咨电谓，各国通例，无特别法者依普通法；有特别法者依特别法。试按上述各端，无论依据特别、普通何等法例，果交部藉端进行查办商办公司为合法乎？抑股东照例□□□［自行查］办其公司董会为合法乎？不待烦言而解。咨电又谓，前清宣三奏案，迄未变更，则本会请由根本之法理，进而与言经过之事实。民国二年，袁前总统派杨前董事长士琦为督□［理］、□［王］□□［前董］事存善为稽察，曾经明谕，并不侵越商权，而全体股东犹极端反对，未与承认。八年，国务院又因"江宽"案，派杨士骢核办，亦经

317

本局将原令封还。此为民国变更，由部监督之成□［事］，□□□□［亦即为本］会此次呈请撤回部派办员之先例。总之，普通航权虽例属于国家，而公司营业则董会实受成于股东。此次所待查办各端，既悉在营业范围以内，当然由股东自行处分，不□□□□［劳他人越］代。若谓案经控诉，查办由此而来，须知少数股东遇有公司疑问，不先请求股东开会讨论解决，径行到官控诉，即无冒名指使情弊，亦不能谓为有效。本会之设，以维持商办主□□□［权为唯］一宗旨，对于该董事等个人行为，决无回护，且为严格取缔，以谋根本之安宁。现正组织查账委员会，并拟邀请商会到场视察，一律公开，俾□［明］真相。交部既称意在维持航业，保全股东血本，则本会现办之事，即交部拟办之心，使交部心果无他，更应翻然改图，以自明其并无作用。报载部员宣言，则又谓董会呈请维护为彻查之导线。谨按大总统明令，系交部据评告而请派查。今该员乃别牵另案，足见情虚词遁，且不允维护，先与摧残，揆之情理，更出意外。各国商办航业，政府补助巨资，指不胜屈，未闻有因此引为口实而动加干涉者。公司一受官查，营业即蒙影响，必谓官查胜于股商自查，试问充分理由安在？况国号共和，官民一体，重官轻民，尤恐腾笑中外。现在此案已奉大总统漾印复电，据本会马电所请，交院查照。元首已无坚持成命之意，群司应有共循轨物之心，此又本会所愿与当局平情而商榷者也。

　　招商局股东维持会张謇、李经羲、朱佩珍等叩，卅。

（1922 年 12 月 1 日，第 1 版）

招商局董事会拒绝查办

　　招商局查办案，自查办员邵恒浚等发出告股东书后，兹悉董事会方面业于前日置复。复函大意，略谓关于查办一事，业已致电政府，请求撤消。旋得黄陂复电，已知照院部，故仍未加容纳云。

（1922 年 12 月 1 日，第 13 版）

招商局股东维持会会议纪

——驳复交通部哿电

招商局股东维持会，昨日下午五时十五分，开第四次股东会议，到者七十余人，由朱葆三主席，请洪雁宾代为报告第三次会议议案录。经洪君朗读毕，各股东认为无讹，乃由主席签字存案。继请大众检阅驳复交通部哿电及部员宣言之卅电稿，并宣读南通张啬老复电，准允签发驳电。经江汉珊、卢□泉、严子均、袁履登各股东等详细讨论，加以删正后，主席付表决，一致通过，即晚拍发。次决议原定查账委员会章程，留入下次会议讨论。次庶务科报告，准十二月一日迁移会所至江西路。最后由办事员报告最近注册股权，谓共计总数已达二万七千股，遂振铃宣告散会。兹将原电附后（衔略）。

交通部哿电，援引本局前清旧章，解释招商局查办理由，其言甚辩，而按之该项旧文暨历年经过事实，不无讹误。即如所称章程第二节，沿袭北洋官督成案，不知本节第二句，即载明实行公司商办主义，复重言声明一切悉遵照《商律》，且第一节首称"本局完全商股，悉按《商律》股份有限公司办法"，开宗明义，官商界限甚为分明，何能抹煞全文，断章取义？至第三节所指部派监察员，虽于第二十四节载明，如发觉办事董舞弊，可揭之于部，而仍声明知照董会另举，足见部员虽可禀揭，而执行之权仍属之董会。盖所谓办事董者，原章载明，并非股东所举董事会之董事，乃董会委任办事之员，且此办事董之名称早经改革，而自民国以来，部派监察亦经废止，何能再事援引？至董事会董事之进退，完全为公司股东特权，既散见原章各节，按之现行《公司条例》第一五二条及一五六等条，亦相符合。哿电谓，各国通例，无特别法者依普通法，有特别法者依特别法。试按上述各端，无论依据特别、普通何等法例，果交部藉端径行查办商办公司为合法乎？抑股东照例自行查办其公司董会为合法乎？不待烦言而解。

　　哿电又谓，前清宣三奏案，迄未变更，则本会请由根本之法理，进而与言经过之事实。民国二年，袁前总统派杨前董事长士琦为督理、王前董事存善为稽察，曾经明谕，并不侵越商权，而全体股东犹极端反对，未与承认。八年，国务院又因"江宽"案，派杨士聪核办，亦经本局将原令封还。此为民国变更，由部监督之成事，亦即为本会此次呈请撤回部派查办员之先例。总之，普通航权虽例属于国家，而公司营业则董会实受成于股东。此次所待查办各端，既悉在营业范围以内，当然由股东自行处分，不劳他人越代。若谓案经控诉，查办由此而来，须知少数股东怀有公司疑问，不先请求股东开会讨论解决，径行到官控诉，即无冒名指使情弊，亦不能谓为有效。本会之设，以维持商办主权为唯一宗旨，对于该董会等个人行为，决无回护，且为严格取缔，以谋根本之安宁。现正组织查账委员会，并拟邀请商会到场视察，一律公开，俾明真相。交部既称意在维持航业，保全股东血本，则本会现办之事，即交部拟办之心，使交部心果无他，更应翻然改图，以自明其并无作用。

　　报载部员宣言，则又谓董会呈请维护为彻查之导线。谨按大总统明令，系交部据诉告而请派查。今该员乃别牵另案，足见情虚词遁，且不允维护，先与摧残，揆之情理，更出意外。各国商办航业，政府补助巨资，指不胜屈，未闻有因此引为口实而动加干涉者。公司一受官查，营业即蒙影响，必谓官查胜于股商自查，试问充分理由安在？况国号共和，官民一体，重官轻民，尤恐腾笑中外。现在此案已奉大总统溱印复电，据本会马电所请，交院查照。元首已无坚持成命之意，群司应有共循轨物之心，此又本会所愿与当局平情而商榷者也。

　　招商局股东维持会张謇、李经羲、朱佩珍等叩，卅。

（1922 年 12 月 1 日，第 13 版）

汉口商联会最近两日开会纪（续）

　　二十八日，全国商联会是日开第十七次会议，吕逮先议长主席，到十三省区五十一人。主席谓，今日新到直隶代表凌星楼君已出席，特介绍。

又谓，昨日秦襆卿与樊步青二君临时动议之招商局案及罗文干案，均议决通电，现已拟就，即由书记朗诵如下：

（其一）奉令查办招商局董事傅宗耀舞弊营私一案，证以该局股东维持会宣言，原告张士记既声明未预其事，潘宏记、高以长又股册所无，匿名控告，依法不能成立。况招商局依公司组织，似不应沿用前清奏案，启公司股东自危之心。除函达招商局董事会，赶即依法召集股东大会，严重清查，公告全国外，伏乞大总统、国务总理俯念我国航权仅此一局，令行交通部收回查办命令，由该公司股东自行清查，并令农商部依法保护，以维商办船业。〖下略〗

（1922 年 12 月 2 日，第 10 版）

关于查办招商局之消息

全国商联会之主张

招商局股东维持会，昨接中华全国商会联合会函云：

> 径启者，日来交通部对于招商局查办一案，读交通部通电及贵会宣言，事关航权，未便听任摧残，业经提出大会讨论。佥谓招商局为商办实业公司，如有违反《公司条例》，政府自有依法制裁之责，乃交通部徒凭匿名呈控，根据前清奏案官督商办资格，而遽用其查办手续，殊属有意侵害，曷胜公愤。除由本会电呈大总统、国务总理令行交通部撤销查办，并饬农商部依法保护外，用特函达贵会，速行召集股东大会，彻查内容，革新章制，公告全国。真相既明，群疑自释，庶可谋航业之发展，奠国基于巩固。诸公明达，必能依法办理，不负国人期望也。

股东苏剑泉驳交通部电

该局粤股东苏剑泉，昨日发表一文云：报载交通部前月二十四日致何护军使电内，有"本应取消招商局航行权利"一语，足见该部早存破坏中国航权之心。试问取消招商局航权，于商民固受巨大损害，即于国家亦蒙极重影响，交通部是否中国之官厅？高恩洪是否尚有丝毫之人格？股东等对于该部本怀疑虑，今乃自作供招，此后尚复何辩？至谓"维持会非法定机关，不能任一二人之把持"等语，尤为臆造武断。公司以股东为原[元]素，凡股东集合机关，即是公司本身之主体。剑泉受全粤一万余股之委托，加入维持会后，亲见远近股东闻风咸集，极为踊跃，现在验股票登记者已在三万股以外，而陆续来者，项背相望，日不暇给，此会之非为少数人所把持，不烦言而可解。剑泉誓言中国保全招商一线之航业，为股东保全千百万之血本，闻此谰言，亟应严与驳斥，维高明教正为幸。

查办员二次告股东书

招商局查办员邵恒浚等三人，昨发二次告股东书云：

招商局全体股东公鉴：本委员等奉命来沪，查办招商局事，仰体政府扶助、维护、促令整顿之至意，对于抗令拒查者种种论调，不惟不与致辩，抑且曲为之解，认为误会，业于日前披沥言之，冀免再有误会。不图昨阅报载，所谓招商局股东维持会者又有驳复交通部皓电之文，略谓交通部援引旧章，其言甚辩，又谓不应抹煞全文，断章取义，甚且直指本委员等为情虚词遁。本委员等至此，虽欲不辩而不能，无已，只得按照原文所云，再为略加解释，免致终于误会。

夫交通部皓电所云，不过依据固有之章程而申明之，何所用其辩？此不妨取原电而复按之，奚必强指为辩而轻于下此断语。至谓抹煞全文，断章取义云云，此项断语，本委员等亦认为该会自道其实，适足以掩没部电之真义。兹姑依照该会所指各节，将章程原文全文录出，以供研究。

第一节，"本局完全商股，已奉农工商部注册给照，悉按《商律》股分有限公司办理"。按，此节系指明商股商办之意，不见有其他意义，无所谓官商之界限及分明与不分明也，且部电无否认商股商办之语之意，是此节全文，即悉行录出，亦不足以为非难部电之具。

第二节，"本局沿袭北洋官督成案，实行公司商办主义，改隶邮传部后，禀奉允准，设立董事会，一切悉遵《商律》"。按，此即为官督商办之真谛，藉曰不然，试问"沿袭官督成案，实行商办主义"二语，应作何解？其"改隶邮传部后，禀奉允准"云云，又何所取义？

若如该会驳复之言，直将此等意义完全抹煞，是否为断章取义，不难尽人而解。近阅盛氏愚斋义庄登报声明，内亦有反对官督商办之语，究竟此种主张何所依据，本委员等尤百思莫解。至该节所称实行商办主义，部电并未否认。是此节全文，即悉行录出，尤不足以为非难部电之具。

第三节，"循照旧章，员归部派，只任监察；董归商举，责在办事，事关重大，悉经董事会公议后行，所举办事董、各局分董，应由董事会缮给委任书，至更举为止"。按，此节即明定官督商办之权限，该维持会所谓民国以来，部派监察亦经废止，何能再事援引云云。试问民国以来，有无废止此项章程之法令，有无新定章程之批准？藉曰无也。此项章程，何人可以废止之，又何以不能再事援引？如无新定章程可以抵制其援引，然则该章程第四节全文，所谓"部派之员，嗣后以二人为限，一人专司监察，一人兼办漕务"等语，又可以援引矣。

第二十四节全文，所谓"商举办事董，如不胜任，及有舞弊等情，其由部派之监察员发觉者，可据实禀揭到部，并知照董事会另举；其由董事会发觉者，可登报布告众股东，另行公举，一面会同监察员报部；至部派监察员，如不胜任及舞弊者，董事会亦可具交请部另行札派，概以查取事实证据为凭"等语，更可以援引矣。不宁惟是，按章程第二十节全文，谓"董事任期一年，期满即退，如众股东以为胜任，可于会议时公举续任"等语，试问今日之招商局董事，究为任期几年乎？是否期满即退？其未退者，是否于会议时公举续任？假云续任，尚别有可以利用之依据，究竟其续任有无期限？是否有长此续任之意思？此均堪令人注意者也。

又如第十九节全文，谓"本局遵照宣统元年十二月邮传部奏案，将各局所有存本、进款、开支、结彩四项，详分子目，造具清册，按年汇总，报部存核，并由部中每年奏报盈亏情形一次"等语，试问近年之招商局，是否遵照该节所云而实行造报？倘未遵照章程实行造报，遂以此为非官督商办之确据，似亦未免将该节全文抹煞矣。该维持会谓何者为合法、何者为不合法，并由根本之法理，进言经过之事实，列举政府所派之员，均经极端反对，未与承认，或将原令封还，以为先例，俨然以此种先例为请撤查办员之依据。姑不论此种先例是否合法、是否合于所谓根本之法理，试问此种先例，经谁承认？其效力能否与章程相等？如谓不能与章程相等，何以必舍章程而弗由，务取先例为大法？假云取其便也，然则便于人之先例亦多矣，设使有人创一例，将招商局之财产而分肥之，则此例开后，即为先例，后之公然分肥者，恐无人能过问矣。招商局不其危乎？又如有犯法者，拒捕而逃，屡脱法网，即可据为先例，永不受法律处分乎？姑再让一步而言之，该会欲引其所谓先例者，为拒绝查办之据。试问去年股东联合会及旧董傅宗耀等，为选举事，曾均电请交通部派员彻查，何以彼时不顾先例而请求彻查，今又藉口先例以拒查乎？

至谓本委员等宣言，有"董事会呈请维护，为彻查之导源"一语，为别牵另案，足见情虚词遁云云。今特正告之曰，本委员等所谓讦告为查办之导线者，以顺此线索而来也。所谓董事会呈请维护（实即呈请补照），为彻查之导源者，以彻查之动机实发源于此也。本委员等查办此事，宁不知此事之原委，奚用遁词？又，凡人有把持败坏之迹、营私舞弊之嫌，被人觑破，最易情虚。本委员等奉令办公，自问无他，又何至于有所情虚？切望该会以后勿再轻以此种臆断之言，以相诬也。

该会谓"国号共和，官民一体，重官轻民，尤恐腾笑中外"，此言深明大体，实获我心。本委员等来此多日，屡见报载拒查之文电，而安于缄默不与辩；屡接董会拒查之函牍，而曲为解释不惮烦，正以此耳。惟是该会声言，对于董事会决无回护，且为严格取缔，以谋根本之安宁，并谓现办之事，亦即交通部拟办之心，意以为股商自查胜于官查。语固冠冕动听，然各股东以血本之重，托诸招商局，岂自今日始知谋安宁，果能自查而自整顿之，何以忍使招商局至于此地？至此而犹持自查胜于官查之说，反对官查，以自明其并无作用。本委员等亦将转诘之曰，试问其充分理由安在？该股东维持会是否股东全体，抑为一部分之组织？是否出自股东大会，依法成立，抑为临时之结合？是否专为维持航业，抑尚别有所维持？本委员等亦均不暇深考，但股东中无论人数多寡，苟有误会，理宜尽情解释，以符官民一体之旨，免致腾笑中外。幸股东全体，鉴此苦衷，毋或任令怀挟成见，终于执迷而不悟，不惜以全体唯一之事业，竟作孤注之一掷，而自负其重责也。是则本委员等一再宣言，殷殷切望者矣。

奉令查办招商局事宜邵恒浚、张福运、殷泰初。

（1922 年 12 月 4 日，第 13 版）

招商局查办案昨讯

国闻通信社云，招商局查办案相持业已多日，股东维持会及董事会累次表示拒绝意见，查办员邵恒浚等三人，除已两次发出告股东书，从事解释，对于政府无正式报告，惟招商局方面，仍未容纳。兹悉，查办员以此事长此相持，亦无结果，故决定今日在各报登一广告，向各股东声明态度：如股东于三日内无容纳查办之答复，彼等认此事已无进行之余地，故将沪事稍加料理，即行返京复命，报告一切，以后办法当听政府决定。据查办员谓，彼等虽未能往局中详细调查，惟数日来在外间探询该局情形，已略有所得云。

（1922 年 12 月 5 日，第 13 版）

招商局全体股东董事会同鉴

本委员等奉命查办招商局事，贵董事会以所谓股东维持会之名义，抗令拒查，迭经本委员等解释劝导，迄无转圜意思，深为可惜。兹拟在此仍候数日，以待憬悟受查。如三日内仍无转圜表示，本委员等即当回京复命，特先声明周知。

奉令查办招商局事宜邵恒浚、张福运、殷泰初，启。十二月四日。

（1922 年 12 月 6 日，第 1 版）

汉口商联会第十九次开会纪

十一月一日（星期五），全国商联会开第十九次会议，吕逖先议长主席，到十二省五十人。书记报告致招商局股东维持会函，谓日来交通部对于招商局查办一案，读交通部通电及贵会宣言，事关航权，未便听任摧残，业经提出大会讨论，金谓招商局为商办实业公司，如有违反《公司条例》，政府自有依法制裁之责。乃交通部徒凭匿名呈控，根据前清奏案官督商办资格，而遽用其查办手续，殊属有意侵害，曷胜公愤。除由本会电呈大总统、国务总理令行交通部撤销查办，并饬农商部依法保护外，用特函达贵会，速行召集股东大会，彻查内容，革新章制，公告全国，真相既明，群疑自释，应可谋航业之发展，奠国基于巩固。诸公明达，必能依法办理，不负国人期望也。此致商办轮船招商局股东维持会公鉴。

中华全国商会联合会谨启。

〖下略〗

(1922 年 12 月 6 日，第 6 版)

招商局股东维持会消息

招商局股东维持会，昨接旅粤、港、澳股东维持会代表林福成来电云：

招商局转股东维持会鉴：本局完全商股商办，官厅不应越权侵害，望坚持到底，以保血资。

旅粤、港、澳股东维持会林福成等，铣。

(1922 年 12 月 6 日，第 14 版)

国民保航会常会纪

昨日下午五时，国民保航会开第一次常会，公推会长刘予醒主席，讨论进行事项：（一）致淞沪护军使，报告本会成立；（二）通过致府、院电及致招商局董事会，又股东维持会、盛氏义庄等函，由会长修正后照发；（三）讨论发刊《航政杂志》办法。七时散会。

(1922 年 12 月 6 日，第 15 版)

招商局查办员行将返京

招商局查办员邵恒浚等，自通告股东，限三日答复，表示态度，以定行止后，但逆料股东维持会及董事会方面，决无转圜余地，故邵等日来已在预备结束，整理报告。前日，交涉员许沅曾驱车往访，邵等已定今日下午六时，宴请友朋告别。闻邵本拟赴杭，一游西湖，现以天寒作罢，归京之期约在四五日间云。

（1922 年 12 月 7 日，第 13 版）

招商局查办案之外人评论

国闻通信社云，轮船招商局自查办案发生，纷争多日，迄未解决。而《劳达周报》载外人方面消息，则竟谓有某国资本家拟利用此内外纷争、业务不进之机会，集合巨资，组织新轮船公司，潜夺长江等埠之航行权云。其言果确，殊可惊也。其原文云：中国唯一航海公司轮船招商局，自交通部委派三委员莅沪查办后，纷扰不宁，已有多日。就种种疑点观之，人莫不疑前交通总长高恩洪之所以出此，实有收并该局为官有之野心；亦有谓直隶派因欲扩充扬子江下游之航行势力，故而出此者。此言虽未敢明断，然此举不仅为商业上寻常关系，有关于政治作用，则诚未可或讳。观诸何护军使发电反对之意，愈可证明。现时该局大半股东已决心集合团体，维持旧日商办之原状，不可谓非该局之幸。然股东亦应注意于内部之缺点，而有以急谋改进。因现方有某国人利用此时机，集合资本八百万元，组织新公司，谋夺该局固有之航行位置，把持长江各埠之航行权也。苟此项新公司一旦成立，则其势力当与怡和、太古两公司相并肩，不仅为该局之劲敌已也云云。

（1922 年 12 月 7 日，第 13 版）

国民保航会致盛氏义庄函

国民保航会昨致盛氏愚斋义庄函云："径启者，此次交通部忽下查办招商局之令，舆论沸腾，恐将不利于该局。该局股东集会维持，振臂拒绝，两方坚持，迄未解决。查贵义庄执有该局巨额之股权，利害所关，较他股东为尤巨，乃既不与维持会股东取一致之行动，又不曾表示别树一帜之主张，惟以一纸声明，示其冷淡；如非甘心放弃，当必胸有成竹。本会以保全航业为宗旨，即有唤起股东觉悟之职责，亟欲一聆伟论，释兹疑窦。务请将尊意所在，明白见复，俾资研究，毋任盼祷。"云云。

（1922 年 12 月 9 日，第 14 版）

航业消息汇纪

查办招商局员已回京

查办招商局之委员邵、张、殷三人，以该局始终坚拒，无法进行，昨已结束手续，摒挡行李，离沪北上矣。

〖下略〗

（1922 年 12 月 10 日，第 13 版）

招商局股东维持会检查委员会委员通告第七号

十二月十五日，本会□会通过检查委员会章程，并公举苏剑泉君、叶山涛君、盛蘋臣君、方椒伯君、张孝若君、朱葆三君、严渔三君、薛文奉君、劳敬修君、陈炳谦君、韩希琦君十一人为委员，并公推童亢聆君为会计师。特此通告。

招商局股东维持会谨启。

（1922 年 12 月 16 日，第 1 版）

招商局股东维持会开会纪

——设检查委员会

招商局股东维持会前晚六时开股东大会，讨论检查局中账目事宜，到者六十余人，会长朱葆三因事请假，由谢蘅牕主席先报告上次议案及洛阳来电，又粤、港、澳门股东加入该会来函。次又报告修订章程委员会来函毕，经众决议，一一分别答复。继为讨论查账委员会简章，经各股东逐条加以修正，改"查账委员会"名称为"检查委员会"，并推举委员劳敬修、方椒伯等十一人。最后讨论应请法团加入委员会问题，因此事关系重大，一时未能取决，留入下次会期讨论。附该委员会简章如下。

一、本委员会由股东维持会开会，就股东公推之，其员额定为十一人，应聘会计师及雇用造册、核账之书记、算手，由各委员定之。

二、本会检查以本局设立之日起，全部检查之，但先就发现印刷品所控逐款查明之后，先行报告之。

三、股东维持会接到委员检查报告后，应即随时公布，以备提交股东（前项公布之方法，由股东维持会议定之）。

四、委员会应逐日到局检查，至本局营业，于检查时期间仍照常进行，不得因此停顿。

五、本委员会因公费用，由本委员会拟定预算草案，交由股东维持会通知本局支给之。

六、本会之办事细则，由本委员拟定，报告股东维持会通过之。

（1922 年 12 月 17 日，第 13 版）

招商局股东欢迎检查委员纪

招商局股东维持会自组织检查委员会，选定委员张孝若、薛文泰等十一人后，于昨日下午四时举行欢迎委员会，到者全体委员及股东六十余人。入席后，主席朱葆三致欢迎词（词附后）。散席后，委员会开成立会，其秩序如下：（一）公推主席；（二）主席宣布开会宗旨；（三）选举正主任一人、副主任二人；（四）正、副主任就任；（五）举检查委员会办事细则起草员；（六）散会。经众仍推朱葆三为主席，主席宣告开会宗旨毕，互选正、副主任，结果，正主任为朱葆三，副主任为苏剑泉、方椒伯，各主任遂即席就任，并举办事细则起草员三人，当选者为严渔三、盛蘋臣、方椒伯等三人。旋叩散会。

其欢迎词云：本局自查办潮起，几陷于万劫不复之地，扰扰攘攘，月余于兹。葆三幸随张南通、李合肥之后，与衮衮诸公共谋所以救济之法。且内藉股东之一片血忱，外荷各界之鼎力协助，天夺野心家之魄，使本局于黑暗地狱中，复现一线之曙光。此则维持会之足以告慰天下者也。今日检查会成立，集海上优秀分子，萃于一堂，或为实业专家，或为群商领袖，或为粤、港巨贾，或为江浙名裔，济济多士，盛极一时。葆三垂垂老矣，尚得追随于诸君子，同观厥成，幸何如之。窃思外患虽除，内忧未已，尚望诸君子不党不私，无偏无倚，举枉错直，昭示大公，为国家撑体面，为航业作屏障，为股东保血本，为商民争人格，奠本局于万年不易之基。厥维此举，惟诸君子鉴诸。

（1922 年 12 月 22 日，第 14 版）

招商局股东维持会迁移通告第五号

本会十二月一号迁至宁波路广肇公所西首爱字七号，电话中央七千六百九十二号。办公期间定于每日午前十时，午后五时止，凡未挂号各股票，祈即仍将股票或息折来所挂号，共策进行为祷。

招商股东维持会谨启。

（1922 年 12 月 26 日，第 1 版）

招商局股东之两会议

招商局股东维持会，昨日下午四时三十分，先开检查委员会，继开股东会，志之如下：

检查委员会之会议，到者苏剑泉、韩希琦、方椒伯、薛文泰、叶山涛、盛颡臣等七人，正主任朱葆三因事缺席，由副主任方椒伯主席。报告经过情形毕，苏剑泉起谓，鄙人被选为本委员会副主任，实难胜任，坚请另简贤能，经众挽留无效，公决，由次多数陈炳谦递补。次修正《办事细则》第六、第九两条，交股东会讨论，又定期于一月五日实行检查。

散会后，即开股东会，到者王心贯、李伟侯等三十一人，汪幼安报告会长朱葆三请方椒伯代理主席。主席请洪雁宾报告第四届议事录及来日函件毕，表决函请总商会、银行公会、钱业公会、国民保航会四团体监视检查，并将检查委员会交议办事总则逐案讨论，修正通过。旋即散会，已七时余云。

（1922 年 12 月 29 日，第 13 版）

招商局股东会查账昨讯

招商局股东维持会自组织检查委员会以来，对于检查事项，业已聘请会计师童诗闻襄助检查外，复于前日开会决议，敦请总商会、银行公会、钱业公会、国民保航会四团证派人监视。昨由文牍处缮具公函，分至四团体，措词大略相同，兹录其致总商会函云：

敝会经股东议决，组织检查委员会，业于本月二十一日成立。谨按招商一局，为吾国航业巨擘，兹将从事检查，直接关系本局，间接亦于各界实业均有密切关系，是此项检查非有监视公团，不足以表郑重，素仰贵会为商界最高领袖，尚祈准如所请，酌推代表一人加入，共同监视，俾资指导，而示公开，毋任企幸。除函请银行公会、钱业公会、保航会外，专此敬请公安，伫候赐复。

招商局股东维持会。

（1922 年 12 月 30 日，第 13 版）

盛氏愚斋义庄启事

前次，本义庄曾因招商局事召集董事会会议，公推董事丁斐章、盛泽承，顾问潘若梁，坐办张云抟四君与各股东暨办事人分途接洽交换意见，乃近闻传说颇有并非本义庄□人在外假托代表名义，拟辞是非，希图权利。诚恐各界因此误会，兹特郑重声明，本义庄□前推四人外其余并无他人在外有所交接，各界幸勿受愚。

坐办张云抟奉董事会命启。

（1923 年 1 月 21 日，第 1 版）

保航会致招商局股东会函

——仍请彻底清查历年各账

国民保航会昨致招商局股东维持会函云：

径启者，顷阅《政府公报》内载，傅宗耀拿办案准予撤销。查招商局为中国惟一商办航业公司，所有呈控各节既据查明，股东已自依法彻查，自无庸再派员查办，惟该局营业关系中国商务至重，该股东等务各破除情面，实力整理，毋托空言，勿争意见，以副国家维持航政之至意等因。查招商局风潮，虽本于张士记等之告讦，引起交通部之干涉，其影响遂及于全局。自贵会成立，本股东之权利，据理力争，并得各处函电纷驰，始免交通部之蹂躏，而保全公司之独立。敝会应时创设，保护航权，明知拿办傅宗耀为一事，查办招商局为一事，此番撤销傅案，与取消查办招商局案同令发表，此不过杜绝交通部之野心，而于股东之职责，则尚多未尽。故贵会检查会之职责，亦断不因此而减轻，应请迅将现查各款从速发表，以释人疑，而副众望。然后再将有局以来历任董事会各账，按年清查，逐项布告，昭示国人，以期彻底，而专责任，尤为盼切。敝会既居监视之列，对于国人与贵会，同负斯责。用献刍见，诸维明察。

（1923 年 3 月 4 日，第 13 版）

招商局股东维持会通告第八号

《政府公报》载，本年二月二十二日大总统指令第四百四十四号，令交通总长吴毓麟呈查明拿办傅宗耀一案，原告人姓名、地址均属虚假，至招商局案现经该局股东依法组织维持会，自行彻查，拟无庸再行派员查办，应请明令撤销由，呈悉，傅宗耀拿办案准予撤销。查招商局为中国维一商办航业公司，原有呈控各节既据查明，股东已自依法彻查，自无庸再派员查办。惟该局营业关系中国商务至重，该股东等务各破除情面，实行整理，毋托空谈，勿争意见，以副国家维持航政之至意。着由该部转行遵照，此令。等因。查本会之设，原以维持完全商办航业，防止外界非法干涉为宗旨，幸得现在交通当局洞悉商情，尊重法律，呈由元首取销查办成命，并明令声明招商局为商办航业公司，股东组织维持会自行彻查为依法办理，凡我股东同深钦佩。此后，关于本局前途，如章程之修改、职权之厘订、营业之整顿，千头万绪，应如何督促董会积极进行之处，本会责无旁贷，自应广集众思，绸缪全局，上副国家重视航政、旁慰社会、协助实业之至意。除敦促检查委员会从速彻查报告外，特此通告。

（1923 年 3 月 8 日，第 1 版）

轮船招商局股东公鉴

查本局上年营业例，须次年二月始能结算清楚，即于三月初一发息。每年所获盈余，例照定章提派。自董事会成立，息率问题须经过常会手续，因之不无迟缓。旋经股东请求，本局发息，均有定章，请仍提前三月初一发息，再召集常会追认。自癸丑后，即遵照办理，惟在盈余之年，既有定章可循，原可先行派给追加通过，本届因航业竞争甚烈，额有亏折，产栈虽盈，航务则绌，如何发息，本会未敢擅便，当即函请股东维持会公予酌定。兹接复函，附录于后，凡我股东，统请亮察。董事会启。

> 径复者：接奉公函，以本届结账产务结赢、航务结亏应发股息，产业每股可发三两。航股应否援照庚戌、辛亥成例，在公积内酌提银两发给，抑或即照庚戌、辛亥、壬子三届成案，搭发局存股票，并以庚戌生意并无盈余，每股在公积内提发银五两，搭发通商股票十两，系旅京股东盛、吴、杨、张、李诸公会议决定，电属照办。辛亥结亏，每股仍搭发通商股票十两，系属股东常会股东请求，全体通过。现常会因章程未经审查竣事，尚难召集，以本会系多数股东依法组织，属照庚戌，盛、吴、杨、张、李诸股东议决先例决定遵行，以免股东延企等因，具见实事求是、折衷至当之意。当即开会决议，佥以产业既有盈余，每股三两自应照发，航业虽属结亏，既有在公积酌提发给，先例亦可援办，惟公积不全属现金，若提给较多，似非培固根本之计，不能不兼顾，并筹拟请航股每股在公积内提给现银一两，连产股并发，两航一产共发现银五两，与庚戌盛补老诸公所主持每股发现银五两数目亦符。至搭发股票一节，现查局存大宗股票，只有汉冶萍股票一项在盛补老任督办时，本局原以现金购进，但现在价值跌落

过甚，以之搭发，画饼充饥，似无所取，本会对于现金发息办法自可赞成。至应否搭发该项股票或即于五两之外不再搭发，似应仍候股东常会公决，手续较为完善。现本会对于修订章程已推专员审查，公司账目亦在积极检查之中，不日竣事，即当函请董事会定期召集常会，所迟不过两三月。查庚戌、辛亥、壬子三届发息，或在四月初一，或在四月中旬，各股东但期股息有着，应不争此时间迟速也。此复董事会公鉴。

股东维持会启。

(1923 年 5 月 1 日，第 1 版)

七　关于董事、股东的其他内容

招商局董事会辨诬广告

连日阅《神州报》刊载招商局卖泄造船价单案，《新闻报》刊载修理"江宽"轮船之纠葛各一则，其中牵涉敝会董事傅宗耀君，与事实全属不符，于名誉尤为损害，殊堪诧异，不能不据实声明。

查招商局修理各轮船向有两种办法：一系登报招人投标；一系招集各厂家开账比较，总以价廉工坚者承修。从前开账多有不实，经敝会就董事内公举王子展、傅筱庵两先生专任考核、比较、修理之事。王君因工料造价未甚详明，复托傅君核实，此次"广利""江宽"等船修理，即系开账，并非投标。"广利"修费，船坞开价竟比求新厂浮多甚巨；"江宽"修费，耶松厂开价比船坞核减数十余两，均系凭账单比较作准，自应归其承修，何庸卖泄价单？且绝无投标之事，何得谓擅将估单私与某厂阅看？似此信口造谣，不特损害傅君个人名誉，即于本局修理船只以及一切整顿事宜，亦多关碍。若照各报新闻所载情节，是船坞以荧惑①为攘夺，成何事体？况自王、傅二君专任稽核此项修理以来，本年已为公司节省三万余金，有账可查，尤足征实事求是之效。忌者藉报纸诬蔑，明眼人自能辨别，但恐吠影吠声，黑白混淆，适足令热心任事者灰心。敝董等不惮详细剖明，非徒拒诐②邪，亦正以昭公道。

至所称请部查办一节，尤属无稽。现在傅君已接敝会长杨左丞北京来函，嘱仍任劳任怨，不为净言所动。又接江南造船所所长陈、邝二君来函解释，并照刊登公鉴，是非曲直，益可了然。特此广告。

---

① 荧惑：使人迷惑，炫惑。
② 诐：bì，偏颇，邪僻。

照录造船所所长陈、邝二君来函

　　董事诸先生联鉴：昨谒台端，畅聆原委，查中西文字本不能一一吻合，一经转译，时有畸重畸轻之弊，此传译者所以有"函询"与"查办"两字之误会也。"江宽"修价，贵董事既云非正式投标，则与经常办法或有不同。究之彼此同属公家，昨经解释分明，敝所何敢固执前云。有失公道一节，自应取销更正。所有彼此营业往来，仍照向例，乞为维持，曷任感佩。专此，祗请台安。

　　陈兆锵、邝国华谨启。

（1915 年 3 月 12 日，第 1 版）

招商局股东致董事会函

　　上海轮船招商局董事会诸公鉴，谨启者：贵局向来每年召集众股东会议一次，将局中事务详细报告，众股东以便商议进行办法，并当众公举，值所各董事此系依据《商律》，历年照办在案，惟查去年及今年贵董事会只刊结账办理情形节略一册，分与股东，并未开过年会，殊属违背《商律》。又闻有董事连年不在上海办事，仍以董事名义月支公费数百两，似此虚糜局款，不知于意云何。务请贵董事会速将理由述明，登报布告，俾众股东知悉。幸弗见却为祷，专此肃颂公绥。

　　潘为德堂、梁义诚堂、积德堂、赵义记、钱筠记、坚记等股东公启。

（1915 年 9 月 26 日，第 11 版）

商办轮船招商总局全体股东公鉴

　　顷准股东燕贻堂、杨从记、慎修堂、林凤记、吴钰记、邹颂记公函，称本局股东常会已两届未开，本年请照章开会，并邀求董事诸公联任。又准股东张士记、袁嘉德堂、翟文记、瑶记、世彩堂、三槐堂、何慎思堂、王吉记、李翰记、陈德记公函，同前，等因到局。二月二十一日董事会公议，股东常会自应于旧历三月初一发息后，三月十五照章开会。惟董事联任一层，应先将各股东来函登报布告等因，列入议案，除将来函附刊于后外，查向章开会应先期十日由股东执持股票到局挂号，换取入场券。此次请股东诸君于三月初一领息时，即将股票挂号由局填给入场券，以初十日为止，以便到会由办事人报告一切情形，藉资讨论。会场借用张园。特此布告，伏祈公鉴。

附录各股东来函两件

一、燕贻堂六位股东来函

　　董事诸位先生大人阁下，敬启者：窃照公司定例，每年应开股东常会一次，由办事人报告营业情形，俾股东公同讨论，以定从违，即本局奏定章程，亦有此项专条，所以重股权，遵《商律》也。本局自民国二年夏间开股东常会，选举董事，改照邮船章程，公推会长，瞬息已及三年矣。寅、卯均未开股东常会，股东亦知改章未久，不必拘泥成例，而营业情形亦共知共闻，是以未请照章开会，所以求实是，而免虚文也。现在又将届发息之期，侧闻自贵会长设立比较处，专司稽查客脚，各坐舱缴数颇有起色；又闻将总局兼办之沪局分开，另派局长认真经理，除弊改良，两年来所收货脚大有起色，非改章得宜，何能臻此？股东等血本所关，能不动心？能不欣服？欲得实在情形，端赖开会报告。今年常会亟应举行，详明宣布，慰我股东之盼望，亦足增办事人之名誉，尤足征贵董会之督率有方也。至于贵会长虽因病不能到会，而付托得人，尽可收坐镇之效果。说者谓科长如唐、陈年均老迈，郑董多病，周董政务甚繁，皆未能常川到局，尤幸两会长主持于上，委任王董认真整顿，同舟共济，两会长有知人善任之明，各董事及科长各有专司，不旷厥职，不必拘执虚文，而股东等此次亟请开会者，欲将邀求诸公联任，认真整顿情形，决之公议，以定大局。尚有分派花红、公积一事，为酬劳办事人所不可少之举，前经附议有案，如何分派，亦应早为筹定，以副大众之望，即以尽我股东之心。现值本届常会之期，务祈贵会按照向例何日开会，先期登报召集，分条报告，俾得尽知底蕴，是所盼祷。

　　专此，敬颂公安，即希同鉴。

招商局股东燕贻堂、杨从记、慎修堂、林凤记、吴钰记、邹颂记等公启。

二、张士记十位股东来函

董事会会长、董事诸公大鉴，敬启者：本局自民国二年五月间开股东常会以后，至本年丙辰，已届三年，甲寅、乙卯两年常会均未照章开议，今又届发息之期，股东常会自应照章办理。股东等深知自癸丑改章至今，局务大有起色，甲寅生意已见发达，股东等欣慰之余，未得切实报告，盼望至殷。故亟思诸公定期开会，当场布告，以慰我股东之仰望，即以增公司之荣益。第思此时商业凋敝，得能大占优胜，此皆由于两会长督率有方、改除积弊、用人得当所致，而王子展董事尤为两会长所倚重，任劳任怨，筹画精详；各董事和衷共济，是以有此成效，尤为我股东意料所未及。常会之开，所以符公司之成例，为股东应有之特权，但选举董事一节，股东等一分子意见，董事与科长皆能各胜其任，但求开会议事，不致缺席，原不必遽易生手。公司章程本有酌留熟手之例，拟请董事科长暨查账诸公再行联任一年。股东等此次邀求开会，只为欲得三年来商务之报告，不废公司永远之规例，别无他项意见，谅诸公休戚相关，亦必俯如所请。用特公函布恳，伏祈贵董事会即日议决，定期召集全体股东举行常会，以符向章，而慰众望，无任盼祷之至。

此致，敬请均安。鹄候登报、示复，不具。

招商局股东张士记、袁嘉德堂、瑶记、翟文记、世彩堂、王吉记、何慎思堂、李翰记、三槐堂、陈德记等公启。

(1916年2月24日，第1版)

商办轮船招商局全体股东告白

局轮运兵本非分内生意，时势艰危，尤万不敢冒险，自登报之日起，无论何处军队，概不承装。特此通告。

(1916年4月9日，第1版)

招商局董事会科长、局长公同敬复股东告白

　　查此次招商局并未承允为政府装兵赴粤，绝无装兵至粤之事，全局更无主持装兵赴粤之人，此皆有实事可查，非空言所能隐讳。"安平"装运闽货开往厦门，早已挂牌，定在发起装兵之先，有闽帮货客可问，有海关关单可查，并无先定装兵、后改赴厦之说。既股东公意不愿装载北兵至广州，董事、科长、局长无不照办，决定不装，可请放心。至"安平"有无装兵，及是否先装后改，股东大半系商界之人，一经调查，自然水落石出，万勿轻信谣言，致碍营业，转致股东受亏。至盼至要。

　　招商局董事会科长、局长公启。

（1916 年 4 月 9 日，第 1 版）

商办轮船招商局全体股东公鉴

　　本局原定十四日星期开会，业经登报布告，现查股东来沪者纷纷回籍，截至十一日为止，股东来换选举、议决票者止有五千余权，核与本局股东全数股权不及十分之一。按照《商律》及公司章程、本局历届定章，均须股权过半，方能开会议决事件、选举董事，现去法定之数尚远。股东来信公请展期，董事会公议，查本日距十四开会之期只有二日，向来股东来局换票从无似此之迟而且少，即再候二日，亦必不能足法定过半之数，应即登报布告全体股东，俟来局换票一足法定过半之数，大局已定，再行定期开会，以符法定而重股权。特此通告，伏希公鉴。

（1916 年 4 月 14 日，第 1 版）

商办轮船招商总局特别紧要告白

　　招商局全体股东公鉴：本局前电杨会长，海军硬扣四船，务求询明部处，如仍扣局船只，可停止放津，但营业亏损，股东不能承认。昨接杨会长复电，呈总统阅看，发交军事处，顷据函复，此后局船放津自可不扣等

339

语，并据津局来电，此后亦无再扣之必要。公议政府扣留之"新康"、"新铭"、"新裕"、"爱仁"四船均在股东登报概不装兵之前开出，事出意外，迭经严电交涉无效，是以应赴天津之船暂不派往。现为客商转口货生意不致改付外人起见，电请杨会长呈明。统据军事处函复，此后自可不扣，津局亦电复无扣船之必要。所有承运津货之船应否陆续开往，时势变更，殊难揣测，自应登报布告全体股东，征取意见，是否可开，务请于两日内专函答复，并请载明股东股名、实在权数，俾本局董事、科长、局长得以核算股权，多数取决，以维商业而昭慎重。特此布告，伏维公鉴。

（1916 年 4 月 22 日，第 1 版）

轮船招商局董事会布告

股东公鉴：索回所扣津船并请给发租价早已迭次电陈交通部照办，在局长、科长、董事公意，原须俟津船放回、租价发给之后，看大局如何再议。特因转口货生意所关，又恐股东意见不一，他人又借此造谣言，政府既允不扣，局长、科长、董事坐将股东生意归诸别公司，是以征取意见，并非诿卸责任。所以言权数、股数者，恐股东彼此意见不同。今接诸股东来函，皆主不放，自不必比较股权，业已切实电陈交通部及杨会长，俟船放价发后再议放津与否。特此声明，伏惟公鉴。

（1916 年 4 月 24 日，第 1 版）

招商局股东质问之纷至

中国招商轮船总局因津班轮船被扣，运输军队，致引起股东质问。连日该局接到此项函件不下数十百起，有词涉激烈者。该局颇不遑答复。

（1916 年 4 月 24 日，第 10 版）

商办轮船招商局全体人等布告股东告白

本局自股东登报概不装兵之日起，无论何处军队并未装过一人，此有事实可查，不能虚说。三月初开津被扣四船，均在股东登报之前，各船主洋人在津曾经力抗，因领事力劝，并由政府署券保险后，始勉开行。今《时报》、《时事新报》载有"飞鲸"、"遇顺"已放天津等语，"遇顺"在沪十日并未开出，"飞鲸"系直放牛庄，并勿驶近烟沽。报章轻听谣言，应请股东调查确实，慎弗遽信。

又，股东函请严重交涉，及妥为保全各节，早经公议，分别预筹办理。应知种种谣言，均与事实不符，本无辩论之价值，凡我股东如有疑虑，尽可随时查问本局，此后亦不再行登报。特此声明，伏祈公鉴。

（1916 年 4 月 26 日，第 1 版）

招商局股东常会记事

招商局自股东会成立以来，于今八载，照章每年开股东会一次，报告账略，选举董事。自癸丑岁开会后，至今三载未经开会，今因局务发展，特于昨日假北市总商会开股东常会，到会股东共五万五千余股，计四万六千余权。会场秩序如下：一、摇铃开会；二、会长报告开会宗旨；三、查账员报告三届营业情形；四、会长请全体股东选举董事、查账员；五、请股东投票；六、当场公推股东四位监视开筒，查核股权；七、报告投票议决董事、查账权数；八、摇铃散会。

股东既集，遂于午后二时振铃开会。首由会长杨杏城报告开会宗旨。次查账员张知笙报告三届营业情形，谓本局向例每年结账后刷印账略，随息分布，以供全体股东公览，四十余年遵守勿替。自癸丑以后，所有第四十一届、四十二届、四十三届各年结账情形先经按次刊布，谅邀鉴察。兹值股东常会之期，谨就三年之成绩为重言之声明，择要述陈，敬尘清听。

窃维营业以获利为维一之宗旨，以减轻债负、巩固本根为当然之急务。查四十一届收入水脚总数三百万六千两，各项余款总数三十四万二千两，除一切开支外，结余三十三万四千两；又积余十一万两，付股息四十四万六千两。四十二届收入水脚总数三百四十一万四千两，各项余款总数二十九万二千两，除一切开支外，结余五十万六千两；又积余十二万八百两，付股息五十万九千两，净余一十万七千两。四十三届收入水脚总数三百九十六万二千两，各项余款总数二十四万八千七百两，除一切开支外，结余一百六万三千两；又积余十三万二千两，付股息六十七万八千两，净余五十一万七千两。癸丑以前，每年收数有仅至二百数十万者，今则逐年递增，逾四百万，按次比较，实已多收一百五六十万。股分利息从前苦无现款，或以股票支配，今则增至十六两，现款现付。是以股票价值亦日见增涨。此营业获利，今胜于昔之明证也。

又，查辛亥以后，国势阽危，我局亦同处惊涛骇浪之中。外埠迭遭损失，固不待言，而政府借款以及积欠水脚等项为数更巨，逐款追索，幸已理楚。即上年"新裕"被"海容"碰沉一案，船本、船租暨被难人抚恤赔偿等项，亦煞费周章，力争清讫。在营业一方面，虽属受亏；在本款一方面，尚无大损。此皆为人之欠我者也。至我之欠人者，癸丑以前，积负欠项三百数十万之巨，现已陆续拨还，计已强半。

又，三年中本埠及各外埠建造码头、栈房及湘潭、芜湖、广州价买地基、栈房一切，计支二十余万两。又，汕头于三十余年前承领坦地，屡议屡更，直至今春定局，仍照原议之二十万元缴价领照。又，上海抵入房产、地产价值二十二万九百余两。

总上数端，另有细账，大致应添入成本项下者，共计实款六十余万两，其不入成本者不在此列。质言之，清理人欠则亏累幸免，偿还旧债则担负渐轻，添置产业则根基愈厚。

又，欧战发生，外洋制船物料来华绝少，然添船一事万难再缓，不得已于去冬向耶松厂订造坚快双暗轮新船一只，准于本年九月交船，实价六十一万两，此皆于我股东大有利益者也。

值此时势艰危、商业凋敝，我局幸得此效果者，实由于仿照邮船章程改组以来，议事与办事机关不分畛域，于各司其事之中仍获一气贯注之益。而天时、人事又得相辅而成，是以因时制宜，得占进步。同人等于用人办事，不敢谓处处尽美尽善，惟愿再接再厉，有始有终，固我局基，宏我局业，并以保我无上之荣誉。举凡我股东所殷殷企望者，皆我同人等所当尽心竭力、共负之责任也。

报告既毕，乃由杨会长请全体股东投票选举董事、查账员。当有股东张仲炤起言，自癸丑年大会选举后，按照公司例在董事内公推经理，总核局务，故能事无不理，利兴弊除，振兴之象为我局从前所未有。现在时势艰难，危机四伏，倘此时忽易生手，殊非所宜。杨会长请选举董事、查账员一节，鄙人不敢赞同，拟请现任董事、查账员一律联任，毋庸另举，众股东以为如何，请为表决。全体股东均赞成一律联任。

次孙铁舟起言，谓世界上野心国颇有觊觎招商局营业之思想，我股东与董事正宜固结团体，竭力筹维，方可以抵御外侮，巩固局势。张君提议，鄙人绝对赞成，对于联任一事最好以投票表决。时台下股东佥称不必投票，孙君乃继续言曰，既各股东信任董事、查账员，请再起立，以表众意。股东仍全体起立。孙君又云，现在杨会长既经多数股东要求常川驻局办事，得蒙许可，乃我股东之大幸。盖杨会长于职任与义务心颇为郑重，如辛亥年放出之债，彼能设法收回，至四十八万之多；兵脚二十余万，抚恤遭难死者十余万，非实心任事，曷克至此？我股东对之能无感激？各股东闻之，鼓掌称善。孙君又云，如有反对，尽可直抒意见，起立讨论。众无异辞。

次股东谢蘅牕起言，鄙人对于董事联任极为赞成，惟招商为我国极大航业，所有总局与各分局各轮、各栈，以及一切用人、运货等事务，请诸董事加意整顿，以期航业益臻发达云云。又，张某亦以汉口分局种种腐败，起而质问孙铁舟云，现在杨会长既允常川驻局，照邮船章程，会长负有完全职任，杨会长职任心重，诸事自当设法整顿，可无顾虑。众又鼓掌称善。

孙君复谓，诸君果实心信任杨会长，请再起立，免有隔阂。全体闻之，复一致起立，其议乃定。遂由董事周金箴声明原选董事、查账员既经全体股东赞成一律联任，所有原选次多数董事、查账员均应赓续有效。议毕遂宣告终止，由傅筱安〔庵〕摇铃散会，时已四句余钟矣。

（1917 年 5 月 21 日，第 10、11 版）

商轮运兵之患患预防

闽省前派专员分赴安徽等处添招新兵，陆续来沪，已商由轮局拨派"海晏"等船装运往闽，编练成军。兹悉招商局股东内有人虑及局中派船载运军队，设有危险，谁负其责？拟即联合多数股东，函致该局，声明嗣后派轮装兵，须提股东会公决，方可照拨，以免意外损失云。

（1917 年 12 月 26 日，第 10 版）

招商局诸位股东公鉴

招商局定期本月二十七日开股东大会，按照定章，五日前携股折赴局取息，并领取入场券，以便与会。讵料该局会计科无端把持，扣留股息，不给入场券，不知是何理由，殊堪诧异，除请高易律师致函诘问外，所有敝处股份二万二千股碍难赴会情形特登报布告，祈众位股东鉴察。

未亡人盛庄氏谨告。

（1919 年 4 月 27 日，第 2 版）

商办轮船招商局紧要告白

四月二十六日董事会特别会议：本局前次登报定于阴历三月二十七日开股东常会，各股东均照章来局，验明股票息折，取息填券。二十五日申刻，盛绳祖毓常先生来局，声称盛氏分产一案前在公堂起诉，奉有堂谕，此案未结之前，不准将所有遗产变动或移交他人，并无论何人不得任其变动及管理，等因，在案。顷闻盛氏股票已有大半来局取息，并填取入场选举等券，查股票息折向系封存铁箱，非各房同意，不能擅开，况经公堂严谕，不准变动。此次取出股票，绳祖并未据清理处通知，事先确不知情，显系违法私开，大背堂谕，请贵局即将款项股权暂存勿发，当经办事人告以已交经理手收。绳祖先生复云，"经理系我本家，此物仍应由总局保存，万不准动，特先来局声明，容请律师另行正式函致"等语。又据蘋臣七先生来局关照，所言亦与绳祖先生相同。有大股东、董事、经理、科长、秘书在座，共见共闻，公议查盛氏股票既有如此纠葛，明日开会，殊多窒碍，准其投票既碍法律，不准其投票又觉无以对杏老于地下。正在筹商间，复据多数股东声称，以股权除盛氏外已过半数，本无临时延会之理，但念杏老办理局务垂四十年，为本局元勋，现渠家既遭此家难，若竟遽行开会，致使盛府无权选举决事，众股东等对于杏老转觉歉然，公意请愿暂延会期，略候俾渠家事料理妥协，和衷共济。倘日久仍无办法，惟有再行择期开会，彼时盛氏仍无权选举决事，则一误再误，众股东亦可告无愧于杏老等语。本董事会自应遵照多数股东委曲求全之，意即将明日开会之事登报，暂行延期，所发选举、议决等票，仍属有效，并将本日议案登报布告全体股东公阅。

（1919 年 4 月 27 日，第 2 版）

招商局股东会延期

商办轮船招商总局定于阴历三月二十七日下午二时在总商会开股东常会，早经登报披露。兹悉该局股款盛杏荪家计占全数四分之一，自盛氏逝世后，诸子因业产问题涉讼公廨，曾奉有廨谕，于案未判决之前，家藏铁箱不准私开，丝毫变动。现其第四子泽臣意欲开箱，携取招商局股票息折向该局领取利息及常会入场券，事为第五子泮臣等所知，除延请高易律师向法庭起诉外，并向招商局止付会券股息。故招商局特于前日开特别会议，公决将股东常会暂行展缓延期举行，以免纷争。

（1919 年 4 月 27 日，第 10 版）

招商局股东会延期再纪

招商局上月二十七日股东常会因盛氏股分纠葛延期举行，已志前报。兹悉盛氏在该局计有股份二万二千股，前因兄弟分产问题，曾奉有公共公廨谕，于案未结束之先，不准有所更动。盛氏第四子泽臣期前携一万一千股折据赴局取息，并领入场券，限以六小时照办，该局会计科长邵子瑜［愉］未敢擅专，正拟请示经理，适盛氏第五子泮臣（现充该局经理）自杭回局，嘱邵扣发，遂未照给。邵科长现接高易律师受泽臣委托来函，诘问扣发理由，当已据实答复矣。

（1919 年 5 月 1 日，第 10 版）

商办轮船招商总局董事会告白

前于四月二十六日登报通告，暂延本届股东常会，会期现经公议，择于六月一日即阴历五月初四日下午老钟二句钟在总商会议事厅举行。股东常会前发选举、议决等券，一律有效，特此公布，即请全体股东公鉴。

（1919 年 5 月 20 日，第 2 版）

招商局股东会纪略

昨日（六月一日）下午新钟三点十分，商办轮船招商总局假总商会议事厅开股东大会，是日各股东到者八百余人，共七万八千一百二十七股，计七万二千八百二十七权。首由董事周金箴报告开会宗旨。次由查账董张知笙报告丁巳年、戊午年两届营业结账情形。次周金箴请股东照章投票，公留旧董事三人，并投票选举新董事六人、查账二人。各股东照章投票毕，即当场公推股东李载之、宋德宜、沈仲礼、周清泉四人监视开筒，核算股权。计旧董票，郑陶斋得五万九千零四十二权，傅筱庵得五万六千一百二十一权，周金箴得五万五千八百八十二权，均当选留任。新董票，计孙慕韩得九千七百二十五权，盛泮臣得八千五百七十五权，邵子愉得八千四百四十五权，陈翊周得八千四百三十二权，李伟侯得八千一百四十权，陈耀庭得七千四百六十权，施子英得五千零七十四权，盛泽臣得四千七百四十五权，张仲焙得三千八百六十一权，李载之得三千一百二十二权，杨梧山得二千二百四十九权，内以孙慕韩、盛泮臣、邵子愉、陈翊周、李伟侯、陈耀庭等六人为最多数，均各当选新董。查账员票，计张知笙得二万七千二百二十九权，周清泉得二万六千二百五十权，严渔三得四千三百五十三权，陈炳谦得三千九百二十五权，盛绳祖得三千三百七十五权，盛蘋臣得二千四百七十八权，谢蘅牕得二千一百十六权，杨梧山得四百十八权，内以张知笙、周清泉占最多数，各当选为查账员。逐一报告毕，时有股东孙铁舟，因新董孙慕韩原报所得权数为二万九千五百二十五权，似有错误，请众注意。当经监视员等重行检查，确系九千七百二十五权，实由误算所致，遂即更正。次由股东王心贯、童诗闻声言，"江宽"船本问题。顷据查账员张知笙报告，政府已允给偿，不致无着，应请董事会继续要求政府从速施行。至抚恤被难搭客人等，亦应由政府担任，商局不能承认云云。全体赞成。次傅筱庵董事答言，此案无论如何，船本赔偿政府决难推诿，董事会自当积极进行，应请各股东放心，将来办有实际，自当再请各股东讨论。至此时，已四点半钟，遂摇铃散会。

（1919 年 6 月 2 日，第 12 版）

招商局股东请惩"广大"买办

招商局股东维持会因"广大"轮船偷运私米出洋事，致董事部函原文如下：

敬启者：兹阅报载"广大"轮船屡次偷运私米出洋，此回始被人查出破案一节，人言啧啧，谅非虚诬。窃思当此国家米禁森严之际，他人有此，尚欲纠诘，而况我堂堂招商局之轮船，竟敢偷关私运，以犯不题，其可不究乎？讵意此事发生之后，侧闻郑董之意，竟欲将该米饬原主具结领回，而对于该船之买办则谓其适在告假期中，不欲深究。似此种种抹过，何以正法纪而息谣言。况买办请假为常有之事，而对于该船是否仍负责任，此辈有意舞弊，希图规避，郑董果有如此办法，固难免袒护之讥，而于我招商局之名誉关系尤大。本股东用敢函请贵董事诸先生对于此事，务当严加惩办，以儆效尤。尚希诸公竭力维持，而肃法纪。则我局幸甚，本股东幸甚。诸公如若因循敷衍，则将来局务为害实非浅鲜。本股东势难缄默，届时或当登报请开股东紧急大会，以征诸公论耳。特此布闻，并请公安。

股东维持会公启。

（1919 年 9 月 7 日，第 10 版）

孙慕韩启事

敬启者，鄙人忝膺众选领袖招商局董事会，远近亲友来嘱托者络绎，应接不暇，笔秃唇焦，查本局用人一切均由董事会公同议决，断非一人所能专主，在事各员既不能无端调换，岂能任意添人。鄙人在沪日短匆匆，即将北上，特此布告，诸祈鉴谅。倘承惠函，恕不奉复。

（1919 年 9 月 11 日，第 1 版）

孙宝琦辞招商局董事会长电

招商局董事会昨接孙会长自京寄来快邮代电云：

上海招商局董事会、总商会并转招商局众股东均鉴：上年招商局开股东大会，宝琦谬承推举为董事，并互选为会长。当时呈奉大总统指令，准其兼充，迄今倏已十阅月，虽两次到沪，与诸位董事晤面数次，终以于局务素来隔膜，无丝毫赞助之益，且为时甚暂，在京遥领，诸事更难与闻，私衷隐疚，久拟辞退。因"江宽"案尚有请求政府之事，迟至今日，"宽案"已由阁议通过解决办法，虽法庭败诉，尚得政府特别补助，差用慰幸，亦可以告无罪于众股东。用特提出辞职书，与招商局脱离关系。滥竽十月，熟察局中诸事，为少数人所把持，积重难返，即使会长常川到局，亦属无能为力。若欲实事求是，必须重改章程，董事不得兼充科长，并慎选精明强干之经理，庶可整顿一切，日起有功。想众股东近在咫尺，利害相关，必早洞知情形，不以鄙言为私见也。诸希亮鉴。

宝琦，巧①。

（1920 年 4 月 25 日，第 10 版）

招商局董事挽留孙会长电

招商局董事等挽留孙会长电云：

北京税务处孙督办鉴：巧日快邮代电祗悉，我公领袖董会、同人

---

① 按，《韵目代日表》中，"巧"指 18 日。

等方幸有所秉承，忽奉辞职宣言，群情惶骇，筹商再四，万难承认。谨代表全体股东，一致竭诚挽留，尚乞俯鉴全局，爱戴之切，仍予维持，同人等不胜大愿。专电驰恳，伏祈俯允，并盼赐复。

招商局董事会叩，宥。

（1920 年 4 月 29 日，第 11 版）

招商局股东挽留孙会长

上府、院、部代电

招商局股东杨廷楫等，为该局孙会长辞职事，环呈大总统、国务院、交通部快邮代电，其文云：

大总统、国务总理、交通部总长钧鉴：窃公民等为招商股东一份子，因血本攸关，与招商局有密切之关系，惟期商局日形发达，庶可多得股息，且为国家航政生色，而挽回外溢权利。所以近四年者，奖给办事人、科长等花红至九十余万之巨，任若辈予取予求，而不之禁。不料董事兼科长傅筱庵、邵子愉、陈辉庭等，不思图效，反而权势膨涨，乘前会长病卧不起之时，揽权取巧，矫改局章，不依《公司条例》，以办事科长而兼董事，额占董席半数，朋比为奸，联络舞弊，惟傅筱庵、邵子愉、陈辉廷〔庭〕三人为著，共闻共知。尚有半数董事之耿介不阿者，只均善良忠厚，不敌傅筱庵、邵子愉、陈辉庭等蛮横奸巧、专制把持，故众股东等时闻局中冲突，究以不在其中，无从揭开黑幕。况局中诸要职办事人，皆傅、邵等私人，均是其子侄、甥婿，并其子侄、甥婿之弟兄、伯叔、姻娅，招商局竟为傅、邵等之招商局乎，可慨焉！本年四月二十四日，由上海总商会特别传布孙会长巧日快邮代电（文见前报，略），等因，并于四月二十五日《申》、《时》各报登载前因，众股东闻之不胜骇汗①。夫孙会长公道正直，宽厚仁慈，历秉钧衡，赞襄国政，为中外人所钦仰，久为大总统、总

---

① 骇汗：因惊骇而出汗。

理、总长所深知。上年众股东等在会场选举董事，公推为会长，方庆商局赖以整顿，日起有功。讵知兹因傅、邵等把持局事，以致不克整顿，恬淡辞职。不特众股东等大失仰望，在大总统、总理、总长闻之，必深诧异，实无以慰上年大总统指令之至意。众股东等，现悉商局中傅、邵等自得孙会长快邮辞职书后，不知自悟，反而暴戾恣睢，乘机席卷局中手握之利，以偿欲壑。一面请托二三忠厚之股东，假意挽留孙会长，其函语略云：钧示局弊积重，办事界限不清，洞见症结。当时改章，明知不合《公司条例》，适以抵制政府新公司之后，笼络办事人心起见。今局中股东，一致竭诚挽留，乞暂予维持。此时未便遽予积极改革，庶俾蟾脱无形。即不为商局计，当为筱庵、子愉诸兄等颜面计乎？云云。如此挽留之文，殊属怪异之极，众股东等股份虽少，然亦血本攸关，照《公司条例》，每股有发言之权，不能任傅、邵等权势熏天，颠倒黑白，有坏局务。伏乞大总统、总理、总长钧鉴，俯念商局虽为商办，然关系国家航路要政，兹值世界商战时代，尤宜注意整饬扶持，吁恳钧座迅饬严令传筱庵、邵子愉等蠹董科长，立即离局，以待彻究。并乞大总统、总理、总长劝留孙会长，勿避嫌怨，而怀高蹈，国家航政幸甚，商局股东幸甚。不胜迫切叩陈待命之至。

招商局股东杨廷楫、李维城、王积勤、陈寿楠、谢家成等二百四十二人，共三千五百八十股股东，同叩。

致孙会长函

招商局会长钧鉴：四月二十五日上海总商会《申》、《时》各报布载会长巧日快邮代电告退书，众股东敬悉之下，不胜惶骇焦灼。查商局近年来董事兼科长把持之积弊，众股东无权置喙，通国皆知。方冀会长此次督饬整顿，挽回积弊，以慰我众股东之心愿，而保全众股东之血本，正本清源，一时难遇。乃以该科长等把持之故，致会长灰心告退，实属骇异，为各公司所创闻。此事只有黜退该科长等，以祛弊窦，断无会长反而让退之理，以长该科长等势焰。凡在股东，非与该科长等有密切关系者，均当起而质问。想局商不乏公正明达之股东，必以敝股东之言为然也。务乞会长勿避嫌怨，勿怀高尚，勿惧凶焰，切实整顿，撤革该科长等权利势力，不得复充，实深盼祷。敝股东等竭诚恳留钧驾，俯鉴众股东之环请。除已另由快邮电呈政府外，一面拟披露该科长等平日把持积弊之黑幕，是否合理，专此叩陈。不胜迫切待命之至。

招商局股东杨廷楫、李维城、王积勤、陈寿楠、谢家成等同叩。四月三十日。

（1920年5月6日，第14版）

招商局股东致孙会长书

招商局股东张仲炤、李伟侯致孙会长书云：

董会转示巧电敬悉。局事杌陧已久，得公领长董会，虽不克驻局督办，而政界沟通较易，诸事便于进行，"宽案"补助金即其明证，凡在股东，同深感幸。忽闻辞职，倍切攀留；承示局弊，洞见症结，实获我心。三科兼董，出自补公之意，尔时甥潜及熊先毅兄即而陈其不便，补公以新公司甫取销，办事、议事两方面恶感尚深，为笼络办事员、收拾全局人心起见，权宜出此，甥等始表同情。不料奉行稍久，物议愈滋，三科长亦曾自请分离，终以补公手定章程，无人忍议更张。兹承明示，容商众股东提会表决。但默察情形，只能徐图变计，嬗蜕无形，未可遽事更张，至流操切。至泮兄经理，亦潜等所公推。时则武进新亡，泗州在远，局中皇皇无主，盛府为至大之股东，泮兄又武进属与董会股东接洽者，故即公推，以资维系。数年以来，渠所处地位之困难，较公尤甚。今年大账告结，本拟奉身而退，潜等以股东资格，竭力婉阻，方思鼓舞其精神，俾稍振作，庶局事可望刷新。果能上下内外，相见以诚，事事秉公，不参私见，如泮兄者，精明强干固不足，廉静不扰则有余，必于大股东中求经理之人才，似亦不能苛论。公既允担任会长于先，为时未久，复坚辞于后，不独局事益形纠纷，股东倍深惶惑。即泽丞①、泮丞②手足间，亦有不宜之处。

---

① 泽丞：即盛泽臣。
② 泮丞：即盛泮臣。

公宅心仁厚，即不为商局计，独不为补公家生计，泽、泮兄弟手足闻计乎？务祈俯从众议，仍予维持。掬诚奉恳，伏祈三思，迫切陈辞，语多真率，并求亮恕。

　　表甥张志潜、姻愚侄李国熊同叩。

（1920 年 5 月 7 日，第 10 版）

上海招商总局董事会启事

　　招商局股东杨廷楫、李维城、王积勤、陈寿楠、谢家成等君鉴：昨见《申报》载有执事等分呈府、院、部及孙会长快邮代电，已据傅、邵、陈三董面请本会彻底查办，以昭核实。惟按《公司条例》，非真实股东并无发言之权，遍查股票底册，并无执事等花名，应请三日内将执事等三千余股之股票花名、号数详细开列，连同息折，一并送局，并请将傅、邵、陈三董蛮横奸巧、专制把持之实据逐一报告本会，经本会审查执事等确为本局股东，即当凭以严查，以尽代表责任。倘届时一无答复，及无股票号数开示、息折送验，则明系假托股东，毁人名誉。本会惟有呈明政府，揭出实情，并由傅、邵、陈三董个人法律解决也。至科长兼任董事，乃癸丑五月廿六日股东大会全体议决通过，事由公推，并非把持。执事等既系本局股东，何竟一无所知？岂尔时君等二百余人均尚无本局股东资格耶？诸希公鉴，并盼示复。

　　招商局董事会启。

（1920 年 5 月 9 日，第 1 版）

招商局金利源王声皋来函

　　顷阅贵报所载，宁绍商轮公司在民国路四明公所续开第十一届股东会，正在推举议长之时，谓为鄙人喝令多人用武云云。殊堪诧异。查是日开会情形，当推举临时议长之时，股东中有举乐俊宝者，有举洪承祁者，纷纷不一，当由乐俊宝宣言应用议决票公举。鄙人以为一用议决票，须延宕二三时之久，恐不及议决他项事件，且无论何处会场，断无有举临时议长而用议决票者。股东中亦多赞成鄙说，而不意乐俊宝即斥骂为塞屎之人。按，鄙人前在新宁绍轮船官舱口曾被人抛以秽物，此次乐俊宝遽有此言，则前次所为或即为渠指使，正欲向前质问，乃有素不相识之人出而阻搁。旋有木凳从空飞下，掠鄙人身傍〔旁〕而过。当此之时，秩序遂以大乱，鄙人亦不知所由。乃谓此次扰乱系鄙人所喝令，鄙人不过小股东之一，有何权力可以号令大众？况鄙人此时一意专在质问乐俊宝，以明究竟，方欲求全场肃穆，彼此得伸其说，岂有反令骚扰，自淆听闻？应请贵报迅赐更正，登入来函门，俾明真相，无任盼祷。

招商局金利源王声皋鞠躬，八月初九日。

（1920 年 9 月 21 日，第 11 版）

海员公会致何护军使函

〔上略〕

附：招商局董事会致何使函：

顷奉钧函，以准国务院青电，以敝局忽发生海员会代各船员要求加薪罢工停轮一事。此事关系国家航政及地方治安甚巨，电请钧使查明详情，设法消弭，奉饬将此事发生及现在情形详细见复，以凭核办，等因，奉此。仰见钧使及国务院注重航权、关怀大局之至意，钦感莫名。遵查敝局轮船三十艘，火夫、水手合计不下千余人，其薪水每人每月自三十余元至二十余元不等。近因米珠薪桂，于民国九年间每人每月增加薪水五元，由该火夫、水手自组织之炎盈、均安公会向敝局声明，自加薪日起，五年之内，不得要求再加，各水手、火夫均无异议。本年香港海员罢工风潮发生，敝局驶港轮船先后到港，各该水手、火夫本无罢工意思，潮流所趋，不能不取一致态度。迨风潮解决，外洋公司工人一律加薪，敝局虽未承认香港海员会之工约，而对于驶行香港之"广大"、"广利"、"泰顺"、"新华"四船之水手、火夫以香港用物价值较内地更昂，特别加给，以示体恤。该海员会定章，由离工日起至回工日止，照新定工价折半支给，敝局对于本局四轮，仍按全薪支给，足为敝局优待工人之证，亦即为敝局与该会不相关涉之证。惟行驶他港各轮，因有五年内不加薪之约，而各轮船水手、火夫头目亦无加薪之请求，虽怡和、太古驶行各港之船员已一律普加，而敝局船员工薪本较怡、太略优，似无加给之必要。自香港罢工风潮解决迄今，又近半年，本年七月二十三日，忽接中华海员工业联合会上海支部函，请将各公司船员照香港订立之加工合约增加。敝局以香港加工合约，敝局并未预闻，且敝局水手、火夫自有该工团所设立均安公所、炎盈会馆，如果径行函请加薪，各船员在局多者二三十年，少亦十余年，休戚相共，情谊素孚，本局生意近虽清淡，金融亦至紧迫，但船员如果势难支持，虽有五年内不得加薪之语，亦未尝不可通融，量为增加，而各公所并无函来代为请求，乃于两机关之外别有海员会上海支部名义代为出面，所要求者，又不仅限于加薪一事。敝局以关系较重，且未悉其在沪组织缘起，一时自不便答复。本月一号，该会又致一函于敝局，尚未拆阅，该会旋于次早来人索去，函内所言何事不得而知，报载敝局将该函退回不收，则殊非事实也。至四号，又接一信，未及召集会议，而不料五号早，敝局"新康"轮船驶津已经结关，正欲启碇，各水手、火夫、西崽忽相率上岸停工，敝局甚为骇愕，而"江天"、"公平"、"新江天"、"新丰"四轮亦同时为同等之行动。敝局当饬各该头目来见，告以加薪一事，汝等事前既无表示，局中此时亦不拒绝，尽可直接商榷，至加薪以外之事，本局实无从应付，且与尔工人本身亦无若何利益，应赶速上工，以免停轮误事。而各头目云，自海员会发现，该头目已失约束工人之能力。敝局复饬令就各水手、火夫推举代表来商，而该船员似有瞻顾不前之势，其各埠轮船入口当然陆续加入，现已有十七艘，即已经加薪之"泰顺"、"广利"到此亦无端停罢，蔓延愈广，结束愈难，瞻望前途，忧心如捣。诚如国务院青电所云，于国家航政、地方治安所关甚巨，但敝局未能消弭于事前，又不能调护于临时，上无以保国家之航权，下无以供客商之运输，外既不能为船员所体谅，内又无以副股东之付托，致劳钧使及国务院之垂注，应变无术，负疚何穷。惟是近年轮船生意一落千丈，吨价日贱，驳力日昂，每船开驶揽载愈多，亏折愈甚。敝局为保护中国航权、华商利权起见，情甘赔累驶行。各船员工资如照怡、太普通加给先例，使与怡、太现价相等，每年不过增加数万元。敝局既以保障航权，故不惜有所牺牲，每次多则数千金，少亦数百金，岂各船员与敝局多年东伙，转复靳此区区？实以加薪一事，本局尽有商榷余地，而加薪以外之事，应否承认，敝局实未便自专。既承钧使殷殷下询，理合详晰呈明，应如何维持消弭之处，敬候裁夺训示遵行。至外间不察，谓敝局以近年航业亏耗，利用此罢工时期停止航行，以冀减少损失，此则解嘲之言，非明真相之论也。

（1922 年 8 月 18 日，第 13 版）

海员罢工之昨讯

——仍未有解决消息

招商局之海员罢工，在二十二号，该局开特别会议时，颇闻有可望解决之消息，当因会议未竣，难得结果之确息。及至昨日，闻诸该局云，双方始终为六个月薪水之追加问题，意见仍难融洽，遂致无结果，而未能解决。现在航轮仍复停顿，双方之态度依然若即若离也。

中国通信社云，日来招商局方面曾连开董事会议，磋商对付海员方法。昨前两日，复假静安寺路盛宅讨论善后问题，然各股东意见纷歧，莫衷一是。有一部之股东抱息事宁人主义者，则主张承认海员工会，照加薪水；而有一部股东，则绝对不承认上海之有海员工会，谓加薪未始不可，惟须由各海员自行接洽，或由均安公所代表接洽则可，否则愿牺牲一切云云。因此双方股东之主张不同，而负责办事者遂无其人，磋商至今，业已数日，然始终并未有美满具体办法云。

（1922 年 8 月 24 日，第 13 版）

招商局董事会通告

本月十三日《新闻报》载，据《上海泰晤士报》及北京各报载，招商局将所有轮船及房地产业押与汇丰银行，抵借巨款，供给孙文军饷等语。

阅之不胜骇异。查本局自改归商办后，完全脱离政治范围，从未有以血本接济军费之事，且职员服务商业与政界，如风马不相及，更何党系之可言？此不待辩而自明。至借款一节，本局自光绪乙未年与汇丰银行发生往来银钱关系，即以局产作押，辛亥年再向该行押借款项，分年拨还，迄今余欠未届还期之款，尚有六十万两，是以押件未能取回。欧战以后，本局因船只过旧、过少，陆续购造"江安"、"江顺"、"新江天"、"新大"、"新华"、"嘉禾"六船，上海华栈、杨家渡，汉口，九江换造新帮通，汉口拖轮、驳船，广东、汕头、镇海新筑码头、栈房、地基，上海金利源、四马路浦滩及天津、汉口、九江等处翻建栈房、洋楼房等项，又购买上海扬子码头建筑品，共享银八百余万两。除原有积存开支外，不敷，陆续向钱庄等处挪借约三百余万两，利息较重，期限较近，因商汇丰就原有押件，根据原定条款加借规元五百万两，归还庄款等积欠三百余万，议定各项庄款何时有到期者，即何时向汇丰如额支取拨还。现甫支取五十万两，拨还到期借款一批，余尚未经支拨留备营业之需，订明俟明年需用时再行交付。至还款期限，议定仍照上届借款成案，分二十年在营业收入项下陆续拨还。当经本会函请股东依法组织之维持会开会集议，金以此事系借轻息还重息、借长期还短期，比较经济上较为合算，且系就辛亥年原有合同加借，征之前事尚无妨碍主权之处，一致通过在案。所有报载各节，全非事实，恐有误会，合亟将真相据实披露。诸希公鉴。

招商局董事会启。

（1923 年 8 月 16 日，第 1 版）

招商总局与《泰晤士报》往来书函披露

敬启者：近阅报载，见有贵局董事会通告一则，云据《上海泰晤士报》载，招商局将所有轮船及房地产业押与汇丰银行，抵借巨款，供给孙文军饷云云。本报对此通告甚觉惊异。查本报发表消息素称迅速翔实，且本报该则新闻原文明言押款五百万两供给军饷一层，系《东方时报》所载，本报加以说明，指该款决非为供给军饷者，该款必系作该局整顿内部营业之用，该局因商业不振，国事扰乱，而受损失，亦事之所有云云（全段译文见十三日《新闻报》)。可知本报所载贵局抵押款项，其数目及用途等消息确系事实，本报新闻之翔实与否，于此可见。而贵局指本报为登载不实新闻之举，未免与本报名誉有碍，是特函请即日更正为盼。此致招商总局秘书处。泰晤士报馆，启。八月十八日。

接奉台函，诵悉种切。敝局与汇丰借款，京报妄指系供给孙文军饷，经贵馆转为登出，敝局始悉有此谣传。又经贵报馆加以说明，谓敝局产业价值必过五百万，远甚借款，为运用事业之资本，而非供献军事之用途，尤见采访确实详尽，敝局不胜感激。至敝局董事会通告所称，所有报载各节全非事实者，系指北京各报而言，若贵报说明，则固至为翔实也。惟通告首句本月十三日《新闻报》载，据《上海泰晤士报》转北京各报，书记匆忙之间，误缮"转"字为"及"字，遂因一字之差，竟成千里之谬，对于贵馆殊增歉仄，尚希亮察。此复泰晤士报馆鉴。

招商总局秘书处，启。八月十八日。

(1923 年 8 月 20 日，第 1 版)

招商局校舰放洋前之发轫礼

招商局现任董事会长李伟侯君，发起创设航校，造就航海人才，特借用海军部"华甲"商船作为校舰，派赴远洋实地练习，定于本月初旬展轮出发，周历东、西洋。昨由该局董事会李、邵、傅、陈诸君，莅舰举行发轫典礼，并颁发训辞，并由李会长面致诰诫。末复合摄一影，以志纪念。此项学生，将来学成致用，航海人才无需外求，航权得以挽回，则李君与该局各董事之功实非浅鲜也。兹录诰诫词训词如下：

李伟侯会长词

〔上略〕我国自开海禁，未有远洋航线，航权旁落，沿至今日，已成主宾倒置。论者谓航商毫无远图，不知凡事全在因时顺势，以应潮流之趋向。当日事机未至，实有未可勉强图功者在焉。（一）由于国际地位。我国困于咸同年间条约之束缚，仅有准许外舶运货来华片面之约章。而其时海军幼稚，对外又无实力，至光绪末叶，始加入国

357

际团，而航商以远航与各国接触，难得平等之保障，惮于投资，以致屡经发起，迄未有成。其困难一也。（二）由于缺乏航材。航海为专门科学，无论驾驶、轮机，两端并重，均须精通语言文字之后，始可从学。而船员与外界交接，更须熟谙海商法典、国际公法，始能胜任。在昔科举时代，航业鄙为贱工，航海视为危机，以是屡创航学，而成就慕微。其困难二也。（三）由于公法习例。大凡船入远洋，公法称为一国之领土，一切临时司法判罪、行政缔合之公权，均属于船长，而船货、船身且得由其全权装卸质卖，举船东累万之资本付与不受我国法权之人，固尽人知为不可矣。其困难三也。（四）由于水险拒保。远洋运货，首赖水上保险，而保险必以船员程度是否合格为衡。当时中国并无保险行家，洋商苟以拒保相挟制，则跬步难行矣，且外国商口，对于船员资格，均特设机关，严重考察，苟任非其材，船舶即被扣留，是有人无货、有船无人，均不能出国门一步也。其困难四也。有此种种困难，所以昔年先祖文忠公先创北洋海军，次即提倡招商局，并设仁济和保险公司，指派"泰安"军舰以为商船船员练习，期于近海航业观成之后，扩充远洋航业，以为有海军为之保护，有本国保险为之后盾，有航材以为取资，宜若可为矣。乃以厄于时势，困于潮流，作法者徒具苦心，设备非不周密，而奉行者与向学者均无果决奋发之精神，以致几费经营，终鲜效果。今日者，世界潮流迥殊曩昔，大学人材辈出，一经招致，同心兴起。故本局不惜巨资，特向海军部商借"华甲"轮船，创设校舰，为我国家培植优美之航材，亦即为文忠公续承未竟之先志。惟是航权之在于今日，已觉积重难返，挽回之力全系航材，诸生此番乘风破浪，远到归来，前程固未可限量，而力争上游，责任亦非浅细。所望壮游列国，于各处海商习例、航业计划留心考察，关于港政之合于设施、商埠之便于经商、工艺货殖之宜于效法改良，凡有以利吾国者，概加审察，志诸日记，著述成书，归以饷我同胞，庶以发展航线之范围者，亦即开拓商战之基础，驯至增进国际之地位。则造福邦家，本局亦与有荣施［焉］，固不仅望诸生于航海技术加以历练已也。诸生其勉诸。

招商局董事会训辞

诸生乘舰求学，放洋有日，他日学成致用，关系国家主权、航商大局至深且巨，不独本局之欣幸，而本局为诸生母校，固倍有荣施。由今日以验将来，实不胜其希望。我国自海禁大开，轮船畅行逾六十年，而商船船员迄未培植，至今航海之权操之外人，殊可憾惜。然亡羊补牢，固犹未晚，本局早有志于斯，徒以无适宜之船，足资练习，仅就陆地设堂教授，事倍功半，用是踟蹰。适闻海军部"华甲"轮船吨量甚重，可涉重洋，足为良好校舰，荷蒙海部长官慨然见假，本局有此基础，以宏造就，诸生有所凭藉，以展才猷，事固非偶然也。本会以限于经费、限于舱位，未能开厦万间，多罗英俊，招考截止后，尚纷纷有浼①人介绍，欲入舰求学者，均以额满见遗，留以有待。而诸生捷足先登，得早偿破浪乘风之志，诚得天独厚也。本会有为诸生正告者，公法习惯，船入远洋，一切公权属之船长，实兼有行政、审判两长官之责任，一出国境，国际交涉尤资应付，船舶处置亦有全权，故欧美对于船长一职，视为异常重要，不但技艺贵于娴熟，品格尤须高尚。外人平日议论，谓华人无堪胜船员之技能，尤无堪膺船长之资格，此实可引为耻辱。今诸生均大学毕业，得有学士学位，为吾国优秀分子，于国际地位、世界眼光，均已了然胸次，断不致启外人轻视，尤望力争上游，俾外人益加敬礼，国际益著光荣。诸生不惮惊涛骇浪之险，万里求学，思终身服务海上，志愿殊可嘉许，顾具有不畏难之决心，尤须具有能耐久之毅力，海线罗经，务擅外人之技术，起居服食，毋蹈外人之奢华。曩昔日本维新之际，其缺乏国籍船员，与我华今日正同，近则轮只遍于欧亚，其船长以次，无一非本国国籍，而皆能勤以从公，俭以持己，丝毫不染欧人之习气，故其船公司获利丰而用费省，遂能起而与他国竞争，国旗、商旗照耀远洋。此则愿诸生奉为模范，俾我中国航业，亦能如斯发达。盖此举为国家收回航权、为社会免溢利权，关系至为重要，而在个人，则只可资生，不

---

① 浼：měi，恳托，央恳。

足致富。然国家富、公司富，个人不言富而所富自远，此尤诸生所应知而宜互相策励者也。

抑本会又有进者，拨借练船，政府提倡于上，创设校舰，本局经营于下，他时诸生学成归国，不独为商船之高级执事，亦即海军之后备军官。是诸生不独负有巩固航权之义务，更负有拱卫国家之重责。校舰固非寻常学校可比，诸生尤与寻常学员不同：第一，世界通例，军舰、商船人员以服从长官之命令为天职，诸生于"服从"二字，首应注意；第二，船入大洋，国家法令已有不及，船长、校长不管国家官吏，诸生但当一意求学，听从指授，切勿意气用事，偶有扞格，辄启风潮，以自堕其人格，使本局提倡航学之一片热心化为冰雪，诸生辛勤求学之本意付诸云烟；第三，共和国家，人人有振兴之职责，而凡有职务者亦即为人民之公仆，在本局不惜巨资，供给诸生游学，无非为国储材，自尽一分子之心力，初不仅为一局之利害关系。而诸生远涉风涛，实地练习，亦当处处存国家思想，以自完一分子之责任。简言之，诸生此行，不必认为本局之造就诸生，直视为个人之扶翼一己，务以坚直之志，达其福利之心，不龂龂①于目前之得失，惟致力于将来之成就，庶几有益于国家，有益于社会，即有益于自身也。今将远行，前程未可限量，为朱为缁，是在诸生自择矣。勖哉诸生，尚共勉旃。

（1924 年 1 月 7 日，第 13 版）

轮船招商局股东公鉴

查我局自辛亥年改归完全商办后，一切惟照商办宗旨，毫无政治意味，早为远近股东所深悉。年来营业因航运竞争兼时局影响，经济上渐有入不敷出之状，本届股息至今尚未发给，是其明证。迩来，战云突起，金融愈滞，值此时会，勉力支持，更形竭蹶，乃谣诼忽兴，竟有出人意表者。然同人等谨守商办范围，决不敢稍有逾越，致负股东委托之重，除委托律师报告英法捕房，查明造谣之人，依法办理，以全本局信用外，特并经请由盛府股东泽

---

① 龂龂：yín yín，争辩；计较。

承、蘋臣两先生，及股东维持会代表施省之、张仲炤两先生到会查核，以明真相。诚恐远道股东传闻失实，谨登报声明，藉释远注，即希公鉴。

商办轮船招商总局董事会谨启。

（1924 年 9 月 25 日，第 2 版）

商办轮船招商局有限公司定期召集股东常会广告

查本局股东常会因章程迄未修订完竣，碍难召集，选准修订章程会、股东维持会函属展期，均经登报布告在案。刻准股东维持会函称，章程业经开会审查竣事，值此时局艰危，岌焉不可终日，属即迅予定期召集常会等语。兹订于阳历十一月一号，即阴历十月初五日，即星期六下午一钟，假本埠劳合路宁波同乡会召集全体股东常会，报告近年营业暨修定章程各节，商议应兴、应革事宜，及选举董事监察人，凡我远近股东务于会期前五日携带上届付给股息时随折所发之凭条，至总局挂号处验换入场券、议决票、选举票，以凭莅会列席。专此布告，即希公鉴。

董事会谨启。

（1924 年 10 月 14 日，第 1 版）

招商局股东大会纪

商办轮船招商局，昨日下午二时在宁波旅沪同乡会开股东大会，由董事会副会长李伟侯君主席。首由李君报告公司现状，大致谓自辛酉股东常会不幸发生选举风潮，经旅京股东南下调停，一面修订章程，一面公属敝董等暂维现状，悠悠忽忽，遂已四年。今日复得与我至亲爱之股东相见一堂，欣慰之余，不胜惭歉。此四年中，变故迭出，风潮数起，始则□［因］广州海员风潮牵及沪上，发生罢工之事，相持至四星期之久，始得解决。海员之事甫定，又有冒用股东"张士记"之名，向交通部呈控商局，致有派员查办之指□［令］，既经"张士记"登报声明伪托，而京、津、沪、粤各股东，亦以本局完全商办，非行政之处分，不受官厅何项干涉，公组股东维持会，推举著有名望、身家殷实之股东朱葆三、陈炳谦诸先生照原呈所控各节，调齐案卷，公同彻究，扰攘数月，幸得水落石出，大半事出有因，毫无实据。至是，查办案之风潮始告结束。此皆意外之风波，为□[开]局以来所未有。至于营业，则于辛酉报告账略内，已声□[明]货脚争跌，不可终日，各项开支尚在步涨，盖其时航业已有江河日下之慨矣。自辛酉至今，货脚则愈跌而愈甚，开支则愈涨而愈增，营业逐年逊一年，所有历届营业状况及本届账略，当由查账员告，兹不再□[赘]述。去年汇丰借款，赓续增加，利薄期宽，稍敷周转。方期锐意经营，可舒喘息，不料今年入秋，国内战争又起，北自津营，南□[达]粤海，烽烟遍于全国，金融顿形滞呆，本局轮舶，更□[因]系属□籍，航行辄□[遭]困阻。聚轮船多艘，虚泊浦江，□[直]是坐糜；其勉可通航之处，亦顿缺货载，几等放空。秋冬旺月，正全年营业最盛之□[时]，乃竟遭此重大打击，真有合于谚所谓"屋漏更遭连夜雨，破船又遇顶头风"者。虽云时会之相值，要亦人谋之不臧。所幸本局连同积余资产，据通和最近估价，尚达二千万两，现负债额为八百万两，除债务外，股不固有□[赢]无绌，此一事同人稍可告慰□[于]股东。然壬戌股息，二航一产仅得五两，尚强半挪自公积；癸亥股息，至今无有，同人等又何敢以股本无缺，强颜解嘲也？本局年来营业之不振，耗于航业竞争之剧烈为一原因，耗于船员薪工之巨大又为一原因。而轮旧吨小，轮旧则修理频，用煤费；吨小则装货少，营业需要时，供不应求，此亦一原因。汇丰借款，末赓续成立以前，每□[至]年终，不能不筹零星小借款，期迫利高，此亦一原因。综此数因，遂致捉襟见肘，岌岌不可自保，而时事之艰□不与焉，无形之虚糜不与焉。

继由查账员周清泉君报告五十届账略，计民国十二年度轮船水脚，共收银三百九十九万六千一百余两，计支船缴保险、修理、辛工、煤炭、物料等，共计四百零二万五千三百余两，又支三公司水脚公摊银八万九千□两，结亏船利银十一万八千余两。计收栈房、房产各项什款银四十四万四千余两，支付租捐、修理、缴费等款一百三十三万五千余两，结亏银一百零一万两有奇。比较上届，船利一项少亏十一万四千余两云云。

次股东方椒伯君报告受股东维持会委托检查上年冒名张士记、潘宏记等控案之经过。大致谓所控七条，经检查会十一人分股查核，均无实据，详细情形，印有专册，请各股东公决云云。

次股东卢涧泉君报告修订章程之经过，略谓本局章程系宣统三年邮传部奏定，不甚完备，民十股东会爰有修订章程会之设。脱稿后，由股东维持会组织审查委员会悉心厘订，以不背现行《商律》、无碍本局旧章为宗旨。现已订定草案十章四十条，除十二条关系股权，暂时保留，俟本届选出新董事会后，由新董事再行调查明白，详细协商，于下届股东常会协议，所有草案业已印分各股东，请各股东公决。至此，主席请各股东讨论，众无异议，即由董事傅筱庵君动议，如各股东对于董事会、检查会各项报告以及章程审查会所修订之章程草案无异议者，应请主席即付表决。经全□［体］股东起立□［赞］成通过。至此，股东汪幼安君主张将草案中第九章所属代理机关之规定删除，卢涧泉君主张与十二条一并保留，交新董事会同股东维持会协商办法，俟下届大会公决，盛泽丞君附议，主席付表决，全体起立，赞成卢议，通过。

继股东秦联奎主张本局当民十一发生查办风潮，其尽力协助本局者应有酬报，众赞成通过。继股东洪雁□［宾］君主张由股东会议决授权新董事，以后关于本局各只雇用船员，应以多用华员为标准，经众赞成，通过。□［继］举行选举，计选留旧董事三人、新董事六人、监察二人，由各股东公推劳敬修、谢永森、洪雁宾、李朴诚四君为检票员。开票结果，盛泽丞五千五百五十权，陈翊尉五千五百权，盛蘋臣五千四百八十九权，张仲炤五千一百六十七权，周清泉五千一百四十权，庄仲咸五千四百权，当选为新董事；庞仲雅一万五千零十一权，唐叔璠一万五千权，当选为监察人；旧董事选留者，为李伟侯、傅筱庵、邵子愉三君云。

（1924 年 11 月 2 日，第 14 版）

轮船招商局股东公鉴

日来各报纸转载日本新闻称，近有日商向本局商购码头之说，查所称一节并无其事，报纸登载，不解何所根据。用特登报声明，即希公鉴。

董事会启。

（1926 年 6 月 24 日，第 5 版）

招商局电请放还江轮往来各电

此次鄂赣战事，招商局所有江轮九艘，悉被征作军用，该局营业素以长江为大宗，一旦停驶，客货均无从载运，致外轮乘机加价，各商帮均感损失；该局股东，亦分函董会，责令设法补救。该局董事会，曾于十一月二十五日，特电九江孙总司令，请饬全数放还，照常营业，并电南京刘经荪参谋长。嗣接二十七日复电，略谓须从［待］军□［情］稍缓，所用船只即当全数放还等语。该局董事会复于本月三日，再电浔孙，坚请□［即］予放还，免长江航路中断。兹将三次往来各电录下。

电一、招商局董事会有电

九江系总司令、南京刘参谋长钧鉴：迭据敝局股东来函，以本局全系商股，纯粹商办，命脉尤在长江，现江轮九艘悉供军用，长江交通完全断绝，致洋商乘机加价，大局营业全停，责令设法补救等语。查敝局在长江占江轮全数之三，占华轮全数之七，一旦全停，各商帮同受损失，只以军事要，迫于钧命，不敢不勉为其难。现运输事已略简，面各股东、各商帮又呼吁诘责，纷至沓来，敝董实难于应付。钧座素恤商艰，敝董又夙承爱注，务恳俯赐维持，饬令全数放还，照常营业，俾顺舆情而期兼顾，感纫曷极！临电不胜惶悚企盼之至。商办轮船招商局董事会叩，有。

电二、南京刘参谋长来电

商办轮船招商局董事会鉴：有电诵悉。此次借用贵局各轮，迫于军事，万不得已，殊抱歉忱。刻下运输军队将次竣事，所有腾出之各船自应放回，明知贵局营业关系至为重要，断无不力予维持之理。是以昨令"江天"先回，□［即］其明证。以后除酌留三四艘以备暂时军用外，其余必当悉数放还，以□［备］营业。来电已致陈联帅。统希亮察，感祷莫名。刘宗纪，沁，印。

电三、九江孙总司令来电

招商局董事会诸公均鉴：有电祗悉，船供军用，商受损失，言之痛心，闻之恻然。体恤商艰，爱念民情，传芳素具此怀。苟和平可望，亦为传芳之所馨香祷祝。现"赤党"所据，则贵股东所受损失将无底止，诸公明达，过于传芳，必能共谅苦衷，务希转达各股东、各商帮，一俟军事稍绥，所用船只即当全数放还。孙传芳，感，印。

电四、招商局董事会江电

九江孙总司令钧鉴：感电敬悉，遵即转知各股东。惟各股东以军事、商业不便合为一谈，值此和平呼吁空气正高，本局轮船既系完全商办，不应上供军用，即以军事论，自民国成立以来，长江用兵已非一次，虽无一次不扣用局轮，亦从无如此之完全悉供军用者，责令敝董事设法请求放回，俾保股东一线生机，而留中国航业硕果等语。敝董查各股东诘责纷来，词严义正，实为愧汗，无以自解。素仰钧座体念商艰，顾恤民隐，务求俯念敝股东呼号之殷、敝董事应付之苦，饬将敝局轮船即予放还，俾免长江航路长此中断，至所感祷。迫切陈词，翘企示复。商办轮船招商局董事会，叩，江。

（1926 年 10 月 10 日，第 13 版）

招商局为"江永"事致浔孙电

——谣传又有一轮被毁之外讯

〖上略〗

轮船招商总局昨为"江永"失慎事，致孙馨远一电，照录如下：

九江孙总司令钧鉴：昨敝浔局急电"江永"失慎，全船灰烬，惊骇万状。适值星期，船员家属已纷集董事私寓探询吵闹。今早到局，各船员家属及各股东早聚候多人，诘责嘲骂，哭叫不已。正在分别劝慰间，大铁柜逃生来沪，报告失慎详情，股东及各家属闻之，尤为愤恨。旋承钧电，举示各股东及各家属。据股东云，船上电线均系直流，有铜皮包裹，断不致走电。大车亦云，船上电灯，向章上午五时关闭，下午五时开放，查失慎适在六时，断非走电所致。该船已炸裂无存，究竟因何失慎，仍求钧座详细饬查，以释群疑。各股东言，局船调归军用，兵士众多，弹械丛积，人多不受约束，即多引火之人，弹多易招危险，即多引火之物，各船调用已逾五旬，煤火昼夜不息，停留不肯按航行定章，承载又不允依船吨重量，以致各船均有抬阁压折、机器锈涩、锅炉发热、船身欹斜等情形。而兵士、夫役香烟任意乱抛，枪械随地置放，船员时作危言，兵士转斥为谬论。敝董固引为深忧，股东更时用焦虑。现在"江永"既已焚毁，船员生命、船只成本，均责令敝董请求迅速赔偿抚恤，其余七船并责令敝董等迅速设法收回，以免再生事故，词严义正。敝董等对此被难家属，既哭不成声，对此质问股东，更自容无地，愧未曲突徙薪，以致焦头烂额。扪心清夜，寝馈难安。现善后办法，谨拟分为三节。

（一）打捞尸身。查"江永"船员百余人，生存仅二十五人，其已查明焚溺者八十八人，船主、大副、二副、二车、三车均在内，尸身亟须赶紧打捞，装殓运回，以慰死者而安家属。此项想钧座必委有专员办理，敝局刻派敝皖局长李国楷驰往浔埠，偕敝浔局长晋谒帅座，应请准令会同专办敝局员司打捞事宜，装殓回沪，一切费用概请官为筹付。其抚恤一层，并求分等从优抚恤，克日饬拨现款，即日电汇到沪，以便分给。

（二）"安"、"顺"、"华"、"新"、"裕"、"大"、"靖"七艘机械锅炉船身，在在危险堪虞，亟待修整，勉强供用，亦虑再蹈覆辙，应求即日饬令迅速全数释放回沪，俾便修理。

（三）"江永"船本自应赔偿。钧座渴爱人民，于华商尤切保护，此项船本若无着落，股东决不罢休，敝董等亦难逃责备。虽军需紧急，一时无如许现款，亦应先行指定可靠的款，以副股东企望。昨海员工会有责令敝董保全前线船员生命安全之函，意在鼓动工潮。敝局船员涵濡德化，曾于各报登有启事，期免误会。今才数日，即肇巨祸，悔痛何极！除被难家属外，其余七船中外家属及各工会，现亦同来请求保障凭证，人多口杂，虑生事端，敝董等内无以对股东，外无以对船员，惟求钧鉴，敝董处境困难达于极点，于所请三事，悉予准行，俾收效桑榆，少赎愆咎，企感曷极。鹄候复示！临电不胜迫切之至。

商办轮船招商局董事会叩，巧。

又致皖分局李局长电云：

> 安庆商局少崖兄鉴："永"在浔失慎，船员死八十八人，公议委托兄至浔禀谒联帅，会商专员办理打捞装运。事关慈善，务勉力一行。除电孙帅外，委状即寄，并函详潜。文。

〖下略〗

（1926 年 10 月 20 日，第 10 版）

招商局致交通部电

——请电孙放回其余各轮

轮船招商局董事会昨为"江永"失慎，请求援照成案恤偿，并放还"江安"等七轮事，致北京交通部一电云：

> 北京交通部总、次长钧鉴，敝局江轮九艘，八九月间承孙联帅先后调至前线，留充军事运输，长江华航交通遂完全断绝。敝董前求释放回沪，照常营业，迟之又久，始将"江天"一轮放回，余均未允。兵士众多，枪弹丛杂，最易引火，而重载不依重量，航行不按定章，尤多危险。敝局股东迭责敝董等抗争索还，并将利害详陈，均归无效。昨"江永"果然炸裂，全船灰烬。就船员论，焚溺达八十八人，惨酷万状。昨各被难家属哭求抚恤，现尚供差各船家属哀求保障，各股东怒求赔偿，汹汹累日，应付万难。民五"新裕"局轮被政府扣用装兵，在闽洋失事，恤偿本有成案，昨已援例请求孙帅照办，以安人心，而平众愤。敝局营业以长江为命脉，长江轮船为敝局之菁华，"江永"已矣，其"江安"、"江顺"、"江新"、"江华"、"江裕"、"江大"、"江靖"七船，现或抬阁压拆，或锅炉垢积，或机器磨损，或船身欹侧，皆有不可终日之势，倘若再有疏虞，敝局江轮行将绝迹，敝局更难自存。现虽切电孙帅请速释放，能否如愿，殊不可知。连年南北战争，调船运兵，敝局无一役不相从、无一方不相顾，损失已不可数计。今春奉国津沽之战，毕总司令调敝局烟埠"齐烟"小轮

至前线，遂致失踪，虽允照赔，尚无款付，烟局营业顿感不便，又无力再购。今兹之役，复毁巨轮，是从前战争仅损毁敝局营业，今竟进而损毁敝局所恃营业之船只；昔所损失在一时，今所损失在永久。敝局为中华航业一线硕果，前清伟人苦心培植而成，今至民国竟摧残若是，岂非必欲逼令敝局停业耶？钧部为航商托命，舍钧部钧长，固无可呼吁者，应请钧部再予切电孙帅，将"江安"等七轮迅予释放，以便修整营业；其"江永"赔恤办法，上年有"新裕"成案可循，并求检案俯赐切电，庶孙帅了然前案，知敝董非故作危词，实非此不足平众怒而慰商情。钧部一言九鼎，当较区区商民呼吁为有效也。迫切陈词，伏祈矜鉴。

商办轮船招商局董事会叩，哿。

(1926 年 10 月 22 日，第 10 版)

孙传芳为江永事复招商局电

招商局前为"江永"失慎事，由董事会特电浔孙，已志前报。该局昨日午后，已得浔来复电，探录如下：

上海招商局董事会诸君□〔均〕鉴：巧电敬悉。"江永"轮惨遭浩劫，痛何可言！岂仅招商局与弟之不幸，遇难者家属当百倍之。当"江永"到浔，弟已派小轮靠近"江永"，检查所载物品，及载乘船人员上陆，讵小轮尚距"江永"丈许，而火已由机舱冲出，此弟在"江新"所目睹者。棉衣为物，最易燃火，故装载时即将该装于第三层货舱之内，衣皆成捆，上盖木板，舱外且加锁铃，由棉衣起火一节，似非实事也。当时火已突起，乘船诸人咸纷集船之两端，盖望救也。火势愈猛，救生各船皆不敢近，乘船诸人望尽援绝，始纷纷下水，以求万一之生，弟立悬重赏，获救者约八百余人。本部损失子弹、粮秣，数亦至巨。物不足惜，人命关天，为之流涕。火势至为迅烈，一发即不可收拾，历五十分钟始闻子弹之声，子弹冲破船板，船始下沉。被难家属悲号惨惶，可想而知。即弟每念及此，亦涕泗沾襟也。应请诸君

善为抚慰，俟军事结束，即当量为抚恤，所有一切善后事宜，弟非不明
人情者，他时自当研商办理。现正加□［派］专员，打捞尸身，冀使死
难家属，稍安哀思之情于万一也。述其概略，与诸公言之。特复。

  孙传芳，印。

（1926 年 10 月 22 日，第 10 版）

傅小［筱］庵昨晨赴宁

  招商局董事长傅小［筱］庵携眷属多人，于昨晨七时乘七时早快车附
挂花车一辆赴宁，同行者有董事李伟侯、盛太夫人代表等二十余人。

（1926 年 11 月 19 日，第 9 版）

招商局董事回沪

——江轮不久可放还

  招商局董事长李伟侯，董事傅筱庵、张仲炤、庄仲咸、陈翊周等，为
请求放还江轮，并请拨"江永"被难船员恤金，于前日（十八日）早车赴
宁，面谒孙传芳氏，适孙氏有病，不能亲见，当派参谋长刘经荪代见。经
各董事陈述来意后，刘氏表示江轮借用多日，近日因在安庆、南京间运送
军队（旧兵队运宁，新兵由宁运皖调防），不久当可放还云云。对抚恤一
层，表示极应筹商，唯尚未确定办法。各董事以各有职务，即于昨日早快
车回沪，唯张仲炤君尚留宁，与当局继续商谈云。

（1926 年 11 月 20 日，第 13 版）

招商局扣轮停业消息

  招商局"广利"、"新昌"两轮在汕粤被该埠海员公会扣留，警讯到
沪，该局即开董事会议，讨论应付方法，遂有停业辍班之主张，情形已略
记昨报。现此事情势渐趋严重，兹将昨日所得续讯分志如下：

  "南海"轮先停班。当扣轮消息到沪以后，其时适有"公平"轮已派

369

定开往汕头，又"新康"轮则派开广州，该局知该二轮前往，亦必被扣，遂即转知装货客家，将已经入船人货从又起出退装，而将两轮之汕粤班期立即撤除不开，故该二轮暂命停沪候讯矣。

"新华"又被扣。闻昨日该局又接得广州分局发来电报，谓由沪赴粤之"新华"轮抵该埠后，刻亦经海员公会扣留，同时粤海员更将"广利"轮中之新海员全部完全逮捕上岸，情势汹汹，颇为可虑，嘱沪局不可再派轮往粤，以免卷入漩涡。

"甬瓯"轮仍出口。该局之停业与否，须视五天内粤汕海员公会所扣留之各轮释放与否为标准，故昨日该局已经知照船头部，所有沪甬班内之"新江天"轮仍再继续开航三班（即星期二、四、六班）。因之，昨日该轮乃照常装货驶出。又，在自温州进口之"海晏"轮亦令本日照旧运货开出，盖全部停业须在二十七日方能决定，犹恐汕粤海员不放扣轮，故该局之于停业问题，亦已在预备中。

沪埠现停轮数。查该局现时留停于上海之轮，计有"遇顺"号、"图南"号、"新康"号及"公平"号等，均为汕粤班船，故已令停航。又，"广大"号业从广州开出，明日亦可进口。又，"爱仁"轮则自营口开还。综计在沪轮合在厂修理之"老江天"，共有六艘在浦江。

董事会之两电。招商局董事会于前日特开会议，决议拍发四电，一致宁当道，一致粤汕当局，一致皖总司令，请将各船尽一星期内放还，截至本星期六如无回电、无办法，即宣告各轮全部停驶。同时并电达北京国务院、交通部查照。以上各电均已拍发，原文照录如下：

去电一

北京国务院、交通部钧鉴：孙联帅征用敝局江轮至九艘之多，"江天"放回，"江永"被毁，余船至今未放，敝局长江航路完全中断。敝董为保全中国航权计，南北两洋犹忍痛支撑，而百孔千疮已难应付。昨上海工会藉"江永"事煽惑罢工未遂，竟于"广利"、"新华"、"新昌"三船到粤汕后，将各该船员拘押，致失行动能力。敝局至此，实无法维持，各股东纷函请求停业，敝董无词可对，刻已电请孙联帅及粤政府即日将所扣各船全行放回。截至本月二十七日星期六为止，无回电、无办法，即遵照股东公意，宣告全部停航。从此中国航业一蹶不振，其责任自有攸属，敝会及股东概不任其咎也。谨电汇陈困难苦衷，伏祈查核。

商办轮船招商局董事会叩，祃。

去电二

南京孙总司令钧鉴：昨晋谒未蒙接见，扣用各船承刘参谋长传谕，允陆续放回，至感。但现在广东工会又因"江永"抚恤事，将敝局驶行粤汕之"广利"、"新华"、"新昌"各船船员于到埠后无故全行拘押，致各船悉失行动能力。大多数股东来局，以敝局完全商股商办，尊处将江轮全作军用，已失命源，今粤汕工会又藉此拘押他船船员，敝局真无路可走，要求即日停业。刻议决分电钧处及粤政府，请将所扣各轮尽一星期内全行放回。截至本月二十七日星期六为止，无回电、无办法，只有宣告全部轮船一律停驶，从此中国航权一蹶不振，敝董及各股东不任其咎。特此奉闻，鹄候复示。

商办轮船招商局董事会，祃。

去电三

广州国民政府委员会诸公、汕头何总司令、南昌九江探呈蒋总司令鉴：敝局"广利"、"新华"在粤，"新昌"在汕，无端被工会将船员拘押上岸，致各船只失其行动能力，殊用诧异。前因孙军扣用敝局江轮，营业已感困苦，正在严重交涉放还，甫有希望，今粤汕又拘押船员，敝董至此虽欲忍痛维持，亦不可能。各股东纷函，敝局系完全商股商办，现已到无路可走之时，应即停业。敝董亦无词可对，但从此中国航权一蹶不振，责有攸属。敝董现郑重电告尊处，请饬广州汕头工会即日将该三船船员迅速释放，回船供职，否则，只能遵照敝股东之意，将全部轮船一律停驶。敝董等候至本星期六为止，届时无回电、无办法，即宣告停航，其责任敝会及各股东概不负之。特闻。

商办轮船招商局董事会，祃。

去电四

安庆陈雪帅钧鉴，并戎司令、王慈生先生鉴：刻以江轮全未放回，因"江永"事，上海海员煽惑罢工，未遂其欲，竟于驶粤汕各船到埠后，拘押船员，致各该船失其行动能力。敝局股东以江轮被征，已失命源，海轮再扣，江难活动，只可停业。刻议决分电尊处及孙联帅并粤政府，无论调扣各船，即日放回，如候至本月二十七日星期六为止，无回电、不放船，即将全部航行一律停止，其责任自有攸属，敝董及各股东概不任咎。"江华"一船系钧处所用，应请顾恤商艰，迅赐放还为叩。免使敝局停航，社会藉口于尊处扣船也。

　　商办轮船招商局董事会，祃。

　　股东维持会之紧急会议。昨日下午四时，招商局股东维持会在黄浦滩本会所召集紧急会议，到会股东百四十余人，当推施省之君为主席。略谓，行驶长江各轮前被军事扣用已尽，粤海各轮亦因工会横加干涉，行动不得自由，营业固然停顿，船员生命亦日履危境，应如何办理，请各股东共抒伟论，以救危局。当由董事会会长李伟侯君报告联军扣用船只之经过情形，并近来"广利"、"新昌"、"新华"又发生管押船员情事，经股东纷纷至局责备，要求董事会发电警告联军及粤方，限其本星期六以前将所扣管各船如数发还，否则主张以消极抵制，实行罢航云。旋经到场各股东发表意见，群情异常愤激。多方讨论，均以为军阀摧残实业，直欲置我于死地，本局虽欲为本国航业保一线生机，而国内上下皆不加体谅，处此时局，何法进行？如候至本星期六为止，仍不放还被扣各轮，或竟将去电置之不复，准于星期日下午三点钟邀集董事会开联席会议，取决最后办法云。

（1926 年 11 月 24 日，第 10 版）

商帮转运业致招商局函

　　自招商局截至二十七日止，不放商轮，将宣布停航之议，商界及转运业极为注意。昨日有旅沪商帮协会及通商各口转运公所函致该局董（事）会，请取销成议。兹将两函照录如下：

旅沪商帮协会函

　　阅报载，贵局因种种困难，拟将各埠航线一律停驶，不胜诧异。我国航运足与其他各国抗衡者，仅恃贵局为一线之光。征之自江轮被当道扣留后，外轮已一再增加货脚，即其明验。此节敝会曾会同通商各口转运公所电请孙联帅释放，即蒙电复准予陆续发还在案。至其他航埠，因海员工会之争执，不难熟商，和平解决，万不可因噎废食，致吾各省商帮受外轮垄断之苦，务希仍旧按班行驶，以保航权而利商运。专函布达，幸嘉纳之。

通商各口转运公所函

径启者：日前曾见各报载有贵局股东为受军事与海员之感触，宣言于二十七日不获效果即行罢业一节，阅之以为一时愤慨之语，断不成事实。兹悉贵董事会毅然实行，深为浩叹。按贵局目前所处景况，确有不堪言似者。但贵局乃我国航业之巨擘，我国之航权惟贵局是赖，一朝停顿，则航务由外人操纵，客商之受害事小，丧失国权事大。为此不得不缄陈贵董事会，务请贵董事会顾念国权，速即取消停业成议，除有阻碍口岸外，立即恢复，以维国家航权，而便客商之转运。至当局所扣之船，敝公所会同商帮协会，曾于巧日发去一电，近因得复，谅因孙联帅尚未返宁之故。惟联帅素来维护商业，必有相当之办法；而海员已有调人，不难解决也。若为股东一时之忿，而停营业，则各埠之职员与栈员以及轮员未知若何安置，照常供职耶？抑解散耶？此层问题关系颇大，还希将一切之利害劝告各股东，以使谅解，而复原状。想贵董事皆是明达事理之贤能，定蒙采纳忠告，不胜企予之至。

（1926 年 11 月 29 日，第 10 版）

招商局停航问题延期讨论

——将召集股东会议

昨日午后四时，招商局股东维持会根据前星期二，即二十二日之议案，在该会会所邀集董事会开联席会议，由施省之君提议，推举卢洞泉君主席。首报告前届议案，次议前届决定，俟至二十七日止，如未蒙双方将各轮放还，即由会讨论决定全部停航，今限期已届，仍无切实办法，应如何办理，请公决案。当由各董事、股董次第发表意见。又董事会方面报告旅沪商帮协会及通商各口转运公所，今日均有函致董会，略谓航运关系重大，万不可因噎废食，置航权商运于不顾，请仍旧按班行驶，以保航权而利商运等语。经众公议，以此事关系确甚重大，惟日前停航之议，亦属实逼处此不得已之办法。但因今日之会到会人数虽众，而大股东中尚有未到会者，似未便仓卒决定，公决展期一星期，登报召集各股东再开一会讨论，一面催请各大股东出席，同时仍由董会续电双方，再申进一步之呼吁。如仍无回电，且不放船，下星期当决定最后之办法。一致通过，遂散会。

（1926 年 11 月 29 日，第 10 版）

招商局议决停航

招商局股东维持会前星期日为停航问题，邀同该局董（事）会开联席会议，当场以大股东尚有未到会者，议决延会一星期，再行讨论，曾志前报。昨日午后三时，复在该会所开会，公推卢涧泉君主席，经到会各股东先后发言，金以此一星期内南京、粤汕各方仍无放船表示，明知停航关系重大，且经本埠商帮及温州、镇海各法团要求照常行驶，但事实所迫，本局实处进退维谷之境，唯有遵照前次所发电报，从二日起所有本局到沪各船一律停驶。至停航以后，关于各局各轮人员，由董事会筹商善后办法，一面并决议由全体董事赴南京再作第二次之呼吁。股东方面亦推定代表施省之、狄巽公、谢蕙慆、沈翊清四君同往请求。又，由股东维持会推出代表，会同董事会起草通电，报告关于停航之经过。此项通电拟分致北京国务院、农商部、交通部及航线所经之各省官厅、公团及各分局查照云。

（1926 年 12 月 6 日，第 9 版）

八 发息公告

轮船招商局定期发息告白

招商局上年结账，虽称盈余三十万两，其实中有二十万余两乃前年应收之水脚，至上年始收入账内，并非上年生意之盈余也。但无论前、去年之初款，皆系股东之盈余，现经董事会公议，定于阴历四月初一日起，每股发息现银七厘半，计银七两五钱，另发给汉冶萍股票十元，合计已逾一分之官利。请股东届时照向章持折收取，随送账略，所有年结总账，汉口、天津、福州、香港、广州五局皆有寄去，以便股东就近查览。

招商局董事会公启。

（1913 年 4 月 10 日，第 1 版）

轮船招商总局发息换股广告

招商局民国二年即旧历癸丑正月起至十二月底第四十届结账业已告竣，曾经董事会公议每股发现规银七两五钱，另发汉冶萍头等优先股票银币十元，定于旧历三月初一日起凭折照支，并经董事会议决，照各股东函请改换新股票，将本局全盘产业公估实价，分填航业、产业两种股票，以发息之日即为换股之起期，均于旧历正月二十一日特开股东大会议决在案。兹请各股东于本届取息时，务将股票、股折一同检齐交来，本公司注销旧股票折，先行换给收据，从换给收据之日起俟三十日后即凭收据换取新式之航业、产业两种股票息折。凡执旧股票折一股者，应换给航业股两股、产业股一股，股多者照此递加。再，各股东欲将旧执股票更换户名，以及或分或并，均请开明清单，以便照办。诸惟公鉴。

（1914 年 3 月 11 日，第 1 版）

轮船招商总局发息广告

本局民国三年即旧历甲寅正月起至十二月底止，第四十一届结账业已告成，曾经董事会公议，航股、产股连带并发，每航业两股、产业一股，共发股息规元十两零五钱，照章于旧历三月初一日起在上海总局，香港、广东、天津、汉口、福州分局，凭折收取，另有账略刊送。特此奉布。

上海轮船招商总局谨启。

（1914 年 3 月 11 日，第 1 版）

商办轮船招商总局定期发息并股东常会广告

本局丙辰年航业第四十三届、产业第三届结账，经董事会议决本届股息，航业项下每股规银六两五钱，产业项下每股规银三两，仍照向章每航业两股、产业一股连带并发，共计规银十六两正。自旧历三月初一日起，凭折来局收取，随送账略公阅。至股东常会，亦经董事会议定，旧历三月三十日下午二钟，假座总商会议事厅齐集举行，请各股东于来取股息时，即向挂号处填取入场券，以便届期莅会。特此通告，敬祈公鉴。

（1917 年 4 月 11 日，第 2 版）

商办轮船招商总局发息广告

查本局丁巳年第四十四届营业收支帐目，经会计科照章结报，请由董事会公同议决，每航业两股、产业一股，连带并发股息规银二十三两，仍照向章，自阴历三月初一日起，请全体股东携带股折到局验明，按股核付，并随送帐略，及另缮总结帐册，分存沪、津、汉、闽、厦、粤、港各局，以备各股东就近查阅。特此通告，即祈公鉴。

（1918 年 4 月 6 日，第 1 版）

商办轮船招商总局发息开会定期通告

本局戊午年第四十五届总账清结经董事会公议，应发股息仍照连带章程，共发息银三十二两，准于阴历三月初一日起，请全体股东将股票息折送局查验，按股支付。随将股东常会入场券照章填发。至常会日期，并经议决，准于阴历三月二十七日下午二钟在总商会议事厅举行，即将入场券于会期前五日来局换填选举、议决等券，以备会场应用。特此登布。伏希公鉴。

（1919 年 3 月 26 日，第 2 版）

商办轮船招商总局发息广告

本局上年己未结帐，公议本届股息计航业每股六两五钱、产业每股四两，仍照每航业两股、产业一股连带并发，共计规银十七两正，于旧历三月初一日起，凭折给发，另有账略刊送。

董事会谨启。

（1920 年 4 月 13 日，第 1 版）

商办轮船招商总局发息开会广告

本局庚申年结账，经董事会议决，本届股息航业每股三两七钱五分、产业每股四两，照章阴历三月初一日起，仍凭两航一产连带并发，共计规银十一两五钱正，随送账略。又议决阴历四月二十一日星期六下午二点钟在上海总商会开股东常会，凡来局收息者即行挂号，并领取入场券暨选举议决票。此布。

（1921 年 4 月 6 日，第 2 版）

轮船招商总局发息广告

本局辛酉年第四十八届结账告成，董事会公议本届股息，计航业每股三两二钱五分、产业每股三两五钱，仍按两航一产连带并发股息规银拾两正，于旧历三月初一日起凭折发息，随送账略，另缮总结大账，分存港、粤、津、汉、闽、厦各局，以便股东就近取阅。特此奉布。

（1922 年 3 月 23 日，第 1 版）

招商局定期发息

招商局昨发通告与各股东，所有壬戌年第四十九届股息，定于十二月十六起，发现金五两云。

（1924 年 1 月 17 日，第 17 版）

招商局仁济和保险公司广告

一千九百十一年九月，"新丰"船货在烟台洋面被驳船翻沉事，凡各保险公司有关于此船货物受有损失、应收回水渍货拍卖价者，请即通知，并将所有凭据寄交敝局，以便核明摊派。除已来敝局接洽过外，恐未周知，为特再行布告。

（1912 年 3 月 8 日，第 1 版）

仁济和保险公司发息广告

本公司于辛亥年正月起至十二月止为第二十六届结账，照章于旧历三月初一起凭折给发股息，分送账略，所有年总结账分存香港、广州、天津、福州、汉口等局，以便各股东就近查览。此布。

（1912 年 4 月 12 日，第 1 版）

仁济和保险公司发息广告

谨启者：本公司照章于旧历三月初一日起凭折给发股息，分送账略，请持折向本公司来收可也。所有年总结账分存上海、香港、广东、天津、

378

汉口、福州等处，以便各股东就近查览。此布。

（1913 年 4 月 1 日，第 1 版）

仁济和保险公司发息广告

本公司照章于阴历三月初一日起凭折发给股息，请持折向本公司来收可也。所有年总结账分存上海、香港、广东、天津、汉口、福州等处，以便各股东就近查览。此布。

（1914 年 3 月 22 日，第 1 版）

仁济和保险公司发息广告

谨启者：本公司照章于旧历三月初一日起凭折给发股息，分送账略。本届计发官利六厘、余利四厘，每股共发规银五两。请届时持折向本公司来收可也。所有年总结账分存上海、香港、广东、天津、汉口、福州等分公司，以便各股东就近查览。特此布闻。

（1915 年 4 月 10 日，第 1 版）

仁济和保险公司发息广告

谨启者：本公司照章于旧历三月初一日起凭折给发股息，分送账略，本届计发官利六厘、余利四厘，每股发规银五两，届时请持折向本公司来收可也。所有年总结账分存上海、香港、广东、汉口、天津、福州等处，以便各股东就近查览。此布。

（1916 年 3 月 30 日，第 1 版）

仁济和保险公司发息广告

谨启者：本公司第三十一届结账，照章于旧历三月初一日起凭折给发股息，分送账略，并于香港、广东、天津、汉口、福州分局同时照发，届时请就近持折向收可也。所有年总结亦分存沪、津、港、粤、闽、汉等局，以便各股东就近查览。此布。

（1917 年 4 月 18 日，第 1 版）

仁济和保险公司发息广告

谨启者：本公司照章于旧历三月初一日起凭折给发股息，分送账略，届时请持折向本公司收取可也。所有年总结账分存上海、香港、广东、天津、汉口、福州等局，以便各股东就近查览。此布。

（1918 年 4 月 8 日，第 1 版）

仁济和保险公司发息广告

谨启者：本公司照章于旧历三月初一日起凭折给发股息，分送账略，届时请持折向本公司来收可也。所有年总结账分存上海、香港、广东、天津、汉口、福州等局，以便各股东就近查览。此布。

（1919 年 3 月 28 日，第 2 版）

仁济和保险公司发息广告

谨启者：本公司照章于旧历三月初一日起凭折给发股息，分送账略，届时请持折向本公司来收可也。所有年总结账分存上海、香港、广东、天津、汉口、福州等局，以便各股东就近查览·此布。

（1919 年 4 月 2 日，第 2 版）

仁济和保险公司发息广告

谨启者：本公司照章于旧历三月初一日起凭折给发股息，分送账略，本届计发官利六厘、余利二厘，每股共发规银四两，请届时持折向本公司来收可也。所有年总结账分存沪、津、汉、闽、粤、港等局，以便各股东就近查览。此布。

（1920 年 4 月 16 日，第 1 版）

仁济和保险公司发息广告

谨启者：本公司庚申年股息照章于本年夏历三月初一日起凭折给发，随送账略，届时请持折向本公司来收可也。所有年总结账分存沪、津、汉、闽、港、粤各局，以便各股东就近查览。

（1921 年 4 月 5 日，第 1 版）

仁济和保险公司发息广告

谨启者：本公司照章于夏历三月初一日起凭折给发股息，随送账略。本届共发官余利八厘，每股计发规银四两，请届时持折来收可也。所有年总结账分存沪、津、汉、闽、港、粤各局，以便各股东就近查览。

（1922 年 3 月 26 日，第 1 版）

仁济和保险公司发息广告

谨启者：本公司照章于旧历三月初一日起凭折给发股息，分送账略，本届计发官利六厘、余利二厘，每股共发规银四两，请届时持折向本公司来收可也。所有年总结账分存沪、汉、闽、津、港、粤等局，以便各股东就近查览。此布。

（1923 年 4 月 16 日，第 2 版）

仁济和保险公司发息广告

谨启者：本公司第三十八届股息照章于夏历三月初一日起凭折给发，随送账略。本届计发官、余利九厘，每股规银四两五钱，请届时持折来收可也。所有年总结账分存沪、津、汉、闽、粤、港等局，以便各股东就近查览。

（1924 年 4 月 1 日，第 4 版）

仁济和保险公司发息广告

谨启者：本公司照章于夏历三月初一日起凭折给发股息，分送账略，本届计发官利六厘、余利二厘，每股共发规银四两，请届时持折向本公司收取可也。所有年总结账分存上海、香港、广东、天津、汉口、福州等局，以便各股东就近查览。

（1925 年 3 月 22 日，第 2 版）

仁济和保险公司发息广告

谨启者：本公司第四十届股息照章于旧历三月初一日起凭折给发，随送账略。本届股息计发官利六厘、余利三厘，每股共发规银四两五钱，请各股东到时持折向本公司收取为荷。

（1926 年 4 月 8 日，第 4 版）

仁济和水火保险股份有限公司办理登记给发股息通告

本公司向例每年夏历三月初一日分发股息，本年第四十二届股息，每股规银三两，本应早发，只因招商局与本公司先后变更组织；又遵照通行法令，办理公司注册，手续繁重，且同时扩充火险业务，内外兼顾，万端待理，股息发放乃不得不稍稽时日。兹因本公司股东名簿向来多用堂名、牌记，其真实姓名、籍贯、住址均未详载，印鉴亦无留存，与公司条例未能符合，特乘给发股息之便，同时办理登记，业经订定股东登记暂行规则，并备具各项簿册、书式，以便股东取用。特即登报通告，所有本埠股东，自阳历十一月十二日起至十二月三十日止，请股东各携带股票息折，备具印鉴，到福州路五号本公司，依式登记后，即凭印鉴将息金照数领取。外埠股东在广州、福州、营口、汉口、天津各埠附近者，就近向各该分公司照式登记，由该分公司发给取息凭条，转报本公司后，汇拨息金凭条转发；其未设分公司之各埠，可将股票息折、印鉴并开明姓名、籍贯、住址，寄沪委托代理人到本公司登记，并代取息金。一俟登记齐全后，即当依法订期召集股东大会。事关股东全体利益，尚望早日惠临为幸。专此布闻，敬希股东诸君公鉴。

仁济和水火保险股份有限公司董事会长李国杰谨启。

（1928 年 11 月 7 日，第 5 版）

仁济和水火保险股份有限公司办理登记给发息金展期通告

本公司此次办理股东登记暨给发息金，迭经登报，通告本、外埠股东，均自阳历十一月十二日起至十二月三十日止，请各携带股票息折，向本公司或附近各分公司依式登记后，即凭印鉴照数领取息金。现查本埠各股东来本公司登记领取股息者，虽渐次告竣，而外埠尚未齐全，兹为便利股东诸君起见，特再展期至阳历十八年一月十五日为止，务请本埠暨外埠各股东迅速分赴本公司或附近分公司依式登记，领取股息。事关股东全体利益，尚望早日惠临为幸。

仁济和水火保险股份有限公司董事会长李国杰谨启。

（1929 年 1 月 1 日，第 17 版）

积余产业公司给发息股通告

查本公司自癸亥年起，至丁卯年止，历年均经派定红利，惟以现款悉被招商局借支馨尽，未克照案分发，计欠总额七十万另四千两，共合国币九十六万四千三百八十三元五角六分二厘。再加民国十七年分派红利，每股国币四元，合共国币十七万六千元，统计前后六届共积存国币一百十四万另三百八十三元五角六分二厘。本董事会认为，此项应发未发之款亟应设法清理，惟现金无着，只得适用商业惯例，照给息股，俾便股东收执。爰议决将零数国币四万另三百八十三元五角六分二厘找付现金，其余一百十万元填发息股，计各股东每执本公司股票一股，得领票面二十五元之息股一股，业经呈报监督核准备案。用特登报通告，自阳历六月一日起，至七月三十一日止，请本、外各埠股东将所执积余公司股票息折，到上海福州路五号本公司验股，并备具印鉴，依式登记后，即凭印鉴将息金、息股照算给领。事关股东利益，尚望早日惠临为幸。专此布闻，敬希股东诸君公鉴。

积余产业股份有限公司董事会长兼经理李国杰谨启。

（1929 年 5 月 18 日，第 3 版）

九　买卖股票广告

代收招商局股票

　　兹有友人托本公司代购招商局股票数百股，如有愿出手者，请移玉至英大马路利喊洋行隔壁三十四号大利树胶公司写字间，面议可也。

（1912 年 5 月 11 日，第 1 版）

代收招商局股票

　　兹有友人托本公司代购招商局股票及汉冶萍股票数百股，如有愿出手者，请移玉至英大马路利喊洋行隔壁三十四号大利树胶公司写字间，面议可也。

（1912 年 5 月 31 日，第 1 版）

代收大利、招商局股票

　　兹有友人托本公司代购招商局股票及大利股票数百股，如有愿出手者，请移玉至英大马路利喊洋行隔壁三十四号大利树胶公司写字间，面议可也。

（1912 年 6 月 6 日，第 1 版）

收买股票

广东自来水股、招商局股、大清银行股均要，代客买卖股票。
江西路自来水桥黄泰朱伦记启。

（1912 年 6 月 19 日，第 8 版）

代客买卖各种股票、债票

本公司照章设立，代客买卖股票部专代客商卖出、买进各种股票，如招商局股票，浙路、粤汉铁路股票，中央公债票，上海国课证券，以及各种有价值之股票。如欲买卖者，请于每日上午十点、十一点驾临三马路中法大药房西隔壁本公司，面议可也。

博利银公司启。

（1913 年 6 月 26 日，第 9 版）

收买股票

如有愿将浙江铁路及轮船招商局、汉冶萍股票出售者，请每日下午一句钟至五句钟到北京路观音阁码头一千二百六十九号利昌外国木器店内，与宋锡瑾君接洽可也。

（1913 年 10 月 26 日，第 4 版）

黄顺泰收买股票

本号收买汉冶萍、招商局、苏路、浙路、粤路及各种股票，代客买卖，格外克己。特此广告。

四川路腾凤里本号启。

（1913 年 11 月 15 日，第 4 版）

中国股票公司广告

本公司代客买卖各种股份，收买苏、浙、川、粤、汉路股，并招商、通商、交通、四明银行股份。又，收买中国银行存单，并汉冶萍储蓄处存折。有愿售者，请驾至上海五马路正丰街安裕泰茶号接洽。

（1913 年 11 月 15 日，第 4 版）

通利股票公司

专收苏浙路股及有期证券，并收招商局、大生纱厂、电车、银行等股票，倘蒙赐顾，无不格外克己。电话三千六百八十八号，收股处在四马路大新旅馆账房内。

钱选之启。

（1914 年 5 月 23 日，第 4 版）

大利股票公司广告

本公司收买各省铁路股票、苏路证券、公债票；通商、交通银行，招商，宁绍，大生纱厂，汉冶萍，仁济和保险公司股（票）；蓝格志股票。一切均可交易，价格比众有优。如有出售者，请至英界二马路南首大新街华兴袜厂批发所内。

大利股票公司启。

（1914 年 9 月 26 日，第 4 版）

收买股票

江浙各种铁路有价证券及招商局、银行股票等，均可交易，请至英大马路新凤祥银楼背后南香粉弄永吉里底廿三号。各户如望函复者，本埠请附邮票一分，外埠三分。

惠通公司启。

（1914 年 10 月 30 日，第 1 版）

大利公司收买各种股票

本公司专收各省铁路股票及公债票、苏浙有期证券；大生纱厂，垦牧公司，汉冶萍，通商、交通银行股票；招商、宁绍、仁济和、蓝格（志）、电车、得力风等各种股票，均可交易。倘蒙光顾，请至英界大新街三马路北首中法药房北隔壁华兴袜厂批发所内。

大利股票公司启。

（1914 年 11 月 24 日，第 4 版）

收买股票

苏浙路股票、证券，湖南、湖北、川粤汉、宁绍公司、汉冶萍、招商、保险行、丝纱厂、银行股票、公债票等情，均可交易，请至英大马路望平街口德馨里源盛号接洽。

（1914 年 11 月 30 日，第 4 版）

收买股票

本号专收浙路、苏路股票及有期证券，川汉、粤汉、招商局、汉冶萍、通商、四明、宁绍等各种股票，代客买卖，格外克己。

四川路腾凤里黄顺泰启。

（1915 年 1 月 1 日，第 7 版）

中华股票公司

本公司买卖各种铁路股票及有期证券，交通、兴业、通商各银行、招商、宁绍、仁济和、汉冶萍、大生纱厂、通海垦牧等股票、公债票均可交易。请至二马路大新街口新旅社内，与本公司接洽可也。

（1915 年 4 月 19 日，第 4 版）

收买股票

各种铁路有期证券，招商、宁绍、纱厂、中华银行股票、股单、公债票均可交易，请至英大马路裘天宝银楼隔壁。

388

永和里公益启。

（1915 年 4 月 19 日，第 4 版）

公益买卖公债票

兼收苏浙路证券，招商局、宁绍、大生纱厂各种股票均可交易，请至英大马路裘天宝银楼隔壁永和里底。

本公司启。

（1916 年 2 月 9 日，第 4 版）

惠通股票公司

苏浙路证券、川粤汉招商局、汉冶萍、宁绍、大生、垦牧纱厂各项股票、公债、储蓄等票均放盘现银交易，请至英大马路南香粉弄永吉里底。电话：四五三九。

（1916 年 2 月 13 日，第 4 版）

新开同益股票公司始创划一

买卖内国公债及银行、纱厂、招商局、宁绍、铁路证券，各种股票、储蓄票，评准市价，诚心无欺。倘蒙赐顾，请至英大马路虹庙对面一与旅馆南首便是。

本公司启。

（1917 年 3 月 16 日，第 4 版）

同益股票公司始创划一

买卖内国公债及银行、纱厂、招商局、宁绍铁路证券，各种未了股票，评准市价，诚心无欺。倘蒙赐顾，请至英大马路虹庙对面南直隶路外埠，函询当班答复。

本公司启。

（1917 年 6 月 1 日，第 4 版）

收买招商局股票

如有上项股票出让者，请开示股数及出让人地址，投函第七百九十一号邮局，以便派人前来接洽。外埠函复。

（1928 年 4 月 29 日，第 9 版）

收买股票

现欲收买下开之各种股票，如愿让渡者，请通信派克路十二号 A 葛豪君可也。

计：宁绍公司、新新公司、汉冶萍公司、招商局等股票。

（1931 年 6 月 26 日，第 19 版）

中央银行公告

准财政部函委托本行出售：（一）中国纺织建设股份有限公司，（二）招商局轮船股份有限公司，（三）天津纸业股份有限公司，（四）台湾糖业股份有限公司，（五）台湾纸业股份有限公司五种股票。业经转委托本市中国、交通、农民三银行及中央信托局代售台湾糖业及台湾纸业股份有限公司两种股票，并经委托台湾银行上海分行代售，一律自九月十日起开始在上海先行发售，所有各该公司章程及简况业已分转各代售行局以备索阅。本市经售行局名称地址列下。

中国银行总管理处信托部：中山东路一二十三号。

交通银行信托部：九江路六九号。

中国农民银行信托部：九江路河南中路三四八号。

中央信托局信托处：圆明园路八号。

台湾银行上海分行：大名路六五号。

特此公告。

中华民国三十七年九月九日。

（1948 年 9 月 11 日，第 3 版）

十　遗失股票公告

票折作废

招商公局船股票一折，云记第二万一千九百六十九至七十三号，计五股；又，陈文炳第三万四十七至五十号，计四股；又，合记第二万七千八百八十八至九号，记二股，以上共计十一股，是托三马路画锦里华商股票公司捐客吴福如销售。不料吴君心存不良，股银未交，卷股而逃，未知逃往何处，一时无从查究，现在已向招商总局挂失，补给失票折。以后该股出现，作为废物，望各贵客切勿受愚为幸。如已售出，祈买主连向吴君追回股银为盼。此布。

严恭甫启。

（1912 年 8 月 2 日，第 4 版）

严恭甫鉴

顷阅《申报》登有票折作废告白一则，不胜骇异。查前代售招商局股分十一股，当时系弟转托交通股票公司售出，股银对交，并无丝毫欠缺，有账可查。今忽登报，败弟名誉，于心忍乎？言之痛恨已极。特此声明，惟希公鉴。华商股票公司经手人吴福记寓杭敬告。

（1912 年 8 月 5 日，第 1 版）

钟朱氏启事

启者：先夫钟炳南遗下仁济和保险股票七纸，分授与氏，上海祖先祭祀之用及氏养老之资亦在其内。前因兄弟交涉，曾向公司止息情事，后经登报取消，恐各界诸君尚未周知。今特由氏再行登报声明，该股票无论何人均可通行买卖改名，决无阻碍，特此布告，以免疑虑。

（1913 年 1 月 17 日，第 4 版）

遗失招商局股息折广告

启者：弟有王听记第一万九千六百零八号至十七号轮船招商局股十股，其息折不知遗失何处，现已到招商沪、港各局报失，嗣蒙招商局另给新息折收存，该旧息折无论何人拾得，皆视为废纸。特此周知，以免后论。

唐子献启。

（1913 年 5 月 6 日，第 1 版）

李华记声明遗失招商局股单广告

李华记原购招商局股单两纸，计公积股五股，第二万八千五百五十三至五十七号；又五股，第八千五百四十八至五十二号，情因民国二年七月在南京被劫遗失，仅存息折。今邀保到局声明被劫情由，遵章报明地方官立案，并登《申报》、《时事新报》，此项股单实系因乱被劫，无论落于何人之手，均不得发生效力，应即作为废纸。特此登报声明。

（1914 年 5 月 21 日，第 4 版）

遗失招商局股票广告

启者：承先父王廷珑遗下招商局股票一纸，计十股，第八千零五十六号至六十五号止，于本年旧历二月初七夜在厦后路头被盗窃去，至今追究无踪，已禀请厦门、上海地方官备案，移知招商局准报挂失，补给新票收执。如前项股票出现，或有人拾得者，作为废纸。

王严交广告

（1914 年 11 月 30 日，第 4 版）

遗失声明

启者：本堂近遗失其顺堂高名下招商局股票六万三千九百五十三号始，至六十四号止，计十二股，股票号数骑缝六千二百七十五号；又，六万三千九百六十五号始，至七十六号止，计十二股，骑缝六千二百七十六号；又，积余产业公司股票三万一千九百七十七号始，至八十八号止，计十二股。无论华洋人等拾得，业向该局挂失，永远作废，特登《申》、《新》报并西报外，特此声明。

其顺堂高告白。

（1915 年 9 月 7 日，第 1 版）

遗失仁济和保险公司股单广告

敬启者：鄙人有先人遗下之仁济和股单一纸、股折一扣，系郑缵记抬头，第一万八千八百三十三至四十号，计八股。今被贼将股单窃去，只存息折，已照章向该公司挂失，声明此单作废，请各界切弗收用为要。

洞庭东山郑芳之启。

（1915 年 12 月 28 日，第 1 版）

遗失仁济和保险公司股单广告

敬启者：鄙人有先人遗下之仁济和股单一纸、股折一扣，系郑缵记抬头，第一万八千八百四十一号至四十六号，计六股。今被贼将股单窃去，只存息折，已照章向该公司挂失，声明此单作废，请各界切弗收用为要。

洞庭东山郑芹之启。

（1915 年 12 月 28 日，第 1 版）

遗失声明

敬启者：本宅向购有招商局轮船股份，自二万七千九百十六号至二十号，上计五股；又，七千九百十六号至二十号止，计五股。每逢支息之期，均由粤将息折邮沪支领。辛亥以后，粤多不靖，家宅迁徙频仍，该股票置诸箱箧，今因检查该股，遍觅不得，深虞落于他人之手，致滋纠葛。除报明招商局作废存案外，合行登报声明，俟三个月限满，照章请补给新票。特自□□。

□记谨白。

（1917 年 5 月 16 日，第 4 版）

遗失股票广告

启者：鄙人前用"陈光远堂"名字附有仁济和保险公司股份八股，领有保字一万另［零］六百四十七号至一万另［零］六百五十四号股票管业，因去年广州扰乱，往香港迁避，事后回省检查箱箧，股票遗失无踪。除报地方官立案，并由仁济和公司补给新票外，日后如有人拾得此股票，俱作废纸。特此布告，俾众周知。

（1917 年 12 月 14 日，第 4 版）

遗失息折声明

兹在途中遗失仁济和保险公司息折五扣，计郑周记三股，自第三千九百三十五号至三千九百三十七号；又郑周记十股，第六千八百十四号至六千八百二十三号；又郑嶦记五股，第一万六千□七十六号至一万六千□八十号；又，郑嶦记五股，第二百七十一号至二百七十五号；又郑小山十六股，第三千八百九十五号至三千九百十号，共三十九股。已向该公司挂失，无论中外人拾得者，一概作废。特此声明。

（1918 年 3 月 1 日，第 1 版）

江鄂生先生鉴

先生于民国四年九月二十五日，用招商局股票在敝行押去借款，现逾

395

限已久，本利一并未归。兹限于民国七年六月底，来行结清，否即将股票出卖偿还。特此先行申明。

驻沪瀋川源银行启。

（1918 年 6 月 13 日，第 4 版）

遗失招商局梁根记息折广告

启者：氏先夫梁栋云即梁根记遗有招商局股份十二份，去年二月间托刘均兄往港收息。讵伊住港西湾河太古楼第二街五号三楼，二月十九夜，被贼窃去藤□袋一个，内载衣物及氏之梁根记招商局息折四本一并被窃，二十日由刘均报知筲□湾捕房，二十五日蒙获得窃贼黄安一名，据供已将息折烧毁，随［遂］定该贼六星期监禁，有案可稽。

有港报登载氏昨将被失情形，一再报知香港招商分局，并函报上海招商总局，开列被失号数揭出，以杜别人冒领，并请补发息折，有香港永乐街维新银号梁锦昭君担保。至梁根记被失息折照论是否系该贼烧毁，倘有人执得，自应作为废纸，用特登报声明，以昭信实。

民国六年七月二十七号，香山梁陆氏谨白。

（1918 年 9 月 27 日，第 4 版）

声明告白

启者：本堂置有招商局仁济和股票八股，由第一万四千三百七十六号至八十三号止，共计股银四百两。不料于本年二月间，中途遗失，经向招商总局投报，取消以前股票，暨请另给股票息折，并禀请南海县存案。今特登报章，倘有别人执得，视为废纸。

民国八年二月吉日，莫高翥堂披露。

（1919 年 4 月 26 日，第 4 版）

遗失仁济和保险公司股份广告

谨启者：八月七号深夜被窃失去仁济和股票息折一套，系荣安堂抬头，第一万五千三百六十一至八十号止，计二十股，已报明该公司备案作废，请各界注意，切勿收受。特此登报声明。

关子明白。

（1919 年 8 月 11 日，第 1 版）

声明作废

鄙人于阳历七月三十一号遣仆余振荣在粤汉铁路湘鄂线汨罗车站地方遗失招商局仁济和保险股票二十股，计二十张，自第一万六千一百四十号起至五十九号止，又息折一本。各界中外人士如有拾得者，一律作废，除呈恳地方官长沙知事公署咨明上海总局挂失外，特此声明。郭殷和堂启。

（1919 年 10 月 2 日，第 1 版）

遗失轮船招商局老股票

启者：温兆基名下附入轮船招商局股份第九千一百八十四号至八十八号共五股，执有股票一张，息折一扣。兹为曩在厦门被窃遗失该股票，曾向地方官禀失在案，并向招商局挂失作废，并补给新股票，特此广告。

江金杓披露。

（1919 年 11 月 7 日，第 4 版）

律师费廷璜代表唐晋记通告王伯潜

缘唐晋记于戊午年五月二十三日由王伯潜凭中鲍姓将启厚堂招商局航股十股抵押洋一千元，当时产股息折未经交付，阅三年之久，本利无着，自登报日起，以一月为限，速来履行清讫。如逾期不理，作为废失，即由唐晋记径向招商局调换股单，补给产股息折并息银，毋贻后悔。本律师受唐晋记委托，爰代登报声明。

事务所：苏州大太平巷六十一号。

（1921 年 12 月 13 日，第 5 版）

张裕来启事

本行十二号七点钟，被人抢去开平股票四十五张，每张计廿五股，自一万一千一百九十九号至一万一千二百四十三号，内有三期股息，第十八号至二十号尚未领取。又，张裕记名下招商局股票三十股，汉冶萍股票九十八股，又通商银行股票两股，除向各该公司等分别挂失补给新票外，特登《申》、《新》、《大陆》、《字林》四报，以免各界受愚。再昨日申报所登遗失股票声明广告，因号码有误，应即取消。此布。

（1922 年 2 月 14 日，第 1 版）

遗失招商局积余公司产业股票声明

今遗失招商局积余产业股票寿康堂户名第六五五三至六五六二号，计十股之票一张（息折仍在），已向该局照章挂失补给新票，并在公堂存案，特登《申》、《新》两报及《字林西报》，对于前项股票日后发现作为废纸，特此声明。

上海永亨银行代表丁少兰谨启。

（1923 年 4 月 22 日，第 1 版）

遗失股票声明作废

本堂八月六号晚在广州被匪劫，失去仁济和股票十份、招商局航业股票一百份，经已赴招商局报失及禀官存据，今特登报声明，如别人拾得，视为废纸。谨将各股票号码列下：

仁济和保险股份共十股，计开：

彰记五股票一张，第二百五十一号至五十五号、息折一扣；又五股票一张，第二百五十六号至六十号、息折一扣。

轮船招商股份，计开：

黄宝庆堂十股票一张，第六万七千四百十三号至二十二号，又息折一扣，航业股份第六千五百九十号；又十股票一张，第六万七千四百二十三号至三十二号、息折一扣，航业股份第六千五百九十一号；又，十股票一张，第六万七千四百三十三号至四十二号、息折一扣，航业股份第六千五百九十二号；又，十股票一张，第六万七千四百四十三号至五十二号、息折一扣，航业股份第六千五百九十三号；又，十股票一张，第六万七千四百五十三号至六十二号、息折一扣，航业股份第六千五百九十四号；又，十股票一张，第六万七千四百六十三号至七十二号、息折一扣，航业股份第六千五百九十五号；又，六股票一张，第六万七千四百七十三号至七十八号、息折一扣，航业股份第六千五百九十六号；又六股票一张，第六万七千四百七十九号至八十四号、息折一扣，航业股份第六千五百九十七号；又，温文垣四股，第七万九千零八十五号至八十八号、息折一扣，航业股份七千三百三十七号；又温文垣二股，第三万九千五百四十一号至四十二号、息折第四千六百七十六号；又，徐子记二十股；又，慎记二股；济记名下通商银行七股，第八千二百八十一号至八十七号。

宝源大街三十七号黄宝庆堂披露。

（1924 年 8 月 26 日，第 5 版）

遗失股票息折声明

本堂于夏历七月[①]初六日在广州市宝源大街三十七号寓内被盗劫去黄宝庆堂名下招商局航业股共七十六股，又积余产业股二股，又仁济和股共一十股，另又通商银行济记名下股共七股，当经赴招商总、分局两处，并通商银行挂失，及已禀官存案。今特登报声明，如有别人拾得，视为废纸。谨将各股票号码列下：

黄宝庆堂名下招商局航业十股，自六万七千四百十三号至二十二号、票折一套；又十股，自六万七千四百廿三号至三十二号、票折一套；又十股，自六万七千四百三十三号至四十二号、票折一套；又十股，自六万七千四百四十三号至五十二号、票折一套；又十股，自六万七千四百五十三

---

① 前为八月。

号至六十二号、票折一套；又十股，自六万七千四百六十三号至七十二号、票折一套；又六股，自六万七千四百七十三号至七十八号、票折一套；又六股，自六万七千四百七十九号至八十四号、票折一套；又温文垣名下招商局航业四股，自七万九千零八十五号至八十八号、票折一套。以上九柱共计七十六股。

另，温文垣名下积余产业公司二股，自三万九千五百四十一号至四十二号、票折一套；又彰记名下仁济和股票五股，自二百五十一号至五十五号、票折一套；又五股，自二百五十六号至六十号、票折一套；又济记名下通商银行股票七股，自八千二百八十一号至八十七号。

广东黄宝庆堂谨白。

(1924 年 8 月 27 日，第 5 版)

盗劫股票作废

本堂夏历七月初六晚，在广州市广源大街三十七号寓内被盗劫去慎记名下招商局航业二股，一系第七百三十五号，一系八百七十七号，当经赴招商总、分局挂失及禀官存案。今特登报声明，拾得视为废纸。

广东黄宝庆堂，谨启。

(1924 年 10 月 15 日，第 4 版)

遗失招商局股票

兹有招商局罗谦益堂第二七九一六至二十号共五股股票，日久遗失，今将息折向招商总局挂失，请补给新票，其原股票登报作废。特此声明。

罗济光，谨白。

(1924 年 12 月 20 日，第 3 版)

陈霆锐大律师代表柳中浩声明遗失股票

兹由敝当事人柳君中浩委托声明柳君管业之下列各项股票业经遗失，除切实追究，并函知各该公司外，如有人将该项股票在外出售、抵押等情，概作无效。计开：

仁济和保险行，敬记一九五一七号，一股；利泰昌记一六一八〇至一六一八二号，三股；缘记一八五五五至一八五六四号，十股；缘记二六七〇至二六七九号，十股；缘记五三七四至五三八三号，十股；世德堂记二一八〇至二一九七号，十八股；丰记四九八一至四九八八号，八股；正记一二七三八至一二七四四号，七股；世德堂记六一〇九至六一一九号，十一股；秀记一四二二一至一四二二四号，四股。

中国银行，林庆禹名户藏字四五三号，十股。

四明银行，柳钰记名户八四九六至八五一五号，二十股。

（1926 年 3 月 2 日，第 12 版）

吴健盦律师代表陈庆平声明遗失息折启事

兹据陈庆平君来所声称，伊有仁济和保险有限公司股票云记户第一万零零四十二号至四十六号共计五股，每股元五十两，历年官红利向由其父成章公持折往取，前年成章公去世，上项息折遍查无着，显系遗失。除向公司声明挂失，另立新折外，所有上项旧折应行作废，委托本律师代表登载《申》、《新》两报声明前来。合行代表声明，如有上项旧息折发现，概作废纸。此启。

事务所：白克路修德里；电话：西二三九〇号。

（1926 年 10 月 7 日，第 3 版）

吴健盦律师代表陈庆平君更正遗失息折号数

前登十月六日、八日、十日《新闻报》遗失仁济和保险股息折号数，实系一万九千零四十二号至四十六号，特此更正。

（1926 年 11 月 13 日，第 2 版）

福州杨守善堂被毁招商局仁济和股票声明

本宅于去年十二月间被火焚毁招商局航业股票，由第五万八千七百五十一号至五万八千八百五十号一百股，计票面规元一万两；又招商局积余产业股票，由第二万九千三百七十六号至二万九千四百二十五号五十股，计票面洋五千元；又仁济和保险公司股票，由第一百五十二号至一百七十九号二十八股，计票面规元一千四百两；又仁济和保险公司□姓初户股票，由二百号至二百十九号二十股，计票面规元一千两。除向招商局及仁济和保险公司声明被毁照章补领新股票外，特此登报声明，即希公鉴。

（1927 年 7 月 25 日，第 8 版）

遗失轮船招商局商业及积余产业公司股票声明

兹有周莲记户轮船招商局商业股票第五六五□七至一六计十股一张，第五六五一七至二六计十股一张，第五六五二七至三六计十股一张，第五六五三七至四六记十股一张，第五六五四七至五四计八股一张，共计五张，总计四十八股，及招商局积余产业公司股票第二八二五四至五八计五股一张，第二八二五九至六三计五股一张，第二八二六四至六八计五股一张，第二八二六九至七三计五股一张，第二八二七四至七七计四股一张，共计五张，总计廿四股，因被遗失，除照章向公司声明具保声［申］请补给新股票外，嗣后如有中外人等拾得，概作废纸。特此登《申》、《新》、《民国日报》三天，声明遗失。

周莲记子周均德启。

四月廿九日。

（1928 年 6 月 19 日，第 12 版）

商办轮船招商局股东刘石荪启事

石荪籍隶江苏，年二十五岁，通讯处法租界仁和里八号，持有招商局航业股票管记名义股份自四一四九一至四一五○○号之股票，今见报载宁波路九号联保公司刘石荪君启事一则，显系同名同姓，恐有误会，特此声明。

（1928 年 8 月 30 日，第 7 版）

遗失股票息折声明

本堂执有招商局黄宝庆堂户名航业股六七四一三号至二二号，十股；六七四二三号至三二号，十股；六七四三三号至四二号，十股；六七四四三号至五二号，十股；六七四五三号至六二号，十股；六七四六三号至七二号，十股；七四三号至七八号，六股；六七四七九号至八四号，六股。又，温文垣户名航业股七九□八五号至八八号，四股。又，徐紫记名航业股三五二三一号至三五号，五股；三五二六一号至六五号，五股；三五二六六号至七□号，五股；三五二七一号至七，五股。又慎记户名航业股七三五号，一股；八七七号，一股。

以上四户共计航股九十八股。

又积余产业公司股票徐积记户名一七六一一号至二□号，十股；又，温文垣户名三九五四一号至四二号，二股。

以上二户，共计产股十二股。

又仁济和保险公司股票彰记户名二五一号至五五号，五股；二五六号至六□号，五股。共同计十股。

以上各项股份之股票息折均于甲子年在广州被盗劫，当时分向招商总、分局及仁济和保险公司挂失，并由杨国枢律师在前上海会审公司廨呈请备案各在。又于甲子年七月廿八及同年九月廿六登载上海《申》、《新》各报声明，如有人拾得，作为废纸。现复分向招商局、积余公司及仁济和保险公司补请发给股票、息折，合再登报声明。

黄宝庆堂启。

(1930 年 5 月 17 日，第 20 版)

声明有效

前以遗失轮船招商局股票，由六万八百十七号起至六万八百三十六号止，记名江安素；由六万八百三十七号起至六万八百五十六号止，记名江继德，共四张，计四十股，登报声明作废。嗣接家书，该项股票因匪乱存寄戚家，并未退去，现已自行取回。特再声明前启无效。

江世沂启。

（1930 年 11 月 30 日，第 18 版）

遗失声明

兹遗失唐定卿承唐炽堂名下仁济和股票三股，号码七一四、一二四〇、一二七九一，及黄涉纶名积余产业股票三七四五六号一股；又黄淑纶名下招商局航业股票七四九一一至七四九一二，两股；唐光兴户名招商局航业息折四份，号码三七一四九至三七一五二；及积余产业息折二份，号码三六六七六及三六五七五。无论中外人等拾得，一概无效，特此登报声明。

唐定卿启。

（1932 年 6 月 1 日，第 16 版）

遗失声明

兹遗失黄宝庆堂户名招商局积余产业股票自第三三七□号起至三三七四二号止，共八折，计三十六股，因去年一·二八战祸被毁于火，除向该局挂失外，特登报声明。

黄景海启。

（1933 年 1 月 10 日，第 15 版）

遗失股票特再声明

本宅遗失招商局邹彦记户名股票第六万六百七十七至九十六号止，计股票念股，又积余产业股票第三万三百三十九至四十八号止，计股票十股，除已向各该局挂失外，特再登《申》、《新》二报声明。

南市里邹宅启。

（1933 年 1 月 18 日，第 12 版）

声明作废

兹因遗失商办轮船招商局股份息折及积余地产公司股份息折事，计开叶同仁善堂户招商局第六万一千六百二十五号至六万一千七百六十四号，计一百四十股，股份息折二个；又叶祥光堂户招商局第六万一千七百六十五号至六万一千九百零四号，计一百四十股，股份息折二个；又叶同仁善堂户积余地产公司第三万零七百八十八号至三万零九百二十七号，计七十股，股份息折二个。以上所列各号息折共八个，除向轮船招商局及积余地产公司挂失外，特登《申》、《新》两报声明作废。

叶同仁善堂、祥光堂仝启。

（1933 年 2 月 12 日，第 18 版）

遗失声明

兹启者：敝记遗失招商局股票计开五十股，为扬记户第五一五一七至五一五六六号，除另请补给外，前项股票一概作废。特此声明。

失主蒋，白。

（1933 年 2 月 22 日，第 19 版）

遗失声明

鄙人执有招商局航业股股票十股，户名拙园，自第七〇九五一至七〇九六〇号，因民国十九年在长沙遭逢兵灾，致将股票息折统行遗失，除已于本年二月间向该局理事会登报挂失声明作废，请予补发外，特再补行登报手续，通告各界，如有拾得上项股票者作为无效。

李诚玉，谨启。

（1933 年 5 月 26 日，第 14 版）

遗失股票声明

　　鄙人持有轮船招商局股票，计李雅记户名，自一四四二七至一四四七六号，五十股；李澹记户名，自一四四七七至一四五二六号，五十股；李雅记户名，自一四七五七至一四七八六号，二〔三〕十股。又积余产业公司股票，计李慎记户名，自七二一四至七二六三号，五十股；李淙记户名，自七四〇九至七四一三号，五股；李达记户名，自七三九九至七四〇三号，五股。连同息股息折等件，查悉统于一·二八展转移居时遗失，除照章登报声明请该局另发凭证外，所有上开股票等件，一并作废。特此声明。

　　李慎淙启。

（1934 年 12 月 4 日，第 19 版）

遗失股票作废

　　兹有启厚堂户名招商局积余产业股，自二九五四八号至二九五五二号，共计五股，票面洋五百元，该项股票息折均经遗失，除向招商局挂失并声请补领外，特登《申》、《民》两报声明作废，倘后发现，永属无效。此启。

　　启厚堂启。

（1935 年 1 月 19 日，第 23 版）

遗失股票更正号头声明

　　鄙人遗失之招商局航业股李雅记户自一四七五七至一四七八六号廿〔卅〕股，系一四七五七至一四七六六十股，又一四七七七至一四七八六十股，其中一四七六七至一四七七六十股之股票查已具领，前此登报误将该十股号头未曾除去，合再登报更正如右。

　　李慎淙

（1935 年 1 月 31 日，第 24 版）

十一　股票权属处置

轮船招商局告白

现闻香港有假造本局股票息折之事，正在彻查，惟恐各埠诸君抵押买进，受人之愚，用特登报布告：凡买进抵押本局股票息折者，均送至总局核对底簿，加盖红戳。现在将开股东常会，本局须预备一切，并料理入场券等事，人手一时恐来不及，请于开会后三日起，来局核对。本局恐受愚杜伪起见，幸勿自误为盼。

轮船招商局公启。

（1913 年 5 月 30 日，第 4 版）

商办轮船招商局广告

改换新股票一事，前于宣统二年五月初六日股东大会公决通过。近数月来各股东纷纷函催实行，现经董会议决，准于阴历本年年内实行，已由会计科筹备一切，俟手续办齐再行定期登报，开会报告。先将议决实行情形布请各位股东公鉴。

（1914 年 1 月 19 日，第 1 版）

广　告

启者：本堂旧认招商局股银一千两，所领第二万六千八百二十六号及第三万五千七百八十二至三万五千七百八十六号息折二扣，原存汉口广昌和盐仓，每次持取息银，多年称便。逮辛亥八月武昌起义，汉市遭劫，该广昌和盐仓并其银钱账箱收藏字据之具均被兵燹，丝毫未救，以致本堂所存息折二扣亦竟同归焦土，众所共知。兹届招商局发息之时，此折暨化乌有，应请照章补给，非但登报声明，亦在上海商会存案，恐有伪造冒领，除已将原领股票送挂号，旧息折永远作废，再登报申明，以昭核实。此布。

江西高安县胡五桂堂启。

（1914 年 5 月 6 日，第 3 版）

商办轮船招商总局广告

现奉交通部电令，内开："该局换填股票事，准予照办。惟未经审定以前，此项新票均宜加盖章记，分别声明，所有产业股票应加盖戳记，文曰：'此项积余房产是否全系无关航业，现因未经交通部审查，不能离开招商局正股另售'等语。"除列入议案，并遵部电于下联票加盖戳记外，本公司自当遵办。特此布告。

（1914 年 5 月 23 日，第 1 版）

声明执管股份缘由

敬启者：横滨永昌和号主罗伟堂于前清光绪年歇业，据上海广立亨来信云，其先因与上海广永亨号交易，曾已将招商局仁济和股份二十股作信，惟当时只交息折，未交股票。迨永昌和倒闭，罗伟堂逃匿，结欠广永亨银八千余两，广永亨只得扣股抵欠。不意罗伟堂曾将该股票另抵于同济医院，致一股两抵，彼此均不能完全执管，等因。嗣经敝会馆董事调停，同济医院与广永亨各得一半，将票折互授息争。兹同济医院因滨、沪两埠相离较远，取息等事诸多不便，自愿将应得十股照市价收本，并归广永亨执管，双方允洽银、股两交，除咨请招商局将该股份一并由广永亨过户执管外，以后该股权悉归广永亨执行，与同济医院无涉。合将该股份户号开列于后，登报声明，以清纠葛而息争端。此启。

计开：

康永亨号应执管仁济和股份户号计二十股，庆泰号户自六千〇五十五号至六千〇六十四号止；罗谦益堂户自一万四千一百四十六号至一万四千一百五十一号止；罗谦益堂户自一万四千一百五十二号至一万四千一百五十五号止，以上股票二十纸，息折二十扣，一并归广永亨过户执管。

横滨中华会馆谨白。

（1914 年 6 月 12 日，第 1 版）

清理沪关公款处谨遵部令招商投标变售房产及股票广告

查本处押件内，有坐落在新关对岸关栈房隔壁，土名陆家嘴，计出浦英册四百八十八号，又八百十四号道契地七十亩九分一厘五毫，此外尚有涨滩，又地上洋房十二宅、大洋房一宅、洋栈房一宅、号房三十六宅、街楼房七十一幢、平房一百零五间，马路码头俱全，内惟街楼房、平房及空地有包租人承办，另有包租年限合同，一并相随。今以规银五十四万六千两为投标价格。再有招商局股票六十股，每股定标价以规银一百八十两；大生纱厂股票五十股，每股定标价规银一百二十两；通商银行股票一百四十四股，每股定标价规银五十二两；兴业银行股票一百股，每股定标价洋五十元。如有愿购上项产业股票者，请封标函，向三马路中国银行三层楼上本处投递。兹定于廿五号起至七月一号止，即旧历闰月初三日起至初九日止为投标日期，每日上午十时起下午四时止。即以七月一号、旧历闰月初九日下午四时为标函截止之期。并定七月二号即旧历闰月初十下午准二点钟，即在本处当众开标。届时投标及格者应先备定银十成之一缴本处，再行订期银产两交。如标不及格，则允售与否，由本处请部示核夺。用先声明。再，投标者之信面应注明地产或股票字样。特此布告。

（1914 年 6 月 25 日，第 1 版）

朱伦甫辨诬启事

窃鄙人向业经理股票生理事，因本年阴历二月念二日有浙人王文梅欲购招商局股票四十股，言明每股价银一百五十五两五钱正，先交现洋二百元，另苏路股收据一纸，计共四十五股，作为定银，限三天交易清楚。不料到念四日，王文梅不能交易，鄙人复展限三天。迄延至廿七日，王文梅又以买主银期未到为辞，再三延宕，并反悔，欲将定银收回。鄙人窃念贸易场中，过期定银本应作废，未便视同儿戏，惟催其照旧从速交易。迄王文梅依然弗恤，是以延搁至今，此一事也。当此事磋商之顷，王文梅另遣伊友闻溥泉到鄙人处，谓有苏路证券一百零五股出售，订明连息共取时价银五百元，经由鄙人于廿七日在本埠四明银行起银，即交现洋五百元与闻君手收。复由闻君将苏路证券一百零五股，计共五纸，交与鄙人，作为交易两讫，此又一事也。按此两次交易，虽时间略同，但一则以苏路证券作定银，一则以苏路证券为卖品；一则因定期已过，此证券无交还之理由，一则因银货交清，此证券系买主之权利，两事之不能混而为一也明甚。乃鄙人自阴历四月内因事回粤，王文梅胆敢乘机诬捏，于是月廿二日遍登《申》、《新》各报，谓鄙人诳驱股票，冒领息银，暗行逃走；复敢向苏路清算处声明挂失。其最可骇者，则所有挂失证券号数，即指鄙人与伊友闻溥泉现洋交易买就之各证券号数而言，并将此种现洋买就之证券混为从前交作定银之四十五股证券而言。忖王文梅之心，盖明知作定之证券之不易收回也，又逆料鄙人回粤之未必即返也，于是以诡谲之谋，行影射之法，不惟欲将作定之证券攫回而已，并欲将售出之证券为作定之证券，而加鄙人以诳骗逃走之罪，乘机向公司挂失作废，如是则一网打尽，全数夺回，此其心计之工，宁复有丝毫遗漏？殊不知作定之证券为一事，现售之证券又为一事，微论彼所登报挂失者皆鄙人与伊友现洋交易之证券，确有凭据，无可混射也。即以作定之证券而言，王文梅既不能按期交易，此证券即不能收回。矧鄙人返粤之先，又屡向王文梅声明催迫，此为堂堂正正之事，何谓诳骗？何谓逃走？至换券收息一节，亦系亦所应为，何谓冒领？今无端遭此诬捏，鄙人诚恐商业中有此败类，将来图挞反噬之事势必层见迭出，交易场中人且望而生畏，为此难安缄默，除另向苏路清算处证明虚实外，理合将此事原委登报声明，惟希公鉴。

朱伦甫披露。

清理沪关公款处谨遵部令招商投标变售地产及股票广告

查本处押件内有坐落在杨树浦路英册九百二十四号实地三亩，连地上洋房一宅、平房五间，今以规银四万两为投标价格；再有龙章造纸公司股票整股二百六十五股，每股定标价规银三十五两，又零股一百六十五股及红股二十四股，每股定标价规银三两五钱；招商局股票六十股，每股定标价规银一百八十两；通商银行股票一百四十四股，每股定标价规银五十两；立大面粉公司股票六百股，每股定标价十六两；兴业银行股票一百股，每股定标价五十元，如有愿购上项产业以及股票者，请封标函同三马路中国银行三层楼上本处投递。兹定于十五号起至七月念一号止，即旧历闰月念三日起至廿九止为投标日期，每日上午十时起至下午四时止。即以七月念一号、旧历闰月念九日下午四时为标函截止之期。并定七月廿二号即旧历闰月三十日下午准二点钟，即在本处当众开标，届时投标及格者应先备定银十成之一缴本处，再行订期银产两交。如标不及格，则允售与否，由本处请部示核夺。用先声明。再，投标者之信面应注明或地产或股票字样。特此布告。

（1914 年 7 月 15 日，第 1 版）

安徽宁国府江泰和钱庄经理人江敏堂启事

窃敏与堂叔江子南、江子美于光绪辛巳年在宁国府城合资组织江泰和钱土庄营业，丙申年子南逝世，伊子沛堂将股解除，并归敏与子美合开。当推子美为总理，敏为经理，另聘胡思齐君驻庄管事。壬寅年子美故后，即由伊子树堂继续其职。该庄因前光复损失甚巨，难以支持，遂于民国二年春由树堂商之于敏，将庄收歇。时敏充任经理，应负清理账目之责，甫经着手进行，适以喘疾□发，医治多时，以致庄事延搁，胡思齐亦因事他去，以致泰和庄对于各处应办交涉遂尔中止，未能理清。适有族叔江鄂生以己亥年在江泰和庄借银一千两，曾出轮船招商总局股票息折，交庄代收息银备偿本利，继迫借款，逾期即以股票划抵。乃未知划抵之先，招商局已按股增给红股，如以其应得利息相抵债务，计已超过原额。时鄂生依据理由，正式交涉。敏当年衰脑弱，记力不强，碍难骤答，故特彻底根查，始知错误之点所在。盖鄂生当交股票于庄托代领息之时，乃由子美将其原票折等转交芜号驻沪水客就近取领，寄与芜号，芜号即将实收报告江泰和庄，转账备核，既不明其由来，复未核其究竟，含糊辗转，以讹传讹，致将代收鄂生息银超过原有债务之价额、增给红股等情均未提出声明。事虽出于疏忽，情竟类乎诈欺。在敏责任经理，咎固难辞，而履行手续之人亦不免颟顸贻误。今真相既得，情理自存，敏数十年信实通商、肝胆从事，久为知好所共鉴，终不敢将错就错，文过饰非，是以得股东同意，将存江泰和庄为鄂生所有之江安素堂、江继德堂两户股票息折检出，持请汪君文采为代表，携带赴沪，邀集旅沪同乡戚族吕君仰南、王君笑耘、汪君介卿、江君少先、江君干卿、江君云卿、江君士屏在上海特约鄂生于晏乐园公开会议，代道歉忱，并将一切事实陈明，恳认收还原物，所有江泰和庄代收招商局历年息金共计规元三千六百三十一两，当蒙在场诸同乡戚族会议，以实本计核，除相抵鄂生前借银一千两外，江泰和庄应承认鄂生有二千六百三十一两规元之债权。其中由招商局于三十七、八、九三届发作代息之通商银行及汉冶萍之股票已由泰和庄以抵他项债务，无可收回，准以现金偿还。复念敏已老残力薄，罗掘实难，公劝鄂生推情允许，让去零额六百三十一两，净收规元二千两正。至本年已代鄂生领取招商局之息金尚不在内，应另归还。再者，鄂生因此交涉之损失计有一千八百余元，固应如数认偿，庶昭公道。但敏正项之款力尚难持，再益附带，措筹何从？更蒙诸同乡戚族共鉴苦衷，力劝鄂生再行让步，折作现银三百两，以为赔偿之费。议决之后，当于民国三年七月二十号由持权代表人汪君文采在大观楼凭同乡戚族吕仰南、江少先等诸君将鄂生前立当然无效之"顶"字眼同销毁，并将招商局本年三月换发之江安素堂户股份收据一张，及江继德堂户老息折一扣、红股票一张、红股息折一扣、现银二千两，本年代领江安素堂户第四十届息银七十五两，及汉冶萍股票代价洋一百元之收据一张，赔偿损失现银三百两，一一如数点交鄂生亲手检收，以期完毕其事，各免羁缠。为此，除另报告招商总局，江安素堂户、江继德堂户之完全新旧股份票据实为原业主江鄂生所有之持权，嗣后移转处分悉听鄂生自主，与江泰和钱庄及敏等均无丝毫之关系外，用特登载《申》、《新》、《神州》各报声明，以鸣谢悃。此布。

（1914 年 7 月 22 日，第 1 版）

清理沪关公款处谨遵部令招商投标变售房产及股票广告

查本处押件内有正苏州吴邑北正三图阊门舒巷内市屋十幢，披厢十个，今以银圆八千元为投标价格；又在苏州元邑正一上图临顿路东白塔子巷市屋一所，今以银圆五千元为投标价格；又在苏州长邑□十九都昌六图李继宗巷口西首山塘大街市屋三所，今以银圆八千元为投标价格；又有坐落在上海杨树浦路英册九百二十四号实地三亩，连地上洋房一宅、平屋五间，今以规银四万两为投标价格；再有招商局股票六十股，每股定标价以规银一百六十两，零售以十股起码；又立大面粉公司股票六百股，每股定标价规银十六两，零售以五十股起码；又有龙章造纸公司股票整股二百六十五股、零股一百六十五股、已折红股二十四股，今整股以规银三十两为投标价格，零股及红股以规银三两为投标价格，零售以三十股起码；又裕源纱厂股票十股，每股定标价规银一千两。如有愿购上项产业、股票者，请封标函向上海三马路中国银行三层楼上本处投递。兹定于二十号起至八月三十号止，即旧历六月二十九日起至七月初十日止为投标日期，每日上午十时起下午四时止。即以八月三十号、旧历七月初十日下午四时为标函截止之期。并定三十一号，即旧历七月十一日下午二点钟，即在本处当众开标。届时投标及格者应先备定银十成之一缴本处，再行订期银产两交。如标不及格，则允售与否，由本处请部示核夺。用先声明。再，投标者之信面应注明地产或股票字样。特此布告。

（1914 年 8 月 20 日，第 1 版）

临时法院查封傅筱庵财产之告布

临时法院奉令查封傅筱庵财产一案业已办理就绪，所有傅氏在公共租界内之财产概予扣留，呈请中央政治会议暨总司令部核示，惟恐人民对于傅氏财产私相承受，昨特出示布告周知。兹录布告及逆产清单于下：

上海临时法院布告

为布告事，照得查封傅逆宗耀财产一案，节经本院调集与案有关之各公司商号册簿，并派员实地往查，业查得中国通商银行、宁绍商轮公司、招商局、华兴水火保险公司、汉冶萍公司、丰盛实业公司、祥大源五金号，均有傅逆宗耀股份在内，已分别饬将所有股份悉数扣留，不得私擅移转，听候请示处分在案。除呈报中央政治会议暨总司令部外，合行布告本租界内外人民知悉，此项股份本院俱已遵令查封，如有私擅买卖、抵押，概归无效。尔人民等切勿故误承受，自贻伊戚。其各凛遵毋违，特此布告。计粘附清单一纸，计开：

中国通商银行傅筱记户"礼"字第一○○八一至一○一○○号止二十股，"信"字第一六八五至一六九三号止九股，共计二十九股；

宁绍商轮公司傅筱记户"李"字第八一至八七号止一百四十股[1]，"师"字第二十二号七十股，共计二百十股；

招商局铭记第四三○三至二二号二十股，硕记第四二二三至四二号二十股，太原氏第二六六○一至四○号、第二六六六一至八○号、第二六七三一至五○号、第二六七六六至九五号、第二六八○一至一○号，一百二十股；顾嶂记第五六二七九至一八号四十股，共计二百股；

华兴水火保险公司筱记户"兴"字第五号三十股；

汉冶萍公司傅筱庵户"创"字第一二四八七号二十六股，"优"字第八○八○号二百六十股，第八○八一号一百三十七股，"普"字第九五一四至九五一九号二百四十四股[2]，共计六百六十七股；

丰盛实业公司傅筱庵户"盛"字第三五七至三七六号二百[十]股；

祥大源五金号傅筱庵五股。

计股本银两万元。

（1927 年 7 月 24 日，第 14 版）

---

① 原文号数有误。
② 原文号数有误。

临时法院对愚斋义庄案之两谕文

公共租界临时法院昨发两谕文，并录如左：

谕招商局

为谕遵事，案准江苏省政府特派员孟心史代理律师李时蕊函开：敬启者，心史奉令接收愚斋义庄公有四成慈善基金一案，节承贵院协助，至纫公谊。兹因该庄前董事狄巽公等尚在借故稽延，抗不交代，大宗慈善基金仍陷在危险状态中，在未能实行交收以前，为保重公产计，须用严密保金之方法，以防偷漏散失。查公有慈善基金，□［除］道契地产，业已抵押购买库券外，现有财产以汉冶萍、招商局、仁济和三公司股份为大宗，计汉冶萍股份总额十三万三千九百九十股中，分属公有者五万三千九百五十六股；招商局股份总额老股一万一千股中，分属公有者四千四百股；仁济和股份计分属公有者三千七百股。此项分属数额早经分呈贵院有案。除仁济和股份，已另交请求协助外，其汉冶萍、招商局两公司股份分属数额，虽经确定，而股票迄未交收。分属公有之股票，在该股份总额中，是何号数，无从辨析。现此项公有股票，既在私人非法管理之下，随时可以转卖过户；且股东权利随时可供他人非法行使，倘不予以防制，决非所以慎重公产之道。合亟函请贵院迅赐给谕汉冶萍煤铁矿厂股份有限公司驻沪办事处，将盛氏愚斋义庄所有该公司股份计十三万三千九百九十股，不问何项户名，一律停止过户转让及行使股东权利；一面给谕商办轮船招商局董事会及总管理处，将盛氏愚斋义庄所有该公司股份老股一万一千股，不问何项户名，一律停止过户转让及行使股东权利，至公有股份交收完竣时为止。至该义庄所有股份户名号数，请责成该两公司协助特派员设法查取。事机紧迫，切盼迅赐施行。等由到院，合行谕仰该局董事会，即便遵照办理，此谕。右谕商办轮船招商局董事会，准此。

中华民国十七年十一月十四日，院长何世桢。

谕仁济和保险公司

为谕遵事，案准江苏省政府特派员孟心史代理律师李时蕊函开：敬启者，心史奉令接收愚斋义庄四成慈善基金，节承贵院协助在案。兹查愚斋义庄前董事狄巽公等尚在延抗不交，而接收案内之仁济和水火保险股份有限公司已在登报办理登记，发放股息。据该庄抄交四六分晰清册，该庄总财产内，计有仁济和股份四千八百股，内以三千七百股分属四成慈善基金项下。此种分配数额，经心史及该庄代表分呈贵院有案。兹值该公司登记发息，而公有之三千七百股仍在狄巽公等私人非法管理之下，难保无乘此时机，朦取息金或转让过户等情，事经委托代理律师径函该公司，请将愚斋义庄名下应得股息全部扣留，股票登记亦暂行停止。至省政府应收之三千七百股，实行收清为止，并将愚斋义庄所有股份四千八百股之户名号数，根据公司上年（即四十一届）发给股息底期内所载，详细开单，知照该公司查照办理。但该公司对于此□通知，颇有难色，以为非有法院谕单，不足以昭折服。合将愚斋义庄所有仁济和股份花名清册，检呈两份，敬祈贵院赐予协助。谕令仁济和水火保险公司，对于该册所载各户各号股票，一律停止登记、发息及转让过户。至省政府应收之三千七百股金数收清时为止。除呈省政府备案，敬祈贵院鉴核施行等由。附呈仁济和股份花名□册两份到院。准此，合行检发原呈清册一份，谕仰该公司即便遵照办理，此谕。附发仁济和股份花名清册一份。右谕仁济和水火保险有限公司，准此。

中华民国十七年十一月十三日，院长何世桢。

（1928 年 11 月 17 日，第 13、14 版）

省政府特派员孟心史之谈话

——处分愚斋义庄案问题

愚斋庄财产，前经盛氏五房及该庄董事再请求省政府分析，以四成慈善基金二百三十余万两保留，并将庄太夫人颐养金应归慈善基金之一部分，及义庄书楼全部图书，全部归公。省政府当以庄产公私管理不便，故即允准，所有四成慈善基金另行筹设保管机关，特派孟心史接收。讵该庄董事抗不交出，省政府训令上海临时法院发出谕单，谕定该庄董事遵照省令迅即交代，又为工部局派在法院执行公务之法警，退回法院，致生交涉。日日社记者昨特往访省政府委员孟心史，询以省府对于此案如何办法，当承孟君一一答复，兹记谈话如次：

记者问："愚斋义案，现在省政府将以何种办法执行？"

孟氏答："现在决仍依法执行。"

问："此次四成基金，究有若干？"

答："愚斋义庄公产为五百八十万零零三十余两，前经四六分析，四成慈善基金，应有二百三十余万两也。盛氏虽曾以公有慈善金项下，将道契地产抵押款项，购有库券七十万元，但此为另一问题，该董事殆以为既承购七十万库券，可以免予交出，实则毫无由。既已由省政府与财部接洽，先将此七十万移转与省政府，一面或取消前所执之收据，或令该庄董事将此库券收据交与省政府。"

问："除此七十万元外，尚有何法处分？"答："此四成慈善基金之财产，省府现已调查得的分五〔四〕种。（一）股份，即招商局、仁济和保险公司及汉冶萍公司三处之股份，此股份虽无盛氏或其明显之名义，但省政府业已调查清晰无误：汉冶萍股份属于公有者五万三千九百五十六股，招商局股份属于公有者四千四百股，仁济和股份属于公有者三千七百股。一律调令该三公司停止过步〔户〕转让，及行使股东权利，协助特派员查收。（二）上海房产，除已抵押购有库券，另有〔由〕省政府与财部接洽移转外，当即设法清理。（三）苏州房地产。（四）杭州房地产。此（三）、（四）两项，约值五十万，亦将行文该地官厅执行扣留。以上五〔四〕项财产，约四成慈善基金之数，故该董事借故稽延，抗不交出，省府实有办法处理之也。"

问："本案与工部局交涉事件，已进行至如何程度？"

答："抗议已送出，尚未得工部局复文，此则须待金交涉员设法进行矣。"

（1928 年 11 月 18 日，第 15 版）

上海租界临时法院布告

省令接收愚斋义庄四成慈善基金办法

上海租界临时法院布告云：

为登报布告事，案奉江苏省政府训令第八八八八号内开：为令遵事，案照本府委员会第一百八十二次会议讨论事项第十二项议决，令愚斋公社董事会接收愚斋义庄四成基金，照孟总干事及李法律问题计划，分行各机关等因，除咨财政部暨分别函行外，合抄孟总干事、李法律顾问原呈及表，令仰该法院遵照，迅即登报公布。并通知狄巽公、盛泽丞等之代表律师，限于三日内，按照前交清册，分别点交。如再延不清交，即照原呈（一）、（二）、（三）、（四）各条办法办理，以资结束，并具报查考。切切！此令。等因，计抄发呈表到院。奉此，除呈覆并谕知狄巽公、盛泽丞等遵照外，合行节抄呈表登报布告，俾众周知，此布。节抄呈表附后，中华民国十八年二月十六日，院长何世桢。

节抄原呈附后

敬呈者：接收愚斋义庄四成慈善基金一案，（中略）关于执行之具体办法，谨分别开呈于后：

（一）招商局老股一万一千股（即新股二万二千股），应请令行临时法院查明，一律宣告作废，一面谕令招商局，换给愚斋公社之新股票，以新股八千八百股、积余公司股份四千四百股，由特派员拨交愚斋公社董事会收管；其余新股一万三千二百股、积余公司股份六千六百股，即由临时法院谕交华商拍卖行家，拍卖变价，经由特派员提交愚斋公社具领，归入基金项下保管。

（二）汉冶萍公司股票二万零二百六十七股，应请令行临时法院给谕该公司，宣告作废，换给愚斋公社户名之新股票，由特派员收交愚斋公社具领，归入基金项下保管。

（三）仁济和保险公司股份四千八百股，亦请令行临时法院，给谕该公司，一律宣告作废，换给愚斋公社户名之新股票，以三千七百股，经由特派员收交愚斋公社董事会收管。其一千一百股，由临时法院谕交华商拍卖行家，拍卖变价，经由特派员提交愚斋公社董事会具领，归入基金项下保管。

（四）仁济和公司上届利息，拟请令行临时法院给谕该公司，拨交特派员，转交愚斋公社具领，归入利息项下讨算。

（五）卷烟库券七十万元，尚在财政部，应请派员向财政部商明，由财部或令行临时法院，宣告作废，一面将库券全部咨交钧府，转交愚斋公社董事会具领，归入基金项下保管。

（六）苏州、杭州两处扣押地产，应请发交愚斋公社收管，一面令行吴县政府，咨明杭州市政府协助。

（七）嘉定济平典、常熟大正典资产数额，业已查清，应请拨交愚斋公社暂行保管，未据查清之江阴、无锡、仪征三县各典，亦请令行愚斋公社派员前往，往会同各该县政府查清，一并移交愚斋公社暂行保管。

（八）前开执行办法，应请令行临时法院，立即登报公布，并通知狄巽公、盛泽承等之代表律师，勒限于三日内，遵照前交清册并约定应交各件，分别点交，则可免予执行，过期立即□明前开办法，分别办理，执行结果仍有不足之数，应另向狄巽公、盛泽承等分别追缴，如有余款，仍准发还。十七年二月八日以后，本案执行终了以前，狄巽公、盛泽承等倘有假借名义，擅行滥用或报捐款项之事，统由该用款人或报捐人自行负责，不得动用愚斋公社财产分文。已经愚斋公社董事会议决有案，应请钧府核准，令行临时法院，布告周知。此呈江苏省政府钮主席。

附扣押财产计数表一纸。

特派员孟心史、代理律师李时蕊，民国十八年一月二十六日。

附扣押财产计数表，招商局一万一千股，六十六万两；汉冶萍二万零二百六十七股，十二万一千六百零二元；仁济和四千八百股，十五万三千六百两；卷烟库券七十万元，苏州地产四万六千八百两，杭州地产十二万两，嘉定济平典十九万四千二百四十四元，常熟大正典十三万八千八百二十八元。

（1929 年 2 月 17 日，第 16 版）

查抄盛宣怀遗产

国闻社云，自国民政府明令查抄前清故吏盛宣怀遗产后，本社记者即向各方刺探，兹将侦查所得，详纪如下：

遗产概数

当盛妻庄氏谢世后，其所居之内寝所有形宝细软，数逾一千万以外，当时曾经诸子公共封存，但经人告发以后，庄氏居室之动产已否经诸子暗中分析，则未可知。此外不动产，如房屋田地，总计约四千万之数，然此犹租界以内者，其他各地如汉口、天津、苏州、无锡等处之资产，其计亦近一千万，然仅及租界以内资产之四五分之一耳。

股票概况

盛家所报有之各公司股票，以招商局轮船公司、汉冶萍煤铁矿公司，及上海通商银行三处为最多。查招商局旧有盛氏股份四万二千股，每股一百两，嗣以该局几经改组，换旧股为新股，旧股一股等于新股两股。现下盛氏各房，其计有招商局八万四千股，其数目仍为四百二十万两云。

查抄经过

国民政府对于盛宣怀遗产，除在内地者业已查抄外，其租界部分，亦早经密令上海临时法院切实办理。其时院长为何世桢，何氏奉令后，即向前公共租界工部局总董费信惇接洽查抄手续。费氏谓兹事体大，须出该项命令阅看后，方可执行，而何氏以令属密令，不便出以示人。费氏则坚持无命令即不能办理，此事遂尔停顿。

密查人员

国民政府十六日发表之命令，所谓密派大员查办者，闻所派大员为古应芬、钮永建、张群三氏。至于查封之命令下后，将来对于租界部分如何执行，尚未可知。但据一般观察，以为政府苟严厉督促，即不难办到云。

（1929 年 9 月 20 日，第 13 版）

张市长函查招商局盛氏股分产业

张市长为查盛氏遗产，致招商局函云：

案奉国民政府令，以前清故吏盛宣怀，侵蚀公帑，证据确凿，应将所有遗产，除扩充慈善基金外，一律查封没收。令饬一体遵照办理。并准江苏省政府将盛宣怀所遗本市华租两界房产，先后抄单过府，分饬执行。并以盛氏遗产散在本市各地，隐匿不报者，恐所难免。业经通告各界，如有隐匿不报，或所报不实者，定行严予处分在案。兹查盛宣怀在日与招商局关系最深，所有股分产业，自属不少，当以奉令查封之际，自应将该氏名下一切股分产业，开列详细清单送府，以凭核办。响应函请查照，迅即查明开单见后。市长张群。

（1929 年 11 月 10 日，第 14 版）

商办轮船招商局积余产业公司董事会公告

　　前据香港《维新银号报》称，有自置招商局航业股票二百股、积余公司产业股票一百股，在香港地方将股票遗失，惟息折仍存，请求准予先行挂失，一面登报通告，俟三个月后如不发生纠葛，恳予照章补发新股票等云。并将航业股折十二份、产业股折六份及所登之本年六月二十五号香港《华字日报》与《循环日报》各一份送经本会，查验无讹，当经准其挂失在案。现已四月有余，并未发生纠葛，除已照章令其取具殷实铺保，补给新股票外，特将遗失股票户名股数及号数登报通告各界周知，倘有拾得下开各项号码之股票，作为废纸。合亟登报公告，即希各界公鉴。

　　商办轮船招商局董事会长兼积余公司经理李国杰启。

　　计开：

　　林欣记：由三万一千一百四十一号至六十号，二十股；又，由三万一千一百六十一号至八十号，二十股；

　　林总欣：由三万一千一百零一号至二十号，二十股；又，由三万一千一百二十一号至四十号，二十股；

　　林龄记：由三万一千二百零一号至二十号，二十股；又，由三万一千一百八十一号至二百号，二十股；

　　林务志：由三万一千二百四十一号至六十号，二十股；又，由三万一千二百二十一号至四十号，二十股；

　　林务记：由三万一千二百七十一号至八十号，十股；又，由三万一千二百六十一号至七十号，十股；

　　林志记：由三万一千二百九十一号至三百号，十股；又，由三万一千二百八十一号至九十号，十股。

　　以上航业股共二百股。

　　林欣记：由一万五千五百七十一号至九十号，二十股；

林志记：由一万五千六百四十一号至五十号，十股；

林龄记：由一万五千五百九十一号至六百一号，二十股；

林务记：由一万五千六百三十一号至四十号，十股；

林务志：由一万五千六百一十一号至三十号，二十股；

林总欣：由一万五千五百五十一号至七十号，二十股。

以上产业股共一百股。

（1929 年 11 月 19 日，第 12 版）

尚在调查中之盛氏招商局股份

前清故吏盛宣怀氏遗产，经国府明令查封收没［没收］，并委上海特别市市长张岳军等，为清查委员。张氏因招商轮局创办时，盛氏有股加入，故日前张曾致函该局查询。兹悉招商局接函后，已查明者有署愚斋义庄之股份二千二百股，每股一百元，为数共二百二十万。但以上之股份早经没收充作慈善费。其他盛氏股份，或因转售他人，或因换名立户，颇难清理。故连日该局尚在查察之中，究有若干，此刻尚不能确定云。

（1929 年 11 月 20 日，第 15、16 版）

代行特派整理招商局专员职权办公处公告第一号

为公告登记股权事：本处奉国民政府委任，代行特派整理招商局专员职权，业经公告就职在案。查专员办事规则第三条规定，有清理股份之责，自应遵照进行，兹拟先从登记股权入手，除愚斋义庄暨盛氏私人股票均因案停权，不能登记外，其余股份应即一律登记，以备呈准国府及委员会后定期召集大会，推举代表，参与监查［察］事宜，以期官商合作早告成功，航权、局务交受其益。兹定于十九年一月一日起至二月二十八日止，为登记期间，务望在股诸君各持股票、息折、印鉴，至上海福州路本局股务室及香港分局，照章登记，事关股权，幸勿放弃。特此通告。

（1930 年 1 月 1 日，第 14 版）

全国商联会援助积余公司

全国商联会昨电南京国民政府行政院、交通部、工商部云：

查积余产业公司与招商局轮船公司营业不同，主体各异，且分别注册给照；又各为合法之独立法人，界限分明，职权各别，不能因积余为招商局之信托者，遂视积余为招商局之附属品。政府派员整理招商局，于总办权限，亦仅及于招商局之整理，并未涉及积余；且□〔叠〕次明令昭示保全该局股东之权利。今赵总办于政府赋予之权限外，侵夺积余股东之权利，似于法令不免相背。况《公司法》业经政府明令公布，全国公司均应绝对遵守，凡属官吏人民，不容破坏；否则，何以树立法治基础，促进工商事业？乃《公司法》甫行公布，遽有该案发生，积余股东权利之被侵夺，固不足惜，其如法律之尊严、工商之保障为之牺牲何！属会心所谓危，不敢不言，为特电请纠正该案之侵权行为，以维法律尊严，而固保障，党国幸甚。

中华民国全国商会联合会主席林康侯，常务委员苏民生、张棫泉、卢广续、陈日平、李奎安、彭础立等叩。世[1]，印。

（1930 年 1 月 1 日，第 22 版）

招商局所接函电

——关于积余公司及招商局股权问题

市政府公函云：

径启者，顷见报载积余产业公司召集股东大会广告，定于一月十九日召集股东大会，查该公司为贵局附属机关，其股本之大部分，系盛氏私人及愚斋义庄所有，业奉政府命令没收，或拨充慈善基金，此项股份，其所有权，应移属于政府，原股东已丧失股东之资格。究竟盛姓及愚斋义庄名下，共有股份若干，正待清查，在此股东大有异动之时，该公司遽行召集

---

[1] 按，《韵目代日表》中，"世"指 31 日。

会议，不识是何居心？设使会议之时，听任盛姓以股东资格出席，或令盛姓以他人冒充股东出席，则是有意违抗中央命令，且其会议亦属无效。用特函请贵局，迅予转饬该公司，在盛姓及愚斋义庄究有该公司股份若干，亦祈详查见覆，至纫公谊。此致招商局总管理处总办赵。

市长张群。

交通部复电云：

招商局转许静仁先生暨张希初诸君鉴：江电悉，招商局股东地位，本部主张维持，早经宣告，无间初终。前次各股东拟请召集股东会，本部亦赞成，正在规划进行，适值二中全会议决，改由国民政府直辖，派员整理，本部自应静候确定办法，遵照实施。国府现已拟有彻底办法，对于股东权利，仍当力主维持，必能使多数股东满意，一俟核定宣布，则根本确立，枝叶问题自不难迎刃而解，知念特复。交通部，蒸，印。

(1930年1月12日，第14版)

积余公司无盛氏股份

——李国杰致张群函

积余产业股份有限公司经理李国杰致上海特别市张市长函云：

径启者：顷闻钧府对于积余公司召集股东会，恐盛氏股份蒙混加入，深致疑虑，具见执法如山，顾虑周密，曷胜佩仰。查敝公司前奉江苏省政府暨上海临时法院命令，将盛氏愚斋义庄名下招商局股份二万一千股，及积余产业公司股份一万一千股，均予扣押，拨抵慈善基金，招商局与敝公司均即分别遵照办理，并将详细号码、户名抄交临时法院；又于十八年十一月十五日，专函报告钧府在案。查敝公司遵奉钧府社会局转奉工商部令，办理股东登记，筹备召集大会，所有盛氏股份一万一千股，早经查照扣押原案，将各该号码剔除，不予登记，其余盛氏私股亦经督饬员司随时注意，如有发现，即行扣除。此次股东登记者，均有姓名、籍贯、住址，确可证明无盛氏股份混入其中。此外尚有未登记名户，并着照章交验股票，俟查明确非盛氏所有，始准其行使股权。敝公司守法奉公，职责所在，未敢轻忽，故盛氏股份，决可负责声明，毫无一股容其蒙混；至盛氏以外之股东，并无犯罪行为，其一切权利，当然应受法律保障，不能无辜受累也。特此陈明，敬希鉴察。

此致上海特别市市长张，十九年一月十一日。

（1930 年 1 月 14 日，第 14 版）

两部核议积余公司案

〔南京〕赵铁桥处分积余公司，及更动职员一案，行政院令交、工两部核议。刻该部业派专员议商，不日将会议结果呈院核夺。（十二日专电）

（1930 年 2 月 13 日，第 9 版）

津市府监理招商分局

〔天津〕市政府奉阁电令监理招商局积余公司，并非接收，因该公司股东代表尚久懃呈外交处，请对商等资产充分保障，恳通知外交团，转告外商，不得接受任何人关于该公司任何产业之抵押借款等处分，以保商权。外交处据情电阁请示，阁令市府，即派员会同尚久懃，妥为斟酌办理。崔廷献奉电，即委崔振汉、许以栗为正副监理。二日下午三时，崔等到公司晤尚〔商〕，接洽结果，定三日实行清点财产。（二日专电）

（1930 年 7 月 3 日，第 8 版）

招商局函请制止三新私行交割，因该局曾附入巨数股款

三新纱厂出售以后，招商局以该厂前曾有该局附入股款甚巨，盛氏子孙擅将产业变卖，实属于法不合，特专函市政府，请转饬买卖各方暨该厂工人禁止私行交割。兹据新声社探得该函原文如下：

招商局致市府函

径启者：旬日以来，各报屡载盛氏兄弟出售三新纱厂机器码头等情，

425

及贵市府社会局迭次调解劳资纠纷，制止买主接收各项经过。阅悉之下，深滋骇异。查去岁贵府奉国府命令，彻查前清故吏盛宣怀遗产，函嘱敝局代为调查盛氏产业，当曾开列清单，函复贵府，即将三新纱厂列入在案。敝局即因此案详查该厂历史，始复发现该厂并非纯粹盛氏一家私产。敝局实系最大股东，并有代填厂基、垫购锅炉及借贷款项种种关系。嗣为盛宣怀再将该厂改名蜕化，攘为私有，最后竟复假冒英商，改向香港注册，脱离本国管辖，托庇外人势力，以遂侵占霸有之计。而敝局由前清光绪初年，以建民国十六年，又始终为盛宣怀及其子孙主管把持，对于此类舞弊事件，无人敢于举发。及至年深日久，该厂经过事实亦渐罕人明悉，盛氏遂得安然视为私产矣。盖考敝局簿册所载，三新纱厂实即光绪八年所创办之织布局，总共股本四十万两，敝局于光绪十七年附入股本十一万二千两之多。迄光绪十九年该局被火焚烧，锅炉机器大都无着。讵盛宣怀即藉此改组，扩充更名华盛纺织局，投本增加为八十万两，敝局附入股本三十二万两之多。本局此项股票交由盛宣怀氏保管，载在极有根据之文据中。此外，织布局填筑基地（即今三新厂址），购买锅炉，敝局复另拨给款项，及更名华盛之后，并有借款数万两。虽其后华盛厂名又复一变再变，而股本财产始终仍属一体，虽向香港政府以三新名义注册，自称一百五十万两资本，而实际仍系由华盛原来资本就地产增涨虚化而已，其与敝局商办时由二百万两而继四百万两，而八百四十万两之事，正同一辙。而敝局所有该厂股票，迄由盛氏子孙隐匿执掌，意不归还敝局。凡上各点，敝局均有确凿证据，故敝局之确系三新纱厂之股东，并居债权人之地位，实属绝对明显。在敝局所有权利未经合法解决以前，其不容盛氏子孙擅将产业变卖，自属毫无疑义。兹幸该厂出售，尚未交割，贵市府正在秉公裁核，务祈转饬买卖各方，暨该厂工人：在敝局所有权利未经切实收回以外，绝对禁止私行交割，否则作为无效，藉维国航产业。想贵市府义重同舟，当蒙乐于赞助也。所有敝局与三新纱厂关系，并请制止交割原由，相应函达，敬希查照办理为荷。

此致上海市政府市长张。

招商局致三新纱厂工会函

径启者：近报载三新纱厂由盛氏出售一事，阅之不胜骇异。查三新纱厂原为上海机器织布局，前清光绪十七年，敝局曾拨入股款十余万两；后易名华盛时，敝局前主办盛宣怀又拨局款三十余万两，附入新股，并由盛氏拨本局局款作购买地基及挖填沿江泥土等费。惟因历年盛氏兼主管本局及三新厂，故得利用地位，舞弊营私，将此项股款私自执掌，迄未交出。又因本局在商办时代，直接间接历由盛氏子孙主管局务，对此类舞弊事件隐匿不查。泊国府派员代管，本局赵前总办当国府查办盛氏逆产案时，于函复市府函中，曾将本局与该厂关系叙入。现本局收归国营，此类被盛氏侵占之产权，正待清查追回。乃盛氏弟兄毫无顾忌，擅将纱厂地基私自出售，既蔑视本局产权，复置数千工友生活于不顾，殊属不合。敝局因主权、航权关系，不能放弃。除根据前案致函市府声明请制止其自由卖买外，现正函该厂主管人来局理处，并稔贵会同人正本爱产爱航之旨，对该厂出售力持反对，特将敝局与该厂之关系正式函达，务希于本局与该厂产权问题未得适当解决以前，反对任何人自由授受。即希察照为幸。

此致第三特区棉纺业工会。

(1931 年 4 月 4 日，第 14 版)

国民政府整理招商局总管理处为三新纱厂出售紧要公告第六号

近日各报迭载三新纱厂机器、地基同时出售，上海市政府社会局正在调解劳资纠纷各项情形。阅悉之下，不胜骇异。查该三新纱厂即系前清光绪年间所办织布局，及后改名华盛纺织局之后身，敝局先后附入股本，初次十一万二千两，二次三十二万两，所有股票由同时主管招商局暨华盛纺织局之盛宣怀保管，此外该厂填筑基地，购买锅炉，复由招商局另拨款项，并先后向局借款数万两。虽盛氏以后设计化名三新纱厂，以图湮没本局股本，但实际资本、厂存机器仍属华盛原物，绝无若何变通。徒以本局自前清以逮民国十六年冬止，始终皆在盛宣怀及其子孙把持之下，遂得恣意舞弊，无人敢于举发。兹幸在此千钧一发之际，本局业已发现盛氏主管时代之旧存证据，证明本局对于三新纱厂上述种种关系，铁证如山，无可移易。是本局实系三新纱厂巨大股东，并有填筑厂基、垫借巨款等密切关系，何能坐视此种实业擅由私人售卖？合亟郑重声明，本局现正进行交涉此种权利，在本局所有权利未经完全收回以前，关于该厂机器、基地及一切财产概禁自由转移，无论中外商人承购，本局皆不承认。除专函上海市政府禁止卖买交割外，特此登报声明，祇希公鉴为荷。

（1931 年 4 月 5 日，第 7 版）

朱绍文、黄逎穆律师代表国民政府整理招商局
总管理处通告买受三新厂财

产诸君

查坐落本埠下海浦之三新纱厂，原名华盛纱厂，其股份之过半数为本局所有。因此项股票向由盛宣怀氏保管，本处于十六年接收时未及检出，现经本处查明，确实此项厂产并非盛氏所有，盛氏自无权处分。深恐买受人不明内容，误认为盛氏之产，致受损害，除已由本律师依法进行外，特此通告。

事务所：上海霞飞路五凤里十一号

电话：三二一一九。

（1931 年 4 月 7 日，第 6 版）

黄逎穆、朱绍文律师代表招商局总管理处通告

查三新纱厂即系旧日华盛织布局所蜕化，招商局为巨大股东，实有多数股份各节，详情前经招商总局总管理处及敝律师等分别登报公告在案。今悉该厂确为盛泽丞等私擅出售，除俟诉诸法律静候法院判决外，无论任何国籍之人出面，或假借名义，意图侵害招商局法益之一切行为，概不承认。特此通告，统希公鉴。

（1931 年 5 月 28 日，第 6 版）

招商局通告勿受买三新纱厂，该局投有巨大股本

自本埠三新纱厂出售后，业已引起各界之注意，昨招商局特托该局法律顾问黄逎穆、朱绍文二律师，登报通告受买人，切勿购买，兹录该通告

如下：查三新纱厂，即系旧日华盛织布局所蜕化，招商局为巨大股东，实有多数股份各节，详情前经招商总管理处及敝律师等分别登报公告在案。今悉该厂确为盛泽丞等私擅出售，除俟诉诸法律，静候法院判决外，无论任何国籍之人出面，或假借名义，意图侵害招商局法益之一切行为，概不承认，特此通告，统希公鉴。

（1931 年 5 月 28 日，第 14 版）

十二　股票市价

股　票①

昨日交通公司报告

蓝格志	买	每股	三十六两
老公茂	又		八十三两
电车	卖		九十七两半
瑞记纱厂	又		四十两零五钱
司买得	又		一百三十二两半
三年内国公债票	买		七十四元

又上海证券交易所报告

三年六厘公债票收盘	七三折
交通银行收盘库平	四十二两五钱
招商局收盘船产股	一百四十四两五钱

（1915 年 4 月 11 日，第 7 版）

股票证券

昨日交通公司报告

苏路证券（除四期）	买	七三折

---

① 下文中一些公司名称有多种说法，兹以常见说法为标准，如楂华（查华、揸华）、英楂华（查华、英揸华）、地傍（地磅、梯榜）、蓝格志（盖格志）、浜加伦（滨加伦）、英时吃（英特吃）、斯呢王（斯尼王）、德律风（得力风、得律风、德力风）、陈时（陈士）、骑利宾（骑利兵）等。限于本书篇幅和《申报》原版可识别程度等因素，每月选择一日展示各股市价变化。《申报》股票证券行情在 1915 年 4 月至 1920 年 6 月间大体是完整的，在此前和此后数年未见招商局股票市价。

浙路证券（除二期）	又	七四折
蓝格志	又	四十两
公和祥	卖	八十二两五钱
上海纱厂	又	九十二两五钱

又证券交易所报告

三年六厘内国公债	购入	七十五元五角
招商局船产股		一百三十四两
交通银行（连息库平）	购入	四十五两
通商银行	购入	三十九两七钱五分

（1915 年 5 月 5 日，第 7 版）

股票证券

昨日交通公司报告

蓝格志	买	四十二两
德律风	又	九十六两
业广	卖	一百零四两
电车	又	九十六两
新闻浦	又	一两三钱五分

又证券交易所报告

三年六厘内国公债	购入	七十五元
招商局船产股	又	一百三十二两半
交通银行（除息库平）	又	四十四两五钱
通商银行	又	三十九两七钱半
汉冶萍	售出	二十三元

（1915 年 6 月 3 日，第 7 版）

股票证券

昨日交通公司报告

蓝格志	买	四十一两

柯罗麻	又	七两五钱
电车	买	九十两零五钱
业广	又	一百零五两
英楂华	又	八两

又证券交易所报告

三年六厘内国公债（已付息）	购入	七十一元半
八厘内国公债	售出	八十二元
招商局船产股	购入	一百三十二两
交通银行（库平）	又	四十四两
通商银行	又	四十两
汉冶萍	售出	二十一元五角
浙路证券（除五期）	购入	七六折
苏路证券（除三期）	又	八一折

（1915 年 7 月 4 日，第 7 版）

股票证券

昨日交通公司报告

蓝格志	买	三十八两
上海纱厂	又	九十九两
怡和纱厂	买	一百七十五两
地傍	又	十八两
阿姆黑司忒	又	二两

又证券交易所报告

三年六厘内国公债	售出	七十一元五角
八厘内国公债（已付息）	购入	八十元五角
招商局航产股	又	一百三十四两
交通银行（库平）	又	四十三两五钱
通商银行	又	四十两
汉冶萍	又	二十一元五角

| 浙路证券（除三期） | 又 | 八五折 |
| 苏路证券（除五期） | 又 | 九折 |

（1915 年 8 月 8 日，第 7 版）

股票证券

昨日交通公司报告

蓝格志	买	三十七两半
耶松	又	六十三两
西记	卖	四两
鸿源纱厂	又	九十四两
公益纱厂	又	十四两

又证券交易所报告

三年六厘内国公债	成交	六十八元五角
八厘内国公债	购入	八十二元五角
招商局航产股	又	一百三十六两
交通银行（库平）	又	四十三两五钱
通商银行	又	四十两
汉冶萍	又	二十一元五角
浙路证券（除三期）	又	八五折
苏路证券（除五期）	又	九折

（1915 年 9 月 1 日，第 7 版）

股票证券

昨日交通公司报告

蓝格志	买	三十八两
司买得	又	一百零九两
柯罗麻	卖	十两零五钱
古拉客轮磅	又	十两零五钱

加伦	又	十三两五钱

又证券交易所报告

三年六厘内国公债	售出	六十八元
八厘内国公债	购入	八十二元
招商局航产股	又	一百三十六两
交通银行（库平）	售出	四十二两五钱
通商银行	购入	四十一两
汉冶萍	售出	二十元五角
浙路证券（除三期）	又	六十元
苏路证券（除五期）	又	五十八元

（1915 年 10 月 1 日，第 7 版）

股票证券

昨日交通公司报告

蓝格志	买	三十九两
客轮磅（除息）	又	十两零二钱五分
瑞记纱厂	又	四十两
生加度利	卖	十两
亚耶太华	又	三十二两

又证券交易所报告

三年六厘内国公债	售出	六十八元
八厘内国公债	购入	八十二元
招商局航产股	又	一百三十六两
交通银行（库平）	售出	四十二两五钱
通商银行	购入	四十两
汉冶萍	售出	二十元零五角
浙路证券（除三期）	又	五十八元
苏路证券（除五期）	又	五十六元

（1915 年 11 月 3 日，第 7 版）

股票证券

昨日交通公司报告

蓝格志	买	三十八两五钱
德律风	又	九十六两
英楂华	又	十二两
楂华	卖	二十一两半
英时吃	又	六两

又证券交易所报告

三年六厘内国公债	售出	六十八元
八厘内国公债	购入	八十二元
招商局航产股	又	一百三十六两
交通银行（库平）	售出	四十二两五钱
通商银行	购入	四十两
汉冶萍	售出	二十元
浙路证券（除三期）	又	五十九元
苏路证券（除五期）	又	五十七元

（1915 年 12 月 1 日，第 7 版）

股票证券

昨日交通公司报告

蓝格志	买	三十五两二钱五分
柯罗麻	又	二十一两
英楂华	又	十七两
陈士	卖	五两三钱
瑞记纱厂	又	四十二两

又证券交易所报告

三年六厘内国公债	购入	六十七元五角

八厘内国公债	又	八十二元五角
招商局航产股	又	一百三十七两
交通银行（库平）	售出	四十二两五钱
通商银行	购入	四十两零五钱
汉冶萍	售出	十九元
浙路证券（除三期）	购入	五十八元五角
苏路证券（除六期）	又	四十九元五角

（1916年1月1日，第7版）

证券时价表（二月八日）

四年六厘内国公债	售出	七十元
三年六厘内国公债	又	六十七元
八厘内国公债（已付息）	购入	七十九元五角
招商局航产股	又	一百四十两
交通银行（库平）	又	四十三两
通商银行	又	四十一两
汉冶萍	售出	十八元
浙路证券（除四期）	购入	五十元
苏路证券（除六期）	又	四十八元五角
浙江兴业银行（已缴三期）	购入	八五折

（1916年2月9日，第7版）

股票证券

昨日交通公司报告

蓝格志	买	四十两
楂华	又	二十六两
斯呢王	卖	二十五两
刀米仁	又	二十两

| 敲老佛 | 又 | 二十六两五钱 |

又证券交易所报告

四年六厘内国公债	售出	七十元
三年六厘内国公债	又	六十七元
八厘内国公债	购入	七十九元五角
招商局航产股	又	一百四十三两
交通银行（库平）	售出	四十三两
通商银行	购入	四十一两五钱
汉冶萍	又	十九元
浙路证券（除四期）	又	五十元
苏路证券（除六期）	又	四十八元五角
浙江兴业银行（已缴三期）	购入	八五折

（1916 年 3 月 2 日，第 7 版）

股票证券

昨日交通公司报告

蓝格志（除利）	买	三十六两五钱
耶松	又	七十两
上海纱厂	又	九十二两
柯罗麻	卖	十八两
陈时（除利）	又	四两九钱

又证券交易所报告

四年六厘内国公债	购入	六十八元
三年六厘内国公债	又	六十五元
八厘内国公债	又	八十元
招商局航产股	又	一百四十六两
交通银行（库平）	售出	四十三两
通商银行	购入	四十二两五钱
汉冶萍	又	二十一元

浙路证券（除四期）	又	五十元
苏路证券（除六期）	又	四十九元
浙江兴业银行（已缴三期）	购入	九折

（1916 年 4 月 1 日，第 7 版）

股票证券

昨日交通公司报告

蓝格志	买	二十六两五钱
瑞记纱厂	又	三十两
派堂	又	十六两
德律风	卖	九十六两
浜加伦	又	十二两

又证券交易所报告

四年六厘内国公债	售出	六十五元
三年六厘内国公债	又	六十五元
八厘内国公债	又	八十元
招商局航产股	又	一百三十二两
交通银行（库平）	又	三十八两五钱
通商银行	购入	四十两五钱
汉冶萍	售出	二十一元
浙路证券（除四期）	又	五十元
苏路证券（除七期）	又	四十二元
浙江兴业银行（已缴三期）	购入	九折

（1916 年 5 月 13 日，第 16 版）

股票证券

昨日交通公司报告

| 蓝格志 | 买 | 二十六两二钱五分 |
| 派堂 | 又 | 十七两 |

地傍	又	二十五两五钱
加伦	又	十七两
德律风	卖	九十四两五钱

又证券交易所报告

四年六厘内国公债	售出	六十元
三年六厘内国公债	又	六十元
八厘内国公债	又	七十八元
招商局航产股	又	一百三十两
交通银行（库平）	又	三十六两
通商银行	购入	四十两零五钱
汉冶萍	售出	十九元五角
浙路证券（除四期）	又	四十八元
苏路证券（除四期）	又	四十元
浙江兴业银行（已缴三期）	购入	九折

（1916 年 6 月 4 日，第 12 版）

股票证券

昨日交通公司报告

蓝格志	买	二十六两五钱
英楂华	又	十两零五钱
橡皮	又	六两
派亨	又	一两七钱半
标地	又	一两七钱

又证券交易所报告

四年六厘内国公债	售出	六十元
三年六厘内国公债（已付息）	又	五十七元
八厘内国公债	售出	七十八元
招商局航产股	又	一百三十两
交通银行（库平）	又	三十六两

通商银行	购入	四十两零五钱
汉冶萍	售出	二十元
浙路证券（除四期）	又	四十八元
苏路证券（除七期）	又	四十元
浙江兴业银行（已缴三期）	购入	九折

（1916 年 7 月 7 日，第 12 版）

股票证券

昨日交通公司报告

蓝格志	买	二十六两七钱五分
英楂华	又	十两零二钱五分
古拉客伦磅	又	九两
苏门其	卖	五两二钱五分
司买得	又	一百六十五两

又证券交易所报告

四年六厘内国公债	售出	六十元
三年六厘内国公债	又	五十七元
八厘内国公债	售出	八十元
招商局航产股	又	一百三十一两
交通银行（库平）	又	三十六两
通商银行	购入	四十两零五钱
汉冶萍	售出	十九元五角
浙路证券（除四期）	又	四十八元
苏路证券（除七期）	又	四十元
浙江兴业银行（已缴三期）	购入	九折

（1916 年 8 月 1 日，第 12 版）

股票证券

昨日交通公司报告

蓝格志	买	二十六两二钱五分
康纱	又	四两
苏门其	又	六两
客轮磅	又	九两五钱
德律风	卖	九十一两

又证券交易所报告

四年六厘内国公债	售出	六十元
三年六厘内国公债	又	五十八元
八厘内国公债	购入	七十六元
招商局航产股	又	一百三十五两
交通银行（库平）	售出	三十三两
通商银行	购入	四十一两五钱
汉冶萍	又	十九元
浙路证券（除四期）	售出	四十八元
苏路证券（除七期）	又	四十元
浙江兴业银行（已缴三期）	购入	九折

(1916 年 9 月 17 日，第 12 版)

股票证券

昨日交通公司报告

蓝格志	买	二十五两七钱五钱
新闻浦	又	一两九钱
苏门其	又	六两七钱五分
英华	又	十二两八钱

又证券交易所报告

四年六厘内国公债	售出	六十元
三年六厘内国公债	又	五十八元
八厘内国公债	购入	七十六元
招商局航产股	又	一百三十四两
交通银行（库存）	购入	四十一两七钱五分
汉冶萍	又	十九元
浙路证券（除四期）	又	四十八元
苏路证券（除七期）	又	四十元
浙江兴业银行（已缴三期）	购入	九折

(1916 年 10 月 1 日，第 12 版)

股票证券

昨日交通公司报告

蓝格志	买	二十三两
耶松	又	八十九两
柯罗麻	又	十四两二钱五分
浜加伦	卖	十二两五钱
公和祥	又	八十二两五钱

又证券交易所报告

四年六厘内国公债	售出	五十七元五角
三年六厘内国公债	又	五十八元五角
八厘内国公债	购入	七十七元
招商局航产股	又	一百四十两
交通银行（库平）	售出	三十二两
通商银行	购入	四十两
汉冶萍	又	十九元
浙路证券（除四期）	售出	四十八元
苏路证券（除七期）	又	四十元

浙江兴业银行（已缴三期）　　　购入　　　　九折

（1916 年 11 月 4 日，第 12 版）

股票证券

昨日交通公司报告

蓝格志	买	二十两
英楂华	又	十一两
刀米仁	又	十二两
柯罗麻	又	十二两五钱
德律风	卖	八十八两

又证券交易所报告

四年六厘内国公债	售出	五十七元
三年六厘内国公债	又	五十八元
八厘内国公债	购入	七十七元
招商局航产股	又	一百四十两
交通银行（库平）	售出	三十二两五钱
通商银行	购入	四十两零五钱
汉冶萍	又	二十元
浙路证券（除四期）	售出	四十七元
苏路证券（除七期）	又	三十九元
浙江兴业银行（已缴三期）	购入	九五折

（1916 年 12 月 9 日，第 9 版）

股票证券

昨日交通公司报告

蓝格志	买	二十一两七钱半
业广	又	八十五两
英楂华	又	十一两

| 橡皮 | 又 | 六两二钱五分 |
| 电车 | 卖 | 八十一两 |

又证券交易所报告

四年六厘内国公债	售出	五十七元
三年六厘内国公债（除息）	又	五十五元
八厘内国公债	又	七十七元五角
招商局航产股	购入	一百四十两
交通银行（库平）	售出	三十二两五钱
通商银行	购入	四十两
汉冶萍	售出	二十元
浙路证券（除四期）	又	四十七元
苏路证券（除七期）	又	三十九元
浙江兴业银行（已缴三期）	购入	九五折

（1917 年 1 月 4 日，第 9 版）

股票证券

昨日交通公司报告

蓝格志	买	二十两
陈时	买	二两九钱
楚华	又	二十两
派亨	又	一两六钱
浜加伦	卖	十两零二钱半

又证券交易所报告

四年六厘内国公债	售出	五十七元
三年六厘内国公债（除息）	又	五十五元
八厘内国公债	又	七十八元
招商局航产股	购入	一百四十二两
交通银行（库平）	售出	三十二两
通商银行	购入	四十两

汉冶萍	又	十九元五角
浙路证券（除四期）	售出	四十七元
苏路证券（除七期）	又	三十九元
浙江兴业银行（已缴三期）	购入	九五折

（1917 年 2 月 1 日，第 12 版）

股票证券

昨日交通公司报告

蓝格志	买	十九两
英楂华	又	十两七钱五分
楂华	又	二十两
橡皮	又	六两
司买得	卖	二百五十两

又证券交易所报告

四年六厘内国公债	售出	五十七元
三年六厘内国公债	又	五十五元五角
八厘内国公债	又	八十元
招商局航产股	购入	一百四十四两
交通银行（库平）	售出	三十二两
通商银行	购入	四十两
汉冶萍	售出	二十元
浙路证券（除四期）	又	四十七元
苏路证券（除七期）	又	三十三元
浙江兴业银行（已缴三期）	购入	九五折

（1917 年 3 月 1 日，第 12 版）

股票证券

昨日交通公司报告

| 蓝格志 | 买 | 十八两 |

开平	又	十两零五钱
客轮磅	又	八两五钱
陈时	卖	三两二钱五分
德律风	又	八十六两

又证券交易所报告

四年六厘内国公债	售出	五十八元
三年六厘内国公债	又	五十七元
八厘内国公债	又	八十一元
招商局航产股	购入	一百五十一两
交通银行（库平）	售出	三十二两
通商银行	购入	四十两
汉冶萍	售出	二十元
浙路证券（除四期）	又	四十五元
苏路证券（除八期）	又	三十三元
浙江兴业银行（已缴三期，已付七十五元）	购入	九七五折

（1917 年 4 月 1 日，第 12 版）

股票证券

昨日交通公司报告

蓝格志（除息）	买	十七两
刀米仁（除息）	又	十两零七钱
志摩（除息）	又	一两三钱五分
上海纱厂	又	一百二十两
电车	卖	七十四两五钱

又证券交易所报告

四年六厘内国公债（已付息）	售出	五十七元
三年六厘内国公债	又	五十八元
八厘内国公债	又	八十一元
招商局航产股（已付息）	售出	一百四十两

446

交通银行（库平）	购入	三十五两
通商银行（已付息）	售出	三十九两
汉冶萍	又	二十一元五角
浙路证券（除五期）	又	三十七元
苏路证券（除八期）	又	三十三元
浙江兴业银行（已缴三期，已付七十五元）	购入	九七五折

（1917 年 5 月 2 日，第 12 版）

股票证券

昨日交通公司报告

蓝格志	买	十七两
电车	又	一两二钱五分
斯呢王	又	十一两
西记	又	八十四两五钱
德律风	卖	三十八两[①]

又证券交易所报告

四年六厘内国公债	售出	五十九元五角
三年六厘内国公债	又	五十九元二角半
八厘内国公债	又	八十二元
招商局航产股	售出	一百四十四两
交通银行（库平，已付息）	购入	三十一元
通商银行	售出	四十两
汉冶萍	又	二十二元五角
浙路证券（除五期）	又	三十八元
苏路证券（除八期）	又	三十三元
浙江兴业银行（已缴四期）	购入	一百元

（1917 年 6 月 1 日，第 12 版）

---

① 原文如此，与他日价格差异较大。

股票证券

昨日交通公司报告

蓝格志	买	十五两
公和祥	又	七十两
斯呢王	又	十三两七钱五分
北吉	卖	四两
客轮磅	又	七两二钱五分

又证券交易所报告

四年六厘内国公债	售出	五十七元半
三年六厘内国公债（已付息）	又	五十六元
八厘内国公债	又	七十九元
招商局航产股	购入	一百四十七两
交通银行（库平）	购入	三十一两
通商银行	购入	四十两
汉冶萍	又	二十二元二角半
浙路证券（除五期）	售出	三十五元半
苏路证券（除八期）	又	三十一元
浙江兴业银行（已缴四期）	购入	九五折

（1917 年 7 月 6 日，第 12 版）

股票证券

昨日交通公司报告

标地	买	一两
地傍	又	十九两二钱五分
少孟其	又	五两
新闻浦	又	一两
德律风	卖	八十两

又证券交易所报告

四年六厘内国公债	售出	五十九元五角
三年六厘内国公债	又	五十七元半
八厘内国公债（已付息）	又	七十七元
招商局航产股	购入	一百五十两
交通银行（库平）	购入	三十二两
通商银行	购入	四十两
汉冶萍	又	二十二元二角五分
浙路证券（除五期）	售出	三十五元半
苏路证券（除八期）	又	三十二元
浙江兴业银行（已缴四期）	购入	九五折

（1917 年 8 月 11 日，第 12 版）

股票证券

昨日交通公司报告

英楂华	买	九两二钱半
志摩	又	一两
北吉	又	一两
电车	又	六十七两
公益纱厂	卖	十五两二钱五分

又证券交易所报告

四年六厘内国公债	售出	六十元
三年六厘内国公债	又	五十七元半
八厘内国公债	又	七十七元
招商局航产股	购入	一百五十二两
交通银行（库平）	售出	三十二两
通商银行	购入	四十两
汉冶萍	又	二十三元
浙路证券（除五期）	售出	三十四元

| 苏路证券（除八期） | 又 | 三十元 |
| 浙江兴业银行（已缴四期） | 购入 | 九五折 |

（1917 年 9 月 1 日，第 12 版）

股票证券

昨日交通公司报告

蓝格志	卖	十四两
地傍	又	十八两五钱
志摩	买	一两一钱五分
康纱	又	二两五钱五分
英时吃（除利）	又	四两二钱五分

又证券交易所报告

四年六厘内国公债	售出	六十一元
三年六厘内国公债	又	五十八元
八厘内国公债	又	七十六元
招商局航产股	购入	一百五十五两
交通银行（库平）	售出	三十二两
通商银行	购入	四十二两
汉冶萍	又	二十三元
浙路证券（除六期）	售出	二十六元
苏路证券（除八期）	又	二十九元
浙江兴业银行（已缴四期）	购入	九五折

（1917 年 10 月 5 日，第 12 版）

股票证券

昨日交通公司报告

| 北结 | 买 | 三两四钱 |
| 橡皮 | 又 | 五两 |

地傍	又	十八两七钱五分
楂华	又	十七两五分
司买得	卖	七十两

上海证券交易所报告

四年六厘内国公债	售出	五十八元
三年六厘内国公债	售出	六十七元五角
八厘内国公债	售出	八十一元
招商局航产股	购入	一百五十七两
交通银行（库平）	售出	三十二两
通商银行	购入	三十九两
汉冶萍	购入	二十三元
浙路证券（除六期）	售出	二十五元
苏路证券（除八期）	售出	二十八元
浙江兴业银行（已缴四期）	购入	九五折

（1917 年 11 月 9 日，第 12 版）

股票证券

昨日交通公司报告

蓝格志	买	十五两
公和祥	又	六十六两
上海纱厂	又	一百十二两五
派堂	又	十二两
德律风	卖	七十九两

上海证券交易所报告

四年六厘内国公债	购入	五十七元五角
三年六厘内国公债	购入	五十六元五角
八厘内国公债	购入	八十元五角
招商局航产股	购入	一百五十八两
交通银行（库平）	售出	三十二两

451

通商银行	购入	三十九两
汉冶萍	购入	二十三元
浙路证券（除六期）	售出	二十五元
苏路证券（除九期）	售出	二十二元
浙江兴业银行（已缴四期）	购入	九五折

（1917 年 12 月 1 日，第 12 版）

股票证券

昨日交通公司报告

蓝格志	买	十四两
开平（除息）	又	九两
怡和纱厂（除息）	又	一百六十五两
爱而麻	又	九两
耶松	卖	六十六两

又证券交易所报告

四年六厘内国公债	售出	五十八元
三年六厘内国公债（已付息）	售出	五十四元
八厘内国公债	售出	八十一元
招商局航产股	购入	一百五十八两
交通银行（库平）	售出	三十二两
通商银行	购入	三十九两
汉冶萍	购入	二十三元
浙路证券（除六期）	售出	二十三元
苏路证券（除九期）	售出	二十一元
浙江兴业银行（已缴四期）	购入	九五折

（1918 年 1 月 3 日，第 12 版）

证券股票

昨日交通公司报告

蓝格志	卖	十四两

德律风	又	七十七两
上海纱厂	买	一百念五两五钱
电车	又	六十六两
公和祥	又	六十七两

上海证券交易所报告

四年六厘内国公债	售出	大票六十一元、小票六十元
三年六厘内国公债	售出	大票五十九元五角、小票五十八元五角
八厘内国公债	售出	七十八元
招商局航产股	售出	一百五十八两
交通银行（库平）	售出	三十二两
通商银行	购入	三十九两
汉冶萍	购入	二十三元
浙路证券（除六期）	售出	十六元
苏路证券（除九期）	售出	二十一元
浙江兴业银行（已缴四期）	购入	九五折

（1918 年 2 月 6 日，第 12 版）

证券股票

昨日交通公司报告

公益纱厂	买	十四两
刀米仁	又	八两
派堂	又	十二两
罗柯麻	又	九两
树杨浦纱厂	卖	七两

上海证券交易所报告

四年六厘内国公债	售出	大票六十五元五角、小票六十三元五角
三年六厘内国公债	售出	大票六十二元、小票六十一元
八厘内国公债	售出	七十九元
招商局航产股	售出	一百五十八两

交通银行（库平）	售出	三十三两
通商银行	购入	四十两
汉冶萍（已付息）	购入	二十一元五角
浙路证券（除七期）	售出	十七元
苏路证券（除九期）	售出	十五元
浙江兴业银行（已缴四期）	购入	九五折

（1918 年 3 月 5 日，第 12 版）

股　票

昨日交通公司报告

蓝格志	买	十五两二钱五分
志摩	又	一两
地傍	又	十六两
派亨	又	一两二钱五分
自来水（除息）	卖	一百八十两

上海证券交易所报告

四年六厘内国公债	售出	大票七十一元五角、小票六十九元
三年六厘内国公债	售出	大票六十六元五角、小票六十四元五角
八厘内国公债	售出	八十元
招商局航产股	售出	一百六十两
交通银行（库平）	售出	三十二两
通商银行	购入	四十两
汉冶萍（已付息）	购入	二十一元五角
浙路证券（除七期）	售出	十九元
苏路证券（除十期）	售出	十八元
浙江兴业银行（已缴四期）	购入	九五折

（1918 年 4 月 3 日，第 12 版）

股　票

昨日交通公司报告

蓝格志	买	十六两二钱五分
楂华	又	十四两五钱
耶松	又	一百十七两五钱
浜加伦	卖	五两
志摩	又	一两四钱

上海证券交易所报告

四年六厘内国公债	售出	大票七十元、小票六十八元
三年六厘内国公债	售出	大票七十九元五角、小票六十七元五角
八厘内国公债	售出	八十二元五角
招商局航产股（已付息）	购入	一百七十五两
交通银行（库平）	售出	三十四两
通商银行（已付息）	购入	四十两
汉冶萍	购入	二十三元
浙路证券（除七期）	售出	二十四元
苏路证券（除十期）	售出	二十三元
浙江兴业银行（已缴四期）	购入	九五折

（1918 年 5 月 2 日，第 12 版）

股票证券

昨日交通公司报告

蓝格志	卖	十五两五钱
刀米仁	又	七两
树杨浦纱厂	买	七两九钱五分
公和祥	又	七十三两
开平	又	十两零一钱

上海证券交易所报告

四年六厘内国公债	售出	大票六十八元五角、小票六十五元
三年六厘内国公债	售出	大票六十八元、小票六十五元
八厘内国公债	售出	八十三元五角
招商局航产股	售出	一百九十五两
交通银行（库平，已付息）	购入	三十一两
通商银行	购入	四十一两
汉冶萍	购入	二十四元五角
浙路证券（除八期）	售出	十六元
苏路证券（除十期）	售出	二十三元
浙江兴业银行（已缴四期）	购入	九五折

（1918 年 6 月 7 日，第 12 版）

股票证券

昨日交通公司报告

公和祥	买	七十二两
老公茂	又	一百十七两五钱
楂华	又	十一两
刀米仁	卖	六两
可太排罗	又	五两

上海证券交易所报告

四年六厘内国公债	售出	大票六十七元五角、小票六十五元五角
三年六厘内国公债	售出	大票六十五元、小票六十三元
八厘内国公债	售出	八十三元
招商局航产股	购入	一百九十七两五
交通银行（库平，已付息）	购入	三十一两
通商银行	购入	四十二两
汉冶萍	购入	三十元
浙路证券（除八期）	售出	十六元五角

苏路证券（除十期）　　　售出　二十一元五角

浙江兴业银行（已缴四期）　购入　九七折

（1918 年 7 月 10 日，第 12 版）

股票证券

昨日交通公司报告

蓝格志	卖	十六两二钱五分
杨树浦纱厂	又	九两三钱
浜加伦	买	四两五钱
斯呢王	又	七两七钱五分
派亨	又	一两一钱

上海证券交易所报告

四年六厘内国公债	售出	大票六十七元、小票六十五元五角
三年六厘内国公债	售出	大票六十五元、小票六十四元
八厘内国公债（已付息）	售出	七十八元五角
招商局航产股	购入	二百十八两
交通银行（库平）	购入	三十三两
通商银行	购入	四十三两五钱
汉冶萍	购入	三十八元
浙路证券（除八期）	售出	十六元五角
苏路证券（除十期）	售出	二十一元
浙江兴业银行（已缴四期）	购入	九九折

（1918 年 8 月 11 日，第 12 版）

股票证券

昨日交通公司报告

蓝格志	买	十五两
东方纱厂	又	六十两
司买得	又	六十七两半

公和祥	又	八十两
柯罗麻	卖	七两

上海证券交易所报告

元年八厘内国公债	购入	大票七十九元、小票七十八元
元年六厘内国公债	售出	大票四十六元、小票四十五元
三年六厘内国公债	售出	大票六十六元、小票六十五元
四年六厘内国公债	售出	大票六十七元五角、小票六十六元五角
五年六厘内国公债	售出	大票六十二元五角、小票六十一元五角
七年六厘内国公债	售出	长期四十四元
七年六厘内国公债	售出	短期七十八元
交通银行（库平）	购入	三十四两
通商银行	购入	四十四两
浙江兴业银行（已缴四期）	购入	九九折
苏路证券（除十一期）	售出	十六元
浙路证券（除八期）	售出	十七元
招商局航产股	购入	二百二十元
汉冶萍	购入	三十九元

（1918 年 9 月 1 日，第 12 版）

股票证券

昨日交通公司报告

蓝格志	买	六两
刀米仁	又	六两二钱五
客轮（磅）	又	五两
斯呢王	又	七两二钱五
耶松	卖	一百四十一两

上海证券交易所报告

元年八厘内国公债	购入	大票八十元
元年八厘内国公债	购入	小票七十九元

元年六厘内国公债	售出	大票四十三元
元年六厘内国公债	售出	小票四十一元五角
三年六厘内国公债	售出	大票六十五元五角
三年六厘内国公债	售出	小票六十四元
四年六厘内国公债	售出	大票六十六元五角
四年六厘内国公债	售出	小票六十四元五角
五年六厘内国公债	售出	大票五十九元五角
五年六厘内国公债	售出	小票五十八元五角
七年六厘内国公债	售出	长期四十三元
七年六厘内国公债	售出	短期七十七元
交通银行（库平）	售出	三十四两
通商银行	购入	四十四两
浙江兴业银行（已缴四期）	购入	九九折
苏路证券（除十一期）	售出	十五元
浙路证券（除八期）	售出	十六元
招商局航产股	购入	二百三十五两
汉冶萍公司	购入	三十九元

（1918 年 10 月 13 日，第 12 版）

股票证券

昨日交通公司报告

蓝格志	买	十九两
斯呢王	买	八两二钱五分
苏门其	买	三两
楂华	买	十四两
接把得	卖	八两

上海证券交易所报告

元年八厘内国公债	购入	大票七十九元
元年八厘内国公债	购入	小票七十八元

元年六厘内国公债	售出	大票四十四元
元年六厘内国公债	售出	小票四十三元
三年六厘内国公债	售出	大票六十三元
三年六厘内国公债	售出	小票六十二元
四年六厘内国公债	售出	大票六十三元
四年六厘内国公债	售出	小票六十二元
五年六厘内国公债	售出	大票五十七元
五年六厘内国公债	售出	小票五十五元
七年六厘内国公债	售出	长期三十九元
七年六厘内国公债	售出	短期七十三元
交通银行（库平）	售出	三十三两五
通商银行	购入	四十四两
浙江兴业银行（已缴四期）	购入	九九折
苏路证券（除十一期）	售出	十五元
浙路证券（除八期）	售出	十六元
招商局航产股	购入	二百三十五两
汉冶萍公司	购入	三十九两五

（1918 年 11 月 8 日，第 12 版）

股票证券

昨日交通公司报告

蓝格志	卖	二十两
东方纱厂	卖	六十两
公益纱厂	卖	十五两
派堂	买	九两
浜加伦	买	四两二钱五分

上海证券交易所报告

元年八厘内国公债	购入	大票八十元
元年八厘内国公债	购入	小票七十八元

元年六厘内国公债	售出	大票四十元
元年六厘内国公债	售出	小票四十元
三年六厘内国公债	售出	大票六十元
三年六厘内国公债	售出	小票五十八元
四年六厘内国公债	售出	大票六十二元五
四年六厘内国公债	售出	小票六十元
五年六厘内国公债	售出	大票五十五元
五年六厘内国公债	售出	小票五十四元
七年六厘内国公债	售出	长期三十八元五角
七年六厘内国公债	售出	短期七十元五角
交通银行（库平）	售出	三十三两
通商银行	购入	四十四两
浙江兴业银行（已缴四期）	购入	九九折
苏路证券（除十一期）	售出	十五元
浙路证券（除八期）	售出	十六元
招商局航产股	售出	二百二十两
汉冶萍公司	购入	四十元

（1918 年 12 月 1 日，第 12 版）

股票证券

股票交通公司报告

公和祥	卖	八十三两五钱
电车	买	六十七两五钱
志摩	买	一两
浜加伦	卖	四两
苏门其	卖	三两

上海证券交易所报告

元年八厘内国公债	购入	大票八十元
元年八厘内国公债	购入	小票七十九元

元年六厘内国公债	售出	大票四十一元
元年六厘内国公债	售出	小票四十元
三年六厘内国公债	售出	大票五十六元五
三年六厘内国公债	售出	小票五十四元五
四年六厘内国公债	售出	大票六十元零五
四年六厘内国公债	售出	小票五十七元五
五年六厘内国公债	售出	大票五十三元五
五年六厘内国公债	售出	小票五十二元五
七年六厘内国公债	售出	长期五十三元
七年六厘内国公债	售出	短期六十七元
交通银行（库平）	售出	三十三两
通商银行	购入	四十三两
浙江兴业银行（已缴四期）	购入	九九折
苏路证券（除十一期）	售出	十四元五
浙路证券（除八期）	售出	十五元
招商局航产股	售出	一百九十五两
汉冶萍公司	购入	三十九元半

(1919 年 1 月 4 日，第 12 版)

股票证券

股票交通公司报告

蓝格志（连新股）	买	二十二两
楂华	买	十三两
地傍	买	十四两五钱
英楂华	买	七两六钱五分
上海纱厂	买	一百六十两

上海证券交易所报告

元年八厘内国公债	购入	大票八十一元
元年八厘内国公债	购入	小票七十九元

元年六厘内国公债	售出	大票四十三元
元年六厘内国公债	售出	小票四十一元
三年六厘内国公债	售出	大票六十四元五
三年六厘内国公债	售出	小票六十三元
四年六厘内国公债	售出	大票六十六元
四年六厘内国公债	售出	小票六十四元
五年六厘内国公债	售出	大票六十三元五
五年六厘内国公债	售出	小票六十二元
七年六厘内国公债	售出	长期四十元〇五
七年六厘内国公债	售出	短期七十六元五
交通银行（库平）	售出	三十四两
通商银行	购入	四十三两半
浙江兴业银行（已缴四期）	购入	九九折
苏路证券（除十二期）	售出	十四元
浙路证券（除九期）	售出	十六元
招商局航产股	售出	一百九十元五
汉冶萍公司（已付息）	购入	三十二元

（1919 年 2 月 15 日，第 12 版）

股票证券

交通股票公司报告

蓝格志（连新股）	二十三两五钱
东方纱厂	六十六两五钱
电车	七十一两
上海纱厂	一百五十九两
公和祥	九十两

上海证券交易所报告

元年八厘内国公债	购入	大票八十一元五
元年八厘内国公债	购入	小票八十元零五

元年六厘内国公债	售出	大票四十三元
元年六厘内国公债	售出	小票四十一元
三年六厘内国公债	售出	大票六十五元
三年六厘内国公债	售出	小票六十二元五
四年六厘内国公债	售出	大票六十六元五
四年六厘内国公债	售出	小票六十四元五
五年六厘内国公债	售出	大票六十七元
五年六厘内国公债	售出	小票六十五元
七年六厘内国公债	售出	长期四十一元
七年六厘内国公债	售出	短期七十八元
交通银行（库平）	售出	三十五两
通商银行	购入	四十三两五
浙江兴业银行（已缴四期）	购入	九九折
苏路证券（除十二期）	售出	十五元
浙路证券（除九期）	售出	十七元
招商局航产股	售出	一百九十七两
汉冶萍公司	购入	三十一元五

(1919 年 3 月 1 日，第 12 版)

证券市价

六月三日市价

上海通易公司报告

注意：

有▲印者做过行市

无▲印者昨日行市

元年八厘内国公债		▲大票八十二元
元年八厘内国公债		▲小票八十一元
元年六厘内国公债	湖北	三十九元五角
南京		▲大票四十二元五角

　　　　　　　　　　　　　　▲小票四十一元五角

北京　　　　　　　　　　　　▲大票二十六元二角五

龙军　　　　　　　　　　　　▲三十五元

三年六厘内国公债　　　　　　▲大票六十四元

三年六厘内国公债　　　　　　小票六十三元五角

四年六厘内国公债　　　　　　大票六十五元五角

四年六厘内国公债　　　　　　小票六十四元二角五分

五年六厘内国公债　　　　　　大票五十七元

五年六厘内国公债　　　　　　小票五十六元

七年六厘公债　长期　　　　　大票三十九元

七年六厘公债　短期　　　　　▲大票八十二元三角五分

中国银行股票　　　　　　　　八十二元

交通银行股票　　　　　　　　▲库银三十六两

浙江兴业银行　　　　　　　　▲一百元

通商银行股　　　　　　　　　▲四十两零二钱

商务印书馆股　　　　　　　　▲一百四十六元

汉冶萍　普通　　　　　　　　▲二十九元二角五分

　　　　二等　　　　　　　　▲二十九元五角

　　　　头等　　　　　　　　▲二十九元三角五分

招商局股　　　　　　　　　　▲一百六十七两五钱

宁绍航股　　　　　　　　　　▲十足

浙路证券　　　　　　　　　　▲十五元

苏路证券　　　　　　　　　　▲十四元七角

　　　　　　　　　　　（1919 年 6 月 4 日，第 13 版）

证券市价

九月五日

注意：

有▲印者做过行情

无▲印者昨日行情

元年八厘内国公债	大票七十五元
元年八厘内国公债	小票七十三元五
元年六厘内国公债　湖北	▲大票三十四元五
元年六厘国内公债　湖北	▲小票三十二元
南京	大票三十四元二五
南京	小票三十三元二五
北京	▲大票十八元
上海老号码	二十元三角五
上海新号码	二十元三
龙军	▲二十一元三角
三年六厘内国公债	大票六十四元
三年六厘内国公债	小票六十三元
四年六厘内国公债	大票六十八元五角
四年六厘内国公债	小票六十七元
五年六厘内国公债	▲大票五十九元
五年六厘内国公债	小票五十八元
七年六厘内国公债　长期	▲大票三十二九五
七年六厘内国公债　短期	大票七十九
中国银行股票	八十一元七角五
交通银行股票	库钱三十五两五
浙江兴业银行	▲一百元
通商银行股	▲四十一两二钱五
四明银行股	▲六十四两
商务印书馆股	▲一百四十五元
汉冶萍股　普通	▲二十九元七角五
汉冶萍股　头等	▲三十元五角
汉冶萍股　二等	▲三十元
通州大生纱厂股	▲一百六十五两
崇明大生纱厂股	▲一百九十两

招商航产股		一百七十三两
宁绍航产股		五元二角
浙路证券		▲十二元五角
苏路证券		▲十一元五角
汉口扬子机器通易	买	一零七两

外国股票

九月五日由西商股票公会开出各公司、纱厂及橡皮等股份行情，列下：

福利公司	买	十二元五角
西记	买	七钱
古拉客林傍	买	六两
太平	买	一两
泰兴	买	八十五元
上海克来彭	买	五钱
生架拉	买	五钱
英古达除	买	二两五钱
自来火	买	十九两
橡皮	买	三两七钱五分
电车	卖	七十五两
老公茂	买	二百两
耶松船厂	买	一百十六两
滨架冷	买	三两
可太罢路	买	四两
爱耶太华	买	二十两
标除	买	四钱
又	卖	五钱
加门汀	买	三两五钱

（1919 年 9 月 6 日，第 12 版）

证券市价①

十月二日

注意：

有▲印者做过行情

无▲印者昨日行情

元年八厘内国公债	▲大票七十四元五角
元年八厘内国公债	▲小票七十三元五角
元年六厘内国公债　湖北	▲大票三十四元五
元年六厘内国公债　湖北	▲小票三十二元五
南京	▲大票三十四元
南京	▲小票三十四元
上海老号码	百元票十九元九角
上海新号码　龙军	▲二十元零八角
三年六厘内国公债	▲大票六十二元
三年六厘内国公债	小票五十九元七角
四年六厘内国公债	▲大票六十七元
四年六厘内国公债	小票六十五元二五
五年六厘内国公债	▲大票五十二元
五年六厘内国公债	小票五十一元
七年六厘内国公债　长期	大票二（十）九元二五
七年六厘内国公债	小票二十九元四
七年六厘国内［内国］公债　短期	大票七十八元
浙路证券	▲十一元二角五
苏路证券	▲十一元
中国银行股票	▲八十一元七角五分
交通银行股票	▲库银三十五两七厘五

---

① 从 1919 年 6 月 14 日至 9 月 6 日，《申报》股份行情无招商局股价，故予省略。

浙江兴业银行	一百元
通商银行股	▲四十一两
四明银行股	▲六十七两
商务印书馆股	▲一百五十一元
汉冶萍股　头等	▲三十元零四角五分
汉冶萍股　二等	▲二十九元七角五分
汉冶萍股　普通	▲二十九元五角
通州大生纱厂股	一百七十二两
崇明大生纱厂股	▲一百五十五两
招商航产股	▲一百七十三两
宁绍航产股	五元一角五分
汉口扬子机器	▲一百零八两

外国股票

十月二日由西商股票公会开出各公司、纱厂及橡皮等股份行情，列下：

福利公司	买	十二元半
西记	买	一两
可太罢路	买	四两五钱
色麦舜舜	买	七钱五分
泰兴	买	九十元
上海克来彭	买	五钱
生架拉	买	五钱
英古达除	买	三两
自来火	买	十九两
橡皮	买	四两五钱
爱耶太华	买	二十二两五钱
西门浦	买	九钱
英楂华	买	九两五钱
怡和纱厂	卖	三百八十两
公益纱厂	买	三十二两
东方纱厂	买	一百二十两

康沙	买	二两五钱
亚而买	买	七两
敲老佛	买	十一两
开平公司	买	十二两五钱
保宁	买	二百十五元
会得丰	卖	四十两
生架都利	买	八两
怕而买太	买	一两五钱
古拉客林傍	买	六两
标除	买	六钱
耶松船厂	买	一百二十三两
上海马来	卖	八两二钱五分
公和祥	买	一百十八两
太拿马拉	买	七钱
滨架冷	买	四两
陈时	买	一两七钱五分
可的牛奶栅	买	十三两
志摩	买	七钱
扬子公司	买	二百六十元
瑞镕	买	二十九两
素孖冶	买	一百二十七两五钱
老公茂	买	二百四十两

（1919 年 10 月 3 日，第 12 版）

证券市价

十一月二日

注意：

有▲印者做过行情

无▲印者昨日行情

元年八厘内国公债	▲大票七十三元五角
元年八厘内国公债	▲小票七十元零五角
元年六厘内国公债　湖北	▲大票三十四元五
元年六厘内国公债　湖北	▲小票三十一元五
南京	▲大票三十四元五角
南京	▲小票三十四元一角
北京	▲大票十六元八角
上海老号码	二十二元一角五
上海新号码	▲二十二元
三年六厘内国公债	▲大票六十二元五角
三年六厘内国公债	小票六十一元二五
四年六厘内国公债	▲大票六十四元
四年六厘内国公债	▲小票六十一元五角
五年六厘内国公债	大票五十八元七五
五年六厘内国公债	小票五十七元五角
七年六厘内国公债　长期	大票三十三元
七年六厘内国公债　短期	▲大票八十二元
浙路证券	▲十一元零五分
苏路证券	▲十元零三角
中国银行股票	▲八十二元五角
交通银行股票	▲库银三十五两五钱
浙江兴业银行	▲一百零二元
通商银行股（除息）	▲三十九两
四明银行股	▲六十八两
商务印书馆股	▲一百五十三元二角三分
汉冶萍股　头等	▲三十元零五角
汉冶萍股　二等	▲二十九元八角五分
汉冶萍股　普通	▲二十九元五角
通州大生纱厂股	▲一百八十六两
崇明大生纱厂股	▲一百七十二两五钱

招商航产股　　　　　　　　　▲一百七十二两

宁绍航产股　　　　　　　　　▲五元七分五厘

汉口扬子机器　　　　　　　　▲一百零八两

大有榨油股　　　　　　　　　▲九十元

（1919 年 11 月 3 日，第 12 版）

证券市价

十一月三十日

注意：

有▲印者过做［做过］情行［行情］

无▲印者昨日情行［行情］

元年八厘内国公债　　　　　　▲大票七十三元五角

元年八厘内国公债　　　　　　▲小票七十二元

元年六厘内国公债　湖北　　　▲大票三十四元五

元年六厘内国公债　湖北　　　▲小票三十一元五

南京　　　　　　　　　　　　▲大票三十四元七角五分

南京　　　　　　　　　　　　▲小票三十四元二角五分

北京　　　　　　　　　　　　▲大票十五元五角

上海老号码　　　　　　　　　二十一元二角五分

三年六厘内国公债　　　　　　大票六十二元五角

三年六厘内国公债　　　　　　小票六十元二角五

四年六厘内国公债　　　　　　大票六十三元七角五

四年六厘内国公债　　　　　　小票六十二元

五年六厘内国公债　　　　　　▲大票六十一元

五年六厘内国公债　　　　　　▲小票五十九元七角

七年六厘内国公债　长期　　　▲大票三十二元一角五

七年六厘内国公债　短期　　　▲大票八十一元

浙路证券　　　　　　　　　　十元零八角

苏路证券　　　　　　　　　　▲十元零五角

中国银行股票　　　　　　　　　　▲八十二元五角

交通银行股票　　　　　　　　　　▲库银三十七两五钱

浙江兴业银行　　　　　　　　　　▲一百零六元

通商银行股　　　　　　　　　　　▲三十八两五钱

四明银行股　　　　　　　　　　　▲六十八两

商务印书馆股　　　　　　　　　　▲一百五十三元二角三分

汉冶萍股　头等　　　　　　　　　▲三十元零五角

汉冶萍股　二等　　　　　　　　　▲二十九元八角五分

汉冶萍股　普通　　　　　　　　　▲二十九元五角

通州大生纱厂股　　　　　　　　　▲一百八十六两

崇明大生纱厂股　　　　　　　　　▲一百七十二两五钱

招商航产股　　　　　　　　　　　▲一百七十二两

宁绍航产股　　　　　　　　　　　▲五元

阜丰面粉厂　　　　　　　　　　　▲一百六十两

（1919 年 12 月 1 日，第 12 版）

证券市价

十二月三十一日

注意：

有▲印者过做［做过］情行［行情］

无▲印者昨日情行［行情］

元年八厘内国公债　　　　　　　　▲大票七十三元

元年八厘内国公债　　　　　　　　▲小票七十二元

北京　　　　　　　　　　　　　　大票十二元五角

上海老号　　　　　　　　　　　　大票十八元七角五

上海新号　　　　　　　　　　　　小票十三元三角五

三年六厘内国公债　　　　　　　　大票六十五元

三年六厘内国公债　　　　　　　　小票六十四元

四年六厘内国公债　　　　　　　　大票六十六元

四年六厘内国公债	小票六十四元七角
五年六厘内国公债	大票六十二元
五年六厘内国公债	小票六十元八角
七年六厘内国公债　长期	大票三十二元二角五
七年六厘内国公债　短期	▲大票八十二元八角
浙路证券	▲十元三角
苏路证券	▲九元二角
中国银行股票	八十一元七角
交通银行股票	▲库银三十八两
浙江兴业银行	▲一百零六元
通商银行股	▲三十八两五钱
四明银行股	▲七十两
商务印书馆股	▲一百五十三元二角三分
汉冶萍股　头等	▲二十九元三角
汉冶萍股　二等	▲二十八元八角
汉冶萍股　普通	▲二十八元三角
通州大生纱厂股	▲一百九十六两
崇明大生纱厂股	▲一百十二两五钱
招商航产股	▲一百七十二两五钱
宁绍航产股	▲五元
阜丰面粉厂	▲一百六十两
储蓄票全张	三十二元五角
储蓄票零条	二十九元五角

外国股票

十二月三十一日由西商股票公会开出各公司、纱厂及橡皮等股份行情，列下：

上海克来彭	买	五钱
爱耶太华	买	二十一两五钱
保家	买	一百六十两
勃结	买	一两五钱

远东公司	卖	二十两
可太罢路	买	三两七钱五分
扬子公司	卖	二百二十元
生架都利	买	四两五钱
康沙	买	一两七钱五分
公益纱厂	买	五十二两
瑞镕	买	二十八两五钱
志摩	买	五钱
耶松	卖	一百十八两
开平公司	买	十二两五钱
蓝格志	买	十五两
业广	买	六十三两
英法产业	买	七十五两
电车	买	七十两
英古除达	买	二两二钱五分
色麦辫辫	买	五钱
四门浦	买	五钱
太平	买	五钱

（1920 年 1 月 1 日，第 12 版）

证券市价

二月廿五日

注意：

有▲印者做过行情

无▲印者当日行情

元年八厘内国公债	买	大票七十二元
元年八厘内国公债	买	小票七十二元
元年六厘湖北（公债）	买	大票三十元
南京大票		▲三十一元五

北京大票	买	▲十三元九角
上海老号		二十元五角
三年六厘内国公债	买	大票六十六元五角
三年六厘内国公债	买	小票六十五元五角
四年六厘内国公债	买	大票七十元
四年六厘内国公债	买	小票六十九元
五年六厘内国公债	买	大票六十元
五年六厘内国公债	买	小票五十九元
七年六厘内国公债长期	买	大票三十二元五角
七年六厘内国公债短期	买	大票八十二元五角
浙路证券	买	八元
苏路证券	买	十二元
中国银行股票	买	九十元
交通银行股票	买	库银四十二两五
浙江兴业银行	买	一百零七元
通商银行股	卖	三十八两
四明银行股	买	七十两
商务印书馆股	买	一百五十七元
浙江银行	买	八十八元
中华储蓄银行	买	九十元
汉冶萍股	买	二十二元五角
通州大生纱厂股	买	一百九十两
崇明大生纱厂股	买	一百七十五两
招商航产股	买	一百七十四两
宁绍航产股		▲四元九
储蓄票全张		▲四十七元
华安火险	买	六十元
华成火险	买	五十六元
华兴火险	买	四十七元
中华书局	买	二十九元五

仁济和		▲三十三两
和丰纱厂	买	二十九元
既济水电	买	五十七元
龙章造纸厂	买	一四五两

外国股票

二月二十五日由四商股票公会开出各公司、纱厂及橡皮等股份行情，
列下：

上海克来彭	买	五钱
勃结	买	一两五钱
生架都利	买	五两五钱
志摩	买	五钱二五
汇丰	买	四百二十元
会得丰	买	四十两
标除	买	四钱
太平	买	五钱
太拿马拉	买	四钱
自来火	买	十四两
远东公司	买	八两七五
立伯	买	五钱
勃脱阿拿	买	五两
旗［敲］老佛	买	九两
德律风	买	七十二两
少孟忌时	买	二两
英古达除	买	二两五钱
上海马来	买	八两
英法产业	买	六十两
古拉客林傍	卖	四两五钱
可太罢路	卖	二两
瑞镕	买	二十八两
开平公司	买	十六两

橡皮	买	三两二五
福利公司	卖	十二元
业广	买	六十两
怡和纱厂	买	五百二十五两
扬子公司	买	一百八十元
茄华康沙	买	十两零五
公和祥	买	一百廿二两五
亚而买	买	五两五钱
东方纱厂	买	二百七十两
公益纱厂	买	四十六两
耶松	买	一百零六两
陈时	买	一两
西记	买	七钱五分
滨架冷	买	二两五钱

（1920 年 2 月 26 日，第 12 版）

证券市价

三月二十四日

上海股票商业公会之证券交易所市价

注意：

有▲印者做过行情

无▲印者当日行情

元年八厘内国公债	大票	买	七十九元五
元年八厘内国公债	小票	买	七十八元
南京大票		买	三十三元
南京小票		买	三十二元
上海老号		卖	二十四元
三年六厘内国公债	大票	买	七十一元五
三年六厘内国公债	小票	买	七十元五

四年六厘内国公债　大票	买	七十元
四年六厘内国公债　小票	买	六十九元
五年六厘内国公债　大票	买	六十五元
五年六厘内国公债　小票	买	六十四元
七年六厘内国公债长期　大票	买	三十六元二五
七年六厘内国公债短期　大票	买	八十五元
浙路证券	买	七元八角
苏路证券	买	七元二角
中国银行股	卖	九十五元
交通银行股票	买	库银四十七两
浙江兴业银行	买	一百零七元
通商银行股	卖	三十七两五
四明银行股	买	银七十四两五
浙江银行	卖	九十八元
商务印书馆股	买	一百五十九元
汉冶萍股　普通	卖	二十二元三角
通州大生纱厂股	买	银二百两
崇明大生纱厂股	买	银一百九十两
招商航产股	买	▲银一百八十两
宁绍航产股	买	▲五元
储蓄票全张	卖	四十五元
华安火险	买	六十一元
华成火险	买	五十六元
大豫垦牧	买	七十元
中华书局	买	二十八元
仁济和		▲银三十三两
和丰纱厂	买	三十六元
既济水电	买	五元八角
章龙［龙章］造纸厂	买	▲银七十二两五

外国股票

三月二十四日由西商股票公会开出各公司、纱厂及橡皮等股份行情，列下：

上海克来彭	买	五钱
勃结	买	一两五钱
生架都利	买	六两
志摩	买	六钱五分
汇丰	买	五百十元
会得丰	买	四十两
标除	买	五钱
太拿马拉	买	五钱
自来火	买	十五两
勃脱阿拿	买	五钱
旗［敲］老佛	买	十一两
少孟忌时	买	三两
英古达除	卖	三两
上海马来	买	九两五钱
英法产业	买	六十二两五钱
古拉客林傍	卖	五两
瑞镕	买	二十七两
橡皮	买	四两五钱
扬子公司	买	二百三十五元
茄华康沙	买	十一两
公益纱厂	买	六十六两
耶松	买	一百二十一两
陈时	买	一两
西记	买	一两
滨架冷	买	三两
老公茂	买	四百二十五两
加门汀	买	三两

蓝格志	买	十五两五钱
立伯	买	五钱五分
地傍	买	十一两二五
泰兴	买	八十七元半
可太罢路	买	二两七钱五
礼查	买	十四元半
太平	买	六钱
派堂	卖	七两五钱
上海伯亨	买	七钱五分
爱耶太华	买	十八两五钱
斯拿王	买	四两
怡和纱厂	卖	七百两
亚而买	买	五两七钱五
东方纱厂	买	三百十五
素孖打	买	一百两
庆把达克	卖	五两
杜米仁	卖	五两五钱
福利公司	卖	十二元
帕而买太	买	一两
西门浦	买	七钱
公和祥	买	一百四十两
上海开来打	买	三钱

（1920 年 3 月 25 日，第 12 版）

证券市价

三月三十一日

上海股票商业公会之证券交易所市价

注意：

有▲印者做过行情

无▲印者当日行情

元年八厘内国公债　大票	买	八十一元五
元年八厘内国公债　小票	买	八十元五
湖北大票	卖	三十三元
湖北小票	卖	三十二元
南京大票	买	三十四元
南京小票	买	三十三元
上海老号	买	二十四元
三年六厘内国公债　大票	买	七十六五元
三年六厘内国公债　小票	买	七十五元二五
四年六厘内国公债　大票	买	七十三元二五
四年六厘内国公债　小票	买	七十二元二五
五年六厘内国公债　大票	买	六十七元
五年六厘内国公债　小票	买	六十六元
七年六厘内国公债长期　大票	卖	三十六元二五
七年六厘内国公债短期　大票	买	八十五元
浙路证券	买	七元八角
苏路证券	买	七元二角
中国银行股	卖	九十五元
交通银行股票	买	库银四十六两五
浙江兴业银行	买	一百零七元
通商银行股	买	三十八两二五
四明银行股	买	银七十四两五
上海中华银行	买	一百零五元
浙江银行	买	九十八元
商务印书馆	买	一百六十元
汉冶萍普通股	买	二十二元五角
通州大生纱厂股	买	银二百两
崇明大生纱厂股	买	银一百九十两
招商局航产股	买	银一百八十两

宁绍航产股	买	五元五
储蓄票全张	买	四十三元
华安火险	买	六十一元
华成火险	买	五十六元
大豫垦牧	买	七十元
中华书局	买	二十八元
仁济和		▲银三十三两
和丰纱厂	买	三十七元
既济水电	买	六元四角
龙章造纸厂	买	银八十五两

外国股票

三月三十一日由西商股票公会出各公司纱厂及橡皮等股份行情，列下：

勃结	买	一两五钱
汇丰	买	五百元
瑞镕	买	二十七两五钱
生架都利	买	六两五钱
会得丰	买	四十七两五钱
色麦瓣瓣	买	六钱
上海克来彭	买	五钱
英楂华	买	七两
电车	买	六十三两五钱
标除	买	五钱
志摩	买	六钱
太拿马拉	买	五钱
自来火	买	十五两
陈时	买	一两
英古达除	买	三两三钱
泰兴	买	八十七元半
少孟忌时	买	三两
勃脱阿拿	买	五钱

太平	买	六钱
西门浦	买	五钱五分
可太罢路	买	二两五钱
康沙	买	二两
福利公司	卖	十二元
英法产业	买	六十三两五钱
橡皮	买	四两五钱
公益纱厂	买	六十九两
古拉客林傍	卖	五两
礼查	买	十四两
茄华康沙	买	十一两
扬子公司	买	二百三十五元
耶松	买	一百念八两
滨架冷	买	二两五钱
西记	买	一两
上海马来	买	九两五钱
加门汀	买	三两
蓝格志	卖	十六两
蓝格志	买	十六两
斯拿王	买	四两
杜米仁	卖	五两
杜米仁	买	五两
上海首来栅	买	四钱
帕而买太	买	一两
上海伯亨	买	八钱
爱耶太华	买	二十两
怡和纱厂	卖	七百十两
开平公司	卖	二十五两
亚而买	买	五两七钱五
爱姆赫甬	买	二钱五分

加冷	卖	八两
庆把达克	卖	五两
地傍	买	十一两
瑞镕	卖	二十八两
东方纱厂	买	三百十两

（1920 年 4 月 1 日，第 12 版）

证券市价

四月三十日

上海股票商业公会之证券交易所市价

注意：

有▲印者做过行情

无▲印者当日行情

元年八厘内国公债	大票	卖	八十四元五角
元年八厘内国公债	小票	卖	八十三元五角
上海老号		卖	二十三元二角
龙军			二十三元二角
三年六厘内国公债	大票	买	七十六元
三年六厘内国公债	小票	买	七十四元七角五
四年六厘内国公债	大票	买	七十二元五
四年六厘内国公债	小票	买	七十一元五
五年六厘内国公债	大票	买	六十六元五
五年六厘内国公债	小票	买	六十五元
七年六厘内国公债长期	大票	卖	三十七元五角
七年六厘内国公债短期	小票	卖	八十七元二五
浙路证券		卖	八元一角
苏路证券		卖	七元八角
中国银行股票		卖	九十五元
交通银行股票		买	库银四十七两

浙江兴业银行	买	一百元
通商银行股	买	三十八两二五
四明银行股	买	银七十七两
上海中华银行	买	九十元
浙江银行	买	九十元
商务印书馆	买	一百六十六元
汉冶萍普通股	卖	二十二元六角
通州大生纱厂股	买	银二百二十两
崇明大生纱厂股	买	银二百十两
招商局航产股	卖	银一百六十五两
宁绍航产	买	五元二角
华安火险	买	六十二元
华成火险	买	五十七元
大豫垦牧	买	七十三元
中华书局	卖	二十八元五
仁济和		银三十一两
和丰纱厂	买	四十一元
既济水电	买	六十九元
龙章造纸厂	买	银九十五两

▲杭州纬成丝织公司股票

"华"字股	买	二六
"兴"字股	买	二四
"乐"字股	买	二二五
"业"字股	买	二一

外国股票

四月三十日由西商股票公会开出各公司、纱厂及橡皮等股份行情，列下：

上海克来彭	买	五钱五分
勃结	买	一两七钱
生架都利	买	六两五钱

志摩	买	八钱
汇丰	买	五百四十元
会得丰	买	五十八两
标除	买	五钱五分
太拿马拉	买	五钱
自来火	买	十六两
勃脱阿拿	买	六钱
少孟忌时	买	三两
古拉客林傍	卖	五两
橡皮	买	四两五钱
扬子公司	买	二百六十五元
陈时	买	一两二钱五分
滨架冷	买	三两二钱五分
蓝格志	买	十七两
地傍	买	十三两
泰兴	买	八十七元半
可太罢路	买	三两五钱
礼查	买	三十元
派堂	买	七两
上海伯亨	买	八钱五分
爱耶太华	买	二十一两
斯拿王	买	四两五钱
亚而买	买	五两七钱五分
西门浦	买	六钱
帕而买太	买	一两二钱
上海开来打	买	四钱
素孖打	买	七十五两
康沙	买	二两二钱五分
英法产业	买	六十三两五钱
业广	买	六十一两

自来水	买	一百两
杜米仁	买	五两
英楂华	买	八两
开平公司	卖	十八两
瑞镕		买二十六两五钱
耶松	买	一百三十一两
公和祥	买	一百四十两
电车	买	六十三两五钱
加门汀	买	三两
色麦瓣瓣	买	六钱
西记	买	一两
福利	买	十元

（1920 年 5 月 1 日，第 12 版）

证券市价

五月二十七日

上海股票商业公会之证券交易所市价

注意：

有▲印者做过行情

无▲印者当日行情

元年八厘内国公债	大票	卖	八十一元
元年八厘内国公债	小票	卖	八十一元
上海老号		卖	▲二十三元二角五
上海龙军			二十三元二角五
三年六厘内国公债	大票	买	七十六元五角
三年六厘内国公债	小票	买	七十五元二角五
四年六厘内国公债	大票	买	七十二元二角五
四年六厘内国公债	小票	买	七十一元五角
五年六厘内国公债	大票	卖	六十七元

五年六厘内国公债　小票	卖	六十五元五角
七年六厘内国公债长期　大票	卖	三十七元五角
七年六厘内国公债短期　大票	买	八十八元五角
浙路证券	买	七元九角
苏路证券	买	七元二角五
中国银行股票	卖	九十四元七角五
交通银行股票	买	库银四十两五钱
浙江兴业银行	买	一百零三元
通商银行股	买	▲三十九两
四明银行股	买	银七十二两五钱
上海中华银行	买	九十元六角
浙江银行	买	九十元四角
商务印书馆	买	一百二十七元
汉冶萍普通股	买	二十三元
通州大生纱厂股	买	银二百四十两
崇明大生纱厂股	买	银二百三十两
招商局航产股	卖	银一百六十四两
宁绍航产	买	五元四角
华安火险	买	五十四元五角
华成火险	买	五十七元五角
大豫垦牧	买	七十五元
中华书局	买	三十五元
仁济和		银三十一两五钱
和丰纱厂	卖	三十五元
既济水电	买	七十九元
龙章造纸厂	买	银七十二两

外国股票

昨日（三十一日）由西商股票总会开出各公司、纱厂及橡皮等股份行情，列下：

勃结	买	一两五钱
橡皮	买	四两五钱
生架都利	买	六两
色麦㧅㧅	买	五钱
自来火	买	十四两
泰兴	买	八十元
少孟忌时	买	三两
西门浦	买	五钱
可太罢路	买	三两
康沙	买	二两
英法产业	买	六十九两
古拉客林傍	买	五两一钱
礼查	卖	三十元
陈时	买	一两一钱
汇丰	买	六百元
亚而买	买	五两七钱五分
斯拿王	买	四两五钱
素孖打	买	七十五两
业广	卖	六十二两
自来水	买	一百零八两
瑞镕	买	二十六两
公和祥	买	一百五十两
加门汀	买	四两
会得丰新股	买	三十四两五钱
敲老佛	卖	十两零五钱
开派洋	买	九两五钱
礼查会中	买	三十五元
东方纱厂	买	二百五十两
杨树浦	卖	四十三两
会得丰	卖	五十五两

公益纱厂	买	六十四两
怡和纱厂	买	六百六十两
太拿马拉	买	五钱
茄华康沙	买	十一两
开平公司	卖	十九两
西记	买	一两
滨架冷	买	三两
远东公司	买	十八两五钱
蓝格志	卖	十七两
耶松	卖	一百三十一两
保宁	买	一百六十五元
汇丰	卖	五百七十五元
陈时	卖	一两五钱
英楂华	卖	七两九钱

（1920 年 6 月 1 日，第 12 版）

《申报》招商局史料选辑

II
公司治理

民国卷

李玉/主编

执行主编 李婕 聂庆艳

Selected Historical Materials of China Merchants Steam Navigation Co. in the Shen Pao, 1912-1949

招商局文库·文献丛刊

社会科学文献出版社
SOCIAL SCIENCES ACADEMIC PRESS (CHINA)

目　录

十三　1927～1928 年股东风潮与股权登记

十四　政府清查

十五　监督整理

十六　内部改组

十七　赵李之争

十八　收归国营

十九　李国杰案

二十　理事会运行

二十一　商股收回问题

二十二　整理改组期间的股东维权

十三 1927～1928年股东风潮与股权登记

商办轮船招商局股份有限公司召集临时股东会广告

谨启者：本局迭受时局影响，不得已暂行停航，倏忽三月，债累日深，实难支持。兹由董事会议决定于三月二十五日，即夏历二月二十二日下午两点钟，假本埠爱多亚路联华总会召集临时股东大会，凡我远近股东，务祈于会前五日将股票或息折送局验对，换取入场券、议决券；如有提案，亦祈于会前五日送董事会，以便汇集付议为荷。

董事会谨启。

（1927年2月27日，第1版）

商办轮船招商局股份有限公司临时股东会暂行延期通告

本公司原定阳历三月二十五日，即阴历二月二十二日召集临时股东会，业经登报布告各埠股东周知。现查，截至阳历三月二十三日止，股东来换入场券、议决票者，核与本公司股东全数股权不及十分之一，度因时局紧张，路途梗阻所致。兹经董事会公议，应即登报布告，暂行延展会期，一面请各股东迅速惠临本公司，早日挂号验票据［换］券，俟足有法定权数，即行择期开会。合亟通告，伏祈股东诸君公鉴。

董事会谨启。

（1927年3月25日，第5版）

招商股东质问董事函

董事会台鉴：

敬启者：查去冬停航之举，贵会竟未召集股东大会，毅然专擅办理，已属非法。今正报载召集股东临时会议，值此时局万紧，局中一切事宜在在与大局有关。贵会之于股东会，虽不得之东隅，犹知收之桑榆，股东等引领企望之股东会幸可实现，遂不远千里，跋涉来此。乃又因法数①未足而延期，只得小住奉候。兹忽闻国民政府有派人接收本局之谣，又闻来接收者，并非政府所派之人，乃本局勾通引诱来局投机者，股东等事处局外，亦无从知其究竟，惟有不能不为贵会郑重警告者：须知招商局乃股份有限公司，系属完全商股商办，并无丝毫官款在内，所有资产完全属诸股东所私有；我股东所授权于贵董会者，仅止委托执行招商局一切业务，并未赋予贵董会以送却招商局之权；贵会无论何人，何得擅自私相授受？我局创办五十余年，前清政府尚知保护；民国以来，只有摧残、摧残之不已。十三年间，高恩洪曾派员清查一次，经我股东严重拒却，未克实行。不料愈趋愈下，竟有接收之举，此在专制淫威之下，股东且不能忍受，况现在民气大张之时乎？自警告后，倘有人来接收，应即责成贵会严词拒却，一面速即召集股东会议，由本股东自行切实讨论，俾中国航业不至以无意识而断送，而股东血本亦不至以如儿戏而轻抛，是为至要。想贵董事会诸君亦属股东一份子，又受众股东所委托，必不能掉以轻心，只计个人利禄也。

专此奉布，即祈台鉴。敬请均安。

股东周琴记、崇德堂、杨希记、顾宝记、唐吉记、严耕记、奉箴堂、半农堂周等同启。四月十二日。

（1927 年 4 月 14 日，第 15 版）

---

① 法数：法定股权数。

商办轮船招商局股东保持会通告

敝股东等现因局势危急，关乎保全血本，维持局务，不可一日再缓，兹特公同决定，先行成立股东保持会，即日在本埠静安寺路一百二十一号内开始进行，望各股东惠临该处，筹商一切办法，事关本局生存，特此通告。

商办轮船招商局股东天水、觊记、望记、侃记、王子青、李幼民、郭尚记、诒福堂、世彩堂、树德堂、九康记、厚德堂、谦记、敦厚堂、式记、贻德堂、吾记、礼记、桐记、颐记、朱继孙、陈锡记、杨从记、李慎记、徐鸿记、宝善堂、陈春记、印心堂、华美堂、裕记、叶叔记、唐仁记、仁记、智记、和记、信记、胡紫山、孙楚记、邓仁记、张骅记、洪同记、潘济荣、王学政、裕厚堂、德记、师记、唐如珍、王孝记、长记，公启。

（1927 年 5 月 6 日，第 5 版）

盛毓常为招商局股权启事

查商办轮船招商局为吾国唯一航业机关，于国计民生关系至切。该局股本，我盛氏投资亦属不少，其所有股票概由愚斋义庄保管。倘义庄之行使股权者，能处置公正，得人而理，则局务航业自克振兴。不意义庄操纵专擅，滥用股权，位置私人，以致局务日形败坏。毓常对于义庄之组织，因与先祖遗嘱未符，故素所反对，迄未承认。凡遇招商局股东大会、股东联合会及股东保持会等，彼保管行使者，向未以毓常与有关系使得与闻也。今报载国民政府有鉴招商局之现状，业经派员清查整理，此属另一问题，姑勿具论，但将来如发见有因滥用股权，而损害我权利之处，应由现在愚斋义庄之保管此项股票、行使此项股权者负完全责任。除依法请求保障外，特此声明。

（1927 年 5 月 15 日，第 1 版）

商办轮船招商局股东临时监督委员会宣言

委员等不敏，以商办轮船招商局股东之一份子，受股东保持会之委托，组织股东临时监督委员会。当此国家多故之秋、航业极疲之际，而以委员等九人为监督委员，其责任之重、办事之难，宁不预见？顾委员等同时就职，不敢辞，亦不愿辞者，良以本局自创设以来垂五十年，此五十年中，政府施直接、间接之摧残，股东受有形、无形之损失，历史具在，无待赘言。今国民政府于大局初定、日不暇给之时，即已顾及本局办理之不善，函求清查整理之方法，博揽名流，组织委员会，一方实施国家航政之方针，一方督促股东会全体之觉悟。伏读清查整理招商局委员会宣言，有曰对公司之资产当力加保护，原有之事业当督促维持，股东及社会之意见当尽量容纳；又曰委员会之行动，尤愿受股东及社会之监督。其为我招商局计者，勤勤恳恳，虽我股东，自为政府，自为清查整理委员会，亦无以加此。于此之时，而我股东对于自身之资产、自身之事业，不惩于前而为亡羊补牢之计，不慸于后而为饮鸩止渴之谋，是自失此机会也，是自丧我股东之资格也，是自弃我商办之招商局也。岂人情乎哉？故委员等奋然不顾自己之能力若何，环境之迎拒若何，前途之利害若何，后日之成败若何，依照我保持会所定之大纲，急起直追，努力孟晋，仰体我国民政府开诚布公之盛意，与夫清查整理委员会廉洁自矢之诚心，以当此世界潮流之冲，而尽我风雨同舟之谊。此则本会同人所不敢辞者也。

抑委员等尤有言者，政府者，社会所产生者也。以社会产生之政府，而保护我社会一部份商民所营之航业，在政府固无得而辞。以一部份商民所营之航业，即以救济我社会，而为社会前驱，在我股东亦无得而辞。特我股东既为招商局航业之主体，则凡有资于我航业者即为社会所托命，而我社会所产生之政府，亦即不能不为我前驱，此尤我本会同人所愿与共勉者也。故于本会成立之始，谨此宣言。

（1927 年 5 月 19 日，第 1 版）

商办轮船招商局股份有限公司再行召集临时股东会通告

本公司原定于阳历三月二十五日召集临时股东会，嗣因届期未足法定权数，特行延展会期，历经登报布告在案。兹查股东挂号者日渐加多，并据股东保持会函促召集大会前来，经董事会议决，订于阳历六月二十五日，即阴历五月二十六日下午二钟，仍在爱多亚路联华总会召集临时股东大会。凡我股东未挂号者，务请携带股票或息折，速来总局领取入场券、议决券，以凭到会与议。其各外埠股东应请照向章，将股票或息折交由就近所在地各分局接洽办理，是所企盼。各股东如有提议事件，仍请缮具意见书，先期五日送交总局董事会，以便汇集付议为要。

董事会谨启。

(1927 年 5 月 27 日，第 1 版)

盛毓常为招商局股权紧要启事

毓常前以我盛氏招商局股权为所谓愚斋义庄者专擅行使，滥用私人，业经登报声明，如将来发见因滥用股权而损害我权利之处，应由现在保管此项股票、行使此项股权者负完全责任。查我国航政不修，实由监督之政府不知保护，营业之商人多图私利，投资之股东忽视股权，有以致之。现值招商局董事会定于本月二十五日召集临时股东大会，又为国民政府清查整理、尊重股东意见之时，我盛氏此项股权之行使，益形重要，如再任其滥用，则不特我股东血本时有萎缩之虞，而国计民生亦将蒙其不利也。毓常为我盛氏长房，义务所在，难再漠视。除函索此项股票、户名、号码备查外，特此启事，诸惟公鉴。

(1927 年 6 月 16 日，第 6 版)

商办轮船招商局股东公鉴

——盛毓常对于整理招商局之意见

谨按招商局之兴衰，关系我国家航政至巨。比年营业不振，局务废弛，虽原因不一，要皆由股东忽视股权，未能切实监督，有以致之。前车之鉴，能无懔然？兹者，董事会通告，定于本月二十五日在联华总会召集临时股东大会，并值国民政府派员清查整理、尊重股东意见之时，我盛氏忝居股东之一，毓常复为盛氏长房，义务所在，不敢缄默，谨就管见所及提议如左：

（一）铲除助逆份子，以免破坏大局。查本局为军阀蹂躏，概由局中承欢军阀之份子为阶之厉。当国民政府鉴于航政之关系重大，商局之当予维持，特行派员清查整理之初，犹有希望军阀重来，藉事抵抗者，自应依法铲除，以免贻害大局。此应提议者一。

（二）改用本国船主，以重国家主权。查本局当创办之初，国中航驶人才尚感缺乏，不得不借材异国，以利航行。近年本局虽有任用国人为船主者，惟他国人仍居多数。按船主一职，其于航行时所有职权关系綦大，故列国法规，致有订明非本国人民不能任为船主之条。现今我国人才辈出，如诚意征求，当不乏驾驶真才，是以各船船主应即改用国人，以重主权。此应提议者二。

（三）废除坐舱包办制，以裕收入。查本局旧习，各船均派有坐舱，制取包办，流弊滋多。而当局者复以此为调剂私人之具，致使股东暗受损失，绝不为意。当此本局整理之时，亟应更定新章，废除此制，以裕收入。此应提议者三。

（四）发行公司债券或招添新股，以扩充营业。查本局所有各船渐多老旧，并有数轮吨位甚小，收入殊微，而其航行开支则几与他船相等，苟属得不偿失，亟应斥旧更新。他若国外航线，本局犹付缺如。当此国际商业竞争激烈之时，如国人对外贸易专恃外轮运输，损失之巨，不言可喻。现值局中流动资本异常涸竭，欲添置新船，扩充航线，自非发行公司债券，或招添新股，不足以资运用，而谋航业之发展。此应提议者四。

（五）规定维护局产办法，以固根本。查本局前之所以能挽回航权，实赖置有各埠码头。今之股本得以维持，亦多赖地产价值增涨为之补助。故所有码头、地产，其于本局关系均属非常重大。近查曾有少数局员不顾股东利害，擅议变卖，以为饮鸩止渴之谋，殊堪浩叹。今为防微杜渐起见，应即规定办法，凡有变卖本局所有码头地产之情事，非经股东大会五分之三以上之决议，不能有效，庶克维护局产，以固根本。此应提议者五。

以上数端，系就本局现状所欲提议者。如蒙股东诸公以为事属可行，加以采纳，则曷胜厚幸！

（1927 年 6 月 21 日，第 1 版）

商办轮船招商局股份有限公司
再行召集临时股东会并迁移会场地址通告

本公司原定于阳历三月二十五日召集临时股东会，嗣因届期未足法定权数，特行延展会期，历经登报布告在案。兹查股东挂号者日渐加多，并据股东保持会函促召集大会前来，经董事会议决，订于阳历六月二十五日，即阴历五月二十六日下午二钟，仍在爱多亚路联华总会召集临时股东大会。凡我股东未挂号者，务请携带股票或息折，速来总局领取入场券、议决券，以凭到会与议。其各外埠股东应请照向章，将股票或息折交由就近所在地各分局接洽办理，是所企盼。各股东如有提议事件，仍请缮具意见书，先期五日送交总局董事会，以便汇集付议为要。

至开会地址，原定爱多亚路联华总会。今因日来股东领取入场券者较多，恐该处座位不敷，特改借西藏路宁波同乡会开会，并祈股东诸君注意，是荷。

董事会谨启。

（1927 年 6 月 24 日，第 2 版）

盛毓常再为招商局股权紧要启事

　　毓常前以我盛氏招商局股权事曾经于五月十五及六月十八等日两次递登《申》、《新》两报各三天，计邀公鉴。按，招商局比年以来局务废弛，营业不振，甚至牺牲船只，败坏大局，言念及此，良可痛心。推厥原因，所谓愚斋义庄者擅使我盛氏股权，假借冒滥，妄用私人，亦与有责也。现值招商局召集临时股东大会，又为国民政府对于该局正派员清查整理、尊重股东意见之时，股东行使股权尤宜如何慎重，自不容任其假借冒滥，再有妄用私人、贻害大局之举动。兹闻该庄仍有在招商局董事会挂号情事，毓常忝居长房，万难承认。在此未经彻查解决以前，所有该庄派遣持票折到会行使股权诸人，即非完全正式代表，于法不能认为有效。除函达董事会外，特此声明，诸惟公鉴。

（1927 年 6 月 24 日，第 2 版）

清查整理招商局委员会消息

对于整理股务、限制股权之意见书

　　查招商局为一种股份有限公司，其主体为法人，其权利则存于股东全体；凡属股份有限公司皆因全体股东之出资而成立，公司之于股东息息相通，不容隔阂。今查招商局资本为八百四十万两，股份为八万四千股，而股东名簿竟付缺如，所得藉资稽考者，仅股票存根、历年股息留底簿及股东挂号簿三种不完备之记载，其性质与股东名簿迥不相同。且股东皆以记号、户名出名，主体不知何属，股东住址公司无册可查，集会通知事实上无可送达。今将上述最后两种簿据定式录左：

　　（一）历年股息

股份花名					
周春记 一至十号，十股					

每一户名下分为五格，分载各年股息，每格右记本年应派股息数，左用木戳盖明"某年某届息，某局付讫"字样，适足五年之用。

（二）股东挂号簿

正记一百股，十套，一百权；文记六十股，三套，四十五权。此为股东会议以前之临时股权登记册，其股份纯依股票封套所记之股数，以为限制股权之标准，是执有股份者，其地位等于公司债券之所持人，非组织公司之分子；而公司之对于股东，除登报公告以外，亦绝无通信商榷之机会，世界上自有公司组织以来，殊罕见此实例。本委员会负责清查整理、改善招商局组织，固另有其他计划，而于公司基本组织上之普通规程必先导之以入正轨。今特拟定股东名簿方式，应由该局依式制定，限期通知股东备具印鉴，携带股票息折赴局登记。必须填写真实姓名、确实住址，其有以记号、户名出名者，其主体人名仍应记载名簿，非凭存局印鉴，不得移转过户。以后股东会议，亦非凭印鉴不能发给出席证。今将合法股东名簿及印鉴拟定如左：

㊀股东名簿

真实姓名、记号户名、代表人姓名、籍贯住址、永久通信处、股数、股票号次，右列各项为股东名簿必不可少之记载；否则，即无从稽考股东与股票之实况。

㊁股东印鉴

记号户名、真实姓名、签名式、图记式、籍贯住所、永久通信处、备考、印鉴，应由股东亲自签名盖章，存局备查。以后领用出席证，选举、议决票，或委托代表出席股东会议及领取股息，均须凭所存印鉴为证。此种初步工作，如不完整实行，必于公司本身发生极大危险。此为改善招商局组织之必要过程也。

至言股东权利，虽有种种，然其权利之表现，则为股东大会，此为公司之最高机关，亦即股东行使权利唯一机会，所有股东应同受平等合理之待遇。今查招商局现订章程，于股东议决权、选举权之如何行使，寄其权于董事会之调查、协商，蹂躏股东，把持公司，情实显著。查公司原素，即股东之股权多少与出资多寡为比例，以股计权，原为经济上、法律上之原则，凡成文法之国家，皆于商法明文规定；即北京政府之《公司条例》，亦以一股一权为原则，所谓得以章程限制，乃一种例外规定。事实上，适用例外规定者，除官商合办之公司外，殊不多见。且立法贵在有效，有限公司之股份，原可自由移转，化整为零，本非难事。如施行限制方法，在谨愿者固身受缚束，狡黠者反得藉以操纵，此在组织完善之公司，尚不能使其立法有效，若招商局之限制，简直掩耳盗铃。查阅上列股东挂号簿式，其股权之计算以套为单位，一折谓之一套，同一户名如分数套，即可免除限制。如正记一百股，因分十套，仍有百权；文记六十股，因仅分三套，故仅得四十五权。此种不平等、不合理之限制，完全为自私自利之计，何尝有立法行法之精神？况该局选举权数表限制股权之根据，乃查照前清《商律》及援照浙路公司成案办理，尤属荒谬绝伦。国民革命原为解除民众所受之压迫，此种恶例不予铲除，该局前途（何堪设想）！决议希望此届会议应照法律原则，任各股东依股计权，一股一权，不加限制，自由行使，不得沿袭傅逆宗耀把持之技，谋便私图。

再，该局外埠股东常因远道，不能将股票或息折送局领取出席证，乃该局仅凭各地分局之报告，即行发给出席证，此亦极不合法，而最易滋流弊者也。以后应依法由不到会之股东亲自签名、盖印于委托书，指定另一股东为代表人。该局亦应查照所存印鉴，核对签名、盖印无讹，方准给与出席证，以杜弊窦。本委员会筹议整理，如果认为股权应受限制，亦必统筹并顾，妥拟办法。现拟以四十天为期，预备名簿，通告股东来局登记，即于期满之日，召集股东大会。其有未及依式登记者，应按照《公司条例》第一百四十五条第四项之规定，将股票交存公司，验给出席证，一体与议。本委员会受政府之命，为该局清查整理，自当竭诚以谋该局之进步。同时，深望各股东亦以自己资本为重，尽量发表整理意见，本委员会以局务为重，无不虚衷采纳也。

中华民国十六年六月二十五日。

国民政府清查整理招商局委员会。

审查报告要略

查招商局最近各年账目，除欧战期间略有盈余外，余均亏耗甚巨。其原因虽极复杂，然一言蔽之，不外收入不能增加，支出仍难减少而已。就收入一方而论，水脚应为其大宗，即最近数年之中，每年总在二百万两以上，宜有盈无亏，然除民国十五年份约盈一百二十余万两以外，均亏数万两或数十万两不等。兹将最近五年情形表列于左①（单位为规元/两）：

年度	水脚总收入	各项开支	公摊水脚	盈亏实数
民国十一年	3871163.855	4094904.148	亏 9106.020	亏 232846.313
民国十二年	3966121.918	4025303.080	亏 89664.580	亏 118865.742②
民国十三年	3774963.351	3964057.623	盈 191861.820	亏 97232.452③
民国十四年	5309218.910	4326450.494	盈 229720.730	净盈 1212489.146
民国十五年	2800365.942	3275066.012	盈 98825.460	亏 375874.610

　　上表各项开支中，薪工与用煤每年均各在百万两以上，而尤以用煤为最费，占水脚总收入之四分之一或三分之一。再查招商局收入，除水脚外，其他各项每年数十万两，即以之抵补债款之息，尚虞不足，故该局之盈亏似全视水脚之收入是否有盈而定。民国十四年份水脚净盈一百二十余万两，总核宜无不足，乃仍亏四万七千余两，则以开支一方过巨之故耳。再就十五年底账略观之，计该股本及各款等二千二百二十五万六千零八十两零七分，结存各款一千九百五十三万八千九百六十五两零六分九厘，积亏二百七十一万七千一百十五两零一厘。此项账略与实在情形果能相符与否，亦一疑问。查存项之中，账存各款约二百八十万两，船本约四百九十万两，局产一千一百八十余万两。关于局产一项暂且不论，账存各项中仍就表面可以观察得知者，言必有一大部不能作价。船本四百余万两，殆与原进价不相悬殊，平均每一净吨约合银一百十五两，此在今日定造新船亦不至此。而该局之船大率有数十年之历史，何能作如此高价乎？故财产估价显有不实不尽之体［处］，而历年积亏决不止二百七十余万两可断言也。再就产业一项言之，航产一千一百余万两在招商局账上业产四百七十余万两，在积余公司账上此两种产业内容虽不易明晰，然就其每年收入核之，其收数之小实为可惊。航产收入每年不过三厘左右，业产不过五厘，若除各项费用则亦不过三厘左右，究竟产业价值是否多估，抑或收入方面不无

---

① 此处对原表格式稍有调整。
② 据原表核算当为亏 148845.742 两。
③ 据原表核算当为盈 2767.548 两。

遗漏，此时无从断定，姑暂记之于此。

中华民国十六年六月二十五日。

国民政府清查整理招商局委员会。

（1927 年 6 月 26 日，第 15 版）

来　函

径启者：读六月二十六日贵报本埠新闻内，关于招商局昨开股东临时会纪载，内称由鄙人请政府委员暂缓发言等语，全非事实，鄙人对于政府委员清查招商局一节，以其处处注重股东权利，并有从旁代表规划一切之苦心，其公正态度极可感佩；昨日在会又亲聆各委员之报告，均井井有条，为我各股东闻所未闻，实不得不以股东地位表示感谢之意。一面并告在会股东，政府虽至公无私，代为规划，而为股东者亦应急起直追，以继其后，不得以已有人为我代谋，自弃股东职权，重蹈覆辙而已。贵报所载，似与鄙人用意相反，应请迅予更正，以免误会，是为公便。

王允章敬启。

十六年六月二十六日。

（1927 年 6 月 27 日，第 15 版）

粤闽招商局股东代表之呈文

粤、闽招商局股东代表许崇灏呈国民政府交通部函云：

部长钧鉴，敬启者：六月二十六日招商局招集股东会议，到会者五万余股，合计四万余权，讨论股权，争讼不已，兹将大略情形报告如下：

一、招商局原订章程第十二条，本公司股东之议决权、选举权按股户规定如左：

一股至十股每一股为一权，十一股至百股每五股为一权，百零一股至五百股每十股为一权，五百股以上每二十股为一权。此为民国十三年所拟之章程，尚未实行。今仍沿用前清宣统元年所列股权计算如下：十一股至百股每二股为一权，百零一股至五百股每三股为一权，五百零一股至无限股每五股为一权。以上所订办法原为防止大股东之垄断，然虽经如此限制，而每次会议均为盛氏占得优势，以其股份最多故也。因此招商局永为盛氏所把持，其他散股之股东无有过问之权，如广东所举董事，有如伴食者，无论如何腐败，无权纠正，以盛氏人众势大，非其敌也。此次会议，盛氏主张一股一权，共请律师数人，如张一鹏等到场力争不已。适清查整理委员亦有一股一权之主张。于是，盛氏更有所藉口，复利用"反革命"之名词，压迫反对者。张一鹏两次怒目起立，大声疾呼政府委员已经判决一股一权说，是政府委员主张一股一权，如反对即以反革命论。诬政府委员至此，武断至此，胆妄极矣，因此无人敢与再辩，以致强逼通过。此后招商局必全部落于盛氏一家之手，航业前途必更不可救药矣。

二、从前该局选举，向例广东、香港股东（共万余股）持票至广东、香港之招商分局，由各该分局验股后发给凭条，向总局领取入场券与决议票、选举票，相沿数十年，并未更改。局章以此条为最善，条条可改，此条万万不能改。盛氏于此次开会之前，即有不满意于由各省分局验股发票之办法，主张外省股东亦须持股票到上海总局查验后盖章，始得领取选举票及决议票之语。而今清查委员亦有印鉴办法之规定，适与盛氏之要求相合。如此办法实行，则广东股东及上海以外小股东之选举权无形中均被剥夺殆尽，而股权统由盛氏一家所独占。何者？因广东股东多系散股，散处省城及四乡，若由乡到省，路途不远，路费不多，尚可不因惜此小费而牺牲其股权；若须持股票到上海总局验看，则每人来往一次，需用川资旅费约百余元，百股以上之股东每年所得股息尚不及此数，势必因惜此巨款而裹足不前，小股东更无论矣。如此则招商局永为盛氏一家所盘踞，而广东股东及上海以外各处之小股东，其选举及议决权为无形之取消。清查委员原主张股东受平等待遇，而结果反得绝对不平等矣。

灏受广东股东之委托，对于以上两点不得不言，曾在会场大声疾呼，极力反对，因会场人多口杂，该会所宣布之议事录上竟略而不书，只书"通过"而已，致使灏无以对委托之股东。用特将此种情形详为陈报，钧座总司交通，有整理航政之责，尚乞主持公道，有以维持，不胜盼祷。

专肃，敬请钧安。

许崇灏谨启。

十六·六·二十九。

东鸭绿路周家嘴路安乐里。

（1927 年 6 月 30 日，第 14 版）

张一鹏为招商局股东会之声明

上海招商局股东张一鹏呈交通部云：

为许崇灏呈诉招商局股东临时大会开会情形一案，据实声明事。本月三十日，报载有许崇灏呈贵部文内称，在会场议决一股一权时，谓一鹏两次怒目起立，大声疾呼云云。查是日会场人多口杂，诚如许股东原呈所言，一鹏亦为招商局股东之一，一股一权为平昔所主张，民国十年曾拟有局章草案可证。是日在会场平心静气，谨为各股东剀切说明其利害，经主席李会长以一股一权付表决，乃得多数股东之赞成，表决通过。不特一鹏当时无庸怒目疾呼，已得多数股东之谅解；如果多数股东不能同意，即怒目疾呼，亦乌能有效？否则，许股东原呈曾承认自己曾在会场大声疾呼，极力反对，何以不能得多数之同意乎？至谓反对政府委员主张，以反革命论者，语词亦略有不同。盖当时另有股东发言，谓一股一权既为政府委员宣言书所主张，反对此项主张，自属反对国民政府云云。此系他人之言，并非一鹏所主张，许股东乃并此而误听，其昧于会议形势实甚。一鹏因许股东原呈语多失实，爰特如实具文声明，并检呈局章草案一本，伏乞部鉴核备案。

谨呈交通部。

计呈局章草案一册。

（1927 年 7 月 4 日，第 14 版）

驳正张一鹏交通部呈文

阳历七月初三日报载张一鹏呈交通部文，不承认在会场上怒目起立，大声称国民政府已经判决一股一权等语。吾等六月廿五日二时到会，已无坐位，遂分立楼上下议事台前，张君坐第一排正中，两次起立，称国民政府已经判决一股一权，言时字字清楚，声如巨雷，须发直竖，目眦欲裂。至反对一股一权，即是"反革命"一语，确另有两人所言，非出张君口。当时此语一出，全场多错愕。张君称主席李会长以一股一权付表决，实未尝付表决，仅三数人称已表决，尤为议场之创例。李会长全失自由，形状甚窘。究因何故可笑可怜，乃祖有灵，亦当陨涕。当日议场秩序大乱，如张、李争主席，主席之利益何在，政府委员奉命清查整理，董会亦具救济办法，一概置而不论，只争无谓之股权，真百思不得其解。政府委员宣布宗旨，极为得体。最后有一委员面貌清癯，朗说数言，尤雍容大度，不激不随，旋即全体退席。忽台上有脸白皙之某董，追究发言，冲突政府委员之人，要其负责。夫张君主张一股一权，吾等主张照局向章限制股权，各行其是，未可强同。但何故竟诬政府委员已经判决一股一权，又何故妄称李会长以一股一权付表决，乃得多数股东之赞成？我等反问张君，究竟赞成者若干权？查《公司条例》第一百四十五条，公司各股东每一股有一议决权，但一股东而有十一股以上者，其议决权之行使，得以章程限制之。是本无限制股权之公司，尚得订章程以限制之。招商局自宣元即有限制股权之规定，何故竟欲废去此条，而武断执行一股一权？在普通公司多有一股一权者，试问各大公司能有以一股东而占全额三分之一以上之股权者否？当日张君逼主席付表决数次，果付表决，当然是盛氏多数；即下次开会，亦必盛氏多数。惟有实行限制法，才能稍戢大股东之野心。果盛氏与张君能振兴局务，我股东等何惜牺牲个人股权？若诬政府委员已判决以凌人，妄称得多数股东之谅解、多数股东之同意，张君其闭目一思，除盛氏外，尚知有其他股东否？千疮百孔、腐败绝伦之招商局，救急扶危，尚虞弗及，乃倒行逆施，至于此极，尚日祝一股一权大大胜利，我等亦同祝张君一股一权胜利，惟问张君招商局命运何如？

招商局股东郑诚、胡卓屏、谢协卿、李静之、陈少甫、容文山、何养轩、戴玉衡、邓旻民、唐福光、金绍香、吴德旺、陈君明。

（1927 年 7 月 12 日，第 2 版）

张一鹏敬告驳正呈交通部文者

鄙人呈交通部文，乃专对于许君呈报失实而发。今承郑诚君等证明反对一股一权即是反革命一语非出张君口，甚感，甚感！一股一权早经政府委员表示意见，请郑诚君将是日政府委员会传播之意见书一读，即知鄙人所言之不谬。其议案通过程序，当日纪录不止十人，事后报载亦有多种，参考互订，真相自明，毋庸吾侪斤斤置辩。至招商局大股东何人，招商局命运何若，均与股权问题不涉，吾人论事须扫除成见，平心静气，据理敷陈；否则，不免意气用事。愿与郑诚君等共勉之。又，郑诚君等摹绘鄙人发言时之情状，直如张翼德持丈八蛇矛、立长板〔坂〕桥大喝一声，吓退曹军八十万，鄙人实觉无此神怪之勇气。附志于此，以博一粲①。

（1927 年 7 月 13 日，第 1 版）

郑诚等敬告张一鹏

阅《申报》张一鹏告白，诚等以为张君自诩为法律专家，经吾等之驳诘，必诉诸法律，乃情虚狡辩，不得不再为驳正，并告招商局真正股东。

张君称："请郑诚君将政府委员之意见书一读，即知鄙人所言之不谬"。张君既知为意见书，何故两番怒目疾呼政府委员已经判决一股一权？是日甫开议，人多口杂，秩序混乱，政府委员退席后，而张一鹏说到政府委员已经判决一股一权，即接连有人大呼反对一股一权是"反革命"，全场错愕，人多散去，尚有何程序、有何记录、有何参考之可言？总之，哄闹一场而已。至大股东何人，招商局命运何若，乃股东血本所关，是吾等有切肤之痛，除是为他人作孝子者，欲哭无泪；张君果平心静气，据理敷

---

① 一粲：一笑。

陈，诚等当敬佩之不暇。是日张君始终失态，郑诚等敢证实张一鹏两次怒目大呼政府委员已经判决一股一权，尚敢援引三国演义长板〔坂〕坡一事，欲以张翼德自比，桓侯忠扶汉室，义薄云霄，勇冠三军，名高万古，张君能一一当之无愧乎？一笑。

（1927 年 7 月 15 日，第 2 版）

敬告招商局各埠股东注意议决选举票！！！

股东们快点醒醒罢，招商局股票行情从二百多两跌到六十两以内了，但是为何弄到这样地步，股东们晓得么？哪〔那〕是有人把持的缘故。为何被人把持呢？唉，实在是我们股东们放弃权柄的缘故呀！讲到权柄，是不能离开人的一件东西，有人放，就有人拾。说句良心话，拾的人不好，恐怕还是放的人先不好，因为没有放的人，哪里会被人家拾去呢！中国人买股份，向来当做存款一样看待，只要利钱有处拿，别的完全不管了。就是我们招商局的各埠股东们，也是这样的。碰着开会的档口，只晓得股利拿到手，什么选举票咧、议决票咧，统统不要了。那〔哪〕里晓得你不要，就有人在你背后拾拢来，来做把持的用场。放的是股东们，拾的是各埠分局办事人们，用的就是一二劣董们。故所以造成劣董的资格，酿成劣董的把持，直接是各局办事人，间接岂不是放弃股权的股东么？这种把戏，已经做得长远了，可怜呀，股东们睡在鼓里，到现在恐怕还勿曾明白呢。从前就是有两位明白的股东们，要想法子揭穿他，怎奈人心也不齐，势力也不够，只好眼白白在旁边看把戏哩。现在好了，政府委员主张用印鉴，用委托书了，从此不到会股东的选举票、议决票，不会被人家拾去派用场了。但恐怕还是有人想法子运动股东，派其做代表，仍旧想为别人做把持的用场。所以要请股东们格外当心，如果托靠不住的代表，不但自己害自己，还要连带害别人、害本局呢。三民主义实现了，人们的权柄，与生命是一样重的。股东们快点醒醒罢！！！

股东一份子陈名珂、刘己生、吴鹤等同启。

（1927 年 7 月 19 日，第 2 版）

交部查问招商局临时股东会情形

国民政府交通部于七月三十日发出训令第三三〇号致招商局文云：

为令遵事，案据该局股东史席卿呈称：窃查商办轮船招商局股份有限公司于本年六月二十五日召集临时股东会议。查临时召集，依《公司条例》一四二条之规定，以关于公司利害有必要时为限；又于一四七条规定，召集之宗旨及所应议决之事件，均应于通知公告中分别载明。讵概未依法办理。窃意该会议之不恤违法召集者，殆为便于违法决议之张本。当场刊布之议事日程，先未通知及公告，已于法律根本无效，讵此无效之议程尚为掩人耳目之用。一经开议，即由预定之人提议变更议事日程，先议前届常会保留俟下届常会从长计议之股权计算问题。查临时会既如前述一再规定"关于利害必要"、"遇有紧急事项"等明文，方可召集，而变更议事日程，尤必限于召集时，或编制议案时所尚未发生，或尚未知悉之事项，众股东不及于召集时依法提出议案；又不获先期发表意见，而为临时发生之紧急事件，方可提议变更。查股权一案，既无此种情形，又为预定于下届常会所议之案，何能故意违反议决，特为此案召集临时会议？故意欺罔众股东，为此案变更议事日程，其视众股东如无物，以法定条件为虚设。大股东之专横，不必是日置身会场者，亦鉴于股权在限制情势之下，尚且如此有声有色，阳借平等之名来相尝试，阴抱极端不平等之目的，财阀可惊之魔力有如此者！是日政府清查委员于限制股权之意见书中，有"一股一权"等语，大股东藉为宰制散股之利器。幸虞委员说明委员会真意，为有办法有限制的，非现在会场主张之一股一权也，云云。股东全体皆知委员意见未许为恃众欺压之财阀假借，立于指导地位之委员，原望依法自由行使股权，本不加以干涉；《公司条例》未经合法之修订，原有一四五条之但书，在法律上尚让其限制之效力于原定章程之先于《公司条例》者。其限制章程即根据该条但书而取得法律之效力，必须新设公司或公司向无定章者，方不在但书范围之内。是本公司数十年限制股权之旧章，即不问其是否附有法律效力，而变更章程要宜兼备同条例一九九条第二项之两种条件。该项所载"股东总数过半，且股份总数过半"两句内之"且"字作用，就文字解释，显为兼备条件。民元代用《商律》一百十五条有此同样规定，虽少一"且"字，而其文义尚不能解为得一条件。盖商事法规较民事法规尤为尊重民意、注意商惯，一经定有章程，即不容轻意变更，所以免大股东之操纵，与散股之轻率盲从。法至美，意至善也。此次通知及公告中未得续议股权明列在内，以致开会时主席只报告股份总数、挂号股份总数、到会权份实数，并未报告到会股东总数。查是日到会股东入场时无不签名，既为章程变更议事日程，即不能无视一九九条第二项"股东总数过半"及"且"字等明定之要件。而因股东远不及半数，遂违法秘不报告。须知公司固重股资，亦重股东，故该项特为郑重规定。委员刊送意见书，亦于公司份子之股东三注意焉。若股东人数视为无用报告，问股东名簿又有何用？股东印鉴又有何用？入场不签股票原户，各签股东姓名，岂非多此一举？所谓股东某某云者，未免太无根据。是日签名股东究有若干，主席初谓普通与议，只须照一四四条办理，犹可说也。若提议、附议大都为律师、会计师，岂不知一四五条之但书如何适用？岂不知一九九条第二项之兼备条件如何重要？而相与隐徇，实为违法之尤。苟不依照一百五十条，将召集违法、议决违法之股东会议迅予注销，法治将从此破坏。除依法将席卿所有之股票照章随呈缴送外，合亟于法定期间，控请查明法定各项，予以注销，以重民权而维法治，等语。除批示外，合亟令仰该局将本年六月二十五日之临时股东会议召集暨开会各情形，以及被控各点，迅即详晰据实具复，听候核办。勿延！此令。

（1927 年 8 月 5 日，第 15 版）

招商局股东协进会启事

招商局为专营航业之公司，我股东皆同具商人之资格，平日所关心者惟公司营业之盛衰，与夫股票本利之消长，固无须斤斤研求乎法理也。今年六月二十五日，股东临时会乃以股权争点，竟成法律问题，会场议违法之案，全体蹈违法之嫌，事后报纸之辩争、官厅之控诉，纠纷至今未已。而常会又将开幕矣。同人等鉴及前车，绸缪未雨，询谋金同，集成此会，依据法例，协力进行。宜如何拥护公司，趋于法轨；宜如何维持血本，固我主权，冀广益而集思。愧临渴而掘井，唯念利害之切身，应无遥迩之殊。致爰本嘤鸣求友之诚，共作比事析疑之举。青天白日，幸我人言论之自由，三民五权，当党国纲维之所系，凡我股东盍兴乎来！谨启。

（1927 年 9 月 21 日，第 2 版）

商办轮船招商局股东协进会通告

本股东等组织此会之宗旨，业于启事中表明，兹将本月二十日成立会议决之案两条披露于左：

一、自六月二十五日股东临时会发生股权争执后，各董事多数辞退，此在法律上不能解除责任。近来局务益濒危险，公决应切函董事会，转劝各董事即日到局视事，在常会未开、新董事未选出以前，不得规避观望，致负股东付托之重。

二、政府委员会代拟之票选法及代订变更章程之方案，有窒碍难行之处，公决应由本会分呈政府及委员会说明理由，请求收回成命，仍照旧章实行限制，以息纠纷；一面周知董事会，于此案未解决以前，不得贸然奉行，致违众意。

（1927 年 9 月 23 日，第 3 版）

招商轮局股东协进会宣言

商办轮船招商局股东协进会发表宣言云：我商办轮船招商局为国内唯一之航业机关，积五十余年之辛苦经营，差可与外籍商船公司并驾。乃迩年以来，人事纷纭，种种积亏，几濒于破产。溯其主因，则以有良法而不能实行，或且从事于破坏成法。民十选举之风潮，即是确据。然此犹其显著者耳。若长此不加维持，不加救济，势必将艰难缔造久大之事业，坐视其渐沦以尽，此同人所为日夜儆惧、彷徨无措者也。

招商局为八万四千股之大公司，内部股权一失平衡，则流弊所及，事讧之来，莫可纪极。大股东盛杏荪先生深知其然，为预防大股东之把持垄断起见，一秉大公，手定限制股权办法，于前清宣统三年在邮传部尚书任内奏准立案，规为定章。久之奉行不善，渐见名存实亡。民国十年，南北股东发起修订章程会，仍本宣统三年成案，列为专条，藉冀实行。十三年，股东常会通过新章，因限制宽严之间未尽一致，遂将本案保留俟下次常会议决。本年股东临时会开会时，竟有以撤消限制成法，施行一股一权之说来相尝试者。最近政府清查整理委员会又有累积票选法之新提案，及代订变更章程第十二条之方案。于是，沿用多年限制股权之美意良法，并其名亦将不存矣。

查招商局股份，盛氏公私计占三万二千余股，实握有全体三分之一以上之股权；其余各埠股东合而计之，不及三分之二。若破坏成案，而行一股一权，则盛氏以外之股东势必永无发言机会，而全被掩并。盖历届股东集会，出席股权从无超过百分之八十者，盛氏股权既有百分之四十，则非其他股东完全结合一致，无法与之抗衡。惟完全一致，乃事实上所必不可能。如果实行该项选（举）法，则招商局虽名为众股东所公有，实不啻盛氏一家所私有矣。即或该项选（举）法确有限制大股东权垄断之把握，而我招商局乃完全商办之公司，并非国有机关，修订章程惟股东会有此权能，国家机关只应立于监督指导地位，世界万国似无以命令方式变更商办公司章程之先例。此又我同人对有（股）权问题不能忽视者矣。

总之，招商局之章程为招商局股东间一致协定之契约，民商事件在法应尊重当事人自由意思，一经合法表示成立一种契约，即不容中途翻异。且盛杏荪先生身为唯一之大股东，手定限制股权之章程，其秉心之公正无私，实足令我同人永佩弗谖①。至盛氏子孙宜如何恪遵遗训，奉行不渝，以成先德。民国十年，盛蘋臣君曾有仰体遗训之宣言，正大光明，群有象贤之誉，以此而言，可知限制股权成案实属法良意美，为我全体股东所当竭诚维护者。重以国民政府以节制资本之义，为治世之方，决无破坏成

---

① 谖：忘记，遗忘。《诗·卫风·淇奥》："有匪君子，终不可谖兮。"

法，酿成大股东垄断，以致断送我招商局之意，又为我全体同人所深信弗疑者也。

于是同人求所以维护之道，发起本会，广集众思，以冀永保成规，克昌航业。谨此宣言，愿我同人交相策勉。岂独招商局之幸，其关系实业界之前途非浅鲜也！

(1927 年 9 月 27 日，第 11 版)

商办轮船招商局股份有限公司股东公鉴

敬启者：本公司修订章程第十一条，订明本公司股票为记名式，其用堂记、牌号者听，但须报名所有人名籍、住址及其印鉴于本公司。此项章程经于民国十三年股东常会通过，惟迄今尚未实行。兹经参考其他各公司成例及清查整理委员会意见，业经备具股东登记调查单，附股东印鉴条、股东名簿、转股册、股票让与过户换票申请书、股票继承过户换票申请书、股票抵押挂号申请书及答复书、股票挂失申请书及答复书、补领股票保证书、更换股票申请书、更换印鉴申请书等件，以便股东取用。为特登报通告，本埠自登报之日起，以一个月为期；外埠自该埠登报之日起，亦以一个月为期。请各股东携带股票、备具印鉴，各到该所在地招商局登记，按照下列股东须知各节，逐一填写，以资凭信。此次填写一切，系专备召集开会根据，一俟各埠登记大致齐全，汇送总局，即当订期召集大会。所有领取入场券、议决券、选举券及委托出席证，除以股票到所在地本局送验外，并须由总局查对印鉴相符，始能发给。查股东登记，实系公司正本清源之办法。本局系有限公司，登记与否，其责任原无同异，惟召集开会，庶免非股东之藉端羼入；遇有公司重大事件不及开会者，亦可通信知会，公同讨论，于公司及股东均有裨益。务请各股东俯鉴。公司苟欲彻底救济，必须备有真实股东名簿，始能着手进行。即祈早日驾临，实行登记为要。专此披布，敬请公鉴。

董事会启。

(1927 年 10 月 25 日，第 1 版)

招商局董事会通告各股东登记

商办轮船招商局董事会昨通告各股东云：

敬启者：本公司修订章程第十一条，订明本公司股票为记名式，其用堂记、牌号者听，但须报明所有人（姓）名、籍贯、住址及印鉴于本公司。此项章程经于民国十三年股东常会通过，惟迄今尚未实行。兹经参考其他各公司成例及清查整理委员会意见，业经备具股东登记调查单，附股东印鉴条、股东名簿、转股册、股票让与过户换票申请书、股票抵押挂号申请书及答复书、股票挂失申请书及答复书、补领股票保证书、更换股票申请书、更换印鉴申请书等件，以便股东取用。为特广为通告，本埠自通告日起，以一个月为期；外埠自收到通告之日起，亦以一个月为限。请各股东携带股票备具印鉴，各到该所在地招商局登记，按照下列股东须知各节，逐一填写，以资凭信。此次填写一切，系专备召集开会根据，一俟各埠登记大致齐全，汇送总局，即当订期召集大会。所有领取入场券、议决券、选举券及委托出席证，除以股票到所在地本局送验外，并须由总局查对印鉴相符，始能发给。查股东登记，实系公司正本清源之办法。本局系有限公司，登记与否，其责任原无同异，惟召集开会，庶免非股东之藉端羼入；遇有公司重大事件不及开会者，亦可通信知会，公同讨论，于公司及股东均有裨益。务请各股东俯鉴。公司苟欲彻底救济，必须备有真实股东名簿，始能着手进行。即祈早日驾临，实行登记为要云云。

（1927 年 10 月 26 日，第 11 版）

商办轮船招商局股份有限公司股票登记展期通告

再启者，本公司为股票登记事业，经登报通告各股东，请即驾临照章登记，本、外各埠均以一个月为期，计已早邀公鉴。现届期满，而来局登记者尚属寥寥，用特再行公告，自此次登报之日起再行展期一个月，务请本、外埠各股东早日贲临①，实行登记，幸勿再延，是所盼切。再，本公司现在办理登记手续时，所有股票移转、过户，概行停止，以防弊混。事关股务重要，合并声明，并希各界注意。

董事会启。

(1927 年 12 月 5 日，第 3 版)

商办轮船招商局股份有限公司催请股东登记公告

启者：本公司为股票登记事，迭经登报布告，想诸位股东早经鉴及。今展限又已满期，而来局登记者仍属寥寥，究因何故，本会无从悬揣。顷奉监督处严令催办，本会以事关全体股东权利，公议自十七年一月五日起至二月五日止，特再展期三十日，以示情义兼尽。但在此次续催之后，诸股东倘逾期仍不照章来局登记，本会惟有依据《公司条例》所规定，秉公办理，务希注意，幸无忽视，致有损失固有之股权，是为切要。特此布告，即祈公鉴。

董事会启。

(1928 年 1 月 7 日，第 5 版)

招商局董事长紧要通告请各股东公鉴

兹为本局改组事答复各董、监一函，录请公鉴。其文曰：径复者，接奉大函，以国杰呈准改组，如何措词未经董事会通过，致承诘责。查本局民国十三年股东会常会议决，撤废三科，改为两处六股，本应立时实行，只以兼科长之董事利害关系，种种阻挠，致难实现。在法律上、责任上，我董事会实无以对全体股东。自监督处成立以来，令饬改良组织，屡经会议，而诸君漫不置词，无从解决。监督处且直接责成董事长负责办理，所有监督处来文，均经印送各董事审议。而监督处当时拟派该处总办为本局总办之提议，亦再四为诸君言之。奈诸君迄无方案，应此难局。国杰以改

---

① 贲临：请贵宾光临。

良组织，对内对外为终不可避免之事，自动改组尤为保全商办必不可少之方法。自动改组即不能舍民国十三年议决原案，而别寻途径。既执行原案，开宗明义，即须撤废三科。本局董事现只八人，子愉、清泉、仲熠均曾辞职，久不到会，而子愉、苹臣俱以董事兼科长，撤废三科，事关本身利害，依法当然回避；泽丞为苹臣胞兄，依法亦在回避之列，是董事八人已有五人不能列席，何由成会？本局章程第二十五条，董事会正会长为公司全体之领袖，有督率执行公司全部业务之责。改组案既由股东会议决在先，监督处又再四责成于后，国杰为保全商办及公司生命计，不能使改组重案因董事不能列席而陷于绝地，只得执行局章第二十五条付予之职责，专案呈复。此国杰负责办理本案之苦心及事实经过，不能不求董事诸君即全体股东洞鉴者也。现监督处批复改组案，径行设置总办，与国杰原呈大相径庭，将使本局商办局面不可复保。除已呈请收回成命外，尚望诸君屏除客气，协力进行，以维大局，此国杰对于诸君所馨香祷祝者也。又，大函以八日召集开会，均先后莅止。是日国杰在会守至深更，未睹踪影。诸君真肯为戏言矣？国杰于诸君又何责焉？云云。鉴察为幸。

李国杰谨启。

(1928年2月12日，第6版)

招商局股东呈清积弊

国闻通信社云：招商局董事，经交部认为违法，令其停职，社会极为注目。国闻社记者辗转探问，悉各董事于不登记名册之外，尚有控案多起，故部中下此决绝之手段。兹由该管机关觅得某股东控案原文，为关心局事者所欲睹，为披露如下：

> 为呈控招商局董事会违法渎职，图卖航权，私营舞弊，侵吞股利，吁请彻底清查，依法严办，并扣抵各董事财产，预备赔补股利事。窃招商局自改组公司后，积弊益深，把持益力，历任董事会及重要职员，为局蠹之窟穴，其人存者，十余年来绝少改选，即其人已亡，亦父死子继，世袭罔替，恐积弊之被举发也，以结交权要、献媚

军阀为不二法门，持势威胁，股东敢怒而不敢言，由来久矣。今幸革命军兴，摧破一切恶势力，局务关系航权，政府初设委员会清查于前，继设监督整理于后。今距委员会之设，已阅半年，监督就任，倏已逾月，政府有文告而无设施，有意旨而无事实，局务之积弊如故，重员之蟠据如故，情急势迫，不得不历举局事之荦荦大端，为监督陈之。

招商局久以弊著，几于无人不弊，无事不弊。董事会握用人行政之全局，应负完全责任，而历任董事，但问一己之囊橐，不问全局之仔肩。其最荒谬者，招商局既称股份有限公司，则事事应据《公司条例》办理，《条例》第一百三十一条、第一百四十条、一百五十九条，对于股东名簿之规定，何等重要！据报载前委员会之清查报告书，知局中竟无股东名簿之设置，无怪历次股会，纷扰多端，局蠹羽党，狼突叫嚣，无力股东，向隅饮泣。此董事会之违法者一。

《条例》第一百二十八条："公司非设立注册后，不得发行股票"。又施行细则第五条："条例施行前成立之公司，尚未注册者，应自《公司条例》施行之日起，一年内一律注册"。条文规定极为著明。今查招商局自改商办公司后，从未正式陈请注册，公司根本未定，历任董会置诸不问。其藐视法令，儿戏局务，概可想见。此董事会之违法者二。

然此犹仅影响于局务及股东而已，有关于国权航权，而该董事尤敢违背法纪，肆行无忌者，莫如汇丰银行两次押借之事。〖中略〗公司全部财产，出抵外人，此何等重大之事，而事前既未经股会通过，事后又未经股会追认。〖中略〗此董事会之违法者三。

招商局自改组商办后，以欧战期间为黄金时代，风闻民四至民八，数年间赢利千余万，股东并未分得优厚利益，悉为该董事会及重要职员勾串一气，明取暗吞，瓜分以尽。其较显著者为租船事，当时船舶供不应求，廉价长期为人租雇，营业上已不合算，乃租船之中，私弊百出，闻经纪佣金，冒开二十五万余两；各船租价，既较他公司为低，而陆续租出之时价低者，逾租期尚为人使用，价高者未满期即取消租约，其间有无罚金及罚金多少，绝不一致。〖中略〗伏乞监督于欧战期间收入诸账，立饬所司悉力勾稽，其有毁藉［籍］漏载者，旁证他公司营业可以取譬，勿使食私而肥之人高拥厚资、逍遥事外；而小股东衣食所资之血本，反有破产之忧，此所望监督严迨［追］浸渔，以补偿股东血本者也。招商局之存亡，监督之威信，政府建设之成绩，均将于整理与否决之。〖中略〗该董事会长袖善舞，势焰熏天，藉租界为巢窟，依军阀为护符，豢律师为腾犬，养棍徒为羽翼，百足之虫，余力尤在，养痈留螫，必贻后患。

现董事会任期已满，口言辞职而恋栈如故，伏请监督立施乾断①。〖中略〗其情节较重之董事及重要职员，并应看管以免逭窜，致成悬案。查封财产为假扣押预备，照《公司条例》第一百二十八条、一百六十三条赔偿公司及股东之损害，再行移咨法庭，依法起诉；一面赶办股东登记，待股东名簿造齐，即由监督代为召集股东会，选举新董事，然后移交事权于董事会，必如是而后政府可以实施监督，亦必如是而后局务可以实行整理。非常之事，用非常之手段，不披荆斩棘，则嘉卉何由而生；不排浊决淤，则正流何由而畅。某上顾航权，一［下］顾血本，不避嫌怨，披沥上陈，不胜迫切待命。谨呈招商局监督。

（1928年2月21日，第15版）

商办轮船招商局董事会长代行董事会权职李国杰通告

本年三月三十一号为本局与汇丰债务之难关，我股东暨社会人士、政府当局均严切注意。国杰以此事关系本局存亡，即我股东有切肤之痛，虽自揣棉［绵］力，未敢袖手，特与汇丰再四交涉，幸达暂缓执行处分押产之条件，并放还"安"、"顺"、"华"、"新"、"靖"及"新江天"六船，俾作另行押款之需。复承王伯群监督代向中、交各银行担保，商借五十万两。益以局中储款，共凑七十一万余两，于三月三十一日送交汇丰清

----

① 乾断：帝王裁决政事。

还欠息，其五百万本金，则俟另□归还。此应付汇丰债务之经过情形也。特此通告，敬希公鉴。

商办轮船招商局董事会办公处。

（1928 年 4 月 4 日，第 6 版）

交通部令协济会不得干涉招商局总管理处

国民政府交通部监督招商局办公处指令第二十七号：令招商局总管理处总办赵铁桥：

呈一件，抄送宁波何分局长，该分局及该处报关公会各来电由，呈悉。当以"协济会之设，专为筹备登记及股东大会，原属一部分股东之结合，其职务明明规定于简章之内，岂容逾越范围，多所干涉？核阅各电，殊深诧异。要知总管理处受本处监督，有处理局务全权，各地分局长亦由本处直接委任，受成于总管理处，系统分明，未可淆乱。该会此次妄发通电，使各地新旧交代发生障碍，殊与设立本旨大相违背。除由总管理处电饬该分局遵照前令交代，并电知该处报关公会，不能轻易成命外，为合行令，仰该会明白声复，以凭核办。毋违，切切！此令"等语，训令该会矣。仰即知照，此令。一七·五·二二。

（1928 年 5 月 23 日，第 14 版）

王宠惠、蒋百器等宴商界领袖

——主张召集招商局股东大会

商办招商局轮船公司股东代表王宠惠、蒋百器、欧阳荣之、董康、汪有龄、叶惠钧等六人，于前晚七时，在香港路四号银行俱乐部宴请商业金融界领袖，到虞洽卿、冯少山、赵晋卿、秦润卿、沈联芳、聂潞生、李玉阶、王晓籁、徐新六、穆藕初、胡孟嘉、石芝坤、李伟侯、孙景西、李伯勤、林康侯等三十余人。

席间由蒋百器主席报告，略谓：招商局问题，有主张官办者，有主张官督商办者，有主张商有官办者，有主张商办者，就鄙人观之，则商办实为最当。盖招商局本为商办公司，其主权当属于全体股东。现在本党以实现三民主义为建设唯一之标的，三民主义之中，当以民生主义为骨脊，民生主义云者，使人人有职业、有饭吃之谓也，然欲求人人有职业、有饭吃，当在求实业之能发展。自招商局及中兴煤矿公司为政府收回之后，实业家因之裹足，何人再敢投资，如此欲求实业之发展，民生主义之实现，戛戛乎难矣。鄙人前奉命为整理招商局委员，其时张主席□江曾明白宣告，谓政府对于招商局为善意的辅助，决无其他用意。

王部长伯群亦存同样之宣告，是政府方面当不致自食前言。本席以为，为今之计，亟应召集招商局股东大会，解决一切，使数十年苦心经营之中国唯一航业，有整理改进之完全办法，在政府亦得遂其辅助发展之原意云云。

次冯少山演说，略谓：因招商局之改为官办，而影响其他实业之发展，关系最为重大。人类是有情感的，有情感必有联想，营业盈亏在商业是极普通之事，如果因营业失败，而政府即收回官办，此后何人再敢经营实业？商会方面在全国交通会议时亦曾提出请愿，今聆主席之言，主张召集股东大会，解决一切，本人甚为赞成。

次虞洽卿报告全国交通会议时对于招商局问题争执之经过，并谓：对于召集股东大会，极所赞同。且前次股东协进会呈请召集股东大会已奉交通部批准，嗣因董事会李伟侯会长登报声明展期，遂未克举行。鄙人认为，招商局问题，只有政府或股东可以解决。前次在交通会议时，鄙人即发表此意，但因参与会议者多系官吏，对于商办性质未能明了，故无完满结果。现在惟有希望大、小股东切实联合，以股东大会解决一切。好在按照《公司条例》，有十分之一股东之请求即可召集大会。航业关于国家之前途甚大，各国对于航业公司均有实业助其发展，在中国过去历史军阀横行，非特不敢望其提倡辅助，但求勿加摧残，即为已足，而主持办理者亦未能克尽厥职，股东间意见又不一致，凡此事实，言之痛心。但望此后不再有此现象，股东能祛除意见，得适当人才以主持之，庶几有挽回之希望耳。

次李伟侯申述上次股东大会主张展期原因及种种苦衷，对召集股东大会表示赞同，但仍应在法律范围以内发表主张云云。

又次叶惠钧、董康亦有发表，对股东大会均主张必须召集，谓国家之主权在人民，公司之主权在股东，股东依法召集大会，自无人可以干涉云云。

（1928 年 9 月 12 日，第 16 版）

十四 政府清查

各社要电

国闻社八日汉口电，交部庚日布告：招商局自行宣告停业，不独国内交通大受影响，即该局各股东亦多疑虑。本部为维护交通事业及该局股东权利起见，特派专员，组清查委员会，清查该局账目财产。在此清查期内，该局所有船舶、码头、栈房、地产等，无论何人，不得以任何名义有擅行抵押、变卖、转移等情。〖下略〗

（1927 年 2 月 10 日，第 7 版）

汉案续议后消息

〔汉口〕交通部以招商局停业，特组清查委员会，清查该局账目财产。在清查期内，该局航船、码头、栈房、地产，不得擅行变卖移转。（九日下午四钟）

（1927 年 2 月 11 日，第 4 版）

蒋伯器、钱新之关于招商局之谈话

政治会议上海分会于上月十六日派蒋伯器、钱新之与招商总局负责人员商议改善该局办法后，接洽情形外间尚未尽悉。昨记者往访蒋、钱两君，据云自奉令后，曾于二十七日邀集该局董监事李伟侯等六人在银行俱乐部谈话一次，当向李君等声明接洽宗旨。谓招商局为中国唯一航业机关，事关航政，政府自有指导监督之责。且历年局务腐败情形无庸讳言，国民政府既为人民谋利益，更不能置之不问。惟为尊重股东意见计，对于局务改善办法，特先征求董事会意见，以凭参考云云。当时董事、监察等各述局务大概及办事困难情形，并无具体意见发表。因约定在一星期内由董事会书面提出兴革具体办法，再候呈报政府核夺。此为当日谈话真相，招商局日前致某报函中所述语意不尽与谈话相符云。

（1927 年 5 月 3 日，第 13 版）

傅宗耀通缉后昨闻

政治会议上海分会自明令通缉傅宗耀后，复训令招商局及通商银行，著开去傅之职务，免致连累。兹悉招商局及通商银行，业已函复政会遵令开除矣。附录招商局原文如下：

〖上略〗四月三十日奉贵会训令第十九号：查傅宗耀业经本会明令通缉在案，该局应即取消该犯职务，免致连累等因。仰见垂注敝局，廓然大公之至意，钦感曷胜。惟该犯于钧令未到之先二日，已函致敝会，内开"宗耀近因胃疾大发，孱躯不支，所有董事及主船科长、积余公司经理，即日起一并告辞，即希俯如所请，至纫公谊"等语。敝会已据以开去该犯本兼各职矣。兹奉前因，合亟奉呈。即祈查核，藉纤廑系。〖下略〗

又通商银行函：

〖上略〗奉四月三十日钧会第十八号训令，以傅宗耀业经本会明令通缉，应即取消职务，免致连累等因。查本行行长职务，业于四月二十九日起，根据本年二月二十六日董事会议决案，由副行长谢光甫接任行长职务矣。敬此奉复，仰祈鉴察。〖下略〗

（1927 年 5 月 4 日，第 14 版）

清查整理招商局委员会正式成立

国民政府鉴于轮船招商局办理不善，早拟派员清查，因军事倥偬，未即实行。兹于上月三十日中央政治会议议决，咨请国民政府任命张人杰等十一人为委员，经国民政府秘书处通知各委员，该委员等当于日前在上海召集第一次会议。到会者为张人杰、郭泰祺、蒋尊簋、潘宜之、钱永铭、宋汉章、杨铨、李孤帆、杨端六、虞和德等十人，并推定张人杰为主席，杨铨、杨端六、李孤帆三人为常务委员，通过组织大纲，推钱永铭及常务委员起草宣言及办事细则。闻昨日政府训令已送达该局，该委员会拟即着手清查，并定事前发表宣言，以免外界及该局股东有所误会。兹将训令录左：

径启者：奉委员会谕："查招商局为吾中国惟一航业机关，成立以来为官僚商蠹所把持，最近又经傅宗耀垄断局务，献媚军阀，若不积极清查整理，不特大背为国造产之政纲，更无以遏止外轮内航之侵略。兹经议决，派张人杰、蒋尊簋、虞和德、郭泰祺、陈辉德、宋汉章、钱永铭、杨铨、潘宜之、杨端六、李孤帆为清查整理招商局委员。除另发任命状外，仰先行通知招商局遵照，俾得彻底清查，积极整理。"等因，奉此。相应函达查照。

此致招商局。

国民政府秘书处。

（1927 年 5 月 11 日，第 9 版）

清查整理招商局委员会发表宣言

清查整理招商局委员会昨日举行第二次全体会议，到宋汉章、潘宜之、杨铨、杨端六、张人杰（沈仲毅代）、李孤帆、郭泰祺、虞和德、陈辉德（杨铨代），通过宣言及办事细则，并规定办公费每月一千七百元，呈请国民政府饬上海财政委员会照拨。兹将该委员会宣言录下：

轮船招商局为我国唯一之大规模航业机关，创设在日本邮船会社之先，五十年来绝少发展，邮船会社之航线已遍布全球，招商局则依然局促于长江及南北洋三航路，公司之资产尽归抵押，股东之血本日趋萎缩。长此因循，必至航权皆归外人，股票尽成废纸，受其累者岂特公司之股东，中华民国之国计民生皆将蒙无穷之损失。衣食住行为人民之四大需要，故本党总理之民生主义及《建国大纲》皆以解决此四者为首要。国民政府既为实现总理之民生主义而设立，对于此关系全国民生命脉之招商局，自当力谋整顿救济之道。本委员会奉中央政治会议及国民政府之任命，办理清查整理招商局事宜，当谨守总理建设廉洁政府之遗教，研求局务不振之症结，妥拟航业扩大之计划，以政府与人民之合作，谋股东与社会之利益，对公司之资产当力加保护，原有之事业当督促维持，股东及社会之意见当尽量容纳。本会委员均不支薪俸，即办公经费亦由政府拨给，以示国民政府为人民服务之精神。至委员会之行动，尤愿受股东及社会之监督，如委员中任何个人有受贿害公之事实者，一经举发，证据确凿，为党纪国法所不容，愿受人民之裁判，以定应得之惩罚。所望全国人民与招商局股东共起指导，群策群力，挽已失之航权，立民生之基础，不负国民政府清理之意，实现总理《建国方略》，本委员会同人当努力为革命的建设之前驱。谨此宣言。

（1927 年 5 月 12 日，第 13 版）

交通部组织之新讯

——王部长对于邮电路航四政之方针

知

国民政府自迁宁后，各部相继设立。交部王伯群部长已于十四日夜九时专车来宁，定于日内即行宣告就职。内部组织近颇忙碌，尚未十分确定。记者昨特接晤，叩以设施方针。据云，交部事业向分路、电、邮、航四司，职权攸别，似当一仍旧贯，不若武汉前此之并邮、电为一司，诸多掣肘。惟目下以事务繁简之不同，故虽分四司，而人选则未确定，或以一人而兼绾二司，因时制宜，固亦无不可者也。至于四者事业，吾国向以邮务为较形发达，近年已获盈余，此中虽有外国契约上之关系，似乎主权旁落，而实则外人之专门技术可以资助者亦复不少。近来以国权运动及劳资问题之故，邮局职务遂不免有废弛之处，若减少工作时间，而不先为调班之预备，则得失相形，正复不少。各埠之外国邮务长，既因种种时局关系，不克躬尽厥职，而华员方面，则正当加以训练，使早能益致专精。故目前于交通有利事业之中，首当注意邮政，部中将拟设一总管理局于上海（名义尚未确定），以控制全国之各局。至于用人方面，华员堪以充任之职务，自当尽先擢用；而洋员方面，其有专门技术者，正亦不妨雇用，一方固有条约上之关系，一方亦正足借助于他山也。如总管理局能设立，则权操自我，虽不能即行取消条约，而精神上我国已优越不少矣。至于电务，亦拟别设总管理处于上海，一方尽力整顿，一方剔除积弊。而材料管理即由此总处负责，不必以上海一隅之局而使有汲深绠短之虞也。路局首在规复旧观，雇用洋员，虽亦有借款契约上之权利，然其中苟有不尽不实之处，自亦当努力以扫除之。航政则部中本无直辖之船只，不过先当设法使招商局及早复航，不令破产。好在现政府方面已组有整理招商局委员会，正可合力进行。至于其他商业船只，更当设法保护，俾资提倡。总之，处此草创革新之际，行政方针首重规复旧观，继以革新进行为主旨云。（十五日）

（1927 年 5 月 17 日，第 6 版）

潘序伦任招商局查账会计师

本埠潘序伦会计师昨接国民政府清查整理轮船招商局委员会公函，内开"兹委任贵会计师为本委员会常驻查账会计师，即请查照"等因，闻潘会计师已复函允为担任矣。

（1927 年 5 月 20 日，第 11 版）

清查整理招商局委员会开始办公

国民政府清查整理招商局委员自经中央政治会议及国民政府任命，曾由张静江主席在武定路本宅召集全体会议两次，举定委员会主席及常务委员，并通过该会组织大纲、办事细则及经费预算，复议决委任潘序伦、徐广德两会计师担任清查账目，魏道明、秦联奎两律师为法律顾问，陈蔚青为秘书。最近张主席因治丧回沪，于本月十七日召集常务委员会议，议决于本月二十日上午十时全体委员到局，开始施行清查职权，以期早日整顿航业，有以慰政府、社会及该局股东之望。并先期函知该局董事会，请全体董事届时到局接洽一切。是日各委员及会计师、法律顾问等均于十时先至武定路张宅齐集同往，计到者为潘宜之、杨端六、张人杰（沈仲毅代）、钱永铭（并同代表胡礽泰）、蒋尊簋、虞洽卿、陈光甫（因事早退，推杨杏佛代）、杨杏佛、宋汉章（因事早退，推李孤帆代）、李孤帆等十委员及潘序伦、徐广德两会计师，秦联奎、魏道明两律师，约十时四十分到局，由该局正、副董事会长李国杰、盛恩颐，及董事庄清华、陈翊周、唐虞年等招待入董事会议事室。

首由委员令总务主任杨杏佛代表委员会说明政府清查整理该局之意，略谓政府主张及委员会之意见均已详委员会宣言，其大要不外挽回已失航权，维持股东利益，以实现本党总理之三民主义。委员会同人当根据宣言，切实力行，绝不以空言甘辞自欺欺人。惟同时希望董事会及各股东当自动努力整顿局务，勿完全依赖政府及委员会；委员会对清查账目，当负全责，即日进行。至整理方面，应由董事会及股东负责进行，政府及委员会当以全力监督扶助云云。

次由李董事致答，略谓董事及股东自见委员会宣言，深感政府爱护本局之意，故对委员清理极表欢迎。惟局中经济，自长江航业停顿以来极感困难，亟盼早日恢复营业，以挽危机。

继虞洽卿委员述招商局之经过甚详，对于整顿后之局务前途甚抱乐观，谓以公司之资产而论，实超过债务远甚，苟能剔除积弊，必能执中国航业之牛耳；若长此因循，则不出五年，且濒破产。取消不平等条约为今日救国之急务，而整顿本国航业，则为取消不平等条约之基础。虞君并谓，整理刻不容缓，应与清查并进，渠亦股东之一份子，今政府委员与股东皆以整顿航业、挽回权利为心，必能合作极为快慰。

次潘宜之委员发言，略谓国民党之党纲及《建国大纲》、《建国方略》

皆以航业为重，因其关系国计民生，万不能听其自然归于失败。交通为全国人民所必需，故政府当尽监督指导之责，放任航业听其腐败，或加以破坏，即为违背本党党纲，即为反革命。

次沈仲毅、蒋百器、李孤帆诸委员等均相继发言，大致皆就宣言之意发挥，并希望股东与委员会之合作。继由盛副董事长致辞，谓各国航业均有政府之保护与扶助，故能发达，从前政府对于航业不但不能保护，且时予阻碍。今国民政府能实行整顿航业，并为清查账目，个人极表欢迎。

最后，陈翊周董事代表粤帮股东发言，极为诚挚，谓招商局办理不善，粤帮股东所受损失最大。从前该帮股份占四分之一，近多纷纷减价出售，所亏甚巨。今闻各委员之言，公司前途无限光明，股票必日有起色，至为愉快，并致谢意。

末由杨杏佛委员结束各方意见，谓委员当即日负清查之责，请董事会及股东亦即日负整顿复航之责，凡董事及股东力所不及者，政府及委员会当尽力援助，务使该局股票在清理期中市价日增，以作国民政府为社会及股东谋利益之证。今日后彼此相约，互相监督，互相策勉，必使一一见诸事实，乃不负此日。时董事中有询今日为何日者，旁座以五月二十日对，乃起立曰："希望五月二十日为招商局之复活节。"委员、董事等均大笑，遂散。

闻清理委员会已在法租界陶尔斐司路五十六钱［号］设立通讯处，并即日开始清查该局账目云。

（1927 年 5 月 21 日，第 9 版）

国民政府清查整理委员会通告第一号

本委员会奉中央政治会议及国民政府委任，办理清查整理招商局事宜，已于五月二十日开始行使职权，并在法租界陶尔斐司路五十六号设立办公处。在本委员会清查该局账目期内，未便参入其他团体或个人执行同样任务，以一事权，而利进行。敬希各界公鉴。

（1927 年 5 月 24 日，第 1 版）

徐永祚会计师来函

径启者：本月二十二日报载，招商局监委会宣言内，有"聘定徐永祚会计师为清查员"等语。查敝会计师并未受有此项委托，亦未据该会前来接洽，此项消息想系传闻之误。相应函请更正，以昭翔实，无任感荷。徐永祚会计师总事务所。

（1927 年 5 月 24 日，第 11 版）

清查整理招商局委员会纪事

清查整理招商局委员会昨接国民政府"天"字第十六号指令，文曰："呈及附件均悉，组织大纲应改为条例，即经核定公布。其办事细则，仰即按照条例，分别修正，呈报备查。至所列公费预算表，候令财政部核发可也。仍将清理情形，按月具报，并仰知照。此令！附件存发。"云云。

条例列后：

国民政府清查整理招商局委员会条例

一、名称。本委员会定名为"国民政府清查整理招商局委员会"。

二、组织。本委员会以奉国民政府任命之清查整理招商局委员十一人组织之。

三、职员。本委员会设主任一人，主持一切会务，由委员互选之；常务委员三人，分任总务、秘书、审计。

四、职权。本委员会之职权如下：

（一）在清理期内监管招商局及其附属机关之产业，并维持其事业；

（二）清查招商局及其附属机关之账目、资产状态与历年盈亏原因；

（三）根据清查报告及国内外航业状况与股东之意见，拟定整理并改组招商局计划，呈由国民政府核准施行；

（四）执行并实现上项整理及改组招商局计划。

五、任期。本委员会之任期以清查并整理招商局为限，一俟所拟改组计划实现，本委员会应将所监管之该局资产及所维持之该局事业，即日移交改组后之负责机关管理。

六、经费。本委员会之办公费由财政部核发。

七、附则。本条例由国民政府颁布施行。

（1927 年 6 月 7 日，第 14 版）

内河招商局账由潘序伦清查

国民政府整理清查招商局委员会，因内河招商轮船局内幕情形与外河招商局关系至为密切，现为清查外河招商局积弊计，不得不将内河招商局账目一并清查，前派潘序伦会计师担任清查内河招商局事务。闻潘会计师已调取该总局及各分局历年账册，着手办理云。

（1927 年 8 月 8 日，第 15 版）

国府清查整理招商局委员会发表清查报告

本委员会自清查招商局以来，就调查所得之资料已制就清查报告书七种，各项统计表二十六种，所有清查未竣部份仍秉承中央政治会议最近训示，非积极清查、彻底整理，不足以副本党为国造产之政纲，而谋股东与社会之利益之至意，努力进行，不遗余力。至关于整理部份，决先从整理股务着手，与招商局董事会商榷之结果，已拟定股东登记调查单、股东名册、转股册、股票让与过户投票申请书、股票抵押挂号申请书等簿据格式十二种。兹先将本委员会清查文件发表如左：

清查招商局报告书目录：

（一）清查招商局报告书总论；

（二）清查招商沪局账略暨各分局营业状况报告书；

（三）清查招商局各项缴费摘要报告；

（四）检查租船水脚合同意见节略；

（五）调查招商沪局制度报告书；

（六）清查积余产业公司报告；

（七）清查内河招商局报告书。

清查招商局各种统计表目录：

（一）招商局历年资产及负债对照表（民国元年至民国十五年）；

（二）积余产业公司历年借贷对照表（民国三年至民国十五年）；

（三）招商局历年局产变迁表（民国三年至民国十五年）；

（四）招商局历年船本变迁表（民国前一年至民国十五年）；

（五）招商局历年船本变迁图（民国前一年至民国十五年）；

（六）招商局各船内容统计表；

（七）招商局各船每吨价值比较表；

（八）招商局各船用煤及价值比较表；

（九）招商局最近三年水脚与用煤比较表（民国十二年至十五年）；

（十）招商局最近三年内装载货量额与用煤一吨比较表，附该局最近三年内各船每次水脚收入平均表（民国十三年至民国十五年）；

（十一）招商局最近五年各路航线水脚总收入及航行次数，附五年内船余及船亏总数统计表（1922～1926）及招商局全部轮船近五年内水脚总收入、各项总开支及损益统计表（民国十一年至民国十五年）；

（十二）招商局历年各口产租统计表（民国元年至民国十五年）；

（十三）招商局历年客货栈租收入统计表及该局历年各项杂款收入统计表（民国元年至民国十五年）；

（十四）积余产业公司历年收支对照表（民国三年至民国十五年）；

（十五）招商局历年各项息款收付统计表（民国元年至民国十五年）；

（十六）招商沪局经手货脚及沪局局佣统计表及招商局经手客货水脚统计表（第一表民国四年至民国十五年，第二表民国十三年至民国十五年）；

（十七）最近三年汉、津、甬、港、粤五分局经手脚局佣缴费及总局净给缴费表；

（十八）招商沪局经手"江华"轮船水脚佣金统计表（民国十五年）；

（十九）招商沪局经手"广大"轮船水脚佣金统计表（民国十五年）；

（二十）招商沪局经手"新江（天）"轮船水脚佣金统计表（民国十五年）；

（二十一）招商局历年各项缴费统计表（民国元年至民国十五年）；

（二十二）招商局各船缴费统计表（两张）（民国元年至民国十五年）；

（二十三）招商局历年各项修理统计表（民国元年至民国十五年）；

（二十四）招商局历年损益表（民国十年至民国十五年）；

（二十五）招商局历年各船盈亏局［表］（民国元年至民国十五年）；

（二十六）招商局最近五年航业部损益表（民国十一年至民国十五年）。

（1927 年 8 月 19 日，第 15 版）

招商局之整理办法

——清查整理委员会职务终了

国民政府清查整理招商局委员会自五月间就职视事以来，积极进行，不遗余力，清查部份业已完竣，整理部份亦已拟有办法，呈报政府，听候核准施行。该会因国民政府所赋予之使命业已行使终了，故已准备结束。兹将该会上月三十一日呈报中央执行委员会政治会议公文补录于后，以为关心招商局大局者之参考，原呈如下：

为呈报清查整理招商局委员会工作情形，并拟定整理招商局服务办法暨解决股权争执计划及定期召集股东会方案，缮录报告书清单及说明书，具呈仰祈鉴核事。窃查本委员会清查工作，除一小部份外，业已将次结束，所有调查所得之各项数据，其大旨已见诸本委员会发表之《清查招商局报告书总论》中，该件曾于八月十六日备文呈报钧会及国民政府在案，并经送交上海各报馆发表；至各项分类报告书，除《清查内河招商轮船局报告书》及《清查轮船招商局积余产业公司报告书》二种，业已制就发付油印，兹连同《清查招商局报告书目录》一份、《清查招商局各种统计表目录》一份，一并附呈，敬请钧鉴外，其余各项分类报告书，有业已制就正在缮校者，有大体虽已成就尚须分条严格审查甄别取舍者；尚有一二种因所欲调查之簿据受有关系方面之暗中阻挠，延不送交本委员会查核，致报告书尚未能完成者。然本委员会总期于最短期间,将清查工作一律结束,此本委员会清查工作将次完竣之大概情形也。

至整理工作,头绪纷纭,本委员会审慎考虑之下,决定先从关于公司主体之股务方面着手。因招商局从无确实可靠之股东名册,故与招商局董事会商榷之结果,特行拟定关于整理股务之簿据格式十二种,另拟有简要说明书一种,题曰《招商局股务之整理办法》,兹连同簿据格式十二种,一并附呈。本委员会又因招商局股东间最大之争执,厥维股权问题,历年以来迄无解决方法。近日交通部曾呈请国民政府,谓关于招商局事宜,该局股东及民众纷向该部呈控各节,应否受理等因,虽经本委员会行文交通部,请将该部收到关于招商局各项呈文抄录全卷示知,以为本委员会据[制]定整理计划时之参考,尚未得复,然据报纸所披露之呈文数种观之,则其所争执者仍不外乎股权问题。本委员会知招商局股权问题,于未开股东会前,有先行切实解决之必要。爰采用新大陆实业先进国之美国对于大规模实业公司股权问题最新、最良之解决方法,决定招商局选举董事监察人应适用累积票选法,并拟定一文,题曰《招商局选举董监应采用累积票选法》,以说明本委员会之主张及累积票选法之意义与优点。今将该件一并附呈,敬请鉴核。若此项累积票选法得以实行,则招商局大小股东均有选举代表之机会,而悬案经年,聚讼纷纭,愈接愈厉,无法解决之招商局股权问题,可得公平持久之解决。于消除招商局股东间之隔阂,促进招商局股东间之妥协,当有殊效也。

又,招商局董事会自民国十三年改选以来,本年正届改选之期;且该局际此局务停顿、生计垂绝之秋,董事间门户之见仍深,董事会议屡召不集,大局益形险恶。本委员会以为,亟宜按照本委员会所拟股东登记办法及累积票选法办理改选,爰特拟订召集股东会方案,计办法十条,另录附呈,敬祈鉴核,即日施行。则招商局大局幸甚,中国航业幸甚。

溯自本委员会奉命视事以来,已逾三月,在此时期内,所有清查工作大体已藏事,整理工作亦已拟定招商局股东登记方案,解决股权办法,召集股东会方案,凡此计划,均为整理及改组招商局之重大关键。政府如无后命，本委员会拟请自招商局股东会正式开会，改选董监办妥，新任董事会正式成立视事之翌日起，即行全体解职。照本委员会所拟召集股东会方案之规定，举行股东会，去今大约尚有四十日。拟于此时期内，一面督促招商局依照规定计划，改选董监；一面将根据清查报告，并参照国内外航业状况与股东之意见，再妥拟一整理招商局计划大纲，上之政府，核准施行。至整理招商局之详细计划，如全局职员统系之规划，如会计制度之订定，如航业产业之具体整顿方法，如附属机关之整理刷新，如栈务管理之改善，如办事人员之甄别，凡此种种，经纬万端，头绪纷纭，非短时间所能详细规划，且贵在因事制宜，随时改革，则又非本委员会于事前所能悬揣，而一一为之妥拟详细办法者也。所有本委员会规定整理招商局各节，是否有当，理合具文呈请鉴核，训示祗遵。

　　谨呈中央执行委员会政治会议。

　　附呈《清查招商局报告书目录》一件、《清查内河招商轮船报告书》一件、《清查轮船招商局积余产业公司报告书》一件、《清查招商局各项统计表目录》一件、《招商局股务之整理办法》一件、《招商局选举董监应采用累积票选法》一件、《召集招商局股东会方案》一件、关于整理招商局股务簿据格式十二种。

（1927 年 9 月 22 日，第 14 版）

招商局之股权问题

——清查整理委员会改良选举法之拟议

　　招商局历来股东间纠纷之主因，厥为限制股权问题，查现行章程，迄未将该项规定议决，其所依据之限制股权办法，系引用前清《商律》及浙路公司成案，实属滑稽已极。本年六月二十五日临时股东会，复因争执股权问题，致起冲突，后虽经议决一股一权，然事后仍未能相安。当时清查整理委员会，以该局限制股权方法太无根据，故主暂行一股一权之普通办法，一面积极办理股票登记，编制股东名簿，以便妥筹限制股权之善策。

当于七月间，经常务委员之拟议，交大会复议通过，采用累积票选法，以期大小股东皆得自由行施股权，而杜操纵把持之渐。兹特觅得委员会所拟招商局选举董监应采用累积票选法一稿，因亟转录于左，以供关心该局股权问题者之参考。

招商局选举董监应采用累积票选法。自本委员会于六月二十五日在招商局临时股东会内发表对于整理股务、限制股权之意见书后，曾有自称小股东代表者多人来会，访各委员谈话，请求本委员会变更主张，维持现状，其所持理由，不外乎下列二点：（一）股权不加限制，则小股东权利无所保障；（二）股东而用印鉴，则广东、香港（据称二处共有股票万余股）股东多系散股，若须持股票到上海总局验看，则每人往返一次需用川资旅费约百余元，必因此巨款而裹足不前矣云云。同时，另有他方面之自称股东代表者到会，赞许本委员会一股一权之主张。且见报纸登载，两方面已均有呈文致交通部，发表主张。本委员会调查所得，知股权问题为招商局股东间最大之争执，历年以来，相持不得解决。招商局修订章程会草案内股权条下说明有云：“盖同是股东，同有资本关系，股份多者恐限制股权，被股份少者把持，则股份少者，亦恐以不限期股权，被股份多者把持。易地以观，初无二致。”即此了了数语，可见双方心理。本委员会对于此项股东间之纠纷，亟思有以解决之，迭经审慎考虑，始毅然决定招商局选举董监之股权计算法，应摈弃旧式方法，而采累积票选法。此种票选法，可称公司选举法中之最新颖、最公平者，其施行之效果，可以限制大股东之垄断，而使小股东得有选出代表之机会，法至良也。就本委员等见闻所及，国内各公司尚无一采用此项选举新法者，本委员会希望将此项选举新法，介绍于吾国实业界，而请以招商局为之滥觞。今将美国陆惠廉教授所著之累积票选法，移译于后，以代说明，阅之可以明了此法之优点。

累积票选法［译自美国陆惠廉教授（Prof. William H. Lough）所著《公司理财论》第五章第四十九节］。公司股票选举权计算法，最初为一股一权，此种规定到处皆同。就公司普通股而论，虽时至今日，仍多有采用此种计算方法者，惟已不复可谓为唯一之计算法耳。各种限制股权之方法，次第发生，渐受社会欢迎，今请以次论之。一股一权之最大流弊，即将一公司之管理权完全奉诸占有过半数股份股东之手，照此种计算方法行使股权，大股东所举出之董事名额，可占有董事会名额之全数，非仅过半数之名额而已。而小股东方面，因在董事会并无代表，故丝毫无权过问公司业务。不幸，美国大多数公司中之小股东，其处境大抵如此。欲免除此种明显之流弊，乃发生种种限制方法，使大股东之股权受一种限制之拘束。此事在英国最为通行，其限制之方法，大致如下：一股至十股，每一股得一权；十一股至二十股，每二股得一权；二十股至四十股，每四股得一权，以此类推。每一公司，得自定章程，规定限制股权之方法。其结果，各公司限制股权之方法，当然难以一律，或竟有大相径庭者。虽然不问其限制股权之方法如何，其目的则一，在使公司中之小股东得以有权过问公司业务，而大股东或一部份结合之股东，不能肆其垄断手段。

上述办法，自表面观之，似极稳妥，实则仍有流弊，因大股东可以将其所有股份，化分为若干份，使其雇用人员及家属出面为股东，如是一转移间，股权可毫不受限制。就美国情形而论，此种限制方法实不适用；若在英国，则此种限制方法，可收一部份效力。因英国各大公司之股票，大致零星分散，罕有特殊之大股东，此种情形，实与美国不同也。限制大股东权利之方法，嗣后有更进一步之发明，其法较之前述方法更为优胜，其收效亦更为宏大。其法维何？即累积票选法是。照此方法计算，每一股票所有股权之数，与公司董事会董事名额相等，且股权可以随股东之意见分举若干人，或集中举一二人，其结果可使占有过半数股份之大股东，不能举出全体董事；小股东方面，至少亦可获得若干代表席。举例以明之，设有一公司于此，有股票一千股，董事名额为五人，故每一股可得五权。设此公司中之大股东占有五百五十股，而其余占有四百五十股之小股东，亦能团结一致。若用普通连名式选举法，每票举五人，则此五人均将大股东一方面举出矣；若用累积票选法，每一股有五权，则大股东方面有二千七百五十权，而小股东方面亦有二千二百五十权。大股东方面若选举董事三人，每人投以九百十六权又三分之二，则可获得董事三席，已占得董事会之过半数矣；尚有董事二席，则听占有二千二百五十权之小股东方面选出之。若万一大股东方面欲选举四人，则每人所得之选举权，只有六百八十七权半，若小股东方面能团结一致，将所有选举权集中选举三人，则每人可得七百五十权，三人均可当选，而反占得董事会名额之过半数矣。若欲明了此种选举方法及其效果，读者可任意拟定若干具体方案，而考察因大股东方面过于贪得之故，反使小股东方面获得操纵制胜之机会也。累积票选法为公司选举法中之最新颖，而最能厌众望者。美国喷薛而凡尼亚省①省宪中规定，凡在该省依法注册之公司，均须采用累积票选法，办理选举。学者对于省宪中之应否有此项规定，固各自有其见解，未能一致，然对于大多数之公司章程中应规定采用此种票选法，则一致认为适当，毫无疑义者也。

（1927年9月23日，第10版）

招商局股务之整理办法

国民政府清查整理招商局委员会所拟之《招商局股务之整理办法》如下：

招商局措理股务之失当，本委员于本年六月二十五日招商局临时股东会内所发表对于整理股务限制股权之《意见书》中业经提及，兹不赘。本委员与招商局董事会商榷之结果，特规定左列关于股票登记之簿据十二种，即日施行：

（一）股东登记调查单（附股东印鉴）；

（二）股东名簿；

（三）转股册；

（四）股东让与过户换票申请书；

（五）股票继承过户换票申请书；

（六）股票抵押挂号申请书；

（七）股票抵押挂号答复书；

（八）股票挂失申请书；

（九）股票挂失答复书；

（十）补领股票保证书；

（十一）更换股票申请书；

---

① 疑为"宾夕法尼亚州"。

（十二）更换印鉴申请书。

兹将上列各项簿据略加说明如左：

（一）股东登记调查单（附股东印鉴）。此项调查单所记载之事项为股东姓名、别号、年岁、籍贯、股数、现时职业、职业更正、通信住址、住址更正、调查年月日，备注注意一，股东须领用公司规定之印鉴条，另印图章两方，粘贴于下。已经印过者，请不必再印。注意二，凡属本公司股东，以后向本公司领取㊀到会入场证、㊁选举票、㊂议决票等项，以及㊃书面委托他股东到会、㊄股东过户等事，均以存局印鉴为凭。股东印鉴条所载之事项为户名、存记年月日、印鉴（须盖两方）。右调查单及印鉴条须详细填载，送交招商总局保存。

（二）股东名簿。此项名簿所记载之事项为股东姓名、地址、职业、日期、股票过户册页数、购进股份之股票号数、股数及股份号数、结存股数金额、股东印鉴簿号数，备考。

（三）转股册。此册所记载之事项为股人［东］姓名、股东名簿页数、给票年月日、股份号数、股数，受股人姓名、股东名簿页数、给票年月日、股份号数、股票号数、股数、转股费及印花税，备考。

（四）股票让与过户换票申请书。此项申请书所记载之事项为原股东让出股份之股票记名、股票号数、股份号数、股数、股票张数，及新股东户名、籍贯、住址、通讯处，并须凡旧股东、新股东暨双方见议签字盖章。此项申请书内，股东签字盖章，须与存局印鉴相符。

（五）股票继承过户换票申请书。此项申请书所载之事项为申请人继承所得之股票记名、股票号数、股份号数、股数、股票张数、申请人住址、通讯处。

（六）股票抵押挂号申请书。此项申请书所记载之事项为抵押之股票记名、股票号数、股份号数、股数、股票张数、抵押期限（过此期限，此项挂号即失效力），并须股票所有人及受押者签名盖章于书末。

（七）股票抵押挂号答复书。此项答复书系由局中出给与股票受押人之证明书，受押人非得到此项证明书，其受押之权利不能得到局中之保障。如有纠葛，局中概不负责。

（八）股票挂失申请书。此项申请书所记载之事项为申请人所遗失之股票记名、股票号数、股份号数、股数、股票张数、遗失地点，申请人须签名盖章于书末；并须照章登报三天，俟三个月后不发生纠葛，始能补给新股票。

（九）股票挂失答复书。此项答复书系由局中出给与股票挂失申请人之一种临时证明书，俟补给新股票后，此项证书即失效力。

（十）补领股票保证书。此项保证书系挂失股票之股东将挂失手续办妥，由局中补给股票时，邀同铺保来局承领时所立之保证书，书末股东签名盖章，须与存局印鉴相符。

（十一）更换股票申请书。此项申请书系股东欲将原有股票更改记名，或将股份号数化散或合并时，对于公司之申请书，此项申请书内股东签字盖章须与存局印鉴相符。

（十二）更换印鉴申请书。此项申请书系股东通知局中更换印鉴之证明书，书中印有印鉴条，申请人须在印鉴格内盖新印鉴两方，书末申请人签名盖章，须与存局原印鉴相符。

中华民国十六年八月二十四日。

国民政府清查整理招商局委员会拟。

（1927 年 9 月 24 日，第 13 版）

南京快信

〖上略〗

近日招商局董事意见纷歧，诸事不易办理，交部特委赵参事铁樵〔桥〕为招商局驻沪坐办，用资整理一切。

（1927 年 10 月 17 日，第 6 版）

国民政府清查整理招商局委员会解职宣言

本委员会前奉中央政治会议及国民政府委任，办理清查整理招商局事宜，自本年五月二十日开始行使职权以来，经数阅月之工作，其清查部分业已完竣，各种报告除积余产业公司、内河招商轮船局等局部报告书早已制就，先行呈报政府外，其余均正在缮校整理中，以便汇集付印，一并早报政府。至整理部分，头绪纷繁，且范围广阔，无论如何，决非短时期内所能蒇事。而本委员会全体委员均各有其他职务，势难长此兼顾。故本委员会决定将整理范围缩至最小限度，但期此最小限度能彻底办到，则其余整理问题均可迎刃而解。

至所定最小限度之范围，亦可略述其梗概。

股务关于公司主体，而招商局自开办以来从未有确实可靠之股东名册，其余种种关于股务之记录，亦多异常简略，故本委员会特为之拟定关于整理股务之簿据格式十二种，另拟有简要说明书一种，希望招商局能实行之，则股务之整理其成效不难立睹也。

其次，招商局股东间最大之争执，厥维股权问题。扰攘多年，迄无解决方法。本委员会统筹全局，折衷群议，参酌理论、事实，以为惟有采用累积票选法可以解决此项股权问题之纠纷。盖累积票选法盛行于美国，因美国大实业公司往往有一二拥有极大部分股份之大股东，独权操纵公司业务，旧式限制股权方法不足以裁制之，于是累积票选法乃应运而生。其在美国固已风行一时，因其确有解决股东间纠纷之功效也。今招商局亦有特殊之大股东，此与美国多数大规模之实业公司情形适相吻合。是则采用累积票选法，以解决招商局股权，实属最为适当。

复次则为招商局董事、监察人改选问题。查招商局董事会自民国十三年十一月一日改选以来，本年正届改选之期。比来董事闻抱消极态度者实居多数，董事会议屡召不集，局务无形停顿，大局日形险恶。故本委员会以为亟宜按照本委员会所拟股东登记办法及累积票选法，召集股东会，办理改选。爰拟订召集股东会方案，计办法十条，业已呈请政府及交通部核示施行。本委员会希望招商局股东不再放弃其应有之权利，本同舟共济之谊，起而作亡羊补牢之谋。招商局为全国最大航业机关，竭政府、股东数十年之心力，始有今日之规模，乃因付托非人，日濒破产，长此因循，一切资产必皆入于外人掌握。国民政府秉总理民生遗教，自当为国民尽监护指导之责，因特任本委员会为之清查整理。惟本委员会从根本上着想，终希望招商局股东自身能从此奋起，努力振作，政府不过居于监督指导之地位，势难每事越俎而庖代。此本委员会所以视整理股务、解决股权争执、召集股东会改选董监三事为整理及改组招商局之重大关键也。

此外本委员会复将根据清查所得，并参照国内外航业状况与股东之意见，再妥拟一整理招商局计划大纲，以供后来负责者进行上之参考。此项计划大纲现已着手起草，行将一并呈请政府核示施行。抑本委员会尚有欲郑重声明者，回溯本委员会任职之初，即发表宣言，当谨守总理建设廉洁政府之遗教，行使职权；至委员会之行动尤愿受股东及社会之监督，如委员中任何个人有受贿害公之事实者，一经举发，证据确凿，为党纪国法所不容，愿受人民之裁判，以定应得之惩罚。际此本委员会结束之时，特再郑重声明，在过去数月之中，本委会中任何个人有胆敢受贿害公者，请社会及股东具名负责胪列证据，迅速举发，使之受应得之处分，是所至盼。其有匿名造谣，欲藉攻击国民政府及本委员会，以掩护其营私舞弊之组织者，本委员会一经察觉，其主使之人亦决不宽贷。谨此宣言，惟海内同胞共鉴之。

国民政府清查整理招商局委员会委员张人杰、蒋尊篯、虞和德、郭泰祺、陈辉德、宋汉章、钱永铭、杨铨、潘宜之、杨端六、李孤帆、何焕三同启。

(1927 年 11 月 1 日，第 5 版)

蒋尊篯等致国府电

——为招商局事

上海各报馆鉴：顷上国府电呈一件，文曰："前上呈文，当蒙鉴察。顷见报载赵铁桥通电，极力表白。究竟内容若何，非赵氏片面报告所能据为凭信，应请政府准予设立查账委员会，由政府遴派三人，沪商会、银行公会、钱业公会、航业公会各推一人组织之，并由会延聘法律专家、会计专家数人，查核一切账目。一面定期开股东大会，迅筹根本解决方法。如此办理，既可以明局中之真相，亦可以征股东整个之意见，一切之纠纷当不难迎刃而解。否则，扞格日甚，议论滋多，既非实业前途之福，亦系股东切肤之忧。想我政府一秉至公，一经彻查，当可水落石出也。迫切陈词，伏候钧示"等语。特此电闻。蒋尊簋、董康、汪有龄，冬①。

（1928 年 12 月 3 日，第 14 版）

蒋尊簋为招商局事致中央电

南京，中央党部、国民政府、各院、各政治分会勋鉴：

各报馆转各省党部、各商会、各法团暨全国同胞公鉴：

尊簋近以招商局问题，受股东之付托，本良心之主张，毅然而诉诸公理，以俟国人之裁判者，决非有私意存乎其间也。夫招商局为完全商股商办公司，政府本无越俎代庖之理，宣言具在，成案犹存。乃自派员清查，以至接收管理，宗旨屡变，办法两歧，实非股东始料所及。交通部为监督机关，而对于股东之请求□会，则谓"该局问题，政府正在妥筹办法，该股东等安心静候，毋庸自相惊扰"等语，诚不解交部筹划至一年余，而尚以"正在筹划"为辞，吾恐股东再静候若干时，必至破□而无疑。尊簋亦政府清查委员之一，以从前政府官言，与现时当局办法相比较，前后矛盾，殊关威信。上海为中外观瞻所系，为一公司而隳政府无上之威信，沦商局于万劫不复，权衡轻重，未免失策。此为维持政府威信计，不得不出一言而告者一也。

先总理民生主义，注重实业救国，航业为实业要图。自招商局有收管之榜样，而国内之热心企业者，无不相顾失色，挈家而去香港、走大连者，挈资而投租界、存外国银行者，实大有其人。为渊殴鱼，为丛殴雀，为一区区四千万之招商局，而断绝无量数之实业，得失何待耆蔡。况实业衰落，商市益见荒凉，专家既无所施其技能，工人更无所用□［其］劳力，强者铤而走险，弱者沟渎自经，谓非与实业救国之大相径庭乎？此为实现民生主义计，不得不出一言而告者二也。

招商局自监督处委派赵铁桥为总办实行接管以来，举凡局中会计、用人、行政、法制诸大端，多未按章经过董事会议决，而径自施行。如总局、分局、各栈、各轮购置修缮，并一切收支，百计把持，不许董事会暨

---

① 在《韵目代日表》中，"冬"指 2 日。

543

股东等直接查询。其尤骇听闻者，莫如擅租刘某之华阳轮船，抵押金利源一带房屋，明知亏累而不顾；又如擅自更换总务会计、船务出纳会计、各正副科长，天津、汉口、广东、香港、汕头、营口、宁波、温州、南京、安庆各分局正副科长，上海浦东各栈长及各轮船业务主任，而其所引用者多未悉商局情形，亦罕有航业知识；并在分局则巧立"帮办"名目，在总局则巧立"顾问"、"参议"、"视察"名目，均为局制所无，月薪数百元不等。此外，船期延误，则损失不赀；修船迟滞，则贻误营业；借债还债，漫相夸饰，非特自欺欺人，抑亦朦蔽政府。他如"江新"之贩盐，"江安"之贩土巨多，"新□［济］"之浩劫，"新康"、"江靖"之撞船，"图南"、"江新"之损坏，以数月之时间，竟事变之迭出，中外各航业公司不闻有此。即从前商局，亦无如是疏虞。谁为主管，谁执其咎。至于该局内容，如果无他，何必深闭固拒，不肯公开？迨商情忿激而始以片面之电词，涂饰耳目，天下岂有不许股东过问，而自议决、自执行、自报账目、自夸成绩者乎？此为整顿实业前途计，不得不出一言而告者三也。

言论自由，本党素所主张，亦世界各国之公例。况系股东呼吁，尤职责上所应尽。而赵则百方钳制，致函沪上各机关，禁止各报登载招商局股东方面之文件，而讳莫如深，是何居心而出此？明眼人当自□然。夫赵以实业公司董事会聘任之职员，而可致书军警各署，禁止言论自由，是直周王之防民口、秦帝之禁偶语复见于今日也。是可为，孰不可为？此为主张言论自由计，不得不出一言而告者四也。

上海为舆论集中之点，是非本有定评。自社会惕于环境，如总商会、华侨联合会之能据理力争、主张公道者，几如景星庆云。尊篆为国民一份子，无论在野在朝，良心上均有相当之责任。况追随我先总理者二十余载，自应本其大公无我之精神，为民众谋乐利，为国家留元气，即为先总理贯彻其主张。商局虽小，而关于国计民生者实巨，非对人问题而有所爱憎也。两间公道，究不可泯，区区此心，尚其鉴之。蒋尊篆叩，佳①。

（1928 年 12 月 11 日，第 16 版）

---

① 在《韵目代日表》中，"佳"指 9 日。

蒋尊簋等为招商局事致国府电

——请速组织查账委员会

东南通信社云：

　　南京国民政府蒋主席、行政院谭院长、冯副院长、工商部孔部长、交通部王部长钧鉴：昨阅报载，招商局总办赵铁桥电呈政府，指尊簋等为假冒股东，查账一节，不应出于尊簋等之所请求，并不准□［沪］商会等参预查账等情。查赵氏服务招商局，即对招商局股东负责之人，股东既不信任赵氏，而要求查账，想我贤明政府，必有相当之处置。乃赵氏哓哓自辨，以不受非法干预为词，希望政府之不厉行查账，情虚胆怯，业已□然。至于沪商会素持正论，嫉恶如仇，为商界所信服，若加入查账，正所以昭示大公。乃赵氏惟恐查出弊窦，先以"混淆是非"四字，预留地步。夫账目苟系明白真确，何处混淆？其为不实不尽，概可想见。又，尊簋等所有股票，曾经监督处证明登记，早已更换户名，已历七月之久。赵氏所称假自盛氏义庄，实系凭空捏造，不值一笑。赵氏为监督处人员，而否认监督处登记之股东，真乃千古奇闻，业已向临时法院提起诉讼，自有正当之解决。

　　总之，赵氏措置乖方，确有证据，非从速组织查账委员会，彻底清查，不足以明真相。再，查账委员会除请政府遴派人员外，应由派上商业各团体加入数人，以昭公允。伏乞俯赐鉴核施行。蒋尊簋、董康、汪有龄叩，谏。

（1928 年 12 月 17 日，第 16 版）

总商会为招商局事上国府呈

国闻社云，上海总商会昨为招商局事呈南京国民政府蒋主席，行政院谭院长、冯副院长，工商部孔部长，交通部王部长电云：

　　顷阅报载，招商局赵总办铁桥电呈政府，声请政府派员查账，素持反对国办之团体，如沪商会等不应参预，以免混淆是非、阻挠大计等语，不胜骇异。夫招商局为商办股份有限公司，节经清查整理委员会公布宣言暨监督就职宣言，明文认许。自该总办接管以后，措置乖宜，人言啧啧，商会为商业法定机关，负有改进工商业之责，饫闻①该局办理不善，舆情不洽，为发展航政保障商股起见，披沥陈达，吁请依照宣言，召集股东会议，迅筹解决方法，实属商会职分应有之事，似非越权违法之举。惟天下事利于公众者，往往不克尽利于个人，以此遭该总办之忌，肆意谩骂，横加攻讦。伏查从前专制时代，凡属国民，尚能条陈政见，优予嘉纳，所谓言之者无罪，而闻之者足戒。际兹"三民"昌明之日，"五权"建设之时，商会体仰政府维护实业之至意，俯察民间投资恐慌之舆情，略有献替，竟遭诬诋，一则曰混淆是非，再则曰阻挠大计，青天白日之下，有此专制压迫之事，谁生厉阶，至于此极，几令人疑似酷吏手段，恶化气焰，良非实业界巨子和易待人、谦恭接物之所应出也。斯人而有斯疾，欲望其营业之发展，夏夏乎其难之哉！

　　夫属会同人纵鲜权能，经营贸易至少已历数十年矣。华商美德，信用卓著，夙为万国所推重，岂与夫局差、小吏厚收虚报所可同日而语哉？是以派员查账，在政府未经核准及遴选人员以前，属会同人诚不敢妄加参预。但就熟谙账法与夫诚实可靠两端而言，则属会同人亦复何敢妄自菲薄，而谓于此乃无所专长。该总办不欲派员彻查，以昭虚□则已尔，如欲之，而谓沪商会不应参与，以免混淆是非，是不仅侮辱我华商之信用，抑亦适见其情虚胆怯，遁辞而知其所穷，混淆是非，将在彼而不在此也。至云阻挠大计，更不知其何指。将谓主张商办耶？则商办原为政府委员□□宣言所认许。将谓主张召集股东会耶？则天下安有各商办股份有限公司而不准其召集股东会者。且所谓大计者，开支突增耶，营业锐减耶，房产转抵于人耶，运土破案于沪耶，航线停驶于南洋，罢运激起于天津，局将不存，计于何有？如有

---

① 饫闻：所闻已多。

私计焉耳矣，阻挠私计则属会诚知罪矣。王介甫为北宋宰相，拒谏饰非，刚愎自用，尝唱为"三不足"之说，天变不足畏，人言不足恤，祖宗之治不足守，百姓怒其执拗，皆呼为"拗相公"。近人影元人写本，有话"拗相公"一□可征也。今按赵氏原电，归纳厥旨，盖有"三不应"之说，横梗于其窄隘之胸际而不化，股东不应与闻局事，商业团体不应参预查账，招商局不应召集股东大会，归还商办，似此无理取闹，哑其可笑，实驾介甫而上之。乌乎，北宋以"拗相公"而亡天下矣，一招商局其如总办执拗成性何？迤来国家锐意建设，每有大企业，恒属商会募集其资金，商会亦复乐为参赞大计而不疲，不幸以有招商局之先例，人人怀疑，宁存巨款于外府，不敢投资于实业。虽经劝谕，辩别是非，格于事实，终难见信。商会每当此衡，本尝不痛恨于作俑者之害国也。今日各界任令侮辱，大度包容，将见商民之被其摧残，日久而愈烈。用是电请钧座，训令该总办读书养气，研习商事规律，认识商会地位，尊重商股权利，嗣后发言务审慎，勿越轨外，并请维持威信，依照前次宣言召集股东会议，迅谋解决，实为至公无私。迫切陈词，不加润饰，诚惶诚恐，伏维钧座鉴其愚直而采择其一二。幸甚！幸甚！上海总商会叩，号。

（1928 年 12 月 21 日，第 14 版）

赵总办对蒋尊簋等通电之辩驳

——吹求之技难遮鹿马之真，诬蔑之徒益见心劳日拙

南京，分送中央党部、国民政府主席、各院院长、副院长、各部部长、各省省党部、省政府、各特别市党部、市政府、各级党部、各民众团体、各报馆均鉴：

蒋尊簋、董康、汪有龄谏[1]日通电，对于局况多所指摘，但细审其内容，则事皆臆说，理悉牵强，虽竭逞吹求之技，终难遮鹿马之真，兹为证

---

[1] 在《韵目代日表》中，"谏"指 16 日。

其祷张，特再阐其谬妄。

（一）本局轮船水脚收入，自本年三月起至九月底止，除去客佣，净收二百五十余万两，纯属实数，如计毛数，约三百万两。试以改组后七个月零九天平均，月收净数三十四万余两，较之前局六年来营业逐月平均之数二十九万余两，实超出五六万两。今蒋等乃引乙丑收数为例相难，抑知乙丑营业骤旺，全由上海突遭五卅惨案，全国一致排英、排日，太（古）、怡（和）、日清均不能竞，商局因得独享大利；若论今年，既无此种特殊情形，又值北伐急进，长江则义当应差，津沽则因战停航，班次因而大减，损失尤属不资。以比乙丑，利害适形背驰，优绌何能齐观？既知停航不能比平靖，何以又将军事时代比排外时代，自相矛盾，不攻自破。况本年月收平均，与从前六年相比，即除却前、去两年停航各月而再平均，亦仍属今多于昔，有盈无绌。且"新华"、"泰顺"、"广大"、"广利"等轮，在粤运兵匝月，长江军差，津烟停航又共三四十次，此实班次减少主因，岂得归咎于局方？"江庆"停驶宜渝，乃缘上江军匪□扰，非若外轮，有兵舰随护。宜局迭函声明，开航徒受巨损，迫得□驶汉宜。此实时势所逼，敉平即可立复。招商渝□□太深，旧账纠纷，亟加清理，招人承办。原期扩充宜渝揽□〔载〕，该处曾屡请"江庆"开渝，均以事近冒险相拒，此宁附有股本者所肯为。所谓附股之说，敢问左证何在？

（二）各轮失事，均自有其特别原因，初非更换船员、驾驶不慎所致。试观"新康"由他船来撞，损失□〔对〕方全负；"江新"系车业损坏，船不应舵；"新济"误于浓雾弥大；"联益"搁于急流变路。凡此各船船长，无论中外，金经在局服务甚久，多至二十余年，少亦有五年以上，初非本处新加任用。其他各船船员，虽间有更易，然皆学问经验，具证充分，讵□指为减薪肇祸，毋乃言离其实。

（三）蒋等□〔将〕以债还债，指为自欺欺人。姑就所认之债而论，计船栈保证金三十九万余两，中国银行团五十万两，久昌借款十五万元，综合不过一百万余两耳。然本处所还之数，计旧欠一百十一万九千两，拔还银团新欠四十万两，合共一百五十一万九千余两，是本处从营业项下抽还旧欠债款，确有五十一万九千余两，此非减轻而何？且如汇丰债息，皆铁桥入局之初迫于星火者，苟不渐图挪移，岂将坐待汇丰处分局产为得计乎？抑旧局举债度日？今则不特足资维持，尚能拨还旧债，一亏一盈之去，何可以道里计？而竟指为以债还债，毋类于盲人论日，任摸一体，而便呶呶自鸣欤！

（四）修理轮船，当审缓急之情，而就营业之便，断无全部停航，倾数入坞待修之理。本处所修各船，皆系先择多龄失修、势濒危险诸船，亟加彻底之治缮。修价是否公开，有无暧昧，则事实已难尽掩。账目亦可复按，特如经本处加修之"广大"、"江庆"、"公平"、"同华"、"江天"、"快利"、"广利"、"新江天"等船，自复班行驶以后，莫不异常安全。今蒋等乃举"图南"、"新铭"、"新丰"、"江安"、"江顺"等船来相诘质，抑知"图南"二新，皆本年正二月间，业经前年岁修，在理应保无虞，九月汽缸盖忽告震碎，即呈局部补修，此次在闽受损，则系地轴折断，与汽缸盖初无关系，以二月岁修之船，竟至轴折□□；"新□〔铭〕"、"新□"间此修期，亦皆风雨破漏，此责谁归？应有公论。若"江安"、"江顺"，尤系六年新船，当日制造果坚，以是年份只须油漆，原无大修必要，今亦不胜风雨，本处已讶其速腐，而思有以补苴，是蒋等指攻各船，尚合情理，□惜错认主人，与本处风马牛不相及何！

（五）包订煤斤一节，裕昌旧合同六月已满期作废，今日续向定购，核实固甚合算；况包趸□与定购，性质绝然不同，趸数整购尤为经济。现在江海各轮每趸用煤，较诸往昔包趸，节省甚大；即并上下扛力、堆栈开支在内，月减二三万两，将来彻查，自可明白。或又指为减开班次，因而用煤较少。然本处所谓减少，实系与前每次比较之数，并非专就综数而言，岂容故为歧误。

（六）本处自改新式会计以来，所有应付、未付，除一部份修理费尚未转账外，余如煤炭、五金、租捐、利息、船钞、保险等摊、等转各项收支，悉经一一轧抵。蒋等所谓付款延迟，只系欠账惯技，非得以论今日，竟仅凭想象之词，而欲抹煞事实上之盈绌，居心造谣，宁值一笑？久昌公司包租之事，盖该处各房屋历年过久，腐败不堪，虽能年收租金，而修理保险，岁耗亦巨。将欲翻造，焉集此款？坐寻故辙，势必倾圮。尔时又适海员怠工，索取旧欠，决非空言可解。乃由积余公司商同本处，包租与久昌公司，翻造新屋，五年之后，即可协议解约，而租期内保险、修理、水电等费，概归租方负担，并先借给本局十五万元，以应索欠急需。似此处置，双方并顾，较诸旧日，孰利孰亏，有识皆能鉴别。合同全文，并经呈明监督备案，有何隐讳可言、疑窦可滋？

总之，铁桥秉监督命令，总管局务，凡事一以革弊兴利为本；其遇腐根深固、不获遽伐者，则先去太甚，徐图改进。正如古人所谓七年之病，必求三年之艾。整顿是否有效，办事是否有弊，业已自请政府彻查，静候勘核，终有昭示天下之日。对于假冒名义、蓄意诬蔑之徒，原无庸断断置辩，与争永无是非之纸上短长，以后如再信口雌黄，附会风影，则铁桥只自问衾影以无惭，决不与尚口舌之竞胜。海内同志，幸其鉴诸。赵铁桥叩。

（1929 年 1 月 1 日，第 35 版）

工商部派员彻查招商局

招商局纠纷一案，迁延年许，迄未解决。最近行政院据交通部长王伯群提案，请派公正大员，莅局彻查。经第八次行政会议议决，交工商部派员彻查。日前由秘书处函知工商部办理，老工商部已遴派参事陈匪石，司长张轶欧，科长王世甉、韩有刚等前往彻查。

（1929 年 1 月 4 日，第 14 版）

蒋尊簋等为招商局事致中央函电

蒋尊簋等为招商局事，昨函电中央云：

南京，分送中央党部、国民政府主席、各院院长、副院长、各部部长、各省省党部、省政府、各特别市党部、市政府、各级党部、各民众团体、各报馆均鉴：报载招商局总办赵铁桥驳复尊簋等通电，种种虚饰，欲盖弥彰。现奉国府明令工商部查办，不难如犀燃烛照，真相毕呈。惟是强词可以欺人，莠言足以乱政，不得不胪举事实，为之揭破如次：

赵谓，水脚二百五十余万是净数，若论毛数，约三百万两云云。查本年公司规定客佣，北洋分三等，甲为每百两净收五十七两五钱，乙为每百两净收六十五两，丙为每百两净收七十五两。长江则八折之外，又一八折。今以平均统计，按六五折净收，则毛数三百万，其净收之数，应不到二百万两矣，何来二百五十余万乎？逞臆而谈，全乖实际。又谓，本年月收，平均较诸前六年超出五六万两云云。所谓前六年者，除前年丙寅、去年丁卯系停航时代，不能与平靖年份比较外，若就壬癸甲乙四年而论，则壬戌净收水脚三百八十七万一千一百两，癸亥净收水脚三百九十九万六千一百两，甲子净收水脚三百八十六万五千九百两，乙丑净收水脚五百五十九万九千七百两。每月平均扯算，计有五十五万九千八百余两，较之赵氏所谓本年七个月零九天，平均月收净数三十四万余两，尚多二万两之谱。况赵氏自称净数，甚不可靠耶。又赵氏尚有十分侥幸之一事，其事维何？则本年各公司一律增加水脚是已。如长江货脚，往年疋头一件收足一两五钱半，今则加至三两二钱二分；往年糖包每担收二钱三分，今则加至四钱一分；他如北洋南洋各埠，均有增加。而北洋比较往年，已加二成半，又加一成半。是以长江生意，往年收一百两者，今可收一百六七十两或二百两不等；北洋一百两，今可以收一百四十两矣。以此推算，则赵氏所称二百五十余万，其中若除去加价约百万，亦不过等于往年一百五十万之收数，可见其营业大不如前，遑云发展乎？

赵谓，本年营业不应将乙丑为比例，以乙丑有五卅惨案，外轮均不能竞争，招商局因而独享其利云云。须知前以乙丑为比例者，及因去年丁卯、前年丙寅均系停航多月，收入大减，故以丙寅上一年之乙丑为比例，今即不以乙丑比，而以乙丑前一年之甲子比。查甲子年并无赵氏所谓特殊情形，亦净收三百八十余万。今年以整理为名，试问收数亦能至此否乎？赵氏既知乙丑有五卅惨案，全国人心，一致对外，招商局因而独利，然则今年自山东惨案发生，全国民众激昂，再接再厉，进行不已。较诸乙丑，历时既久，范围尤大。若谓乙丑因而得利，则今年其不能因而得利耶？同是对外时代，乙丑有五百三十余万收入，岂区区二百五十余万，还可侈然自足耶？而况二百五十余万众，尚各公司之一律加价，□多一百万左右耶？而况赵氏所谓二百五十余万，尚有虚数耶。赵谓，举债项下，计船栈保证金三十九万余两，中国银行团五十万两，久昌公司借款十五万元，综合不过一百万两耳。然所还之款，共有一百五十一万余两，却从营业项下抽还五十一万余两云云。所谓借款一百万两，还款一百五十一万余两，绝非确数。即如保证金一项，实不至三十九万余两。又如汇丰旧欠息金，虽赵铁桥电中，亦自认备新还旧，今欲问赵，此时汇丰尚有欠息否？以尊篆等计之，汇丰又欠应付本息数十万矣。是赵虽代还旧欠，而赵手所积新欠，仍系股东担负，不得谓之减轻债额也。中国银行□五十万两，系以轮船六艘押抵，以六船收入，分月拨还。应查该六船收付□抵，是否确有分还之可能。若使修理有欠，煤料有欠，辛工有欠，则分月所还之四万万两，不外乎移别项现款，剜甲之肉，补乙之痛而已。近闻赵对于本年欠款，积数甚巨，索债者纷至。故已四出借款，希冀将从前未押足之押品，抽出抵押，可见赵氏电中所谓自赡有余，并有盈无绌等语，全不可信也。

赵谓，江庆停驶重庆，因上江军匪并扰，非若外轮之有兵舰护云云，尤为欺人之谈。查我股东所系以诘问者，是将川江之华轮与华轮比较，如来福公司之"福来"、"福源"、"福同"各船，川江公司之"蜀亨"、"蜀和"各船，中益公司之"万安"、"永丰"船，三北公司之"富阳"、"吴兴"船，以及裕华公司之"平福"、"平和"、香港公司之"福顺"，峡江公司之"渝江"，北□公司之"北平"，定远公司之"定远"，即此数家，已不下二十艘，均为华商组织。赵氏知外轮行走，而不知我华轮之在川江中往来如织。以四川原籍之人，犹不知川江航业情形，而后整理航线，图于全国之招商局，宜其如盲人摸马，无所适从矣。据熟悉川江近况者言，川匪猖獗，应以去年为最，然则去年商办时代，江庆船尚在川江行使，直走至冬月水浅停航为止。今年已进入统一时期，又单独代为整理，乃谈诸兵匪并扰，停止航行，而上自诩整理有效，吾谁欺，欺天乎。

赵谓，"图南"与"新铭"、"新丰"，皆前手修理之船，不能负责云云。夫赵既以整理自负，且设有工程委员会，□时查考，无论前手曾否修理，岂能以出事后归咎前手。然则工程查考之举，可谓完全欺人。又查"广大"、"广利"两船，系赵手修理，该两船向走香港、广东，为招商局头等渔船，港粤客商最为欢迎。此次修理工竣，不经验船手续，未领执照，因而该两船不能驶走香港，是赵之修理工作如何，可见一斑。况华商公司之在香港置有码头栈房者，仅我招商局一家，往年招商香港进出口水脚，恒有数十万两之多，"广大"、"广利"两船，占其大半。今□该两船修理后，不领执照，以致不能驶走香港，改走他埠，不但我局蒙极大之损失，且对于国际轮船又失去数十年香港轮埠航行之种种权利。赵又何以自解乎？又就南洋之汕厦港粤航线言之，招商局向来对于汕厦港粤线，均系专班往来。今年时局平靖，亟宜恢复轮运，不意赵接办以来，竟将汕厦二处，作为广粤之附属码头，而于汕头一埠，放弃更甚。各船或绕厦赴粤，或绕汕赴粤，共计今年不过三十余次。从无专班往来厦汕者，乃查洋商太古公司，着着进行，乘栈添班，往年太古每星期一、星期五开汕港粤班，每星期三、星期六开厦港粤班，是每一星期共开四船。今年因招商无船专班，而太古于星期二添开汕港粤班，星期四添开港粤一班，是太古每一星期共开六船矣。怡和洋行向系星期二、五开汕港粤班，星期四、六开港粤班。今年仍未减少，可见太古每星期所添之两船，显系坐收招商局放弃之生意，并非争取怡和之生意也。

至于久昌公司包租合同，本以三十年为期。后因外界攻击，始改五年之后，可协议解约一语。其中黑幕重重，莫可究诘。他如协记报关行之组织，华阳旧船之租用，修理之靡费，煤斤之虚耗，捎包私货之改禁为征，任意需索，道路喧传，人言啧啧。若拖延日久，则赵氏将账目改实，稽查更为不易。尊箴等为股东请命，深盼查账一事，迅予施行，并求股东会得早日成立，共筹根本解决方法，则一切纠纷自可迎刃而解，耿耿此衷，伏乞鉴查为幸。蒋尊箴、董康、汪有龄叩，卅。

（1929 年 1 月 5 日，第 13～14 版）

二区党部对彻查招商局之意见

应由政府另组委员会

市党部亦应派员参加

国民通信社云，本市二区指委会，昨为彻查招商局事件，发表意见云：自董康、蒋百器等显然违反本党政纲，觊觎招商局以后，上海总商会同恶相济，起而附和。本指委会义愤填胸，迭次揭破其阴谋，根据政纲，基于正义，力主此招商局之必须国有，方可展我国航业之前程。凡有违背本党政纲所指示者，吾人尤宜申斥而痛击之。此次总商会与董、蒋等发为谬论，早知其另有阴谋，我政府如被蒙蔽，势将使我国航业前途一线曙光之招商局陷于沦亡也。关于招商局之彻查与整理，果为国人所愿望，亦政府之责任。第以由工商部单独负彻查之任，窃期以为不然。招商局由交通部管辖，受其直接之监督，于工商部何与？如以交通部有隶属之关系为不足信任，则贻辱交通部于无地。然又何以不派教育部、外交部等负责彻查招商局？揆其心中，实以有商办之阴谋在也。查招商局之彻查，向者皆由政府选派人员，且组委员会，若为严密起见，则工商部彻查，不如前例之有效，并足以制先总理所极力所对之商人政府派之活动，释外界之疑惧，明其无政客、商人等之背影存在于其间。不宁惟是，我党部为指导与监督之最高机关，则此次彻查招商局，领导我上海民众之市党部，尤宜参加人员，共同彻查，方可以明是非、正曲直。抑更有进者，值兹训政开始，建设方兴，招商局为我国唯一之航业，尤宜力谋稳固，徐图扩展，方足以副人民之愿望。故此次彻查，如有隐瞒袒护，政府应严重处分，必如是，则是为我国航业前途而整理，非若一二小人，以其别有怀抱，而妄称彻查者也。

（1929 年 1 月 5 日，第 13 版）

工商部查招商局账

〔南京〕招商局纠葛案，行政院令工商部查账，已由部派员前往。（九

日下午十钟）

〔南京〕孔祥熙派陈匪石、张轶欧、王世萧、韩有明［刚］彻查招商局账目。该四员以内容复杂，须原主管机关及精于会计人员会同办理，已请孔呈请行政院，特派公正人员并下令审计院、交（通）部各派数员，以昭慎重，已经第十次院议核准。（九日下午十钟）

（1929 年 1 月 10 日，第 6 版）

招商局彻查专员展期来沪

工商部所派之招商局彻查员张轶欧、陈匪石、韩金［有］刚、王世萧等四人，本定于昨日（九日）来沪，该招商局方面亦业已准备一切。昨日招商局消息，彻查专员已改期来沪，以按之公司习惯，每月账册须俟下月十五日以后方可理楚。去年十二月之账目，尚未结清。故彻查员改定于本月十四日来沪，俾可检阅全年账册，或先行来沪一次，以资接洽。招商局总办赵铁桥，以向交通部长请示要公，业于前日赴宁矣。

（1929 年 1 月 10 日，第 13 版）

彻查招商局案近闻

——工商部员谦让未遑，孔部长慎重将事

工商部奉行政院令，派员彻查招商局一节，已志前报。兹悉被派之四部员，以此案内容异常繁复，且与审计航政有关，孔部长当于本星期二在第十次行政会议提案，请求审计院及交通部各派数员会同办理。闻该议案业已通过，兹录孔部长提案原文如左，以供关心此案者之参考：

为提议事，窃职部前奉钧院交查招商局账目一案，遵即遴委职部参事陈匪石，司长张轶欧，科长王世萧、韩有刚等四员，迅即驰往，详细确查，具复在案。兹据该员等折称，窃彻查招商局账长［目］一案，匪石等前来面谕，当以兹事体大，且不在本部职掌范围之内，不敢冒昧从事，以重咎庚。迭请钧长考虑，乃辞不获已。奉到钧令，并

抄发交通部原提案一件，匪石等公同研究，原提案所据蒋尊簋等电呈及赵铁桥电呈，均以招商局账目内容为言，交通部因请行政院简派公正大员莅局彻查，其范围所在，全关系于该局业务事宜，为交通部所主管，如有彻查必要，似当分别轻重，由主管机关或监察院主持办理。即监察院尚未成立，交通部意在远嫌，亦可依原提案办法，由行政院简派公正大员前往，以昭慎重。匪石等承钧长委派，固不敢惮劳，然自维驽下，对于本部固有职务，日夕干惕，尚以不能胜任为惧，实不敢肩此重任，可否仰恳钧长呈复行政院，另请派员彻查之处理合开具意见，呈请鉴核施行等语。据此。查招商局纠纷为时已久，彻查账目，头绪尤繁，该员等所陈各节不为无见。惟职部既奉钧院交查，何敢意存规卸？第事关彻查账目，势须聘用会计师，而以种种关系，颇费考虑，因念会计事务，审计院颇多专门人才，交通部有主管关系，且事属航业专门拟请钧院商请审计院，并会行交通部，各派数员，会同彻查，以期周密而昭慎重。是否有当，敬候公决。

总商会昨呈国民政府工商部云：

为据请转呈事，案于本月十一日，据商办轮船招商局股东代表蒋尊簋、董康、汪有龄函称："尊簋等前以商办轮船招商局，自赵铁桥任事以来，弊害百出，迭请政府组织查账委员会彻查在案。现奉工商部令派员查办，除已呈部请照尊簋等原议，加派贵会暨银钱两公会、航业公会会员会同查账，以示大公外，相应将应查各节，详细开列清单，并抄录各项参考文电，函请贵会转呈工商部，令饬查办人员按照单开各节，彻底清查，实为公便"等语到会。理合检同清单，呈请钧部鉴核，令知所派查办人员按照单开各节，逐一彻底清查，以副钧部整理之盛意，而慰嗷嗷之舆望，实为公便。

（1929 年 1 月 12 日，第 13 版）

蒋尊簋等为招商局查账事电

东南通信社云，招商局股东代表蒋尊簋等，对招商局查账事，昨致国府电云：

　　南京国民政府蒋主席，行政院谭院长、冯副院长，工商局〔部〕孔部长、交通部王部长钧鉴：窃见报载工商部长因调查商办轮船招商局账目一案，请由审计院、交通部派员会查，具见□重之意。惟商局纠纷所由起，首在部派总办之非人，非兼视并听不足以昭大公，凡任社会团体之熟悉会计情形，或富于航业知识，如商会、银行公会、钱业公会，及航业公会等会员，自应由政府诚意罗致，加入查账，明示不偏。否则，有官而无商，即系抑商而担〔袒〕官，政府纵无此意，其如舆论之不谅何，迫切陈询，伏乞采纳，鉴察为幸。蒋尊簋、董康、汪有龄叩，元。

（1929 年 1 月 14 日，第 14 版）

轮船招商总局职工会代电

　　南京，分送中央党部、国民政府、各院院长、副院长、各部部长、各部次长、各省省党部、省政府、各特别市市党部、市政府各级党部、各民众团体、各报馆钧鉴：窃查招商局，为中国最大航业机关，有数十年之历史、极宏阔之规模。吾人有此良好之工具，宜如何利用，使之充量发展，而与帝国主义者抗。讵于民国初元，有少数腐化股东利用机会窃据把持，不顾公共之利益，专谋中饱以自肥。局中之黑幕不胜形容，甚至勾结军阀，尽量供其轮运兵械，以图抗我国民革命军，以致营业不振，借债支持，债上加债，局产押尽，使我国仅有之伟大航业机关，势将破产。其时民国再造，国民政府为整顿国家航业计，特派大员清查，烛末燃犀，奸形毕露。鉴以往股东主事之腐败，遂有交通部监督整理之裁制。希冀假以时日，重予事权，严督切过，效日本政府监督邮船之先例，使商局有积渐为雄之可能。乃经时未久，责难之声顿起，数月于兹，纠纷不已。近阅报载，国府且有派员彻查商局之命。此对于招商局总揽主持之人行使政府之职权，是非功过，自不难一查而明，与吾辈职工无何等关系也。然航业为国家之命脉，招商局又为中国航业之柱石，于国计民生，有重大关系，且吾人在局作工，有数年数十年者，生活所系，休戚有关，自有不能已于言者，请将本会意见，略述于后：

557

一、凡具有独占性质之事业，应收归国有，已成为立国之要图，征之世界各国，不乏前例，况本党政纲业已规定。企业之有独占性质及为私人之力所不能办者，如铁道航路等，当由国家经营管理。是招商局之应收归国有，已绝无疑义。惟目下之问题，是在政府是否具有如许资本以经营此事业。如在事业上，政府有所困难，则至少亦应由国家管理经营，为其过活，以符国家管理之义。二、过去经董招商局事者，舞弊营私，侵吞公款，勾结军阀，使本局蒙莫大之损失，而陷本局于破产之地。清查委员会既发其端，不应置而不问，应请国府派员继续请查，严课责任，最少限度，必令赔偿局中损失及一般工友被历年侵渔应得之利益。三、既有人对于今日之主持局务者有所攻诘，政府自应彻查。同时更可藉此明了，今日之局务管理，与昔日之管理相较如何；今日之营业方式，与昔日之营业相较如何；今日职工之服务，与昔日之员司劳逸如何；以与商办时代一衡其利害。然道路传言，谓有昔日营私中饱勾结军阀，现兹摈逐之腐化股东，对商局现状以失□负峋之势，绝其虫蚀之源，中心不甘，而正藉具广大之金钱势力，多方奔走以谋报复快意。凡此浮言，敝会深信其只能行之于往昔之贪污时代，而不能施诸于今日廉洁政府之贤明委员。清查诸委员定能一秉大公，细为查核，决不致如清末盛氏之对某某者，竟以局路权利之割让，夫马供应之优良，而含糊了事也。且本会同人际此商局危急存亡之秋，当各负起责任，准备届时贡献意见，以为清查诸委员之先驱，并作清查诸委员之后盾，而求事实之清明，以巩固商局之基础焉。

以上种种，为本会对本局纠纷问题之根本主张。乃系站在党的立场，以保障中国航业之发展及职工自身之权利为出发点，绝不偏袒任何方面，亦决不容人有所偏袒。吾人固知欲达此目的，前途危困万状，然吾人早下最大之决心，以与觊觎本局之一切土劣政客军阀官僚，作一最后之奋斗。伏维鉴察，轮船招商总局职工会叩，寒①。

（1929 年 1 月 15 日，第 15～16 版）

---

① 在《韵目代日表》中，"寒"指 14 日。

殷汝耕谈交部两大设施

交通部航政司长殷汝耕，以彻查招商局及调查"新华"轮事务，奉命来沪。日日社记者昨访殷于寓处。殷氏谈交通部最近之两大设施，今记其谈话如下：

法规委员会

殷氏谓，近以奉部长之命来沪，调查招商局"新华"轮失事情形。此项调查，须根据各国之先例，然后可以入手。吾国对于航行法规，向无规定。故遇航政界发生事故，措置辄形棘手。如从前之"新大明"轮，关于法律之裁判，以向无海内法庭之设备，故只为临时组织一公断之法庭。各国对航行法规，均有严密之组织与完善之法例。吾国以航行事业之不发达，向无此种组织。从前军阀时代，交通部未尝顾及此种事务，故航政司一职，视为一种闲差。数十年来，航政之腐败达于极点。今交通部有鉴于此，故组织一交通法规委员会，业已于前日成立。会中委员即由部中司长及参事等统任之。法规委员会之任务，包括一切航政邮务及电气事业，欲订定一完全之法律，使以后有所依据，此项工作近已在进行之中。并由交通部聘请交通专门人才，以资借镜。从前北平政府，交通部虽亦有类似此项法规会之组织，聘一西洋人为总编纂，亦曾有航行法规之草拟，惟交部并不注意及此，故未能成就。将来法规委员会，拟借以参考而成交通上完善之法律规定也。

收回航行权

又谓，交部现注意于收回航行权，惟吾国航行权之伤失，系不平等条约之规定。故欲收回航行上一切已失之主权，非与取消不平等条约相辅而行。此项计划，现交部正在准备，俟相当时期，即将各项关于航政之意见，贡献于外交部。俾与外交部会同进行，收回航行之权利也。

（1929 年 1 月 30 日，第 13 版）

工商部彻查招商局员将来沪

彻查招商君［局］专员交通所派之殷汝耕、质［双］清，审计院所派之贺世缙、仇满扬、杨体志均已抵沪。惟工商部所派之四人，尚未来沪。昨殷汝耕致电南京，询问来沪日期，得悉日内启程云。

（1929 年 1 月 30 日，第 13 版）

彻查招商局专员均已到沪

——昨开一度会议

彻查招商局专员，审计院所派之贺世缙、仇满扬、杨体志三人，工商部所派之张轶欧、陈匪石、韩会［有］刚、王世萧四人，交通部所派之殷汝耕、双清二人，业已先后来沪。对于彻查招商局事务，已于昨日开一会议，各员均主张先从调阅案卷入手，彻查日期，须经全体委员之同意后，方可进行。

（1929 年 2 月 2 日，第 15 版）

招商局开始彻查

彻查招商局事务，工商部、交通部、审计（院）三处所派之彻查专员，于上月均已到齐，各专员曾自行召集会议，议决进行彻查方针。兹悉此项彻查工作，业已开始，各专员每日均往办事处会合，及招商局调阅文件、账册事务，殊为繁重，有时延至午后七时，尚未毕事，以期早日结束。昨据某专员日日社语记者，同人工作多日，每日钩稽账目，调查案卷，已有相当之端倪，但尚未得有整个的结果，不便零星发表云。

（1929 年 2 月 16 日，第 14 版）

招商局彻查将竣

彻查招商局事务已达半月，各专员认真从事，已得端倪，预料于一星期内，可以全部办竣。交通部所派之专员双清、殷汝耕，以交部法规委员会即将召集，故日内即须返京云。

（1929 年 2 月 21 日，第 14 版）

彻查招商局昨正式结束

彻查招商局事务，日前业已结束。此次彻查工作，各专员秉公办理，且系分工性质。结束后，认为有一度讨论之必要。故于昨日下午三时，各专员全集招商局监督办公室，传观各人彻查公〔工〕作，并交换意见，已决定作为正式结束，并定今日起，各员停止办公，日内均即返京回任。至□查全案，则须候到京后再行讨论，汇集公布，先由各专员就工作范围以内，分草报告云。

（1929 年 3 月 15 日，第 14 版）

本局致查账委员之一封书

敬启者：敝处账目事务，自经诸先生联合审查以来，钧稽精严，咨询得要，具征心逾发细，智比冰清。铁桥于佩仰之余，尤感匡数之厚。惟是商局历史，业阅数十年，一切事务文件极多，不能连续，设非考察，则新旧□嬗，彼此长短，似难得一正确比例。而且改革有无困难，整理有无成效，虽早在诸先生洞鉴平章之中，要亦多待互证而见，尚冀将今昔情形，略加对勘，如嫌旧局案牍过繁，难于披阅，不妨只取最近五年情况，牳行研究，则他日据以宣布，庶几党国接管之举，是否出于必要，不难昭示于世，而释社会之疑。再查此次查账原因，实由自称股东代表之蒋尊篦、董康、汪有龄等控案及铁桥电请而起。当先生等莅沪之初，报载谈话及致敝处公函，亦以互控为范围，是则蒋、董、汪等是否商局股东，自身有无股票，亦请并行查究，以使控案内幕，得以彻底显露。以上二点，铁桥颇觉关系綦重，爰敢率贡管见，谅在贤明，当荷采纳，专布不尽，并希赐复是幸。

此致

工商部、审计院、交通部查账委员诸先生公鉴。

（1929 年 4 月 1 日，第 20 版）

部院呈复彻查招商局案

本埠招商局前经工商、交通两部奉行政院令彻查，当经该两部将派员彻查情形呈复，并经行政院转呈国府鉴核。兹觅得行政院呈国府文如左：

呈为呈请事，案据工商部部长孔祥熙、交通部部长王伯群会呈称：窃职部等前奉钧令，彻查招商局一案遵查，即遴王世甫、张轶欧、韩有刚、陈匪石、殷汝耕、双清等，前往彻查，并经呈报在案。并据该员等呈复称，窃职等前奉钧令派赴上海会同审计院、工商部派员彻查招商局案，职等遵即赴沪，会集商议，曾拟具《彻查招商局案委员会办事处简则》及着手彻查方法，呈报鉴核备案各在案。亶勉两月，对于应行查明各点，业已择要进行。伏以招商局问题其影响所及，决不仅为一公司之荣，实关系国家整个航业之兴衰。溯自前清同治十一年创立以来，至今已有五十余年之历史，自创始而维持衰落，经过复杂，内容腐败，经理无方，整顿乏术，遂酿成年来奄奄待尽之局面。迨国民革命军底定东南，即有清查整理委员会之组织，嗣复设总管理处，遴派总办以负管理之责，宜可逐渐整理，以期繁荣。乃接办经年，人言啧啧，函电驰诉，舆论喧腾。揆诸政府顾全航业之初心，讵可稍有故辙重寻之现象，虽积重难返，设施容有所未周，而处理多乖，成绩遂不满于人口。空言整理，无补艰虞。期许既众非难四起，职等经月会查，多方勾稽，以时间关系及调阅案件多未应手，对于属局内容因难尽悉，而其主要各点已具端倪，计其荦荦大者，约十一端。职等谨以严正之精神，根据事实尽量陈述，不敢少所偏倚。至于管理处接办以来，其办事能力、经营方法，报告所陈已足表现。若该局所办半月刊按期登载各节，仅有言论，多未实行，片面宣传，不足凭信。所有职等遂令会同彻查招商局案情形，理合列具报告并摘录要目附表，呈乞钧长核转，以凭办理，而昭示大公于社会，无任公感等情，附呈报告一册、表七张前来。职部等会同察核报告所列弊端不外下列数项：一曰积弊未除，无从改良。二曰用人太滥，费巨效微。三曰无具体整理方案，办事人员因循敷衍。有此数因，该局遂日即腐败，而莫由振作。其余如发交各轮煤吨数常短少；水脚收入，该局会计、营业两科所列数目相差巨万；修理工程不经投标手续，即非专营建筑事业者，亦得承包；以外若巧立名目，滥支局款；去年支出特别费一项，数达七万余两，均无明确用途，尤为不可掩之弊端。该局总办赵铁桥接管以来，负整理航业之责，乃以经营不善，以致船只不时肇事，局务日趋腐败，坐使该局受重大损失，实属措置乖方，有负职守。又设立该局总管理处，原系临时办法，乃该总办集全局事权于一身，任意支配，权职不分，遂致纰缪百出。欲图整理，其道未由。职部等再四筹商，应请将该总管处取消，另立新规，派公正得力人员，筹划整理，以资改革而图发展。所有派员彻查招商局情形，理合连同报告表册，呈请鉴核施行等情到院。查此案既经该部会同派员查确，招商局总管处设置经年，仍未能将旧日积弊剔除，确立具体整理方案，而用人之滥、浮支之多，较前反有过之。该部等拟将该总管理处取消，另立新规，简派公正得力人员，筹划整理，以资改革而图发展，似属可行。惟事关重要，经本院提出廿七次会议决议，转呈政府核定，除指令外，理合检同原送报告表册，备文呈请钧府鉴核施行，指令祗遵。谨呈国民政府主席蒋。附呈，原送报告一册、表七张。

（1929 年 8 月 28 日，第 13 版）

赵铁桥为彻查案之呈文

——就工、交两部委员彻查报告分别驳辨

赵铁桥呈蒋主席文云：

呈为呈请饬钞工商、交通两部委员彻查招商局一案，报告全文，令交据实声辨，并再恳准予辞职，派员接替，仰祈钧鉴事。窃职前以二中全会，议决轮船招商局特派专员负责整理，并设委员会，监督指导在案，迭恳准予辞职，迅派专员接替。倏经两月，秋节瞬届，迄未接奉明令。职以将去之身，当继续之际，筹措因应，极感困难，正拟续呈恳辞。忽阅各报遍载行政院转呈钧府呈文，内载以据工商、交通两部呈称：奉令彻查招商局一案，经据委员查复，总管理处设置经年，仍未能将旧日积弊剔除，确立具体整理方案，而用人之滥、浮支之多，较前反有过之等因。循诵之下，惶悚莫名。伏念招商局数十年丛弊渊薮，政府不忍一线垂绝之航权，坐任把持断送于群蠹，始有接管整理之命。职一介党员，谬膺重任，威利交胁，艰阻备尝，始为各项急债所环攻，继受海员罢工之逆袭，汪董诬讦则反动之谋益猖，盛股换名，则包围之势已具。凡此祷张为幻，纯出贪怙之私，任以当局何人，亦属事所必至。职生性□慧，疾恶如仇，本革命之精神，与群蠹相奋斗，以致一年以来大部排除障碍，转于正当业务，未能贯注全神，虽力清旧日积弊，而积弊未能尽除，虽屡立具体整理方案，而方案多未实行，诚所夙夜疚心，引资辞职。然谓用人之滥、浮支之多，较前反有过之，内省良知，外稽事证，期期切未敢承。况国营航业，为本党重要政策，接管招商局，为钧府成立以来重要政策，果如委员查复。适令旧日局蠹张目，职一己之罪犹小，其贻口实于党纲与夫钧府政策之罪实大。若效官僚故习，渀忍不置一辞，固能苟阿取容，将何以对党国。查委员等彻查报告，苦未得其全文，而工商、交通两部会呈，要可窥其厓略。所称弊端，不外数项：

一曰积弊未除，无从改良。查职自受事以来，首以清除积弊为务。革其荦荦大者，关于用人考换，如改革总局分科组织，如取消分局包缴旧制，如制定分局船栈章程及服务规则；如改各轮买办为业务主任，增加比额并征收保证金；如审定船员资格、工作及薪金等级；如属行职员考勤、合组大办公室。关于营业，如整顿载货，如确定船期，如节省用煤及五金用物；如划清营业科与沪分局权限，严定转口货及赔偿办法，如规定航运装货解款各项手续、表单，如取缔船栈茶房小工，如改良客票销售手续，如派员督察各轮卫生。关于船栈，如核实修理各轮，如开放新栈及招揽客船，如订定勘验修理栈房及稽核购料领款手续，如改订扛力洋码。关于会计出纳，如改用新式簿记，如实行会计规程，如划清收款付款手续，如厉行保管银库手续，如创行营业成本计算，如编制营业收支统计及各项图表，如清厘局产保险及磋减保费。似此种种设施，虽不敢谓弊绝风清，要于前清查整理委员会报告书，所指旧日局董诸端，无不引为殷鉴，十去八九。以故去年十个月所增收入不下一百六十余万，而西人恒言事实胜于辩护，决非如委员等所称片面宣传，不足凭信。

二曰用人太滥，费巨效征。查职局今日用人，诚较旧日商办为多。良以接管之初，旧人须留熟手，以资接洽，新人须聘专家，以谋整理；又如监督办公处董事会，由黄埔军官生派充之船栈巡察员，防范兵匪骚扰之航警队，皆为旧不能减、新不可缺之机关人员，其薪金悉由总局开支；且改组以后，分工愈细，事务愈增，即表册一项，较前骤加十余倍。用人虽多而非滥，旧日采用包办制度，总局仅凭分局册报入账，此外几无所事，科长及重要职员，俱鲜到局办事，人虽少而实费，刻其薪金开支，名虽每月六千六百余两，实则支年底酬劳及董事会股东维持会津贴等项，每月亦须一万六千余两，共计开支二万二千六百余两，折洋三万元，反超出现在薪金月额二万八千八百余元之上，则其人虽少，其费弥巨。夫用人之滥与否，薪金之费与否，绝视其事务成绩以为断。现在薪金月额二万八千八百余元，而去年十个月每年平均收入三十七万四千余两，折洋五十一万九千四百余元，约当百分之五，此项薪金与收入之比较率，即与海关、邮局、盐务（稽）核所，以及各大公私营业机关相较，决不为滥。况所费尚未及旧日实支薪金三万元之数，而收入则较旧日增多至一百六十余万两，纵不敢持以自矜，亦何至斥为太滥。

三曰无具体整理方案。查职承乏逾岁，虽至庸愚，黾勉劳瘁，广益集思，谋所以整理招商局之方，亦何尝无一知半解之获。除关于补偏救弊、急切应办事项，业见施行者外，其积极扩充，计划较远，如赎换债务、筹备增资、改进营业方针、增加局产收益、添置船舶栈埠、推广内外航线、培植专门人才、自办船厂保险诸端，固已计期程功，筹之至熟。迭经条陈主席暨全国交通会议在案，徒以时日短促，金融窘枯，谗阻横生，经制未定，言之而未能实行，行之而未能尽效，是用负疚请辞，难为局外人道耳。

四曰发交各轮煤吨数常短少。查职局用煤，自改包购为趸购，设栈管理，轮机火夫骤失旧日包煤规费，乃多故事习难，争执吨量，或串通上煤局般工役，中途窃换，经采用计算容积方法，并由总务、船务两科派员复磅，争端始息。现在局船每次上煤，均有局员监磅于先，轮机长验收签字于后，手续完妥，绝无短少情弊。不知委员查复何据。当系误听火夫等初设煤栈时争执之言。

五曰会计、营业两科所列水脚收入数目相差巨万。查两科数目不同，盖因会计科结算收入，截止每月二十日为止，以便从早结算，而营业科则须至每月底为止，结数目有不同。若截计时日，并无差异。

六曰修理工程不经投标手续。查去年八日工程委员会尚未成立以前，间有二三工程，亟待兴作，为便捷起见，不经投标手续，由局直接订约修理，实沿袭旧日商办时代成规。接管纷冗，未皇［惶］虑及。嗣经设立工程委员会，所有大小工程，靡不经投标手续，承办商人，亦悉属建筑专业，稽册具在。曾由该委员会工、交两部委员到局查询时，送请查阅无异，乃犹藉改单以前之事为言，仰有寻疵摘瘢之嫌。

七曰去年支出特别费一项，数达七万余两，均无明确用途。查此项特别费，悉用于招商公学经费、律师费、会计师费、交际费、抚恤奖励费、调查费、团体会费，以及海员罢工事件费等，均有帐册可稽，何得谓无明确用途？

八曰船只肇事。查各轮失事，固不敢谓船员之尽无过失，然由于意外灾害者居其大半，如"新济"、"新康"误于浓雾弥天，而"新康"复被日轮横行撞毁，人所公认，"新华"误于狂风巨浪。不幸，叠［迭］出于职接管任内，若从迷信心理及封建思想设辞，谓职为不祥之人，酿灾召变，降罚藐躬，则职诚无所逃罪。若□指为管理不善，则"新济"、"新康"均属头等局船，舱身坚固，设备完整，航行已久；"新华"船龄仅七八年，尤为安全，是调度非有未善。又各该轮均系外国船长领有海关证书，在局□□各轮，供职多至二十余年，少亦五年以上。其任各该轮船长，亦均数年以上，初非职所私委，资深任久，是任用非有不合调度。任用二者既俱，无负厥职，依照国法人情，只能责以善后，不能幸天灾以入人罪。以上各点，仅就工商、交通两部会呈，略陈下悃。至其详细借款，应请俯予饬钞委员等，报告全文。发前职局逐一据实呈复，以昭定谳，不明是非；一面仍恳迅赐令准辞职，简派专员接替，俾免益滋罪戾。所有请予饬发工商、交通两部委员会查招商局一案报告全文，暨再恳辞职缘由，理合具文呈祈钧府鉴核，指令祗遵。

谨呈国民政府主席蒋。

（1929 年 9 月 3 日，第 16 版）

彻查招商局报告与会计师徐永祚致院部各委函

报载院部会查招商局之报告，关于用人开支一节，举会计师徐永祚月支公费为例，以为冗滥之证。戊辰社记者顷访徐会计师，据言此项报告，早有所闻，曾专函院部各委，详细说明。现在报告已披露于报端，果有此说，至为遗憾。个人不足惜，深恐滋人误会，有碍会计师全体之地位与信用云云。兹探悉该会计师致院部各委原函如下：

〔上略〕彻查招商局事件，前曾数备咨询。现闻友人传言，院部各委已会同制成报告。其中论列开支糜费一节，有涉及弟者，谓月支顾问费一百元。最近数月，复月支出公费五百元，似乎胥属虚糜。友人之言确否不可知，想台端等秉公查复，自必衡鉴昭然。万一传闻属实，良足引为慨叹，用特略陈一二，以供参证。

（一）会计师担任顾问，本属职务之一，弟任招商局顾问，自审较滥竽者有异，姑无论关于会计上、商法上及设计经营等等，随时所贡献与解答者，未能具体例举外，所有局中现行一切规章，大都系弟所拟订或修正，职业所关，似不能纯尽义务也。前承审计院聘为设计委员，毫无建白，而上年七、八、九三个月，月领公费百元，再三辞之不获，深觉坐糜公帑，引为惭报，以彼例此，则招商局之顾问公费，似可受之无愧。

（二）监督办公处定章，本有总稽核处一机关。因其裁而不设，后复因实施新会计制度，故订约委弟查账及指导会计，委托范围为：（甲）总管理处会计出纳二科，月查一次，并得随时检查；（乙）沪分局及沪五个栈房，每季检查一次，并得随时检查；（丙）积余公司及沪内河招商局，每半年检查一次，并得随时检查；（丁）每届总决算编制查账报告书，遇有特别事故，随时报告；（戊）指导总局及附属各栈关会计事务；（己）除临时派人外，应派帮办会计师及事务员各一人，常川到局，办理查账及指导事务等等。以招商局范围之大、附属机关之多、事务之繁、检查之频，除弟本人及临时派人外，又须常派会计师事务员各一人，驻局办事，月仅支费五百元。在弟方以为，仰体政府整理之旨，勉任其难，不虞反蒙糜费之诮，诚非意想所及。

（三）招商局改良会计，虽曾组织委员会，但其会计规程重行属草及修正，胥由弟任之。总分局及附属机关会计科目、簿记组织、账单程式等之编订及修正，则由弟与帮办会计师熊宝荪君任其事，补敝救偏，通盘筹划，煞费苦心。至于规程之良否，自当听诸公评，其后如何施行，则自有当局者负责。弟于会计规程及其他之献替，只能就客卿地位而建议，非可直接执行也，然即此而论，已觉义务溢于权利，至于每月查账报告书等，想已早邀鉴及，糜费之说，又何敢承？

（四）工商部近方通令各公司，每届决算报告，须经会计师证明后报部，是会计师之于各公司，亦属关系重要。招商局为各国公司之嚆矢，其聘请会计师复在部令之先，宜若足树风声，深符政令。若不论委托事务之多寡，而以月费五六百金为糜费，则究其极，将使各公司完全屏绝会计师而后已，又岂部颁通令之初意？

（五）弟常深慨吾国会计师之不易为，至今日而益信。苟在先进各国，若招商局之规模，必将常聘。会计师专任一机关之事，否则其临时委托或常年查账等公费，亦必数巨逾恒，弟受委办理之事既繁，而所得报酬月仅数百金。外界不察，方歆美以为必有多金可赖而致富，何期即此戋戋，尚复有人视为糜费。诚哉，吾国社会不重视会计师，企业界不易谋健全之发展，而会计师乃为点缀品，为赘瘤，报酬虽微，亦觉徒分工商事业之利而已，兴言及此，可为长太息。〖下略〗

（1929年9月3日，第16版）

十五　监督整理

交长王伯群昨宴各界

——席间有恳切之演说

昨晚交通部长王伯群在南洋西餐馆公宴沪上各界名流，到者有李石曾、张继、许世英、李垕身、戴石浮、周雍能、张咏霓、赵铁桥、穆藕初、王彬彦及新闻界，共百余人。席间王氏有最恳切之谈话，兹录其大概如下：

伯群自受党国重命，忝任交部，屡欲奉邀此间人士开诚接谈，一聆教益，藉匡不逮，只以公私相阻，未有适当之时间，徒抱虚愿。中心歉仄，已非一日。今晚始得与诸君子同聚一堂，辱蒙不弃，先后莅止，鄙人不胜荣幸之至。自知学殖荒芜，且乏交通经验，当此难局，民穷财尽，百废待举，责任之重大，非一言所能尽。任职以来，愧未能及时刷新，以副我民众之望；绠短汲深，辄虞陨越。惟以职责所在，黾勉从事，不敢偷安，不稍迁就。数月以来，略具成绩、差堪为在座诸君告者，路政逐渐恢复，力祛积弊，兵士免票严行取缔，加增客车、货车，以便商旅；已成路线，积极维持整理，应办者正在通盘规划。电政渐有统一之望，凡属国民政府范围内省份，现已通行无阻。商电均可随时拍发，不致停滞。此后不独可以恢复旧态，当能格外迅捷。邮政正在设法收回邮权，期将全国邮政悉隶于我国民政府管辖之下，如便利邮电，推广局所，奖励储金，改善职工待遇等等，均在进行之中。

至航政范围甚广，在我国则最为幼稚。航业状况与外国比较，奚止一世纪之悬殊。以言国际竞争，难乎其难。现已设专理其事。向来关于航政法规率多未备，自应从速编订，于取缔监督之中，寓保护促进之意。收回海权尤为急要，如理船厅、浚浦局、扬子江水道测量等事，均属权操外人，喧宾夺主，每年由海关拨款，为数甚巨，不特虚糜公帑，抑且丧失国权，急应设法挽回。再如招商局为我国唯一之航业，有五十余年之历史，所恃与在我国经营航业之外商竞争者，可谓惟此而已。不幸所得适反，所期非但不能对外竞争、日趋发展，而且内容腐败、积弊丛生；历来经理其事者莫不藉为利薮，营业则年年亏耗，种种弊端，不一而足。甚至以船只献媚军阀，事供运兵、运械，作种种反革命之资助，多数股东无权过问。苟非国民政府实行监督，该局前途将永无清明、振作之望。故政府前曾特派清查整理招商局委员会，亦先其所急之义。今据委员会之报告，如租船合同之离奇、煤斤扛力之作弊、会计制度之紊乱、积余产业之营私，最不可思议者，成立五十余年之公司竟无股东详细之名册，董事亦属徒有其名，无非便利少数人之行为。所以此次政府制定监督招商局章程，特派主管部长兼任监督。鄙人自顾不才，对于航业素所未谙，奉命之后，未敢率尔承乏。惟念航业运输与国权及对外商业关系甚重，而与民生问题之关系尤为密切，先总理《建国大纲》已经详细言明。为振兴国家航业及该局全体股东利益之计，不得不勉为其难，积极负责监督，以期剔除积弊，改良营业，提高薪工，养成办事人员均有廉洁负责之精神。至于外间流言，或谓政府此举将没该局，或谓收回国有，皆系风影之谈，想为少数中饱者过甚其词，以为耸动股东及一般社会之听闻，不知全非事实。一言以蔽之，政府监督之主旨，完全为一种善意政策：一方面监督营业，即一方面保护股东利益，扶助整理，逐渐扩张，希成为全国唯一之航业公司，得与国际航业竞争，挽回利权，贯彻民生主义之精神。先总理所定节制资本、协调劳资，尤当实力奉行。

总之，政府决不无故以商股作为国有之理，在座诸君皆明达之士，当然不致误会。所有交通事业造端阔大，不容一日或缓；建设伊始，悉赖专门名家、海内贤达不吝教言，随时指导，俾得尽量采用，次第实行。党国均所利赖，岂惟鄙人私幸！至于路、电、邮、航各项详细进行方案，兹以时间忽促，不及备述，容有机会再当承教。今晚餐座以临时预备，致多不周，简渎之处，希诸君原谅云云。

（1927 年 11 月 6 日，第 15 版）

王伯群告招商局股东书

招商局监督王伯群告招商局股东书云：

招商局经政府派委清查后，发蒙揭复，真相渐暴于世，股东其亦有所闻者，以千余万之资金，积数十年之历史，遇特别之机会（如前清运漕及欧战船运大涨等），享天然之优惠（如码头及地产涨价等），而大之不能为国家张航权，小之不能为股东保利益；以视邻邦之邮船会社等成立转迟、规模较小，而彼日光大，我日窳落，微特不足与之并驾也，且营业日益缩，财产日益绌，债务日益重，岌岌乎有落日孤城不能自支之势。然而历来办理局务者则又夏屋渠渠①、伙愿沉沉，尝鼎一脔，莫不捆载而去，私利优厚，道路皆知。局中之积亏如此，办事人之发财如彼，非股东□血之是取而谁取？

且局中办事人之对于股东亦不忠不诚之至矣。公司根本在股东，最高权在股东，以数十年之老公司而股东无完具名册，股权无一定之规则，每逢股会，则熏莸糅杂，秩序凌乱，纷呶叫嚣，不可究诘。卒之，真股东无从抒伸其意见，而少数人乃得以勾结捣乱之手腕，造成一盘据把持之局面。语曰："诸侯恶其害已也而皆去。"其藉彼股册之不具、股权之不定，与其谓彼智识之不周，毋宁谓其有恶于股东，而故设是疑阵也。

且办事人之利用股东则有之矣。每遇积弊发露，政府干涉之时，则商股商办、商业商营之辞振振焉洋溢人耳，嗾其党徒，假借股东名义，创造某社、某会，电文累牍，流言载道，究为股东之真意与否？股东其亦自知之矣。官僚政治时代政府意固不在整顿，彼等怵以危

---

① 渠渠：房屋深阔。《诗经·秦风·权舆》："于我乎夏屋渠渠，今也每食无余。"

词，啗以微利，仗义执言而来，不难曳尾缩头而去，前事数见之。彼等既自诩其得计，胆益壮，心益肆，乃至不惜以股东血本仅存之数艘商轮，为要结军阀之工具，上书邀宠，悉供调遣。推其心，无非仰势要之权力，固一己之地位。质言之，即假军阀之威□［权］，吓制股东，使不敢反抗而已。而股东果不能赞（一）辞也。

彼办事人平时则视股东若无物，有事则假名义为护符；为股东者，丧其权，丧其利，又丧其名。岂无明识远虑之股东，欲奋起而为整理之计？无如一盘散沙，势微力弱，非彼盘据把持者之敌，则终于默默，亦事之无可如何者也。

国民政府注重民生，平常商业之大公司苟有朘削股东、蠹损社会之事实，亦当起为正当之干涉；况乎航业运输为民生政策之最重要者，国权商业关系非轻，政府为贯彻政策，挽回航权起见，对招商局之积极整理，事非得已。股东所不能行者，政府暂时为代行之，整理局务，即所以保全股东，公私相联，如株与干；有利于国，无不有利于股东；所不利者，把持中饱之少数办事人而已。彼等或且狃其惯技，故为尝试，甚则以全部没收为国有等词为谣惑计。不知政府主旨在振兴航业，政府在整理局务。苟能切实整理，则商有之公司犹是我国之航业也；不能整理，则公司已亏累如是，政府何必取石田以自累？总之，政府本节制资本主义（之旨），尊重民众利益。今者，伯群受命监督局务，并由本部特任赵铁桥为总办，股东有以良猷见告，为整理之助者，必悉诚采纳之。即局员中有为守兼优，来行其志之士，亦必物色而延揽之。惟假立名义、阻挠大计、造谣煽惑、固持私利之辈、害群之马，舍绳以三尺①外，无他道焉。政策既定，期以必行，决不畏难而中止，亦不徇情而敷衍。此则革命旗帜之下，与官僚政治绝对不同者，股东其详察而熟计之。王伯群。

(1927 年 11 月 8 日，第 13 版)

---

① 三尺：古代常把法律条文写在三尺长的竹简上，故称法律为"三尺法"，简称"三尺"。

交通部监督招商局章程

交通部发表监督招商局章程，原文云：

第一条 交通部依据本部组织法第一条及第九条第四项之规定，为实行监督民办航业，并保护便利起见，设立监督招商局办公处，直隶于国民政府交通部。

第二条 本处置职员如左：

（一）监督一人，由国民政府特派充任；

（二）总办一人，由交通部派任；

（三）参议四人至六人，由交通部聘任或委任之；

（四）秘书长一人，由监督派任；

（五）秘书及办事员各若干人，均由监督委任。

第三条 监督招商局之范围如左：

（一）关于监查及清算现在资本之实况，并债权债务之数额事项；

（二）关于裁决资本之增加或减少事项；

（三）关于酌定分局及附属机关之设立或存废事项；

（四）关于核定总分局及附属机关之组织条例或章程事项；

（五）关于审核总分局及附属机关之账目与出纳状况事项；

（六）关于受理及核定股东或董事会之请愿整顿局务、扩充营业事项；

（七）关于股权之清理及登记事项；

（八）关于其他呈请事项。

第四条 左列事项因与股东利害关系较大，由监督召集重要职员与董事会联席会议决定执行：

（一）关于处理借款事项；

（二）关于计划整顿局务之实行事项；

（三）关于停航、复航及政府租船事项；

（四）关于召集股东大会，并提出议案事项；

（五）关于分派股息及职员、雇员酬金之支配事项；

（六）关于总局各科及附属机关之存废事项；

（七）关于对外重要契约之订立或废除事项；

（八）关于总预决算之确定事项；

（九）关于修改章程事项；

（十）关于其他一切重要事项。

第五条　本处得随时监查该总分局营业进行及财产状况，并一切账目。

第六条　本处办事细则另定之。

第七条　本章程自公布之日施行。

（1927 年 11 月 8 日，第 13～14 版）

赵铁桥启事

铁桥承部派任监督招商局总办事务，纯系监督性质，内部组织概从简略，人员业早派定。惟恐亲友远道来沪，徒劳往返，或函牍推荐，实难遵命，恕不另复，幸希鉴察。谨此布闻。

（1927 年 11 月 15 日，第 3 版）

监督招商局办公处开始办公
——定期举行就职礼

监督招商局办公处业经筹备就绪，自昨日起开始办公，就职日期订于本月二十六日［即本星（期）六］下午二时，地址原定在该处，后以礼堂稍狭，来宾过多，遂改在天后宫总商会会议厅举行。闻已柬请各界要人，政府亦派定代表前来监视云。

（1927 年 11 月 23 日，第 15 版）

招商局监督昨行就职礼

监督招商局监督王伯群、总办赵铁桥、秘书长许修直昨日午后二时在总商会行宣誓就职典礼，到者二百余人，由蒋雨岩主席，开会如仪。

首由监督、总办、秘书长宣誓就职。旋由政府监视员蒋雨岩代表政府训词云：今日为王监督、赵总办、许秘书长宣誓就职之期，兄弟奉国民政府之命，前来监视，不胜荣幸。查招商局开办已五六十年，在开办半年之后，日本始有创设邮船会社之议。当时日本财力、人才远不如中国，今则何如？邮船会社凡世界上可以航行之处，均有船只往来；招商局之航线仅限于国内，破船数艘，行驶奇缓，岂能与邮船会社相比较耶？盖招商局初创办时系官办性质，后则逐渐归为私人，今日监督之目的：（一）在剔除中饱，免除少数人之营私舞弊；（二）在整顿航业，以兴商务；（三）为发扬文化。由是可见，整顿航业实不容缓云云。

王监督答词：伯群受国民政府之命，监督招商局事务，今日就职，蒙诸公惠临，加以勖勉，至为荣幸。伯群此次奉命监督之宗旨及政策，详见告股东者及宣言书，深望诸公有所指教。招商局关系之重要、积弊之深重、危险之情状，在座诸公闻见较确，无容赘说。政府对待招商局，煞有一番苦心。长江航轮供献军阀，反抗革命军政府，罪归一人，其余概不株连，国民政府之政策是何等宽大！设委员会清查局务，不取招商局半丝一粟，将招商局内容详查一番，公诸社会，告诸股东，为自有局以来所未有。试问历来办事人曾有如是详细之报告，使股东明知其详情否？而且，局中股东名册不完、手续欠缺，委员会复为厘订簿记，制定规则，无非为拥护真实股东权利起见。试问以前之办事人曾有如是办法，以保护真实股东权利否？政府先设委员会，从事清查；继设监督，实行督促整理，无非为国家保持航权，为股东保存财产。前次股东办事人串同军阀，武断横行，不能行使职权，而局务又危机四伏，不能稍待，故政府急行着手，以政府力量督饬办事人赶紧整理，首行恢复股东权利，待渐上轨道，真实股东自能行使其正当职权。那时，政府只须想法补助，照各国对待航业通例，不必多所干涉，岂不圆满尽善！

照招商局历史而论，前清政府如此腐败，然官办及官督商办时犹比此刻完全商办为胜，可见官商合作，互相维持，在招商局亦受益不浅。不过，政府本意，并然［非］定要官商合办，设委员会，设监督，完全是维持招商局，不是破坏招商局，亦不是觊觎招商局；是保护股东权利，不是剥夺股东权利。我想股东及职员中多是有知识的人，当不至于误会。如其听信谣言，自相惊扰，不啻认贼作父，反恩为仇，即为自杀政策。政府对于航业抱一种极大方针，有一种大决心，决不因少数人扰乱而中止，结果不免自己吃亏，后悔不及。至于监督若何办法，详见宣言书中分为整理进展、补助扩充各种步骤，如能群策群力，脚踏实地做去，在青天白日之下一定可以逐步做到。不过，第一步整理入手时较难，因为数十年之习惯、几多之私利，自然不免有明的、暗的反抗事情发生，伯群惟有百折不回，秉着良心做去。希望诸公时时教导我，纠正我，为中国航业留一点生机，不徒是伯群个人之幸，关系国家航业前途甚非浅鲜。局中办事人如能彻底改好，摈弃旧习，伯群当开诚布公，与之商洽，决不拒人千里之外。以前种种，譬诸昨日死；以后种种，譬诸今日生。此语正用得着。至于局中怀才未遇之士，尤所欢迎。本来商业事情需用专门人才，那是自然要物色重用的。赵铁桥总办向为忠实同志，办事切实，为伯群所深信。当伯群服务部中离申之时，诸公遇事可与赵总办接洽，特向诸公介绍。今日招待不周，甚为抱歉，诸望原谅。

招商局监督就职摄影〖略〗

袁履登演词：招商局创办之目的与宁绍不同，宁绍公司之目的在抵抗英商太古公司垄断沪甬之阴谋，自有宁绍以后，而船价大跌，前需两元者今四毫足矣。宁绍股息只七厘，欧战时略有微利而已。航业公司之经营，不外乎开源节流。招商局船上用洋人太多，故开支月需五六千元；宁绍则三千元，三北只二千五百元而已。希望招商局整顿之后，能将节省之钱多购新船、扩充航线云云。

冯少山演词：招商局腐败已极，今幸负责有人，当能挽救，不致根本失败。招商局开办时，日本邮船会社尚未开办，今则不可同日而语矣。招商局船只须改新码头，机房须整顿，方能打倒帝国主义。至招商局之内容腐败已极，吾等商人希望招商局立时整顿，使吾辈商人运货乘船，皆可坐国人自办之船云云。

赵晋卿之演说：今日王监督、赵总办、许秘书长就职之日，鄙人被邀发表意见，鄙人有一种感想，招商局在上海有最占优胜之码头，睹其成绩，可见当时创办人之魄力。惜乎继起者不得其人，故有今日之失败。吾人旅行，尚有一种感想，外国公使、外交官、军官等均乘坐自国人办之轮船，吾国则如何？希望在王监督指导之下，有轮船可以开往外国。在军阀淫威之下，时有扣船之举，故上海新有一中国航业公司开幕，而并不悬挂中国旗，故鄙人希望在王部长指导之下，可以切实保护华商航业公司。招商局自来无一定章程，各局各船均无一定章程，股东权利、义务亦无一定规定，希望王监督能贯彻其主张，有以改良云。

郭宇镜演说：航业与国家有密切之关系，中山主义为取消不平等条约、抵抗帝国主义之侵略，中国恃有轮船为重要之工具，吾人欲抵制之，非自有航业公司以应付之不可。招商局为中国唯一之大航业公司，但其弊病深重，无人不知，国民政府派人监督招商局，只须整顿得法，其发展不可限量，且可以实行抵制外船云云。

（1927 年 11 月 27 日，第 14 版）

王伯群就招商局监督职后新猷

宣言。交通总长王伯群前日就招商局监督职后曾有宣言发表，兹录之于下：

自奉命监督招商局，曾发表告股东书，略述大旨。今天就职，特更宣言，补所未尽。政府何以注重招商局？招商局何以有监督之必要？及监督之时期与程序如何？请详述之：

（一）政府何以注重招商局？因招商局为全国自办航业中最大之机关，亦为我国维持航权之惟一机关。有此局，则航业可藉以复兴，航权可赖以不坠。前清创办，即本此意。若任其因循失败，竟至破产，则前车可鉴，国中决难望再产生与招商局规模相等之公司，为我国撑持航业、维系航权，内江内海之轮运亦将尽落于外人之手。履霜坚冰，政府不能不预为之计。总理民生主义列举衣食住行，于陆地则铁轨车道为先，行于水中则航路航轮为重。今交通部特设航政一司，采集各国成规，将于航业有所规划，则我国自办之商轮公司无不在维持保护之列。惟招商局有五十余年之历史，有较大之规模，对内对外关系至巨，此政府所以特别注意者也。

（二）招商局何以有监督之必要？局中历年亏空负债至千余万，债息尚无着，遑言股息。去年傅小［筱］庵竟以长江航轮献媚军阀，为反革命之用，姑不论其对于国家之罪责如何，即以商业习惯、公司法律而论，此为何等专横之事实，而全局中人无一出而纠正之者。股东纵知其事，然局员勾结军阀，积威之下，敢怒而不敢言。其余如股册不完备，股权不分明，每逢股会，纠纷不已。办事人视股东如无物。凡此种种，清查委员会已详言之。夫公司主体为股东，最高事权在股会。今股东权利剥丧殆尽，若非政府主持而规复之，将永无解决之日。清查委员会主张登记股名，重造股册，而局中始有登记名册之举，前次［此］数十年未之有也。即此一事已为他公司所绝无，而其关系大局尤较他公司为犹重。监督之设，事非得已。且创设之初曾拨借官本，并准专运漕粮，又购地筑场，无不赖仰政府之力，克底于成。是其历史更与他公司绝对不同，始非政府无由创立，今非政府无由整理。此招商局所以有监督之必要也。

（三）监督之时期及其程序如何？查李鸿章奏办招商局之初，其奏案中一则曰"商为承办，官为维持"；再则曰"官为扶持，以助商力之不足"。又曾拨官款二百万，以为创办资本。故谓之官办亦可，谓之官商合办亦无不可。盛氏主持其事，于盈余之中偿清官款，仅宣统末年始改为纯粹之商办。自此遂不堪问矣。今商力既不足以资整理，故政府不得不急起直追，实行监督，督促董事会负执行刷新整理之责任，以尽扶持之责任。一俟整理竣事，发展就绪，股东会能依法开成，董事会亦可完全负责。质言之，公司已上轨道，则监督处亦可撤销，直接改辖于交通部之监督，与普通公司受同等之待遇，此时期之说也。至监督之程序，拟分为四步，首为改良组织，祛除积弊，估计财产，整理债务；次为筹措活资，添造新船，增调［辟］航线，便利商运；再次则为要求政府之补助，或予以转运特权，或保证发行债券，或兑与抵利资金，或协济大宗现款；终则联络侨商，筹集巨资，扩充海外航线，与各国争一日之长。至此我国方有航业之可言，方足与各国颉颃，而入于世界航业范围之内。

虽然，兹事体大，非一蹴而成，仍须全体股东起而相助，大小局员克尽职责，始克有济也。至于国有之说，不特政府无此议，即监督处经费亦由交部筹用，未令招商局担负分文。造谣者或别有用意，故作此吠影吠声之技乎！语曰："流言止于智者。"余甚愿股东、局员之均为智者也。若狃于故习，有意破坏，重私利而轻局务，理喻无效，则法随之耳。责行所在，劳怨不辞。凡服务监督处同人，愿共勉之。特此宣言。

启事。监督招商局办公处征求整理意见启事云：

本（办）公处关于招商局监督事务，意在博采群议，积极督促该局董事会积极进行，以副政府整理航业之至意。凡熟悉局务、素具良谟、廉洁卓著者，不拘局外、局内，股东、局员，均可投函本处陈述意见，善必采用。惟须注重情实，不尚空言，必须具有真实姓名及详细住址，以便随时征询。如有保守秘密文件，亦当代守秘密。办公处在四马路五号汇业银行五楼。

（1927 年 11 月 29 日，第 10 版）

上海王伯群、赵铁桥电

各报馆均鉴：案奉国民政府令开，"特派王伯群为招商局监督，此令"等因；又交通部令，"派赵参事铁桥为监督招商局总办，此令"等因，奉此。遵即在沪择定四马路五号为监督招商局办公处，先行开始办公，启用关防，兹于本月二十六日正式宣誓就职。自惟才辁[①]任重，绠短汲深，所望全国同志、海内耆英时锡□针，藉匡不逮，俾扬先总理《建国方略》之精神，而副政府委托整理该局之至意。岂惟群众［等］个人之幸，航业前途实利赖之。谨此电闻，仱候明教。王伯群、赵铁桥，宥。

（1927 年 12 月 1 日，第 7 版）

---

① 辁：浅薄。《庄子·外物》："已而后世辁才讽说之徒，皆惊而相告也。"

监督招商局办公处紧要通告

本处成立以来，正在督促招商局董事会钩稽旧案，积极整理，乃闻近有少数不肖股东蓄意破坏，不顾国权，欲将股票拆抑，或转押，或让渡于外商，阳曰脱股，阴图抵制。此种情形实属不法已极，曷胜痛恨。除已令知该局董事会于整理期内，即股东名簿尚未重新编造详细登记股东名字以前，停止股东过户及抵押、让渡等事，如有此等行为，一律认为无效外，为特通告中外人士，咸使周知，俾杜后患，而挽损失。此布。

（1927 年 12 月 3 日，第 3 版）

商办轮船招商局董事会长李国杰敬告股东书

敬告者：招商局极五十余年缔造经营，为全国航业最大规模，其历史具有可考，乃不幸逐渐失败，几于无可收拾。虽牵于时局、困于人事使然，而国杰适当其时，谬膺董事长之职，究不能不先自引咎于我各股东之前。今政府于招商局特派监督，设处办公，一切经过，当所共知。在监督，虽有异于代庖，究已等于借箸，而所谓监之督之，固有事在，既不能讳疾忌医，即当为螫手断腕，根本之计是仍在我各股东大彻大悟、同力同心。谨掬诚为我各股东告：招商局在今，危急存亡，相去一发。以平昔言之，或意见各执，或派别自私，或存观望不负责任于前，或挟嫌隙故持是非于后，彼此不肯推诚，事机每因坐失，然究属一家之人，非有怨仇可言，而甘于同尽。此敢为我各股东证也。第今非昔比，事与势殊，倘再蹈故辙，仍捧散沙，于事非惟不宜，在人恐难为谅。以我各股东贤明，岂尚见不及此监督处清查之令、饬复之文络绎而来，皆为招商局最大关系之事。以监督与股东及董事各有分际上职权，各有分际上事务，然不早为之计，恐有相逼而来。筑室道旁之言，岂能久待；整冠李下之事，或所不嫌。由是言之，又当非我各股东所愿出此。王监督就职宣言，于监督程序约分四步，首为改良组织，祛除积弊，估计财产，整理债务。他姑不论，即就此四项言之，虽无监督设置，而在招商局亦实切要之图，然此自股东所应研求、董事所应考虑，而不待监督言及也。在监督莅事伊始，容有耕当问奴、织当问婢之必要，使仍一切诿谢，将何求解于人。国杰自受命为董事长以来，委曲求全，亦惟勉维现状，而在非常之时，处非常之事，按之招商局定章，以及普通《公司条例》，有不能不取决多数股东之意思为意思。且申言之，国杰现负董事长名义，浅才薄德，在我各股东可以推爱相原，而对外当不能援以自饰。况近已接奉监督令，知于一切兴革事宜严厉责成，大有不容诿谢之势，进退两已失据，功罪一以相加。此时国杰所万难解免之事，亦即我各股东共有责任之事，事机急迫，远道不及就商，本埠无难磋议，如有见教之处，请于十日内恺切示知，俾有遵循。务望屏除积习，同建嘉谟，在国杰劳怨皆不敢辞，扶翼尤所深望。倘或以国杰投入试验之场，抵为牺牲之品，则亦尽其心思，以为献替，凡我各股东其谅之。除将接受监督令文及董事会请求政府呈文印送奉阅外，谨此通告，伏希全体股东公鉴。李国杰叩。

（1927 年 12 月 7 日，第 2 版）

招商局监督令筹兴革计划

交通部监督招商局办公处昨指令招商局董事会，令将关于应兴应革诸端，速令具复。原文云：

为令遵事，本监督受命监督局务。查招商局为全国最大航业机关，积数十年之历史，竟至弊窦丛生，一蹶不振，有非积极整顿，不足以保航权而利商运。本监督莅职伊始，希望本合作之精神，收改善之实效，为股东保血本，为国家张航权，为商旅谋幸福，从长规划，期在实行。所有该局应兴应革之端开列条文，随令附发，仰该局董事长转知董事会及重要职员，按照所开各节悉心筹议，于两星期内呈复，以凭核办。事关该局根本至计，切勿迟延。此令。条文另折附发。

（一）公司最高权在股东会，因该局无确实可据之股东名册，无一定股权票决办法，以致历次股东会均无结果，大有酿成私人把持盘据之局面。今该局已按照整理清查委员会规定办法，重造股东名册，究竟股东按章登记者已有若干户？远道股东如何使无遗漏？股东名册若干时期可以造竣？登记造册曾否停止过户，以免纷乱致误？股权办法以何法为适当？务须规划妥善，不厌求详，据实陈报。

（二）该局办理不善，由于组织不良所致，而会计划度尤甚，委员会曾详言之。究竟该局内部有无办事章程及细则？现行组织究竟有无窒碍？应如何改组，方能运用尽善？仰即切实筹划陈复。

（三）该局债务奇重，支出利息为数不赀，实为积亏之一大原因。今外国银行已届还本付息之期，已否按约清偿？如何比较合算？仰即将最近情形切实陈报，并筹拟偿债办法。

（四）该局财产据委员会报告谓，估计极不确实，因财产估计之不确，真相自难明实，以致股本盈亏亦难确计，尤失保持股东血本之至意。应如何重估确凿，切实整理，使股息有着，并筹活资，俾振航业，仰即从速核议具复。

（五）航业为该局主要之图，今长江上游已经通达，迅将该局最近航业情形及收入如何，仰即据实陈报。又，营业应如何改良，沪局应如何整理，各分局应如何稽核，内河积亏应如何措置，更须通盘筹划，以祛积习。其有须政府协助之处，亦可随时申请核办。

（六）购办材料，修理船只，最善滋弊。该局于修理、购煤及采办材料之事，历来办法如何，今后宜采用何种办法，以期弊绝风清，仰即妥议办法陈核。

（七）局船行常遭盗劫，舆论多责备设计之不周，如不装置无线电机，不稽查旅客之循诱［身份］等等。各船应如何补充设备，以保行旅安全，仰即筹议速办。

（八）该局船只究有若干艘，可开驶者若干艘，应修理者若干艘，不堪驶用而勉强启椗者若干艘，均应如数详细填报，事关旅客生命，尤须迅查切实具复。

（1927 年 12 月 10 日，第 14 版）

招商局监督训令董事会忠诚报告，切实整顿

招商局监督昨训令招商局董事会云：

为令遵事，查该招商局比年以来营业日衰，内部愈乱，坐使外轮充斥，漏卮莫补，航权有失坠之忧，民众感交通之困，本监督上秉政府之付托，下图航务之发展，兴利除弊，责无旁贷。欲求正本清源，首重综名核实，所有该局各种情形，理应逐一呈报，用揭纲领，开示于次：

（一）局中每日款项收付之会计实况，（二）局有各轮每日进出口之营业实况，（三）局有船只之数目暨各轮名称、吨位、价值、年龄等情，（四）损坏轮船之修缮暨其致损原因、地点、时日并修费等情，（五）总局、分局及各轮、各附属机关一切人员之履历、薪俸等事，（六）总局、分局及各附属机关之每月经费预算与开支实数，（七）临时发生之重大事故及该董事会无法解决之件。

以上诸端均关紧要，仰该董事会转饬各主管人员，规划精细表式，迅速呈报前来。项目务宜详晰，事实尤应正确。毋得短缺，以为搪塞；毋得虚构，以图朦蔽。藉可纲举目张，彻底整理。该董事等须知该局受病已深，苟仍因循不治，惟有坐待破产，势必股东血本同归于尽。今本监督以开诚布公之意，作亡羊补牢之谋，所望政府与人民合作，共救危局，其利交通者固大，而维股本者尤周。务仰该董事等善体此意，迅速遵照办理。切切，此令。

（1927 年 12 月 11 日，第 15 版）

监督招商局办公处紧要启事

风闻近有棍骗在外冒称本处职员，谓可代人营谋轮船买办，意图撞骗，实堪痛恨。为此登报通告，如遇此种棍骗，希即来本处报告，以便严拿法办，切勿受愚。此启。

（1927 年 12 月 21 日，第 2 版）

监督招商局办公处会议纪

交通部监督招商局办公处前日下午二时举行处务会议，列席者除监督、总办、秘书长外，尚有参议、会计、法律顾问。当由王伯群监督主席，首命调查员出席，报告赴招商局调查情形及往监视股票之经过。次则讨论督率该局整理革新之方法及组织审核处草案。随由某参议痛陈该局董事会与局务腐败情形，并援引种种事实以为证明。某顾问则谓该局股票格式及移转手续，均与现行《公司条例》不合，且该局股份有八万之多，乃以表面七八人实则二三人综揽一切之董事会把持其间，任意绅缩，亦非情理之平。嗣经详加讨论，全主此时本处宜先督促该局董事会一面将股票登记时期确定，一面速拟改组方案呈报，总望该局先能自动整饬，果得日起有功，成绩斯著，政府方面固愿极端援助，以符合作之旨。倘该局自觉颓势难挽，始终不能振作，则本处当为代除积弊。后又讨论其他议案多起，至六时许乃议毕散会。

（1927 年 12 月 22 日，第 15 版）

监督招商局分科办事

监督招商局成立以来将届一月，其指导该局之改善及设计进行，王伯群监督、赵铁桥总办与秘书、参议、顾问定每星期开一处务会议，悉心规划，务求尽善。前日拟订办事细则，分科治事，并委定各科职守人员，兹探□〔得〕消息于后：

许修直为秘书长，涨〔张〕一鸣秘书兼总务科主任，李孤帆秘书兼设计科主任，王仲武、方还、陈方为秘书，于鼎基、周世安为华洋文撰，陈述、刘禹佳监印，邹鸣管卷，朱志霖缮校，袁承绩收达，钟述祖会计，董尔锡庶务，以上属总务科。赵天存、章百章、陈蔚青、钟韩堂、胡约三、宋作昆、唐景崇，以上属设计科，已分别视事矣。

（1927 年 12 月 27 日，第 14 版）

王伯群整理招商局之提案

——将实行整顿计划

监督招商局办公处自成立至今，对于整理招商局事务异常认真，实抱有除弊兴利之决心。无如该局腐根已深，积重难返。总办赵铁桥有鉴于此，特于日前亲往首都，向王伯群监督就商根本改革方法。闻王监督深以赵总办所陈各节为然，已决定更进一步之整顿计划。其计划内容专重肃清积弊，发展航务，而于保全股东血本上，尤极周详之致，预料将来一经实行，定能得大多数股东之赞助。兹将王氏在国民政府会议席上所提整理招商局之提案发表于次，亦足窥其计划之一斑也：

为提议事，据清查整理招商局委员报告，清查手续业已完毕，其中弊窦更仆难数：一、股东姓名无底簿；二、所用司员竟有董事会所不知；三、董事会只有少数到会；四、股东意见纷歧，每届开会动多争执，无自行整理之希望。此就招商局内部组织而言，至弊窦丛生，尤为骇诧，以一轮船总局俨同政府，秘书至十余人之多；而且兼职、兼薪董事八人，监察二人，平日既不常川到局，临时又不各负责任。分科办事，大率私人，兄终弟继，父死子嗣。及浮滥把持，实为罕闻。其实职人员经手事项，无不染指。欧战时代租出船只，竟无存据；历年所用煤斤，亦多浮耗。各埠驳船并不自办，另由局中办事者组织顺昌小公司，侵牟权利。轮船买办大半卖缺，机房管事相从偷货，而内河分局亦处处亏耗。幸遇欧战四年，赢余颇巨，而相率朋分，外未扩重洋之船业，内未增各省之商轮。而欧战一停，未及十年，负债如山，乃复谬以全部产业分抵外国银行，藉为抵抗政府干涉之举，实阴以遂其私人把持之谋。而倒行逆施，甚至献媚军阀，改为军用轮船，违反民意，牺牲股本。此就招商局内部用人行政种种荒谬而言，我政府若不摧陷廓清，实行监督，公司破产，航权断送，列邦腾笑，国人痛心，兴言及此不可终日。

查招商局历史始于同治九年，派员督办，本为官办性质。宣

585

统三年改为商办，犹有政府派员监察。而权不副职，名存实亡。然与他轮船公司纯粹商办者，迥乎不同，班班可考。矧吾国航业占重大位置者，只此一局，腐败至此，上关国家之航政，下系商人之运输，国本民脉，胥在于是。职部职责所在，再四思维，不容或缓。当此清查结束之秋，急应特派熟悉该局情形人员从事整理，厉行监督，以副我国民政府振兴航业、挽回利权之至意。为特依据职部组织法第一条及第九条各规定，为实行监督航业、保护商股之计，敬拟《监督招商局章程》一件，提请公决。

（1928 年 1 月 18 日，第 14 版）

招商局董事监察人紧要通告请各股东注意

本月七号晚董、监等突接李会长伟侯来缄，召集紧急会议，同时又由办事人等先后报告日内业由交通部据董事长呈请核准改组，并请派员监视、批饬遵照等，以前项呈请从未闻知，事关于公司改组及派员监视，于本公司利害何等重大！而李会长既未提交董事会，又未召集股东会，经过法定手续，而竟贸然向政府朦请核准，非但视董、监如无，且将置股东于何地？似此越权违法，专事私图，董、监等忍无可忍，除立即缄诘外，为亟登报通告，祈我股东速起图之。董事盛升颐、盛恩颐、陈寿熹、邵义鉴、庄清华，监察庞钟璘等谨启。

（1928 年 2 月 10 日，第 1 版）

招商局码头职工挽留李会长

招商局董事长李伟侯自监督处责令会同赵总办接办改组后，态度消极，遽萌退志。该局职工闻讯，特开全体会议，佥谓：李君对内、对外感情融洽，且际兹政府整理局务之时，未便任其高蹈。除一面呈请监督处行文慰留外，并由该职工会推派代表赴李宅请愿敦劝云。

（1928 年 2 月 25 日，第 15 版）

国府会议纪要

〔南京〕国民政府委员会二日上午九时开第四十三次会议，出席委员蒋作宾、张之江、陈调元、柏文蔚、林森、于右任、谭延闿、李烈钧、蔡元培、白云梯、黄郛、王伯群、宋渊源、李宗仁、张人杰、钮永建，主席谭延闿，列席者冯玉祥代表熊斌，阎锡山代表刘璞忱、徐元诰，代秘书长吕苾寿。

〖上略〗

（三）交通部部长王伯群呈称，为督促招商局改组，并力图整顿起见，拟将交通部监督招商局章程略加修改，请鉴核备案。决议：准予备案。

〖下略〗

(1928 年 3 月 3 日，第 4 版)

国民政府交通部监督招商局办公处通告

迭据招商局董事长代行董事会职权李国杰先后呈称招商局股票登记限期太促，股东名簿必多遗漏，应请将根本正确之股东名簿完全造成，再行定期开会等语。查此次本处办理登记及定期开会，原属一秉大公，该局时虞破产，藉资整理。既据该会等呈请延期前来，当即照准。现在先行办理登记展期一月，即延至七月五日止，为登记期间，俟股东名簿完全造成，再行定期召集股东大会，庶昭慎重，而免遗漏。除分别令行外，特此通告。

(1928 年 5 月 25 日，第 2 版)

李国杰呈报仁济和营业状况

招商总局董事会会长兼仁济和水火保险公司总董李国杰，昨对仁济和营业状况特呈王伯群一文照录如下：

呈为呈报仁济和水火保险公司改组独立后一切营业状况，会计师查核账目，缮具报告，谨将副本呈送，仰祈鉴核备案事：窃仁济和公司因上年各轮船公司取消红提单保险定章后，水险保费收入顿行锐减，计自本年阴历正月起至阳历五月底止，共亏损实洋一千三百三十二元三角九分。国杰为挽回颓局、力谋补救计，因于五月七日呈请改组，独立聘任总理，筹设火险部，积极整顿，以图恢复。奉同月十二日第二十一号令，准独立营业，添办火险，更定公司名称，并准将招商局轮舶、货栈、房屋之水火保险，均归承保。感奋之余，爰与总经理欧阳荣之协力计划，凡与公司有利益之处及所以增进商业地位、社会信仰者，无不切实筹虑，依次进行。其水险部则□加添黄浦保险，而火险部亦于七月二日正式开始营业，并于广州、福州、营口、汉口、天津各大商埠增设分公司，其他繁盛之埠亦正拟筹设，或先派代理处以期推广营业，同时加入火险公会，联络同业，藉资发展。复经聘定当年会计师徐永祚随时查核账目，纠正错误，□［以］增信用。计自改组独立以来，六、七两月因正在整理筹备期间，一应设计，□［在］在需费。而火险正值开办，营业未臻旺盛，故收支两抵，仍每月损一千余元。至八、九两月，业务渐见发展，大有蒸蒸日上之势。计八月份共收益洋七千八百五十五元零五分，除过各项开缴洋三千七百七十三元二角八分，计赢余洋四千零八十一元七角七分。九月份共收益洋一万六千四百六十一元六角六分，除过各项开缴洋七千四百九十元零三角九分，计赢余洋八千九百七十一元二角七分。总计自本年阴历正月起，至阳历七月底止，共亏损洋四千五百四十二元五角五分，八、九月份共赢余洋一万三千零五十三元零四分，两抵，净计赢余洋八千五百十元零四角九分。是以半年之亏损而两月完全抵偿，且获有巨额之赢余，不得谓非该总经理仰体钧座维持德意、认真办事之效。本拟循例于年终结账，经由本会计师查核无误，再行报告各股东，并呈请钧处察核备案，现因遵奉批令办理股东登记，并发给股息之际，各股东多有未明公司内容及改组一切营业状况，特属该常年会计师徐永祚将账目截至九月底先行查核，正式缮具报告，连同副表送达董事会，以期彻底明了，藉凭答复各股殷殷垂询之意。理合检同此项报告书副本，备文呈报钧座鉴核备案，实为公便。

谨呈监督王。

商办轮船招商局董事会长代行董事会职权兼仁济和保险公司总董李国杰。

（1928 年 12 月 21 日，第 14 版）

招商局同人之欢宴纪

前日（四日）下午六时，招商局董事长李国杰、总办赵铁桥，假座新新酒楼，邀集全局同人聚餐，部分有八：监督处、董事会、总管理处、上海分局、仁济和保险公司、积余产业公司、各栈房、各轮船。来宾及职员人数达二百三十人。首由李董事长致辞，略谓：今日与全局同人，相见一堂，机会难得，快何如之。因今日之聚会，新、旧同事，必然愈能联络感情，愈臻融洽。忻幸之余，不禁有所感触。盖招商局，迹之已往，办事上进步甚难，各同事须知所处地位、所具才能，均足以左右商局之业务而有余，成败得失，实惟同人是赖，幸勿专保饭碗，注重金钱。当以发展抱负为职责。亦勿各分派别，徒争意气，当以大局为前提，同舟共济，众志成城，以使局基巩固。犹期明年今日，仍能同集一堂，再为痛饮，则为幸多矣。

次由赵总办致辞，略谓：今日来宾与同人均能宠临，非常荣幸，接办商局，几及一年，上蒙监督、董事长之指导，内有各同事之合作，外承来宾之策励，始得有一年来过去之成绩，而有今日盛大之欢宴。但总处接事以来，纠纷障碍，曾未稍减，所有精神耗之于应付外来抗力者，殆十之六七；用之以发展本局业务者，实只十之三四。是则对于监督、董事长、来宾以及民众，深滋歉憾，应请原亮［谅］者也。不过我等在革命立场上，对于发展航业，整顿局务，凡已往事实，办有成效者，尚须继续进行，一致奋斗，不稍灰心。十八年度之新希望，第一，希望吨位至少须超过现有六万吨一倍。第二，对于来宾、监督、董事长所期许者，将一一现诸事实。第三，希望同人所有精神、才能贯注于商局业务，发挥而光大之，以征信于国家社会。第四，希望防弊制度，实行打倒一切营私贪污分子。第五，希望收国内航权，开拓国外航线。凡此种种，均为我等受党国使命，来整理商局之初衷，务达目的。今日地窄筵薄，恐难周到，尽此杯酒，聊表歉忱，藉助雅兴。

次由栈务科长洪雁宾发言，略谓：今日盛会，实为招商局五十年来所未有，蒙总办会长谆谆教勉，欣幸曷胜。今夕以如许同人会齐一堂，推算年龄，当在万龄左右，可名为万岁宴云。言毕，复发起余兴多种，一时觥筹交错，庄谐杂陈，宾主无不尽欢。末由赵总办发起组织同人俱乐部，当场推举筹备员十一人，监督处陈淮生君，董事会刘天遒君，总管理处洪雁宾、王子骞、王允章三君，上海分局沈仲毅君，仁济和保险公司汪晓邨君，积余产业公司李祖范君，各栈房朱贡禹君，各轮船张延龄君，并公推洪雁宾为筹备主任，闻将克日拟具办法，筹措款项，择定地点，从速成立，迨九时始各散归云。

（1929 年 1 月 15 日，第 22 版）

招商局改组周年纪念大会

昨日下午三时，招商局假座宁波同乡会大礼堂，举行招商局改组周年纪念大会。到者监督王伯群代表林实，监督处秘书陈淮生、许修直，总办赵铁桥，暨各科长、科员等三百余人，先行摄影毕，即振铃开会，行礼如仪。首由监督代表林实训词，次总办赵铁桥演说，再次为栈务科长洪雁宾演说，再次为总务科长王仲遴演说，末为船务副科长王仲遴、秘书陈和怡暨职工代表冯弼仁等均有演说。散会时已六点，晚间即在该会聚餐云。

（1929 年 2 月 23 日，第 14 版）

招商局呈王监督文

——申明商办营业账册难照官规审核

本埠商办轮船招商总局董事会长李国杰氏，昨呈王伯群监督文云：

　　呈为陈明商办公司营业账册，未便按照官规编造各项出款，送院审核，仰祈鉴赐转呈府院，申明界限，以免误会事。窃招商局轮船公司，系完全商股商办，迭经依照《公司条例》，呈请主管官厅暨全国注册局注册立案给照营业，与其他普通商办轮船公司，规模虽有大小，性质毫无歧异。历史事实，昭然具在。近年迭受时局影响，以致营业亏折，岌岌不可终日，深蒙政府爱护维持，特设监督，派员代为整理，厘订暂行规则，以资遵守；并荷监督迭次宣言本系临时办法，俟整理略有头绪，即当仍旧交还商办。是招商局确为一种普通商业公司，不能因交通部监督整理之故，遂误认为交通部附属机关，彰彰明甚。顷阅总管理处接奉钧处第六十六号训令，并抄发审计院原呈一件，因招商局互控一案，经政府派员会查，而审计院呈请令行交部，转饬将以前各月出款，按照审计规程第四条第三项规定及审计法施行细则第四条规定，依法编造补送，嗣后仍按月编送，以凭审核等因。伏读审计院原呈内称，招商局经交通部奉令接收，派员办理，是该局即交通部之附属机关。该局总办赵铁桥奉交通部令，到差任事，是该员即中央之委任官吏，对于审计法规自应遵照办理等语。准此推论，则招商局无形之中已完全收归国有，不复稍存商办公司面目矣。审计院此种武断声口，未见错误，至足引起社会惊疑及本公司全体股东误会，恐于彻查互控案中，另启纠纷，酿成事变。本会为保全各股东权利，仰体政府爱护商权、维持航业本意，未敢缄默不言。查收归国有及官商合办等说，近来虽有此项拟议，究并未曾由政府提出正式办法，与本公司股东协商确定施行，何能遽指招商局即为交通部附属机关？且一年以来，虽蒙政府派员代为整理，亦并未荷政府分文补助，仍系以局款而办局事，即无以商业账册无端送院审核之必要。至赵总办虽系交通部委任官吏，但照暂行规则，实由监督委派加聘，是其所任职务，仍属商业范围，惟应遵照商规及暂行规则所定权限，将每月营业状况、收支款项，编制各种详晰报告，一呈监督审核，一送本会稽查，方为正当办法，适合法轨，固不劳审计院之为越俎代庖也。

　　本会非敢放弃此种稽核职责，徒以总稽核处自经撤废，奉令缓设后，《暂行规则》等于具文，一切措施及营业收入与用途支出，总管理处仅向监督陈报，本会无从与闻，此中委曲，言之慨然。今审计院此项呈案，实为空穴来风之渐，尤恐引起误会，另生枝节，除通知总管理处依据法理事实，详晰呈明外，合将商办公司营业账簿未便依照院制编送各项书额缘由，备文呈请钧座鉴核，敬恳迅赐转呈府院，申明官商界限，以泯猜疑而维商业，不胜迫切感祷之至。谨呈监督王。

（1929 年 3 月 5 日，第 14 版）

积余公司整理案之批示四则

交通部长兼招商局监督王伯群氏，昨对该局董事会代理之积余产业公司经理李国杰氏所汇报整理该公司一年经过情形，批示四则，特分志如后：

（一）关于呈报本届红利分配批云：国民政府交通部监督招商局办公处指令第七十四号，令招商局董事会长代行董事会职权兼积余公司经理李国杰：

呈一件，陈报积余公司本届结账规定公积红利、职工济助奖励等，按成分配由，据呈已悉。此项分配办法，既经该会列为定案，应即准予备案，此令。

（二）关于呈报整理房产加增收入，指令第七三号云：

呈报整理积余房产、加增收入、改良簿记经过情形，请予备案由，呈及附表均悉，该兼经理任事以来，办理得法，一切整理，均能有条不紊，殊堪嘉慰。表存，此令。

（三）关于呈报发给历届股东欠息息股，指令第七一号云：

呈报清理积余公司历届股东欠息，给发息股，请予鉴核备案由，据呈已悉。查积余公司历届积欠股东利息一百十四万余元，既经招商局先后挪用，自应有一清理办法，所据每执积余公司股票一股，余数找发现金，业经该会承认，列为定案，应即准予备案。惟此项息股名称本无根据，仍应提出股东会通过后，填发正式股票，方足以昭信守，仰即遵照。此令。

（四）关于呈报历届记账手续错误等项，指令第七六号：

592

呈一件，陈明改正积余公司历届记账手续错误，平衡全部资产簿值市值价格，制定表单，请予备案由，呈及附表均悉。此次积余公司改正历届账略各种错误手续，制定表单，事属改良会计，划清眉目，既经该会列为定案，应即准予备案。此令。（以上均十八年三月七日）

（1929 年 3 月 9 日，第 16 版）

赵铁桥电请中央令派专员

国闻社云：招商局总办赵铁桥氏，自去年奉令接受后，即对招商局根本性质及措施政策，屡向政府有所建议，顾久未获切实解决，及二中全会议决，特派专员负责整理，并另组委员会监督指导后，赵即谆属局员，赶办结束，静候瓜代。但迄今数月，未见明令。现闻赵总办已于日前专电国府，请求速将专员派定，以利进行云。

（1929 年 8 月 16 日，第 14 版）

赵铁桥呈请辞职

——荐虞和德以自代，主招商、三北合并

本埠招商轮船局自赵铁桥氏奉令接办后，因该局根本性质迄未确定，致一切措施政策，难从解决。及至二中全会开幕决议，派员整理，但届兹数月，复无切实办法，且今春西征讨桂军事，运输供遣频仍，致营业方面亦受影响。闻本年收入将短绌达数十万。昨日赵氏阅报载有该局将由国府直辖，并组织整理委员会，内定虞和德等九人为委员等情。赵氏遂于昨日下午，一方电呈国府蒋主席，力荐虞氏，一方电交通部长兼该局监督王伯群，恳请辞去总办职，俾息仔肩。其辞职电大意略云：

职自接管招商局以来，赤手空拳，积极整顿，不遗余力。无奈根蒂未固，政策飘摇，呼天难应，维持乏力，为此谨恳迅派大员接替，以卸仔肩云云。兹将赵氏呈国府原电云：

南京，国民政府蒋主席钧鉴：删日两电，恳请迅派专员，计登签

掌。顷阅本日《申》、《新》各报载称可靠消息，内定虞和德等九人为委员，循诵之余，至用欣跃。虞君经管航业有年，声望素著，铁桥尤深佩仰，若得出肩商局委员，良为国航庆幸。但虞君现办三北公司，如同时兼任商局委员，实违中外商场不得兼营同样营业定例，反恐贻人口实。盖同业间自难免种种冲突及须回避之事，转于三北、招商两蒙不便，独虞君之贤，万不可矣。铁桥以为两全之道，值此国家建设方殷之时，最好将招商、三北同时合并，以三北轮船之多、商局根基之厚，汇成一体，则力量顿见集中，发展必可操券。此与曩年日本合并三菱、共同两公司，以成邮船会社之事，若合符节，正可师法。然后以虞君主持，自必一帆风顺，航权能否收回，亦将于此举卜之。务祈钧座顾念国航，当机立断，并予明令发表，铁桥以求去之身，本不欲多所喋喋，独为主义实现，与党国利害计，不容知而不言，伏维明察是幸，职赵铁桥叩。

（1929 年 8 月 18 日，第 13 版）

赵铁桥之谈话

昨日各报记者赴招商局，晤及总办赵铁桥，询以国府整理招商局及其辞职事，据答如下：

问："报载赵总办有电致国府辞职，未知究有其事否，其原电可否见示？"

赵答："辞职确系事实，惟报载昨日始辞，不免稍有出入。缘敝局自二中全会决定归国府派员整理后，余于六月二十七日即有电请国府遴派专员，前来接替。本月十七日，又去一电催请。并非新近发生，亦非昨日发电，似系小有误会也。"

问："今后对招商局意见如何？"

答："余到局年半未能尽量达到计划者，其总因实由于政策未定，根本飘摇，凡百措施，皆以财政无办法而止。今后任何人来办，必首先决定政策，则以下诸事，皆可迎刃而解。而人才与财政两者，均须有充分之准备，则应有计划，不难逐步实现。非然者，一切皆空，徒劳精神计虑，等于过屠门而大嚼，于实无补。"

问："贵局之现状如何？"

答："因军运影响，短收数十万，极感困难，然尚可勉强支持。在国府专员未到以前，余自当仍照常竭全力办理，决不至如往昔官僚行为，预早有所松懈。所谓在职一日，必尽一日之责也。"云云。

（1929 年 8 月 19 日，第 13 版）

招商局改组问题

赵铁桥照常办公蒋复电未到

整理委员会蒋请叶琢堂负责

财部决拨一千万元充整顿费

虞洽卿谈招商、三北合并不确

招商局改组之说，日来甚嚣尘上，同时招商局总办赵铁桥且正式向国府蒋主席及交部提出辞呈，并提议三北轮船公司与招商合并，即以虞洽卿主其事。昨日本报记者特向各方调查，兹将所闻，分志于次。

照常办公

招商局总办赵铁桥，自提出辞呈后，连日仍照到局办公。本报记者昨晤招商局秘书某君。据云：赵六月间曾晋京向蒋主席面呈困难，恳请辞职，未获允可，延迟至今。辞职原因，实系经济已陷于绝境，而本埠金融界以本局风雨飘摇，更不能支借分文，故势不得不另让贤能。但在未奉到蒋主席复电以前，赵决不轻卸责任，在位一日当尽一日本分也。

改组计划

据可靠方面消息，改组招商局计划，为蒋主席所预定。在沪时曾面请虞洽卿、叶琢堂两君担任。当时有人向蒋提议，谓欲图彻底整理招商局，非有一千五百万元现金不可，政府最低限度应补助一千万元，其余五百万元，由招商局将其产业变卖，然后以一千二百万元还债，三百万元建筑十艘快轮，方足与人竞争。目下招商局数十轮船中，仅五六艘可以获利，苟因循敷衍，营业何能振兴？此说深博蒋之同情，即与宋子文商，俟改组委员会正式成立后，即由财政部拨付一千万元，作为整顿之费。

委员人选

虞洽卿、叶琢堂两君，均曾再三向蒋恳辞。而虞以三北轮船公司关系，推叶负责，自愿处于赞助地位。究竟如何，尚在酝酿之中。而叶当然最有希望也。委员九人，已拟定者为叶琢堂、虞洽卿、秦润卿、张岳军、陈其采，余在考虑。

虞洽卿谈

本报记者昨日访晤虞洽卿君，叩以三北轮船公司与招商局合并是否可能。虞氏答称，招商局信用不佳，非政府补助巨款，不易整顿。至三北公司，历年营业，均有可观，且为纯粹商业机关，经济方面亦易应付，苟骤与招商合并，不特易招物议，且其势非至同归于尽不可。故合并之说，须俟将来招商局整理就绪，营业发达后，或尚可能，在今日则决不可也。是项计划，蒋主席亦曾与余谈及，余已详加说明，婉为辞谢矣。

（1929 年 8 月 20 日，第 13 版）

招商局改组声中叶琢堂君之态度

昨日报载招商局改组问题，整理委员会人选，内有叶琢堂君云云。据深知叶君者言，关于招商局问题，现在外间所传者，多少含有作用，叶君始终坚决表示不愿稍加预闻，在前早向当局申明，苟关于招商局，朝与以名义，夕即去国以避，其决心如此，早已无人相强。至虞君洽卿，经营航业有年，对于招商前途，以同业关系，关怀颇切，第亦恐爱莫能助。

（1929 年 8 月 21 日，第 13 版）

赵铁桥谈接管招商局经过

招商局总办赵铁桥，昨对国闻社记者发表谈话如下：

招商局自民初即由官督商办之性质，改为完全商办，创立董事会，组织三科（即主船、营业、会计三科）。主其事者，为各董事，而治其事者，则属诸三科长。然三科长又皆董事所自兼，自执行而自监察，其制之不可行已甚明。但招商局系纯粹营业机关，有无成绩，惟须以生产、消费二者之实情，以作今昔比较，而求其或增或减之数，则优劣不难立判。今请将鄙人去年二月接任以后情形约略言之。

（一）关于生产方面者，鄙人视事之初，首即改行各轮客脚，责令主任随船，将其昔日中饱一部，夺还于公。更除其玩忽业务之弊，一方复整理货脚，严禁偷漏，行之十月，居然有效。计此十月中，客货收入，较诸前五年，每月平均增多十万五千七百余两，若依前例以年计，应增一百二十余万两。其次栈务方面，鄙人除极力扩充中、华、北三栈营业外，并设计开放新栈，故去年十个月，栈务营业竟达六十六万九千余两，与从前仅收三十六万余两者，几过二倍。只此二项，去年生产比较实数已增一百三十余万两矣。

（二）关于消费方面者，则更难偻指尽数，姑撮举其大端以告。如购煤一事，比旧局月省八千五百余两，五金月省二千六百余两，船员薪工月省一万一千四百余两，此因逐渐裁减（及八、九月间即月省一万四千余两）。此三项综计，又年省二十一万余两。独修理船栈，月增五千余两，而去年各船各栈屡有大修，所费至巨，比前累岁不修者，实大有别。乃有不知底蕴之流，每以本局开支浩大相责，殊不知本局开支，表面虽增一万余两，固系逐月实数，此外再无浪费，较之前局辄借年终酬劳、奖金等名目之消耗，合计则相差至微。而今日事务繁□，又与旧日相去不可以道里计矣。此外更有特别收入，如施案赔偿局方十一余万两，收回旧局重付汇丰款一万余两。故综生产消费及特别收入三款计之，一出一入之间，去年十个月所增益于招商局者，实有一百六十余万两矣。他如订章制改良会计，使局内一切事务，有轨道可循、法则可守，固皆认为整理应有之举，初不愿居为真实之成绩也。

谈至此，国闻社记者又问一年来之事实，既闻命矣，至先生对于整顿招商局之将来，果有何心得可言乎：

答：阁下此问，千头万绪，诚非顷刻可能详答，但约言之，不外两端。（一）关于根本问题者，鄙意认为须中央首定航业政策，然后招商局之性质为商有国办，或为有期限之国家代办，抑为根本收为国办，均可随之而决。性质已决，财政自有办法，汇丰债款即可偿还，以解缚束。汇丰债清，则全盘动产、不动产，均由死的变为活的。再择确与航业无关之产业，酌量变卖，局中金融，立见活动。则一切发展计划，亦均可指日实现，不致再如今日之画饼充饥矣。（二）关于业务计划者，自去年以迄今日，可称为整理时代。盖于元气久伤之后，只能求其少折本，但此种时期，渐成过去，自今以往，应为补充时代。须求其不折本，若中央果能决定政策以相援助，不难立入此途，废旧添新，逐步迈进，则至明年年终，此项计划，即可完全实现。再后则全为扩充时代，定造新船若干，开扩远洋航线，则盈余之计定可操券，亦可逐年算出，再以盈余积极扩充，不出五年，何难在世界航业争一地位。此皆步步为营，有轨可达，初非寻常以意为夸张者也。

（1929 年 8 月 23 日，第 18 版）

以事实求谅于人

事有不必求谅于人而但行吾心之所安者，亦有吾心虽已泰然，而不能不求谅于人者。关于个人行己立身之大端，其事属于前者；而于身负公共职务，其行动有关于公共之利害，其事关于后者。盖前者影响只及于一人，而后者则所被者广且远也。

以招商局言，招商局之事业公共之事业也。办理招商局之人，负有公职而其行动，有关于公共之利害者也。故负有招商局之责者，在其负责时期以内，不能不有求谅于人之心，更不可不有求谅于人之事。惟以事实求谅于人，此办理本局者一年来夙夜所抱之宗旨也。今之诋招商局者，曰毫无成绩，曰专事铺张。我固闻之，我固不欲辨也。我所欲示人者，一年来之事实而已。我所持以为辨资者，亦惟一年来之事实而已。招商局一年来之事实，除局中前后所立统计表有详细之报告外，兹可得而言者，一为生产方面，自削除中饱陋习，整理货脚，严禁偷漏，行之十月，客货收入，较诸前五年，每月平均增多十万五千七百余〈万〉两，若依前例以年计，应增一百二十余万两。其次栈务营业，除扩充中、华、北三栈营业外，并设计开放新栈，去年十个月，栈务营业竟达六十六万九千余两，与从前仅收三十六万余两者，几过二倍。去年只此二项生产，其实数已增一百三十余万两矣。

关于消费方面，姑举其大端。如购煤一事，比旧局月省八千五百余两，五金月省二千六百余两，船员薪工月省一万一千四百余两，此三项综计，年省二十一万余两。独修理船栈，月增五千余两，而去年各船各栈屡有大修，所费至巨，比前〈年〉累岁不修者，大有区别。此外更有特别收入，如施案赔偿局方十一余万两，收回旧局重付汇丰款一万余两。故综生产消费及特别收入三款计之，一出一入之间，去年十个月所增益于招商局者，实有一百六十余（万）两矣。他如订章制改良会计，使局内一切事务有轨道可循，分科办事，使职务专一而有效能，尤不可枚举。凡此诸端，在负责办理招商局之人，固自觉为分内应有之责任，决不因此区区之成绩而沾沾自喜，更引为自得者也。然吾侪身负公职之人也，而为之事，不可不求谅于人，尤不可不以事实求谅于人，知有事实而不计功罪，此吾人之所以对己，亦所以对社会者也。

（1929 年 8 月 26 日，第 24 版）

招商局主办委员内定刘鸿生

日日社云：招商局自宣传改组后，政府方面内定委员九人。惟以无人肯担任主任委员，遂亦延未发表。兹据航业界可靠消息，招商局主办委员政府已内定刘鸿生氏。刘系财政部长宋子文所保荐，且闻刘氏业已允就，并于前日（三十）乘车赴京，向各方接洽，日内即须返沪。

（1929 年 9 月 1 日，第 18 版）

招商局总办易人声中所闻

招商局总办，今日有易人之说。在拟议中者，不一其人。有某君亦在被征之列。据某君之意，须有各种办法，始能膺此艰巨。（一）招商局工会之应付；（二）委员改为咨询机关；（三）委员人选，须征同意；（四）总办不由委任，改由董事会选出；（五）用人行政，绝对不受干涉。由闻当局以人选不易确定，有仍留赵铁桥君之说。

（1929 年 9 月 8 日，第 13 版）

招商局将行新制

王监督伯群代行委员会职权

赵总办铁桥代行专员职权

本年六月间二中全会曾经议决,招商局由国民政府特派专员负责办理,并组织委员会监督指导在案。适值军事倥偬,委员会迄未成立,专员亦未派定。兹闻国府以航政重要,招商局为吾国惟一行业机关,且属二中全会议决要案,亦未便久悬。闻已令派王监督伯群代行委员会职权,赵总办铁桥代行专员职权。训令已下云。

(1929 年 11 月 27 日,第 14 版)

招商局之整顿

〔南京〕整顿招商局问题,经国府令,以该局监督王伯群代行委员会职权,赵铁桥代行专员职权。赵前晚抵京谒蒋,商承整顿事宜,二十九日夜车返沪,将与王伯群在沪协议一切,并计划将委员会于最短期间组织成立。至全盘整顿计划,即由该局负责起草。(二十九日专电)

(1929 年 11 月 30 日,第 9 版)

国府整理招商局

招商轮局总办赵铁桥氏,因向交通部接洽整理事宜晋京,业已返沪。昨早国闻社记者晤赵氏于外滩总管理局,叩其此次晋京接洽整理之经过情形。赵氏略谓,整理招商局,完全系遵二中全会之议决,余(赵自称)赴京,不过向交部请示整理计划。现在国府既令王监督伯群代行委员会职权,余代行专员职权,自当于最短期间,先组织委员会。现在监督与余,定明日(即今日)就职,并无仪式。至整顿计划如何起草,现有原则,即欲在此范围之内经整理后,使预算不增而收入有加,所以此次敝局整顿乃与扩充不同。虽则航路之添辟、船舶之增加、码头之改筑,在在与扩充有关，但此等事因有营业相抵，故不能一例观察。整理计划，余不日将命各部起草。大约第一步编制组织，第二步整理栈务及码头，至添购轮只、增辟航路，已在进行中，因经费及航权关系，须俟一切整理告竣再行办理。又敝局房屋，尚为数十年前之建筑，与外滩各航业公司相较，不免相形见绌，且值此地价昂贵之处，仅建三层，甚不经济，故将来必须设法改筑加高。敝局总不须如许房屋办公，即出租亦可稍裕收入云云。谈至此，赵氏因事，遂告别。兹觅录国府训令整理招商局及整理招商局专员暂行办事规则如下：

（一）国民政府训令招商局总管理处总办赵铁桥云：

为令遵事案查招商局，曾经二中全会议决，由国民政府特派员负责整理，并组织委员会监督指导在案。现在委员会尚未成立，专员亦未派定，着该局监督王伯群代行委员会职权，该局总管理处总办赵铁桥代行专员职权，负责切实办理，以重航政。除令知行政院并转饬交通部知照外，合亟令行，仰即遵照，无违此令。

（二）国府指令招商局总管理处总办赵铁桥云：

呈为奉令代行特派整理招商局专员职权，恳颁职权条例，以资遵循。未奉颁前，谨拟具暂行办事规则六条，呈候核准准备案由。呈件均悉，暂准备案，候令行政院知照，并送中央党部备查可也，此令。

（三）国民政府特派整理招商局专员暂行办事规则。

第一条，特派整理招商局专员，直隶于国民政府，承委员会之监督指导，负责整理全局及各附属机关事务。

第二条，专员为处理局务，设专员办公处，分置各科及各种事务委员会，其办事规则另定之。

第三条，专员于整理范围内，清理局产股份债务及发展营业，并对外代表招商局，其重要事项应陈明国民政府及委员会办理。

第四条，专员每届月终，应将全月整理及营业收支情形，每届年终，应将全年整理及损益计算、财产目录，呈报国民政府及委员审核。

第五条，本规则俟奉国民政府颁定正式条例，即行作废。

第六条，本规则自国民政府核准之日施行。

（1929 年 12 月 1 日，第 14 版）

各机关纪念周汇志

〖上略〗

招商局。自经国府令派王部长伯群代行委员会职权，赵铁桥代行整理专员职权后，王、赵二氏业于本月一日，呈报并通告就职。昨日星期一，该局举行纪念周时，仍由赵氏主席。首即报告军政状况，次即详述局内改制情形，略谓：吾人二年来渴望招商局性质确定，今日始得实现。兹后整理工作，自当仰承国府命令，并遵从代行委员会之监督指导，办事已可勇往直前。对于股东方面，政府既负责代办，自应予股东以相当参预及监督之权。至内部组织，本人此次在京，已商承国府与王部长，均主暂仍旧贯，不即变更。并深许本局同人二年来努力奋斗，甚有成绩，实为本局基本人才，极望继续此种精神表现勿替。成绩所在，他人不能毁灭。惟在办事者，是否能善自保持等语。本人特遵命转达，愿诸同事一致振奋，毋负奖勉为要。末复略举整理方针，嘱各职员尽一月内条陈心得，以备采择云云。至十时许散会。

(1929 年 12 月 3 日，第 14 版)

招商局整理彻底办法

——交部复全国商联会电

中华民国全国商会联合会昨接交通部来电云：

全国商联会鉴：世代电悉，招商局股东权利地位，本部主张维持，早经宣告，无问初衷。二中全会议决，改由国民政府直辖，委派专员整理，国府亦主持维护，现已筹有彻底办法，一俟核定宣布，必能使多数股东满意。根本既立，则枝叶问题，自不难迎刃而解矣。交通部，蒸，印。

(1930 年 1 月 14 日，第 14 版)

招商局整理建设近讯

建屋造船

招商局自积余产业争潮发生以后，赵铁桥便赴南京，与交部议商整顿局务，刻已返沪。赵氏对整理办法，已拟定大纲。决将与航业无联属关系之产业售去，即利用产款，移作扩张航业之资，先将外滩之局屋翻造；已指定沈仲毅、李伯车、洪雁宾、王子骞、刘友惠等为造屋设计委员，主张将局屋建造九层平顶，将来余屋可以出租，已经开议一次，闻本年即须动工。又，购船委员会现已议定，先向德国定购三千吨轮三艘，用以抵补"新华"、"新康"、"新济"之缺，而行南洋一路也。

地皮涉讼

招商局在法租界金利源码头一带，曾向三德堂租用地皮一方。该地北至大沽路，南至洋行街，西至福建路，东则有出河权，自一九一七年正月起租，议定租期二十五年，并可续租，租金至少二十四万两至三十五万两。刻下，三德堂地主方面，藉口该局欠租，屡催不付，违背合同，请巴和律师代表，撤消该局租地权，收回自用；招商局亦请狄百克律师提出抗诉，言租金付缴，仅逾最后通告限期四日，年期不限，不能撤废租约之有效云云。双方正在辩驳争持中也。

（1930 年 1 月 16 日，第 14 版）

《整理招商局委员会条例》草竣

关于招商局整理问题，政府已拟定办法，组织一整理委员会。该会章程草案，业已由代行整理招商局委员会职权王伯群氏起草告竣，呈请国民政府核准。今将该项章程草案，照录如下：

第一条　国民政府为整理招商局，以发展本国航业起见，遵照二中全会决议，特设委员会（或理事会），专任监督指导之责，由委员会推举一人，请国府派充专员（或总经理），负整理经营之责。

第二条　左列事项由委员会□［议］决行之：一、航业方针之决定；

二、附属机关之废置；三、所属职员任免保障及服务规章之审定；四、资本之增减；五、债权、债务之清理；六、预算、决算之审定；七、总经理、副经理之选聘；八、盈余之支配；九、契约之订立及废除；十、产业之保管及清理；十一、股权之清理及股东之召集。

第三条　委员会委员九人，除交通、工商两部长为当然委员外，其余四人由国府派充三人，由股东会加倍推荐，呈国府指派。

第四条　委员会由国府九人中指定三人为常务委员，处理一切会务。

第五条　总经理负经营整理之全责，得随时列席委员会，报告业务情形并得陈述意见，副经理补助总经理处理局务。

第六条　总局各科长及各分局局长，由总经理荐请委员会核委，其余职员，均由总经理委派，报告委员会备案。

第七条　关于航务会计及其他技术人员，得酌聘外国专家。

第八条　委员会每半年应将本局业务情形、经济状况及各项营业计划，呈报国府一次，于必要时由国府派员检查之。

第九条　委员会议事规则，总分局组织规则，会计检查规则另定之。

第十条　委员会得设秘书处，其组织规定另定之。

第十一条　本章程如有未尽事宜，得由委员会呈请国府修改之。

第十二条　本章程自公布之日施行。

（1930 年 1 月 21 日，第 14 版）

代行特派整理招商局专员职权招商局总管理处公告第三号

查积余公司于民国三年成立，为本局之附属机关，积余公司办理章程第八条明文规定其附属公司之性质；又，章程第三条，公司职员由招商局职员兼任，其根本上原不能与招商局分离□［独］立。迨民国十七年，本局总管理处成立，依《招商局暂行规则》第八条，积余公司为本局附属□□［产业］，属于总管理处所掌理之应办事务；同年，本局□［之］会长拟订《积余公司暂行规则》，呈请监督核准。该规则第二条，"积余公司经理由监督委派、总办加聘，一切事务受总管理处节制"，是积余公司之事概由本局总管，毫无疑问。民国十八年，李会长以代行本局董事会职权之资格，为积余公司呈请注册。李会长之代行董事会职权，原根据于《招商局暂行规则》第一条第二项之规定，其呈请注册文内说明积余公司之根本章程，因其尚缺乏公司章程法定之要件，故不能舍弃招商局章程而独立，仅足视为招商局公司章程之一种补充章程，一俟招商局股东簿记告竣，召集股东会时，当另定合法之本公司章程，以资遵守等□〔语〕。是积余公司之人格未能脱离本局而独立。即李会长亦已明□〔认〕，其呈内既谓俟本局股东登记告竣，召集股东会，另定合法章程，则积余公司之订立章程等事，非莫本局召集股商会时不能办理，尤极明显。兹本局正在进行登记手续，□〔准〕备召集股东大会，忽见□〔李〕会长单独召集积余公司股东会，并以曾经注册相号召，此等行为既与呈请注册之原呈不符，而按之积余公司之历史及章程规则与本局职务关系实有冲突。查积余公司事宜既应由本局股东会解决，李会长单独召集积余公司股东会，当然不能发生法律上之效力。为□宣告无效，并通告本局股东，一体查照。

（1930 年 1 月 23 日，第 3 版）

代行国民政府特派整理招商局专员职权办公处紧要通告第四号

案准国民政府特派清查盛产委员兼上海特别市市长张第五一二号公函开："接准大函，并抄送盛氏遗产清册三份，备悉种切，惟册内所列通商银行盛氏股票，前据该行报告仅二百股；复由本府派员向该行调查，据呈称，据该行经理称，通商股本以招商局名义认股者约有二十余万两。前该局因发息时，财政拮据，即将前项股票作为现金，发放官红息金，故当时纷纷转户，该行不明原因，曾向招商局询问究竟，始明真相，现如欲查询此款，可向招商局查案便知。至所称盛氏股本并无如是之巨，谅系前项事实之误传等语。查该行经理所称各节是否属实，以及盛氏所有股票究竟若干，相应函达贵处，至希查核见复为荷"等由。准此，当即照函转饬敝处积余公司遵照办理。讵近闻业经撤职之前经理李国杰仍定本月二十三日召开股东大会，弁髦法令，跋扈已极；况查积余公司自来即系附属招商局，依照法律往例，均不得单独召集股东大会，敝处业经呈报国府静候核办在案。为特根据市府来函，登报通告，如在该撤任经理李国杰个人操纵之下所开股东大会，无论任何行为或决议，概属无效。特此通告，尚希公鉴。

（1930 年 2 月 22 日，第 3 版）

招商局接管二周纪念

昨日（二十二日）为国民政府接管招商局二周年纪念日，下午一时，假座康脑脱路徐园开会。主席赵总办报告，略谓，对于航业收回国有，航权不使丧失，此种主张，不肯须臾放弃。继许秘书长致训词，次由该局李秘书长伯申演说，摄影散会。是晚备有游艺，由同人邀集票友会串京剧，夜间始散。

（1930 年 2 月 23 日，第 14 版）

招商局整理计划

〔南京〕招商局总办赵铁桥前拟定之整理招商局具体计划，已经中央审查竣事，转交交部航务司妥慎审查，俟交王销假后，再行斟酌缓急情形，呈准国府鉴核施行。（十四日专电）

（1930 年 4 月 15 日，第 6 版）

赵铁桥整理招商局分三个时期进行

——第一步已在整理

招商局此次改组情形，已志本报。该局于局务上、营业上所拟定之扩展计划，与我国之航运权上，有深切之关系，兹就各项办法，就所知者，摘志概况如下：

整理之步趋

该局总办赵铁桥，□□〔拟将〕整理局务之步趋，分为三个时期。第一期，先将商局之本身确定为国有，以现有商股为四万四千股，照现时市价估计，每股约值五十元，即照市价收买，约需二百余万；而局内之附属产业，则归局中收买，按照当时购进之价格，给付现金；所有收买商股，

606

不妨给发公债，即以债券换取股票，而将买下之产业（即积余公司之码头、地产等，照原价不过四百余万两），以之抵押，至少可得一千万两，偿还旧欠之汇丰、花旗等各外债，使经济担负可轻而有活动之资矣。

船舶之添造

该局现有二十五轮，总计三万七千二百三十八吨，其中如"江天"、"江裕"、"海晏"、"广大"、"广利"、"图南"等，均在四十五年以上之年龄，耗煤大而损失巨，应速废去，改为趸驳之用。实际可用之船，只二万八千吨，不及太古、怡和等行十分之一运量。现所需要者，为纯粹运货之商轮，而亟须添建者：（甲）装货海轮五艘，每船三千五百净吨；（乙）装货江轮两只，各二千净吨；（丙）川江浅水柴油引擎轮二只，各四百吨；（丁）海州线浅水轮两只，各一千一百吨；（戊）拖轮五只，铁驳十五只，各四百吨；又自动驳船三只，各三百吨；另再添普通拖驳二十三只，各三百吨。统计应添之船，约计三万四千余吨，此为现时发展各路营业上之最少的限度。

码头之改建

招商局有南、北、中、华、新五个码头，多是年久失修，倾圮不堪。第一步整理，应先改造永久码头，并建新式货栈，好在五栈均在浚浦局之标准岸线内。兹拟将各栈之岸壁水地，尽行升科，向外移至标准线，即建水泥钢竹之永久码头，而船舶可直接靠岸，上落货件，既便又速；治街背面之地，可售与人造市房，得价充升科用。中、南、北、华、新五栈，共长五千四百尺，造永久码头，每丈建筑费，平均须三千两，需款一百六十二万两；又，各栈附建之三层新货栈，每百尺作一栋计，南栈可造四栋，北栈可造六栋，华栈可造十栋，新栈亦可造十栋也，建造费八万五千两，一经落成，可以容货十二万吨之巨，每年收入之栈租，非常可观。

三步之计划

三步计划中，第一时期，刻下已在进行改良者，㊀改善会计，㊁扩充营业，㊂精密统计，㊃整理船栈，㊄编制预算，㊅清查局产。而继续此第一步之计划以跟进者，即为筹划低利资金，办理车船联运，废老船，添新轮，修栈，建埠，造趸船，补充各轮设备，开海州航线，培植专才，请政府补助。而第三步计划则更大，惟实施期则较远，其拟定者，为扩充内河航线，增开外洋轮船，海外添建码头，设立造船厂及船坞，请政府保护航业。而三项计划中，则先着手办理一、二两步，苟能在短时期内实现，则中国航运史上，亦可呈一异彩也。

（1930 年 4 月 24 日，第 13 版）

代行国民政府特派整理招商局专员职权办公处公告第五号

本局上海分局业已归并本总局总管理处营业科，所有该分局一切事务此后概由本总局总管理处营业科办理，特此通告，即请公鉴。

（1930 年 4 月 26 日，第 3 版）

代行特派整理招商局专员办公处坚要公告第六号

近日各报屡载招商局整理计划，或某人整理事实，查阅之下，往往不符真相，且事前并无任何新闻记者来局探访，尤觉此项新闻来源奇突。即如昨日各报所载整理三种步骤，所谓照市价收回商股及收买附属产业等情，殊与本处最近向三中全会建议案中所拟办法（曾载各报）大相径庭，足征此项新闻非投稿者另有作用，即探访时传闻失实。按，本处现正殚力实务，摈绝空言，扩充计划虽已拟定，但未经切实决定，呈请政府核准以前，决不轻率发表，恐淆观听，特此公告。

（1930 年 4 月 26 日，第 3 版）

招商局通饬局员

招商局通饬局员云：

为饬知事，查近日各报屡载本局整理计划，或某人整理情形，细阅之余又多不符事实，究竟此项新闻来源系访者探闻之误，抑系本局同人无意之谈，一时固难根究。凡我同人，应知努力工作，须重实际；空言夸张，徒贻讥讪，虽经定有种种整理计划，然在未经切实确定及呈请政府核准以前，决不宜擅自发表，致乱观听而紊系统。如此后再有此项情事发生，一经查出，宣泄之人定予记过申戒，仰各科长切实转嘱同人，一体恪遵为要，此饬。

（1930 年 4 月 26 日，第 14 版）

王伯群辞兼职不准

〔南京〕国府十四日指令王伯群云：据呈请辞去招商局监督并代行委员会职权兼职由，呈悉。查航政属该部主管，招商局事务殷繁，尤须整理，尚望勉任其艰，俾收成效，所请辞去监督及代行委员会职权兼职之处，应无庸议，此令。（十四日专电）

〔南京〕交部十四日训令招商局，对该局此次改组后节省经费数目，未据报明，无从审核，即令据实呈复，以凭核办。（十四日专电）

（1930 年 5 月 15 日，第 5 版）

交部审查招商局案

〔南京〕交部奉府令，审查招商局十八年十一、十二两月工作状况，及该局裁撤物料委员会暨上海分局归并营业科等案，当以该局用人、行政及预算、决算，向无报告，无从考核，即呈请行政院，转呈国府，嗣后该局凡有呈报，概由交部核转，以收航政一贯之效，已奉批准。交部现令整理招商局专员赵铁桥遵照办理。（二十二日专电）

（1930 年 5 月 23 日，第 6 版）

代行特派整理招商局专员职权办公处公告第七号

本局栈务科及前中、北、华三栈总写字间均经裁撤，现设四栈经理处，处理北、中、华、新四栈业务，并委任李孤帆为四栈经理处经理，孙经钟为副理，辯兰为洋副理，前总写字间洋副理侯烈业经撤职，自即日起停止职权，关于四栈对外订立契约，均须经招商局总办赵铁桥签字及经副理签名或盖章，方发生效力。李经理、孙副理及洋副理辩兰之印图，当即分送各关系行号，以资鉴别。所有各栈例行业务，仍由北栈栈长何铁华、中栈栈长傅瑞铨、华栈栈长金信三、新栈栈长金绎如分别负责，各码头例行业务仍由北、中二栈码头管理员毕得生，华栈码头管理员哈姆生，新栈码头管理员吴仲平分别负责。四栈经理处已迁入东百老汇路三百另二号办公，一切函件均请径寄该处可也。该处电话如下：

经理室：四○七○二号；公用：四○○七四号。

顺此附告。七月四日。

（1930 年 7 月 5 日，第 3 版）

招商局总办赵铁桥报告局务

招商局七月七日纪念周，赵总办报告局务云，本局此次改组内部，其改组之意义：㈠符合经济原则，㈡应付时势要求，㈢表示本局工作时求进步。当本处接收之初，觉得以前办法之不合整理，二年时加改革未尽惬意，虽各科、会、室之设置裁并营科，与沪局之忽分忽合，表面上似觉轻率自扰，但实际上是向发展方面前进，为本局前途觅一光明之路，无异自动革命也。故本二年以来整理之经验，而重为改组，以前之随时改革为零星的，此次根据经济原则及时势要求，乃是整个的。军兴以来，船舶之征调，货运之阻滞，有形无形的损失，为数至巨，不得不减政裁员。被裁人员，并无何种过失，惟为预算所限，忍痛裁撤，将来本局需人，仍准有缺即补。此次改组，不限于减政裁员，系根据二年来整理之经验，参合内外航商之制度，而加以改革，藉增本局同人办事之效能。先从总局干部着手，现在计算，从消极方面，节省消费，每年已可省十万元以上，以此方法，再推及各分局、各船、各栈、各附属机关，当更有可观。同时，须向积极方面增加生产，则一进一出，其数必不在少也。两年余以来，本席对于高级职员之能力、学识、经验，相知有素，此次分配重要职掌，定能各尽其长，各科职员亦由各科长视其能力，指派职务。本局一举一动，不但为社会所注目，且其措置合宜与否，与全国农工商业有莫大之关系，希望同人自本日起，注意"增加生产、节省消费"八字，方能真实表现能力；否则，仍等于自扰而已。各机关之组织与活动，原与机器相类，假定权属于政府，如马达动力一样，本席为传力之总革带，各科科长为传力之分革带，各科员为大小轮轴及直接制造之机械，如此各部机件，便算健全而有能力，此后当时时检察各革带、各轮轴、各机械，是否有毛病而生障碍，则各部各负专责，并为有秩序之转动，其全部效能，自可增进。愿与同人共勉之。

（1930 年 7 月 8 日，第 14 版）

招商局之减政办法

〔南京〕交部据招商局呈报，改并组织、裁员减薪办法，指令照准，并令造具总预算候核。（十九日专电）

（1930 年 7 月 20 日，第 7 版）

招商局总办已派定

〔南京〕交部以赵铁桥被刺殒命后，招商局总办一职，关系重要，亟须有人负责，已呈奉国府，准派交部航政司长蔡培暂行兼代。交王由沪电蔡，促即赴沪任事，已于二十八夜车前往任事。（二十八日专电）

（1930 年 7 月 29 日，第 7 版）

王伯群派蔡致平维持招商局务，并呈国府速委专员负责

——交部主张将来官商合办

本报记者昨日下午访晤交通部长王伯群氏，询以招商局之善后问题，据云："余已于昨晚（即二十七日）电交部，派航政司长蔡致平，暂为维持招商局务，一方面呈请国府，速派专员正式负责办理一切。至招商局组织问题，前次交部及工商部，曾会呈中常会主张官商合办，由政府拨资本若干作为股款，然后较易整理。但中委陈立夫氏则主由政府收回，此案至

今悬而未决。预料将来俟中常会决定方针后，则招商局根本问题解决，余事均可迎刃而解。"云云。

（1930 年 7 月 29 日，第 13 版）

招商局变更组织案

〔南京〕招商局管理制度，前二中全会决定由国府派员整理时，曾由交部呈请改总办为委员会，惟迄未实行。现闻交通界有人拟向国府建议，指派有关系各机关，会同股东代表，组织委员会，共同负责。（二日专电）

（1930 年 8 月 3 日，第 7 版）

国府拟整理招商局

〔南京〕国府以前招商局总办赵铁桥被刺后，除应设法缉凶，并从优褒恤外，所有该局局务，尤须积极整理，交部于奉行政院转饬后，已令该局查照。据交王谈，该局年来经费极形困难，每月支出约需三十万，收入则只十余万，船只大半陈旧，行驶速度甚缓，难与外轮竞争，欲图整理，亦颇不易。但如何开源节流，须中央早日决定方针。（四日专电）

（1930 年 8 月 5 日，第 6 版）

蔡培谋整顿招商局

〔南京〕蔡培五日来京，拟有整顿招商局航业计划书，向王伯群亲呈报告，有所请示。（五日专电）

〔南京〕行政院呈府，请另派继任招商局专员，负责整理局务。（五日专电）

（1930 年 8 月 6 日，第 7 版）

招商局之现状

招商局代理总办蔡培就任以来，对于局务，仍本旧制进行，近日以代理期将届，不愿久任斯职，已赴京面向王部长请辞。对于局中诸事，蔡氏特命秘书处下一条□〔谕〕，所有各科、处、室事务，责成各该科长、主任等负全责办理，以待中央正式人员到局接替。局中经济最关重要，故会计主任洪雁宾已提辞呈，而为蔡氏所慰留，劝其勉为其难，勿遽萌退志云。

（1930 年 8 月 7 日，第 9 版）

蔡培辞领招商局务

〔南京〕蔡培因招商局事务，诸感困难，且以夫人病剧，坚辞代职，交王令暂勉为其难，但蔡意仍坚决。（七日专电）

（1930 年 8 月 8 日，第 6 版）

纷请维持招商局务

——有请蔡代总办迅即回任者，有请李董事长出维危局者

总局职工会之电函。招商总局职工会电王监督，痛陈近日局况，盼蔡代总办回任云：

国民政府特派代行整理招商局委员会职权监督王勋鉴：商局不幸，猝生巨变，赵前总办忽然遇害，全局职工至深骇悼之际，即奉钧座电谕，嘱令照常办公，毋得废弛局务。前日复奉钧部训令转颁主席电谕，尤须继续积极整理，传谕各员遵照各等因。具仰钧座与主席对于商局綦深爱护，体念职工，尤极殷拳，全局闻命，莫不感奋。惟近日局内情况，自蔡代总办匆匆回京之后，内穷外逼，摇摇欲坠，平均每日支出，如轮船煤料、船栈薪资、办公用费等项，至少万两以上，

613

债息尚不在内，苟缺一二，营业即须停顿，事务即难维持。然逐日可恃收入，最多不过三四千两，相差太巨，日益困迫。加以局无正式负责之人，对外信用薄弱，照此现状，船员薪金一断，煤料供给一绝，则停航怠工之事，将□势所必然。全体职工再三思维，金以值兹军运向殷之时，仰体钧座保航之旨，除纂盼蔡代总办迅即回任，正式莅局视事外，在此青黄不接之间，宜有负责维系之人；万全之计，唯有吁请钧处，责令总管理处及董事会，在政府未定人选以前，勉共负责，力维营业，而畅军运，庶外间债务之压迫可缓，内部日用之急需可筹，军运不致停顿，然后政府继任人选，亦得从容物色。且就局中财政而言，他日新任到局，亦望各方和衷共济，协力赞助，乃能通盘统筹，纾未来之困难，启整理之新机。总之，用人行政，政府自有权衡，职工何敢置喙？独职工等身处局中，观念较切，深知局政不可一日无主，营业不容片刻中断，爰贡肆应之方，藉作刍荛之献，是否有当，伏维鉴察。临电毋任迫切之至。上海特别市轮船招商总局职工会叩，佳。

致总管理处（董事会）公函请维局困催发欠薪云：

径启者，本局自赵前总办不幸被害之后，即先后奉读贵处公告、贵会函示、监督电谕及交通部训令，转颁主席电谕，均嘱全体职员照常办公，继续努力。敝会同人奉命之下，莫不感奋恪遵，以求局务之维持，而保营业之现状。但默察近日情形，渐觉环生险象。盖蔡代总办既已匆匆回京，虽有汪秘书长受命权代，局政不致废弛，无如事实困难，固已莫可避免，收入日仅数千，支出乃逾巨万，煤料船薪，在在急需，稍有愆误，即妨营业；倘蔡代总办不克日内回局，或虽经回局，仍无救济款项办法，则不特局栈船员薪工无着，生活将起恐慌，且虑日用告匮，煤料不给，营业立遭停顿，岌岌之危，允无可讳。敝会仰体中央爱航之殷，兼顾运输事业之重，金以用人行政，职工固未便顾问，而救急维危，电谕业相督责，除经一面电陈监督，请催蔡代总办早日回局主持外，以为在此青黄不接之际，应由贵处贵会与董事会总管理处合力维持，筹措日用，保全营业，发清欠薪，庶几难关克度，整理有望。想贵处（贵会）对此局本安危，当必同深休戚，有慰职工喁喁之望，而副政府夙昔护航之旨也。除另行函请董事会（总管理处）外，特此函达，诸希见复为幸。此致总管理处（董事会）。上海特别市轮船招商总局职工会启，八月九日。

航业九公所之电吁。航业九公所电呈国府云：

　　南京国民政府蒋主席、行政院谭院长、交通部王部长勋鉴：窃招商局自赵总办被刺殒命后，凡百局务，益滋纷扰，前王交长委派蔡培代理总办，闻今亦辞职，于是主持乏人，群心益惶，局务纷扰，自必更甚；苟不速有素所信仰之人出维危局者，则招商局势必破产，自不待言。然我国航业，素以招商为唯一，倘一旦破产，则我国航业，将受极大影响。吾万数同人，因此亦将失业，前途何堪设想。招商局本有董事会之组织，今千钧一发之间，安可再任其逍遥自在，不力出维危局？窃李董事长在局多年，局务较审，内外翕服，若能出维危局，则驾轻就熟，收事半功倍之效，敝所等全体同人，为国家航业计，为同人生活计，用敢电呈钧座，迅速责令李董事长，勉为其难，力维危局，以重航业，而顺舆情，实为德便。临电不胜迫切待命之至。谨呈。上海航业九公所联合办事处、航海联益会、船业公所、焱盈总社、南均安公所、北均安公所、焱盈总社、驾驶员联合会、善政同业公所等同叩，佳。

（1930 年 8 月 11 日，第 13 版）

蔡培销假回局，谈维持招商局情形

　　交部派航政司长蔡子平来沪，代理招商局总办，蔡氏接代之初，即与部长王伯群言明，只可维持十日，请国府简员接任。上星期内，蔡氏以夫人患冲血重症请假回京，并向王部长力辞兼职，风雨飘摇之招商局，顿现群龙无首之状态。该局职工会电部请予维持，而王部长力促蔡速即销假回局，勉任巨艰。蔡氏受王部长之敦促，遂于星期日夜车抵申，昨日已到局销假，照常视事。记者特往访问，叩以局务前途，承答示情形如下：

继续兼代

记者询蔡氏此次来沪，是否正式就总办职务。蔡答："鄙人素来淡于仕进，对于招商局之总办一职，初即力辞不就，本约定暂兼十日，比以内子有病返京，料量私事，而王部长又来切劝，以公谊私情，不能推却，故再来局中，继续就暂代之职，已再请国府简员矣。苟正式人员明日到局，余即立刻交卸，航政司之本职，现时暂令第一科代办，盖予决不任此总办之职也。"

财政问题

现时第一困难之点，即为财政问题，记者叩其对于财政上之计划。蔡答："以暂代之职，实谈不到'计划'二字，惟当此局内百孔千疮，予就能力所及，先将船员、海员等欠薪，设法筹发若干，勿使阻碍航运。局中办事人员数月欠薪，刻亦在筹拟款项，酌发若干，以维各人之生活。"

整理前途

记者叩以整顿前途。蔡答："赵铁桥任事二年余，仍未能将招商局之病情治愈，今且有加剧之势，照现状而论，招商局病态，并非已到不可救药程度，苟能悉心研求，设法整理，未尝不可使之复活。但本人非整理专员，固亦不必借箸，国府简定专员到来，自有办法耳。今余不过暂代，一切照原有步趋，而令各科处负责处理，予则维持现状为主。但可以切实负责表示者，余在职一日，决不使航运停滞，此则可为君告者。"记者遂兴辞。

（1930 年 8 月 12 日，第 9 版）

王伯群谈招商局前途

〔南京〕王伯群谈招商局为我国最大航业机关，已濒于破产地位，欲挽此危局，除增加资本添修轮船外，无其他方法。交部对该局之整理，向主官商合办，在目前情形之下，尤非确定官商合办不可。惟望中央早日确定根本办法，以资补救。至收归国营一说，也是根本办法之一，惟军事尚未结束，财政困难，事实上亦恐难办到也。（十五日专电）

（1930 年 8 月 16 日，第 7 版）

蔡培复职后整理招商局务

委定人员

招商局之事务科，在七月内整理内部时所设立，科长王子骞，原充营业科科长，自赵铁桥被刺后，王即请假，已一星期以上未到局。昨由蔡培批准，即令秘书处周世安暂代事务科长；又有会计科长洪雁宾提出辞呈后，蔡已批令挽留，一面暂派钟祖述暂代；又以局中对外交涉甚多，特添聘法律顾问一人，常川驻局。

局务会议

昨日蔡氏特发通告，知照各科、处、室，略谓自即日起，每日下午五时，由秘书长邀集局内各科、处、室主任人员，到总办室开谈话会，讨论各科、处之进行及局务之整理方案，此事已从昨日起开始实行。

轮船复业

长江一路，经该局请交通处释放船舶后，已有六轮复业，而沿海线内现行之船，有宁波班、温州班二艘，南、北洋班各一艘，福州班一艘。昨日又商得交通处同意，将"新铭"轮放回，恢复天津班。该局共有江海轮船十三艘可以通航。

（1930 年 8 月 16 日，第 13 版）

王伯群昨晨抵沪

——计划招商局整理问题

交通部长王伯群，以法教堂取消金利源码头租约案，关系航业至巨，法公廨判断失当，亟应据理交涉，特于昨晨由京抵沪，调查该案经过；又闻王氏此行，对于招商局整理问题亦有所计划云。

（1930 年 8 月 17 日，第 13 版）

招商局总办陈希曾继任

——陈表示当彻底改革，蔡培谓奉交替有人

十五日国务会议通过，任陈希曾继任招商局总办，昨日明令发表。陈

氏现任上海电报局局长，昨对记者表示，略谓，"余仅于报端得悉，现尚未奉到明令，故殊无可表示；至招商局各项事项，均墨守成法，毫无改革，用人行政诸端，均极不经济，而财政难关尤为今日招商局第一问题，故今后第一事当从彻底改革组织入手，注射新生命，再言扩充"。陈氏又谓，赵氏为余十年老友，对于招商局之整顿，可谓鞠躬尽瘁，忠于所事，而外间于其死后颇有不忠实之批评，殊为憾事云云。又，本报记者昨晤蔡培，据谈，余暂维持招商局务，旬日以来，心力交困，幸已交替有人，此后当可还我初服，不胜欣幸云。

（1930 年 8 月 17 日，第 13 版）

招商局总办更易中

——局务前途与营业现状

招商局总办一职，中央已调沪电局长陈希曾接任。记者特访该局某科长，叩以局务近状，据某负责者语记者云，局轮停多行少，收入锐减，开支浩大，挹注无从。近顷自王子骞、洪雁宾先后离局后，所有前总办赵铁桥之各种借款，以各方催问，正在清查中。现在第一难题，系在还欠偿债发薪，断非空言所能搪塞。照目前救济之法，总不外两途：㊀与商股方面联合，仍请各股东出资维持，勿使已成之局，坠于一时，而令外商轮乘机侵占；㊁照现时国营航业局面，由政府填给巨资，使整理计划，得照所定方策进行。自陈希曾长局消息到沪后，局内因未得正式公文，故亦未有人员往陈处接洽。近日营业科科长沈仲毅、李云良等，对于复班之长江各轮，仍抱积极主张，争揽货载，志在保持长江航权，勿令稍有退落，绝不因易总办而示消极。故迩日上水江轮出行货，仍能保持原有状态也。海员欠薪问题，蔡培已在筹划，不久可有解决办法。

（1930 年 8 月 18 日，第 13 版）

招商局总办已派定

〔南京〕府令行政院：代行招商局专员赵铁桥被刺身故出缺，查有陈

希曾堪以暂代招商局总管理处总办，并代行专员职权，除径令该员遵照外，合亟令行，仰即知照，并饬交部遵照。（十八日专电）

（1930 年 8 月 19 日，第 8 版）

新任招商局总办陈希曾辞职

新任招商局总办陈希曾，于前晚晋京，向国府请示办法，内有财政一项，殊多困难，而历年借债度日，终非彻底政策，故陈氏即于昨日回沪，电请辞职。兹录原电如下：

> 南京国民政府主席，暨各院院长钧鉴：奉四六五号训令，委希曾暂代招商局总管理处总办，并代行专员职权等因，奉此。查招商局经济困迫，险象环生，非有切实办法，不足以资整理，希曾才能浅薄，骤膺巨艰，深恐任职以后，对于国家航业，仍难发展，与其贻误于将来，不如审机于此日，敬乞另选贤能，准予辞职为□〔祷〕。职陈希曾叩，号①。

（1930 年 8 月 21 日，第 13～14 版）

陈希曾昨返沪，坚辞招商局总办，并交代电报局长

上海电报局长陈希曾，自奉国府任命为招商局总办后，以招商局关于航业前途非常重大，本人自觉才力不胜，且事□〔前〕亦毫无准备，如贸然就任，未有整顿办法，则对中央委任初衷，甚觉有愧。因此奉命后，即经专电辞职，并亲赴中央，陈述苦衷。嗣经国府文官处电促就职，并由中央各要人当面恳切挽留，然陈氏仍未变更辞意。兹闻陈于前日又赴京，向国府谭院长面递辞呈，谭仍表示不便允准。陈当再三陈述本人如果就职，必无裨益于招商局前途，无论如何，不愿担任，请求准予辞职云云。现陈已于昨晨返沪，新声社记者，昨特往访，据陈氏云：本人对招商局总办，

---

① 在《韵目代日表》中，"号"指 20 日。

辞意坚决，至电报局长一职，现由交通部委任宋述樵接任，当即赴局，通知各重要职员，准备办理交代。俟交代办竣，陈即拟赴前方效力云。

（1930 年 8 月 27 日，第 13 版）

王伯群之谈话

——招待报界之报告

交通部长王伯群氏，昨日下午一时，假座华安八楼，招待上海各报记者，到十余人。席间，王部长对于邮、电两政，及此次招商局、《中德航空条约》与邮政储金汇业局各事，有详细之报告及解释。兹分别摘要纪录如下：

〖中略〗

整理招商局问题

新任招商局总办李仲公次长，月前因患病以后，即向部中告假，来沪医治，现在尚未完全痊愈。鄙人今日曾晤及李氏，渠表示对于总办一席，是否就任，还未决定，尚须赴京作一度接洽后，方能确定。至于国府此次对李氏仓卒任命，良以李氏才学经验，足资整理招商局而有余；同时，交部亦在力促其成。招商局在今日情形之下，欲言整理，确非易事，以前之亏债有如此之巨，而现在之营业，不但无余资还债，且维持本身之开销，尚有不足之虑，故欲根本整理，非由政府拨一笔巨款，将该局完全收买，同时又须一笔巨款，作为营业费不可。此外尚须改变制度，添置船只，及各码头设备完全，方能基础巩固，营业发达。但现下国库支绌非常，一时实难筹得如许巨款，故此问题现正由交部及工商部，拟就整理办法数种，呈由中常会决定，至于将来是否官办抑商办或官商合办，现在尚难确定也。

（1930 年 9 月 1 日，第 13 版）

招商局新总办履新期

李仲公就职期。中央新任交通次长李仲公为招商局新总办后，李氏已入京与王部长磋商整理该局之根本办法，原拟今日来沪接任，代总办蔡培亦已准备交卸。昨得确讯，李氏以在京接洽，事尚未毕，致不及如期至沪履新，大致下星期一即八号方可以来沪任事也。蔡代总办俟李到即行晋京。

京电，李仲公连日在京，对于招商局整理计划及金利源码头交涉案，向国府当局及交、外两部商量办法，已有端倪，两三日内即赴沪接事。

职工薪金发给。该局所欠各职员工人之薪工，已有两月，兹经蔡总办与总董李伟侯商定筹借得现金一批到局，昨日已由蔡代总办通告各职员之欠薪，定今日发给一个月，以资维持生活，昨日各科已在开具收据，备今日领发云。

（1930 年 9 月 5 日，第 13 版）

招商局整理方针

——李仲公日内返沪

李仲公拟九日或十日赴沪，就职期尚未决定。整委会委员人选九人，政府约先派四五人，除须征诸沪方实业、航业、银行愿加入合作者允任。整理方针，或官办，或商办，或官商合办，或官督商办，须择其最适当之一项而行。先决条件，须一方重视国家营业，一方必顾及商股权利。至于职工欠薪及到期息票，关系职工生活及对外信用，必须先筹巨款，分别偿付。以后每月并须筹百数十余万，以资应付。

（1930 年 9 月 7 日，第 17 版）

招商局总办李仲公接任有期

——本月十三日正式就任，招商局定为商营国管

招商局新总办李仲公由京来沪，业已多日。近日李氏与各方接洽，颇为忙碌，而于接任日期，亦已确定。记者昨特往叩代总办蔡子平君，承告李氏履新日期，兹志如次：

李氏就职日期。据蔡氏语记者谓，渠已与李总办会晤多次，兹因与各

方接洽就绪，确定本星期六（即十三日）到局，正式接事。关于局中移交事务，统已办齐，只待李氏到局，便可交替矣。蔡氏又称，"本人与李有部属关系，故须俟其履新后，方得离沪入京"。

局务决定方针。此次李仲公入京，与中央有关系各部院，磋商整理招商局之进行办法，其最关重要之以后局务方针，或国营，或商办，或官商合办等等。在京讨论结果，事实上已经决定者，招商局仍为商办性质，由政府派员代管，以资整理。今次李氏来沪接任总办，仍根据此国家代行整理职权为进行之方针也。

又一报告。新声社云，新任招商局总办李仲公氏，业已抵申多日，大致摒挡就绪，即可到局视事。惟以国务会议议决，已遵照二中全会决议，制定《招商局暂行条例》，变更招商局组织，设立整理委员会为议事机关，设专员为执行机关。李氏昨特函呈国府，如本周国务会议可望通过整理委员会委员人选，则李氏拟俟正式发表后，至下星期一（十五日）始行就职，免再多事更张。如事实上来不及，则闻决定明日（十二日）先行到局视事。新声社记者昨向官方探悉整理委员人选，闻已内定者有陈果夫、王伯群、李仲公、虞洽卿、叶琢堂等五人。闻现代总办蔡培，因原任航政司长，事关航政范围；至沪巨商刘鸿生，蒋主席极倚界，有电到京保荐，闻将入选；又，虞洽卿氏昨对记者切实表示，本人对招商局整理委员职，以是否委员会能行施整理职权及有无切实办法，为本人就职与否之表示。

（1930 年 9 月 11 日，第 10 版）

招商局总办李仲公昨就职

——王伯群亲到观礼，宋述樵任秘书长

招商局新任总办李仲公，昨晨十时，在招商局二楼大办公厅举行就职典礼，该局全体职员均到局贺任，来宾计有交通部长兼招商局监督王伯群、外部办事处刘云舫、电政司长庄智焕及各报记者等十余人，至十一时半礼成。兹将各情，分志如次：

就职礼秩序

就任礼节本已拟定，昨日复临时加入监督训话一项，计为：（一）全

体肃立；（二）唱党歌；（三）向国旗及总理遗像行最敬礼；（四）恭读遗嘱；（五）全体职员向新总办行贺任礼，一鞠躬；（六）监督训话；（七）总办训话；（八）来宾演说；（九）摄影。

王伯群致训

昨晨九时三刻，李仲公偕同蔡培及局内秘书等到局，未几王伯群等亦陆续而来，十时开始行礼如仪后，王伯群致训词，略谓：

> 招商局在中国航业界，具有相当的历史。自国府成立，即加整理，但外受帝国主义之压迫，内受时局之影响，加以国内航业专才十分缺乏，招商局本身积习太深，因是整理三年，殊鲜成效，对于政府负疚实深，对于社会又极抱歉，我努力奋斗之赵同志，因而牺牲，尤为抱痛。现在军事不日结束，各地秩序渐见恢复，对于招商局根本办法，国府正在研究，并先委李次长仲公，改任总办代行专员职权。李总办久与本席同事，努力革命工作多年，办事尤极负责，只要国府决定方针，则遵此方针进行，比较以前，当更有进步的希望。航政根本问题，总理遗教，对内政策中说得极为明了，政府自必谨遵遗教指示，妥为筹划，拟订办法；其次关于内河航权，久在帝国主义压迫之下，国府亦正在积极设法，进行收回，国内航业机关，应有一种准备。招商局为我国唯一航业公司，所负责任自最重大，在此整理期内，所有负责人员，尤应一致奋勉，本席有厚望焉。

李仲公演辞

旋新总办李仲公致词，略谓：

> 各位同事和同志，仲公此次奉任招商局务，自知才力未逮，不敢担荷，只以政府督促，社会期许，不容固辞。且以招商局于国计民生、训政建设，使命重大，而当前问题急待解决，不顾以个人的来去，使他在解救艰危和力谋建设的两种要求中，受着不必要之遭遇，所以今天开始到局，勉为其难。此时本人却不敢预说对于招商局有若何伟大之计划，不过只想在一般都认为难题的难题中，秉承中央的指导，竭其棉薄，暂时负责，本着平日牺牲的精神与困难奋斗。招商局

自成立以来，中间经过与英商怡和、太古两公司及德、日、法各公司先后竞争，以迄现在，虽然处在英、日两大外商势力压迫之下，日趋窘迫，但他总是中国五十余年来惟一的有相当势力的华人航业公司，我们不能不承认他在交通、经济、军事乃至国防、文化、对外贸易上占有重要的地位。目前，大家都以为招商局是一个最危难的时期，而同声一叹的，莫过于负债累累和营业萧条；但我以为这不过是表面的难点，此外还有里面的难点，就是负有监督扶持航业责任之政府，和拥有股权之股东，与办理业务之人员，及应负指导责任之舆论，不能打成一片，同站在整个国家社会立场，共同维护其发展。前者为果，后者为因，如果能把这个里面的难点打得通，不但不难于目前之应付，而且也易于根本之整理；反转来说，如不打通这一点，仅一时筹得若干款子，临时应付，也无补于根本大计。仲公不敏，很想从这种因素去寻着一个解决的途径。

总理在民族主义讲演中，剖析外国经济势力之能倾入中国，以中国航运力之衰弱为一要因，这个理论恰好可以招商局之衰落为其说明。我以为一国的航业，无论任何国家以任何主义立国，如没有政府之扶持，决难于此商战剧烈、航权旁落时代，抵抗外来势力之竞争；但同时一国的企业，如没有适当方法，以鼓励国民之投资，保障其利益，也难使他得到长足之进展。仲公此来，拟在这发展国家、社会、企业与维护投资利益的原则下，决定整理程序，以供政府采择。换言之，就想如何在政府指导与社会督促之下，竭个人能力，合同事才智，直接谋业务发展与商股利益，间接策进国家、社会、企业于坦荡繁荣之境。

至于职权方面，二中全会对于招商局之整理，决议由政府组织委员会为决议机关，并派委专员，负整理全责。现政府已通过整理条例，在委员会未组成前，本人以总办代行专员职权，虽负有整理经营全局之责，但本局根本性质，或为官办、商办，或官商合办与官督商办，均须取决政府，本人不过一采纳各方意见，奉行政府命令，负临时整理责任之一员。因此，本人此来大部工作，就不能不集中于解救现状这一点，一俟整理稍告段落，即当退让贤路。至于用人行政，本人敢以人才称当、管理科学化、剔除积弊、厉行廉洁四端与诸同人共勉。本人隶籍本党，献身国家，对事向不徇私，对人亦不愿徇情，一以党纪国法为进退、赏罚之标准，望各同事以党国利害为前提、本局事业为重心，安心任事，通力合作，使大家所视为难题的难题，展开一个新局面。

对记者表示

李氏辞毕，即由首都卫戍司令部陈家骦代表来宾演说，旋摄影礼成。各报记者于礼毕后，访晤李氏，询招商局各问题甚详。李氏答称："关于招商局之根本方针，政府尚在郑重考虑中。余服务交部数载，对招商局表面虽大体明了，但内幕究有隔膜，此次当稍假时日，详细考察后，再作一有系统之报告，供政府决定方针之参考。预料再经二三月之时间，根本方针，当可完全决定。至维持现状，最感困难。本局之零星债额，急待应付者，约需二百万元，奈此后当竭力筹划，最佳能一次筹足二百万元，则急债即可完全清偿；否则，唯有视力之所及，勉为其难，然后剔除积弊，节省开支，务期收支渐次相等。"

整委会人选

李氏又谓，"整理委员会名额定为九人，报上所发表者，多属臆测，尚非确定。政府原定在余就职前，先发表整委会委员，但现又主张暂缓，大约对人选问题，欲充分加以考虑耳。盖政府颇希望将来整委会能实事求是，否则徒拥虚名，不作一事，则设与不设何异？至《整理招商局条例》，已正式由国府会议通过，但尚不能发表，所可奉告者，即整委会为监督机关，专员秉承政府决定方针、整委会意志，负行政实施专责，而将现在之监督一职取消。但无论如何改革，股东权利定必维护，至谓抹杀投资利益，强收国有，此为决无之事。外间屡发生此种无稽谣言，使政府与股东间时有误会，盖亦阻碍局务发展之一原因也"云云。闻李氏定下星期一（十五日）起，正式视事，并另订日期，补行宣誓典礼，呈请国府派员监誓。至旧任代总办蔡培，昨已交卸清楚，在沪稍事休息，定十五日晋京，返航政司长原任。

委定新职员

李氏于就职礼后，接见各分局长，并委定宋述樵为总管理处秘书长，黄明豪为秘书，卢青海暂代事务科长，周世安仍回秘书原职，孔祥榕暂代会计科长，王郁骏暂代金库主任，张燕有为科员。李氏旋电蒋呈报就职，略谓：

> 归德柳河蒋总司令钧鉴：奉钧命及国府令，暂代招商局总办，兼摄专员职权，谨于本日先行到局接事，俟另期举行宣誓礼，再请派员监誓。惟招商局于军事、交通、经济、文化均关重大，祈随时明切训示，俾便遵循，而免陨越，不胜叩祷。余容续呈。职李仲公谨叩，元①。

李氏略历

华东社云：李氏贵州人，年三十九岁，中国国民党党员。民二毕业于北京国立法政专校政治经济本科，旋即赴日本研究政治经济。民五返国，参加倒袁运动、护法之役，赴西南奔走，代表黔军，联络川、黔各军拥护革命。十三年赴粤，参加国民革命，初任国民革命军第一军及东江绥靖委员会秘书长，潮海关监督，汕头交涉员，国民革命军总司令部秘书处长，二十一军党代表，江西临时政治会议委员，中央党部书记长，三届全会秘书长，国民革命军军事善后会议秘书长，国军编遣会议秘书长，办理贵州善后特派员，贵州省政府委员兼民政厅长，现兼交通部次长。

(1930 年 9 月 14 日，第 13 版)

华侨投资整理招商局内幕

——该局昨已据实呈复国府

招商局呈国府文云：

> 为呈复事，案接交通部文开，准行政院秘书处函开：奉兼院长蒋

---

① 在《韵目代日表》中，"元"指 13 日。

发下国民政府交办兴华银公司卢殷民函，侨商许庆文、甬商严松涛，志在垫借二千万元，整理招商局，转陈核示一案，奉谕交交通部等因，相应检同原件，函达查照等由。附钞原函暨检送原呈各一件，履历二纸。查事关该局整理办法，是否可行，合亟抄发原件，仰即详细核复等因。查卢殷民、许庆文等，自称可以借垫二千万元，以作整理局务经费。查自赵前总办时代，即屡曾接洽，均以资本不实而罢，及职接任，许庆文、卢殿元又复选来磋商，在职初意，果系华侨投资□航，自属乐于接受，因即亲向接洽，并加切实查访。殆询及资本，皆惝恍无据，惟以佣金回扣主持营业，种种条件为要求。盖许庆文仅系普通洋行买办，并非真正殷实侨商，虑亦仅以居间介绍为业，不似有投巨资能力，遂不多与周旋。彼等乃又转呈钧府，察其所云，均不确实，近更屡在报章宣传，任意铺张，甚至假借主席名义，炫惑观听。谨将彼等宣传文件，专呈钧鉴，即可洞晰。所有该卢殷民、许庆文，自称垫款内幕，理合据实呈复，仰祈鉴核。谨呈国民政府主席蒋。

（1931年2月26日，第13版）

招商局改组说不确

李仲公因病下周起照常视事

金利源案法方无诚意将决裂

新声社记者，昨赴招商局谒晤该局秘书长宋述樵氏，询外传李总办有消极说确否。据说，以近患气管炎及流行感冒，延医诊治，兹数日因遵医嘱未能到局视事，外传种种，当非事实；且今日李氏曾函余，称下星期可到局视事也。记者又询金利源码头交涉案，有决裂说确否，宋氏云，此事招商局方面，为尊重法领及调人杜月笙氏之意见，即根据三德堂来函，出价收买，惟以三德堂索价三十九万两，超过估价倍蓰，俟霞栖神父返沪，乃由高朔律师代表李总办，往访霞栖商洽，讵知霞栖态度横蛮，次日复以书面函知三德堂，愿以二十万两赎回，昨竟由巴和律师函复本局，声明将前三德堂允出让码头之函撤消。李总办对此，极为愤慨，除函外交部正式请法领注意此事外，本局决据理力争，并将诉诸国民，将来如因此案而发生不幸，应由三德堂负完全责任云。

（1931 年 3 月 21 日，第 14 版）

招商局将改组，李仲公辞职办结束，继任者为郭外峰氏

国闻社云，昨据航业界确讯，招商局总办李仲公，因办事棘手，早已呈请辞职，现该局正在办理结束中，后任总办一职，国府将决委郭外峰氏继任云。

（1931 年 5 月 1 日，第 14 版）

招商局新专员郭外峰下周接事，整理委员会决将改组

招商局专员李仲公呈请辞职照准后，国府业已改委郭外峰继任，国闻社记者昨向各方探得消息分志如下：

拟定下周接事

前专员李仲公于上月蒋主席准其辞职后，当命各科办理移交手续，并派秘书长宋述樵为移交员。而郭氏委状已于昨晨由京颁寄到沪，接事期决定下周二、三日云。

整委会将改组

招商局整理委员会自国府明令发表张岳军氏等为委员后，迄未成立。昨据确讯国府决俟国民会议闭幕后，另行委员组织。闻内定者有钱新之、李馥苏、胡孟嘉、俞飞鹏、徐圣禅等，委员长一席以俞氏呼声最高。

郭专员之谈话

昨国闻社记者谒郭氏于证券物品交易所，叩以接事后计划如何？当由郭氏答称，招商局目下情形可谓百孔千疮，对于将来计划，目下毫无准备，但终以整理局务本身为首；次工作为政不尚多言，余任事后抱定多作事少说话宗旨云。

（1931 年 5 月 3 日，第 13 版）

招商局新旧总办准备交替

——郭外峰昨午晋京

李氏不到局

李仲公经中央改任皖省委后，自五月二日起，已不到局内，各课事务早经结束，准备新任到来移交。在郭外峰未接任以前，局内对内、对外事务，经李总办条谕，委托秘书长代拆代行。关于局内事务，照常进行，由各科分部负责办理。

新总办接任

新任总办郭外峰，奉到中央委任令后，初定本星期六到局莅新，昨日该局派员到新总办处请示到局接任日期，嗣得确息，郭总办已改定本月十一日到局内履新，事务课已筹备一切手续。郭氏并于昨午中快车晋京，谒见蒋主席，接洽一切。

三课长辞职

李仲公到局后，只更调三科长，现在李氏辞职，船务课长黄朋豪、会计课长孔祥榕及事务课长卢海青等，以随李氏同进退，故亦提出辞职，各课事务已经结束，候新任来即移交。

沈仲毅负责

关于局内新陈代谢时之各科处移交手续，至为繁琐。在新总办未到之先，李仲公以营业科长沈仲毅，对内、对外最为熟谙，且平日办事认真，丝毫不苟，为全局职员所最信服，而更为客家所信仰者，故关于移交上之大小事件，统委沈氏代为负责，接管后，备新任到来转交。故日来沈课长之忙碌，乃倍于他职员也。

(1931 年 5 月 5 日，第 16 版)

郭外峰定期接事，招商局整委国议后须另委

新声社记者昨访新任招商局专员郭外峰氏于福煦路私邸，据谈，"余系昨日午车返沪，此次到京，以交通王部长抱病在沪，故赴访俞次长接

洽，嘱自到任后，再逐部整理，以发达国有航业，现以办理移交手续，须至九日方可结束，接任日期拟定十一，目下局中一切，均未明了，俟到局后再行计划，现在毫无准备，至招商整理委员，俟国民会议后，再行确定另委"云。

（1931 年 5 月 7 日，第 9 版）

招商局专员郭外峰昨接事，委派科长秘书等七人

招商局新任专员郭外峰，已于昨日上午九时，偕同新委各科长等到局莅新，另行定期宣誓。兹将各项情形，分记如后：

就职仪式

昨日上午八时半，郭专员即偕同新委之曾广瓞等，乘汽车到局，局前悬挂国旗，各职员早已在局等候。郭等到局时，由前任事务科长卢海青，率各科长迎接入内至专员办公室小憩片刻。就职礼堂先由事务科在本局职员俱乐部内布置就绪，悬总理遗像及党国旗等，所定专员就任仪式，至为简单：（一）全体肃立；（二）向党国旗及总理遗像，行一鞠躬礼；（三）恭读总理遗嘱；（四）全体职员向专员道贺，行一鞠躬礼；（五）专员训词；（六）礼成。

来宾观礼

昨日到局观礼及向郭专员道贺者，有警备司令熊式辉代表陈雨苓，及绅商虞洽卿、林康侯、叶惠钧、袁履登、刘云舫、闻兰亭、陈霆锐、洪雁宾、周佩箴、盛沛华等，该局各科处及四栈船舶等各职员，共有二百余人；又，汉口局长李云良、九江局长林至声、安庆局长王开平与厦门局长等均到局听训。

专员训词

举行就任仪式毕，郭专员向全体职员训词。略称，兄弟今日接任本局专员之职，得与诸君聚首一堂，深为欣幸。兄弟办事，向来主实事求是，不尚空谈，此后一切设施，当本此宗旨做去，务求实际。甚望诸君，亦本此宗旨，对于自己所负之工作，努力前进，则成绩当有可观。至关于用人一节，余当一秉大公，诸君在局服务，已有多年，但求勤慎从职，极不愿

630

轻于更动。诸君尽可安心办事，以重职守，余与诸君谊属同舟，力求共济，将来整理局务，于咨询商榷之处正多。兹谨略述大意，幸共鉴之云云。郭专员衣大礼服，言极恳切，短洁而率直，处处表示其一完全纯粹的商人本色云。

委任职员

郭专员在接任后，即发表委定曾广顾为营业科长，柳汝祥为事务科长，陈日平为会计科长，鲍公藩、陈国权、金雪塍及汪仲芳为秘书；金库主任王郁骏已辞，兹又委沈尧卿继任，会计科长陈日平未到前，由陈国权代理；秘书长一职实行废止；除陈日平外，昨日各科长及秘书，均到局视事。

办理接管

前任移交手续，委营业科长沈仲毅负责接收，各科处之各项清册早经造就，昨日上午十二时以前，由沈科长将移交手续呈送，经郭专员委定秘书鲍公藩，接收各项宗卷清册，陈国权接收会计事宜。并聘定徐广德为本局之会计师稽核簿册等事。

专员表示

中外各报记者，于郭专员接事后，纷往投谒，郭派鲍秘书公藩代为招待。鲍代表郭专员对各记者云，本局当残破之余，百孔千疮，亟待整理之事尚多，现时尚须将目前实况及将来之需要，详加审查研究后，方能定具体的整理方案。郭专员办事，素以实事求是为主，不尚空谈，故不愿多所陈述，是亦为政不在多言之主旨也。至本局为国内航政之最大机关，于国家人民，均有密切关系，以后局内措施，一切甚望舆论界随时予以指导，俾局务日有起色，则尤所企盼云云。

栈潮解决

四栈各职员，因前任批发奖励金，与八月份欠薪一事，未能与局员一致待遇，曾表示不满，发生怠工风潮。当由沈仲毅科长出而调解，允俟新总办来局任事后，代为陈请。昨日，郭专员接任后，四栈经理处即推代表到局请示办法，经航务科长曾广顾等接洽。结果，准将八月份欠薪，原发六月十九日之支票，定今日改付现金；同时命四栈各职员照常工作，此事已得完满解决。曾在赵铁桥任内，本任航务局长，此次交部本任其为哈尔滨航政局长，曾氏未往，回任今职，驾轻就熟，当能胜任快愉也。

各员履历

秘书鲍公藩，粤籍，历任京沪沪杭甬各路要职及港务局长；金雪塍，浙江籍；柳汝祥，中山人，日本帝大农科毕业，历任财部及烟酒公卖局中国银行职员等。局内原任秘书长宋述樵，秘书施洒征、周书城、郑芷町等均辞，鲍、金、陈、汪，即续其遗职也。又，温州分局局长，亦提出辞职矣。

（1931 年 5 月 12 日，第 9 版）

黄迺穆、朱绍文律师代表招商局总管理处通告

查三新纱厂即系旧日华盛织布局所蜕化，招商局为巨大股东，实有多数股份，各节详情，前经招商总局总管理处及敝律师等分别登报公告在案。今悉该厂确为盛泽丞等私擅出售，除俟诉诸法律，静候法院判决外，无论任何国籍之人出面或假借名义，意图侵害招商局法益之一切行为概不承认。特此通告，统希公鉴。

（1931 年 5 月 29 日，第 6 版）

郭外峰呈请救济招商局办法，已奉国府核准

整理招商局专员郭外峰，拟定救济该局办法三项，㊀确定委员组织，㊁援助金融，㊂明定整理期限，已呈奉国府核准。

（1931 年 6 月 18 日，第 14 版）

黄迺穆律师受任国民政府整理招商局法律顾问

兹接"上开局中总管理处聘字第七号"聘任状，聘本律师为法律顾问，嗣后对于招商局一切法益，自当依法尽保障之责。特此通告。

（1931 年 11 月 9 日，第 2 版）

招商局改组

——设监督处及总经理处等，陈孚木、李国杰定期视事

招商局专员郭外峰氏呈请辞职后，交通部委次长陈孚木任监督，该局董事长李国杰任总经理，并公布监督处总经理处章程。郭专员奉令后，今日起赶办移交，陈监督等定四日视事，兹将各项情形，分志如下：

交通部训令

专员郭外峰前因船员罢航风潮，电请国民政府暨交通部辞职后，一切局务由秘书鲍公藩代拆代行。昨日奉交通部令，为发展航业起见，特设监督处，专任监督整理之责，并委次长陈孚木任监督，设总经理处，专任经营全局及执行监督处一切整理计划，并委该局董事长李国杰任总经理。

定四日观事

郭专员昨令营业科、会计科、船务科、产业科、事务科、四栈经理处、秘书室、稽核室，即日起，分别办理移交。新任总经理李国杰昨日下午与专员郭外峰接洽接收事宜，当决定四月四日前往接收。据新声社记者探悉，该局专员一职及整理委员会决定取消。

（1932 年 3 月 31 日，第 1 版）

招商局陈监督定期来沪履新

郭专员赶办移交筹发欠薪

职工会派员预备送旧迎新

招商局奉交通部令改组后，昨日起各科赶办移交，新任监督及总经理，定四日视事。郭专员昨设法发给职员生活费，兹将各项详情，分志如下：

赶办移交

交通部自委次长陈孚木任监督、董事长李国杰任总经理后，昨日起，各科奉秘书金雪塍令赶办移交，新任监督陈孚木，定四月三日来沪就职。

筹发欠薪

招商局之经济困难已达极点，营业、会计、事务、产业、船务等科全体职员，二十年度二、三两月生活费，尚积欠未发。专员郭外峰氏以改组在即，特设法筹款，于昨日下午，开始发给全体职员二月份生活费。

送旧迎新

招商局五码头职工会暨招商总局职工会，以监督陈孚木、总经理李国杰，已定期就职，昨日起，特推定筹备人员，以便届时举行欢迎，同时并准备欢送专员郭外峰云。

（1932 年 4 月 1 日，第 1 版）

李国杰等明晨赴招商局履任，移交手续大部就绪

上海招商局奉交通部令改组，委任该局现任董事长李国杰为总理，交次陈孚木为监督，两氏定于四日到局视事，将依最近部颁总理处及监督处新章整理业务，各情送纪报端，兹以昨日所得消息，分述如次：

新旧移交

自郭专员经交部准予辞职，令饬所属各科办理移交。日来在局人员异常忙碌，至昨日止所有秘书处会计、营业、船务、产务、事务各科移交履行之手续，大部准备就绪。

明日视事

李、陈定于明日（四日）上午十时到局视事，郭专员当日往局实行移交，惟监督陈孚木前电在交部驻京处偶患恙，四日来沪就任否未道及。昨陈氏有电至局，谓近恙渐愈，即将首途到局履任。

旧员留任

郭专员辞职后，行政事务则由秘书金养［雪］塍代拆代行，此届李君接任总经理，董事会秘书长一职，仍系现任者充任；各科服务人员，大都照常，即重要职司，亦无甚更动。

（1932 年 4 月 3 日，第 6 版）

招商局新章程公布

〔南京〕交部规定招商局监督处章程十五条及总理处暂行组织章程十九条，以部令公布。（二日专电）

（1932 年 4 月 3 日，第 8 版）

招商局监督、总理今晨接事，陈孚木昨日来沪

招商局奉命改组后，新任监督陈孚木、总经理李国杰，定今日上午九时，先行接事。陈监督已于昨日抵沪，兹将各项情形，志之如下：

监督来沪

新任招商局监督交通部次长陈孚木，前染恙，现已痊愈，特于昨晨乘轮来沪，定今日上午九时，偕总经理李国杰，到局接事。

办理移交

招商局秘书金雪塍，通知各科办理结束后，昨日止，产业科、会计科、营业科、船务科、事务科、秘书室、四栈经理处、稽核室等，一律办理结束完竣，并编制号码，静候今日移交。

今日接事

新任监督、总理等鉴于国难当头，故今日接事不举行仪式。至于各部职员，据新任总理李国杰云，决不轻予更动，整理问题，须俟与陈监督接洽后，再决定方针云。

（1932 年 4 月 4 日，第 4 版）

交部对招商局拟定改革方针

〔南京〕交部订定整理招商局计划：㊀取消年终双薪；㊁革除分局包办制度；㊂裁减半数职员，令该局切实遵办。（十三日专电）

〔南京〕交部以招商局改组伊始，令监督陈孚木常川驻沪整顿，政次职务由常次俞飞鹏代理一切，今后改革方针，拟照总理实业计划，借用外

635

资一千万，作为添购航轮之用，以该局抵押未尽之产业作抵。（十三日专电）

〔南京〕交部以招商局行驶长江上游之"峨嵋"轮，曾因水浅停航，现江潮渐涨，令即照常开行，恢复上海、宜昌、重庆间之航线。（十三日专电）

（1932 年 4 月 14 日，第 8 版）

招商局整理近讯

招商局改组以来，李国杰已在着手整理，近将所得消息，分记如下：

裁员

该局在未经国府接收之前，全局办事人员，名额有限，薪工亦较小，总局职员等每月工薪，全部不过九千余两，后经历任专员，将局内规模扩大，至今月支薪工达三万数千金。李国杰接事后，即从紧缩上进行，先将总管理处取消，近又将各科、处职员裁减，连日已经发表裁汰者，各科、处共有五十余人，薪工一项，可省一千数百元。

监督

监督陈孚木，现将来沪任事，其办事处即设在该局三层楼。原在三楼无线电台等，已迁入七号寄宿所内，迁移期内，无线电收发，则暂令中国无线电工程学会电台与"新江天"轮电机，代任收发报务。监督处之规模颇大，亦分科管理，处员共派四十余人。

船舶

长江船舶，已有五艘开往长江沿岸，作交通轮。而租用之"源安"号轮，原派在南洋群岛代客运煤者，兹因租金关系，船到香港，被船东收转自用，局方得报，拟派"公平"前往南洋代航。

码头

该局金利源码头，为上海轮船码头中之最佳者，卸货便利，面积巨大，无如连年局方对于该码头，绝不措意，久年失浚，遂使各码头之淤积沙泥，日见其多。近日潮水退落之际，只有八尺之深，致令江海各船在落潮时，不论轻重傤脚，无法开行，妨害轮行，至关重大，已经管理员呈请浚挖矣。

（1932 年 4 月 17 日，第 6 版）

招商局监督陈孚木昨日视事

新任招商局监督陈孚木氏，本于昨日上午九时举行纪念周时，至局视事，嗣以要事，延至十时三十分始行到局。首由该局总理李国杰导入三楼监督处，稍事休息，约十五分钟后，遂仍由李总经理陪同至二楼会客室，接见各职员。当对各职员发训话，略谓，本人奉交通部命令来局，迄今已月余，因部务纷繁，故迟至今日，始克来局就职。查招商局为吾国之最大航业机关，有良好之码头，有巨大之栈房，依理应在营业上，亦当具有相当之发展，讵其结果，适得其反，内容且复腐化至极。现在希望各位，将以前一切不良之恶习，完全革除，成一完好之招商局职员。本人虽为政府委派来此，然并非来此做官，实系来此服务。本人素无阶级观念，大家多属同事，科长、秘书是职务上的分别，做事则与人权同，并无高下，兄弟希望不以监督之资格来监督，希望各人自己来监督，关于本局应改革之处，无论何人，有良好之计划，均可提出，考量办理，然须顾全全局，不要仅为个人方面着想。如监督处改革办法，认为不合，亦可以陈述，仅须与局方有益，与个人无关，均可接受云云。陈氏训话后，仍由李氏陪同至三楼监督处，将监督事务，稍事料理，以部务纷繁，昨日下午即已返京，致宣誓就职典礼，据陈氏表示，或将无须举行云。

（1932 年 5 月 3 日，第 10 版）

李国杰整理招商局具体方案

痛陈过去腐败情形

详述根本整理计划

呈报监督转请训遵

招商局为我国首屈一指之航业，但已如久病之身，百孔千疮，奄奄一息，负债积至□［一］千七百余万两，营业衰落，已达极点，冗员差多，船栈多敝朽破陋，腐败情形，不胜枚举。自李国杰氏任总经理后，力图根本整理，以挽航权，并将现在真实状况，应如何整理及整理方案与进行步骤，呈报交通部次长兼招商局监督陈孚木，贡献意见，转呈请示，兹录原文如下：

现在真实状况

呈为缕陈招商局真实状况及任事以来考察整理大概情形，并拟具根本整理计划，仰祈鉴核转请训遵事，窃招商局之在今日，直同久病之身，百孔千痕［疮］，奄奄一息。而局外不明真相，尚以为富藏未尽办法，犹多视为肥差美缺，争思分尝一脔，及一旦身入局中，目睹种种弊害，思改革而未遑，亲受种种困窘，欲排除而无力，乃有如负万钧，日坐针毡之苦。国杰自民十七以后，虽仍居本局董事长地位，对于局中一切用人行政无从过问，事事隔阂。尔时适在高谈整理声中，竟亦未料招商局之病状，日趋沉重，至于此极也。奉命以来悉心考察，始觉此病深入膏肓，已达最后极严重之程度，殊出平时意想之外。以言债务，则积至一千七百余万两，较之从前骤增三分一以上，其数字实为可惊。而息金一层，有过期已久，拖延未付者；有本息屡次转期，而始终延欠者；以致债权方面，诘责纷来，不遑宁处，尤以汇丰银行为债权中之巨擘。近因欠息太巨，依据原订契约，索还全部债款本息约七百万两。去年因曾允以年终归还，迄以无力偿付，催逼较前益急，在彼有处分押产之权，在我有立将破产之患。迭经董事会出与周旋，虽幸尚未决裂，然岂长此空言所能搪抵，此其最大之病一。以言营业，则揽载货物，原为收入大宗，乃往往因与客商不善接洽，常致不获满载，又或以多报少，以重报经，以细报粗，以大报小，舱单关单，辄难符合。此种腐败情形，积渐已久，其中走漏，几达半数。外埠各分局，对于货物水脚，或仍包缴旧制，或改实报实销，迄无划一办法。于是黠者恣意中饱，弱者藉口垫赔，互相欺朦，殊乖事理。各船买办，包缴客脚，虽经定有比额，而因所缴保证金太巨，竟认为一成不易，有余则视为分应归其私汇，不足则沥陈无力赔偿。且因贪图客满，多纳票价，□乃逾越权限，启椗泊埠。本理船长职权，竟亦渐由买办作主，至征收小水脚，本为防止梢包寓禁于征之意，乃禁如未禁，防不胜防，且更明目张胆，夹带私货，侵占舱位。以致江海各轮，每航一次，无不亏本；幸或不亏，亦无多大赢余可言。加以国家多故，征调频繁，而伤兵散卒，此遣彼送，几有以船为家之劳，是以每月开支，在供差之际，固多赔垫。即平时营业所入，亦常不敷所出，短少竟达十数万，此其最大之病二。以言用人，则自分科析股以后，人员日见增多，开支渐亦扩大。即以各船茶役而论，换一买办，即添用一班，其旧有者，又辄以工会之干涉，不能撤去，操之稍切，则风潮立至，以至役额日多，动滋流弊。各分局局长，皆以垫款过巨，藉作护符，虽明知其不甚称职，亦未便轻于更换。至驾驶一职，关系全船生命财产，何等重要。前年"新华"碰毁，即因用一毫无技术经验之二副，致蒙莫大之损害。而各方不谅，多视招商局为等闲局所，以为无关学术，随便可以安插闲员。于是指缺要差，荐束盈尺，偶未周到，往往引起误会，指摘加甚，此其最大之病三。以言船栈，则多系敝朽破陋，急待修理。查现有局轮，仅只二十五艘，其完整适用者，不及半数，余皆年龄过老，运行笨滞，吨位即不敷装载，机力又倍费煤斤。近数年来，虽亦时加修理，然工料率皆单薄，修费多掷虚牝。至货栈趸船，悉仍旧式，且多残破，储寄有限。当局者日呻吟憔悴于经济困竭之中，所有添船造栈，以及码头升科，一切根本大计，均无余力顾及，一任新者渐旧，旧者渐废而已。尤可痛惜者，中央日以整理招商局为念，而各船栈偷漏恶习，丝毫未见革除，不惟公家历遭弊害，且令客商频受损失，此其最大之病四。以言产业，则无论其为完全航产，或与航业无关之各种房地产，皆未能从根本上着手整顿，任其荒废，无异石田，实为可惜。如各栈码头早应升科培植，开拓地利，而因循故辙，年复一年，最初仅费五万两，即可升科建筑者，继乃增至三十万两，今已非六七十万两，莫能举办，地价飞涨，瞬息万变，即此无形之中，已不知抛弃多少利益。各外商在我国经营之码头栈房，姑不具论，即就北站附近之公和祥码头观之，自升科以后，层楼高矗，气势雄阔，对之实有愧色。又如福州路一带房屋，矮小狭陋，亟应改建，十数层楼房，以一两层为本局办公之用，余可以重价批租。在黄浦滩头，一望各大商行，崇楼杰阁，壁立千仞，对此久无进步之矮屋，如衣敝缊袍，与衣狐貉者立，亦甚可羞。以今寸土寸金之地，毫无发展生利之计划，惟日以债务纷扰，开支短绌，穷思极想，拟将一部分产业变卖，以为可获大宗现款，足济一时之穷困，于是发为变产救航之论。不知局产能值钱者，皆系码头及保护码头之地产，为航业命脉所系，安有变卖之可能？至若无关航业之产，为数无多，充其量值价不过数百万，且在招商局如斯情形之下，亦难觅得受主。况产契悉已押在债权人手中，动受拘束，就令变得些须产价，必先尽数扣还，在我仍无几何入手，徒取懊悔而已。故不汲汲以求产业生利之道，而惟孜孜日求机关分利之用，坐食山崩，实犯商业之大忌，此其最大之病五。

实行整顿经过

以上五病，或已溃发于外，或仍潜伏于内，均足致招商之死命。国杰睹此险象，实觉无从措手，且当仓卒受命之时，适逢沪战发生以后，金融更陷于枯竭之境。职工海员等薪水，欠发将及两月，局内日用水电等项必要之需，亦几将断绝。煤则只剩麟号一家尚肯往来，五金更须现款零购，积欠各厂修费货款、工款共数十万。前任移交现金，不过二千有零，而空头支票乃及四十余万，有已到期者，有不久即到期者。一顶破笠，本不愿戴。加以本局性质未定，群怀疑虑，在此立场之上，尤觉应付困难，而办事更形棘手。只以仰体钧部监督整理之德意，复承股东殷勤付托之厚望，并念先人艰难缔造之苦心。国杰对于此局，身负重责，备历艰辛，义关休戚，此时既专就整理而言，曷敢畏难苟安，不得不勉效庸愚力谋救治，冀收万一之效。惟病势已深，积重难返，从事敷衍，断然无补，急施猛剂，亦足致祸，计惟有从根本上实心规划，徐图挽救。而目前治标之策，尤须逐步进行，庶几有济。但非假以时日，宽其程限，不能多所表见。盖以垂危待毙之躯，欲以一药而愈，策杖疾驰，在事理上万做不到也。今招商局债累过重，纠纷极多，每一问题动需经旬累月，始能觅取途径，以求解决。倘使随政潮为转移，与当局共进退，计划甫定，而根本动摇，亦只有敬谢不敏而已。谨将三月来，先由治标入手，筹划整理经过情形，为钧座大略陈之。

（一）债务。本局负债之重，信用之坏，已如上述。政府既无巨款可以补助，股东复乏财力，增加资本，已到山穷水尽地步。商场中惟雄于资者，始可操纵一切，否则全恃个人力量及其信誉，以与各方周旋耳。查各债权人所由日逼日紧者，良由以不信任对我，而我亦并无切实办法告人。今与内外各债团分头接洽，先从联络感情、疏通误会入手，开诚布公，分别缓急商量分期偿还；再将各项死债，转为活债，其从前押未足额之产，另筹借款若干，以资周转，冀使信誉恢复。债权人知我确有办法，稍示谅解，现将前任所欠职工海员等两月薪水业经筹发，其到期支票亦设法分别兑付，于沉沉死气之中，幸已略呈活象矣。

（二）营业。现正督率主管人员，注重长江上游及闽粤一带。为发展营业之图，一面认真联络商情，揽载货物，一面严行稽核，杜绝中饱。各分局及各船、各栈，均予逐步改良。另订妥善办法，核实办理，并从新测量各船舱位，设置图表，使船舱容积及货物斤量，按图计算，一览无遗。又以复核及调查两事，于兴利除弊，极有裨益。业于本处秘密室设立复核组，专任审核全局一切账目，俾无挂漏。并于视察员之外，添设调查若干员，随时遣派，分赴外埠各局及各船栈，精密调查各种状况，以凭核办。至于煤炭及五金等料，拟取公开直接办法，煤则径向各大煤矿订购，五金亦拟向外洋逛买，当可较为合算，而免种种流弊。惟以财力尚未充裕，不得不暂向就地号家随时零购。查自整饬以后，四月份客货水脚收入，较前稍旺。惜五、六各月，本属淡月，又值中央征调船只，以供军运，江海各轮，不敷分配，无从积极营业耳。

（三）用人。本局现虽立于政府监督之下，然系经商，本非做官，须纯粹成为商业化，并用科学方法管理。故用人务以人才为主，且先宜注重人格及旧道德一处不得人，即一处流弊。是以宁留旧员，不换新手，盖因商业绝非外行所能胜任也。今本局各科主任及各重要办事人员，虽不谓为全才，然皆各具相当学识及固有人格。至各高级船员，此后更调，亦拟详加审核，俾免再蹈"新华"覆辙。然航业专才，至感缺乏，不惟管理人才不获多觏，即轮机、驾驶各部人员，初难用当其选查轮机员中，尚多有由铜匠升用者，其难可知。以前多系借才异域，致使主权旁落，改用华员，又辄以经验未足，每恐误事。现饬船务科分期招考此项练习生，派往各船实地练习，以备擢用。盖甄拔人才实以考试合格者为佳，而夤缘荐引者，多不免有滥竽混瑟之叹也。

（四）船栈。本局各船，朽敝情形前已言之，向使经济稍裕，亟宜添置新船二三十艘，方可周转自如。今惟有酌量情形，分别大修，暂资驶用。然招标估价，各厂故意奇昂，修理费用几无所出。查浦东招商机器局停工数月，迄未恢复，向来承修本局各项工程，尚称便利，因即拨款饬令复工，并以"新丰"、"新铭"、"图南"等轮交由该厂承修，一以节省修费，一以恢复厂业，措款无多，实一举而两利备焉。其他各轮，尚拟逐渐加价，俾归完整。至各栈码头，亦皆筹计修葺。而中、华、北三栈，向系停靠外轮，自赵前任内改用四栈经理，信用骤隳，以至洋商不肯保险，银行不肯押汇，华栈空闲两年，无人过问，生涯骤落。此非有大宗资力，不易恢复旧观。现于将南栈即金利源码头作为模范栈先行整理，禁绝偷漏，以利客商。惟该码头地基，尚有怡和、三德堂等地皮搀杂其间，虽曾订约利用，近岁以来，每因欠付地租，时起轇辕。兹幸三德堂地址已由本局收买，可无问题。而怡和之地或租或购，亦在商洽中。法工部局近以垃圾码头问题，发生交涉，侵及产权。现亦力与谈判尚未解决，结果如何，容再呈报。

（五）产业。本局全部产业，按照时价估值，约计五千余万，基础不可谓不雄。实只以未从根本生利着想，虽拥有巨产，而日暮愁穷，正如俗谚所谓手执金碗而乞食者。兹拟将各埠产业，无论与航业有无关系，一律切实清厘，筹办生利事业，不使稍有废弃，则岁入租息，必逐渐加丰，产业亦将随之增涨。即将来至万不得已而须变卖一部份无关航业之产，亦必较此时物价为优也。

根本整理计划

总而言之，欲使招商局复兴，必从根本设计，毫无疑义。上陈各端，不过仅为治标之策，专就现有状况，加以整理。且多从前迁延未办，或办而未竟之事，此际不能不一一为之弥缝补救。如镇江荷花塘局产之被侵占案也；"同华"轮撞沉新记公司帆船索赔案也；元昌坤号倒闭后，本局延欠该号五金货价案也。类皆涉讼经年，纠纷累月，或正在争持，或已经败诉，现均逐案疏通了结，且使本局并不吃亏。其他各种纠葛，尚不一而足，正拟次第豁清。即局内最关重要之预算案，亦迄未成立。各项紧要章则，尚缺略未备。虽为分内普通应办之事，只以历来未办，此时着手，全无依据，何异创造。尤非经过相当时间，不能竣事。盖犹沉病之人，更为药石所误，或久经耽搁，复患外感，必先徐徐解其误药，去其杂感，和以参粥，俾可复活。然后再进而论治本之道，始有途辙可寻，否则一盘乱丝，愈难清理矣。谨将此后预定进行方针，拟具整理招商局根本计划，更为钧座申言之。

（一）增进新资本。招商局现欲回复元气，活动血脉，非急切添加资本，不获奏效。顾兹事体大，杯水递浇，万难止渴，动手须增进新资本三五千万，始能济事。如斯巨款，谈何容易？仰望于政府，仍商于股东，既皆莫能为力，在国内殆成绝望。无已，惟有盼诸海外侨胞，庶几有此力量。窃睹近年以来，华侨爱国热心，蒸腾郁勃，常以远处异域，不获一见祖国商轮飘扬国徽，驰骤海洋为憾。此次沪上抗日之后，其捐助资财，动盈千万，诚能利用此种爱国心理，添招华侨资本，俾与旧股东合作，实为一绝好机会。况本局粤籍股东甚多，与侨商关系密切者，颇不乏人，尤易接近。国杰曾经派人与南洋群岛各侨胞，略商此项计划，皆表示赞成。惟以招商局性质，迄未确定，日在风雨飘摇之中，稍示疑虑耳。倘使负责有人，不难有成功之望。

（二）吸收外资。查吸收外资，发展国内一切生产事业，早经政府定为项目，盖外债非不可借，但必用之于生利一途。本局产业遍及各省，徒以无款培植，多属荒废。诚能利用他人资力，为我开拓，建筑所获，利益何可限量。当十七年八月，钧部召集全国交通会议时，曾由国杰贡献此议，拟将中、华、北三栈码头悉借外资，升科建筑，以为推广国外航业之基础，固已早计及此，兹拟以招集华侨资本为体，而以商借外资为用。近与各国巨商，非正式接洽借款者，已有数起，只须本局根本计划确定，即可实现。

（三）扩充国内航业。基于上年两种计划，使财政确有办法，则当添置吨量较大之新舰数十艘，开辟内江外海各埠航路，建造各处码头、栈房，俾皆焕然一新；并构筑船坞，增设机厂，尽量扩充国内航业，以为收复航权之准备。

（四）开辟海外航业。今使吾国商船遽思横渡太平洋及大西洋，而与欧美各国竞争，不惟无此气魄，实亦徒托梦想，此时可不泛计。但南洋一带海防、西贡、盘谷、新加坡、彼南兰贡、菲律宾、爪哇、巴达维亚、马尼剌［拉］等埠，华侨云集，商务极大，所产米、铁、糖、煤、锡纸、皮毛、木材杂货，向为出口大宗，非不可增辟航线，往来营业。故当国内航业，渐已扩充，即当推展而及南洋各埠，拟先□定两线。一自上海经过厦门、汕头、香港、海防、西贡、盘谷、新加坡、彼南兰贡为西航线；二自上海经过厦门、汕头、新加坡、巴达维亚为南航线。每线预定载重八千吨之商船两只，按期航行，一以慰侨商历来之渴望，一以谋海外贸易之发展，实为计划中应有之步骤。

（五）兴办海陆联运。海运则除南洋各大埠，经过安南、缅甸、暹罗，将来均应有本局直达之航线外。他如菲律宾、苏门答腊、婆罗州、爪哇、马尼剌［拉］等处，向有华侨组织运船公司，自应与之接洽联运，以广业务。而北洋航线，更应推广，至海参崴与俄国现时之商务舰队公司，办理联运，以收西伯利亚铁路及中东铁道两路转运之利。而陆运则国内各大铁路，均宜规定联运办法，妥订章程，彼此遵守，藉示政府维持补助之意。

（六）培植航业专才。航业人才之缺乏，实为吾国最大之耻辱，亦即本局衰落之原因。慨自民元吴淞商船学校停办以后，此项专才，更无产生之地，而招商公学规模狭小，经费支绌，本已若有若无；继办之华甲练舰，又中途为军阀所攫，全功尽废。迨赵前任内改设航业专科，亦只因陋就简，课程浅易，学生短近，殊非真正造就人才之计划。国杰之愚，认为本局根本计划，而人才一项尤为根本上之根本。亟应建立一最宏巨之商船学校，分设管理、驾驶、轮机各科，至少足以容纳学生千人，并附设练习舰数艘，分期开赴江海各埠，逐班练习，必使五年之内，可庆小成。而十年之内，本局全部人才，皆属此项学生。且须仿照海关邮政先例，订立待遇、奖惩规则，以资法守，人尽其才，学当其用，事无偏废矣。

综上所述六项，倘能仿照俄罗斯五年计划，或土耳其三年计划，专其责任，如定限期，本局前途庶有中兴之望。除关于本局性质、地位，容俟另案专陈外，深冀此项根本整理计划，在钧座监督指导之下，得由国杰从容部署，逐渐实施。行道之远，勿令辍于半途，为山之功，不使亏于一篑。用敢不揣冒陋，谨将招商局真实病状及任事以来大概整理情形，并拟具根本计划，备文呈报钧座鉴核，敬祈转呈部长，训示祗遵。谨呈交通部次长兼招商局监督陈。

招商局总经理李国杰。

（1932 年 7 月 27 日，第 15 版）

陈孚木再辞本兼各职

交通部政务次长兼招商局监督陈孚木氏，再电行政院宋代院长及交部黄代部长，请辞本兼各职，原电如下：

（一）急，转行政院宋代院长钧鉴：孚木奉职交部，以才德未孚，早图告退。当陈部长告假赴沪时，即已呈请辞职，但迄未蒙批示。兹谨再申前请，恳予批准，俾资休息。除电呈黄代长外，谨此电呈。交通部政务次长陈孚木叩，寝。

（二）急，转交通部黄代部长钧鉴：职前奉派兼招商局监督，视事以来，力图整顿。惟以该局积病之深，及处于恶劣环境底下，心有余而愧力有不足。数月以来，常感尸位堪羞，屡欲告退。兹职业辞去政务次长职，招商局监督一职，自应一并辞去。除饬员妥办交代外，谨乞即日派员接替，无任屏营待命之至。职陈孚木叩，沁。

（1932 年 10 月 29 日，第 13 版）

十六　内部改组

招商局内部改组

关于最近招商局改组之文件，录志于下：

董事长呈

呈为招商局组织急要，恳予查案核行，并请指定日期，派员监视，以策进行事。窃上年迭奉钧处令饬于本局兴革事宜，严切责成，仰见钧处维持商业之至意，比经拟具大纲，呈请鉴核在案。惟迄未奉到指令，无任惶惑。查本局营业失败，原因固多，而改良组织，实令饬唯一之事。前拟改二处六股之制，系根据历来之议案，并参酌近今之事宜，非敢妄自纷更，亦不尽拘成法，无非为划清权责，以求合商办原则。在国杰蠡测管窥，所拟容有未尽美善，而既在钧处指导之下，倘认［仍］须修正，亦应请迅赐裁夺，俾能早日观成。国杰所急于言者，盖深念组织未定之前，职员则观望于去留，交际则徘徊于迎拒，人情固尔，无怪其然；况待还到期之债急于星火，处分押产之声逼于旦暮，极百事停顿之间，有一切影响之害。此则国杰与钧处共负之责，而有不能不首虑及之。今势成事迫，实有难于再缓。且进者本局极五十余年之历史，积冗既多，清厘不易，情志匪一，调协为难。虽人惟求旧，而愿不尽偿，一有根蟠节错之处，不无形格势禁之虞，或故迁延，以图他望，或稍阻挠，以败新谋，自非出以整齐，无以杜其操纵，实力主持。此又不得不待之钧处上年十一月廿四日令饬之文。所谓若有为难之处，持平执法，以绳其后各等因，固已明鉴及此，自非指定日期，派员监视，不足以厉进行。国杰一念局务所关，既不能脱身以去，亦即当抒直以陈，冀仰副钧处之责成，藉以报各股东之付托。

所有请求之处，伏乞鉴核指令祗遵，谨呈监督招商局监督王。商办轮船招商局董事会会长李国杰。

监督批

据呈拟照前股东会通过章程改组，又呈请派员监视改组各节。该局积弊深重，亟须改组，众论从同，不容稍缓。该董事长所请甚为扼要，所拟两处六科之制，大致亦尚妥惬。惟前股东会所议章程，事历多年，时移势易，能否合用，尚待审核。国民政府公布监督章程，应遵照办理。董事兼科长制既经废置，各科各府属机关之上、董事会之下，应设总管理处以便统率，设总稽核处以便考核。执行监察，各负专责。在正式股东会尚未开成以前，即派本监督办公处总办为该局总管理处总办，遵照监督章程，会同该董事长悉心妥筹。分科组织及任用人员，务以选用人才，刻实收效为主。该董事长及总办共同负责办理局务，并将改组情形及职员履历克期呈报，以凭核夺，毋得稍延，用〔以〕副本监督整理局务恢复航权之意，并令知监督办公处总办遵照。此批。总办赵铁桥。

公告局员

案奉监督令，派监督办公处总办为招商局总管理处总办，会同董事长悉心妥筹外科组织，任用人员，并将改组情形、局员履历克期呈报核办，等因。奉此。局中制度不良，急须改组，众口一词，事在必行。本总办秉承监督命令，与董事长和衷共济，只知整理局务，绝无成见存于其间，用人行政，当会商董事长秉公办理。所有旧日在职人员，于改组事宜未定以前，务各安心服务，不得擅离职守。其有勤劳卓著，久湮下僚者，尚当酌子〔予〕升擢，以励贤能；并拟照海关邮局及各大公司成例，酌定劳绩奖金，分别加俸及养老储金之制，为各职员工友筹生计之保障，垂诸久远。若有抗违命令、造谣鼓惑、放弃职守、破坏公务者，即是自取其咎，惟有执法以绳，断难为之宽宥。本总办自役革命以来，险阻艰难，视为常事，任何波折，决不有所畏沮，亦决无所瞻徇，各局员未识详情，或有误会。特此公告。

（1928 年 2 月 11 日，第 14 版）

赵铁桥之招商局改组谈

国闻通信社云：日来招商局改组事，颇为社会注重。国闻社记者，昨日因此特往访问总办赵铁桥氏，记其谈话如下：

问：招商局何以须改组？

答：招商局之丛垢积弊，由于少数人盘据把持，而组织之不良，尤便于盘据把持者之利用。董事兼科长制，尤为人所垢病，局中人亦自言之，欲加整理，必从改组入手。

问：董事兼科长制，何以最为不良？

答：董事兼任科长，本系采用日本邮船会社制度，如果章程完备，选举得人，亦未尝不可。无如招商局董事，向不取人才主义，多由勋旧及世袭而来。虽有选举形式，悉为少数人把持，并无股东真意表现。此辈徒挂虚名，从不按时到局办事，晏居私室，不负责任。又以董事兼科长，其上更无督责之人，他人又不能为代负统率办事之责，以致局事败坏至此。政府及社会群为注意，而若辈从不划一补救之策，即如去腊局中金融逼迫，局负索薪。所谓董事科长者，多躲避不问，故舆论尤集矢于此。

问：此次改组，公为招商局总办，确否？

答：监督令局废弃董事兼科长制，设总管理处，以一事权，命鄙人为总管理处总办，会同董事长办事。

问：招商局系商办公司，如此办法是否有根本改革，收为官办之意？

答：非也非也，完全为保存商办局面。设鄙人之总办，根据于政府公布之监督招商局章程。章程第三条一至五各项及第七次属监督职权之事，鄙人秉承监督命令执行之。监督办公处所办之公务即系招商局之公务，命鄙人为总管理处总办，犹之命局中董事为监督办公处参议，无非官商一致，维持局务之意。

与初设立监督办公处，尚希望局员自动整理，两月以来，公文督促，并催令呈复各件，或搁置不复，或虚辞搪塞，绝无一些发奋悔改气象。惟李董事长尚知顾念局事，呈请照民国十三年股东通过之章程改组。监督因股东会所议章程已历多年，与现情未必尽合，且与监督章程不无抵触，故批令照改。

　　总之，招商局事务废弛，债权逼迫，已到于危险地步。而各董事又复不负责任，如召集股会议决，又恐缓不济急；且鉴于历届股东会毫无结果，因股东无真实名册，难于稽考，股权无一定办法，徒事嚣争，即使召集，仍无办流。故一面赶办股东登记等事，为召集股东会之预备；一面本监督章程，暂时官商合作，为救济及整理之计。一俟正式股东会开成，鄙人即可卸去责任，此不过于特殊情势之下，寻出一条道路，希望由此渐渐引入正轨。照招商局历史而论，前清官督商办及官商合办之时，尚较现状胜过万倍，经一番改组后，又〔有〕望较为振作。监督极注重股东登记，又属遇事会同董（事）长办理，即此可见保持商办之意。彼少数董事以不利于己，或有鼓惑股东反抗之举，不知该局多数股东呈请本处查办若辈公文，如雪片飞来。盖股东已深知政府重在挽回航权与利便交通，尤注意保全股东血本。余以为招商局关系国本民生至大，倘听若辈下长此把持营私，则不持股东血本化为乌有，所有内河航权，亦将完全丧失于外商之手。以吾党主义的使命，讵能袖手不问？此政府所以毅然决然为积极整理之根本理由也。凡此情形，尚望舆论界详写指导，勿使一般误会。

　　语至此，适为他客来，记者兴辞而出。

（1928 年 2 月 12 日，第 13 版）

赵铁桥之招商局改组谈

　　国闻通信社云，国民政府交通部参议兼监督招商局办公处总办赵铁桥君，因招商局改组一案，有人希图从中阻挠，特于日前赴宁，晋谒交通部长王伯群氏报告情形，并请示方略。赵氏已于昨晨由宁返沪，语国闻社记者云：招商局改组，事在必行，已得王部长完全同意。缘招商局之丛垢积弊，非从改组入手，莫由整理。须知招商局股东登记者，迄今不过五千，显然有不愿服从政府处理之意。反观招商局本身，则事务废弛，债权逼迫，危险万状。而各董事既不负责改进，更视招商局为一人之私产，例如民国十三年股本通过之改组章程，至今视若无睹，即可想见其腐败。长此相持营私，情同儿戏，小之则群众股东血本将化为乌有，大之则内河航权将完全丧失于外商之手。王部长认□招商局问题，为于国计民生有莫大关系，故毅然决计改组，不顾一切情面。此来当督率进行根本改组事宜，断无丝毫通融余地，以副政府方面维持民众股东，一方面利便交通、挽回航权之厚望等语。赵氏不日尚拟招待新闻界，报告一切详情。并称将来改组后，一切用人行政，悉照海关邮政办理，凡事绝对公开。

闻交通部秘书长兼办公处秘书长许修直君，亦于昨晚由宁起程来沪，今晨可以抵埠云。

（1928 年 2 月 18 日，第 13 ~ 14 版）

改组招商局之训令

招商局监督王伯群训令董事长李伟侯云：

为令饬事，招商局改良组织，为整理局务必不可缓之举，迭经令饬董事长遵令负责办理，并饬本监督处总办赵铁桥，会同妥筹呈候核夺在案。本监督上体政府维护航权之意，近鉴该局将濒破产之危，时势所迫，若不力予主持，决无刷新之望。在该局正式股东会未能开成以前，遇此特殊情形，不得不有处置办法。此正所以保护众股东利益，并非别有用意。检阅股东名册，该董事长已经照章登记，平日对于局事尚肯负责，爰特宽其既往，策其将来，务仰迅遵前令与总办赵铁桥悉心妥筹分科改组事宜，呈候核示，克日接收。其有事关重大者，应由该董事长、该总办呈报本监督核示遵行，仍应续办股东登记，务期真实股东得有表见。股东大会早日观成，新董事合法选出，届时本监督当以整理完善之招商局，交付股东之手，俾了然我国民政府民生主义维持航业之苦心。该董事长其将此意传喻各股东知之。此令。

（1928 年 2 月 22 日，第 13 版）

招商局昨日改组

招商局奉令改组，已屡志本报。至昨日监督王伯群已训令赵铁桥速立总管理处，实行改为六科制。赵总办于昨日下午二时，会同该局董事李伟侯分派六科接收局务。兹将所闻种种，分记如下：

改组之公告

总办赵铁乔〔桥〕在改组接收之时特发公告，系通知该局局员，实贴在董事室内，略谓：奉监督训令，招商局应设总管理处，派总办赵铁桥为管理处总拟，会同董事长筹备改组，克期完竣呈报，等因，奉此。办定六科。〖中略〗着各科长分别接收局务，其旧有任用人员，应各安心服务，静候各科长尽先派用，以资熟手。其有勤奋素著者，久湮下僚，尤当物色擢用，以励贤能。此后当严定功过，与各同事互相勉励，局务有厚望焉。二月二十二日，总办赵铁桥。

新任之六科长

现在该局全部已改为六科，即总务、船务、栈务、会计、营业及出纳等科，昨日由总办赵铁桥所任定之科长：

（一）汪浩为总务科长，王允章为副科长；

（二）杨英为船务科长，叶锦初为副科长；

（三）沈仲毅为营业科长；

（四）张雨之为会计科长，施谱薰为副科长；

（五）洪雁宾为栈务科长，谢继善为副科长；

（六）王允章为出纳科长。

另加聘俞凤韶为总稽核处处长。

两局长之裁撤

招商局原分两局，即有二个局长。一曰总局，局长为陈竹琴；一名沪局，局长为谢仲笙。两局长之职务各别，今新制以总办即总其大成，居全局之领袖，故将局长名称裁撤，现在局长办事处已改为营业科矣。

接收时之情形

新任之各科长、处长中，如张雨之、施谱薰、谢继善等三人为该局老职员，而由赵铁〈加〉桥委继续任事者，其余各科长，则均新派到局者。在昨日午后二时许，六科长即同时至局，会同李伟侯接收各科处手续，每点收一处，即贴一新科处之标条。赵之总办室在前之主船科办公室中，实至下午五时许，方始竣事。记者会叩询营业科长沈君仲毅："是否即日由新科长接办局务?"沈君言:"一俟接收完毕,便由各科长接办各该科之职务矣。"

各职员之问题

昨日赵总办除委六科(长)、一处长外,对于各科之办事人员尚未派委一人。当赵总办到该局后,即先传集局中之原有各办事人员当面勖勉,令各照常做事,听候各科长调派。如有真才实学,久屈末职者,决计有不次升擢,务使才称其职、人不废事云云。各职员闻之,颇为定心矣。

(1928 年 2 月 23 日,第 13 版)

接收后之招商局

招商局前日已经总办赵铁桥接收,昨日各科、处长均到局接事,而赵总办亦到局实行其管理之任务。兹将昨闻种种,分述如下:

局长之移交

该局新编制已无局长,故总局局长陈竹琴之职务停止后,其办事处已经改为栈务科;而沪局局长谢仲笙,亦因停职之故,昨日已将沪局局长所管理之事务手续等等,于上午办就移交,统交与新任营业科长沈仲毅接管,而谢氏即离局。会计科正、副科长不动,照常办事。

总办之训话

总办赵铁桥,于昨日上午十时半,召集局中全部旧有中下级各职员,至议事厅训话,各职员全到。赵训话时,由洪雁宾纪录。赵之训词如下:

昨天到局的时候,曾对诸君说明来局办事的大体情形,因人数不齐,所以今天再将接办招商局的宗旨,宣布于诸位之前。查招商局有五十年的历史,中间也有办得颇著成效的时期,但结果却终被一般少数资本家把持包办。他们最大的目的、最坏的毛病,就是"为私"两字,只顾贪图个人发财,所以舞弊中饱,拼命的瘠公肥己,至于国家的利害、股本的血本,简直从未在他们心目中回旋过。以致招商局虽有极良好的地位,弄得到今日这种衰败的状况,生生把国家航业的命脉、内河的航权,十九断送到外人的手中。溯长江而西上,无一处不是外国轮船纵横竞争之场,这种危险的结果,正如一个人身体的血脉,完全被别人榨取去了,焉有不坐以待毙之理？本党在三民主义立场下，处处都是以救国为民为前提，对于与国家航权存亡有密切关系的招商局，国民政府早就想切实整顿，只因向日没有达到长江流域，鞭长莫及，无暇顾此；等到去年长江恢复、南都奠定，刻不容缓的立时设置招商局清查委员会。委员会已将该局过去黑暗的情形，知道危险到了极点，万难再事迁延、姑息养奸，致摇动国家根本大计。及交通部成立，就拨归部管，并设监督办公处，任命王部长做监督。原意仅从旁指导、力任推进，一切局务还是望招商局自动刷新振作，并无接管的意思。谁知办公处成立三月有余，无论何等善意的公文命令到局，不是致〔置〕之不理，便是藉词推托。李会长也像既不能令，又不受命的样子，譬如股东登记这件事，原是为实现真正股东的利益而起，不想他们仍然是反抗阻挠，用尽种种恶劣手段来设法破坏。以八万四千股的股分〔份〕，经过两个多月，只登记五千余股，他们这等藐视法令、放弃职权的顽性，真正使人可惊可异。只李会长曾遵令办理，觉得尚有办事精神，可惜他优柔寡断，举措失去自由。派监督目击此状，知非采取紧急措置，再无重兴之望，所以特设总管理处，王〔赵〕铁桥来充总办。铁桥既受了部令又有党的使命，只知服从主义，救国家、利民众，我们的目的，只有一个"公"字，说不上官办，说不上商办，也说不上官商合办，只是暂时代其整理、谋扩充。等整理有了头绪，股东大会已经开成，真正股东选出合法的新董事后，有人负责，铁桥可以卸责时，自当交还股东，洁身引退，既非做官发财而来，自无留恋的必要。根据这种意义，此后办理的途径，就只有：㊀挽回国家航权；㊁利便民众交通；㊂保全股东血本的三条大路。次之既然是为公，对于诸位在职的人员，自无畛域歧视之分，只要是有材具的、真勤劳的，并要特别提升、设法保障。我并知诸位中不乏奇材卓识的，徒因前此任用私人的缘故，竟把栋梁之材当作榱桷之用，甚或投置闲散，视与枯木朽株同列。铁桥此来，一秉大公、量才使能，决不至稍有辜负屈抑，将来定仿照邮政海关的办法，呈请交部订定一种永远保障的规则，诸君尽可安心任事，不必怀些微的惊疑。诸位要知道招商局前此保持包办性质，抵抗国家整理的方法不外是两种秘术：一是开口闭口掮着"商办"两字做护符；二是仗着使用钞票的神通，但看革命军未到以前，屡有监督查办之人，都从未踏到局中一步，这全是他们钞票的力量。所以铁桥今天得与诸位相见此地，无异是从钞票受围中突破出来，才达到这为国整理航业的愿望。所以我希望诸位以后共事，均要极力革除已往的恶习，共同造成招商局的新生命。凡是能赞助我整理局务，便是能爱国、能革命；要是来阻挠大计，就是反革命，反革命，即是亡国奴云云。

训话后之会议

昨日招商局总办赵铁桥，召集局员训话。训话后，即通知各科长在议事厅开总务会议，议决分别接收各手续，期于三日内接收完竣，从下星期一实行负责执行业务，并规定应用图记及对内对外权限、手续等事。又闻将组织设计委员会，网罗航业经济专家，计划进行各方略。

营业之进行

赵总办又表示，本埠外商轮如太古、怡和、日清等公司之营业，年有赢利，今后之招商局，对营业上亦应积极改善，先拟派员至各外轮公司实地调查，参观其办法，藉资改善之借镜。又因轮公司之营业，与报关行及各货客家关系最大，赵总办拟定期与各报关行及各客家会晤，面商运货前途之进行办法云。

各科之办公

昨日起，新任之六科（长）、一处长，业已全到局中，开始接收办事矣。

（1928 年 2 月 24 日，第 13 版）

招商局接收后之进行

管理处总办赵铁桥自接收招商局后，其六科（长）、一处长已开始办事，而正式负责进行，则须从明日起，故近数日内之治事一切仍按旧章，未有大变更也。兹将所得该局之进行概况分纪如下：

接洽债务

招商局之财产与债务业经上次清查委员勾稽查明，约略计之：该局之不动产如码头、栈房、地皮、房屋以及船舶各项，估计代价总值五千万元；若以最短之价作六折计，亦尚值三千万元。至于局中之负债数额，举一切抵押所借之外款及欠缴之保险费等，扫数统计，约负一千三百余万元。然产业与债务比较，局中尚有余金，故对营业前途尚有希望也。现赵总办接收后，已令总务科长汪浩对债务一项速规划一妥善办法，纵一时无此巨款付回，但亦必须用最信用的妥善手续与各债户接洽，为将来偿回之预备。闻明日正式接办后，总务科对此事决先着手进行。

规划营业

航轮公司本以营业为主体，沈仲毅氏接手营业以来，因谢前局长仲笙移交之该局营业部分事宜。据沈君告记者言：局中各事因历来无存案可稽，故谢局长虽已移交，殊使接收者毫无可以根查参考之处，头绪纷繁，规划进行上因之乃颇费周章也，今之所须先办者，大抵：（一）派定各路船期（向来招商局轮无确定之班期，实为一大缺点）；（二）改善各轮之待遇乘客问题，使旅行者有宾至如归之乐，此亦发达业务之一；（三）营业副科长之人选已定，明日可以发表对旧有人员之怀才湮没者决实行拔升，明日起各部分之职员事务可以规定云。

改善江轮

长江一路为该局主要航线，现在军用轮多先后放回，最后释放之"江裕"船，亦经由白总指挥放回，约今日可以到沪，长江班内从此可回复日行一轮之原状。惟溯江行驶各轮，沿途每有武装同志往来附乘不纳票价之事，此事不特妨碍本局营业，即各船买办亦受损失不少，今已由沈仲毅氏请赵总办转电交部设法禁止矣。

局务会议

自接收日起，赵总办与六科（长）、一处长每日有会议一次，系专商接收事宜，至昨日已竣，本日该局各科处所属之办事处为治事联络起见，一律改过。自二十七日起，赵总办规定每一星期内须召集六科一处，开局务会议一次，以讨论进行方法。昨日并下谕通知各职员，每日限晨九时到局，至下午五时公毕，职员须签到。其于事务上不能限定时刻者，可不在此例。

（1928 年 2 月 26 日，第 14 版）

招商局改组后之五码头职工会讯

代表晋谒赵总办

招商局五码头职工会，昨日下午三时特派代表数人，前赴该局晋谒总办赵铁桥，当由赵总办亲自接见。先由代表俞仙亭云，"招商局之腐败情形实在言之痛心，今政府已下此决心，特委总办实行改组，职工等闻讯之下，实深欣幸。今又蒙不嫌职工等低卑，赐予接见，足见总办之诚心改造吾局，并打破以前种种劣习，尤为吾人所钦佩。特恳总办将今后进行方针尽情发表，使吾人归去转告各同志安心服务，不负总办一片苦心"云云。继由赵总办云，"政府委我来改组情形，谅诸君在各报上均可见到，所以我是很愿意和诸君接近，共同负起此改造招商局之责任，以后诸位对于无论何事，有关兴废问题，可随时报告本总办，我无不乐从"云云。"尚有一事，可告诸君，以后断不因领袖一人之去就，而连带职工之生活，望诸君归去善言转告各同志，可安心服务"云云。代表等认为满意，始各告退。该代表等又以栈务科有密切关系，再赴该科，当由科长洪雁宾接见，大约情形与赵总办相同。惟洪科长又云，"我今已命各栈长将各职工之辛［薪］工等抄来，以便建议总办酌加，所谓一方尽量除弊，一方竭力提高生活"云云。

全体挽留李董事长

码头栈务第一业务工会（即招商局五码头职工会）为该局董事会会长李伟侯，处理局务有年，素著劳绩，现值政府派员改组期间，擘画整理，正多利赖，近闻李会长忽萌退志，故于前日派代表前往敦挽，未蒙允纳，故昨又召集五码头职工代表开重要会议，当即再牵代表携函恳切挽留，并呈请王监督坚予劝挽云。兹探录其呈王监督一文及李会长文如次：

（一）呈王监督文

呈为请求事：窃职会全体职工服务招商局有年，深知局中事务殷繁，情形复杂。近年纠纷益甚，应付愈难。比阅报载，钧处业已正式委派赵总办会同李董事长接手改组，是我政府维护航运，重视人才，无微不至，具见苦心。惟侧闻李董事长态度消极，拟即告病退养，殊为焦虑。诚以李董事长任事甚久，对内对外感情融洽，且际兹政府出任整理之时，正待咨询，职工幸福，关系尤巨，职责所在，奚容高蹈？虽经职会前赴请愿，未邀允纳，除再派代表继续敦请外，理合呈请钧处行文劝勉，坚予挽留，以慰群望而重局务，实为公便。

（二）呈李董事长函

董事长钧鉴：谨启者，窃自监督处委派赵总办到局接办改组后，我公意态消极，遽萌退志，职工等闻讯之下，同深焦虑。诚以我公主持局务历有年所，对外对内感情融洽，处事一切，尤著劳绩。际兹印新进行之时，关系职工幸福至巨，我公万难高蹈，为特推举俞仙亭、刘礼甫、孙高华等代表全体职工晋谒钧台，竭忱挽留。务恳顾念下情，即日到局视事，上副政府付托之重，下慰群情渴念之殷。临颖①惶悚，不胜待命之至。

（1928 年 2 月 26 日，第 14 版）

交部令查招商局股东会性质

——查于政府整理政策有无妨碍

国民政府交通部昨日训令上海监督招商局办公处总办赵铁桥，令其彻查招商局股东联合会性质，兹录原文如下：

据招商局股东联合会号电称，据股东王恭记函请现因局事纠纷，商情急迫，股东利害切身，组织股东联合会暂维现状。业于十五日登报通告筹备在案。兹于本日在黄浦滩七号半正式召集，虞洽卿君主席，到会股权一万七千二百七十二股。经到会股东一致议决，航权关系重大，内部急待维持，爰公推虞洽卿、施省之、李馥荪、朱寿丞等十一人赶速筹备股东大会，定期召集，以期仰副政府保护航业、维持商办之至意等情。查股东名册为公司成立之重要根据，招商局历年积亏，已濒破产，其最大原因实因股册不完备、股权不确实，致为少数人把持操纵，遂至破坏不可收拾。前由该局登报通告各股东登记股票，一再延期，仅有六千余股呈报登记，该股东等如有确实股权，何不依限登记？兹值实行整顿之际，忽称有一万七千余股成立股东联合会，是否别有用意？要之该局亏累已达极点，整理急不容缓，势不能别生枝节，再入歧途。仰即切实查明，此项集会究于政府整理招商局政策有无妨碍，迅速呈复，以凭核夺。此令。

（1928 年 2 月 28 日，第 13 版）

---

① 临颖：临笔，常用于书信。出自《颜氏家藏尺牍》："小刻奉览，临颖神驰。"

招商局赵总办所接之贺电

（一）蒋总司令电

招商局赵总办鉴：沁电悉，执事以长才而总局务，深庆党国得人，特电驰贺。蒋中正艳。

（二）贺耀祖电

招商局赵总办铁桥兄勋鉴：奉读沁电，敬悉我兄以党国长才膺总办重任，从兹航业发展，嘉惠工商；利权挽回，克裕国计。下风引领，忭颂莫名。谨电复贺，藉颂勋祺。贺耀祖叩，东。

（1928 年 3 月 2 日，第 14 版）

招商局监督处批五码头职工会文

招商局五码头职工会，昨奉招商局监督处批云：呈悉李会长并未辞职，仍旧在局。惟局中业务已由本监督令总管理处总办执行，俾资整饬，以慰群望。此批。王伯群。

（1928 年 3 月 2 日，第 15 版）

招商局派员接管重要机关

招商局赵总办，昨已派定专员接管该局附属重要机关，照录如下：（一）内河招商局已派汪挹颀、杨夷甫接管；（二）积余产业公司派李伟侯、王子骞接管；（三）聘任徐永祚为会计顾问，秦联奎为法律顾问。又悉，该局所属各轮船买办已改称业务主任，现由赵总办将各轮析为头、二、三等，按等令缴保险金，俾便负责执行职务。

（1928 年 3 月 10 日，第 14 版）

招商局新订惩奖条例

招商局总办赵铁桥为整顿局务起见，特订惩奖条例如下：

第一条　本局为整理办公起见，特规定惩奖条例，以资激励。

第二条　本条例惩戒分四项：一、记过；二、罚薪；三、停职；四、停职查办。

第三条　本条例奖赏分左列二项：一、记功；二、晋级。

第四条　本局职员不遵守办公时间者、连日迟到者、疲玩误公者、未到休息时间下办公室者、不遵指导者及无故滋扰致妨害别人办公者，均依照本条例第二条第一项之规定，记过一次。

第五条　本局职员，除例假及公出时期外，请假超过半月，依本条例第二条第二项之规定，罚薪处分之。

第六条　本局职员尸位溺职者、贻误要公者、泄陋〔露〕机要者、假本局名义在外滋事、屡戒不悛者，均依本条例第二条第三项之规定停职。

第七条　凡本局职员营私舞弊或有妨害公司营业者，依照本条例第二条第四项之规定停职查办。

第八条　本局职员特别达到任务者，依本条例第三条第一项之规定，记功一次。

第九条　凡职员勤劳卓著者，于职务特别见长者及记功二次者，均依照本条例第三条第二项之规定晋级。

第十条　本条例有未尽事宜，得随时修改之。

第十一条　本条例自公布之日施行。

民国十七年三月。

(1928 年 3 月 10 日，第 14 版)

商局整顿业务一斑

招商总司改组以来，对于局务力图改进，兹将新发通告录之如下：

规定买办资格

该局昨发出通告云：为通告事，本局改组伊始，百度更新，所有各轮从前买办坐舱等名目，以后统行改称某轮船业务主任，无论对内对外，均以此名称行之。其主任人员，务宜振作精神，勤慎服务，凡向日荒怠腐败之陋习，必须彻底涤除。兹特规定各业务主任之资格于后，本局当实地考察以瞻确合与否，慎勿以具文视之，特此通告。本局各轮招业务主任应具资格：

（一）须具有船务经验；

（二）须认缴本局定章规定之保证；

（三）须常驻船，认真办事；

（四）须每次缴清所包水脚；

（五）须不夹带私货；

（六）须身无嗜好；

（七）须恪遵本局章。

各轮应缴保证

该局总管处昨为缴纳保证事又发通告。为通告事，本局所有轮船现经分为三等，每等均应缴纳保证金，计头等应缴三万五千元，二等应缴二万五千元，三等应缴一万五千元。兹将各轮船所归等第统行分别于后，仰各轮船业务主任于接到通告后，两星期内即按该轮所列等第之保证金，来局缴纳清楚，幸勿玩延，自取贻误，特此通告。本局各轮船等第及应缴保证金列后：

（江轮）

（头等船）"江安"、"江顺"、"江新"、"江华"，以上四轮应各缴保证金三万五千元正［整］；

（二等船）"江裕"、"江天"、"江庆"，以上三轮统应各缴保证金二万五千元正；

（三等船）"江太"、"江靖"、"快利"，以上三轮统应各缴保证金一万五千元正。

（海轮）

（头等船）"新铭"、"新江天"、"新丰"、"新济"、"新康"，以上五轮统应各缴保证金三万五千元正；

（二等船）"广大"、"广利"、"泰顺"、"海晏"、"新华"、"图南"，以上六轮统应各缴保证金二万五千元正；

（三等船）"嘉禾"、"新昌"、"公平"、"同华"、"遇顺"、"广济"，以上六轮统应各缴保证金一万五千元正。

改订购煤合同

该局长江班轮"江安"等八艘所用煤斤，向由裕昌公司订约包办，以每轮来往沪汉为一次，每次煤价共包银一万六千余两。现经总务科与裕昌公司改订合同，照原约价格九三折扣暂订三个月，比较情形再行续订办法，统计三个月间可省银万余两。

改定五金用品领取手续

各轮五金用品向由各船船员自向五金号购办，所需价格仅由船主签字，局中即行任满，货品为下，价格贵贱无从审核，量数多少亦漫无限制，每年损失极巨。近亦改定办法，由总务科统盘预算，径向各洋行订购，设所贮藏，各船需用时先行开单，送由船务科审定，再经总务科查核饬发。

（1928 年 3 月 17 日，第 14 版）

招商局整理近讯

招商局总办赵铁桥为整顿内外办公起见，特于昨日发出重要通告两则：一告各轮船业务主任，一告局内各科。兹分别照录于下：

（一）照得本局各船业务主任之设，原为办理船上营业起见，其应服从各该船船主、大副等之指挥，常川□船办事，国内"华洋"轮船公司早已明白规定，遵守无违。惟本局从前各船业务主任，往往经年累月并不到船，坐令该船业务废弛、纠纷时起，实为本局营业失收之大原因。在[再]该主任等只图一己安康，坐享余利，局方营业漠不关心，溺职误公，所系非小。即以"江华"烟土之事而论，其贻误船期，损失营业，殊堪叹恨。推其原因，实为该轮主任未能随船办事，疏于防范所致。现值本局整理之际，对于往昔积弊，均应铲除，讵可长此姑息，致业务毫无进步。日前将坐舱名称重改今名，因图名实之符，亦寓更始之意，仰各轮业务主任体谕斯旨，每次航运，务必亲自随船督率全部业务人员悉心任事，毋忝厥职，庶积弊可望扫除，营业渐呈起色，本局前途实利赖之。倘经此次通告，各轮业务主任仍复因循不振，重演□船旧习，查出之后，定行严惩。本总办受命整理，事在必行，其各凛遵为要。

（二）本局现为统一事权及划清职业起见，经第十一次总务会议议决，所有与外方往来文件及接洽事务，均由总管理处名义行之。无论何科皆不得单独具名对外，以后各分局暨各附属机关凡涉及请示办法事项，着即径呈本处核夺，勿庸专呈各科，多生周折。特此通告。

（1928 年 3 月 30 日，第 14 版）

招商局召集分局会议

招商局总管理处昨电各分局云：

各分局局长均鉴：本处自接管以来，局内各项事件业渐就范，惟内外情形不免隔阂。兹欲收统一之效，用定改进之法规。爰订于五月一日正式开分局局长联席会议，务望该局长先期至沪，尽于四月廿五日以前来处报到，不得迟缓；并开下列各条，希即详细具报，尽于四月二十日以前交到。至要！至要！

招商总局总管理处，江①。

计开：

（一）本年各项水脚毛净价目表；

（二）去岁全年支出薪水、局用及上下力细数表；

（三）民元起历年收入水脚、栈租表；

（四）就地同业去年营业状况及其所长之处；

（五）营业之扩充及其他改良意见书。

（1928 年 4 月 4 日，第 14 版）

---

① 在《韵目代日表》中，"江"指 3 日。

招商局总稽核处之工作

招商局自赵铁桥总办接收该局后，整理局务不遗余力，并组织稽核处，由王监督委聘俞凤韶为处长。三月一号组织成立内部分核算科及调查统计科，请绩学习，计谙悉商情者如徐广德、李孤帆、王仲武、李云良等襄助办事。月余以来，重要工作约可分为对于已往、现在及将来三种：如审查上年决算、调制历年局产变更等表、核查历届总结账目、编制全部统计、核查并整理各轮逐年之损益、核查并记录历年各分局水脚之比较，皆为对于已往之重要工作；至如核算逐日各项报告，搜集逐日营业、会计、出纳、船务及栈务等材料，编制图表，派员调查煤及物料行情，并到营业科及栈房轮船考察等等，则为对于现在之重要工作；其中最重要者为草拟会计规程、簿记规则及单据簿记程式。会计科目为改良会计制度之预备，起草以来，征诸成籍，按诸事实，参考他公司之向例，稿经数易，始提出该局局务会议。将来该项规程一经制定颁布，则凡事有轨可寻，不难执简驭繁，而稽核亦易于入手，局务当能日有起色，诚吾国航业前途之好消息也。

（1928 年 4 月 6 日，第 14 版）

招商局通告各业务主任

商办轮船招商局总管理处昨发通告《第二十二号》云：

为通告事：招商局与国家航政关系甚重，业务主任随船押运责任尤为重要，自非勤慎将事，不足以副厥职。本总办接管以来，本政府整理之意积极进行，任劳任怨，不遗余力。业务主任有不遵定章、服务不力者，自应力 [立] 即更动，以重航政。至于该船一切职工，苟无过失，不得任意撤换，以资熟手。尔职工人员，务各勤于职事、安心工作，不必因主任更动多生皇 [惶] 惑，尤不得听信谣言，自干咎戾。特此通告。

轮船业务主任、商办轮船招商总局管理处。

（1928 年 4 月 19 日，第 14 版）

招商局昨开分局会议

招商局于昨日举行分局会议，列席者董事长李伟侯，总办赵铁桥，总文书俞凤韶，参议曾广颀、庞霞举、王子骞，统计调查主任王仲武，复核主任李云良，赴外稽核李孤帆，及各科科长、各分局局长施子香等。

主席赵总办述开会辞，谓今天开分局长联席会议，和各位同事齐集一堂，在招商局算是第一次盛举，也是很有价值的集会。招商局有五十多年历史关系，从前我国官商为利便交通、保持航权起见，才决意创办招商局。扬子江的流域是本局最重要的航线，也是中国唯一的航权。倘使长江航线失掉，就可制招商局的死命；招商局不能存在，就可制中国的死命。可惜后来被那辈官商中的腐化份子把持包办，局事败坏到如此地步。这种情形，在座诸君亦都明了，不必详细说明。讲到袁世凯时代，也很注重招商局，要想收回国有，或派员清理，但是他们没有十分决心，无非想捞几个钱，被那辈把持的董事职员们觊彼 ［破］ 用意，就用两种方法去抵抗：第一拿"商办"二字去哄倒他，第二用金钱去运动他。所以政府屡次要整理，屡次没有实现。我们如贪了金钱，也不能不 ［来］ 改组了。国民政府鉴于整顿招商局为商务之急，去年就有清查整理委员会的成立，费了四五月的工夫，才将账目状况查明，才制成一种报告书，已经刊布。当时交通部尚未成立，后来委员会商准交通部直接管辖招商局，就成立监督办公处，王部长自任监督，委兄弟为总办，办公处在福州路五号，经费由部内开支，专为督促改组，实现整理。数月以来，不啻三令五申，董事会既无诚意，又无办法，而汇丰债务逼近，业务不能整顿，长此把持，立见危亡。监督和兄弟很为担忧，不得已只得强迫改组，并不是收回国有，乃是善意扶持，代为管理，保全股东利益，维持国家航政。自改组定当，再行召集股东大会，共谋根本解决，责任何等重大！接管以来，已过两月，总管理处分设六科，办事人员无论新旧，都择富有经验、有能力的人录用，组织已有系统，办事亦有程序。花旗债务，商定年底还款，不能还时，亦有展期的可能。汇息各银借五十万两，自凑二十一万余两，三月底将所欠利息付清。关于以前所欠之账，付过九十余万两。前月约计赢余有十余万两。以后计划，不外开源节流，要节省消费、增加生产。第一步先做到省费，第二步使收支相抵，第三步才可讲到赚钱。从前每船开销有四千两，他公司亦要一二千两，本局也可省一二千两。洋员薪水很大，改用华员后，也可减省。平心而论，每船每月省数百元，各船就可省二万元，一年就可省二十四万元。客脚比较增加后，除去业务主任加给薪工，年不过四万元，亦可净得三十万元，两项已可得到五十四万元。修舱前需八十万，如能省去三四十万，也很容易。煤料一百余万，弊端很大，也可设法减省。照以上计划实行节省，每年总在百万以上。各船、各栈整顿后，也可节省，尚不在内。至于轮船去旧添新的计划，自非筹到巨款不可办到。要还清债务，添造新船，才能发展业务。分局和总局息息相关，总局不能明了分局情形，那就不能得到改善办法，用书面电报似太费事，所以召集各局长来沪会议，也就是对于整理业务上，请各局长贡献材料、条陈计划。现在分局九五扣用制度很不适用，将来制度、手续、规程详确规定后，总局易于统率，分局亦易于办理。今是会议是很重要的，机会很难得的，请大家尽量发表意见。

次李董事致辞谓：今天诸各分局长到总局开会是很难得的，要知道政府来整理招商局的意见，并非没收侵吞，实在是帮助商人力量的不足，革除积弊，改善业务。王监督很注意这"商办"二字，大家不要误会。用人一端，关于旧员亦有尽量录用的宣言，有经验、有才能的人现都设法安置，大家安心服务。总局与分局系手臂之相联，分局兴利除弊的方法要大家条陈，今天开会就是这个缘故。至于各局欠款有四十万，因历年经济窘迫，营业不旺，积欠至今，未还总局，应承认利息。不过对于各局欠款情形略有不同，有几处无力再垫，总局必须维持他的；也有几处尚有力量筹款，可以缓和的。总要彼此原谅处境，明了情形，那就容易解决。今日对于分局改善计划有何意见，请各局长尽量发表云云。

（1928 年 5 月 2 日，第 14 版）

昨日招商局各分局会议纪

昨日（五月二日）招商局各分局第二次会议由赵铁桥君为主席，列席为皖浔经理李少崖、浔局代表郑月岩、汉局代表谭叔廉、沙局代表徐仁东、宜局代表吕逸祷、会计副科长邓燮任、会计科长徐广德、栈务科长洪雁宾、栈务副科长谢继善、出纳科长王允章、出纳副科长钟述祖、甬局代表严祝三、闽局代表李燕申、厦局代表王秉侯、汕局长萧叔椒、港局代表唐岳晖、粤局长陈觉民、镇局长王星北、宁局长庄惠伯、芜局代表李慧龙、大通代表陈卓麟、赴外稽核李孤帆、总务科长汪浩、营业科长沈仲毅、船务科长杨英、龙口局代表王伯新、镇海支局长葛槐清、瓯局长施子香、统计调查王仲武、参议龙霞举、参议曾广顾、总文书俞凤韶、总办赵铁桥、会长李侠［伟］侯、参议王子骞、复核主任李云良、纪录尤质君、刘孝昆，并将是日提案决议并志于下：

（一）总办提议整顿各分局组织系统案。决议：本案一时不易解决，先付审查再交复议，推营业科长、栈务科长、统计调查主任、汉口局长、九江局长会同审查。

（二）总办提议扩充本局营业方法案。决议：此案请由营业科长、统计调查主任及各分局局长讨论办法，以便实施。

（三）总办提议规定各局开支案。决议：此案由各分局长拟具报告后再行解决。

（四）总务科长提议五案。决议：以上各项提案由总办审定颁行各局。

（五）会计科长提议分局解款及报账规定案。决议此案由各局推举代表四人，南京局长、九江局长、广州局长、福州局长，会同会计科长开小组会议讨论之。

（六）出纳科长提议五案。决议：于今日小组会议时，由出纳科长出席，会同分局代表四人及会计科长并案讨论。

（1928 年 5 月 3 日，第 14 版）

本局改组记实

厘订系统严密组织

本局自接收改组以来，第一厘订规则，于可能范围中先求一系统之组织。监督之下，有总管理处，分设总务、会计、出纳、营业、船务、栈务六科，科更分股，股统于科，科统于处。此外，专任审查之责者，则有总稽核处（近已裁撤，改设调查统计及复核□主任，而隶属于总管理处）是为执行机关，此外有董事会为议事机关，整齐画一，分工合作，一洗从前散漫凌杂、沓玩不振之习。

召集总务会议

本局总务会议以总管理处、总办、会办、总稽核处处长及各科科长组织之，会议时总办主席派总务科科员一人为纪录。关于全局业务应行共同讨论者，于会议前一日由各处、科拟具提案，交由总务科编列议程，送呈总管理处核定后，逐条付议。每次会议，自总办至科长皆列席。议决各案，由纪录汇登议事簿，呈由总办核签后，即日通知各处、科分别照办。自是局事接洽既易，进行又速，一洗从前因循隔膜之弊，盖亦改组后新政之一也。初于每日下午一时开会，嗣因改组将次就绪，应议事项亦渐减少，遂定每星期二、四为例会，旋改为星期二、五。最近局务日起有功，提议事件愈益减少，每星期但举行议会一次。

裁淘冗员，详订薪级

从前招商局职员往往身不到局，一事不办，坐领厚薪，请假视为故常，旷职俨成定则。自经此次改组，注重考成黜陟，量能授职，为事择人。凡向不到局及久假不归者，乃至弗称厥职、难期造就之职员，悉皆罢免。现在分科办事之人数，总务科十八人，船务科十六人，栈务科、会计科各十四人，营业科六十人，出纳科六人，此则编定职员之大略也。又职员薪水，在前支给漫无标准，厚其所厚，薄其所薄，一以当事者之喜怒爱憎为高下，甚非鼓舞人才之道。兹经规定给薪等级，自第一级六百元起至四十四级十元止。至各级薪水，所以较薄于前之故，实以本局值兹风雨飘摇之际，凡在同人应无弗有休戚与共之雅抱。抑按诸商业原则，营业不振，维持清苦，亦分所应尔。异日向上发展之时机到来，自不吝较优之报偿，且将进一步为本局职员等谋一永久生活安全之保障也。

节省用具、消耗品、寄宿舍及电灯、伙食、工役等滥费

本局职员之餐宿，杂役之勤惰，用具之无数可稽，电灯之虚糜甚巨。日积月累，消耗无形。自赵总办到局后，整顿局务，无微不至。如局中伙食向供午餐，每席价洋一元六角外，津贴食米按月需洋三百余元，并支给厨役工资十名，其伙食系由三人承办，每次结账，既形烦琐，复耗多金。现改归一人包办，工资及米津概行取消，议定每席价洋一元八角，茶房、出店等每月每名伙食二元，在工资内扣除。而职员寄宿。则以黄浦滩七号半二楼为寄宿舍，若寄宿其间，每月每人须纳费七元，为房租、捕捐、水电等费。又本局杂役如茶房、出店、巡捕、门丁、厨房、汽车夫等共计八十八人，大有人浮于事之概，劳逸不均之感，经已酌量各处事务繁简，分别派定，略减名额，既节经费，复均劳逸。而杂役工资，多寡无定，殊不足以资奖惩。兹已现［规］定，除原有杂役照旧支给外，新补者月资十二元，如服务勤谨者得逐年递加，但不得过二元，每人最多资额，亦不得超过二十四元。又如局中器物，从来无数可稽，任意领发，亦无限定。业定表式，逐件查登，并编号注册，用备查考。倘各科领取器物，并须由科长或股长签名负责，如系特别器物或价值过巨者，须先请示总办。至本局电灯消费，月达六百余金，耗费滋甚，经已通知各处，公毕时须关闭电门，并责令杂役随时注意，以免糜费。以上种种，均已由总务科切实整理，是以局中一切滥费节省匪少云。

召集分局会议

本局前为画一办事系统及调查局外实况起见，除已通知各分局照章填送职员表、支出预算表、历年收入比较表、产业调查表等，以凭通筹整理之法。嗣又电促各分局长克期来沪，举行联席会议，并先期索取本年各项毛净水脚价目表、去岁全年局用及上力细数表、民元起历年水脚栈租表，此外，关于上年营业状况与长处并营业之扩充及其他之业务改良意见书等，以便审核之余俟会议时提出讨论，择要施行。现分局联席会议，业于本日开始矣。

废除买办，替以保证金之业务主任

本局自改组以来整理内务，推广营业，均有彻底革新的计划。而对于内江、外海各轮船所谓买办制度，尤认为不合时代之产物。兹已将该项名称取消，一律改称业务主任。特为规定其资格如下：（一）须具有船务经验；（二）须认缴本局定章规定之保证金；（三）须常驻船认真办事；（四）须每次缴清所包水脚；（五）须不夹带私货；（六）须身无嗜好；（七）须恪遵本局章程。由总管理处随时派员考察，以期事实与精神适相符合。又本局新章将所有轮船分为三等，各该轮船业务主任均应缴纳保证金，计头等缴三万五千元，二等缴二万五千元，三等缴一万五千元。头等江轮为"江安"、"江顺"、"江华"、"江新"四艘，海船为"新铭"、"新江天"、"新丰"、"新济"、"新康"五艘；二等江轮为"江裕"、"江天"、"江庆"三艘，海船为"广大"、"广利"、"泰顺"、"海宴"、"新华"、"图南"六艘；三等江轮为"江大"、"江靖"、"快利"三艘，海船为"嘉禾"、"新昌"、"公平"、"同华"、"遇顺"、"广济"六艘。各业务主任统限两星期内来局缴纳保证金，似此规定则向日亏空局款及拖欠水脚等弊，皆可及时预为之防。

规定办公轮值时间及惩奖条例

本局改组后关于日常办公事项，均已一一详定规则，次第实施。现每日上午九时至十二时，下午一时至五时为治事时间。但旧□星期例假率无一人负责照料当日所发生之临时事务，每逢重要事件，耽搁延误。现总管理处规定各科各轮派一人值星，而总务科文书股每日下午五时至七时并轮派一人值日，办理临时收发公文事项。现为加紧工作严密考查办事勤惰计，除每日实行签到外，更特设惩奖条例，以资激劝。

统一收发改订表簿，遵用阳历

从前本局收发文件皆由各科直接办理，各不相谋，无号可稽，流弊甚大。兹已添设内、外收发员，凡来去公文，均列号登记、归档。又前此表格、簿记悉沿旧式，系统不清，章法凌乱，种种弊窦不一而足。现力图兴革，采用新式之法规，参酌本局之情形，将从前表簿一律改造，并增订应用表簿数十种。总核名实，缕析条分，一望了然，不复如前之糊涂笼统矣。又本局现在所有各项记载、簿记、公文、函电及发给薪工等事，概行改用阳历，即此一端，亦沪地一般商业公司中绝无仅有之事，足可转移海上蹈常习故之风气者也。

制订规程及大事记、日报表

本局改组后开始工作，即制订各项规程颁行全局，资为典则。兹例举于下：（一）《本局暂行规则》；（二）《本局职员服务规则》；（三）《各科值星条例》；（四）《局员月薪分级暂行章程》；（五）《发薪细则》；（六）《各科办事规则》；（七）《各股办事程序》；（八）《寄宿舍章程》；（九）《本局职员临时出勤费用规则》；（十）《刊物编辑处章程》。

此外，如《业务主任执务规则》、《公文程序简则》等尚在审查中。又本局近为准备成绩报告、事务统计及刊物材料等搜集之便，特纂本局大事记，其编纂之责由总务科任之，各科但须将应行登记事项汇交总务科编纂，更由编纂员逐日填具日报表，呈总管理处鉴阅。

设立刊物编辑处，发行半月刊、不定期刊

本局改组迄今将近三月，一切设施率多按照已定之步骤循序渐进，大体已有相当之成绩。然处理之经过、兴革之事实、营业之状况，乃至未来发展之计划，虽遇事悉欲公开，但以局外之人不甚明了本局情形之故，对于本局改革过程、现在至何程度及营业整顿居今至何景象，不无隔膜。流俗蜚语每易乘之，抑弊害所丛，由于壅蔽，集思广益，厥为要图。刊物编辑处之设即在本旨以实施之。由本日起每月朔、望两次定以为例，先后（发）行半月刊，内容为总理遗像、遗嘱、著述、公告及通知、规程、公牍、业务报告、航政要闻、调查选录等项，随报附送，不取分文。其不定期刊，一俟材料汇集，临时出版。惟两刊之主要目的，不外将本局真实整理之内容赤裸裸供献于四方贤达之前，唤起有趣之研究；一面更欢迎宏论说议，藉为攻错之助。

改订包煤合同

本局长江班轮船"江华"等八艘、沪甬班轮船"新江天"一艘所用煤斤，向由裕昌煤号订约包办。长江班以每轮来往沪汉为一蹚，沪甬班以每轮来往沪甬为一蹚，合计长江班轮船八艘、沪甬班轮船一艘，九蹚所需煤价共包银一万六千九百九十余两。现经总务科与裕昌煤号自三月七日起改订合同，订期三月，所包煤斤仍照原合同，以各轮锅炉合用为度，不得解交低劣货品。而所包煤价除沪甬班一艘外，悉照原合同九三折扣，统计三个月间可节省银一万余两。

计划五金用品领取手续

本局各轮五金用品向由各船船员自向五金号购办，所需货价仅由船主签字，局中即行照拨。货品高下、货价贵贱概难审核，数量多寡亦漫无限制，每年损失极巨。现由总务科统盘预算，拟订用品订购及贮藏办法，各船需用五金用具须先开单送由船务科审定，再经总务科查核饬发，以节虚糜。

改订轮船客脚

本局向例各船所售乘客票资，谓之客脚，数额由局规定，责令买办按蹬包缴，董事会按季比较考成，每船所缴客脚平均能满九成，即作合格；有超过或不及，则按例惩奖，立法尚善。无如积久弊滋，因买办多为有力者推荐，徇私用情在所不免。故董事会虽征比綦严，而缔欠如故。改组后将旧欠客脚彻底清查，仅论已故及裁撤各员积欠，已达四万一千余元之谱，现已设法催索矣。总管理处除将买办制取消外，更鉴于以前所定客脚之不适用，业已重订数额，于四月一日实行，每年收入较前可多至一倍云。

新订客脚数额列表附后。

重订客脚数额表

"图南"　　洋一千元

"海晏"　　洋一千元

"江天"　　洋二千一百元

"江裕"　　洋二千五百元

"江新"　　洋三千四百元

"广大"　　洋三千二百元

"广利"　　洋三千五百元

"广济"　　洋三百元

"新丰"　　洋四千元

"新济"　　洋一千六百元

"快利"　洋一千四百元

"公平"　洋五百元

"泰顺"　洋二千元

"遇顺"　洋一千元

"新昌"　洋一千五百元

"新康"　洋二千元

"新铭"　洋四千五百元

"同华"　洋一千元

"江华"　洋三千五百元

"嘉禾"　洋一千元

"江庆"　□□□

"江安"　洋三千六百元

"江顺"　洋三千六百元

"新华"　洋二千元

"新江天"　洋一千五百元

"江大"　洋一千六百元

"江靖"　洋一千六百元

（1928 年 5 月 15 日，第 23 版）

五月一日分局会议第一次纪录

（一）主席赵总办开会辞

今天开分局长联席会议，和各位同事齐集一堂，在招商局算是第一次盛举，也是很有价值的集会。招商局有五十多年历史关系，从前我国官商为利便交通、保持航权起见，才决意创办招商局。扬子江流域是本局最重要的航线，也是中国唯一的航船权。倘使长江航线失掉，就可制招商局的死命；招商局不能存在，就可制中国的死命。换一句话说，招商局不但是股东所有，实在是中国所有，也是四万万同胞所共有的，他对于军事上、政治上、文化上、交通上都有绝大的关系，所以大家要知道招商局不是寻常一个航业机关。本局沿江沿海码头、栈房何等优美，从前资本有限，后来地产价钱继涨增高，变成极大的资本，积余公司的由来，也就是这个原因。可惜后来被那辈官商中的腐化分子把持包办，局事败坏到如此地步。这种情形，在座诸君亦都明了，不必详细说明了。讲袁世凯时代也很注重招商局，要想收回国有，或派员清理，但是他们没有十分决心，无非想捞几个钱，被那辈把持的董事职员们觑破用意，就用两种方法去抵抗他：第一拿"商办"二字去哄倒他，第二用金钱去运动他。所以政府屡次要整理，屡次没有实现。我们如贪了金钱，也不能来改组了。

国民政府鉴于整顿招商局为当务之急，去年就有清查整理委员会的成立，费了四五月的工夫，才将账目状况查明，才制成一种报告书，已经刊布。当时交通部尚未成立，后来委员会商准交通部直接管辖招商局，就成立监督办公处，王部长自任监督，委兄弟为总办，办公处在福州路五号，经费由部开支，专为督促改组，实现整理。数月以来，不啻三令五申，董事会既无诚意，又无办法，而汇丰债务逼迫，业务不能整顿，长此把持，立见危亡。监督和兄弟很为担忧，不得已只得强迫改组，并不是收回国有，乃是善意扶持，代为管理，保全股东利益，维持国家航政。俟改组定当，再行召集股东大会，共谋根本解决，责任何等重大！接管以来，已过两月，总管理处分设六科，办事人员无论新旧，都择富经验、有能力的人录用，组织已有系统，办事亦有程序。

花旗债务，商定年底还款，不能还时，亦有展期的可能。汇丰利息，各银行借五十万两，自凑二十一万余两，三月底将所欠利息付清。关于以前所欠之账，付过九十余万两。前月约计赢余有十余万两。以后计划，不外开源节流，要从节省消费、增加生产上着想。第一步先做到省费，第二步使收支相抵，第三步才可讲到赚钱。从前每船开销有四千两，他公司只要一二千两，本局也可省一二千两。洋员薪水很大，改用华员后，也可减省。平心而论，每船每月省数百元，各船就可省二万元，一年就可省二十四万元。客脚比较增加后，除去业务主任加给薪工，年不过四万元，亦可净得三十万元的光景，两项已可得到五十四万元。修验［舱］前需八十万，如能省去三四十万，也很容易。煤料一百余万，弊端很大，也可设法减省。照以上计划实行节省，每年总在百万以上。各船、各栈整顿后，也可节省，尚不在内。至于轮船去旧添新的计划，自非筹到巨款不可办到。要还清债务，添造新船，才能发展业务，不使亏本走上轨道呢。

分局和总局息息相关，总局不能明了分局情形，那就不能得到改善办法。用书面电报似太费事，所以召集各局长来沪会议，也就是对于整理业务上，请各局贡献材料、条陈计划罢了。现在分局九五扣用制度很不适用，将来制度、手续、规程详确规定后，总局易于统率，分局亦易于办理。今日会议是很重要的，机会很难得的，请大家尽量发表意见。

（二）李董事长致辞

今天请各局长到总局开会是很难得的，要知道政府来整理招商局的意思，并非没收侵吞，实在是帮助商人力量的不足，革除积弊，改善业务。王监督很注意这"商办"二字，大家不要误会。用人一端，关于旧员亦有尽量录用的宣言，有经验、有才能的人现都设法安置，大家可以安心服务。总局与分局像手臂之相联，分局兴利除弊的方法要大家条陈，今天开会就是这个缘故。至于各局欠款有四十万，因历年经济窘迫，营业不旺，积欠至今未还，总局应承认利息。不过对于各局欠款情形略有不同，有几处无力再垫，总局必须维持他的；也有几处尚有力量筹款，可以缓和的。总要彼此原谅处境，明了情形，那就容易解决。今日对于分局改善计划有何意见，请各局长尽量发表。

（1928 年 6 月 1 日，第 24 版）

整理汉局局务纪实

汉口一埠处江汉、洞庭之交，为中国内河航业之中心，中外各轮船公司莫不以汉口为内河营业最大之利薮，不惜出全力以相角逐。而招商汉局之地位，其重要亦是与沪局相颉颃，内则为各分局之领袖，外则为六公司之巨擘，盖范围既广，利源尤厚，其受人注意，实无足怪也。所可惜者，自逊清末年以来，汉局即为施氏一族所盘据，兄去弟继，俨同私产。前任局长施省之就任于民国十年，承其弟施成之之后，当时施氏本人身任陇海路督办，本无管理汉局之可能，其所以遥领局长之名义者，为其子侄辈挣得世袭之地盘耳。故历来汉局之腐败情形，几于非常识所能想象，如煤价以少报多、栈租之以多报少，即其显例也。

去年国民政府改组招商总局，始于本年三、四月间派外稽核李孤帆赴汉调查，时前任副局长施倍生（即施省之之子）□已离汉，局务由谈叔廉、施子藩等代理，情形更加梦乱。当由李稽核将各项积弊查明，报告总局，总局即委汪浩为汉局局长，并派李稽核相偕来汉，帮同整理。其时汉局实际上已无局长，局务由施子藩主持，栈务由唐嘉生主持。施、唐二人借口未得前任施局长命令，抗不交卸，后经汪局长、李稽核分头接洽，汉口总商会及地方官厅出面调解，始于五月十九日入局接事。

依普通惯例，接事之后即当办理移交。然而汉局前局长既不在局，施、唐等人实际上虽主持局务，而名义上又无整个之责任，故当时不能为全盘之移交，仅能向各项主管职员分别责其交出经手各件而已。账簿一项关系最重，施子藩身任汉局总账房，唐嘉生则任栈长，所有局栈各账统由二人掌管。彼等明知舞弊太多，账簿难于公开，故屡事延宕，不肯将簿交出。后严经催迫，方陆续交出，然皆残缺不完。嗣经会计师审查，将所发现之弊端就地起诉。此事经过情形既极繁复，性质复属专门，故拟另文记录，不再详述。次为接收卷宗。汉局文书之组织向无管卷专员，故数十年来仅存破箱数□，其中杂堆文稿尘封，鼠伤狼藉，不可措手，仅能略加清理，照数收存，欲再编成系统不可得矣。次为收回局屋及生财。军兴以来，营业久经停顿，局屋栈房多被就地军队机关借住，器具亦经毁坏甚多，除将所有器具检点编号，一面呈请武汉卫戍司令部转函借住各军队机关催其及早迁让，复由分局直接分函各军队机关请求迁让，几经疏通方能逐渐收回。现除招商渝及货栈中尚有少数军队借住外，其他已告次第迁址，兵后现象至此方逐渐恢复。

汉局因地处冲要，故附属事业极多，然均有待于整理。如招商渝汉庄历年受局津贴，而与汉局员司狼狈舞弊，近奉总局电令接收该庄，并停止其营业，现已遵令接收无异。长沙、湘潭向未设立分局，营业由长湘招商渝代理。军兴以来，湘鄂局轮久告停航。行湘之"利济"轮亦久经第五路总指挥部借用，迄今尚未发还。现对于长湘招商渝已派员接收，并命规划长湘航业之恢复。至"利济"轮亦正派员交涉，不久该轮收回，湘鄂航线亦可恢复矣。近因湘方营业已经接收，在"利济"轮未收回前，拟派"江大"轮先行开班。

次为局内改组。查汉局组织向无系统，仅分内账房、水脚房、写字房、号信房等四部，至局员服务亦无一定规则，终年勤苦而不得奖励者有之，坐领干薪而不到局者有之。此次接收之后，立即从事改组。依照总局成案，局长帮办之下分设文书、出纳、会计、营业、栈务五课，每课设主任一人，课员、助员、练习生若干人；废除栈长制度，如各栈悉直隶于栈务课，明定局员服务规则，注意签到考勤。期以革除从前系统棼乱、权责不明之积弊。

汉局营业范围既广，局务自繁，原有局员本无闲散，惟此次总局所颁之分局章程及预算范围限制过严，故不能不再有裁员之举。此项裁员由局务会议中公开讨论，不论新旧，惟以所任事务胜任与否为断，计被裁者共有十人，于是所留局员责任与工作乃不得不因而加重。

汉局局员薪俸向无定例，殊嫌参差而不一律。最近特于局务会议中规定薪级表，自十元至四百元，共分三十九级，各级递降额与总局薪级表相同，惟最高薪较总局共低五级耳。

员额与薪级既定，即由各课分别草拟预算，交会计课汇制预算表者，为汉局改组后之第一次预算表，附录之，可见汉局最近支出之实况，且可持与汉局营业收入相比较。至前局长时代系行包缴制度，向无所谓预算，故不能互相比较也。

凡上所述，皆为汉局此次整理之概况，至于详细节目及各项专门问题，如查账及讼案之经过、房地产之整理及筑路计划等，则有待于专文之记述，兹故不详，读者俟诸异日可也。

(1928 年 8 月 1 日，第 25 版)

招商局业务会议竣事

招商局业务主任会议，八日上午七时继续开会。赵总办因事未到，由董事长李国杰主席，其余科长、主任等皆列席。首由营业科长俞凤韶报告第一、二两日所提（一）各轮管理茶房规则案，（二）取缔各轮茶房办法案，（三）业务主任服务规则案，（四）解缴客脚规则案交付审查经过情形，并将修正条文宣读。全体无异议，通过。继将今日提案讨论，大体解决。旋由主席宣告闭会，并致辞，略谓：此次业务主任会议所议各案至关重要，所有办法悉取公开，彼此研究，亦能详尽。此后当将本会议定之规章切实施行，尚希各轮主任与所属员役恪守毋违。惟从前业务主任，大都抱发财主义，自私自利，置航权局务于度外，现在各主任地位既高，责任亦重，非以前坐舱所可比拟，尤当奉公守法，尽力奋斗，一洗以前贪污卑贱之习惯，而臻光明正大之境界，则公私两俱得益矣。且本局所定奖惩方法，至为公允，或因功升调，由主任而局长而科长，前途正未可限量，各主任其勉之云云。继即行礼散会。

（1928 年 8 月 9 日，第 14 版）

业务主任会议记

本局为整饬业务起见，特召集各轮业务主任联席会议，以图集思广益，所有各情已略志上期本刊①。现该项会议已于本月六日正式举行，前后赓续凡三日，通过各案不下十余，结果皆甚圆满，为本局改组后第二次广大之会议。因会议时间为上午七时至九时，各业务主任于晨光曦微中即赶赴会场出席，精神饱满，济济一堂。兹特将全会之始末情形分志于左：

会场概况

会场设于黄浦滩七号半二楼航务员教室，室极广大，光线亦甚充足。场中悬党国旗及总理遗像，会议席排成一大"口"字形，蒙以白色台布，东首为会长、总办及局中各秘书、各科长席，场之四周为各业务主任席，会场布置颇为整洁庄严，赴会者先至签名处签名，后由庶务股招待入场。

出席人员

董事会会长李伟侯，总办赵铁桥，总务科长王子骞，营业科长俞凤韶、副科长李云良，船务科杨英、副科长叶锦初，栈务科长洪雁宾，会计科长徐广德，出纳科长王允章，专务秘书王仲武，"江华"业务主任张延龄，"江安"业务主任沈仲青，"江顺"业务主任金廷荪，"江新"业务主

---

① 指《申报》专栏《招商半月刊》。

任曹丹山，"江天"业务主任沈华亭，"江裕"业务主任胡谒高，"江大"业务主任顾廷元，"江靖"业务主任程季民，"新江天"业务主任刘长香，"新铭"业务主任魏次鸿，"新丰"业务主任盛耆英，"新济"业务主任竺震兴，"新昌"业务主任钱泰阶，"广大"业务主任代表江俊卿，"广利"业务主任卓甘业，"广济"业务主任尤家凤，"海晏"业务主任代表纪效周，"公平"业务主任代表杨敬谦，"嘉禾"业务主任乐秀梁，"遇顺"业务主任聂健生，"图南"业务主任胡埙伯，"联益"业务主任孙棣三，纪录尤质君，本刊记者陆久之。

开会秩序

振铃开会后全体肃立，由尤君司仪向党、国旗及总理遗像行三鞠躬礼，次由主席恭读总理遗嘱并静默三分钟，复次由主席致开会词。

主席赵总办致开会词

今天是本局业务主任会议的第一日，鄙人得与诸君相聚一堂，尤觉欣幸非常。本局自改组以来，已将昔日坐舱、买办等名称改为业务主任，以前轮船上一切黑幕虽能逐渐揭穿，但业务整顿、利弊兴革，本局的计划和各位主任之意见不能不相互研究，融会贯通，使有具体的办法。所以今天召集这业务主任会议，完全是希望集思广益，以便免除许多隔阂与误会。鄙人藉此机会，略为各主任进数言：第一，希望各主任要明白自己的责任、人格和地位。凡轮船上除了驾驶一部份的事务外，一切都是业务主任应负的责任。责任是如此的重大，各主任非但应捐除积习，忠实办事，（更应）将自己所得的利益赤裸裸的、不加讳饰的公开出来，以明自己的人格和地位。大家都应该本着远大的眼光，努力的做去，那末，开拓国外航线，挽回国内航权，最短期间或也能实现，不独本局业务的发展，即国家航权的挽回的重担，亦在各位的肩上。所以诸位应愈自策励，不要忘记了自己肩仔上的担子，不要忘记己身应负的使命。这次裁撤的各船旧有买办，实在因为他们习气太深，大都抱了自私自利的观念，把局事、国事置于不顾。而且"买办"两字取意也不正当，都为外国人初到中国的时候不明白中国情形才构成这种名称，造就这辈人才来帮同他们办事。在买办的本意亦无非要此发财，彼此利用，毫无人格、地位可言。现在本局先把他的名称更改，以示提高他的人格和地位，同时本局更增重其责任和职权，希望大家益加自爱，才不负本局的期望和用意。此次本局要实践经济原则，特将关于各轮业务上的法规订定，在本会研究修正后即须颁布，务望切实奉行，如有违背即须撤换，决不□［宽］容。因此，乃对事并非对人，各商业公司大都如此，幸各注意。

李会长致词

此次开会的宗旨，赵总办已很详细的报告诸位了。业务主任名称既改，责任亦较前为重。予以为业务主任目下最应注意的为货、客二事。以前客家货物因本局偷漏过巨，赔货不理，而致信用丧失，货运不旺，此后应各注意。太古对于赔货实甚迅速，局、船、栈三方责任分明，无可推诿，故客家乐就太古。本局则反，是客家不能信任，营业大受影响。再，乘客得一铺位，于应出票资之外，复多额外需索，行旅苦之，此皆茶房人数浮滥，坐舱不加注意，有以致之。从前茶房人数亦有规定，大舱七十、小舱五十，后来坐舱既不实践，复因滥收押柜，致成漫无限制之局面。现在本局鉴于以前种种弊病，急切整顿，尤望业务主任痛下决心，切实奉行。此次开会就是极好时机，可将困难各点尽量讨论，期收最后效果，有厚望焉。

提案一览

（一）各轮理货规则案；（二）取缔各轮带私偷漏办法案；（三）各轮管理及待遇茶房规则案；（四）取缔各轮茶房办法案；（五）业务主任服务规则案；（六）发给吨位费办法案；（七）解缴客脚规则案；（八）改定各轮舱位名称案；（九）统一各轮船期广告案；（十）统一各轮客票案；（十一）各轮表报规则案；（十二）长江运沪生鸡蛋水脚案；（十三）船期务求准确以利客商而维信用案；（十四）退伍军人乘船应由退伍军人指导所预先接洽案；（十五）茶房应觅相当铺保案；（十六）请维持本局江轮客脚收入案。

会议情形

会议期间为本月六日至八日，而时间仅每晨七时至九时，时促案多，会场中势难逐一加以详细讨论。为补救此项缺点起见，众均主张另组织一提案审查委员会，当即推定营业科长俞凤韶、副科长李云良、栈务科长洪雁宾、专务秘书王仲武、"江天"业务主任沈华亭、"江华"业务主任张延

龄、"新丰"业务主任盛耆英、"新济"业务主任竺震兴、"新江天"业务
主任刘长香为审查委员，每日开会时即由审查人将审查经过情形提付大会
讨论，故正式会议时间，极为顺利经济。

议决各案

议决案件共计十一件，兹逐条列于后。〖下略〗

（1928 年 8 月 15 日，第 23 ~ 24 版）

内河招商局整理步骤

查自近十余年来，内河局积亏至三十六万余元之巨。今年王监督、赵
总办接办招商总局后，即派汪挹顷、杨夷甫为该局正、副经理，以资整
顿。汪、杨二君任事后即积极从事，裁汰冗员，减省各项开支，抱开源节
流为主旨，有可增裕收入之处无不处处注重，设法揽载货运，广为招徕客
商，以期增多收入。对于外埠各航线，凡限缴水脚者，察酌近时情形分别
增加限额，如镇江至清江班，无锡、常州、溧阳、江阴班，常熟、荡口、
寿阳港等班，增额均已妥协就绪，统计年可增收水脚洋一万五千余元。至
支出方面，平时各小轮用煤，更不厌详□，严定比较，不使煤斤稍有耗
弃。轮船、拖船修理，顶真研究，加意讲求，总以工料坚固，核实省费办
理。此两项每年所省亦不在少数，前六月底止为半年度结账之期，汇计之
余，薄有余溢，收支两抵，尚盈余洋四千一百余元。并请由会计师朱绍标
来局，审查无讹，已造具损益计算书，呈报到总管理处备案矣。此后如再
赓续努力做去，其成效当可益著也。

（1928 年 8 月 15 日，第 24 版）

八月六日第一次会议记

主席赵总办，纪录陆久之，出席委员沈仲毅、沈慕芬、王克生、杨俊
生、石运乾、王衍庆、王仲武、王子骞、俞寰澄、洪雁宾、杨英、何
墨林。

主席致开会词。招商局改组已五阅月，在此五月之中，同人所做之工

作，诚有如招商局为一患病者，同人等则为病者之看护人，以五月之经验，求得此病者症结之所在。然病源虽得，同人等仅有看护之材，学识有限，尤不敢浪投药饼。先总理有言："知难行易，世事之最困难在不知，如知之则易行矣。"诸君或为社会硕彦，或为航运专家，鄙人谨藉此机会，将五月以来看护之心得及病者"招商局"经过与现状详细向诸君报告。希望诸君不吝赐教，于今后招商局业务、航运应如何整理、规则划发抒伟论，俾鄙人有所率循，则不独行将堕落之招商局得诸君之补救由此复兴，鄙人亦与有荣施焉。兹并将过去之工作为诸君陈之，或亦为对症下药之参考也。

（一）改革不良制度

A. 设总管理处，改以前三科为六科以总管理处总其成。六科之于总理处如手之使臂，臂之使指，权力既已集中，而指挥尤为便捷；B. 改各轮买办为业务主任，革除买办之不良制度，增加比额，每月增收二万余元，并为各缴保证金，以杜流弊；C. 召集分局会议，改良分局之包办制。现拟最先从事上海、汉口两分局着手。以前分局办事各自为政，向无章程，现已颁定章程，饬令实行，并视各分局营业情形规定四种等级。

（二）改良会计制度

招商局向用单式簿记，流弊殊多。自改组后，即组织改良会计委员会，招考会计员，制定会计科目。总局自本年七月起改用新式、复式簿记，会计制度差幸已上轨道，分局则递派会计主任，渐次改用新式簿记，故各分局现均在次第实行。

（三）编制统计

局中历来绝无统计营业比较，航行成本等无可稽考。自改组日起，已编有统计图表，如有查核，一目了然。

（四）选华员为航务人才

局中船员向用洋员，薪额数倍于华人。现已逐渐更换，被革者已四十余人，既奖人才兼节糜费。一方面招考水产、商船等学校学生有航务知识者从事训练，以便派往各船服务。

（五）节省用料

昔日用煤每月须费十三万余两，自整顿后现仅须九万两。近更组织燃料研究委员会，进一步考察各轮消煤之实际情形，再求节省。他如五金等项，向由局中当事者自办之商号购进，此中弊病自不待言，自接手后务求精审，祛除积弊，将来拟直接向各洋行或外洋工厂购定，现已采用投标办法。又如以前各处旧料向不发还，此项损失不在少数，现已力矫此弊，各处旧料概须发还，以便汇齐拍卖，涓滴归公。

（六）制定各船栈服务规则

陆续颁布各种规则，使权限分明，藉求实效。

（七）改革各栈积弊

各栈房码头积弊深重，如扛力之浮报铜元之高、抬购料修理之虚糜（芦席一项旧时报价高出实价数倍）、栈租之侵收等，现正一一革除；如扛力之改洋码、修理之经勘验、领款之经核计已著成效。

（八）营业之革薪

局中旧习搁置转口货及客货损失互推不赔，致客商裹足，业务一落千丈。今分置营业科与沪分局划清权限，转口货随到随转，不致延搁。遇有赔货，即令负责任者速为理清，以便客商而矫前失。近更拟设业务改进委员会，延聘专家研究讨论，务使日进不已。

（九）估查局产

旧由董事会委托通和洋行估计局产已有专册，惟未完备且不甚精确，今拟续为估计，并确实清查，正在进行中。

（十）增设广告营业

各船地位可供悬牌广告，旧时废置不问，今开办广告月收千余元。将来如增添船只，推行更广，不难以附庸，蔚成大国，为大宗收入也。

（十一）代为公司注册

招商局号称商办有限公司，而注册手续未备，股东之责任不明，为责难旧董事之一端。今已代向国民政府注册，注明有限，使股东之责明了。兹事虽小，关系颇巨。

（十二）添置设备

局中各船设备未完，即如无线电为海轮所必需，亦无一船装置者，现正陆续筹装，数月内可以竣事。

上述各节皆属改组后整理之经过，其他如控追汉局积弊、改订大通趸船制、清理招商渝等，事关一隅，未遑备举。当商局改组之初，内呼庚癸，而政府财政亦适在无办法之时，补助既无可希冀，且当时汇丰银行挟债权之威，欲处置本局全部产业，嗣向上海银团借银五十万两，一方面将各业务主任保证金凑成七十一万两，以偿汇丰；旧有各员欠薪二十万现已发还，以及各项利息之付出总数约在百万以上。所幸五月以来，南北洋通行无阻，每月收入约可三十万两，收支勉可相抵，此则差堪报告于诸君。总之，过去之工作以袪弊节流为目的，其结果仅能减少亏损、立定根基，为发展之预备工夫而已。至于营业之如何改良、航运之如何规划、燃料之如何节省，兹事体大，特以看护资格报告于诸君，希望不吝赐教，鄙人兹特先代表招商局向诸君谨致谢意。

（1928 年 9 月 1 日，第 23 版）

招商局改组消息

——沪局归并营业科

招商局自变更制度以来，在营业上，亦取积极进行的态度。本月上旬，长江船又陆续可以复航，该局已决定着手扩充。此次李云良氏之赴汉，即为考察营业与发展揽载。历据电告，已为相当成绩，俟其返局，便可实施进行矣。上海总局方面，对于现行制度，认为不适需要，亦同时改组。兹将其大概情形，分记如下：

沪局归并营业科

招商局之有总局、沪局两部，本系旧制，总局管全部分之事务，沪局专司各轮营业及揽载等事，局长为沈仲毅氏。现总局为统一事权计，决将沪局名义取消，而将其应办之进出口营业事务，并归入营业科内管理之，以恢复前年接办时之原状。此事已经议决，即日可以实行。

职员事权之变更

沪局撤废后，局长沈仲毅即改为营业科科长，而原任营业科科长之王子骞，则调充事务主任（即总务课之变相），副科长李云良仍任原职。即以沪局办事处，改为营业科，以后外埠各分局之营业上一切事务，统归该科管理。

职员问题之磋商

查沪局所属各股办事员，曩昔本有七十余人，经数次改组，人员已少，而合诸营业科人员统计之，刻下共计约有七十余人。今次改组问题事起，赵总办规定此事，至如何安插此裁员，则尚未据该局公布；并闻营业科内，除原为沪局之会计科外，将另增一收款股云。

（1930 年 4 月 11 日，第 14 版）

招商局改组续讯

招商局顷将上海分局撤销，归并总局营业科，探其原因，系为节省开支、统一事务起见。上海分局原有人员五十人，而总局营业科原有二千余人，闻归并后，决定至多用四十人，减去费用不少；又该局前曾下令撤销购料委员会，亦系此意。此后购买事宜，均望总办赵铁桥直接接洽，而任陆子冬主管购煤事，王子骞主管五金事，以免事务专于一人及间接隔阂之弊；至营业事务，则委沈仲毅专任云。

（1930 年 4 月 12 日，第 14 版）

十七　赵李之争

李国杰维护招商局之通电

本埠招商总局董事会长李国杰氏，昨为维护招商局，特发表通电云：

中央党部、国民政府各院部、各省政府、各机关、各商会、各报馆暨本公司各股东均鉴：窃查招商局问题，自上年八月全国交通会议以来，有主张收归国有者，有主张官商合办者，有主张交还商办者，议论纷纭，莫衷一是。国杰曾于是年十二月以歌电据陈解决招商局管见，谅蒙洞察。本年六月间，经二中全会议决，由国民政府特派专员负责整理，并组织委员会监督指导。迨以军事倥偬，委员会既未成立，专员亦未派定。现在国府根据此案，即着本局监督王伯群代行委员会职权，总管理处总办赵铁桥代行专员职权。政令虽顿觉一新，而群疑又因以滋起。盖缘赵总办自奉令代行专员职权之后，一切言动，据近日报纸所载，实予吾人以莫大之疑虑。观其上国府呈文，并拟订办事规则六条，及在纪念周向各职员演讲，与晤各报记者谈话，处处皆未就商股公司法律范围以内立论，而有背弃法律、攫夺私人财产之重大嫌疑。兹特声叙各种疑点，并依法律解释、二中全会议案本旨及董事会由法律赋予之地位职权，愿与政府当局暨社会各方贤达、本公司各股东一商榷焉。

（一）赵总办原呈略称，在专员职权条例未奉政府颁订以前，对于日常事务，原可暂仍旧章办理，惟对外及处理重要事项，因有监督章程规定，关于股东利害较大之各项事务，须由监督召集重要职员，与董事会联席会议决定之；又本局暂行规则，载明以董事会代表公司，所有一切设施计划及订立章程，均由董事会议决，呈请监督核准，交总管理处执行各条，均认为不便。谓与二中全会议案本旨不符，请将旧章一概废弃，另订办事规则，由专员代表招商局，一切重要事项，不必商取董事会同意，可直接陈明政府办理。每届年终，所有全年整理损益计算、财产目录，不必经由董事会报告股东，只由专员呈报政府审核。照此办法，是其所谓代行专员职权者，直不啻代行董事会职权矣。伏睹二中全会议决整理招商局案，依法律上之正当解释，仅属一种整理案，并非根本改造招商局之商股公司组织。所含意义，不外两种：（甲）为重视航务起见，将招商局升高地位，直接国府，便于整理；（乙）认为以前由交部委派整理之员，未著成效，故有另派专员，另组委员会，切实监督指导，改良整理之必要。舍此二义，无论如何，不能就本案文义，误解政府有没收局产之意，或收归国有之举。盖没收局产，必因全体股东确有犯罪行为，由政府宣布罪状，认为实系逆产，乃下令没收之。即收归国有，亦必由政府明定办法，对于全局股份，暨所有私产，应予以相当之代价，并将所负中外各方债务，应如何设法清偿之处，在一定法律程序之中，官商两方，接洽妥定，始可收有之。今二中全会议案，彰明较著，仅决定由国府派员整理，并无没收或买收局产之语。未审何以本旨不符。且招商局仍系完全商股公司，董事会之地位职权，当然依法存在，毫无讨论余地。极言之，非至资本宣告破产，公司实行解放，无论何人，不能否认其代表公司资格及消灭其由法律赋予之一切职权。未审何以代行专员职权之赵总办，忽于整理业务范围以内，而涉及范围以外之董事会地位职权，对于旧章规程各条，竟称为不便，而欲废弃之。况代行委员会职权者，仍属现在之监督，代行专员职权者，亦仍属现在之总办。监督章程，既为政府颁订，暂行规则，又为监督颁订，则当新制未及产生，旧法固应有效。诚以僚属之分际不殊，新盖之地位略等，公司之性质未变，办事之权责仍同，在现政府同一法令之下，原人原法，未审何以不能继续遵守。其尤有背现行法律者，则为专员代表招商局与关系股东利害重要事项，自由处理，以及年终损益计算、财产目录，自行呈报政府审核各事。查《公司条例》，除第三十条、三十一条、三十二条及第九十一条、第一百五十八条，股东及董事得各自代表公司外，其他公司以外之人均不得自承有代表公司资格，且不得借口奉有政府命令，可代表某公司，或竟片面呈报政府，自认已取得某公司代表资格，是皆于法律上不生效力，虽对外如何宣传作用，终属徒劳无益。至处理股东利害重大之事及年终报告股东全年营业状况、损益计算、财产目录各项，依《公司条例》第一百六十一条、一百六十三条及第一百七十条、一百七十八条之规定，皆纯属董事会分内负责应办之事，更不容他人越俎代庖。今阅赵总办所拟办事规则，悉取而纳入专员职权之内，未审根据何项法律。此可疑之点一也。

（二）赵总办在纪念周内报告公司性质现始确定及与各报记者纵谈整理计划，谓当先设房产整理委员会，并处置汉、津、港、粤、梧州、安南等处无关航务之房产；又拟发行公债，或向内国银团举债一千万，将招商局各种生产担保，次将各外埠无关航务产业清理，又可得一千万之谱等语。按公司性质，现始确定一语，至足引起各方误会。如谓系确定仍为商股公司，则观前呈所称各节及所拟办事规则等条，将股东及董事会地位职权一概抹煞，商股公司之性质，当不如是。倘谓已由政府收管，则二中全会议案，并无此项决定，政府亦无此项表示。前者国杰奉国府主席传召入都，承古文官长代见之际，犹谆谆宣示政府维持公司善意，嘱即转慰各股东安心勿虑。即蒙蒋主席接见，垂询局务，亦始终无没收或买收局产之谕。似此公司性质，现始确定者，究已确定为何种性质耶？诚令人百思莫得其解。至于清理局产及发行公债，或举债千万等计划，只可认为一时豪语。倘不循法律轨道进行，而欲大刀阔斧，将招商局各项产业自由变卖，无论所称无关航务之产，尽数搜括，亦不能卖足千万之半数。就令依其计划，势非卖及码头或卖及保护码头附近之地产不可。试问码头、栈房皆已卖去，复将何恃以为发展航业之基础乎？况股东血本攸关，私人财产应受国家法律保护，又岂能予取予携，不汝疵瑕乎？且仅恃变卖区区产业，可以拯救航业，则股东早已自为之矣，宁待今日，拱手再让他人之支配乎？夫政府之所由派员整理者，原欲招商局之发展，而不愿招商局之破坏也。专员既负整理之使命而来，即系政府代表，自当先从"整理"二字着眼，将政府对于商民应行表示之态度、应予补助之

687

资金、应尽保护之力量、应筹整理之方法，一一做到。庶几上对政府始尽其所负之责，俾各股东咸晓然于政府确有爱护航业、整饬局务之德意。然后徐与股东商及筹款举债各节，或将无关紧要之产业变卖一部分，以资救济。想各股东于悦服之余，自可从容商洽。乃计不出此，而入手即欲将商民血产任意变置，股东虽弱，其孰能忍？尤可异者，赵总办平日与国杰晤对，谈及局中状况，亦自承认并非收归国有；且谓股东自有主权，即近日报纸所载对外表示，亦有保息等说。顾观其所上国府呈文，又将股东权利一笔勾销。似此徒托空言，口惠而实未至，股东虽愚，又其孰能信？至若举债一层，完全关系信誉。今招商局负债已达一千四百万，不唯本金无法清偿，即利息亦多拖欠未付，以致怨声载道，纠葛纷乘，此其对外之信用如何，不言可喻。若更以不合法之名义向外借款，且系千万巨额，倘非至愚之人，未有不掩耳而走者。是以国杰上年歌电对于整理招商局计划，以为非官商之间通力合作，专恃官一方面之补助，或仅就商一方面之撑持，万无恢复之望。今既成此局势，必也专员代表政府，董会代表股东，各负其责，各尽其力，始收官商相维之效，则对内对外，信誉益臻，举内债而国人固踊跃应命，举外债而洋商亦争愿投资；即为扩充国外航业，而欲添集资金，想海外侨胞凤具此愿，睹兹盛况，有不奔走相告，慷慨解囊，以助成吾国商战之大业者乎？否则日恃借债以图存，复恃变产以还债，结果债犹未尽，产已无存，而招商局从此毁矣。毁一招商局，牺牲全体股东血本，其关系犹小，独惜此五十年唯一雄厚航业基础，在高唱收回航权激进之声浪中，轻轻断送，未审此种责任将归政府负之乎？归专员负之乎？抑归董事会负之乎？此可疑之点二也。

怀此两大疑点，反复于胸，瞻望前途，曷胜悲慨。以国杰现处董事长代行董事会职权地位，责无旁贷，欲罢不能，引退则无合法接替之人，求全则无委曲迴旋之地，既无以保先哲艰难缔造之业，又无以慰股东殷勤付托之心，迫不获已，除呈请政府将赵总办所拟办事规则暂缓施行，另筹妥善办法外，谨电披陈，伏希公鉴。

商办轮船招商局董事会长李国杰叩，佳。

（1929年12月12日，第13～14版）

赵铁桥谈招商局事

——极端维护股东权利，拟即举办股东登记

招商局董事会长李国杰，为维护招商局，曾发通电。本报记者昨日访问招商局总办赵铁桥，询其对李国杰氏通电意见。据谈，李氏所云，完全出于误会。余之主张，亦极端维护股东之权利，在最短期内，拟举办股东登记。此项手续，虽极繁杂，但无论如何，在三个月中定可办竣。然后再召集股东大会，推举股东代表，组织监察会，监督行政人员之良否。并为股东利益计，拟确定保息三厘。国府专员负行政整理之责，股东有监督审核之权，此种情形，正与日本邮船会社之组织相同，故能日益进展，倍极兴盛。记者旋询以盛氏股份，现据调查所得，究有若干。赵氏答称，招商局共有八万余股，盛氏共有三万余股，当遵照国府明令，全数没收云云。

(1929 年 12 月 13 日，第 14 版)

赵铁桥对李国杰佳电之通电

中央党部、国民政府各部院、各级党部、各省政府、各机关、各省商会、各报馆暨本公司各股东均鉴：读招商局前董事会长李君国杰佳日通电，以铁桥奉令代行整理招商局专员职权，呈准国府之办事规则六条及演讲谈话，有背弃法律、攘夺私人财产之重大嫌疑，并揭举两大疑点。查李君现于招商局有两种地位：一以前董事会会长代行董事会职权，一充任招商局附属之积余产业公司经理，均系依据去年颁行之交通部监督招商局章程及招商局暂行规则，由监督委任，并非依据《公司条例》之股东大会及董事会选任。若以为背弃《公司条例》，何不于去年坚拒不就，而忽于此时昌言反对？且其所举第一疑点，适与李君之代行董事会职权地位有关；第二疑点，适与李君之积余公司经理地位有关。就令所言而当，已不无今是昨非、藉公济私之嫌。况其种种曲解法律，淆乱事实，挑拨股东、债主以及社会之恶感，明达诸公类能辨之，无待辞费。惟恐各界不悉政府历次决令整理招商局经过及局内实在情形，铁桥个人长短不足道，上之妨碍党国政策及法令尊严，下之毁损商局信用及整理之进行，不得不略申悃怀。

按招商局虽属商股公司，然自民国十六年，国民政府遵奉中央执行委员会议决，决派员清查整理后，已呈国家监护之状态。及监督办公处成立，依监督招商局章程及暂行规则，内部办事，又一变从来组织。迨本年六月，第二次中央执行委员会全会议决，特派专员负责整理，并设委员会监督指导，更实现国家管理政策。因其先后有种种特别法令关系，故商股虽属存在，而适用法律，则已不能限于《公司条例》。盖中央执行委员会，不但为国家法律之渊府，实为总揽事权之最高机关。二中全会既议决由国府特派专员负责整理，并组委员会监督指导，即应受此特别法令之支配。依特别法优于普通法之原则，凡《公司条例》赋予股份有限公司各机关如股东会及董事监察人之职权，在股东会未合法成立、董事监察人未合法选任以前，悉应分属于国府委员会及专员等机关。国府及委员会且不论，姑就专员职权言之。二中全会议决案，既曰专员负责整理，凡属整理范围以内事，如董事对内执行业务，对外代表公司，以及年终报告全年营业状况、损益计算、财产目录等项职权，均为专员职权，铁桥代行专员职权，自不啻代行董事会职权（但仅董事会员权之一部分，或尚有应属于委员会者，兹不具论）。其呈准国府之办事规则，即系根据二中全会议决之此项整理范围，以为规定。乃遵照法令之行为，岂得谓为背弃法律？现商股依然存在，国家虽为保护管理，但与收回国有及没收私产迥不相同。铁桥并主张国家保息，将来并拟由股东权选数人，参加监察设计之事，一面与闻整理事务，一面预备整理就绪，如仍归商办，即可接收自管，岂得谓为攘夺私人财产？李君既谓二中全会议决本旨，为重视航业升高招商局地位，即应知地位既与前不同，旧法即难于适用。今以本身地位，因铁桥奉令代行专员职权而变更，遽执《公司条例》第三十条至三十二条及九十一条、一百五十八条、一百六十一条、一百六十三条、一百七十条、一百七十八条以相难，以为代表公司及执行业务为董事会职权，无论何人，不能否认公司以外之人，虽系奉有政府命令，亦不能代表公司，是其所非难者，直以二中全会议决不应适用。须知国民对于国家法令，有服从之义务，决非一人一事所可独异。李君于民国十三年当选为招商局董事会长，其时招商局之地位，与其他普通公司无异，李君在其任内，固可行使《公司条例》

所赋予之代表公司及执行业务之职权，但自民国十七年《招商局暂行规则》实施后，董事会已变为议事机关（《规则》第一条），执行业务者为总管理处（《规则》第十条）。揆诸《公司条例》第一百六十三条董事于公司业务应遵守章程妥慎经理之规定，已绝对不同。然执行业务之地位虽已变更，而董事会未合法成立以前，暂由董事会长代行董事会职权之规定（《规则》第一条第二项）则为李会长所奉行。惟其所奉行者，为《暂行规则》之董事会职权，非《公司条例》第一百五十八条、一百六十三条、一百七十条、一百七十八条所产生。《暂行规则》之内容有与《公司条例》一百五十八条略等者，为董事会代表公司一节，然亦依《监督招商局章程》办理（《规则》第一条第一项），与普通公司不同。李会长基于《暂行规则》，取得代行董事会职权，尤与普通公司互选之董事长不同。今国家暨改颁特别法令，凡《公司条例》或其他规章与中央执行委员会议决案有抵触者，自不能同时适用。李君为个人地位变更关系，遂忘其奉行《暂行规则》之经历，而回想其早不应用之《公司条例》，更期《暂行规则》容缓变更，庶得原人原法各无变动，其为以身许局，毅力热心，固足嘉崇。无如适用法律之原则，不容假借，非铁桥所敢盲从也。

若夫整理方法，铁桥本当详拟计划，呈送府会，发表谈话，仅其大略。是非得失，客俟确定，公诸世论，兹勿遽辩。即变产救航之议，久已倡之旧日商董时代，并不始自铁桥，亦勿深辩。如李君以良法美意见勖，无不虚衷考虑，共谋发展。特是以固持代行董事会职权及积余公司经理地位关系，遂散布损害公司之流言，破坏将来举债之信用。如佳电所称"举债一层，完全关系信誉，今招商局负债一千四百万，不唯本金无法清偿，即利息亦拖欠未付，以致怨声载道，纠葛纷乘，此其对外之信用如何不言可喻。若更以不合法名义向外借款，且系千万巨款，倘非至愚之人，未有不掩耳而走者"等语，为劝阻资本家贷款招商局之宣传。以商股公司，国家方保护之不暇，而李会长自命受股东股勤托付者，一旦因法令□更，遂不惜举全力以斫丧之，此则深足遗憾也。该电又称"必也专员代表政府，董会代表股东，各负其责，各尽其力，始收官商相维之效，则对外信誉益增，举内债而国人踊跃应命，举外债而洋商争愿投资"等语。其言外之意固曰，我去则举债必无人应，我在则筹款咄嗟立成。然李会长应知国家监护之始，尚在民国十六年。彼时中政会议所以派员清查整理，即因官僚商蠹把持局务，又复有人献媚军阀（见十六年五月九日国府秘书处致招商局函），彼时李会长为一局之重心，何不以今此反对专员负责整理之精神，以与官僚商蠹抗衡？或于献媚军阀之行为，不予容许，独于国家派员整理之秋，为破坏信用之工作，自问良知，似非所以维护先哲缔造事业之道。

总之，专员负整理之责，乃受管理整顿全局之使命。如专员对内不能执行业务，对外不能代表公司，则二中全会议决，不啻失其效力。现办事规则，业经国府批准，令行行政院知照，并送中央党部备案。铁桥奉代专员职权，以公而言，只知谨守法令，恪尽整理专责；以私而言，纵非股东，宁非国民？纵不惜全体股东血本与夫五十余年航业基础，宁不惜两年来承乏商局恶战苦斗之心血精力？何至如李君所言，于暂行职权短时间内，为破坏断送之谋，厚诬耸听，义不忍受，国信局誉，具有关系，固非个人为此断断也。谨此剖陈，伏维公鉴。代行特派整理招商局专员职权赵铁桥叩，寒。

(1929 年 12 月 15 日，第 16 版)

商办轮船招商局董事会长代行董事会职权李国杰启事

本公司经中国国民党中央执行委员会第二次全体会议议决，由国民政府另派专员负责整理，并组织委员会监督指导。嗣奉国民政府一一一二号训令，现因委员会尚未组织专员，亦未派定，着该局监督王伯群代行委员会职权，总管理处总办赵铁桥代行专员职权等因。惟整理程序及监督指导之规程尚未奉国民政府明令颁布，代行职权之赵总办自行拟订呈报政府备案之规则六条，本会认为根本违背法律，已另呈政府，请将该规则暂缓施行；又查第二中全会之议决及国民政府之训令，既未没收或买收招商局，自不能取股东地位而代之。董事会代表本公司之职权，系法律所明定，由全体股东依照法律程序而赋予，决不因政府派员整理而受何影向［响］。本会亦决不放弃其法律上应有之职责。但值改革之际，诚恐有董事会以外之人，自称代表招商局与各方为法律行为者，在现行法律之下当然无效，本会代表本公司决不承认。除专呈国民政府，并分函各关系方面查照外，特此通告，敬希公鉴。

（1929 年 12 月 19 日，第 6 版）

招商局积余公司经理易人

——李国杰停职，符矩存代理

招商局附属机关积余产业公司经理一职，在去年总管理处接收该局时，由该局总办呈请监督，委派李国杰充任。兹李以前董事会长名义，通电攻击新组织。该局当局，昨特令积余公司李国杰停职，遗缺以副经理符矩存代理，一切账目，交徐永祚、王海帆两会计师彻查。

（1929 年 12 月 19 日，第 14 版）

李国杰致蒋主席电

——为积余公司经理停职事

南京中央党部、国民政府行政院谭院长、立法院胡院长、各委员、司法院魏院长、考试院戴院长、监察院赵院长、最高法院林院长、交通部王部长、外交部王部长、司法行政部魏部长、工商部孔部长、上海特别市政府张市长、上海地方法院杨院长、租界临时法院徐院长、上海特别市党部、上海航业公会、上海纳税华人会、上海商人团体整理委员会、上海律师公会、上海银行公会、上海钱业公会、本市各级党部、各报馆、各团体、积余产业公司全体股东均鉴：

积余产业股份有限公司，系于民国三年成立，所有业务经股东会议决，委托招商局董事会代理，并责成董事会长完全负责。国民政府奠都南京后，对于招商局，曾定监督章程，设总管理处执行业务。积余产业公司则因与航业无关，仍由国杰以董事长兼任经理。现国府因二中全会议决，招商局因国府特派专员负责整理，乃命总管理处总办赵铁桥代行专员责权，一切整理计划、监督规程尚未奉政府明令颁布，而赵总办突于本日令饬国杰谓"所任积余公司经理着即停职"。国杰因任招商局董事长以来，曾受积余公司股东委托，未便听股东以外之人，招来挥去。特于本日上蒋

693

主席一电，文曰：

　　急，南京蒋总司令钧鉴：国杰前因招商局总办赵铁桥呈拟整理专员办事规则轶出法律轨道，呈请钧座，准将该规则缓施行。正静候批令间，赵总办突令饬停国杰积余公司经理之职，派副经理符矩存代理。查积余公司，系属产业公司，经工商邓注册给照有案，与招商局完全两事，其所有产业与航业全无关系，其资本另有股票，其营业另有规章。曩年该公司股东，委托招商局董事会代理，系一种委托行为，并非招商局所自有。国杰曾将该公司经过情形，呈报王监督奉准，着国杰以董事长兼任经理，国杰整理年余，尚有微效，并经遵奉部令，办理股东登记，克期将召集股东大会。今赵总办突然下此命令，不知根据何种身份、何种职权，更视积余公司为何物。国杰曾受积余公司股东委托，未闻股东有改委赵铁桥之事，在未得股东许可以前，只得恪恭厥职，不敢妄受乱命。但赵总办此种滥用职权，直凭政府任命之地位，侵夺人民私产，殊于政府信誉所关极巨，为此电呈钧座，请准严令赵总办，制止非法行动，以安商业，惶迫陈辞，伫候电遵。商办轮船招商局董事会长兼积余产业公司经理李国杰叩，巧，等因。

　　窃念上海一埠，公司林立，若有公司以外之人，假借政府名义，进退公司职员，侵夺公司产业，则偌大商场，尚复成何世界？即共产政府，亦必先以否认私有财产之政纲，昭告民众。今我国民政府，尊重私人财产，不啻三令五申，一切法令，完全本此纲领以为规定。赵铁桥奉令整理招商局，并不涉及积余公司，乃为此巧夺豪取之举，曷胜痛愤！特此电呈公鉴，敬乞根据现行法令，与以公道之评判，是所企祷。商办轮船招商局董事会长兼积余产业公司经理李国杰叩，巧①。

（1929 年 12 月 19 日，第 14 版）

李国杰致交通部长电

——为积余公司事

　　急。南京交通部王部长钧鉴：窃积余公司民三成立，股东会议决，委

---

① 在《韵目代日表》中，"巧"指 18 日。

托招商局董事会代理业务。去年改组时，经国杰呈明分立各情，奉准以董事长兼任经理，俾划出航业整理范围之外，仰见尊重法治，维护商权，同深钦感。国杰在职年余，整理成绩，早荷洞察，并蒙嘉奖。今年依法呈奉工商部核准注册给照，及遵令办理股东登记、召集大会等情形，亦承钧座核准备案。顷忽接赵铁桥令饬停国杰经理之职，派来多员，威逼交代，并声称查封公司各部，声势汹汹，不知其根据何种身份、何项职权，更视积余公司为何物。况在钧座监督指导之下，竟敢滥用职权，目无法纪，国杰受积余股东委托，唯知守法负责，不敢放弃职守私相授受。特电呈明，仰恳严令制止，以安商业，无任感祷。招商局董事长兼积余公司经理李国杰叩，效。

（1929 年 12 月 20 日，第 16 版）

李时蕊律师代表商办轮船招商局董事长代行董事会职权兼积余产业股份有限公司经理李国杰启事

案，据当事人李国杰君声称，积余产业股份有限公司于民国三年成立，经股东会议决，所有业务委托招商局董事会代理，并责成董事长负完全责任。此项议决载在两公司章程，班班可考。上年国民政府颁布监督招商局章程，改设总管理处执行业务，惟积余公司仍由国杰以董事长兼任经理，业经依法呈请工商部注册给照，并办理股东登记，克日召售股东大会。本年赵铁桥奉国民政府训令，代行招商局整理专员职权，并不涉及积余公司。乃赵铁桥突于十二月十八日滥用职权，擅将国杰所兼任之经理停职，改派符矩存代理。查积余公司系独立之产业公司，其资本另有股票，其营业另有规章，与招商局航业全无关系。国杰以董事长地位，受股东完全负责之委托，未闻股东有改委赵铁桥之事。在未奉股东大会合法通知以前，惟有恪恭厥职，未便听股东以外之人越权搬弄。已将经过情形电呈国民政府蒋主席，并向本管法院提起诉讼，所有积余公司名义对内对外一切文件及任何法律行为，倘无国杰署名盖章，当然无效。诚恐各界不察，特委托贵律师代表通告等因。特此代表通告，敬希公鉴。

中华民国十八年十二月十九日

事务所：浙江路渭水坊

电话：一六七○一

(1929 年 12 月 21 日，第 3 版)

赵铁桥与李国杰为积余公司事互讦

赵铁桥之艳电

南京国民政府主席蒋、南京交通部部长王钧鉴：窃招商局附属之积余产业公司经理李国杰，任职两年，种种不合，并有亏挪嫌疑。近且利用兼充前董事长名义，妄发佳电，反抗整理。铁桥认为再令任职，必于商局利益及整理进行有妨，将其停职，以副经理符矩存代理，业经呈报在案。乃该经理抗不交代，复于巧日电呈钧座，并发通电。姑无论其理由竟全颠倒事实，足见存心把持产业，掩护侵亏，揭其大端。

一谓积余为独立公司，非商局附属机关。查积余原系民国三年北京政府有清查收回商局之议，旧董盛宣怀等内怀恐惧，强将各种房地、股票无关航业者划出，另立名目，巧避清查收回。然以事实言，积余并无董监及股东会等机关，其职权悉由商局行使，其账款悉由商局经管，其产业悉由商局抵借汇丰、花旗债项。以法律言，积余名称虽异，复经朦报注册，而其财产主体则属商局，以一资本团体兼营数种商号业务，法所不禁，例尤匪尠。该经理谓与航业无关，等于八股截题，只问字面，不问真义。况旧董时代，早有变产救航、废航保产之议。其于呈请北京政府注册之时，被部批驳，复有产生于航、航倚于产，断无可分之理之语。具见实为一体，何得无关？去岁铁桥奉委总办，接收商局，积余亦在其内，并于商局暂行规则明定为总管理处附属机关，其主任由总办呈请监督核委，其科员、办事员由总办委充。即嗣由该经理手订呈交铁桥转呈监督之《积余暂行规则》，亦明定为商局之代理机关，其经理受总管理处节制，其收入缴存总管理处出纳科，其每月预算结算送总管理处查核，其支付送总办核发。即该经理前日佳电，亦有或将无关紧要产业变卖一部分，以资救济商局之语。商局产业，除直接航业应用者外，概归积余经管。若非附属一体，何能主张变卖救济？以极明确、极悠久之事实，该经理竟全颠倒，自当陷于矛盾。

一〔二〕谓该经理系受积余股东委托，并以董事长兼任。查积余经理由总办呈请监督核委，明载商局暂行规则，该经理受委档案具在。而积余向无股东会，何得谓股东委托？董事长与经理职位攸分，该经理于去岁政府接管商局，既欲享董（事）长虚名，又谋握积余实利。故宁屈就兼任，事出偶合，并非法定，何得谓以董（事）长资格兼任？

三谓铁桥无权将该经理停职。查商局奉二中全会议决，特派专员负责整理，完全国家代管性质。所谓整理商局，自含附属机关。前经呈准之《专员办事暂行规则》第一条，且已明定专员既奉特派整理，则其附属机关人员当然由专员进退。铁桥代行职权，因见该经理经管产业近千万，出入款项亦数十万，毫未遵章报销，竟敢公然通电，反抗整理，于法于情，均应将其停职。即退一步，就旧法之《招商局暂行规则》而言，该经理既由总办呈请核委，断无不能由总办停职之规定。况复以呈经核委之副经理代理。凡在行政系统皆然，何得谓为滥用职权？

具此三端，根本诬谬。其他狂诋，无屑唇稽。惟是积余公产，断不能为该经理私人禁脔。整理大政，断不能任该经理久事阻挠。除仍催令迅行交代外，应请钧座严予申斥，倘再延抗，依法究惩，以正纪纲，而维局务，无任企祷。代行特派整理招商局专员职权赵铁桥叩，哿。

李国杰之马电

中央党部、国民政府、各院部、各级党部、各省政府、各省商会、各报馆暨本公司各股东均鉴：顷阅报载，赵总办铁桥寒电，对于国杰佳电所陈各节多所指示，甚幸甚慰。然其所指示之处，有全违事实者，有曲解法律者，有越出命令范围者，不得不再为剖晰，以求公论之裁判。

第一，赵总办谓，国杰现处之董事长代行董事会职权及兼任积余公司经理之两种地位，全依政府颁行之《交通部监督招商局章程》及监督颁布之《招商局暂行规则》予以委任，并非依据《公司条例》之股东大会及董事会选任等语。查世界各国，以政府名义委任某人为某商股公司董事长之事未之前闻。国杰被选为董事长数年于兹，未尝奉有此种奇异之委状。只以董事长代行董事会职权、代表公司一点，系《招商局暂行规则》所明定，该规则系因招商局原有董事会依《公司条例》第一百五十七条"董事执行业务，除章程另有订明外，以其过半数决之"。而本局多数董事均因故障，不能行使职权，召集董事会，已陷于不可能之状态。乃依同条例第一百五十八条"董事得各自代表公司"之规定，予以明白确认，完全根据法律，并无委任之可言。至兼任积余公司经理之来源，因招商局章程第三十九条，载明本公司受积余产业公司股东之委托，代理积余产业公司一切业务，专设经理主管，由董事会监督之。又因积余公司章程，载明本公司遵照股东大会议决，所有应举董事、查账专员，仍由招商局董事兼任，并由会长负完全责任各等语。去年总管理处成立，国杰依据暂行规则，聘任赵君担任总办之际，同时以积余公司系招商局董事会代理机关，不在航业整理范围之内，应由董事会负责管理等情，陈明王监督。旋奉令仍由国杰以董事长兼任经理，亦系一种根据事实，加以确认之行为，与通常独立委任之性质不可同日而语。两年以来，所有整顿该公司产业情形，均经呈报监管，奉令嘉奖。并呈经上海特别市政府社会局转呈工商部，奉准注册给照。并令将来该公司章程，订定选举董事监察人，制就股东名簿各事完竣，应即依法补呈备案各等因。遵经办理股东登记，正待召集股东大会，一举一动皆以《公司条例》为范围。此固我政府之贤明，亦人民在法律上固有之权利。此关于经过事实，不能不郑重声明者一也。

第二，赵君寒电盛称，两年来承乏商局，苦战恶斗之心血精力。国杰略一□按，为之痛心。两年以来，国杰代行董事会职权，依照暂行规则，应由董事会主办或共商之事件，从来无从干与 [预]。赵君因欲大权独揽，唯所欲为，乃于暂行规则所定之会办一职，不许出现，总稽核处归于撤销，设计委员会不许成立，一切用人行政、经济出纳，董事会完全不能过问。国杰在局任事多年，自惭固陋，初尚以为得一兴奋勇往之革命巨子如赵君者，由政府派遣而来，借以事权，俾得大刀阔斧，施行猛烈之剂，或能起衰振敝。乃按之实际，不但完全先 [失] 望，且用人开支，较董会主管时增加三倍以上。船只肇祸，碰撞沉没，至再至三，亦为董会主管时所未有。赵君因总稽核处既已撤销，对于局中款项，浮支滥用，无有纪极。国杰虽经目睹，一面恐冒政府威严，一面恐蹈争权之消，始终隐忍，未敢一言纠正，一任股东之奔走控吁，抚衷自问，负疚至深。所幸政府贤明，令经交通、工商部会同审计院派遣委员九人，经两月之彻查，查出各种弊端，证明该总办空言整理，无补艰感，期许既虚，非难四起。呈报工、交两部，又经两部会同审核，认定该总办积弊未除，用人太滥，煤吨数常短少，水脚收赈不符，且巧立名目滥支局款，所列特别费七万余两，均无明确用途。更认定该总办赵铁桥接管以来，经营不善，以致船只不时肇事，局务日趋腐败，坐使该局受重大损失。实属措置乖方，有负职守。凡吾人所欲言，而未敢言者，两部查办案已大体倾吐；并经两部再四筹商，决定将该总管处取消，另立新规，简派公正得力人员，筹划整理，呈经行政院廿七次会议议决，转呈国府候示。此项查办转呈重案，报章腾□，中外具瞻。若非国步多艰、军事倥偬之际，早将此等贪酷吏员，絷送法庭讯问。依党员背誓罪条例所定，凡犯赃满五百元者处死刑。该总办无明确用途及侵占入己之款，业经国府派员查确者既巨万，其余弊窦尚不胜枚举。我政府执法如山，必将雷厉风行，有以下慰舆望。乃在原案尚未决定之际，政府因一时权宜，着该总办代行整理专员职权。赵君不察，误认政府为崇奖贪黩，竟如猛虎附翼，妄以两年来苦战恶斗，自诩其功。呜呼，只此两年，已令本局船只损失十分之二，资本耗费数百万，营业一落千丈。若再经赵君若干时间之苦战恶斗，则局产有不完全消灭者乎？此又经过事实不能不郑重声明者二也。

第三，赵君据特别法优于普通法之原则，以否认《公司条例》之适用。谓"凡《公司条例》赋予有限公司各机关，如股东会及董事、监察人之职权，在股东会未合法成立，董事、监察人未合法选任以前，悉应分属于国民政府委员会及专员等机关"。又谓"凡属整理范围以内之事，如董事对内执行业务，对外代表公司，以及年终报告全年营业状况、损益计算、财产目录等项职权，均为专员职权"。此两种宣示，不知根据何种特别法之何条何项？此项特别法，系由何种立法机关、经由何种手续以制定公布？国杰曾恭读二中全会议决案，文曰："招商局、汉冶萍两公司，由国民政府特派专员负责整理，并组织委员会监督指导。"又曾恭读行政院议决案，文曰："该总办赵铁桥接管以来，经营不善，以致船只不时肇事，局务日趋腐败，坐使该局受重大损失，实属措置乖方，有负职守，应请将该总管理处取消，另立新规，简派公正得力人员，筹划整理。"除此两段故实外，未闻有何种特别法颁行在世。有之，唯赵君所自定之办事规则六条而已。窃念政府诸公，正以该总办措置乖方，有负职守，乃不得不改弦更张，另派公正得力人员负责整理，决无翻云覆雨，宠信有负职守之赵总办为公正得力人员之理。纵令今是昨非，政府高深，非细民所能窥测，而国民政府组织法，明定立法之权操诸立法院，立法程序法，关于法律完成，亦有极明显之规定。依各院部及省市政府组织法，其颁布命令，均明定不背国家法律为其范围。断无听许一奉派负责人员，反乎立法常轨，破坏通行法律，以自己立法自己奉行之理。赵君如认定自拟六条规则有特别法之效力乎。则赵君尽可以舍天宪，更定明白晓畅之法律曰：凡招商局所自有及其职员曾经代管之财产，均为本专员所有；凡违背本专员意旨者，服上刑。则国杰自当震摄天威，退避三舍。否则国家法律自有常轨，我有三寸不烂之舌，断不能默尔而息也。

更论权利关系及整理范围，吾人有敢确信不移者。股东、董事、监察人之权利，由股份所有权而发生，股份所有权而移转，则股东、董事、监察人之权利自随之移转。国府委员会整理专员，苟取得股份所有权，则国府委员会整理专员即股东、董事、监察人矣。若股份所有权仍属之股东，则国府委员会整理专员即不能不为股份所有人稍留余地，而以股东、董事、监察人自处。此稍具法律常识者所能理解之经常法，则岂高谈普通法、特别法如赵君者，尚不之知乎？未持股份所有权之国府委员会整理专员，代持有股份所有权之股东、董事、监察人整理其业务，自不可无一定之限度。赵君所谓对内执行业务，对外代表公司，以及年终报告全年营业状况、损益计算、财产目录等项，依照通行法律，皆为股东会、董事、监察人之所有事，国府未经特定法律，取消普通法，而以其职责为诸整理专员。为整理专员者可自取而代之乎？革命军奠定江浙之际，曾为本局组清查整理委员会，其整理范围为何如？监督章程公布后，颁订暂行规则，其保留于股东、董事者又何如？今竟尽行抹煞，收为整理专员职权，不为股东稍留余地。违背法律，远出先例，无罪状之没收，无代价之收买。谓非侵夺私人财产，其谁信之？此关于曲解法律意义，逾越命令范围，不能不郑重声明者三也。

国杰与赵君共事经年，于其措置乖方，滥支局款，种种罪恶，不能临时纠正，又不能先事发觉，辜负股东负托，本属罪有应得。今幸政府已尽情发觉，国杰当为保护股东资产，效犬马之劳，向法庭求公道之保障，以赎前愆。成败祸福，早已置之度外。迫切陈词，伏惟公鉴。商办轮船招商局董事会会长代行董事职权李国杰叩，马①。

（1929 年 12 月 22 日，第 16 版）

全国商联会援助积余公司

全国商联会昨电南京国民政府行政院、交通部、工商部云：

> 查积余产业公司与招商局轮船公司营业不同，主体各异，且分别注册给照；又各为合法之独立法人，界限分明，职权各别，不能因积余为招商局之信托者，遂视积余为招商局之附属品。政府派员整理招商局，于总办权限，亦仅及于招商局之整理，并未涉及积余；且叠次明令昭示保全该局股东之权利。今赵总办于政府赋予之权限外，侵夺积余股东之权利，似于法令不免相背。况《公司法》业经政府明令公布，全国公司均应绝对遵守，凡属官吏人民，不容破坏；否则，何以树立法治基础，促进工商事业？乃《公司法》甫行公布，遽有该案发生，积余股东权利之被侵夺，固不足惜，其如法律之尊严、工商之保障为之牺牲何！属会心所谓危，不敢不言，为特电请纠正该案之侵权行为，以维法律尊严，而固保障，党国幸甚。
>
> 中华民国全国商会联合会主席林康侯，常务委员苏民生、张械泉、卢广续、陈日平、李奎安、彭础立等叩。世②，印。

（1930 年 1 月 1 日，第 22 版）

代行特派整理招商局专员职权办公处公告（第二号）

案查，本处奉令代行专员职权，业经拟订《专员暂行办事规则》，呈奉国府令准，并分行中央执行委员会暨行政院备案。其第一条内开："特派整理招商局专员直隶于国民政府，承委员会之监督指导，负责整理全局及各附属机关事务。"第三条内开："专员于整理范围内，清理局产、股

---

① 在《韵目代日表》中，"马"指 21 日。
② 在《韵目代日表》中，"世"指 31 日。

份、债务及发展营业，并对外代表招商局。"各等语。积余产业公司为招商局出资设立之附属机关，其经理、副经理须受招商局之任免、监督，载在历年章程、档案，并最近之《招商局暂行规则》暨《积余公司暂行规则》甚明。乃李国杰假借招商局前董事长名义，妄发通电广告，竟凭一己私意，以合法呈准政府之《专员暂行办事规则》既强词认为违法，其兼任之积余公司经理本处于十八年十二月十八日撤职，另委副经理符矩存代理，复把持抗不交代，实属违背国家法令，妨害行使专员整理职权。本处遵奉二中全会议案及国府命令，负有整理招商局全局及其附属机关专责，除呈请依法惩禁外，所有李国杰一切无权行为，应即宣告无效；并声明关于招商局及积余公司对外订立契约、银钱往来暨一切文件，非经本处签印盖章，概不发生效力。特此通告。

（1930 年 1 月 4 日，第 3 版）

李时蕊律师代表商办轮船招商局董事会长代行董事会职权兼积余产业公司经理李国杰通告

案，据当事人、商办轮船招商局董事会长代行董事会职权兼积余产业公司经理李国杰君声称，本董事会加聘之总管理处总办赵铁桥，于受命代行招商局整理专员职权后，不征取本会意见，亦不关白监督指导机关之委员会，擅行呈拟办事规则六条。本会因所拟规则破坏通行法律，已呈请国府饬将该规则暂缓施行，并登报通告在案，自应听候国府明令遵行。其积余公司系招商局股东既得之红利，用以经营产业，早为独立之公司，经国府工商部核准注册给照有案，与招商局截然两事，本董事会因受该公司股东委托，不得不恪恭厥职。赵铁桥滥用职权，横加侵夺，国杰已向本管法院正式起诉，并委托贵律师登报通告在案。兹赵铁桥私印房票，向积余公司租户□收房租；又见报载，赵铁桥以专员名义刊登公告，有招商局及积余公事对外订立契约、银钱往来暨一切文件，非经本处签印盖章，不生效力等语，是其坏法乱纪之行为，尚在猛进不已。除呈请国府严令制止，并呈催法院迅为传讯外，委托贵律师再为郑重通告，声明下列四点：（一）招商局系一股份有限公司，应受《公司法》之支配及保障，国府颁行之《招商局监督章程》暨《招商局暂行规则》并未废止，本董事会在法律上、命令上所赋予代表公司之职权并未受有变动或限制；（二）该赵铁桥所拟办事规则与通行法律及国府原颁章程违背，现尚在政府核示中；（三）赵铁桥个人所为之侵占取财等行为，亦在诉请法院讯理中，其继续所为之违法行为，当然不生效力；（四）赵铁桥在招商局之成绩已经行政院工、交两部查实，认为措置乖方，有负职守，国府对于本案自有公平处置，以餍股东之望。为此四种原因，所有商办轮船招商局及积余产业公司对外订立契约暨一切法律行为，非经本董事会核准签字，概不发生效力等因。特此代表通告，敬希公鉴。

（1930 年 1 月 7 日，第 6 版）

赵李互控案

——李国杰先控赵铁桥案未通知，赵控李案特宣谕无定期展期

轮船招商局创自逊清，旋因亏蚀甚巨，民国十九年五月间，国府特派委员张人杰等清查整理后，即委赵铁桥为该局总办。赵接办局务后，与该局董事长李国杰（即李伟侯）意见不合，互相攻击。近赵延秦联奎、郑毓秀等律师，以刑事罪名控李于临时法院；先是，李亦控赵各罪，兹并录左：

赵控李辞

〖上略〗案查民十六年五月，国民政府因招商局为官僚商蠹把持，特委委员张人杰清查整理。旋因事关交通，故由国府派交通部长王伯群为该局监督，由王委任原告为招商局督办办公处总办。民十七成立总管理处，由原告总管局务。民十八，中央执委会议决，招商局直属国府，由国府另派专员整理，嗣奉国府委任原告代行专员职务。原告奉命后，正图整理，讵该局董事会会长李国杰，公然侮辱公务员之执行职务，并揸重要文卷，把持附属机关。原告见其违法妄行，知其必有不可告人之隐。乃查得其阻挠专员行使职权，破坏业务信用行为。

（一）侵占罪。招商局历年亏蚀，该被告身任董事会会长，在告诉人接管以前，由其总揽局务，对于职务，纵云无过，亦不能谓有功。乃其于每月支薪五百两、夫马费五十元外，复巧立名目，捐公肥己。查民国十六年年终，被告于薪水、夫马外，自支酬金五千两。依法，董事会报酬除章

程明定外，应由股东会议决。该局既无此等章程根据，而是年股东会又未有此等决议，被告自支公款入己，为侵占业务上之持有物，毫无疑义，应受刑律三五七条之罪。

（二）妨害公务。原告奉令整理招商局，拟订办事规则六条，呈奉国府核准，令行政院知照；原告依照规则执行职务，查内三条有专员对外代表招商局之规定，被告认有不便，除散布通电，佳日指为越俎代庖，甚至公然刊载广告，谓董事会以外，自称代表招商局与各方为法律行为者当然无效；又谓未便听股东以外之人，越权弄事。以国家特派之整理专员，执行国令之规则，指为无效，显系对于公务员依法执行之职务公然侮辱，应受一百四十六条之罪。又，招商局与汇丰银行所订五百万押款契约，系被告亲订，归董事会所保存。该契约正本，关系招商局全部重要财产，当然应交专员保管，讵被告坚不交出，显然隐匿公务员职务上掌管之文卷，应受刑律一百四十四条之罪。

（三）损坏信用。被告所发佳电，登载各报，内称"招商局负债已达一千四百万，不唯本金无法清偿，即利息亦多拖欠付，以致怨声载道，纠葛纷乘，此其对外信用为如何，不言可喻"等语，以争权之一念，不惜举全局信用以毁之，显系散布流言，损害招商局信用，应受刑律三百三十条之罪，请传案讯究云云。〔下略〕

传讯互辩

此案业经临时法院准词，签出传票，发交汇司捕房，饬捕往愚园路一一四号传知被告，着届时自投法院候讯。昨晨由法院高君湘推事，特开第一法庭传讯，被告李国杰不到，委任李时蕊、唐鸣时、罗家衡三律师代表到庭。首由执行传票之华捕投称，前日往传被告传票，传达房取去签字者，今日被告并未到案云云。即据被告代理李律师起称，今日被告因不得已，未能到案，要求延期。惟有数点须声明者，即本案被告于上月廿四号具状，向钧院控本案原告赵铁桥，但至今未接得通知。而该案对于本案有数点有连带关系，故要求并案讯理，庶免另费时间。再者，被告本有一种老病，前日尚到局办事，昨日旧病复发，只得入医院调养。且被告因时间局促，不及预备办诉，是以请求延期。遂将医生证明被告患病之证明书呈案，当由高推事发交原告秦律师阅看之下。即称，本案情节极为重要，今被告之病虽有医生证明书为证，但或有别情，要求庭上另派医生检验云云。经高推事核禀，以被告患病，既经医生证明，似无虚伪，故本案无定期改期；如被告病愈后，可向本院报告，再行排讯，遂退庭。

李控赵辞

李国杰诉赵铁桥之诉状，附录于下：

〖上略〗被告所犯之罪状：

（一）告诉人有成立总稽核处及设计委员会之权，乃被告不许成立，实系侵夺权限。经济出纳亦由被告自由处置，而不送月终报告书，告诉人不能知悉经济之真相。

（二）被告自己私用之守门巡捕，其薪金亦向局中支取，共计侵占银一千两。（A）私人送礼、捐赠筵席之费，亦在局中款项内支付，侵占不少；（B）自用汽车夫之工资及汽油、修理、捐照等项之费，亦在局中支取；（C）十七年七月十一日，向出纳科支规银五千六十六两，账内注明总办经手各种费用，全数入于己囊；（D）十七年账内补助航业杂志之一千四百十二两，但并无杂志出版，实系私用；（E）克扣煤吨。以上诸罪，实犯刑律第三百五十七条第一项之罪。

（三）被告任总办后，委用人员较董事会主管时增加三倍。盖顾问、咨议、参议等职，本局素无，自被告任职后，乃定此种虚职，支薪极巨，且并不到局办公，实系任用私人。

（四）国府训令被告代表招商局专员，其职权不能越出局外，乃竟于十二月十八日命令原告，将积余地产公司经理停职，改派符矩存代理。查积余地产公司与招商局无涉。

（五）被告所犯罪质已全发觉者，暂止此数项，而局中两年账目，因无稽核处负责详查，该被告所为犯罪事实究有几许，一时颇难查究，必将全体簿据发交航业会计专家，会同本局职员，逐一详查，取具报告。因被告又由监督所委派者，假权力、机会、方法，故犯前开各罪，依《刑法》一百四十条之规定，加重办理，并附带私诉：㊀请求判令被告追还侵占之款全数；㊁判令被告追还克扣煤金之全数；㊂赔偿因侵占扣克而生之损失；㊃禁止被告人继续为上开犯罪之行为云云。〖下略〗

（1930 年 2 月 15 日，第 13 版）

李孤帆启事

　　鄙人在本月二十三日积余公司股东会提议于李会长伟侯，呈请王监督延期开股东会及接受王监督委任，兼任本公司经理二事，应科以相当责任。当经到会股东全体一致通过，事后复承股东会主席欧阳荣之先生嘱为拟稿，正式函告李会长。昨该函稿未经欧阳先生签署，已被人在各报发表。鄙人对于此事虽非自动，然失察之处无以自恕。敬此向欧阳先生致歉。

（1930 年 2 月 27 日，第 3 版）

招商局前董事会契约无效

　　招商局总管理处消息，自派人接收积余公司，该公司经理李国杰尚未交代。然该局总管理处，曾公告所有招商局各种契约，应由总管理处核准，方生效力，故外间从前凡与前董事会订立契约之人，皆纷纷要求总管理处核准或追认。本埠通易银行，前为借款建造栈房事，曾与积余公司前经理李国杰订立契约，后因见总管理处所登公告，特去函该局总管理处请求核准。该局总管理处接函后，已派人另与订约妥当，呈报监督矣。

（1930 年 3 月 25 日，第 14 版）

赵铁桥新委积余经理又控告李国杰

　　原告是否有控告意

　　引起诉讼主体问题

　　庭上认为不必辩论

　　应由原告到案证明

赵铁桥撤李国杰职

　　招商局总办赵铁桥与积余公司经理李国杰互讼，各情已志本报。兹赵铁桥谓："李任积余经理一职，系本人所委任，近忽将其撤差，另委该公司副经理符矩存坐升，递遗副经理一缺，另委职员李某继之。发表之后，李国杰未遵令交卸，符乃延律师向临时法院控李抗不移交。"

引起诉讼主体问题

昨日午后二时，由冯世德推事特开第十法庭传审，两造当事人皆不到案，各由律师代理出庭。因被告律师李次山谓，原告符矩存曾对人表示实无控告之意，遂引起诉讼主体问题。原告律师秦联奎与之辩论，冯推事以关于此点，应由原告到案证明，现无多辩之必要，并命原告律师将本案起诉事实等之陈述。

招商局与积余公司

秦律师即起声称："本案系现经理与前经理之争执，现经理符矩存，为代行专员职权之招商局总办赵铁桥所委任。至积余公司之名义，系民国三年始发现，因其时有将该局财产抵借外债之举，故始成立积余公司，俾图补救。观于积余股票上所盖之戳记，即可明了该公司与招商局之关系，而公司内办事职员，亦悉为招商局职员兼任。"

积余经理之委任状

迨至民国十六年，国民政府鉴于招商局被政蠹、奸商所把持，局务腐败，乃特派委员张人杰等整理，于是监督办公处相继成立；嗣又成立总管理处。其时该局前董事已被查办，王监督遂委李国杰代行董事会职权，又委其充积余公司经理，赵总办亦加委之。随将赵委李充积余经理之委任状存根呈案，委任日期，则系十七年三月十三日。被告律师李次山当即起立声明，被告绝对否认被委代行董事会职权及经理两事。

两种规则究为谁订

秦律师续称："此外复有两种规则，均可证明积余公司乃招商局之附属机关。规则为十七年所订，一系《招商局暂行规则》，该规则第十四条第八项与第一条第二项之但书内，有明白之规定；一系《积余公司规则》，该规则第二条云，'公司设经理、副经理各一，由总管理处委派，受监督及管理处节制'云云，此项规则且系被告手订，呈请总管理处转呈监督备案者。"被告律师闻其陈述至此，又起立声明，该项规则系赵所订，如以为被告手订，应提出证据证明。

积余为招商局副业

原告律师仍续称，被告既系招商局总办所委充之经理，业经证明，则总办当然有权撤差，中央既命王部长监督整理，赵代行专员职权，赵当遵令接收。不料被告竟云无论如何不肯交卸，或通电，或登报，冀藉文字而博同情，今复连其手订规则及已接受之委任状，亦概予否认。但原告尚有证据，可以证明积余实系招商局之附属机关，该证据即被告请求市政府为积余注册之呈文是。文中明言"积余公司之章程，不能离招商局之章程而独立，故该项章程，实为招商局之补充章程，倘积余欲独立订章，须招商局全体股东议决"，由此自可知，积余乃招商局之副业也。

被告律师之愤慨语

被告律师搀言曰："原告及赵铁桥，皆非招商局或积余之股东，彼等之行为，无异攘夺商民产业，其如国家体面何？"言时露愤懑之状。

党国法令应受拘束

原告律师即称："原告奉赵委派，赵之代行整理专员职权为中央所界，处党治之下者，凡属党国法令，当然应受拘束。李国杰虽有特殊身份，然对党国尚能服从，赵铁桥非以其私人名义撤换职员，但依职权实可更换。现只须研究公司是否为招商局附属品，如确隶属招商局，则不能谓之攘夺。"

副业救主业之主张

查招商局对外举债，将产业抵押，并不用公司名义，而其财产银钱，复经章程订定，须交总管理处。政府委张人杰等整理时，被告曾在会议席发表意见，亦言公司系招商局副业，并主张以副业而救主业。被告之律师闻语即起辩称："其时被告因清理委员会各委员均甚公正廉洁，故有此主张。若赵铁桥者，人品卑劣，政府亦斥其措置乖方，倘政府而换他人，被告尚有商榷之意。"

既委于前可撤于后

原告之律师续称，"政府管理该局，原欲加以整理，倘使局与公司分离，则局方益形危殆。缘优越之地产，均在公司掌握，若任被告挭不移交，则从何整理？倘照被告之主张，势必发生不可思议之结果。盖局方股票价格已跌，如依被告主张，局方破产，任其破产，而公司则变为富有；

惟其股票，局与公司不能相离，前已声明，亦必变至一半有用，一半无用。赵受国府之命，不得不委员将公司接收，俾与招商局一并整理，以期毋负国府委任之意，李既奉委经理于前，自可撤差于后"云云。

委任状存根之签字

被告之律师遂请延期，因答辩时间甚久，非今日所能及，庭上准其所请，谕候订期传双方到案再讯，并将原告所提各种书类证据，发还原告律师收执，着令编号，下次呈核。被告之律师，对该委李充积余经理之委任状存根，仍极疑惑，向对方索阅。原告律师检交阅后，讵其复欲审视，并请庭上将该证据存案或签字作标记，冯推事爰签字于证上始已。

（1930 年 3 月 28 日，第 15 版）

积余公司答辩文

招商局符矩存诉李国杰一案，李特委托李时蕊律师撰状答辩，其状词云：

为原告诉请移交一案，提出答辩事，谨将本案事实及理由，分陈如左：

（一）积余公司之历史及其性质

积余产业公司系于民国三年旧历正月二十一日，经招商局股东大会议决成立，照四百四十万元分为四万四千股，每股一百元，填给股票，以四万元分给股东，作为公积股份；以四十万元分给招商局旧执事，作为公积花红股份，并经北京交通部电令准予照办有案。当时招商局董事会遵照前开决议，电令分别填给股票，并订定章程（章程抄本列证据第一号），载明成立经过及办事规程，一面设立机关，选派职员，于民国三年一月三十日，即旧历甲寅正月初五日开始办公，所有产业，亦经点验接收，列册执管。于章程第三条规定，"遵照股东大会议案，仍由招商局董事会兼任，并由会长负完全责任，惟须另举经理，常驻公司"。历年以来，均由招商局董事会照案选派经理，并由董事会长完全负责。至民国十六年国府颁布《监督招商局章程》

（抄本列证据第二号），十七年监督办公处颁订《招商局暂行规则》（抄本列证据第三号），同时设立总管理处执行业务。而招商局多数董、监，均因案查办，奉令停职，董事会职权，乃由《暂行规则》赋予董事会长（即被告）代行。适当时积余公司经理缺员，依照公司章程，应由董事会选派，但以招商局既在监督章程之下，此等重要事件，体制上以事先关白[①]监督为宜，经往返协商，结果于十七年三月六日，奉王伯群监督委令，命被告以董事长兼任经理（委任令抄本列第四号）。被告接受委命后，总管理处遇事挟持，并拟所谓《积余公司暂行规则》，强被告签允。事后被告以代表股东地位，接受官厅委任，并遇事迁就官厅之故，备受股东责难。至最近开股东大会之日，此种责难之声尚未终止（股东李孤帆启事列证据第五号）。被告不得已，乃一面整饬公司业务，一面具呈特别市政府转呈工商部，请准注册给照。至十八年五月二十五日，奉特别市政府社会局转知工商部，令准先行注册给照，并着将来公司章程，订定选举董事、监察人，制就股东名簿，各事完竣，依法补呈备案（批令抄本列证据第六号）。被告奉到前项批令后，即领到工商部颁给之公司注册第三类第五十八号执照（执照影本件列证据第七号），一面将注册领照情形呈报交通部监督办公处，请准备案。于十八年七月一日，奉监督王伯群第九十一号指令内开："呈及除［附］件均悉，该公司既经工商部注册颁发执照，应即准予备案等因。"（原指令抄本列证据第八号）被告至是，即遵照工商部指令办理股东登记，为订定章程及选举董事、监察人之准备，以便依法补呈备案；同时，因公司积欠股东利息一百一十余万，拟将所欠数月作为息股，加填股票分给股东，即将公司资本数目，由四百四十万元改为五百五十万元。办法拟定后，呈请王监督核示，亦奉批令照准，但声明须提出股东会通过后，始足以昭信守（批令抄本列证据第九号）。而商办轮船招商局股份有限公司，则经全国注册局另颁执照（影本列证据第十号）。

就此历史经过，缜密观察，对于积余公司，可得下列之定义：

---

① 关白：陈述、禀告。

㈠积余公司系招商局股东会议决，经前北京交通部令准成立之产业公司；㈡积余公司系经国民政府工商部注册给照，交通部核准备案之产业股份有限公司，与商办轮船招商局股份有限公司，划然两事；㈢积余产业股份有限公司之资本，系招商局股东及其新、旧执事存积未分之公积资金，绝无丝毫官股在内。

（二）积余公司与招商局之关系

商办轮船招商局，系资本八百四十万两之航业股份有限公司（参照证据第十号）；积余公司资本，系招商局股东及其新、旧执事存积未分之红利所构成，对于招商局有子母相生之关系。又因股东大会议决，积余公司应举之董事、监察人，由招商局董事会兼任，更因招商局章程第三十六条载明"本公司受积余公司之委托，代理积余产业公司一切业务，专设经理主管，由董事会监督之等语"（招商局章程印本列证据第十一号），是对于招商局又有委托代理之关系。

母子相生之先天的关系，已成过去之陈迹；委托代理之后天的关系，则至积余公司开股东大会，选举董、监止，未尝解除。但就委托代理关系中，有须郑重声明者两点：㈠委托人为执有积余公司股份之股东；㈡受托代理人为招商局董事会。

（三）积余公司与被告之关系

被告自民国十三年当选为招商局董事会会长，照积余公司章程之规定，应负该公司业务上之完全责任（参照证据第一号）；十七年后，代行董事会务职权，对于该公司有选任总理及监督之责任（参照证据第一号、第十一号第三十六条）；接受监督王伯群以董事长兼任经理之委命后，又有执管公司业务之责任；奉到工商部准予注册给照之命令后，又有筹备订定章程，选举董、监，编造股东名簿，补呈备案之责任（参照证据第六号）；奉监督王伯群发给息股，预经股东大会通过之指令后，又有召开股东会之责任（参照证据第九号）；自接受监督委命以至开股东大会，备受股东丧失权利之责难，有代全体股东、保持公司地位及其利益之责任。

（四）积余公司经理之选任权

积余既为完全商股之股份有限公司，其经理之选任权，依照《公司条例》及《公司法》，当然属于董事会。积余公司未有董事会以前，依照积余公司及招商局章程，应属于兼任代理之招商局董事会。民国十三年、十六年，关于推选经理及经理缺员，均经董事会慎重讨论，议决有案（十三年议事录抄本列证据第十一号，十六年议事录列证据第十三号）。（未完）

（1930年3月30日，第16版）

积余公司答辩文（续昨）

招商局董事会未合法成立以前，应属于代行董事会职权之董事长（参照证据第三号第一条）；在工商部注册给照后，应属于将来选出之董事会，此为依据经常法度，绝无疑义之事。即在过渡时期之变态中（即自监督章程实施起至注册结照止之时期），被告只会接受监督委任，亦唯监督会行使事实上之委任权，但其所委任者，仍非被告个人而为招商局董事长（参照证据第四号），非通常独立之委任可比，此又显而易见者也。

（五）赵铁桥之地位与其职权

赵铁桥为受监督委派，复由被告聘任之。招商局总管理处总办，应秉承监督办理事务，并有执行董事会议决案之责（参照证据第十条、第十一条前段、第十三条），其处理局务，每届月终，应将经办情形，分报监督、董事会查核（参照证据第三号第十二条）。董事会又有推定会办、襄助该总办处理事务之权（参照证据第三号第十一条后段）。

积余公司曾与仁济和保险公司，同由《招商局暂行规则》列入总管理处应办事务附属事业之内（参照证据第三号第十四条、第八项第二款）。依同规则所定，各科长、局长及附属机关主任，均由总会办呈请监督核定委派，但该总办无离开会办，单独呈请，或不关白监督单独委派之权。又因会办一职，迄未实现，科长、局长均由总办专主，呈请委派，而董事会受托代理之仁济和及积余公司经理之选任，则仍由董事会径商监督办理，与总管理处总办无与（监督办公处委任两公司原卷可以调阅）。仁济和保险公司经理欧阳荣之，系由被告聘任，函请监督加委（可以传问）。该公司经注册领照后，早经召集股东大会，选出董、监，独立营业，与监督办公处及招商局均完全脱离关系。

积余公司事同一律，且同为奉准注册给照，奉令召集股东会选举董、监之股份有限公司，其法律上之地位，已与招商局公司完全无涉，自与赵铁桥毫无关系。至赵铁桥续奉代行招商局整理专员之使命，系专指招商局公司，并不包含积余公司在内，有二中全会议决案可据（二中全会议决全文列证据第十四号），不容曲解者也。

（六）　交通部监督办公处之态度

事实上，曾委任积余公司经理之交通部监督办公处王监督伯群，对于积余公司因注册给照，已经核准备案，始终持严正守法之态度。至总管理处总办赵铁桥，于十八年十二月十八日滥权，令被告停职，委任原告接替之后，并无片纸只字涉及积余公司经理之进退，尤无令被告交与原告接收之公文。且于十九年一月十八日，嘱代理邮政局总办林实，以交通部邮政总局名义，与被告订立租赁积余公司房屋之契约（契约抄本列证据第十五号）；又于十九年二月八日，派员到积余公司检查账目，训令被告转饬主管人员，将应查账目随时检交（训令抄本列证据第十六号）。至原告原任积余公司副经理，亦曾受交通部监督办公处委派，其地位并未尝受命变更也。

（七）　原告在积余公司之立场

原告系积余公司副经理，曾受监督委派，于十八年十二月十八日接受赵铁桥委命之后，于十九年一月二日仍收受副经理之俸薪，其本家既非股东，其所欲接管之积余公司经理，既非由积余公司股东或董事推选，亦非由招商局董事会选任，又未经曾经受委任之监督办公处委派，仅凭一与积余公司无关之招商局总管理处总办赵铁桥之滥权委命，当然不能发生效力。

（八）　结论

基于前述事实及论断，可得下列之结论：

㈠奉准注册给照之积余产业股份有限公司，与商办轮船招商局股份有限公司，截然两事，法律上绝不相涉。

㈡有权处置积余公司事务者，唯持有积余公司股份之股东及其选举或委托之机关或职员。赵铁桥为招商局公司之总办，代行招商局公司整理专员，与积余公司毫无关系，无干与［预］积余公司之权。

㈢被告对于积余公司有历史上、法律上、命令上不可脱卸之责任。

㈣原告受无权干与［预］之赵铁桥委命，欲侵夺积余公司产业，负有责任之被告及持有股权之股东，当然不能承受。为此，状请贵院驳斥原告之诉，并命负担讼费；至要求原告赔偿积余公司因本案诉讼所受损失之权，暂行声明保留，实为公便。此状上海租界临时法院公鉴。具状人：李国杰，代理人：李时蕊。十九年三月二十四日。

(1930 年 3 月 31 日，第 14 版)

招商局纠纷何日了

—— 李孤帆又控李国杰，提出控告理由四点

近来招商局之讼案，层见迭出。先有该局总办赵铁桥与该局董事长兼积余公司经理李国杰之刑事互控，继有赵总办委任积余公司经理符矩存控李国杰抗不交卸经理职务之案，兹又发生该局股东李孤帆控李国杰及欧阳荣之违法开会之事。昨日午后，已由特区地方法院程尚青推事开庭审理，首由原告陈述理由：㈠本年二月廿二、三日开会，到会股东未满半数以上，查公司共有股东四万余股，是日到者仅一万五千股；㈡关于限制股权规定违背《公司法》；㈢积余公司乃招商局之机关，积余股东会应由招商局召集，今以积余公司召集系属违法；㈣积余公司登记注册为不合法。根据以上理由，故特起诉云云。旋由李之律师加以补充，略谓，招商局与积余公司唇齿相依，招商局之财产，皆系积余公司管理，若两相分立，则局方赖以借债之抵押品，均皆乌有云云。被告两人，无一到案，由其代理律师答辩原告所述之四点理由如下：㈠开会人数，虽未足法定人数，然议决各项，悉合《公司条例》之规定，作为假决议，俟第二次开会时通过，始作为决议，惟因发生讼案，故迄未曾开会；㈡关于限制股权之规定，系依

照《公司条例》；㈢积余公司已于十八年二月呈请工商部注册，业奉核准给照，自可与招商局脱离；㈣登记当然合法，至原告律师云招商局须依赖公司云云，亦属不确，招商局资本八百万元，负债额虽有一千四百万元，但其财产尚值四千万，何致于破产云云。

程推事以此案究由行政机关解决，抑由司法衙门办理，不无问题，应候考虑核办，遂谕改期再核。

（1930 年 4 月 9 日，第 15 版）

文官处仍饬交出积余公司

国府文官处前电沪市府，督饬李国杰将积余公司交出。顷据沪市府复称，李以碍难照办为辞。文官处当于廿八日再电沪市府，迅仍勒交，毋任抗延云。

（1930 年 4 月 30 日，第 16 版）

市执委会常会记（第十次）

上海特别市执行委员会，昨开第十次常会，由范争波主席，议案札要录左：

〖中略〗

临时动议：（一）常务委员提，李国杰迭次抗令，不将积余公司交还招商局，此事有关政府威信，应请中央咨行国府，饬沪市府，限令该李国杰将积余公司全部产业交还该局，以重政令。倘再故违，应即依法严办。是否有当，请公决案。议决：函请市府切实执行。

〖下略〗

（1930 年 5 月 1 日，第 13 版）

纷攘经年之积余争潮解决

——赵铁桥派员接收，李国杰交卸出局

近年招商局以时局关系，各路营业均皆不振，经济方面，不无受连带

的影响。该局总办赵铁桥，对于局务抱有极大的决心，主张乘时整顿、积极扩充，拟定分三个时期。而第一步之整理手续已毕，第二步便赓续施行其扩张的计划。第扩充必先有巨额的经济，始能按步设施，否则巧妇难为无米之炊。上年赵乃呈准交部，请将积余公司收归局管，盖欲利用产款，以作发展航业之资。迨至派员接收，而为该局董事兼积余公司经理之李国杰所拒，始则双方发生电报战；继而由赵总办下令免李职，以李抗不交卸，乃提起控诉，李亦进行反诉，涉讼公庭，纷扰已久。而此争执经年之积余风潮，至近日乃急转直下，由法律问题，而□□到行政处分，赵铁桥竟占胜利，李伟侯□无法抵抗，业将全部产业交出。今赵已派员接收，从此以后，赵之大扩充计划，得此巨额产款之利用，当可一一实现，此实我华航业界之一大关捩。兹将赵之接收积余公司情形，查志如后：

文官处训令责交

数月来，赵李争端，双方各趋极点，互不相让。及至本月初，国府文官处据赵铁桥之呈请，即下令上海特别市市长张群，转饬招商局董事兼积余经理李国杰，着将积余地产，克日交给新经理，如再违延，即予法办。迨经市政府将此令转行到积余，至本月五日，李国杰允将所管之全部产据，如数交出，而赵铁桥立即派员接收。

符矩存走马到差

符矩存之积余新经理，尚系去年由赵委派，以李之抗卸，未能到任。迨本月五日，李允交卸积余职，符乃到该公司，点收本、外埠之各项地房产据，并正式接事，至今日已全部接管矣。李伟侯于交卸职务后，即行出局，业已不到公司矣。

计划中之新办法

该公司之组织，向来于总办理之外，分为总务、工务、会计等三部，各设主任及事务员，分任职务。今符矩存在组织上，略有变更，业将新制度草定，已呈请赵铁桥核定，不日即可发表。目前最主要者，即为各产业中如租户之房票等，先变易格式。曩时由积余直接收租者，今改为加增招商局金库名义，会同收款，在房票等之收租单上，统已添加金库主任钟述祖之签字，以示积余为招商局产也。

招商局扩充所闻

积余公司已接收，招商局在经济上，已可流通活跃，而与扩充计划，实有联带的关系。近日局中之办事人员，亦十分有兴。据闻该局之全部扩充，为添造船六万余吨，并建新式洋楼，而目前先认为切要，而急需第一步之扩充者，系为扬子江内之发展业务。该局已根据调查之结果，先从长江上游，如宜昌、湘潭、长沙各路，增造大批铁驳及拖船，以为竞争上游航运之第一步。日来已在打样定建，闻共先造二十余艘云。

（1930 年 5 月 15 日，第 13 版）

代行特派整理招商局专员职权办公处公告第七号

本处附属机关积余公司业于五月五日由本处委派符经理矩存接收竣事，开始办公，并经通知各租户，此后收取租金，应以本处金库主任及积余公司经理会同盖章所制收据为凭在案。自后，该公司业务例常事项，统由本处所委经理接洽办理；至对外重大事件及签订契约，或有同等拘束力之文件等项，须经本处专员签名盖章，方生效力。恐未周知，特此公告。

（1930 年 5 月 20 日，第 3 版）

李伟侯撤回控赵铁桥案

招商局赵李之争，经调解后已将各种纠纷完全解决，即双方互控之刑事、民事各案，闻亦各自声请撤回。如李伟侯控告赵铁桥之渎职案，特区地方法院承办推事冯世德，原定期昨日午后开审，兹因自诉人李伟侯之律师状请撤回告诉，业经冯推事批准，故昨日下午遂未开庭。他如赵控李之案件，自亦毋需法律解决也。

（1930 年 5 月 21 日，第 16 版）

十八　收归国营

（全国交通会议）开会之第八日

昨日开第三次大会，解决招商局等问题；

今日大会行闭幕式，先举行第四次大会。

〖中略〗

（四）航政组。虞洽卿报告审查议案四十余件，分别归并。关于航业国有与否一层，审查时几费讨论。美国现取消国有航线，转而奖励商人，所谓补助金、奖励金等等，每年不惜巨金。吾国航业，官办一时无偌大资本；官商合办，恐股东事权上争执甚多。现招商局问题，审查结果，已决定官督商办，并由政府指令的款保息云云。〖下略〗

（1928 年 8 月 18 日，第 12 版）

招商局问题解决

以收归国有为原则

过渡办法官商合办

穆湘玥等主张商办

赵铁桥等坚持国有

两方有激烈之辩论

关于招商局问题，十七日讨论至十二时半不得解决，下午继续讨论，至六时始散会。

（一）上午讨论情形

今午大会讨论招商局问题以前，交王谓：兴举股东登记，登报无虑六七次，始稍有人履行，股东中不把持即捣乱。该局问题关系吾国航业前途不浅，至希诸位精密讨论云云。继赵铁桥声述：现以党员资格来讲整理该局经过情形。招商局原系官商股，都有野心，股东冠以"商办"二字，意在把持。航业为一国命脉，绝不能为一派人所操纵独占。招商局问题，曾拟五种办法：㊀国有；㊁商办；㊂官商合办；㊃官督商办；㊄商有国办。鄙意原主收回国有，盖官商合办，权限、股份、方针均难一致；官督商办，无甚实效。不得已求其次，亦必商有官办，行政权、稽核权归政府，监督权归股东、董事会云云。穆湘玥谓：鄙人既无一股，更无私人感情，今立于客观地位上发言。招商局商有国办，实系世界上独创制，闻有官督商办，未闻商人为主人，而国家拿去办。退一步言，如官办得当，吾人何必竞竞［斤斤］计较。往常四月份收入最多卅四万，最少廿六万，经官办后，今年四月十八万；往常五月最多卅五万，最少廿五万，今年官办，该月仅十三万；往常六月份收入最多四十九万，最少廿一万，今年官办，该月仅十万有余。一览此比较表，不难知何者优劣。并手指《商办招商局泣告书》曰，"此书有十人负责，如有谰言，不妨处罚"。又云，"开支从前为二千四百万，现在竟多至三千二百余万"。赵铁桥起言谓，此类书册毁谤造事不知凡几。吾人整理成绩，不难成案：从前用煤月十三万两，现在月不过九万余，而且整理时期内多少事，难道丝毫不知？收入何不就去年比较，去年该月不过数万余元，今年增加十数万。以从前极盛时代较，可谓极尽毁谤之能事。吾现敢大声说，招商局官办后的确比从前好。石芝坤谓：一、去年有军事，收入当然减小，商人且拟请政府赔偿损失；二、日本株式邮船会社系各小公司并合，国家为居间人，并非官办，且该会社系国外航业，招商局系国内航业，国家如有经营航业，何必向海外发展？何朝宗谓，今日招商局，除官商合办外，就断言无方法解决。讨论至此，已十二时半，主席宣告下午三时继续讨论。

今上午散会时虞和德疾趋主席台，与交王耳语招商局收回商办之必要，交王似点首示可。

（二）下午讨论情形

下午讨论情形：林祖潜谓，股份有限公司无论如何，最高主权全在股东，商有国办，于理不合。且招商局并非独占，当局无非恐商办不好。现在与民更始，何不试归商办，待其办不好再收回，始能振振有词。商有当商办，国有当然国办，商有总不能国办。招商局从前之坏，由官督有名无实。赵铁桥报告，适打长途电话到上海查账，与穆君言相反。据穆委员上午言，三月收入十八万四千七百九十八两，实则本局收入二十九万二千四百十一两，相差十万余两。渠言四月二十万两，实为三十六万，相差十二[六]万两。五月收入，据渠言为十六万四千两，实则收入为二十九万三千三百八十四两，相差十四万两。三十余万相差十余万两，可知彼系造谣，请主席注意。穆湘玥谓：此或非营业收入，有多数为借款押款。赵铁桥谓：实系营业收入。并云：现鄙人改提办法，彻底收回国有。陈体荣谓：国有国办，实极妥善。刘汲之主张官商合办。何朝宗、周钟岐等谓：商有国办，无论如何不同意，非国有即商办，且如商有国有，于招商局本身，前途危险实甚，将来人不敢投资，因股东财产无所保障，广东粤汉路即其前例；至于官商合办，系前清候补道无聊办法，不能实用。最好收回国有，先组估价委员会，将该局产业实价，设法由国家收回，从前英国曾行此法。陈体荣补充意见，谓可发公债收回。虞和德起谓：一、估价是照旧价，抑按市价？二、是否航业国有？抑仅招商局国有？三、现在国家是否能有钱收回？并宣读美国《航业杂志》载柯立芝批准航业商办全文。周钟岐谓：估价有三原则，一成本，二再生产值，三按其所得。按市利率算出之相当价值，现在以公债易股票未为不平。王晓籁谓：使招商局起死回生为吾人同一目标，鄙人主张官督商办，因现在官非从前官。主席宣告将五种办法逐一表决。穆湘玥更补充意见，谓官商合办须有官家资本，现招商局无官股。王伯群谓：李鸿章办招商局时实有官股二百万元，后改为四百万两。蔡培等又谓：总理政纲系谓航路国有，并非航业国有，航政与航路两者截然不同。航路国有者系指外轮不能驶入沿海内河码头，灯塔任何航业公司不能独占之谓。表决结果，一、商办五票；二、商有国办无票；三、官督商办二十五票。以上三项，否决表决。至此，王伯群供献意见，谓第四收回国有，与官商合办，两者不必分开表决，可合并改为以收回国有为原则，以官商合办为过渡办法，可否照此表决？虞和德主张，谓不必表决，可由该局小股东托商会来京，与政府商洽办理。蔡培、穆湘玥等又先后发言，结果，照王伯群意见表决，大多数通过。历年不易解决之招商局问题，得告一段落。至官商合办办法，将来再论。

（1928 年 8 月 18 日，第 12 版）

招商局应由国家经营管理之

陈祖怡

招商局为我国最大之航业公司，其办理之得失关系国家航权，亦即民生命脉之所寄也。国府有鉴于此，遂由清查监督，进而派员管理，于是素日盘据之徒大起恐慌，狡谋百出，阴图阻挠。假名商办，指摘当局，哓哓不已，似是而非，最易惑乱听闻。兹据党义及事实法律辟之如次，以质于忠心党国者。

（一）招商局在党义上应由国家经营管理之。查民生主义经济原则，同一生产事业，而有资本主义与民生主义之分，其原因安在。今但举其最概括之定义，即资本主义以赚钱为目的，民生主义以养民为目的也。人类自然之现象，因图生存而努力于一切利己行为，乃应有之趋势。运用私有资本，当然惟利是视，愈多愈善，至甚则居奇垄断以成资本主义也。欧美工业发达之国家，此种为害现象已极明显，渐使贫者愈贫，富者愈富，而发生社会问题。中经学者之研究，思所以挽救之。其和缓一派，主张用节制之方法以调和之，是为欧美最近经济进化之新趋势，使生产与资本二阶级化冲突而向调和之途也。其方法有四种：㊀社会与工业之改良；㊁运输交通收归公有；㊂直接征税；㊃分配社会化。凡昔日之认为无术以解决者，今均预为节制以消灭之，因而社会所蒙之灾害与福利相去甚远，此所以欧美各国争趋之也。我国经济现状虽无积重难返之弊，然依人类自然之现象预测将来之进展，正未可料。观于各国往迹，足征经济制度良否，实为一国治乱之源。总理体察世界大势以成三民主义，而以节制资本为民生主义之旨要，且于本党政纲第十五条明订："企业之有独占性质者及为个人能力所不能办者，如铁道、航路等，当由国家经营管理之。"故今日对于国内企业之有独占性及较大者当审其经营者之性质为何，辨其经营者之目的为何，务使其勿违于民生主义之经济原则，乃本党之责任也。是以招商局轮船公司为遵从党义、履行政纲，应由国家经营管理之，而勿容疑虑于其间也。

（二）招商局轮船公司在法律上应由国家经营管理之。查法学有普通法及特别法之分，政策有放任、干涉之别。寻常公司得采取放任主义，适用普通法。特种营业其性质关于国计民生者，如中央银行、邮船会社、交易所、保险公司，均取干涉主义，适用特别法，由政府特颁条例管理之。此等规定非但我国施行有年，而邻国尤有先例。其范围不外：㊀股东须经国家认可；㊁总裁之归国家任命；㊂营业之派监理官；㊃会计之委检查员。日本邮船会社规模宏大，执远东之牛耳，近更骎骎日上，此已为吾人所素知。然考其四十四年前改革之初，亦系商股官办，殆与招商局之情形适相吻合。所不同者，此为改组一公司，彼为合并两公司；此因腐败而衰落，彼因竞争而衰落耳。先是三菱公司营业极盛，专横垄断，几成独占之局，骤加运费至原价六成之多，世论哗然。复恃有改进党之为后盾，悍然不顾，遂激起反动，为自由党所攻击，而有共同运输公司之创立。两公司竞争剧烈，三年之间共同损失六十万，三菱公司损失之数亦相埒。乃由国家出而调停，议定以两公司之资本八十八万、船舶五十九艘、总吨数七万三千四百四十九吨，改组日本邮船会社，农部遣派社长代任经营管理，对于两公司之负债，以年利七厘于五年内担保偿还之。特颁命令三十六条，其中励奖、干涉、补助、处罚之规定，无所不至。加以委托得人，事权稳固，遂臻今日之盛，由世界第六位而一跃至第三位，使意、法却步，而与英、美争衡。现在之资本达六千四百二十五万，巨舶一百四十八艘，总吨数达八十四万三千八百七十三吨，较其创设之初且三倍而有余。故招商局在法律上之规定及证以邻国先例，应由国家经营管理之，未为非法也。

（三）招商局轮船公司在事实上应由国家经营管理之。我国素称大陆国，惟东、南二面临海，航线北起南满、大连，南至海南，沿海线一万数千里，中间各口岸、港湾被各国假名租借或强迫通商，主权丧失已非一日。其发展本国工业，既恃中国为消货场，其往来交通，航路为要，故于其航业提倡保护不遗余力。外人侵我航权，由沿海而内河，长江已成喧宾夺主。我国轮船公司皆系商办，政府不加过问，当然不能与之争衡，此不但营业受其打击，而国家所受之损失，直接为航权，间接于民生至重大也。年来外货充斥，漏卮无穷，虽关税为其总因，而航权旁落亦共次因。我国原料出产丰富，然不能以此地之余供彼地之需，良材不能自用，反由各国收买，归国制造以成品转售于我国，其利数十倍而不止。近年国人颇努力制造业，然以运输不便或需费过昂，因推行不广、周转不灵而至中落者比比皆是，此航权旁落间接损失于民生者也。查各国提倡工业、保护民生，以特别之规定某项原料或成品减费为之运输，待其消行发达，仍照普通定章收费。虽系暂时调剂，而收效于民生关系甚伟，航运亦因而益盛，故生产之于运输未可偏废。以我国航业言，苟欲达此目的，其根本固在废除不平条约、驱逐外轮，而入手方法尤须先有预备以图扩张改良。假使今日外轮全都停驶，用我自有之轮船担任国内外航运之责，是不但内河客货云集，壅塞不通，亦且必至与海外隔绝，等于闭关自守时之状态。夫日本邮船会社成立仅四十余年，今已雄飞世界，我国航业开办较早，今仍局促凋零于南、北洋，不出国门一步，相形之下，能不汗颜？语云："御侮端在自修，雪耻必先图强。"招商局对于国家既负有重大之责任，当然必须奋发以图改进。考其创立之初实为官办，于同治十二年由李文忠奏拨北洋练饷以成者，而兼招商股，此命名之义也。至今已有五十余年之历史，当其计划之初，非不远大，惜中途改组，退官股为商办，内之局务腐败，外之连年兵燹，业务损失不资。而国家不加保护，坐视洋轮陵〔凌〕侮，以至五十年历史之轮船公司仅有轮船二十八艘，近且负债累累，以全部四千万元之资产抵押五百万元于汇丰，至使全部资产失其活动，且随时可以破产。此非特国家之羞，抑岂当日投资股东所及料哉？今幸革命告一段落，国民政府遵政纲以履行其责任，特任专员负责经营，其进行程序为整顿、补充、发展，计划远大，尤须恃政治力之协济，故招商轮船公司在事实上应由国家经营管理之。

以上所举，皆其大端，凡忠实同志，真正股东，必乐观厥成，而愿为赞助之，岂但航权之幸，亦党国之福也。

（1928 年 10 月 15 日，第 19 版）

李国杰解决今日招商局问题之意见

国民政府、中央党部、各院部、各省政府、各机关、各省商会、各界、各报馆暨本公司各股东均鉴：

窃招商局问题，已成为今日最重要而亟待解决之一种悬案。诚以此局之兴替，大之关系全国交通，次之影响社会经济，远之摇动百年基业，外之牵涉友邦债权，苟于此中无精密之观察、切实之考虑、妥善之办法，则必贻无穷之祸患，而启绝大之纠纷。侧闻朝野贤达，讨论招商局问题虽意见不一，然大率不外下列三种心理：一种以为招商局富有资产四五千万，实为国中唯一最大航业机关，主张根据党纲第十五条，而将此局收归国有；一种以为招商局创办之初，仅有商股二百万，曾经提借官款二百余万，以为补助，嗣以公司发达，乃将官款完全拨还，变为商股四百万，后虽掣换航业股票八百四十万两、产业股票四百四十万元，但仍有此最初二百万商股之所孳生，倘由政府如数合以官款二百万，便可铢两悉称，主张依照本年八月全国交通会议议案，而将此局定为官商合办；一种以为招商局本系完全商股商办，虽屡经磋跌，实因时局不靖，影响所及，而属于人事者究不过十之二三，但求制度改良、用人得当，则招商局仍属有余之病，并非不足之躯，主张实践监督就职以来迭次宣言，而将此局依旧交还商办。是三说者，各有相当之理由，聚讼纷纭，迄难解决，遂成为今日臲卼不宁之局面。

国杰之愚，以为欲解决此问题，须将各个理由平情论断，究竟何者最适于招商局现今之病状？譬如良医，先定脉案，再施针灸，庶不为大言壮语所欺。而今病者宛转呻吟，久受痛苦也。主张国有之说者，盖见党纲第十五条所载，企业之有独占的性质者，及为私人之力所不能办者，如铁道、航路等，当由国家经营管理之。准是，则当先究招商局在今日航业界中，对于全国航路，是否确有独占的性质，请试考其历史而证明之。

招商局之设也，盖当五口通商以后，江海商权悉为外人占尽，华商转多附股于洋商名下，以求略分一脔。先大父文忠公愀然忧之，因谋振兴航业、提倡商权，藉以抵御外人侵略之力。惟在门户大开之会，舍兵战而言商战，自非以商力为主体，不能角逐于竞争之场。然而无官力为后援，亦不能希望有必胜之效。且鉴于英、法、美、日等国对于航业无不实力补助，遂毅然主张招收商股，集合商力，并由南、北洋先后拨借官款二百余万，以助招商局之成；又付以漕运专利，以为营业之基；择购各埠码头，皆为冲要之地；遇有洋商及地方交涉，靡不为之持平主持，以期胜利。凡兹策画，所以扶掖商业者，无微不至。实见吾国江海航权无形之中，俨为列强之所共有，而失独占的性质，欲藉商力以资挽救也。时至今日，北有政记，南有三北，外有怡和、太古、日清各大轮船公司，千樯云集，万流激进，纵横驰骤于全国航路之中，独招商局以二十余艘锈朽破旧不及四万吨之商轮，相与周旋应付，是已失抵抗之能，更何有独占之力？此当爱惜救护，以助其生，而不容摧残遏抑，以速其死也。

复次，则为此项企业，是否确为私人之力所不能办者？查招商局开办迄今，已阅五十余年，虽有初曾借助官款二百余万，然至前清光绪十五年，因北洋归还津沽铁路借款，奏明将本局所存各省官款扫数提出，拨归北洋铁路应用。其时尚存各省官款规平折合库平银五十五万八千七百六十五两一钱五分一厘，遵即如数提还清楚，经先大父文忠公在北洋大臣任内，奏明有案。其原奏内称，招商局原存各省官款，除订购铁甲船提用并陆续拨还外，其余银五十五万八千七百余两，既已尽数解缴铁路公司归还洋款，所有各省发存之案自应准其注销。至轮船招商局之设，原与洋商争衡，要在损外以益中，不可损下以益上，俾中国自有权利，不尽为外人所夺。现计开办至今，所收水脚银两不少，洋商轮船水脚因而跌减，暗中裨益商旅尤多等语。此实为招商局早无官款之铁据，且足证明久为完全私人能力之所及办者矣。其后文忠离去北洋，继任者昧斯策略，不唯无丝毫维持补助，且渐视为通常局所，安插闲冗，提充报效，总会办多至十余人，不到差之干薪多至数万两；而局中主事者又复凭藉官力，擅将公积现金移作他用，不以经营航务，招商局元气之亏，实肇因于此时。各股东私人方面，感受痛苦，至为深切。适值清廷颁行《商律》，遂群起要求改归完全商办，脱离官厅关系。计自章程奏定以来，正值国家鼎革之会，时局多故，军阀专横，频年战争，屡有征调军用、碰毁船只等事；航路阻塞，营业迭亏，各股东犹含辛茹痛，勉力支持，虽债累层积，剜肉补疮，而各重要优越码头地产，迄未肯贸然舍弃。其时纵有变产救航之议，或弃航保产之谋，终以大局为重，力维原状，以至今日。此尤足见私人能力，辛苦经营，历十余年之战乱艰险、亏耗折阅，而仍保持此国家体面仅存之航业机关，以与外商相持、争旦暮之短长者，其情亦尚可矜，而其力实为不弱也。

综上而言，是招商局之经营航业，绝非垄断航路而有独占的性质，又确为私人之能力所能胜办，历史事实，昭然具在，毫无违背党纲政训之处，似主张此局亟应收归国有之说，其理由仍未十分充足。且照总理国际共同发展中国实业计划，犹当尽力吸收外资。今以国中仅有之资本团体，不为维持保护，俾资号召，而欲解散其力，使归于销灭，政府何乐而以此项巨资，投于消失商力之事业，以成自杀之□？此又为力持国有论者，所当从容长计也。而主张官商合办之说者，盖见航业一事，官商间实有相互为用之关系，招商局晚近之所由失败，以无官力为之后援，因思定为合办之局，使官商两面各有资本利害观念，不致漠视。其说诚然。惟招商局现有资产四五千万，实为全局八万股份之股东，在法律上确切认定共同享有之物，虽其初入手商股，仅有二百万两，而五十余年来，艰难缔造，经全局股东职工之辛劳血汗，渐积而成此庞大之产业，乃中外具瞻，毫不可掩之事实。倘一笔抹煞，谓其开办之初，只有商股二百万，便思以区区二百万两之官股，平空加入，强与之合，是斩断招商局五十余年悠远之历史，而否认其在法律上享有四五千万雄厚之资产也。无论商民，决不愿意。就令迫于官□，勉强屈就，而无形之中，隐存歧异，冲荡排激之举将从此不一而足，势必致两败俱伤而后已。窃尝诠释合办之义，以为官商之间，只可合力，不宜合资。盖合者必双方愿意之谓，非可以一种势力强迫与合。

曾就合资一层而揭其要点有三，以陈于监督矣，请试申述之：（一）必两者之资额相称，权力平均，而后愿合；（二）必任何一方之资本额内，无其他债务牵掣，或有不能纯粹视为资本之款，而后可合；（三）必双方之目的相同，宗旨一贯，而后能合。今招商局资产确有数千万，即照通和洋行最近估价，本外各埠业经该行派员测绘，正式报告者，共计估值时价银二千六百三十八万四千六百九十七两；此外尚有岳州、长沙、湘潭、宜昌、沙市、北戴河、北通州、福州、汕头九处，未据测绘完竣，估定价值；而江海各轮船二十七艘，亦尚未估价列入。综其总数，已近三千万两。若再清查整理，精密□估，其确数实不下四五千万。且屡经股东大会议决，暨官厅注册立案，掣换航业股票八百四十万两，积余公司产业股票四百四十万元，其八百万两与四百万元之航产股票，既分执于各股东手中，而提存同人之花红公积航业股票四十万两，与积余公司产业股票四十万元，复由董事会迄今代为保管。倘一概不问，只认其有最初开办之商股二百万，便以官股二百万合之，此在军阀时代，尚不肯公然违反民众心理，至于此极，而谓我国民政府，当兹训政时期，方锐意革新事事，期与民众合作，宁忍出此？且国中各项实业，正当遵照总理计划，提倡建设，自应助民生利，而不可与民分利。况商民已有之实利，渐积之巨产，乃竟攫而取之、剥而削之，则将来中国中实业商民谁复再敢投资？此关于第一点，官商之间资额不称、权力不均，决不愿合者一也。

复次，则招商局资产总额，虽确实估计，不下四五千万，然负债已达一千二百万两，除已发给各股东航业股票八百万两、产业股票四万元外，其提存同人之花红、公积、航业股票四十万两，与产业股票四十万元，实应另款存储，专谋同人公益之举，不能视为股东所有之资本，任意挪动。且招商局及积余公司所有全部产业，均以债务关系，悉数抵押，不能丝毫自由转动，倘非政府先以一千二百万两代为清偿债累，取还押品，则招商局方面一时实无资金活动之可能。现值国家财政困竭、百废待举之际，何能骤以巨资投入不生利之一途，专代商民还债，是种空论，当然为事实所不许。此关于第二点，一方资本额内另有债务纠葛，更不应视作资本之储款，决不可合者二也。

不宁唯是，政府即以巨资四五千万，投入招商局，冀与商民合办，在势亦有所不能。何也？盖商民之目的，原以营业获利为前提，而政府之策略，当以交通便利为主旨。故航政计划，在政府方面，但期发展交通，虽明知其为失利，亦应毅然进行，耗巨金而不惜，商民则因资力有限，不得不顾念血本，权衡利害，此固商业之定则，难与政府强同者也。夫以不同宗旨之两人，而期其合办一事，其结果安有良好之可言？此关于第三点，双方之目的不同，宗旨不一，决不能合者三也。

基于上述三点，似主张官商合办之说者，非求合力而仅言合资，且所拟合之资，尤为二百万与四五千万分之比，其理由亦殊未当，不足以引起群众之同情，而表示政府公平宽人之策略也。至主张交还商办者，盖因招商局向无官本，历系商办，近自政府监督整理以来，一切用人行政，悉操之总管理处之总办，官重商轻，董事会空存虚名，虽曾颁订《暂行规则》，明定董事会与总管理处划守之职权，而迄未见诸实行。是以股东数千万血汗经营之资本，对于局事，不容置喙，胥由政府派员代为支配管理。无论所设总办，其人之资望、才识以及办理之成绩若何，然在法理上言之，究为一种超过程度之处置，殊未足以悦服众商。因思要求完全交还商办，以听商民之自行整理，自由贸易。是说也，国杰以股东之资格，居领袖之地位，当然应为我全体股东张目，以保持此五十余年商办之局面。惟因之有慨于中而伊郁蕴结，积十余年之隐痛，有不得不为我股东诸君破沥直陈，以共明觉悟者。

盖招商局之兴也，固由先文忠公扶持奖掖、辛勤培植而成，但上虽有贤明之长官，而下苟无精勤任事之商董，亦何能发挥而□大之，以臻相得益彰之盛。维时商办之董事，如唐景星、徐雨之、严芝楣者，或则统筹全局，或则发展基业，或则经理财政，皆各展其瑰玮卓异之才；既禀承文忠，会商南洋，收买美商旗昌船栈，以培根本，复与英商怡和、太古订立三公司齐价合同，以维营业，上下相资，兼程并进，实可称为创办招商局股东中之三杰。其后盛杏荪氏，以大股东资格，督办是局，虽用人行政，如□指挥，然其于官款还清之后，举行《商律》，奏定章程，改归商办，分股设治，井井有条，并于民国三年股东大会表决。为拥护公司根本扩充利源起见，将向来附属于招商局之各种房屋、基地、股票等，凡与航业无关之产业悉行划出，另组机关，建设积余产业有限公司，以图保存而期久远；同时挈换各股东航业股票八百万两，产业股票四百万元，并提存同人花红、公积、航业股票四十万两，产业股票四十万元。我招商局股东资本之确定，端在是时，其功诚为不可泯灭。惟惜其在督办任内，未将局中公积现金二百五十万两，专备添船造栈之用，径行挪作汉冶萍公司股本一百二十万两、通商银行股本八十万两、织布厂股本五十万两。当时目光外溢，未为招商局航业发展着想，以致欧战机会，竟因轮舶朽旧，不□应用，坐逸良机，空余浩叹。又当奏定章程之际，虽主张严格限制股权，以示大公，而于掣换股票时，竟将其本人所有股份化整为散，换成十股一套，以冀逸出限制范围以内。不意蕴此余毒，遂为招商局永久难拔之最大病根，此诚足为老成先达所追惜也。间尝私论，招商局曩时人物，谓如唐、徐、严三公，皆怀有百年远大之计，与先文忠公所抱商战策略实能沆瀣一气，其眼光智虑，均注重对外，而不仅在对内，招商局之□此三杰以兴，亦为一时异数。

至于盛公，则因国家多故，内讧日亟，其所施策略，皆为因时制宜，补苴罅漏，而未暇虑及将来之局变矣。即如所定八股办事之制，亦多未见实施，惟银钱股则蜕化而为会计矣，绎翻股则沿袭而为主船科矣，揽载股则旋变而为营业科，又分出而为沪局矣。自三科分立，而公徂谢，上无统率驾驭之才，下有朋分割据之势，虽曾一度改设经理之制，但因太阿久已倒持，积重何能遽返？且所谓经理者，亦无盛公当日之雄才大略足以笼罩一切也。是时，国杰滥竽本局董事，而会长为杨君杏城，睹兹尾大不掉之形，早有拂衣求去之志。继任会长为孙君慕韩，国杰谬膺副选，论职权则逊于经理，论名义则亚于会长；且三科鼎峙，各有专司，浮沉其间，本可藏拙，惟默察局中隐病，潜伏已深，长此嬉荒，决将暴发，自顾职责，分所当尽。固亦尝审慎建言，提出方案，乃能微德薄，诚信未孚。又适当欧战之后，局势稍振，方各以为招商局前途幸福无量，盛时危语，何能动听？顾鳃鳃愚虑，则以公司本身根本未清，股东名簿尚未完全制备，历次召集股会，除循例选举董监、报告账略以外，即无余事。大股东世系皇基，三科长俨同藩镇，以斯制度，而适用于商业机关，欲其历久不败，断无是理。果也，民十股东大会，风潮勃发，内部溃裂，国杰因乘时建议改革制度，修订章程。十一年复发生交部查办风潮，其时内情未协，外侮猝乘，岌焉不可终日。我众股东乃成立股东维持会，对外蕲有以公布而谅解之，对内蕲有以检查而整理之；修订章程会因以所拟草案，送请审查，酌采旧章，参合《商律》，笔削再三，始行脱稿，经由十三年股东大会正式通过。惟于限制股权一条，各方协议，迄未解决，仍复保留。缘此一端，遂生万变，章程全部，亦未实行。

尔时国杰忝任董事会长，虽经理之名已废，而三科之制未更，权限不清，情形愈坏，每设曲突徙薪之谋，只贻马耳东风之诮，素餐尸位，负疚良多。迨十五年十月，停航议起，国杰认为事体重大，期期以为不可，乃众意坚决，无可挽回，而招商局之祸患，从此起矣。翌年春间，果有人藉为口实，控诸国民政府，于是查办接受之声，轰然忽起。因不避艰险，奔走陈说于蒋总司令、白总指挥之前，幸蒙采听，先筹复航。当杨杏佛来局接收之际，相与抗辩终日，卒为愚辞感动，率众以去。招商局未即拔赵帜而易汉帜者，亦云幸矣。其后清查整理之命下，复遍谒当局，再三申诉。此蒙张静江主席，允以该委员会设立，先事清查，暂不言及整理，藉予我商局自动改良之机会。于是国杰倡议，召集股东大会，认真改革，冀以外免干涉，内固根基，并于事先博访周谘，悉心筹度，拟具财政救急案及局务整理案，思于会中提出，公决施行，藉图挽救。满意此次会议圆满，付托得人，局务改善，壁垒一新，国杰亦得稍遑愆尤，及时引退，藉避贤路。而孰知去岁六月二十五日，临时股东会议场中，复因久悬未决之股权问题，演出一幕滑稽笑剧，至无结果而散。斯诚招商局之绝大不幸，而益叹昔贤智虑偶疏，其秕政余毒，竟以贻累于今日也。向使招商局股东名簿早经制备，各股东真实姓名完全具在，而股权限制公平实施，则历次股东会议，皆由真正股东列席，众小股东均有扬眉吐气、昂首发言之权。想我八万股份之股东中，未必无宏才伟识如唐、徐、严三公者，接踵继起，共致招商局于中兴，何至冒滥伪替，常任野心家操纵把持，而众小股东，悉钳口结舌，销声匿迹，甚且不敢自承其具有股东资格，以及股份多少。盖专制积威之下，弱小民族，压迫已久，固有如斯之消极现象也。国杰对于兹后，召集股会主张，非常慎重，以为宜有合法之准备及适当之办法，方不致重蹈故辙，贻笑中外者，实有鉴乎此耳。

其时国民政府因交通部正式成立，取消清查整理委员会，移归接办。而部中鉴于商局内部情形，忽提出督办招商局议案于国府会议。国杰闻讯，赴部力争，幸荷国府诸公暨王伯群部长，鉴谅愚诚，特将督办名称改为监督。然章程所定，则股东及董事所有职权，悉在钳束之下矣。国杰深愧不获感孚同人，共谋补盖，惟有一身当冲，抱定"忍辱负重，委曲求全"八字，勉维现状。旋见事机日逼，因与同人商酌，拟提方案，急图自强。乃属草未就，而责成整理之功令，风行雷厉而来，迫不获已，辄复漏夜篝灯，条具意见，依据旧案，分设六股，单衔呈请监督，冀以自动改组，保全商办局面。顾监督始终以招商局痼习已深、病势綦重，此等改革大计，非旧董所能胜任，乃断然处置，特派总办，改设总管理处，代为整顿。

此种趋势，国杰早已见及，曾于十六年十二月初旬，公告各股东，征求意见，惟自愧德薄能鲜，疑谤纷乘，大厦倾危，孤怀谁语，适股东联合成会，因即敬奉辞章，闭门思过。乃局中上下同人，创巨痛深，群来推挽，不容引退，而交部当局，复殷命负责维持。窃睹王部长慈祥恺悌，体恤商情，其所颁订暂行规则，董会地位固赫然犹存，商办□义，亦未丝毫更变；并蒙一再表示意见，绝对维持商办。感奋之余，窃思相据此项暂行规则，为我股东保持商办公司地位，遂不惜牺牲一身，固守于此，声明以待罪之身，方思补过一切，薪公概不支领。讵外间未明真相，仍多揣测，是直未知其用心之苦，而受事之艰也。

兹将所历困难情形，以及局中病状、症结所在，痛发敷陈，非欲诿过于人，而求有以自显，实为主张完全交还商办之说者，相与谋根本自救之道。盖医方虽定，而茫然不知病根何在，窃恐一药而毙，等于庸医之杀人。似此空言求还商办，而实际未及筹划者，仍属一偏之见，未足以图存也。

综上各□理由，已一一为之申论。国杰愚见，以为必于诸说之中，皆先求有办法，然后可定主张。倘贸然行之是犹盲人瞎马，夜临深池，未有不占灭顶之凶者。盖招商局问题，内容至为复杂，不唯具有商业的地位、历史的因革、人事的变迁、债务的纠葛，且实含有政治的意味、商战的策略，故研究此问题，应先注意下列各种要点：

一须认定招商局，非只属国内一种普通航业机关，实由国家提倡商权、集合商力，准备收回江海航权、向外发展之基本商战团体；二须彻底觉悟，招商局非仅凭官力或仅属商力之所能胜办，必官商协力，上下一气，斯有挽救振兴之策；三须洞悉招商局病根所在，因无完全股东名簿，及实行限制股权之故，必迅速认真办理股东登记，根据旧章，妥筹限制股权办法，以便合法召集股东大会；四须体察招商局本身究非虚弱之症，必极力设法解除其各种束缚，积极整顿，庶可望就本身以谋自救；五须深念招商局现在各股东中，何尝无杰出之才、积学之士，必痛革以前选举紊乱认票不认人之积弊，俾大小各股东中，权力平均，真实人才，得以蔚起。

凡兹数点，实为逻辑学上应行列举之重要条件。窃冀我政府与股东及社会三方面，对此问题，各皆放远眼光，开诚布公，共谋百年大计，而不以砧肉釜鱼视兹生命垂绝之招商局，俾我中国最大之航业机关，起死回生，不至中道颠覆，藉其已成之基础，充实发挥，使得立于永久不败之地；同时并将江海航权，迅图恢复，毋令外人轮舶，飞扬驰骤，出入于我国堂奥，若临无人之境，则国家幸甚，招商局幸甚。区区愚虑，伏希公鉴。

商办轮船招商局董事会李国杰叩，歌①。

（1928 年 12 月 7 日，第 16 版）

真正股东对局事之应有认识

比月以还，屡有自称招商局股东印发宣言，或呈诉当道，极尽抨击本处之能事，使果义正词严，事真情确，本处同人敢不虚衷采纳，感惠嘉言。顾一审其内容，既颠倒事实以逞其诬蔑，复阴有主使冀遂其把持，鱼柳一串，始终无改，于以叹真正之股东固皆噤若寒蝉而未尝有纤毫表示也。迄最近始有王均卿先生致私函于本处俞□□科长，函中说诗、论艺之余，颇多涉及商局管理问题，而咎俞君拥赵入局之不当（按，赵总办来管局务，系奉监督命令，授自政府，于俞君何与?）俞君乃为复书剖析，于股东利害之辨，尤为深切著明。记者循诵两函，虽深觉王君观察出发点之过差，而甚喜真正股东之渐能注意于局事，此真招商局之空谷足音也。俞函本系个人私函秘不发表，余请俞君公之于本刊，藉为针芥之引，而蕲多数股东之共起讨论焉。

虽然，记者读俞君之函犹觉有不能已于言者，即多数股东欲对局事有正当之主张，应先对局事有真实之认识，庶几执利执害，不致窜入谬误诪张之岐途。否则蔽于浮词、惑于妄说，贸贸然动其意气之主张，鲜有不为股阀所利用，而蹈往日多数股东同归失败之覆辙矣。

---

① 在《韵目代日表》中，"歌"指 5 日。

第一应认识今日局况之良窳。股东所望者，非局务改进、百端就理，以免颠覆欤？然则自改组以来，总管理处负整理之责任，于积弊则伐髓洗毛，务清其根株；消费则核实综名，务绝其侵蚀；生产则浚源塞漏，务固其本体。其翔实情形与精细数字，业于某日向全国党部民众通电中报告无遗，想多数股东均已鉴察及之，兹殊毋庸词费。惟存作用怀疑之徒，仍有谓此项片面报告不能尽信者，不知赵总办者国民政府下之职官法人也，对党部民众之通电，亦即绝对负责之证据也。倘此可以不实不尽出之，则对监督之报告暨将来监督之查核，而竟不克与通电相符，是其枉上欺民之罪，宁有何辞自解此何事者，而可以面壁虚构为之耶？或者招商局旧日局阀盘踞之日，账目从无复算之期，股东绝无过问之权，任意捏造，莫可究诘，遂以惯技转度他人耶？不然胡竟昧于国法，而若是想入非非也。故凡多数股东苟审夫此举，可于此报告通电，认识商局今日办理之真相，设亦存疑莫释，则尽可请命政府查账，从速彻底宣布查账，固吾人所欢迎也。惟必须公诸正当之机关、公正之态度、专家之学识，乃足征信，而不可以私人之攻击、挑剔，固为腐化分子报复之工具耳。

第二应认识今昔事实之比较。股东所望者，非丰收节出、免增债累，以保局产欤？然而彼捏词攻讦本处之徒，凡旧日假债舞弊之事实，从不敢有只字提引，为今昔相形之对照。窃以为股东于此，但观旧日营业不疲、用人弥少，何以莫资支持，岁须举债？今日用人较众，兴革愈繁，何反代还夙欠，更偿两年债息（事实亦详上次通电）？孰优孰劣，一言可决。设使旧辙长循，全局产业早归汇丰掌握，既无意于付利，复益借以分肥（去岁三月到期利息，前手置之不理，确证具在，非同臆测），由是一摘再摘，债台愈筑愈高，至无法偿还之日，即产业执行拍卖之时。况黄浦两岸码头，觊觎久有人在，某行放款，固寓深谋，债限一届，决无通融，产业一去，根本消亡。彼时多数股东虽有保产之心，恐无回天之力，亦只徒唤奈何，坐视血本流于澌灭而已。幸于危急存亡间不容发之际，王监督奋当机立断之计，亟令改组，筹付债息。赵总办秉临渊履冰之戒，建量入为出之政，收支适合，局本顿坚。如果迈进无阻，获盈理债，原期操券，是则局产之获保全，局用之足自给，实赖政府为之去旧更新，固大有造于股东也。明事理者宜若感激不暇，奈何转惑于旧图亡产者之讹言，亦为诋毁政府之附和，毋亦对于今昔局况，太无理智之认识乎？

第三应认识国家管理之意义。我国航业衰敝，领海内河，外轮纵横，舳舻相接，此犹人之喉吭见扼强梁，死命之致，迫在呼吸，帝国主义者之经济侵略，全国工商企业之竭蹶难振，胥以此为最大枢纽。先总理内筹民生之新机，外鉴世界经济之趋势，更证他国航业发展之历史，深知我国今日航业欲求化瘁成荣，俱非赖国家有统一之政策不为功。爰有党纲第十五条之规定。盖知一任商办，则只以个人获利为目的，决不肯以国家交通为前提。于是开辟航线、置备船只，举难合于交利政策之设施，而碍民生工商之发达，阐其真义，固与铁路、邮电之必须国办初无二致。我国民政府谨循遗教，爰对招商局有清查监督整理之正举，乃难者动谓政记、三北等公司，同属航业范围，胡独此张而彼弛。殊不知政府对于航业政策，固必依据党纲建立整个计划（见王部长对记者谈话），对于任何公司均将有一律办法，决无轻重轩轾之判。方今统一功成，正在居中研议，不过其他公司尚堪维持，犹无危险，毋庸急剧处置。若最大机关之招商局，内则蟊蠹丛生，外则豪强伺隙，稍一迁延，即将沦入帝国主义者之手，而为外国公司所兼并。政府为保全本国航业起见，不得不迅予挽救，以免局蠹之断送。迨蟊蠹虽除，然研丧已甚，仍不得不代施整理，从以奠其基础，并待整个航业政策之决定。盖皆为全国航业前途之发展计，竟有指为久假不归，抑何不识大体，岂有堂堂政府而夺此皮骨仅存之航产乎？抑尤进者，假令政府对于招商局真已决定收回国办，或定代为整理，若干年而后交还者，对于股东血本均必有切实稳固之保障。须知"收回国办"与"代为整理"两名词，皆与"没收"之义大相径庭，皆与股东有利而无害，较诸旧日局蠹竞蚀，必至破亡，而多数股东始终莫能置喙者，其得失之去，何啻天渊之别。故股东果皆认识国家管理之意义者，则知受命管理之当局，整顿局务，应付债权，事至艰而任至重，有绝对之义务，无几微之权利，只许其发达，不容其颓灭。否则万一绝无成绩真致亏折，是管理者何以对政府？政府何以对全国之民众？故政府管理一日，即不啻为招商局生命安全保证一日，而且经此一番整理，向时弊窦尽被揭发，他日即令任谁继住，亦难再袭窠臼，尤不啻为招商局永久建一钢骨之基础，为股东者从兹晏然高枕，复何忧疑之有。

第四应认识破坏整顿者之真面。自发见署名攻讦本处之股东以来，业已数见不一。然本处遍查股东名册，俱无此辈之姓名，复查所执股票，又皆某氏一家之公股；更考自称股东代表之平生，则非依附军阀之官僚，即属久经腐化之政客。真正股东试一闭目深思，某氏何以肯假股票于此辈，此辈何以肯为效命而不辞？则知其所以沆瀣一气，无非欲互相利用，冀于股会开成之日，藉其独占多数之股票，济以化整为零、一股一权之妙用，得以攘取局董，相携入局，重演复辟把持之故事耳（按某氏公股前于协济会请求登记事，除备当选董事之三数人，仍以二百股登记外，余则仍本故智，十股、二十股之一户，以便股股着实，一手操纵。此种恶根，李国杰会长此次发表意见中亦已慨夫言之）。似此局蠹、股阀、官僚、政客包办请开之股会，纵克开成，如多数股东非健忘者，则其结果所在，亦不过举往股会情形复映一幕而已，多数股东究有几何行使股权之余地耶？抑乎人再查商局过去历史，光绪年间局存公积二百四十余万，使以造船购产，滋息至今，裨益于局，其利何如！乃竟为人擅自挪移，倾数虚掷，局受打击，由来已远。又最近十年以还，盘踞局中，恣意划削，果以谁何为厉？此种戕贼商局之祸首，敢问多数股东亦有真切之认识否？今乃主持幕后，反对整理，股东诸君亦能信其所言所为，确系利局、利公而发否？曷观汉冶萍之近事乎，公司规模非不庞大，经营业务非不多利，然而公司卒以债累而覆。今之阴谋破坏整理者，是否与断送汉冶萍之人二而一者欤？故由今之势，商局纵即交还股东，试问股东诸君，敢下能保商局不亡之保证否？股会即告开成，试问股东诸君，敢作充分行使职权之自信否？倘果觉悟及是，则对于把持摧残之櫜[1]阀，别具深心之异类（即伪股东），均宜亟加严重之裁制，而后主张始臻正〈正〉大，权利庶获保持。否则，盲从晓晓，适以供人利用，毋亦舍本齐末，近于认贼作父之类欤？

以上所陈，言皆据理，事皆凭证。股东诸君如真爱局并爱其自身之利益者，宜可恍然于商局前后之底蕴，与今日诪张之背景矣。本刊言论公开，真正股东如能以光明之态度、平情之理论来相讨究者，则固本刊之所

---

① 櫜：gāo，古代车上用来盛东西的大袋子，泛指袋子。

甚愿而甚欢迎者也。

（1928 年 12 月 15 日，第 21 版）

市指委会请收招商局为国有

——准六区指委会之呈请

上海特别市第六区党务指导委员会，前呈请市指委会，转呈中央，将招商局收为国有。现闻市指委会于七十次常会议决，准予转呈中央，将招商局收为国有。至派员查账一节，请中央另派大员办理，并请中央准市指委会派员参加云。

（1929 年 1 月 14 日，第 14 版）

招商局将由国府直辖

——组织整理委员会，内定九人为委员

招商局总办赵铁桥，前曾遵照二中全会决议，呈请国府遴派专员接办。兹据可靠消息，招商局将由国府直辖，并组织整理委员会，内定以虞和德等九人为委员，日内即可发表云。

（1929 年 8 月 17 日，第 14 版）

整理招商局三办法

〔南京〕整理招商局案，经中三〔三中〕全会交常会详细讨论，提有三办法：甲，国营；乙，代管；丙，官商合办。闻代管办法，系仿日邮船会社例，以十五年为期，仿中央银行例，设委员会为议决机关，司监督指导，以专员负执行责任，委员会中有股东及实业、商（业）、航业三界代表。代管期内，并指定的款保息。官商合办说，不易成立。（七日专电）

（1930 年 3 月 8 日，第 8 版）

赵铁桥为招商局事建议

上策收归国营

中策国家代营

下策官商合办

赵铁桥向三（中）全会建议云，为建议解决招商局根本办法，仰祈鉴纳决议施行，以扬党义而兴国航，藉宏建设而裕民生事。窃我国航权沦丧、产业衰颓、民生凋敝，需要航业建设，实属刻不容缓。先总理周览世界潮流，洞晰国内大病，虑之熟，计之精，故于《三民主义》、《建国政纲》、《实业计划》诸立党立国之要著中，靡不对于航业建设之道，详阐其理论，明示其策划，确定其办法，至再至三，不厌烦数，为我革命同志绘一完善精密之图样。故在今日本党同志而言，航业建设，其研究计划，决不能更胜于总理，则舍遵循遗教及政纲以外，实无更便利、更善全之途径。招商局为我国最大、最久之航业机关，亦即党国兹后兴航救国之唯一基础，究应如何办理，自当依照总理指示，为一切先决。故去年六月二中全会决议，收归国府直辖管理，固在笃践总理遗旨。奈因国、商界限，尚未划清，致使葛藤潜长，聚讼犹纷，主张既多离党整理，遂碍进行，影响所及，足使主义信仰、政纲实施，均受莫大之摇动。铁桥忝奉政府命令，并承监督指导，权管局务，业逾二年，上体党国之使命，下审招商局之内情，积二年观察经验所得，认定根本解决方法，最上之策，唯有遵从总理手定政纲，收归国营办法为第一。必如此，然后已往之纠纷困难可解，将来之整理、发展可期。其次，变通中策，亦宜效法日本振兴航业代管邮船会社之成法，订定国代管期间，亦可免腐化股阀之把持摧残，而收长足进步之成效。若舍是上、中二策之正路而别由，在党在例，皆无根据之曲径，则无论为交还商办，或改官商合办，吾人验诸前事，考诸情势，无非重蹈覆辙，适陷断潢①，徒隳党国威信，实系必败下策。此事利害得失，毫厘差于千里，铁桥分属党员，且又职责所在，不敢知而不言，谨将上、

---

① 断潢：潢，低洼的水坑。比喻错误的道路，无法到达目的地。

中、下三策办法，粗为诠证于次，伏请大会鉴纳审议。党国航业，实利赖之。

（一）上策：根据主义政纲，收归国营

（甲）办法：依现时招商局情况，收归国营，只须政府在上主持提携，予以经济上信用之赞助，并不须立筹若干巨额现金，以畏难生疑。

第一，偿还股本办法，可分三种：

（子）照招商局股票市面买卖现价习惯，完全收买，〖中略〗招商局自身，即有能力筹出此数，不待政府费力；

（丑）照全部实股及增发股票（按，招商局后以余利增发之新航股及产业股，总数为四百四十万两及四百四十万元，并未正式官厅批准，法律上毫无根据）票面偿还，则股东已大占便宜，然为示本党宽大计，亦姑可行之。可以本由轮船收入之海关吨钞作担保基金，发行股东公债券分偿，保息三厘，预计十五年偿清，此中亦应再除盛股之数（即航股二万八千四百股，产股一万四千二百股），实数只须发公债八百万两；

（寅）即再放宽一步，照产业计算偿还，计全部产业，除抵还欠债外，尚余二千万两稍强，即仍以上举吨钞发行公价券，展长十年为二十五年还清，然此法已似政府过于吃亏。

依上三法，无论还现金或发公债，而公债又有提供基金保息，稳实可靠，较之以前徒拥股票虚名，毫无官利红息，已远隔天壤，当无不乐从之理。然在政府只以吨钞担保，就十五年及二十五年偿清，每年所费仅六七十万两已足，若依现征金位，每年又可增收吨钞六十余万两，于国库无丝毫影响。

第二，筹措整理资金。整理资金共约需二千万元，以一千万偿还汇丰巨债，抽出全部产业一千万，专供造船、筑码头等建设之用，即以汇丰抽出之产业作抵（约值三千万强），或请政府转令中央银行承押，或由国内各大银行承押，产业确实，银团当然可承受。

第三，组织人员。既归国营，则组织人员，宜于执行、督促、监察三方兼顾。窃以为须设总办一人，理事七人，监事七人，皆由国府特派。理事应有代表实业界、银行界者各一人，专负设计兴革督促之责，并指定常务理事三人；由常务理事中遴选监事，应有代表国府审计部、交通部、工商部及实业银行、航业界者各一人。全体人员，任期均为三年。至此项收归国营之理由，其在党的立场言，凡我同志，靡不熟晓；其次关系国防、军运、文化、实业、对外贸易等事，均无不以国营为宜；再次则招商局创办发展，胥赖官资官力，贪吏侵改商办，亦事实昭彰，尤应收归国营，毫无疑义。

（二）中策：国家代管

代管本经二中全会决议之政策，毋庸再举理由，惟有四项先决要点，非经大会确定，不足以息局蠹争持破坏之纠纷。

第一，代管期间，应请规定为十五年，俾国家政策可以按程实现，办理人员可以计时奏功，此系日本国家代管邮船会社成法，深足借镜。

第二，代管亦须理债筹资，前途始有希望，办法如国营整理资金之筹法，惟不须偿还股本，吨钞似可挪移一部分，作发行整理公债基金，则更活动。

第三，应由政府代任保息数厘，每年只费三四十万，既示党国兴航真诚，复坚股东信仰。况资金活动，整理效速，如有盈余，正式发给官息红利，则自无须保息，政府仅暂负其名，或竟不费毫厘，亦未可知。

第四，代管人员组织，窃以为仍可维待二中全会原案，以委员会与专员并行，惟委员会中宜加入实业界、银行界、航业界各一人，一以互相联络，使谋产业经济共同进展；一以互相监督，藉收烛幽察隐之效。

（三）下策：官商合办及交还商办

官商合办，为理不通，而必失败之事。盖一则政府如合办，不啻将本党主义、政纲中规定各点概行取消，将失全国民众对于本党主义之信仰；二则国重政策，商重牟利，目的径庭，根本即难合作；三则官商一炉，握权争长，牵制必多，今日已苦此制，岂可再蹈覆辙；四则官商主体莫定，外界怀疑愈甚，信用决难坚立，以如此触处冲突之现象，宁有和衷共济之可能？〖下略〗

（1930 年 3 月 20 日，第 14 版）

国府公布《整理招商局条例》

国府十五日公布《整理招商局暂行条例》如下：

第一条　国民政府为整理招商局，以发展本国航业起见，遵照二中全会决议，特设委员会，专任监督指导之责，并设总管理处，派专员一人，负整理经营之责。

第二条　左列事项，由委员会议决行之：

（子）航业方针之决定；（丑）附属机关之废置；（寅）所属职员任免保障及服务原章之审定；（卯）资本之增加及股权之清理；（辰）预算、决算之审定；（巳）债权、债务之清理；（午）盈余之支配；（未）契约之订立及废除；（申）产权之保管及整理；（酉）其他重要事项。

第三条　委员会设委员九人，由国民政府选派之，并指派一人为委员长。

第四条　总管理处由专员负责，执行全局经营整理之一切事务。

第五条　专员得随时列席委员会，报告业务情形，陈述意见。

第六条　委员会设秘书处，处理会务；设总稽核处，专任审查总、分局及附属各机关出入款项，并汇办预算、决算事宜；设设计委员会，专任擘划本局一切兴革事宜及财政整理方法。秘书长、秘书、稽核处长、设计委员会委员及各职员，均由委员会委用。

第七条　总管理处设秘书室及各科，处理局务。秘书长、秘书、科长及各分局长、各附属机关主任，由专员荐请委员会核委；其余职员，均由专员委派，报告委员会备案。

第八条　委员会因处理法律事件及备咨询之用，得聘任顾问。

第九条　总管理处关于航务会计及其他技术人员，得聘任外国专家。

第十条　委员会每半年应将本局业务情形、经济状况及各项营业计划，呈报国民政府一次，于必要时，由国民政府派员检查之。

第十一条　委员会组织章程、议事规则、总管理处及分局组织章程、办事细则及会计检查规则，另定之。

第十二条　本条例如有未尽事宜，得由委员会呈请国民政府修改之。

第十三条　本条例自公布日施行。

（1930 年 9 月 17 日，第 8 版）

招商局整委谈话会

整理招商局委员会委员，早经国府委派，惟因张委员长群，一再坚辞，各委亦未就职。该局李专员，鉴于局中各项要务，急待进行，特于十月八日上午十时，邀请各委员莅局，开一谈话会。整委陈希曾、郭乐、李国杰、王延松等，均按时到会，交换意见；并商定在整委正式就职以前，每星期三，在该局开谈话会，随时商洽一切云。

（1930 年 10 月 10 日，第 18 版）

李仲公发表整理招商局意见

——根本办法能确定，整理债务易着手

招商局总办李仲公，于昨日中午十二时，假新新酒楼，宴请本埠各报馆、通讯社记者，到二十余人。席间，李氏发表整理招商局意见，包含该局过去历史、目前经济现状及将来整理办法，甚为详尽，兹录大要如下：

招商局自同治十一年借练饷二十万串开办迄今，已有五十八年。在此五十八年中，由官办而官督商办而商办，性质既一再变更，内容亦日就腐败，历来主持局务者，无不化公为私，结果则私人肥而招商瘦，剥削侵蚀，以至于不可收拾无法挽救之地位。即就所论"商办招商局轮船股份有限公司"而谓，商办公司之必要条件有二：（一）为向政府为合法的注册；（二）为有确实之股东名册。然招商局则两者均不备，谓之商办公司，实有不伦。自国民革命军奠定东南而后，航业关于政治、经济乃至社会民生之重大，以招商局关系航业之重大，乃由派员清查而代管。三年以来，因国府历次发生讨逆战事，环境所使，虽有赵前总办之努力奋斗两年，而整理成绩，未能有良好之表现。现在讨逆军事已将结束，乘此时期，积极建设，国府遂有遵照二中全会，发表整理条例，简派委员之决心。将来以整委会挈其纲，以专员行其政，秉承中央意志，期挽救招商局垂绝之运命，

而更使之发展光大，努力做去，向非难事。因招商局经济状况，决非绝无办法者，资产值价四千余万两，而所负债务仅一千四百余万两。以四千余万两之资产，今乃为一千四百余万两之债务所束缚，以至于不克振拔，言之能不痛心？何以致此？其原因固非一端，然性质之确定，亦为债权人藉词搪塞之一端。例如，欲向银行家增加债款，由总办出面，则又有董事会在；由董事会出面，则董事会实为非法，且早已不能行使职权，故此后政府方面自应于（一）收回国有，（二）代管，（三）官督商办，（四）官商合办，（五）商办，五项办法中，决定一项而实行之。根本原则既确定，办事进行，自属较易。至于上项五种办法，政府亦正在慎重考虑中，本人自不能代为有所发表。但本人个人意见，则以为商办既属于法未合，官商合办亦觉官商之立场不同、见地各殊，不易收圆满之效，官督商办试验结果，成绩亦不甚佳，以党的立场论，遵照总理遗训，惟有老老实实收回国有之一途。好在此项根本办法在最近期间，中央必能有所决定。根本办法既确定，法理债务自易着手。即政府方面，为发展航业前途计，亦当予以物质上之助力；同时又以军事结束，航运发展，稍加整顿，本人敢担保能恢复民国十七年状况，做到收支相抵地步。目前办事同人，甚觉困难，日为零星债务所包围，而不克图业务上之进行。盖裁减冗员，必须发放欠薪，清除煤斤弊端，又必须还清积欠。总之，一举一动，必须先求债务之有办法。此项零星债务，约计二百万之数。本人近正有所计划，拟先设法解决之。惟念航运事业，关系甚巨，此后措施，极愿舆论界予以指导，随时协助，庶进行得以顺利云云。由严独鹤代表报界，致谢而散。

（1930 年 10 月 12 日，第 16 版）

招商局性质将提出四中全会确定

——宋述樵在纪念周报告

　　招商局自国府发表整委暨总办李仲公氏到局以后，各种设施饶有生气，甚为各方所重视。最近废历①秋节，众皆认为难关，李氏已从容应付

---

① 国民政府废除农历，故称之为"废历"。

过去，余为零星债务，均在陆续筹还之中；用人则注重量才器使，理财则极力开源节流。关于招商局之性质问题，素为纠缠不清之中心，李氏在国庆节，草有《整理招商局之根本问题》一文，亦有很明显之主张。李氏前日入京，闻对于招商局之近况及根本问题，将向国府及蒋主席有所陈述，并拟有根本改革计划。又前日纪念周，该局秘书长宋述樵代主席报告，对该局性质亦有所说明。大意谓，此次四中全会开会在即，今后国府之于政治建设，更可满足一般民众之要求。关于本局方面，本席以为招商局之衰落，其主要原因在"病"，而不在"贫"。因本局之所以穷，由于弊多，救贫而不除弊，其贫依然。如能扩清积弊，以值四千万资产而负债只一千三百万之招商局，实不难整理。不过根本性质尚未确定，不免多少困难。此次李总办入京，除报告任事经过外，对本局性质，将向国府暨蒋主席陈述，并拟提请第四次中央全会，讨论一断然解决之方法。至本局关于职员之任免待遇及其保障制度，向不完善，今后整理，应仿邮局成规，对于用人或采考试方法，或其他甄别办法，以一定之法制，拔选真才；对于职务，应设法保障其安定，使得久于其任，奉公守法；关于报酬，应适用厚新养廉之原则，使其得以维持其生活，不至有妄取不正当利得之恶习。不过要注意的，就是在严密其方法。否则，薪已厚而廉未养。如此则局员均为公服务，非为人服务，不因主管人员之更调而恐慌。更进一步言，此类交通机关之主管人员，含事务性非纯粹政务性，其任期亦以较久远为宜。日本邮船会社社长之任期，当政府代管之初，亦声明为十五年。今后本局性质，如能断然确定为国营，更能采用此项保障服务人员制度，则前途不难开一新纪元矣云云。

（1930 年 10 月 15 日，第 14 版）

招商局改归国办

——中政会之决议

整理招商局事宜，李仲公曾向中央有所建议。现闻中政会已决议改归国办，原则业经通过，对于商股将审查收买。

（1930 年 10 月 18 日，第 13 版）

招商整委会即将成立，委员长一席张群难坚辞

招商局收归国有，业经中央政治会议提出通过，决定由政府收买商股。新声社记者昨赴该局访晤秘书长宋述樵氏，叩询一切。据宋氏谈，招商局性质，既经中央确定，此后当易着手整理，至于商股，须先行调查，至股票价格，当视招商局资产若干，此有待整理委员会确定。现本局债务整理委员会、股权整理委员会之设置，此系行政上之措施。据李总办返沪谈，渠曾谒晤蒋主席，蒋主席对招商局整理委员长张群辞职，恳切慰留，当可望打消辞意。现李总办为谋商局之积极整理，定于每星期三日下午，召集整理委员举行谈话会一次，藉收集思广益之效。该会当不久可望成立，各委员亦可就职也。汉分局长舞弊事，李总办除将舞弊之额外，酬金已令会计科将转账注销外，并主严办。新任分局长李云良，定明日（今日）赴汉履新。

（1930 年 10 月 23 日，第 9 版）

招商局整理委员长张群昨坚决表示不就，张定三十日举行园会

外传市长张群，对招商局整理委员会委员长职务已打销［消］辞意。本报记者昨特访晤张氏，据谈，"招商局职务，余已坚决表示不就，李仲公君曾数度过访，恳切挽留，余始终未加允可，至谓蒋主席曾面加敦劝之说，亦绝无其事"云云。闻张氏定本月三十日举行园会，招待中外各界。

（1930 年 10 月 24 日，第 10 版）

改组声中之招商局

交部息，招商局现有财产为四千万，债务部份为一千四百万，股权总额为八百万。中因政局变迁，股份被没收者约三百万。故该局收归国营后，应负债务及偿还股权部，约计一千九百万。如何措办，应俟整委会切

实清理，妥订兼筹并顾办法，则改组方无困难。

（1930 年 10 月 25 日，第 13 版）

国府下令招商局归国营

〔南京〕国府二十八令，查招商局为我国设立最久之航业机关，乃经理无方，腐败滋甚，濒于破产。前经本府派员整理并制定章程，组织委员会，监督指导，营护经年，仍少成效，自非根本改革，无以挽航政而慰众望。兹将该局收归国营，切实整顿，藉谋航政之统一，并促航业之发展。所有股权债务之清理等事宜，仰由该整理委员会，迅即妥拟办法，呈候核定施行，此令。（二十八日专电）

（1930 年 10 月 29 日，第 6 版）

招商局收归国营历史根据
——李仲公之谈话

招商局性质，现已由政府收归国营，正式命令，昨已发表，一般只知此为政府根据政纲必然之办法，不知该局在历史上，实有政府经营之事实。该局总办李仲公氏昨特发表招商局收归国营之历史根据谈话，剖析此点甚详，爰述如次：

招商局之创办原为政府之拨款

爰前清自五口通商条约成立，外国帆船盛行，本国沙船不竞，轮船继兴，势力愈大，旧式航商完全失败；一般富商巨贾，目击轮船宽大稳速，有利可图，颇有自置轮船往来各口装货贸易者，惟以洋商财势雄厚，遂皆依附其下，所有国轮概挂洋旗。时直隶总督李鸿章有鉴于此，乃于同治十一年九月，奏准清庭〔廷〕，由政府设立商局，招待各商轮船，并入官局，并准照户部核准练饷制钱借给苏浙典业章程，商局借领二十万串，以作设立之官本。及同年十月初五日，直督苏抚又奏准拨漕粮二十万石，改由商局承运。由是既得官本，复有漕运，创办基础遂臻安定。李鸿章乃派朱其昂回沪创办，定为轮船招商公局，于是年十二月十九日成立。是日适值封篡例期，爰倒填十六日开局，以便开春承运漕米，此招商局创办情形及命名真意，固明明一政府创办之局也。

招商局之维持及发展完全得于官款官力之扶持

是时招商局虽经成立，但一般置有轮船之商人，多趑趄不前，仅由局自购轮船三艘，曰"伊敦"，曰"永清"，曰"福星"而已。故同治十二年五月，李鸿章乃委唐廷枢到局，重定章程，广招股份；六月，又札为总办；未几更次第委盛宣怀襄助、徐润会办，共同办理劝股、造栈、揽载诸端；朱其昂则任主持漕运事务，分工合作，渐成以官为主、以商为从之象。特其时所招致之商股，迄同治十二年六月底止，仅收股本四十七万六千两，旋议再招新股，每股一百两。然迄光绪三年六月底止，仍仅收得股本七十三万零二百两，历五年之久，招股成绩尚如是其微薄，充此财力，维持犹难，何况发达。顾一考此五年中商局情况，业务蓬勃，设备猛进。光绪二年，局有轮船已达十一艘，是年冬，收买洋商旗昌轮船公司，骤增轮船十六艘，遂开商局后日发达之大道，而收买旗昌公司一笔价款，即为二百万两。核彼商股，只区区六十余万，相差天壤，卒不能不由政府筹资助成。计在此时期中，商局种种事业之兴办，得于官款官力之扶持，始底于成者，可分述如后：

（甲）漕粮及官物专运之厚利。商局以微薄资本竟能于维持开支之外，更获厚利，以济添船造栈、设备竞争之需者，实赖运漕水脚之利源。查该局运漕，自同治十二年，包运三十万石起，以后每年增加最高额至六十万石左右，其利优厚。有会办徐润所提办局预算案，足资明证，其案云："现按资本五十万两试行开办，每船每月经费五千，四船每月共二万，所得水脚，每石漕平银五钱五分，除九五漕用、九五局费，实得九八，银十三万二千五百余两，每次另搭客货，至少可得一千五百两，三月计之，可净溢银十万八千两。"云云。此案系同治十二年所提，只就三十万石漕运计算，三月之间，已可获纯利十万八千两。其后漕运倍增，利亦随之倍盈，且光绪三年，局轮因收并旗昌而骤多，李鸿章恐仅漕运不敷供应，又奏明各省官物统归商局承运。自是商局货运，永无匮乏之虞，受益之巨更逾漕运。故中间虽经太古、怡和两公司跌价倾轧，阅时五年，而商局仰恃政府维持之后盾，漕粮、帽茶概不减价；海关验放，尽予便利，营业曾不稍损，太古、怡和终于就范，协订齐价合同。此招商局仰赖官力扶持者一。

（乙）商局初创轮船缺乏。计同治十一年十二月，由浙江省拨给"伏波"一轮运漕，十三年福建船厂拨"海镜"轮一艘；光绪元年十月，由江苏藩库拨银十万，定造"江宽"、"江永"二轮，二年承领清北江防用轮"汉广"号一艘。此局直接取诸国家者，计共五艘。总计商局初创时代，全局仅十一轮，国家几占其半。此招商局仰赖官力扶持者二。

（丙）商局初兴，资本虽小，规模綦宏，故营业盈利虽藉官增进，而日夕推扩，则周转仍绌，于是缓急之道，一唯官款是倚。光绪二年，洋商竞争，客货略减，李鸿章虑其不支，筹拨官款五十万两，作为局中存项，以资维持；又光绪七年，盛宣怀排斥徐润去职，存局各户纷纷提款，李氏又于直督任内，拨官款三十六万两，以支危局。此招商局于危急关头，全赖官款维持者三。

（丁）收买旗昌公司为招商局发展之最大关键，所有船只之扩充，以及今日码头地产之优越，皆由此举，以奠其基。查光绪二年协议收买该公司时，订价二百万两，而招商局官、商两部，共有资本不过百余万耳。幸由李鸿章及两江总督沈葆桢会奏，宁藩拨十万，江安粮道、江海关各拨二十万，浙、赣各二十万，湖北十万，合共百万，而收买旗昌之事固以实现，遂成全国最大之航业公司。当时日驾太古、怡和之上（按，是时太古只八轮，怡和只六轮，招商局新、旧共有二十六轮，俨然一时航界盟长矣）。此招商局全仗官款而扩充发达者四。

（戊）招商局先后所领官款，计共二百一十五万余两，以如许累倍股本之巨额官款，若果须逐年摊还本利，论其财力决非所胜。故由李鸿章设法延缓，初则先还洋款、缓还官款，后则官款免息缴本，盖藉官款为本，以取营业之利。及已获利，然后以盈余拨还官本。故逮光绪二十年，官款虽经还清，而其时局中公积金已逾二百余万。但观二十三年，即提公积二百万，填发股票，可为铁证，固皆假借官本坐获之盈利。此招商局仰赖政府维持，得以取官利以还官本者五。

总合以上各节，对于招商局与前清政府之关系，约可得下列数种之概念：㊀创办，全仗政府拨练饷制钱二十万串；㊁营业，全仗专运漕粮、官物、帽茶为基本；㈢周转，全仗官款遇急维持；㈣扩充，全仗官拨一百万助成收买旗昌；㈤轮船，全部轮船有半数，系假官款收买；㈥还本，即以官款所获之利，逐渐拨还官本。故就当时办局事实而观，纯以官本为主体，以商股为附庸，取名"招商"，义旨显然。幸以新兴事业，获利奇厚，彼权贵者遂借商办为巧夺；倘不幸而亏折，则所折官本，概归虚牝，决无自承商办者而偿还也。顾年来尚有自私之徒哓哓以源出商办为言，观此底蕴，宜可憬然。犹忆前董事会长李国杰，于十一年上北廷交通部呈中有云："溯查敝局创办之初，虽由众商集股办理，一切悉仰成于北洋，奏拨漕粮以供揽载，提借官帑以资周转，遇为洋商及地方交涉，则为之持平主持，以期胜利。"又十七年一月，密呈王监督文中有云："在昔先大人文忠公（即李鸿章）创办招商，毅然由南、北洋先后拨借官款二百余万，以助招商局之成，其时商股未能踊跃，官股居大多数。"此真招商局官商关系鞭辟入里之确论也。

招商局自开办以达宣统年间均由政府派员办理

自李鸿章派朱其昂创办商局，后历任主持局务总会办或总理，均由北洋总督委派，计有唐廷枢、徐润、盛宣怀等，皆李所派。及光绪二十九年，袁世凯继任北洋，仍沿旧例，首派杨士琦为总理，徐润为会办；宣统元年，盛宣怀任邮传部尚书，并将商局接由部管辖，是年部派钟文耀为坐办，王存善为会办，先后历历有据，足为官办之明证。

招商局由官办改为商办系权贵营私自利之结果

盛宣怀系北洋所办理之人，于光绪七年，排挤徐润出局，藉使股票跌价，彼即乘机收买，盛股独多，即由此起；嗣后复将藉官本获利所存之公积金，填发股票，渐还官本，于是商股由二百万变为四百四十万。宣统元年，盛氏又凭藉邮传部尚书势力，奏定颁行招商局商办章程。故招商局由官改商，始终系盛氏一手造成，而全部股权，盛氏一家即占三分之一，移花接木，独力操纵，"商办"二字，不过拾以朦蔽清廷，实则完全营私自利而已。

招商局兴于官办而衰于商办之实况

（甲）创办之初，用人行政全由官办，唐廷枢、徐润受命北洋，公忠兴局。就建设方面，添造轮船，购置货栈码头，逐年均有进步，办理四年，自置轮船十余艘，码头货栈遍于江海各埠，第四年收买旗昌公司，基础立告稳定；就航运方面言，先后开辟长江线、沪甬线、南北洋线，并曾扩充至高丽、日本、新嘉［加］坡、槟榔屿、爪哇、西贡、海防、檀香山等处，其最远者，且尝一度达英国及美国旧金山。当时气象蓬勃俨然有一日千里之势，打破外国轮船垄断航运之局，全国民众工商咸受其利，以视后来商办时期轮只窳敝、航线短促，日招洋轮压迫者，其盛衰之感，不可同日而语。

（乙）自盛宣怀二度入局，处心积虑图改商办私有之后，擅挪公积二百余万，提拨他用，不以添轮辟线，航业声势渐见萎颓。及宣统元年，商办实现；民国元年，董事会成立而还，商局事务完全在少数股阀、奸商把持之下，一任利削侵吞，无人得加过问，局事遂一败涂地，年年折阅，岁岁借债。其尤令人痛心者，则欧战期中外轮多回国听调，吨价奇涨，商局称雄，国内正可乘此大好时机，力图发展，即欲推倒外轮，亦非难事。但观日本航业，即在尔时突飞猛进，由一百七十万吨激增至四百万吨。讵商局诸董只图中饱，不唯不谋扩充，甚且以局轮转租他人营业，取其食余，聊以自乐。故在此数年中，商董虽获多分若干红利，而营业设备未能增进毫末，局中债累未能减轻分文。故今日局航腐败，当时商董百喙难辞其咎。此类成功于官办，失败于商办之事实，固彰明显著毋可讳饰者也。

总察招商局过去历史，由创办维持以至扩充发展，莫不得力于政府之扶持，此时言收归国营，不过使其返回本来面目而已。故此次国府决定收归国营，一方面固以主义政纲为根据，一方面实深符招商局发展之历程及今后事实之需要也云云。

（1930 年 11 月 1 日，第 13 ~ 14 版）

招商局进行国营设计

组织国营设计委员会

局务亦正积极整理中

招商局自国府明令收归国营以后，该局专员李仲公氏，对于清理股权，筹还旧债，拟定国营办法，修改内政部章则，整理业务，开辟航线，进行颇为忙碌，兹特记其重要消息如次：

改良军运

招商局于租船应差一项，向由总司令部交通处接洽办理，后以军事紧急，各军师租船，不无影响营业。闻李氏电呈蒋总司令请求办法，已得回电，原文云：

　　招商局李专员勋鉴：感电悉，所请已通令各军师，嗣后对于军运租船，仍由交通处办理矣。特复，蒋中正，东①。

此后军运租船，能得划一办法，该局营业不难恢复原状矣。

国营设计

闻李氏对招商局国营办法，已拟就大纲，近复组织设计委员会，已发表该局秘书长宋述樵为委员长，黄明豪为副委员长，李孤帆、洪恩、何墨林、孔祥榕、沈仲毅、孙经骧、孙慎钦、汪仁镜、汪仲芳等，为专事研究国营实施方案及规划各种整理发展之办法。

研究燃料

船舶消耗以煤料为大宗，近世各大轮船公司，对于煤料消耗数量，无不精心研究，以求节省适用。招商局各轮于用煤一项，较之外国同等吨数轮船之用煤为多，至每年消耗总数，实足可惊。李氏深以为忧，特行委聘专家，成立燃料研究会，务求通盘研究，以求减少轮船用煤之数量。

购料审核

招商局于购置物料煤觔、修理船舶等项，素为该局大宗支出，积弊最多。该局专员李仲公氏接事之后，力求整饬，首于购煤回扣一项，完全公开以为革除一切陋规之张本，近复成立购料审核委员会，于购置修理事项，须经委员会严密审核，始得购办或核销云。

（1930 年 11 月 5 日，第 13 版）

招商局整理各分局

——昨日二次局务会议，通过整理方案多种

招商局专员李仲公氏，以商局既收归国营，一切组织办法，当有根本

---

① 在《韵目代日表》中，"东"指 1 日。

改革之必要。昨在该局，特行召集第二次局务会议，讨论整理方案。出席者有该局秘书长宋述樵，秘书陈芷町、余志明、周世安，科长黄朋豪、孔祥榕、符矩存、卢青海、沈仲毅，四栈经理孙经骧，副科长曹子嘉、汪仁镜、何墨林、王承雄，暨章则委员会副委员长李孤帆、委员李若梅等。李仲公主席，周世安、李若梅纪录。当经讨论决议案件甚多，兹纪其重要者如次：

专员交议者：（一）总管理处组织章程案，由章则委员会委员长宋述樵说明后，大体通过，文字遗漏处，指定各科科长暨章则委员会正副委员长、陈秘书审查。（二）各分局整理案，决议：（甲）各分局行政用人权，应集中总局；（乙）奖励金之适用及分配，规定此后总局、各分局对于奖励金应行普遍分配，以昭公允；（丙）沪局在原则上，应照营业科分开，由营业科拟具分合利害比较说明书，由专员核定；（丁）各分局、支局、代理处之改订案，实报实销制与包缴制之决定案，营业比额与开支预算之改定，俱交设计委员会计划交专员核定。（三）设置各轮业监理案，决议通过。业务办理服务规则，交章则委员会拟订。（四）营业科提议，呈国府令铁道部转饬铁路管理局协订水陆联运办法案；"广大"、"广利"两轮改置舱位，以便装货案，均通过。（五）事务科、营业科合提栈员恤金规则案、船务科提议船员服务章程案，交章则委员会办理。（六）商局文件，应一律用中国文字案，通过。（七）驾驶轮机业务人员补充训练案，由船务科拟具办法，候核。（八）沈科长提议，沙市、宜昌局事务，向由一人兼任，为适应需要，应分任案，决议：沙市业务，由宜局临时分派一人另管。其他议案多种，兹不俱录。七时会毕。

（1930 年 11 月 22 日，第 13 版）

招商局建议移转以前之股权

——共合股本一千二百八十万两，照折衷办法由国府出资收回

日日社云，招商局收回国营后，特派整理专员李仲公氏，对于该局内外各事宜，积极整理，但先决问题，为以前商人之股权，如何移转为政府管辖，在此问题解决后，其余各项，在整理上始能迎刃而解。招商局设计

委员会对此问题之讨论，谓招商局共有股本银八百四十万两，积余公司共有股本银四百四十万两，两公司之共合股本为一千二百八十万两，每股三套，原合股本银二百七十两，现市每股三套之股票，价值约在五十两左右，若由政府用股票原本及现市价值之折衷办法，出资收回，则国营后之彻底整理，自可在最近实现，而扩充及建设诸项，亦均能按步进行；且推测股权人在国府用折衷办法以收回股权，亦为大多数所愿意，因股票之现值市价仅东〔在〕五十两左右，若待高涨至一百三四十两时，尚难确定于短时间内所能实现也。此一问题，经设计委员会讨论之结果，已向国府作恳切之建议，但国府能否采纳，现尚未知云。

（1930 年 12 月 9 日，第 9 版）

国民会议将议招商局问题

——所有商股将由政府收买

国闻社云，执全国航业牛耳之招商局，自国民政府收回官办后，所有商股问题迄未解决。兹据航业界消息，招商局各种迄未解决各项事务，将统在本年五月召开之国民会议决定。其官股亦决于是时由政府备款收买，正式作为官办云。

（1931 年 1 月 13 日，第 14 版）

招商局整理委员会

〔南京〕招商局整理委员会，因委员长张群坚不就职，迄未成立，惟国府对张之坚辞，可予照准，已另拟相当人选，日内即可决定。（二十九日专电）

（1931 年 1 月 30 日，第 7 版）

李仲公谈中美合办航业

——反对中外合资经营说，声明招商局绝未与闻

日来中美合资经营中国航业消息遍传中外上海各报，并载明将以招商局合办，且谓该局总办李公仲公氏已入京接洽者。新声社记者昨日特访李氏于招商局，探询有无其事。据李答称："中美合资经营中国航业一事，予系于日前因事赴苏，在逆旅中阅报，始悉此事。交通部有无接洽，固不得知。惟与招商局合办一节，则断无其事。因招商局自政府颁布整理条例，派专员负责整理，即已改隶国府，而鄙人即为负经营整理责任之人，如果有以招商局与外商合办之事，则我自当与闻。但至今不但无任何机关与我接洽此事，并无任何机关与我谈及此事，则以招商局合办之说从何而来？至谓我赴京接洽，日来本人并未入京，更与事实不符。至吾国航业已有相当基础，政府自将本局收归国营后，正筹积极建设国航，一面对于宜于个人资本经营之商营航业，方谋奖励扶助，以共赴抵制侵略、挽回航权之目的。故借外资以发展吾国航业，固为鄙人所主张，若中外合资经营，无论任何条件，皆为鄙人所反对也。"云云。李氏意见如此，是外间宣传招商局将与美资合办及李氏已入京接洽之说，绝无根据也。

(1931 年 2 月 8 日，第 14 版)

招商局归交部管理

〔南京〕今日闻行政会近决议将招商局轮船公司归交通部管理，该部刻正作接收之筹备。(十一日路透电)

(1932 年 2 月 12 日，第 8 版)

交部将接收招商局

〔南京〕交部以招商局收入无多、耗费巨大，决裁减月支巨薪职员，节省糜费，并决定本月内实行接收改组，缩小组织，专员及总管理处均裁

撤，并添新轮以扩充航路，增加收入。（十八日专电）

〔南京〕交部现派定原任招商局董事长李国杰充该局总经理，至该局监督人选有陈铭枢自兼说。（十八日专电）

（1932 年 3 月 19 日，第 7 版）

交部决改组招商局

〔南京〕交部定四月一日改组招商局，改组计划正由法规委员会起草。大致原有专员名称改为总经理，经理处设若干科，并设监督处，监督一职，拟由交次陈孚木兼任，总经理内定李国杰充任。（二十一日专电）

（1932 年 3 月 22 日，第 3 版）

行政院决议案，招商局收归国营

〔南京〕行政院八日开七十五次会，出席宋子文、何应钦、石青阳、罗文幹、陈公博、陈树人、陈绍宽、朱家骅、黄绍雄〔竑〕，列席石瑛、陈仪、甘乃光、俞飞鹏、曾仲鸣、郭春涛、邹琳、褚民谊、彭学沛、段锡朋，主席宋子文。讨论事项：㈠决议，云南省政府委员兼民政厅长张维翰，兼财政厅长卢汉免兼职，任该省政府委员朱旭兼民政厅长，陆崇仁为省政府委员兼财政厅长。㈡决议，河南省政府委员张斐然免职。㈢外交部罗部长呈请饬财政部月拨十五万为本年度国联代表出席经费案，决饬财政部先拨十五万元。㈣实业部陈部长请拨参加世界动力协会代表团津贴五千元案，决由实业部筹拨。㈤财政部宋部长、交通部长提，请将招商局收归国营，将监督处改组理事会、监事会，并设总经理，所有股票照最近三年平均市价每套三十两六钱六分，定为每套现银五十两，由国家现款收回，并由政府继承该局原有一切权利及一切合法债务；一面遴选各声望素著人士充任理事、监事及总经理。至此项收回股款现金，由财政部筹措详细办法，由交部随时拟定呈核案。决议通过，提中政会核定。㈥决议，河南福公司问题，饬实业部及豫省府速商解决办法。㈦宋代院长报告处理《北新》、《南华》流布侮辱回教文词案经过，并拟通令告戒，以后一切刊物，

不得侮视任何宗教案，通过。（八日专电）

〔南京〕招商局收归国有，取消监督处，改由政府任命总理主持一切。总经理一职，内定刘鸿生，对招商局发还私人股本、清理积债及发展营业，交部正在筹议中。（八日专电）

〔南京〕朱家骅八日晨由沪返京，即出席行政院会议，提出在沪决定整理招商局办法已经通过，该局总经理将不更动云。（八日专电）

（1932 年 11 月 9 日，第 5 版）

中政会通过收归招商局案

令交部拟定组织及整理计划

改组名单已定总经理刘鸿生

〔南京〕中政会九日晨举行第三三一次会议，出席委员陈果夫、叶楚伧、居正、陈公博、曾仲鸣、唐有壬、邵元冲、贺耀祖、赵丕廉、陈树人、朱家骅、周启刚、石瑛、罗家伦、苗培成等二十余人，陈果夫主席。决议要案如下：（一）修正反省院组织条例案，交政治报告组、法制组审查。（二）行政院请将招商局收归国营事业，所有股票，由国家照最近平均市价现款收回，继承该局原有权利及合法债务，改组理、监事会，并设总经理，遴选各界声望素著人士充任，彻底规划，造成近代企业案，准照办。着行政院令交通部拟定招商局组织法及整理计划，呈候核定。（三）核定概算案七起。（四）关于渔业问题，交实业部详细计划呈送本会议核议。（九日中央社电）

〔南京〕交部息，招商局改组名单，总理理刘鸿生，常务理事叶琢堂、刘鸿生、史量才、张寿镛、张嘉璈、杜镛、杨英等七人，理事胡笔江、李铭、王晓籁、钱永铭、余日章、张寅、胡筠庄、盛升颐等八人，监事卢学浦、陈光甫、虞和德、胡祖同、秦祖泽、荣宗敬、黄金荣、金庭荪、郭顺等九人，已由行政院函达国府文官处转呈明令简派。（九日专电）

〔南京〕九日晨中政会议据财政组报告审查各案：一、实部专案呈请提早起支沪、汉两商品检验局及中央工业试验所二十年度岁出经常概算案。二、实部江浙渔业管理局及所属巡舰二十年度岁出经临追加概算案。

三、《蒙藏旬报》〈分〉二十年度岁出经常概算案。四、南京技术合作委员会二十年度追加岁出临时概算案。五、政府核转司法行政部直辖法医研究所二十一年度岁出经常概算案，均决议，照审查意见通过。六、实部编纂《实业通志》及闽粤区海洋渔业管理局二十一年度岁出经临概算案，决议：一、编纂《实业通志》概算通过；二、闽粤区海洋渔业管理局经常临时概算，俟实部派员调查当地情形，决定该项机关是否需即予成立之后再核。（九日专电）

（1932 年 11 月 10 日，第 3 版）

招商局归国有，改组主意出自财宋，新任人选蒋已同意

国闻社云，中国唯一之航业机关招商局，业经第七十五次行政院会议议决，将该局收归国有，所有商股，由政府备款收回，一面分别委任金融界及社会重要人士，组织理事、监事会，并委刘鸿生氏为该局总经理。昨日中央政治会议，已将改组原则通过，兹将本社所得消息汇志如下：

改组由来及经过

该局于民国十八年间，由政府派员整理后，迄今数易其人。最近监督陈孚木，因整理无方，外界稍有啧言，兼之该局经济困难达于极点，负责者点金乏术，对于债户日处于千疮百孔。总经理李国杰日前曾分赴汉、京，向蒋委员长及新任交通部长朱家骅，对此后招商局整理有所建议。蒋、朱两氏，亦以该局历年来根本在举债度日，对李氏之计划尚表同情。故日前朱部长尚谈，总经理一职仍由李氏蝉联，会财长宋子文鉴于招商局自国民政府派员整理以来，不但局务毫无进展，抑且加多债额，考其原故，厥为经济不充。然欲招商局切实有办法，非有大宗财力，不足以言整理。此次招商局之改组，实出宋氏之意为多。

蒋宋商改组人选

财长宋子文于本星期一，在沪寓邀集银钱界重要人物，作最后商议改组招商局办法（外界曾传宋氏向银钱界商借款，或系此事而误会）。结果，极为圆满。次晨，即乘飞机入京，出席行政院会议，提出改组办法。当经通过，转呈中央政治会议。当日即乘原机飞汉，向蒋总司令而呈一切，并

提出收归国有种种计划及改组后继任人选。蒋氏则表示可行，将原有监督一职取消，另组理事、监事两会及总经理一人，主持局务。此项人选名单亦经蒋总司令参阅，提出于下次中央政治会议通过后任命。昨国闻社记者调查所得如下：叶琢堂、张寿镛、史量才、张公权、杨志雄、张啸林、俞飞鹏、王晓籁、陈光甫、钱新之、胡笔江、李馥荪、余日章、胡筠庄、盛升颐、杜月笙、虞洽卿、秦润卿、郭承恩、黄金荣、荣宗敬、金庭荪等，总经理为刘鸿生。

积余部份恐纠纷

昨日记者赴招商局，除监督处筹备移交手续外，总管理处则仍照常办公，总经理李国杰亦仍到局办公。旋折下楼，至积余公司□问。据谈，改组事该处仅见报载，政府将积余公司所有股额、财产列入，此项原则，该公司未便赞同。又据另一方面消息，关于招商局收归国有一事，恐不免因积余公司部份股款问题而发生纠纷云云。

新总经理之表示

昨据刘鸿生氏对人表示："报载行政院会议已议决收归国有，并组理、监事会，委余为总经理云云。本人近年来，对我国航业颇觉凄惨。招商局历年来性质不清，厥为国有、商有、商有商办及商办官督等问题。现政府已决定收归国有，并备款收回商股，此后之性质问题，当可告一段落。本人现尚未率命令，似不能有所表示。"云云。

（1932 年 11 月 10 日，第 13 版）

招商局昨日情形

李总理照常办公

招商局监督处，自监督陈孚木辞职后，当即办理结束，准备移交。至于行政院会议议决将该局收归国有，分别委任刘鸿生、叶琢堂、史量才等组织理事、监事会。该局总经理处，截至昨晚止，尚未奉到交通部正式命令，总经理李国杰仍照常到局办公。

凌栈长拒绝移交

招商局总理李国杰，昨派王允章带领洋员四人，至四栈经理处接收各码头。当时四栈栈长凌某，以未奉部令，拒绝交付。李总办即下令，将凌某撤差，改委杨某为新栈长。迨杨往接事，亦遭拒绝，未能到栈视事。刻凌已电致交部请示。

码头工大起恐慌

五码头全体职工，见报载改组后，发生恐惶〔慌〕，纷纷赴工会询问真相。五码头职工会特于昨日下午四时，推派常务委员俞仙亭等谒总经理李国杰，适因总经理公出，致未得要领。

（1932 年 11 月 11 日，第 13 版）

改组招商局部令到沪

总经理处筹办结束

新总经理明日视事

李请考虑股票价值

码头借款手续说明

招商局自经中政会及行政院分别议决改组后，交通部昨已训令监督处，转饬总经理李国杰移交，并令饬总经理刘鸿生即日视事，通知理监事会执行职务。李总经理已办理结束，新总经理定明日视事。码头借款抵押案，职工坚决反对，李总经理特发表经过。兹志详情如下：

交部命令到沪

新总经理刘鸿生、常务理事叶琢堂、理事胡笔江、监事卢学溥等，昨已正式奉到交通部委任令。监督陈孚木，昨亦奉到交通部训令，逐一移交，当转令总经理李国杰遵照。兹录其原令如下：

为令遵事，现奉交通部训令开："为令行事，查招商局业经中央政治会议及行政院分别议决改组，并由行政院呈请国民政府，简派叶琢堂等为常务理事，胡笔江等为理事，卢学溥等为监事，刘鸿生为总经理在案。兹由本部令饬该总经理刘鸿生即日前往到局视事，并通知理、监事开会执行职务。除令知该经理外，并转行该局前总经理李国杰知照办理，分别呈报，合行令仰遵照，逐一移交，此令。"等因，

758

奉此。合行令仰该总经理即便遵照移交，此令。

奉令办理结束

监督处自监督陈孚木呈请辞职后，当即奉令办理结束，准备移交，业已将各种文件编制号码，办理完竣。总经理处总经理李国杰，自行政院会议决议改组后，当即条谕秘书处暨总务、营业、船务、栈务、会计、商业等各科主任，负责分别办理结束，以便准备移交。连日各科正在赶办中，大致日内即可办理完竣，将来监督处职权依照行政院议决案，以监事会代替，监督处自当裁撤。

刘定明日视事

新总经理刘鸿生，昨晨业奉交部训令，着其即日前往招商局视事。今日适逢星期日，昨据局方消息，刘定明（十四）日来局视事。

朱部长之态度

中央决定，将招商局收归国营后，该局总理李国杰忽将局产四栈，密向美商中国营业公司押抵债款，于前日签订合同，实行接收。交通部当日接到电告，即派航政司长高廷梓乘机飞沪，彻查真相，当晚夜车返京，向朱部长报告，并请示处理办法。朱家骅谈，此事关系国家主权至大，李国杰将局产向外商抵押巨款之前，本部毫未预闻，迨至前日签订合同后，始接到总理刘鸿生之电告，当派航政司长高廷梓飞沪彻查，业将双方签订押款之合同，于今（十二日）晨携带来京，目前正在缜密研究中。借款额达两千余万，李总理理由，不外抵还各□急债、周转金融。但招商局既经中央决议收归国营，自应听候处理，擅自向外人签字借款，殊有越权之嫌。将来对此如何处置，当俟审阅合同后，再议办法。总之，国家主权决不容丝毫放弃者。又据高廷梓谈："本人奉部命飞沪，彻查招商局借款事。抵沪晤及李总理国杰，索取签定之合同，及其他关于此案一大批携来。李氏对办理此事，虽然有所解释，但事前不呈部请示，未免使人费解。在沪时，并访新总理刘鸿生及各理事，征询对此案意见及补救与善后办法。今晨，面陈朱部长，请示处置。合同原文，因对外关系，不能发表。但交部为职权问题，当秉公办理，对于此案，当有严正处置"云。又闻交长朱家骅，昨日已电汉，报告蒋、宋，请示办法，尚未得复。又，李于十一晚始派杨秘书挟带其签字之合同及理由书到部，闻原案甚长，刻交通部正在研究合同内容。以此事既经正式签订，不无法律根据。吾虽拟取消，恐外商亦不允，俟研究后，拟向该公司提出交涉。交部以不丧主权为原则，而应付此案。又闻朱家骅拟十三晚赴沪，亲自彻查真相，并晤新任招商局总经理刘鸿生，商讨一切。

李国杰电部文

招商局董事会长兼总经理李国杰致电行政院暨交通部云：

> 南京，行政院长宋、交通部长朱钧鉴：报载招商局经九日中政会议决，收归国营，所有股票，照市价以每套五十两给还股东，在政府固体恤商艰，而股东则损失仍巨。查招商局暨积余产业公司全部资产，按照时价估计实值五六千万两，除以一千七百余万清偿债款，尚余三四千万。倘使公司解散清算，每套股票，足值千两之多。今乃以百分之五之代价，举航、产及早经分析另组公司无关航业之房地产，悉数收为国有，不唯股东等六十年来辛苦经营、孳生递长之赢利不能依法享有，并连最初投进之血本，尚令亏耗泰半，似非我贤明政府对待商民、昭示公平宽厚之意。依据政府公布立法院通过之《监督民营公用事业条例》，改归国营，并统计民业资产之多寡，估价收回。煌煌法令，中外具瞻，共资信守，何能仅照目前一二股东买卖股票之低价定为标准？况票价之涨落无恒，而产值之数额有定，倘竟舍本齐末，未免使国内办实业者为之裹足。尤以对于航业无关之积余产业公司，似应分别办理。国杰因受股东付托之重，事关全体利益，未敢缄默，仰恳钧座，俯赐采纳，重加考虑，不胜惶悚感祷之至。再，总经理一职，闻已选定贤能，请饬早日来局接替，俾释重负，合并电恳。
>
> 招商局董事会长兼总经理李国杰叩，真①。

码头借款说明

李国杰就任前向监督处建议之借款，共有三种：一为建筑借款；二为码头借款；三为赊购新船。此次经签订合同而实行者，系码头借款。兹录

---

① 在《韵目代日表》中，"真"指11日。

码头借款之说明如下：

码头借款者，系以招商局所有之本埠中、北、华、南、新五栈码头，早经押在汇丰银行者，转向美商中国营业公司商借押款，由该公司发行债票，其票面总额为上海规元一千万两，用以清偿汇丰旧债，赎回本外各埠各部房地押产，而别图活动之又一新计划也。此项借款，所需说明之点，即：

（一）汇丰债务之紧急及破产之可虑。招商局最大之债权人，即系汇丰银行，计债本五百万两，加以历年欠息及代垫捐税等款，约二百余万两，合共七百余万两。其抵押品，为本埠中、北、华、南（即金利源）、新（即杨家渡）五栈码头，及汉口、天津、温州、宁波、汕头、镇江、芜湖、九江、沙市、宜昌等外埠房地产。上述押产，据通和洋行四年前估价，约值银二千余万两。乃以不足所值四分之一借款，致将如许名贵之产，全部困押，不得活动，诚属可惜。近年以来，该行以欠息太巨，表示不满，按照原订契约索还本息，声势汹汹。去年郭前专员，又曾允以年终清偿，卒无以应。故催促尤急，虽经董事会百计因应，幸未破裂，然岂长此空言可能搪抵？倘非趁此时机，速筹一笔巨款，归还该行，将所有押产，悉数赎还，解脱此厄，另寻生路，万一决裂，竟至处分押品，其他债权人势必起而效尤，则楚歌四面声中，招商局欲不破产而不可能矣。

（二）营业不振之唯一主因。查招商局债务之所由愈积愈重者，纯因营业不振之故。而营业所恃为唯一之工具者，即在船只及栈房、码头。乃本局船只，仅存二十五艘，且大半年龄过老，不堪驶用；栈房、码头亦皆年久失修，诸多残破，已失其生产之能力，以致支出日多，而收入日少。所少之数，又悉恃借债，以资弥缝。是以年年亏本，则年年加债，债台既愈筑愈高，而生涯遂日趋日蹙矣。故不急谋加添船只，并将栈房、码头积极修建，振起业务，以裕收益，则恃借债以为活者，终必因债累所苦以死，可断言也。

（三）借款之接洽与条件。本借款之接洽在上年冬间，由国杰与郭前专员商定全盘计划后，即以前项建筑借款连带之关系，复向美商中国营业公司开始谈判。经该公司完全接受，遂进而磋议条件，由中国营业公司供给本局借款，总额以上海规元一千万两为限。即以招商局管有之本埠中、北、华、南、新五站码头、房地产为抵押品，期限二十年，利息周年九厘。惟因此种巨款，非该公司独力可胜恃，准由其自己或指定者之名义，发行价值一千万两之债券。当以现值世界金融奇紧，为鼓励债券人易于推销起见，经双方同意，此项债款须以八五折价实收。至债券之能否推售，以及如何付息还本，概归该公司负责，与本局无涉。此外利息九厘，初嫌稍重，但自沪战以后，银根迄未松动，衡以历年贷借往来行市情形，则十年前汇丰债息已至八厘，而花旗债息更至八厘半，且各码头、栈房修造未竣以前，收入有限，利息不敷，该公司尚须为我逐年垫付，似此九厘之数，在目前市况之下，尚未可目为重利。即其所索之二五佣金，亦为事实上之一种惯例，不能不忍痛承认也。上述借款，即用以清偿汇丰押款之全部及应付之息金，并其代垫之各项捐税等款，约共七百余万两。又，关于该码头之一切应清之旧债，如四明银行、三德堂等欠款，约共百余万两，又，付给本借款应给之佣金二十五万两。此借债还债，赎回押产之前半计划及其条件如此。

（四）码头之租借与转让。上项条件协定中，招商局除将南栈（即金利源码头）留归自用，新栈（即杨家渡码头）留归自办外，中国营业公司约于本借款签订日起，租借中、北、华三栈码头之全部，每年租金订明共合上海规元三十万两，以二十年为限，期满后承租人愿意继续，得再继续十年。查中、北、华三栈码头，本为推广国外航业之用，与国内航业毫无关系，平时亦只招揽外轮生意，历年以来，除开支外，岁入不过二十余万两。若将出租与人之应得租偿衡之，不特无纯益之可言，且每年尚短收数万两。今中、北、华三栈，在我不用丝毫费力，即有岁入三十万两之确定租金，所有公共租界工部局或中国官厅，对该租出之码头现行及将来之一切捐税，统归承租人负责照付，每年所省尤不在少。而新栈码头仍留以自办，统计收入，较前增加，固操左券也。又协定中，声明承租人得以同样之租价，或转租转让于第三者，但其期限，不得超过本条件所规定最后到期之日，此第三者即该公司前所联合接受本局借款之大来轮船公司。因本局以前项租期未免过长，租金虽无短绌，然以产价上利息相衡，犹觉不甚合算，因与大来公司商定，与本局合资组织中、北、华三栈码头公司，经营泊船、堆货事业，而复取得该码头等业务权之一半。此押产保产发展营业之后半计划及其条件又如此。

（五）合租码头公司之权利。中国营业公司允将出面承租之三栈码头，转让于大来轮船公司后，即用以与本局合组码头公司。双方各出资本一百万两，我方所需此项资本，营业公司并允代为募债拨垫，一切条件悉照本借款债券办法，是本局无另筹此项巨本之烦难，又复取得该三项码头之一半业务权。查大来轮船公司，规模极大，有常川往来欧美、日本、南洋等处海轮数十艘。以本局原有各户生意，加以大来常川往来靠泊之海轮，以为基本，栈租货力等项利息，自不患少，并可由大来兜揽其他南洋轮船营业，每年余利平分半数，较之完全自己经营，其发达程度当不可以道里计。况复有每年确定之卅万元租金收入，虽年限较长，而获利亦自较巨，无论如何，本局决不致吃亏也。

（六）付本还息之预备。为预备应付本押款之息金及为逐年筹有的款，以备付人偿还债款预备金账下应有之款，指定下列各项收入，为其用途：㊀中、北、华三栈之年租；㊁南栈、新栈按期产付之栈租及码头租；㊂将来航业方面之纯益金中，每年提拨百分之二十五。上述收入，即先用以付偿本押款之息金，其收入总额下，如有余款时，则收入招商局偿还债款之预备金账下，以为将来付偿本金之用。此项积存之预备金，由中国营业公司经管，须设法使之产生可能的最大子金。但招商局如有善策，可使子金产生优厚，得建议令该公司采行此项产生之子金，亦即并入偿还债本预备金账下，不得移作别用。

（七）连带的一切利益。总上言之，本借款之主旨，专为筹借一笔银款，还清汇丰银行，以免破产之患，而其连带之利益，则㊀连带的偿清四明银行及三德堂等旧债；㊁赎回外埠各处房地产，可作赊借新船之担保品；㊂得将中、北、华三栈码头同时出租，每年收入确定之租金；㊃南栈、新栈仍可归我自用及自办，不受何种束缚；㊄得借他人资力，为我升科建筑，中、北、华三栈码头及码头余地上，添造各种房屋；㊅得合资组织码头公司，发展业务，而收其权利之半数，且借他人之力，为我募集此项资本，是一举而数善备焉。故国杰认为此种良好机会，不宜错过，致令招商局终久陷人穷苦之境，坐以待毙之为可惜耳。

呈报陈监督文

关于本项借款计划，上月间李国杰氏，曾呈报该局监督陈孚木，我人阅之，便可明了其内容，原呈云：

> 为呈请事，窃国杰前以陈报整理招商局借款情形，附送上海外滩福州路一带建筑借款合同附押契，上海中、北、华、新、南五码头借款合同附押契，上海中、北、华三码头租约，赊购轮船备忘录等副本，呈请钧座核示。奉指令开："呈暨各项押契借款合同、租约并说明书等均悉。查招商局债务积压，轮船货栈朽敝，以致营业日就衰落，每月收支不敷达十余万，不早图彻底改善，势成破产。据呈与美商中国营业公司暨大来轮船公司等接洽，上海外滩福州路一带建筑借款，上海中、北、华、新、南五码头押款，上海中、北、华三码头租约及赊购轮船备忘录等契约，暨经由前专员郭外峰及该总经理往复磋商多次，兹又经本处审核，各项合同各条文尚属可行，依照章程规定，应予批准备案。着由该总经理与美商等将上述各契约分别签订。至所借各款，除应用于清还积欠债务外，余应尽数指定为建设生产之用，务使僵败之局，获一起死回生之转机，而免款徒虚糜，转加债务为要。仰即遵照，此令。附呈各件存。"等因，奉此。国杰遵与美商中国营业公司接洽，业于本年九月五日、六日先后将上述建筑借款合同附押契、码头租约合同附押契、码头租约赊购轮船备忘录，分别正式签订。惟该公司以签订上项各该契约，系奉监督批准，应请监督加盖关防，以完法律手续。理合检同已经签订之各合同押契，备忘录正、副本各二份，具文呈请钧座鉴核，俯赐加盖关防，仍予发还，以便分执。再据中国营业公司声称，关于上项各借款之债券发行，尚须有相当时期之筹备，在布置未就绪以前，双方应留守秘密等语，合并呈明，并乞鉴察。谨呈交通部次长兼招商局监督陈，招商局总经理李国杰。（华东社）

曾秘书长谈话

昨记者往晤该局监督处秘书曾惠文，据谈，招商局借款整理，当郭外峰在任时，已有此计划，向美商中国营业公司借款，以一千万两为建筑借款，一千万两为码头借款。其他因美商中国营业公司与大来轮船公司俱有关系，故由大来向外赊购新船，预定每艘载重一万吨轮船共三十艘，如此需费亦须一千万两左右。该款即作招商局欠款，所有抵押为现有轮只与本外埠码头，预算二十年可以还清。至㈠建筑借款一千万两，并非由中国营业公司交付实款，系由该公司发行公债，充改造招商局房屋。因商局房产现每年收入只二十万元，苟翻造十三层楼大厦，则每年至少可得百万租费。㈡码头借款，即充整理码头，同时旧时零碎抵押，一律赎回。迨中国营业公司接管后，只有监督、管理、设计、改革之权，如营业发达，日收各款，俱由核公司负保管之责。惟大来因有借款关系，将来大来进出轮只，均靠招商各码头，每年并津贴三十万两租金，将来码头尚须组一码头公司，以专责成。㈢赊购新船，因招商局轮只均陈旧，为三四十年前所购，不但吨位又小，且行驶海上，亦甚危险，现此种办法，确属需要。码头纠纷，事先确有未明之处，故经代表来局后，遂了结。惟股东方面，因前股票票面为一百两，今交部命令五十两收回，意为吃亏太甚，稍有问题，监督处俟监理事会成立即撤消云云。（国闻社）

契约内容一斑

招商局与中国营业公司所订借款合同，虽为三千万两，但先进行建屋之一千两草约，当于本年九月间签字，正式合同方于李到任后，与中国营业公司总理萨德里订定该款，即以发公债交招商局支配，八五实收，一切由营业公司负责，先发四百万两。用途：（甲）付偿早经在花旗银行抵押一百万两之借款及息金；（乙）付偿早经在营业公司抵押四十七万两之借款及息金；（丙）付给本局五十万两，以应营业上之需用；（丁）付议认决，先在沿四川路、福州路转角建造最新式办公大厦之建筑费；（戊）按照押款第一批发行之债券票面数额，付给中国营业公司应得之二厘五佣金。（国闻社）

四栈经理处观

百老汇路之四栈经理处，自凌静山于前日下午具呈招商局总管理处李总经理声称辞职后，一面将事务交由副科长洪得照代理。李国杰以凌虽拒交与中国营业公司，然已将事务交出，遂下谕准凌请假十五天，并派洪得照继凌职。同时中国营业公司派钟可托赴四栈经理处，共同负责。昨日，孙总理诞辰，该处奉总管理处命，停止办公一天，仍悬国旗志念。

码头职工请愿

五码头职工会对于码头抵押事，经全体组长联席会议决议三项办法。昨日下午四时，举行理事会议，由俞仙亨主席，报告经过。继即开始讨论，全体一致通过组长联席会议决议案。定明日上午十时，由全体理事俞仙亨、薛荫逵、石□章、张桂庆、程长胜等，会同全体组长夏振德、王杏村、林生、薛星标、赵祖乐等，赴总局请愿：㈠反对抵押为最高原则，以保障生活为最低限度；㈡催索十月份欠薪。（新声社）

总局职工反对

总局职工会对于码头出押，除函总经理声明坚决反对外，并通电云：

中央党部、国民政府、行政院、交通部暨各级党部、各机关、各团体各报馆均鉴：日前本局中、北、华三栈，突有西人前来接收，知已将三栈产业及营业管理权出让洋商。同人等不胜骇异，查招商局为我国硕果仅存之交通事业，现方由政府确定性质收为国办之时，正期整顿有方，日趋繁荣。而中、北、华三栈，尤为本局唯一营业工具。沪上有数栈埠，早为洋商觊觎垂涎，国人保持扶植之不暇，安忍弃若敝屣，拱手让人？在此风雨飘摇之改组声中，忍有三栈出让洋商之举？似此公然断送航业工具，丧权辱国，莫斯为甚。同人等与招商局共存共荣，休戚相关，心所谓危，难安缄默。对于此种违法举动，誓不承认，除向本局监督及总经理声明坚决反对外，尚希全国同胞一致声援，以救垂危之国航，幸甚幸甚，谨此电达。上海轮船招商总局职工会叩，真。（新声社）

（1932 年 11 月 13 日，第 13 ～ 14 版）

宋子文昨飞杭，临行发表重要谈话

述招商局改组原因

发展航业利浦工商

行政院代理院长宋子文前日由汉飞杭，视察航空学校，当于午后返沪。昨日，宋氏对于招商局改组事发表谈话，并于下午三时半，邀刘鸿生、史量才、叶琢堂等，在宅会商招商局事。四时二十分，宋偕秘书黄纯道乘飞机赴杭。详情分志如下：

宋发表谈话

宋氏昨发表谈话云：航业与国家交通及农工商运输，均有联带密切之关系。我国航业公司，以招商成立最久、规模最大，政府历经予以维持。无如股东方面，时起内讧，而办事者复毫无能力，弊窦丛生，日趋腐化。环顾与招商局同时成立之洋商航业公司，无不扩充至十倍以上。乃招商局只有退步而无进步，船只陈旧，大都在卅年以上，且历年沉没甚多，不但公司之损失不赀，客货之安全可虑，且航业日形衰败，航权日形堕落，实为国家与社会根本之忧。国府成立以后，屡派监督，督同整理，卒以情形遇于复杂，难以整顿，国家农工商业之发展，与航业相互并进，航业不能整理，则农工商各业无不受其影响。招商局成立最早，码头所占之地位，较任何公司为优。徒以种种原因，不能尽其本能，为社会服务，同时股息已十余年未发。最近三年中，股票市价，平均每套只三十两有零。政府鉴于航业重要，并为股东着想，决计将招商局收归国营，所有股票，定为每套现银五十两，已呈奉中央政治会议决议通过。政府于近日财政困难之时，不惜出此较大之价格，盖希望就固有之基础，创一现代化之航业公司，以谋农工商业之发达。股东方面，已十余年未得利息，今政府出价收回，照市价超过二十两，股东深体政府优惠之意，多数乐于接受。同时政府虽收回国营，而仍以社会各界声望素著之人担任其事。因鉴于招商局已往之历史及各国现时之情形，政府派普通官吏管理航业必鲜成效。二因集中各界力量，可使航业易于整理。三因此次完全为发展社会经济及农工商业起见，故所遴派之理事、监事，均系绝对与政治无关系之人。此后政局即有变迁，而招商局之根本不因之而动摇。招商局积亏綦巨，本年已亏一百七十余万，政府于此时收归国营，绝无利益可言。一因全世界经济状态不良，二因招商局整理需时，三因政府宗旨在使航业发达，以利农工商业。于接收后，对于亏本之航线，亦须进行，由国内航线推而至于国外，虽牺牲所不辞也。政府既坦然为人民谋利益，希望各界联合起而共济，人人以整理及发展招商局视为重要之责任，则我国航业之进步，可操券而待也。

乘飞机赴杭

昨日下午三时半，宋氏电邀招商局总理刘鸿生，常务理事史量才、叶琢堂、杜月笙、杨英，理事钱新之、胡筠庄、胡笔江、王晓籁，监事虞洽卿、秦润卿、卢学溥等十余人，至祁齐路宋宅，会商招商局问题，谈约半小时始散。宋氏旋即乘车赴虹桥飞机场，于四时二十分登塞可斯机飞往杭州。至张学良氏之顾问端讷，现仍留汉，此次并未与宋氏回来云。

（1932 年 11 月 14 日，第 13 版）

招商局全体理、监事宣誓就职

朱家骅昨亲临致训开联席会

总经理刘鸿生昨已到局视事

昨日先接收两处董事会暂缓

招商局奉令改组后，理、监事会业于昨日上午正式成立，全体理、监事及总经理刘鸿生，并于昨晨九时，在九江路二号中央银行楼上宣誓就职，交通部长朱家骅亲自到场监视训话。就职后，当即开首次理、监事联席会议。十时许，全体前往局中视事，并接收监督处、总经理处各项卷宗账目。董事会因结束未毕，将定期再行接收。中午，朱家骅部长在四马路宴各理、监事，并接见记者，正式发表谈话。交通部将以码头借款事，提交今日中政会讨论，而中国营业公司总董苏德尔氏，对于借款事发表谈话有所解释。李国杰仍在监视中，其夫人昨日上午即往探视，并送应用物件，兹将情形分志于后：

监理会成立

昨晨九时许，招商局新任总经理刘鸿生，常务理事叶琢堂、史量才、张寿镛、张公权、杜月笙、杨英，理事胡笔江、李馥荪、王晓籁、钱新之、余日章（缺席）、张啸林、胡筠庄、盛蘋臣，及监事卢学溥、陈光甫、虞洽卿、胡孟嘉、秦润卿、荣宗敬、黄金荣（缺席）、郭顺等，在中央银行三楼礼堂，举行宣誓就职礼。交通部长朱家骅莅会监督，并致训词，由朱部长主席，开会程序如下：㈠向总理遗像及党国旗行最敬礼；㈡主席恭读总理遗嘱；㈢理、监事宣誓；㈣朱部长训词；㈤理、监事代表答词；㈥刘总经理答词。仅半小时礼成，即举行首次理、监事联席会议。

理、监事宣誓

全体理、监事高举右手，由监誓员交通部长朱家骅领导宣誓云：

余敬宣誓，余将恪遵总理遗嘱，服从党义，奉行国家法令，忠心及努力于本职，并节省经费，余决不雇用无用人员，不营私舞弊及授受贿赂，如违背誓言，愿受本党最严厉之处罚。

朱部长训词

新理、监事宣誓毕，朱部长训词云：

各位理监事、刘总经理，今天诸位宣誓就职典礼，对于招商局前途非常重大。兄弟于本月初旬，甫接长交通部，部务繁冗，惟因此事，关系我国航业，特来此地参加，俾与诸君商量今后发展计划。招商局为我国唯一稍具规模之航运事业，自同治十一年成立，藉政府之财力得以发展，自交回商办以后，因为少数人之把持，营业衰落，弊端百出，年甚一年，日甚一日。民国十一年以后，停付利息，信用扫地。该局弊病应于十余年以前设法整顿，其所以迁移时日者，政府仍信用商办事业，应由股东自行处理、自行整顿。加以近年来国内政治环境之恶劣，中央致力统一工作，忙于应付军政问题，未遑顾及。因此招商局虽腐败到极点，亦不过取一种监督政策，期在政府严密监督之下，有所改良业务，可以站在平稳地位，再求发展。不料监督制度实行至今，迄已五年，不独毫无成绩，而该局营业之崩败，如狂澜□□，莫可挽救，言念及此，实可痛心。该局现在债务，已达一千七百九十余万，股票一套（即航业股二，产业一），票面本为一百两与一百元，合共二百七十八十两，今虽云仍值三十两，但实际市面上对于此项股票，早已无人过问，除少数人藉此作一种投机买卖外，招商局股票之真正价值，实等于零。所有轮船，虽号称有二十五艘，但其中年龄有超过半个世纪者，有在二三十载以上者。如此古而又朽之船，早不适用。所有栈房、码头、趸船，亦均年久失修，破坏不堪。在此残破局面当中，该局营业奄奄欲绝，期其自拔自救之希望，迄今已完全断绝矣。中央认该局之营业，关系国家航政与国民经济，故断然处置，收归国营。为顾念股东血本起见，照最近三年平均市价为三十两六钱六分，兹将股票每套定为五十两，由政府以现款收买。在国家财政困难当中，增加此种担负，实万不得已之事，尤以当国难期间，筹此巨款更为困难，中央以全国工商业与民生为重，具此牺牲之决心。国营事业各国行之，亏本者多，尤以航业为甚。而各国仍有采取国营政策者，实以补助工商业及保持国家航运地位为目的，皆因特殊情形，乃不惜牺牲。今中央之对于招商局，采取国营制度，准备牺牲，以期打破僵局，挽回利权，忍痛于一时，求将来之福利；救危急于今日，定百年之大计。政府为集思广益起见，故简派工商界著名人士，组织理、监事会，积极进行，共求中国航业之发展。诸君在工商界，有良好之成绩，在地方上，有深长之历史，必能本大无畏之牺牲精神，团结一致，努力任事，遵照誓言，力求局务之进展，国家前途，实利赖之。

理、监事答词

史量才代表理、监事会，致答词云：量才等奉派为招商局理事及监事，谨于今日就职，承部长训词，窃思理事会为主持局务之机关，监事会为监察局务之机关，责任均极重要。量才等谨当遵从部长之调示，共同负责，整理局务，以期仰答政府改进航业之至意云。

总经理答词

总经理刘鸿生致答词云：鸿生承国民政府派为招商局理事兼总经理之职，自□□陋，本不敢膺此重任。惟招商局为我国惟一航务机关，有六十余年之历史，现在百孔千疮，亟须积极整理，不得不勉为其难。今日遵令就职，承部长训词，自当谨遵办理，并当秉承理事会之指示，勤慎将事，以期仰副政府整理航业之至意。

理、监事会议

理、监事宣誓就职后，即于上午九时五十分，举行首次理、监事联席会议，出席全体理、监事，总经理刘鸿生，列席者交通部长朱家骅、航政司长高廷梓，由史量才主席。报告后，旋即开始讨论：㈠招商局暂行组织章程；㈡招商局监事会暂行章程；㈢招商局理事会暂行章程，当经修正文字通过。及至十时十分始散，旋即全体赴招商局接收。

视事时情形

总经理刘鸿生于理、监事联席会议散会后，会同朱部长、高航政司长，暨理、监事到局视事。事前招商局全体职工，指派朱志霖等出任招待。捕房中、西探捕，临时特别防范，俟到局后，即在总经理室休息。接见道贺者，计傅宗耀、徐寄顾、陈松源、陈蔗青、胡筠秋、胡筠庄、黄延芳、陈伯刚、陈行等。至十一时许，全体理、监事及总经理等在大礼堂合影。

向职员训话

上午十一时三十分全体职员聚集在大礼堂，由总经理刘鸿生及常务理事史量才训话。刘氏训话云：招商局现在虽改为国营，但本局原系商业机关，今鄙人来充总经理，从此以后，本局一切事务须处处注重商业化，以期逐步改进。关于用人方面，并当以人才及经济双方兼顾为原则，其向来办事着有成绩者，尤盼共同合作，实为至幸。史氏训话云：招商局已有很久历史，此次我等抱牺牲精神而来，毫无权利思想，希望大家努力，互相勉励，达到恢复招商局固有之地位。

各处之接收

上午十一时四十五分，理事史量才、叶琢堂、胡筠庄、张寿镛，会同交通部航政司长高廷梓及秘书处戚福铭、徐致一等，往监督处接收，由前监督陈孚木指定之移交员秘书曾惠文交替。下午一时起，总务科由新任陈蔚青、会计科由新任主任徐广德、营业科由新任主任何墨林、船务科由新任主任赵云台、产业科由秘书处徐致一等分别接收，直至昨晚，始行完竣。惟董事会原定由理事会负责接收，奈因董事会长李国杰事前并未通知办理结束，故理事会昨日暂缓接收，定期俟结束后，再行接收。

委任新职员

新总经理接任后，以旧员均分别早请辞职，昨特下令，委任陈蔚青为总务科长，徐广德为会计科长，何墨林为营业科长、陈达□为副科长，赵云台为船务科长，徐致一、戚福明［铭］等为秘书处职员。

接收之呈报

刘氏等接事后，当于下午致电行政院、交通部，呈报就职暨接事经过。新任总理刘鸿生氏原电云：

> 南京，行政院代理院长宋、交通部长朱钧鉴：鸿生奉派为招商局总经理，遵于本日会同理事、监事接收，除另行呈报接收情形外，谨此电呈。
>
> 招商局总经理刘鸿生叩，寒，印。

又全体理、监事呈报就职电云：

> 南京，行政院代理院长宋、交通部长朱、次长俞钧鉴：琢堂等奉派为招商局理事、监事，遵于今日就职，即行开理、监事联席会议，并各举行第一次理、监会，除会同总经理分别接收外，谨先电呈报。招商局理事、监事会叩，寒。

朱家骅谈话

交通部长朱家骅，昨日中午在杏花楼宴理、监事及刘总经理后，复于三时许，与各报社记者分谈整顿招商局及监视李国杰原因如下：㊀本人昨因招商局事情来沪，与各理、监事及刘总经理，磋商该局改组后事宜；㊁招商局此次与外商订立之借款合同，事前并未呈部核准，即沪上各界，亦无所闻。故交通部得到消息后，即电李国杰将所有合同及备忘录送部查阅。李国杰遂于十二日送到，查内容错综不一，殊为复杂，必须详细研究，方能确定如何办理。现在理、监事及总经理业已就职，当搜集关于此案之一切文件，再行审核讨论办法；㊂李国杰此次亦深悔错误，自行检举，政府因事关重大，故暂时将其监视，以便易于清理此案；㊃此次所订重大合同，既未经部核准，当然未能承认；㊄此次借款，现均尚未实行，外商是否付过小部份现款，尚须俟切实调查后，方能明了云云。既由新声社等记者提出各项问题，由朱氏答复如下：

问：李国杰监视后，将如何处置？

答：李氏现监视于华界李之友人家，除未能外出外，其余一切均极自由。盖此次借款，虽未能实行，但草案上均为李之名义签字，监督处是否确准李氏办理，尚待于合同外之文件上调查。但监督处受交通部管辖，而陈孚木并未呈请部中准许，故不但未有合法，照案情极为复杂，为免事件扩大起见，暂时将李国杰监视。处置问题，须俟整个合同问题审查完竣，加以研究后，方能定夺。

问：此次出抵或传四栈，而李之说明书中，又称三栈，究系几栈？

答：以李国杰十二日送部之合同及附件所载系四栈，惟因合同系中英文，故尚须对照，以视是否相符。

问：陈孚木之责任如何？

答：当然要研究，监视李国杰，亦即为此，但未经正式确定前，尚未能答复。惟此次招商局借外债至三千万之巨，竟不呈部核准，秘不外闻，不合法律手续已明悉。遑论政府管辖机关，即其他商业中，倘借外债至数千万之巨，亦须呈报政府核准，方得进行。

问：此项借款之损失如何？

答：吸收外资原亦办法之一，惟要看权之是否属我，抑属于对方。此次招商局之借款，对于国家权利之冲突至何程度，虽未详悉，但就建筑借款而言，其计划将在福州路外滩沿四川路一带二十余亩，造一大厦，除自用外，余分租，预算十五年可以拔清。但合同则订二十年，经租权操于对方，尚须付手续费，岂非最少五年租金已拱手送人。余如码头借款、赊船借款，明为华洋联运，实则权皆操于对面之手，其损失当更大。

问：此次收回国有是否出于借款问题之故？

答：收回国有之动机，在发觉借款以前，两不相涉。至于收回国有，另行改组原因，实鉴于招商局在国营时期，营业尚极发达，购买地产，渐臻至四千万财产，皆在此时期。自改为商办后，愈趋愈下，渐入危境。且为少数人所把持，负债累累，无法整顿，此为我国较大之航业机关，与工商业关系甚大，故政府几经考虑，决心收回国办。

问：据说，此次借款中，已被人先提用若干万元，部长已有所闻否？

答：尚未查出，但此案决不是如此简单。

问：收回国营后之新计划如何？

答：先除积弊，再定新计划。

问：政府是否将拨款整顿？

答：政府收回国营，当然与其他国营事业同一待遇，先拨若干，以作流动基金。

问：积余公司之股票，若何处置？

答：积余公司之股票与航业股票，实二为一。故招商局股票，交易往来，统称为一套，两共总数八百万元，积余公司股票计四百万元，航业股票计四百万元。

问：收回商股何日实行？评价三十六两，是否得有股票者可无异议？

答：收回商股即将实行。评价三十六两，不但在确定之前，邀有商界共同商酌，且经交易所将民国十九、廿、廿一三年之市价，统共扯合，方评定此价，事实上非常公允。况招商局年来不但债务已积至一千七百万两，利息亦自十一年起未有付过。虽市面上仍有价格，不过是投机者一种作用，根本实等于零。总之，股票值价不值价，须看利息付不付。兹既以近三年市况评定，不能再谓之不公允。

问：设有股票不愿由政府收回，将如何办理？

答：此事容再研究，大致总可以无问题。

末问：邮政局长辞职问题现在如何？

答：本人已函黄局长（乃枢）到京商酌，俾便挽留。

朱氏昨以事毕，当于昨日夜快车返京。

刘鸿生谈话

刘总理就职后对记者作如下之谈话：余承国民政府谬采虚声派为招商局理事兼总经理之职，自问才识谫陋，实难胜此重任。唯事关我国航业，至为重要，不得不勉尽棉［绵］力。此次改组，系将本局实行收归国有，其性质与从前不同，将来关于本局大政方针及一切重要计划，均须由交通部主持。总经理所负责任，只在秉承部定计划及理事会意旨，切实执行。本人自当勉竭愚诚，努力从事，以期仰副政府发展航业之至意，倘蒙各界不吝指教，一致匡助，固不独余个人之私幸也云云。

报告押栈事

招商局前总经理李国杰，向中国营业公司、大来轮船公司商借押款，㈠建筑借款，㈡码头借款，㈢赊购新船，共计三千万元。码头借款案，自经中国营业公司接收后，昨日下午三时，栈务科副主任洪得照赴招商局向新总经理刘鸿生报告经过。下午四时，中国营业公司派员赴招商局向刘鸿生说明受押经过。

招商局组织

招商局暂行组织章程

第一条　本局为国营事业，直辖于交通部。

第二条　本局设总经理一人，由交通部呈请简派，执行局务。

第三条　总经理之下，设秘书一人至三人，由总经理派充，掌理一切关于机要文件等事项。

第四条　本局为视察各分局船栈业务之必要，得设视察员二人，由总经理派充。

第五条　本局设左列各科，每科设主任一人，办事员若干人，均由总经理派充，各科视事务之繁简，得酌设副主任一人，由总经理派充。

一、总务科；

二、营业科；

三、船务科；

四、栈务科；

五、会计科；

六、产业科。

第六条　总务科之职掌如左：

一、关于保管一切重要文件及典守关防事项；

二、关于收发文书事项；

三、关于撰拟各项华洋文件事项；

四、关于股票登记过户及保管事项；

五、关于交际宣传及编译事项；

六、关于统计及调查事项；

七、关于党务、学校、工会事项；

八、关于会议记录事项；

九、关于物料之采办、收发及保管事项；

十、关于人事登记及职员进退、保障、考勤事项；

十一、关于庶务及卫生之管理及设备事项；

十二、关于一切法令之公布及通知并业务情形之汇报等事项；

十三、关于卷宗档案之保管及登记事项；

十四、关于免费及半价乘船证之审核事项；

十五、关于不属其他各科事项。

第七条　营业科之职掌如左：

一、关于各航线船只之分配调遣及计划事项；

二、关于国内外航业之调查及报告事项；

三、关于船期之规定事项；

四、关于客货之招徕及清理事项；

五、关于货脚定率之厘订事项；

六、关于客票定率之厘订事项；

七、关于客佣定率之厘订事项；

八、关于各种扛力之审核事项；

九、关于海关之接洽事项；

十、关于航运成本之计划事项；

十一、关于各轮业务主任之考绩事项；

十二、关于各分局办事处之考绩事项；

十三、关于同业之接洽事项；

十四、关于免费及半价乘船证之填发事项；

十五、关于内河航业之管理事项；

十六、关于轮船之征租事项。

第八条　船务科之职业如左：

一、关于船舶驾驶、机务人员之管辖及其职务之分配事项；

二、关于船员之进退及登记事项；

三、关于船房机器之检验事项；

四、关于船舶之修造监工及验收事项；

五、关于船舶之设备及卫生事项；

六、关于船长、船员之管理及考绩事项；

七、关于码头趸船之修造、监工及验收事项；

八、关于船务各项工程之投标及验收事项；

九、关于各局、各栈、各船、各码头之绘图事项；

十、关于舶船无线电之管理及其人员之考绩事项；

十一、关于船舶所用煤炭、物料之审核事项；

十二、关于船舶之消防及救护事项；

十三、关于船舶之保险事项；

十四、关于机械工厂及船舶之管辖事项。

第九条　栈务科之职掌：

一、关于栈货之招徕及保管存货事项；

二、关于栈货之清理事项；

三、关于栈房、码头收益之经收事项；

四、关于栈房之修造及检验事项，

五、关于栈房之保险事项；

六、关于栈房之消防及其他设备事项；

七、关于栈租定率之厘订事项；

八、关于扛力定率之厘订事项；

九、关于栈务员之管理、考绩及其职务之约配事项；

十、关于各地栈务之监督及整理事项；

十一、关于码头稽查巡丁之管理事项；

十二、关于煤栈之一切事项；

十三、关于货栈、码头、趸船之改良及修理事项。

第十条　会计料之职掌如左：

一、关于现金之收入及支出事项；

二、关于银库及银行往来簿据支票之保管事项；

三、关于预算、决算之编制事项；

四、关于贷借对照表、损益表及财产目录之编订事项；

五、关于日计表、月计表及其他结算报告书之编造事项；

六、关于各种账簿之登记、保管、整理及检查核算事项；

七、关于日记票及传票之核对事项；

八、关于股票发息事项；

九、关于各局办事处及各船、栈会计之厘订及检查事项；

十、关于抵借款项以及在其他债权、债务清理事项。

第十一条　产业科之职掌如左：

一、关于积余产业公司之一切事项；

二、关于各房产、地产之主管事项；

三、关于房产、地产之清查及整理事项；

四、关于房产、地产之登记及图册事项；

五、关于房产、地产之经租事项；

六、关于房产、地产及栈房、码头等建筑之保险事项；

七、关于房产之修造及验收事项；

八、关于房产、地产之纳税及完粮事项；

九、关于房产、地产之设计及估价事项；

十、关于房产、地产之绘图及测量事项；

十一、关于房产、地产押款之整理事项；

十二、关于房产、地产纠纷之处理事项。

第十二条　本局各埠分局或办事处及积余产业公司、内河轮船公司之章另订之。

第十三条　本局设工程师室，置总工程师一员，船舶及土本工程师各一员，办事员若干员，秉承总经理之命，掌理各项工程之设计估价及检定等事项。

第十四条　本局一切重要事项及任用秘书、主任、视察各员，应呈请交通部核准。

第十五条　本局各科室，得酌用书记及练习生。

第十六条　关于两科以上之事务，应由各该科会同办理。

第十七条　本局各科，得分股办事，其办事细则另定之。

第十八条　本章程自公布之日施行，至正式章程呈奉行政院公布核准之日废止之。

监事会章程

招商局监事会暂行章程

第一条　招商局设监事会，直隶于交通部。

第二条　监事会承交通部之命，监察全局人员及一切业务。

第三条　监事会置监事九人至十三人，由交通部长遴□简派之。

第四条　监事会置监事长一人，由各监事互相推举为监事会议之主席，并执行召集监事会议。

第五条　监事会置秘书一人，事务员二人。

第六条　监事会之职继如左：

一、全局服务人员违法失职之检举事项；

二、订立重要契约及募集新债之审核事项；

三、预算、决算之审核事项；

四、账目及营业之检查事项；

五、其他关于业务之监察事项。

第七条　监事会除前条规定职权外，关系局务，如认为有利益时，得提出意见于理事会供其采择。

第八条　监事会对于理事会处理事务，如认为有必要时，得请其报告或检查其文件。

第九条　监事会对于局务，如认为有危险或不当时，得请理事会撤销或纠正之。

第十条　监事会对于行使职权，如与理事会发生争议时，得呈请交通部核办。

第十一条　本章程自公布之日施行，至正式章程，呈奉行政院核准之日废止之。

理事会章程

招商局理事会暂行章程

第一条　招商局设理事会，直隶于交通部。

第二条　理事会承受交通部长之命，主持全局重要事项，应受监事会之监察。

第三条　理事会之职权如左：

一、关于业务方针之决定事项；

二、关于契约之订定、废除及改订事项；

三、关于产业及资本之整理事项；

四、关于总局及附属机关办事规章之审核、颁布事项；

五、关于总经理以下重要人员之任免核准事项；

六、关于债务、债权之清理、偿还事项；

七、关于预算之编制事项；

八、关于决算账目之审核事项；

九、关于业务之稽核事项；

十、关于积余公司及内河轮船公司事项；

十一、关于其他重要业务之规划事项。

第四条　理事会设理事十五人至十九人，其中七人为常务理事，均由交通部长遴请简派之。

第五条　常务理事常川驻会，处理日常事务。

第六条　理事会之文件，由常务理事署名行之。

第七条　理事会之会期，每星期一次，如遇重要事务，得随时开会，均由常务理事召集之。

第八条　理事会之议决，以全体理事过半数之出席，出席过半数之可决行之。

第九条　理事会开会，主席由常务理事轮流充任。

第十条　理事会重要事务，应随时呈请交通部备案。

第十一条　理事会设秘书一人或二人，事务员二人至四人，由常务理事遴选，提交理事会议决任用之。

第十二条　理事会因缮写公牍，得酌用雇员。

第十三条　理事会经费，由理事会拟具预算，呈请交通部依法办理。

第十四条　理事会办事组则，由会自定之。

第十五条　本会章程自公布之日施行，至正式章程呈奉行政院核准施行之日废止。

苏德尔表示

中国营业公司总董苏德尔为招商局借款事，昨向往访者发一谈片，声称该公司与招商局所订合同，纯粹商业性质，乃双方接洽三年之结果，中间往复磋商，悉由招商局董事长秉承代表交通部之历任监督办理。且因纯粹商业契约，双方交受其利，将来结果不仅可以整顿招商局，且可使该局有稳固之财政基础，处于远东领袖航业公司地位。至合同内容，因属商业秘密性质，渠此时尚未便披露。所可声明者，即订约两造中，外国公司仅渠一家而已，并未有他家参加云。

提出中政会

京电，交部息：招商局改归国营，所有一切债务虽由政府继承，但必须切实审查其性质是否合法，有无浮冒。此项问题必待新理事、监事会成立后，共同审核，方能决定。至李国杰擅将局产四栈抵借巨款一事，关系主权甚巨，政府对此将如何处置，十五日行政院会议，当提出讨论，决定具体办法。又据中央消息，十六日中政会对招商局案，将提出讨论，朱家骅已拟有关于此事之详细报告，备向大会提出。

工会昨请愿

招商局五码头职工会于昨日上午十时，全体理事俞仙亭、薛荫逵、张桂庆等，全体组长王杏林、林生等，共计七十余名，赴总局请愿：㊀反对码头出押，要求保障生计；㊁催索十月份职工欠薪。适为总经理视事之日，及至上午十二时谒见。总经理刘鸿生对于码头职工，希望合作努力，务须达到商业化，职工生计自当顾虑，欠薪决饬会计科筹款设法发给。

旧董会情形

该局董事会方面，昨日虽经新理、监事前往视察接洽，但未交卸。据该会负责人谈，李董事长并未令办理结束，故新理、监事来会时，答以未曾准备，不能移交。新理、监事即嘱旧有职员，仍为负全责。至于李董事长之被监视及国府收买股票事，在此紧张关头，均未便表示任何意见。而事实上，股东会十余年来未曾改选，推选董事及董事长等，除原有董事长孙宝琦去职后，由李国杰补任外，其余董事均因种种关系离职。现在事实上之负责者，则仅李氏一人而已。至各种卷宗，均在此间，除李董事长命交出，随时可以移交也云云。（中央社）

李国杰昨况

李国杰于前日被监视后，其家属即至公安局探听消息，当由文局长告以李氏现另禁于住宅中，一切并无不自由处，并嘱其家人速将卧具及应用物件送去。迨至今晨，李之夫人始往探视。同时前招商局蔡秘书等，将往交通部长朱家骅处叩问情形，当由朱氏告以俟案情明白，即无问题。现在因责任关系，暂时看管而已。惟李宅已通知其族李经梅等，设法向当局说项，冀能早日恢复自由云。（新声社）

（1932 年 11 月 15 日，第 13～14 版）

收办招商局国府明令已下

〔洛阳〕国府十五日令云：

查航业关系国用、交通、商业、运输至为重大，近年以来，我国硕果仅存之招商局，营业日形退化，若不亟图改革，将何以保持航权？兹据财、交两部会呈，与沪各界领袖协商，金谓非藉众力不足以恢复信用，非收归国营不足以根本规划，拟将监督处改组为理事会、监事会，并设总经理，按照十七年八月交通会议决议以收归国有为原则，将招商局作为国营事业；所有股票照三年平均市价，每套计三十两零六钱六分，拟定为每套现银五十两，由国家现银收回，以示优惠股东之意。并由政府继承该局原有一切权利及一切合法债务；一面遴选各界声望卓著人士充任理事、监事及总经理，俾得彻底规划，造成近代企业等情。查所拟办法，对于国家航政、股东股本，均能统筹兼顾，应准如所拟办理，着财部迅筹现款收回股票，一面由交部赶日派员接收，妥为规划，积极进行，俾我国航政以逐渐发展，用培国本而利民生。此令。（十五日中央社电）

（1932 年 11 月 16 日，第 4 版）

命 令

国民政府十五日令："派刘鸿生为招商局总经理，此令。"又令："派叶琢堂、刘鸿生、史量才、张寿镛、张嘉璈、杜镛、杨英为招商局理事会常务理事，此令。"又令："派胡笔江、王晓籁、钱永铭、余日章、张寅、胡筠庄、盛升颐为招商局理事会理事，此令。"又令："派卢学溥、陈光甫、虞和德、胡祖同、秦祖泽、荣宗敬、黄金荣、金庭荪、郭顺为招商局理事会监事，此令。"

（1932 年 11 月 16 日，第 7 版）

交通部明令收回招商股票

——朱家骅昨来沪

交通部长朱家骅于昨日上午八时，由京抵沪，除出席中英庚款开会外，并与代理院长宋子文及招商局理、监事有所接洽。闻交部对于收回股票办法，业已在讨论中。至关于招商局其余消息，兹再分志如下：

交通部令

记者昨访交通部朱部长，询以收回股票办法。朱部长答以政府之意，股东愿照所定五十两价格将股票缴政府收回者，政府即以现金付给，否则亦不加勉强。至于收回股票日期及委托机关，已由部令行招商局理事会云。

记者并觅得交通部令文，照录如下：

> 为令遵事，查招商局收归国营，业奉国民政府明令公布在案。所有股票应定期自民国二十一年十二月一日起至二十二年（二月）二十八日止，委托中央银行遵照规定，每套现银五十两，验票照付，其详细办法，仰该理事会即便拟议呈核，此令。

刘鸿生谈

新声社记者，昨晤招商局总经理刘鸿生氏，据答记者问如下：

㈠朱部长今日来沪，本人因尚未晤见，故关于局中之善后尚未谈到。

㈡收回股票实行日期，尚须待交通部核示。惟关于本日（十八日报载）南京消息之办法，实非正式决定之草案。据本人所知，大概将来收回股票时，除照评定之价格五十两收回外，倘股东方面有不愿出售者，则亦不强行收回，并希望其能与政府同为股东。

㈢中国营业公司除于收回四栈之日，曾来一信抗议外，并无第二次信来，局中因案件尚未完全解决，亦未答复也。

发给欠薪

招商局职员在李国杰时代，因经济关系，职员薪水自九月份起，只发半月，十月份则完全未发。现悉新总理刘鸿生业已通知会计处，自本月底起，所有积欠薪水一律与本月同时发清。

委任秘书

该局自改组后，各科职员业已完全发表，昨日复正式委任秘书处职员七人，计徐致一、陈荫孚、吴董卿等三人为秘书，王建训、蔡丽生、蒋山、戚福铭等四人为帮办秘书。

李宅消息

李国杰夫人自李氏被扣后，业已到处奔走，设法援救，冀李氏得早日恢复自由。日前下午，李夫人复往招商局见总经理刘鸿生，托为设法，嗣刘以此系政府命令，嘱往见代理行政院长宋子文。李夫人遂又改往宋宅，惟结果如何尚未详。

将提弹章

监委李梦庚谈，李国杰擅押局产，丧失航政，如无陈孚木签字，法律上可不生效。陈等同舞弊，毫无可疑，监院对此提出弹劾，呈文及证据经过审查完毕，密封寄呈于院长核阅后，即请国府饬交公务员惩戒委员会依法惩戒。

合同损失

交部航政司长高廷梓谈，招商局押款合同中，丧失主权之点不一而足，其最要者：

㈠该合同虽订期二十年，但招商营业年年亏耗，如此巨款，试思何年方能有偿还力量？不过由小债务人而演变为大债务人，直不啻将全部财产永久断送于外人之手。其他所订八五实收及子金数目等所受之损失，更无论矣。

㈡按债权人之权利，可将抵押财产转抵于第三者，现定于二十年，他日若再转抵若干年，甚至达到一百年，债务人亦无权过问。

㈢抵押产业中，除四栈外，尚有基地甚广。上海市场一日千里，在此期间，该公司可在产地建筑房屋，将来我方集款收回时，该公司若以产地建筑费押值数千万相要索，试问将来如何应付？势必至永久归人占有云云。

（1932 年 11 月 19 日，第 13 版）

交通部拟议之整理招商局计划

现在组织仅临时性质

政府云不以强力购股

关于招商局收归国营后，政府方面对今后设施计划及整理办法，大都均在进行中。新声社驻京记者连日向各方探询间，至对该局永久组织及业务方针，已商议至略有头绪程度。兹汇录各方消息如后：

组织计划

此次收归国营，在行政院会议时，佥以官商合办，亦感于整理困难，故一致决定改归国营。当时决定设置理事会、监事会，原系从权处理；且理、监事人选中，亦有与招商局深有历史关系，或为该局股东者。在此整理时间，自当竭各方人才与力量，方克有济。最近本市党部对该局组织，曾有长电致中央，表示意见，中央颇加重视。交部当局亦语新声社驻京记者，谓此项组织原属整理期间之暂时性质，将来永久办法，自当改组。但此亦非短时间所能解决，须待股票收回，一切业务均上轨道以后。此时交部虽有拟议，亦正待与行政院长宋子文等详细磋商，微闻俟整理办法实施以后，再提出正式组织条例，将来或仿铁路办法，设置委员会，指定委员长；或仿国营矿业办法，设置督办，均在未定中。但现行组织法既系暂时性质，则将来更改自属必然之事。交通部表示此时计划，犹未完全确定，目前尚难发表关于将来组织之具体意见。

股票问题

关于招商局之股票，在初交通部以为在招商局以系不记名票，整理困难。现在调阅该局卷宗，知系双联式股票，故前订之登记条例虽见报载，亦未令该局遵办，已成废止。最近决定于十二月一日起至二十二年二月二十八日止，收回股票，每套五十两，详细办法待该局理事会拟呈。政府不强购商股，外间误为如不登记由政府没收，殊属误解。如商人不愿出售其股票，则在国家机关仍承认其为股东。但此次股票，除卖予政府外，在外间已无买卖之权。现时收回股票手续，委托上海中央银行办理，各地如有股票向政府出售，均须寄往上海中央银行验票照付。因各地中央银行既无该局账册，无法代办。闻明年四、五月间，股票大致可完全收回，届时该局组织，当可决定确立永久办法。

合同交涉

关于李国杰与中国营业公司签订押款合同，中国营业公司除有一信抗议外，嗣后并未提及。政府与该公司之交涉已无问题，大致即可解决。至李国杰既送法院，当静候法律处分，交通部现正忙于汇集关于四栈出押李氏经手之文件，送法院侦查。陈孚木曾因朱家骅电促来京，已有一次电复，表示签字为行使职权，其他诿称不知。交通部拟于开庭时，派航政司长高廷梓前往出庭，大致侦查完毕后，径由检察官提起公诉。俟判决后，中国营业公司合同问题，即可完全解决。

将来计划

交通部拟俟整理期间过后，除确定其组织法外，对于业务整理办法，已在研究中。现时所有船只似觉不敷，且多年久失修，拟与江南造船所接洽，分期付款，添造船只办法。但此时间尚早，亦不过一种拟议，盖添造之原则虽定，而办法犹待商讨耳。

汇丰抵款

日日社云，招商局为我国惟一之航政机关，因历年经营失当，致遭破产。前年该局因经济竭蹶，曾向汇丰银行押借五百余万两，维持营业，但迄今分文未付，积欠本息已有八百余万两之多。前监督陈孚木及总理李国杰，以借债还债之办法，向美商中国营业公司及美商大来轮船公司商借三千万元，而以该局四码头为抵押，以事前双方严守秘密，汇丰初未洞悉。及事发，汇丰方面以该局既将四码头出押于前，则实行接收，汇丰当有优先权利，局方殊无另行出押之可能。故已于昨日径函招商局经理处，对于接收局产事，声明保留优先权云。

（1932 年 11 月 23 日，第 13 版）

十九　李国杰案

李国杰昨被监视

朱家骅昨召集新理监事

在市府讨论该局抵押事

新职员定今日上午接事

招商局向美商中国营业公司抵借款项事，据中央社记者探得确息，该项借款确数为一千万两，以中、北、华三栈码头作抵。该局总经理李国杰之签订该项抵借合同，系经交通部招商局监督处九月三日指令批准备案，并事前得前交部长陈铭枢之准许。该项抵借合同，除招商局总经理李国杰签字外，监督陈孚木亦盖章。并闻交通部长朱家骅、航政司长高廷梓为明了抵押事件起见，亦相继来沪。于昨日下午三时，在市政府召集该局新总经理刘鸿生等开谈话会，李国杰亦列席。李氏当将抵押经过详加报告后，自认手续错误，自行检举，当由市政府奉令，将李国杰暂行监视，听候查办。至新总经理刘鸿生，已定今晨于该局监理事会成立后，到局接事。兹将各情分志如次：

理、监事会

招商局改组命令发表后，前晚宋宅会议此事，决定今日成立招商局理、监事会。上午八时，在中央银行开成立会议，再行定期补行宣誓典礼。

通知视事

新任总经理刘鸿生昨通知李国杰云：

径启者，十一月十一日，鸿生奉交通部令开："查招商局业经中央政治会议及行政院分别议决改组，并由行政院呈请国民政府简派该员为招商局总经理在案。仰该总经理即日前往接收呈报，除令知监督处外，合行令仰遵照！"等因。兹定于本月十四日上午八时，在中央银行开理、监事成立会，即日会同到局，遵令接收。特此函达，仰希查照。此致李伟侯先生。刘鸿生谨启，十一月十三日。

办理结束

前总经理李国杰接通知后，当由首席秘书蔡诚通知各科，赶办移交。昨虽为星期日，仍照常办公，至下午八时，始行办理完竣，并派定移交人员如下：秘书处杨瑞年、会计科周杰文、营业科刘天骥、总务科朱遂玄、船务科王统、产业科程明远。监督处早已办理结束完竣，移交人员为曾惠人〔文〕。董事会昨日仍照常办公。

今日接收

新声社记者，昨特往访新任总经理刘鸿生，由秘书代见。据谈，十四日上午八时理监会成立后，上午九时当到局前往接收，监督处由交通部航政司长高廷梓负责，董事会由理事会负责，总经理处由总经负责，一切接收人员均已指定，届时同时接收。

宋宅会谈

昨日下午二时，宋副院长在宅，邀交通部长朱家骅，招商局新任总经理刘鸿生，理、监事秦润卿、胡筠庄、胡笔江、秦祖泽、张啸林、杨英、杜月笙、王晓籁、盛蘋臣、史量才、卢涧泉、叶琢堂、虞洽卿等，交换关于招商局抵押三栈及出租码头事件之意见，当决定办法，于下午三时在市政府开谈话会。

市府会议

交通部朱部长及理、监事，为明了招商局抵押三栈及出租码头内容起见，昨日下午三时相约在市政府开谈话会，出席者交通部长朱家骅、航政司长高廷梓、吴市长、刘鸿生、秦润卿、胡筠庄、胡笔江、秦祖泽、杨英、张啸林、杜月笙、王晓籁、盛蘋臣、史量才、卢涧泉、叶琢堂、虞洽卿及前任经理李国杰。

李氏被扣

前任总经理李国杰，亦被邀出席报告。当时出席者，认该项合同及租约情节重大，非经过相当时间之研究，不能解决，金以须待理监会成立及新任总经理到局视事后，再行讨论办法。李国杰亦认手续错误，自行检举。会议后，市府于五时十分，奉令将李暂行监视，听候查办，当由公安局长文鸿恩，陪送至公安局暂行看押，候令办理。李仆亦随至公安局后，即行返寓报告，闻颇优待。

相率辞职

招商局总经理处首席秘书蔡诚，秘书柳汝祥、杨瑞年，会计主任周述文、副主任首翊群，总务科主任朱遂玄、副〔主任〕李致平，船务科主任王统，营业部主任刘天骥，产业科主任经远明等，昨已向总经理李国杰辞职。

抵押经过

据招商局秘书杨瑞年，昨向中央社记者发表负责谈话云：李总经理为挽救局务，拟就之赊购新轮、码头借款、建筑借款三项计划，业已得前交通部长陈铭枢之准许、监督陈孚木之批准备案。故向美商中国营业公司抵借款项一千万两（非一千万元），以中、北、华三栈码头作抵，至新栈码头系该局托中国营业公司代为管理，并不在抵押品之内。查抵借合同，可以证明。至签订借款合同签字人，除李总经理外，尚有陈监督，码头借款成立后，利益详述于《起死回生之招商局》一书上（即昨日各报所刊者）云云。

批准指令

谈次，杨秘书又出监督处九月三日指令，以示中央社记者，兹录如下：交通部招商局监督处指令云，呈暨各项押契、借款合同、租约并说明书等均悉，查招商局债务积压，轮船货栈朽敝，以致营业日就衰落，每月收支不敷达十余万元，不早图彻底改善，势成破产。据呈与美商中国营业公司暨大来轮船公司等，接洽上海外滩福州路一带建筑借款，上海中、北、华、新、南五码头押款，上海中、北、华三码头租约，及赊购轮船备忘录等契约，既经由前专员郭外峰及该总经理往复磋商多次，兹又经本处审核，各该合同各条文尚属可行。依照章程规定，应予批准备案。着由该总经理与美商等，将上述各契约分别签订。至所借各款，除应用于清还积欠债务外，余均应尽数指定为建设生产之用，务使僵败之局，调一起死回

生之转机，而免款徒虚糜，转加债务为要。仰即遵照，此令。附呈各件
存。兼监督陈孚木。

职工请愿

该局五码头职工会，对此次码头抵押，经全体组长联席会议决议反
对，并决定今日上午十时，推派代表俞仙亭、薛荫逯、张桂庆、石锟章、
程长胜长，及组长夏振德、王杏村、林生、薛星标、赵祖荣等，赴总局向
新局长请愿，反对抵押借款，并催索十月份欠薪。

（1932 年 11 月 14 日，第 13 版）

招商局各栈抵押文件发表

〔南京〕招商局三栈抵押于中国营业公司，全部关系文件已经交长朱
家骅呈送中政会，十六晚由航政司将全文发表，共计四件：一、抵押合
同；二、合同备忘录；三、租约；四、发行债券合同。共计两万余字。
（十六日专电）

〖下略〗

（1932 年 11 月 17 日，第 4 版）

中政会决议李国杰交行政院严办

修正禁烟法，将种运贩售各犯加重处刑

全国游艺场加征娱乐捐，救济东北难民

〔南京〕中央政治会议十六日晨举行第三三二次会议，叶楚伧主席，
讨论：（一）居委员正等提议修正禁烟法，将种运贩售各犯加重处刑，大
体通过，所拟修正草案交立法院审议；（二）行政院请核定修正教育部组
织法原则案，交教育、法制两组审查；（三）上海特别市执行委员会呈请
重行划分各省行政区域案，交政治报告组、法制组、财政组、军事组并案
审查；（四）李国杰违法借款决交行政院严办；（五）朱家骅、居正请通令
全国各游艺场，照票价加征什一之娱乐捐，作救济东北难民用；（六）京
市党部提应划一中央各机关公务员新〔薪〕俸，不得稍有参差。（十六日

专电）

〔南京〕宋子文十六（日）晨出席中政会议，即偕宋子良、刘瑞恒、秘书李纯道、副官张亚和等，乘机飞沪。宋临行语人：（一）招商局借款事，已交行政院办理，交部亦在积极处理中，所押四栈昨已收回；至取消合同，当不成问题，合同全文日内可公布。惟该合同既为前交次陈孚木正式签字，当难辞责，中央对此决彻查严究，现已去电嘱陈来京，以便咨询一切。（二）蒋光鼎代表李仲达此次来京，系报告闽省最近财政状况，对于闽省府问题，亦有所商讨。嗣李尚有要公，已于今日乘机飞汉，晋谒蒋委员长请示一切。（三）征收洋米进口税，刻尚在详拟征收办法中，明春即可实行。（十六日专电）

（1932 年 11 月 17 日，第 4 版）

李国杰违法所订之招商局借款合同全部

交通部前晚正式公布

计分（一）合同、（二）备忘录、（三）租约、（四）押款付给合同四部份

中央社云，轰动一时之招商局李国杰违法借款，与美商中国营业公司所订之合同，经交通部将原合同一再研究与审议，认为该项合同损害招商局之利益极巨，现该案已经中政会及行政院，依法严厉办理，务撤销该项损害利益之合同。交部并为国人明了内容及李国杰之错误起见，于十六日夜，将非法合同全部公表。此项合同，计分：（一）合同，内分十九款；（二）合同备忘录，分甲、乙两部及办法十五节；（三）租约，分十五款；（四）规定押款付给日期及数目之合同，分十七款。共四大部。兹觅得全部合同一份，特披露如下。

立合同：轮船招商局（以下简称"招商局"，此项简称，连同继续人、继承人或代表人一并包括在内）、美商中国营业公司（以下简称"营业公司"，此项简称，连同继续人或继承人一并包括在内），兹为双方于一九三二年九月五日，签订一不得超过上海规元一千万两之押款，并以招商局为上述押款，特准由营业公司售发债券。关于该押款付给之日期、之数额、

之规定、之案件，悉载明于本合同，业经双方同意，订定条款如左：

（一）招商局愿将一九三二年九月五日与营业公司所订押契内载明之房地产，计上海公共租界中区工部局地册第五十四号甲、第五十四号乙、第五十三号及第五十三号甲等地产，及地产上现有之房屋，与在抵押期内所建之新房屋，一并交与营业公司，作为本合同内载明售发债券之担保品（查上述各地房产，系属于招商局之积余地产有限公司之产业。该公司对于本押产及本合同内所载各案，均经完全核准，经该公司之董事会承认，即由该董事会会长，在本会同及押契之尾，分别签盖为证）。

（二）经双方互相承认，为欲筹募上述押款起见，营业公司□得以上述押契内所载各产为担保品，按照该公司之意旨，用营业公司名义或营业公司指定者之名义，发行票面总额价值不得超过上海规元一千万两，以二十年为期，计八五折实收之债券，并且其发行之债券，当与营业公司或其指定者所已发或将来拟发而未发之债券，完全各别，以资认识。

（三）经双方同意，由招商局付给营业公司本押款之息金，常年九厘，按照所发债券之票面价值计算。各该债券以售出之日起息，其付息期间，以每三个月为一期；到期未付之息金，亦照常年九厘，加算复利。

（四）经双方互相承认并同意，关于本抵押借款与售发债券间折实之数额及息金之多寡，或盈或绌，概为营业公司之事，而与招商局无涉。

（五）本合同及本合同内所述之押契，经双方正式签字后，营业公司当按照本合同内载明之实收折价及一切规定，即为发行本押款第一批债券，计票面上海规元四百万两，以应招商局下开各节之需用：（甲）付偿早经在花旗银行以英工部局地册第五十四号甲、第五十四号乙及第五十三号等地产抵押一百万两之借款及其应付之息金；（乙）付偿早经在中国营业公司以英工部局地册第五十三号甲地产抵押四十七万两之借款及其应付之息金；（丙）付给招商局五十万两，以应招商局营业上之需用；（丁）付拨最先议决，在沿四川路、福州路转角，建造最新式办公大厦之建筑费；（戊）按照本押款第一批发行之债券票面数额，付给营业公司应得之二厘五。

（六）所有价值上海规元一千万两票面债券之余额，应由营业公司于适当时期，陆续照发，所收之款当尽先建筑本押契内载明之各该地产上最新办公大厦之用。

（七）双方承认，所有房屋建筑事宜，由营业公司全权管理之，所有本合同及本押契内载明之各该地产上之新建筑之图样及说明书等，当由营业公司送交招商局，以备存查。又经双方明白承认，开于房屋式样方面及工程方面之种种技术问题，应由营业公司单独主持。

（八）在抵押期内，招商局承认酬给营业公司，按照营业公司代为经收之租金数额，给予五厘经租费；所有各该房屋之管理等服务，亦由营业公司担负。

（九）关于由债券售出所得之现款，自收到日起，至该现款□次为招商局付出之日止，按照银行往来户款利息计算。

（十）招商局又承认自售发本合同订定之债券日起，所有在本合同内载明之各该地产上之房租，及现由营业公司经收之各项房租，而其房地产属于招商局，而不在本合同范围之内者，又已经招商局押与营业公司，而不在本合同范围内之各该产上将来产生之租金等（附房租单一纸），统归营业公司经收之。此项收入应先用以付偿应付营业公司其他押款之息金，次则用以付偿在本合同下订定本押款之息金，倘所收之息金有不敷应付本合同下订定本押款息金之时，其应付而未付之息金，应另入招商局之欠款账下，作为未结之欠息账。该项欠息账亦按照常年九厘，计算复利。如所收租金项下有充裕或其他来源有可收之款时，即予付清。倘所收租金项下再有余款时，当即收入招商局偿还债券之预备金账下，以备付偿本押款在本合同下售发债券之票面价值总额及应付本押款订定之息金等到期之用。营业公司当尽力设法，使此项收入预备金账下之款得用以产生可能的最大子金，所得之最大子金亦须收入偿还债款之预备金账下。关于已经收入招商局偿还债款预备金账下之款额，应由营业公司全权管理，但招商局如有善策，可使此项预备金产生优厚子金者，得向营业公司建议。

（十一）招商局承认于占用新建之房屋时，情愿照付相当租金，但对于现在所占用之旧房屋，则不给付租金；招商局又承认，凡招商局现在占用旧房屋所在之地位，如须用于新建筑时，一经营业公司之通知，当由该通知日起，三个月内，即行迁移。

（十二）招商局承认，按照本合同下所发债券票面价值计算，酬给营业公司二厘半。此项酬给,当于各债券售出日照付之。

(十三)营业公司同意,将关于本合同下之各项收付账目完全独立,与营业公司固有之营业账目完全分立。

(十四)招商局承认并同意,对于本合同内所载之房地产,无论何部份,概不向外再作抵款之用,并担保负责办理一切交涉,消灭任何法律上之干预;他如该产中曾经用以为现尚存在第二担保借款之交涉,亦由招商局自行负责理楚,与营业公司无涉。

(十五)双方明了并同意,万一招商局于本合同期内,或在本押款未曾清偿以前,欲将上述地产之全部或一部份出售时,营业公司当有收买该产之全部或一部份之优先权,并经双方同意,无论其出售经由招商局办理或由营业公司办理,应以二厘半之普通佣金,付给营业公司。

(十六)万一招商局对于所发债券票面总额价值代表之上述本押款到期应付之本金及本押款依照债券票面价值应付之息金不能清偿,或在招商局偿还债款之预备金账下之款不敷清偿所发债券票面总额价值代表之上述本押款到期应付之本金之全部份或一部份,及本押款依照债券票面价值应付之息金时,营业公司应有全权,或用公告方法处分,或以私人名义,召卖本合同内所载各产之全部或一部,以偿应付之本息。如犹不敷,应由招商局用其他方法补偿;如有余,则由营业公司于清偿应付本息后,付交招商局。

(十七)营业公司承认,一俟本合同下订定所发债券之本金其他之支付及佣金等等均经完全清偿后,所有本合同内载明之各房地产,当由营业公司再为过让于招商局为业。

(十八)双方互相承认,自签订合同日起,无论有何问题,有何争执,有何意见不合之处,及无论如何发生,应即聘请公正人二位。此二公正人一由招商局选定,一由营业公司选定。二公正人不能同意时,得由二公正人合举一领袖公正人,均须按照美国现行法律断定。其断定之结果,无论系二公正人所断定者,或领袖公正人所断定者,双方均须承认服从,并愿实行遵守。如双方有一方已将其所举定之公正人通知对方,于十天内对方示未为指定,或拒绝指定所应有之公正人,是则无论何项问题,何项争执,何项意见不合之处,在已经选定公正人之一方,得即交由该一方之公正人独为断决。又经双方承认并同意，凡遇上开情形，所有由该一方举定之公正人之断定之结果，该一方及对方均须完全服从，当视该一方之公正人，若为双方同意举定者。

（十九）本合同为本押契之一部份，又为本押契之附件。

一九三二年九月五日，立合同，轮船招商局。轮船招商局董事会会长见证，轮船招商局总经理见证，积余地产有限公司董事会会长见证，美商中国营业公司见证。以上均经国民政府交通部招商局监督处核准，交通部招商局监督处印。（此系译文，原件以英文为准）

立合同之备忘录

轮船招商局（以下简称"甲造"，此项简称，连同继续人、继承人或代表人一并包括在内）、美商中国营业公司（以下简称"乙造"，此项简称，连同继续人、继承人或代表人一并包括在内），兹为甲造现有商轮，泰半年龄过高，且不经济，欲购备相当数额船只以代之，曾由甲、乙两造与美商大来轮船公司往返磋商。兹将双方同意之点，载之于下：

（甲）大来轮船公司愿为甲造以最低之价，购买适合航行之轮船，其数额不得超过三十艘，供为甲造现在行驶长江南北洋航业之用。

（乙）为甲造与大来轮船公司相互利益起见，由甲造与大来轮船公司于航业上成立一种互相合作之规定，其中最著要者，为两公司互相印发联运载货单，俾由此联运之组合，得将两公司所运载货各自出口地点起，直运至到达地点为止，因是之故，大来轮船公司之担任代购轮船，及该公司之愿为担任此种购买事宜，实于去年十二月十一日在上海经由甲造代表董事会会长李伟侯、南京国民政府代表整理招商局专员郭外峰、大来轮船公司副总裁大来史戴莱、大来轮船公司驻沪经理史梯□及乙造陆得利总裁等，互相承认而同意者。兹以大来轮船公司之总办事处系在美国加利福尼省之旧金山地方，而大来轮船公司之驻沪经理现在美国，又以提议之事关系匪浅，所有详细条款，须经甲造与大来再为讨论，再为规定，而为最后相互之同意。爰经甲、乙两造，认为适当，先行签订初步合同，包括重要原则，以为最后合同之订立。兹本合同依据乙造收到甲造□洋一元之证，并以乙造愿代大来轮船公司，将应有之重要条款先与甲造订定，自有此订定后，大来轮船公司当就其欧、美二洲总办事处分办事处，接照议定之轮船数额，为甲造代购，并经双方同意，依照下列各节分别办理：

（一）调查何处有可以购买而又可以适用之轮船，为甲造航业之需。

（二）所有代购之轮船，在购定以前，当将该轮详细状态、图样、年龄及最低之买价，先行送交甲造审定。

（三）凡经由甲造依照第二条审定之各轮，当由大来轮船公司代为购买，所费之款记入甲造欠款账下。

（四）按照所付实价及一切需用，连同各该轮驶抵上海，或至中国其他各埠交船为止之开支，一并在内，分别核实计算。

（五）所有买船契约及一切连带关系之账据，应送交甲造核存。

（六）甲造应按照各轮实价，酬给大来轮船公司一分二厘半之佣金，以为该公司代购各该轮及代为运送该轮到华等之酬金。

（七）所有代付之实价、一切需用及一分二厘半之酬金，在甲造未曾一一付拨以前，应由甲造付以常年九厘之利息，直至各该款付清日为止。此项利息，应以起息之日起，第三个月付给之。如利息到期不付，则当按照当年九厘计算复利。

（八）各该轮在甲造未将船价全部付清以前，各该轮之所有权当为大来轮船公司所有，且各该轮当由大来轮船公司监管之。

（九）大来轮船公司，当将在其监管下之各该轮船方面所有开支之细账，连同收据，按期送交甲造核存。

（十）在大来轮船公司监管期间之各该轮，甲造得有权分别为一切商业上运载之用。

（十一）在船价未曾付清以前，各该轮应注美国册，挂美国旗，但所有国民政府，对于外商在外国沿江沿海之商轮，或将加以任何法律之拘束，则概予免除。

（十二）所有各该轮船业方面之纯益收入，除甲造应有之一切开支外，当尽以付给大来轮船公司，以便清偿船价。

（十三）所有依据本合同代为供给之各轮方面所有之各项收付，当分别记入各该轮之账下。此项账目当为合格人员监理，而此项合格人员当由乙造或大来轮船公司保荐之。

（十四）为增加乙造及大来轮船公司之保障起见，甲造愿将现已押在汇丰之各外埠码头及房地产之道契或中国契据全部抽出，交与乙造或大来轮船公司收存，作为乙造代甲造所付船价、所付费用及应得酬金等加增之担保品。

一九三二年九月六日，立合同之备忘录，轮船招商局。轮船招商局董事会会长见证，轮船招商局总经理见证，美商中国营业公司见证。

以上均经国民政府交通部招商局监督处核准，交通部招商局监督处印（此系译文，原性 ［件］ 以英文为准）。（未完）

（1932 年 11 月 18 日，第 14 版）

李国杰违法所订之招商局借款合同全部（续）

交通部前晚正式公布

计分（一）合同、（二）备忘录、（三）租约、（四）押款付给合同四部份

立租约、轮船招商局（以下简称"出租人"，此项简称，连同继续人、继承人或代表人一并包括在内）、美商中国营业公司（以下简称"承租人"，此项简称，连同继续人、继承人或代表一并包括在内），兹由出租人将上海黄浦江西岸公共租界法租界及黄浦江东岸浦东自置之下列码头、房地产，计：（甲）招商局中栈，即美册道契第四六三号、四六四号、四六七号、五一〇号、四六五号、四六六号、五〇九号、五一一号（即英工部局东区地册第一号地），依据道契，共有基地二十四亩八分七厘二毫，外加升科后应有之地四亩四分一厘二毫，共合基地二十九亩二分八厘四号［毫］，连同地产上现有之房屋、栈房、码头、浮桥及其他之建筑物一并在内；（乙）招商局北栈，即美册四六一号、四六二号及英册四八六号、六〇七号（即英工部局东区第一〇一九号地），依据道契，共有基地七十四亩七分七厘五毫，外加升科后应有之地二十一亩六分五厘，共合基地九十六亩四分二厘五毫，连同地产上现有之房屋、栈房、码头、浮桥及其他之建筑物一并在内；（丙）招商局华栈，即英册一二五〇三号，共有基地一百八十九亩七分五厘五毫，连同地产上现有之房屋、栈房、码头、浮桥及其他之建筑物一并在内，于一九三二年九月六日经双方签订租约如左：

（一）今出租人将上述三处之码头房地产（以下简称"让业码头"，此项简称，连同各该码头之地产、之房屋、之栈房、之码头、之浮桥及其他之建筑物一并包括在内）让与承租人为业，以二十年为期，期满后承租人愿意继续，得再继续十年。其年期即自一九三二年十一月一日起计算，每年租金订明三十万两，每年分四期支付，每三个月为一期，即每年之一月三十一日、四月三十日、七月三十一日、十月三十一日为付租之期是也。

（二）经双方互相同意，上述分期应付之租金当由承租人于每次到期时收入出租人账下，划为出租人应付承租人于一九三二年九月六日由双方订立之抵押款上应付息金之一部份。

（三）经双方同意，一俟码头公司成立，由承租人招集资本时，出租人得按照通常入股之规定，加入股东之半数，或认定任何数额。

（四）承租人对于让业码头应随时保持完美状态，并照付一切维持及修理等所需之费。

（五）承租人当将让业码头方面现有之房屋、栈房、码头、浮桥及其他之建筑物，以及将来在让业码头上所造或添造之建筑物等等，一并于租赁期内保以相当之水火险。如遇有火灾或水灾后，应由承租人以所收之赔偿金用以重建或修理等事，且于必要时应由承租人以自有之款支付，务使让业码头回复固有完美及坚固之状态。

（六）出租人承认一经承租人依约拨付租金及遵守约中一切规定之后，承租人应安享所租之让业码头，在租赁期间出租人方面绝不加以阻碍，且不得许有法律范围以内其他人之干涉。

（七）承租人对于本约所载各地产之任何地面，凡其码头事业无需之余地，得有全权建造或重建任何式样之房屋，另行出租与人为办公房、为商店、为住屋及其他相当营业之用。

（八）承租人得有权将让业码头或过户，或转让，或转租与第三者，但其年限不得超过本租约第一条规定之最后到期之日期，并可将无需于码头事业之余地转租与第三者订立建筑房屋之约，其期限亦不得超过本租约规定之最后到期之日期。万一承租人于二十年期满日不欲遵照本约继续之规定时，出租人应接受承租人与第三者已订而犹未满期之租地建屋租约，并承认该约一切规定继续遵行，至该租约等满期日为止。

（九）经双方互相承认，并同意所有经由承租人于上述之任何各该地产上添造之房屋、栈房、码头、浮桥、其他建筑物及一切改进之工程等等，无论为转租之用，或为码头事业之用，应于本租约期满时，重行估计，由出租人付还承租人。

（十）又经双方互相承认并同意，凡本租约所载之招商局华栈系指该地产之全部而言，所有该华栈贴东之地，一切房屋、码头、浮桥及其他之建筑物前，曾由海洋社码头公司租用者，亦在该地产以内，以从前该海洋社码头公司之所在地，实为招商局华栈地产最东部之地。兹又经双方承认并同意，关于上述招商局华栈最东之房地产及码头栈房等等，亦一并包括本租约以内，出租人务须将从前由海洋社码头公司所租用之房屋、栈房、码头等等向交通部收回。

（十一）经双方同意，除应完中国政府之上下忙及漕银由出租人担负外，所有公共租界工部局，或中国政府，或上海官厅，对让业码头现行及将来之一切税捐，统归承租人负责照付。

（十二）经双方同意，万一在让业码头之任何部份竟被暴风、烈雨、地震、内外战争及人力所不可避免，如天灾、人祸，或为毁灭，或为损害，而使该部份之房屋有危害码头事业，或不能为码头事业之用时，承租人得在此状况之下，将应付之租金本被害期间及在房屋等重建期间予以停付。

（十三）承租人得按照浚浦工程局规定之岸线，将未经升科之中、北两栈河岸为之升科，所需之费应另入出租人欠款账下。该项欠账如不按期拔还，应由承租人照常年九厘计算租息，且无论何时遇有出租人有款归还时，当即扣除此项欠账。

（十四）双方互相承认，自签订合同日起，无论有何问题，有何争执，有何意见不合之处，及无论如何发生，应即聘请公正人二位。此二公正人，一由出租人选定，一由承租人选定。二公正人不能同意时，得由二公正人合举一领袖公正人，均须按照美国现行法律断定。断定之结果，无论系二公正人所断定者，或领袖公正人所断定者，双方均须承认服从，并愿实行遵守。如双方有一方已将其所举定之公正人通知对方，于十天内对方未为指定，或拒绝指定所应有之公正人，是则无论何项问题，何项争执，何项意见不合之处，在已经选定公正人之一方，得即交由该一方之公正人独有［为］断决。又经双方承认并同意，凡遇上开情形，所有由该一方举定之公正人之断决之结果，该一方及对方均须完全服从，当视该一方之公正人，一若为双方同意举定者。

（十五）本租约为一九三二年九月六日签订之合同之一部份，又为该合同之附件。兹将本租约附带于该合同之尾。

一九三二年九月六日，立租约，轮船招商局。轮船招商局董事会会长见证，轮船招商局总经理见证，美商中国营业公司见证。

以上均经国民政府交通部招商局监督处核准，交通部招商局监督处印。（此系译文，原件以英文为准）

立合同：轮船招商局（以下简称"甲造"，此项简称，连同继续人、继承人或代表人一并包括在内）、美商中国营业公司（以下简称"乙造"，此项简称，连同继续人、继承人或代表人一并包括在内），兹为双方于一九三二年九月六日签订上海规元一千万两之押款，并为上述押款由甲造特准由乙造售发债券，关于该押款付给之日期、之数额、之规定、之条件，悉载明于本合同，业经双方同意订定条款如左：

（一）甲造愿将一九三二年九月六日与乙造所订押契内载明之房地产完全交与乙造，作为本合同内载明售发债券之担保品，计上述押契内之房地产为：

（甲）上海公共租界虹口沿浦之招商局中栈，即美册第四六三号、第四六四号、第四六七号、第五一〇号、第四六五号、第四六六号、第五〇九号及第五一一号，依据道契，共有基地二十四亩八分七厘二毫，外加升科权下应增之地四亩四分一厘二毫，共合二十九亩二分八厘四毫，连同地基上现有之房屋、栈房、码头、浮桥及其他之建筑物等一并在内；

（乙）上海公共租界虹口沿浦之招商局北栈，即美册第四六一号、第四六二号，英册第四八六号、第六〇七号，依据道契，共有基地〈共〉七十四亩七分七厘五毫，外加升科权下应增之地二十一亩六分五厘，共合九十六亩四分二厘五毫，连同地产上现有房屋、栈房、码头、浮桥及其他之建筑物等一并在内；

（丙）上海浦东沿浦之招商局华栈，即英册第一二五〇三号，依据道契，共有基地一百八十九亩七分五厘五毫，所有在华栈贴东曾经租与海洋社码头公司之产亦在其内，连同地产上现有之房屋、栈房、码头、浮桥及其他之建筑物均一并在内；

（丁）上海浦东沿浦之招商局杨家渡栈，即英册第七二三号、第二一一五号及上海县方单第三号、第一五〇号、第一五五号，依据道契及方单，共有基地一百二十亩一分二厘，连同地产上现有之房屋、栈房、码头、浮桥及其他之建筑物等一并在内；

（戊）上海法租界沿浦之招商局金利源栈，即：㊀法工部局地册第五〇号甲、第五一号甲、第五二号甲、第五四号甲、第五五号甲、第五六号甲、第五七号甲、第五八号甲、第五九号甲、第六四号甲、第六四号乙、〈第五九号甲〉及第七五号丙，以上地产均在电车道旁之东，而沿浦江者又有第五一号、第六四号之东一半及第七五号，以上各地产系在电车道旁之西，依据法工部局地册共有基地三十三亩九分一厘四毫七丝，连同地产上现有之房屋、栈房、码头、浮桥及其他之建筑物等一并在内；㊁法工部局地册第五〇号、第五二号、第五四号、第五五号、第五六号、第五七号、第五八号、第五九号、第六〇号及第六四号之西一半，以上各产均在电车道旁之西，依据法工部局地册共有基地二十九亩六分四厘七毫三丝，以上九块半之法册地产，系属于招商局之积余地产有限公司之产业，该公司对于上述属于该公司之房地产一并归入上述之本押契内，作为担保品一节，先全核准，并经该公司之董事会承认，即由该董事会会长在本合同及本押契之尾分别签盖为证。连同地产上现有之房屋、栈房及其他之建筑物等一并在内。

（二）经双方互相承认，为欲筹备上述押款起见，乙造得以上述押契内所载各产为担保品，按照乙造之意旨，用乙造之名义，或用乙造指定之名义发行票面总额价值上海规元一千万两，以二十年为期，计八五折实收之债券；并且其发行之债券当与乙造或其指定者所已发，或将来拟发而未发之债券完全各别，以□认识。

（三）经双方同意由甲造付给乙造本押款之息金常年九厘，按照所发债券之票面价值计算，各该债券以售出之日起息，其付息期限以每三个月为一期，到期未付之息金，亦照常年九厘加算复利。

（四）经双方互相承认并同意，关于本抵押借款与售发债券间折实之数额及息金多寡或盈或绌，概为乙造之事，而与甲造无涉。

（五）本合同及本合同内所述之押契，经双方正式签字后，乙造当按照本合同载明之实收折价及一切规定，即为发行票面总额价值上海规元一千万两之债券，以应甲造下开各节之需用：㊀为甲造付偿汇丰银行地产押款本金五百万两及应付之息金；㊁为甲造付债三德堂地产押款本息金二十万两；㊂按照所发债券票面总额价值计算付给乙造应得之二厘半；㊃如有剩余，则须收入甲造账下，以为甲造付偿其他欠款或为乙造营业上之需用。

（六）甲造为所发债券票面总额价值代表之上述押款关系，许由乙造租用本合同第一条内载明之甲、乙、丙三处之码头房地产，自本年十一月一日起，以二十年为期，期满后得再续十年，每年租金订定三十万两，每年分四期支付，每三个月为一期。关于租用三码头租约之条款及规定，另由契约订定之。

（七）为预备应付本押款之息金及为逐年筹有的款，以备付入偿还债款预备金账下应有之款，甲造指定下列各项收入为上述之用度：（甲）租与乙造中、北、华三栈之年租；（乙）本合同第一条戊项下第二节所载各房产应收之租金（查此项租金在目前未能经收，须俟本年底由甲造将轮船招商局与久昌公司所订之押借契及租地造屋契等取消后，方得实行之）；（丙）所有甲造于航业方面之纯益金中，每年提拨百分之二十五；（丁）甲造对于金利源及杨家渡应将按期应有之码头费及栈租等归由乙造经收，所有乙造因向甲造收取此项码头费及栈租等额外之经费，概由甲造负担，如以事实上需要，乙造得自行雇用码头及栈房管理员，各该员之月薪由甲造负之。

（八）上述各项下之所有收入概归乙造之职权经收之，此项收入应先用以付偿本合同订定本押款之息金，尚经收之租金收入及一切应缴之款有不敷应付本合同下订定本押款息金之时，其应付而未付之息金应另入甲造之欠款账下，作为未结之欠息账。该项欠息账亦按照常年九厘计算复利。如由上述之各项收入下有充裕，或在其他来源有可收之款时，即予付清；

倘由上述各项之收入总额下再有余款时，当即收入甲造偿还债券之预备金账下，以备付偿本押款在本合同下售发债券之票面总额价值及应付本押款订定之息金等到期之用。乙造当尽力设法使此项收入预备金账下之款，得用以产生可能的最大子金，所得之最大子金亦须收入偿还债款之预备金账下。关于已经收入甲造偿还债款预备金账下之款额，应由乙造全权管理，但甲造如有善策，可使此项预备金产生优厚子金者，得向乙造建议。

（九）甲造承认在本合同期间应按照乙造代为经收上述各项收入之数额，除三码头之年租数额外，给予乙造五厘经手费。关于本合同第一条戊项第二节内载明之各该房屋或栈房之管理等服务，概由乙方担负。

（十）甲造承认按照本合同下所发债券票面总额计算，酬给乙造二厘半，此项酬金当于各债券售出日照付之。

（十一）乙造同意将关于本合同下之各项收付账目完全独立，与乙造固有之营业账目完全分立。

（十二）甲造承认并同意，对于本合同内所载之各该码头、栈房及其他房地产，无论何部份概不向外再作抵押之用，并担保负责办理一切交涉，消灭任何法律上之干预。他如该产中曾经用以为现尚存在第二担保借款之交涉，亦由甲造自行负责理楚，与乙造无涉。

（十三）双方明了并同意万一甲造于本合同期内，或在本押款未曾清偿以前，欲将上述各该产之全部或一部份出售时，乙造当有收买各该产之全部或一部份之优先权，并经双方同意，无论其出售经由甲造办理或由乙造办理，应以二厘半之普通佣金酬给乙造。

（十四）万一甲造对于所发债券票面总额价值代表之本押款到期应付之本金及本押款依照债券票面价值应付之息金不能清偿，或在甲造偿还债款之预备金账下之款不敷清偿所发债券票面总额价值代表之上述押款到期应付之本金之全部或一部份，及本押款依据债券票面价值应付之息金时，乙造应有全权或用公告方法处分，或以私人名义，召卖本合同内所载各产之全部或一部，以偿应付之本息。如犹不敷，应由甲造用其他方法补偿；如有余，则由乙造于清偿应付本息后，付交甲造。

（十五）乙造承认一俟本保同下订定所发债券之本金、其他之支付及佣金等等均经完全清偿后，所有本合同内载明之各房地产，当由乙造再为过让与甲造为业。

（十六）双方互相承认自签订本合同日起，无论有何问题，有何争执，有何意见不合之处，及无论如何发生，应即聘请公正人二位。此二公正人，一由甲造选定，一由乙造选定。二公正人不能同意时，得由二公正人合举一领袖公正人，均须按照美国现行法律断定。其断定之结果，无论保二公正人所断定者，或领袖公正人所断定者，双方均须承认服从并愿实行遵守。如双方有一方已将其所举定之公正人通知对方，于十天内对方未为指定，或拒绝指定所应有之公正人，是则无论何项问题，何项争执，何项意见不合之处，在已经选定公正人之一方得即交由该一方之公正人独为断决。又经双方承认并同意，凡遇上开情形，所有由该一方举定之公正人之断决之结果，该一方及对方均须完全服从，当视该一方之公正人，一若为双方同意举定者。

（十七）本合同为本押契及租约之一部份，又为本押契及租约之附件。

一九三二年九月六日，立合同，轮船招商局。轮船招商局董事会会长见证，轮船招商局总经理见证，积余地产有限公司董事会会长见证，美商中国营业公司见证。以上均经国民政府交通部招商局监督处核准，交通部招商局监督处印。（此系译文，原件以英文为准）

（1932 年 11 月 19 日，第 14 版）

李国杰昨解地方法院

谢检察官开庭预审

李现患病闻颇优待

招商局前总经理李国杰、前监督陈孚木擅自将四栈出押与美商中国营业公司，事后李国杰被监视，交通部长朱家骅前日抵沪，晤代理行政院长宋子文后，当决定交司法机关处理。

（1932 年 11 月 20 日，第 13 版）

陈孚木再不归案将由国府下令通缉

〔南京〕某中委谈，签订招商局押产合同之陈孚木，避不到京，已令交部迅行电催，如再稽延，当由国府下令通缉归案。（二十日专电）

〔香港〕陈孚木仍留港，传已赴沪不确。陈二十电朱家骅，认招商局押产，与沪市复兴公债，事同一律收归国办，必须依据公道，不能假国办之名，巧取豪夺，以遂三数人之私。（二十日专电）

（1932 年 11 月 21 日，第 6 版）

李国杰昨保出送上海医院

今日继续开庭侦查

法院出票传陈孚木

招商局前总经理李国杰移送地方法院后，其家属曾延请江一平、李时蕊两律师，具呈法院，要求保释求医。昨日上午九时，江、李两律师偕李家属，再赴法院办理交保手续，首席检察官楼英当准减至交六万元铺保，并随传随到。地方法院又以事关重大，特通知市政府，请求协助办理此案。市政府当令公安局派督察处督察员安泰东、侦缉处侦缉员任寿芝、张镛赴法院。及至上午十一时许，首席检察官楼英复往市政府晤吴市长接洽，并决定交保出外后，送上海医院医治，并由地方法院及公安局派警继续监视。

送入医院。昨日下午一时四十五分，由李之代理律师江一平、李时蕊交保，铺保为泰和参号，计六万元，随传随到，人保为江一平律师。及至下午三时，一切手续办理完竣，由公安局侦缉员、地方法院法警乘坐汽车押送至三泰码头上海医院，李国杰住头等第四号房间，第五号为其家属，由市公安局派侦缉员任寿芝、张镛二名，警察大队第一中队警士四名，二区分所警士三名，地方法院司法警士一名，日夜驻守监视。

传陈孚木。地方法院定今日上午十时继续开庭侦查。昨日，该院检察处书记处函招商局云：

径启者，查李国杰借外债舞弊案内，前招商局监督陈孚木有到案讯问之必要，相应请烦查收转交，并希见复。（附传票一纸回证实时交还）

（1932 年 11 月 22 日，第 13 版）

交部诉李陈案

文件移送法院

传票尚难送达

京电，交部现将关于起诉招商局监督与经理违法签订借款合同经过之事实理由及全部关系文件，移送沪法院作审判根据。至滞留香港之陈孚木，闻法院方面已票传归案，惟据本埠交通界息对于陈孚木之传票，因不明住址，尚难送达云。

李国杰移居医院后，经医诊断即可复原

招商局前总经理李国杰移送地方法院后，因体弱患病，经检察官核准交保就医，已于前午一时许，由公安局押送至三泰码头公立上海医院诊治，李住头等第四号病房，邻室第五号病房，则为其随往侍护之家族所住。市府为防卫周密起见，特派警士五人，在室内外监视，并禁止一切友人之探望。李国杰之病，据姜振勋医生诊断之结果，认为平素气病时作，心悸喘息，兹因精神感触，旧疾复发，夜眠不安，食欲不振，故嘱安心静养，即可复原云。

（1932 年 11 月 23 日，第 13 版）

中央政治会议

〔上略〕

〔南京〕二十三（日）晨中政会，朱家骅对陈孚木、李国杰、私押招商局产业案，有详细报告，各委有主通缉陈归案者，经讨论结果，决照行政院决议，交法院办理，如陈届时不到法院出庭，再由政府下令通缉。（二十三日专电）

（1932 年 11 月 24 日，第 7 版）

招商局案陈孚木票传不到，债务会人选一二日内发表

国闻通信社云，招商局向外借款，将原有码头、房产抵押三千万两一案，自经收归国有、李国杰解归司法审理后，案情业经大白。惟合同经法院侦查，对原合同之批准人前监督陈孚木氏，实具重要关系，不得不票传到案。但该传票经招商原文译电，发往香港分局转送，迄未能达到。昨日且据复电，谓陈居处不明，无由送达云云。故该局昨已将传票退回南市地方法院，兹将其他消息，汇志如下。

取消合同

记者昨晤该局徐秘书，据谈，合同问题，现正向中国营业公司调查一切换文；至已付之款，幸只一部份，尚不致酿成重大事端。惟此事已涉及法律，非个人接洽可解决，故理事会刻已聘定秦联奎、汪有龄两律师研究一切，取消与否尚未决定，且亦未与对方开始接洽也。

组债务会

记者午后，又访常务理事叶琢堂于招商局，叩以整理商局债务，设立委员会。据叶谈，债务会委员人选，现定七人，惟此事正在商议中，报上虽有一部人选，惟全部须一二日后发表；且如该会办事及分股方面，现在进行商榷中，此时实无从发表云云。

〖下略〗

(1932 年 11 月 25 日，第 9 版)

地方法院将出票拘陈孚木

交通部某要员昨语《申》、《时》社记者谓，招商局前监督陈孚木借款舞弊案，经地方法院屡次票传，陈均不到庭。现法院已决定提起公诉，出票拘陈，务使获案，依法讯办。

(1932 年 12 月 6 日，第 11 版)

地方法院通缉陈孚木

前招商局监督、交通次长陈孚木，兹因该局总理李国杰私借外债一案，经地方法院检察处传陈到案质讯，抗避不到。是以奉首席检察官楼英除下令严饬司法警察拘拿解办外，附粘陈之照片，一面又分函本埠军警、行政各机关云："径启者，案查民国二十一年新字第四六七一号，前招商局总理李国杰私签外债合同舞弊案内，被告陈孚木查传无者，自应通缉，用特开明各项函请贵口查照，即予拘捕解送敝院讯办，将办理情形见复为荷。"云云。

（1932 年 12 月 8 日，第 9 版）

招商局前总经理监督陈李提起公诉

犯罪嫌疑俱臻明了
失职背信并合论罪

轮船招商局前总经理李国杰与前交次兼监督陈孚木，以招商局三栈，擅向美商中国营业公司抵借外债，为交通部长朱家骅举发，将李国杰扣留，并因病保送上海医院医治。地方法院对此案，经积极之侦查，并调查银行存款等证据，认被告李国杰、陈孚木犯罪嫌疑，俱臻明了，现已提起公诉。至起诉之犯罪法条，为《刑法》第一百四十条（假借职务上之机会加重）及同法三百六十六条（背信罪），并依七十条并合论罪云。

（1932 年 12 月 13 日，第 8 版）

地方法院定期公开审理陈、李

——如陈孚木不到则停止审判程序

前轮船招商局监督陈孚木、总经理李国杰，经上海地方法院侦查终结，提起公诉。兹悉法院刑庭对于本院特组合议庭审理，业已定于本月廿一日为公开审理日期，照例查传陈孚木到庭审问，如不到则停止审判程序。

（1932 年 12 月 19 日，第 8 版）

陈铭枢电请彻究李国杰

交部息，陈铭枢由巴黎电宋代院长及交部长朱家骅云："招商局李国杰受贿，诬铭枢知情，实堪骇异。应请政府彻究，勿使诡卸，以伸法纪。"

（1932 年 12 月 25 日，第 12 版）

李国杰处徒刑三年

陈孚木停止审判俟到案另结

贿洋七十万元候追交到没收

招商局总经理李国杰与交次兼监督陈孚木因擅借外债，与美商中国营业公司以三栈及码头订立借款合同，又向大来轮船公司租借商轮，妨害航权，及交付陈孚木七十万两之贿赂一案，兹地方法院于昨日下午二时宣判。午饭后，到院旁听之人已挤满第一法庭，故法院仍派警长陈钧芳、警团陈锡汇、朱文清等督警维持秩序，并在上海医院提到李国杰。未几刑庭长钱承钧，推事沈佑启、孙晓楼，检察官谢濂，书记官蒋眉轩，共莅法庭。李国杰与辩护律师江一平、沙训义到庭后，审判长钱庭长即起立宣读判决主文，李国杰共同违背任务，致生损害于招商局，处有期徒刑二年，褫夺公权四年；又违背职务，交付贿赂，处有期徒刑二年，褫夺公权四年，定执行有期徒刑三年，褫夺公权四年。裁判确定前羁押日数，以两日抵徒刑一日。陈孚木停止审判，贿洋七十万，追交没收。宣判毕，即将判决理由向李朗诵一遍，其理由大略以所订合同上如苟不履行条约，即有权没收及照美国法律处断，并向大来借款购船、插美旗等项，无一非丧权损财之事；而七十万之贿赂由李在侦查时之自白，因不计小愤只顾大事，亦为证明。惟因自请检举及自白，在依照公务员犯罪加刑部分，而酌减三分之一，而处以主文判决；陈孚木不知所在，到案另结等语。至此，江一平律师即当庭代陈上诉，官谕在收到判词十日中，向江苏高等法院上诉可

809

也。李因病尚未愈，仍送上海医院医治。

（1932 年 12 月 28 日，第 12 版）

江苏高等法院审理李国杰案

证人萨德理供词

张嘉惠代窦耀庭

苏州快讯，招商局大借款案，前经理李国杰经上海地方法院判决刑罪后，因不服原判，延律师张一鹏等向苏州江苏高等法院提起上诉。高院乃于昨（十五）日下午，票传证人中国营业公司大班英人萨德理、华经理窦耀庭，并通知律师张一鹏，开庭调查。至二时三刻开庭，窦因病托律师张嘉惠代表报到，萨德理则亲到厅审，由县府外务秘书（高院函请）黄胜卿翻译，由刑一庭长林哲长偕推事方闻新、某检察官湛桂芬、李书记官等承审纪供。律师张一鹏于开审前，先声明上诉人未奉票传，以致不能出庭，请保留上诉人对今天证人所供不利于上诉人处之诘问权；最后并声明钧院主张本案赴上海开审一点，上诉人不能服从，因上海环境不同，务请依照通常情形，在苏审理。兹详录法庭讯问证人萨德理情形如次：

官讯萨德理，问："姓名？年岁？国籍？住址？职业？"

答："萨德理，四十五岁，美国人，住上海苏州路七十号，任中国营业公司副理，正理由父亲充任。"问官谕以居证人地位，应依法据实陈述。

继又问："招商局总理李国杰与中国营业公司借款，有否其事？"

答："有的，数额是三千万两。"

问："收还日期？"

答："二十年期限。"

问："有几个合同？"

答："三个合同，计每个一千万两。此种借款目的，与普通性质不同，如四川路福州路转角的地产，经加建筑后，增高其本身地位价值，故与平常借款者不同。"

问："此项借款利息如何？"

答："九厘息，又照债券票面八五扣计算。"

问："债券一千万，现款照付八百五十万？"

答："是的。"

问："你们现在付八百五十万，将来便可得一千万，是否如此？"

答："债券性质，当然照票面的。"

问："该项利息与佣金，是否由中国营业公司与李国杰对分的。"

答："全属公司所得，与李国杰无关。"

问："九厘息，利率颇低，公司何肯放款？"

答："订立契约借款非属感情作用，全为招商局轮船等事业每况愈下，亟须设法修理与改善。本人来华已三十二年，来华迄今，招商局依然旧观，故公司方面为谋招商局利益计而放款，目的是供给于招商局方面的，此项计划在四年前已定，当时有预定契约等，均为我父所接洽与办理。又如福州路地产，在上海占有优越地位，如加以建筑，则地价抬高，想必有利于招商局。"

问："你父何在？"

答："三星期前回国，四月间可抵沪矣。"

问："九厘息外，尚有三月复利，有何意义？"

答："中国营业公司无此巨额款项，既不得不辗转设法，乃不能不有此复利。"

问："合同何时所订的？"

答："九月五日、六日。"

问："建筑合同之订立，在债款未清偿前，由你们公司保管？"

答："是的。"

问："建筑部分是否由你们包办？"

答："此点不甚清楚。"

问："据合同所载，二十年为满期，将地产收还，是否将建筑物一并交还？"

答："一切建筑均归招商局。"

问："如招商局到期不还款，则将如何？"

答："根据合同，将房产加以处分，公司且有优先权。"

问："九厘息复利以外，如何再有二五佣金？"

答："在抵押习惯上并无特别，因已订立之契约，是已经过双方加以缜密之考虑的。"

问："房产部分由你们拍卖偿还，如仍不足，则将如何？"

答："按公司中计划进行，当不致有何损失。"

问："公司中如不加改良，势必受相当损失，则又将如何？"

答："届时执债券者有一种主张之权，大概经过公司设计，决不致有何损失，二十年之招商局决能进展。"

问："你们公司中有把握，但如招商局本身有危险，则二十年后损失，于你们公司中有不利，又如何？"

答："据计划所得，即地产整理一项，在二十年内已足偿还此项借款而有余，他如轮船码头居沪优越之地位，将来吨数并可加重，一方面除还一千万两外，一方面招商局各部份亦当得最新式事业之收获，到期不能偿还一点，似无顾虑之必要，且在营业者已有精确之估计，以后并无危险。"

问："营业公司与招商局，既属两方面分别举出证人，中国之财产及在中国地方借款，何以主张按美国法律公断？"

答："此点并非反对中国法律，因此三千万借款，大部份向由美人方面募集，与美人有利害关系，对债权人在习惯上为美国法律，为保障债权人利益起见，不能不有此规定的主张。"

问："码头借款亦为九厘与八五扣？"

答："三项有三个合同，均属一律，该项契约今未带来，不能确定答复。但据记忆所及，大约如此。"

问："既有八五扣，又有三个月后复利，如何更有二五回佣？"

答："此点请庭长注意，券与票价均不相同，如上海市公债及中央各公债债券亦属如此，复利系为间接债权人之权利计，二五佣金则为公司所得，按照上海商场市面，利息均一分一，因招商局有担保品，已退让至九厘。"

问："码头抵押，是否为北栈、华栈及总栈三码头？"

答："是的，此项码头，均可停泊海洋轮，但因招商局并无海轮，故收入上较受损失。"

问："杨家渡及金利源二码头之栈租，如何亦请你公司收税，而用费则仍由招商局负担？"

答："此乃契约上所订定。"

问："五厘手费，又从何出处？"

答："广告费及雇用人费等，在在需费。"

问："公司有权建管与整理招商局事业，未免侵夺招商主权。"

答："为执债券求保障，必为招商局谋利益，并非侵夺之权。"

问："二十年期满是否再宽长十年？"

答："此点不甚清楚，契约中当有如何规定的。"

问："轮船部份与大来公司有何关系？"

答："大来公司不过帮我公司忙，利息、佣金等均与码头建筑二约同，计定之轮船三十艘，即以招商局担保品为担保。"

问："除正式合同外，有一备忘录，其性质是否为备忘，仰系一种合同性质？"

答："是备忘录。"

问："七十万两，由何人交与李国杰？"

答："系窦耀庭经手。"

问："当时交与李国杰，抑招商局？"

答："由窦交付与招商局，但是否不能确定。"

问："此款作何用途？"

答："在四年以内，招商局与公司平日往来稠密，后因三千万借款合同已签字，招商局需用款项公司当然照给。"

问："此七十万两，将来是否在三千万两扣除？"

答："是的。"

问："是否该款七十万不付交，合同即不能批准？"

答："款是合同签过字二星期后付的，该款是付招商局，不是付李国杰个人，是应招商（局）或者发薪水缺钱等公事用的，是李国杰这样说法。七十万共计十四张支票，十张麦加利银行，五万一张，共五十万；一张汇丰五万，一张花旗银行，七万一千七百三十六两；二张汇丰，七万一千七百三十六两零一厘。"

至是，张一鹏律师起立问："合同取消如何？"

萨答："个人不能作确定的答复。"

次传讯张嘉惠，张供代表窦耀庭，证明第一审时，以窦耀庭之供词完全无讹。最后律师张一鹏复郑重声明，钧院对本案如赴上海开审一节，上诉人绝对不能服从，因上海环境不同之故。庭上乃宣告本案调查终结，定期辩论，退庭。

（1933 年 2 月 16 日，第 13 版）

招商局四码头案上诉审理

——为李国杰染病，假沪法院审理

轮船招商局总经理李国杰因将四码头擅自借外债，抵押与美商中国营业公司及行贿陈孚木七十万两一案，经交通部检举，送经上海地方法院判决李国杰处有期徒刑三年，李不服，向江苏高等法院提起上诉。惟李因患病，迄仍居上海医院内，所以高等法院仅传证审理，而李不能到庭。故据李之声请，假上海地方法院法庭审理，业已定期于本月二十六日开庭审理，届期审判长预先来沪，组织法庭云。

（1933 年 4 月 15 日，第 12 版）

李国杰舞弊案法院通缉两嫌疑犯

——黄居素与王允章犯背信及渎职罪

轮船招商局总经理李国杰因借外债舞弊，为地方法院判决徒刑三年，而监督陈孚木则停止审判，获案另结在案。兹地方法院检察官谢濂查得内中尚有黄居素，系过付贿洋七十万者，王允章系参与订立合同者，是以特呈准首席检察官楼英加以通缉，并印就通缉书，饬司法警察所查缉外，并函各机关一体协缉。兹录其通缉书如下：

被告黄居素，男性，年约四十岁，广东中山县人，前中山县长；王允章，男性，年约五十岁，江苏昆山县人，前招商局经理处西文秘书。犯罪行为：黄居素犯背信罪，王允章犯渎职罪。通缉理由：嫌疑重大。犯罪之日时、处所：二十一年九月二十三日在上海，二十一年九月五、六两日在上海。应解到之处所：江苏，上海地方法院。

（1933 年 4 月 22 日，第 11 版）

陈李私押招商局四栈案借款契约取消

——交部根据交涉报告呈院核议

中央二十五日南京电云，前招商局监督陈孚木与前该局总经理李国杰，向中国营业公司订立借款契约并付款七十万两一案，自发觉后，迭经交通部长朱家骅，督饬该局理事会研究取消办法，并切实向该公司交涉取消。该公司初尚坚持不允，嗣以朱氏主张坚决，复由理事会再三切实交涉，始允还款废约，并将所有关系文件，亦全部作废。闻朱氏根据理事会报告，已将交涉取消该约结果提呈行政院核议矣。

（1933 年 4 月 26 日，第 7 版）

招商局出押四栈案取消借款合同，加息分二十期归还

新声社云，招商局前监督陈孚木、总经理李国杰，出押四栈与中国营业公司案，经理事会再三交涉收回，取消以前合同，业已正式签字解决。兹志详情如下：

交涉经过

招商局收回国营后，交通部以前监督暨总经理出押之四栈合同，丧失国权，令该局理事会交涉取消合同，对于陈孚木、李国杰由地方法院提起公诉。经理事会议决，派常务理事兼总经理刘鸿生向中国营业公司大班萨得利再三交涉，业已于日前正式签字，取消以前四栈出押合同。

取消办法

取消四栈出押办法如下：中国营业公司已缴前监督陈孚木、总经理李国杰之第一期押款洋七十万元，由招商局分二十期归还，期限为十年，每年六月底暨十二月底二期，每期归还洋三万五千元，另加年息八厘。至于第一期之还款，为下月三十一日。

815

交部备案

招商局理事会对于向中国营业公司交涉取消四栈出押合同办法，事前呈请交部请示，经核准后，始正式签字，俟签字后复呈请交通部备案，业已经部令照准。

（1933年5月9日，第8版）

招商局出押四栈借款契约取消，正式签订解决办法

中央社十日南京电云，招商局取消陈孚木、李国杰前私向中国营业公司签订借款契约案，交部现已根据该局理事会所拟解决办法，提呈第九十八次行政院会议决议通过。五月八日，由该局理事会与该公司正式签订解决办法：（一）将二十一年九月五日订立押契一件、债券契约一件，又九月六日订立码头债券契约一件、押契一件、租约一件、购船草约一件，共六件，全部取消，凡有关上述各该契约之文件亦一概作废；（二）中国营业公司所付出之规元七十万两，由招商局于十年内，平均分二十期偿还，即每年七万两，于六月三十日及十二月三十一日，各付三万五千两，附息常年八厘，于每届付款时，分期给付。惟付款七十万两，业由陈、李非法取去，交部已令饬该局一面依照行政院决议，与中国营业公司订立和解；一面递诉状于苏高法院及沪法院，向李提起附带民诉，要求赔偿；并声请假执行，以补偿垫款损失云。

（1933年5月11日，第9版）

高院法官来沪审讯李国杰上诉案

昨讯问订约经过与事实

今日休息明日再行续审

轮船招商局总经理李国杰，因将四码头擅向中国营业公司抵押三千万舞弊丧失主权及行贿监督陈孚木七十万两一案，经交通部举发，将李国杰送上海地方法院判处徒刑三年，李不服，向江苏高等法院上诉。兹因李患病在上海医院，故高院审判长林哲长，推事方闻、斯闻，检察官湛桂芬，

书记官李望等同莅上海，在上海地方法院第一法庭组织临时法庭审问。昨日为庭期，下午一时，由司法警长陈钧芳，警目陈锡汇、朱文清等往上海医院，将李伴提到院。审判长升座后，即由法院发给旁听券，依次入席，因人众由法警四名在庭上维持秩序，而院长沈锡庆、书记官长王道周等亦在法庭查视一周，即经法警及高院之庭丁等将李扶掖上庭，其辩护律师计张一鹏、沙训义、江一平、汪有龄等，同时到庭，声明李因病请求赐座陈述，问官许之。乃由书记官朗诵案由后，审判长即问李年岁，李答，五十二岁，安徽人，现在上海医院，前招商局总经理。

问李："你是渎职罪，判处有期徒刑二年，背信判刑二年，并执行三年，对于那一部分上诉？"

答："统统上诉，因招商局与中国营业公司订立合同，为监督的命令，当时认为有利而无害，原判判我有罪，故不服；对于七十万，这是借款中之一部，非另外之财，如何是贿赂？交于监督乃代保管。"

问："几时批准？"

答："九月三号，奉到监督命令批准的。"

问："借款的什么名义？"

答："借一千万建筑码头、栈房，还有买大来轮船公司的三十只船，计二千万，均假定的预算，其条件由监督审查过。"

问："其利息呢？"

答："常年九厘。"

问："有复利吗？"

答："此种与我们无害。这是商业通病。苟到期不拔还，则当然要有利。"

问："有别的内容否？"

答："发行债券。"

问："佣金如何？"

答："二厘半，为商业习惯，乃是居间人拿的，与我分文无利的，故写明条约的。"

问："你几时接手的？"

答："四月十二日，总经理没有独立权，事事听命于监督。"

问："订立合同后如何偿还?"

答："每年三十万,到二十年拨清,这种建筑借款等,预料三年半即可拨清也。"

问："大权在他人掌握,将来要如何办必如何办了,则又如何呢?"

答："要共同组织码头公司,在组织时均得不失其权。"

问："三十条船应给多少呢?"

答："不能预定,须临时得知,盖南北洋与长江中之吨位各别,俟分配再计,故假定为二千万,然依我眼光,二三年可以赚出来了。"

问："合同上为何均有大来公司经营?"

答："这是所有权须俟我们还了钱,他才还我们,而招商局需要的是船,在我们借了船来,慢慢拨还,岂不省了利息?"

问："为何均须大来保荐?"

答："保荐是保荐,用人权在我们。"

问："照合同所载,如所有权、管理权、监督权,又用他的美国法律,是招商局已完全没有了?"

答："这是借人家的钱要还的,当然有条件的解释。"

问："七十万两如何交与陈孚木拿去的?"

答："他是招商局的总管账,我没有独立权。"

问："按监督章程,他没有保管权,只有核准权,章程上监督章程,总理奉行监督命令,毋敢违拗。"

问："章程上十款,均无一款监督有保管之权。"

答："他说是暂时保管起来,因用度正多也。"

问："据你说这款交陈孚木的吗?"

答："是的。"

问："如此巨数,如何没有收据?"

答："这是长官之命,不容不遵,当时何能料到现在乎?"

问："你在检察官前,不是说过'不惜小费,为成大计'等语?"

答："这话恐未说,不过是我报告信上抄下的。"

问："你交陈孚木款是在何处?"

答："在局中,那时监督派黄居素来拿去的。"

问："是一手交据，一手交款？"

答："先已批准发下了，窦耀庭送款来，即命他顺便带去，在出事时前，我在汉口视察长江各分局状况，见陈部长已去职，知不可久留，兹真想不到的。"

至此，已下午四时半矣，故谕休息一日，候二十七日下午再行审查辩论，被告还押。

（1933 年 5 月 26 日，第 11 版）

招商局舞弊案上诉续审记

警目扶李国杰到庭

李供七十万陈取去

窦耀庭供不知其详

招商局总经理李国杰被控借外债舞弊背信、损害该局利益及行贿七十万两于监督陈孚木一案，为上海地方法院判决徒刑三年，不服上诉，高等法院由刑一庭审判长林哲长，推事方闻、斯闻，检察官湛桂芬，书记官钱泽民、李望等来沪，暂假上海地方法院第一法庭审理，昨日下午一时为续审之期，李国杰仍延辩护律师张一鹏、沙训义、江一平。而招商局现总经理刘鸿生，因七十万之款项，故延汪有龄律师代表到庭，声请附带民诉，汪未到，由刘震律师复代理。问官开庭后，由警长陈钧芳，警目陈锡汇、朱文清等督警到上海医院，将李伴同到院，扶掖上庭。官仍赐李坐供，即由书记官先将上次供词笔录朗诵无异，命李画押后，官即问李国杰："你把交通部长这封信，是什么意思？"

答："我是报告这七十万两手续欠缺，有不得已之苦衷。"

问："什么苦衷？"

答："就是七十万两陈孚木取去后，但办交代时，而陈未曾交出，并未交与账房，我很是焦急。"

问："当天交钱时，窦耀庭拿钱来，黄居素拿合同来，多是你转手吗？"

答："因监督说与外国人做事，必须先要垫款，故与营业公司在两星期前交涉后，监督说这个款须交他保管，否则恐防因招商局穷困，而移作别用。"

问："现在王允章呢？"

答："不知。"

问："黄居素到何处去？"

答："不知，王允章前是我的英文秘书。"

至□［此］，问窦耀庭，供年四十五岁，宁波人，住四川路七十号，（在）中国营业公司为地产生意。

问："今天你来作证人，须说实话。"命具证切结后，又问："你们经理何人？"

答："萨得利。"

问："七十万垫款，是交你吗？"

答："是的。"

问："是什么款？"

答："是老大班说交付招商局的。"

问："这个当时如何说？"

答："我不知，但送款去，拿收条回来。"

问："他与你说明否？"

答："他说押款送了去。"

问："在前曾与经理谈起否？"

答："此大约老经理（老萨得利）知道，我们不知。"

问："七十万是何物？"

答："是银行票子，共十四张，十一张是银子。"

问："要问你把钱交与何处？"

答："招商局底下办公室。"

问："你交何人？"

答："交李先生。"

问："你如何交他？"

答："我一去，他即知道了，取款后，即付我一张收条，是外国字，有印章的，我看已不错，就走了。他唤我，付我一包，说是合同带了回去，我对于内容，亦没有看。"

问："假如不是合同，岂有不看之理？"

答："因老经理没有同我说，故付我一包后，即不看究竟也。"

问："有无别人来过？"

答："进出很多。"

问："黄居素你认得否？"

答："有这一个人，在三年前遇见的，因别事到公司里来，不知是否此人。"

问："你当天付钱时，黄居素碰头吗？"

答："没有注意。"

问："王允章在否？"

答："此系李先生的英文书记，我认得的，但那天未晤，我是匆匆即走的。"

问："李国杰把七十万收后交与何人？"

答："那我没有看见。"

问："那天是几时？"

答："九月十三日下午四时。"

问："沙逊洋行是什么性质？"

答："他是专贷款的，并不做零星卖买，他另外有一个麦加利银行。"

问："萨得利来否？"

答："没有来。"

至此，又问李国杰："七十万两，其利息如何？"

答："收到日即算。"

问："现在合同取消否？"

答："听说已取消了。"

官又问窦耀庭，答："听说已立草约取消，是报纸记载。"

讯至此，官谕本月二十九日下午一时继续审理，命窦于二十九或三十日伴萨得利来院应讯，遂退庭。

（1933 年 5 月 28 日，第 11 版）

李国杰案辩论终结

公私诉均辩论终结

六月五日宣判

双方律师雄辩二小时

西人萨得利被传作证

前招商局总经理李国杰，因被控背信损害该局利益、借外债舞弊和行贿监督陈孚木七十万两一案，在上海地方法院原判徒刑三年，李不服上诉，经江苏高等法院刑一庭审判长林哲长，推事方闻、斯闻，检察官湛桂芬，书记官钱泽民、李望等来沪，假地方法院审理。昨日下午一时，仍在第一法庭续审。当传中国营业公司大班萨得利，供："年七十三岁，美国人，李国杰认得的。"

问："李国杰在招商局当经理，与中国营业公司订合同吗？"

答："有的。"

问："是码头借款建筑、储款买船等项吗？"

答："是的。"

问："借多少钱？"

答："三千万两。"

问："利息多少？"

答："周息九厘。"

问："佣金有否？"

答："普通二厘半，这个借款是发行债券的，系八五实收，与普通借款不同，好比像本市债券八折实收一般，但要到念年后，方可照票面还足。惟这种借款，计划很大，即建筑一层，招商局就可以在此地上发展了，而对于条件之苛刻，此系上海普通之办法，无论何人一样的，俾知拘束。且招商局买两只挪威船，钱竟付不出，图赖，故而我们要设定留定权等，以俟清了。"

问："内中尚侵去所有权？"

答："债券，即轮船发行债券，当须轮船为担保品，自有所有权。"

问："发行债券是几时？"

答："九月上旬。"

问："垫款否？"

答："七十万两。"

问："是什么东西？"

答："支票。"

问："那个向你讲的？"

答："李国杰因照我们系履行债务付款，他们则要先借七十万，再三说，故交七十万。"

问："你知道付陈孚木否？"

答："我付钱与招商局，而把银行证物交我们，将来须我们方可以回赎，我们拿的招商局收据。"

问："李国杰有无说过付款后，再有合同。"

答："没有，倘有此话，我们就不许他来了。"

问："七十万两那个送去的？"

答："买办窦耀庭。"

问："你交窦时如何说？"

答："叫他送到招商局。"

问："窦讲过否？"

答："没有讲过，就把一包物交我。"

问："你把这七十〈一〉万两如何交的？"

答："有支票。"

问："有无现洋？"

答："没有。"

问："一百五十万两内是否有回佣？"

答："分文全无。"

问："二厘五佣金是否分用？"

答："没有，我们是相信李先生谨慎，从未赖一文，后来南京电报招我，即至南京谒宋部长，才知此事，即说明情形，如何不喜欢？可以解除的，现在我们正在诚恳谈判中"等语。

至此，官问李国杰对于萨供如何。答："不过年岁大些，将二千万弄错了三千万也。"到此，由检察官湛桂芬谕告意见，认李有罪，但法条须改变等语，遂由辩护律师张一鹏、沙训义、江一平等先后就法律事实之辩论约二小时之久。问官即宣告公诉辩论终结，定于六月五日上午十一时宣判。遂开始审问附带民诉，招商局法定代理人刘鸿生，延汪有龄律师代理，声述不论有无刑罪，此七十万两之款项为李国杰所取，而有无交否，亦无凭证，依照民法规定，请求判令返还，并请假执行扣押私人财产等语。官讯之李，不愿赔偿，且云款系陈孚木取去的，与其无干；其辩护律师等亦称，政府派监督限制李行使职权，是监督即经理，而经理反如雇员，不能负责。当又将各项比较，如民国十二年审判厅长梅贻谷卷逃而无令转手之收发员、会计员受刑赔款之理，并驳招商局并非普通商店也等语。至是双方律师大开辩论一过，官又谕私诉辩论终结，亦定六月五日同时宣判，遂退庭。

（1933年6月1日，第15版）

李国杰昨已判决

处徒刑三年六月

赔偿七十万

李奉判不服将上诉最高法院

轮船招商局前总经理李国杰，因将招商局码头抵押中国营业公司及丧失航权行贿陈孚木七十万两一案，经交通部长举发，送上海地方法院，判决李国杰背信罪，处有期徒刑二年，行贿处有期徒刑二年，并执行有期徒刑三年，褫夺公权五年，贿赂七十万两追缴没收等判，李奉判不服，向江苏高等法院上诉，奉派刑一庭审判长等来沪，假上海地方法院第一法庭审讯，四日辩论终结，定期六月五日宣判。事前审判长林哲长，推事方闻、斯闻等评议结果后，有更改刑法之必要，即赴苏陈明林院长同意，作成判词，重返上海。于昨日上午十一时，审判长、推事、书记官及检察官湛桂芬等，仍开第一法庭宣判。当提李国杰到庭讯问，李年五十三岁，安徽合肥人，住霞飞路一零五零［零五］号，审判长即起立宣读判决主文，原判撤销李国杰为第三人不法之所有，而侵占自己持有之他人所有物，处有期徒刑三年六月，褫夺公权五年，其余部分无罪；李国杰应赔偿招商局七十万两，并自本年二月八日行政会议批准赎回日起算，周息八厘。关于民诉部分，并宣示假执行，遂又将理由略告，谓"背信是告诉乃论者，故无罪，但七十万交陈孚木犯罪是很明了，这以招商局之款，交与第三者，其侵占罪甚为适合，而行贿罪系连贯者，故以一重处断；至七十万两，你是一个总经理，应该赔偿，但如不假执行，将来财产隐匿或难执行，故宣示假执行"云云。李奉判不服，官谕于十日内向最高法院上告可也，遂退庭。

（1933 年 6 月 6 日，第 12 版）

李国杰判决书

——廿三日送达判决书，李延张一鹏再上诉

李国杰上诉案，经江苏高等法院派推事林哲长等赴沪，借沪地院审理，旋于本月五日判决，其判决书昨（二十三）日高院业已送达，一面李亦已延律师张一鹏向最高法院再提上诉。兹录江苏高等法院刑事判决（二十一年度诉字第一七四二号）全文如下：

判决

上诉人李国杰，男性，五十三岁，安徽合肥县人，住上海霞飞路一零零五号，前任招商局总经理，（选任辩护人）张一鹏律师、江一平律师、章士钊律师，右上诉人因侵占案件，不服上海地方法院中华民国二十一年十二月二十七日第一审判决，提起上诉，本院审理判决如左：

主文

原判决关于李国杰部分撤销，李国杰意图为第三人不法之所有，侵占公务上持有物，处有期徒刑三年六月，褫夺公权五年，裁判确定前关押日数，以二日抵有期徒刑一日，其余被诉部分无罪。

事实

李国杰原系招商局董事会会长，民国二十一年三月间，又经交通部派为该局总经理，因该局营业不振，乃从事整顿，即计划清还旧债，赎回押

产，添船造栈，扩充营业，向美商中国营业公司接洽拟订建筑借款、码头借款等契约，计借上海规元各一千万两，此外又订赊购轮船契约，均呈交通部次长兼招商局监督陈孚木批准。同年九月五、六两日，李国杰乃与该营业公司，将上开借款契约，捎留不发，李国杰恐借款功败垂成，遂于同月二十三日，擅向该营业公司先行支取借款七十万两，交与陈孚木派来之代表黄居素收受，该款故不登入账簿，预备候营业发达时陆续弥缝；同时，陈孚木即将借款契约发还，李国杰转给该营业公司。嗣因陈孚木去职，经交通部查悉前情，同年十一月间，令上海市政府将李国杰送由上海地方法院检察官侦查起诉。

理由

查《刑法》第三百六十六条之背信罪，系以"意图为自己或第三人得不法利益，或意图加不法损害于本人"为其构成要件。本件上诉人于民国廿一年九月五、六两日，以招商局名义，与美商中国营业公司签订之借款契约，关于建筑借款部分，系以该局积余公司所有之上海福州路外滩沿四川路一带地产，押借上海规元一千万两；码头借款部分，系以该局所有之上海中、北、华、南、新五栈码头，押借上海规元一千万两，均系八五折实收，佣金二厘，五年利九厘，以二十年为期。在期内或在押款未曾清偿以前，招商局如欲将该抵押品全部或一部出售时，该营业公司有收买该抵押品或一部之优先权；届期如不能依约履行，该营业公司不须得招商局之同意，有权将抵押品变卖。无论有何问题争执，亦须聘请公正人，按照美国现行法律断定。赊购轮船备忘录，亦系订明由大来轮船公司代购轮船三十艘，以为招商局行驶长江、南北洋航业之用。在船价未曾付清以前，各该轮应注美国册，挂美国旗，所有国民政府对于外商在中国沿江沿海之商轮，或将加以任何法律之拘束，概予免除。是该项契约，其条件诚过苛刻，倘一一见诸实行，对于招商局之财产及航权，固确保不受损害，然查该契约所载及上诉人暨该营业公司经理萨得利之供述，其八五折实收，系因发行债券关系，二厘五佣金，亦全系贷方独得，核与本院准财政部查复，签借外债惯例完全相同，是上诉人并无有为自己或第三人得不法利益之意图。且查其向交通部次长兼招商局监督，呈明借款本意，亦系在清偿旧债，赎回押产添船造栈，扩充营业，并无何项证据足以认定其意系在加不法损害于招商局。则其签订各契约，不问是否有违背任务，然按之前开规定之意思要件，既不具备，即难律以该条项之罪；况该条项所谓致生损害于他人者，系指定确定事实而言，上诉人与中国营业公司所订契约，纵属苛刻，倘能实行整顿，按期还款，则损害自无从发生，故谓为有受损害之虞则可，谓为致生损害则不可。乃原审竟以上诉人签订各契约，不免损害招商局财产与航产，遂断定其系为意图加不法损害于招商局，谕以《刑法》第三百六十六条第一项、第一百四十条之罪既遂，究有未合。上诉意旨关于此部分攻击原判不当，不能谓无理由。至上诉人于民国二十一年九月二十三日向中国营业公司支付之垫款七十万两，交与交通部次长兼招商局监督陈孚木之代表黄居素收转，不惟上诉人已供述明白，即就原审检察官及本院先后调查该营业公司，交与上诉人七十万两之麦加利银行第五一一五号至第五一二四号本票十张，汇丰银行第六八一五四一四号本票一张，每张计银五万两；又，第六八一五二二号及第六八一五二三号本票二张，花旗银行D字四八五九号本票一张，每张计洋七万一千七百三十六元零一分，照六钱九分七，每张合计银五万两，系用陈绍德、陈泽青、魏俊鸿、魏振鸿、黄威如、黄中德、黄正德、黄至德、冯端一、冯淑言等姓名，分存中孚、金城、上海、中国等银行及邮政储金汇业局。旋即陆续提取，结存只属少数，其存入日期均在同月二十四、二十六、二十七、二十九等日，核与交款日期，前后亦恰相衔接。该各存款人住址，如兆丰村五号，据看门人张姓称，从前系黄公馆；大西路美丽园二十八号，据看弄堂人璩书有、姚德奎等证称，陈孚木前曾在内居住，民国二十一年十一月间始行搬走；再参以上诉人供称"我事后打听得陈孚木的夫人是魏氏，黄居素的夫人是冯氏"等语，是前开存款人陈绍德、陈泽生、魏俊鸿、魏振鸿、黄威如、黄中德、黄正德、黄至德、冯端一、冯淑言等，即系陈孚木与黄居素夫妇之化名，亦可概见。上诉人供述该项七十万两交与陈孚木之代表黄居素收转一节，自足信为真实；至其将七十万两交与陈孚木之原因，虽据上诉人辩称，是交与监督保管的，监督说"合同订明须发行债券才付款，万一营业公司不发行债券，那我们不是受了影响么"，监督很不放心，叫向他交涉，须先付这笔钱，作为信用的保证，所以名为垫款。监督陈孚木，是招商局主管长官，总经理在他属下，他要保管这钱，总理经

［经理］没有权限说不给他保管等语。但查民国二十一年十一月十五日上诉人向交通部具函报告中，有"此款系陈孚木所索，即交陈孚木，并称敢对天发誓，并未分取分文"等语；在检察官侦查时，上诉人亦供称："建筑借款是九月五日签的字，码头合同赊购轮船借款是九月六日签的字，大约是九月三日监督核准叫签字，在签字之后，我又用正式公文呈请监督处加盖关防，他就扣住合同，一直不放下来，同时他叫人表示要筹一笔费用，问他作什么用，他也不肯说。在债权人因为不知道这个情形，来催合同，这时我才不得已向公司请求先垫一批款。外国大班对中国情形很明了，就垫了。"讯以"那合同什么时候交下来的呢"？答称："后来我一面交钱的时候，他就一面交合同的。"讯以"支票是记名的吗"？答称："不记名，他要求不要记名的。"讯以"你交他款子，可有什么凭据"？答称："没有凭据。"讯以"没有凭据为什么给他呢"？答称："当时不好要什么凭据的。"讯以"你给陈孚木七十万两，不怕违法了么"？答称："我实在因为怕招商局关门，所以如此，因为招商局有了轮船码头，才有生机。我给陈孚木七十万两，也是不借小费而成大举之意。"讯以"这批款子，你将来想怎么垫（此处当落一'还'字）呢"？答称："想在将来生意好了之后，陆续的垫还。"等语，是已将陈孚木向之要求款项，自己即依照支给各情形，言之历历如绘。而陈孚木既未给上诉人何种收据，上诉人亦未用何项解款公文，并未登入何项簿记，则该款并非交与陈孚木为保管，情节亦属显然。该上诉人虽又以原报告信，非出本人自由表示，在侦查时所供，亦非本来真意，该款之收入，依照合同实不能登入招商普通账簿及总经理在监督权之下，将款交付而不给收据，亦无法向他抵抗等语为辩解，然既无确切证据提出，以资辩正，空言饰卸，无可采取，是上诉人应监督陈孚木之要求交付贿赂，毫无庸疑。惟查上诉人为招商局向该营业公司支付垫款七十万两，擅送与陈孚木，并不登入何项簿记，且预约将来营业发达时，陆续弥缝，显系意图为第三人不法之所有，侵占公务上持有物，触犯《刑法》上第三百五十七条第一项之罪，与交付贿赂罪有方法结果牵连关系，依《刑法》第七十四条应从一重处断，乃原审关于此项侵占部分，竟未予以论究，究属违误。且《刑法》第一百二十九条第三项规定之违背职务，系指应为而不为者而言，陈孚木身为招商局监督，依该局《监督处

章程》第五条第二款之规定，关于契约之订定及废除事项，系在该监督职权范围之内，上诉人以该监督陈孚木于借款契约盖印之际，要求贿赂，遂向之交付七十万两，立只系对于公务员关于职务上之行为，交付贿赂，成立《刑法》第一百二十八条第二项之罪，原审乃竟论以《刑法》之一百二十九条第三项之罪，于法亦属违背。至刑法第一百二十九条（第四项规定之没收或追缴），系以犯同条第一项及第二项之罪为限，乃原审既认上诉人成立第三项之罪，而又依据该条项向上诉人系知七十万两没收，如已消失应追征之，不特引律毫无根据，抑且违背《刑法》第十二条第一项后段之规定，其法律上之见解，亦属错误。再查《刑法》第三十条第二项，所谓有请求权之人，系指请求乃论之罪而言，交付贿赂，既非请求乃论之罪。交通部长又非被害人或告诉人，上诉人具函报告将款交与陈孚木，其意又非在受该管公务员裁判，核与该条项规定自首之条件不符，原审乃竟以上诉人系向请求权之人自首，适用该条项减轻本刑二分之一，亦欠妥洽。上诉意旨否认犯罪，而实意图饰卸，虽无理由，然原决关于此部分既有不当，亦应撤销改判。据上论结，应依《刑诉讼》第三百十五条第一项，《刑法》第三百五十七条第一项、第一百二十□条第二项、第七十四条、第三百六十二条、第五十七条第五项、第五十六条、第六十四条，《刑事诉讼法》第三百七十九条、第三百十六条，判决如主文。本案经本院检察官湛桂芬莅庭执行检察官之职务，本案上诉法院为最高法院，当事人对于本判决如有不服，应于送达判决书之翌日起，十日内以书状叙述不服理由，向本院提起上诉。

中华民国二十二年六月五日，江苏高等法院刑事第一庭审判长推事林哲长，推事斯文，推事方闻。

（1933 年 6 月 24 日，第 13 版）

李国杰案中黄居素停止审判程序

轮船招商局总经理李国杰，因借外债舞弊，经地方法院判处徒刑三年。李不服上诉，又经高等法院改判为三年半，兹在第三审上告中，推尚有同案牵涉之中委兼前中山县长黄居素及李之洋文秘书王允章，或为过付之人，或为共通作弊之人，故亦经检察官以渎职罪提起公诉。惟刑庭以被告不到，故先行判决停止审判程序，命令通缉，获案后再结。

（1933 年 8 月 3 日，第 14 版）

市公安局派员严密监视李国杰

苏高院函请特别注意市公安局长文鸿恩，以最近警察大队第三中队长孟宪岐因看管疏忽，致逃去刺宋案之要犯牛金甫，故对于因侵占公款在监视中之前招商局总理李国杰，已饬督察长龚玺揆派员会同警士侦缉员等严密注意。且文局长接准江苏高等法院来函，略称，查李国杰在医院难免无接见之人，饬原监视之人员予以特别注意，以防意外。

（1933 年 8 月 21 日，第 14 版）

地方法院加派警目监视李国杰

——除注意接见外，并检阅其函件

轮船招商局前任总经理李国杰，因借外债舞弊，经高等法院第二审判决处有期徒刑三年六月，因李在第一审时因病发送上海医院调治。兹高等法院以李情节重大，应予从严注意，故地方法院本派法警一名，协助公安局警探监视保护，现复加派警团前往督促注意。首席检察官前日复令司法警察处以后关于李国杰除注意接见外，对于通信应先呈请检阅后，再行发还本人。

（1933 年 8 月 22 日，第 14 版）

监视上海医院内之李国杰不愿迁移

——守护员室因有别用须迁让，恐有不测须向各长官请示

前招商轮船局总经理李国杰被控侵占舞弊判处徒刑案，李不服，业向南京最高法院上诉，迄无传审消息。李仍由市公安局长文鸿恩派督察员侦缉多名，会同警士数人，昼夜轮流监视于南市上海医院。楼上四号房间，

三号及五号均系守护警察驻住，监视非常严密。除李之家属外，任何人不准接见。据云该医院楼上五号房间须设婴孩卧室，故要求守护人员将该五号房间让出，而该员等以四号李氏所寓仅隔单薄一壁，恐有不测；且奉命看守责任攸关，如让出五号房间，四号亦须同时迁移。但李国杰坚不允移，故督察员等已将前情于昨日分向长官请示办法，以免陨越。闻李近患目疾，精神较前萎顿，饮食减纳，每日长叹短吁不已；李妻仍在北平，沪上仅二妾每周两次前往探问。前日有李之旧属招商局轮船老职员等，姑念老人义重，准予见面，不料李竟以无颜见旧僚，而予以谢绝云。

（1934 年 1 月 20 日，第 11 版）

法院将派法医验李国杰病状，最高法院裁判尚无消息

前招商轮船局总经理李国杰，因私借外债舞弊行贿案，经上海地方法院侦讯结果，除判处李徒刑三年外，并通缉在逃之陈孚木及王允章等。旋李不服上诉，复经高等法院传案审讯，改判三年六月。将李送法院后，因李夙有暗疾，不能久羁，由本市阜昌参行及江一平律师具报法院，谕送上海医院留住，并派警多名轮流维护，起居尚为优适。惟李前又声明不服，向最高法院上诉，为终审机关迄今尚无裁判消息，而地方法院对于李案非常注意，接见宾客及书信出入，均严密监视；且李因病入院就医，已达一年，是否痊愈，不得而知，故拟派法医，前往该院检验，以明真相。

（1934 年 2 月 20 日，第 13 版）

市公安局令严密监视李国杰
——不许员警擅离职守，如有远离分别惩处

前轮船招商局总经理李国杰，因犯舞弊侵占巨款案被告发，迭经地方与高等法院数度审讯判处徒刑，李声明不服，曾延律师向南京最高法院上诉。该案在侦查期间，致迄未传案审问。但李当时患病甚剧，乃呈请当局许可，转送南市上海医院疗治，由市公安局长文鸿恩饬督察长派督察员数名会同警士严密监视。而李病尚未痊愈，文局长以李国杰案情重大，昨特

训令该局督察长李光曾所派监视员，不许员警擅离职守。李督察长奉令后，业已转令该督察员等遵照办理，略谓本督察长随时往查或电话查问情况，如有远离时，当即呈报局座，按照情况，分别惩处不贷。

（1934年6月11日，第10版）

李国杰病状

——外传病已康复说非确词，李之病房警士防护周审

前招商局总办李国杰氏，因擅订抵押合同案，已解经地方法院判刑，几经不服上诉审讯等情，均志报端。惟李氏嗣以在狱患病，又因年事老迈，恐病势加剧，因请出外就医，经法医验明属实，进南市多稼路公立上海医院治疗。大通社记者，以近传李氏病体业已康复，有即将出院还押等说，爰赴该院探访。据该院医师张松云谈，李氏病状犹昔，康复殊非确词。张氏又谓，李系病风湿，因年老故，虽经悉心治疗，尚难奏功云。张氏言竟，即出示李氏最近诊断书，开列脉搏八十左右，体温三十七，血压一百，病状风湿，兼失眠便闭。大通社记者又探悉李氏所居之病房，由法院转请公安局派警十名监视，且资防护，同时并禁绝亲友探访。

（1934年10月1日，第17版）

最高法院明日传审李国杰

国闻社云，前招商局总理李国杰，于去年为舞弊侵占巨款案被控，曾经法院判处徒刑，嗣李不服，乃向江苏高等法院上诉，仍不服，复向南京最高法院上诉。在此期内，李因病在南市三泰码头上海医院疗治，为慎重计，由市公安局派督察员、侦缉员各两名，会同第四中队警士四名，日夜轮流负责监视，业已年余。兹悉最高法院已定于明日（二十一）下午一时，假上海地方法院开庭审讯，现该院已于昨日通知上海地方法院院长沈锡庆，饬票传寓居上海医院李国杰，届时候审。

（1934年12月20日，第11版）

苏高法院借沪法院更审李国杰案

——警卫非常森严，旁听为之满座

前招商局总经理李国杰，于前年九月间，为舞弊侵占巨款银七十万两，迨案发后，经地方法院初审，判决李国杰背信罪，处徒刑三年。李奉判不服，向江苏高等法院上诉。第二审结果，改处侵占罪三年半。李仍不服判决，复向最高法院上诉。李因病仍送南市三泰码头上海医院疗治，迄已年余。兹最高法院发回苏州高等法院更审，业奉高等法院定期十二月二十一日，假上海地方法院开庭审讯各情，已纪前报。昨已届期，下午一时，地方法院司法警长陈钧芳、警目陈锡汇前往上海医院，将李国杰迎提到院。一面由西门分局饬派巡官聂绍文、戴鸣凯，警长苏先耀，率同警士八名，并侦缉员禹如海、郑永祥、卞文广等，沿途护送照料，以照慎重。苏州高等法院委派胡善偶庭长，并斯文、张泽浦两推事，沈秉谦检察官，沈育仁、丁毅两书记官等乘车来申。一般旁听者先在门首领取高院旁听券，方准到庭旁听。惟本案社会上颇为注意，是以旁听席竟告满座，而法庭四周由司法警长陈钧芳、警目陈锡汇，督同法警多名及聂巡官等维持秩序。下午一点三十分钟，胡庭长偕同斯、张两推事，并沈检察官等升座第一法庭，私诉代理律师汪有龄，并李所延之江一平、陆鸿仪、吕世芳三律师相继到庭。

胡庭长命提李国杰到案。

李身穿元色呢皮大衣，太阳穴贴有头疯膏药，精神沮丧，发言极轻。供："年五十四岁，安徽合肥人，家住海宁路。"

问："你病如何？"

答："四肢麻木，迄未恢复健康。"

问官曰："现在最高法院发回更审，尔应将如何情形，详为供述。"

答："自二十一年担任招商局总经理职务并兼任董事长，满拟发展整理一切，其借款系北四川路有地十七八亩余，如金利源码头及北栈、中栈并浦东、杨家渡、华栈等五个码头，共抵借二千万两。"

问："借款何时签字的？"

答："奉监督陈孚木命令，由我代表招商局签字，为二十一年九月五、

833

六两天，系总经理及董事长资格。"

问："王［黄］居素你认识否？"

答："他是陈孚木的代表，其七十万两支票，由陈孚木着王［黄］居素取去的。"

问："七十万两数目甚巨，你为何轻易交付？"

答："当晚我打电话给陈孚木，因陈他出，所以我次日亲往陈孚木家，与陈会晤。据陈称，迨将收据办好给你。我以应该服从长官命令，我以为取到陈监督收据后，再行登账，不料出此不幸。因陈孚木是次长，又是监督，我不防有［备］他。先时陈孚木打电话给我说，这钱他命王［黄］居素来取去，将来再补给公事。"云云。

次据证人窦耀庭供："年四十三岁，浙江鄞县人，在美商中国营业公司充任买办，对于招商局借款合同，系由大班经手，直接与李国杰接洽的。二十一年九月二十三日，大班命我送七十万两支票前往招商局，交与李国杰，大约在下午三四时光景，在楼下李之办公室内。我当时步入办公室时，李国杰似已知道我来意，支票共十四张，当由李出给招商局收条。"

问："王［黄］居素你看见否？"

答："没有注意，我未坐定，就走了。"

讯至此，李国杰称其时王［黄］居素亦在座。问李国杰："现在陈孚木、王［黄］居素二人住址知道否？"李答："不知。"江律师起，称陈孚木等远在国外，绝对不会到案，请求将李准予交保。官曰："关系重大，碍难照准，本案有调查之必要，候再续审。"

当讯问时，李国杰因病不能久立，故奉谕命其坐而供答。退庭后，当由警目陈锡汇押同李国杰乘坐汽车送回上海医院，照常监视，其聂、戴两巡官奉同警士并侦缉员等，分乘汽车，随后护送，俾免疏虞云。

（1934 年 12 月 22 日，第 14 版）

李国杰案续审

——本月三十日假地方法院开庭

前招商局总经理李国杰氏，前年为舞弊侵占巨款案被控，曾经地方法院判处徒刑，嗣李不服，向江苏高等法院提出上诉，结果仍不服，复向南京最高法院上诉。李氏本人，则因患病，住南市三泰码头上海医院疗治，市公安局为慎重计，特派督察员、侦缉员各两名，会同第四中队警士四名，日夜轮流，负责监视，将近两年。去年十一月，最高法院特假上海地方法院开庭，胡善俦审判长偕同沈秉谦检察官开第一刑庭公开审讯，嗣以所供尚须调查，当谕改期再鞫。国闻社记者顷向李氏辩护律师江一平处探悉，谓最高法院第二次传票已发出，定本月三十日午后一时，仍假地方法院开庭审讯。

（1935 年 3 月 8 日，第 11 版）

李国杰案又将开审

招商局李国杰一案，迭经苏高院开审，并假沪地法院提李审讯，迄未终结。兹承办本案之高院刑庭长胡善俦，现定本月三十日续审本案，定二十七日晨偕推事沈秉慈、书记官张育仁等赴沪，准备届期提李开庭。

（1935 年 3 月 27 日，第 8 版）

最高法院定期续审李国杰案

——本月三十日下午二时

前招商局总理李国杰，于去年被控侵占巨款判处徒刑，李不服，曾向江苏高等法院及最高法院上诉，迭次传审，迄已二年，尚未判决。最高法院于最近通知上海地方法院，定本月三十日下午二时假该法院法庭继续开审。李前因病曾送南市三泰码头上海医院医治，由市公安局负责派员轮流监视。现李精神萎顿，仍未痊愈。兹悉李原住该医院楼上四号头等病房，其隔壁三号房间为公安局所派第四中队警长一人、警士二人驻守，五号房间派服务员与侦缉员等昼夜换班看管。据该医院消息，副院长孙家齐因李寓之三号头等房间将改设戒毒所，拟调李至三十一号传染病室住居，法院据报后，为郑重起见，特于昨日派主任书记官杨曾诂前往上海医院查勘。

（1935 年 3 月 27 日，第 11 版）

李国杰案更审记

李之律师谓全案关键所在

系监督是否有权收受借款

刑诉、民诉均告终结

下月五日宣判

前招商局总经理兼董事长李国杰，于前年九月间因被控舞弊侵占银七十万两一案，由上海地方法院初审，判决背信罪，处徒刑三年。李奉判不服，向江苏高等法院上诉，结果改处侵占罪三年半。李仍不服判决，复向最高法院上诉，奉谕发回更审。因李有病，发送上海医院疗治。因感李病躯来往不便，所以高院曾经派员来申，假地方法院第一法庭审理未结，详情屡志前报。兹悉此案定于卅日下午又奉续审。

苏州高等法院委派刑庭长胡善偁偕张秉慈、张泽浦两推事，湛桂[湉]芬检察官，并沈育仁、朱鸣河两书记官先期离苏到申。昨已届期，下午一时，地方法院司法副警长陈锡汇督同干警王鉴清、薛炳章等，乘坐汽车前往上海医院，将李国杰迎提来院。公安局方面亦派有西门分局侦缉队领班禹如海、侦缉员郑永祥、总队领班武秀峰、侦缉员吕振达、赵金辉，西门分局警长贺希兴、董家渡警所警长张鉴岐等率同武装警察多名，乘车随后护送，以资照料。

迨至鸣钟二下，胡庭长偕推、检各官升座第一法庭，附带民诉原告代理人汪有龄律师，被告所延之江一平、陆鸿仪、吕世芳三律师同时出庭。旁听者应须先行签名，领取高院发给之旁听券，方准到庭旁听。社会上对于此案，颇为重视。因此，旁听席中竟告满座，大都智[知]识份子，兼有律师数人。而地方法院刑庭长刘恩荣亦在问官后面坐而旁听，一面由司法警长陈钧芳、警目刘馥、顾汉卿率同全体法警在法庭四周照料，维持秩序。公安局方面派来之警察则散布在法院大门、边门及楼梯上下，其侦缉员等则站立在法庭门首，形势异常严重。问官命提李国杰至案，当由副警长陈锡汇将李扶上法庭。李身穿元色呢大衣，精神萎顿。

首问年籍，当因病躯不能久立，命坐而供述。官曰："现在是最高法院发回更审，你将经过情形，据实陈述。"李即供述一切，大旨：我服从上官命令，所以将中国营业公司之七十万两支票交与监督陈孚木之代表黄居素取去。当晚七八时，我亲至陈监督家未晤。至次日，又往与陈会晤后，他说款已收到，公事则尚未办妥，迨办就后，即行送来。不料往催无着，断不料发生意外等语。

次据证人朱世友供：年卅岁，安徽人，住大西路美丽园看守弄堂美丽园房屋，共有房屋卅二号（计卅二所）。

问："你服务看门，有几时了？"

答："四五年。"

问："陈孚木住在几号？"

答："陈住廿二号屋内。"

问："陈孚木住有几时？"

答："廿一年三四月间迁入，大约住有一年左右，就搬去了，房金每月一百两。"

问："你认识陈孚木否？"

答："认得的，不过不多见。"

问："魏金凤你认识否？"

答："不认得。"

问："魏金凤是陈孚木之妻，你知道否？"

答："陈孚木之妻，虽则看见认得，惟不知她姓什么？"

问："黄居素你认识否？"

答："不认识。"

问："黄居素是否住在他处？"

答："不知。"

问："他（指李国杰）来，你看见否？"

答："不［没］看见。"

问："陈孚木临走的时候，夫妇同走的呢，还是两起走的？"

答："陈先走，家眷后走的。"

问官得供，命传另一证人姚德奎至案。供：年廿六岁，兰溪人，在美丽园种花园，余供与朱世友所供大旨相同。

讯至此，由湛湅芬检察官起而论告一过，问官遂谕开始辩论。当由被告律师江一平、陆鸿仪、吕世芳等先后起立，为被告辩护，略称：本案现时所应审究者，仅属上诉人在招商局总经理任内以该局所派借款七十万两交与该局监督陈孚木收受，能否认为犯罪行为之一点。此点问题，依最高法院判决发回试审之旨趣，应以该局监督处对于此款是否有权收受为解决之要键。按《招商局监督处章程》第一条，开宗明义即规定："交通部为整理招商局，特投招商局监督处，专任监督之责。"其第三条复明定"监督处一切整理计划，交由总经理处负责执行"，并于《招商局总经理处章程》第二条规定，总经理仅负执行监督处一切整理计划之责，以划清监督处与总经理之权限。而关于订定契约及整理资本并其他重要事项，均属监督处之职权，又为《招商局监督处章程》第五条第二、第三、第十各款所明定。该章程第十一条载有"监督处因处理会计事项"等语，亦足证监督处有收受此款之权。今上诉人以招商局总经理资格，与美商中国营业公司订立借款契约，原经该局监督陈孚木核准，其与该公司接洽七十万两垫款，亦系受陈孚木之指挥，况上诉人光明磊落，应请宣告无罪云云。

三律师雄辩良久，问官谕曰：公诉部份，认为终结，定于四月五日上午十一时宣判。开始民事部份，当由民诉代理人汪有龄律师起称：本案刑事不变更，不生问题；如果变更，则应移送民庭。问官对于民事部份，亦认为终诘［结］，与刑事部份同时宣判，遂由书记官宣读笔录一过，官命将李国杰仍送上海医院疗治，遂告退庭，时已五下钟矣。

(1935 年 3 月 31 日，第 18 版)

李国杰上诉判决

——"刑诉"处有期徒刑一年二月，"民诉"赔偿招商局七十万两

前招商局总经理兼董事长李国杰，于前年九月间，因侵占银七十万两，上海地方法院初审，判决李国杰背信罪，处徒刑三年。李不服，上诉江苏高等法院第二审，改处侵占罪三年半，李仍不服判决，又向最高法院上诉，奉谕发回更审。因李久病不愈，往来途中恐感不便，所以，高等法院委派刑庭长胡善俦，偕同张秉慈、张泽浦两推事，并湛桂［湅］芬检察

官，沈育仁、朱鸣河两书记官等，离苏来申，假上海地方法院第一法庭审讯终结，定期本月五日宣判各情，已纪本报。兹悉昨日已届宣判之期，上午十时，由司法警长陈钧芳、副警长陈锡汇乘坐汽车，前往上海医院，将李国杰迎提到院。公安局方面，仍由侦缉队领班禹如海并长警等，随后乘车护送，以资周密。

迨至钟鸣十一下，胡善俪刑庭长偕同推、检各官升座第一法庭，饬提李国杰至案。略询年籍一过，胡庭长即起而宣告判决：

李国杰渎职上诉一案主文：原判关于渎职罪刑部分撤销，李国杰意图为自己不法之所有，侵占公务上持有物，处有期徒刑一年二个月，判决确定前羁押日数，以两日折抵有期徒刑一日。

李国杰渎职附带民诉上诉一案主文：李国杰应赔偿招商局上海规元银七十万两，并自民国二十二年四月廿八日起至清偿之日止，赔偿周年八厘之利息。如有不服，尽可依法上诉。

判毕，谕饬将李还押，当由副警长陈锡汇将李押登汽车，直驶上海医院看管候示。

（1935 年 4 月 6 日，第 11 版）

李国杰上诉案高院判决书

苏州讯，招商局李国杰上诉苏高院后，迭经高院派员至沪，假座沪地院审理，庭情及改判刑罪，均志前报。兹本案判决尽全文，高院已于昨（十六）日下午校印就绪，特录正本如后：

江苏高等法院刑事判决廿一年度（廿三年结）诉字第一□六□号，上诉人李国杰，男，年五十五岁，安徽合肥县人，住上海亨利路，前招商局总经理，选任辩护人陆鸿仪律师、吕世芳律师、江一平律师。右上诉人因渎职案件，不服上海地方法院中华民国二十一年十二月二十七日第一审判决，提起上诉，经本院判决后，又上诉于最高法院，发回本院更为审判如左。

主文

原判决关于渎职罪刑部分撤销，李国杰意图为自己不法之所有侵占公务上持有物，处有期徒刑一年二月，裁判确定前羁押日数，以二日折抵有期徒刑一日。

事实

李国杰原系上海招商局董事会会长，民国二十一年二月二十六日，又经交通部委充该局总经理。同时，交通部次长陈孚木，奉派兼任该局监督。李国杰就任后，以招商局历年营业不振，由于轮船朽敝，码头、货栈无一完整，非筹借大宗款项，将以前旧债清偿，赎回押产，添置轮船，建筑码头、货栈，别无整理之法。当经呈由监督陈孚木核准，以该局所有之上海福州路外滩沿四川路一带房地及中、北、华等栈码头，向上海中国营业公司，押借上海规元银各一千万两，均约定照八五折实收，佣金二厘，五年利九厘，以二十年为期，订立合同两件，简称为建筑借款，与码头借款。又订立赊购轮船备忘录一件，简称赊购轮船借款。即系向美商大来轮船公司定购新式轮船三十艘，借给招商局使用，其船价按照时值议定，悉作借款，认以相当息金。至同年九月五、六两日，李国杰与中国营业公司将上开各合同分别签订后，呈请监督陈孚木盖印。讵陈孚木乘机向李国杰要求贿赂，故意将各合同掯留不发。李国杰因营业公司屡向催问，深恐功败垂成，遂于同月二十三日，商由中国营业公司，于借款二千万两内，先行垫付银七十万两，擅行处分，交于陈孚木派来之代表黄居素，转交陈孚木收受，拟俟将来营业发达，陆续弥缝，故于招商局账簿内匿不登载。同时，陈孚木收到该款后，即将各合同发还。阅时未久，陈孚木去职，李国杰因垫交之七十万两，一时无法弥缝，意图脱免自己干系，遂将陈孚木索款情形，具函向交通部长报告。当经交通部于同年十一月间，令上海市政府将李国杰逮捕，送由上海地方法院检察官侦查起诉。

理由

本案上诉人就任招商局总经理后，呈经监督陈孚木核准，向美商中国营业公司订立建筑借款、码头借款各契约，以上海福州路外滩沿四川路一带房地及中、北、华等栈码头，共计押借上海规元银各一千万两，此外又订立赊购轮船契约，于民国二十一年九月五、六两日，与中国营业公司分别签字后，即于同月二十三日，向该营业公司，于二千万两借款内，先行垫付七十万两，交与陈孚木之代表黄居素收受，转交陈孚木等情。不独上诉人迭次到庭，历历供明，即该营业公司于二十一年九月二十三日，交与上诉人之麦加利银行本票十张，汇丰银行本票一张，每张计银五万两，又汇丰银行本票一张，花旗银行本票一张，每张计洋七万一千七百三十六元零一分，照六钱九分七厘计算，每张合银五万两，共计七十万两，亦经原院检察官及本院先后查明，均由陈孚木收受后，与黄居素化名为陈绍德、陈泽生、魏俊鸿、魏振鸿、黄威如、黄中德、黄正德、黄玉德、冯端一、冯淑言等，于同月二十四、二十六、二十七、二十九等日，分别提存中孚、金城、中国各银行及邮政储金汇业局，既有各银行拨付底账可供稽考；其存款人之住址，如大西路美丽园二十八号，即系陈孚木住宅，兆丰路五号为黄公馆；又经看衙堂及看门人姚德奎、璩书有等分别证明。是上诉人供称七十万两垫款，业已汇交陈孚木收受，自属真实。至于交付之原因，据上诉人辩称，按照《招商局监督处章程》第五条第二、第三、第十各款规定，订定契约，整理资本，以及其他重要事项，均属于监督处职权，此七十万两垫款，为约定借款中之一部，专供招商局整理用途，收存管理，自在整理计划之中，其事又至为重要，当然属于监督处职权范围。陈孚木对于该款既有权收受保管，上诉人奉令提取，遵即呈交，有何侵占及贿赂之可言等语。然查《招商局监督处章程》第一条，即明定招商局监督处只专任监督之责，而监督处一切之整理计划，统应交由总经理处负责执行；又为同章程第三条及《招商局总经理处章程》第二条所规定，是监督处与总经理处，一则专司监督，一则执行事务，权限本极分明。况监督处章程内，关于监督处之职掌事项，已于第五条中逐款胪列，并无收支及保管款等项之明文。而《总经理处章程》第十条第一、第二两款，关于总经理处会计科之职掌，则有"现金之收入及支出事项"与"银库及银行往来簿据、支票之保管事项"之规定。虽此七十万两垫款，系由于订定契约而产生，然订定契约为一事项，收支保管款项又为一事项，既经分别规定于监督处、总经理处两章程中，即不能因订定契约之结果所发生一切事项，统归监督处自行处理。至所谓其他重要事项，系指章程中未经规定者而言，收支保管款项，已明定于总经理处章程第十条之中，自不在此概括范围之列。上诉人又以监督处章程第十一条，尚有监督处因处理法律、会计及建设等事件，得聘任顾问之规定。然此亦系指监督会计行政而言，并非执行会计之职务。总之，监督机关对于下级机关一切事项，固无不属诸监督范围，要不能举下级机关一切事务取而代为处理。况查招商局与中国营业公司所定建筑借款、码头借款以及赊购轮船借款各合同，均须监督盖印，而收受中国营业公司七十万两之垫款，则仅由总经理出具印收，可见上诉人在定约及收款时，对于此中权限，早经辩认清晰，决不致误认陈孚木有权保管，将七十万两贸然交付，已可断言。即就当时交付情形言之，该七十万两垫款，果由陈孚木提存保管，何以无监督处提款明令？上诉人将七十万两交出，又何以不用呈解公文？既不索正式印收，且无负责人临时收据，而于招商局方面复不登入何项账册，纵认该款系专供招商局整理之用，不妨另立簿册，特别登载，何能使七十万两之收入茫无可稽？是交付保管之说，显系事后诿卸之词，殊难采信。复查上诉人于民国二十一年十一月十三日，自向交通部长具函报告，文中有"此款系陈孚木监督所索，如不照付，即不能成立契约，国杰敢对天发誓，并未分取分文"等语，嗣于原院侦查时，仍据供明"各借约签字之后，我即用正式公文呈请监督处盖印，他就扣住合同，一直不肯放下来；同时他叫人表示，要筹一笔费用。问他作甚么用，他不肯说，债权人不知道这个情形，来催合同。我不得已，继向公司请求先垫一批款。后来我一面交钱，他一面交合同，七十万两支票由公司出的，他要求不要记名的，我实在因为怕招商局要关门，所以我给陈孚木七十万两，也是不惜小费而成大举之意。至于这笔款子，我想将来生意好了之后，陆续的垫还"云云。是已将陈孚木要求贿赂款项，因而交付各情形，历历自承，尤非空言所能饰辩。综上以观，上诉人于各借约签字后，呈请监督盖印之际，陈孚木故将合同揢留不发，乘机向索贿赂，上诉人遂于二千万两借款内，商由中国营业公司，先行垫付七十万两，交付陈孚木收受，而于招商局账簿内，匿不登载，预备将来营业发达，陆续弥缝。是上诉人明知该款属于招商局所有，并专供整理用途，乃竟逾越职权，擅行处分，移作贿赂之资，足见其收受该款时，即已视为己有，故敢自由使用。核其所为，除构成交付贿赂罪外，并应成立侵占公务上持有物罪。但其侵占之原因由于行贿所致，显有方法结果关系。应依《刑法》第七十四条，从□［较］重之公务上侵占罪处断，原判除认犯《刑法》第三百六十六条第一项之背信罪，业经本院撤销，谕知无罪确定外，关于侵占部分，既系交付贿赂所发生之结果，原判未予论究贿赂部分，陈孚木系招商局监督，订定契约本属其职权范围内应为之行为，上诉人于呈请盖印之际，因其要求贿赂，遂予以交付，只系对于公务员关于职务上之行为，交付贿赂，应成立《刑法》第一百二十八条第二项之罪。原判遽认为对于公务员关于违背职务上之行为，交付贿赂，谕以《刑法》第一百二十九条第三项之罪；又复引用同条第四项，谕知七十万两没收，如已消失，并予追征。而未注意同法第六十二条第一项后段之规定，均属违误。至上诉人向交通部长具函报告，无非为图脱免自己干系起见，核与《刑法》第三十八条规定自首之情形不符，原判援引该条减轻二分之一处断，亦非适法。是本件上诉虽无理由，而原判决亦有不当，仍应由本院撤销改制。

综上论结，合依《刑事诉讼法》第三百八十五条第一项后段，《刑法》第三百五十七条第一项、第一百二十八条第二项、第七十四条、第六十四条判决如主文。本案经本院检察官湛桂［湛］芬莅庭执行检察官之职务，本案上诉法院为最高法院，当事人对于本判决如有不服，应于送达判决书之翌日起十日内，以书状叙述不服理由，向本院提起上诉。

中华民国二十四年四月五日。江苏高等法院刑事第二庭审判长推事胡善偁，印；推事张秉慈，印；推事张泽浦，印。右件正本证明与原本无异，江苏高等法院书记官丁毅，中华民国年月日。

江苏高等法院刑事判决二十一年度（二十三年结）诉字（附二）第一□六□号，原告招商局法定代理人刘鸿生，男，年四十八岁，浙江定海县人，住上海福州路二号，招商局总经理，诉讼代理人汪有龄律师。被告李国杰，男，年五十五岁，安徽合肥县人，住上海亨利路，前招商局总经理，诉讼代理人陆鸿仪律师、吕世芳律师、江一平律师。右原告被告渎职上诉案件，于本院审理中，附带提起民事诉讼，本院判决如左：

主文

李国杰应赔偿招商局上海规元银七十万两，并自民国二十二年四月二十八日起至清偿之日止赔偿周年八厘利息。

事实

原告代理人声明请求如主文之判决，其陈述意旨，略称被告为招商局总经理时，与中国营业公司订立借款契约，当由该营业公司垫付上海规元银七十万两，既由被告出具印收，复于保管中自行处分，用以交付贿赂，即应由被告负责赔偿。此次最高法院因公诉部分发回更审，故将附带民事诉讼一并发回，倘更审结果，公诉部分并无变更，附带民事诉讼，仍谓照更审前之判决云云。被告声明请求驳回原告之诉，其理由略称：七十万两，我是交给监督陈孚木的，应该由陈孚木负责，我不能代陈孚木赔偿云云。

理由

按刑事判决所认定之事实，以关于犯罪之证明及责任者为限，有拘束附带民事诉讼之效力，此为《刑事诉讼法》第五百十二条所明定。本案关于公诉部分，业经本院认定，被告就任招商局总经理后，呈由监督陈孚木核准，与中国营业公司订立二千万两借款契约，于呈请监督陈孚木盖印之际，因陈孚木乘机索贿，遂商由该营业公司先行垫支上海规元银七十万两，交与陈孚木收受，因而认犯交付贿赂及公务上侵占罪，依《刑法》第三百五十七条第一项、第一百二十八条第二项、第七十四条判处罪刑，则被告因犯罪之结果，侵害他人之权利，自应负赔偿责任。原告代理人请求仍照原来主张，判令被告赔偿上海规元银七十万两，并自民国二十二年四月二十八日起，至清偿之日止，赔偿周年八厘之利息，自无不合。被告借口该七十万两系陈孚木拿去，只应由陈孚木负责，殊难认为有理由，应即判令被告价还原告规元银七十万两，以七钱一分五厘计算，合洋九十七万七千零二十元零九角七分九厘，并自民国二十二年四月二十八日起，至清偿之日止，赔偿周年八厘之利息。据上论结，合依《刑事诉讼法》第五百零九条、第五百零七条，《民法》第一百八十四条第一项判决如主文。中华民国二十四年四月五日，江苏高等法院刑事第二庭审判长推事胡善俦，推事张秉慈，推事张泽浦。右件正本证明与原本无异。江苏高等法院书记官丁毅，中华民国年月日。

（1935 年 4 月 17 日，第 8 版）

最高法院令饬传审李国杰案

——李现仍在上海医院治病

前招商总经理李国杰被控侵占巨款案，经法院判处徒刑，李不服曾一再上诉，详情迭志本报。但该案迄今三年，尚未结束，现李仍在南市三泰码头上海公立医院内疗治疾病，由市公安局派督察员、侦缉员及警士分班昼夜轮流监视，非常严密。兹悉李国杰之家属，因李体质虚弱，精神萎顿，在医院中叫苦连天，故特派李之长子家琚（年二十八岁）同居在院服侍。事经警察大队长得悉，认为李案非常重大，非经请示局长蔡劲军允许之前，不准擅自宿院陪伴，免生事端，以资郑重。闻最高法院对李案特别注意，将通知上海地方法院传案审讯云。

（1935 年 10 月 2 日，第 12 版）

李国杰案一部份先执行

——五万元股票已抵押银行，茅麓农场部份尚待调查

前招商局总经理李国杰，侵占公款七十万两，现由地方法院执行，本利计一百二十余万元，迭经传追，分文未交。前因恭送段前执政灵柩赴北平，限期至昨日由执行庭推事王凤球在第八庭开庭执行，李国杰未到，由吕世芳、江一平两律师到庭代理称，李现已回沪，因病不能到庭，对于招商局调查之股票是有的，不过在民国二十二年间已抵押于四明银行，股票共抵押三万元，可以交出执行的。除了此项股票外，实无财产可查封，请庭上依照执行法第七条之办法，发给执行执照。如李在社会上做事后，再慢慢想法归还（如同民间兴隆票一样），则双方均有利益，请原告原谅等语。原告代理律师姜和椿称，据被告律师称，这股票已抵押四明银行，请先行执行。近有据人报告，查得李在金坛县办有茅麓农场，故可证李非无财产，对于第七条规定债务人是实无财产可以执行，故难同意。至此，吕世芳律师又称，关于茅麓农场，是由钱仁祖办的，由纪正刚任经理，因办理不佳，曾请求接办，李因无人投资，不能发展，没有接办，以致外面知晓李办

845

的，实在并未接办，可以调查的。而关于股票是五万元，押四明银行三万元，又纪念表一只，价值五千元，押于周淑文，大约押三千元。至此，姜律师又称：对于被告律师所称，我不反对，亦难同意，此刻不能有何表示，候报告招商局后，再由局呈报交通部再核。至此，官谕第一部分对于四明银行之股票，先下令交案执行，第二部分对于金坛之茅簏农场，你们双方去调查；一面由本院出公函至金坛县政府负责调查，俟函复后，再定期讯核。

（1937 年 1 月 23 日，第 15 版）

李国杰舞弊案法院提收股票质权有问题，
四明银行起诉请求执行异议

国营招商局前任总经理李国杰，因舞弊案之附带民诉，为招商局查出李之五万元股票，抵押四明银行，遂请法院职权提收。四明银行法定代理人金尚遂，对于李国杰及招商局法定代理人蔡增基提起给付欠款，并确认质权，执行异议，排除妨害。状称被告李国杰于民国二十一年十一月二十五日，以昌华铁矿公司"昌"字第四十一号至四十五号股票票面五万元及珐蓝镶嵌宝英国马表一只，向具状人质借国币三万元，约定月息一分，以六个月为期。迨后到期，复以不能清偿，一再展延，有李亲笔所立质借据，并［足］资凭证。不意李国杰因侵占公款，经最高法院判决，确定开始执行。由国营招商局查得上开股票，声请钧院令饬缴呈。具状人当以是项股票，业已依法取得质权，爰向江苏高等法院提起抗告在案。按占有被妨害者，占有人得请求除去其妨害，为《民法》九六二条所规定；而第三人就执行标的物享有质权，得以异议之诉，排除强制执行，《补订民事执行办法》第七条亦复定有明文。为特依法请求判令：（一）被告李国杰清偿国币三万元，及自民国二十四年十一月二十五日起至执行终了日止，按月一分之利息；（二）确认具状人对于昌华铁矿公司，第四十一号至四十五号股票五万元及珐蓝嵌宝英国马表一只享有质权；（三）被告国营招商局不得就昌华铁矿公司（第）四十一号（至）四十五号（股票）强制执行；（四）令被告等负担讼费等语。

昨日下午，钱国成推事开庭，原告由朱仁、史乃修两律师代理陈述经过后，招商局代理人姜和椿律师，请求主张研究质权，驳回原诉，而李国杰则既未到案，又无代理人，故庭谕改期传集再讯。

（1937 年 6 月 11 日，第 15 版）

招商局提收李国杰股票质权异议讼案

——李质借时已被押法院，抵质事实须传证讯问

国营招商局前总经理李国杰，因舞弊案之附带民诉，为招商局查出李之五万元股票抵押四明银行，遂请求法院依职权提收，而四明银行法定代理人金尚不服，乃对于李国杰及现招商局总经理蔡增基提起给付欠款，并确认质权，执行异议，排除妨害。其状略谓，被告李国杰于民国二十一年十一月二十五日，以昌华铁矿公司昌字第四十一号至四十五号股票票面五万元及珐蓝镶嵌英国马表一只，向该银行质借国币三万元，约定月息一分，以六个月为期，迨到期后，以不得清偿，一再展延，有李亲笔所立质借据足资凭证。不意李国杰因侵占公款，经最高法院判决确定，开始执行。由国营招商局查得上开股票，声请钧院令饬缴呈。具状人当以是项股票，业已依法取得质权，爰向江苏高等法院提起抗告在案。按占有被其妨害者，占有人得请求除去其妨害，为《民法》九六二条所规定，而第三人就执行标的物享有质权，得以异议之诉，排解［除］强制执行，《补订民事执行办法》第七条亦复定有明文，请求判令被告李国杰清偿国币三万元，确认具状人对于昌华铁矿公司股票及珐蓝嵌宝英国马表一只享有质权，并被告国营招商局不得强制执行等情。昨日上午，钱国成推事开庭续讯，原告代理律师史乃修到庭陈述，而李国杰因在北平未到，委何宪章律师代理，陈述云李国杰对于原告起诉意旨，完全承认。至此，由招商局代理人姜和椿律师提出答辩，虽质权系在民国二十一年十一月二十五日，现所提出唯一证明质权成立之书据系二十四年十一月二十五日签订。据称此项书据，系因商妥展期，以免流质而所订之，并非证明质权设立之书据，如无设定质权之书据，何来改约之程序？四明银行主张质权，依法应先提出设立质权之书据，在未经提出最初设定质权书之前，本局无从研究其是否合法存在，又非李国杰本人到庭，不容易详讯当时抵质之事实及各情形，应请调集执行及刑事卷宗。至此，史律师谓李抵押股票，实为民国二

十二年十一月二十五日，请为更正，乃委律师即谓李在民国二十一年十一月十四日发生侵占之罪，他已解在钧院，不能自由，对于四明银行抵押质借，是否由李亲笔签字，应传前四明银行质借时之负责人到庭讯问，庭谕下次传前四明银行总经孙衡甫及前质借时之负责人到案再讯。

（1937 年 6 月 29 日，第 15 版）

李国杰已抵押之股票，四明银行有质权

——昨经地法院宣告判决招商局不得强制执行

国营招商局前任总经理李国杰，因侵占案之附带民诉，一百二十余万元，为招商局查出李之五万元股票，抵押四明银行，遂请法院职权提收。四明银行遂对于李国杰及招商局提起给付欠款，并确认质权，执行异议。曾奉地方法院，钱推事迭次研讯，辩论终结。昨日宣告判决，（主文）被告李国杰，应向原告清偿借款国币三万元，并给付自民国二十四年十一月二十五日起，至本件执行终了之日止，按月一分之利息，确认原告对于被告李国杰所有昌华铁矿公司昌字第四十一号至四十五号票面额共五万元之股票，及珐蓝镶嵌宝英国马表一只有质权。被告国营招商局，不得就昌华铁矿公司昌字第四十一号至四十五号股票，为强制执行诉讼费用，由被告等平均负担。

（1937 年 7 月 16 日，第 15 版）

二十　理事会运行

高廷梓就航政司长

〔南京〕高廷梓新任交部航政司长，十日视事，据谈，本司正忙于草拟招商局监事会理事会规则，备呈中政会核定。（十日中央社电）

（1932 年 11 月 11 日，第 6 版）

刘鸿生就职后昨收回四栈处

与营业公司交涉达五小时

昨晨派曹、侯两员前往接收

董事会亦已由新理事接收

今日举行第二次理事会议

招商局新总经理刘鸿生，已于前晨到局接事，理、监事会亦已正式成立，至前被美商中国营业公司所接收之中、北、华三栈码头，亦已于昨晨十一时由刘总经理派员前往收回。中国营业公司方面表示现虽暂时移撤，并非放弃合同上应得之权利，并提出抗议。至该局理、监事会，已定今日下午三时召集第二次联席会议，讨论侦查抵押码头合同及整顿局务等各项重要问题，兹将详情志次：

〖中略〗

接收董事会

招商局之董事会。考其组织内容，并不健全。历年来有董事会而无董事，既无董事，而竟有董事长，故董事会职权仅由董事长一人施行。其原故，因近年来所有董事去职者（或因故离沪者）有之，辞职者有之。前日理事会已将该局实行接收。

前日接收。前日监事会于协助总经理接收各科后，复于下午四时许，由常务理事史量才、叶琢堂、张寿镛等，至楼下董事会，将所有印章□〔文〕案完全接收，指定职员办公。

开始办公。理事既接收董事会，于昨日起，将董事会办公处改作为理事会办公处，处理接收。各项重要事务，内部职员因已有离职者，略事补充，昨日起已正式开始办公。

候李会商。国闻社记者昨访该会常务理事叶琢堂氏。据谈，各处均经接收完竣，董事会亦已接收，但内部事务尚须候前董事长李国杰自由后，再定办法云云。

今日理事会

理事会于成立日，业经举行首次会议，自接收后，各项重要问题须由理事会解决后，方可进行。今日下午，特再集开第二次理事会议，讨论一切，新总经理刘鸿生将交涉收回四栈经过，报告于该会云。

产科未定。该局所有各科，均已次第接收，但尚未解决者，计有产业一科。因该科自李国杰接任后，产业科与积余公司部份，界限不明，兼之李尚被政府监视中，故产业科尚不能即接收，其办法将提今日理事会决定云。

讨论遣散。交部设立之监督处，业被理事会接收，该处当然即将撤销，而被遣散之职员，昨特推派代表，向总经理接洽遣散费及发清欠薪。当据刘氏答称，提今日理事会讨论。

〔下略〕

(1932 年 11 月 16 日，第 13 版)

招商局事件

理事会讨论整理债务。中央社云，招商局理事会昨午后四时许，举行第三次常会，出席刘鸿生、叶琢堂、史量才、张寿镛、张嘉璈、杜镛、杨英七常务理事，胡笔江、李铭、钱永铭、胡筠庄、盛升颐五理事，主席史量才，会议六时始散。其会议内容，据记者探悉，其最重要者为讨论债务整理委员会之组织条例。至于成立日期及委员人选，会后据常务理事张寿镛谈，成立期定在本星期内，常务委员除已决定条例起草人钱永铭、李铭两氏外，余尚待今日继续商议，始能定夺。常务委员共七人，尚须聘请律师、会计师参加。至组织条例之修正案，亦须再作整理云。又据该局总务科长陈蔚青语记者，招商局债务，现仅知其总数为一千九百余万两，至其细目，仅一二干部人员明悉，故债务整理委员会成立后，先须作详细之调查，始能进行各种整理办法之商决云。

〖下略〗

（1932 年 11 月 24 日，第 9 版）

招商局债务整委会人选确定，章程、名单均将呈部核准

招商局理事会决议，组织债务整理委员会后，以整理债务为目前唯一重要工作，连日正在积极筹备中。至于该委员会章程，已由委员钱新之、李馥荪拟就，整理委员人数决定七人，除常务理事李馥荪、钱新之、张寿镛、叶琢堂等四人兼任委员外，并聘请律师秦联奎、会计师徐永祚、会计专家黄秉章等三人为委员，昨日已经该理事会通过，将章程及名单呈报交通部鉴核，俟部令核准后，当即宣告正式成立。

（1932 年 11 月 27 日，第 14 版）

整顿招商局首在清理债务

——高廷梓之谈话

〔南京〕交部航政司长高廷梓谈，整顿招商局第一步在清整债务，新订之组织规程，系办理接收之过渡办法，关于永久组织，已由交部另行草拟规程，约一周后可竣事。内容仍采理事、监事、全会制度，俟呈奉行政院核定后，即公布施行。（三日专电）

（1932 年 12 月 4 日，第 3 版）

招商局债务整理会昨日成立

议决分设调查审核两组

钱新之、李馥荪分任委员

七十万元案调查着落

国闻社云，招商局为整理债务起见，经第二次理事会议决议，组织债务整理委员会，于昨日正式成立，开会情形及议决各案，分录如下：

昨开成立会

根据第二次全体理事会决议组织之债务整理委员会，于昨日下午四时，由张寿镛召集，举行正式成立。到委员钱新之、叶琢堂、李馥荪、徐永祚、汪子健、秦联奎、黄秉章。由张寿镛主席讨论结果，决定分设为调查、审核两组，作整理债务之初步工作，并推定叶琢堂、李馥荪、黄秉章为调查组委员，张寿镛、钱新之、徐永祚为审核组委员，公推叶琢堂为债务整理委员会主席，定期本月十二日召开第二次会议。

债整会性质

散会后，主席叶琢堂语记者云，债务整理委员会，系根据理事会决议案而成立。该会之性质，完全对理事会负责，整理该局债务，对外则用理事会名义云云。

收股处报告

根据驻留昨日招商局理事会，中央银行收股员报告，于昨日下午五时止，共计收回股票一千八百余套，占该局股额二十分之一（按招商局共股额为四万套），其中该局理事盛蘋臣达一千三百套左右，预计日内尚有大批股票可以收回云。

七十万受主

国闻社记者，昨于可靠方面得到消息，中国营业公司于招商局押栈时，确付有洋七十万元，内均支票，共计十四纸。所谓七十万元得主，经政府调查结果，为前监督陈孚木。闻中国营业公司对此事颇为棘手，因陈、李合订之押栈合同，只字无七十万元之提及，故此项巨款，如欲归还，非收款人晤面，决无办法。现陈孚木虽经我司法机关数度传案，迄未到案。据确询，一周内决出拘票拘捕，以明是非。

（1932 年 12 月 7 日，第 9 版）

招商局昨开第五次理事会

昨日止已收回股票□千余套

债务整委会各委已开始办公

招商局理事会于昨日下午四时举行第五次会议，出席理事刘鸿生、张寿镛、史量才、李馥荪、杜月笙、王晓籁、张公权、胡笔江、叶琢堂、胡孟嘉等十一人，缺席者张啸林、余日章、杨英、钱新之等四人，公推刘鸿生主席。报告收回股票情形，继即开始讨论：

◯关于各轮用煤案，议决，推刘鸿生、张公权、叶琢堂订购。

◯北站主任吴树屏免职后，委何铁华继任案，议决通过。其余关于内部案件多起，从略，至下午五时许始散。

收回股票。自交通部颁布收回股票后，由招商局理事会派员协助中央银行办理，业已于十一月一日开始实行。新声社记者，昨晤总经理刘鸿生，据称，截至八日止，股票已收回者共计二千二百八十七套云。

设稽核员。招商局监事会自成立后，曾经开会议决，设稽核员，计正主任一人，副主任二人，呈请交通部核办，昨已奉部令核准，至于稽核员人选，虽已内定，但尚未正式发表。

债务整会。债务整理委员会，自于十二月六日正式成立，推定委员，分任调查审核工作后，现已开始办公，地点在招商局理事会内，由委员轮流办事，凡债权人接洽等事宜，已分别工作。

（1932 年 12 月 9 日，第 13 版）

交部起草《招商局组织法》，已脱稿待审核

〔南京〕交部航政司起草《招商局组织法》已脱稿，俟由朱部长审核后，即呈行政院。内容四章五十余条，组织仍照现行制度，设总经理、理

事会、监事会，惟理、监事会下各股稍有变更。（九日专电）

（1932 年 12 月 10 日，第 3 版）

招商局整理近讯

设立稽核处

招商局监事会为整理局务、实施监察职务起见，此次开第四次监事会，由列席监事卢洞泉、虞洽卿等议定组织稽核处。其任务为稽核总分局及船栈等各项账目，已经聘定前任该局汉口局长及营业科长之李云良充任，副稽核两员，不日亦将发表，总稽核处昨已由李君开始组织矣。

镇趸船招标

镇江荷花池趸船，被英商怡和占据已久，刻已交涉收回。船务科为便利上下江轮停泊起见，已将本局镇趸移至荷花池。惟在迁移之始，一切方船之建筑及栈桥之增架等等，工程颇巨，科长赵云台为实事求是计，特招标承造已将章程拟定，即日将公布投标。

长江轮复班

局内长江轮船，在上月下旬停航，差用已将匝月，营业上不无影响。昨日该局接到京电，停航已久之长江船"江大"、"江天"等轮，悉皆释放，准于明日起照常复业。

（1932 年 12 月 18 日，第 12 版）

招商局债务继续维持

〔南京〕外部以招商局原负有汇丰银行债务五百万，至该局改归国营，英代办曾有照会到部，顾请及该行债权事，因即经转咨交部办理。交部咨复外部，谓招商局收归国营，对以前该局之权利义务，并不变更，不独对汇丰之债权应予保护，即对一切借款，亦当予以维持。（二十一日专电）

（1932 年 12 月 22 日，第 7 版）

招商局昨开理事会，议决组购料委员会，收回股票四千余套

新声社云，招商局理事会于昨日下午四时举行第七次常会，出席理事计史量才、刘鸿生、杜月笙、王晓籁、张啸林、盛蘋臣、叶琢堂、张寿镛、杨志雄、李馥荪、钱新之等，余日章缺席，由张寿镛主席，报告中央银行办理收回股票。昨日截止，约四千五百套。继由总经理刘鸿生报告局务，旋开始讨论：

㊀现有各轮，陈旧不堪，急须添购，为郑重计，应组购料委员会案，议决，组织购料委员会。

㊁购料委员会章程草案议决，修正通过，并呈交通部备案，其他议案多件，从略，直至下午六时始散。

国闻社云，招商局股东法益维持会方面，日来股东纷纷将股票前往登记。截至昨日止，亦达三千余套，闻该会日内即将登报开始正式登记云。

（1932 年 12 月 23 日，第 11 版）

交通部积极整理招商局

——修正债务整委会章程，咨请市府取缔维持会

交通部对招商局理事会，请组织该局债务整理委员会，并推定该会委员，昨指令准予备案，惟认为该会章程，尚有应予增删之点。业经交部加以修正，指令理事会遵照，新声社驻京记者兹觅得其修正章程如下：

整委会章程

招商局债务整理委员会组织章程

第一条　招商局理事会，为整理接管以前之债务起见，设置债务整理委员会，隶属于理事会。

第二条　本会委员会之职权如下：

㊀关于债务之调查登记事项；

㊁关于债务之审核报告事项；

㊂关于债务之筹还事项；

㊃关于负债账目之审查事项；

㊄其他与整理债务有关之各事项。

第三条　本委员会设委员七人，由理事会决议遴选之，其中四人，由理事互选兼任之。

第四条　本委员会委员应就兼任委员中推举一人为主任委员，常川到会主持会务。

第五条　本委员会每星期开会一次，讨论关于债务之整理事项，主任委员于每次开会时，应详细报告整理经过情形，以凭核议。

第六条　本委员会开会时，以主任委员为主席，其决议以全体委员过半数之同意行之，可否同数时，取决于主席。

第七条　本委员会为办事便理起见，须分置下列二组：

㈠调查组，掌理债务之调查及登记等事项；

㈡审核组，掌理债务审核及报告等事项。

第八条　本委员会得随时调取本局关于债务之一切文卷契据、簿册、表单等件，并得用本局各处办事人员，办理各项事项。

第九条　本委员会认为必要时，得委托会计师或律师办理本章程第一条所定各款事项，但须得理事会同意。

第十条　本委员会议决事项，应报告理事会核办。

第十一条　本委员会办事期限，定为三个月，期满即行撤销。

第十二条　本委员会得自定办事细则，但应报告理事会备查。

第十三条　本委员会之经费，由理事会核定拨付之。

第十四条　本章程经理事会议决呈奉交通部核准施行。

取缔维持会。交通部以招商局自收归国有后一般舆论，均表示乐观，以为由此可由政府全权整理，并图发展。即股东方面，对于政府买五十两一套等办法，亦无不满意，且大多数已踊跃退股。乃最近有招商局股东法益维持会，反对招商局国营，并反对政府收买股票五十两一套等办法，竟派代表向三中全会请求撤销招商局国营之举。最近部中据沪上各团体请求取缔该项维持会，并严惩主动等情，刻已咨请上海市政府严予取缔矣。

（1932 年 12 月 23 日，第 11 版）

朱家骅关于交通之谈片

〔南京〕朱家骅返京，整理招商局计划，大致就绪，今后当按步发展，以振兴国营事业。〖下略〗（二十七日专电）

（1932 年 12 月 28 日，第 8 版）

招商局近事

债整委会

中央社云，招商局债务整理委员会于昨日下午四时在该局理事会召开第三次会议，计到委员钱永铭、叶琢堂、张寿镛、徐永祚、黄秉章、秦联奎等，李铭、汪有龄、因事未出席。会议经过，仅将各项债务之详情，加以整个之计算及预定偿还手续，俾移交明日理事会中讨论云。

否认举债

本埠日本报载，招商局近向英商怡和洋行，接洽举债事宜，总经理刘鸿生，业经签字云云。国闻社记者，昨赴该局访刘总经理，叩询此事真相。据谈，招商局现虽千疮百孔，然确实负债若干及资产若干，迄无准确统计。余就职后，即经着手编制资产债额对照表，以明局中实情，至日前日本报所载各节，出于误解云云。

市府调查

市政府见日报载，招商局向怡和洋行举债一事，颇觉奇突。特于昨日，派王绍斋前往招商局，会见刘总经理，询问实情。当由刘氏告以事出误传，并无举债之事，谈约一刻钟，王君辞去。

商号请愿

新声社云，招商局历年除欠汇丰等银行巨款外，其各商号债务，计森华煤号、瑞昌泰五金号等二十二家，共计四十余万元。昨日下午三时，森华煤号等债权人，各推代表，齐赴招商局理事会请愿，适值该局债务委员会常会日期，由委员张寿镛接见，各债权人静候会议后答复。

收股万套

国闻社云，昨据调查，理事会在中央银行，所收之股票，截至昨日止，已达一万一千数百套，携票换款者计七千余套。余为盛氏之愚斋义庄名下，计四千套。闻日内，广东方面尚有五六千套来沪换款，以目下收股计算，已达全部股票四分之一强云云。

（1933 年 1 月 11 日，第 10 版）

招商局理事会昨日决定偿债标准

五千元以下三成

一万元以下二成半

一万元以上二成

中央社云，招商局理事会昨日下午四时举行第九次会，到史量才、杜镛①、胡筠庄、张寿镛、盛蘋臣、杨志雄、钱永铭等八理事，史量才主席。

会议至六时始散，对清理债务，曾商定一先还数成标准，俟交部拨有的款后，再行实行。其标准，系在五千元以下者，先还三成，一万元以下者二成半，一万元以上者二成。

会后，据史量才语中央社记者，理事会现以商界结账在即，各方索债甚亟，故决呈请交通部，筹拨的款，以资应付。又邵元记营造厂及隆昌机器厂、森华煤行等，共二十余家所欠账款，亟须清算，前曾致函索取，昨乘该局理事会开会之便，故均派代表索偿。

据记者探悉，此二十余家，共有债款约四十万元，内煤账最巨，约二十万元，五金业十万元，其他如修理杂项等亦约十万元，所有债款均系宿欠，有自前赵督办任内积欠及今迄未清偿者。理事会散会后，如债权代表投刺请见，当经史量才答复，谓本会对各项债务，已商有办法，请明日来局听取消息。各债权代表，不得要领散去。

（1933 年 1 月 13 日，第 10 版）

---

① 即杜月笙。

码头职工、专科学生昨向招商局请愿

——码头职工今日协商办法，学生坚持要求收回成命

招商局理事会于昨日下午四时举行第十一次常会，出席者张寿镛、史量才、刘鸿生、张公权、杜月笙、钱新之、李馥荪、胡筠庄等，由史量才主席。五码头被裁职工及航海专科第一、二届学生请愿，兹志详情如下：

码头职工

五码头被裁职工一百零一人，昨日下午四时，由工会代表薛荫逵、傅志扬、薛星标、俞楚棠、胡克一、单锡寿、金基福、胡菊才、俞仙亭、郭椒卿等赴理事会请愿，要求被裁职工一律发给退职金，最低限度，□人工资六个月。直至下午六时一十分，由常务理事杜月笙接见，允于明日（三日）下午二时再行协商解决办法，于是请愿代表即返工会报告，决定今日推派代表前往，再行协商。

专科学生

招商局航海专科（学校）创办时，定读书二年，实习一年半，毕业后分派各轮，充当候补船员，遇缺递补为正式船员；第一届十二名，第二届十七名。现第一届实习期满，第二届今年一月间实习期满，今年一月二十一日总经理发表，将一、二两届给退职金一个月遣散，全体学生于昨日下午三时，向理事会请愿，要求：㊀收回遣散命令；㊁照学校章程办理，并推派代表陈戌鼎、王汝伟、滕久藩、陈荣稷等四名晋见。当由总经理刘鸿生答复，练习期满后，可另谋工作，遗缺以便让商船学校学生实习。

（1933 年 2 月 3 日，第 14 版）

招商局被裁职工昨领退职金

招商局此次裁减五码头职工百余人，曾由理事会议决，一律发退职金及双薪等四个月，各职工昨日已分别向各码头栈长处照数领取，并由俞仙亭向杜月笙先生处代领杜氏个人津贴每人一月薪金，共计洋二千五百十五元，当即在会场按名发给，并于下午四时召集被裁职工大会。议决：

（一）暂时忍痛离职；（二）推定代表九人负责，搜集最近码头材料，向理事会递陈意见书；（三）前向理事会提出之意见书，仍由主席团负责进行，促其实现；（四）被裁职工组织永久存在，由主席团负责进行，日后局方添补职工时，尽先录用被裁职工事务；（五）登报鸣谢杜、杨两先生，并备置银杯奉赠，以志盛德。

（1933 年 2 月 7 日，第 16 版）

招商局理事会议，"广利"船员请发退职金，招商公学学生再请愿

招商局于昨日下午四时召开第十二次理事会议，到张寿镛、叶琢堂、张公权、王晓籁、刘鸿生、盛蘋臣、杜月笙等，由张寿镛主席，讨论局务要案及关于发展营业方针，至六时半散会时。该局业经停驶之"广利"轮买办部职员全体请愿发给退职金，各商号索欠宿债代表，及招商公学学生请愿收回撤学各情如下。

"广利"船员请愿

"广利"轮因年久不适航行，该局决将该轮停驶，以免危险；其船上全体职员，如水手、生火、茶房等均已由局给退职金，由海员公会具领分发。而业务部则尚未领到此项退职金，故于昨日由业务主任杨泽生率领账房等十六人，向总经理刘鸿生请愿发给账房全体员役两月半遣散洋一千六百三十五元，当由刘氏派总务科职员江镜蓉接见，允由刘总经理提理事会讨论，待散会后，由张理事答复容再拟办。

债户再候答复

昨日该局所欠宿债之商号代表二十余人，提文向理事会要求答复付款确期，由陈寿镛理事接见，于本月二十日正式答复付期。各代表认为满意，遂各散去。

公学学生请愿

招商公学航科学生四人，昨亦向招商局请愿，□［请］求收回撤□［校］成命。据谈，该校第一、二两班学生业经次第毕业，按照招商公学章程，学生毕业后得上轮实习驾驶□程，俟二年后，得正式由□升而任职，并酌给津贴。今吾一、二两班毕业生，已费去悠久时间与经济，今日

忽被局方取消学业，实为痛心万分，故为毕生前途计，要求理事会收回成命，予学生以航行机会云云。闻理事会亦正在考虑中。

（1933 年 2 月 10 日，第 14 版）

招商局整顿航业成绩

轮船招商局自收归国有后，由刘鸿生氏接办以来，各事整顿，不遗余力，曾将向驶长江下流之正班轮船"江顺"、"江安"、"江新"、"江华"四艘大事修理，已于日前先后竣工。按，该四轮本为行驶长江轮中之佼佼者，船身巨大，装置坚固，"江顺"、"江安"载重四千三百余吨；"江华"、"江新"载重三千六百余吨。"江顺"、"江安"、"江华"各有特等舱八间、头等十四间、二等五十余（间），"江新"特等九间、头等十二间、二等六十间。各等舱位每间均容二人，内置二铺一榻，地位宽敞，设备周全，现大加修理，益觉焕然一新，此只在物质上之改善。至精神上之振刷，如来往船期之准确，乘客舱位之固定，船员招待之周到，更见努力。并商得军事当局同意，此后该局各轮，并不沿途装载兵士，将来营业发达，可操左券。昨日该局营业科主任何墨林，在"江安"轮招待中国旅行社社长陈湘涛、襄理周思忠及航务科主任邓炳铨等一行五人餐叙，并引导参观该轮各等舱位，陈君等均称满意，允为将各项优点，介绍于该社之旅客，以收双方合作之效。

（1933 年 3 月 5 日，第 11 版）

刘鸿生拟具整理招商局计划，已呈交部采纳，借款未证实

新声社云，招商局收归国营，总经理刘鸿生力图整理，曾拟具复兴计划，经理事会通过，呈请交通部采纳，如添购轮船、开辟航线、改良分局码头等。今晨报载，交部拟以该局产业为担保，借外债一千万，发行公债一千万，以便添购新轮二十艘云云。记者特往访刘鸿生氏，据谈，关于报载之交部拟借外债，发行公债，本人完全不知云。

（1933 年 3 月 6 日，第 20 版）

招商局理事会决议派员视察各分局

—— 张寿镛、胡筠庄二理事分赴长江上下游视察

招商局自收归国营后，积极进行整理，增设青岛、海州两分局，租轮扩充航线；并经理事会议决，派理事视察各地分局，以资改革。兹志详情如下：

理事会议

理事会于昨日下午四时举行常会，为发展航务计，决首先整顿各地分局，以便扩充航线。当经议决，派理事张寿镛、胡筠庄分赴各地视察分局，第一步为长江一带，第二步南洋、北洋。张寿镛已于昨日乘轮出发，视察长江上游；胡筠庄定明日乘轮出发，视察长江下游。

视察分局

招商局所属各地分局暨代理处，长江上游为重庆、万县、沙市、汉口、长沙、岳州、湘潭，长江下游为九江、安庆、大通、芜湖、南京、镇江，南北洋为广州、香港、汕头、厦门、福州、温州、宁波、天津、大连、烟台、威海卫、青岛、海州。

（1933 年 5 月 13 日，第 10 版）

招商局归偿各户旧欠，分五项办法付款

招商局自收归国营后，理事会为整理各债务计，曾组整理债务委员会办理。昨日上午十时，各债户如瑞昌祥、森昌等煤号，及五金、营造、机器各商号、工厂，再向理事会请愿，要求继续归还，由总经理刘鸿生接见，允照上次理事会决议案，各债户十万元以上者再还一成，一万元至十万元者一成半，一千元至一万元者二成，一千元以下者再分二期归还，五百元以下者如数归还，并通知会计科照付。各债户于上午十时起，即均向会计科领款。

（1933 年 5 月 21 日，第 13 版）

招商局整理各分局

——派往视察人员现已返沪，拟具办法交理事会核议

招商局自收归国营后，理事会为整理各地分局计，经议决派理事叶琢堂、吴蕴斋分赴各地视察，今已开始整顿。兹志详情如下：

航线及分局

招商局航线，（一）沪汉线，（二）汉宜线，（三）沪湘线，（四）沪烟津线，（五）沪青连线，（六）沪营线，（七）沪厦汕港粤线，（八）沪闽线，（九）沪瓯线，（十）沪甬线，（十一）沪海线。分局及代理处，计汉口、广州、香港、天津、烟台、九江、宜昌、温州、宁波、营口、青岛、海州等二十九处。

已开始整理

理事会决议，叶琢堂视察长江上游，吴蕴斋视察长江下游，王济贤视察北津线，今叶琢堂与王济贤等已视察完竣返沪，书面报告，并拟具整理办法，交理事会核议，同时开始整理，对于各分局之腐败者予以纠正，良好者予以奖励。

（1933 年 6 月 7 日，第 10 版）

招商局营业进展

〔南京〕招商局总经理刘鸿生三日向交部报告，该局自归国营后，由去年十二月起，至本年五月止，共收入二百三十六万四千五百余元，较前四年同期增收四十余万元；本年希望收支可相抵，业较进展，前途乐观。（四日中央社电）

（1933 年 7 月 5 日，第 10 版）

招商局训练事务人员，刘鸿生向理事会提出议案

招商局总理刘鸿生，以废除买办事在必行，惟缺乏此项管理客位及整

洁全船之事务专门人才，而"普安"、"新铭"两轮试行新制以来，成绩亦尚未睹，故刘氏特向理事会提出训练事务人员，聘用专门西人，在局招收学员教授，以备派赴各轮改施新制度之议案。略谓：奉部令革废各轮买办，已先将"普安"、"新铭"两船试行，惟本局江、海各轮尚均买办制，各业务主任以包缴性质，类皆偏重营业，而于船内之各种设置与卫生清洁少加注意，遂令旅客不满。今本局所借英庚款购用之江、海各新轮，在明春亦可来沪开航，此项新船自当悉照新制，不用业务主任。但我国殊少航轮事务专门人才，必须及时训练，备派各轮服务，应由本局聘请航轮事务之专门洋员一人或二人，就局内招集学员，由该西人教授管理船舶之事务学识，备代替买办之用。业由理事会通过，准刘总理聘专门洋员，到局内训练。

（1933 年 8 月 20 日，第 14 版）

招商局决废买办制

〔天津〕招商局决定废除买办制，另由局委事务长一员，管理客货卫生，先由"新铭"轮试办。（十二日专电）

（1933 年 10 月 13 日，第 10 版）

交通部准招商局借债

〔南京〕交部息，招商局自收归国营后，监理两会曾拟具整理计划大纲，其第一条，即有请政府拨资金三千万元，以为国营基础。近该局以公私企业，悉赖资本周转方足以谋发展，特呈部依照原议计划，先由政府拨发国币一千五百万元以立基础，部方亦以该局所陈系属实情，但现值政府经济困难之际，特准予先向沪银界筹商借款，即以汇丰银行之抵押品一部作抵。（十七日专电）

（1933 年 10 月 18 日，第 8 版）

招商局启用新关防

招商局自归国营后，现由中央国府文官处颁发铜质新关防四颗，计：㈠国营招商局关防；㈡国营招商局总经理章；㈢国营招商局监事会主席章；㈣国营招商局理事会常务委员章。该局奉到后，已于昨日起正式启用，并通函各机关及呈报中央各部处，报告启用日期矣。

（1933 年 11 月 2 日，第 10 版）

招商局水陆联运，决先开办三要线，陇海、胶济及平汉

招商局与铁道部所订全国水陆联运合同三十二条，业经签字，关于联运事宜，现经局方拟定，将先从陇海路入手。因此路西北货物最为拥挤，棉花、杂粮大批待运，现因孙家山临时轮埠，十五日不及竣工，乃展缓五天开船，陇海路委派来沪全权办理水陆联运之周颂年，已到上海，与招商局协议进行实施联运事宜。亟将情形分志如下：

昨开常务会议

招商局常务理事会，于昨日下午四时举行例会，出席者张寿镛、刘鸿生、叶琢堂、盛蘋臣、杨志雄等。首由总经理刘鸿生报告与铁道部联运处进行办理水陆联运经过，对于在京商妥之合同通过，再提交本星期四理事例会追认，并将经过再呈报交通部，至六时始散。

陇海路将开班

陇海路水陆联运准定二十日起派轮开航，关于联运上一切营业事务，招商局已另设一股，聘周凤图任主任，陇海务局对于此事十分重视，故亦调派职员八人来沪，常驻招商局，助理联运物件与码头栈房之堆存事宜。关于水陆联运货物水脚，已经协议订定，孙家山码头应用装卸工人，路局已允大埔港各工人之请求，从三千数百名中，准用一半，藉维工人生计。至于货物到连云港内驳运事宜，业由康正记独家取得驳载权，路局更造五千吨容量货栈一所，免费交招商局轮供往来货物堆装之用，闻二十日头班联运船，仍将由"同华"开行。

胶济路即续办

招商局第二条联运航路，在计议中者为胶济线，盖胶济来货，自东北被夺后，日见起色，尤以杂粮生仁等，转运汕厦粤为多，招商局在过去八个月内，青岛一路，已有二十万元以上之收入，如果实行联运，航业更为发达。局方为准备胶济联运起见，兹已向源安、肇兴添租"无恙"与"鲲兴"二轮，合同昨已签立，租金九千六百元至一万元一月，即派定专行青岛到汕厦粤一路，惟在此进行间，胶济路局忽与青岛港务处发生货到码头拒纳港务处应收货件卸转之接续费，藉此问题，使胶济货无法上轮，则无形中可以阻碍联运。据闻此事主动，系胶路某国人，现青岛市政府，正在与路局交涉，务使该问题得一圆满解决。

平汉路之进行

第三条联运线为平汉路，该路货物系从汉口下船，装长江轮船而运往各埠，关于平汉路联运问题，尚在进行讨论中。除此三线以外，他若京沪路、武长路、沪杭甬路以及其余各路，均不过点缀而已。盖上项各路货物有限，虽联运之权亦归招商，而将来运装，犹须统盘筹划，或将余额之货，以分配于民营各轮局云。

（1933 年 11 月 8 日，第 11 版）

招商局昨开理事会，通过水陆联运合同

再由联运处另缮清本正式签字

陇海路联运准备就绪准期实行

国营招商局与铁道部联运处办理全国水陆负责货物联运合同已商妥，招商局昨开理事会追认通过，陇海路联运，已准备就绪。兹志详情如下：

理事会议通过合同

招商局与联运处水陆联运合同已商妥，先由联运处长俞棪等，招商局专员何泉声、孙振武签字携沪，招商局于昨日下午四时举行理事会议，出席者张寿镛、叶琢堂、杜月笙、王晓籁、杨志雄、胡筠庄、盛蘋臣、刘鸿生等八人，首由总经理刘鸿生报告与联运处商订办理水陆联运合同经过，及常务理事会通过，请追认，议决，准予追认通过。继讨论关于与福来洋行办理美货棉麦运华案，至下午五时始散。闻定今日由刘鸿生签字，并电联运处报告再由联运处另缮合同正、副本各二份，正式签字。

陇海铁路准备就绪

招商局对于办理水陆联运，已指定专员负责，分别与各路局协商进行，预期于十二月一日，完全实行。至于陇海铁路联运，定本月二十日准期实行，老窑孙家山车站临时栈房定本月十五日竣工。新派之海州代理新分局长陈永杰已抵老窑，一切均已准备就绪。"同华"轮准十九日由沪开海州，二十一日装首批联运货返沪；康正记拖驳公司，决定派驳船两艘，派老轨办事员等五名，即日赴海州老窑，承驳联运货物。

周颂年谈海州联运

新声社记者昨晤陇海路车务处长周颂年于招商局，据谈，今已接洽就绪，定今晚（即昨晚）搭沪平客车返海州。老窑孙家山车站临时栈房码头将工竣，计费八万元。至于联运码头，改为老窑，因大埔近年为沙淤塞，千吨海轮每次仅装煤四五百吨，且易搁浅，以致陇海路货物存积大埔栈房甚多。今老窑码头能容三千吨海轮，较为便利，至于大埔码头，决不废弃，因陇海路每月货物约三万吨，并以大埔为盐之集中地。故大振、合众等公司，决不致因招商局办理水陆联运后而无法营业。

（1933 年 11 月 10 日，第 9 版）

全国水陆联运下月一日完全实行，招商局派"同华"轮明日驶海州

国营招商局与铁道部联运处办理全国水陆联运合同将正式签字，陇海路定本月二十日先实行，平汉、胶济等路定十二月一日实行，招商局昨开理事会议，兹志详情如下：

陇海路决先办

水陆联运合同，共计三十二条，经招商局上星期四理事会议通过后，将由铁道部联运处另缮正、副各两本，先由联运处正式签字，再送沪由招商局正式签字。陇海路联运定本月二十日先实行，一切已准备就绪，在沪设联合办事处。招商局船务科已派定"同华"轮（载重一千一百余吨）于十八日上午十二时，由沪开海州，定二十一日由海州装联运货物返沪。

867

定期完全实行

全国水陆联运，除陇海路先办外，至于胶济、平汉、津浦、北宁、京沪、沪杭甬、道清、平绥、正太、湘鄂等路，定十二月一日完全实行。各路最重要之口岸，为陇海之海州、平汉之汉口、胶济之青岛，该三路招商局均已派定专轮行驶。例如，潼关联运货物运至广州，即由陇海路运至海州，由海州装轮，直驶广州卸货。

昨开理事会议

招商局于昨日下午四时举行理事会议，出席者刘鸿生、杨志雄、盛蘋臣、胡筠庄等，讨论办理水陆联运及"图南"轮日商大连会社拒绝公判等案。新声社记者昨晤刘鸿生，据称，水陆联运，十二月一日可完全实行，至于报载招商局办理贷棉麦运输，仅与福来洋行租轮，但并未签订合同云云。

（1933 年 11 月 17 日，第 10 版）

刘鸿生报告招商局事，与昨报略有出入

招商局总经理致本报函云，编辑部诸公均鉴：敬启者，今日贵报载《刘鸿生报告招商局前途乐观》一则，内有举行纪念周，通知职员，齐集本局，及经济委员会决拨巨款，汇丰旧债尽先清偿等语，均与鄙人所言不符。即局中纪念周，偶值鄙人因故不克出席时，职员等亦属全体参加，并无通知齐集之事，所载消息未尽吻合。应请贵报于显明处所，据函代为更正，不胜盼祷。专此祗颂撰祺。刘鸿生拜启。

（1933 年 11 月 22 日，第 11 版）

招商局刘鸿生昨返沪，昨开常务理事会议，"同华"轮昨由海抵沪

〖上略〗

常务理事会议

招商局于昨日下午四时举行常务理事会议，出席者刘鸿生、史量才、叶琢堂、张寿镛等四人，请假者杜月笙、盛蘋臣、杨志雄等三人。首由总经理刘鸿生报告晋京出席铁道部联运会议经过，闻未决定具体办法，对于

补救民营轮船公司参加试办水陆联运案，决提交本星期四下午四时之理事会议讨论。

〖下略〗

（1933 年 11 月 29 日，第 9 版）

民营轮船要求参加联运已解决

——组联合办事处实行合作，将邀各民营公司商办法

国营招商局办理全国水陆联运，各民营轮船公司联合力争，要求准予加入。铁道部会议后，决定国营民营合作组织联合办事处、办理联运，故此项争执，已告完全解决。兹志详情如下：

解决办法

新声社驻京记者据铁道部确息，招商局总理刘鸿生前日来京，与铁道部业务司长俞栎、帮办谭耀宗、联运处副处长杨先芬、交通部航政司长高廷梓联合会商水陆负责联运办法。当时金以民营航业，同为社会服务，要求参加，自属正当。但民营航业公司，资本、航线、轮船、码头、栈房各不相同，为便利进行计，议定先由招商局、三北各公司召集各民营航业公司磋商办法，成立一联合机关，定名为民营国营航业公司联合办事处，凡欲参加负责水陆联运者，须具备在十一月一日以前有确定航线、码头、栈房诸条件，并曾向交通部航政司登记、实业部立案者，得向交通、铁道两部声请参加，即在联合办事处互商统筹承运货物办法。如此，全国铁路货运，凡须水陆联运以达终点者，由联运处切实与联合办事处商订合同，即可完全实现。至于将来此项合同之议订，仍将以招商局与联运处所订之合同为蓝本，大致亦无甚重大变更。货运各有损失，即归联合办事处负责赔偿。

合同签字

至于最近招商局与联运处筹订定之水陆联运合同，联运处长俞栎业经签字。据京方消息，招商局总理刘鸿生亦已在沪签字，手续完备，定十二月一日实行，在民营国营航业公司联合办事处未成立以前，仍照常办理，以免停顿。惟据新声社记者昨向招商局探得确讯，办理水陆联运，除陇海

铁路已于本月二十日实行外，胶济铁路事实上招商局早已办理，行驶上海、青岛线轮船，为"普安"、"无恙"、"龙山"、"海祥"、"海瑞"等，其他各路，办理联运，势必展期实行，且正式联运公司。据该局秘书处称，总经理刘鸿生实尚未签字。

理事会议

招商局于昨日下午四时举行理事会议，出席者刘鸿生、张寿镛、史量才、叶琢堂等四人，旋因不足法定人数，宣告流会，改开谈话会。由总经理刘鸿生报告晋京出席铁道部会议经过，继即讨论关于承办水陆联运及铁道部对国营民营轮船公司合作等，因系谈话会，故未决定办法。

（1933 年 12 月 1 日，第 14 版）

国营民营航业水陆联运合作

——堪为收回航权初步，联合办事处俟令到
即成立，分配办法视航线船只决定

新声社云，国营招商局办理全国水陆联运，各民营轮船公司力争要求加入，经铁道部决定国营民营合作办法后，三北等公司进行组联合办事处。兹志详情如下：

组联合办事处

招商局办理全国水陆联运，除陇海铁路已于上月二十日实行外，津浦、北宁、平汉、京沪、沪杭甬、正大、道清、平绥、胶济、湘鄂等十路，原定昨日实行，今因民营加入联运案展期实行，俟国营招商局、民营三北公司奉铁道部命令后，即召集各民营轮船公司开会，组织民营航业国营航业联合办事处，实行合作，再行分别办理全国各铁路联运。

收回航权先声

新声社记者，昨晤三北公司总经理虞洽卿氏。据称，民营航业加入联运案，铁道部已决定合作办法，由国营民营组联合办事处办理之，俟部令到沪即开始筹备。将来各铁路联运之分配，视各轮船公司行驶航线及船只决定，抱合作精神，互相调剂。此项办法，实为根本收回航权之初步。

（1933 年 12 月 2 日，第 12 版）

招商局昨开理事会，海轮造价呈部请示

国营招商局于昨日下午四时举行第五十六次理事会议，出席者史量才、王晓籁、杜月笙、张寿镛、叶琢堂、刘鸿生等。首由总经理刘鸿生报告，㈠派业务科长何墨林赴美国接洽租轮装载我国美贷棉麦运华经过；㈡借庚款建造江海轮，海轮造价超出预算案；㈢赴青岛考察业务，对于"普安"轮价昂，应另订案等。继即开始讨论各案件，海轮造价超出预算案，议决呈请交通部核办，另有关于内部案件多项，直至下午六时始散。

(1934 年 1 月 12 日，第 11 版)

交部令招商局紧缩

〔南京〕交部令招商局理事会及总经理处作进一步之紧缩，应再裁员减政，一切开支务须节省至最少限度，俾债务勿再增加，营业畅期发展。(十四日专电)

(1934 年 4 月 15 日，第 10 版)

招商局奉令紧缩减政

中央社云，国营招商局奉部令紧缩减政，据该局负责人员谈该项命令，于上星期六奉到，将由该局总经理刘鸿生与理事会商洽实行；并谓局方负债额至巨，虽经紧缩减政，亦非根本之办法，惟既奉部令，当商酌实行，以节开支。

(1934 年 4 月 17 日，第 11 版)

招商局奉令紧缩，总经理刘鸿生核拟办法

国营招商局因负债至巨奉检令紧缩，经常务理事会讨论结果，交总经理刘鸿生核办。刘氏即拟就职员工作调查表，分发各科填报，以便考核后

裁汰冗员，以节经费。兹悉各科调查表，虽已有填就呈送者，但尚未加审核，故裁减职员下月犹未及施行，其他樽节开支等办法及预算，亦正由总经理核拟中。

（1934 年 5 月 1 日，第 13 版）

招商局裁员减政尚未决定，同人公益会请员工安心工作

中央社云，国营招商局奉令裁员减政，现决由各主管科长及主任分别签具办法，以定去留。名单在本月底以前当可发表。昨据该局负责人员语记者，该局裁员以不影响局务为原则，故可裁人员为数至少，减政之事亦当以樽节糜费为范围，而减薪之事，局方绝未提及，亦决不出此。惟员工聆悉此项消息后，人心颇为不安，当由同人公益会推派代表向总经理及各科负责人员面陈各情，并发表告全体会员书。兹摘录如下：

溯自刘总经理莅任以来，对于局务整顿不遗余力，人员进退素主慎重，早为我同人共见共闻。近以奉令紧缩之际，忽有裁员减政之说，报章喧腾，人言庞杂，纵未见诸事实，要难安定人心。经本会多方探询，始知此种传说不为无因，当即召集临时执行委员会讨论应付办法，全体主张及会员公意，佥以招商局每年开支最大数目当非仅止薪工一项，即以薪工而论，亦当非仅注重于总局一方面，必于其他重大开支通盘筹划，似不必以裁员为唯一目标，如各项重大开支至节无可节之时，再将员薪裁减亦未为晚。但员薪裁减时，亦必先将洋员及各分局船栈并行统计在内，总以招商局开支实际上可减省至若何程度为准则，并当公开慎重办理。〖中略〗当经决议，先推代表，根据上述各种理由，分向各科主任及秘书等关说，请其尽量维持旧有人员之职薪，并请宣布此次裁员标准及减政方略。结果经各科主任及秘书等答复，大致谓裁员减政系政府命令，总经理亦出于被动，目前尚无一定标准，即使实行，亦必慎重甄别等语。本会代表认为局方对于裁员之举，既无确切表示，将来难免不见诸事实，仍不能忽然置之，最近数日，又以报章纷载裁员消息，人心更形不安。本会除经分函理事会

及总经理陈诉理由，请其尽量维持旧有人员之职薪外，本月三日理事会开会之期，经本会召集执行委员会议，一致议决推定委员尤质君、朱志霖、萧墉、王叔愚四同志，依据前定标准，竭诚向总理经陈明原委，婉词关说。当经四委员与总经理面陈同人公意后，并请其以业务为重，尽量维持局员之职薪，如不得已而必致裁减人员，亦请先定本局职员之名额，然后再以勤惰功过为甄别之标准。当经刘总经理发言，略谓"余经办各种事业，当以招商局情形为最复杂，回忆数年前，余与至友讨论招商局问题，有人谓，'照招商局所有轮船及营业情形而论，实际上三四十人已足敷用，洋员均无需要之处'。余亦以为怡和、太古等公司亦仅七八十人，而船只之多、营业之旺，实超过乎本局，故认为商局人员尽可减少。但接事年余，因种种关系，人员依旧未能减少，营业每年只做五百万元，而用人有一百八十余人，除债息不计外，欲求收支适合，事实上万做不到。裁员决不是专指总局而言，应以分局轮船栈房统筹在内，总局方面即使实行裁员，亦当有一番慎重考查，商局总要经一二批裁员后方有办法，深愿不在本人任内发生大批裁员之举。余自己不用私人，诸君当所洞悉，现在报纸所载尚非事实"等语。本会代表聆斯宏论，遂即兴辞而出。综观各方接洽经过，认为总经理及各科主任秘书等，均对于裁员减政异常慎重，不肯贸然确定标准，足见其以业务为重，而以同人职业为念。本会此后对于局方仍当持公正诚挚之态度，以采有效合作之方法，藉以维护商局业务，保障同人法益，深愿我同人咸体斯意，以自身人格信誉为重，对招商局务必矢忠矢勤，安心工作。勿再轻信浮言，自相惊扰，实深盼幸。是为启。

上海市招商局同人公益会，二十三年五月九日。

（1934 年 5 月 10 日，第 11 版）

招商局请拨国营资本发公债二千万

〔南京〕招商局前呈交部称，该局经整理后岁盈可百万左右，惟接负旧债二千四百万，年需息金二百数十万；益以改善设备，用款浩繁，收支相差甚巨，补救之法惟有拨国营资本三千万，一面发公债二千万，以资周转。经转呈中政会决议交行政院酌办，国府特训令行政院知照。（四日中央社电）

（1934 年 9 月 5 日，第 11 版）

刘鸿生谈招商局营业之前途

〔南京〕刘鸿生抵京谈招商局整理后修理码头堆机旧轮，现长江班货运拥挤，堆栈亦满，广州、香港之间营业亦好，联运尤觉频繁。去年度营业收支两抵外，尚有盈余，惟偿还旧债子息过巨，故只好勉付子息，犹未能以盈余用之于扩展事业费上。前为展长航线，曾拟计划筹发航业公债一千万，尚在财部与经济会审核中，俟筹议妥当，仍拟发行，俾添新轮。因南洋航线须有新轮方能开辟，航业合作会已成立，将来航业必较目前自由竞争为稳固，且可减少冒险开航发生危险事故。盖自由竞争之结果，凡一航线前须配置十艘轮船往来者，今因漫无限制，增至十艘以上，不合经济原理，且致亏本；又因贪装超过载重吨量，致遭沉没情事，现因每一航线，视客货多寡之需要，加以配备，以其所余各艘，重加修理，另辟航线。盖合作为救济目前各业不景气之最要条件，亦即本世纪之最新办法。末谓股票已全部收回，所剩者恐只有已经遗失部分矣。（二十日专电）

（1935 年 1 月 21 日，第 3 版）

交部令招商局积极清理债务

南京电话，交部令招商局云：北政府时代电政，所负债务，为数甚多，现已从事清理，经二年余之努力，数阅月之权商，幸告解决。因念航政部份，该局所负债务为数亦巨，与电政债务未经解决前，有同样情形，至合适用电政整理办法，进行磋商，积极整理。除分令总经理理事会外，遵将整理电政各项办法，抄发该会处参考，仰即会同通知该局各债权人接洽清理，并将全部债务整理办法，妥拟呈核。

（1935 年 2 月 16 日，第 13 版）

招商局拟具营业收支概算

〔南京〕招商局理事会总经理处会呈交部，为借余庚款建造江轮，必定计划，拟具营业收支概算，请予核示。该部以所呈建造江轮改作计划尚属可行，除指令外，已函请中英庚款董事会查照审议。（四日专电）

（1935 年 5 月 5 日，第 3 版）

国营招商局决定自营内河航线

——理事会昨决定派员收回

中央社云，国营招商局所属内河轮船，于民十九年六月起，租与浙江省政府建设厅，转租于商人张景佩承办。该项轮船，计客轮"利亨"、"利源"等二十艘，货船四艘，拖船十六艘，定期行驶沪苏、沪湖、沪杭等十二线，每年租费为三万零八百元，租营合同期限为五年。至本年六月十五日满期，承租人以江浙各地公路次第开通，铁路事业亦渐发展，致内河轮船营业大受影响，故无续租之意，当经浙江省政府建设厅通知该局期满退租。该局当提出十六日下午四时召开之理事会议讨论，决收回自办。并派定蔡鹏程、盛道平两人筹备一切，一俟满期后，即自行继续办理云。

（1935 年 5 月 18 日，第 10 版）

交部公布《修正招商局组织章程》

〔南京〕交部公布《修正招商局组织章程》，规定总经理处置总务、业务、船舶三科，得设副主任一人至二人；总经理处秘书科主任、副主任及视察员，由总经理提出理事会决议，呈部核准任用。关于年终盈余之分配，应由总经理提出理事会议决定，呈部核定。（二十日专电）

（1935 年 6 月 21 日，第 8 版）

交通部公布《修正招商局组织章程》

交通部顷增修《国营招商局组织章程》第十七、第三十五、第三十七、第三十八、第三十九、第四十、第四十七、第六十二、第六十三、第六十四、第六十五及第六十六各条条文，昨以部令公布如下：

第十七条　监事会设秘书一人，稽核二人至三人，事务员二人，由主席遴选，提交监事会议决任用，并呈报交通部备案。

第三十五条　总经理处置总务、业务、船舶三科及金库。

第三十七条　业务科掌左列事项：（一）关于各航线船只之分配、调遣及计划专项；（二）关于航运行情之调查事项；（三）关于船期之规定及货物起卸之通知事项；（四）关于客货之招徕及处理事项；（五）关于便利旅客之应办事项；（六）关于客货之联运事项；（七）关于货脚定率之厘订事项；（八）关于客票定率之厘订事项；（九）关于客佣定率之厘订事项；（十）关于海关之接洽事项；（十一）关于兜登广告事项；（十二）关于各轮业务之考核事项；（十三）关于分局办事处业务之考核事项；（十四）关于同业之接洽事项；（十五）关于内河航业之管理事项；（十六）关于轮船之征租事项；（十七）关于运输上损害赔偿事项；（十八）关于码头、栈房营业之招徕及存货之保管事项；（十九）关于栈货之清理事项；（二十）关于码头、栈房租金定率之厘订事项；（二十一）关于扛力定率之厘订事项；（二十二）关系码头、栈房人员之管理、考绩、进退事项；（二十三）关于码头稽查、巡丁之管理事项；（二十四）关于码头、栈房、趸船之修造监工及验收事项；（二十五）关于码头之清洁、消防及其他设备事项；（二十六）关于煤栈之管理事项。

第三十八条　船舶科掌左列事项：（一）关于船舶驾驶、机务人员之管辖及其职务之分配事项；（二）关于海员之管理、进退及登记事项；（三）关于船身机器之检验事项；（四）关于船舶之修理、监工及验收事项；（五）关于船舶之设备及卫生事项；（六）关于船舶各项工程之投标及验收事项；（七）关于招商机器厂之管理及其人员之考绩事项；（八）关于船舶无线电之设置管理及其人员之考绩事项；（九）关于船舶所用煤炭、物料之验收事项；（十）关于船舶之消防及救护事项；（十一）关于其他船舶事项。

第三十九条　金库掌左列事项：（一）关于现金之出纳事项；（二）关于现金出纳簿及银行往来簿之登记事项；（三）关于现金及银行往来簿据、支票之保管事项；（四）关于本局房地产文契、借款合同及营业合同之保管事项。

第四十条　总经理处及各科及金库各设主任一人，承认经理之命，主持各该科事务；其较繁之科，得设副主任一人至二人，助理主任职务。

第四十七条　总经理处秘书各科主任、副主任，金库主任及视察员，由总经理提出理事会决议，呈请交通部核准后任用之。

第六十二条　本局会计事务，由会计室掌理，其意则另订之。

第六十三条　监事会、理事会办事细则，由各该会自行拟定，呈报交通部核定之。

第六十四条　总经理处分局及办事处办事细则，由总经理处拟定，提出理事会议定，呈报交通部核定之。《购料章程》、《会计章程》、《职员保证金章程》、《奖恤章程》亦同。

第六十五条　本局年终盈余之分配，应由总经理提出，理事会议决后，呈请交通部核定之。

第六十六条　本章程自公布之日施行。

（1935 年 6 月 22 日，第 10 版）

国营招商局今日招待新闻界

——下午七时在八仙桥青年会

国营招商局自积极整顿航业以来，业务日臻发展，该局总经理刘鸿生为使外间明了年来惨淡经营苦干精神起见，特定今日下午七时假座八仙桥青年会招待本市各报社新闻记者，报告该局业务状况云。

（1935 年 8 月 10 日，第 13 版）

招商局全体理事呈部转行政院辞职

——因各项整理计划无法实现

新声社云，招商局为我国自营航业之巨擘，创办于同治十一年，及至民国二十一年十一月八日，由财政、交通两部会呈行政院，建议局收归国营，经同月九日中央政治会议决议通过，同时派刘鸿生为总经理，叶琢堂等十六人为理事，陈光甫等九人为监事。新声社记者昨探得确讯，该局全体理事叶琢堂、刘鸿生、张寿镛、张嘉璈、杜月笙、杨志雄、胡笔江、李铭、钱永铭、余日章、王晓籁、张啸林、胡筠庄、盛蘋臣、黄江泉等十五人（按，史量才已去世，尚未增派），鉴于招商局自整理以来，营业虽渐见起色，收付能相抵，且能获盈余，总因旧债太巨，所获盈余不足抵偿债息，以致各项整理计划均无法实现，特联合呈请交通部，转呈行政院，准予辞职，以让贤能，其呈文已送出。闻交通部长朱家骅，以招商局理事均为有名之士暨金融巨擘，故已予挽留云。

（1935 年 10 月 16 日，第 10 版）

招商局理事辞职，交部将予以挽留

〔南京〕招商局理事叶琢堂、刘鸿声［生］、杜月笙、王晓籁等十五人，以该局旧欠太巨，整理无法，呈交通部转呈行政院，全体辞去理事职务。据航政司代司长陆翰芹谈，叶等理事辞职，本司尚未见到辞呈。查招商局改组以来，各理事努力整理，颇有进展，如呈辞到部，决予挽留。（十六日专电）

（1935 年 10 月 17 日，第 7 版）

朱家骅昨抵沪挽留招商局理、监事

招商局理事叶琢堂等，监事卢学溥等，及总经理刘鸿生，自提出辞呈后，虽予以挽留，今除刘总经理已提出三次辞呈外，理、监事只提二次辞呈。交通部长朱家骅氏特于昨日来沪，并订今晚（七日）假巨籁达路六七五号（刘吉生公馆），邀请全体理、监事及刘总经理，面致恳切挽留。经此一度团聚后，一切当有洽商办法。预料下周，刘鸿生总经理，当可到局视事，下星期四之理事会，必可照常举行矣。

（1935 年 12 月 7 日，第 9 版）

招商局改组未确定

〔南京〕招商局理事叶琢堂等，监事卢学溥等，总经理刘鸿生，以旧债过多，整理为难，屡请辞职，均经慰留；最近续递辞呈，前交长朱家骅以交替在即，尚未批复。至外传招商局商股业已收回，拟改组为国营航业局，改局长制之说，现尚未确定，正待新部长就任后，方可决定办法。该局原议开辟远洋航线，因经费关系，事实上无法扩展。（二十一日专电）

（1935 年 12 月 22 日，第 9 版）

招商局静待改组

新声社云，国营招商局自去年理、监事相继辞职后，总经理刘鸿生旋亦提出辞意，迄未到局。虽经前交通部长朱家骅，一再批复挽留，终未生效。俞飞鹏次长代部后，刘曾于月初偕叶琢堂氏晋京请见，虽蒙面予慰劳，然刘氏表示殊无复职意。及刘返沪，曾于十三日晚，召宴常务理、监事等商洽，因闻交部已拟定改组招商局办法，大约取消理、监事会制，改由总经理或局长专任，另设副经理或副局长一人至二人，故已决定电复交部，静候改组，俾卸仔肩。现该局各部分均将准备办理移交手续。至总经理人选，已正在交部拟定中，传现任理事叶琢堂、前四明银行总理孙蘅甫、前造币厂长周佩箴三人，均呼声甚高；副经理人选，亦有现理事杨志雄、三北公司沈仲毅、招商局业务科长何墨林诸说云。

（1936 年 1 月 18 日，第 11 版）

招商局将改组，内定张道藩总经理

新声社云，国营招商局理事叶琢堂、监事卢学溥、总经理刘鸿生等，自提出全体辞职后，虽经前交通部长朱家骅恳切挽留，但刘鸿生等以整理旧债毫无办法，辞意坚决。闻代理交通部长俞飞鹏，为整顿局务起见，计划改组，将由前交通部政务次长、现任内政部常务次长张道藩担任招商局总经理，现正征张氏同意云。

（1936 年 2 月 3 日，第 11 版）

招商局理监会经理处赶办结束准备移交

蔡增基、谭伯英十日到局履新

秘书、各科正副主任均请辞职

国营招商局全体理、监事叶琢堂、卢学溥，总经理刘鸿生等辞职照准后，由蔡增基任总经理，谭伯英任副经理，定十日晨接事。理、监事会总经理处各科奉令赶办结束，各科主任呈请辞职。探志详情如次：

各科赶办结束。总经理刘鸿生五日通知秘书处首席秘书徐致一，赶办结束，准备移交后，秘书处当即转令总务科主任陈蔚青、会计科主任章鼎峙、业务科主任何墨林、船舶科主任赵云台等，即日起办理结束，故昨日该局各科已赶办结束，颇为忙碌。至监事会由秘书吴礽泰负责，理事会由秘书吴衔仲负责，办理结束预定九日前一律办竣，但在新旧交替期内，业务仍照常进行。

蔡、谭十日接事。蔡增基、谭伯英奉令继任招商局总、副经理后，已于昨晨自京返沪，并与前总经理刘鸿生一度接洽，准定十日（星期一）上午九时到局接事。该局理、监事会暨总经理处，现正赶办结束，决待奉到部令后，即行办理移交。至各科主任除业务科主任何墨林、总务科副主任姚伯龙另有他就，已呈请辞职外，其余拟联合向刘前总经理提出辞职。

修改组织章程。国营招商局组织章程，民国二十四年六月一日修正公布，规定设立理、监事会，以监事九人至十三人组织之设立理事会，以理

880

事十一人至十七人组织之；设立总经理处，设总经理一人。今理、监事会决定裁撤，并添设副经理一人，原有章程业经交通部修正，呈请行政院通过，将由国民政府命令公布之。

蔡辞两局长职。蔡氏以招商局为国家最重要之航业机关，就职后，对于市财政、土地两局长职势难兼顾，现决向吴市长提出辞职。至继任人选，正在市府考虑中。

（1936 年 2 月 7 日，第 10 版）

命　令

国府七日令，〖中略〗又令，招商局总经理刘鸿生呈请辞职，刘鸿生准免本职，此令。又令，招商局理事会常务理事叶琢堂、刘鸿生、张寿镛、张嘉璈、杜镛、杨英呈请辞职，均准免本职，此令。又令，招商局理事会理事胡笔江、李铭、王晓籁、钱永铭、张寅、胡筠庄、盛升颐、黄江泉呈请辞职，均准免本职，此令。又令，招商局监事会监事卢学溥、陈光甫、虞和德、胡祖同、秦祖泽、荣宗敬、黄金荣、金庭荪、郭顺呈请辞职，均准免本职，此令。派蔡增基为国营招商局总经理，谭伯英为国营招商局副经理，此令。

（1936 年 2 月 8 日，第 9 版）

招商局新总副经理蔡、谭今晨接事

部方定整理办法四项

派会计长陆荣光监盘

国营招商局新任总经理蔡增基、副经理谭伯英，准明晨九时接事，交通部派会计长陆荣光监盘。该局昨日（星期日）照常办公，办理结束，准备移交，秘书及各科主任辞职照准，并奉部令改组整理办法。兹志详情如下：

交部派陆荣光监盘

新任总经理蔡增基、副经理谭伯英，准今晨九时接事，前日特派内定之首席秘书马绍淮赴招商局与秘书室接洽接收事宜。交通部特电招商局云："招商局览，新旧总经理移交，派本部会计长陆荣光监盘，仰即知照。"该局奉电后，即通告所属周知。又代理交通部长俞飞鹏及航政司长陆翰芹，于昨日抵沪，均将亲临指示云。

辞职照准发退职金

经总经理刘鸿生核准准予辞职者，为首席秘书徐致一，秘书陆荫孚、蒋山，帮助秘书汪仲芳、戚福铭，视察专员韦学周、徐广德、朱天秉，总务科主任陈蔚青，业务科主任何墨林，副主任陈达卿，船舶科主任赵云台，金库主任吴选闲，总船主沈际云，工程师伍大名，联运专员周凤图，每名除照给二月份薪水九天外，并依照局长发给退职金二个月。

办理结束昨日完竣

昨日虽为星期日例假，奉刘总经理谕，照常办公，赶办结束，至下午五时截止完竣，静待今日移交，由刘总经理亲自到局主持。兹录通告如下：奉总经理谕，新任定二月十日莅任，本局各科室库，即日准备移交手续，又本月八日（即星期六）下午、九日（即星期日）照常办公，特此通告。

交部令颁整理办法

招商局昨晨奉交通部训令，整理办法四项：㈠裁员用考试制度；㈡买办制度取消；㈢整顿栈房、码头；㈣整顿轮船茶房、水手。同时规定将科改为课，设业务、船舶、总务三课，课员、助员人数，自六十名至七十名，每课设主任一人，并得设副主任一人，秘书为二人，工程师四人，金库会计室设主任一人。

蔡总经理内定职员

经刘鸿生批准辞职之秘书、各科主任、专员等，定今晨办理移交后，行即离局。新任蔡总经理，闻已内定现任市财政局秘书马绍淮为秘书，现任市财政局第一科长黄亦农为业务课长，前任招商局"公平"船主、航政局长何海澜为船舶课长。又据已辞职照准之总务科主任陈蔚青，昨晚对新声社记者称，顷奉部颁整理办法，决交新任蔡总经理核办。

西报赞誉蔡增基氏

新新社云，国营招商局新任总经理蔡增基、副经理谭伯英，定今晨九时，到局正式接事，前总经理刘鸿生决到局办理移交，交部特派该部会计长陆荣光监盘，沪上中外舆论均表欢迎。新新社记者，兹译录《大美晚报》及《大陆报》评论如下：《大美晚报》谓，上海市财政局局长兼土地局局长蔡增基及上海市兴业信托社经理谭伯英，定于星期一接收中国最重要之航业机关国营招商局，蔡、谭二氏被任为该局正、副经理，实为中外商界、航政界所热烈欢迎，咸信在渠等领导之下，数十年来之招商局，得见一番新景象，其发展固可预料也。《大陆报》谓，蔡氏在中外商界颇著盛名，早受中外人士之信仰，渠曾任本市财政局局长数年，在市财政极穷窘之际，市府收支得以平衡者，多赖蔡氏之力。自一·二八战事发生后，市库收入减少，而战后复兴事业及市中心区之建设，需款尤多，惟蔡氏策划应付，各项事业得以先后举办；数月前且兼任本市土地局局长，自任职以来，对于整顿该局局务，不遗余力，以前一切恶习尽力革除，而于各项新办法复多发表，并酌量采用，空气焕然一新；此次出长招商局，对于该局政策，当有一番贡献。

交部嘉慰刘总经理

交部指令，刘总经理督理局务三载以还，卓著劳绩，原拟藉重长才，共谋国营航业之发展，无如一再坚辞，未便过拂所请，特予照准。除据情转呈行政院外，合行令仰知照。

（1936 年 2 月 10 日，第 9 版）

招商局新任总副经理蔡增基、谭伯英等就职

——交部俞代部长飞鹏昨亲莅局致训，
加派劳勉为副经理，移交均已办竣

国营招商局新任总经理蔡增基，副经理谭伯英、劳勉，于昨晨十时到局，宣誓就职。交通部俞代部长飞鹏亲来上海，至局监督，并在蔡等就职时训词。航政司长陆翰芹、会计长陆荣光，亦到局监盘，至午刻接收竣事，刘鸿生亦到局移交。兹将详情分述如下：

交部训令

交通部昨训令招商局总经理蔡增基氏，令文如下：查国营招商局组织

章程，业经修正公布，该局原有之监事会及理事会，照章应予裁撤归并。原任总经理刘鸿生辞职，亦经照准，并呈奉简派该员为国营招商局总经理，谭伯英为副经理，暨由部派劳勉代理国营招商局副经理，分别令派在案。除分令该局监事会、理事会、总经理处移交，并派员监盘外，合行令仰于二月十日前赴该局将该局关防、总经理官章及监事会、理事会、总经理处一切公款、公物、文卷、契据、册籍等项，逐一点收清楚具报，此令云云。

道贺来宾

各界前往道贺者颇多，除交通部代理部长俞飞鹏，监盘陆荣光，总经理蔡增基，副经理谭伯英、劳勉，暨前总经理刘鸿生，前理监事卢学孚、叶琢堂、张寿镛等外，计到市公安局长蔡劲军，上海审计处长林襟宇，中华工业总联合会主席郭顺，全国商联会主席林康侯，暨银钱等业领袖席德懋、张佩绅、贝淞荪、王延松、沈叔玉、虞和德、何焯贤、傅筱庵等百余人。

宣誓就职

新任总经理偕同前总经理刘鸿生，于九时半到局，旋赴理事会休息，移时交部代理部长俞飞鹏亦至，当即共赴二楼礼堂，举行宣誓就职典礼。由代理俞交长监督，来宾及职员均参加，行礼如仪。蔡总经理，谭、劳二副经理，均高举右手宣誓曰：余敬宣誓，余恪遵总理遗嘱，服从党义，奉行法令，忠心及努力于本职，决不妄用一钱，妄用一人，并决不营私舞弊及接受贿赂，如违背誓言，愿受最严厉之处罚。此誓！中华民国二十五年二月十日。宣誓毕，首由俞代部长致训词，次蔡总经理致答词，旋即共摄影，于十一时礼成。

部长训词

代理交通部长俞飞鹏致训词云：今日参加招商局总经理蔡增基，副经理谭伯英、劳勉，宣誓就职典礼，甚为荣幸。蔡总经理原为上海市政府财政局长兼土地局长，过去曾办铁路事业，对交通、财政经验丰富；谭副经理自德国返来，在上海市政府办理轮渡事业，起初资本仅数千元，今已扩充至百余万元，并任上海市兴业信托社经理，对航务甚为熟悉；劳副经理为铁道部专员，曾任北宁路局长，广东造币厂长等职。蔡、谭、劳三氏，今新任招商局总、副经理，交通部期望正殷。总经理任期为五年，副经理任期一为五年，一为二年，与前不同，因前总经理规定任期三年。希望新任者专心办理招商局，不兼其他事业，俾集中自己力量，来发展招商局业务，将来成绩，预卜一定甚好。招商局自收回国营以后，设理、监事会，当初对于收回股权，费了许多力量，幸经理、监事暨刘前总经理苦心筹划，业务已渐改进，惟以前之旧债，因数目过巨，致一时不易清理。在此世界经济恐慌、航业衰落之际，能维持数年，实非易事。奈理、监事暨刘前总经理以事属重大，坚持辞职，经一再挽留无效，不得已准予辞职。惟对诸君之苦心维持数年，则颇感激。招商局以前曾设整理委员会，初隶属交通部，继隶属国民政府，后来仍隶属交通部。在整理时期，招商局职员并不规定人数，致挂名不到差、不办公者甚多。今则将组织章程修正，规定人数，只准设秘书二人，采用考试方法，务须实事求是。新任总、副经理不带私人，依照行政院通过之整理计划，一一实现。惟希望地方领袖协助，对以前积弊改革，使业务发达，完成国营航业，则国家幸甚。

蔡氏演词

蔡总经理演词，略谓：兄弟奉命接任本局总经理职务，承俞部长亲临训迪暨各位来宾光临指导，不胜欣幸。关于本局行政方面，顷已奉俞部长训示，无庸兄弟赘述。本局在我国航业上有悠久之历史，其经过情形，料为本局同仁所深悉。惟是交通事业，与全国实业有相依为命之关系。我国产业落后，又值国难日亟，苟非努力发展交通，固不足以谈经济复兴，更无以图存。国家交通，在陆上为铁路，在水道为航业。近年我国铁路已有相当进展，本局自应急起直追，以期分道扬镳，共救垂危之实业。所幸本局业务近年已承前任监事、理事暨刘总经理悉心擘划，锐意整理。兄弟此次接任局务，惟有秉承部长命令及政府新颁章制之政策，负责办理。接事后，当悉心研讨整理方案，务使业务收入尽其效能，各项支出悉臻合理，任用人员必须合乎经济原则；整顿货客两运，使顾客减除意外及不合理之损失。至若所负一切债务，亦当早日负责整理。举凡一切措施，誓以国家为重，以个人为轻，以国家利益为重，以个人权利为轻，奉公守法，各尽所长，使本局组织及财政进于合理化，充分为国家社会服务。区区此志，愿与本局同仁共勉。抑犹有进者，本局业务繁赜，责任綦重，个人智识能力，究属有限，在现代分业分工原则之下，应以合作为前提。本局同仁，务必共体时艰，一致努力合作，以赴事功。并希望前任各位监、理事暨刘总经理，不吝指导。更盼社会各界人士，随时加以指导监督。本局幸甚，国家幸甚。

加派副理

招商局新组织章程规定设总经理一人，副经理二人，除总经理蔡增基、副经理谭伯英，业奉简派外，交通部昨又加派劳勉为该局副经理，业于昨日与蔡、谭两氏，同时到局就职，劳君曾历任银行经理暨铁路局长等要职，经验学识，均极丰富。

移交办竣

该局理事会、监事会、总经理处，移交手续，均于昨晨由前总经理刘鸿生、秘书余〔徐〕致一与新任总经理蔡增基、秘书马绍淮，由交部代表陆荣光监盘之下，办理完竣。各科移交，由谭、劳两副经理分别接收，即将电呈交部报告，至已辞职之各科正副主任暨秘书，均照章发给退职金。

三氏略历

㊀蔡增基，广东中山人，美国哥伦比亚大学经济外交科毕业，历任广东省议员、两广都司令部外交委员、广州土地局长、香港港商银行经理、国民政府财政部金融监理局局长、铁道部管理司长、京沪沪杭甬铁路管理局局长、建设委员会专门委员、浙江杭州市市长、上海市财政局长、土地局长等职。㊁谭伯英，民国七年在北大工科毕业后，历任专门学校教务主任及专任教授；至民国九年，赴欧美各国考察实业及水陆交通事业；十年回国，办理上海南汇间轻轨铁道，极著成效；其后又赴德国，专门研究水陆交通器具之机械工程；留德计达七年之久，在柏林大学工科毕业得国试工程师学位，并任柏林火车厂工程师；十六年返国，适市府成立，以谭氏为工程专家，即罗致之入公用局供职；十八年，代理公用局长。谭氏在公用局时代，经营市轮渡，卓著懋绩，向来主张公营业事业必须商业化，始足以谋发展；二十二年，上海市兴业信托社成立，市府即将市轮渡全部事业移转该社经营，俾得于商业化之下，能有长足之进展，该社即延谭氏为经理；二十三年，并兼代总经理。按谭氏于技术方面，素具特长，而于业务之经营管理，尤有大才与魄力，故主持市轮渡，以后达九年之久，精神

贯注，始终不苟，其经营管理，均采取科学化。谭氏性情豪爽，心地忠厚，与员工共甘苦，尤能大公无私，赏罚严明，轮渡员工数百人，咸翕然悦服，虽每日工作至十一时，亦从无怨言，故市轮渡一切设备系近代化，而营业方面仍年有赢余，尤属难能可贵。故当市轮渡由塘工局移交时，资产仅有数千元，而现在市轮渡之资产，已达一百六十余万元，九年来赤手空拳造成此伟大事业，素为中外所同钦云。㈢劳勉，字少勉，广东南海人，日本明治大学毕业，曾任广东广三铁路局长、北宁铁路管理局副局长等职。

派定职员

局内最重要者为业务、船舶以及总务、金库部分。除业务科主任由谭伯英自兼外，副主任已委定联运股主任周凤图兼任；船舶科主任尚未发表，暂令留任之副主任周厚坤权代科务；金库主任已派定蔡仲明接任；总务科主任为王向宸，副主任为陈秉池，秘书为马绍淮、陈国权。惟各科主任向来月薪四百元，公费二百元，副主任月薪三百元，公费一百元，今因减节经费，将正、副主任公费一律取消。惟总船主沈际云已辞职，尚未委定新人接充。

考试局员

现在局内全部职员，据昨日报到者，共一百九十一人。惟据俞部长宣称，照新订局制章则，全部各科处职员额定只八十二人，则照原有人数，须汰去三分之二。其汰减办法，决计用考试制度，以经验学识之优劣，为局员去留之标准，蔡增基请交部派员主持此项考试，并称在二三日中，可以将考试方法公布，此为入手整饬内部之第一步办法。

（1936 年 2 月 11 日，第 10 版）

招商局委派高级职员

——原有局员即办甄别

国营招商局总经理蔡增基，两副经理谭伯英、劳勉，已于前晨宣誓就职，各情已志昨报。兹将昨日所得消息，续报如下：

新职员资历

该局组织，经交通部核定修正，仅设秘书二人，昨由蔡氏委派马绍淮、陈国权充任。马氏任上海市财政局秘书主任多年，陈氏为会计专家，且在郭外峰氏任招商局专员时，任该局总稽核，对于局务甚为熟悉。又该局总务科主任陈蔚青辞职，昨经蔡氏委王向宸代理，该科副主任原缺虚悬，并派陈秉池代理。王氏前任沪市财局第二、第三两科长，辅助蔡氏办理市府公债事务极有成绩；陈氏曾于蔡氏代表铁道部考察欧美路政研究整理铁路债务时随同出国，任总秘书，对于整理债务亦富研究。蔡氏鉴于招商局债务亟待整理，故邀王、陈两氏担任总务科职务，俾资臂助。至于业务科原任正、副主任业已辞职，现由谭副经理暂行代理正主任，其副主任一缺，则调前联运专员周凤图代理。周君在该局供职多年，且曾出国研究海陆运输，得博士学位，蔡氏特邀为臂助。又船舶科原任主任辞职，现由蔡氏调"海利"船长滕士标代理。因该局新组织内，已将原设总船主一职裁撤，故船舶科主任应以熟谙驾驶人员充任。复因"海利"船为该局四艘新轮之一，而办理成绩最佳，用煤亦最经济，故以该船船长滕君调局主持科务，滕君未到差以前，将由副主任周厚坤暂代。闻蔡氏对于用人，一秉人才主义，故上述各项职务，均遴选资历相当人员充任。此外并派委蔡仲明为金库主任，罗海为监印员，又苏州内河轮船总局经理辞职，现由副经理劳勉暂行兼代。

甄别即举办

关于局员之甄别办法，已经在积极进行中。昨日秘书处已发布第一号条谕，略谓奉总经理谕，限各科长在十五日，将所属各职员工作能力，详细具报。续又发第二号条谕，奉总经理谕，局内各职员限两日内将各人之履历及经办之职务详细呈报，并附贴二寸照像，以凭核阅。各课长及各职员奉到条谕，已各在遵办。因考试举行之先，必先行审察各员之办事经历而定也。

局员望免考

招商局同人素有公益会之组织，全体同人达一百九十五名。前日因闻改组，特具呈总经理，请求免行考试制度，旋得批复，仍须依部令办理。至昨日又复由同人会推派代表七人，面谒蔡总经理，一以贺蔡就职，一以叩询蔡氏依照部令留用六十名至七十名职员，是否足以支配全局事务。当时蔡氏言，局员名额系由部定，本人唯遵照办理；至于考试，亦须照部令举行甄别，未便免考云云。

（1936年2月12日，第10版）

招商局决彻底整理

——即将由交部派员来沪主办考试，废除买办制度将先由江轮实行

国营招商局自蔡增基新总经理到任后，决遵照部定四项办法：首先办理考试，甄别人员，然后整顿码头栈房茶房水手，废除买办制度。兹志各项详情如下：

办理考试，甄别人员

招商局改组后，蔡总经理决依照交通部，规定整理办法，首先办理考试，甄别人员。查该局职员共为一百七十一人，内科员为一百名，依新章规定，只为六十名至七十名，今应裁减三分之一。蔡氏已手谕限两日内将各人之履历及经办之职务，详细呈报，并附贴二寸照像，以凭核阅。闻考试事宜，决由交通部派员主办。

买办制度决定废除

废除轮船买办制度，在前任刘总经理，如"元"、"亨"、"利"、"贞"四新海轮，暨沪甬线之"新江天"轮，沪烟津线之"新铭"轮、"新丰"轮，均已次第实行。现蔡氏对废除买办制度，次于最短期内，务使该局所属各轮一体实行，改为事务长，将由长江线"江华"、"江顺"、"江安"、"江新"、"建国"、"江大"等轮首先废除。

整顿分局码头、栈房

招商局上海码头、栈房，为南栈、北栈、新栈、中栈、华栈等五处，分局如汉口、九江、芜湖、安庆、镇江、南京、宜昌、沙市、天津、青岛、烟台、海州、香港、广州、汕头、温州、福州、宁波等处，亦均设有码头、栈房。今闻该局亦决设法加以整顿，改善各项设备，务使旅客暨货物上下，十分便利。

889

整理各轮茶房水手

轮船茶房，向旅客需索，尤以沪甬线暨长江线为最盛。招商局前曾奉部令整理，自沪甬线"新江天"轮船整理完竣，禁止勒索外，所有茶房由局方雇用，每日给予相当工资，旅客咸称便利。将仿照沪甬线"新江天"轮办法，设法将各线各轮茶房水手整理，以清积弊。

（1936 年 2 月 13 日，第 10 版）

招商局职员甄别考试办法

——甄别另案办理考试定期举行，交部颁发办法训令该局遵办

国营招商局自交通部简派蔡增基、谭伯英、劳勉三氏任总、副经理，责以彻底整理局务，并由部修正该局组织章程颁发后，部方鉴于该局现有职员人数过多，不合经济原则，复经颁布甄别考试办法，所有职员将悉依此项办法，举行甄别考试，以定去留。据该局负责人谈，本局开支及用人两方，向未臻于合理化，此次部颁甄别考试职员办法，系欲根据经济原则，奠定改革局务之初基，其办法极为公允，自当秉公执行。至关于本局之开支及用人两点，可以将同样之交通事业机关比较，当知其合理与否。闻某华商轮船公司，营业规模与招商局相埒，但该公司及所属各分公司总开支，只及招商局三分之一，此经费方面之比较也。以言人数，当赵铁桥氏任本局总办时，总局人数只有一百人左右，而现有人员达一百七十余人之多，闻太古轮船公司总公司职员不过八十人左右，与本局相较，多寡悬殊，而其业务规模，亦甚宏大。可见本局经费及用人两点，均未合经济原则，诚非取紧缩政策，不足以言整顿，此则就国营事业利害言之。若再就本局职员共同利害观察，假使一任本局长此因循，不事振援，万一本局因开支及用人之不当，而促其破产，彼时全体职员亦将失业，是与职员本身利益，亦相冲突。皮之不存，毛将安附，杀鸡取卵，智者不为。本局职员均曾受相当教育，明白事理，当知此次甄别，纯系交通部维持本局生机，必能共体斯旨，切实遵行。且各职员亦国民之一份子，在此国难时期，服务本局，消极方面，有维护水上交通事业之责任；积极方面，应共谋业务之扩展，决不能坐视局务之不振而不思匡救。故经过此次甄别考试，合格

留用者，自应努力所职，各尽所长；设或考试不合格，而被裁离职，亦当相忍为国，共体时艰，以国家利害为重，个人利益为轻，退而本公民资格及大公无我精神，与一般民众，共同监督本局业务，以促其发展。庶唯一之国营航业赖以不坠，以维当年开拓者未竟之前功，而副中央经济复兴之宏望，均在此一举云。兹探录交通部令文及所颁甄别考试办法如次：

交部训令原文

交通部训令该局航务字第七零六号令文云：查该局此次改组，应即依照修正组织章程，规定职员名额，分别举行甄别及考试，以判优劣，而定汰留。兹制定国营招商局职员甄别考试办法，并派韦技监以黻，参事马巽，法规委员会委员胡仁源，会计长陆荣光，职工事务委员会主任委员陈绍贤，航政司司长陆翰芹，航务科科长任极中，上海航政局长彭湖，会同该局总、副经理，主持考试事宜。除试卷等项，业经本部制备外，其考试场所应由该局觅妥，预为布置，并通告应受考试各员，届时应考。合行抄发甄别考试办法，令仰遵照办理，此令。附甄别考试办法一份。

二十五年二月十二日，交通部政务次长代理部务俞飞鹏。

甄别考试办法

国营招商局职员甄别考试办法：

（一）国营招商局原有职员，凡与修正组织章程所规定人员相当者，均应受甄别或考试。

（二）各分局各办事处及内河轮船局人员，先由总经理照章呈部核定各该局处等级后，再按照规定名额，另案考核，以定去留。

（三）在上海栈房、码头、船厂员工，因工作情形不同，应另案整理。

（四）外籍职员，依照合同办理。

（五）总局原有科主任副主任、会计主任、金库主任、秘书，土木、船舶、无线电、各工程师等，应受甄别。其办法如下：㊀审查资历；㊁面询服务经历。前项甄别，由交通部另案办理。

（六）总局原有科员（包括会计人员在内）、书记、实习员（交通研究所实习员不在此限）、练习生、雇员等，应受考试。其办法如下：㊀笔试（学识）；㊁服务成绩（资历经验能力）；㊂口试（就其所任职务之学识经验询问，并注意其体格应对等）。

（七）考试科目，㈠普通业务人员：党义、国文、航业常识（关于航业上之业务管理法规及商业常识等等，多出题目，任其选择）；㈡技术人员：党义、国文、航业技术（包括造船驾驶轮机港务码头等，多出题目，任其选择）；㈢会计人员：党义、国文、会计学、珠算、抄写；㈣雇员：党义、国文、书法（楷书、行书或打字）；㈤考试时限：党义、书法各一小时，国文、航业常识、航业技术、会计学各二小时，珠算、抄写、打字各半小时。

（八）考试日期，㈠笔试，二月十六日；㈡口试，二月十七日。

（九）经甄别考试合格人员，按其成绩，照章改派相当职业，另叙薪级，不合格者，由局给资遣散，服务未满一年者给一个月原薪，服务在一年以上者，给两个月原薪云云。

（1936 年 2 月 14 日，第 11 版）

招商总局全体同人电请免予考试

——以免发生失业问题

国营招商局前总经理刘鸿生，因感受局方整理旧债困难，再三呈请辞职，经交通部照准，另委蔡增基充任总经理，谭伯英、劳勉为副经理，已于本月十日接事。对于整理办法，先从裁员着手，并以甄别考试为原则，以致引起该局同人全体恐慌。金以招商局为商业机关，办事人员大半服务多年，具有经验，且所有冗员经几次改组，裁汰已非一次。际此业务发展之时，现有人员工作之繁忙，已感应付困难，加之近年营业收入，已逐渐赢余，虽主管指导之有方，亦为同人努力之结果，方冀从此晋级奖励之有加，不谓裁员考试之令下，人心惶惶，全体一致主张请求当局免裁，以免发生失业问题，影响社会安宁。兹录该局同人上中央党部行政院暨交通部电文如下：

〖上略〗招商局为我国唯一航运事业，自经改为国营，业务整顿，人员甄别已非一次，营业收入虽能逐年增加，但因困于环境，迫于债务，终难达到收支相抵之目的。同人等在局服务，多至数十年，少亦二三年，纵使服务忠诚，工作勤奋，但结果对于商局业务，既无多大禅益，对于个人待遇，尤未稍沾实惠，言念及此，能不悲慨。现值世界不景气之时，经济枯竭，百业萧条，我航业界又未能例外。但商局业务之不能发展，其咎固不尽在总局人员名额之过多，与夫总局薪工之过巨，实尚有赖兴利除弊、开源节流之种种重大计划之实施。其应如何兴利除弊，如何开源节流，当局自必处置有当，无待同人等妄事揣测。不过就消极方面而言，减少人员名额及节省人员薪工，当非除弊节流之荦荦大者，先后缓急，当在钧（部、院）洞鉴之中。盖招商局业务之发展，基础之稳定，在整个计划实行之时，或尚有需要商局原有人员之群策群力、共同合作，始可增加其效率，减少其阻力。兴利及开源，姑不必言，如不从弊之著者革除，流之大者撙节，仅以裁员减薪为目前急图，则人心之恐慌，已足影响业务，将来失业者多，其于社会安宁、民生疾苦关系如何，更无待言。此次商局改组，章程第十二条有总局员额之规定，功令所在，原不致有所非议。但不知人员名额对于商局组织及事务上是否足资应付，薪工预算对于收入及支出上是否适合支配，尚当于实施后证诸事实。万一于整个整理计划实施后，当局确实认定裁员，确为除弊之唯一途径，减薪确为节流之急切办法，则甄别方法，尽可以各个人成绩之优劣、工作之勤惰为取舍标准，似不必于短时期，遽用考试制度，以为裁员之工具。同人在局服务，素以爱护商局为旨，个人职位之去留、生计之绝续，在当局视之，固不足惜，宁不计及社会安宁、商局业务乎？同人等心所谓危，难安缄默，用敢冒渎恳大部（钧院）令行交通部，以国营航业为重，暂缓实施裁员。如不得已必须裁员，亦当于重大除弊节流办法实行后，用切合实际之甄别办法，免用考试制度，以安人心而重航业。区区苦衷，幸乞鉴核，不胜迫切待命之至。国营招商总局全体同人叩，元。

（1936 年 2 月 14 日，第 12 版）

交通部修正国营招商局组织章程

——全文分四章，计三十三条

交通部业将国营招商局组织章程修正，于本月八日公布颁发该局遵行。该项章程，内分四章，计三十三条。兹录原文如下：

修正国营招商局组织章程

第一章　通则

第一条　国营招商局直隶于交通部，办理国内外航运事业。

第二条　本局设总局于首都或上海市，并视业务情形，在各埠酌设分局或办事处。

第二章　总局

第三条　本局设总经理一人，综理局务，副经理二人，辅助总经理局务，均由交通部长遴请简派。

第四条　总经理、副经理任期，均为五年，期满得连任；第一任副经理一人，任期三年。

第五条　总经理因进行日常业务，得签订左列合同，但关于订立购料或工程合同时，应分别适用或准用交通部附属机关购料章程或建筑工程规则之规定：

㊀关于轮舶油漆修理及订购所需煤炭物料之合同；

㊁关于起卸货物之合同；

㊂关于使用码头趸船及存货、交货之合同；

㊃关于雇用船长、船员、业务长及其他船上服务人员之合同；

㊄关于雇用码头员工之合同；

㊅关于雇用引水人之合同；

㊆关于租赁轮船拖船及驳船之合同；

㊇关于代办商代售客票、揽运货物、佣金及垫款汇款办法之合同。

第六条　总局置总务、业务、船务三课及会计室、金库。

第七条　总务掌左列事项：

㊀关于关防之典守事项；

㊁关于文书之收发、撰拟向［兼］及卷宗之条管事项；

㊂关于人事事项；

㊃关于调查统计事项；

㊄关于房地产之管理事项；

㊅关于庶务事项；

㈦关于普通用品之采办及保管事项；

㈧其他不属于各课事项。

第八条　业务课堂左列事项：

㈠关于航线船只之分配及调度事项；

㈡关于客货营运事项；

㈢关于码头、栈房之经营及管理事项；

㈣关于分局办事业务考核事项；

㈤关于各轮业务考核事项；

㈥其他关于业务事项。

第九条　船务课堂左列事项：

㈠关于海员之进退及考办事项；

㈡关于船舶之建造及修理事项；

㈢关于船舶设备事项；

㈣关于船舶之检验事项；

㈤关于各种发动机及其附属品之检验事项；

㈥关于各契强弱电气设备之设计检验及修理事项；

㈦关于燃料、物料之检验事项；

㈧关于燃料、物料之采办及保管事项；

㈨关于机器厂管理事项；

㈩其他关于船务事项。

第十条　金库掌左列事项：

㈠关于款项之出纳、保管及其登记事项；

㈡关于证券种据合同等保管事项。

第十一条　总局设课主任三人，金库主任一人，承总经理、副经理之命，分掌各该课库事务，其事务特繁之课，得设副主任一人，佐理主任职务。

第十二条　总局设课员助员六十人至七十人，会计员十二人至十四人。

第十三条　总局各课得分股办事。

第十四条　总局设秘书二人，办理机要事务。

第十五条　总局设工程师二人至四人，办理技术事务。

第十六条　该局各课主任、副主任及工程师，由交通部任用，秘书由总经理呈请交通部核准后任用之。

第十七条　总局课员助员，均由总经理派充，并呈报交通部备案。

第十八条　各课担任技术事项之人员，应以技术人员充之。

第十九条　总局会计事务，由会计室掌理，其组织另定之。

第二十条　总局承交通部之命，得聘任顾问。

第三章　分局办事处

第二十一条　分局及办事处，由总经理呈请交通部核准后设立之。

第二十二条　分局、办事处，按业务之繁简、收入之多寡，分左列各等，由总经理呈请交通部核定之。分局：一等分局、二等分局、三等分局。办事处：一等办事处、二等办事处、三等办事处。

第二十三条　分局隶属于总局，办事处隶属于分局或直属于总局，各分局营业管辖区域，由总经理呈请交通部核定之。

第二十四条　分局各设经理一人，由交通部任用，办事处各股〔设〕主任一人，由总经理呈请交通部核准后任用。

第二十五条　分局得设左列各股室：㊀总务股；㊁业务股；㊂会计室。

第二十六条　分局暨办事处设办事员、助员，其名额依下列规定标准：分局，一等分局十人至十五人，二等分局八人至十二人，三等分局六人至九人；办事处，一等办事处四人至六人，二等办事处三人至五人，三等办事处二人至四人。前项人员，均由总经理派充，呈报交通部备案。

第二十七条　分局及办事处之营业，均不得采用包缴制，但未经设立局处之商埠，得由总经理呈请交通部核准，委托代办商代理，酌给佣金。

第四章　附则

第二十八条　本局业务进行状况，应按期编制报告，呈送交通部审核。

第二十九条　本局总分局及办事处职员之薪级，应由交通部核定之。

第三十条　本局全部预算，应呈由交通部核定之。

第三十一条　本局年终盈余之分配，呈由交通部核定之。

第三十二条　本局得另订各项细则，呈请交通部核准施行。

第三十三条　本章程自公布日施行。

（1936 年 2 月 17 日，第 14 版）

行政院诰诫招商局各职员

—— 果有见到之处尽可尽量敷陈，倘不依正轨进行当依法严绳

〔南京〕蒋院长顷为整顿招商局事，由行政院颁发布告，诰诫全局员司，恪守纪律。全文如后：为布告事，招商局在我国航业机关中，历史最长，规模较巨。徒以历年办理未善，致营业衰落，债务日增，长此亏累，必须挽救。近年收归国营以后，虽锐意经营，收效仍鲜。本院此次令饬交通部将该局加以改组，并修正该局组织章程，指示整顿办法，意在摧陷廓清，一洗从来损公肥私及因循敷衍之积习，而为彻底之改革。似此措置，当为明白事理者所共见共谅。该局各职员，在局服务日久，情形熟悉，对于积弊之应如何革除、业务之应如何改进，并开源节流之应如何着手，果有见到之处，尽可向该管长官尽量敷陈，供其采择。倘不依循正轨进行，一味私意是用，甚或甘受外界不良份子之蛊惑，播弄是非，煽动风潮，致该局业务进行感受影响，本院长即视为违背纪律，破坏交通，定当依法严绳，决不稍事姑息。此外，如各分局及栈房、码头之员工有此行为，亦应一体惩办。除训令交通部认真督饬，迅速从事整顿具报外，合行布告周知，此布。（二十一日中央社电）

（1936 年 2 月 22 日，第 7 版）

整理招商局颇顺利

〔南京〕国营招商局改组后，交部一面从事机务上之改进，一面办理旧有债务之整理。确闻债务整理问题，几度与银行界交换意见，已有相当办法。因为数过巨，着手不易，故其整理方式将由中央直接处理，现正由关系机关核议。又闻招商局取消买办制后，轮运业务颇感顺利。惟买办人员因而所受之影响，部方亦颇注意，刻正由航政司继续研究商办法。（二十三日专电）

（1936 年 4 月 24 日，第 5 版）

二十一 商股收回问题

招商局各栈抵押文件发表

〔上略〕

〔南京〕交部收回招商局股票登记办法，正在草拟中，一二日内可发表，俟登记竣事，即定期发给现款收回股票，每套以五十两收回。（十六日中央社电）

（1932 年 11 月 17 日，第 4 版）

财部将拨款收回招商局股票

——产务科已派蔡丽生接收

交通部昨将前招商局总经理李国杰、监督陈孚木，出押与美商中国营业公司合同公布，以便各界明了真相。至于收回股票，每套计五十两，现已拟定股票登记办法，今招商局理事会办理，兹将登记办法录下：

股票登记办法

京电，交部于招商局收归国营后，将发还商股，特定股票登记办法如次：

㈠招商局股票登记，于南京、上海、天津、汉口、广州、香港之招商局办理。

㈡招商局股票之所有人或质权人，应于第三条所定期间内，向指定之招商局缴验股票，依式填具登记声请书，声请登记，其委托他人代为声请者，并应附具报托书。

㊂登记期内，至民国二十一年十二月一日起，至二十二年二月二十八日止，逾期不声请登记者，其股票作废。

㊃股票所有人或质权人所持之股票，达于招商局向例所认为全套者，即航业股两股，产业股一股，始得声请登记；不及一套者，得与他人合并为登记之声请。

㊄招商局对于声请登记人所缴验之股票，应给与收据，并于股票背面，记载声请人之姓名及收据号码，其收据样式另定之。

㊅登记期满后，由上海招商总局汇集各地之声请书及股票，对照股票存根详为审核，认为确实者，于股票背面盖"招商局验讫"字样，呈报交部公布；收据号码同。第七条之规定给价，其给价方法另定之。

㊆招商局之股票，依照国民政府命令，每套给价银五十两。

㊇招商局股票，自登记开始后，不得转让过户。

财部筹有的款

京电，交部息，招商局全部股票票面，约一千二百万强，合四万四千万［套］，以每套五十两计，共需现金二百二十万两，财部已筹有的款，俟登记手续办理完竣后，即按值发给。

记高廷梓谈话

京电，交部航政司长高廷梓谈，招商局押产合同四种，其内容于航业主权丧失至巨，政府决难承认。且属李国杰等私人主张，依法当然无效。美商虽以既得权利不愿放弃，交部为保持国家权利，故先将四栈产业实行收回后，再与之据理交涉。陈孚木、李国杰同为签订合同负责之人，朱部长曾电陈嘱其来京，申述理由。讵陈业赴香港，其情虚可见。李国杰在沪看管，身体极为自由，因本案情形重大，亟须研究其内幕，李氏果无暧昧行为，政府当肯查办无罪之人。外传借款业已先付七十万之说，美商尚未宣布，待理事会检查账册，如系事实，当如数退还。

催陈孚木来京

京电，交部刻发表招商局股票登记办法后，即电该局总经理刘鸿生，即日成立股票登记处，登记处登报通知各持票人到局，遵章履行登记。朱家骅［骅］亦于十七夜赴沪，向美商中国营业公司解释各点，并同宋子文暨会同招商局总经理及理、监事等，协商筹妥现金收回股票等事宜。招商局押产案因合同为陈孚木与李国杰共同签字，即由朱家骅电陈，嘱其来京，听候质询。对陈于十七由港来电复朱，仅谓诸项合同，并无不法之处，语意含糊，并未言及何日来京之说。李、陈为签字合同之主要人，不容规避，已再去电促其速来。

产务科已接收

总经理刘鸿生，前日委蔡丽生为代理产务科主任，下午一时当由蔡主任前往接收，前主任程志远办理移交。昨日起已照常办公。

（1932 年 11 月 18 日，第 14 版）

招商局理事会布告

案，奉交通部令开：查招商局收归国营业，奉国民政府明令公布在案，所有股票应定期自民国二十一年十二月一日起至二十二年二月二十八日止，委托中央银行遵照规定，每套现银五十两，验票照付，其详细办法仰该理事会即便拟议呈核。此令，等因。奉经拟具详细办法十一条，呈报交通部核示。兹奉宥电修正发回，除函请上海中央银行遵照规定办法，验票付银，并派员协同办理外，合亟照录详细办法，仰持票人一体周知，依限声请收回，毋延为要。特此布告。

附办法十一条收回股票详细办法

第一条　招商局遵照交通部令，奉国民政府命令收归国营，原有股票每套给价五十两现款收回。

第二条　凡持有股票者，以船业股两股、产业股一股为一套，有不及一套者，得与他人合并缴验，声请收回。

第三条　收回股票日期，自二十一年十二月一日开始，至二十二年二月二十八日截止。

第四条　收回此项股票及付给现金，均委托驻在上海之中央银行办理。

第五条　凡股票所有人持票请为收回者，应先填具声请书，其书式另定之。

第六条　关于收回股票事宜，应由招商局理事会酌派两人，携同航业、产业两部份原发股票存根，至中央银行协同查对。

第七条 中央银行收到持票人声请书及股票后，当给予收据，由负责人员核对存根号码与所有人领票姓名、年月日，均确认无讹者，于声请书面加盖验讫戳记，签名盖章，再由中央银行付给现金，换回收据。

第八条 中央银行经收股票套数，发给现金额数，应逐日报告招商局理事会查考。

第九条 中央银行收到全套股票，按照存根，查核无讹，应即于票面加盖"收回"大字红戳，以示区别。

第十条 中央银行收回之股票，应按月造册送缴招商局理事会存销。

第十一条 本办法自呈经交通部核准之日施行，如有未尽事宜，得随时呈请修改之。

（1932 年 11 月 30 日，第 4 版）

招商局商股明日起政府实行收回

收回办法昨已寄沪
令由中央银行办理
陈孚木查并未来沪

政府收回招商局商股办法，昨日交部已由京寄沪，交由招商局理事会及中央银行，于明日起分别办理。前监督陈孚木，据国闻社记者，切实调查所得，并未来沪。

收回商股办法

招商局收回商股办法，昨经交通部修正，指令该局理事会遵照办理，内容计十一条，公布如下：

收回股票详细办法

第一条 招商局遵照交通部令，奉国民政府命令，收归国营，原有股票，每套给价五十两现款收回。

第二条 凡持有股票者，以航业（股）两股、产业股一股为一套，有不及一套者，得与他人合并缴验，声请收回。

第三条 收回股票日期，自二十一年十二月一日开始，至二十二年二月二十八日截止。

第四条 收回此项股票及付给现金，均委托驻在上海之中央银行办理。

第五条 凡股票所有人持票请为收回者，应先填具声请书，其书式另定之。

第六条 关于收回股票事宜，应由招商局理事会酌派两人，携同航业、产业两部份原发股票存根，至中央银行协同查对。

第七条 中央银行收到持票人声请书及股票后，当给予收据，由负责人员核对存根号码与所有人领票姓名、年月日，均确认无讹者，于声请书面加盖验讫戳记，签名盖章，再由中央银行付给现金，换回收据。

第八条 中央银行经收股票套数，发给现金额数，应逐日报告招商局理事会查考。

第九条 中央银行收到全套股票，按照存根，查核无讹，应即将票面加盖"收回"大字红戳，以示区别。

第十条 中央银行收回之股票，应按月造册，送缴招商局理事会存销。

第十一条 本办法自呈经交通部核准之日施行，如有未尽事宜，得随时呈请修改之。

债委会成立期

招商局整理债务委员会之组织，自经理事会第三次会议通过后，当即推定理事张寿镛、叶琢堂及会计师徐永祚等七人为委员，着手筹备进行。现悉正式成立期，可于十二月一日下午四时第四次理事会开过后，再召集理监事联席会议决定云。组织方面，仅设债务、债权两科，专司审查账目及查阅案卷事宜。至于负债确数，因前董事会方面之卷宗，尚未全数移交理事会，故尚须俟卷宗汇齐后，方能综合确数。

常务理事谈话

新声社记者昨晚晤招商局常务理事史量才，据称，收回商股办法今已由交通部公布，由理事会派员协助中央银行办理，决定自十二月一日起实行，但不勉强。债务整理委员会委员名单及章程，已呈交通部核准，俟奉部令后，即开会成立。此次总局裁去冗员一百零六人，则每年可省三十万开支，船煤经总经理筹划后，每年可省二十万元开支云。

继续裁汰冗员

招商局总经理刘鸿生，对于总局冗员规定办法，实行裁减后，昨日又发表根据无线电工程师之考察，裁减无线电员屈永汉、陈子儒、刘兴惇、潘炽昌、张锡耕等十三名。闻被裁减者，根据规定办法，领取津贴。（新声社）

陈孚木未来沪

招商局前监督陈孚木，本埠曾一度传其来沪。昨日记者经各处探询，陈氏乘大来公司轮抵埠一带，实系不确。据最后得到消息，陈氏尚匿居香港，赴日消息，实系误传云。（国闻社）

（1932 年 11 月 30 日，第 9 版）

招商局昨日开始收回商股

理事会昨开三次常会

整理债委会六日成立

招商局理事会昨午四时许举行第三次常会，出席常务理事刘鸿生等十二人，主席张公权，讨论要案多件。至六时许，始行散会。关于收回商股事，昨晨九时，理事会派员往中央银行，协同办理。自晨至晚，商民缴股及请领呈请书者甚多，各情探志如后。

理事常会

招商局理事会于昨日下午四时开第三次全体会议，出席理事张寿镛、张公权、胡笔江、王晓籁、史量才、刘鸿生、叶琢堂、胡孟嘉、钱新之等十二人，缺席委员杜月笙、张啸林、余日章等三人，公推张公权为主席，开会如仪。旋即开始讨论，会议内容如下：

（甲）报告事项

㈠报告收回股票办法。

㈡总务科长陈蔚青报告接收监督处情形。

㈢两股东来函报告遗失股票案。

㈣报告交通部修正监事会办法细则，在修正项内增稽核员一人。

（乙）讨论事项

㊀债务整理委员会成立期，决议在下星期二（六日）下午四时，正式成立，由债委会委员张寿镛召集。

㊁兼总经理刘鸿生提议，全局轮船前只有抵押者保险，不抵押无保险，拟请一律保险案，决议，通过。

㊂"江顺"轮修理费一万五千两案，决议，通过。

此外，尚议决内部整饬案件多起。

会议毕，已五时三刻。

刘鸿生谈

会后刘鸿生语中央社记者称，本人就任局务以来，事务繁忙，故虽百废待举，亦不能一蹴而成。局务整理计划，理事会虽决议交本人草拟，但在最近二个月内，恐犹不能脱稿。关于决议案之第二项，以前局方仅将抵押之轮船保险，现在则决不问已否抵押，均将保险。第三项之修理"江顺"轮，所以多费此一万五千两者，拟使国轮之设备完美，以利乘客耳。昔日轮船修理，仅求机械之能活动，致多数轮船之舱面，受风露之侵蚀，每值雨天，则内舱均湿。招商局营业之不振，此等设备之简陋，亦一要因也，现当积极整顿云。

收股情形

招商局收回商股事，经部令由中央银行代理，而理事会事前更致函该行，通知派该会职员钟景瑜、丁莞苏二人前往协助，收股处设中央银行二楼出纳处。昨晨九时，开始办理后，持票前往及索取申请书者甚众，迄至下午五时止，计收回股票十四套，当发给收据，次日即可前往领取现金。至前往索取申请书者，则有二十八人之多。

（1932 年 12 月 2 日，第 10 版）

招商局所收商股三日中共收一千零四股，不因法益会变更其初旨

国闻社云，招商局商股，经部令以五十两一套收归国有，并自本月一日起着由中央银行办理，以每日所收具报招商局。日来究竟收得若干股，当为关心时事者所欲知。记者昨往询该局理事会，当由总经理刘鸿生氏延

见，叩以商股及整顿计划。据谈，商局改革，刻正着各科拟具应兴应革事实，再汇集各种意见，草拟改革计划，俟一切决定进行，尚须三阅月后，故此时尚在计划中。至于前与中国营业公司签订借款，余虽向对方商洽，但目下尚在研究。究竟合约存毁，此须询诸营业公司，余无从发表意见。收归商股，本月一日收到十四套，二日收二百二十四套，三日收六百六十六套，总计一千零〈零〉四套。闻招商局曩昔所发股票达四万余套，今只四十分之一。依今日情形观察，以后或尚逐日踊跃也。余接任斯职，未曾携钱代为垫款，理事会亦未有垫款。债务委员会将成立，全部所欠大约千七百万。惟详细情形，须询诸该会负责人员可也。

中央社云，交通部长朱家骅，昨日午后三时许往祁齐路访谒宋代院长，谈至五时始辞出。据朱部长云，政府对招商局一部份股东所组织之股东法益维持会，尚未决定态度。惟政府对该局之收归国营，不稍变更初旨，而该会之成立，想亦不至有重大之影响云。

京电，交部航政司长高廷梓谈，招商局于民十二，向汇丰银行借款五百万，利上加利，已达七百万零七千余元，非偿清旧债难于彻底整理。现在国库拮据，实无力筹此巨款，故债务整委会成立后，即将计划以合法手续向银界商借新款偿还旧债，以谋渐次改革。

（1932 年 12 月 6 日，第 10~11 版）

交部负责人员谈话

电话合同磋商大致就绪

邮储局归并办法未决定

招商局股东请增价批斥

新声社云，关于上海越界筑路电话合同、邮政储金汇业局合并及招商局整理债务等问题，新声社驻京记者昨特访晤交通部负责人员，与谈最近进行情形。兹分志如下：

越界电话

据电政司主管电话事宜之第四科科长黄修青谈，越界筑路电话合同，始因工部局方面拟以英文本为正本，而以华文本为副本。嗣后几度商洽，决定改以华文本为正本。现时双方所磋商未能即行签字者，即为华文本字句之磋商。日来已大致就绪，两周内可完全解决。该条例全文十九条，内容俟签字后即公布。闻其大致办法，凡在越界筑路区域内装置电话者，对工部局方面同样负给租界电话月费之义务。同时对中国电话公司每月付费之办法，依其接线之远近便否，规定自月给一元余至四元余费用。此项费用，纯为主权所关，及中国电话公司接线之补助。至北区一段，可由中国电话公司装置者，接线时工部局方面拟定每次接线费五分。中国方面，正拟徐图交涉，设法于华租界双方对接通话设备，渐次完备，将来对每次五分之办法，商议取消或减轻，但此与合同本身不成问题耳。记者旋询以南北市改装自动电话之通话时间，据云南市已定二月初通话，南北则因一·二八后，线路全部损失，修理手续稍繁，须三月初，方可通话。

邮储并局

记者旋访交部秘书史济寅，询以邮政储金汇业局归并邮政总局情形。据云，交部方面再四考虑，拟以邮政储金汇业局合并于邮政总局，但其业务则仍予分立。惟邮总局有指挥监督之权，如此发展与整顿，措施较便。现正待邮政经济制度委员会商定办法，再行决定。至汇业局长杨建平辞职，以唐宝书继任，与归并问题毫不相关，因杨氏言辞已久，部方不能不早选替人也。将来储汇局如何归并，俟办法商定，再计拟。邮政总局组织条例之修改，此时交部尚未拟议及此。

招商局事

史氏继谓，关于招商局方面，外传债务人请予增高偿款成数。交部方面，尚未接此项公文，此事应由理事会商定。至股东方面，有一小部份，最近又呈请交通部请增加股票价格。但此系行政决定，殊无可变更，交部惟有予以批斥云云。

（1933 年 1 月 16 日，第 10 版）

招商局限期收回股票，逾期或将停止兑现

招商局自改组为理监事会后，即进行收回全部商股，收归国营，计共四万套，每套以五十元为额定价格，规定期限三月，自十二月一日起至本

年二月底止。现悉为时已逾一月半，而持票人前往登记领回款项者，只八千余套，已登记而未领款者，亦仅三千余套，总计尚不足四分之一。现该局理事会为避免将来纠纷计，因特呈请交部于截止期后，停止兑现，或另订其他相当办法云。

（1933 年 1 月 18 日，第 9 版）

招商局理事会通告

案照招商局奉政府明令收归国营，所有股票遵照部令规定，每套给银五十两收回，自二十一年十二月一日起至二十二年二月二十八日截止，计限期三个月，委托驻在上海之中央银行验票照付，当于各沪报告布在案。现在限期将满，合再通告，如持票人凡有尚未声请收回者，务各查照日前报载办法，迅速依限声请，收票领款，毋自延误为要。特此通告。

（1933 年 2 月 7 日，第 6 版）

招商局收回股东 ［票］ 限期限止

招商局收归国营后，限所有股票在二月二十八日以前，一律收回。兹悉截至十五日止，已收回股票二万六千零八（套），交部以限期将届，十七日特令招商局依期结束，不得延迟。至报载将予展期说，昨经交部当局正式否认。

（1933 年 2 月 18 日，第 14 版）

招商局股票展期收回不确

〔南京〕交部顷令招商局理事会，所有该局股票限于二月二十八日一律收回。兹悉截至十五日止，已收回者计二万六千零八套，外传展期说不确。（十八日中央社电）

（1933 年 2 月 19 日，第 9 版）

收回招商局股票部令如期截止，扬子码头收回期近

关于招商局理事会收股近状，志之如下：

收股决不展期

日前报载该局收股日期行将展期，国闻社记者因于昨日访该局总经理刘鸿生氏于寓邸，叩以是否展期。据谈，收股日期系由行政院决议，决不能随便改延。至股价一节，预料将来决不增加，本局决于三月一日起，停止在中央银行收股云云。

部令限期结束

招商局理事会昨奉部令：

为令遵事：查该局自经收归国营后，所有该局股票亦经饬令限期本年二月二十八日截止，依照预定价格收回。现在为期已近，亟应从速赶办，依期结束。合行令仰该局切实遵照办理，将结□收服［股］结束情形具报为要。此令！

最近所有股票

理事会自去年奉令收股后，即派员在中央银行收回，国闻社记者昨日探得该会自上周止，业已收回二万套已［以］上，预料二月底止可收三万套左右云。

收回扬子码头

记者又询关于扬子码头近讯，据谈，最近已告一段落，所余仅手续问题，不久即可正式宣布，由招商局经营云。

（1933 年 2 月 20 日，第 10 版）

收回招商股明日截止，连日向中央银行缴票者甚多

招商局自去冬收归国营后，交通部即公布收回商股办法，令中央银行会同招商局办理，并规定以二月底截止。招商局当将该办法公告，并派员在中央银行开始收股。最初各股东对之，尚多怀疑，且多观望不前者，故股票登记为数不多。以后交通部及招商局一再说明，并坚决宣称收股截止

期不再展延，故日来缴股者争先恐后，每日数约千余套，截至二十六日止，已得二万四千余套。今晨前往缴股票者，更为踊跃，经办者已不及应付，故即电话招商局添派人员，前往帮助；更请随带大箱，以备装载股票。据总经理刘鸿生语记者，收股期决不再展延。今日已二十七日，离截止期仅一日半，故全数恐不能收齐。惟据今晨之情形观之，当可收足四分之三（全数为四万套）。至对未缴股票之办法。则当呈交通部请示办法，至收回扬子码头问题，局方已与交部谈妥，一俟部令到后，即可利用。

（1933 年 2 月 27 日，第 18 版）

招商局收回商股依期截止

共收三万六千一百八十套

未缴者候请示交通部定夺

招商局自收归国营后，理事会奉部令会同中央银行收回商股，规定每套银五十两，以二月底截止。昨日为收回商股截止之期，中央银行缴验收回招商局股票处公告云：“部令准二月二十八日截止。”新声社记者于昨日下午七时，晤理事会派在中央银行办理收回股票处之办事员，据谈，自二十五日起，缴验股票者甚为拥挤，总数为四万套，已收回者为三万六千二百八十套，仅广东方面尚有三千余套未缴。但顷接电话通知，广东方面已有三百套到沪，即将来缴，故原定办公时间系下午五时为止，现决延长至六时。惟届时虽来报告，而股票则并未带来云。记者又晤总经理刘鸿生，据谈，收回股票奉部令决如期截止，至于少数未缴股票，如何办法，须由理事会请示交部后，再行定夺云。

（1933 年 3 月 1 日，第 11 版）

招商局股票收回期不展延

〔南京〕收回招商局股票决如期截止，不再展延，所有未缴商股仍由执票者保存，定为本局股东，自应受如何待遇尚在详订办法中。（二日专电）

（1933 年 3 月 2 日，第 21 版）

收回招商股票展限

〔南京〕招商局收回商股，截至二月底，领款者三三九零六套，登记而未领款者五六七一套，共为三九五七七套。闻交部现拟宽限一月，三月底以前，仍照原定价格收回，以恤商艰。（三日中央社电）

（1933年3月4日，第9版）

招商局收股截止，外埠稍予展缓

今晨报载，有谓招商局收回股票将展期一月之举，新声社记者今晨访该局总经理刘鸿生氏，据谈不确。氏谓招商股票已收回十之九，仅粤津两方面有少数未缴，现已送至上述地点分局。本局奉交部令，关于外埠方面之股票，虽已逾截止期，仍应准予缴销展期传说，恐即由此而起。

（1933年3月4日，第22版）

招商股票外埠今日截止收回，已收三九三七三套

招商局收回国营后，规定股票每套银五十两，由理事会会同中央银行收回，定二月底截止。后因外埠因时间局促，不及如期将股票赶送来沪，经理事会呈请交通部，对于外埠之股票，准展期至三月三十日截止。新声社记者今午晤总经理刘鸿生氏，据谈，股票总额为四万二千套，收回股票决定今日下午五时截止；今午止，共计收回者三万九千三百七十三套。至于未收回者如何办法，须俟理事会请示交部后再行定夺。

（1933年3月31日，第18版）

招商局股票之收回

〔南京〕交部息，招商局股票至三月底止，收回三万九千三百八十二万，该局股票总数为四万二千万，计未收回者仅有二千六百余万。（十日

专电）

（1933 年 4 月 10 日，第 21 版）

招商局尚有未收回股票，中央银行专款存储

交部以招商局尚有残余股票未收回，三日特令该局理事会，准予变通办理，查明实数，每套仍以五十两收回，计共需银若干，由中央银行划为专款存储，即委该行办理兑换手续，惟不订利息。一面登报声明，俾众周知。

（1933 年 6 月 4 日，第 14 版）

招商局收回商股垫款，财、交两部将续商办法

〔南京〕交部息，招商局收回商股股票之初，因该局经费支绌，乃由交部朱家骅与前财长宋子文商定，由中央银行垫款收回，并定所垫款项毋庸由局归还，藉资扩展航务。迨去年十二月，中央忽向该局索还垫款，当由局呈部转院，请将所垫款项悉数拨局，以充资本，嗣院交财政、交通两部会商，经一次集议，仍未解决。而交部意见，拟请政府通过，由全国经济委员会拨发该局资本一千五百万中，由财部扣去中央银行所垫款数额，以清手续。现拟于下周内，再度会商，以作最后解决。（十三日专电）

（1934 年 1 月 14 日，第 7 版）

交部咨请财部筹足收回招商局股款

〔南京〕交部咨财部谓，据招商局呈，该局未收回股票，尚有航、产两股完全者计一千零二十二套，须元五万一千一百两；单产股三十五股，须元四百六十两九钱五分，以七一五计算，共合国币七万二千一百十三元二角二分，请咨商财部，如数筹足，交由中央银行专款存储，以便续有缴还股票者，由局随时向该行支取转给等情，请查照核办见复。（三日专电）

（1934 年 10 月 4 日，第 8 版）

招商局继续收回股票，仍由中央银行垫拨款项

新新社云，关于招商局收回股票事，交通部昨特训令该局理事会云：前据该局呈，以中央银行代收股票据告结束，尚有未收之股票，请咨财政部筹款存行备付等情，当经咨请财政部核办，并指令知照在案。兹准财政部咨开，查原呈所称已垫及尚须续垫总数，核与贵部及本部会呈行政院数目尚属相符，除已函请中央银行，嗣后如有续缴股票，仍照案继续垫拨外，相应咨复查照。再，查前次会呈已垫及尚须续垫总数，计二百九十九万三千九百零二元零三分。

（1934 年 10 月 31 日，第 11 版）

招商局股票持票人注意

今有上海华兴保险公司所持本局邓缦记户名航业股票二十股，该票自五万九千九百五十九号至五万九千九百七十八号，产业股票一十股，该票自二万九千九百七十七号至二万九千九百八十六号，来局照章请领股本银五百两。本局认为与规定收股期间相去过久，其中或有纠葛，兹特登报声明，如对前项股票有利害关系，发生异议者，应自登报之日起，两星期内来局陈明原委，逾期即行照章给领。

国营招商局启。

中华民国廿五年十月卅一日。

（1936 年 10 月 31 日，第 25 版）

招商局股票持票人注意

今有上海银行所持本局林总欣户名产业股票二十股，该票自一五五一号至一五五七○号，航业股票四十股，该票自三一一○一号至三一一四○号；林欣记户名产业股票二十股，该票自一五五七一号至一五五九○号，航业股票四十股，该票自三一一四一号至三一一八○号；林务志户名

产业股票二十股，该票自一五六一一号至一五六三〇号，航业股票四十股，该票自三一二二一号至三一二六〇号；林务记户名产业股票十股，该票自一五六三一号至一五六四〇号，航业股票二十股，该票自三一二六一号至三一二八〇号；林志记户名产业股票十股，该票自一五六四一号至一五六五〇号，航业股票二十股，该票自三一二八一号至三一三〇〇号；林龄记户名产业股票二十股，该票自一五五九一号至一五六一〇号，航业股票四十股，该票自三一一八一号至三一二二〇号，来局照章请领股本银五千两。本局认为与规定收股期间相去过久，其中或有纠葛，兹特登报声明，如对前项股票有利害关系，发生异议者，自登报之日起，两星期内来局陈明原委，逾期即行照章给领。

国营招商局启。

中华民国二十五年十月卅一日。

（1936 年 11 月 2 日，第 20 版）

招商局股票持票人注意

今有徐永春所持本局慎德堂裘户名航业股票十股，该票自三一五五一号至三一五六〇号，产业股票五股，该票自一五七七六号至一五七八〇号，来局照章请领股本银二百五十两。本局认为与规定收股期间相去过久，其中或有纠葛，兹特登报声明，如对前项股票有利害关系，发生异议者，应自登报之日起，两星期内来局陈明原委，逾期即行照章给领。

国营招商局启。

中华民国廿五年十一月廿日。

（1936 年 11 月 21 日，第 22 版）

招商局股票持票人注意

今有梁达星所持本局唐贻本户名航业股票十股，该票自三一七五一号至三一七六□号，产业股票五股，该票自一五八七六号至一五八八□号，来局照章请领股本银二百五十两。本局认为与规定收股期间相去过久，其中或有纠葛，兹特登报声明，如对前项股票有利害关系，发生异议者，应自登报之日起，两星期内来局陈明原委，逾期即行照章给领。

国营招商局启。

中华民国廿五年十一月廿七日。

（1936 年 11 月 29 日，第 20 版）

二十二　整理改组期间的股东维权

招商局各轮复航

招商局股东维持会为讨论重要事宜，昨晚四时在黄浦滩本会所开临时会议，公推陈永霖主席，洪雁宾纪录。主席即将宁波、温州、安庆及他埠团体商帮函电要求派轮开驶，以便交通各案付议。即经王少卿股东提议，略谓本局粤、汕工会前因南京当局有扣船之举，议决一致停航，藉以索还扣船，而本局损失实不资①矣。今既得双方当局谅解，扣船俱有放还之表示，本局为本国航权计，为国内交通计，为本局经济计，不宜久停，应将各埠轮船一律复航。盛蘋臣、袁履登二股东附议，主席付表决，全体起立通过。至复航之手续，公议交董事会相机办理之，议毕散会。

（1927 年 3 月 9 日，第 9 版）

招商局股东保持会成立会纪

招商局股东因时局关系，在静安寺路一百二十一号创立保持会，以保全血本、维持股权为宗旨，已见报载。前日下午三时，为该会开成立会，闻到会股东达四十余人，挂号股数已达二万余股之多，按照定章，在十分之二以上。当场公推董绥经君为主席。因外间对于该局谣诼甚多，而该局内容又日趋腐败，股东均甚激昂，当经议决各股东逐日均须到会讨论改善办法；并议定下次开会，请该局董事到会，详述年来亏折情形、负债实数云。

（1927 年 5 月 8 日，第 13 版）

---

①　不资：不可计数。

招商局股东临时监督委员会成立

招商局保持会经过情形，业记前报，昨日下午在四马路五号五楼开会，到会者八十余人，公推董绶经君主席。首讨论全体董监辞职问题。公议任期未满，应责成各董监维持现状，并由董会赶速召集股东大会，众赞成。次讨论保持本局方法，公议应组织股东临时监督委员会，推举张云抟、董绶经、许隽人、虞洽卿、张雄伯、徐宝祺、狄巽公、许公武、王亮畴等九人为委员，邵子愉为总干事，狄巽公、汪君硕为干事。复由张云抟、盛泽承、童亢舲［聆］、王允章诸君先后发言，谓政府已有宣言，本会认为诚意之督促，委员会应本此意旨，为恳切之协商，并使监督委员会实行监督，使局事前途有发展之希望。众鼓掌。议毕散会，已钟鸣七下矣。

（1927 年 5 月 16 日，第 9 版）

招商局股东保持会开会纪

商办轮船招商局股东保持会、监督委员会于昨日午后四时在福州路外滩汇业银行五层楼办公处开委员会，到有狄巽公、张云抟、张雄伯、董授［绶］经、许人隽［隽人］等九人，公推董授［绶］经为主席。招商局旧董事会董事长李伟侯出席，报告国民政府清查整理招商局委员接洽经过情形，各监督委员认为满意。次由各委员讨论整顿局务办法，讨论结果分为两点：（甲）整顿；（乙）清查。公推董授［绶］经为整理委员长，王亮畴为清查委员长，聘定徐永祚会计师为清查员。清查办法从民国元年起清查账目，并发表监督委员会宣言（从略）。议毕，散会。

（1927 年 5 月 22 日，第 15 版）

招商股东保持会三次委会纪

商办轮船招商局股东保持会临时监督委员会于昨日下午四时开第三次

委员会，到会委员董绥经、张云拊、王亮畴、许公武、狄巽公、虞洽卿、徐宝祺、许隽人、张雄伯等九人。对于清查整理，业由第二次会议互相推举董绥经、狄巽公、徐宝祺等三君担任清查主任，王亮畴、许公武、张云拊等三君担任整理主任，并由各委员提出建议，一俟修正发表。旋由董绥经委员提出本会办事细则十二条，当即逐条修正通过，即日实行。议毕，散会。

（1927 年 5 月 26 日，第 10 版）

招商局昨开股东临时会

商办轮船招商局昨日下午二时开股东临时会，计到会股东四万七千零二十四权，已足过半法定人数，由到会各股东及政府委员向总理遗像、党旗、国旗行三鞠躬礼，恭读遗嘱，全体静默三分钟。主席股东李伟侯宣告开会宗旨，谓本局迄年以来营业日衰，经济日迫，维持现状非常困难，请到会各股东共商善后办法，公司幸甚。

当由政府委员潘宜之君谓，招商局因历来办理未善，航业日形失败，未能与国外航权争衡；若不加以整理，于国家航权实非常痛惜。国民政府委员改善局务，原为促进我国航业进步起见，中国航业前途实有莫大关系云云。

次由委员虞洽卿君谓，我国航业以招商局为惟一领袖，惟因董事中或有把持，或有放弃，或有未能行使职权，以致营业日形衰落，几于不能维持，一年之损失如煤炭价格之吃亏、冗员薪水之开支及其他各种无益之消耗，若不切实整顿，恐至不可收拾。政府委员改善局务，无非为中国航业前途计，毫无其他意思，请各股东谅解，并希力谋进行云云。

次由委员杨端六君报告审查要略。当由股东王允章君谓，本会承政府委员出席训示，非常感激，但今日系股东大会，而非委员报告会，请委员暂缓发言云云。当由委员杨杏佛君谓，今日贵局股东大会，到会诸君恐于言论上有所顾忌，本席代表各委员宣告退席，请诸公讨论局务云云。诸委员全体退席。

股东童亢聆君谓，请董事挽留政府委员。当由董事盛泽承君等一致挽留，各委员均已退席，惟虞洽卿君照旧出席，但以股东资格行使股权。

股东徐翰臣君谓，董事长李伟侯君主席，本为多数股东所赞同，惟于言语上诸多隔膜，且又声浪细小，以致本会股东均不明了主席意思，可否于股东中请一声音洪亮之人为李君传达意思，以免误会云云。应梦生君附议，多数通过，并即请徐股东担任此职。众赞成。

童亢聆君谓，为便利表决种种议案计，请主席变更议事日程，先议股东股权。本席主张本局股权应以一股一权为适宜，且与国民政府委员意见一股一权之意相合，请讨论。张一鹏君谓，股权平等为股东公共利益，应以一股一权为决定。邵子建君谓，照前章程办理。俞仙亭君谓，本席绝对反对一股一权之议。张一鹏君谓，今日到会股东之股数为五万零〈零〉三十三股，而计算股权有四万七千零二十四权，相差之数尚不过多，请诸公不必争议云云。张四维君谓，将该案保留。巢少梧君谓，一切无谓之争似可不必，请以投票法表决行之。主席谓诸公徒多争议，与事无益，请在席之政府委员虞洽卿君表示意思，使各股东得以乐从。张一鹏君谓，本席主张尊重国民政府意见书办理。虞洽卿君谓，国民政府委员主张一股一权，是有办法，应即以该意见书为标准。张仲炤君谓，现在遵照国民政府委员意见书，以一股一权表决之，将来俟真姓名记名股东确定后，于四十天内有股东提出讨论时，遵照国民政府训令办理；如果认为股权应受限制，亦须兼筹并顾，妥议办法，以资遵守。张一鹏君谓，仲炤先生所说一股一权，本席极端赞成，但须无异议时即可通过。众无异议，通过。

主席提出讨论财政案。虞洽卿君谓，现在航务重要，应变更议事日程，提前讨论航务。主席付表决，多数举手赞成通过。

洪锡蕃君请虞洽卿先生讨论航务，虞洽卿君谓，本席供业航务，自应避嫌，请到会各股东共同讨论。张一鹏君谓，请将董事会局务计划意见书逐案讨论。主席谓，请将开拓国外航业案并案讨论。虞洽卿君谓，现在招商局自顾不暇，遑论国外航业，本席未敢赞同。童亢聆君谓，应将财政、航务、局务分别讨论。张一鹏君谓，第一、第二两案应合并办理。巢少梧君附议，多数赞成，通过。

张一鹏君谓，董事会处于监督地位，应行使监督职权，勿能再兼办事，重蹈覆辙。虞洽卿君附议，各股东多数举手赞成，通过。童亢聆君谓，董事会应由董事互选常务董事二人，常川到会办理会务，不得兼充各科事务，以清界限。虞洽卿君谓，常务董事应轮流办事。应梦生君谓，常务董事应以行使执行董事会会务为限，不得兼办会务以外之局事云云。主席付表决，如赞成常务二人者请举手，多数举手赞成，通过。

刘忠德谓常务董事名额二人，现已表决通过，应于一届股东会董事选出后，由董事会在［再］选之，其轮流与否，由董事会决定之。张仲炤君、虞洽卿君附议，众赞成，通过。应梦生君提议，谓董事长应改为一人，不必再用正、副会长名义。主席付表决，各赞成董事长一人者请举手，多数举手赞成，通过。

虞洽卿君谓，董君［事］夫马费应否议定。张仲炤君谓，董君［事］夫马费至多不得过一百元。巢少梧谓，本局薪给向以两数计算，应改为每月董君［事］夫马费一百两。主席付表决，多数赞成，通过。

童亢聆君谓，船务、机务应与营业绝对分离，不能兼办，盖此种职务均有授受关系，务使互相监督。在本席意见，应将营业、船务、机务分为三股，秘书、稽核、会计分为三处，互相监察，藉以防微，但须取人才主义，并不得由董兼充。张一鹏、应梦生、虞洽卿三君附议，多数赞成，通过。

主席谓第二案用人须取人才（主义），请众讨论。张一鹏君谓，用人应以人才为先，公司用得其人，营业当然发达；用失其人，营业必至失败。徐翰臣君附议，并申述一语，"须重道德"云云。众赞成，通过。

主席谓第三案，开拓国外航线，请讨论。应梦生君谓，该案已由虞洽卿君说明，本局自顾不暇，遑论国外，应从缓议。众赞成，缓议。

童亢聆君提议，应由董事会责成各科办事人员，将以前各科处经办事件利弊及账略应以后新计划，于下届股东会十日前汇印成轶，送交各股东先行考核；各股东亦将意见送董事会，提出议案，印成分送股东讨论。虞洽卿、洪锡蕃、应梦生三君附议。众赞成，通过。

虞洽卿君提议谓，本局挂名差使之干薪应一律革除。全体赞成，通过。

应梦生君提议，谓本局翻译至三十三人之多，请宣布姓名，应否减少，请众讨论。主席答复谓，本局并无三十三人翻译，当由虞洽卿君宣布名单毕。主席答称，董事会向来不知本局用人，是以未尽明了，请诸公原谅。应梦生君谓，应将三十三人一律裁撤。众赞成，通过。

周树棠君谓，本局各轮船公司多向系〔系向〕祥大源一家交易，以后应用公开制，以免吃亏，不得再蹈故辙。众赞成，通过。

主席谓，本局财政计划应请诸公讨论。应梦生君谓此项计划已由童诗闻君提议，应由董事会将新计划及以前各账于下届开会前送交各股东考核，再定办法。全体赞成，通过。

童亢聆君声明，讨论财政问题应知（一）最近估计之确实雇价及其他资财数，（二）负债实数及其种类、性质、息率、抵押条件，（三）整理极准确之新预算，方可讨论。故本席主张责成董事会将上述各项准备齐全，于下届股东会前十日印送股东，即于下届股东大会时讨论之。现在应将财政问题保留，缓议。全体通过。主席宣告散会。

（1927 年 6 月 26 日，第 14 版）

仁济和保险公司办理股东登记

本埠仁济和保险公司总董李国杰，于本月五日呈请交通部长王伯群，为依法办理仁济和保险公司股东登记，并附呈登记暂行规则，请为备案。当于六日奉到王部长指令，略谓：呈及规则均悉，此次该公司办理股东登记，自系为编制股东名簿，召集股东大会之准备，应即准予备案，仍将办理情形，随时呈报，仰即遵照云云。兹将该项规章录后：

仁济和水火保险股份有限公司股东登记暂行规则

第一条　本公司股东以中华民国人民为限，遵照《公司条例》，所有股票一律改用记名式，应请股东将姓名、住址及印鉴，开送本总公司，登记股东名册。如有愿以堂记、商号等出名者，仍应报明所有人或代表人姓名、住址，由总公司登记，以便稽考。将来遇有变更时，并应随时报明更正。前项住址变更，如不报明，本公司致关于通告股东之件未能投到者，本公司不负其责。

第二条　股东应各将印鉴送交本总公司存查，如原送印鉴有遗失或废止等情事时，应从速报明本总公司，并另行换送印鉴。其在未经报明以前，业已发生纠葛或其他情弊，本公司概不负责。

第三条　股东不依前条规定照送其鉴，因而发生纠葛或其他情弊者，应由股东自理，本公司不印［应］负责。

第四条　股票买卖让与，应由原股东会同新股东填具股票让与过户换票。申请书连同股票，径送本总公司，或由分公司及代理处所，转送总公司查核后，即予过户换票。

第五条　股票继承，应由继承人填具股票继承过户换票申请书，连同股票，并亲属证明书，径送本总公司，或由分公司及代理处所，转送总公司查核后，过户换票。

第六条　股票抵押时，应由受押者及原股东联名填具股票抵押挂号申请书，径送本总公司，或由分公司及代理处所，转送总公司查明挂号，并由总公司函复为凭。

第七条　股票遗失时，应具股票挂失申请书，径报本总公司，或由分公司及代理处所，转报总公司，并在当地日报二种以上公告作废，经过三个月，如无声明纠葛，始得填具补领股票保证书，凭保请领新股票。无论票折均失或有票失折，或有折失票，均同此办理。遗失之股票息折，以及仅遗股票或遗息折，倘于未经补发新股票折前发现时，应即通知本总公司，取消挂失之声请，并前项登报声明。但补票费不得退还。

第八条　股票息折经报失后，应俟查明并无纠葛，始得停止过户换票、付息暨抵押挂号。如在未经查明以前，业已过户换票付息，或抵押挂号，倘有纠葛，应由股东自理，本公司不负其责。

第九条　股东遗失股票息折，如用电报报失者，应再具函声明，函电不符处，以函为准。

第十条　股东遗失股票息折，如欲各地本分公司及代理处所，致电总公司报失者，其电费须由该股东认缴。

第十一条　股票转卖、让与、继承、抵押或遗失，有纠葛时，非俟双方和解，或经官听判决确定后，不得补给股票息折或过户。

第十二条　股票息折过户费，每份应纳规银五钱，换票及补领新票折同之。

第十三条　股东依照本规则填具前列各项申请书，均应署名盖章。其所盖之章，须与原送印鉴相符。

第十四条　本规则如有未尽事宜，得随时由董事会修改之。

（1928 年 11 月 10 日，第 16 版）

商办轮船招商局股东之呼吁声

我局自总管理处接办以来，瞬逾九月，股东会无期延缓，现已由八千余股之股东公推蒋君尊簋、董君康、汪君有龄为代表，呈请政府按照历次宣言，召集股东大会，其呈文业已登载《申》、《新》、《民国》三报，谅荷公鉴。同人等因此事关系重大，特假静安寺路静安里六百七十三号讨论一切，凡我股东如有表示同情、愿意加入者，请于每日下午四时至七时惠临该处接洽为荷。

商办轮船招商局八千余股股东刘初蓍、金仁生、章徇公、史润生、潘干丞、洪筱楼、王稺儒、张天麟、陈山寿、周万激等谨启。

（1928 年 11 月 16 日，第 2 版）

商办轮船招商局股东代表上国民政府暨五院请开股东大会呈稿

呈为商办轮船招商局股份有限公司有五十余年之历史、四千余万之资产，为国内民有自办航业最大机关。迩年以来，凡我航业因受国内战争之影响、军阀摧残之结果，以致全国商业罔弗一落千丈，而航业所受之损失尤为重大，言之殊可痛心。我国民政府对于本公司初则派员清查，继则派员监督，无非为国家保护航权，为股东保全财产，原无取而自代之心。讵有久假不归之理，乃董事会久经解散，股东会无期召集，营业日减，债累日深，破产之期迫于眉睫，股东等创巨痛深，椎心泣血，与其束手待毙，何如冒死力争，刀锯鼎镬无所逃命，誓不达目的不止。敢将下情，为我政府贤明当道涕泣陈之。

查招商局创始于前清同治十三年，除船载客货外，以运漕为大宗，督办之设实由于此。厥后漕运停办，督办亦同时取消，当即遵照《商律》呈部注册，正式成立股东会，组织董事会，是招商局之为完全商股商办公司，自始已然与其他商办公司初无殊异。若谓商办航业应归政府处理，则

922

与招商局吨位相等之航业公司，北有政记，南有三北，不闻交通部有接收之议。更以欧美航业而论，无不为商人之所经营而受政府之补助。最近美国柯立芝总统且有批准航业商办之明文，诚以商业一经官办，弊害丛生。就招商局近事而论，自总管理处接收以来，任意把持，开支突过于前，营业锐减于昔，局务积弊之深更甚于曩日。是政府欲整顿我招商局，而转使之腐化也；欲保全我股东之血本，而转促其生机也。清廉政府之下，乃有此怪现象，此股东等不甘缄默者一也。

国家大信不可失坠，读清查整理委员会公布宣言，并监督就职宣言，一则曰公司主体在股东，最高事权在股会；再则曰政府希望股东勿再放弃权利，政府只能处于指导监督地位，不能越俎代庖；三则曰俟股东会依法开成，董事会完全负责，则监督处亦可撤销，与普通公司受同等之待遇；四则曰政府尊重民办利益，若有以全部没收为国有等词相谣惑者，且将绳以三尺之法。凡此振振有词，匪不大公至正。乃未几则由监督而改组矣，又由改组而接收矣，又由接收而派员管理矣。今忽以招商局而创商有国办之奇论，并以招商局而定官商合办之主张，口血未干，前言尽食，国家威信纵不足惜，其如实业前途何！

又查国民政府《交通部组织法》第九条第四项关于监督民办航业及水上运输事业之规定，尤可证民办航业本为政府之所许，而政府对于民办航业其权限亦仅及监督而止，规定何等分明。今当局不仅扩充监督之范围，抑且攘夺民办之航业，严格言之，是违反政府之组织法也。共和国家首重法律，上无道揆，下无法守，政府方以法治昭示天下，而乃竟有此违法举动，将何以慰喁喁属望之民耶？此股东等不甘缄默者二也。

招商局既为完全商办公司，自始并无官股，亦未得政府补助。光绪初年因归并旗昌洋行，经济不敷周转，曾禀准南北洋大臣借拨官款一百九十余万，订期计息，不数年间即已还清，是其息借之款，完全与政府补助性质不同。嗣后招商局日形发达，且曾每年报效政府十余万两，有案可稽。今无端欲收归官办，宁有是理？即进一步言之，各国政府补助航业公司俱有先例，如美之提督公司 Admiral Line，本欧战时运输舰所改组，营业殊无发展，政府每次补助款项；又如法邮船公司 Compagnie Des Messageries Maritimes，因亏折欲行停航，政府以此线关系安南□，［于］紧要时仰托外人输运，发生政治之危险，责令赓续办理，亦由政府补助款项，从未闻特施限制，概归官办。查招商局于民国三年股东大会议决，划分航业、产业两公司，除积余产业股份四百四十万元完全与航业无涉，另设公司外，其航业股份八万四千股，每股元一百两，共计股本八百四十万两，而照时值估计所有资产实不下四千余万两。至其航线则北至烟津，南至汕粤，上至宜渝，下至淞沪，纵横几及万里，今后时局和平，全国统一，营业前途何难发展？乃自接收管理以来，绝不见有何规划。而南洋航线则自改组以后完全停驶，嗣遭商界剧烈之非难，方始恢复。近又撤换津局局长，以致引起工人罢工，客商罢运，津船停驶，使局中蒙数十万极大之意外损失，影响全局，营业一落千丈，股票将成废纸。循此以往，必有不可收拾之一日。尤可骇者，以近日所闻，竟将招商局最优美之金利源码头一带房屋订三十年之期限，轻租抵借于久昌公司，致招商局受契约之拘束，蒙极大之损失，此股东等不甘缄默者三也。

商办公司之组织最重要者为股东会，政府历次宣言有公司主体为股东，最高事权在股（东）会之语。监督办公处召集招商局股东会通告，亦有一切整理进行，均有待于股东决议之文。是当轴自始亦认股东会为商办公司中最高之决议机关，而不可久付缺如也。股东协济会根据监督整理完竣，交还股东自办之宣言，请求召集股东会，恢复原状。交通部迫于公论即核准于五月十五日继续股东登记，六月十五日开会，已公布矣。忽利用董事长一纸之呈请，借口多数股东未能普及，复将登记延至七月五日。而对于股东大会，则更须待至股东名册造成以后。现在登记期满已逾数月，登记股东已逾半数，乃迄未有召集之表示。是殆不欲我招商局有股东会之成立也。按之宣言则如彼，观其行事则如此，出尔反尔，莫此为甚，其奈政府之威信何？此股东等不甘缄默者四也。

以上所举各端，皆为现时招商局受害最烈之点，而尤以股东会无期召集为根本之障碍。总之，招商局本为完全商股、始终商办之航业公司，清查委员会既有希望股东自身奋起之宣言，监督处复有核准定期召集股东大会，交还股东自办之成案，息壤未寒，岂容反汗？如以商股商办之公司而政府可予夺任情，则国中稍有名之实业，谁保其不为招商局之续？法律保障失其效用，人民产权毁灭无余，已投资者栗栗危惧，未投资者人人裹足，是牺牲招商局一公司，不啻间接牺牲无数之商办公司也。我国实业方在幼稚，提携奖护犹虑不及，此等强制执行实业自杀政策，实与先总理保障民权、实业救国主义背道而驰。为今之计，非召集股东大会，迅筹恢复原状，彻底公开解决方法，以免公司陷于万劫不复之地位。现值我国民政府训政开始，五院成立，凡百事业均待刷新。招商局尤为我中国首屈一指之航业公司，更应竭力维护，挽救航权。查《公司条例》第一百四十六条，股份总数十分之一以上之股东得请求召集股东会。今股东集合已达八千余股，核与请求召集股东会条例相符，业经呈请政府主持公论，转饬交通部按照历次宣言，及核准开会成案，即日定期召集股东大会，迅筹彻底公开解决方法，以利进行，实于航业前途裨益匪浅。

商办轮船招商局股份有限公司股东代表蒋尊簋、董康、汪有龄。

（1928 年 11 月 16 日，第 2 版）

招商局股东代表请总商会援助

——主张召集股东大会，公开解决

商办轮船招商局股份有限公司股东代表蒋尊簋、董康、汪有龄等，致函上海总商会云：

> 商办轮船招商局自经政府接管，弊害丛生，开支突过于前，营业锐减于昔，股东之呼吁，舆论之讥评，业已昭昭在人耳目，无容讳饰。现在董事会久经解散，股东会无期召集，前途险阻，风雨飘摇，凡我同人奔走相告，金以长此放任，其危险何堪设想！当由八千余股之股东公同决议，按照《公司条例》第一百四十六条之规定，呈请政府按照历次宣言，召集股东大会，迅筹恢复原状，彻底公开解决方法，以维政府威信，而免公司陷于万劫不复之地位。惟念事关重大，全赖各方热心援助，据理力争。贵会领袖群商，迭承呼吁，现在尊簋等既被股东公推代表，出任难巨，应请轸念航业前途，一致陈请政府，共图挽救，实深感纫。附上原呈一件，并希察阅为荷。

（1928 年 11 月 18 日，第 13 版）

总商会请召集招商局股东会

总商会昨呈国民政府云：

南京国民政府行政院谭院长、冯副院长钧鉴：仍岁以来，民间频首蹙额而相告曰，"营业难，投资不易"。问其故，则所举之例证夥颐，而招商局管理问题，常首屈一指。闻之者初虽犹豫，而夷考其实，则未有不扼腕太息者也。盖招商局为商办轮船股份有限公司，具有悠久历史，通国皆晓。即上年清查整理委员会公布宣言暨监督就职宣言，亦曰"公司主体在股东，最高事权在股东会，俟股东会依法开成，董事会完全负责，则监督处亦可撤销，与普通公司受同等之待遇。政府尊重民办利益，若有以全部没收为国有等词相谣惑者，且将绳以三尺之法"。煌煌宣言，大公至正，不啻汉初之约法三章。未几由监督而改组而接收，而派员管理，度必由于股东会未能依法开成，董事会未能完全负责，为国家保护航权，为股东保全产业，一时权宜之计，无久假不归取而代之之理。讵料商办轮船招商局自经派员管理之后，开销加多，营业转逊，房产任意抵押，航线则逐渐短缩，股权既经剥夺，股票几成废纸。股东不甘暴弃，偶尔条举询问，冀有献替之机会，且遭呵斥，遑论其他。法令赋予之权，股东何辜，遭此困阨，是赢秦之所不敢为，而苏俄之所不惮改，风声传播，闻而骇走，无惑乎全国人民有投资灰心、营业解体□〔之〕感也。伏查各国商业政策，对外纵有自由贸易保护贸易之殊，而对内靡不是认自由放任之策，欧美航业咸归商办，政府但有辅助公司，绝无干涉，是营业日形发达，商业因而隆盛。我国招商局前在商办时期，曾经每年报效政府至十余万两之巨，有案可稽，嗣以频逢战乱，军阀摧残，该局业务始随全国□业而凋落。当兹全国统一建设开始之际，全体股东不乏熟谙航业之人，如果股东会得以依法召集，急起直追，整顿局务，不难重振旧业，追踪欧美。乃自派员管理，暂时官办而后，即已弊害丛生，濒于破产，政府果何爱于一人之禄位，致使全体股东耗其血本，后来者对于营业投资谁不寒心？是管理一招商局，无异阻遏无数之企业，未免于 [与] 先总理实业救国之政策大相抵触。近闻该局股东登记已在半数以上，按照公司第一百四十六条之规定，呈请政府召集股东大会，迅筹恢复原状，彻底公开解决方法。伫候多日，未奉命令，商民惶骇，与日俱增。商会为商业法定机关，负有改进工商业、策安全之责任，为维护航业起见，理合据实沥陈，电请院长□ [体] 察舆情，准如所请，迅饬交通部按照历次宣言，核准开会成案，即日定期召集股东大会，恢复原状，以维实业而安人心。不胜迫切待命之至。上海总商会叩，敬，印。

（1928 年 11 月 26 日，第 16 版）

工商部批准招商局召集股东会

——咨请交通部核办

招商局股东代表蒋尊簋等，前呈工商部，请转咨交通部，定期召集股东大会，迅筹解决方法。现奉工商部 "商" 字第一五四〇号批示云：

呈悉。查该局创办多年，经营不善，以致弊窦丛生，航业自瘵。政府代为整理，俾易就绪，原为万不得已之举，倘因此而妨害及股东权利，自非初意。本部职司保商，对于实业隆替，负有专责。该股东代表等，沥陈经过情形，愿请定期召集股东会各节，自应量为维持，以恤商艰。除已据情咨请交通部核办外，合先行批仰知照。咨交通部文并附抄发，此批。部长孔祥熙。

（1928 年 12 月 13 日，第 14 版）

蒋尊簋等为 "新华" 轮事通电

——主张速开股东会定根本计划

蒋尊簋等为 "新华" 轮沉没事，昨通电云：

南京国民政府蒋主席、各院院长、各部部长、各省党部、各商会、各团体、各报馆均鉴：窃商办轮船招商局，自部派赵铁桥总办局务以来，劣迹多端。如船舶之毁损、账目之捏造、开支之浮滥、营业之锐减，其已表显于外部者，迭于尊篆等电呈中陈明大概。兹由政府派员彻查，我股东等咸闻而雀跃，逆料种种黑幕，当不能再隐伏于青天白日之下。而平日关心招商局事业者，如商会银钱两公会、航业公会、华桥［侨］联合会、中国驾驶员总会以及其他公正团体暨有心人士，亦莫不谓政府此举，必有以恤商艰而保航业。乃不谓彻查之事正待进行，而赵铁桥之穷荒极谬，又发见于"新华"轮船触礁沉没之恶耗。查"新华"船建造不久，即连本年计之，亦仅及八年，居招商局全部各轮中第一。因赵铁桥措置乖方，商局各轮，现仍能走香港者，只有"新华"与"泰顺"两轮。今以久走港沪之船，近灯塔显明之处，在天气晴朗之际，竟至触礁沉没，港电到沪，闻者悲慨。各报记载出事时间，正由二副郭振辉值班。查二副一职，按时轮值，其地位虽不及船主，而利害所关，亦与船主无异，全船生命、巨额货物、股东血本、商局名誉时系于二副一身。宜如何因事择人，慎重任用。又查国民政府交通部《商船职员证书章程》第六条第三项，在商船上继续服务已满四年，并曾充二副满一年以上者，得给予二副证书。可见二副之选，其难其慎。乃今充二副者，甫于上年夏间考入商局驾驶员养成所，派往各船练习，及十二月即派充"新华"二副，知者无不骇诧。金谓中国目下百事进步，人才辈出，学问经验颇多上选，苟能取之有方，即可用之不竭。乃赵铁桥素无航政知识，又不信专门学问，全船生命非所念，巨额货物非所重，股东血本非所关，商局名誉非所虑，竟悍然违背交部定章，以尚无历练之人，躐授①重要驾驶之职，偾事肇祸，亦固其所。独怜葬身于此役者，多至四百人，公私损害在三百万以上，而无形之损失，又不知以若干，计即食赵氏之肉，亦不足蔽辜于万一。所有善后救济事宜如何布置？商局已受损害，如何恢复？定何种用人方法，而后使乘客有恃无恐？立何种整理方案，而后使商局不至破产？亟宜官商一心，公同筹议，开股东会，以杜纠纷；

---

① 躐授：越级任命。

定根本计划，以策进行。经纬万端，决非积尤丛谤之赵铁桥，所能参预其事。应恳我政府垂念商艰，博采舆论，勿怙整理之虚名，而坐蚀股东之血本，鉴空衡平，虚己以听。庶几一年来迭次肇祸之事，得免再见于他日，而乘华轮之爱国人民，不至牺牲其宝贵之生命，国家辛甚，航业幸甚，我股东亦幸甚。迫切上陈，不胜悲愤待命之至。再呈正缮发间，读报载交通部长发令总办赵铁桥一电，事事明正，该总办之罪，语语均股东所欲言，部长如此贤明，航业前途之福也，股东之幸也。谨当伫待开会新命，详筹整理革新之策，先为八万股股东感谢，合并附陈。蒋尊簋、董康、汪有龄叩，巧。

（1929 年 1 月 19 日，第 13 版）

招商局股东对"新华"轮事通电

东南通信社云，招商局股东王恭记等，为"新华"轮事，昨通电云：

南京国民政府蒋主席、各院院长、各部部长、各省商会、各团体、各报馆暨全国同胞钧鉴：航业公司之于船舶，对内则为众股东血本所结合，对外则为乘客财产生命之所托付。经理其事者，于选任驾驶人员，应如何慎重将事。乃招商局总办赵铁桥，莅任瞬经一载，平日之于局务，罔知整顿，而于驾驶一项，多以智识幼稚能力薄弱充数。统计此一年中，船舶之因驾驶不慎出事者不计其次，恭记等关于此点，业经列入请求查办之一。赵氏为对待股东虚构成绩，一若代表等之陈述，无不构成诬告或伪证之罪者。不意前日又有"新华"轮船于香港口外触礁沉没一事，乘客死者凡三百余人，货物约及百万，而该轮构造之价为七十万元，且船龄之轻，为本公司第一优美之船。闻驾驶之员，系水产学堂甫经毕业，月修仅八十元，以如此重任，而付之于毫无经历之人，殊不知一经肇事，亏损者为股东。遇害既如此之众，必有殷实绅商知识优越者在内，则要求赔偿，必赓续而来。其责任表面为招商局，内容则为股东，管理如此腐败，人民怵于闻见，试问何人再敢乘坐？则将来收失败之效果者，又为股东。我股东胡不幸而遇赵氏，致膺巨创，政府又胡不幸而为本司致失衡鉴也。恶耗传来，众股东痛愤莫名，以利害切己，集议要求代表请求政府，继续前案，严予惩办。正在起草间，伏读本埠各报，载有交通部将赵氏记过之电，其文云：

据报"新华"轮船在香港附近触礁下沉，溺死乘客数百人，损失商货甚巨。查"新华"船身仅有八年，失事由于触礁，足见对于船员人等，用非其人，滥竽充数，平时无密之考查，致屡有惨案发生，殊负政府派员整理之初心，复失人民之厚望。该总办扪心自问，能不汗流？该局船务科所司何事，既于船务管理未肯具备应有之智识能力，即当遴选专材，以重职责，岂能徒事迁就，致酿变端。该总办管理经年，徒闻整顿之宣传，躬行每多未遂，而船舶之触壤毁损，层见迭来，即此足见平日之空言铺张，深负委任，应将该总办及船务科长先行各记大过，听候查办。仍令负责赶办善后救济事宜，并随时详报候夺。公理未泯，当局措施，一秉大公，凡我同人，同深激涕。窃思赵氏任内，因经理不当而致损失，虽尚未着手清算，即此一役，损失当在数百万元以上。伏乞钧院饬交通、工商等部，并案依法查办，并责令赵氏负完全赔偿之责，以儆偾事而肃官常，无任感激。招商局股东王恭记、郁屏记等叩。

(1929 年 1 月 21 日，第 13 版)

蒋尊簋等电请召集招商局股东会

招商局股东代表蒋尊簋等，昨电呈政府云：

南京国民政府蒋主席、各院院长、各训部部长、招商局监督处暨各商会、各团体均鉴：窃商办轮船招商局，为我国民办航业最大、最久之公司，我政府以其关系国家航权、股东血本，根据《交通部组织法》民办讯业之规定，暂时出而整理，原属一时权宜之计，本无取而自代之心。读上年清查整理委员会暨招商局监督屡次宣言，一则曰公司主权在股东，最高事权在股东会，再则曰俟股东会依法开放，董事会完全负责，则监督处亦可撤消，与普通公司受同等之待遇。凡我股东，固不敢致疑政府之别有作用也。顾自政府代为整理以来，弊害从生，人言啧啧，其腐败症结已表曝于外者，如营业之锐改、船舶之毁损、开支之浮滥，业经尊篆等胪举事实，先后呈明，并迭经呈请召集股东大会，迅筹救济各在案。政府亦明知整理结果，不足以餍国人之望，遂有派员彻查之举。不谓近数日间，"新华"轮船又复有触礁沉没之惨剧。该局负责者尚屡次文电，竭力宣传其办理该局之努力。讵意墨迹未干，而对于航业及乘客唯一托命之驾驶人员，用非其人，致酿巨变。政府整理航业，得此结果，使人民对国□事业，发生极大失望；对本国局轮，不敢绝对信任。迭据报载，自"新华"失事，南洋客货已一致拒装本埠客货，又均改装洋船。洋船水脚本属克己，乘此招揽生意，与各埠客商订立长期合同。近数日来，洋船公司货运拥挤，收入突增。长此以往，商局营业一落千丈，自在意中。南洋既无货可揽，势不能长放空船，必至将□［此］路航线放弃而后已。日就商局营业状况而论，非得有工商界之合作、银钱业之协助，决难期其发展。政府整理经年，成效安在？想各界信仰政府之心，易而为怀疑恐惧。欲其同心合作，不其难乎？政府以整理为职志，而内之不能维持其营业，外之不能取谅于各界，是亦不可以已耶。抑更有言者，欧美各国政府对于商办航业公司，只有补助款项，从未闻越俎代谋。招商局本为完全商办之公司，清查委员会既有自身奋起之宣言。招商局监督复有核准开会之成案，信誓旦旦，岂容反汗？尊篆等只知政府之代为整理，系暂时的而非永久的，系美意的而非恶意的。整理而有成效也，固当实践宣言，交还商办，以尽扶持之责任。整理而无成效也，尤不宜久假不归，致失商民之信仰。政府明达，讵不知此？顾尚依回审慎者，殆误于招商局总管理处之宣传耳。今者宣传破产，劣迹昭彰，不特为全国民众所共知，抑为交通部主管机关所公认。官办之成效如此，商局之危险如彼，不知政府果何爱于总管理而不忍撤消？又何憎于招商局而靳予交还？为今之计，非请迅予召集招商局股东大会，彻底公开，不足以谋根本之解决，而救商局之危亡。尊篆等非不知商局损失已巨，挽救不易，徒以血本所关，苟有万一之希冀，宁忍坐视而不救。政府果能实践宣言，交还商办，行见商情融洽，人心镇定，人之爱国，谁不如我，桑榆之收，或当未晚。若犹以彻底为敷衍门面之计，去赵为缓和空气之用；不恤宣言，不顾威信，一意孤行，为德不卒，招商局固陷于万劫不复之地，其他中国之实业公司，将无不人人自危，从此投资灰心营业实体。是牺牲一招商局，不啻牺牲无数之实业公司，恐非为民众谋幸福之革命政府所宜出此，此则尊篯等所尤引为痛心者也。迫切陈词，罔知忌讳，伏乞矜宥。蒋尊篯、董康、汪有龄叩，漾。

（1929 年 1 月 24 日，第 13 版）

招商局股东致李伟侯书

东南通信社云，招商局股东吕静润等昨致该局董事长李国杰书云：

伟侯会长大鉴，启者：叠见报纸所载，赵总办与我八千余股之股东代表蒋、汪、董三位通电辩驳，各执一词，我股东如入五里雾中，莫明真相。赵总办电称自管理以来，营业增进，收支相抵，有盈无绌，自赡有余，非惟不须借债，抑且减轻旧欠。而蒋、汪、董三位代表之通电，则谓水脚有毛数、净数之别，且本年折扣回佣甚巨，毛数三百万两，断无二百五十余万之净收；又称代还旧欠者，查得以轮船六艘作抵，系借得新债六十万，仅还去一部份之旧债利息而已；他如赵手取各船栈之保证金数十万，及久昌公司房屋押租十余万，以及数月间之各项账款，如船员辛工，如煤炭，如修理，如债息，无一不积欠甚巨，此皆举债无异，不得谓之减轻旧欠，不借新债等云。然则赵总办之电是耶，三代表之电非也；三代表之电是耶，赵总办之电非也？我股东身处局外，疑信参半，只因血本攸关，担负已重，整理有效，固所愿也。乃层案叠出，言之痛心。幸蒙我政府当道明察，派员彻查。不意我股东正在静候之际，陡闻赵总办密向某银行以十船作抵，借银七十万两，为弥补账款之举，言之凿凿。我股东百思不得其解，盖总办固明明电称有盈绌，自赡有余，何以当此查办员尚未彻查公布之前，忍向银行抵借七十万之巨款？如此弥补账目，我股东誓不承认。因思会长同处局中，是否事实，应知其详，以及连月以来，赵总办与三代表之通电，究竟谁是谁非，务乞迅赐答复，俾明真相，不迫切待命之至。专此，上请大安。在苏州招商局股东吕静润、徐杏生谨启，三月一号。

（1929 年 2 月 5 日，第 13 版）

仁济和水火保险公司召集股东大会通告

径启者：本公司办理股东登记一再展期，业于一月十五日登记告竣。兹订于阳历四月二日下午二时在上海福州路五号本总公司召集股东大会，议决公司章程，报告四十三届账略及营业情形，并选举董事、监察人。请各股东于会期十日前携带本公司所发验股凭条，加盖印鉴，前来本总公司领取入场证、议决票、选举票等。如因事不克到会，务祈于期前出具委托代表证书，托由他股东代表列席，俾资接洽。再，本公司股票自登报日起，遵章停止过户与登记各事宜。除另发通知书外，特此通告。

仁济和水火保险股份有限公司董事会长李国杰谨启。

（1929 年 3 月 4 日，第 3 版）

仁济和保险公司股东大会

昨日下午二时，福州路仁济和水火保险股份有限公司正式召集第一次股东大会，到该公司股东李伟侯、唐应华、李次山、欧阳荣之、许修直等七千四百三十权，公推李伟侯主席，行礼如仪。首由主席报告开会宗旨，略谓：今日仁济和公司举行第一次股东大会，查仁济和业务关系委托招商局董事会代理，外界不明真相，谓是招商局之附属机关，后于招商局改组之际要求独立，蒙监督处明令核准，即着手办理公司注册及股东登记等事项。此次召集各股东成立正式股东会，选举董事、监察人，聘任经理，以期发达云云。旋由欧阳荣之报告营业状况，会计师徐永祚报告账略，计去年该公司纯公司纯益共洋九万九千四百余元；次通过公司章程毕，各股东投票选举董事及监察人，当场选出董事，计欧阳荣之（五九七八权）、李伟侯（五九六六权）、唐应华（五四二八权）、李次山（四九一四权）、许修直（四四三二权）等五人当选，监察人张锦（五〇四五权）、徐永祚（四七四五权）二人当选。至五时许，始茶点散会。

（1929 年 4 月 3 日，第 13 版）

招商局筹备召集股东会

招商局自二中全会，决定由国府直辖委派专员办理，性质已早确定。现在该局专员，亦经国府派赵铁桥氏代行职权。赵氏就职后，以股东地位亟须保障，曾屡次发表谈话申明此意。现为进一步实现此事起见，已由局中通函各股东，即日到局登记，俟登记办理就绪，即定期召集股东会，由股东选出代表，参加一切局中设计及监督事宜云云。

（1929 年 12 月 19 日，第 14 版）

积余产业公司召集股东大会通告

径启者：本公司于本年五月间曾将公司设立先后事实，暨委托招商局董事会历年代理业务情形，详晰申明，呈请上海特别市社会局转呈工商部注册，于五月二十四日奉社会局第三一六五号批："兹奉部令，内据该公司声称各节尚属实情，所请注册应先予照准，合行填发执照一纸，仰转给具领。将来该公司章程订定，选举董事、监察人，制就股东名簿，各事完竣应即依法补呈备案等因，仰即遵照办理"等因。业经遵于六月一日起登报通告，办理股东登记，一面抄呈注册批令及部颁执照，并将遵令办理登记等情呈报监督察核，于七月一日奉第九一号指令准予备案等因，各在案。现在登记一再展期，业已办理告竣。查积余公司原订章程系由董事会长负完全责任，兹特订于国历十九年一月十九日下午一时在上海福州路五号本总公司召集股东大会，议决公司章程，报告账略及营业情形，并选举董事、监察人。请远近各股东于会期十日前携带本公司所发验股凭条，加盖印鉴，前来本总公司领取入场证、议决票、选举票等。如因事不克莅会，务祈于期前出具委托人表证书，托由他股东代表列席。此外尚有少数未及登记各股东，应请照章将所有股票交存本公司，换领选举、议决各

934

票，俟大会开过，再行领回收执。本公司股票自登报日起，遵章停止过户与登记各事宜。除另发通知书外，特此通告。

董事会长兼经理李国杰谨启。

（1929 年 12 月 21 日，第 3 版）

请保障招商股东权利

——全国商联会呈蒋电

中华民国全国商会联合会昨电国民政府蒋主席，为请保障招商局股东权利事，原电云：

南京国民政府蒋主席钧鉴：

窃据报载，交通部王部长拟定《整理招商局委员会条例草案》，呈请钧府核准等情，并附草案十二条。伏查招商局之整理处分，关系保障人民权利，奖励投资，振兴实业，施行法律，至为重大，处兹法治确立基础之始，稍一不慎，国家、人民经济，两受巨大之影响。《公司法》业经公布，招商局之整理，如能遵照进行，则于国家法律、社会经济、股东权利、招商局本身，均无所窒碍，此为计之上者。其次则设整理委员会及专员一人，任监督指导之责，委员由政府派四人、股东选五人，专员由委员会推举，得董事会之同意，请政府任命，但须具有航业知识与经验；至其经营之责，由股东组织董事会及整理委员会与专员共同负之。如照该草案办理，股东荐派之委员仅有三人，常务委员亦由政府指定，一切局务全由政府派组之委员会与派充之专员办理，即置谋人不及自谋之人性于不论，其责任已形成仅政府，而非对股东负之矣，则嗣后成绩之优劣，例以往事，恐仍在彼而不在此。有谓招商局现有官股在内，该局营业，政府自应参与，则照《公司法》规定，官商均属股东，应以股之多少为权之行使，似不应官股之权优于商股，致呈特殊情形。总之，招商局应以政府之力扶植其进步，为惟一无二之办法，而使该局股东依照《公司法》行其权利，尤足为保障人民权利、奖励投资、振兴实业、施行法律之最要步

935

骤。事关全国实业交通，为特电请钧座察照，核夺施行。中华民国全国商会联合会主席林康侯，常务委员苏民生、张械泉、卢广绩、陈日平、李奎安、彭础立等叩，支，印。

（1930 年 2 月 6 日，第 14 版）

积余股东大会纪

昨日积余产业公司，假香港路银行公会开股东大会，到会股东计一万五千余股。二时开会，欧阳荣之临时主席，行礼如仪，宣告开会宗旨，并报告李董事长今日因病不能到会，委托秘书主任刘天遒、总务主任李祖范两君代为报告、答复一切。刘君报告后，股东提议，现在本公司处此情况之下，亟应推举代表赴京向政府请愿，经众推定唐少川、欧阳荣之、张富石、李伟侯、李次山、许静仁、秦伯秋七人为代表，一致赞成。继由查账会计师徐永祚报告第十四届、第十五届、第十六届账略，刘天遒朗读公司章程，均经股东讨论通过。投票选举董、监，计李伟侯、欧阳荣之、许静仁、许修直、张希初、唐少川、李次山七人当选为董事，张富石、庄惠伯当选为监察人。最后股东提议事件：㊀本公司股东即为招商局股东，所推七位代表应并为招商局事，请愿维持股东权利；㊁责成李董事积极筹备招商局股东大会，并科李董事长以相当责任。全体赞成，通过。散会时已钟鸣七下矣。

（1930 年 2 月 24 日，第 14 版）

招商局股东法益维持会筹备会宣言

我招商局自发轫以来，几经变故。至于今日，虽商民输其资，官府董其成，而于内则诸待改革，于外则难言竞争。频岁以还，营业益形不振。此次当局发价收买招商局股票，具见政府注重航业、毅然整理之深意。惟招商局为我国最大民营之公用事业，倘政府收归国营，自应依法进行。查国府十八年公布之《民营公用事业监督条例》，于收归国营之规定，其要件有三：（一）民营须满三十年；（二）须一年前通知；（三）须按现有资产总额，照专门家之评价给付。法令昭然，莫不共见。乃事前并未依照法定手续，竟以迅电不及掩耳之手段出之，不特股东之权利被剥，国法之威信何存？此股东等不敢缄默者一也。

按招商局为股份有限公司，其资产负债皆有账表可稽。产业所值为股价之标准，当局现以每股作价五十两，收买十余倍之产权，如斯估价方法，非特于法无据，经济上亦无此例。此股东等不敢缄默者二也。

近者报载，本案当局意旨以局务之穷败，独委咎于商办。实则政府监督已非一日，总经理且为交部所派，股东概未与闻。当今各国航业之盛衰莫不随国势为消长，丁斯国难，亟应官民一致奋起直追。招商局为我国最大之民营事业，政府收归国营，万应慎重办理。倘置法理、人情于不顾，其他企业行将裹足，影响所及，关系至巨。此股东等不敢缄默者三也。

综上各端，股东等佥以为今之计，唯有作一致之呼吁，恳乞政府依法办理，以维产权，而顾血本。兹本沪发起股东法益维持会，现正筹备，略具端倪，幸我各地股东踊跃参加，各界先达加以指导，中国实业实利赖之。

筹备主任：李征五、李次山、余毅民等谨启。

会址：爱多亚西藏路路口七百十号。

电话：九二七二九。

（1932 年 12 月 5 日，第 2 版）

招商局股东法益维持会昨日招待新闻界

反对政府以五十两收回股票

将派代表入京向三全会请愿

国闻社云，本市招商局自政府明令备款收回国营后，该局股东因起而筹组法益维持会，研讨股东利益。昨日该会假西藏路宁波旅沪同乡会（开）招待新闻界茶会，到数十人。席间，该会筹备人李征五首先起立报告招待各记者主旨，并谓请舆论界主持公论。次李次山起立报告股东法益维持会设立由来，及要求政府顾全股东利益，演词如下：

主席报告

李次山代表该会报告云：

　　我等皆系持有商办轮船招商局和积余产业公司股票的股东，我们的股票是每年有行无市，可是我们两大公司的产业，是有价值的根据，专家和负责人员的报告，确有五千万两至七千万两的巨款。

　　最近吾们看见国民政府的明令，据财、交两部提案，决定将招商局收归国营招商局的股份，每套给予价银五十两。政府这种严令，我们民众还有甚么话说！但是，吾们听到句古话说："法治国家，命令不能变更法律。"吾们做招商局股东的人，人家都记得民国十八年十二月二十一日，国民政府有一道煌煌的命令，是"兹制定《民营公用事业监督条例》公布之，此令！"这条例的第二条第五款，载有"航运"两大字，吾们商办轮船招商局，当然是受这条监督的一种民营公用事业，这条例便是吾们的金科玉律，所以吾们不能不牢记着的。

　　这条例的十四条和十五条是规定收归公营的办法。那第十四条在民国二十年三月七日经过一次修正，他现在的正文是："第十四条，民营公用事业满三十年后，监督机关备价收归公营，但须于一年前通知。"第十四条第二项是："本条例施行前设立之民营公用事业，至本条例施行满三十年后，得用前项规定，收归公营，其许可年限较短者，依其规定。"第十五条："民营公用事业收归公营时，应按其现有资产总额照专门家评定之价给付。"第十五条第二项是："前项评价有异议时，由该地法院派员一人，地方自治团体及商会各派员二人，组织评价委员会审定之。"

　　我国民政府正式下令公布的法律是这样，这法律是十八年十二月十一日公布施行的，到本年十一月，才两年十一个月。我们商办轮船招商局依照法律赋予的寿命还有二十七年一个月，是否可以不予通知，立即收归公营，缩短他法律上的寿命？这是我们应当研究的第一点。

　　我们招商局和积余公司的现有资产总额，根据专家报告，既有五千万两以上，除却偿还债务，便是吾们股东所有的资产。照八万四千两计算，每股应得资产价值六百两以上。依财、交两部主张，以套计算，则每套合一千二百两以上。现在不问我们的资产总额，专就股份套数来说话。可是现行法律上所载的，"现在资产总额"六个大字，仍赫然存在，不晓得这种依套的方法是根据□种什么法律？这是我们应该研究的第二点。

法律上明明说收归公营时，应按其现在资产总额，照专门家评定之价。现在每套给我们现银五十两，不晓得是根据那［哪］一位专家的报告？是否就给那些资产的价值计算出来的总额？这是我们应当研究的第三点。

我们执有招商局的股份，当然希望这股份受法律上业已赋予的保障。吾们做了中华民国的国民，尤其希望中华民国的法律保有他相当的信用和效力，财、交两部如果在事前要提议修改"收归公营"的法律，无论修改到什么程度，或者无限期，或者不给价，都是他们的自由，只要他依照立法程序公布施行，便可发生效力。可是，他们并没有做甚么修正法律的工作，在前面所写的法文很显明，很具细的规定之下，不顾一切的硬做剥夺我二十三分①以上的合法权利。

我们为保护自己的利益，不能甘心忍受，吾们为尊重国家法律的信用和法律的效力，也有和政府商量，请他考量的必要，我们组织"股东法益维持会"原因，正是为此云。

赴京请愿

据李次山云，该会目下虽未正式登报请持票人登记，但已接到股东方面正式函电声称登记者，达万股以上。该会拟达到登记户二万后，即向请政府交涉。并云三中全会时，该会将派代表入京请愿，并向监察、立法两院商议此次政府收回招商局手续问题云。

（1932 年 12 月 13 日，第 9 版）

招商局股东法益维持会筹备会第一号通告

本会发起宣言，业经通告在案，所幸舆论同情，远近股东赞同此旨，自动开列户名、股数来会登记入册者殆近万股，并有股东等迭函督责进行，足征法理未泯，众心如一。兹特登报通告，凡自愿拥护其法律上权益

---

① 原文如此。

之股东，请即亲持股票，或开列票号数、户名、股数、代表人名、通信地址来会接洽登记，以便订期召集大会。是所切盼。

会址：上海爱多亚路西藏路口七百十号。

电话：九二七二九号。

（1932 年 12 月 15 日，第 2 版）

招商局股东代表赴京请愿，请三中全会撤销国营原案

招商局股东法益维持会以政府此次将该局收归国营，对于民国十八年十二月公布之《民营公用事业监督条例》颇多抵触。爰经筹备会议议决，推派代表入京，向三中全会提呈请愿文，将财、交两部决定招商局取为国营之原案予以撤销。该代表李征五、李次山、余毅民等三氏，业于昨晚乘夜快车入京，定今日分访各中委，请求补救。兹探录原呈文如下：

呈为请愿事，案查本年十一月八日行政院会议，由财政、交通两部提请，将招商局收归国营，将监督处改组理事会，并设总经理，所有股票照最近三年平均市价，每套三十两零六钱六分，定为每套以规银五十两收归国有各等因，当经议决通过，提由中政会核定，旋经主管部派员接收各在案。窃维招商局为我国最大之民营公用事业，溯其沿革，历有变迁，民生航权所关至巨，政府如须兴革，理宜从长计议，既在党治之下，尤应依法进行。

查《民营公用事业监督条例》于民国十八年十二月明令公布，迄未废止，同条例第二条第五款内载，航运事业为公用事业之一。又第十四条内开："民营公用事业满三十年后，监督机关得备价收归公营，但须一年前通知。"同条第二项："本条例施行前设立之民营公用事业，至本条例施行满三十年后，得准用前项规定，收归公营。"又第十五条："民营公用事业收归公营时，应按其现有资产总额，照专门家评定之价给付。"同条第二项："前项评价有异议时，由该地法院派员三人，地方自治团体及商会各派员二人，组织评价委员会审定之。"各等语，立法详备，中外具瞻。

　　此次主管各部办理招商局国营一案，甫经行政议决，旋即派员接收。既不计及法定年限，亦不予以事前通知，以最久、最大之民营公用事业，未出旬日，遽收国有。其计价方法，系以最近三年股票之平均行市，定为每股价格，与法定按照现有资产估价给付之规定，显然背驰。至参与估价之人员，具何法定资格，在法尤无根据。按《民营公用事业监督条例》，公布迄今，未满三年。招商局之寿命，依照条例规定尚有二十七年以外，揆之法治国通例，命令不能变更法律。此次财、交两部所施行政处分，无一与法文适合，不审法律尊严，国家信用置诸何地？即以事实情理而言，招商局资产总额时价不下七千万两，当局发价尚未及各股实产值价百分之四，岂足昭示公允，群情惶惑，救济莫由。夫当局锐意与革，商民无不乐从，惟国法威信所关，实亦未敢缄默。伏念钧会综衡国计，俯察民生，用敢据情呼吁，恳请提出大会，准将财、交两部决定招商局收为国营之原案予以撤销，着依民营公用事业监督条例规定办理，庶几匡行政于正轨，维法治于不替，不惟舆情之幸，实亦党国之光。理合据情请愿，伏乞鉴察施行。谨呈中国国民党第四届第三次中央委员全会。

　　请愿人：招商局股东代表李征五、李次山、余毅民。

（1932 年 12 月 18 日，第 12 版）

各方代表请愿

〖上略〗

〔南京〕招商局股东法益维持会推代表李征五、李次山、余毅民，向全会请愿，以政府收回股票，每股出银五十两，股东血本亏损甚巨，请予增加。（十九日专电）

〖下略〗

（1932 年 12 月 20 日，第 3 版）

招商局股东法益维持会筹备会第二号公告

本会之目的在维持股东法律上之利益，本会所根据之法律为国民政府公布之《训政时期约法》中［与］民法、商法及《民营公用事业监督条例》。本会依据法律请愿政府，无非求法律之有效，求所有权之安全。质直言之，即要求政府恪遵《民营公用事业监督条例》第十四、十五两条，办理招商局收归公营之程序，此外并无任何希冀。最近有人声言，招商局抵借外债，为《民营公用事业监督条例》所不许，政府可停止其营业。但抵借外债应由政府委派之监督及经理负责，司法机关对于政府所派之监督及经理业已提起公诉，即有违法情事，不能涉及股东全体，更无损于招商局现有资产之价值，亦不能影响及监督条例之适用。本会据法立言，依法行事，不知其他。谨再宣告，诸希公鉴。

会址：爱多亚路西藏路口七一□号。

电话：九二七二九。

（1932 年 12 月 30 日，第 7 版）

仁济和保险公司昨开临时股东会

——选举董事及监察人

和□社云，仁济和保险公司于昨日下午二时假西藏路宁波旅沪同乡会开临时股东会，到股东三百二十三人，计三万四千五百四十二权。开会时行礼如仪，公推许修直为主席，宣布开会宗旨毕，并由许君报告公司业务及以后进行方针，开支方面取紧缩主义，营业方面取谨慎主义，并公司章程亦为修订之必要；次由监察人徐永祚报告二十一年全年、二十二年半年之账目；再经股东宋德直、岑永发等提议，向招商局催收股息及存款。以上各案，均经全体股东一致赞成。乃公推宋德直、岑永发、陈佐赓、毛志方四股东为监察人，开始投票选举董事五人、监察二人。选举结果，董事当选者为欧阳荣之、唐应华、庞仲雅、郭顺、许修直，次多数为欧阳骢、唐殿章、叶幼荣；监察人当选者为徐永祚、张镜，次多数为冯佐芝、宋德宜云。

（1933 年 10 月 2 日，第 12 版）

二十三 战后向民间让股

经济简报

〖上略〗

外传国营招商局将改组事，据该局沈副经理称：本局暂系国营，兹为不久归还民营起见，先将内部组织稍为调整，以与一般民营公司相符，例如将处改部，处长改称经理等，至原有工作分配亦略变动，外传即改民营之税，尚属过早。

（1946 年 7 月 2 日，第 7 版）

打捞战时沉船

——航政局等合组公司，商聘外籍专家协助

据上海航政局局长李孤帆称：该局为打捞战时沉没之船只，特会同敌产局、招商局、航商公会等有关方面投资，筹组中国打捞公司。按，在去年本市光复后，本有打捞公司之设立。惟该公司设备不全，技术人员亦感无法罗致，致未有成绩。现中国打捞公司筹委会，决定请此打捞公司参加合作，并以其所有之器材作为投资。至于技术方面，已由航政局与打捞专家威廉氏在接洽中。闻威氏曾服务欧美各国，专事打捞工作。此次来沪，系受"联总"之调派。中国打捞公司今后所捞获之船只，查明所有权系敌伪产业，则归敌产局接收拍卖；如系招商局所有，经证明属实后，由招商局领归修用。总之，船只经打捞出后，其属主不论何方，均须持有确实之证据，方得归还。而一切打捞之费用，即由各该船业主负担，否则即公开标售。

（1946 年 11 月 20 日，第 5 版）

江海打捞公司确定资金五亿

中国江海打捞公司筹备委会，昨假招商局召开第一次筹备会议，出席航政局李局长孤帆及招商局、轮船业公会、敌伪产业处理局、中国打捞公司等四单位代表，打捞沉船计划委员会专门委员魏文翰、西人奥尔亦出席。会议由招商局徐总经理主持，议决：（一）自即日起依照组织草案，筹备中国江海打捞公司，一俟当局批准组织草案，即正式宣布成立；（二）资金定为五亿元，由招商局与轮船业公会摊认三亿元，敌产局与中国打捞公司摊认二亿元；（三）改聘魏文翰及西人奥尔为打捞公司顾问。

（1946 年 12 月 20 日，第 5 版）

中国油轮公司今日正式成立

资源委员会石油公司与招商局合组之中国油轮公司，筹备经月，定今日（一日）正式成立。兹据该公司秘书张弼元语记者，当局因鉴于海权收回，外国汽油原由美政府派舰运给，自客岁十月以后，美方改由亚细亚、美孚、德士古等商民承运。政府以权益外溢，乃有油轮公司之产生。由中国石油公司及招商局合组，资金总额为六百亿元，董事长翁文灏，副董事长徐学禹，其内部组织分总务、业务、航务、财政及总工程师室五部门，总经理李元成，副经理王炳南、顾久宽。该公司目前已有油轮二十二艘，其中大型四艘，每艘一万余吨，小型十八艘，每艘一千余吨，总计吨位约在六万吨以上。

（1947 年 2 月 1 日，第 7 版）

出售国营事业资产，充实发行准备办法

〔中央社南京廿六日电〕出售国营事业资产，充实发行准备办法，业经廿六日国务会议修正通过。兹志办法原文如下：

一、本办法依照国务会议第廿三次会议决议之规定订定之。

二、决定指拨出售之资产如下：1. 招商局；2. 中国纺织建设公司；3. 资源委会指定之工厂；4. 敌伪产业；5. 日本赔偿物资之出售民营部份。

三、上项各单位资产，照下列办法转归国库移转中央银行：（甲）招商局由交通部就现有资产，以美金估价转归国库，再由国库转入中央银行账。上项资产中百分之五十由政府保留，按照估价发给股票，仍交由中央银行保管。（乙）中国纺织建设公司由经济部就现有资产，按廿六年法币估价折合美金，转归国库，再由国库转入中央银行账。上项资产中百分之三十缴政府保留经营，按照估价给股票，仍交中央银行保管。（丙）资源委会指定之工厂，〈由资源委会指定工厂〉就现有财产以美金估价，划出价值美金五千万元之资产转归国库，再由国库转入中央银行账。（丁）敌伪产业包括房地产、码头、仓库、工厂及其他资产，由国库就现有资产以美金估价，转入中央银行账。（戊）日本赔偿物资，由经济部就拨充民营部分照原美金单价转归国库，转入中央银行账。

四、上项各单位之资产及日本赔偿物资，由国库转入中央银行账后，作为抵充发行准备之一部份，所有各单位资产之产权、股权、契据、证件等，均交在中央银行发行局。

五、上项各单位资产移转中央银行后，中央银行按下列办法发行股票或出售之：（甲）招商局作为一个单位，组织公司，发行股票。（乙）中国纺织建设公司按其所属各工厂性质，分为若干单位，分别组织公司，发行股票。（丙）资源委会指定之工厂，按其性质分为若干单位，分别组织公司，发行股票。（丁）敌伪产业：1. 房地产及码头、仓库组织公司，发行股票或分别出售；2. 其他产业直接出售。（戊）日本赔偿物资出售民营部份，由经济部依照赔偿委会所定出售办法价配民营。

六、发行股票办法如下：（甲）仅向人民及其营业组织发行股票，国营各行局不得收购。（乙）发行之股票，每一单位发行在五成以上者，即由股东召集股东会，选举董、监事，依照公司组织法办理。（丙）股票发行得以美金为计算单位。

七、各单位资产在未经承购方面接收以前，由原主管机关照常经营，切实保管。

八、本办法经国务会议核定后施行。

（1948 年 3 月 27 日，第 2 版）

招商局资产估价总值逾美金二亿，两部将合组委会正式估定

〔本报讯〕国营招商局出售为民营事，原则上早经决定出售其资产总额之半。上周内该局曾接获交部指令，嘱先将所有资产设备自行估价，并将此项资料呈部参考。至于官方之正式估价，将由交通、财政两部合组估价委员会，来沪实地调查后作正式决定。据招商局内部之估计，该局之资产总值在美金二亿以上，内中以船只及地产占最大部份。如以其资产之半数发售股票，为数亦在美金一亿以上。据有关人士谈，出售事是否顺利，目下尚难逆料，因由于局势不靖，航业之货运大受影响，收入锐减，故民航是否有力承购尚不可知，而有资力者是否愿投资航业，亦为问题。

（1948 年 4 月 21 日，第 4 版）

国营事业资产照原计划出售，经济方案中将列为重要措施

〔本报南京七日电〕财部为紧缩通货，增加国库收入，对于出售国营事业资产，已决定依照原定计划进行，并决定先出售国营招商局。关于出售之技术问题，财部已于数日前召集交部航政局及央行代表进行商洽。据灵通方面息：王云五对此事甚为注意，决积极加强进行，翁内阁经济金融新政策方案中，出售国营事业资产，将列为重要措施之一部。

（1948 年 8 月 8 日，第 1 版）

加速出售国营事业，采有价证券办法发行股票

〔本报南京廿一日电〕币制改革后，政府在充实发行准备情形下，将加速对国营事业之出售，惟系采取有价证券办法，发行股票，如中纺公司在估计中可以发售三亿美元之股票，招商局则除一部份由政府保留外，余亦均照股票办法出售，计可获一亿美元左右。此项股票之发行，短期内可

望实现。至售出股票所获得之收入，即可为政府发行金元券保证准备之一部份，其余尚有待出售之事业或其他物资，其总值当足为保证准备之十足基础。记者廿一日晚访晤某接近政府之权威人士，根据渠之谈话，认为金元券之发行实有足使吾人信任之事实在，虽然若干人士杞忧于军费之支出浩大，但一亿二千五百万美元之专门军事援华款，已不致影响稳定币制之收支。其权威人士并以最乐观之语气，赞扬此项改革，认为必可获得成就。

（1948 年 8 月 22 日，第 1 版）

招商局将改公司，资产六亿金圆券

关于国营招商局出售一说，纯系误传，此次政府将招商局资产抵充金圆券发行准备金之一部份，并非将该局出售，现该局正计划改为公司组织，发行股票，其资产总值为金圆券六亿圆。闻今日举行之该局理事会，将对改组事有所商讨。

（1948 年 8 月 26 日，第 4 版）

招商局改组正拟具草案

据悉：国营招商局顷已接奉交通部电令改组公司，发行股票，现改组公司之草案已由该局负责方面拟具中，至改组后所发行之股票，系作金圆券之准备，并不出让云。

（1948 年 8 月 31 日，第 4 版）

招商局改组筹备处成立，准十月一日起办移交

国营招商局改组公司，业已完成初步程序。公司章程草案不久即可送呈交通部，转向财部召集之会议席上提出，并咨请工商部，迅发公司执照。现该局改组筹备处已成立，由该局理事长刘鸿生（任）主任，总经理徐学禹任副主任，改组后之名称，已拟定为"招商局轮船股份有限公司"，

资本总额六亿金圆，先以其半数三亿金圆，以招商局轮船股份有限公司名义，出具临时股款收据，送交金圆券发行准备监理委员会保管，并说明俟股票正式发行后，即以正式股票交换。此项临时收据，系由筹备处正、副主任刘鸿生、徐学禹具名。

此外，徐总经理业已通知所属各部处分局及办事等单位，积极准备移交手续，以九月底为限，十月一日即移交公司办理，移交时，并将呈请交通部派员监督，以示郑重。

（1948 年 9 月 2 日，第 4 版）

国营招商局等股票十日发售

〔中央社南京三日电〕国营招商局、台湾糖业公司、台湾纸业公司及天津造纸纸浆公司将改组为股份有限公司，并发行股票事，以上四公司之资本总额，招商局为八〔六〕亿金圆，将以半数充作金圆券发行准备；台糖公司为四亿八千万金圆，以一亿七千二百万圆充发行准备；台纸公司约为八千万金圆，以三千二百万圆作发行准备；天津造纸纸浆公司为二千万金圆，以八百万圆作发行准备。各公司之股票以一百金圆为一股，票面分一股、五股、十股、五十股、一百股及一千股等六种，各公司股票现正赶印中，约于八日前印竣，可望于十日发售。台湾糖业有限公司三日正式改组为"台湾糖业股份有限公司"，推资委会副委员长吴兆洪任董事长，并通过章程。台湾纸业公司董监事会，定四日上午举行，亦将改组为股份有限公司。又据吴兆洪氏称：台糖、台纸、天津造纸纸浆等三公司之改组及登记手续，可于七日以前全部办竣。

（1948 年 9 月 4 日，第 1 版）

国营事业五单位股票出售额决定，共五六四万股，总值逾金圆五亿

关于招商局等五单位股票，定于本月十日正式发售准备事项，国库局局长夏晋熊，特于七日在国行召集会议，除纺建公司、招商局、台糖、台纸及天津纸业公司五单位各派代表参加外，国行业务局副局长王紫霜、国

库局副局长周舜莘、中国银行信托部林旭如、中国农民银行信托部韩振鹄、交通银行信托部陈静民、台湾银行谢惠元，均应邀出席，讨论结果，议决事项如下：（一）纺建八〇〇万股，招商局六〇〇万股，台糖四八〇万股，台纸六〇万股，津纸二〇万股中，规定出售部份，计纺建二〇〇万股，招商局三〇〇万股，台糖四八万股，台纸一二万股，津纸四万股，共计五六四万股，每股金圆一百元，结合金圆共值五亿六千四百万元。（二）发售时十足票面。（三）纺建股票分记名、不记名两种，购买一千股者，必须记名；一千元以下者，可以不记名；招商局股票全部记名，余未决定。（四）购买股票者，须填具申请书，如不记名股票，并不留姓名、住址，由公司开股东会时依《公司法》登报公告之。（五）各行信托部代买手续费，不得超过千分之一。　（六）出售时间每日下午三时以前。（七）规定以上五单位在九月前，将股票或临时收据送交国行国库局，转中、交、农、台行联合发售。

（1948 年 9 月 8 日，第 4 版）

国营事业五单位明正式发售股票，纺建决先售二百万股

〔上略〕

〔本报南京八日电〕关于招商局发行股票出售事，因事关重大，主管当局已呈请总统作最后核示，截至八日晚止，尚未奉总统核准，故股票迄未印就，九日将不及发行。又台糖公司、台纸公司、天津纸业公司股票尚未印就，仅先于九日发行临时收据。

（1948 年 9 月 9 日，第 4 版）

纺建等五公司股票今起先在沪发售，委托国家银行统筹办理

〔本报讯〕政府为巩固金圆币信起见，除将一部份国营事业资产移交新成立之金圆券发行准备监理委员会外，其余部份发行股票公开出售，计中国纺建公司金圆二亿元，招商局金圆三亿元，台糖公司金圆四千八百万元，台纸公司金圆一千二百万元，天津纸业公司金圆四百万元，共计出售

949

股票总额金圆五亿六千四百万元。现悉：各该公司股票发行手续，业已办妥，昨日起将股票分批送交中央银行，并经央行委托中国、交通、农民、中信局及台湾银行五家行局代售（台湾银行专代售台湾各公司股票），定十日起先在上海发售。股票分记名式及无记名式两种，根据各公司章程规定办理。预料上述股票出售，对于游资之疏导，必有裨益。

〔中央社南京九日电〕记者顷自交通部、经济部及资源委员会获悉：纺建、招商、台糖、台纸、津纸五股份有限公司之股票，十日晨在上海开始发售。京、津、渝、穗、汉、台等地，因股票赶印不及，将稍缓发售。五公司股票发售总额，计纺建二百万股，招商三百万股，台糖四十八万股，台纸十二万股，津纸四万股，各公司董事长为纺建陈启天、招商刘鸿生、台糖吴兆洪、台纸孙拯、津纸孙拯。

（1948 年 9 月 10 日，第 1 版）

五单位股票正式发售，购客注意盈利性

一日间售出百廿四万二千金圆

中纺销路最佳

津纸竟无人问津

〔本报讯〕国营事业中纺等五单位股票，昨日开始由中国、交通、农民、中信局、台湾等五行局分别发售，外界赴各行局申购者，尚称踊跃，计一日内五行局共销售中纺、台糖、台纸及招商局等四单位股票总金额达金圆一百廿四万二千元。各种股票以中纺销路最佳，计共销七十九万四千元；次为台糖公司，计三十六万八千五百元；再次为台纸公司，计六万五千元；招商局居第四位，计一万四千五百元；天津纸业公司竟无人问津。由此亦足见投资者对企业之盈利性及安全性关注最大。

五行局销售数额，以中国银行最多，计四十五万二千元，内中纺卅九万一千五百元，台糖四万五千五百元，台纸一万五千元。次为台湾银行，计廿七万三千八百元，内台糖廿二万三千八百元，台纸五万元。第三交通银行，计廿三万八千八百元，内中纺十六万六千元，台糖六万四千八百元，招商局八千元。第四为中国农民银行，计廿一万八千九百元，内中纺

十八万八千五百元，台糖二万四千四百元，招商局六百元。中信局居末，计五万八千五百元，内中纺四万八千元，台糖一万元，招商局五百元。

以上各公司仅中纺备就正式股票，其余各公司均为股款收据，各界前往认股者，票据仅限上午收受，由行局掣给临时收据，待票款收到后，于次日再凭临时收据发给正式股票或股款收据；其持现款认股者，则均当场发给正式股票或股款收据。

（1948 年 9 月 11 日，第 1 版）

国营事业正式出售

关于出售国营事业一案，已于上周起付诸实施。其中较大单位之纺建公司，已于九月十一日起，改称为中国纺织建设股份有限公司，新公司目前资产，即为前中国纺织建设公司，除东北分公司外之全部资产，估计为十一亿四千万元。为便利发行股票起见，新公司资本总额定为八亿元，分八百万股，每股票面金圆一百元，分五股、十股、一百股、一千股等四种，内二百四十万股定于本月十一日起公开出售，四百二十万股移充金圆券发行准备，尚有一百四十万股，仍由政府暂予保留。出售股票，如达到资本总额十分之一时，即召开股东大会，商股部份，推选董、监事。

至于招商局亦进行改组为招商局轮船股份有限公司，发行股票，全部资产金圆六亿元，除三亿元移充金圆券发行准备外，余半数三亿元出售，并硬性规定购买股票者必须为中华民国国籍之国民。此外出售之国营事业股票，为台糖公司四千八百万元，台纸公司一千二百万元，天津纸业公司四百万元。连中纺公司、招商局共计出售股票总额金圆五亿六千四百万元。九月十日起开始发售，第一日售出各项股票共达金圆一百二十四万二千元，计：（一）中纺售出七九四〇〇〇元；（二）台糖售出三六八五〇〇元；（三）台纸售出六五〇〇〇元；（四）招商局售出一四五〇〇元。

（1948 年 9 月 13 日，第 6 版）

招商局正式股票十五日起可掉换

据国营招商局息：该局发行之股票，十四日可全部印竣，十五日起，持有股款临时收据者，即可向代售银行掉换正式股票。又，昨日五单位国营事业股票，共售出计金圆四十八万六千元。

（1948 年 9 月 14 日，第 6 版）

国营事业股票已售近三百万元

纺建、招商等五单位国营事业股票，十四日各代理行局共售得金圆四十万零四千四百元，内纺建廿八万四千五百元，台糖十万零九千九百元，台纸一万元。

又悉：以上各股票自十日开始发售迄今，业已售得金圆二百九十六万三千九百元，内纺建二百零九万四千元，台糖七十六万一千一百元，招商局二万二千五百元，台纸八万二千三百元，津纸四百元。

（1948 年 9 月 15 日，第 6 版）

五单位股票出售商讨改进技术

各行局代售纺建、招商局等五单位国营事业股票，十五日共售出金圆廿五万两千三百元，内纺建廿万零三千元，台糖四万三千三百元，招商六千元。

兹悉：国行国库局周副局长舜华，为扩展以上各单位股票销路，曾于十五日下午，召集各行局信托部有关人员，商讨技术方面改进方法，以资全力推动云。

（1948 年 9 月 16 日，第 6 版）

本市简讯

〔上略〕

国营招商局各项改组手续均已办妥，定十月一日正式移交。十日正式成立。

（1948 年 9 月 19 日，第 4 版）

国营事业发售股票，系予人民投资机会，
王财长称商股比例将来可考虑提高

〔本报南京廿一日电〕财长王云五离京前发表谈话，略谓：关于国营事业股票之发售，现已开始在沪办理，因事属创办，社会一般认识对于发售办法之内容及政府之立意容有尚欠明了之处，愿就此稍有说明，以供人民投资承购时之参考。查此次发售股票之国营事业，共有中纺公司、招商局、台湾糖业公司、台湾纸业公司、天津纸浆公司五单位，均为目前政府管理下设备最佳、营业最甚，而前途最有希望之生产或建设事业。政府为诱导并辅助私人资本获得正当之发展起见，特将上述五单位之股票先以一部份分别出售，藉予人民以一最有利之机会参加投资，故发售股票实为政府与人民两方之共同利益着想。关于全部股票之发行金额，系依照其资产总值之最低估计，从严核计，共为金圆券十七亿五千三百余万元，实际上远较各该事业之目前市价为低。且政府所保留之股权部份，须移交金圆券发行准备监理委会保管，并充金圆券发行准备，是股票价值是否能与票面相称，该会当有所考核，决不容许高估。至发售民营部份，为金圆券五亿六千四百万元，约占总额三分之一，衡诸过去一般官商合股之银行或厂矿，此次比例已不为少，且依照政府决定，商股部份俟招足十分之一时，即可召集股东大会。关于公司之行政管理，股票持有人自可在会主张，所推举之董、监事更可参加实际指导工作，今后公司如何经营，亦当严格依据《公司法》之规定办理。故政府方面对于公司资产之估价、股权分配之比例以及商股之合法权益等等，均充分顾及，将来政府并当考虑提高商股

比例，增加发售数额，以便人民有依法控制各公司之机会与权力，而逐渐趋向于全体民营之道路。

〔本报广州廿一日电〕国营五大事业股票廿一日正式在穗发售，由中、交、农三行及中信局四处办理。

〔中央社南京廿一日电〕国营事业股票廿一日在京开始发售，共售得一千三百金圆，均由交行售出，内纺建千圆，台糖二百，台纸百圆。

〔中央社天津廿一日电〕国行津分行廿一日起，在津委托中、交、农三行及中信局同时发售招商局、中纺、台糖、台纸、津纸五大国营公司股票。

〔中央社北平廿一日电〕国营事业股票廿一日开始在平发售，计交通银行售出中纺公司九十股、台糖公司一百八十股，农民银行售出中纺五股，中国银行售出中纺十五股、台糖四股，以上合计中纺一百一十股，台糖一百八十四股。

（1948 年 9 月 22 日，第 1 版）

招商局轮船股份有限公司公告

本公司奉令国营招商局改组为招商局轮船股份有限公司（简称招商局），英文译名为 China Merchants Steam Navigation Company, Ltd，业经呈奉交通部、工商部核准变更登记，颁发新执照在案。兹定于三十七年十月一日正式成立，特此公告。

董事长刘鸿生，常务董事杜月笙、李景潞、徐学禹、包可永，董事庞松舟、谢耿民、夏晋熊、林旭如、王辅宜、陶凤山、陈卓林、沈仲毅、胡时渊、韦焕章，常务监察人奚玉书、黄仿欧，监察人王耀、章祜、项雄霄，总经理徐学禹，副总经理沈仲毅、胡时渊、韦焕章，谨启。

（1948 年 10 月 1 日，第 1 版）

招商局轮船股份有限公司公告

（沪秘字第 0015 号，中华民国卅七年十月二日）

查本公司系由国营招商局奉令改组，并于卅七年十月一日正式成立。

关于前国营招商局员工保证书，业由该局并同员工移交本公司接收，所有各员工原保证书，自十月一日起仍继续有效，各保证人如有异议者，应照原保证书规定，声请换保。特此公告。

总经理徐学禹启。

（1948 年 10 月 3 日，第 1 版）

金圆券发行总额九亿五千余万元，内以收兑金银外币支出占最多数

〔本报讯〕金圆券发行准备监理委员会，于昨日（二日）上午十时，在中央银行会议室举行第二次会议。到主任委员李铭，委员李傥、蔡屏藩、庞松舟、刘攻芸、徐寄庼、王晓籁、秦润卿诸氏，奚委员玉书因公赴平，来函委托徐委员寄庼代表出席。经议决发表第二次发行准备检查公告。兹录内容如下：

本会遵照金圆券发行办法，于中华民国三十七年九月三十日，在中央银行发行局举行金圆券准备检查，兹将检查结果公告如左：

发行：九月三十日止，金圆券九五六，七五二，四九四·四□元。

准备：

〔黄金〕二，三八九，四九三·六三八益司。按三五合美金八三，六三二，二七七·三三元。

〔白银〕一七，二二二，六三七·五二八益司。按·七□，合美金一二，□五五，八四六·二七元。

以上两项并，计美金九五，六八八，一二三·六□元，转合金圆三八二，七五二，四九四·四□元。

中纺公司股票金圆四二〇，〇〇〇，〇〇〇·〇〇元，招商局股票金圆一五四，〇〇〇，〇〇〇·〇〇元。

以上准备，核与法定十足准备制相符（百分之四十为黄金、白银及外汇）。

本会所应保管之准备金，按照行政院公布：（一）项黄金、白银及外汇二亿美元，已由中央银行交会按照组织规程，由会交发行局保管；（二）项国营事业、敌侨产业价值三亿美元之股票契据，并已移交到会，

交由发行局保管。此次上开已发行金圆券之准备，即系本案接收保管各项准备总数内之一部份，特此公告。

又悉，此次财政经济紧急处分令施行以来，成绩良好，人民拥护团策，请兑金银外币者，甚为踊跃。据中央银行透露确息：金圆券发行总额，截至九月底止，为九亿五千余万金圆，内以收兑金银外币支出者折合美金约一亿五千万元，合六亿金圆，收兑法币及东北券约五千万金圆，进出口结汇及侨汇净收入约美金二千万元，合八千万金圆；其余二亿二千万金圆，则为改革币制后之国库及其他业务支出云。

(1948 年 10 月 3 日，第 6 版)

国营事业股票纺建售出数最多

〔本报讯〕国营事业股票发售后，迄十月一日为止，各地共计售出二百九十九万二千四百金圆，内以纺建为最多，津纸最少。各种股票实销数字如次：纺建，二，八三二，五〇〇金圆；招商，四五，〇〇〇金圆；台糖，一，〇二四，二〇〇金圆；台纸，八六，七〇〇金圆；津纸，四，〇〇〇金圆。

(1948 年 10 月 3 日，第 6 版)

金圆券发行准备监理委员会第二次检查公告

本会遵照金圆券发行办法，于中华民国卅七年九月三十日在中央银行发行局举行金圆券发行准备检查。兹将检查结果公告如左：

发行：九月三十日止，金圆券九五六，七五二，四九四·四〇元。

准备：

黄金二，三八九，四九三，六三八盎司，合美金八三，六三二，二七七，三三元（每盎司合美金三十五元）；

白银一七，二二二，六三七，五二八盎司，合美金一二，〇五五，八四六，二七元（每盎司合美金七角）。

以上二项并计美金九五，六八八，一二三，六〇元，转合金圆三八二，七五二，四九四，四〇元。

中纺公司股票金圆四二〇，〇〇〇，〇〇〇·〇〇元，招商局股票金圆一五四，〇〇〇，〇〇〇·〇〇元。

以上准备核与法定十足准备制相符（百分之四十为黄金白银及外汇）。

本会所应保管之准备金按照行政院公布：（一）项黄金、白银及外汇二亿美元已由中央银行交会按照组织规程，由会交发行局保管；（二）项国营事业敌伪产业价值三亿美元之股票、契据并已移交到会，交由发行局保管。此次上开已发行金圆券之准备，即系本案接收保管各项准备总数内之一部份。特此公告。

中华民国三十七年十月三日

金圆券发行准备监理委员会，主任委员：李铭。委员：李觥、蔡屏藩、徐寄顾、秦润卿、庞松舟、刘攻芸、王晓籁、奚玉书。

（1948 年 10 月 4 日，第 2 版）

国营各事业股票平售出六五一股

〔中央社北平十九日电〕平市各国家行局本月十九日止，共售出国营事业股票六五一股，计中纺三零五股，台糖三一二股，招商局二十五股，台纸九股。又，平市各银行二十日应缴之交换保证金，已于上周全部缴齐。

（1948 年 10 月 20 日，第 2 版）

招商局及中纺审计制度问题，政院决审查后议复监院

〔本报南京廿四日电〕监察院对招商局及中纺公司停止适用审计制度之纠正文，已送达行政院。政院廿四日政务会议中，曾提出讨论，决议交付审查。按照规定：政府资本占百分之五十以上者，应编具《营业概算书》，递转主计机关呈转备案。就此事实而言，审计部自得对招商局及中纺公司继续执行审计权，惟政院为慎重计，决定审查后再议复。

（1948 年 11 月 25 日，第 1 版）

刘鸿生辞职交部决挽留

宁波旅沪同乡会理事长刘鸿生，请辞招商局董事长职消息发表后，航业界甚表关怀。另据关系方面息，交通部与招商局董事会决定对刘氏之请辞一致挽留。

(1948 年 12 月 26 日，第 4 版)

徐学禹辞意坚决，传由任显群继任

〔本报讯〕招商局总经理徐学禹，屡向交部辞职，迭经挽留，但徐辞意坚决，据传交部已派任显群继任。徐氏昨通知各处科赶办准备移交手续，以便交替。

(1949 年 2 月 22 日，第 4 版)

招商局董事长由徐学禹继任

招商局轮船股份有限公司董事长刘鸿生、总经理徐学禹坚决求去，刻已奉交通部批准辞职，并改聘徐学禹为该公司董事长。至所遗总经理一职，交部刻正遴选中。

(1949 年 2 月 23 日，第 4 版)

国营事业股票均将陆续上市

继台糖公司股票与卅八年黄金公债之后，纺建公司与招商局等国营事业股票，不久亦将上市买卖。据负责当局昨向记者谈称，自台糖公司股票在证交上市买卖以来，成绩颇为良好。当局为加强吸收游资起见，对纺建公司与招商局股票上市手续，现正加紧筹备中。各项工作已渐具体化，短期内可望实现。卅八年黄金短期公债，业已于昨日上市开拍。又卅六年金公债，不久亦将上市买卖。由于政府证券络〔陆〕续上市买卖，使政府又增加一吸收游资之途径。今后抛售证券工作，将与配售其他物资工作，同时并进，配合进行。

（1949 年 3 月 5 日，第 6 版）

招商局总经理由胡时渊升任

招商局轮船公司总经理一职，业经决定由该公司副总经理胡时渊升任，俟正式命令到沪，胡氏即行接事。

（1949 年 3 月 6 日，第 4 版）

招商局副总经理内定黄慕宗升任

招商局轮船股份有限公司董事会，定十日举行董监事联席会议，刘鸿生将出席主持，并宣布辞职，以后董事会会议即由新董事长徐学禹主持。至于该局新任总经理胡时渊亦将于董事会会议后正式接事，递遗副总经理一职，内定由船务部经理黄慕宗升任。

（1949 年 3 月 8 日，第 4 版）

招商局董事长推徐学禹继任

招商局重要人事更动问题，业于昨日下午董监联席会议议决：董事长刘鸿生辞职，固留不获，公推徐学禹继任，并决定聘请刘鸿生为高等顾问。总经理遗缺，公推副总经理胡时渊升任，递遗副总经理一缺，公推船务部经理黄慕宗升兼，并定于十六日办理交接。

（1949 年 3 月 12 日，第 4 版）

招商局新旧总经理明晨举行交接仪式，徐学禹同时就任董事长

〔本报讯〕招商局股份有限公司董事长刘鸿生、总经理徐学禹相继辞职后，董事长由徐学禹继任，总经理由副总经理胡时渊升任，昨已正式发

表。现悉总经理交接，定明日（十六日）上午十时，在该局六楼招待室举行，仪式隆重，由文书科通知全体职员参加外，并知照在沪各轮高级船员参加，同时徐学禹亦即接任董事长职。

（1949 年 3 月 15 日，第 4 版）

招商局新旧总经理昨晨举行交接典礼，胡时渊发表处事方针十点

招商局新任董事长徐学禹、总经理胡时渊、副总经理黄慕宗，十六日上午十时半，于该公司六楼招待室举行就职及新旧任总经理交接典礼。交通部派顾问章祐、董事会推林旭如监交。到有各界来宾俞飞鹏、徐恩曾、魏文翰、李云良、钟山道、沈琪及该公司前董事长刘鸿生，以及全体职员数百人。

交接典礼开始，首由徐董事长致词，嗣由章祐、林旭如、俞飞鹏、刘鸿生及轮船业公会理事会长魏文翰等相继致词后，即由徐董事长将印信亲手交予胡总经理。胡氏接印后，即席致答词略称，今后处事方针，不外下列十大点：（一）招商局股份之一部份属于民有，但大部份股份还是国有，今后在彻底商业化之原则下，仍须尽力执行政府给予我们的任务。（二）因招商局一部份为民股，故必须顾及民股利益。（三）对于军公运输尽力负责办理，绝对不容推诿。（四）为顾及民股之利益，对于营业之利润，当特别注意。（五）尽量设法减省开支，并增加收入。（六）减省开支，增加收入，必须内外上下，人人对此有深刻之认识，人人有执行之决心与毅力，始能收效。（七）不再添用新人，惟有从人与事之配合方面着手，尽量看工作之需要与个人之才能，在现有人员中予以调整。（八）希望全体同人尽量发扬各人的服务精神。（九）希望全体同人开诚布公，通力合作。（十）个人的视听有限，思虑欠周，恳求各界有识之士，随时就其视听所及，对于本局应兴应革各项，尽量指教。

（1949 年 3 月 17 日，第 4 版）

李玉／主编

执行主编　黄河　林柏耀

Selected Historical Materials of China Merchants Steam Navigation Co. in the Sun Pao, 1912-1949

《申报》招商局史料选辑

Ⅲ　航运安全

〈 民国卷 〉

招商局文库·文献丛刊

社会科学文献出版社
SOCIAL SCIENCES ACADEMIC PRESS (CHINA)

目　录

二十六 "普济"与"新丰"相撞

二十七 "广济"轮徐翰青案

二十八 "江宽"轮被军舰撞沉案

二十九 "江永"轮爆炸事件

三十　"新济"轮触礁

三十一　"新华"轮触礁沉没

三十二　"新康"轮被日船撞沉

目 录

三十三　"图南"轮被日船撞沉

三十四　"海闽"轮与"伏波"舰相撞

三十五　"江亚"轮沉没

| 目 录 |

绪　言

　　轮船不仅是招商局的主要资产，更是其业务基础。在该局的近代发展史上，轮船事故、航运事件受到社会各界广泛关注，成为某一时期舆论焦点之一，这从《申报》的报道中就可得到反映。每逢重大航行事故发生，该报多会持续跟踪，从而形成大量的记录文献，有必要对此加以整理，形成专题，俾补轮船招商局史与中国近代航运史学科之罅缺。

　　相较晚清时期，招商局在民国时期发生的轮船事故更多，可谓重案、大案频发。本册精选了这一时期影响较大的十二例。其发生顺序是1913年湖南退伍军人杨正标在"江孚"轮被殴打毙命案，1916年"新裕"轮被逼运兵南下，在温州洋面为护送之"海容"巡洋舰撞沉事件，1918年招商局开往温州之"普济"轮与福州回沪之"新丰"轮在吴淞口外互撞事件，以及由此引发的"广济"轮击毙徐翰青案，同年"江宽"轮被段祺瑞出巡护卫舰"楚材"号撞沉案，1926年"江永"轮被孙传芳强迫运送军火中途爆炸事件，1928年"新济"轮触礁遇盗沉失案，1929年"新华"轮在香港海域触礁沉没事件，1929年"新康"轮被日船"龙野丸"撞沉案，1933年"图南"轮被日船"长春丸"撞沉案，1947年"海闽"轮与"伏波"舰相撞案，以及1948年"江亚"轮沉没案。

　　这些案件虽然并列为民国招商局的"十二大"航行安全事故，但案与案并不能等量齐观，例如"普济"、"江宽"、"江永"、"新华"、"新康"、"图南"和"江亚"等案，《申报》报道内容较多，长者十余万字，短者数万字不等。除了本册所选案例之外，招商局在民国时期还发生了非常多的中小型事故或航行安全事件，例如1913年"图南"轮被日船"益平丸"撞损，1917年"安平"轮触礁失事，1918年"爱仁"轮撞沉中华汽船公司"华泰"号，1920年"新大"轮在山东洋面触礁沉没，1924年至1926

年"飞鲸"船多次遇险，1927年"爱仁"轮遇盗被英舰击沉，1928年"江华"轮发生查烟员被殴毙事件，同年"新华"轮被劫。另外，尚有"江安"轮运土案等多起走私违禁物品、私运武器、拐卖人口案件，以及遇盗、被劫事件。为了提高局轮抵御危险能力和安全航行系数，该局在配置无线电设施、加强安全检查、提高船员素质等方面也有相应的举措。这些材料理应成为本册的组成部分，惜限于篇幅，未及收录，只能留待其他专卷。

需要说明的是，上述时段不包括抗日战争时期。在此期间，招商局轮船损失惨重，处境艰难。正如总经理徐学禹所言，抗战初期，招商局轮船"在完成了军公民运的任务后，炸损的炸损，失陷的失陷，沉塞要塞的更永沉江底了，最后仅剩了六艘江轮"；"入川后，依然得不着安全，'江建'在二十九年九月间被敌机炸沉于巴东台子湾；'江华'复在三十年八月间在万县被炸。'江建'被炸沉后，打捞了两年之久，才勉强开到重庆；'江华'被炸焚烧，全部木材设备烧光不算，铁板、角铁也烧得凹凸弯曲、不平不直"。[1] 但是，抗战时期招商局轮船沉损已不能算作普通的"航行事故"，而是该局为抵御强敌、保卫国家做出巨大牺牲的重要体现，当以专卷进行展示。

本册所收录的招商局历次航行安全事件，涉及撞船、触礁、遇盗等事项，关乎人身、财产安全，每起船案货品损失巨大，人员伤亡惨重。例如，1916年"新裕"轮运兵沉没，溺毙官兵数百人；1918年"江宽"轮被撞沉，死者达五六百人。[2] 此前数月发生的"普济"船案，"搭客三百余人，多温州同乡"，泰半遇难。[3] "江永"轮被焚，仅海员死难者就达88人。[4] "新华"轮沉没，"葬身于此役者，多至四百人，公私损害在三百万

① 徐学禹：《遍体鳞伤六大江轮突破新纪录——招商局修船史之插曲》，《申报》1946年1月6日，第3版。

② 《段舰撞沉"江宽"纪详（汉口通告）》，《申报》1918年4月30日，第3版；《续纪"江宽"撞沉详情》，《申报》1918年5月1日，第6版；《"江宽"失事后之零零碎碎》《申报》1918年5月7日，第6版。

③ 《"普济"轮船失事》，《申报》1918年1月6日，第10版；《"普济"轮船失事续志》，《申报》1918年1月7日，第10版；《"普济"轮船失事五志》，《申报》1918年1月7日，第10版；《海关研讯"普济"失事案四志》，《申报》1918年3月1日，第10版。

④ 《海员追悼会之筹备》，《申报》1926年11月9日，第13版。

以上，而无形之损失，又不知以若干"。① "江亚"轮失事后，仅捞获的尸体就达 790 具。②《申报》对于历次船案的发生现场以及善后事宜均有较为详细的报道，相关文字呈现了当时悲惨的场景，表达了人们悲愤的心情。

　　每有重大航行事故发生，招商局都会成为舆论焦点，受到诸多责难。例如"普济"轮失事后，浙江温、处等地同乡"痛恨已极"。③ 甚至有人认为"招商局并不出力打捞"，遂刊布通告，"发起组织敢死队"，"以激烈手段对付该局各轮船"。④ "温州绅士徐象藩因'普济'失事，伊父母亦罹于难，故欲与招商局为难"，⑤ 结果在"广济"轮上被击毙，引发更为复杂的案中案。"新华"轮沉没，招商局总办赵铁桥成为众矢之的，颇受责难。有人甚称"即食赵氏之肉，亦不足蔽辜于万一"。⑥ "江亚"轮被难家属，联名具呈上海地检处，"控告招商局董事长刘鸿生、总经理徐学禹、船长沈达才，有过失杀人罪嫌，请求地检处本人道立场，予以侦查起诉，以慰数千屈死冤魂"。⑦ 此案之前的"海闽"船长戴儒林则因"于船舶碰撞后未尽应行救助之义务"，被上海地方法院判处有期徒刑一年零两个月。

　　发生在北洋时期的一些轮船事故，经历了相应的司法程序。例如招商"普济"轮失事后，海关方面曾组织审断；"楚材"军舰撞沉"江宽"轮之后，海军部特派军法司官员来沪，组织特别法庭审理。相关流程及庭审记录在《申报》中都有较为详细的披露，有助于还原事故细节，也是较有特色的中国近代法制史料。对日轮撞沉招商局"新康"、"图南"轮事件，国民政府多所干预，在社会呼吁下加快《海商法》的修订，且一度进行了单方面审判，但也奈何不了日轮。民众激于对在华日轮横冲直撞的义愤，发起了撤废不平等条约、收回中国航运权的运动，从而使航行事故善后由

---

① 《蒋尊簋等为"新华"轮事通电——主张速开股东会定根本计划》，《申报》1929 年 1 月 19 日，第 13 版。

② 《"江亚"轮捞获尸体已验七百九十具》，《申报》1948 年 12 月 28 日，第 4 版。

③ 《"普济"轮船失事二十一志》，《申报》1918 年 1 月 26 日，第 10 版。

④ 《禁遏扰乱治安之举动》，《申报》1918 年 7 月 2 日，第 10 版。

⑤ 《查拿徐象藩》，《申报》1918 年 7 月 6 日，第 10 版。

⑥ 《蒋尊簋等为"新华"轮事通电——主张速开股东会定根本计划》，《申报》1929 年 1 月 19 日，第 13 版。

⑦ 《"江亚"轮案责任谁属，须俟专家判断决定——罹难者家属控告招商局》，《申报》1948 年 12 月 19 日，第 4 版。

人道主义走向了民族主义。

　　每次事故发生，遇难者家属都会进行相应的集中与集合，成立团体，发表言论，致电各方，甚至发起请愿，上书政府，进见官员，反映诉求，以期维护权益。他们的行为多能得到各类社会团体的响应与支持，从而成为各个时期社会运动的重要组成部分，对中国内政外交产生过一定的影响。

二十四 "江孚"轮命案

"江孚"轮船之惨剧

湘人杨振〔正〕标由九江趁招商局"江孚"轮船来沪，不知如何，未购船票。行至南京查票时，为该轮账房张某所查悉，不问情由，偕同吴姓（亦司账者）将杨扭住凶殴，复剥其衣裳。杨既被殴受伤，复因剥衣寒冻，不堪羞愤交迫，遂投江自尽。一时同舟搭客均以张、吴所为太过，大抱不平，群起与张、吴为难，勒令二人出具甘结，书明各情。张、吴见众怒难犯，亦愿遵依办理，乃用白竹布书一甘结，交众人收执。吴亦自认帮同辱骂是实。船至镇江，众人将此事始末告知分局长朱君，请其函致总局传坐舱讯究，朱君允之。昨"江孚"已行至沪，该船客业将此事报告湖南旅沪同乡会，湘人全体大愤，定于本日（九号）在湖南会馆开会提议，俾筹对付。

（1913年3月9日，第7版）

"江孚"司账之毒手

轮船水手凌辱搭客固为习见之事，不谓司账而亦逞蛮行凶如是。夫该搭客即未买票，即向索票资，而无以应付，亦岂无通融之法？剥衣已为太甚，况既剥衣，而又凶殴，致令投江自尽，惨无人理竟至此耶！

"江孚"为中国招商局之船，而暴横至此，是驱中国人而乘外人之轮船也。以中国人之司账，而对中国搭客若此，又何怪外国轮船之轻蔑我也。

（1913年3月9日，第7版）

严究"江孚"轮船命案

上海地方检察厅致招商局总办函云：

报载此次"江孚"下水，内有船客杨正标系湖南湘乡县人，由南京开行十余里，因无船钱，被该船账房张惠江掌颊剥衣，拳打足踢，威逼跳江身死一案，当时同船人眼见不平，群起公愤，取有该船各账友事实切结，并镇江分局坐办朱秉钧致函贵总办证明书。现闻已由湖南同乡会中遣派代表，将前项镇局证函面交贵总办，请将"江孚"买办陈雍叔、账房张惠江扣留等情。阅悉之下，不胜愤懑。事关人命重大，本厅为国家代表机关，当然有保障之责，用特函达台端，即祈将"江孚"买办陈雍叔、账房张惠江刻日送交来厅，或暂羁贵局，迅即赐覆，由本厅派警迎提，俾得集讯起诉，以重人道而维法权，是为至要。

（1913 年 3 月 13 日，第 7 版）

"江孚"轮船命案三志

湖南同乡会致招商局董事会函：

本月七号贵局"江孚"轮船抵埠，当据该轮搭客刘君光烈、宋君学皋等十五人来敝会馆报告，有退伍兵士杨正标、熊丙臣、陈来祥等由浔阳搭轮到沪，杨以无资购票，求免船价，账房呵责。至大通，账房又不令其登岸，更加痛打。至芜湖、金陵，每一开行，必施毒手。同船人俱代为求情，亦被辱骂。迨再过南京开饭，杨已饿一日，甫具饭一碗，即被账房张惠江查觉，当即逼杨下舱，掌颊数十，拳脚交加。杨跪求免，张不惟不允，更剥衣痛打。杨情急，当即投江毙命。同船各人大动公愤，咸抱不平，当即同至账房，勒令手具威逼切结。张知理屈，早已避匿，由其同伙吴怀岑、萧玉林、李文魁等写具切结，并盖账房图章，众心稍平。至镇江，同人偕往招商分局朱君秉钧处理论。朱以事关人命，当即传齐坐舱、账房人等，询明情形属实，当将事实函致贵局唐总办，交由该搭客等，经敝会馆司事而交贵局唐君凤墀矣。同人等闻信之下，愤激异常。询之熊丙臣，知杨正标系湖南湘乡人，前在上海光复军充当兵士。当于今日招集同乡各议董会议，并邀集同舟见证刘、宋等君十五位，详询威逼致命实情。佥谓该正凶张惠江凶横暴戾，自属法所不容；该买办从旁目睹，实不能辞主使纵容之罪。且闻该轮前次下水，已有威逼酿命一事，在镇起诉，事尚未了，其买办、账房等之惨无人理，已可概见。乃贵局既知前情，仍复任用，无怪该买办、账房等横行无忌。贵局既视人命于草菅，则此次命案纯系贵局纵酿所成，敝同人不能不惟贵局是问。为此函达左右，应如何将陈雍叔、张惠江解送法庭，按律惩治之处，应请明示办法。敝省寓沪军界众多，长江各省退伍湘军为数尤夥；即非湘人，闻者亦莫不发指，事关公愤，期有以彰公道而平众怒。望勿含糊推卸，是所盼祷。

　　陈本端、余建吾、朱枚、刘少坤、聂其杰、郑少熙、罗仲和、刘达村、唐燮、王镇成、杨锦堂、刘义华同启。

同舟不平人报告会馆书：

　　启者：日昨有一最可痛恨之事，发现于招商局"江孚"轮中，同舟人等以事关贵省人命，代为不平之鸣，虽经两日筹商，而舟中途次竟无正当办法。今既到沪，亟当切实报知贵公所执事诸公，俾协力进行，以达目的而警将来。同人等区区耿怀，亦借以稍尽矣。今谨将此事之首尾略述于下：

　　有退伍军人杨正标、熊丙臣、陈来祥者，由浔阳搭舟，自称赴沪，以无资购票求免票于账房，而账房不许，呵责之。至大通，账房以其未起岸，又责打。既而芜湖，而金陵，每一开驶，必施毒手。同舱人尝有出为求请者，亦被辱。迨舟过南京，统舱开饭，杨已竟日未食，甫具一碗，犹未入口，即被账房内张惠江查觉，当即逼杨下舱，然后掌杨之颊数十，拳脚交加。杨至无可奈何之际，跪求于张前，再四哀鸣。殊张不惟不允，反加更焉痛打。后又剥其衣，再四凌辱，势犹不已。杨情急愤恚，知在舟中不免，即翻身投江。呜呼！湖南退伍军人杨正标，被张威逼投江死矣，张竟不救。复由杨正标之同伴熊丙臣、陈来祥将以上各情报告同舱各客，同舱大动公愤，一时人声鼎沸，纷鸣不平。乃由同舱不平人推出十数人，代为研理，并以维持现状，由张惠江、吴怀岑亲具一事实结，义愤之声始稍息。同人等慨死者之无辜受害，施者之无状杀人，账房虽有收费之本分，而无杀人之权衡。即以满清法庭官吏，其残酷亦不至此，何民国营业商人胆敢如此肆行无忌！言之令人发指，同人愤极，刻不能容。值轮停镇江，同人等即偕往招商镇江分局，与该分局朱秉钧理论。殊朱以事关重大，不敢完全担负，愿以该分局总办名义作一证明张惠江逼死杨正标之函，致沪总局，请如法惩办。同人等据死者之同伴熊、陈二人口称，杨系光复军，籍属贵省。杨死后此间并无家属与之起诉，同人等亦不能调查其家属景况，同人等至沪，惟将此情全案移交贵公所主首与办，必较同人等羁旅之谋易成多矣。如由贵公所控之有司，须同人等到案作证时，同人等必赴公庭证明。除先此函知贵公所外，准明日午后二时齐集贵公所面渎一切。事为贵省军人冤抑，惟希主持公道，实纫公谊。

同舟不平人吴静渊、宋学皋、丁玉田、桂汝章、熊汉卿、王成侯、胡鸿、阮志岳、姚润隼、吴宗炎、郑坤亭、李兰亭、蔡仰衢、戴廷瑞、江蓝生、黄赞元、戴用章、朱世鸿、张若虚、潘培高、王昌龄、刘光烈同启。

镇局总办朱秉钧致总局总办唐凤墀函：

顷晚"江孚"到镇，有该船搭客二三十人来局，声称有搭客一人由浔上船，无钱购票，求免不允，被"江孚"账房张姓喝令剥衣痛殴，致该搭客情急投江身死，群情愤激，要求惩办云云。众口一辞，势甚汹汹，并有搭客刘、宋两君称目击此事，张姓实属野蛮，途中几酿暴动，幸经竭力劝说，始安抵镇埠，贵局应速解决，以平众怒，否则镇至申中间恐再起风潮。当答以镇江系属分局，不敢擅专，既据诸君所言，自应报告总局，以凭核办。此时由镇开行，还祈诸君维持到申后，敝总局自有相当办法。刘、宋二君慨允极力维持。旋询之该船坐舱、账房等，情形大致相同。用特飞函奉告。窃思此呈如果属实，是该账房张姓荒谬绝伦，不可不加以严处，匪特与本局名誉营业均有关系，抑且大悖人道，理宜惩究也。诸希察核施行，是所至祷。（三月五号夜）

"江孚"轮船账房吴怀岑等亲具切结：

> 吴怀岑在"江孚"船充当账房，今因品行暴躁，有客由九江上船，至江阴，杨正标身无票费，来账房恳求，今有张惠江与吴怀岑任意不准，张惠江拍打数十，褫剥赤身，投江伤命。经本船众客闻声奔救，一时不及，致于殒命。今有众客实堪痛恨，向身理论，追交张惠江。乃伊闻声奔逃，众客恐无凭据，身具结为实。具结人吴怀岑□，与事人萧玉林□，李文魁□①。民国二年三月五号具。

（1913 年 3 月 14 日，第 7 版）

湖南会馆开特别会记事

退伍兵士湘人杨正标由九江搭乘招商局"江孚"轮船来沪，因未购船票，被该轮账房张惠江殴打威逼投江身死一案，兹由湖南旅沪同乡于昨日齐集西门外斜桥湖南会馆开特别会，公议对付办法，到会者共有一百二十四人。午后二时开会，先由正副会长陈本端、朱霞林二君报告开会宗旨，并由朱霞林君演说谓，"杨正标因无船价，致被'江孚'轮船账房等殴逼身死，甚为可惨，应请我同乡诸父老研究办法，以代死者伸雪"。次黄宗炎君谓，"杨正标既无川资，则该轮账房应得扣留杨之行李，抵偿船价，不应如是之野蛮。且杨系军界中人，曾于光复时为国家出力，招商局中人亦应念及军人苦况，略为通融，乃竟凶殴逼死，实属惨无人理。现下只有呈诉上海地方检察厅长，要求按律惩究；一面要求招商局取缔各轮账房人等，对于搭客即使乏资，须以文明对待；并须责令该轮打捞尸身，俾使尸

---

① 此三处，原文为"十"字，据判断原件当为手印。

属领回埋葬"。次刘棋君谓，"该账房等如是行为，实属蛮横。况鄙人深知轮船买办暨账房人等素来苛待搭客，而招待洋人则另换一副面目，实属轻视同胞。现在此案既承上海地方检察厅长致函招商局，要求将该轮买办陈雍叔、账房张惠江等提回讯究，凡我同乡殊深感激。惟此案将来起诉时，必须格外留意。盖以该买办等神通广大，难保不运动透卸也"。次王道煌君谓，"该买办亦是华人，乃竟苛虐华人，自残同种，实属罪有应得。现自杨正标被逼身死以来，南京、苏州两处之湘省会馆亦已迭次开会，多数主张起诉。惟所举代表必须深明法律之人，尤宜素有名望，望我同乡格外慎重"。次杨励身君谓，"此案若不力争严办，则将来轮船买办人等势必愈加凶横，行旅受累伊于何底？务请诸同乡竭力筹议办法。惟起诉一层，应先筹备经费，亦望诸公量力乐输"。次张伯纯君谓，"招商局势力甚大，设或办理不慎，非独死者含冤莫雪，即我同乡暨各省旅行之人此后必再受彼等之毒害，诸事务请慎重"。次蔡文炳君谓，"此案总以达到目的为止，设在检察厅败诉后，定须上诉至大理院，务求伸雪"。演说既毕，即由各同乡解囊凑集起诉经费，颇为踊跃；并即举定代表律师黄宗炎、蔡文炳二君，又举罗仲和、程梅年二君专办文牍，曾省吾、王扶轩二君为干事，聂云台君为经理。事毕散会时，已钟鸣六下矣。

(1913 年 3 月 17 日，第 7 版)

开审"江孚"轮船命案之预备

上海地方检察厅陈厅长复湖南旅沪同乡会函云：

项接来函，诵悉一是。"江孚"账房张惠江威逼杨正标致死一案，鄙意当然以法律解决为正办。此系鄙人应尽之天职，对于一般人民均应尽其义务，亦无关于桑梓之情也。承示开会日期，英来反觉不便，不如不来之为妙。至前函奉索证结，并同舟不平人住址各节，乃此案质讯之必要，但不识前项证结各件是否存在尊处？抑或能知其所在，以及同舟诸公住址，尊处究能查实一体通知否？还祈迅速示复。因该船账房张惠江现已由本厅拘押，并已另函沪招商局请将买办等一干人送厅备质各在案，现在此案质讯在即，故不得不亟求证据也。英素性率直，平日办理案情，只知以法律为标准，故于来函所云江君云云，及同人所虑等情，均非鄙人注意之点。证结各件暨同舟不平人住址，务祈详细查明，送厅核办为要。

湖南同乡会又复陈厅长函云：

> 顷奉复示，以杨正标一案当以法律解决为正办，且系执事应尽之义务等语，持论正大，钦佩同深。承嘱将此案证结各件及同舟各证人住址单缴案，以备质讯。兹特将同舟各人报告湖南同乡会公信一函，又镇江招商分局致招商总局信一函，及"江孚"轮船账房吴怀岑等所出甘结一纸，另开具见证人等现在尚寓上海者姓名、住址清单一纸，由敝会派代表人亲赍送贵厅长察核施行，足纫公谊。至此案贵厅开庭豫审定期之后，应请先行示知敝会。缘本日开会，业已公议届期派人到堂观审也。合并声明。

又闻"江孚"司账张惠江被拘后，昨即具呈辩诉，略谓"商人在'江孚'服务已有多年，阳历三月初五日，本船由汉口下驶，未至九江，查见有湘乡人前当军士之杨正标未购船票，当令其补购。伊因乏钱，自愿将棉袍一件作抵，允许到申取赎。迨轮过南京，忽有多数客商拥入账房，声言杨正标被逼投江，胡闹不休，并责令账房同人出具证结。其时该处已离杨投江之处约有廿余里，事为船主洋人查悉，前来诘问，众客始散。查点失去洋一百另一元四角，并衣服、眼镜等件。本船买办适告假不在，查各轮船定章，如搭客乏资购票，向章只收半价。此次杨正标是否投江，抑或经人遇救，均系无从质证；且将衣付质，出于杨之自愿，稽查船票为商人应尽之职，于法律、道德两端均无责任可言。惟总局已将坐舱撤换，归咎于商人，为此据实陈明，伏乞主裁"等语。陈厅长谕候批示，集讯核断。

（1913 年 3 月 18 日，第 7 版）

"江孚"轮船命案之诉状

招商局"江孚"轮船账房张惠江等逼毙搭客杨正标一案，经苏、沪两处湖南同乡开会，举定代表彭丙一、曾省吾二君，并举黄宗炎、蔡文炳二律师起诉各情，送志本报。兹悉各代表及各证人昨已至上海地方检察厅起诉，录其诉状如下：

为因伤致死证据确凿，请求按律起诉事。缘阳历三月五号，有同乡杨正标，系湘乡人，曾充光复军兵士，退伍后至九江，因事赴沪，当乘招商局"江孚"轮船，因未购买船票，故求坐舱、账房等到沪时取钱补交。讵该轮账房等不惟不允，遽剥夺其衣服，痛加殴打数次，并断绝食物，以致杨正标身受重伤，不堪痛苦，遂即愤极，赤身投江身死。同船众客亲见情形，大动公愤，当至镇江该分局报告，请其惩办。该分局未敢擅专，爰特具函，致请上海总局，证明事实，取有该轮账房切结呈案。窃思共和时代，首重人权，即使搭客未曾购票，亦应按照定章办理，何得故加伤害，必夺其生命而后已？该账房等胆敢着手，实属惨无人道，似杨正标身死，断难不援威逼自尽之条。为此据证告发，伏乞贵厅迅将被告人拘摄到庭，按律起诉。至杨正标之尸首，应请勒令该被告限日捞获，以伸公理，而维国法。谨诉。

计开证人丁玉田、桂汝章、李兰亭、吴静渊、蔡仰衢、戴廷瑞、姚润章、黄赞元、胡鸿、宋学皋、阮志岳、吴宗炎、郑坤亭、江兰生、熊丙臣、朱世鸿、刘光烈、张若虚、潘培高、王昌麟、戴用章、熊汉卿、王成候。

证物：一、同舟诸人致本会书；二、镇江分局朱秉钧致招商总局书；三、"江孚"账房等切结。

按，以上三种证物，已见十四日本报。

（1913 年 3 月 19 日，第 7 版）

"江孚"轮船案预审记

湖南同乡会遣见证等在地方检察厅控"江孚"轮船司账张惠江、吴怀琴等威逼同乡人杨正标投江身死，并据张惠江投厅自首各情已记前报。前日上灯时，陈厅长委黄检察官提案预审。先据与同舟目睹之熊炳臣、陈来祥，及与杨同乡作证之刘光烈、丁玉田、李兰亭、宋学高等十人上堂证明，当时杨正标因无船钱，被查票人张惠江拳打足踢，击破头颅，剥去棉袍，种种虐待难以言状。因此杨被逼不堪，在南京下水投江而死。当时众人不服，取到该账房同人所具之结，并镇江分局致沪总局之信为证，呈请究办，以雪沉冤。张惠江诉称，本船由汉口下水来沪，甫抵九江，查出杨正标未购船票，当时杨乏资，自愿将棉袍一件作抵，允许到申取赎，不知如何投江。但杨是否投江，或投江后遇救，均未可知。问官一再驳诘，各证人皆证明张先行凶威逼是实。问官谓熊炳臣曰："尔等到案作证，为同乡人伸冤，实为热心难得，但既具热心，诸公当时见张惠江如此凶暴，如能立即出为解劝，或可息事，或杨不至于死亦未可知，免得事后多此一番手续。"各证人咸唯唯称是。讵刘光烈挺身而出，声称检察官不必吹牛皮。问官闻而大怒，立传至案，查系蜀人。问官以其列入湘人证人地位，已经不合，且出言无礼，扰乱法庭，拟令收押，照五等有期徒刑，咨请审判厅判决。刘自知不合，供求宽宥，各证人亦一再代求，问官遂判令其取消证人切结呈案，以后不准到堂干预，从宽斥释。张惠江判令还押，听候再讯。

另一访函云，"江孚"轮船案由湖南同乡会代表律师黄宗炎等率证人赴检察厅起诉，预审后，昨又有全案证人投检厅具呈证明，切结云：

> 具证明结人郑坤廷等，实结得阴历正月二十八日有湘乡人杨正标乘招商局"江孚"轮船，因未购船票，该船账房张惠江等剥夺其衣服，断绝其饮食，沿途数次拳打足踢；杨正标已身受重伤，不堪痛苦，该账房复赶至船边，喝令吊打，以致杨正标投江身死。郑坤廷等均系目击，一切情形是实。民国二年三月十八日具结人郑坤廷、桂汝舟、戴廷瑞、熊炳臣、熊汉卿、蔡仰衢、丁玉田、阮志岳、李兰廷等押。

（1913 年 3 月 20 日，第 10 版）

电请取缔商轮

湘人杨正标被招商局"江孚"轮船账房张惠江凶殴绝食，投江毙命，详情已屡纪本报。兹将湖南同乡会致交通部电录下：

　　北京交通部钧鉴：退伍兵杨正标，湖南湘乡人，于三月五号由浔附搭"江孚"轮船，因无钱买票，被该轮账房张惠江屡次凶殴，并复剥衣绝食，致杨情急投江殒命，尸身漂失。幸有同船二十余人目见不平，来会报告。本会已据情向上海检察厅提起公诉，请予究办。理合电呈大部察核，乞将该局航业章程实行取缔，以重人道。

　　旅沪湖南同乡会朱枚、陈本端等谨呈。皓。

（1913 年 3 月 21 日，第 7 版）

来函·黄宗炎律师函

前日阅贵报登记黄宗炎律师为杨正标毙命起诉状一节内，于"不堪痛苦"句下遗漏"复赶至船边喝令吊打"九字，此案证据确凿，系因伤害致死，与威逼自尽有别。威逼自尽，本前清律文在《暂行新刑律》妨害安全章，以暴行胁迫行无义务之事，仅四等以下有期徒刑。今张惠江实行伤害人，已构成新刑律三百十三条第一项之罪。查此项罪系无期徒刑，或二等以上有期徒刑。此中关系甚重，故不能不再辩明，应请贵报更正，以维法纪。

（1913 年 3 月 22 日，第 11 版）

复审"江孚"轮船命案

招商局"江孚"轮船买办陈雍叔所用之司账张惠江、吴怀琴等在船威逼湖南湘乡人杨正标投江身死一案，前日复由地方检察厅将陈雍叔、吴怀琴、萧玉林、李文魁等一并传案，经黄检察官预审，张惠江、吴怀琴同供："此次'江孚'下水，甫抵九江，查出湖南人杨正标未购船票，嘱令补购。伊因乏资，自将棉袍作抵，允俟到申后取赎。不知如何投江而死，实无凶殴威逼情事，求察。"萧玉林供："本地人，在'江孚'船上为司账，此次'江孚'下水，甫过南京，未到镇江之时，忽有多数搭客拥入账房，声称搭客杨正标因未带川资，遭张惠江等威逼虐待，已经投江而死。言未毕，众人在账房内胡闹不休，并将账房内银洋攫取一空，复责令出具证结。当时账房内若不应允，事难解决，所以只得出结。至杨正标是否投江，无人目睹，求鉴。"李文魁供："镇江人，在'江孚'船为茶房，是日见众人在账房内吵闹不休，民人前去解劝，声称杨正标之事无论如何必须文明办理，何得如此野蛮！如果起诉，或内地，或租界公堂，悉听尊便。众人以民人出头解劝，诘我姓氏、职业，民人据实告之。时尚疑我捏造，迨身畔卡片给看，众始无言。今遂因此拖累是实。"陈雍叔供："家住虹口，在'江孚'船为副买办。此次杨正标之事，无论曲直，我观到案控诉各原告，咸有金钱主义，如果热心仗义，为杨伸冤，则当时在船，不应攫取账房银洋。"问官一再研讯，张惠江等执定如前。问官以陈雍叔既为买办，应有督理之责现，既酿成命案，实难辞咎，判押候禀请陈厅长再核。张惠江、吴怀琴分别收押，萧玉林交保，张子慈、李文魁则交张粟桥等分别具保。候传各原告证人到案再核。

（1913 年 3 月 24 日，第 7 版）

杨正标冤死多日矣

招商局"江孚"轮船账房张惠江等殴伤搭客杨正标，以致投江毙命一案，曾由地方检察厅提到张惠江、陈雍叔预审，并传各证人到案，取具证结，判候复讯在案。兹悉苏、沪湖南同乡会代表律师黄宗炎君，及干事曾醒吾、彭丙一、吴绍初等昨又公同会议，续筹进行方法：㊀由律师向上海检察厅续诉，请求迅予提起公诉；㊁由苏、沪两同乡会会长质问检察厅，何以不即提起公诉？㊂预筹经费，不达按律惩治目的不止。兹将黄律师续诉状录下：

为再行续诉事，缘杨正标被张惠江等伤害致死一案，曾蒙贵厅迭次预审，并由同船目击各证人郑坤庭等亲具证明切结，此案事实已构成刑律上三百十三条第一项之罪，毫无疑义。又查该轮账房吴怀岑及萧玉林、李文魁等结中，明言张惠江与吴怀岑任意殴打数十，褫剥赤身，投江伤命等语，曾亲具切结在案。是直自认其罪，与赴法庭自白无异。证人、证物均已充分，该轮账房等万难以诡词搪塞，希图卸罪。且人情谁不乐生？若非痛遭殴打，置之死地，何致遽尔殒命？若非同船人亲见情形，共伸义愤，则此次被害人之死，其冤又何以得伸？贵厅为国家代表机关，人命重案，非请求按律严惩，则将来轮船买办人等势必愈加凶横，不独行客受其虐待，即与国家治安亦大有关系。为此再行续诉，伏乞贵厅豫审终结，迅予按律起诉，以彰国法而重人命。谨状。

又闻湖南会馆昨接南京四象桥湖南同乡会函云：

吾湘人对于杨正标一案甚为愤激，故于前日又经开会，决议联合旅居苏沪各同乡，一致进行，非将张惠江等按律严办，决不干休。并有宁苏沪各军队之湘人亦多异常公愤，颇有跃跃出头干涉之势。现经各长官极力劝谕，当以文明手续进行，严戒暴动。如审、检两厅办理不公，深恐将来不免有激烈之举，应请沪会迅速起诉，请求按律严惩。

(1913 年 4 月 2 日，第 7 版)

杨正标被逼投江案之催审

湘人杨正标由军退伍，由九江乘坐"江孚"轮船，因无船票，致被该轮账房张惠江等殴伤绝食，驱逐投江，经上海地方检察厅传集两造，预审各情，迭志本报。兹因检察厅日久迄未起诉，由旅沪湖南同乡会前日函催检察厅云：

杨正标在"江孚"轮船被张惠江等伤害毙命一案，曾蒙贵厅迭次预审，证据确实，张等罪有应得。惟此案为湘省乡人所同注意，尤关公愤，在此静候审判者实繁有徒；并同乡各律师均愿在此同尽义务。如迟延日久，深虑人众观望，又恐用度浩繁，拟恳贵厅长查照预审案情，迅赐按律起诉，以重人道而伸法权。

（1913 年 4 月 21 日，第 7 版）

二十五 "新裕"轮运兵被撞

"新裕"轮船载兵遇险

招商局"新裕"等三轮船被海军扣留，预备载兵南下一事，曾志前报。兹得本埠招商局消息，昨接"新裕"轮船来电，该轮自天津载兵赴闽，出口后因值大雾迷漫，致与护送军舰相撞，船身损坏云云。或谓"新裕"轮在舟山洋面被"海容"军舰撞沉云。

另一访函云，昨日本埠因得招商局"新裕"轮船沉没之消息，全体股东大哗，尚不知如何解决也。

（1916 年 4 月 25 日，第 10 版）

"海容"军舰果何往耶？

招商局"新裕"轮船载运军队被撞沉没一事，已志昨报。兹闻本埠海军总机关及某方面昨日连接某处无线电报，谓"海容"军舰自肇事后发来一电，迭电无复，现已不知去向。如该舰驶进，即便设法扣留，查询密报云云。

（1916 年 4 月 26 日，第 10 版）

西报纪"新裕"轮失事情形

《字林报》云，招商局"新裕"轮船载北兵约千人左右，于上星期由天津出发，至何日启碇，沪上未能确悉，惟料其必在星期四日开离北方。该船为中政府当差，似未以行动报告上海公司。该船与他船由中国巡舰护

978

送，"海容"亦在护送舰之列。近数日内，海滨一带浓雾迷漫。二十四日晨，招商局"图南"轮船抵沪，据称曾于浓雾之中经过诸船。星期日下午二时，海关巡江司接"海容"巡舰发来无线电云，星期六日下午六时十分，"海容"与"新裕"于浓雾中互撞，"新裕"汽锅炸裂而沉，其地点在北纬度 29.13、东经度 122.27，距白鱼山（译音）灯塔北二十二英里。是晚八时，海关又接"海容"无线电云，救出第三机师及兵二十人、水夫九人。今海关巡船"流星"已开往失事处；招商局"海晏"轮船亦赴该处。星期日晚间，招商局发无线电，以"新裕"船长、船副等是否无恙，询诸"海容"。至昨日（二十四日）下午，犹未接复。闻"新裕"轮船沉于二十三寻（每寻六呎）之深处，该船沪人士皆知之，驶行二十余年未遭意外，一八八九年成于英国格拉斯哥，净容一〇三八吨，驶行沪津间多年，近年改驶福州，旅客多乐乘之。船中共有欧员六人，今确知已遇救者惟第三机师摩尔君耳。

《大陆报》云，据本埠招商局声称，"新裕"轮船共载兵千人，奉密令由津赴闽，同行者共有五船，"海容"、"海圻"二巡舰任护送之役，"新裕"、"新铭"、"爱仁"三船则载军队。"新裕"由"海容"护送，"新铭"、"爱仁"由"海圻"护送。闻"新铭"载有海军军官多员，居前驶行，其余数船依次鱼贯而进。

《泰晤士报》云，兹悉"新裕"船乃在白犬山附近失事，船中之兵及办事人等共约一千二百人，此次由塘沽出发，非赴福州，即赴广州。该船第二机师美克英第尔君完姻在即，其未婚妻一二日前已由新加坡启程来沪，特未知美君能否脱险也。

（1916 年 4 月 26 日，第 10 版）

"新裕"轮船运兵失事续纪

招商局"新裕"轮船被逼装兵，由津南下，行至温州洋面，为护送之"海容"巡洋舰因迷雾触撞，全船覆没，已由招商局派"海晏"轮船急赴失事处打捞尸身，大略已志前报。兹悉"新裕"轮船管理副账之邵锦斋亦罹斯厄，所有该轮船主及大、二副等各洋员之家属均于旧历二十二日下午二时乘"海晏"同往寻觅尸体,究竟能否将船捞起,须俟"海晏"于二十六日回沪,始有实在消息云。

《文汇报》云,海关巡船"流星"闻"新裕"遇祸消息,即开往失事处,今日已载"新裕"船大副斯密司君抵沪,余员存亡现尚未悉。

(1916 年 4 月 27 日,第 10 版)

"新裕"轮船运兵失事三志

招商局"新裕"轮船在洋失事后,该局即派"海晏"轮船装载棺木七十口于二十二号下午二时开往失事处所打捞尸身,以便棺殓。兹悉"海晏"轮船已于昨日回沪,闻该船至"新裕"失事处之刀鱼山洋面遍寻,不见"新裕"踪迹,当打水潭始悉"新裕"沉下有十二丈余之深,以致无从打捞,故仍将空棺带回。现该局已下半旗,以志哀悼。

据闻"新裕"轮船装有性甚猛裂之无烟火药,置于锅炉舱之近侧,"海容"舰适撞于"新裕"船之中间,锅炉震裂,击动药力,立即轰炸,因此沉没较速。所有溺毙尸身均为沉船压于海底,故难打捞。该船副账房邵锦斋之尸体亦未捞获,其正账房沈姓于开船时由邵锦斋嘱其不必下船,一切职务由邵代理,故未遭斯难。现招商局尚拟雇用水鬼,入海打捞紧要各物云。

住居沪城大东门附近之宁波人张天兴有子名小狗,向在"新裕"船上服役,当时警耗到沪,张天兴与媳某氏等尚希望小狗得庆生还。及日前有同船遇救之人到沪,向张天兴等证明小狗已遭溺毙,天兴为之大恸,于晚间背人悬梁自缢。其媳闻声往视,呼集家人设法救下,未致殒命。次日,四邻闻之,无不为之酸鼻。

《大陆报》云,"新裕"轮船大副斯密司君昨晨(二十六日)乘海关"流星"巡船抵沪,据称"新裕"船于浓雾中为"海容"巡舰撞于水线之下,穿一巨洞,海水涌入,沉没甚速,时为上星期六日下午六时也。船中员役于船身没水之前,尽取救生圈,分派各人;水达栏杆时,各洋员乃跃身入海,海面虽甚恬静,惟水冷刺骨,各员役皆最后离船。斯入水后,得一有绳之木艇,盖乃缘登其上漂浮二十小时之久。次日见一渔船,时虽力尽,犹能呼救。渔船救之起,且厚给衣食,继乃向宁波附近之石浦群岛进发。该渔船且先救起北兵四五人，昨均抵沪矣。该渔船当时欲傍岸，因风猛不得，近乃泊于湾之对面。翌日，安抵西浦极，蒙县知事及警吏优待，休息一日，乃与遇救北兵同乘小轮至宁波。途遇"流星"巡船，乃附乘至沪。遇救之第三机师摩尔君现仍处"海容"巡舰。"新裕"船失事处乃在黑山岛（译音）之东。昨据"普济"船长台洛君声称，雾散时曾见"海琦"巡舰及"爱仁"船在失事处周围觅救落海之人，"海晏"船今日（二十七日）可抵沪，或尚有遇救之人也。

（1916 年 4 月 28 日，第 10 版）

"新裕" 轮船运兵失事四志

招商局"新裕"轮船由津运兵赴闽，在温州洋面被"海容"兵舰遇雾撞沉，全舟之人遇救者为数无多，该船副买办邵锦斋亦罹于难，尸身无着，详情已迭纪前报。兹悉邵锦斋原籍苏州，现在沪城虹桥北首三牌楼地方，上有七旬老母，此次警耗到沪，邵之家属为之大恸，昨午扎一草人，外穿礼服，先舁至金利源码头浦滩招魂，然后回家备棺成殓，当日出殡，棺柩暂厝于放生局中，亲朋之执绋而送者颇不乏人。

前海军"肇和"舰长黄鸣球因去年十二月五号夜党人袭取"肇和"一案获咎，已判处徒刑。此次海军部刘总长保荐黄鸣球暂任驾驶职务，将功赎罪。是以黄即由沪赴津，派在"新裕"商轮，权任驾驶。兹闻驻沪海军轮机处已调查确实，黄亦罹斯厄。

"海容"巡洋舰自误将"新裕"撞沉后，曾以无线电分报各机关，自请处罪。旋有谣言谓，"海容"因恐深究，潜逃无踪。兹经海军机关查明，"海容"于撞沉"新裕"之时，因抵触力过猛，以致该军舰之汽锅轮机亦被震坏，刻已就近驶赴闽省船坞修理矣。

（1916 年 4 月 29 日，第 10 版）

"新裕" 轮船运兵失事五志

招商局"新裕"轮船运兵失事，已屡纪前报。兹悉该局"新裕"、

"新铭"、"爱仁"三轮同在天津装兵赴闽，由大沽口开出时，第一艘"新裕"，第二艘"新铭"，第三艘"爱仁"，先后起碇，"新裕"由"海容"护送，"新铭"、"爱仁"由"海圻"、"海筹"护送，驶至相近福建之刀鱼山，因遇迷雾，被"海容"撞断船身，登时沉没。当由经过之商船救起未经溺毙之北兵多名，由沿海温州等处登岸。昨日本埠宁绍轮船由宁波装来此项遇救北兵二十八名，当由该公司派人送至护军使署请为安插。

（1916 年 5 月 1 日，第 10 版）

"新裕"轮船运兵失事六志

"新裕"商轮由津装兵南下，驶至温州洋面，被护送之"海容"巡洋舰遇雾撞沉，已迭志前报。兹悉"新裕"所载之军队即前驻上海保护制造局陆军第四师所部步兵十三团各营之官兵，曾经陆军部另行编制，前之营长高全忠已升为团长，参军王殿魁升为营长，排长张瀛洲升为连长，此次开差适乘"新裕"，均遭溺毙。所有在舱面之士兵二十余名，因见危急，跃入海中，紧抱一木，随风飘泊，嗣由鱼船捞救，得庆更生。业于前日来沪，至高昌庙地方寻觅军队中之旧人，当由驻沪十四团各士兵赠给衣服，送往龙华，请求杨护军使安插。

（1916 年 5 月 2 日，第 10 版）

译电

〔上略〕

〔北京电〕海军部接无线电，报告"海容"于触沉"新裕"后踪迹杳然，不知所往，政府即通电未独立各省，如"海容"入口，应即扣留。据《国权报》云，"海容"之触沉"新裕"，实出有意。盖"海容"舰员已受民党运动，且多系闽人，不愿北军贻祸桑梓，故意撞沉之云。（一日，以上路透电）

〔下略〕

（1916 年 5 月 3 日，第 2 版）

"新裕"机师述失事情形

《字林报》四月二十七日福州通讯云,"新裕"轮船第三机师摩尔君自纪该船失事情形,兹录其文于下:

四月二十二日下午六时,余值番,代第二机师。俾进晚餐,先是机器室需人助司辅助运水器,余往焉,是时常有命令更变速率,第二机师曾久处电信机侧,盖海上有浓雾也。余既司运水器,第二机师即登甲板去,约二分钟复来,告余谓,"新铭"船现方下碇,该船最前行,充引导,故吾船乃亦作下碇之准备。一分钟后(大约在六时八分左右),电信机传来停驶命令,即觉船体微震,以为锚已下矣。方作此思,而尽速前驶之命又到,接之以竭全力之信号速驶,未及一分钟,汽机约运动八十周,忽闻第一船副在顶层甲板天窗向下大呼"停船"、"停船",余即从之。同伴曾相话语,余未闻其言。第二机师时亦在机器室,闻言乃奔上甲板,且呼余上。两船接触甚轻,故余犹未知已遭意外。迨抵甲板,则见船首下倾,且未晤一欧人,乃急奔至小艇处。断艇盖之索时,余在右舷,而右舷各艇一霎时兵士已满,余乃尽割可浮之物,而投诸海,余立船尾右隅,候水将及船之中段,乃跃身船外,潜水而遁。当时兵士绕余数匝,争欲逃生,其状若狂,余之得摆脱也,颇受困难。闻船中共载兵千人左右,各舱皆满。当余泅水离船之际,犹见诸人争命,海中艇盖之入水者随流而下。余素善泅,乃泅登其一,"海容"巡舰之汽笛到耳甚清,忽巨声轰然,盖"新裕"之汽锅爆烈也,既而黑烟腾起,遂失"新裕"踪迹。自余离机器室迄船没海中,前后约六分钟。甲板之上无一欧人,仅在机器室后晤一第二机师,问余救生圈何在?余称余善泅,不此需。渠即前趋,余呼之后,渠身御救生圈,不顾而去。余信海上起雾后,船长未离舵楼,船中兵士殊为安静。雾前天气晴朗,海涛甚大,余藉艇盖之助泅水以趋汽笛传来之方面,窃料必为"海容"发出者。余处水约半小时,为"海容"之小艇救起。该艇欲折回送余登舰,余不允,驾艇者似未谢

［解］余意，余乃旋舵，使艇向"新裕"失事处行，继即跃身入水，以就"海容"，相距约百码也。于是艇中人乃会意，舍余鼓棹而去。余既泅近"海容"艇首，侧见一艇，似方释系，盖中仅坐有三人也。余乃入艇，而登"海容"，既而驾艇之人已足，即往尽救生之役。舰中之人待余颇优渥。吾人处"新裕"船时，屡变驶行速率，或行或止，或缓或急，因"爱仁"船速力迟钝，须迁就之，俾相距不太远也。雾起前，诸船鱼贯而行，"新铭"居首，巡舰队则在"新铭"右面，亦鱼贯行，以"海圻"居首。当船体微震时，船长曷为发令速驶，其故未悉。"海容"乃具撞角之军舰，其端甚锐，其酿祸前后之行动，余不之知。余所见之"海容"二艇，驾驶颇熟。船中其他欧人存亡未卜，盖以甲板之上兵士丛集，纷争不已，余不得由后而前也。据"新裕"船之水手长声称，"新裕"被撞处乃在舵楼稍后、大餐间对面，该水手长与木工一、修灯者一、水手四，均于被撞时跃登"海容"舰。船中之欧人除余外，有船长李佳德，英人也；船副斯密司，丹人也；第二船副尼尔森，正机师白朗恩，第二机师美根蒂尔，皆英人。

（1916 年 5 月 3 日，第 3 版）

"海容"舰尚无正式报告

"海容"巡洋舰前因护送北军南下中途遇雾，致将"新裕"商轮撞沉，该巡洋舰亦因汽锅受损，驶赴闽省船坞修理，已志前报。兹悉海军刘总长以"海容"舰于撞沉"新裕"以后未将赴闽修理情形正式报告，究竟当时如何碰撞？该舰受伤若何？及修理估价、何日抵闽，均须调查。现已饬由海军总轮机处责令该舰干［甘］舰长迅即详细具复。

（1916 年 5 月 4 日，第 10 版）

专电

［上略］

〔北京电〕"海容"撞沉"新裕"案，刘冠雄即在闽组军法裁判，电调郑宝菁驰往承审。

〖下略〗

(1916 年 5 月 9 日，第 2 版)

"新裕"轮船运兵失事七志

招商局"新裕"轮船在刀鱼山洋面被"海容"兵舰因雾撞沉，溺毙所载之北兵及华洋员司工役多人，当经该局派"海晏"轮船前往打捞尸首，因船已深没，无从着手，已迭志前报。兹悉招商局以"新裕"轮船此次肇祸，系为海军部装兵所致，曾向北京政府索偿船价及抚恤费银一百万元，迄未解决。故该局对于被难各司员恤款尚未议定。昨日被难茶房、水手、机匠、小工等家属聚集数十人，扶老携幼，拥至招商局账房泣诉，咸谓死者生前在"新裕"船上服役，各家老幼全赖赡养，今遭惨毙，尸骨不还，我等乏人赡养，特求总办大发慈悲，为我等孤寡代谋衣食，免成饿殍。言毕痛哭不已。当由局中员司向各该家属劝慰，谓此次屈死多命，局中同人亦甚痛惜，现在恤款尚未议定，应先将尔等姓名、住址分别登记，俟议定恤款数目，再行通知尔等来领等语。婉劝再三，各家属始含泪而去。

又闻此次"新裕"所载之北军系陆军第十师步兵十九旅第三十八团第一营全部官兵，又机关枪一连，共计官兵七百余人。该团团长为前任驻防上海制造局之十三团长周孝骞，第一营营长为王殿魁，机关枪连长为张瀛洲。该船被撞后，官长、士兵尽行落水，当时淹毙周团长、王营长、张连长及下级军官头目士兵六百余人，尸体迄未捞获。嗣于二十五号有巡查外洋之浙江水警第六队长吴梦得，驾船驶至失事洋面，远见海面浮有木片三四块，攀附之人甚多，立即召集附近捕渔之"石浦"、"纪协顺"、"金财发"等渔船，嘱其竭力施救，当场救起该营三连排长冯立成、四连排长苏振东二员，并士兵陈金凯等三十三名，询知已在海洋两昼夜，饥寒已达极点。当由该队长吴梦得及"纪协顺"等请由象山县廖知事、警备汤管带，暨绅商各界筹资购办衣服，各给银洋，一并送由外海水警总厅署，购备宁绍公司轮船舱票，于前日（即七号）抵沪，送请松沪护军使署安插。业经杨护军使将士兵陈金凯等三十三名饬发步兵十五、六两团各营部，补充缺额。惟排长冯立成、苏振东二员因无差缺，饬令暂候录用；并以该官兵等幸蒙浙江水警吴队长及象山县廖知事等援救，昨已函致浙江外海水警总厅代为伸谢矣。

（1916 年 5 月 10 日，第 10 版）

"新裕"轮船运兵失事八志

"新裕"商轮被撞沉没，溺毙多命，所有淹毙之尸体曾经招商局派令"海晏"轮船驰往打捞，一无所获，详情已屡志前报。兹悉宁波官厅现据渔民报告，在石浦捞获尸体一百数十具，请召尸属认领等情，业由宁波官厅于前日函告上海招商局，即于昨日传知遇难家属及驻沪军署，请即派人前赴石浦认明，以便领回棺殓。

（1916 年 5 月 12 日，第 10 版）

专电

〖上略〗

〔北京电〕海部以"新裕"咎由自失，令"海容"舰长赴沪，与商局诉讼，不欲履赔偿约。

〖下略〗

（1916 年 5 月 13 日，第 2 版）

"新裕"轮船运兵失事九志

浙省石浦海滩日前捞获"新裕"轮船溺毙尸体百余具，曾经函请招商局派员前往认领。兹悉招商局已派员备棺，特往石浦收尸，惟所获尸体均已腐烂，不能辩［辨］认，仅有洋人尸体二具，尚可指认，已由该员将洋人尸体二具，于昨日载回沪上，交其家属领回，其余尸体已均在该处棺殓。

（1916 年 5 月 19 日，第 10 版）

撞沉"新裕"轮船之恤款

招商局"新裕"轮船因装兵赴闽，被"海容"军舰撞沉，溺毙多命，要求政府抚恤等情，曾志前报。兹悉政府对于该轮船执事员役应给恤款业已议定，除洋员另议外，所有被溺之茶房、水手、小工等华人每名酌给恤银一千元，现时先付二百元，其余八百元分作八个月，按月给发，饬由招商局经理其事。故该局现已饬传被难家属发给恤款，并将具领人拍照，给予凭证，以便验领余款。

（1916 年 6 月 3 日，第 10 版）

部员查察撞沉商轮案

"海容"巡洋舰前在浙江洋面为雾所迷，致将运兵之"新裕"商轮撞沉，溺毙多命，迭详前报。兹悉海军部刘总长以"海容"舰长干〔甘〕某驾驶不慎，实难辞咎，并以"新裕"商轮溺毙之尸属在沪者多，自应派员赴沪查察各尸属情形，酌量核办，故特派委海军部司法总长许继祥于前日来沪，除传"海容"干舰长候讯外，并于昨日饬传"新裕"船账房彭锡林、赵〔邵〕锦斋，并溺毙各尸属等，迅速开明溺毙者之姓名，禀候核办。

（1916 年 6 月 12 日，第 10 版）

部员查察撞沉商轮案续志

"海容"巡洋舰撞沉运兵赴闽之"新裕"商轮一案，由海军部特派许继祥来沪查察等情，已志昨报。兹悉"新裕"船之副买办彭锡林及副账房赵〔邵〕锦斋二人之尸属，已由招商局要求政府每名各给抚恤一万金；所有该轮管事之尸属，拟请给恤二千；茶房人等，每名各请抚恤千元。是以中央特派许继祥来沪调查一切，并彻讯当时碰撞情形，以凭核办。闻许氏抵沪后，以海军轮机处为办公室，昨已谕令各尸属迅将溺毙各人姓名禀候汇核矣。

（1916 年 6 月 13 日，第 10 版）

查办军舰撞沉商轮案之严切

"海容"巡洋舰撞沉招商局"新裕"轮船一案，由海军部饬派司法长许继祥来沪讯理，已志前报。兹悉海军总长刘冠雄以"新裕"装载陆军赴闽，系由"海容"军舰沿途保护，既因为雾所迷，以致碰撞，则"新裕"危急之际，"海容"舰长人等自应赶紧援救，乃竟溺毙人命至如此之多，此中情节亟须彻究，故又加派该部次长曹嘉祥来沪会同查办。昨已电沪饬知许司法长暂缓讯理，一俟曹氏抵沪再行商办。

（1916 年 6 月 16 日，第 10 版）

"新裕"轮案尚未开审

招商局"新裕"商轮前因装运第十三混成旅官兵由津沽开赴福建，在浙省洋面为护送该轮之"海容"巡洋舰撞沉，溺毙多命一案，所有"新裕"轮船华洋各执事及服役人等之尸属均由招商局要求中央按名发给抚恤，曾经政府饬由海军部委派该部司法长许继祥等来沪调查研讯。许君等到沪后驻于海军轮机处，即饬各尸属开具溺毙名姓，具禀候核。嗣据各尸属禀复后，本欲传令"海容"舰全体官兵到案研讯，适因"海容"军舰远在闽省，致未提讯。除电饬"海容"速即驶沪，并将未经开讯各情先行复部转呈外，许司法长仍驻沪上，访查碰撞肇祸确情；并以此案有赔偿商轮及抚恤洋人问题，关系重要，是以复又要求政府派海部次长曹嘉祥莅沪会讯在案。兹悉"海容"军舰已于前日由闽驶沪，现泊十六铺对浦。而曹次长尚未到沪，故又电部请曹次长迅速来沪，以便提集"海容"舰长及各水兵等到齐开审。

（1916 年 6 月 27 日，第 11 版）

"海容"巡舰撞沉商轮之结果

招商局"新裕"轮船前由津沽载兵开往闽省，驶至中途，被护送之

"海容"巡洋舰因雾撞沉，溺毙该轮华洋各执事及所载官兵数百余人，曾由招商局迳向中央交涉索赔，并请惩戒该舰长暨行驶各人员在案。兹悉中央政府业经饬海军部议处，以该舰长甘联鳌〔敖〕驾驶不慎，咎实难辞，应即撤差以儆，所遗"海容"舰长一缺已委杜某接任，其余各职员亦均分别议办完案。因此，该巡洋舰已于前日由法界浦江驶回南黄浦停泊，以待入坞修理。

（1916年9月2日，第10版）

"海容"舰即日兴修

"海容"巡洋舰因遭迷雾，致将"新裕"轮船撞沉，溺毙多命，曾由招商局索赔"新裕"造价，并将死者一并抚恤完案。兹经"海容"舰长杜君查得"海容"船头钢板及汽锅各件于碰撞之时亦均受损，现既完案，应即修理，已由船坞勘估，计需二星期方能修竣，详奉海军部批准，拟于日内入坞修葺，一俟竣工，即须开往北洋，以防蒙匪骚扰京津、北直一带云。

（1916年9月4日，第10版）

军舰撞沉商轮近讯

"海容"巡洋舰前由津沽护送"新裕"商轮装运兵士，（于）大力山洋面因遭迷雾，将"新裕"全船撞沉，曾由招商局要求中央赔偿"新裕"船价暨抚恤溺毙各家属，复由"新裕"船主、洋员以"海容"舰长甘联敖于失事时不予施救，呈请向驻京英使要求彻究。故由海军部派委次长曹嘉祥来沪调查肇祸详情，以便核判在案。兹悉曹次长抵沪后，查得原任"海容"舰长甘联敖业已撤任，委杜锡桂管带，其驾驶各大失〔夫〕亦均撤差，惟当时搭坐"新裕"轮落水得救之冯立本等三十六名尚在步兵十六团第一营部下充当排长、士兵等职。当时如何被撞，必能知其情形，爰特函请第四师杨师长转饬排长冯立本来案候询，一面又传前任"海容"舰长甘联敖等听候定期讯夺。

（1916年11月1日，第11版）

军舰撞沉商轮案近讯

"海容"巡洋舰撞沉"新裕"商轮一案，因该商轮洋员以"海容"舰长于失事之时，并不施救，故呈请驻京英使照会外交部，转咨海军部派次长曹嘉祥来沪彻查肇祸情形，迭纪前报。兹悉曹次长莅沪后，即传当时落海救起之军人冯立本等三十六人，诘询碰撞情形，未得实在。曹君以事关交涉，只可回京请示，故已于前日晋京面请外交、海军两部长训示核办，大约两星期后仍须来沪办结是案也。

（1916 年 11 月 12 日，第 10 版）

军舰撞沉商轮案近讯

"海容"巡洋舰撞沉"新裕"轮船一案，经海军部曹次长来沪调查情形后，业经回京面请政府核示在案。兹悉随同曹次长来沪办理是案之海军部秘书邓文瑗、参军吴振南仍在沪地，前日接得京电谓，曹次长已奉政府面授机宜，当在月终返沪，饬将此案应行查询人证，暨前充"海容"舰长之甘氏，及驾驶、大夫等传集，以便届时开庭研讯云。

（1916 年 11 月 21 日，第 10 版）

商轮运兵赴闽之质问

招商轮船公司奉中央命令，派"新疆"、"海晏"等轮运载陆军第十六旅冯玉祥军队赴闽。兹闻有某股东曾向该公司质问，略谓前年"新裕"轮船因运兵损失几多生命财产，复辙堪虞，现又饬商轮运兵赴闽，有无确实保证？曾否订立合同及合同内容应否公布？以释群疑云云。

（1917 年 12 月 14 日，第 10 版）

二十六　"普济" 与 "新丰" 相撞

"普济" 轮船失事

昨日（即五号）黎明三时余，本埠招商局开往温州之"普济"轮船及福州回沪之"新丰"轮船忽在吴淞口外互撞，"普济"全船覆没，"新丰"船头亦受重伤，兹将各访员报告情形及西报所载分志如左：

访函一

招商"普济"轮船向走温州，"新丰"轮船向驶天津，一月前因天津封河，"新丰"改驶福州。本月五号黎明三时十分，"新丰"进口，"普济"出口，不料两船行至吴淞口外里铜沙、外铜沙交界海面，突然互撞，未及五分钟，"普济"已全船沉没。昨据幸得捞救生回之人云，当两船相撞之际，彼此以汽笛鸣号，不知如何认错罗盘，彼此碰撞，势若山崩。"普济"所载乘客闻有六七百人之多，登时沉没；"新丰"亦秩序大乱，呼救之声惨不忍闻。因在仓卒之间，各人不知何船受伤，有从"新丰"船上奋命跳出者，反致葬身鱼腹，诚可惨也。出事后，"新丰"船主即设法报警，维时进出口商轮及水警巡船均闻警赶来，设法捞救。无如天气严寒，且在黑夜，故遇救无多云云。招商总局得讯后，立派驳船驰往捞救，计生还者六十余人，于昨午安置于长发等栈。此外，尸身已发现三四十具。此事出后，各界闻之，咸视为重大惨剧，因旅行客商、装载货物与生命财产均有关系，故纷纷前往调查。闻"普济"船主某国人及大副、二副、大办、二办（即正、副买办）、账房等均遭斯厄，"新丰"水手数人亦已失踪云。

访函二

本埠招商局"普济"轮船于昨日破晓时满载客货，由沪起碇赴温，驶经吴淞口三夹水时，适该局"新丰"轮船由福州驶回进口，晓色迷蒙，"普济"突被"新丰"拦腰猛撞一下，受伤甚重，水即汩汩而入，约阅时三刻许，"普济"即全行沉没。闻"普济"每次由沪赴温，搭客仅二百名左右，此次则竟有三百余名，或云尚不止此，因搭客中尚有军界中人居其半数也。当"普济"出口时，全船搭客均深入睡乡，迨至被撞，始从睡梦中惊醒，当以船身已渐渐下沉，尤觉惊惶无措。幸彼时"新丰"知已肇祸，亟行停轮，并将该轮所置舢舨六号悉数放下，驶赴"普济"船旁拯救，始得救起水手及搭客一百余人。至缘何仅得救起一百余人，则以"新丰"舢舨六艘，渗漏者竟居其四，故遇救者约仅三分之一，亦巨劫也。"普济"船主、大副、大车（即轮机主任）三人尚未知下落，究竟曾否遇救，尚待调查。至遇救各人，当由"新丰"坐舱孙端甫妥为照料，即附"新丰"来沪。搭客之遇救者，其狼狈情形不可名状，有二人合穿一大衣者，亦有仅穿单衣裤者。"新丰"既抵沪埠，凡遇救各搭客即攘至该局，报告一切，并要求予以相当之处置。并闻"普济"系由仁济和保险，计保船身险二万余金云。

访函三

招商局"普济"轮船于阴历二十二日夜十二点半钟由申起碇，开往温州，于三点十分时开出淞口，将近三夹水，适有该局之"新丰"轮船由福州开回上海，因在黑夜互相碰撞，"普济"立时沉没；"新丰"立即停轮，赶速施救，救起搭客及船伙共一百零七人，随船带回上海。惟内有二十七人，因落水受冷救起时，已仅存一息，即在"新丰"身故，计搭客男十五人、女四人、女孩三人、船伙五人，其余未经救起，溺毙于海者尚不知凡几。"新丰"到申后即将尸体二十七具移至九亩地息影公所，一一摄影，招人认领。闻候至二十五日早晨，如尚无尸属到场，均须为之收殓云。

访函四

前晚招商局"普济"商轮由沪装载货客开往温州，讵驶至吴淞口外三夹水外铜沙地方，适遇该局由闽开来上海之"新丰"商轮亦满装货客，鼓轮而来，时至三点十分，遇雾模糊，"普济"被"新丰"拦腰猛撞，截为两段，立时沉没。"新丰"知已肇祸，立放舢舨，分投救起浮于海面之人。闻西员中只救起一人，华员役与搭客救起亦不多。"新丰"在肇祸处俟至天明，托由他轮报告该局，一面复派舢舨捞寻尸体，待至午后始开回沪上，卸空货客，修理撞损之船头，一面将捞获之男女尸身二十七具移至码头，招人认领。并闻"普济"此次往瓯共载客二百六十余人，救起者尚不及半。现"新丰"船主知事不了，闻已自行投江身死。昨招商局码头该局门首探询大哭者甚众，其情状极为悲惨。

访函五

"普济"船内搭客三百余人，多温州同乡，仅救活四十一人及船内水手等多人，其余均被沉没。昨温州同乡会分电各处云："急，温州商会、中学、师范、杭州官产处林同、北京教育部洪彦远，转各同乡公鉴：'普济'昨夜开触'新丰'，没死二百余人，徐班老夫妇、虞伯顾、黄穰聊、黄梅初、谢志彝、陈元龙、刘文甫等无下落。温州同乡会张烈、林宝善，歌。"

译文汇报

今晨（五日）三时甫过，招商局"新丰"轮船自福州开入吴淞口时，该局之"普济"轮船适由浦江出口，开往温州，两船忽在南湾相撞，大约因天气昏暗之故，"普济"轮船因受损过重，遂致沉没。今悉该船船长、大副、二副及总机师均在失踪之列，"新丰"船曾救起八十人，并捞起死尸二十七具。今查失踪者共二十五人，"新丰"船亦受重损，惟已于今日下午驶抵浦江。据巡工司发表通告谓，接无线电称，通扬子江之南湾口航路南面沉有一船，桅杆、烟囱现尚露出水面。

（1918 年 1 月 6 日，第 10 版）

"普济"轮船失事

步　陶

前者"新裕"在浙，曾有被撞之惨剧，今开行温州之"普济"乃又为"新丰"撞沉焉，何招商轮船之多故也？顾撞"新裕"者，为"通济"兵轮，其势无可防御，其情尚有可原，结果政府亦有适当之赔偿，于实际上招商局固非有若何损失也。兹则撞者与被撞者，同为一局之轮船，无论有无理由，其损失均为一局之股东当之，此盖两次失事不同之点也。

"普济"失事原因，闻以雾蔽之故，然雾为航行之障碍，非自今日始，船方启碇，安有不审察水面现状，而懵懵航行之理？倘雾非十分浓重，则迎面船来，当于视线可及之处，约略分辨；倘雾厚至不可辨认，则稍缓须臾，再行出发，亦不为过。盖航海家固尝有中途遇雾，而停泊港湾以暂避者。今解缆之初，何竟无稍行慎重之观念也？夫局中之损失如何且不具论，第此二百余搭客之惨遭沦没，其又何辜焉？不知招商局之当事者，其何以处之。嗟乎！以全船生命财货之重托，而竟演此不可测度之惨况，此亦我国航行事业之唯一打击也夫。

（1918 年 1 月 6 日，第 11 版）

"普济"轮船失事续志

招商局"普济"商轮于四号晚间满载货客由沪起碇，开赴温州，驶至吴淞口外三夹水外铜沙海面，突被该局由闽来沪之"新丰"商轮拦腰猛撞，全船沉没，已纪昨报。兹将昨日所得种种消息录后：

"普济"轮此次由沪开行，实共载客二百十余人，船中西员如船主、大副、二副、老管等，华人如正副买办、账房、执事、水手、管事、火舱等约八十余人，故全船共有三百人左右。自肇祸后，船将下沉时，或抢救命圈，或攀登桅杆，或抱木植浮于水，而经驶过煤炭等船救起及抢夺舢板渡登"新丰"得庆更生者，计船员西人中只老管一人，华人中二买办陈子田（正买办未下船）及三管等，约共三十余人；搭客中经"新丰"带回及他船救起者，约五十余人。综核船员、搭客三百人，遇救者计八十人左右，所装货物因各报关行均有经手，尚在轧算总数，其损失必已不资。该轮正账房孙姓亦罹此难。

又，此次"新丰"相撞时，系撞及"普济"之二头舱与引擎间，故沉没甚速。惟撞损后，"普济"船主孟甘（译音）知难挽救，遂在领港台急令"新丰"船主将船驶近，帮救搭客。"普济"即于数分钟内下沉，"普济"船主孟甘亦随船以没（昨纪"新丰"船主投入海中，乃"普济"之误）。

昨午招商局因被难家属群集门外，愈聚愈多，故特报告总巡捕房请为派捕弹压，当由该捕房立派八十七号西捕带同三道华捕六名驰至该局门前妥为弹压，并于午后发贴广告一纸云：本局特放"广济"船于今夜四时开往吴淞口外，专为寻捞被难搭客及本船伙友等，如各该家属愿往寻认者，可趁此船同去，特此广告。

吴淞口所泊水上警察所管辖之"策电"等舰现亦奉令驶至沉船处，帮同捞救，并饬派枪划开往各港口，寻捞尸体。

被难各家属因驱逐不散，故该局于昨日起，准由各该家属入内报名，并填明所趁者之年岁、籍贯、行业，详细列册，以便将来议给抚恤时之标准。

所有被救来沪之船员、水手、老管等人昨虽陆续到局，惟该局尚未议有办法，是以群集门前，于四时许始行散去，定于今晨在小东门外万里春茶馆会同磋议一切。昨日被难家属中，有一南翔女子，声称其父在温为衣业，此次返家二日，即有来信催促，是以匆匆来沪，趁搭此船而去，想必同遭溺毙，哭声甚哀，后经旁人劝令暂归，以待明后之消息。

是晚两轮碰撞之后，"新丰"船主见肇此巨祸，意欲投海自尽，当为"普济"老管所见，舍命驾一小舟，跃至"新丰"，将船主扭住，于次晨偕同到沪，至招商局以便证明一切。

"新丰"轮船肇事到申后，即由招商局召集局董及各要人开紧急临时会议，讨论此事若何办理。故昨日午后，由该局总船主并河泊司以及局董等在该局三层楼上会同向"新丰"船主并"普济"船上老管等逐一盘诘，直至薄暮，尚未散去。闻"新丰"船主将来须由该局依法送交英按察使衙门讯明办理。

昨日（即六号）又在附近洋面捞获尸身十余具，陆续昇至小北门内九亩地息影公所，以待遭难家属认领。乃昨晨各家属因见报登载，纷纷前往该处认领，一时聚集数千人，奔走呼号，痛哭不已。自晨至暮，认领者已有十余起。警厅恐人多滋事，由警厅特派侦缉队长翟世清并二区一分驻所长警十余人在场照料保护，并会同招商局司事善言开导，劝慰被难家属，并分别摄影，以俟认领。闻自今日（七号）午前起，如无人认领，即由善堂代殓。

本埠红十字会、同仁善堂、南洋烟草公司及各慈善机关，昨晨因闻该船失事，以值此天气严寒，遭此浩劫，生还者冻饿堪怜，溺毙者积尸遍地，故特分投［头］救济；有因受冻气息奄奄者，均施以汤药，并备面包、牛乳等件，施送被难各人。

海关税务司理船厅自闻该船警耗，当即派轮驰往失事处调查，并于该处安设标识，发出行船警告，慎勿驶近该处，一面会同水警巡轮，驻泊该处看守，以防海盗偷窃货物。

此次"普济"装备之货以洋货疋头、铁丝、铁皮、杂粮等货为最多，约计货本银五六十万，现正从事核算。至"新丰"船头撞损之处，核计修费约银四五万金，所装货物尚无所损。昨"普济"茶房、水手等各家属得此警耗，即扶老携幼，至招商局码头探听消息，哭泣之声耳不忍闻。后有妇女多人，偕至招商局，要求伸雪赡养，即由该局司事一再劝导，声言现请各回家中，俟星期一（今日）本局各董集议后，必有相当办法，决不使尔等不能度活。直至深晚，始各含泪而去。

温州旅沪同乡会来函云，"普济"轮船在温行驶年数已久，内多朽坏。上年温州同乡会开会力拒，即改由"丰顺"行驶，后复以该轮接驶，虽经该处绅商函请更换，均置之不理，致有此厄。闻该船与"新丰"互撞时，夜色明朗，并不有雾，惟互撞时其声甚响，"新丰"头部已与"普济"腰部连接。时有杭州第四团掌旗官吴屏侯等四人即赴该船，又有一人避入该船，被水手拥入水中，"新丰"即渐渐离开。"普济"船内大小多争握桅杆层梯上，"普济"已没去下半，放下舢板四艘，各人多避入舢板，因人数过多，船又破漏，实时沉去舢板三只，其余一只满船是水，经各人将帽及鞋拨水，始免沉没。适有"金长兴"号运木船驶到，船主为黄仁才，将各人救入船内，计共二十六人，后由"新丰"放下舢板二艘，获得死尸甚多。并闻此次搭客共有三百余人，内有处州四五十人，宁波四十人，福建十余人，其余多温州同乡。本日温州同乡会推定项骧、殷汝熊、徐陈冕、张烈、林宝善出向招商局交涉一切；宁波同乡会亦派代表方积蕃等与温州联络进行。闻共拟有办法八条，交该局谢总办转交该局董事会会议，并请派"广济"轮船于本早四时开往吴淞捞尸。其救活各人，由招商局送住三洋泾桥长发栈内，每人先给购衣及被铺费二十元，计住在长发栈内共二十八人，余均分住各处。兹将救活人数列下：胡彬如、林文远、叶鸿镇、张可调、吴屏侯、董兴弟、张炳封、朱秀昌、何高林、陈颜荣、支仰荣、邹永龄、郑家云、郑家巧、孙昭云、薛□、张志中、黄述西、楼阿治、陈嘉兴、金昌郎、金光银、柯柏舟、徐浙坤、叶玉如、杨庆荣（以上温州）、褚永祥（上海），黄阿印、叶大荣、沈定锡、周先明（以上福建），朱石老、卢然凡、项璧人、洪施普、叶向阳、叶蔚（以上处州）。其余各名及沉没姓名容再续报。

昨日（六日）早晨温州同乡数百人聚集会议善后办法，推出代表项蔚臣、殷叔祥、徐寄颀，并正会长张云雷，赴招商局晤见局长谢仲笙、董事傅少庵、虞洽卿，详谈处置及善后事宜。谢、傅诸公力为担任。下午，项、徐、张二〔三〕人又赴静安寺路招商局会长杨杏城宅面交处置及善后办法。杨公甚为感叹，允于昨日下午四时招商局开特别会议时提出，竭力筹办。兹将温州同乡会致招商局公函及所开应办之条件录下：

> 敬启者：此次"普济"遇险，死者二百余人，生者仅二三十人，其悲惨情形不可言状。出事之时，既无大雾，船上又无救生圈，"新丰"又不肯停船施救，人事完全未尽，贵局不能不负责任。除贵局已允速派小轮赴出险附近地点捞获尸首，及拟请从严惩办"新丰"船主，同人等忝列桑梓，不忍坐视，谨开列数条，请贵局从速开议，决定办法，俾生者不至流离，死者得以安葬，无任祷切之至：㈠已捞获之尸首，其殡殓埋葬等费均请贵局从优给发；㈡此次死者家属应请酌给抚恤之；㈢"新丰"及"普济"管轮之人亦应从严惩罚；㈣此次被救之人应请派轮送回温州；㈤派大轮便利瓯沪交通及善后事宜；㈥此次客人损失，如事主自行陈报，应请贵局赔偿；㈦已获尸首一时未有亲属领认者，应请暂缓二三日殡殓；㈧此次被救诸人散寓上海各客栈，如有自来请求用费者，其所需各种费用应由贵局照付。以上八条期系至要，先行奉告，其余容另商续陈。温州同乡代表项骧、殷汝熊、徐陈冕，旅沪温州同乡会正会长张烈、副会长林宝善、林笃培。

又查此次遇难之人，军、政两界方面如浙通志局总办徐班老夫妇及孙媳妇、女孙等六人，财政部官产处总办虞廷恺、陆军部金事黄曾枚、浙军管带谢鼎全眷陈元龙夫妇。又闻青田包餐英君及朱光奎君之家属均在内。至商界方面人数尤多，如黄梅初、刘文甫、严同顺兄弟及不知姓氏者约二百人，俟查明续登。北京电话局总办黄曾铭飘流水面，仅存一息，遇救出险，现送入虹口日本筱田医院调养。

处州同乡代表致招商轮船总局函云：

敬启者："普济"被"新丰"轮船撞没，死者以吾温、处两府之人最居多数。顷据被难者所言种种情形，殊不可解。我处属同人睹此奇惨，实属悲痛切肤，应请惩治失事之人，并将善后方法分条开列于后，请执行之：㈠"普济"开船时星月甚明，并无云雾，两船何至相撞？㈡吴淞口并非大洋，是夜又无风浪，两船何至撞没？㈢"新丰"停轮后，距"普济"仅离二丈许，救命之声震天，"新丰"何不登时援救？㈣"新丰"有舢板多只，何以并无一只放下援救，迨"普济"沉没后始下一只舢板，此舢板距"普济"救生船甚近，被难者求其援救，何以该舢板置之不理？㈤请按法惩治"新丰"、"普济"船主及应办之人；㈥未捞之尸首，请设法捞之；㈦死者之衣衾棺椁应请从优；㈧死者之家属应请查明抚恤之；㈨被难之人所有在上海旅馆及一切费用，应请给发；㈩被难之行李、货物损失，应请查明赔偿；㈪被难之人及已死之灵柩，请派大轮送至温州；㈫瓯沪为航海要道，以后须请拣派坚固之大轮船往来，不得以老朽不堪者充数，以为亡羊补牢之计。以上各款皆为必要条件，应请贵公司分别先后执行。特此，专肃。敬请招商轮船总局总理先生公安。

浙江处州同乡代表魏兰、张之杰、林维植、林廷藻、杜孝昶等同启。

《大陆报》略云，招商局轮船"普济"与"新丰"与〔于〕五日午前三时五分在吴淞口外互撞，致惨毙或失踪者不下百人，此诚为上海航行史中之最惨事也。五日晚间，据招商局航务监督伦特氏云，"普济"失事，死者大约足有百人，惟目前尚未查明，今已捞获死尸二十七具，失踪者尚多。"普济"洋舰员之幸免者仅总机师斯考特一人，二机师诺克斯氏虽经救起，但因受冻，死于救生船中，船长、大副与二副（华人）、三副（华人）想已罹劫。相撞原因今尚未悉，至于生命损失之多，则大半由于天气奇寒，一坠水中便即冻僵，虽经救起，亦多不活。当时"普济"与"新丰”皆放下救生艇以救人也云云。按，“普济”于夜半开出，前赴温州、宁波，载船客一百十人，而船上员役约共有七十八，闻其被撞之处即在机室，旋即炸裂，船面有八人被掷落于“新丰”舱面，船客惶骇，有不待施救，遽自跃水，以致溺死者。除两船各放救生艇外，尚有渔船数艘闻警驶至助救，深望失踪者或有若干人已为渔船救起，此事稍后即可查知。“普济”被撞后，情势甚恶，浮于水面约一小时，至午前四时后始全沉没，烟通桅杆露出水上约一二尺，河泊司已接无线电报，当将其失事地点宣告航业界矣。“新丰”除载死尸二十七具来沪外，又载遇救者八十人，亦以船客居多。“普济”筑于一八八二年，系英国格拉斯科船厂所造，长二百零九英尺，宽三十五英尺，毛吨位一千零四十九；“新丰”与“新济”为姊妹船，乃一八九一年造成，长二百六十英尺，宽三十七英尺，毛吨位一千八百四十六。

（1918 年 1 月 7 日，第 10 版）

“普济”轮船失事三志

招商局“普济”商轮在吴淞口外铜沙洋面被“新丰”轮船拦腰撞沉，种种情形已汇纪前、昨两报。兹将昨日所得消息录后：

此次肇祸之前，“普济”船主孟甘早已望见有轮鼓浪而来，当即抽放回声，使来轮知所趋避，讵“新丰”竟不回答。“普济”情急，复放第二次回声，并将船首偏向，正拟让避间，一面将回声乱抽，以示叫急之意，岂料“新丰”船首已近，无可幸免，致轰然一声，势如山崩，不数分钟即全船沉没。轮将没水之际，其大副、二副等急抢舢板一艘；华人中，老管等人亦抢放一艘，余各搭客等亦放一艘，尚余一艘因绳索绕于桅杆之上，拖放不及，故只放下三艘。岂知大、二副等一艘驶至“新丰”旁侧，适来风浪，即遭覆没。搭客一艘，幸均攀登“新丰”。尚有老管等一艘，亦欲登轮，不知如何被阻，故有数人入海。闻华船员现拟集合证人，俟“新丰”船主解送英按察使署开讯时，投案作证云。

昨晨九时许，招商局总船主又于楼上办公室传同“新丰”船主及“普济”老管，与两轮华船员中重要人等，详细盘问，阅时颇久。

"普济"买办曹梅堂系是新充，到船未久，适此次在申有事，未及登船，幸逃此厄，亦云幸矣。

向在二马路等处开设金公和烟膏店之妇人某氏，专以料膏骗人，获利数万。该氏亦温州籍，前日将在沪搜刮之造孽钱万余金运回家乡，亦乘此船。登轮后，恐人多挤轧，身怀巨款，恐有不妥，于十一时返家，拟暂缓回籍。迨到家后，又思钱已凑齐，终须运回，故重复登轮，卒遭斯难。

招商局昨接福州商会来电，略谓：顷闻贵局"新丰"互撞，有无损失，立盼电复云云。该局当即复电，告以行驶温州之"普济"全船沉没，"新丰"无恙，惟船首稍有损伤，正在卸货修理。

"普济"失事后，死伤人数尚无正确调查，因该船出口时船上尚未售票，其余有在陆购买者，故该局一时亦无从查考。现在该局暂设"普济"被难家属报名处，以资查考。其所装货物已向海关调查，闻运货之家大都保险云。

招商局前日发贴广告，特放"广济"船开往吴淞口外寻捞被难搭客及本船伙友等，并谓各该家属愿往寻认者，可趁此船同去。是以温、处、甬各死尸亲属，均于夜半齐集招商局码头，候乘该轮，开往捞尸。其时寒风凛冽，侵人肌骨，各死尸亲属连日悲悼，饭食少进，竟僵去多人。后由众人救护，得以无恙。候至三时，该轮毫无动静，即齐赴该局询问。该局谓决不开去，各同乡无任悲愤，语多诘责。该局主事者无词以答，反指该处同乡前来闹局，即喊巡捕将各同乡驱入捕房。时有陈某将该局广告原件呈示，即由捕房将人释放，并勒令该局捞尸，始于昨日午前十时开行。闻该轮开至"普济"遇险之处须三小时云。

旅沪宁波同乡会调查同乡死者四五十人，该会于前日上午开会讨论，议决函致招商局，要求即日派轮至吴淞三夹水打捞尸身，一面函托周金箴、傅筱庵二君为该会代表；另函吴淞救生局，请其设法帮同捞尸。昨日该会接招商局复函，内开：

> 顷准公函，谨已聆悉，所有"普济"失事一案，本日敝董事特别会议，凡来函条拟各节，均已分别会议，勉应台命。兹将议案照录奉上，即祈察阅，并请代为转致各家属为荷。

　　昨（七日）早十时，温州代表项微尘［蔚臣］、徐寄庼、殷叔祥、张云雷四人赴招商局，请商安抚被救者及殡殓尸首之办法，得晤谢仲笙总办、傅少庵董事，提出商议五条件：㊀殡殓费，招商局每尸应给费若干，须预确定；㊁由招商局派妥人会同温州同乡会干事办理殡殓事宜；㊂由招商局择定暂时停柩之地方；㊃由招商局派轮送灵柩回温；㊄被救之人应照前例，各给衣费，但来领时可由温州同乡会干事证实。项、徐、殷、张四人得此条件提出时，傅少庵君一一承允，言每尸一具由局给付殡殓费大洋六十元；被救之人前托长发栈招待，并给衣食费大洋二十元；暂时停柩之处，已与四明公所商定，可暂时借用等语。谢、傅二君对于处置被救及已死之人，亦颇尽力，极抱叹惜，不能不令人感激。嗣温州同乡集议，凡有死者亲属或亲友赴领殡殓费，由同乡会长张云雷签字证明，以免错误。昨有薛次受君殡殓故友谢鼎及其家属等七人，又有姜相轩、董云溪、余鼎三三人亦往领殡殓费各六十元，然后购备棺木，为故友殡殓。此种惨情不堪笔述。闻连日在吴淞口捞尸小船，迄今未获一尸，如班老夫妇、柏卿、让卿、梅初文、甫元龙夫妇各尸首，尚不知飘流何处，伤心惨目，未有甚于此者。

　　徐班老系浙通志局提调，谢鼎系浙军第一师师附，因罹此水厄后，昨由温州同乡会正、副会长电报浙江督军、省长。原电如下：

　　　　杭州督军、省长均鉴："普济"船沉，通志局提调徐班侯、第一师师附谢鼎均遭大难，谨闻。温州旅沪同乡会正会长张烈、副会长林宝善、林驾培叩，鱼。

　　　　上海温州同乡会张云雷、林宝善、林驾培先生：电悉。班侯先生与谢师附同罹水厄，良深震悼，兹派吴顾问（璧华）携洋千元来沪，商同照料，并请于徐、谢家属代致哀忱。杨善德、齐耀珊，阳。

　　刻闻张君云雷接电后，又以私人名义函复杨督军、齐省长，原函如下：

　　　　督军、省长均鉴：顷奉钧电，承派吴顾问携洋千元，为徐班侯先生、谢师附料理丧事，不胜感激之至。"普济"船沉，搭客死者约有二百余人，以温、处绅商为多，凄惨情形未有甚于此者。班老夫妇及男女仆等七人，尸均未获；谢师附眷属十人均罹水厄，刻获尸首七具，幸有军事参谋薛君志超请假来申，为之殡殓，惨痛之情不堪笔述。徐、谢二公家属抵沪，诸达盛谊，先代哀谢。财政局官产处总办虞君廷恺、陆军部科长步兵上校黄曾枚（故绅黄绍第先生之子）亦遭大难，尸亦未获，专此痛闻。

招商局前夜抄送议案，为时过晚，已在一句余钟，昨报未及登载，兹补录如下：一月六日特别会议，杨会长、周金翁、郑陶翁（赴粤）、傅筱翁、盛洋翁、李伟翁、唐凤翁、陈辉翁、邵子翁、顾咏翁、张知翁。本日特别会议，为"普济"与"新丰"互撞，"普济"沉没事。本月五号午后四钟，据沪局长报告，"普济"于昨夜十二钟半由申开出，至三点十分时将近三夹水外，适值"新丰"由闽回申，两船相撞，"普济"沉没等语。当经总局立即先有拖船前往该处拯救，续又加派"广济"轮船驰往寻捞被难搭客及本船一切人等尸身。"新丰"到埠即据该坐舱报告情形，并开具救起已死、尚生各人数，计生者八十人，死者搭客及船伙等尸体二十七具。立即分派司事，将生者安置栈房，分给衣食，妥为照料；死者照相编号，先行棺殓，候亲属认领。并特开董会，研讯两船相碰一切情形。大致两船相碰，皆有不是，而相碰之后，据三车供，"新丰"停车，"普济"未停，以致两船相离较远，未能多救在船之人。其未停车之故，由于"普济"船主并未拉铃知会机器间。"新丰"船主有无驾驶不慎之处，应由总船主传齐两船应讯一切人等，研讯确情，报会核办。"新丰"船主暂停职务，听候查明，再行从严惩究。正在筹办间，接旅沪温州同乡会公函，并拟具条件、要求前来，当经逐条公议。

来函第一条已获之尸，殡殓埋葬从优给费等因。查本局已将死者照相编号，先行棺殓，业已从优办理。至埋葬一层，非本局所能自主。第三条两船管轮之人应从严惩判等因。查轮船资本极重，货件甚多，关系生命财产，在本局为切肤之痛，断无不从严惩办之理。第四条被救之人应派轮送回温州等因，应即照办。第五条派大轮便利沪瓯交通及善后事宜等因。查此层关系本局营业，自应另派大船前往。第七条尸未认领，请二三日殡殓等因。查各尸身虽经棺殓，并未封口，现停锡金公所，应尽力婉商从缓。其第二条、第六条、第八条酌给抚恤赔偿及被救之人用费应即照付等语。查中外轮船失事事所恒有，应查照各轮船公司向章办理。第此等遇险之事，拯救照料本为有慈善性质，善与人同，只须不碍通章，本局无不尽力筹维，以重人道主义，应即据议答复。

至"新丰"轮船既受损伤，应即赶紧修理；"普济"所沉之处，水尚不深，应请傅董事会同主船科赶紧设法打捞。至"普济"此次究竟搭客若干人、装货若干件，应由沪局长分别详查，一并报会复议核夺。

昨日（七号）下午二时许，招商局全体董事开第二次临时特别会议，到者董事会会长杨士琦、沈仲礼、唐露园、周金箴、傅宗耀、盛沺臣、张知笙等二十余人。会议办法大略如下：（一）调查出事真相及此次被难人数；（二）检查中外轮船失事通例；（三）此次出事原因及善后诸事，调查事竣，再行正确宣布；（四）打捞"普济"船内尸身，以便认领；（五）寻觅"普济"船主最后之警报，以便核议，秉公查办。

《文汇报》云，"新丰"船员述互撞后情形曰：当船撞时，余适睡于房中，为警笛声与碰撞声所惊醒。余知已有严重事故，穿寝衣疾驰出外，时约午前三时半，天气奇寒。余先命水手至船头，（将）悬于船旁之铁锚曳起，置诸甲板之上，以防撞碎"普济"，后令水手分放救生艇，各水手咸踊跃从事，愿乘艇救人。余因"新丰"船客之安宁亦须顾及，乃酌留数艇以防意外，余则悉令放下。余欲与水手同行，但为水手所阻，彼等援救落水之人颇为出力。在救生艇未放下时，船上所有可用救生圈皆已掷入江中。余等曳起"普济"之救生艇四艘，内有一艇载死尸十八具，艇中皆水，既将死尸曳出，该艇即碎，盖已于撞时损坏矣。第二艇载遇难者二十六人，大半气力垂尽，冷冻半毙，迨救至船上后，即覆以暖衣，未几皆庆更生。其他二艇空无一人，满船皆水，大约"普济"船人于放下救生艇时，仓卒之际，未将洞口堵塞耳。"普济"员役与船客有抱桅杆以待救者，当经救生艇救出，然已几乎冻死。余等共救起约五十人。"普济"总机师斯考特氏于两船相近时跃登"新丰"，得免于难。余等在失事处施救，直至十时左右始向上海开来云云。

（1918年1月8日，第10版）

招商总局广告

本月廿二夜三时半，"普济"轮船在三夹水铜沙洋面被撞沉没，有七十余岁徐姓夫妇二人遇难，不知下落。如有就近船只及善泅水者，能在该处捞获上开夫妇尸体二人，经亲人认明不误者，立酬赏大洋一千元。倘遇援救，有人知其踪迹，速来报信者，亦赏大洋五百元。如捞获尸体，确非以上二人，亦由招商局每名酬给捞资三十元。除将徐姓夫妇身材、服色由其自行另登报广告外，此外如捞到黄穰卿、虞伯顾、陈元龙、黄梅初四尸首，由该家属另出酬各三百元，即径向《时事新报》馆报告可也。本局今日又派小轮驳船前往捞寻尸体矣。

招商总局启。

（1918年1月9日，第1版）

"普济"轮船失事四志

招商局行驶温州之"普济"轮船被该局"新丰"轮船碰撞，全船沉没，已选详本报。兹将昨日所闻种种录后：

温州旅沪同乡会昨在招商码头及九亩地等处贴出布告云：凡"普济"被难死者亲属戚友认殓尸骸，请驾临法界永安街普安里十号本会领款收殓，至切盼祷。温州旅沪同乡会布。

九亩地息影公所门前，前日共寄存尸身二十七具，各家属已认领者十九具，尚余八具，内有一年约三四十岁之女尸及年约六七岁之孩尸，其女尸尚将孩尸紧握，想是母子，情形极惨。至昨日（八号）入晚，始有人认领，旋又领去六具。现尚存五号男尸一具，年约三四十岁，身穿蓝布小袄、元布夹裤，闻待至本日午后如尚无人认领，即代为棺殓，摄影存查。

招商局各董事连日会同该局重要办事员在楼上会议室迭开会议，磋商善后事宜，甚为忙碌。惟"普济"员役人等得庆生还者如何安插，及死者家属之抚恤尚未宣布。

温州同乡以"普济"商轮本属年久老船，其船壳与机器均已朽旧，曾于年前起而抵制，并函请该局抽派新船，或换以他轮开放温、沪，以免危险。该局初时曾将他船更易，未几轮只缺少，又将"普济"开温，致遭此厄。现温州同乡均谓，此次若易他轮，船壳稍坚，即使被撞，亦不致沉没如是之速；况所备舢版四艘，内有二艘破漏，故下水登载十余人即遭倾覆，深为可恨云。

浙省各界得浙江通志局提调徐班侯、第一师师附谢鼎遇险消息，皆痛惜异常。浙督杨善德即函致温州同乡会会长张云雷君陈述一切，照录如下：

顷接惠电，得悉班侯先生及谢鼎君均遭大难，闻信之余，至为痛惜，现已会同照严省长委派本署顾问吴钟镕君携洋千元赴沪，为之料理，到时尚祈惠予接洽是荷。

杭州第一师师长童伯吹特派参谋洪公衡携现洋五百元，协同温州同乡会料理第一师师附谢鼎君丧事。闻已将谢君等棺木大小七口移交"同华"轮船，于本晚运往温州。

招商局于前晚悬牌，派"广济"船定昨早四时开往捞尸，临时又复翻议，始于昨午十时开行至"普济"遇险处勘量形状，并摄一影，即行驶回，路遇死尸不肯打捞，经半日之久，竟未捞到一尸。温、甬、处三属同乡得此消息，无不义愤填胸，谓该局既已溺毙死者，又复使生者空在招商局码头等候，活冻一夜，并随"广济"轮去，空劳往返。拟定期开温、甬、处同乡正式联合会，商议最后对待方法，并促各原代表先向质问。据称，当时风浪甚大，不好寻捞。经各代表再四交涉，谓准于本早（九号）四时续派小轮并驳船多艘前往捞寻，决不有误等语。兹闻各属同乡均预备乘轮同去，未悉该局果认真寻捞死尸，以餍人望否。

住居法界东新桥街向业机器缝纫之某甲，日前因"普济"轮被撞沉没，装载遭难尸体来沪，闻有亲戚亦罹此厄，特往码头认领，孰知遍检尸体，并无伊戚在内。讵某甲已触有秽气，返家后腹痛如绞，吐泻大作，不省人事。旋经家属将某甲车送医院医治，据医者云，受有疫症，恐有性命之虞，此亦无妄之灾也。

《文汇报》云："新丰"轮船已于今晨（八日）入老船坞修理，"普济"轮船船长美克尔氏、大副希士林登氏、二副华人宋某之尸身,均未捞获。"广济"轮船昨日开往"普济"轮船失事之处,已于今晨驶回浦江。"普济"之地位仍如昨报所传,仅桅杆及烟囱之顶露于水面,连日天气寒冷,故暂时不能从事起之。

(1918 年 1 月 9 日,第 10 版)

"普济"轮船失事五志

招商局行驶温州之"普济"商轮被撞沉没,种种惨状迭详本报。兹将昨日调查所得者续录于后。

招商局各董因连日迭据温州同乡会等来函,诘问该局所派之"广济"轮船赴淞后何以不将尸身打捞,即行驶回。爰经各董商由船头房于昨日派遣小轮两艘,拖带大号驳船数艘,驶往吴淞口外捞寻尸体,是以未曾捞获。各尸属皆伫立黄浦滩畔,盼候所派轮驳驶回时得以指认,早日领回收殓。

同仁辅元堂各董事因闻"普济"失事,溺毙人口至二百数十人之多,故已知照辅元分堂转令沪南救生局,于昨日派出局中救生小轮两艘,拖带驳船,驶赴吴淞口,帮同寻捞尸体,运回沪南,俾家属前往认领。如无人指认,则由堂中摄影棺殓,以待日后认领。闻两轮一来一往,逐日寻捞云。

闻"普济"购自公历一千八百八十二年,至本年(一千九百十八年)已阅三十五年,当时向自格来公司购买,其价三十余万,长二百零九尺,阔三十五尺,重一千零四十九吨。近年以来,内多朽烂,经保险公司验过,仅保二万余元,以时价估值约五六万元,自沉没后另行设法捞起,至多约须十万元,共须十五六万元。查中外轮船沉没章程,其捞起沉没轮船,限定轮船公司及海关并保险公司三处,其余失主均无此项权利。兹查"普济"船内现银,计朱秀昌等十五人(参茸桂朴巨商)由粤返瓯,携有钞币及现银共三十余万,其余温、处、甬绅商因阴历年关在即,多携现银返瓯购置田产,间有友人托为带归,计共有六七十万,外加各种货物及每人行李各件除废弃无用外,约值六七十万云。

温州旅沪同乡会昨派平阳余筱山君赴上海各客栈调查此次趁"普济"赴温之人数，以各客栈簿为据，计有一百四十三人。今将此百余人姓名、籍贯登录于下，以便亲属调查。至其人生死如何，均不得其详。其自杭州、苏州各处来申，径登"普济"，或家住上海赴温者，不在此列。

杨襄洲，永嘉人；胡彬如，温州人；虞相颐，浙江人；黄棣臣，浙江人；杨省三，温州人；刘冠英，温州人；方君，温州人；张托强，温州人；庞君，温州人；魏连生，温州人；朱兰生，永嘉人；李声玉，永嘉人；严步瀛，永嘉人；严子良，永嘉人；叶向阳，青田人；何轶尘，浙江人；李月峰，平阳人；杨阿银，瑞安人；朱阿桂，温州人；罗先生，瑞安人；陈先生，名未详，永嘉人；徐玉成，福建浦城人；王李尊，福建浦城人；沈源顺，福建浦城人；黄邦平，福建浦城人；黄兴报，福建浦城人；华后甫，福建人；周先明，温州人；叶大荣，温州人；沈定锡，温州人；朱寿品，温州人；林森记，温州人；许森元，温州人；黄华卿，温州人；黄云芳，温州人；周顺发，青田人；周氏，青田人；金毓文，青田人；胡伯雄，温州人；陈岩荣，温州人；张可舜，温州人；张炳丰，温州人；林何、阿高，温州人；孙昭雪，温州人；朱石志，温州人；黄阿印，温州人；董兴弟，温州人；叶鸿镇，温州人；朱秀昌，温州人；支竹云，温州人；邹永林，温州人；廖叶万，温州人；叶符，温州人；洪施普，温州人；叶玉如，温州人；陈加兴，温州人；殷伯霖，温州人；陈明，温州人；项璧臣，温州人；陈雪六，温州人；张子骏，温州人；王阿极，温州人；薛侠天，温州人；吴屏侯，温州人；林又远，温州人；杨庆蒙，温州人；蔡庆郎，温州人；王黄富，温州人；陈猛卿，温州人；叶朋中，温州人；庐仲盛，温州人；黄儒玉，温州人；谢猛臣，温州人；陈阿高，温州人；徐班侯女人四、家人一，温州人；金公和东家母，温州人；犁水，乐清人，送妇回温；鲍先生，永嘉人；东桂芳、胡鹤亭，湖北人；王永，福建人；姜淡如，安徽人；叶仲问（等）二人，温州人；徐图，青田人；叶寄溪子，青田人；蒋嵩家眷共六人，青田人；刘松筠家眷共七人，青田人；朱光斗家眷共二人，青田人；朱光奎家眷共三人，青田人；刘文甫，永加人；邱光楣，永加人；周焕卿，永加人；林显球，永加人；赵璧，永加人；裘报清，青田人；王筱竹，瑞安人；黄步云，瑞安人；郑少斋，永加人；郑仙荣，乐清乌牛人；余昭文，温州人；廖家骏，温州人；刘洽群，温州人；叶乐泉，温州人；胡石泉，温州人；陈莲卿，平阳鳌江人；谢志彝、谢标家属共十人，温州人；包女士家属共二人，温州人。

温、处及福建赴温搭客此次被救者八日夜由招商局专开"同华"送回温州，约计三四十人。当时有寓长发栈者，先由张君云雷等赴栈送行，并劝慰一切，于是被救之人即时登船。张君赴船与"同华"账房接洽，该账房买办以未得总局字据，其人被难与否无以证明，不能一律免费，再三磋商，由温州同乡会查明，按人各给趁船证一张，持有趁船证者即可免费。当时温州同乡会派张君莱卿赴船，共分给趁船证三十二张。忽有林君迟来，以未得证，与张莱卿争论，几至争斗，幸有多人劝慰，补给趁船证了事。温州同乡会又函托余鼎三君在船指点，并劝慰被救之人，以免滋闹。余君因弟溺毙，送枢返温。此次运温灵枢共计十一具，谢鼎家属等七具，潘国华一具，王筱竹一具，余绍文一具，阙某一具，到温时诸家属见之，未知如何凄惨也。

八日，温、处、甬同乡与招商局交涉捞尸之事，董事傅小庵、总办谢仲笙异常关切，因死者过多，惨状不堪闻问，悲悯之怀发于良心，非同他人之麻木不仁也。上午，傅小庵君亲赴杨杏城会长宅，再三商请广发赏格，招捞尸首，杨会长深表同情。昨已将捞尸赏格广登各报，昨早由傅小庵董事亲督工人，赴雇驳船，预备捞尸，在吴淞口雇得大砂船四只，黄浦滩雇得二只，闻每只每日均以重金给之，用傅董事自己小轮拖至淞口。早七时，傅君又亲赴新关码头，招待尸亲，指点船役，并雇用四明公所惯于捞尸人四名，指点种种。傅董事对于死者颇能尽慈善之心，死者家属闻之亦为感谢。

此次甬人溺毙者计有四十余人，前日招商局只派"广济"一船开赴出事地点，又不打捞尸体，即行驶回，宁波同乡会深滋不悦，即向招商局严函诘问。连日并据甬人纷纷致函，谓"江天"船行驶沪甬，为年已久，船身朽坏，一遇风浪，不能开班，"普济"前车可鉴，若不严行交涉，商民生命财产异常危险云云。宁波同乡会以上年曾经宁波、绍兴两同乡会函请招商局迅将"江天"更换，迄今又隔一年，延不实行，爰定于礼拜五召集同乡开会，讨论对付手续，并闻甬地各团体亦已发起，要求招商局更换

"江天"船，以保生命。兹录董杏生、钱雨岚两君原函于后：

> 宁波同乡会公鉴，启者：招商局"江天"轮船制造已五十余年，实为最旧之船，行驶沪甬，其获利不可胜计。我同乡往来沪甬，每日数百至千余，一经遇雨，该船舱面俱漏，足以征其腐败。此次"普济"遇难，若杉板完备，何至如此？推其原因，亦由老朽。"江天"或有意外，其危险岂非更甚？今为招商局计，对于营业，固宜将"江天"掉易；问之良心，更应撤换。贵会向以惠爱同乡为宗旨，而同乡所最紧要者为航路。现以"普济"前车可鉴，务望贵会提议向该局严重要求，务达改换之目的。万一该局不允，弟等惟有向他公司要求酌量另行添船。若该局以"联益"、"联和"改替"江天"，则船身轻而高大，亦非所以福同乡也，请一并注意是幸。

财政部参事特派上海关税会议委员项骧君，于"普济"失事后即电部报告官产处总办虞廷恺遇险情事，又有交通部叶次长电询黄述西遇险情节。现将项、黄二君与财政、交通两部来往电报录下：

致财政部电：

> 北京财政部总次长钧鉴："普济"于微①早被"新丰"撞沉，死二百余人，官产处总办虞廷恺落水不救，捞尸未获，余禀详。骧叩，鱼。

财政部来电：

> 关冯监督转本部项参事鉴：鱼电悉，已转饬冯监督确查详报矣。财政部，阳。

交通部叶次长电：

> 上海电局周监督、北京电话局提调黄曾铭在沪遇险，闻在医院，迅代慰问，并详复。恭绰，庚。

---

① 在《韵目代日表》中，"微"指 5 日。

黄述西复交通部长电：

北京交通部叶次长钧鉴：顷周监督转示钧电，感激无量，此次"普济"于微早在吴淞无故出事，全由于人事之不臧。曾铭落水被救，医治数日，幸稍复原，堪慰廑念①。惟铭兄曾枚尸首未获，惨痛无极，先电奉复，余容函详。黄曾铭叩，佳。

北京财政部因闻官产处总办虞廷恺忽罹水厄，财部同人痛悼异常。闻虞君在部办事勤慎，对于同事感情尤洽，此次忽遭惨劫，均极感叹。兹得财部来电二则如下：

上海关冯监督鉴：本部官产总办虞廷恺乘"普济"船赴瓯，是否遇险，有无下落，即确速查明，即复。财政部，阳。

江海关冯监督：据部派员金兆蕃电称，官产处总办虞廷恺现遭"普济"之难，仰即择派得力水手，务将遗体寻获，从优殡殓，并复。财政部，庚。

各处温州同乡对于此事非常关心，苏、杭各处同乡来沪者陆续不绝，吕文起君对于乡人尤为关心，故徐、吴、张三君电致吕君原电如下：

广州地方实业银行吕文起："普济"沉没，班老夫妇、柏卿、襐卿、梅初均遭大难，尸尚未获。泣陈：张云雷、吴璧华、徐寄卿。

(1918年1月10日，第10版)

尚有第二"普济"在

步　陶

"普济"失事，全由人事不谨，而沉没之速，尤以船老失修为其最大原因，此盖招商局之百喙而不能辞其责者也。夫船为航行之利器，其关系于全船之人命财货至重，船质机械既已旧壤，自应随时修理，及期更换，

---

① 廑念：非常殷切的挂念。

方为经营航业之正当办法。乃己既漫不经心,经人函请,仍复悍然不顾,此其对于航行事业之视若无物,不知究竟是何心理。若直谓其平旦天良,已无几希存在,竟尔甘心陷人,以终至于自杀,似亦近于周纳。惟即此一端,大可见中国人得过且过,虽寝处于厝火积薪,而曾不稍自憬悟之概情焉。呜呼!"普济"已矣,招商局至今当亦稍稍感觉其平日局务废弛之徒以自贻伊戚矣。然而尚有大于"普济"之"江天"在,奈之何其犹不速思所以处理之,宜乎宁绍同乡之振振有词也。

或曰:人孰无心,招商局既感此番巨大之苦痛,自不能不对于与"普济"同等之"江天"有所谋画,特今方忙忙碌碌,以谋"普济"之善后,一时正复无暇兼及耳。呜呼!或其然与。

(1918 年 1 月 10 日, 第 11 版)

"普济"轮船失事六志

招商局"普济"轮船被撞沉没,一切详情迭志本报。兹将昨日所得消息继续录后:

招商局董事会昨接交通部来电云:鱼电悉,"普济"互撞沉没,溺毙人口,实堪悯恻。据电,打捞尸身、安抚被难家属、筹办善后诸端,实为当务之急。至此次肇事原因、办理情形,仍希查明办理,随时见复为要。

新关威税务司特饬巡工司亲往铜沙洋面,勘得"普济"失事之处距离淞口二英里余,沉船距离水面约四十英尺,惟该处为轮船进出冲要之区,若不插标记认,殊与往来轮船有碍。爰拟在沉船处所之海面停泊一船,日间悬挂红旗,夜间改悬红灯,俾往来商民轮帆各船知所避让,业经禀由威税务司核准照办矣。

宁波旅沪同乡会因要求招商局更换行驶沪甬之"江天"轮船,定于今日特开会议,兹录其通告如后:

敬启者:招商局"普济"失事,同乡人惨遭溺毙者多人,前车已覆,亟应为思患豫防之计。招商局行驶沪甬之"江天"船,其船身之朽旧逾于"普济",上年曾由本会会同绍兴同乡会函请招商局更换新船，迄未实行。今"普济"既覆，"江天"犹在，设遭危象，受害益烈。连日纷接诸同乡来函，均以更换"江天"为请，情词迫切。本会为同乡团体机关，为乡人谋安全，亦属谊不容辞。应如何设法要求招商局，以达更换新船目的，非从长计议不可。兹定本月十一日即阴历十一月二十九日下午二时开临时职员会，讨论办法。届时务请惠临，事关公益，幸勿迟却。是所盼祷。

青田人徐嘉玉，年约三十余岁，住杭州螺蛳山二十三号，向为测量局教员。此次因事赴温，"普济"失事，经人救起，安置某栈，不意因受伤过重，医药罔效，延至昨晨毙命，将尸舁至九亩地息影公所，并电告家属来沪棺殓。

法租界金公和膏店昨有老妇三四人与该店主为难，并大声哭泣。经旁人询，据其老妇称，氏已老迈，并无后辈，只有一孙女在该店主妇处佣工，讵此次店主妇拟带孙女同往温州，为氏得悉，已极力阻止，奈该主妇不从，仍令同往，卒遭于难，故氏亦痛不欲生。言毕又号咷痛哭，卧于地上，经好事者竭力劝解，亦仍无效。未悉该店主卒用何法以解决之。

（1918 年 1 月 11 日，第 10 版）

"普济"轮船失事七志

招商局行驶温州之"普济"轮船被该局"新丰"轮船在铜沙洋面撞沉，溺毙多命，种种惨状，迭详前报。兹将昨日所得消息续志于后：

宁波旅沪同乡会联合绍兴旅沪同乡会昨日特开会议，因"普济"失事，前车可鉴，要求招商局更换"江天"轮船。到者数十人，绍兴同乡会由代表魏清涛到会。首由副会长钱达三登台宣告开会宗旨，到会诸董一致主张"江天"船朽坏不能航行，非要求招商局更换新船，不足以安行旅。该船往来沪甬，客货以我宁、绍两帮居多，巨商大贾恒多搭载，倘遇意外，不特搭客遭其危险，市面大局亦有影响。当经议决，先由宁、绍两同乡会具函招商局，要求迅速更换。如该局仍前敷衍，再行组织宁、绍两同乡特别大会，以全力对付，坚持到底，必达目的而后已。全体赞成。议毕，摇铃散会。

兹得宁、绍两同乡会致招商局函稿录后：

> 会长、董事先生阁下，敬启者：自贵局"普济"船失事以来，同乡人死于非命，各家属颠沛流连，伤心惨目，不忍闻问。揆厥原因，实由"普济"船朽坏所致；否则，即使偶撞，何至沉没如是之速？往者已矣，未来之患亟应预防。敝会连日迭据敝两属同乡来会要求，声称"江天"朽坏更逾"普济"，该船往来沪甬，以宁、绍两属客货居多，请为更换他轮，以免再遭危险。情词迫切，理由充分。本日特开联合会议，佥谓去年曾经敝会等函请贵局迅速更换，迄今时隔一载，未闻贵局有所筹备，如此年复一年，实置我两属同乡生命财产于不顾。今前车已覆，后患方殷，缓难再缓，忍无可忍。应即另筹对付方法，自非积极进行，实力要求，万难达此目的等语。当经决定，先行函请贵局迅速将行驶沪甬之"江天"船抽换稳妥之船，以保全沪甬往来客商。相应缮具公函，至请鉴核。务乞迅赐施行，免致酿成事端，以全营业而安商旅，并希明定更换办法，即祈惠复，俾克宣布大众，藉资告慰。迫切布恳，诸维亮察。

温州同乡及徐班侯之长子徐翰青、次子徐慕初、孙徐士希等，于昨日午后一时协同同乡会副会长林楚雄、职员林仲昭等，先在江旁设奠祭江，即招雇民船多艘，开赴出险地点，四处寻觅，号泣不已；遇有尸体，即鼓勇泅入水中，背负而出。计第一次已获到男女尸体十五具，本日（十一日）亦获到颇多。至招商局所派小轮内多窾漏，死尸亲属连日在该船内既未捞到一尸，而衣服均被浸湿，又时有倾覆之虞云。附录温州同乡与交通部及浙省来往电文数则于下：

致交通部电：

> 急，北京交通部叶誉虎总长鉴："普济"撞沉，家严慈罹难失踪，泣祈电饬招商局派小轮一艘，专事寻觅，阖家感戴。盼复。徐象藩、徐象先同叩，佳。

交通部来电：

上海温州同乡会徐翰青、慕初鉴：阅报骇悉尊严慈噩耗，以未知执事行止，未由奉慰。兹承电示，已立电该局照办矣。叶恭绰，蒸。

致浙省电：

杭州杨督军、齐省长钧鉴："普济"撞没，家严慈遭难失踪，荷注衔感①，敬先鸣谢。藩等分道入海探觅，惟恐望洋莫济，泣乞电商沪水警厅暂借小轮，俾事寻获，无任感戴。徐象藩、徐象先，佳。

浙省来电：

上海温州同乡会徐翰清、慕初两兄鉴：电悉。昨传噩耗，骇悼殊深，当即派员携款赴沪照料。兹承嘱，已电请卢护军使转商水警厅拨借小轮一艘，以资探觅，希径向使署接洽，尚盼节哀妥寻。特复，并唁。杨善德、齐耀珊，蒸。

(1918 年 1 月 12 日，第 10 版)

"普济"轮船失事八志

温州同乡会昨、今两日接到旅京温、处同乡及温州布业公会旅杭同乡为"普济"沉没演成惨剧事之电函三件，登录如下。

旅京温、处同乡来电：

"普济"沉没，死二百余人，闻之心惨，除专电责问招商局外，请先严重交涉，总以达到优恤及派新造大轮往返温、甬、沪为最要。温处旅京同乡杜师业等公叩，尤。

温州布业公会来电：

此次"普济"惨劫，我瓯绅商生命财产损失甚巨，惨痛已极。敝

---

① 衔感：心怀感激。《晋书·张骏传》："休宠振赫，万里怀戴，嘉命显至，衔感屏营。"

会装货八件，值银二万二千余两，除电招商局谢仲笙要求完全赔偿外，应恳贵会就近交涉。温州布业公会，真。

旅杭同乡来函：

阅报痛悉班老夫妇暨各尸身均未捞获，驰盼莫名。查"普轮"被撞时，天无积雾，与"新丰"未遇之前，"普轮"曾放号音数次，竟不知趋避；受撞后，又不放船施救，是"新丰"船主有意破坏"普济"而溺毙船客也。此皆当时幸免者来函所述，若辈现尚在沪，均可证明。务祈诸公向招商总局痛陈"新丰"船主之罪，以雪沉冤于万一。且被撞时在夜分，不久辄沉，溺毙之尸必在船舱，并请诸公责成该局设法将"普济"捞起，以冀尸身不坏。至如何赔偿损失以及给恤之处，均请严重交涉。惟念溺毙多命，尸又未获，不胜忧灼，敢奉区区，统祈察纳。旅杭同乡潘国纲、蒋作藩、陈范、郑廉、张靖、方悌、徐鲲、林映清、伍承乔、李爽、夏魁、陈经同顿首。

温州旅沪同乡又于昨日（十一）捞到八尸，移放息影公所，合前为二十三尸，内多温州及宁波人。前日捞到各尸内有徐班老男仆一名。昨日捞到各尸，内有徐班老女□一名。初捞到时，该女尸面发铁青色，嗣经该亲夫某向前痛哭，耳目及口鼻间突涌鲜血，惨不忍睹。

招商局自派轮捞尸后，已越数日，未曾捞到一尸，所派驳船二艘均停泊吴淞口外，距普济出险地点尚有七十里，殊属不满人意。闻温州同乡本日（十二）又捞到十二尸，运往招商码头，招人认领。

宁、绍两同乡会昨接旅杭同乡符积康来函云：

"普济"被撞，立遭沉没，遇难者数十人，闻之怆然。其沉没之速，殊出意料之外。推究原因，良以船身不坚所致。顷闻诸公有发起，将素以老朽闻之"江天"轮停驶沪甬，另以他船继之。足征关怀桑梓、造福同乡，曷胜钦佩。惟希积极进行，冀达目的，我同乡实利赖之。

（1918 年 1 月 13 日，第 10 版）

"普济" 轮船失事九志

温州同乡会致招商总局董事会函云：

"普济"失事以来，迭承出赏捞尸，敝会同人无任感激。只以日来获尸不多，如徐班老夫妇及虞柏顾、黄怀卿、黄梅初诸君尸首均未获到，或伏在船内，未曾漂浮，亦未可知。查外洋惯例，轮船沉没后二三日间即由局雇用善泅之人，入船舱内探捞尸身，以便埋葬，聊慰生者之苦痛。"普济"沉后已近旬日，贵局对于雇用善泅者入舱捞尸一节绝不提及，敝同乡一再请求，未蒙惠允，令人不解。假使伏尸船内，船无起捞之日，则尸埋船中不久腐烂，将来即使"普济"捞起，试问船内尸首如何辨认？稍有人心，不忍出此，此非生者之不安，即死者亦难瞑目于九泉矣。敝会同人以至诚之意，恳求贵董事即刻会商海关税务司，速雇水鬼入舱捞摸，存殁均感。敬祈裁决施行，并候复音，不胜盼祷之至。

温州同乡代表项骧、徐陈冕、张烈三君致招商局董事会会长函云：

杏城先生有道，前日趋谒崇阶，备聆雅教，钦佩莫名。"普济"一劫，痛抱切肤，深蒙长者特别关切，感同身受。惟捞尸无多，班老夫妇及虞、黄诸公尸首均未获到，无任焦急。另由敝同乡会正式具函，恳请贵董事会商请海关税务司雇善泅水者入船探捞，俾获尸身，存没均感。临颖不胜盼祷之至。

广东实业银行吕文起来电云：

上海兴业银行徐寄顾转璧华、云雷均鉴：班老夫妇暨柏卿、梅初、穰卿诸君同遭大难，闻之痛哭欲绝，求设法捞尸，请寄兄代弟付二百元，为□□。余函详，吕渭英。

温州旅沪同乡会政〔致〕温商会电云：

温州商会已获尸四十余，殡殓候运，乞分慰各家属，余另探捞。温州旅沪同乡会，文。

旅苏温州同乡会来电云：

〖上略〗此次"普济"惨劫，我瓯生命财产损失甚巨，悲愤无极，请向招商局严重交涉，翼然等当牵［率］旅苏同乡，以群力为后盾。旅苏温属同乡会会长何翼然等公叩。

温属绅商来电云：

温州同乡会公鉴："普济"撞沉，被难甚巨，无故冤及，全郡悲愤，非严重交涉不可。徐熙、杨青、徐锡尧、曾广汉、郑冠、郑萍、陈凤锵、徐锡昌等五百余人，文。又电云，云雷、慕初、溯初、寄卿诸兄鉴："普济"船身朽坏，上年各界曾向该局理论，不听。现果一撞即没，毙吾乡人甚多，惨极。请严重交涉。单平、许炳黎、张侯蒸叩。

近日捞获尸首均在九亩地息影公所内暂置，以便各尸亲赴该处认领殡殓。十二日，有温州同乡陈范、张靖二君自杭州来申，专为认领故友尸首，亲到该处，目见闲人拥挤，情形不堪，警兵熟视无睹，又被弄手窃去钞票六十余元，不得已将实情报告上海警察厅，请其查究，未知有效否。兹得报告书如下：

为报告事，窃某等于十二日上午十时同往九亩地息影公所认领尸身。到该地时，闲人居多，拥挤不堪，当即报告十六号岗警前往劝导，如有亲属关系，许其观看；如系闲人，嘱其散开，以免拥挤。言之再三，该警非特置之不理，而且怒目相待。一刹那间，范衣袋中皮夹即被人弄去，内有十元钞票六张、一元四张、名片多张，当将此种情形前往二区一分驻所报告。孰意该分所警员听该警一面之词，代警辩护，并斥某等报告为不是。伏思尸场系凄惨之地，混入聚观，久立不去，即可知其人非善类。该警应加意巡察，竭力开导，方尽责任，乃经人报告，仍置不理，殊为有负职务。迨皮夹被窃，到所报告，而该所警员竟曲相庇护，一味袒辩，更属违背国家设立警察之盛意，非蒙严加处分，何以整警务而安旅客。至某被窃数十元，事犹小焉者也。为此叩乞厅长迅速从严处分，整顿警政，诚为公便。

闻温州同乡会每日雇船四五十艘寻捞死尸，均用渔人巨网放入海内，如网鱼然。船上均悬白旗，内书"温州同乡会捞尸"七大字，委该会干事张莱卿及办事人沈连人、丁益峰等指挥一切。偶获一尸，即鸣警笛，各船均齐来协助，或离或合，或进或退，均鸣笛为号，秩序井然。昨日已捞到十二尸，本日（十三）又捞到五尸，合共十七尸。最可怜者，各尸亲属伏处船内，每获一尸，即驶前辩认。如仍非其亲属，或跪在船头放声痛哭，或晕在船内不省人事，惟闻四处哭声盈耳，别具一种凄惨景象。所可幸者，连日风平浪静，天又晴明，捞尸各船自由行驶，得以捞到四十余尸云。

旅沪绍兴同乡会因鉴于"普济"失事之奇惨，昨开特别会议，以"江天"轮船朽旧不堪，须请招商局更换妥船，顾全宁、绍两属商旅生命财产。到会人数极多，宁波同乡会亦派代表王纯斋、董杏生来会参预，公同议决办法如下：㊀先由董事会联合宁波同乡会向招商局交涉，务请该局顾全宁、绍人生命财产，另拨坚固船只行驶沪甬航路；㊁如交涉无效，须由董事联合宁波同乡会，要求交通部督饬海关检验"江天"，如因检验之疏忽，致生危险时，应请政府负责；㊂如因交涉均无结果之故，须由同乡集股购船时，当与宁波同乡协力进行；㊃因招股购船事宜，应开宁绍同乡联合大会时，本会亦当尽力赞助。

（1918 年 1 月 14 日，第 10 版）

"普济"轮船失事十志

招商局"普济"撞沉后，宁、绍两同乡会，因前车可鉴，即经开会议决，公函该局，要求将往来沪甬之朽旧老船"江天"号更换新轮，以重旅客生命财产去后，迄已多日，尚未得复闻。该局以此事关系重要，未便擅复，拟将两会原函呈由董事会订期会议后，始能切实答复，故不日即须开董事会磋商一切云。

温州同乡会于十日捞到西人尸身一具，已觉腐烂，移放息影公所，越三四日后，无人来认。昨有温州人张莱卿恐其腐坏，有碍公共卫生，雇人代为收殓。经海关税务司饬巡江吏马飞（译音）前来认殓，该会干事林炎夫告知以上情节，该巡江吏称谢不已，并言所办殓尸各物之费，可开单赴海关理船厂领取。至本日捞尸，因风浪过大，船难开行，仅捞到一具云。

"普济"船内搭客，前向各旅馆调查得一百四十三人，已志本报。兹就各方面调查及各亲属向温州同乡会报告，续得一百零四人，合前为二百四十七人，以后如有所得，另当续登。陈大光，平阳陈家堡；潘大泮，平阳蒲门；杨志卿，永嘉；陈顺镐，永嘉；蔡庆郎，宜兴；叶敏之，平阳；黄儒玉，瑞安；黄曾铭，瑞安；潘碎宝，瑞安；王岩弟，永嘉；楼阿治，南市木工；林阿有，温州；余叶新，温人；金昌郎，温州；郭朴山，温州；林竹夫，玉环；周阿堂，温州；余鼎侯，乐清；金光银，乐清；杨少卿，湖南；柯柏舟，永嘉；谷博山，温州；徐浙坤，永嘉；周阿庚，温州；褚水祥，江苏；杨志清，温州；郑家云，乐清；李阿三，乐清；林阿友，瑞安林埠；卢然凡，青田；张可训，温州七都；项璧人，青田；何高林，永嘉；洪施普，青田；朱石老胞妹二人，余岩元，永嘉大茶山；黄顺芳，永嘉新和街；朱联青，永嘉信昌公茶行；董耀宸，瑞安县录事；严同顺兄弟二人，永嘉；余玉桂，温州；杨氏，温州；陆鸿祺，温州；黄达初，广东；华振初，宁波镇海；黄冯氏，达初妻；林庆球，永嘉。又，何氏，广东；何毅夫，瑞安；黄庭庆，温州；郑炳忠，永嘉；林亭森，瑞安；庞显耀，温州东桂芳；李阿亡，永嘉；郑先郎，永嘉马牛头；郑先郎弟媳；林锡鸿，本埠南市木工；冯汝森，江苏宜兴；章殿洗，瑞安鲍田叶宅；姚肖卿，温州；章开中，瑞安鲍田叶宅；潘国华，永嘉；林小憨，瑞安；陈育人，处州宣平；朱兰，永嘉；李秉生，赴温州仁记号收账；曾云如，温州；雪亮僧，乐清，向住水仙宫；女，张璧如，处州，本埠民国女子学校教员；何慎夫，温州；余日新，乐清；刘介福，瑞安；叶松如，温州；王燕来，江苏淮阴；陈岩彬，永嘉上乡；郑永德，本埠法大马路桂馥坊十六号；潘道容，永嘉西门；潘岩钧，永嘉西门；李阿黄，永嘉；余仲达，南翔；朱庆祥，温州；余大宝，南翔；孙兴祺，宁波；谢德顺，温州；戴阿明，宁波；郭少斋，温州；施继来，宁波；郑璧，瑞安；朱小腊，扬州；陈阿昌，温州；郑璧，瑞安；李茂黄，温州；陈岩宾，温州；潘锦恩，温州；叶玉如，温州；潘道荣，温州；杨庆荣，温州；叶钟豪，温州；陈元龙夫妇，永嘉；潘金生，西马路利宾楼菜馆；女，沈阿荣，本埠四马路。

（1918 年 1 月 15 日，第 10 版）

"普济"轮船失事十一志

温州同乡会昨接招商局谢仲笙总办电话，言已由海关西人介绍善泅之人陈顺来及其子妙兴来局，一切办法均议妥当，定十六日上午八时由局派妥人，会同温州同乡会干事同陈顺来等到"普济"船舱探捞尸首。陈顺来一共十四五人，以四人轮流入水，专捞尸首，不涉他物。闻陈顺来曾在海关当差，约有二十余年之久，当为海关及税务司所深知者。

"普济"遭劫，温州商界对之异常愤激，日来电函交至，因未得此间切实答复，本班特派唐伯寅、陈笃生二君来沪，会同旅沪同乡与招商局严重交涉。来函及所提条件如下：

> 敬启者：此次"普济"轮船被"新丰"轮猛撞沉没，溺毙数百人，损失货物巨数，死者家属在码头寻尸，风餐活冻，苦痛情形，言之心惨。幸蒙诸善长与之交涉，提出条件，极为周挚，不胜钦佩。尚有未经承认者，第二、第六、第八三条，犹望严重交涉。敝会本日（一月十二日）下午开第二次临时会议，提出条件四条，公举唐伯寅君为代表，即踵轮到沪，赴贵会报告一切。惟乞鉴核追加，仍仗大力严重交涉，以重人命而维商旅，诚为公感。肃此，奉布。祗请旅沪温州同乡会会长公鉴，一月十二日。

温州商会七年一月十二日下午开会，提议对付沪招商局条件：一、"普济"朽坏不堪，行驶前经瓯商正式公拒有案，沪局置诸漠视，仍以该船往来，希冀幸免，其蔑视吾瓯生命财产陷于危亡之地，已非一日。此次失事，该局应负完全责任。二、损害赔偿，轮船公司虽有章程，此次"普济"失事，既非天灾地变，又与寻常遇险不同，按诸事实上，虽为两方船主大意偾事，至"新丰"与"普济"两相撞碰，均受重伤，何以一存一没？足征"普济"船身窳败，实误于该局因循貌妄所致，决无疑义。所有生命财产自应分别按照赔偿。三、瓯沪交通日益发达，人货往来数倍于前，须立刻提出何号坚固相当之大轮往来瓯沪，如"广济"狭小，比"普济"更甚，万难承认。四、天晴无雾，"普济"叫急，"新丰"并不回声，又不停轮，未免有意撞碰。既撞后，又不施救，该船船主、大副应请招商局治以相当之罪。

山东温州同乡来电云：

> 温州旅沪同乡会公鉴：惊闻"普轮"失事，同乡被难甚多，悲悼莫名，谨此代唁。如需捐集赙仪伙助之处，祈函量奉。"普济"机老船朽，桢等前在沪曾与同人电拒，业经调换，旋被回复，致有此失，愤慨曷似。务恳公等主持善后，是所公感。山东温州同乡项葆桢等公叩，侵。

（1918 年 1 月 16 日，第 10 版）

"普济"轮船失事十二志

旅沪绍兴同乡会因"普济"失事后选据同乡请求，以"普济"被撞为前车，函致招商局，迅将旧船"江天"号更易新轮，以重生命而免危险。经该会联合宁波同乡会开会，议决办法四条，并拟订章则等情，已纪前报。兹悉该两同乡会各董以所定办法四端虽经通过，惟若何进行及细则，亦应详加拟订，是以于昨日又由绍兴同乡会推举宁波同乡会草拟此次设立联合会之缘起及向招商局交涉如何着手至达何目的之进行章则，以资遵守。宁波同乡会现正赶为草拟，一俟脱稿，即会同绍兴同乡会互相参核，即由两会董事中各推代表，前往招商局正式要求，务达目的。闻该两会深悉招商局此时并非无船，所有向走北洋各轮自封河后均停泊浦江，尽可更易一轮，以代"江天"。万一交涉无效，联合会必招集股本，自行购船，航行于甬沪间云。

闻温州同乡于昨日捞到死尸十具，"普济"船主（西人）亦在内云。

温州布业公所致旅沪同乡函云：

"普济"驶温，惨被"新丰"拦腰撞沉，警电传来，寝食难安。查吾瓯生命遭其溺毙冻死者达二百余人之多，财产遭其漂流沉没者至百余万之巨，皇天不幸，罹此浩劫，痛惜无已。曾于真电请求台端就近向上海招商局严重交涉，电该局谢仲笙先生要求完全赔偿损失，限即答复，查无回电，不胜痛憾。兹查敝会全体共装该轮疋头洋货七十六件、白丝两件、水烟六件、松香四件，计值规银二万二千余两。查此次肇祸原因，咎在"新丰"；且是夜月明无雾，进出航线分明，苟非船主疏忽，焉致两轮碰撞，惨遭巨劫？此实非由天灾所致，全属人事使然，较之寻常出险，其咎责奚啻万倍？由此观之，吾瓯人生命财产之损失，该局应负完全赔偿之责任也。至于嗣后沪瓯交通，务乞台端要求该局调派坚固大轮行驶，不得以朽坏小船充数，以为惩前毖后之计。除另由陈笃生、姜锡林、陈文卿诸君趋谒台端，接洽一切外，特此奉恳，并颂公安。唯希垂照不宣。楚雄、鹤溪两副会长均此。布业公所启，一月十二日。

招商总局董事会复温州同乡会函云：

昨展函开，以徐班老夫妇及虞伯顺、黄穰卿、黄梅初诸君尸体未获，或伏在船内，属会商海关税务司速雇水鬼入舱捞摸等因，谨悉。昨由沪局长赴关面商，初以无水鬼代寻答复，既云外国水鬼以天寒不肯入水，再四熟商，允雇中国水鬼。今日已雇定四人，明日（十六日）八点钟前去寻捞，由贵会及敝局各派一人同往，业经沪局长当面接洽，商定照办。特此奉复。〖下略〗

杨士琦复温州同乡代表函云：

昨展台函，并附致招商局董事会一信，均已聆悉，除商准海关雇定中国水鬼四人明日（十六日）八钟前往寻捞，并由贵同乡会暨敝局各派一人同往，一切情形业于董事会复函内详达，即希察照为荷。
〖下略〗

（1918 年 1 月 17 日，第 10 版）

"普济"轮船失事十三志

"普济"撞沉，被难搭客虽经陆续捞获，载运来沪，惟查核总数相差尚远。昨又由江海关水巡小轮捞获男女尸体十余具，当即载送至新闸码头起岸，饬扛夫运至九亩地息影公所内，候属认领；无主者由同仁辅元堂拍照代殓，暂行厝坛，并将照片悬挂辅元分堂，以俟日后各家属前往指认。惟此项尸体因入水多日，其面目、衣服均已模糊，是以所拍之照亦难清晰矣。

财政部官产处总办虞君廷恺被难后，探捞尸体迄今未获，凡属知交戚友，焦急万分，浙官产处会办林佐新君特为此事来申，停留数日，因未获虞君尸身，不得已电部请假，在沪照料。顷得部复如下：

> 浙江林会办假期照准，已电饬江海关冯设法捞寻，阁下在沪照料更好。财政部徐桢祥。

（1918 年 1 月 18 日，第 10 版）

"普济"轮船失事十四志

此次"普济"失事，渔户刘永祥捞得陈元龙尸体一具。陈君系约翰毕业生，现在沪上蒋君抑之家教读。当失事后，蒋君痛悼不已，旋闻温州同乡悬有捞尸特别赏格，而陈君不在其内，蒋君特为登报招赏三百元，该船户业于昨日照数领讫矣。

水警厅长温干臣君对于此次"普济"失事遇难多人，前已派"策电"兵轮开往洋面，督同捞觅。因日来捞获尸体不及五分之一，而未捞获者约尚有百五十余人，昨特照报载赏格，通令该辖沿江、沿海各机关及轮帆巡船出示晓谕，犹恐尚未周知，再为转咨盐务、缉私各巡船一律办理，并将

1023

徐班侯夫妇照片张贴通衢，俾易识认。

"普济"被难各尸由温州同乡会协同招商局办事人员，将各尸依次编定号数，所有无人认领各尸，由招商局同乡会派员与二马路大新街口洗清池对面合茂棺材店主周殿英直接领款殡殓，移置斜桥宝善公所。兹将各尸号数、姓名及停柩地点列下：

第一号，谢炽卿，回温州去；第二号，谢团长，回温州去；第三号，陈妈妈，回温州去；第四号，谢陈氏，回温州去；第五号，无主，宝善公所；第六号，杨郭氏，宝善公所；第七号，金毓林，未详；第八号，潘国华，回温州去；第九号，未详，亲人领去；第十号，未详；十一号，黄达初，未详；十二号，陆鸿祺，宝善公所；十三号，黄姓女人，未详；十四号，宋明玉，回温州去；十五号，谢德明，未详；十六号，谢三女，即培启，回温州去；十七号，谢大女，即培兰，回温州去；十八号，王小竹，回温州去；十九号，周春生，未详；二十号，徐元林，未详；二十一，严步瀛，回温州去；二十二，朱松林，未详；二十三，余正桂，即鼎祥，回温州去；二十四，洋人，未详；二十五，杨氏外甥，未详；二十六，黄邦平，宝善公所；二十七，又杨氏外甥，未详；二十八，无主，宝善公所；三十号，未详，亲人领去。（未完）

温州同乡日前电致交通部，请转饬招商局及海关速雇水鬼入水摸尸，业于十六日起招商局及海关协同该会各派代表一人，前往监视，计雇水鬼四人，分作二班入水。十七日开至"普济"遇险之处，因风浪过大，不便入水。昨日（十七）午前十一时水鬼二人入水，先至"普济"船头摸尸，计阅一点钟余，未有所获。

（1918 年 1 月 19 日，第 10 版）

"普济"轮船失事十五志

温州同乡会致招商局董事函云：

"普济"沉没，死者数百，惨酷之情，奚可言状。幸承诸公出奖捞尸，按日殡殓，敝会同人无任感激。惟善后事宜甚多，要以速换坚固新轮行驶瓯沪为最要者。查自"普济"失事后，贵局即以"同华"暂承其乏，该轮向系装运货物，房间甚少；温、处两属搭客甚众，由沪而温、而闽者不乏其人；又宦游及经商于温、处者亦复不少；况时值年关，行客货物尤为拥挤，如何可以容纳？即年来并驶之"广济"一轮，船身狭小，台州洋面风浪险恶，其何能堪？且"同华"、"广济"两轮船身是否坚实，驾船之人是否谙练，敝会同人均无从深识。而此次突遭惨劫，均以"普济"为前车之鉴，不得不亟亟为善后之谋。迭承温、处绅商及北京、南京、杭州、苏州、广东、山东诸同乡函电纷驰，皆以速换坚固新轮为词，用敢沥情陈请贵局，即日设法更换新轮，俾利行旅，庶几死者得以瞑目，生者亦无戒心。况现在正当中外轮局互争、推广海权之时，瓯沪航路系贵局之唯一权利，贵局若不奋起以图久远之计，难保他公司不起而乘其隙。在敝同乡只求生命财产之安全，遑论航路之奚属。诸公明达，当必有见及此，毋待敝会同人之晓渎。专此函恳，并盼确复。

温州同乡会会同招商局将"普济"被难各尸编定号数，招人认领，昨报已载至第三十号，兹再续录于下：

三十一，陈建锵，宝善公所；三十二，无主，宝善公所；三十三，朱小腊儿子，未详；三十四，陈炳岩，宝善公所；三十五，孙兴祺，未详；三十六，李阿华，即城黄，宝善公所；三十七，姚荣春，即肖卿，回温州去；三十八，张拓疆，回温州去；三十九，施继来，未详；四十，潘道荣，宝善公所；四十一，戴阿明，未详；四十二，丫头阿招，未详；四十三，徐仁桂，宝善公所；四十四，叶钟台，未详；四十五，项买氏，未详；四十六，严子良，回温州去；四十七，陈元龙，回温州去；四十八，无主，宝善公所；四十九，林定森，台州公所；五十，无主，宝善公所；五十一，无主，同前；五十二，刘文甫，回温州去；五十三，林庆珠，宝善公所；五十四，张维君，未详；五十五，朱庆祥，宝善公所；五十六，吴生桂，未详；五十七，金祺生，湖州会馆；五十八，严贤生，未详；五十九，董连生，未详；六十，洋人，未详。（未完）

（1918 年 1 月 20 日，第 10 版）

"普济"轮船失事十六志

"普济"沉没损失之大,以温、处两属人为最,处州同乡以青田人为多。浙江内河水上警察厅厅长徐允中君,现为青田旅杭同乡会会长,前日特开旅杭青田同乡会,公函温州同乡会张君云雷云:

> "普济"出险,瓯括绅商遇难最多,何天不吊,罹此浩劫,我乡被难者感蒙矜恤,共同申谢大君子悲悯衷肠,海上怨魂实深鉴之。惟此次奇惨,原非天灾,实由船主疏忽,两轮碰撞所致;且"普济"撞沉时,"新丰"轮惧祸远飏,漠视不援,咎无可辞,寝皮食肉,莫蔽其辜。凡我同人生命财产之溺毙漂没,该局应负完全赔偿责任,务祈台端协同敝处同乡会诸君就近向上海招商局坚持理由,严重交涉,速催捞摸尸体,要求完全赔偿损失;一面令将"新丰"管轮拘送究办,庶足慰幽魂、平众怒。且前车之覆可为后车之鉴,尤宜作惩前毖后之计。嗣后沪瓯交通务要求该局派往坚固大轮行驶,以重生命而免危险。除函致旅沪处州同乡会魏石生向招商局交涉外,特此奉恳,并达谢忱。

温州同乡会近日雇船捞尸,因风浪过大,难以开行。各尸亲属连日在吴淞寓内专候风浪稍平,前去捞寻。乃日候一日,仍难开行,异常焦灼。惟闻自朝至夜,哭泣之声不绝于耳,殊为可悯。闻宁波崌山发见无名尸二口,计一男一女,男手上缺一指,女年约四十岁,手上有戒指一(枚),头上有金挖耳一支,尚未有人认领。又,崇明、宝山二县均发现无名尸,业由该处地民代为殡殓。温州同乡会得此消息,当即电询该处,一面派人前往调查,兹将电函录下:

> 镇海鄞县、宝山、崇明各知事、各商会鉴:"普济"沉死者众,已出奖捞尸。闻崇明、宝山、崌山一带发现尸身,想系远漂所致,请速示船户,如有捞获,乞按名拍照代殡并电示,以便派人认领,殁存均感。除获尸另奖外,各费照还。温州旅沪同乡会,哿。

"普济"沉没，死者数百，当已出奖捞尸，日有所获。顷闻贵属及崇明等处发现尸身，已为殡殓，无任感荷。惟尸亲在沪甚众，亟待认领，请台端饬警查明已获之尸其身材、面貌及所穿衣服如何、有无拍照、现在停棺何处，敢乞赐示，即交来人带下，以便派人认领。并请出示晓谕沿海各船户，如续有捞获，请台端派警协同船户，将尸首送至吴淞水上警察厅，请其转致，便可接洽。至应领奖金，当即照付。倘蒙俯允照办，殁存均感。

"普济"沉没后，温、处旅居各省同乡异常愤痛，连日电函尤多，质问结果如何。温州旅沪同乡会干事对于此事力竭声嘶，嗣后对于开往瓯沪轮船问题尤为重要，温州同乡会定昨日（二十日）下午八时一面报告经过交涉事件，一面妥商以后办法，并约温州商会代表唐伯寅、陈笃生二君到会一谈，并筹办温州公所事宜。兹得温州同乡会通告如下：

启者：兹定于一月二十日（即阴历十二月初八日）晚八时在本会事务所照章开第三次干事会，届时务乞惠临，是所至幸。

(1918 年 1 月 21 日，第 10～11 版)

"普济"轮船失事十七志

昨据宁波商人王祝龄来说，舟山之大七山对过小洋山地方有男女尸首各一具，男身穿皮袍，带救命圈，无人认领。"普济"买办张联翔闻此消息，即商同王君约温州同乡会派人赴认。现张买办特雇一人，偕温同乡会员余筱山及虞伯卿之侄仲谦午后赴该地认领。张君自己此次不在"普济"船上，幸免危险，亦愿出费捞寻搭客尸首。温州同乡会亦有电函致舟山商会，原函录下：

径启者："普济"沉没，死者数百，已出奖捞尸，日有所获。顷迭接各处报告，据称贵县大七山对过小洋山地方发现男女尸各一具，现尸亲在沪亟待认领，由"普济"买办及敝会派人前来调查其人身材、面貌及所穿衣服如何、已未殡殓，请贵会派人协助来人查明。如未殡殓，即将尸首运至上海，由各尸亲认领。倘蒙允办，殁存均感。

"普济"失事之后，温处同乡纷至永嘉问讯，有青田人朱诒谋、叶元溪、王肃斋等以家属或亲戚遇难，亦于月之十一日至永寓西郭詹同兴客栈，忽为驻温警备队前往拘捕。朱系前陆军步兵第五团七连中尉连附，因甬事被嫌，已经撤差免究之人；叶系杭州地方审判厅推事叶寄汉之胞弟，因其侄叶钟毫之死耗，到温问讯；王系处属中学校校长王兰生之尊翁，均不知因何被捕。

（1918 年 1 月 22 日，第 10 版）

"普济"轮船失事十八志

交通部租船监督员萨福懋致温州同乡会函云：

案奉交通部训令，内开：查招商局"新丰"、"普济"两轮碰撞，"普济"溺毙多命，而获救者甚少，究竟该两轮舱面有无舢板临时可以救济，所置舢板约有几只，是否适用，有无渗漏等弊，救生圈带各物是否齐备，船身机件有无日久失修情事，此次肇祸究竟系何情形，搭客究有若干人，遇难者究系若干人？本部为慎重人命、惩前毖后起见，亟应切实考查。兹派该监督员会同江海关监督暨沪关理船厅详细调查，据实具复。除分令江海关监督暨招商总局，并咨请税务处转知总税务司电行沪关税司遴派理船厅人员外，合亟令仰遵照办理等因。除函请江海关监督查明实情，主稿呈复，一面函知税务司会查外，相应函达台端，请烦查照，克日调查实情，详细函复，以凭转复为荷。

温州同乡会于前晚开第三次干事会，由正会长张云雷主席，所议各节：一、劝募筹办温州公所的款；二、函复温州商会对于此后瓯沪行驶轮船，要求招商局务必更换坚固新轮；三、劝捐同乡会经费，维持久远。各干事对于此次"普济"交涉，均极满意。惟以后应提条件甚多，不得不详议云。

前日风浪稍平，温州同乡会所雇船只捞到二尸，一为南市木工，一为南市某号内老店东。昨日又捞到五尸,移放息影公所,招人认领。惟沉溺各尸逾时已久,面多变色,且已臭烂。

日前,温州同乡会闻各处人来说,宝山、崇明等县沿海一带发现浮尸,当即发电探询。前日又派丁三、阿宝二人赴宝山调查。据复,宝山沿海各地并无浮尸发见,该县知事亦已出示招捞,无人到署报告;如获有尸首,由知事电告认领,一切照办等语。昨日又接崇明县知事来电如下:

> 上海温州同乡会公鉴:哿电敬悉,崇邑距吴淞辽远,查沿江海并无浮尸发见,除出示照办,如有发见,拍照代殡,电请认领外,谨复。崇明县知事赖,印,筱。

此次"普济"失事,陈君元龙及其夫人同罹于难,陈君为沪江大学毕业生,德学兼优,素为全校师生所爱慕,骤闻噩耗,莫不哀痛。爰由该校上海部同门会(毕业生所组织)发起开会追悼,以志哀思,现已定于阳历二月一号举行。陈君亲友如有挽联、哀诔,可寄交沪江大学严君恩椿或缪君秋笙代收,以便届时悬挂。

(1918年1月23日,第10版)

"普济"轮船失事十九志

旅沪宁、绍两同乡会自招商局"普济"商轮撞沉溺毙多命后,甬、沪两地客商咸有戒心,即纷纷函致两同乡会,请即转商招商局,要求将朽旧老船"江天"号更易坚固新轮,以杜危险。即经两会开会议决,组织联合会,备具公函,委派代表,向该局董事会正式要求去后,董事会即特开会议,详加磋商,对于更易他轮替代"江天"一节,目下实难照办,因北洋各轮亦均抽派行驶,南洋各埠若租买新轮,即出巨价,亦难购觅。再四筹商,仍无良策。故联合会现拟设法筹集股款,请宁绍公司添加一轮,以为抵制云。

海关及招商局协同温州同乡,另雇水鬼多人,入"普济"舱内摸尸一节,已志本报。兹闻前日(二十一)水鬼入舱摸尸,遍无所获,据说舱内纯是淤泥,计深五尺余,殊难寻摸。其时海关、招商及温州同乡均不相信，着令摸出证物，方可作罢。水鬼仍复入舱，摸上梳头镜一架、网篮一件、铺盖一个、破箱一只，并皮包一个，均是淤泥，各人方始相信，即将摸上原物送交招商局查验。自即日起，停止寻摸。本日（二十三）温州同乡会雇船捞尸，仅捞得一具云。

近日温州绅、商两界因招商局对于此后开往瓯沪轮船及善后事宜尚无确实办法，特开全郡绅商大会，设立事务所，筹议善后事宜。原电如下：

上海温州同乡会诸公鉴："普"轮失事，瓯人同愤，□［祸］日开全体大会，成立事务所于永嘉商会，请将办过情形随时详复，函另达。瓯埠筹议"普"轮失事善后事务所上。

（1918 年 1 月 24 日，第 10 版）

"普济"轮船失事二十志

此次招商局"普济"商轮被撞沉没后，甬、沪两地客咸有戒心，纷纷要求招商局将往来沪甬之朽老船只"江天"号更易坚固新轮，并添加班头，以杜危险，该局迄未应允。兹悉有宝华轮局自置之"宝华"轮船载重五百四十五吨，估价五万两，其航线自上海至永嘉；又有镇昌轮船公司自置之"镇昌"轮船载重七百八十九吨，估价十万两，航线自上海至瑞安，均将开驶沪甬，运输客货云。

日前温州尸亲虞伯颀之侄仲谦偕同乡会及"普济"买办所雇之人赴定海商会查询小洋山发见尸首一事，当由温州同乡会致函该会。昨虞仲谦返申，言定海商会对于此事极其关心，招待甚周。惟小洋山离定海甚远，帆船往返，非十日不可，径由上海以轮船开往，似较便利，并得定海商会来函如下：

温州旅沪同乡会大鉴：昨日贵会特派余、虞两君来会，递到尊书一缄祗悉，并由余、虞两君述知一切。惟此间去该处亦极遥远，并无轮船班头，雇用帆船大约非数天不能到，若遇逆风，更属无可行驶，只好请由招商局特派轮船往查，较为便利。

"普济"遭劫后，旅沪温州同乡会办理种种，用费甚巨，温州布业公所首先提倡特别会捐，以充临时用费。昨寄交林炎夫君大洋二百元，函属交付同乡会收用。该公所亦可谓热心矣。

"普济"之劫，死者甚众，善后事宜均由温州同乡会会同招商局办理，所有费用除招商局照例给付外，余由温州同乡宦游各处及经商上海者特别捐助，当由该会给以正式收条为凭。近查有假"普济"救济之事致函北京近畿陆军第一旅第一团团附冯直辰君，内附劝捐券一张。冯系温州人，即函旅沪同乡查问此事是否系同乡会发出，其机关设于马霍路某里云。温同乡会得此消息，查并无发劝捐券之事，或系假慈善之名义骗钱，亦未可知。昨有温州木工李阿三在南市开设宏昌祥木店，忽有操苏州口音之人，持公善局收照一本，向李阿三劝券捐款，言为"普济"被难之事。李阿三捐钱七百二十文，当取公善局收照一纸，系一千五百二十四号，第未知上海是否有公善局，该局系何人主持，是否假善慈之名为骗钱之实，俟查明续报。昨温州同乡会闻各处有此劝捐之事，已登广告声明矣。

（1918 年 1 月 25 日，第 10 版）

"普济"轮船失事二十一志

旅沪宁、绍各客商自"普济"轮船被撞沉没后，咸有戒心，曾经纷函宁、绍两同乡会转函招商局，请将往来沪甬之朽旧老船"江天"号易以坚固新轮，以免危险，并委代表向该局董事会接洽，尚未得满意之答复。兹悉宁绍公司各董事深知招商局更换他轮一时不易办到，拟将该公司前向香港订购行驶外洋之商轮一艘，电令开驶来沪，由公司改换名称，插入沪甬班营业，所有水手头目张阿毛等现正守望该船到沪。据云，船身与"江天"相似，不日即可抵埠云。

镇海邻近之小洋山地方有尸四具，虽经该地绅士小殓，尚未下钉。温州同乡会昨日请招商局开轮该处认领，奈招商局以不知该地航线，无从开往，不得已函请浙江外海水上警察厅长来醉樵君派轮前往认领，并着虞柏顾之侄同往。原函如下：

醉樵厅长钧鉴："普济"之劫，惨不忍言。前曾函达台端，敬恳出示沿海一带招捞尸首，谅蒙惠允。兹据友人来报，并详探情形，深悉贵辖小洋山地方发见尸首四具，其中有男尸一具，年约四十左右，身带救命圈，其所穿衣服确与北京财政部官产总办虞柏顾先生落水时相符，且闻虞总办落水时亦带有救命圈。刻嘱其令侄仲谦趋谒台端，哀恳贵厅查明地点，乞拨小轮一艘，开往该处，令仲谦同舟前往认领，实为至德。查该处离镇邑颇远，而帆船不能行驶，且往返须经旬日，尤为不便，用敢冒昧奉商。另由张敦夫君函请肖卿先生转恳，谅已接洽。如确系虞总办遗体，俾伊侄迎骨归里，岂仅生者戴德靡涯已乎！惟赴该处时，须带照相一人，带同照相器到地，即将各尸先行摄照。如非虞总办之尸，亦乞将各尸速停镇邑，使敝同乡尸亲前来认领，尤为感激。所用照相等费，均由敝同乡会奉还。

"普济"失事后，虽捞尸首已获六十余具，惟徐班老夫妇及虞柏顾、黄穰卿诸尸尚未获到。徐班老之世兄翰青、穆初二人昨日下午亲赴吴淞海面设奠招魂，定本日"同华"先由穆初送灵返温，翰青在申专办捞尸，即定昨日申刻成服，温州同乡会同人敬备祭礼，在"同华"码头致祭徐班老夫妇及同舟罹难诸同乡。

"普济"失事后，永嘉商会专函并派代表来申，协商一切。近日又电函质问。昨温州同乡会函复该会，原函如下：

永嘉商会公鉴：径复者，前奉来函，并所提四条，以匡不逮，足见贵会关怀甚切，钦佩莫名。贵代表唐君伯寅亦已接洽，敝会二十日特开干事会，曾请唐君临会面谈。"普济"之劫，惨不忍言，敝会对于招商局力疲声嘶，交涉事件自正月六号起按日登报，谅达台鉴。嗣后接驶瓯沪轮船，关系尤巨，敝会已正式函致招商总局董事会及杨会长杏城严重交涉，未得来复。敝会对于此事力之所及，无不竭诚进行，以副故乡诸公之委托。查招商局轮船极少，坚固新轮尤为难得，非合内外诸乡绅之力争，万无见允之一日。拟请贵会一面函邀六县商会联名电交通部及招商总局董事会，详述"广济"狭小及老朽情节，请饬令另调新轮；一面函请处州各县商会，亦须联名电部。如此进行，将来或可达到目的。如能并电陆军部陈君仲麟、司法部殷君叔祥、农商部郭君漱霞、教育部洪君岷初、财政部杜君冠卿诸同乡，就近向部陈诉，或易见效。现因唐君返温之便，略述所见，专函奉复，即希鉴察。

昨接筹议"普济"失事善后事务所来电，尤令人感佩，均此致意，恕不另笺。

旅居各省温、处同乡对于此次"普济"失事，痛恨已极。兹有北京温处同乡来电录下：

招商局愿电悉，抚恤捞尸承照办，并派大船，甚感。惟念此次"普轮"遭险，生命财产损失极重，当失事至沉没计有一时之久，倘船上设备略周，何至演此惨剧，谁生厉阶？言之痛心。死者已矣，来日方长，承允大船究系何船，是否坚实，设备是否严密，应先由旅沪同乡会同意，再行呈部立案，不许时常更易。同人等经此创巨，不得不审慎周详，以期补救于万一。希速电复。温、处旅京同乡林试、郭凤鸣、杜师业、孙诒泽、洪彦远、孙延钏等五百三十五人公叩。

（1918 年 1 月 26 日，第 10 版）

"普济"轮船失事二十二志

前据各方面报告，谓小羊山有浮尸数具，温州同乡会疑是虞柏顾君尸体，于二十五日特嘱虞君之侄赴镇海，要求水警厅派轮往认。乃昨日上午忽有小洋山渔户林顺友至该同乡会报告，言伊在该地海岸捞获男女尸首二具，男尸左手缺一小指，年约三十，身穿皮袍及救生衣，带救命圈；女尸年约四十余，头包黑绒包，脚穿黑绒女靴，身穿皮小袄及皮袄等。既经小殓，尚未下钉，已禀明羊山保卫团团长胡君立财。昨胡团长嘱其持片来沪报告情形，如确系"普济"船中被难之尸，即日代运到沪，俾各尸亲认领；如非该船被难之人，即由该地埋葬等语。温州同乡会查得连日接杭州来函云，有安徽人俞自强前趁"普济"赴温，在梅统带处当差，左右确缺一小指，该处男尸确系姓俞，已函俞姓家属来申待认。女尸不知何人。即函胡团长请其雇船将二尸运至上海，并付报告渔户林顺友赏金四元，此人已于昨晚返小羊山。闻温州同乡会因虞仲谦在镇，恐其要求来厅长开轮到小羊山认尸，尤为不便，已电邀仲谦返沪矣。

温州同乡日前捞到尸首，殡殓以后，多暂停宝善公所及台州公所二处。昨晚，"同华"轮船开往温州，计运去朱联萼、何轶尘、徐臣卷、林阿发、杨郭氏、郭少翁、林定森、叶药泉、李城华、林庆球、林旭东、孙秀卿、徐上尧十三具，其余二具未详。至徐宅老妈子及女婢二具，本拟同时运归，因徐班老夫妇尸身未获，不便先运，只得暂停海上云。

温州同乡会成立未久，忽遭此次"普济"浩劫，办理一切，所费甚巨，该同乡会不得已函恳本省及本属各长官酌捐会金，以固基本而维久远。浙江杨督军接函后，即约参谋长及吴顾问、各课长商议，愿捐月俸一个月，计洋一千元，齐省长亦捐廉五百元，均已交由吴顾问璧华转致该同乡会查收矣。

(1918 年 1 月 27 日，第 10 版)

"普济"轮船失事二十三志

"普济"遭险，搭客二百余人，捞获尸首仅数十具。现由"普济"买办张毓瑞详查被难华洋各职员及仆役人等，分别被救、被难两项姓氏人数如下。

遇难华洋各员役：船主，西人，尸身已捞获；大副，西人，尸身捞获；二副，华人，尸身捞获；二车，西人，尸身捞获；账房职员、三手朱黼廷，无下落；司账沈锦堃，无下落；司账吴松年，尸身由"新丰"捞获；收筹员朱晋臣，无下落，查该员在王梅生当坐舱时即上船，已历二十七八年，资格最深；收筹员朱松林，尸身由"新丰"捞获；收筹员金祺生，尸身由救生船捞获；收筹员严子良，尸身由救生船捞获；看舱船役一名和生，无下落；茶房五名，小六子尸由救生船捞获，由该尸妻借资成殓，尚未请领殓费，丁旺、包福、阿四均无下落，姚卿尸已获；厨房三名，春生尸由"新丰"捞获，金秀、金根均无下落；水手五名，驶舵施纪来尸已捞获,装灯严达生尸已捞获,饭司陈洪其尸由"新丰"捞获,驶舵使者徐阿明尸已捞获,水手驶者吴生柱尸已捞获;生火六名,吴荣来无下落,黄连生尸已捞获,徐元林尸已捞获,饭司朱阿珠无下落,侍者朱阿坤无下落,下灶朱有根无下落;大餐间三名,大司务任昌荣无下落,二□间侍荣兴无下落,大副侍张毛头尸身捞获。以上被难华洋员役,共三十四名。

遇救华洋员役:大车,西人;二车,华人;账房职员,二手陈子田,收筹员孙绍安、徐禹功、朱勤甫;看舱船役五名,林生、旺生、许荣、绍荣、凤祥;茶房三名,宝山、芙蓉、杜珠;厨房二名,饭司务、下灶顾卿;水手十三名,袁小宝、水手头目袁德明、陆和兴、曹文定、朱阿来、徐兴灵、杜东林、李小庆、木匠张阿如、饭司王洪武、驶舵周筱友、杨双林、徐生仁;生火九名,梅和生、头目黄荣兴、张宝生、王阿元、梅小生、陈开宝、杜荣福、沃顺金、潘永林;大餐间七名,管事徐荣甫、庆福、大车侍徐宗卿、阿谷、船主侍杨福林、方东生、二副侍杨金珠。以上被救华洋员役共四十五名,此外请假及因事留沪诸员役不列入。

温州同乡会昨接京函,言前参议院议长王幼山与现财政部坐办杜冠卿二君,平素与虞君柏顾交情最深,此次柏顾遇难,长子崇樾年纪太少,尚不解事,京寓一切均由王、杜二君主持办理。柏顾被难后,其侄在申与诸同乡设法捞寻,已经两旬,尚未获到,必无生存之望,故王、杜二君已属伊子成服,定阴历本月二十二日在北京三圣庵开吊,以表哀忱。且柏顾在京多载,知友甚多,闻柏顾如此惨劫,抱痛异常,即王总长叔鲁亦深为痛悼云。

(1918 年 1 月 28 日,第 10 版)

"普济"遭劫余闻

杭州定期追悼

温州旅杭同乡近发通告云:

敬启者:"普济"商轮沉没于吴淞口,吾瓯绅商被难者以百数十计，耆旧英豪一时同尽，沦胥之惨，世所未闻。同人谊属同乡，哀痛无已。兹定于三月三日即旧历正月二十一日下午一时在杭州城内白衣寺开追悼大会，凡我乡人届期务乞到会，以表哀忱。如有挽章、诔词，请寄交城隍山通志局代收。

水鬼擅摸财物

自"普济"沉后，船内现银暨各货物，就各方面调查为数不少。日前招商局函知温州同乡会派人同去监视水鬼入水摸取，该会以是项财物虽属温州多数，尚未经宁波、处州各同乡会派人同去，当即严词拒绝。兹闻自阴历正月初三日起至十九日止，该局所雇水鬼均逐日入水摸取，颇有兴致云。

(1918 年 2 月 20 日，第 11 版)

海关开讯"普济"轮船失事案

招商"普济"船失事一案，十八日午前在海关开讯，调查失事详情，讯案者为海关监督之代表王君、办理没收敌船之专员萨君、河泊司迈尔氏与康德氏，到案者为招商局总船长隆特氏与"新丰"船长汉伯林氏。隆特先详述"普济"船身与船员及船上备置各情，谓"普济"向开温州，已有多年，最后一行系在一月五日夜半自沪驶出，有水夫十七人、职员六人，内有船长马基氏、正机师希塞林敦、二机师斯考特氏与二副华人孙某。至于船上载客之数，则无可稽考，以容积而言，"普济"可载客约二百人。水夫救活七人，船客共救活若干，未曾知悉。"新丰"载来尸骸二十七具。后由各船捞起六十具，"普济"载小船四艘，二为救生艇，一为小划船，一为工作艇。

河泊司问曰："尔以为以上四艇足容全船员役乎？"

答曰："然。"

问曰："足容船客乎？"

答曰："各轮船皆未有规定客数之特殊执照，'普济'船无余地，不能多载，小艇船中备有救生圈一百六十具，分置于甲板下之后部二箱中，船客须自行往取。"

堂上问:"以船上备置之物,曾有合规则之按期察视否?"

答曰:"无之,此事由船长为之,按其年龄而言,'普济'船身尚佳。"

总船长呈述既毕,乃由"新丰"船长汉伯森追述两船相撞之情形。十九日午前复讯,"新丰"船长称是夜二时三刻,"新丰"行经中路上浮标,至二时五十五分,渠登甲板,见"江天"船在其左舷,相距约一英里之四分之一。渠谕令二副于"新丰"行至东南诺尔浮标时略改方向,谕毕即下甲板。约历十分钟,闻某船汽笛二声,当即出视,见有一船过其船首,从右舷开出上海,渠登跃栀桥,拟全力后退,然已不及,旋即与"普济"相撞。但其登栀桥握机后退之际,未见"江天"。其时"江天"已渐越过"新丰",两船相撞之地在诺尔浮标以东南十二度,相距约一英里之十分之九。渠曾向"普济"船长马基大声呼唤,嘱其停机,但马基以无能停轮为答。渠未闻"普济"电信机发声,盖为华人呼喊声所掩。"普济"船无能停轮,此殊可异。以后不复闻马基之语。渠拟将"新丰"驶傍"普济",以便救人,但因"普济"仍向前行,以致不果。"普济"直驶,至距互撞处约一英里始沉没,其时如"普济"尚可操纵,则当可驶至岸旁。"新丰"较"普济"为高,互撞后渠不能知"普济"或"新丰"若何损毁也。

堂上康德氏问曰:"如'普济'停轮,尔以为尚可救出船客乎?"

答曰:"然。"

康德又问曰:"如'普济'停轮,亦以为'新丰'可驶至其旁乎?"

答曰:"然。"

"新丰"船长又称,渠所闻之汽笛两声,确从右舷"普济"而来,其声颇为清楚可辨。当渠发电信机声时,"普济"又鸣汽笛一次,此在互撞之前。迨撞后,"普济"屡鸣汽笛,"新丰"亦答之,以示相离不远云。

"江天"引港人爱勒夫森氏到堂作证,谓"普济"失事之夜,渠在"江天"舱面,二时许,夜色甚佳,月光明亮。闻二副言"新丰"在后,相距约一英里,后乃逐渐驶近。三时十分,"江天"行过东南诺尔浮标,渠独在栀桥,因船行于该处时,船长可不到甲板也。当"江天"行过中路浮标时,"新丰"在其右舷约半英里。斯时渠见出口船三艘，陆续行过其右舷，其地在中路与东南诺尔浮标之间，与"江天"相距不足一英里之四分之一。渠不知三船何名，但出口船应行经其左舷，兹乃由其右舷行过，故以为异。若出口船在东南诺尔浮标改其方向，则当经过"江天"左舷而出也。最后之出口船于行过后约隔二分钟，放汽两次，其声不长，渠以为此乃出口船改其方向之记号，渠回顾无所见，遂沿江前行。柁桥轮室中有华人司瞭望者一人，渠亦不闻惊闹之声。否则当告知船长也云云。

"新丰"正机师夏泊氏亦到堂作证，谓互撞时二机师、司机渠闻某船汽笛两声后，出房察视，闻船长在柁桥指挥，并闻电信机声，当即奔至机室，见船机已开足速率向后退驶。此令下时，为三时八分，而互撞即在三时九分。两船既撞后，"新丰"缓进，拟驶靠"普济"。后闻"普济"船长嘱"新丰"驶近船旁，"新丰"令其停机，但"普济"船长以不能对云云。此后，"新丰"大副到堂呈述一切后退堂。今日复讯。

（1918 年 2 月 20 日，第 10 版）

海关开讯"普济"失事案二志

"普济"失事案昨在海关复讯。前日午后退堂之前，堂上曾复谕招商局总船长隆特氏上堂，问曰："招商局船只修理时，负监视及察看机器与船身是否完善者，谁乎？对于救生艇、救生圈等物之完备而负责任者，谁乎？"

答曰："凡甲板上之布置及救生器具，余负完全责任；局员华勒斯氏负关于机器与汽锅事之责任，若船身则余与华勒斯氏共负其责。"

问曰："尔可自由办事乎？"

答曰："余有办事自由权至若干限度，但不可太费钱，故经费须注意耳。"

问曰："尔有办事自由权，是否至可使尔满意，而知关于船只、船客、员役安宁所应为者，皆已施行之限度乎？"

答曰："然。"

问曰:"招商局之船只,尔以为应修者果皆修理乎?"

答曰:"以余所知,凡吾人以为未能耐久者,辄修理之;吾人对于各方面之安宁,固常先事预防也。"

问曰:"各船有应用特别修费之时,招商局船亦若是乎?"

答曰:"然。"

问曰:"常使尔满意乎?"

答曰:"然。近三四年来,招商局修理数船,费钱不少,船上大副与正机师对于船之各部往往提出修理办法,交由局中总船长与总机师定之。"云云。

昨日到堂作证者,先为"新丰"正舵夫,略谓"是夜二时半,有一船行经'新丰'之左,约三时许,余见'普济'灯光在'新丰'右舷附近东沙,并见'普济'桅顶之灯。其时又有一船行驶,与'新丰'同一方向,在'新丰'船首左面。当余见'普济'灯光时,二副在柁桥上,船长则未在彼。迨见'普济'后,二副即传谕转柁,略向右舷,斯时余已见'普济'右舷与桅顶灯光矣。逾三分钟,二副又谕转柁向右,当'新丰'转柁时,'新丰'并未放气。余第二次转舵时,以为'普济'亦改变其方向,旋闻'普济'汽笛二声,并见其红灯,两船相距已近,二副乃第三次命余转轮向右。时船长奔至舵桥,大呼移向左边,旋令倒轮,但船长甫握电信机时,两轮已相撞矣。撞后,'普济'已失驾驶力,汽声不断,'新丰'亦放气应之,欲驶靠'普济'右舷之旁,但'普济'已逐渐下沉"。言毕,乃由"新丰"两舵夫及瞭望人上堂陈述。瞭望人谓"是夜三时,余在甲板上,从船首右舷见'普济'白光灯两盏,后见'普济'绿光灯,未几闻'普济'汽笛二声,又见一红光灯,后又闻汽声一次,转瞬间两船遂相撞"。瞭望人复在堂上就所备之模型,指陈两船相近,与"普济"忽折向右舷及"新丰"撞其右舷后部之情状。此后到堂作证者为"普济"舵夫,谓"'普济'行过防舍浮标时,二副在舵桥,船长则不在,二副所谕行之方向为东南半东,此后余未见何物,但二副曾见一灯光。迨行过防舍浮标后,航行方向改为东南,余于改向后未见白光灯,但见绿光灯。此时,'普济'放气一次,逾一分钟,又鸣汽笛。第一次放气时,船长未在舵桥,但第二次放气时,船长未披外衣,即至舵桥,斯时来船已甚近,不及改变方向矣。当初见灯光时，'普济'放气一次，改其方向，隔一分钟，复鸣汽笛，但未闻来船之回音。迨第三次放气时，两船已撞。船长既至舵桥，二副谕令移向左边，轮机甫转，船已相撞。此后，余未能移动轮机，撞时'普济'尚未行至诺尔浮标也"。

堂上讯至此，乃退堂。

（1918年2月21日，第10版）

海关开讯"普济"失事案三志

昨日"普济"失事案在海关复讯时，"普济"正机师斯考特氏上堂陈述，谓"普济有机师三人，第三机师为华人，未得证书。机室中华人之遇救者，有司机油者三人、火夫二人、递煤者一人。船上有隔壁五，去年二月曾检察一次。时余在船执役，曾透彻察视机器与汽锅。至于船身，余不过问"。

堂上问曰："当时尔对于船之形状有何意见？"

答曰："船后隔壁与机器室颇弱，有须改良之处。"

问曰："尔因何而生此印象乎？"

答曰："板薄须较厚而较坚，想系年久磨耗，以致板薄。"

问曰："尔以为一锤即可洞穿之乎？"

答曰："否。隔壁本可抵挡水之全分压力，但不能经'新丰'之倏尔一撞耳。去年二月检察时，总机师曾否注意于隔壁之弱，余无从知之。至机器室之地板，应有改良之处，因板已腐蚀，苟去其锈，则板将甚薄。当检察时，机器室之地板皆被削过，重加油漆，所有修理俱可满意。"

问曰："机器曾经起出乎？"

答曰："不知。十一年前更换新汽锅，从前有二汽锅，后乃改用一新汽锅。去年煤舱之结构须加修理，但仅加漆，煤舱储煤太多，当在修理之时，存煤亦从不取出。"

问曰："然则煤舱中之排水渠，从未起出乎？"

答曰："余非谓从未。"

问曰："但就尔经验而言。"

答曰:"然。"

问曰:"就机器言之,'普济'非所谓行驶尚善之船乎?"

答曰:"然。且易于驾驶。"

问曰:"尔曾至船上各处乎?"

答曰:"然。"

问曰:"尔对于全船之形状有何意见可言乎?"

答曰:"'普济'船头最为坚固,前次撞后,曾于一九一〇年重新修造船头,其时余方为二机师,'普济'乃一甚旧之船,不能谓其形状绝佳也。"

问曰:"广义言之,尔谓普济形状不佳乎?"

答曰:"不佳。前部机器室之隔壁最称完善,船上有动舵机二,一为汽机,一为手机。汽机完善,时常察验,铁链每月在温州取出一次,此为二副之职务;手机亦按时接上,并加校验,每次接上需时二三分钟,最后接上系在何时,余不能言。'普济'载有四小艇,三为救生艇,一为舢板,形状皆佳。十一月间曾在温州试放水中,历两日之久,并无缺点。船上从不举行救生艇之操演,惟船中悬有布告,说明遇难时船客应趋附何艇耳,余想船客未必注意及此。至于船中载有救生圈几何,非余所能言,但余在自己房中必备一良好救生圈也(众闻言大笑),救生圈之箱全在船后。'普济'常载客二百人,余曾见有二百余客。"

问曰:"得不免人众乎?"

答曰:"然。一月五日午前,'普济'开离上海后,余在甲板上,直至美孚油机时,余始坐于室中。第三机师乃华人,其人甚好,在船执役约十八年,甚为可恃。"

言至此,堂上乃令其详述船撞时之情形,斯考特遂曰:"吾人于一月五日午前由上海开赴宁波、温州,行至吴淞后,余入内就寝。船撞时,余方熟睡,但被惊醒,房门与天窗皆毁,不能由此出外,余乃从纱丝窗跃登甲板,其处与机室相距仅两步。余俯视机室,水已涌入。余即握住船缆,其时余不知此船为何船,迨余既得船缆后,两船已渐离开。余在彼时之前,未闻电信机发声。余至'新丰'甲板,见'普济'第二机斯诺克斯氏立于机器室口。余向之大呼曰:'君其自重!'但见渠摇手,未闻其言。余曾闻'普济'船长向'新丰'船长大呼曰:'速靠船救人!''新丰'船长答曰:'余不能靠船,汝之机器刻方开足速率也。'至于'普济'船长如何回答,余未闻之。余旋至即〔即至〕'新丰'之右舷,襄助解下一救生船。少顷,余又至船边,登'新丰'之舢板。余向水手索取救生圈,检得六具,皆无纽,后始得一有纽之救生圈,余取之,向'普济'行去。既抵'普济'船头,该船已逐渐沉下,时船上有华人约十二人,旁有绳索,余嘱其紧握绳索,可以无恙。余当先救落水之人,卒捞起船客三人。余艇舵柄不甚合用,余乃用手拨船而行,直以双手代桨。余因冷僵,驶回'新丰'。余在'新丰'船上襄助曳起从其他小艇载来之船客。'普济'钟声急鸣,盖欲引起他船之注意也。当余在'普济'卧房中,余自觉如鼠在夹。余握住'新丰'右边船缆,始得逃生,否则亦必与在船诸人同归于尽矣。"

问曰:"船撞时关于机器汽锅方面有特殊之职务?"

答曰:"以常情言,船应后退,但未得舵桥之命,余等在机室中无能为也。第三机师本在室中,直至江水涌入时始奔出。当余跃出卧房时,余以为船已沉陷,故握住船缆。若电信机果发声,则第二机师正在甲板上,定可阻断汽力也。'普济'撞后三四十分钟沉没,余以为'普济'隔壁已被撞碎,故水势由隙涌入,其力足以将人冲倒。"

问曰:"涌入之水势既若是之大,何以此后'普济'机器尚开行历十五分钟之久,尔有何言以解释之乎?"

答曰:"'普济'机器并未始终开足速率。"

问曰:"无论开足速度与否,机器之行动不息则一,尔究能言其故乎?"

答曰:"非至汽力退尽时,机器或仍行动也。"

问曰:"尔所谓水势涌入甚猛者,得无错乎?"

答曰:"否。且其时潮水亦推船前行也,与余同样逃生者,尚有'普济'买办等多人,余意船中诸人未尝不可于船沉之前奔至甲板。'普济'之大副系新来者,余未曾见其人。船撞前曾否闻汽笛之声,余不能记忆。三副乃华人,素甚稳当。至于'普济'船长答称无能停轮一言,余不闻之。'普济'船长于惊扰之际忘却用其电信机,当亦意中事。撞后余仅见

'普济'船长一次,其时彼在舵桥右边,如'普济'船长果发电信机之声,则机器室中纵无一人,第二机师诺克斯氏亦必能停止船机也。"

堂上至是,乃令普济第三机师华人上堂。据称"在船共十七年,期内曾充当第一火夫,计十六年。'普济'机器室前部隔壁并不漏水,惟后部隔壁则不然,底下有洞颇多,可容一指,此乃因年久磨蚀之故。去年初曾经修理,补上六七处,但至秋间洗刷时复见有洞。当'普济'在船厂修理,存煤取出时,余曾见煤舱之船底,予以为尚属完好。船撞后正机师曾入机器室,予见水从六七处冒入,其势与街中从水管喷出者无异,船边铁板不能阻水,余见二机师立于邻近厨房之机器室门口,撞后余在机器室中约五六分钟之久,未闻电信机之声。余至水势增高淹及腿际深约一尺时,始登甲板,缘船缆而至'新丰'。当余离'普济'之际,余见二机师立于机室门口,余告以室中水已高起,渠以不必介意为答。嗣后二机师亦欲攀缆缘登'新丰',但两船已离开矣。余未闭汽门,亦未取去机室之检速器"云云。

堂上因为时已晚,遂退堂,候再传讯。

(1918年2月22日,第10版)

"普济"案展期续讯

"普济"失事案于十九日起在海关开审,连讯四日,详情已选见本报。兹悉此案展期至下星期二日,再行传讯。上海耶松船厂所雇之某日人称曾泅水至"普济"船,见有一洞,约在正桅后五尺许,深入船左约十二英尺,直达舱底龙骨撞伤处,前部船板并不湾[弯]屈,惟后部船板则甚湾折,再前面甲板尚未大破云。

(1918年2月23日,第10版)

"普济"轮船失事余闻

——吞没捞获财物之出首

网船户薛老三、潘老四、周忠正、周老三等,于去年腊月十八日,在浦东白龙港用滚钩捞获"普济"轮船失事案内溺毙之男尸三具，并皮箱一只，内有男女皮棉单夹衣服五十七件，金手镯二付，金戒二只，钞票一百张，每张五元，又现洋三百余元。当将尸首送至招商局，得赏捞费九十元，所有财物则悉数吞没。嗣因周老三并未分得此项赃物，心不甘服，昨在浦东烂泥渡码头将薛老三、潘老四、周忠正等网船寻获，着人看守，一面赴海关水巡捕房禀明前情，请求拘究。

（1918 年 2 月 27 日，第 11 版）

"普济"轮船失事余闻

网船户薛老三、潘老四、周忠正等，因吞没捞获"普济"轮船失事案内财物，经同船人周老三于前夜在浦东烂泥渡码头将薛老三等寻获，着人将船看守，并投报水巡捕房，请求拘究各情，已志本报。兹悉是夜周托舟子多人将薛等三网船看守，周则前往纠集同类，拟与薛等理论，不意该舟子等得钱纵放，致被远扬。现闻水巡捕房梅捕头已饬探严拿，务获解案，以便彻究矣。

上海招商局董事接瓯海道尹来电云：

> 此次仍放"广济"来瓯，商民非常愤激，拒绝装货，以后请速换好轮来瓯，免滋事端，至祷。黄庆澜叩。

又接旅杭同乡来电云：

> "普济"沉没，瓯括生命财产损失无算，贵局漠不关心，闻仍以破朽"广济"行驶，人道何在？希速换坚大轮船，以图善后。旅杭温州同乡潘国纲、吴锺镕、林大同、林同、周锡经、蒋作藩、石铎、余宪文等三百七十五人，敬。

自温人拒绝"广济"后，该局以关系营业前途，未可自伤感情，且月前曾已答允于先，未便反复于后，故已定于本日（二十八日）另换"飞鲸"开温。

（1918 年 2 月 28 日，第 11 版）

海关研讯"普济"失事案四志

招商局"普济"轮船被"新丰"轮船撞沉一案,昨晨在海关复讯。由该局总机师华勒斯氏到堂作证,略谓"检视各船汽锅机器,并会同总船长隆特氏检阅船身为我职务之一部份。去年二月间,'普济'修葺时,曾照常察看,有数处地板更换,但未全换。'普济'年老,必有糜蚀之处,固无可疑,但就全部而言,'普济'尚属完善,堪以航海。'普济'有隔壁五,机器室后面之隔壁在修理时,曾有小洞,当经修补,以寻常情形言之,隔壁颇坚,足以阻水"。

堂上问曰:"以此次受撞情形言之,尔以为不能阻水乎?"

答曰:"不能。"

问曰:"何故?"

答曰:"余以为'普济'机器室附近所受之冲撞,已将隔壁撞破故也。去年修理既毕,余见必须修理处,皆已修整,颇为满意。"

问曰:"尔以为'普济'修理后,便可由验船社审查视为合格乎?"

答曰:"'普济'年老,余不能答此问题。盖年逾三十之老船,断不能责望其完善一如新船,且审查者亦须自留余地,决不肯审定其为第一等船也。"

问曰:"然则审查者将责令其续有修理,然后许其航海乎?"

答曰:"余不知之。"

问曰:"关于修船经费,尔有自由办事之权乎?"

答曰:"有若干自由行事权,若修费浩大,余须报告。至'普济'第三机师所称,隔壁有大可容指之洞,余未见之,但'普济'修时,余曾见一洞,旋即补好。余不知'普济'能载客几何,上海河泊司对于驶往香港之轮船固有训令,但对于他船则无此训令也。"

总船长隆特氏亦被传到案,据称大副希塞林敦氏初次在"普济"服役,至于三副华人孙某,据"普济"船长报告,乃强干可恃之人云云。继由"普济"买办上堂陈述,略谓:"'普济'末次开出,我未在船。'普济'如不装货,可载客在二百至三百人之间,末次'普济'载客一百七十人，船上员役七十三人，统共救起八十七人。"

"新丰"买办亦到堂，声称"新丰"救起八十人，内有搭客四十一人，船上员役三十九人，并捞获尸身二十七具，撞后捞起尸骸共有若干，则未知悉。所有当时救活之人，全系男子，并无妇孺云云。

尚有"新丰"大副斯堪伦氏，刻在医院，不能到堂，故此案遂展期再讯。

（1918 年 3 月 1 日，第 10 版）

"普济"失事案讯问终结

招商局"普济"轮船失事一案，昨晨复在海关开审。由美人斯堪伦到堂呈述，谓："执有二副凭照，在'新丰'执役已两月有半，以前从未在中国海船执事。一月五日夜半，余代大副在船瞭望，天气清朗，船随潮行，每小时行十一里半。二时四十五分，船抵中路上浮标，其时船长在舵桥上，所行方向为北四十一。'江天'所行方向与'新丰'同，距'新丰'船首左舷约一英里之四分之一，两船行近中路浮标时，另有一船向两船船首左舷而来，彼时尚有一船，已经行过其前，余曾见其船尾灯光。'新丰'船长在中路浮标趋下舵桥，逾五分钟复到舵桥，四向顾望，旋谓渠将下去，并示余船过东南诺尔浮标后应行之方向。船长二次下甲板时，船之方向为四十一。余前在美国船上曾经过南航路约十二次，但未经管舵桥。"

堂上问曰："汝自信深悉此航路乎？"

答曰："否。余不能自谓深悉。"

问曰："汝自信皆知之乎？"

答曰："余自信依照浮标能以行船。'新丰'既行过中路浮标后逾七八分钟，余始见'普济'行于船头右舷，船长正在舵桥上，余见'普济'桅杆两灯及其绿灯相距约四英里，'普济'略改其方向，趋向'新丰'船首右舷，'新丰'则未改方向。'普济'既到东南诺尔浮标，余乃向右折行半点，因未见'普济'红灯故也，其时两船相距约不出二英里。未几，余又向右折行半点，因'普济'仍无红灯之故，余见'普济'绿灯，并不烦虑。其时'普济'并未鸣笛，两船相距约半英里，余未闻'普济'汽声。直至相隔约三船之遥时，'普济'始放汽两次，余嘱舵手向右折行。'普济'于将撞时，鸣笛一次，后乃鸣笛数声。余见'普济'地位后，即去放汽，但未果。余即发电信，嘱令停轮时，船长趋至舵桥发电信，传令尽速退后。但'普济'仍向右舷驶来，旋即相撞，其地在东南诺尔浮标外，少至半英里，多至一英里之四分之三。余年二十七岁，领有凭照，已阅五年，曾在帆船充当船员，前未执役于汽船。"云云。

讯至此，堂上因已无其他见证可传，故即宣布讯问终结，此案判文俟后发表。

（1918 年 3 月 9 日，第 10 版）

"普济"失事案举行终审

招商局"新丰"轮船曾在吴淞口外撞沉"普济"商轮，溺毙中西船员、搭客多命，经新关威税务司函致招商局总船主，将"新丰"船主红勃林解职，饬令投案佩〔候〕讯，业已会同理船厅河泊司米君迭开审讯，屡详前报。兹悉威税务司以案延多日，尚未结束，是以通知参预研讯各员，订于昨日举行终审。当于晨间九时许传到该船主，由河泊司米勒会同各员并招商局代表律师等，携同两造调查证据卷宗，在江海关理船厅对面设立审庭，会同研讯。至十二时，因手续繁多，未能终结。经各会审员议定，于午后续讯，即分别散出，各归午膳毕，复于二时起继续审讯，直至三时四十分始行审毕退庭，各携卷宗散出。结果若何，探俟明再诘。

（1918 年 4 月 11 日，第 10 版）

"普济"惨案判决书之要点

招商局"普济"、"新丰"两商轮相撞一案，自二月十八日起开讯，连审多堂，其详已迭见本报。兹悉判决书甫于昨日发表，原文颇长，撮其要点如下：一、"新丰"二副与"普济"二副均有驾驶不善之过失。二、两船二副彼此误会，以致相撞，而其责任大半在于"新丰"。三、船行于扬子江口南航路狭窄之处，不应将船上夜间职务，完全托诸二副。四、"普济"船身之情形，久属可疑，而以机室后舱板为尤甚，既不坚固，且有数洞。盖被撞以后，船之安危全系于此也。五、"普济"救生圈不尽完善。再，收储救生圈之处为后舱一箱，亦非适当之地位。六、"普济"之救生器具不敷有时载客至三百人者之用。七、"普济"舱面员役，计老大一、舵工四、司灯者一、木匠一、水手七，余无助手，以此人数实不敷遇事变时支配救生艇之用。八、"新丰"救生圈亦不完好。九、"新丰"舱面员役计老大一、舵工四、司灯者一、木匠一、水手十，亦不敷遇事变时支配救生艇之用。十、"新丰"于相撞后，援救生命，尚属可嘉。惟舱面员役不多加，以气候严寒故，未能多救生命。

判决书中又谓，凡有航业之国家，对于船只皆有监督办法，惟中政府独未有此规定。为生命安宁起见，中国宜对于下述各点，施行适当之检视：（一）船身与缆索之情形；（二）汽锅与机器之情形；（三）关于救生各种器具之优劣与多寡；（四）船客人数与舱位情形；（五）船上之布置与船员之材干。

（1918 年 4 月 17 日，第 10 版）

杭州快信

〖上略〗

"普济"轮船被难家属联合会自函致招商局，宣布最后对待办法后，该局呈恳督军省长切实保护，已电瓯海黄道尹就近查明，诰诫毋许暴动。

〖下略〗

（1918 年 6 月 6 日，第 6 版）

徐班侯遗骸仍未捞获

"普济"商轮撞沉案内，有温州绅士徐定超（即徐班侯）夫妇亦遭溺毙，尸体迄未捞获。曾由交通部饬招商局赶紧打捞，并悬赏捞费一千元，通电沿海各县一体注意。旋于旧历四月二十三日，有横沙乡民刘长林、宋国祥、孙云洲等在该处海滩捞获男尸一具,身畔带有金练、金表各一件及徐定超名片数张,似系徐之尸体,来沪报知该家属,由徐之第四子象仙派人往沙辨认。迨到沙后,该尸体已由沙务局收租司事李某舁入局内,即往该局,认明并非徐定超,实系随徐同行之家丁,名伍云。当向该局要求将尸给领,讵该局疑为谎骗,拒却不允,将尸代为棺殓,葬于局内荒地上,并以刘、宋二人串通到局朦混,着令宋国祥罚洋十八元,刘则解请川沙县公署惩办。兹为徐象仙所悉,以刘长林无辜被押,并声明捞获者确系家丁尸体,该局不应将棺揢留,昨特函致川沙县知事,请饬沙务局迅将伍云尸棺交出,以便领回埋葬。

(1918 年 6 月 20 日,第 10 版)

"普济"被难家属联合会通告

启者:本年夏正五月初一日以后,因"新丰"撞沉"普济"一案,以人事损害我生命财产,招商局坐视不理,业经敝会通告全国各机关,与招商局宣战。原拟即时实行,兹接各口岸执事来函声称,是日以后,细察各口岸招商船只,尚有客商搭趁,因悯念远道或有未接通告,恐致无辜受累,故特行延期,并嘱登报广告。

军、政、商、学各界嗣后旅行者,万勿误搭招商局船只,经商者万勿报装招商局货舱。自此次登报之后,敝会同人日处自由行动地位,战务殷繁,不暇再顾他人。务望各界诸君自行慎重,勿误入虎口,以身尝试。切切!此启。

"普济"被难家属联合会启。

(1918 年 6 月 23 日,第 4 版)

"普济"废船定期打捞

英文《沪报》云,"普济"废船打捞之举,已定十一日晨间开始实行,招商局希望可将贵重货物若干及该船汽锅捞起。其汽锅原造之时约值英金一万二千磅,近因船价高涨,已值英金四万镑,以目下之汇兑率计之,尚有一万二千镑左右。闻该船罹难者之家属，现正运动政府，阻止此举云。

（1918 年 9 月 11 日，第 10 版）

温州旅沪商人林炎夫等致招商局函

招商总局董事会诸先生公鉴：

径启者：自"普济"轮船沉没以来，迭经温州商会及旅沪同乡会商请贵局改派相当轮船往来瓯沪，以为亡羊补牢之计，奈贵局置若罔闻，仍以小"广济"往来瓯沪，以致两埠货物时有堆积，不能运输，商民受无形之损失，殊觉不少。且船小客多，几无立足之地，搭客之苦痛，罄竹难书。至月前"广济"在温肇事，贵局停止航期将近一月，货物充积，商业停顿，时值阴历年关，瓯沪商情愤激万状，此亦情理所不能免也。查交通航路为国家要政，贵局系官商合办，应负此责。前次"普济"失事，温、处士民请易坚轮，自属正当办法。此次风潮出于贵局与"普济"被难家属之事，应由法律解决，无关我温、处两属商民。乃贵局竟停止航运，故意留难，小则妨碍商业，大则有碍国税，顾名思义，何以自解。吾瓯属商民及国家有何负于贵局，乃必使妨害小数被难家属者，转以妨害国家与温、处人民也。况瓯沪航线由贵局专利四十余年，赢利收入不知凡几，局长、买办获利尤巨，饮水思源，应知感激，理宜如何设法以保航路之安全，力谋商货之便利。事前既无未雨绸缪之计划，事后又无正当解决之办法，反敢意气从事，有以不开船为挟持之计，窃为董事诸先生所不取也。日前瓯商鉴于交通断绝，百货停滞，惟有向太和洋行商租"研究丸"往来瓯沪，以便交通。嗣因督军、省长及地方官长以保全航线起见，叠电劝慰，并派员向贵局交涉，始允派"同华"轮船放瓯。商人等既得同乡会之通告，已一律装货。昨阅各报来函栏，有贵局声明"同华"仅以年内暂驶，至将来应开何船，须请示董事会乃可定夺。又阅杭报贵局致浙省督军省长电，称航路属于国家，营业自由，毫无责任等语。贵局既系官商合办，自应保全航路，营业固属自由，但贵局以朽烂轮船行驶，往往沉没而可不负责任乎？商人等所争者，以坚固轮船行驶沪瓯，以免再蹈"普济"之覆辙，贵局竟以无责任一语为抵制，斯岂情理可应出此乎？贵局之设，原为便利交通、保全航路，幸勿儿戏出之，激成人心向外，而害国家失去航权之利，又使商民受无穷之损失也。鄙见如此，实为贵局筹划，用敢忠告，不辞戆直，幸唯诸君子察而裁之。倘蒙顺从商情，非仅温、处商民受惠多多，则国家关税亦获益不鲜矣。此达。即颂筹安，并希亮鉴。不备。

旅沪商林炎夫、朱仲衡、林仲昭、杨毓生、杨敬之、白秋澄、朱廉青、黄崑侯、陈杏人、方友仁同启。

（1919 年 1 月 18 日，第 11 版）

二十七 "广济" 轮徐翰青案

禁遏扰乱治安之举动

浙省温州同乡以去年"普济"轮船溺毙多命后，招商局并不出力打捞，遂有人刊布通告，发起组织敢死队，各埠分设支会，以激烈手段对付该局各轮船等语。嗣由交通部访闻，以似此举动，实属有意扰乱治安、干犯刑律，亟应查缉究办，除通令各海关监督严行检查外，一面咨由陆军部通电长江各督军转令所属军警，凡遇招商局轮船到埠，自应加意保护，仍严查该队中人，随时拿办，以卫行旅。并于前日径电浙省杨督军，访查该发起人是否现在原籍，着令该地方官拿办。昨闻卢护军使亦已奉到命令，饬属一体查缉矣。

（1918 年 7 月 2 日，第 10 版）

招商局董电请拿办徐象藩

温州同乡因"普济"失事，同乡遭难者甚多，徐象藩之父母徐班老夫妇亦在其列，于是归咎招商局，欲以激烈手段对付。当由招商局分请沪、浙当道严查，曾志前报。兹悉该局董事杨士琦、周晋镳、盛同颐、陈猷等昨又分电苏、浙督军、省长及沪、浙各当道云：窃自"普济"轮船撞沉后，同受痛苦，是以将善后事宜，死者设法打捞，妥为棺殓；生者资遣回籍，加意周恤。不意徐象藩屡发通告，谓遣敢死队与招商局宣战，致前此"江天"发现炸弹，恐即本此行为。查本局轮船行驶各埠，停泊于法租界、浦江，均属公共地方，徐象藩如实施与本局宣战行为，则已犯刑律第三百五十八条之罪，以扰乱地方秩序、破坏公共安宁论，除提起公诉外，为再电请钧署俯赐饬属严加防范，如有此项行为发见，则惟徐象藩是问，并恳迅赐通行，一律严拿到案究办，以惟航业而保公安。

（1918 年 7 月 5 日，第 10 版）

查拿徐象藩

淞沪卢护军使因准招商局之请，通令所部军警各机关及水警、海军舰保护该局商轮，并严密查拿徐班老之子徐象藩到案，治以扰乱治安之罪云。又一访函云，温州绅士徐象藩因"普济"失事，伊父母亦罹于难，故欲与招商局为难，曾由招商局分别函达苏、浙各机关通缉在案。兹悉杨浙督军访悉徐象藩现匿上海，故于前日密电卢护军使，请为设法查缉解办。

（1918 年 7 月 6 日，第 10 版）

公电·温州电

徐翰青为"普济"案，拟扣"广济"轮船，被该船开枪毙命，并伤商民多人。瓯民大愤，该埠招商局已被捣毁。

（1918 年 12 月 21 日，第 3 版）

徐翰青死耗之两消息

去年招商局船"普济"被"新丰"撞沉于吴淞口外，温州巨绅徐班侯老夫妇亦被于难，尸骨迄今未曾捞获。前日本埠温州同乡会接温州函，得悉本月十六号晚八时班侯长子翰青同"普济"被难二百余人之遗族等，拥至温州招商局有所诘难，顿起冲突。时局船"广济"靠于左近，船上洋人即放枪乱击，翰青被中要害多处，登时毙命，并伤被难家属多人。该会已电请杭州杨督军、齐省长、温州黄道尹、梅统带等秉公主持，以重民命。

又，本埠招商总局昨日接瓯局来电云，十六晚八时被徐翰青突然纠同匪类数百人，明火手执利斧、火把、洋油、引火等物，拥至"广济"局所，顿起抢掠焚火。船上洋人见匪蜂至，无法抵敌，只得开鸟枪格拒。

1053

船栈无恙，惟局所捣毁焚火，公私物件一空，当掠去局长小姐、少爷，奶嫂飞报官长出兵弹压始散。当访少爷等无着，由统领等密查，始知下落，当夜讨还，现寓道尹署，稍受惊吓。翰青已毙，尸移局中。事后，局船官兵保护，惟公不能办，船不能开，如何办法，速请电示，请施速来云云。

（1918 年 12 月 22 日，第 10 版）

杭州快信

温州招商局"广济"轮船在南乡肇祸案，齐省长现已电部请示办法，一面飞饬黄道尹会同梅统带妥为弹压，静候解决。

〖下略〗

（1918 年 12 月 23 日，第 7 版）

徐翰青被击毙命续志

旅沪温州同乡会自得"普济"轮被难家属徐翰青（即徐班侯长子）忽被招商局"广济"轮上之人用枪击毙消息后，群情愤怒，当经正会长张云雷即于前晚发急电于温州商会，探询扰祸详情，并分电浙省各官厅，请求主持公道，以重民命。兹录该同乡会三电如下：

其一

杭州督军、省长均鉴：徐翰青惨遭"广济"枪毙，乞秉公主持，以重民命。

其二

温州商会鉴：闻翰青被"广济"枪毙，乞电详复。

其三

温州道尹、统带、审判厅长、知事钧鉴：徐翰青惨遭"广济"枪毙，乞秉公主持，以重民命。

以上各电拍出后，至昨日傍晚，该同乡会尚未接有一处复电。闻招商局昨已委派专员会同某董，驰往调查详情矣。

（1918 年 12 月 23 日，第 10 版）

徐翰青被击毙命三志

"普济"商轮被难家属徐翰青此次在温州被"广济"轮中开枪击毙，致群情愤激，捣毁温州招商局。旅沪温州同乡闻耗后，立即电询详情，尚未得复等情，已纪本报。兹悉该会现已接温州回电，知徐翰青之被击毙命，现已证实，其余商民受伤尚未明晰，一切详情俟同乡来沪方可得悉。旅沪温州各商号因徐翰青被击毙命后，"广济"轮尚未开驶返沪，致两地消息未通，昨午由旅沪专运瓯柑帮领袖客商潘某等赴招商局探听得悉，该轮已于昨日午前在温起碇，今晨即可抵沪，详情不难即悉云。

又闻徐翰青前清江西知县，曾任本埠某银行经理、江西统捐局长，分发江西免试知事，自班侯夫妇惨遭"普济"难后，其家老幼大小痛愤欲绝，因尸首未获，阖家均不食海味，其意大有不忍食之痛也。翰青尝语人曰："招商局以老朽之'普济'航驶瓯沪，致令吾父母均死于非命，此仇实不共戴天，一息尚存，必报此仇，粉身碎骨在所不辞。"刻因被难周年，招商局绝无办法，翰青与被难各亲属追念惨情，痛心尤切，因会集被难各亲属人等，拟与瓯埠招商局交涉，要求解决"普济"办法，并拟扣留"广济"，不许再开温州，其势未免过于孟浪，船内人即开枪向徐轰击。徐中弹时，闻尚咿唔而呼"父母"曰："报复有心，雪冤无力；龙宫无恙，携我同归。"言已，瞑目而逝云。

（1918 年 12 月 24 日，第 10 版）

徐翰青被击毙命四志

招商局"广济"商轮此次在温州击毙"普济"被难家属徐翰青，激成众怒，经某方面极力维护，该轮始得开行等情，迭纪前报。昨午"广济"尚未抵申，瓯海帮领袖各商向招商局查询，据称局中董事会曾开会磋议，然该轮未返，详情未知，是以尚未议决办法。惟前晚已由局特派施子香等数人乘"海晏"商轮前往（"海晏"乃开向他埠，由局特派护送施董赴温），会同该处绅商，极力调停此事。故俟"广济"回沪，即可磋商一切办法云云。惟温、台等各客商因年关在即，商运紧要，对于此问题颇抱悲愤云。

又函云，旅沪温、处两属同乡因招商局"广济"轮船在温埠枪毙徐翰青一事，咸以该局自"普济"轮船失事，损失同乡生命财产无算，事隔一年，该局置之不问，此次被难家属邀同徐翰青等登轮质问，明明被难家属，何能指为匪徒，反遭枪毙？公理何在！人道奚存！故于昨日特派人回温，先行调查情形，再以法律行为昭告天下。连日旅沪同乡正在紧急集议对付方针云。

又，本埠招商总局接温州寄来两信照录如下。

其一，温州招商分局快信云：

子明、仲笙先生阁下："广济"雾阻，十五晚亥刻抵瓯，十八早直申已电尊处。讵料于十六晚八时，局事甫毕，诸友暂归，惟账房孙君遐龄在局就寝，旋闻敲门声急，由管门递进印信一封，当即燃灯观阅，系"普济"被难家属联合会，知系徐翰青所为。内云："敝会同人激于复仇主义，曾对于贵总局宣战，阁下想已习闻。本会同人现已议决先从本埠着手，贵总局董事既能以人事损害我之生命财产，我亦当以人力取偿彼之生命财产。因念阁下虽隶属招商局，与贵总局董事有别，实非交战之人，故本会同人断不加害，特为函致通告。本日即为宣战之一日，凡本埠招商局财产决不留遗，以偿前次'普济'未赔偿之一部份。自接收此信十分钟内，务望速将阁下私有之财产及宝眷一一迁移地方，过十分钟后，贵局即有极大之危险发生。倘游移迁延，同归于尽，敝会同人不负责任也。特此通知，转告同事诸君知照，幸勿自误，切切！"阅毕，当即关照楼上施局长女公子、三岁男公子及奶嫂等，随上后楼关照施局长姨夫人，均嘱暂避。当此之际，已闻趸船上人声鼎沸，枪声隆起，及下楼即见大门被斧劈开，当先四五人拥护徐翰青，后随匪类数百人，或持大斧，或持火具、洋油，见物即毁。孙君衣不及穿，于刀下逃出门外，呼喊警察，寥寥无几，即入城奔至统领、知事各署喊救。各友闻声，各赴道署、营部请派营兵，各友随同营兵到局。孙君狂奔数处，形同失魄，在途不能举步，街巷拥塞，幸有熟识商人护送至友家暂住。各友到局，匪类已去，徐翰青毙于信房内。检看局所，门窗、桌椅、磁铜各器、衣服等件，抢掠捣毁，新旧公文、空白提单、号信总单等纸札焚烧一空。掠去施局长男女公子及奶嫂三人，施夫人及他女佣由在局茶房、码头夫拼命护出局外，暂住邻宅。道尹、统领、营长等先后到局验看情形，当请道尹、统领追查掠去三人，由梅统领嘱徐端夫寻觅。幸于当晚十二时将二人送至统署暂住一宵，其余女眷护至船上，并请统领、营长昼夜派人保护船栈。因谣言纷纷，道尹亦即出示禁止。查徐翰青此举，同时三函，一致船主洋文信，一致唐坐舱，一致施局长。当送信到局时，徐翰青已率众先焚。"广济" 船主当鸣警笛，船伙齐起格拒，见势凶猛，洋人不得已始开猎枪。翰青毙命，想缘此故。昨晚当发急电奉告，因电线中断，今申刻始行修竣。徐尸今晚检察厅在局验殓，闻灵柩尚须停放局中之说。现在局中不能办公，不能供饭，不能开船，且各机关亦以 "广济" 迟开为宜，务乞赐示办法，并转请施局长速来，是为至盼。至局中损失约计二千元，一时不能核实，容后续陈施局长。楼上众匪未见拥入，幸甚，幸甚。专此，祗请钧安。

瓯局同人谨启。

其二，"广济" 轮船坐舱函云：

关、谢二位局长大人钧鉴：谨肃者，十七早曾发一电，陈述 "广济" 被徐翰青纠匪，意欲焚烧抢掳，后幸抵御得法，幸以保全，及瓯局被毁，翰青中枪毙命情形，想蒙鉴及。惟打电时，电线中断，不能发出，正不知何时始能得达也。十八早，恰有 "海门" 船至甬转申，故此再肃一禀，谨将当时目赌 [睹]、耳闻、身经之实在情形再呈钧鉴。十六夜八时，坐舱在船上听见人声嘈杂，出房一看，见码头上及迤东海关一带，火把齐明，人数不知若干，且俱有器械。忽见徐翰青之家人投来一函，且声言着船上华、洋人等速即离船，伊等要十分钟内烧船云云。信尚未拆，已见翰青在码头上往来指挥执火把之人，大呼烧船；又指挥多人，捆扎松毛，将洋油罐打开，用洋油淋在松毛上，另又指挥将铜手水龙射洋油上船。斯时尚未引火，惟船主见来势不善，即率同船上账房、水手、烧火、管事人等先行竭力抵御，以免着焚。然船中人数无多，何能敌此数百匪类。坐舱见情形愈急，即亲自赶往梅统领处乞兵，前来保护；又往道尹、知事署中乞其亲来弹压，深恐万一抵敌不来，全船灰烬，且祸及西人。正不知如何了结。及至请得兵来，与坐舱一同回船，见船栈均得无恙，而瓯局则见打毁一空，又抢又烧，门窗、椅桌、公私杂物十无一全。又见翰青陈尸局中，问之各人，据云船主亲自抵御之时，见其往来指挥人等预备烧船，又见其指挥人等预备抢局，知其必是为首之人，照其一枪，伊饮弹毙命。船主为卫船起见，不得不然，否则不堪设想。而其手下匪类一见船上有多人与之对敌，又见领袖已死，即往局中抢掳抢打之后，即行散去大半，是以"广济"因此得以幸全。及至兵队到时，匪类已抛弃火把，逃窜一空矣。当伊等抢打瓯局时，一面抬翰青尸至局，一面掳去施局长之小姐、少爷及奶妈共三人。后至夜上三钟，始由兵警在徐翰青家中取出，送至道尹署，幸皆无恙。现在局既被毁，又以翰青尸未殓，今日检察厅来验尸，并察看局船被毁情形，并问局船各人口供，扰攘终日，今尚未竟。翰青尸须夜上始殓云，是以无处办公，又以一无定着解决方法，是以候钧处回电，始定"广济"开期云云。然纷纠至此，正不知苦何了结，惟有静候钧处回电而已。肃此，禀达。祗请大安，并祈代禀经理、科长、董事各位尊前。

"广济"船坐舱唐百川恭上。

（1918 年 12 月 25 日，第 10 版）

"广济"船主之纪事文

《字林报》云，本埠招商局以"广济"船主台维思氏十二月十九日在温州海关职员前所缮之纪事文一份，送至《字林报》。其文曰：十二月十八晚八时至八时半，余方坐舱，面闻喧嚷声由城东沿江岸而来，余初以为火把会也，继见众人止于招商局，旋向"广济"码头冲下。余呕问何故，始知其为"普济"遇难家人，拟来焚船。余即派人往局，其人归称局中无人，此时码头上众人已取火油三四箱，向船倾泼。余立于舱面，高声使其退去，讵众人取火油泼余及总机师以为答复。至是余知事势渐为严重，众人且高呼于十分钟内放火焚船，时无警察可求其保护轮船，余不得不有所作为，余遂取余猎枪装弹实之。未几，众人中有一人取火把在码头上浸油放火，余乃向众人头顶之上开放一枪，以期吓退众人。众有奔逃者，亦有仍泼油于船者，余遂再放一枪，众奔离码头而入船局从事捣毁。逾片时后，一水夫告余，以局中仅有暴民二十三人，因是余令船老大传谕水手各执竹竿，总机师亦命三机师传集火夫及侍者执竿往局驱散众人。当此时际，船中未见有买办所管之人，余与总机师率水夫等往救船局，方过码头时，余向船局开放一枪，借以吓退众人。众见余所率水夫等持竿而前，遂奔走，但在已经在局放火之后，当由水夫等将火扑熄。余在大门又向门头开枪一响，以速众人之奔走。乱时无负责任之人为余所可请求保护者。迨众退后一小时，事已平靖，始有警察到场保护轮船与船局，余在乱中共放四弹。

（1918 年 12 月 26 日，第 10 版）

"广济"船之徐案

庸

"广济"船之徐翰青一案，招商局与温州同乡消息互歧，究竟实情如何，今尚未能悬断。惟发难者既为"普济"被难家属，则显含有感情之作用，与寻常暴动事件性质固殊。以上年"普济"失事言之，招商局即有应负责任，而事原出于不料，搭客生命财产之丧失，究非招商局加害所致，被难家属纵中于一时之哀痛，而怨愤溢于常轨，亦何至衔不共戴天之仇，横决而求一逞。但当时徐之指挥暴动，固有酿成危险之虞，而制止其行为是否舍格杀外别无保护"广济"之道？换言之，即杀徐者是否于正当防卫中行使其必要之手腕？今为善后计，吾人更望浙当局之持平办理也。

（1918 年 12 月 26 日，第 11 版）

"广济"徐案之昨闻

温州同乡会接温州来信云：

前电计达，此次"广济"肇祸，首由该局对于"普济"被难家属绝无办法，继由"广济"不善应付，以致愈演愈烈。初徐君因"普济"被难，不觉周年，协同各被难人亲属赴局质问，该局纯以势利凌人，谓："我的公司拥有数千万之资本，用文用武听凭汝便。"翰青激于一时气愤，即欲将"广济"焚毁是实，该局唆使水手用枪击毙，业由审厅将凶手拘押在案。旋该局通电浙省长官，诬指各被难人为抢匪，此间人心颇为激昂，但诬良为匪，罪有专条，该局既溺毙诸同乡于前，又复诬匪于后，凡有血气，孰甘忍受？恳祈主持公道，俾死者瞑目九原，无任感荷。〖下略〗

又本埠招商总局接温州寄来官厅文电，照录如下：

浙省长官致温州地方官电云，黄道尹、梅统带、徐监督、吴营长、卢区长、曹局长鉴：效电悉，徐象藩率众纵火"广济"，被格身毙，既经检厅勘验，自应依法讯办。唯瓯沪只有"广济"一船，未便因此久碍交通，应查明该船与此案有关系各人留备法庭讯质，仍饬早日开驶，以利行旅；并即剀切布告，妥商善后，弗使人民惊疑，是为至要。

瓯海道尹公署第二十九号布告云：

照得本月十八夜有人聚众，各执火把，并带洋油等物，往烧"广济"轮船。该船无法阻止，当场用猎枪格毙为首一人，遂退至招商局，复往纵火，将该局内一切对象任意捣毁，并带去该局长之眷属三人。当经本城军警各机关闻信立派军警驰往弹压，立时解散，秩序如

1060

常，该局长之眷属嗣亦送回。自应静候查明详情，按照法律解决。恐无知愚民或有被人煽惑，任意妄为，特剀切布告，仰本邑人等一体知悉：尔等须知现在戒严时内，如果再有聚众滋扰、妨害公众秩序情事，定以匪徒扰乱治罪，断不稍宽，毋得自投法网，追悔不及。其各禀遵，切切！特此布告。中华民国七年十二月十九日，道尹黄庆澜。

（1918 年 12 月 27 日，第 10 版）

饬查温州肇祸案

招商局 "广济" 轮船击毙徐翰青案，上海温州同乡会电请浙中大吏秉公主持，以重民命。齐省长以案关重大，审查不厌求详，除电令瓯海道尹黄庆澜就近查办外，拟再派候补知事汪曾保前赴肇祸地点详细调查，以凭核办，并闻高检厅陶厅长亦拟派员驰往该邑，查明起衅真相云。

（1918 年 12 月 28 日，第 7 版）

"广济" 徐案之昨讯

"普济" 遭难家属徐翰青此次被 "广济" 船开枪击毙，致群情愤激，将温埠招商局办事室捣毁，并将徐尸停放局内，以待交涉等情，迭纪前报。昨据由温来人述及，徐尸已于前日小殓，棺盖未钉，停柩于局中正室，而电催伊弟徐慕初由京赶回，筹商对付方法。惟温局总办施某现正向绅、商两界调停云。

本埠温、台等帮进出口商号因悉 "广济" 商轮业已返沪，惟招商局是否仍照班开驶，尚无表示，当此阴历年关将届，为进出口商货最紧要之时，故于昨日特邀各帮领袖前往招商局诘问，并求切实答复。当经该局董谢某允于午后开全体董事会磋议，俟决定办法答复。现各商号正在静候回音，如该局无确切办法答复，拟即向他公司自赁商轮输运货件，以免两地阻搁，商货、金融同受窒碍云。

（1918 年 12 月 28 日，第 10 版）

"同华"开瓯

庸

招商局以"广济"之风潮，瓯班停驶多日，致重温州同乡之忿，而有种种计议。今"同华"既决定开驶，此事纠葛当可解决。

吾谓"普济"、"广济"之事皆成过去之事实，今后一方宜以营业为重，一方亦唯利便是求，勿以前事之芥蒂，而有诉之感情之憾，庶几沪瓯航路之利权不终至于外溢也。

（1919 年 1 月 9 日，第 11 版）

杭州快信

〖上略〗

温州招商局"广济"轮船案，现国会温属议员及旅京、旅沪各同乡纷电到省，颇不满于该处官厅手续，已由省委葛泰林驰往秉公查办。

〖下略〗

（1919 年 1 月 10 日，第 7 版）

徐翰青弟诉冤纪闻

招商局"广济"轮船在温州将徐翰青枪击毙命一案，昨闻尸弟徐照青以父母兄同遭惨毙，与招商局有不共戴天之仇，已向北京大理院、交通部呈诉，请为严重处分，以雪沉冤。故该局对于温州派轮代行一节，迄未议定办法云。

（1919 年 1 月 18 日，第 10 版）

杭州快信

〖上略〗

温州招商局自徐象藩案发现后，轮船停滞，商业恐慌，永嘉商会乃向某公司订约，派"研究丸"轮船行驶沪瓯，经省吏电部取销。现已由沪局改派"同华"轮按班开往，官厅力任保护，风潮可望平靖。〖下略〗

(1919 年 1 月 19 日，第 7 版)

二十八 "江宽" 轮被军舰撞沉案

"江宽" 轮船失事纪略

招商局之"江宽"商轮日前由沪开往汉口，昨日本埠长江帮某报关行接得汉口来电，谓该轮在汉口下游与某兵轮相撞，受伤甚重；一说谓已沉没。闻招商局亦已接该船失事电报，至其详细情形，容再续探。

（1918 年 4 月 27 日，第 10 版）

外电·汉口电

招商局轮船"江宽"昨晚九时三十分与中国人军舰相撞，于二分钟内沉没，船中之外国人皆获救，而多数中国船客皆被溺毙，当局者现正研究善后之法。（二十六日）

（1918 年 4 月 28 日，第 2 版）

"江宽" 轮船失事续纪

招商局"江宽"轮船被撞失事，略志昨报。昨日续得消息，该轮系在汉口洋火厂进口之时，适段总理所乘之"楚泰"兵舰下驶，突被猛撞，"江宽"轮登时汽锅炸裂，全船毁没，被难人数甚多。在事人员及茶房水手共四百余人，获救无几，惟正买办未罹于难，船中搭客尚无确数。昨日招商轮船总局门口有多数搭客家属，及在该轮充当司事、茶房、水手而有眷属在沪之人，纷纷往该局探询，痛哭流涕，状颇可惨。该局对于各人家属以未得详细报告、无可据答为词，劝谕各人听候调查。现该局已由总董傅筱庵驰往失事处，调查实在情形，以凭处理一切。

《大陆报》载，二十六日汉口电云：招商局"江宽"轮船由沪来汉，昨夜八时三十分驶至距此十里之刘家庙外，为"楚泰"炮船所撞，于五分钟内沉没。"楚泰"炮船乃载段总理由汉赴浔，因受损即折回。"江宽"船载客三四百人，船中办事员役约九十人，丧失生命几何，尚难估计。今遇救者有汉口美国教会李巨莱教士、二副亚斯吉林氏及华人五十，北京美以礼教会之罗维博士及海关职员一人亦在船中，外人尚有遇救者与否，今犹未悉。此间接两船相撞消息后，急派拖船等往救，但为时已迟，迨驶抵而"江宽"早已下沉矣。运船"利源"（译音）已奉命驶往"江宽"失事地点。按，"江宽"轮船于星期日夜半离沪，满载搭客货物，船长为康莱氏，因搭客非全向局中购票，故沪地未能知其详数。招商局至星期五日深夜犹未接失事详报，办事洋员除遇救之二副亚斯吉林氏外，尚有船长康莱氏、大副汉特里克森氏、总机师蓝氏、二机师亚力山大氏、三机师加加伐士氏，均无下落。该船载有墨洋十六箱，计八万元；洋布、杂货、茶叶、铁器等四百五十六件。该船载重一千四百五十六吨，一八七六年造于英国格拉斯哥。

《文汇报》云，招商局今日已接"江宽"轮船失事详报。兹悉该船于星期四日晚间八时三十分左右驶抵汉口下游十里之处，与中国某炮船相撞，而于十五分钟内沉没。闻救起搭客与船员三百人，总机师、大副、二副均在内，惟船长康莱氏与二机师、三机师今仍不知下落，或已遇救而经载往他埠云。

（1918 年 4 月 28 日，第 10 版）

"江宽"之惨剧

讷

"普济"撞沉之惨剧仅阅三四月耳，而今又有"江宽"之变，何我商旅之多厄运也。此次之变道，远未详究因何，而撞沉溺毙者，或言千余，或言数百，究几何耶？撞之者，或言"楚泰"，或言"楚材"，究谁舰耶？呜呼，果为此两舰者，是我国人竭诚以生命欢迎段之南下也，亦可怜矣哉。

（1918 年 4 月 28 日，第 11 版）

南京快信

段总理由汉起行，乘"楚泰"军舰，其随员魏宗翰、宋玉峰、曲同丰、齐振林等二十余人暨卫队二百人，均乘"楚材"军舰。讵前晚大雾，该舰行至黄州地方，竟将招商局"江宽"江轮撞伤，实时沉没，闻搭客千数百人均葬身鱼腹，遇救者不到数十人，亦云惨矣。"楚材"军舰亦受微伤，停泊黄州，由九江派"楚有"军舰前往，将各随员卫队载送来宁，业于今日晚车回京矣。

〖下略〗

（1918 年 4 月 29 日，第 3 版）

"江宽"轮船失事三纪

招商局之"江宽"轮船二十五号晚在汉口下游被兵舰撞沉，损失甚巨，已两志前报。兹将昨日各访员报告、续得消息，分志于下：

被撞之情形

据怡和洋行"瑞和"轮船下水船员报告，据称"江宽"系二十一号星期日由沪开驶，因是日在申开行系单独班头，故搭客颇为拥挤，据称有千余人；并有现洋八万元，系办新茶所用，由各庄装出者。及抵镇江，忽遇大雾，停泊避险耽搁，以致二十五号晚始行到汉口下游十里许火油池以下火柴厂相近，正值雷雨大作。时适"楚泰"兵轮于下午二时由段总理乘坐开行，因尚有要公，故在该处下碇，等候"楚材"等舰护送同行。当时天昏地暗，对面不能辨识，"江宽"司机不慎，致与"楚泰"相接触，碰撞之下，蓦闻巨声两响，"江宽"即全船沉没。据云，该轮买办卓达吾已经人救起；又汉口美教士芮牧师及"江宽"二副爱司纪林等均回汉口云。

"飞鲸"之往救

招商局"飞鲸"轮船驶往海参崴拯救华侨，事毕回沪，已志昨报。兹悉该轮到埠后，泊于法租界金利源码头，本拟洗刷油漆，即日插班营业，旋因"江宽"轮船在汉口下游遇险被难，搭客亟须援救来沪，乃于前日午后二时遣派该轮开往失事处所，实地调查失事情形，并救济遇难诸人云。

董事之会议

招商局董事会于昨日（二十八号）下午三时余开临时会议，列席董事三十余人，议决先行调查肇事情形，慰藉被难家属，至善后诸事再行续议办理云。

家属之探问

昨日该船船员及搭客等家属纷纷电汉，询问详情，尚无切实答复。惟有某君因与该轮买办卓君交好，曾经驰赴卓君寓所探询。据该家属称，卓因有事逗留九江，未曾登轮赴汉，故免遭难，迨闻信后，亦已赶往查视，并云此次船员被溺不少，昨招商局已派某董驰往调查详情云云。现该轮船员各家属均往浦东西守候长江各埠来船，探听消息，并有附轮前往探视者。又，昨日（二十八号）上午九时许，有搭客被难家属妇人郭冷氏、毛阿全、张明宗等十余人相率至道尹、交涉两署喊控，以丈夫、父兄等乘该轮赴汉，闻耗赴该局询问，闭门不纳，冤屈难伸，情急喊控等语。当由王道尹、陈交涉员谕饬号房，以好言安慰，谓该轮虽已被撞，多数搭客生死未明，或者遇救，均未可知，允为转达该局查明办理，劝谕退散，始各含泪而去。

鄂人之关心

湖北旅沪同乡会昨致招商局函云："径启者：'江宽'轮船被撞沉没，噩耗传来，旅沪同乡莫名悲愤。查该轮由沪上驶，已近汉口，是武汉商民生命财产必为多数，究竟该轮失事如何情形，搭客人数多寡，贵局应有票籍可稽。现因旅沪同乡悲愤交萦，应请立予答复。"云云。

西报之纪载

《大陆报》云，上海长老会洛里博士乘"江宽"赴汉，得免于难，已由汉口来电报告平安。招商局虽于昨日及昨夜拍电至汉询问被撞详情，但迄未接到复电。闻汉口红十字会及其他慈善会已遣拖船、快船至失事处云。

（1918 年 4 月 29 日，第 10 版）

英文《楚报》述"江宽"撞沉情形

二十六日英文《楚报》云，送段总理下驶之一炮船"楚泰"号昨夜与上驶之"江宽"轮船相遇，"江宽"船上载有外人数名，八时半船驶近油公司，时外客晚餐甫毕，离座而起，瞥见船前有一汽船之灯光，察来船之情状，似不知航路之标识或规则者。是时，天气清朗，来船一举一动皆可明睹。"江宽"拟避让之，来船亦作同一之行动，卒触，"江宽"直撞入大餐间，外客急取救生具。当"江宽"下沉时，某教士跃入水中，后为福中公司之小轮船所救起。两火油公司皆遣小艇施救，保全生命不少。但外人之遇救者，除某教士外，闻仅二副一人而已。炮船亦受伤，已被曳至福中码头。"江宽"则于撞后五分钟内沉没。

（1918 年 4 月 30 日，第 3 版）

段总理南下与"江宽"撞沉之京讯

据某交通机关要人传出消息，谓段芝泉总理暨交通次长叶誉虎等二十五日乘"楚材"兵轮东下，二十六日八时半至丹水池地方，因开行过急，误将招商局上水之客船"江宽"号撞破，"楚材"兵轮头部亦受重伤，"江宽"比即完全沉没，坐客死伤者竟达五百人之多。又一方面云，段总理由汉赴宁，原拟二十四日由□起程，嗣因吴光新将到汉，遂延缓一宵。二十五日早八时吴光新抵汉，九时在曹锟行辕开各督军代表大会议，段总理于午后三时由循礼门至刘家庙，六时乘兵舰东下，行抵丹水池地方，"楚材"舰与"江宽"轮船相撞，"江宽"沉没，"楚材"略受微伤。二十六日晚，京中得总理行辕秘书厅来电云，芝揆晚六点乘"楚泰"先发，所有卫队人等乘"楚材"约七点许钟开驰距甫抵丹水池地方，误将"江宽"商轮撞沉，本身亦受微伤，现停亚细亚煤油池附近，恐不能即进。除已飞电陈督军、吴镇使，由九江酌选妥实卫队，随"楚材"保卫外，特闻云

1068

云。同时徐树铮由汉来电，措词相同。惟据另一消息，则谓段总理所乘者"楚材"舰，"楚材"受伤后始改乘"楚泰"。按，京汉路局长王景春等曾致交通部一电，略云前据车务张副处长报告，段总理拟定北上日期，业经电陈在案。兹复据张副处长电称，总理养日未能成行，仍住循礼门车上，行期尚未定，容得确信，再当续报。又据驻汉事务所电称，总理尚无北上消息，闻有乘"楚材"兵舰赴宁转津浦旋京之说各等情，除俟得续报再行电陈外，谨先电闻云云。是则段总理乘"楚材"舰之说，亦不为无因。要之，段总理及重要随员均安然无恙，闻已于二十五日早行抵九江，赣督陈光远先期在浔恭候。段总理与陈督会晤后，旋于十时启程，大约二十六晚可抵南京云云。又，汉口电称，"江宽"沉没后，救起者仅三百人，其余伤亡及货物尚在调查中。

（1918 年 4 月 30 日，第 3 版）

段舰撞沉"江宽"纪详（汉口通告）

段总理为北洋团体计，为国家安宁计，惠临汉口，招集各路将帅开群英大会，昨日（二十五）事竣，乘"楚泰"兵轮拟赴南京，与李秀山督军有所接洽。傍晚七句钟，由后湖曹宣抚行辕动身，一时后湖以及江岸各街市满布军警，交通断绝，偕行者有徐树铮、叶公绰、曲同丰及江苏代表王兹栋、江西代表冉绍雄等二十余人，同登"楚泰"兵舰，另以"楚谦"为前锋护卫，"楚材"为护后，"楚泰"居中，向下水急急进发。行至十五里地，则烈风雷雨，奔腾而来。至距仅三十里谌家矶，适逢由沪上航之招商局商船"江宽"上驶，"楚谦"、"楚泰"均循序而过，"楚材"不慎，适当"江宽"转舵趋避时，向前一撞，正当"江宽"之机舱，遂至受损，向江心水底而沉。"江宽"此次搭客计上、中、下三等，约计千人，当由亚细亚小轮施救，得以生还者约三百余名，死者计七百人，货物尚未估计，其间尚有外人十余名，未尽逃出。其时呼者、号者、啼者、泣者，众声与雨声杂作，惨不忍闻，而段总理之舟则望望然去矣。惟"楚材"兵轮经此一震，虽未至沉，亦大半受伤，不能行动，现停于亚细亚码头，舰长与管带均渡江向王督军面陈一切，而招商局则准备与之交涉，现方在调查中。

惟是段总理此来，两逢雷雨，来时尤烈，方车过黄孝时，竟落雨雹，孝感、黄陂一带之禾麦均受损伤，乡民之春收已无望矣。另一访函云，段芝泉于二十五日乘鄂省巡防兵舰"楚材"号取道金陵回京，已纪昨报。兹悉段氏因有与曹、王、赵、张四督军商榷要政之处，至是日七时始克登轮起碇，海军第二司令杜锡珪亦乘"楚泰"坐舰随护，并附载段之卫队。是晚风雨交作，"楚材"由刘家庙开至孙家矶，行程不过十余里，适遇招商局之"江宽"商轮由申开来，"楚材"之船头直触"江宽"之右舷，当被撞破，登时沉没。一说，"江宽"停轮未行，时方风雨大作，连放汽笛，"楚材"不闻，顺船身插来，"江宽"右部悉成粉碎，其错在"楚材"之司机人。又一说，"江宽"并未停轮，"楚材"之红绿电灯已开，例从红灯方面开行，"江宽"误走绿灯方面，"楚材"避让不及所致，其过在"江宽"之领江。两说未知孰是。惟"楚材"既撞沉"江宽"，舰中执事及坐船各员一时亦误为本船遇险，惊惶万状，幸宋玉峰力持镇静，属令大众谓船尚在走，必无大伤，全船人员乃得稍定。而段氏之副官罗某与杨某闻警即先登船顶，斫断舢板缆绳，为逃生之计，反因折绳落水毙命。时护送之"楚泰"舰闻耗已赶至，"楚材"遂即停轮，段氏偕曾云霈、叶玉虎、赵倜、汤乡铭、吴光新等当改乘"楚泰"东下，然以"楚泰"已载卫队，不便多装涉险，所有随员宋玉峰、曲同丰等数十人均未获附乘，宋、曲等乃起岸由京汉、陇海两路赴宁。至于"江宽"搭客暨船中员役共约七百余人，比经美孚洋行小轮及各民舟往救，共救得二百六七十人，余均溺毙。昨日调查船中人，溺毙者除茶役、水手外，并有西人三名、船主一名；搭客中，溺毙者有鄂岸榷运局长熊宾之子、前任鄂巡按使吕调元之夫人及其侄与孙暨仆役共五人，其他重要人物应亦不少，俟查实再志。

按，"楚材"巡舰船身颇大，系属铁壳，为张南皮在鄂省时向外洋购买，前者鄂省海军"楚"、"湖"各字派舰艇收归中央，当道以本省未可无兵舰差遣，"楚材"虽大，年龄已老，故将该舰与"楚信"、"楚义"、"楚安"截留，编为巡防舰队。兹闻王子春督军颇疑"楚材"舰长赵应锐与大副、二副、司机人等别有情弊，已将赵等拘交军法处严讯矣。

（1918 年 4 月 30 日，第 3 版）

南京快信

段总理随员曲同丰、魏宗瀚暨卫队所乘之"楚材"军舰将"江宽"江轮撞沉，现曲、魏改乘"楚有"舰前晚抵宁，昨始转津浦车北上。〖下略〗

(1918 年 4 月 30 日，第 3 版)

皖省近事

此次段总理出京赴汉犒师，并与诸将规划战事，业于有日由汉乘"楚泰"军舰东下，昨日（二十六）下午四时抵皖，与黄省长、马镇守聚谈一小时，旋即下驶。闻今日抵宁与李督筹商后，赴蚌会倪，然后返京。又闻二十六日下午四时，段总理由汉口乘"楚材"兵舰过皖，停泊江干，便衣登岸，随带护兵十数名及军官数员，入南门步行三四牌楼购买兰花四盆，并购《民口报》数份，随即回舰。当段总理入城时，各官长并未前知，旋有人探悉，报告各官厅，维时黄省长、马镇守使及文武各官长，均出城欢迎，仅黄省长、马镇使均至兵舰相见，略谈时事，并嘱黄省长对选举一事务，要慎重办理，随即鼓轮下驶。

昨日招商局接汉口来电称，有日戌刻，"江宽"离汉十里三淡水被兵轮碰撞，全身沉没，已派拖轮援救，余续报云云。"江宽"礼拜三过皖时，实业厅、地方厅及各商号均有人搭该轮赴汉，并有前陕西巡按吕调元眷属及其二公子亦乘该船，警耗传来，纷纷向电局拍电探询。惟该轮买办、水手等属于皖人居多数，凡有关系者均赴局探问，据外间传说，"江宽"商轮为段合肥所乘之"楚泰"军舰碰沉，未识确否。〖下略〗

(1918 年 4 月 30 日，第 6 版)

续纪段总理过浔情形

段总理于二十五日下午七时，由汉启节，预算今晨即可抵浔。黎明，军警列队鹄立江干，通城文武各官均往招商局伫候。唯傅道尹因病未往，镇署则派员剌探行旌，以便前往迎迓。沿街五色国旗随风飘展，自镇署至江干，步哨密布，防范甚严。

七时，果见"楚材"军舰黑烟上腾，知为段氏已到，陈督即乘舆出城往迎，其余南浔路李总理、吴帮办、实业夏厅长均随后旋乘小轮驰赴兵轮，晋谒段氏。寒暄毕，密谈时局约二时之久。

斯时沿街不许行人往来，交通断绝，如行人有不服者，兵士横立街间，以枪杆击之。迨至十时，陈督等与段总理握别，而"楚材"军舰已起碇下驶矣。

闻浔招商局接电，"江宽"商轮上水行至距汉口十里之三淡水与"楚材"军舰相撞，全船覆没，损失人命、货物无算，而"楚材"因段总理公务孔急，不暇停轮，并未拯救云。

（1918年4月30日，第6版）

"江宽"轮船失事四纪

招商局之"江宽"轮船被兵轮撞沉，溺毙多命事，迭志前报。兹悉撞沉"江宽"者实系"楚材"兵轮，时随同段总理之陆军部高等副官罗照昀及卫队司令魏宗瀚率领各卫兵等亦在该舰内，当肇祸时际，罗副官闻警出视，一时仓猝，落水殒命。而总理乘坐之"楚泰"炮舰未受惊骇。昨日沪上军界中人闻罗君警耗后，与有交谊者均深叹惜，并闻同时尚有军官一员亦落水溺毙，惟现尚未悉何人云。

另函云，招商局"江宽"轮船被撞失事，中外搭客生死未明，各家属欲得确耗，盼念孔殷。昨日外人方面，由各驻沪领事开单查询下落，当由交涉公署暨招商局急电汉局，请即查复，名单录次：

英国教士麦林，日人岩下富造，瑞典教士汪信诚、白日满、安德先、钮林芝，商人胡登，英国商人梁兴，日商金四风、江头富、吉满濑、富士太、青木熊吉、井田侍郎、大场武治郎、新居金山郎、木材坂次、本直西村、小川居一、梅垣龟吉、松永千秋。

又函云，此次"江宽"轮在汉下游十余里被兵舰撞沉，因该处江面甚阔，水势亦急，肇祸后难以施救，故船员中获救无多。昨本城某店主接有附搭该轮获救得生者来函，略述获救原因，并谓该轮此次载客不少，现获救者亦有二三百人，惟细数尚难考核云云。并闻至昨日止，各搭客家属之未接来函安慰者，知凶多吉少，即晚附轮前往探视者甚众。又闻该轮此次除运载货件外，尚装运现银现洋甚多，故各客家闻警后，皆派人驰走该处，雇人打捞。惟询之熟悉水道者，据称彼处水急，即雇水鬼下水捞摸，深恐站立不住，且现在该沉轮踪迹全无，即桅杆亦已没水，可见该处江底之深、捞摸之难云云。

(1918 年 4 月 30 日，第 10 版)

"江宽"被撞之西报消息

英文《楚报》纪"江宽"轮船失事详情，略云今悉"江宽"轮船实为"楚材"炮船撞沉，丧失生命甚多。船中之中国水手、茶房人等及买办处办事员共一百六十人，中国搭客共有五百人，迄今查明遇救者仅约一百五十人；外国职员现信共失三员，一为船长康莱氏，一为二机师亚力山大氏，一为三机师（希腊人）。大餐间搭客数人，初意业已溺毙者，今知无恙，可谓侥幸。"江宽"被撞情形，遇救船员迄未宣布，盖有所不敢也。惟据记者所闻，"江宽"被撞成两段，五分钟内即沉，未及放下救生艇；"楚材"亦受重伤，故即驶至江边，闻亦伤数人。段总理仍乘"楚泰"继续下驶，段氏此次南行，真属不幸，吾人深望其抵京之前，勿再发生祸事。汉口一带之人，对于段氏极为愤恨，不仅因"江宽"惨被撞沉之故，且因其近在咫尺，熟视船客落水，而不设法援救也。据遇救者云，落水之人泅赴"楚泰"，乃炮舰兵士以刺刀驱逐之，不容其近船也。"江宽"某客述当时情状，其言曰："八时五分，余登舱面，遥望汉口，见'江宽'已行至美孚油池，余即入舱，预计约需半小时可抵汉口。未及坐下，倏闻汽笛声，余复登舱面察视何事，见'楚材'炮船迎头而来，'江宽'拟傍江岸而行以避之，乃'楚材'向江岸而行，'江宽'遂变其航路向外而行，距［讵］'楚材'亦向外驶来，船头直对'江宽'，其势甚猛。余即奔入，取救生圈，并警告他客。余言未毕，'楚材'已撞入'江宽'右舷。船长犹拟驶赴江边，或浅滩处，但船似已不能前进矣。'楚材'见肇祸后，立即退后，并未放下救生艇，亦未设法援救船客。'江宽'之救生艇未及放下，后闻水及舱面时，始曳出一救生艇，外客三人与中国客若干乘之而去。余能泅水，向江岸泅行，未及半途，为福中公司小轮救起。当余登岸时，'江宽'船尾尚在水面之上，船客多聚于彼，救余之小轮续往施救，大约救出十五人或二十人。"云云。

《大陆报》二十七日汉口通讯云，星期四晨，"江宽"在汉口下游十里为"楚材"撞沉，船上外客皆已遇救，船长与二、三机师想已溺毙，华人死数今尚未能估计。"楚材"不理会"江宽"汽声，撞入"江宽"右舷上部，江水涌入，不及驶靠江边，救生艇之放下者仅有一艘，而"楚材"竟未放船施救。"江宽"于五分钟内沉没。汉口接此消息后，美孚、亚细亚两油行与福中公司皆派小轮往救，船客之遇救皆汉口汽船与小轮之力也。

（1918 年 5 月 1 日，第 3 版）

续纪"江宽"撞沉详情

汉口通讯云，招商局之"江宽"轮船于二十五日夜十句钟，由沪上驶来汉，行至丹水池江面，忽与"楚材"兵轮相撞，顿时沉没。除损失货物不计外，各舱搭客千余名，只救起十分之二，诚莫大惨闻也。二十六日，赤十字救护队已往捞起浮尸多具矣。又一函云，招商局"江宽"上水轮船二十五夜九点钟时，行至谌家矶，适"楚材"兵舰下驶，因大雨避让不及，拦腰撞断，全船沉没。该船工人以及乘客约八百余人，幸有美孚火油栈小火轮两只前往捞救，得生者约二百余人，其余均无下落。至乘客被难者姓名及损失，俟查明再志。再，该船于是日六钟时在武穴上因大雾停轮二小时，以故迟到。又一函云，二十五号傍晚，"江宽"商轮由下游满载客货来汉，行近谌家矶时，细雨蒙蒙，夜色昏昏，值"楚泰"兵轮行经彼处，偶不经意，砰訇一声，遂演沉没之惨剧。幸美孚装载煤油之轮，闻警往救，搭客一小部分得庆更生，余均罹斯劫矣。闻该兵舰斜撞入"江宽"前段，故"江宽"仅五分钟即行沉没，搭客溺死约六七百人。据该船茶房、水手等云，当"楚材"撞入时，若停轮施救，则人客可完全救至兵轮上，不意该兵轮忽即掉转，"江宽"遂致脱离沉没。又云，幸我等以好言安慰众客，令其安坐待救，我等始得脱险，不然众客乱窜，争相抢攘，我等亦同入水晶宫矣。又云，该船西人及买办等均已得救，华人搭客之遇救者不及十分之一。又云，众客于遇险时争上兵轮逃命，兵轮上忽然驶去，无法援救；被难搭客亦云，兵轮前部陷入"江宽"时，若停轮施救，必可救出多数人生命，不意该兵轮急摆脱"江宽"，遂致立时沉没。有一客系美孚洋行伙友，与同伴三人自九江来，同时落水，伊得遇救，其（他）二人不知下落。有一妇人自云系前湖北省长吕调元家作针线者，随省长之夫人、公子、少奶奶及孙少爷等共九人来汉，今诸人皆不知下落。又，前招商局管栈程敬亭氏灵柩回籍后，其家属亦附"江宽"回汉，闻其夫人及其长子及诸孙等均罹是劫，唯长媳及一孙并次子夫妇遇救得免。又，中国银行收税处某君携眷来汉，一家六口，仅一人遇救。

按，以上情形皆二十六日在招商局码头询诸"江宽"茶房、水手及被难获救诸客而得者，并谓出事后搭客争上兵轮逃命，乃兵轮上忽开枪乱击，毙数人，余遂不敢向上云云。是说记者不敢信，然言者不止一人。呜呼！使果所言而确，尚安有人道哉？

（1918 年 5 月 1 日，第 6 版）

"江宽"轮船失事五纪

招商局之"江宽"轮船于本月二十五号晚在汉口下游被"楚材"兵轮撞沉后，虽电报迭次往返，究竟损失人命财产若干，因相隔二千余里，一时无从探实。前日太古洋行"安庆"轮船抵沪（系由汉二十六号下驶者），"江宽"船员及搭客家属均往该轮码头守候，及至傍泊码头，始悉"江宽"被救各人尚不及附搭该轮，须于二十七号"江裕"下水始有实在，因此各该家属扶老携幼，又悬望一宵。昨日，"江裕"抵沪，各该家属等先在招商局探听到船时刻，后即在码头守候。午后一时，"江裕"抛锚，碇泊既定，遂争先登船探视，计被救得庆生还者，除在汉口登岸外来沪六十余人，内有在船充当水手、茶房及账房中人，亦有搭客得救回沪，均身衣单薄，衫裤履袜不全，一时各家属见面，悲喜交集。惟内有未归各人之家属，寻觅不见，顿现一种悲惨之状。经"江裕"船买办袁仲蔚及船员等向之安慰，谓尚有留鄂及他船救起多人，俟"江新"、"江华"等船陆续载回，或尚能有会叙之望云云。人意［群］始各散去。有李某由申赴湖北荆县县知事任所，亦尚无下落。至于此次"江宽"被撞情形，言人人殊，据外人方面传述，皆谓段总理东下时，据探报"江宽"在九江上驶时附有间谍，以致碰撞云云，然确否未敢遽信也。又函云，招商局"江宽"轮船在汉口下游十余里地方被"楚材"兵舰撞沉后，现悉该轮司账人孙守伯系上海人，家住南市小南门口，此次孙之家属咸悉孙已遇难，经其胞兄孙小亭挈同弟妇前往失事处所探问虚实。旋由其家接得孙守伯来函，述明当时撞沉该轮，人纷纷落水，约历半时许，幸遇亚细亚火油船驶来施救，得庆更生，并声明不日即可回沪等语。惟伊兄则已在中途，未悉确情也。

《字林报》云，招商局昨晨接到快信，报告"江宽"轮失事情形。据云船被撞为两段，六分钟沉没，其为完全丧失，殆无疑义。"楚材"撞入其中部，且左右旋转，促其速沉。失事地点在美孚第二油池之对面，距汉口约三英里。闻"江宽"已落于八十英尺之深水中，仅露桅杆于水上，大约此项桅杆后将轰除之，虽在深水，但距岸不远，故有中国船客多人由小船救起，船长与二、三机师迄无下落。

湖北旅沪同乡会致招商总局函云：

> 诸位先生公鉴，径启者：夏历月之十五日汉口某兵轮撞沉"江宽"轮船一节，噩耗传来，旅沪同人极形震悼。据报载，该轮驶近汉口，遭此惨剧，吾鄂生命财产定居多数，究竟如何肇祸，将来应向何方面要求抚恤赔偿之处，统希贵局调查确实，核定办法，即行宣布，差慰存亡，当不独敝同人等衔感已也。临楮悲愤，不尽欲言。专此哀鸣，敬颂公绥。

(1918年5月1日，第10版)

纪"江宽"撞沉后各方面之详情

湖北一等巡防舰"楚材"号昨奉督军令，随"楚泰"海军司令舰护送段总理东下，讵"楚材"舰甫起碇展轮，适"江宽"商轮进口，"楚材"误将"江宽"撞沉，大致情形已见前报。闻段氏启程，原定是日午后五时，因吴自堂司令于二十五日赶到，遂展迟至灯后始行登轮。九点钟起碇，适遇"江宽"上驶，若迟早数分钟，"江宽"即不致被撞也。段总理随员、护卫百余人均乘"楚材"舰，总理与叶玉虎等则由海军司令杜锡珪招待，乘"楚泰"舰。至九点钟，武汉送行官员登岸，"楚材"舰长赵群即催起碇，由刘家庙转舵向东，适"江宽"转由青山湾上驶，由东转舵沿西边南行。此时风雨交加，雷电交作，视线不明，迨至两船接近，互相放汽照会，事已迟矣。"楚材"转舵偏让不及，其船首撞于"江宽"之左舷腹部，轰然一声，船身破裂，只闻船上搭客呼号救命之声，惨不忍闻，未几即行沉没，搭客同归于尽，此为长江商轮行驶以来未有之惨剧也。"楚材"原系湖北军舰，民国改为巡防舰，专任江面防务，并迎送官差，船身坚固，马力充足，当该舰与"江宽"接触之时，船身大震，舱面及船首均已开裂，幸在水线上端，未沉。舰中所载人员见"江宽"沉没，不知己舰之损伤情形，靡不恐慌失色，遂将舰上所系舢板放下，争先逃命。讵人数过多，拥挤太甚，落水者亦有五六人，受伤数人，闻均已遇救。其余随员均乘"楚泰"舰（"楚泰"在"楚材"后，行约距半里）随节下驶。查"江宽"载量约二千五百吨，光绪初年落水驶行长江，装载搭客货物，三年一修，极为稳健。船上大副及船主、司机、各执事均系洋员，买办、账房、管舱、领港、茶房、邮务管理以及水手人等，共有一百余名。此次由沪上驶，经过镇江、南京、芜湖、大通、安庆、九江各埠，起卸装运。到汉，船中尚有客货一千五百余吨，搭客一千余名，不幸遭此浩劫，所有船货损失自有公正裁判，而死者已不可复生，真可惨也。"江宽"撞沉之时，督军闻信，顿足长叹，然事已如此，无可挽回。当派张副官及水警厅长前往洋火厂江面调查，派水警舰艇看护沉船，并派队至阳逻及青山湾打捞尸身，照像备棺，暂厝招领。

又一函云，段总理二十五日夜乘"楚材"下驶，其卫队坐"楚泰"在前导驶，不意行至谌家矶，不知如何与招商局由下而上之"江宽"相撞，致将锅炉撞炸，水门大开，立时沉下，人声鼎沸，其重要司员多以救命圈及本船脚划出险。房舱客人有于撞袭时欲抢上该兵船，而兵轮严行拒绝，驶行不愿，于是呼号之声，惨不忍闻。惟美孚油厂即在附近，闻警将本厂快轮飞速驶往援救，仅救获二百余名。该轮平日载客辄二千余人，此次尚只千余人，然被沉毙者亦近千人。王督军闻信后，于二十六晨亲行乘轮下驶，前往详加查勘，旋赴宣抚署会议，午后两点钟始过鄂回署。水警厅二十五夜闻警，即派舢板赶往救济，并禁止散划弋取江面浮物。二十六日，水警厅又派舢板一只看守，并通饬下游各区水警注意打捞尸物，物则送厅招领，尸则暂行收掩，并拍照相片，送厅招领。又闻"江宽"行经谌家矶，系开极慢之车，斯时烟雨朦胧，且已傍晚，不虞上游下驶之兵轮来速如矢，双方避让不及，致被撞碰。邮局在该轮□□之件均没于水，昨已派人前往捞取，亦必有所损失矣。

又一函云，"楚材"舰长赵进锐奉令护送国务总理段芝泉氏赴宁，段总理乘坐"楚泰"在后，"楚材"装载段氏随员在前，于二十五日灯后率同随员卫弁百余人由大智门行辕乘汽车登舰，曹使、王督及阖省文武齐列江滨送行。九点钟起碇，先开平平漫行，及过刘家庙，即升足火机，开全磅马力之快车。抵谌家矶，适有招商局之"江宽"轮由沪上驶，相距约二千米，达互鸣汽笛，意欲"楚材"舰向左岸稍让。该处江面甚窄，"江宽"吸水最深，而"楚材"行驶如飞，不待转舵，已相隔一箭。"楚材"连吹急笛，表示"江宽"速向右岸让避，因火机力钝，甫一转车，成斜横式，而"楚材"已接触矣。"楚材"之头与"江宽"之腰，一直力一横力，两相碰撞，霹雳一声，不啻山崩地震。"江宽"之汽筒、机炉、火舱一齐炸裂，全舟沉没，不留片影。至"楚材"舰系鄂中最古之兵船，张文襄督鄂时购自某国，系铁甲舰改造，全船俱双层钢铁，其坚实较商轮不啻十倍，兼以下水满车、马力正旺之际，"江宽"又系上水漫车、预备停泊之时，突尔撞遇，直若以卵敌石，故"楚材"仍得出险，惟保身炮台位及舰首机轮略为震动，并非重大之损伤。水警厅长何少乐是日乘鄂巡兵轮在汉口江岸办理水面护送差务毕，正往刘家庙梭巡，突闻"江宽"撞沉之耗，即乘鄂巡亲往谌家矶救护，立时轮上见男女尸横，满江焦头烂额；机舱中之粉身碎骨，仅浮衣襟者甚多；亦有工习划水、浮而未死者。何氏令各炮船喊谕救生船小划竭力捞救，救得生人一名赏四十金，捞死尸一具亦赏八串。当时救起三十七人，死尸百二余具。其顺水流至阳逻百余里外及闭塞舱闷之死尸尤多，诚浩劫也。

此次"江宽"之遇险，可谓扬子江行驶航业以来破天荒之奇惨。据航业家云，如甲辰大亨之失火（在十二圩）已算最烈，然犹救活坐客十分之三，兹则十不及一。"江宽"淹毙人数，有谓一千二百余名者，有谓九百余名者。昨日江汉关理船厅派技师四员会同招商汉局人员切实侦查，因司账员及黄于头、刚八度（均船上职员名称）并各码头装卸底册均入水晶宫，无从得其详数，当已分电沪局及沿岸各趸船洋棚火速飞报矣。惟该轮员司夫役计百三十名，另有洋员三名（即大领江、总司机、大副），内有一名（英国人）自执太平籦渡水脱险。据云搭客约五百余名，三层大官舱系某大政客由申携眷来汉，男女主仆共二十人同归于尽。此外，由宁、皖等省因公来汉之军政界人物，遇害者约三四人（均包房舱者）。该轮往次上下水，货舱仅装其半，惟此次独多。盖因长岳克复，武汉商户均大开市，故大宗进货，以赶蒲节生意。洋货、疋头、绸缎、洋纱、五金、参燕等品居大多数，全舱装满；尚有粗重之货品百余件留沪，待下次装运，其货之多可知。并有某某等银行运到生银七万、洋元三万，昨已雇请水子入江摸捞。惟货物沉水，则毫无所用。据商界约略调查，该轮此次损失，连轮本、货本，以量低额计之，在二百万以外。商户受此影响，势必有倒闭者，甚愿当局之及早维持也。

又闻段总理是日原拟坐"楚材"兵轮取道金陵回京，临行忽改坐海军司令杜慎臣之坐船"楚泰"，赵周人、曾云霈、叶玉虎三人及送行之汤铸新将军、吴自堂司令均随总理改坐"楚泰"开行，"楚材"一舰遂专坐宋朗斋、曲同丰诸随员及总理卫队。"楚材"既撞破"江宽"，舰中各执事及坐船各员一时亦误为本船遇险，惊惶无状。段总理之副官罗某与随员杨某闻警，即先登船顶，斫断舢板缆绳，为逃生之计，反因折绳落水毙命。"楚材"旋即停轮，一时秩序大乱，各划飞奔来救，宋朗斋等行囊均被掳抢一空。各随员因总理业已开行，乃起岸由京汉路赴宁，总理卫队迟至二十六日晨始改乘"楚信"下驶。"江宽"船中溺毙者除茶役、水手外，并有西人三名、船主一人；搭客中溺毙者，有鄂岸榷运局熊晋阁之公子一位，前湖北巡按使吕燮甫夫人及其孙公子、侄公子并仆役共五人，其他重要人物应亦不少。招商局接得亚细亚公司电话通知后，立即派趸船、洋人带领水手人等乘"利原"拖木驳驰往救援，一面会同慈善会及向各善堂借得救生红船十余号，又小轮数艘，一并帮同赶至"江宽"出事处竭力施援，打捞尸身，拍照收殓。并闻救得华洋船员搭客约三百余名，全局同事通宵达旦，发给衣服、茶汤、米粥，安排被难人等，迄未片刻休息。又闻，美孚栈"美鹰"及八号汽油船施救得力，救起二百余人，洋大夫与大副、买办、管事以及西崽水手等逃上者约占十之七八。据管事夏君云，其名下伙计全其九而少其一。而宁波人罹难者亦颇不乏人，如前太平副买办谢某及豆汁公司经理李某之家眷二口，现今均无着落，而李某之弟幸得上岸。前日宁波人热心分子唐爱陆、史祖培遂借宁绍公司开同乡会商议，为"江宽"轮罹祸同乡救济办法。当由宋伟臣发言，先借水电公司小轮至被灾处救济，如有得庆更生者来汉安顿，如见宁波人尸首当即棺殓并拍照，以备来领。众皆赞成，遂于是日下午五点钟开轮至谌家矶，仅见已捞获尸首六具，五男一女孩，目不忍睹。昨晨又放小轮，随带衣服及棺木数十套，续行救济。

又据福中公司函称，二十五日晚八时许，"江宽"轮船与"楚材"军舰相撞时，敝公司"福中"小轮适泊本厂码头，厂员及轮船人役见"江宽"渐沉，搭客呼声震天，即将小轮开驶往救，计往来二次，共救起一百三十四人（内有"江宽"大副一人、生火头一人、海关洋人一人、妇女儿童七八人，其余不知来历者尚有一百二十余人）。其时黑云满天，大雨如注，敝公司小轮幕布、铁柱及船首均受损坏。"楚材"军舰于撞沉"江宽"后，遂靠敝公司码头，因压力甚猛，将趸船木柱损坏。此次本厂及本轮人役见义勇为，救活多命，船役等且有将自己衣服给被难者，惜雨大不及多救耳。

又闻"江宽"轮沉没之后，由汉口总公司电询上海及沿路各公司是日售票若干。兹得各公司覆电，综计搭客约有一千六百二十五名，经美孚拖轮前往救活二百零三人，同遭灭顶者共有一千四百二十二名之多，内有西人四名，除溺毙水手、茶房、机匠四十一人不计外，该轮大班亦遭沉没。刻招商局已向"楚材"正式交涉，未知如何结局。

汉口慈善会于二十五日晚十旬钟时，接招商局电话，报告"江宽"轮船在刘家庙下丹水池江面被"楚材"兵舰撞沉云云。该会当即转咨永安、敦实、普化三救生局，赶派红船十余只，往该地力为施救，幸附近有亚细亚、美孚二洋油池小轮，共同救起二百九十余名；在谌家矶救生分局，亦救起二十余名，均用小轮拖至招商局码头登岸，分居迎宾馆、高升客栈。次晨，即会同上海中国济生会朱芑臣襄办一切，无衣者衣之，有疾者请慈善会医院长杨恭甫亲往诊洽，有家者代为通电、通信，欲回者给资遣归，业经惨死者，慈善会雇知水性者三十余人在该处设法打捞，当获十余尸。据传闻，遭此浩劫者不下数百人，尚不知何日始能办竣。慈善会已备棺百余具，随带照像器具，随捞随照，以便尸亲认领。闻昨日经慈善会及红十字等会捞获尸首二十余具，可谓惨矣。附录慈善会电云，江西军械局李和卿鉴："江宽"被兵舰撞沉，尊夫人及令郎均救起，刻有病在迎宾馆，请速来汉。

（1918 年 5 月 2 日，第 3 版）

西报纪"江宽"失事时详情

——西商之见义勇为，华官之居心残忍

英文《楚报》云，兹承美孚煤油公司第二油池经理哈斯君送来"江宽"轮船失事纪事。该公司办事员闻警驾船往救罹难诸人，其见义勇为之精神无庸赘赞，"江宽"失事情形调查愈详，则段总理与炮船之行为愈为骇人听闻。哈斯君纪事中谓，曾闻来福枪声云云。足见华人所言落水之人争登炮船者，皆为枪弹与刺刀逐退一节，信而有征。呜呼，抑何残忍耶！哈斯君曰：是夜八时三十分，余闻汽管炸声，知江面有异，即出外视之，惟时天黑雨大，雷声隆隆，远处之物不能辨别，旋于电光闪烁中见余之水塔外有二船紧接，一为江船，顿觉急须设法拯救遇难之搭客船员，乃急命公司各船驶往失事之处。泊于吾人趸船左右者为摩达船"美江"号、"美明"号、摩达小轮"美孚第六号"，诸船于十分钟内驶离趸船，余亲自驾驶"美明"号。比抵失事地点，见江船已沉，碎物顺水而下，余见一甲板巨室中挤有多人，因靠近救之，其状至惨。余乃巡弋江面，捞救落水之人，直至无能为力之时，始行驶回。综计公司之船救起之人共二百二十四人，余拟以趸船收容遇救诸人，但彼等均辞谢而赴汉口。余曾见亚细亚煤

油公司及福中煤公司之船亦在江面救起多人，且闻失事方面有来福枪声云云。

亚细亚煤油池经理穆恩君亦闻警急驾摩托艇"苏门答腊"号驶至失事地点，救起二十九人，小火轮"开斯勒"号因生火驶至稍迟，未能觅见一人。福中公司之小火轮救起五十人。故三公司之船，综计共救起三百人。惟估计溺毙者大约尚有五百人之多。若"江宽"船失事地点不在油池码头对面，则此次恐将无一遇救，该船二机师、三机师仍无下落，似不致有生望矣。

（1918年5月3日，第6版）

三志"江宽"撞沉后之详情

"楚材"撞沉"江宽"迭详前报，兹复调查撞沉情形续志于下：

"江宽"进口向有一定航线，由谌家矶沿两岸上溯，靠趸船，系各商轮素有之航行规则。讵二十五日九点钟送段总理赴宁之三军舰次第开行，"楚材"在前，"楚泰"在中，"楚信"在后，"江宽"见前面之舰夜航灯左右闪灼，红绿灯光甚多，颇难辨其航路。是时天雨，雷电甚急，"江宽"司车见前面之船距离不远，心甚恐慌，遂开慢车放汽，"楚材"亦放汽。讵正在放汽照会间，而"楚材"之船头已撞入"江宽"腹部，深丈许，旋打倒轮拔出，"江宽"遂沉，"楚材"船首亦破裂，然机器尚未损坏，昨已由洋油厂码头开至白沙洲丁公庙江面停泊修理。其舰长赵某当赴军署禀见督军，以司车疏忽，不能无过，令将该舰司车看管。"江宽"沉于水底，所有客货多有保险单，除溺毙人命外，汉口商人无大损失。省垣有朱某由上海携眷回鄂，一家十数口，遇救者仅三人。据"江宽"遇救茶房云，该轮由上海开行至武穴黄石港，共有十六个码头起卸，至汉口向不查票，不知搭客多寡，推账房底簿可查，约计总在千人以外。

慈善会自二十五日夜闻信，即派小轮并红船数只前往救济，然已沉没殆尽，仅赴两油栈将被救人等一律分别转运汉口，酌给资费。其有公文遗失者，另给乘轮遇险证明书。二十六日晨，派船四下打捞，直捞至阳逻，共捞起溺尸二百余具，由荣光照相馆拍照相片，以凭招认。南洋兄弟烟草公司亦雇小轮拖带红船，悬有该公司捞尸旗帜，且备施棺木及携照相器具，前往失事处打捞尸身，派同事郭志忠、林静波、梁巽衡三君前往办理。

招商局得悉"江宽"被撞后，当即派员查明，并电告沪局。沪局复电，已派员起程来汉交涉此事。又据被难遇救者云，搭客共千六百余人。据招商局中人传出消息，则谓搭客约近千人。至惨死有名人已经查悉者志下：榷运局长熊宾之长子及眷八口偕弟赶回为父做寿者，弟遇救，熊痛，急停庆贺；粤汉工程师熊四人；烟酒公卖员朱眷十一口。余俟再志。

附录　普告在"江宽"被灾之亲属

启者："江宽"轮船阴历三月十五日晚九句钟在刘家庙下丹水池江面被兵轮撞沉，当经本会派救生船多只往救，共计救活三百一十余人，均用小轮装至招商汉局，会同朱苣臣君妥为安置宾馆、客栈。惟此项灾民虽庆重生，诚恐被灾亲属尚不知其存亡，兹特将救起灾民姓氏逐一开列于后，凡各被灾之亲属务希查照所开花名，迅速来汉，至本会或招商局接洽一切，是为至盼。此布。

计开救活姓氏籍贯列左：

瞿德生、陆得全，皖人；刘熊氏，安徽；邱氏子一人、季宋氏，皖人；陈阿根，浙江；沈荣乡，岳阳；陈香泉，合肥；沈阿宏，浙江；林玉亭，岳阳；巫其茶，合肥；孙德玉，浙江；纪全元，蔡甸；周子才，合肥；沈荣林，浙江；萧启煌，广东；高祥文，合肥；邱鸿育，黄陂；李阿毛，万县；万信三，合肥；周厚安，南昌；陈氏，葛店；汪日川，合肥；杨福生，申江；彭家国，江西；刘培贤，湖南；陈继苏，南昌；彭荣定，江西；童姓、梁姓、郑传荣，苏州；卢衍石，广东；周绍堂，江西；徐连，甫甬；关氏，安广；沈杏春，茶房，无锡；凌友生，镇江；郭阿四，茶房，通州；刘君太、熊祥生、赵花容，镇江；萧阿满，通州；卓达吾，买办；罗宗祥，湖北；李阿木，茶房，镇江；王祥顺，茶房，镇江；许阿生，茶房，南通；邬祥生、李宋益、熊成基、彭家贵，江西；彭永廷，江西；李书生，安广；项于三，安广；马四，安广；胡阿甫，通州；广仁泉，账房，宁波；王国梁，镇江；蔡阿多，宁波；瞿德茂，长沙；胡大有，长沙；王春山，火舱；王发恒，火舱；蔡其二，火舱；王启三，火舱；刘学，火舱；孙福生，茶房；马全吉，厨房；孙德福，茶房；吕忠林，账房；张禹人，茶房，申；张禹广，甬；杨福生，茶房，申；龙宝廷，黄石港；陈洪福，常州；强阿大，厨房，申；郑福，宜昌；吴阿心，申；李松青、方家之，寿州；何淮年，河南；何子初，河南；邱炳儿，南昌；潘天杰，黄陂；金云鹏，河南；焦沛然，直隶；卓国，广东；张全有，广东；刘十阶，合肥；高祥文，合肥；陈全林，大副，甬；萧仁祥，湖北；卓其光，船，广东；陈田生，船，上海；古贯芝，船，广东；任阿五，船，扬州；王履成，江夏；王德成，船，扬州；王凤元，大冶；杨防方，船，湖北；朱定，汉阳；王克明，武昌；沈阿四，武昌；徐阿四，通州；全善根，宁；李氏，湖北；朱允泰，汉川；戴星槐，甬；周阿余，通州；陈宝成，黄陂；袁宝亲，扬州；许新记，扬州；傅星桂，甬；陈长国，黄陂；万河大，镇江；赵卜臣，绍兴；王阿二，扬州；蔡楚，湖北；蔡白三，湖北；蔡功荣，湖北；夏根荣，镇江；邓西，广东；刘四三，合肥；赵子江，通州；邹次垣，湖北；胡大了，金牛；沈阿年，安徽；徐厚甫，甬；蔡道人，湖北；唐阿人，咸城；张道昌，甬江；竺林彩，甬江；刘龙文，合肥；乐纪发，甬；吴寅良，安徽；王阿春，申；李炳南，湖北；吴大贵，湖北；罗秀生，安徽；刘登杭，安徽；徐晋廷，广东；汪红彩，合肥；王楚章，黄陂；荣贵，江苏；胡守钱，江苏；吴文由，金牛；李国臣，天津；史功荣，甬；杨正品、萧宝和，巴湖；王氏，皖；邵杏生，定海；萧玉麟，江苏；陈松涛，绍兴；徐阿云，正；苏阿方，甬；戚阿根，绍兴；邱长顺，湖北；钱宝卿，湖北；毛春宝，甬；陈大海，南京；陈大即子，江苏；唐阿四，南通；张阿寿，武昌；沈河，洪宁；鲁寿昌，泰州；任氏，甬；熊成记，湖北；周兰玉，蒲；宛少屏，湖北；陈氏女，皖；陈氏，江苏；张阿庚，江苏；王阿汪，安（徽）；袁富之，通州；何文良，绍兴；郑宝人，甬；董宪云，山东；翟益寿，湖北；于照功，徐州；朱煜朗，丹阳；张氏，丹阳；吴汉州，镇江；张锡卿，安庆；张景元，绍兴；周福祥，绍兴；陈源甫，苏州；马贵卿，申；郑傅秀，萧县；史星兰，湖北；王梦楼，江西；董成孝，合肥；彭宗平，圻水；周受之，正；张开田，南京；靳云鹏，信；金云鹏，信阳；陈绍平，徐州；姜荣华，山东；程文达，江西；陈子江，徐州；龚宝亭，圻州；黄国海，江西；蔡明松，湖北；王凤华，山东；王龙，扬州；许宝成，常州；万英训，江西；周良飞，江西；蔡伯令，江西；罗太平，江西；江南屏，应城；郑健如，广东；熊阿福，扬州；孙建亭，清江；江宗文，通州；何辉颜，河南；季雨金，江西；萧生祥，湖北；徐炳锡，江苏；胡凤楼，汉阳；范裕福，常州；王德明，东台；王阿四，镇江；王定珍，甬；吴秀仁，金牛；吴龙生，金牛；张阿寿，咸宁；朱祥发，太兴；胡氏，汉阳；王嗣夫，汉阳；卞阿四，通州；丁友发，江阴；张阿四，通州；张阿年，通州；蒋月生，甬；戚如培，扬州；杨品一，北京；顾阿连，甬；蔡生，广东；任三元，湖北；夏杏仁、张景元，余杭；徐杭顺，甬；邬才荣，甬；纪阿金，通州；陈阿四，安庆；许阿三，无锡；李曾祥，通州；姜恒甫，扬州；许秉材，南京；陈山福，扬州；高富得，宁波；李同根，常州；周山桃，扬州；任玉平，湖北；方发红，安广；周浦其，黄陂；王润生，安徽；戎何阮，宁波；周阿金，扬州；赵成鸿，绍兴；周阿四，上海；沈惠如，江苏；沈成文，宁波；潘金生，南京；吴高烈，四川；史绍常，四川；陶东珠，湖北；陆美，甬；夏明来，宁波；李才永，宁波；蔡林生，沔阳；吴华，广东；李九，广东；张俊臣，大饮江；徐昌永，汉阳；谢瑞甫，甬；崔垣，广东；梁桸田，广东；张炳生，甬；孙守伯，申；杨阿旺，镇江；郭河四，通州；徐阿六，绍兴；小连生，通州；江新盐，安广；胡子鹤，浙江；罗秀臣，湖北；余茂良，宁波；凌顺狼，宁波；蔡宗，广东；卓翰吾，广东；高福，江苏；叶桂生，南京；王阿木，宁波；王友甫，宁波；陈翼卿、田昆山，上海；杨阿王，汉阳；李子三，上海；梅桂生，湖南；唐瑞，广东；王聚阶，嘉鱼；李金渡，江苏；徐中福，江苏；王阿喜，江苏。

（1918 年 5 月 3 日，第 6 版）

"江宽"轮船失事六志

　　招商局已接汉口来电，谓"江宽"船二机师亚力山大氏之尸身已于星期四日在汉口下游数英里捞获。按，亚力山大氏为英人，尚未娶妻。

（1918 年 5 月 3 日，第 11 版）

“江宽”撞沉之余闻

湖北巡防舰“楚材”号撞沉“江宽”商轮，详情迭纪本报。兹闻“江宽”搭客溺毙者实有七百余人，连日水警厅与各慈善会分头打捞尸身，已得八十余具。至“江宽”被撞情形，外间佥云“楚材”之误，而官场及海军界则云“江宽”司车者转舵失指，违背夜航规则，故有此接触。闻王督军、曹宣抚使以此案关系甚大，昨特传“楚材”执事及“江宽”出险之搭客某君研究一切，孰是孰非，此时尚不能断定也。此间盛传“楚材”开枪击“江宽”之逃命客人，据一般人揣测，以为其时因有驾划船之小民，误以“楚材”亦将沉没，纷假救护之名，围绕抢掠，该舰员兵因而施以格杀手段，连带波及出险商民，亦未可料。不然，何至狠毒至此。惟官厅现尚绝对否认此说。而“楚材”员兵因船头亦撞破数孔，舰底浸水，各员兵皆由福中公司马［码］头起岸，竟无一人帮救“江宽”被难者则为事实，其心亦太忍矣。

此次“江宽”之难，据江苏、宁波、广东各同乡会、中国济生会确实调查，共计活人三百一十余名，刻均用小轮装至招商汉局，会同朱苣臣君妥为安置宾馆、客栈。惟此项灾民虽庆重生，诚恐被灾亲属尚不知其存亡，故已由慈善会登报通告（名单已录昨报）。现闻当道仅将“楚材”轮技监（即大车）拘管，又命该舰驶往上海船厂修理，余如抚恤灾民、打捞尸身等事，不过以一纸空文责成水陆警厅、地方官吏办理，并未拨款分文。闻此役西人死者有英人四名，三为船员，一为安庆来鄂之教士；又一说，船员均已脱险，英领要求之抚恤费系单指教士云。

一说则云，王子春督军除派队分赴阳逻、团风、青山等处打捞死尸，拍照掩埋，以安亡灵外，特又捐廉五千元，作为吊死恤生之资，已派本署副官张君（名未详）经理其事。又闻“楚材”大副某甲，汉阳人，已交军法处审讯，惟供词如何，尚未探悉。招商局昨又派小火轮在阳逻捞获浮尸十九具来汉，在该码头招人认领矣。又据某方面调查，淮盐公所徐少卿有家眷六口，悉遭溺毙；又带有某银行现洋八万元及祥记等值数十万之洋货、布匹，亦被沉没。汉口慈善会长蔡辅卿近已派人捞起尸身二十余具，业已拍相棺殓，在招商局及慈善会门首悬牌招领。招商局现备小轮一艘，专供"江宽"遇难家属亲友前往丹水池认领尸身之用，每日上午八时开驶。据宁波会馆特派调查员报告如下：

> 昨晚闻"江宽"舱面一座余至赵家矶，该处离汉约计一百二十里水程，遂借太平洋行拖驳，本拟九时出发，恐煤炭不敷，再行装煤，至十一时二十分始开轮，经丹水池、谌家矶、阳逻等处稍停，无他消息，遂直向赵家矶，二时半至该处岸上，毫无举动。复驶十余里，以远镜测之，看团风江面有物凸起如楼船，然临近确知是"江宽"之舱面，旁附小船数只，盖防其向下余也。西岸鹅公颈地方有人聚观，遂在该处登岸，当场有红十字会照料一切，旁岸有十尸，计男尸三，女尸五，孩尸二，该会一一为之摄影，备棺暂殓。最可惨者，一女尸左手挟一小孩，紧抱而不放，想妇人心理具有生则俱生，死则俱死之念。当时余与王君琴甫商议，请将该棺拖至丹水池被灾处，以便亲属认领归于一处，王君亦以为然。但此十尸非从团风所捞获，系由该处下游七十里武昌县以下观音阁地方所捞来，观音阁亦余有舱面一座，大约是"江宽"之后房舱，团风江面是前舱，尚未捞起一尸，如能多雇捞手，则二处舱内为数必多。观音阁方面已有"扬子"、"华安"二轮向该处料理，与红十字会所雇之轮前后返汉矣。

（1918年5月4日，第6版）

"江宽"轮船失事七纪

昨日（星期五）湖北旅沪同乡会因"江宽"轮船失事，武汉人民生命财产损失最居多数，特就事务所开职员会议，协商对于此事之办法，所议大略如下：（一）质问招商局，宣布失事实在情形。（因第一次已经去函，尚无切实答复）。（二）善后事宜，应如何办理。（拟订期开全体同乡大会，讨论办法）。议毕，即列议案数端，俟通告同乡，公订日期开会取决云。

（1918年5月4日，第10版）

专电·北京电

招商局要求偿"江宽"船价百二十万（元），段慨然承诺，但须分期照付。（三日上午十二钟）

（1918 年 5 月 5 日，第 2 版）

"江宽"失事后之零拾

湖北巡防舰"楚材"号护送段总理东下，至谌家矶方面撞沉招商局"江宽"商轮，详情送纪本报。兹闻王子春督军昨派副官长李君至"楚材"查验损伤，似尚无庸入坞，拟即就白沙洲修理。"江宽"撞沉后即时救起搭客三百余人，嗣后由各善会打捞尸身，所获仅数十具，距溺毙人数相去尚远。王督军昨特派副官张济安会同水警厅长何锡藩前往阳逻、团风等处打捞，并令张副官暂驻阳逻，与各善堂办理捞尸、照像一切善后事宜。武汉商民以"江宽"被撞，溺毙人命甚多，颇有责备"楚材"见危不救者。盖因"楚材"勇进直前，不稍顾及商民，意欲使商轮自避以示威，故有此祸。"江宽"一切损失，现时尚难预计，惟闻保险之货值银颇巨，上海保险各公司已派人来鄂调查。汉口慈善会长蔡辅卿派救生船前往，救起活者三百余人，内有幼童金云鹏一名，年十六岁，询据泣称，伊与父母、一妹搭该轮来汉，系河南信阳州人，伊今遇救，不知父母与妹存亡等语。除带会收养外，昨特牌示该童亲属迅速赴会认领。又闻民人何远山由沪带有家眷七口来汉，悉遭溺毙，现何已派人打捞尸身，尚不可得，真可惨也。

（1918 年 5 月 5 日，第 6 版）

组织"江宽"难户抚恤会

"江宽"被"楚材"兵舰撞沉，溺毙人口几近千名，搭客中皖人甚多，其著名者如吕调元之眷属、前充六十二标军医官龙小云之翁媳、王荫槐之妻女等，均罹是厄。顷省商会发起组织抚恤会，即在商会设立事务所，先行邀请各界解囊相助，俟集有成数，即派员分途调查死者尸骸暨眷属，以便给领恤款，并请省长呈请中央颁款抚恤云。

（1918 年 5 月 5 日，第 7 版）

"江宽" 轮船失事八纪

招商局 "江宽" 轮船被撞沉没，其情形外间传说不一，该局亦正在切实调查。昨该局得该轮遇救之重要船员到局报告，谓该轮被撞，由兵舰连撞两次，一在偏左，一在船后，其势甚猛，似系故意，不知何故。言时痛恨不已。闻该局董事会得报，更切实调查研究此点，俾向政府索偿损失云。

（1918 年 5 月 5 日，第 10 版）

"江宽" 失事后之善后

"江宽" 商轮于上月二十五号撞沉后，其头段在马邑上首搁浅，其尾段在团风江边飘流至该镇火王庙前，为水警多人用绳索系住，至二十八号由江巡小轮拖至鄂城矣。该轮所载客商八百余人，除救起三百余外，其余五百余人均从海龙王去。其头段在搁浅之处捞起七十余人，其尾段在团风下面系住时捞起十五六人，内有一少妇怀中一小儿，尚紧抱不放。又有一老者见其子、妇、孙曹①均在积尸中，竟向江心一跃，即时凶占灭顶。及拖至鄂城西山江岸，又捞起十二三人。而江心中连日浮尸三三五五，已成数见不鲜之事。其关闭在该轮下层者，尚未捞起。二十七号早，始见十字会队士多人到团风、马邑各处备办数百木匣，为装殓死尸之用。至二十八、二十九等日，该会装殓死尸之木匣用轮拖载上驶者已屡次不一次，但木匣上盖均未用钉钉住，以便尸亲之寻找。又闻武岳铁路工程司张克明之夫人、子女、仆妇大小七口由江苏来鄂，同罹斯厄，惨不堪言。铁路局刻派小轮为之打捞尸身，尚无所获。"江宽" 被 "楚材" 撞沉后，王督军恐

---

① 曹：辈。

有误传，爰电致国务院云：

有电谅邀鉴察，兹经派员确实调查，据报，段总理所乘之"楚泰"兵舰在谌家矶稍停，即行下驶。至"楚材"上所有之随员及卫队等改乘"楚信"、"楚安"各轮，并已开赴下游。总理暨各随员均无恙。诚恐报纸讹传，致淆听闻，特电陈明云云。

粤汉铁路湘鄂工程局长颜德庆昨致汉口慈善会函云：

敬启者：本月二十五晚，"江宽"轮船在刘家庙下游失事，敝局工程司张君家属多人均遭是难。据张君声称，该家属带有箱只多件，内有三箱贮有契约、文凭等件，最关重要。闻招商局已雇用水摸在该失事处打捞尸身物件。经询，据该局云，将来物件捞取后，交地方官长存案发还等语。兹特将该箱只记号开列清单送存尊处，恳即转知所司，如遇上项箱只起获，即行函知敝局认领，实为纫感云云。计开清单：一外国式铁箱一只，一外国式上等黄皮箱一只，一外国式绿色冲皮箱一只，上均有洋文。

慈善会复湘鄂工程局函云：

敬复者，昨接大函，以贵局工程司张君家属多人均遭"江宽"之难，特开箱只记号，送交敝会，转知所司，如遇起获，即函知认领等因。查"江宽"轮船失事时比经敝会赶派红船，协同亚细亚船只，救活三百余人，现正妥为安置，分别资遣回籍，并一面打捞尸身，近已捞起三十余具，复拍相、棺殓，停泊丹水池地方，业经登报招领，有无张君家属在内，请即转知张君速来敝会认领。至重要箱只，如经敝会水摸捞获，即当报告贵局派人认领。除将箱只记号开列列表转知中国红十字会汉口分会暨敝会监视捞尸会员查照外，用特先行具复，即希察核为荷。

汉口慈善会长蔡辅卿已派会员王寿山、汪志安带水摸三十名前往失事之处监视打捞，获起尸身二十余具。中国红十字会汉口分会王芹圃亦雇水摸三十名，多带镖钩、绳索，于日昨督率前往会同打捞，连日又捞获尸身一十六具，业经拍照、棺殓，停放丹水池，招人领埋。又闻汉口红十字分会派员至丹水池谌家矶、阳逻、鹅公颈、团风、武昌县熊家庄、魏家庄、葛店一带沿江打捞尸首，除将捞起者编号拍照，分送招商局慈善会及本会门首各处悬挂，以便尸亲认明后按号领埋外，复将捞起尸具逐一注明年岁、衣履，陆续送请各报登载，俾众周知。兹将捞起尸首年岁、衣履照登如左：

"鹅"字一号，男尸，年约三十余岁，老花布短夹袄，白布裤子，中等身材，西式头发，白袜子。

"鹅"字二号，男尸，年约五十余岁，蓝布道袍，蓝洋布套裤，白袜子，青布鞋，身长五尺余。

"鹅"字三号，男尸，年约四十余岁，赤身无衣，长大脸部破烂，七孔出血。

"鹅"字四号，男孩，年约七岁，柳条夹袄，青洋布领褂，爱国柳条布裤子（朱姓已领）。

"鹅"字五号，男孩，年约四岁，绿花格布夹袄，白花布裤，红云头鞋。

"鹅"字六号，女尸，年约四十余岁，青布棉袄，青布夹裤，蓝布褂裤，白袜，大脚，中等身材。

"鹅"字七号，女尸，年约四十以外，老蓝布夹袄、夹裤，青布鞋，半大脚，形似北方人，中等身材。

"鹅"字八号，女尸，年约二十七八岁，铁青色夹袄，绿丝光袜子，六寸脚，中等身材。

"鹅"字九号，女尸，年约二十七八岁，柳条摹本夹袄，青湖绸夹裤，白洋袜子，六寸脚，中等身材。

"鹅"字十号，女尸，年约五十二岁，青泰西缎绵袄，蓝布裤子（系王登洪之妻，下堂子罗得裕之母）。

"鹅"字十一号，男尸，年二十余岁，西装，体胖，爱国布长夹袄，青摹本卧暖袋，博绸里席法布短褂裤，缎鞋洋袜，青丝脚带，青摹本套裤，丝结三股裤带（业经周芦生认明系其亲戚）。

"鹅"字十二号，女尸，年十五六岁，菜绿条花呢夹袄、夹裤，青洋袜，小辫子，有小钱袋一个，银顶针一个。

"鹅"字十三号，女尸，年三十余岁，青花缎夹袄，青裤腰青花缎裤子，花边白竹布内衣，四寸脚，青缎鞋。

"阳"字一号，男尸，系"江宽"西崽。

"阳"字二号，女尸，格子花褂，丝罗缎裤，小辫子，布鞋，年约二十岁，似系丫头。

"阳"字三号，军人，衣皂布军衣，青布鞋，洋袜，皂布裹腿，约二十余岁，外小皮夹一个，内有铜铸"官矿"二字，腰藏银洋六元，小官票四张，大官票十二张，正金钞票十五张，计洋一百五十元。

"鄂"字一号，女尸，年五十余岁，中等身材，头上无发，青洋布褂，青布腰袄，系围腰，青洋布夹裤，六寸天然脚。

"魏"字二号，西人，男尸，约三十余岁，黄发，无须，青呢夹袄、夹裤，黑皮鞋，并穿救命衣一件。

"葛"字一号，男尸，夹裤，朝鞋，西装，头发。

"葛"字二号，男尸，业经高升栈认定系该栈伙。

粤汉铁路湘鄂局工程司张君家属多名均遭是难，现出通启，悬金打捞，计开：妇女一口，年四十岁，身肥，天足，身着黑洋线布外衫，内着蓝白方格子布衫，白呢红长格子布裤，悬挂金练条一根，耳戴嵌绿宝石金圈，手上小金戒一只，翡翠戒一只；男孩一名，年七岁，名炎林，身着白大布衫，下着白洋布红方格花裤；女孩一口，年四岁，名毛毛，全身着白卫生衫裤；仆妇二口，一年四十余岁，一年二十三四岁；婢女一口，年十一岁。

（1918 年 5 月 6 日，第 6 版）

"江宽"轮船失事九纪

——茶房妇投缳殉节

绍兴人金四荣，年二十四岁，住居海宁路高寿里，在"江宽"轮船充当茶房已阅二年。自"江宽"失事后，其家属即四处探访，及至昨日得悉已遭淹毙，金妻痛夫惨死，即以绳自缢殉节，迨同居及伊姑觉察，业已气绝，无可挽救。现伊家仅存迈姑及襁褓中一子，殊可惨也。

（1918 年 5 月 6 日，第 10 版）

"江宽" 失事后之零零碎碎

招商局 "江宽" 商轮被 "楚材" 撞沉惨剧迭纪报端，兹据该船执事述及该轮星期日由申开行，系独班，故装货、搭客均较平素增多，在申卖客票一千二百张。至通州、江阴、镇江、十二圩、南京、芜湖、大通、安庆、九江各埠，卸客较上客为多。至九江以上湖口、黄石港、武穴各码头，上下平均。至汉口，约有搭客八百余人。当时救起三百余人，死于水者实有五百余人。

又闻 "楚材" 兵舰撞沉 "江宽" 商轮，断为两截，顺流东下，沿途小划绕围该轮，或取其材料，或攫其钱货，不啻蚁之附膻。一般奸贪划夫往往将死尸衣物剥尽，仍推之入水。有一少妇怀中紧抱一小儿，衣物首饰尽被船户吴某剥夺，依然推入水中，并攫得皮箱一口（咸谓内藏银钱甚夥），携还家去，旋为红十字会与水警调查所悉，当夜即将其所夺财物全数抄出充公，并将其人送县惩办。汉口慈善会复江汉关函云：

> 敬复者，昨奉大函，以前日 "江宽" 轮船被撞沉没，内有英人船主、大副等溺毙，至今尸身未获，特饬敝会如果捞获，即行知照等因，至会。遵即于一号晨早趁轮前往调查，询据敝会督同捞尸会员声称，该轮英人大副已于上月三十号晨早捞获，业经装殓，并督催打捞各尸复于今日早十句钟即将该轮英人船主尸身捞起装殓，所有两棺均交招商汉局妥为安置，缘奉前因，用特函复，即请鉴核为荷。

又闻 "江宽" 船长之尸身已于一日捞获，由官场验明溺毙无讹后，即于二日在汉口安葬。

鄂岸榷运局长熊宾昨致汉口慈善会函云：

> 此次 "江宽" 失事，溺毙数百人，实历来未有之灾，惨不忍言。

弟有两子，由南京学堂回来，次子春煦落水无着，尸尚未获，幸三子春焘遇救得免，洵属侥幸。惟此次无主之尸甚多，贵堂用费必巨。兹捐助临时经费一百串，即希查收为荷。

广东人李述溪前日由沪搭"江宽"轮船来汉，该轮被撞沉没，致遭溺毙，现在尸身漂流，不知何处。其人年五十六岁，光头无须，身穿黑缎衣，带有金练，口镶白磁牙。俄界泰升印书馆昨在汉悬赏钱八百串，如有捞获此人，即行给赏，未知能否捞获也。

红十字会汉口分会续将捞获尸首注明年岁、衣履，送请各报登载，以便家属至丹水池认领，抄单如下：

"鹅"字十三号，女尸，年三十一二岁，巴巴头，青花摹本夹袄，青湖绉裤，滚花边白布褂裤，五寸脚，青缎鞋，白袜。

"鹅"字十四号，女尸，年十七八岁，头梳辫子，中等身材，爱国布褂，青缎裤，小脚，白洋袜，元色缎鞋，白线裤腰带。

"鹅"字十五号，男尸，年三十余岁，面圆，外着蓝布对襟褂，白卫生褂，白绒裤，棉布板带皮鞋。

"鹅"字十六号，女尸，年二十余岁，面圆，两额上贴有膏药，白洋褂花衬褂，蓝布裤，白线布衬裤，青裤腰带，四寸脚，洋袜，二双太西缎鞋。

"鹅"字十七号，女尸，年五十余岁，花白发，露顶，玉色湖绸棉袄，斜纹羽绫里缎滚通身，两道韭菜边，内着青湖绸夹袄，蓝洋布里白对襟褂，起花青丝罗缎夹裤，蓝布里蓝布衬裤，白布裤带，五寸脚，白竹布袜，白脚带青缎皮底鞋。

"鹅"字十八号，男尸，业经鄂巡舰认明系督军署职员李文龙，由鄂巡领归。

"鹅"字十九号，男尸，年约三十岁，面圆，着灰色军服，有蓝洋布征章，系狄建福陆军第六混成旅步兵一团三等差遣，哈七布西衣，布军鞋。

"鹅"字第二十号，女尸，年二十余岁，面圆，拭花头，青斜纹羽绫夹袄，青花文明缎夹裤，淡洋布里卫生褂，青湖绸裙，四寸脚，青袄。

"鹅"字二十一号，男尸，年二十余岁，面长，白布对襟洋褂，青布对襟夹领褂，蓝布单裤，青布夹套裤，洋袄，布鞋。

"鹅"字二十二号，男尸，年约四十上下，光头，无须，长大身材，赤体。

"阳"字六号，童尸一具，年约十岁，身穿灰爱国布和尚衣，点子洋布对褂子，柳条布裤子，开档，腰捆小板带，内有骰子二粒。

"阳"字七号，男尸，年约二十余岁，蓝爱国布对襟，短夹袄，柳条布里小方格子布裤，褂宽板带，白洋袜，元色洋线宽脚带。

"阳"字八号，男尸，年三十余岁，身穿元青太西缎照袍，起花文明绸棉袍，白花汗衫，二蓝大花摹本夹裤，斜方格点子洋布衬裤，白洋袜，和尚头。

"地"字五号，男尸，年三十余岁，青线布对襟棉袄，字花布短褂，白布裤子，白竹布袜子，灰色脚带，无鞋。

"地"字六号，男尸，年三十余岁，上身无衣，青洋布夹裤，洋布单裤，白洋布袜子，青太西缎，双梁鞋，内有银洋三元。

"地"字八号，男尸，年四十余岁，青线布夹袄，青洋布棉领褂，柳条布对襟短褂，爱国布棉裤，柳条布单裤，又包袱内有台票七十大张，账簿一本，上有"民国七年二月"字样，青缎子领褂，皮领蓝布长夹袍子，起花太西缎小袖子，马褂绿丝罗缎夹套裤，蓝洋布长褂，青丝带一副，瓜皮帽一顶，又蓝洋布长褂一件，蓝布袍一个。

（1918 年 5 月 7 日，第 6 版）

"江宽"撞沉后之赣省消息

"江宽"轮撞沉后，有人从九江探报回赣，谓九江一处买"江宽"票者是日计一百三十余人，内中赣人居十之八九，今赣人得庆生还者不过二三十人，约计当不下六七十人同归于尽。现赣人之存亡莫卜者甚多，各该家属以不知其人下落，大都啼啼哭哭，专人至九江探问，或分电京、汉两处细询行踪。现在有得回报者，亦有未得回报者，故近两日来如算命、测字摊生意极佳，大都系未得回报之各家属前往求神问卦，以占吉凶。又，军械局长李和卿此次令其第四弟送其妾及大、三两女暨前省防二团三营军医张仪洲夫人同伴回汴，并派传达刘允恭一人护送赴汉，于上月二十五日在浔乘"江宽"上驶，行至谌家矶被兵舰撞沉，时遇洋油公司汽船两艘施救，将李妾暨第三女并李弟、传达先后救起，惟大女暨张夫人未有下落。日昨汉口慈善会有电致李局长云：

> 江西军械局李和卿君鉴："江宽"被军舰撞没，尊夫人及令郎已救起，刻有病在迎宾馆，请速来汉云云。

兹将此次已经获救赣籍姓名志下：

周厚安、彭家国、陈继荪、彭荣定、周绍堂、彭家贵、彭永廷、邱炳儿、王梦楼、程文达、黄国海、万英训、周良飞、蔡伯令、罗太平、李雨金。

（1918 年 5 月 7 日，第 6 版）

"江宽"失事后之种种

前十六旅旅长杨桂堂随段总理来鄂，"楚材"兵舰撞沉"江宽"时，杨旅长及副官罗凤阁同时淹毙。昨段总理亲拍电与驻汉人和里第二十师司令部，令其设法打捞，务获尸身。

"江宽"茶房名阿四者（前曾为招商局员王某之车夫）于此次该轮被"楚材"舰猛撞时跃登该舰，讵该舰兵士以枪相向，仍欲推之落水，经阿四哀求，遂将其身畔搜索一遍，所有银洋什物悉数取去，复痛打一顿，始得暂留该舰，幸保性命。并闻当时落水之人欲攀登该舰者，该舰兵士竟对之开枪，使之不能相近云。

又闻段总理昨致电军署，极意谢过，并捐一千元以助善举。

武昌各善堂以今番对于此举深为抱歉，特于二号在积善堂公议，临时既未尽力，事后不能不为资助，拟于汉口慈善会演剧筹资，极力赞助云。

此次"江宽"被"楚材"撞沉，溺毙人命数百，损失货财不可数计，社会商民金谓"楚材"之误。乃据官场传言，则云"江宽"自误。将来终结之裁判，"江宽"一切损失恐难如数赔赎。或云"江宽"乃中国商轮，非外国商轮可比，纵理直气壮，亦难占完全胜利云。

武岳路第一段华工程司张克明眷属乘"江宽"被"楚材"撞沉溺毙。闻张年四十，原籍江苏，由山海关铁路学校毕业，曾充道清、沪宁、广九各铁路工程司，素娴英文，为詹督办所器重，调充武岳路工程司，数年以来不克返里，所生幼子尚未见过，故特迁眷来鄂，以便骨肉团聚，讵不幸遭此浩劫，主仆七人同归于尽。张痛哭异常，终日以泪洗面，由路局同人分途打捞尸首，江流浩荡，音信毫无，刻由路警会同水警寻尸，迄无所获。

汉口慈善会、红十字会派会员王寿山等携带水摸六十名，前往失事之处，设法打捞尸身，前只捞获三十余具。二号，该会员等有信来汉，谓连日捞获之尸连前所获共计有一百余具，并嘱该会赶送棺木，以便拍照装殓。该会当于是日雇轮装载大批棺木前往。鄂岸榷运局长熊晋阁之子熊春煦亦经捞起，惟头目、身体均已腐坏，令人难认，只有套裤一只可认。该局长现已派人前往领回，备棺殓埋矣。

民人朱祥发前日由沪携带眷属七名搭"江宽"轮船来汉，同罹浩劫。朱女小毛年十三岁，被舒恒兴救起，得庆重生。现正打捞朱与家属六名尸身，尚无所获。

汉口慈善会近因"江宽"失事，派人赴丹水池江面设法打捞尸身，已获者一律拍照备棺装殓，悬牌招领。每领尸棺一具，发给抚恤洋百元。讵近日市上竟有忍心害理之人，冒充尸亲，赴会领埋，意图冒领恤金。现为该会查觉，特设法取缔。以后领棺之人必须出具保结，否则不得给领，以杜弊端。

孙君燮昨致汉口慈善会函云：

> 弟日前由轮经过"江宽"被灾之处，见其尸棺埋积如山，小轮拖埋络绎不绝，惨目伤心，实不忍睹。论者谓兵舰立停施救，或者命劫不致如此之多，是否真相，姑不具论。惟据就地谈者，"江宽"沉下不过五六分钟，搭客急奔船顶，得庆更生者居多，在舱中及撞时受伤之人因船沉太速，多数随船下压，是以浮尸遂多。言之成理，未可为非。或候该船保险行家勘视，循向舱中探摸，苟得尸首巢穴，免致葬于鱼腹。是否有当，想诸大善长智虑藻密，无待管窥琐陈也。兹奉上

官票一百串，仰祈查收，掣掷收条。此款专指"江宽"之需，明知涔蹄一勺，无补车薪，尚乞原谅云云。

又，宁波会馆特派调查员续行报告云：五月一日上午八时半，由汉埠开轮，认尸亲属搭船者计二十余人。九时至丹水池，所获二尸，一女一孩。谌家矶方面有南洋烟草公司加意巡捞，已获四尸。十二时至阳逻，该处有培心善堂及红十字会照料，前后计获八尸。昨日余鉴谌家矶下游由南洋烟草公司捞尸多名。再下即五通口，亦可设法寻捞，特与培心堂堂董商议，据云捞尸船可以办到，惜苦于经费，有志未逮。余即允应费若干，由敝会担任，当与官票三十千，托其赶办，如有成效，款再续付。是日询其派船几只，据云已雇十只，向上游去捞矣。余复查阳逻八尸内，一名系阳逻人，在"江宽"充茶房而尸余至水乡，即有亲属认领；又一尸身藏正金银行钞票一百五十元，铜制"官矿"牌一块，是前一日由许振廷在该堂挂号者，余亦在座，其年貌服式一一相符，余亦转知许君矣。三时半又鼓轮而上，至谌家矶。是日计捞六尸，足以备记载者一系榷运局熊君之公子，其一证据甚多，可必其在"楚材"兵轮而落水者，身藏叶恭绰名片三十余张，著名官长名片数十张，条子、荐书不一而足，且有入觐大总统券一张，至见其乘车票旁注"次长叶恭绰使役一人"，知是叶之跟随也。嗣至丹水池，据云有捞船十只，由阳逻而来者，欲在丹水池江面打捞，水警谓其无团体确实关照，遂挥之使下。余轮至五通口江面，见此十船即是也。是日五时为止，自丹水池、谌家矶、阳逻、葛店、鹅公颈、团风、观音阁等处共计一百零九名。次日为阳逻捞船事，七时即至丹水池登岸，红十字会、慈善会办事诸君尚未至，无甚记载。惟岸旁有徐字白旗捞船七八只，预备向江面打捞。至谌家矶，又新获二尸，一男一女。该女尸着最新式套裙，带真珠环袖边缘新式硬桂，是一时髦者。凡有亲属，一认即知。十时半至阳逻，闻所雇捞尸船十只，复向五通口江面捞矣。十二时，江上风浪骤起，对岸一小船被风所淹，幸当时小轮、红船甚多，实时往救，船中二人俱得更生，亦云幸矣。一时许，余在红十字会红船内，有一安徽人来红十字会挂号，其所述诸端适与上午所捞获一尸相符，即率其亲侄往认，侄大号，尸竟鲜血横流，可惨之至。余历观亲属认到之时，莫不皆然。可知躯壳虽死，而一点灵魂尚在也。二时二十分，复鼓轮上驶谌家矶、丹水池，复有捞获，统计如下：淡水池七十二名，谌家矶二十一名，阳逻十八名，鹅公颈上下二十七名，共计一百三十八名。以上系五月二号五时为止。

（1918 年 5 月 8 日，第 6 版）

南京快信

吕调元家属在"江宽"轮船被难，吕昨由沪乘车来宁，于今晨乘轮赴汉，闻吕之全眷尸身均未捞获云。

（1918 年 5 月 8 日，第 6 版）

"江宽"失事后感言

人心之险诈残忍，至今日而极，苟有所利，虽忍心害理，悍然莫顾。观于此次"江宽"惨剧后之搜取财物、捞剥尸衣、冒领恤费等事，益见世风之不古矣。

（1918 年 5 月 8 日，第 7 版）

"江宽"轮船失事十志

招商局"江宽"商轮在汉口下游被"楚材"兵轮撞沉，损失生命财产至巨，业经被难家属迭次到局，请求交涉。惟沪、鄂相隔较远，必俟调查详确，始能筹议，故由该局董事会议决，公推施子英、傅筱庵两君为代表，于前日起程，先赴汉口调查失事情形及被难实在人数，然后乘京汉火车赴京谒见段总理，要求赔偿抚恤云。

该局行驶长江之"江新"、"江华"、"江裕"、"江永"、"江孚"、"快利"、"固陵"等各船员、买办人等因"江宽"惨遭不测，每船捐助一百元、二百元不等，以恤被难之人。

"江宽"买办卓达吾当该轮被撞后曾经落水阅两小时，始得遇救，现留汉口筹商一切善后事宜及预备质证。

该轮船员淹毙者，计船主一人，尸身已获，二、三司机二人（以上西人），二、三领港二人（二领港本已出险，因有人托带金条，回身携取，遭难），副账房二人，管货舱司事七人，茶房二十余人。各茶房因买办当时在船，至船已沉下方行，故各茶房得免者甚少。

当相撞时，"楚材"各卫兵本奉有秘密命令，严防奸细，闻有巨声，误为炸弹，即突开排枪两排。

"楚材"上之罗副官等，于碰撞后，曾至悬梯察看情形，因有上面缆绳跌下，带入江心溺毙。

汉口栈房买办姚荣根当"江宽"肇事后，于十二时招留被难获救之男女搭客一百余人至栈暂歇，姚见各人衣裤尽湿，并即饬人至街市购买，给予更换，所需女衣则至其家及各办事员家中取来，与之易换。

"江宽"之第三层台格与船身分为两截，故随水下流，余至洋逻，距汉六十里之遥始被截住。

（1918 年 5 月 8 日，第 10 版）

"江宽"案善后之近闻

慈善会、十字会连日多派水摸在失事之处设法打捞，各水摸均用绳系身而下。该处水深共计七丈二尺有奇，讯据水摸云，寻觅该轮下层，但见铁柱林立，伊恐系身之绳为铁柱攀住，己亦不能出水，故不敢探进官舱。现在设法用斧将船板撬开，然后再捞尸身。但火舱切近与撞破之处，所载客商多半成为肉酱，将来亦无尸可获，其惨状真有令人不堪言者矣。

民人梁启崇近因完婚在即，函致上海接其姊梁八姑来汉吃酒。其姊当带一六岁幼孩及亲属共十一人搭"江宽"轮来汉，其姊与幼孩幸经救起，并救活婢女一名，其亲属八名则不知淹毙何处，现未打捞，尸身尚无所获。据上海公票局电告，该轮是日售票八百四十张，除救起三百余人外，实淹毙五百余人。前日夜间大雷雨之时，谌家矶江面忽浮起死尸百数十具，本镇各慈善团体派人前往捞起，异常忙碌。

武汉总稽查处长刘有才昨致汉口慈善会函云：

敬启者：昨奉督军令开，顷接吕燮甫之子少吾来函一件，抄送察阅，即希速派人赴黄州大冶一带协同水警于回溜处所设法寻捞，如有下落，望速函知。除分电黄州谢团长、曹知事及大冶陶知事一体协寻外，相应函达，查照办理等因。奉此，查打捞尸身，近赖贵会大力，日有所获，相应录函附单，请烦查照。如有此项尸身，务恳示知，以便转达是感。

附吕振球来函云：

子帅老伯大人钧鉴，敬泣禀者：十五夜"江宽"轮失事，家母及长儿献生失踪，遍处捞寻，迄无着落。顷电家严，示请老伯通电沿江警察、各县及下流各省，捞起或生或死，与年岁、衣服相符，即转电认领，酌加重赏；并请转沿江下游各乡，查明已否捞有尸首就中有无年岁、衣服相符。除将家母及献儿年岁、衣服另行开明外，用特恳求老伯设法捞寻。临书昏迷，不知所云。家母喻氏年五十四岁，身穿白色爱国布夹袄，灰爱国布夹裤，外套灰爱国布棉套，裤腿裹白带，足穿黑皮鞋，发节绞有白线。献生儿年十一岁，身穿柳条布单褂裤，线春夹套裤，灰色爱国布小棉袄，改良绫绸小花夹袄，白竹布袜，黑布鞋。

"江宽"轮船撞沉后，招商局当即急电通知下游各局暨各洋棚一体尽力设法多派划船，巡逻江面，遇有尸身，打捞、拍照、收殓，并将照片迅即寄汉，以备认领。今接黄州洋棚来函，称"江宽"后身上半截浮于洋棚下数里，下半截不知沉于何处云云。比由水警专署与督军署张副官及汉口红十字会副会长王琴甫磋商，已将该舱面全行拆毁，以便捞尸、拍照、收殓，俾尸亲可以认领。

中国南洋兄弟烟草公司驻汉经理容少彭日昨会同刘少舫、郭志忠二君暨红十字会各团（体）联合会代表王森甫君，青年会代表谢德、郭礼钧二君，广东医院代表关智三君，医学研究会代表崔浣香君等，乘红十字会小火轮往丹水池、谌家矶、阳逻一带抚恤被难家属，饥者施以食，病者疗以药，足迹所到，无不欢迎。兹将经过各地情形述之于下：

丹水池方面，"江宽"在该地沉没，其船身现离水面约五六丈，已由慈善会、红十字会雇有水猫在该地打捞，尸身计被捞起百余名，虽拍照、装殓，然已难辨真相矣。汪志安在该地督率一切。嗣见南洋公司及各团体来此抚恤，灾黎极表欢迎，并谓贵公司既在谌家矶设有厝所，捞救尸身，在上游者可由敝慈善会装送，在下游者可由红十字会装送云云。容君答谢后，各国代表巡视一周，并将所带食品药物分发各被难者，乃鼓轮东巡。

谌家矶方面，南洋公司设厝所于其地，并派有红船一只、水猫多名，现在捞起尸身二十名。内有小女孩一名，年约十二岁，衣花布衫，着黑皮鞋，闻系淮盐公所徐某之婢女名欢喜者，当由南洋公司着人通知尸主领认。

阳逻方面，阳逻离汉六十里，江流至此，折而向东。该地原有培心善堂一所，专做收殓浮尸等事业，此次容氏莅止，捐助五十串。红十字会设棚于其地，其他金武、永安、培心、济生各善堂均有红船驻守，共捞救尸身二十一名。内有一名，系由红十字会长王琴甫由团风返至三江口捞获者；又有一尸系昨午捞起者，经该尸亲认明，确系镇江鸿安公司买办李时溪君，现已由该尸亲备棺装殓矣。至于各被难家属寻觅尸身者，尤指不胜屈。又有出传单寻张森甫（闻系冯少竹之舅，广东人）者。后该公司主任复同各代表将药品食物分赠各被难者，始鼓轮返汉。

（1918 年 5 月 9 日，第 6 版）

皖省军事

〖上略〗此次招商"江宽"被兵轮撞沉，遇救者不及三百人，而溺毙者实居多数。现皖政绅商界以安庆搭客在该轮被难者甚多，特集议就商会附设"'江宽'轮船安庆被难人民请恤事务所"，凡被难家属及有关系者均赴该处报名，以五月三十日为止，一俟报齐，汇案呈请政府抚恤。

〖下略〗

（1918 年 5 月 9 日，第 6 版）

"江宽"轮船失事十一志

昨据汉口来客述及此次"江宽"被"楚材"撞沉,船中搭客除小孩外,实载客七百六十名,船员约二百左右,救起者约三百人。现"江宽"已无踪迹,而"楚材"则停泊汉口江边,由美国巡舰驻泊于旁。刻美孚火油公司已向吾国外部提起交涉,闻其理由为,派小轮驶往捞救搭客,该兵舰不应向拖救之轮开放排枪云云。现"楚材"舰员等大都离舰登岸游玩,或已他去。"江宽"船主则已证实溺毙,招商局亦已向政府交涉矣。

(1918 年 5 月 9 日,第 10 版)

"江宽"失事之捞尸未竣

财政厅长张寿镛昨致函汉口慈善会,捐洋一百元,为拯捞尸身之费。南洋兄弟烟草公司现又捞获尸身十八具,续纪于下:

第十八号,男尸,年约四十二三岁,头平顶,身穿蓝布短褂、爱国布长夹袄、大呢马褂,下穿蓝布裤、青布夹套裤、白竹布袜棉、布鞋子,底下有钉青色袜带。

第十九号,男尸,年约十四五,平顶,身穿筷子头花布短衣,下穿蓝布裤、细羽绫夹裤、黑色洋袜、双梁鞋子。

第二十号,女尸一具,年约二十三四,耳带珍珠环子一对,内身穿卫生衣、青色外国布衣,袖口吸花,下身穿白洋布柳条裤,外罩新式泰西缎裙一条,脚穿丝光袜子、洋皮鞋,手带金戒指一只,尚未脱下。由广东人梁振华之弟梁昌君认领,据称系其妻室。

第二十一号,男尸,年约三十八九岁,身穿丝罗缎夹马褂、羽纱夹长袍,青里内着白线布汗衫一套、丝罗缎夹衣一件,明袋三个,青缎裤一条,暗袋二个,丝带洋袜,猪肚样腰带一个,西式皮鞋,口内金牙二只,眼镜空盒一个,日记部[簿]一本,金戒指一只,自来墨水笔一枝。

第二十二号,小女尸,年约十二三岁,身穿蓝地白花布衫、绿色电光布裤、布鞋。

第二十三号，男尸，年约三十四五岁，身穿白棉布褂子，又毛蓝领褂洋缎长夹袍，蓝洋布里内蓝洋布棉袄，青布夹裤，青布棉套裤，洋布袜，棉纱花带、青帆布板带，癞痢头，发长约五寸。

第二十四号，男尸，年约三十一岁，平顶，葡萄色夹长衫，枣红夹裤，蓝布里蓝布汗衣，绿色脚带，金牙一只。

第二十五号，男尸，约三十七八岁，平顶装，身穿青呢短夹袄、对襟青洋呢背心、白洋绒短褂、白线布夹裤、红线袜、皮鞋。

第二十六号，男尸，约三十岁之谱，平顶，身穿白线布短褂、破蓝布裤子，蓝布板带，赤足锁匙二条。

第二十七号，男尸，年约十七八，身穿白线布短衫，明袋二个，棉线蓝花带，蓝色洋袜子，未有下衣。

第二十八号，男尸，约二十四五岁，平顶，上有三个巴子，内穿白布短褂，外穿青布短夹袍，蓝布里插腰袋，青羽绫套裤，蓝布里洋纱板带，洋袜，蓝洋纱脚带，青布鞋子，身上有名片一张，载明"王汉廷，云泉楚黄"，片后写"九江中洋街口鸿盛斋"字样。

第二十九号，男尸，约五十余岁，面上有胡须，身穿斗绸棉袍，灰色绸里，外穿洋布衫，内穿白洋布短褂，下穿白布裤，宽板带，灰色棉套裤，元色袜。

第三十号，女尸，约二十七八岁，身着蓝色格布衫，下穿蓝布裤，电光绸夹青带子，蓝布袜，镀金耳环一对。

第三十一号，男小孩尸，约五六岁，身着电光爱国布夹袍、电光花爱国布裤、白袜。

第三十二号，男尸，约十三四岁，身穿格布短衣、白布暖肚格布裤、洋布夹套裤、花裤带、白布袜子。

第三十三号，女尸，年约三十余岁，身着柳条布衫、花布夹袄、电光布花背心、花布里，下身穿老蓝布裤，外着浅蓝布裤，白布袜，青色带子，大脚，青布双梁鞋。

第三十四号，男尸，约三十余岁，身穿黄色军衣洋布袜，名片上刻"曲召禄"字样。

第三十五号，男尸，约三十二三岁，身穿白布衫裤，外穿青线布夹袍，月口袋三个，青线布夹套裤，白布袜青缎袜带，光头。

姚君翰元以前日"江宽"轮船被撞沉没，溺毙搭客数百名，言之殊堪惨痛，现正打捞尸身，尚未尽获，其遭难之苦，不堪言状。刻已议定俟打捞毕，在沉溺之处延请僧道，修建水陆道场，施放焰口，诵《灵宝度人经》并《玉录血湖经》各一藏，俾各死者早登仙界，所有用款即在柏泉赈款支给。

(1918 年 5 月 10 日，第 7 版)

商轮果又撞耶

讷

便利交通之具，除火车外厥为商轮，故商轮者，行旅之生命所寄托者也。自"普济"、"江宽"两次失事后，人人闻而惊心，不得不叹行旅之遭厄运矣。乃不谓昨日沪上又传"升平"与"爱仁"互撞之事。使传而不实，吾为旅客幸；又使撞而不重，不过吃一虚惊，吾亦为旅客慰；若不幸而有意外之损失，则吾商民何厄运之多耶！吾诚不能不悬悬于心，而深望所传之非其真也。

(1918 年 5 月 10 日，第 11 版)

"江宽"轮船失事十二志

"江宽"轮船在汉口被"楚材"军舰撞沉，详情已迭纪前报。兹有遇救生还之茶房及货舱司事、水手人等五十三人，于昨日由汉口回沪，行李衣服均已无着。闻若辈在汉时，曾向买办卓达吾请求资助，卓以同遭斯难，无力照顾，若辈乃勉强回沪。即至带钩桥德星楼茶肆集议，预备联名缮具理由书，向招商局账房递陈苦情，要求赔偿损失云。

(1918 年 5 月 10 日，第 10 版)

"江宽"二领港家属来函

顷阅报载"江宽"遇险事，有二领港本已出险，因有人托带金条，回身携取遭难等语，殊失真相。二领港并未携带金条，显系传闻失实，恐滋误会，用特函告，请为更正为荷。二领港家属谨上。

（1918年5月10日，第11版）

"江宽"要求赔偿之续闻

"江宽"商轮被"楚材"撞沉后，由招商局向政府要求赔偿损失，已志昨报。兹悉政府仅允赔偿六十万元了事，招商局则以"江宽"船年龄虽老，机件船身皆尚可用。此次惨遭撞沉，营业上已受重大打击，若更赔偿不足，益增损失，是岂政府体恤商艰之本意？且当商业竞争时代，举目江航，莫非外力弥漫之点。赖以驶行扬子江流，而与外力驰骋者，仅此数船而已。在政府方面正宜曲予保护，隆其待遇，以资提倡，而示维持。故一面要求政府坚执前说，须赔偿损失二百万元（一说一百二十万元），一面又向商会联合会陈诉，请公同代向政府呼吁，务须达到圆满结果为止。但政府能否如愿以偿，尚在虚无飘渺之中，非局外人所能决定也。

又闻"楚材"之大副曾由王督军发交军法处严行审理，兹闻王督军复将舰长及二副一并送交军法处审讯，结果俟探明续志。

（1918年5月13日，第6版）

撞沉"江宽"案之近讯
——招商局请开特别法庭

段总理南行之际，"楚材"兵轮撞沉"江宽"，哀呼遍地，怨毒溺天。政府三日接上海招商局董事会蒸日来电，略谓"江宽"被"楚材"撞沉一案，非组织特别法庭不足以招［昭］折服，应请电饬鄂省，即将"楚材"舰长等克日委员带同来沪，由官、商两界华洋人员公举公正人，先开谈判，如不能决，再组特别法庭。恳格外维持，迅饬遵办云云。然将来即审判之后，对此不仁之舰员，其将奈之何也？又闻"楚材"兵轮自将"江宽"撞沉，即移泊白沙洲造纸厂前。兹闻该轮管带赵德胜以该轮受伤甚重，若不修理，将来愈难收拾，呈请督军派员承办，招工估修。王督军以现在招商局已有提起诉讼之准备，"楚材"受伤亦重，当然作为被告证据，目前万不能赶修，必俟诉讼终结，方得修理。十号已批驳不准矣。

（1918 年 5 月 16 日，第 7 版）

赔偿"江宽"员役之损失

招商局"江宽"轮船在汉被"楚材"兵轮撞沉后，其由美孚各汽船及他轮救起之货舱司事、茶房厨役陈荣生、张和尚等五十二人，曾于日前集议，备具理由，书至上海总局，请求赔偿衣被、行李等损失。当经董事会会长杨杏诚、董事傅筱庵两君察核之下，以若辈生计顿失，殊为可悯，惟所给之款，非由该轮买办领发，无从辨别。故已于前日将款交由买办卓达吾、傅集陈等五十二人，分三等核发，司事每人三十元，茶房每人二十元，厨役下灶等每人十元，以资贴补。

（1918 年 5 月 16 日，第 10 版）

"江宽"案之交部训令

交通部昨训令汉口江汉关监督及德奥轮船管理赵局长云：

据招商局监电称，据汉局电称，四月二十五日戌刻，"江宽"上水行至离汉十里之丹水池地方，被鄂省"楚材"兵舰下水冲撞，船身炸裂，立刻沉没。当夜救起华洋船员及搭客三百余人，船主、二车、三车又洋客一人及华洋各船员人夫，无下落者尚多，究竟淹毙人数若干，刻尚无从查实，已会同慈善会各机关借用小轮、红船设法打捞。又据电称，据救起大车、大副声称，"楚材"行驶无方，撞沉"江宽"后并放枪拒绝逃生人等，是否应派员会查等语。

查兵船与商船坚脆不同，下水与上水顺逆迥异，"楚材"顺流而下，断非上水"江宽"所能抵御。风闻肇事时，总理在船目击，必能格外悯恤。"江宽"实值估本一百二十万元，抚恤赔偿，为费不资，惟有仰求，即将船本先赐拨发恤偿等款，查明呈请，以慰商情，而悯民命等语。查"楚材"系鄂省官轮，"江宽"亦非本部饬调专用之船，与"新裕"成案情形殊异，所有宣统三年定章第九节赔偿船本之例，碍难适用，应按照普通两船相撞办法办理，曲在何轮即由何轮负责。至该两船相撞情形究竟如何？"楚材"放枪拒绝逃生人等有无证明？溺毙华洋人员及搭客究竟若干？捞获尸身已得若干？该"江宽"能否依据四年所定起除沉船章程打捞废船暨货物稍资补救？事关航政，亟应逐件切实考查。兹派该监督局长会同江汉关理船厅详细调查，据实具复，除分令德奥轮船管理局局长赵庆华暨咨请税务处转知税务司电行江汉关税司遴派理船厅人员并电王督军及招商局外，合亟令仰遵照办理，迅速具复。此令。

(1918 年 5 月 19 日，第 6～7 版)

"楚材"舰长解沪就审之要求

招商局"江宽"轮船被"楚材"舰撞沉一案，该局要求赔偿损失约三百万元，政府仅允酌赔六十万，以故该局仍继续交涉。兹悉该局董事会昨又电呈南京军、民两长，略谓"江宽"被撞一案，非组织特别法庭不足以昭折服，应请电饬鄂省，即将"楚材"舰长等由委员带回来沪，由官、商两界华洋人员公举公正人先开谈判，如不能决，再组特别法庭，并恳格外维持，迅饬遵办，以彰公道云云。

(1918 年 5 月 19 日，第 10 版)

酌偿"江宽"员役之损失

招商局"江宽"商轮被"楚材"兵舰撞沉后，所有全船货件及船员搭客之被难者，尚未有赔偿抚恤之办法，详情已迭纪前报。兹悉该轮船员遇救生还者，现经该局议定，无论员役概给洋二十元以偿行李等件之损失，各员役虽不满意，然亦无可如何，故大都赴局收领，惟买办损失尚未议妥云。

（1918 年 5 月 19 日，第 10 版）

"江宽" 撞沉案之近闻

"江宽" 被 "楚材" 撞沉，淹毙人口及损失财产无数，由招商局呈请交通部酌予抚恤赔偿。兹闻交通部以该轮损失人口、货物究有若干，非认真考查明晰，无从办理，特派刘、李二君调查，于十五号乘车到汉，调查此案真相，报部斟酌办理，二君暂寓汉大旅馆。鸿安公司买办李述溪由镇江乘 "江宽" 来汉溺毙，尸尸捞获，闻该家属刻已附 "德兴" 商轮移柩回鹤山县原籍。

各尸亲以 "楚材" 兵舰人员既将轮船撞沉，又见危不救，属惨无人道。刻闻该舰人员已由王督军发交军政执法处讯办，拟联名赴该处呈控，以雪死者之冤云。

王督军以南洋兄弟烟草公司对于 "江宽" 死难诸人，租借小轮红船，随带照相，雇请水摸打捞尸身，实属见义勇为。昨特致函答谢如下：

> 敬启者："江宽" 商轮惨遭巨劫，荷蒙贵公司连日劳苦，打捞被难尸体，仁心侠骨，钦感莫名。兹特书上专函，用表谢忱，即希亮察为幸。专此，敬颂幸福。王占元拜启。（五月十五日）

〖下略〗

（1918 年 5 月 21 日，第 7 版）

"江宽" 失事之余惨

前次 "江宽" 轮船在鄂被 "楚材" 撞沉时，有住居南市南仓街之李懋附乘该轮前往荆县接任县知事，亦同罹斯厄，至今已及一月。昨日季母已携同眷属人等乘招商局 "江裕" 轮船前往运柩归里矣。

（1918 年 5 月 24 日，第 11 版）

索偿"江宽"损失之进行

招商局"江宽"轮船在汉被"楚材"兵舰撞沉，溺毙多命，后迭经该局董事会电致中央要求赔偿船本，并将"楚材"驾驶诸人从严惩办，已屡志前报。兹悉该董事会以"楚材"驾驶人等虽已解京听候审理，而于赔偿一节，迄尚未有切实答复，默窥中央之意，恐将敷衍搪塞。惟事关血本，未可迁延，故又敦促杨杏城迅即赴京，向政府严重交涉。昨杨君已乘车赴宁，改道津浦铁路北上矣。

（1918 年 5 月 25 日，第 10 版）

"江宽"尚在江底

招商局"江宽"商轮被"楚材"兵舰在汉口以下撞沉，溺毙多命，丧失货件，后经招商局向北京政府提起交涉，要求赔偿，业已迭纪前报。兹悉该局董事会现已公推杨杏城君赴京就商，所有"江宽"船身现仍沉陷江底，经该局商由海关一再设法打捞，实难措手，因该处适为江水最急之处，水鬼下水身难自主，故至今无法可施。闻前日又经该局雇令日本探海技师带同助手，前往该处试探矣。

（1918 年 5 月 28 日，第 10 版）

"楚材"舰长解讯之传闻

"楚材"将"江宽"撞沉后，王督即将舰长赵进锐发交军法处看管，而中央复组织海军审判处，专为审理此案。闻中央来电催将赵进锐供词送京，王督遂将赵之供词及"楚材"与"江宽"相撞时之第一、第二、第三要点图说编送至京。至赵则尚羁押于军法处云。但又一函云，海军部组织特别法庭，已委汤铸新将军主审，特电来鄂关提赵进锐进京，以便开审。故王督军于二十八日上午八时许，将赵由军法处提出，交令副官张君协同部委梅君押护渡江，即日乘京汉车启行。此说与前说迥异，尚待续闻。

（1918 年 6 月 3 日，第 7 版）

政界琐闻

——"江宽"船撞沉案近息

"江宽"船为"楚材"舰撞沉一案，政府已令按照两船相撞例集讯审判。招商局必欲要求不待审讯先行赔偿，并引"新裕"被军舰撞沉，政府曾经赔偿为例。据政府中人声称，从前"新裕"系受政府租雇，彼时曾约定如有事故损失，由政府赔偿，是前此"新裕"之受偿，乃契约之结果，与此次"楚材"、"江宽"之关系迥不相同，故未允所请。

（1918 年 6 月 8 日，第 3 版）

中央之政闻零拾

——"楚材"舰长解京

"楚材"撞沉"江宽"一案，政府已有明令，由海军部审理。日前，部中行文鄂督、关提人。兹悉鄂督已派员将楚材舰长赵进锐、二副曾汉卿及一切供词图说详解来京，静候审理。

（1918 年 6 月 9 日，第 6 版）

"江宽"班期之虚悬

招商局之"江宽"轮船自本年阴历三月中旬由沪开汉，在洋火厂江面被"楚材"兵轮撞沉之后，溺毙数百人，迄未了结。所有该轮之班期，曾经招商局董事会拟将现走汉口、宜昌之"快利"轮船替走"江宽"班期。乃"快利"被鄂督军王占元饬汉局暂留武昌，装运兵士军械，往返宜昌、沙市暨岳州、长沙湖南等埠，逐日由督署给还"快利"煤炭等费洋三百元，以致该轮不能自由，是以"江宽"班期刻尚无船补入，各董事颇为踌躇云。

（1918 年 6 月 27 日，第 11 版）

"江宽"被撞案近息

"楚材"撞沉"江宽"案业经海军部组织法庭审讯，迄未解决。政府以"江宽"损失极重，故有赔偿之议，而"楚材"舰长曹进锐犹以赔偿为不当，日前特请三律师拟稿，呈递内容具有理由四种：（一）为"江宽"年龄已老，不撞亦有自沉之势；（二）为"江宽"不究养船，历久未修，且内务废弛，救生具全不能用，致死多人；（三）为航线错误咎在"江宽"；（四）于雷雨之夜，模糊莫辨。该呈文末并申明政府不应全数赔偿该船损失，若照抚恤之例给予恤金，固无不可云云。闻律师中有汪某者辩护最力。

（1918年6月28日，第6版）

上海联保、香港联泰水火险公司赔款可靠

小号前向该公司代理人王拔如君投保水险货物银六千四百两，付搭招商"江宽"轮船往汉，不料该船撞沉，全归失没，幸得两公司调查明确，十足赔偿，具见该公司资本雄厚、信用昭著，诚鼎大名之泰斗也。愧无以报，特登报表扬，俾投保者知所问津焉。

复昌恒、荣康祥、汪义和、泰记同启。

（1918年7月8日，第1版）

"江宽"轮船被撞案近讯

招商局"江宽"商轮被"楚材"炮舰撞沉一案，前经该局特开董事会议，与政府交涉要求赔偿，早志前报。兹悉该局初向政府索赔"江宽"船本，系援"新铭"成例，索偿一百二十万元，政府方面以此次与"新铭"不同，未便援例，仅允六十万元。嗣经该局董事会长杨杏城赴京与政府节次磋商，现已加至八十万。惟该局尚未满意，拟请再加十万，为数无多，当可通融，解决之期当不在远矣。

《大陆报》云，"江宽"轮船被撞沉没一案，不日将在上海中国海军裁判所开审，按照定例，须以海军军官五员承审，而以一人为主审员。海军部因案情重大，已派前充长江水师司令之陈海军中将为主审员，助以海军少将四员，且将公开审讯，预料届时中外人士之观审者必不乏人。按，陈为英国海军学校学生，回华之前，且在英国海军中练习数年之久。

（1918 年 8 月 17 日，第 10 版）

京闻零拾

〖上略〗

"江宽"、"楚材"相撞一案，日来政府方面经几许调处，始允认赔六十万，而招商局方面尚未允承，从中调处之杨杏城已束手，大约仍须有一番纠葛也。又闻海军部对于此案，现已派定专员组织审判处，惟所有川资旅费及约洋员为公证人、鉴定人等所有酬劳、宴会各费，需款甚巨，呈请政府先由财政部拨现洋三万元，以便支用。

（1918 年 8 月 24 日，第 7 版）

"江宽"被撞案闻将开审

英文《沪报》云，招商局"江宽"船在汉口被撞沉没一案，延搁数月，迄未着手开审。兹闻本月三十一日，此案将在沪开始讯究，惟组织法庭者究为何人，今尚未悉云。

（1918 年 8 月 27 日，第 10 版）

"江宽"被撞案行将开审

英文《沪报》云，"江宽"沉船案由海军部派专员至沪开审，已志前报。兹悉开审日期约在九月十日左右，其地点乃在江南制造局新造之海军公署，承审员共七人，五为海军军官，二为文员，文员为许、秦二君。该法庭有传讯证人之权，判决后不再复审。

（1918 年 9 月 1 日，第 10 版）

京华短简

〖上略〗

审理"江宽"一案，部中拟定在沪制造局海军司令部组织法庭审讯后，经鄂督来电反对，亦即复电解释在沪开审用意。并已由部派定承审员五人，另由沪司令部派出二人，共为七人，一切证据均已调查齐楚，本月十号左右或可开庭审理矣。

（1918 年 9 月 9 日，第 3 版）

审理中之"江宽"案消息

"楚材"兵轮撞沉"江宽"一案，交通部以招商局无端受此重大损失，已允俟此案与海军部会审终结后，酌量由政府发款赔偿该局船本。而审讯此案之真相全在当时"楚材"掌舵之曾矮子口供如何，方能决定两造之曲直，故电请王兼省长将曾解沪研讯。曾业于十日起程，其大副及船长赵麻子尚在陆军审判处优待所寄押。预料此案之终结，赵舰长可望从轻发落云。

（1918 年 9 月 16 日，第 7 版）

"江宽"被撞案行将公开审判

"楚材"军舰撞沉"江宽"轮船一案，迭经被难家属及招商局催请政府审理，屡纪前报。兹悉海军部等已在高昌庙海军司令处组织特别法庭，昨日海军部委海军军法司长郑宝菁来沪，即赴海军司令处布置一切，一俟人证到齐，即行定期公开审判云。

（1918 年 9 月 17 日，第 10 版）

武汉近事

因"江宽"轮船被撞，死于难者之家属及遇救者现向汉口红十字会、慈善会及兴业银行报名者达五十人，拟日内由招商局备船送沪，向海军部特设审判处与"楚材"舰长赵进锐质讯。该舰新舰长袁君已令大副、三副于昨日就道赴申对簿。据舰中人云，二副一席向付阙如。

〖下略〗

（1918 年 9 月 22 日，第 7 版）

开审"江宽"案之豫备

"江宽"轮船被"楚材"军舰撞沉一案，由海军部特派海军军法司司长郑宝菁来沪，组织特别法庭审理，已志前报。兹悉此项法庭现就高昌庙海军司令部内组织，将来即在该处开审。连日郑司长正在布置一切，并函致关于此案之各方面人证务即来申报到，以便开审时就近通知到庭。并因"楚材"前舰长现尚滞留京师，昨特电部请饬该舰长迅速投案，以便订期公开审理。

（1918 年 9 月 24 日，第 10 版）

"江宽"案开讯有期

"楚材"军舰撞沉"江宽"商轮，损失全船生命财产一案，由海军部特派军法司司长郑宝菁等来沪组织特别法庭审理，业经郑司长等布置就绪，电部请饬前"楚材"舰长投案等情，已志前报。兹悉此案已定下月四日、五日、七日、八日、九日接续审理。昨日（二十六号）海军部特派员弁二人，将该舰长赵进锐押解来沪，当经郑司长谕交海军营仓看管，听候公开审理，一面由审理处理事许继祥、郑宝菁致函总商会云：

敬启者："江宽"、"楚材"互撞失事一案，前于九月四日奉到来函，嘱将开庭日期知照尊处，当经沪复，俟订定审期再行函达在案。兹定十月四日、五日、七日、八日、九日等日开庭审判，每日上午十时至十二时，下午二时半至五时为开庭期间，专此奉闻。

（1918年9月27日，第10版）

"江宽"损害赔偿之统计

英文《沪报》云，招商局"江宽"轮船被"楚材"撞沉时，装载货物颇多，内有现洋六万元，故除招商局索赔船本一百二十万元外，各保险公司亦将索偿二十万元。再，罹劫者之家属亦将要求赔偿，其数或倍于招商局与保险公司所索赔者，故统计赔款当达数百万元。此案定于下星期一日午后开审，自二时半起至五时止，以五日为限，组织法庭者为蓝建枢、郑宝菁诸人云。

（1918年10月3日，第10版）

"江宽"案展期开审续纪

招商局"江宽"轮船被"楚材"兵轮撞沉一案，曾经海军部委任许继祥、郑宝菁两员来沪，在高昌庙江南造船所海军司令公署组织审理处，原订四日、五日、七日、八日、九日开庭审理，由该审理处主任许继祥、郑宝菁函致总商会，请派人届时来处旁听，并请转知旅沪遇难各搭客前往观审，旋又展期，自七日始开审等情，均纪前报。兹闻此次展期开审，因招商局对于审理一切手续未及完备，是以请为展期。现又经该审理处将此案展限于七日、十一、十二、十四等日开庭，原因于昨日函致总商会请为查照矣。

另一函云，招商局"江宽"商轮被"楚材"兵舰撞沉一案，经海军部派委理事许继祥、郑宝菁来沪，在海军总司令部组织法庭开审期近，所有"江宽"船被难家属及受有损失之各保险行，均已聘定律师，参加诉讼，要求抚恤赔偿。招商局亦聘定英国律师哈华托、中国律师狄梁苏，届时准同该局船务主任陈辉廷、董事会代表傅筱庵出庭陈诉。"江宽"买办卓质廷及船中西员大副、二副、老贵等亦一律预备到庭候质。至"江宽"损失问题，亦经该局与许理事商妥，公请江海关理船厅员英人某氏为鉴定人云。

（1918年10月4日，第10版）

"江宽"案开审之预备

招商局"江宽"轮船被"楚材"兵舰撞沉一案，经海军部委派郑宝菁、许继祥两员来沪，组织特别法庭于海军司令部定期开审等情，业已迭纪前报。兹悉海军部自将该案移沪审理后，已将"楚材"舰长押解来沪。所有"江宽"轮搭客、船员被难各家属，则以该舰长于碰撞"江宽"，将次沉没之时，非但不放舢板救人，反令舰兵用排枪向逃生求救者迎头痛击，连日亦均奔走寻觅当时浮尸水面曾遭排枪击伤头面，后经火油公司小轮救回医愈之水手、机匠等数人为证，会同呈请海军司令部向该法庭参加诉讼，以重人道云。

又闻英法领事届时亦拟到庭观审，业已函致交涉员，请于是日派员导引。陈交涉员已派定交际科陈科长往陪各领事到庭观审。

（1918年10月5日，第10版）

再志"江宽"案开审之预备

招商局"江宽"轮船被"楚材"兵轮撞沉一案，已在江南造船所海军司令部组织审理处，订于星期一开庭等情，迭纪前报。兹闻总商会已聘请律师，并通告遇难各搭客家属来沪接洽，以便届时到庭备质。而招商局业产科经理董事傅筱庵亦聘定律师，将"江宽"船价值与在船中西各职员等损失及抚恤各款开列清折，以便附卷呈送审理处主任核办。

（1918年10月6日，第10版）

"江宽"案第一次审理情形

招商局之"江宽"轮船被"楚材"兵舰撞沉一案，海军部组织军法裁判，委派军法司长许继祥、理事郑宝菁来沪主持办理，一面由鄂督将"楚材"舰长赵进锐及临江管带等押沪交审，已志前报。昨（星期一）为特别法庭实施审理此案之期，审判官主任蓝建枢、总司令、陪席审判官四人（系海军军法官等），特别法庭组织于海军军械科。午后二时许宣布开庭，总商会代被害家属延请之佑尼干律师，及招商局方面之狄梁荪律师，及被告方面之代表许继祥，相继出庭。官厅方面，交通部特派员租船监督萨桐荪、海军部理事郑宝菁等；外人方面，为英、法、美等领事到庭观审。旁听者为被难家属等。当由审判官命"楚材"舰长赵进锐及临江管带等到庭，又命"江宽"船上遇救之员司、客人列证。原告律师主张"江宽"船被"楚材"舰撞沉，损失船价、货物及员司等，要求政府赔偿。政府方面，主张以"楚材"舰系为鄂省差遣之舰，咎归鄂省。许继祥代表舰长主张，亦云"楚材"舰系鄂省军舰，似与政府无干。争持许久，无甚具体。继据佑尼干律师主张，要求堂上以英语审讯，并谓此案开庭期促，殊属仓猝，各方面均未详晰具有禀词，案关重大，要求堂上展缓一星期讯理，俾资审查。各方面均表示同意，当奉堂上准予展缓一星期，再行续讯，遂即宣告闭庭。

又英文《沪报》云，"江宽"案七日在海军司令部开审，毕士华律师以北京政府及失事处之湖北皆无代表到庭，请展缓一星期。招商局所延之好华托律师麦克劳氏反对此议，请仅停审二日，但法庭终判定展缓七天。商会所请之律师为佑尼干，帮办费信惇律师云。

（1918 年 10 月 8 日，第 10 版）

再志"江宽"案开审情形

"江宽"案前日开审情形，昨日各报所载者尚微有不符之处。兹悉是日下午两句半钟，由海军蓝总司令会同海军军官四人升厅开审。蓝君为审判官，招商局及被难船客家属所延律师相继到庭，惟两造并未请有狄梁孙律师。先由检察官许继祥起诉，当厅将经过及现在进行之办法宣读如下：

本年四月二十五日下午约八点钟，在汉口江面，据江汉关之报告，其地约在汉口海关下游四英里之半之处，"江宽"轮船与湖北官轮"楚材"

碰撞。现在两方诉讼，"江宽"之所有者要求"楚材"之所有者赔偿损失，而"楚材"之所有者要求"江宽"之所有者赔偿损失。当初两船相碰之后，对于担负责任问题，两方即各执一词，而又有"楚材"拒绝救生之传闻，必须组织相当之审判机关。所以本年五月十五日，大总统命令海军部组织审判，谨将命令宣读。五月十五日奉大总统令："国务总理段祺瑞呈，'此次劳师南下，于四月二十五日由汉口启行，随从人员乘坐"楚材"兵轮与"江宽"商轮相撞，"楚材"受伤，"江宽"立沉，溺毙多命，所有肇事失慎原因亟应彻查究办。现"楚材"管带及领港等已由湖北督军王占元看管，请令海军部按照海军审判条例秉公审理'等语。着由海军部组织军法会审，传集人证，研讯明确，按律拟办。此令。"海军部奉此命令之后，遵照海军审判条例，组织军法会审办法，着手进行，但对于执行审判之手续、法庭设立之地点、开审之日期，必须派员调查情形。当时派员调查，对于两方诉讼，属于负责以及赔偿问题，认为审判范围以内之事，因碰船事实非经两方证人到场依法审问不能确定曲直，而最重要之调查，是在大总统命令内有溺毙多命之谕，欲就此调查之后定一种保安之方略，使将来航行得安稳、航业得保障、行旅亦得安全，以之预防而改善也。按调查结果对于两船致碰之缘由，湖北方面虽已具有报告，然未经依法讯问证人以前，理事官照例不能据为陈述，诚恐因先入之言，致审官先有成见。本案审判经理事官先期呈明海军部，所有各方证据非经法庭依法讯问，不得资为判决，俾示大公。理事官并奉海军部指令，照饬审判长公平办理在案。至此案之中属于理事最要之职务者，乃审查有无何人侵害法益、涉及刑章者，理事官应就本案审判进行时之机会，为本案外另案之预审。兹特声明，查此案发生迄今已阅五月之久，迟迟开审，原非得已。查碰船日期系本年四月二十五日，迨五月十五日奉大总统命令组织审判，海军部着手调查，约有两月，两造准备诉讼，又约两月，及至本日，方能开审。海军部于本年八月初旬呈请在上海设庭审判，及限期在八月内开审。迨八月十四日奉大总统批准后，理事官旋于八月十七日对于上海招商总局、湖北官厅分别照送通知书。兹将通知书宣读（从略）。

通知书送达后，所有证人非"江宽"、"楚材"之船员、工役者，其系外国人或官吏、公吏，均由理事官呈请海军部分咨各该管辖衙门转饬随传随到，俾两方证据齐全，诉讼便利。此为碰船日起至本日开审所有经过之事实也。至两船致碰，不外四种缘由，其判决方法亦仅有四类：（甲）两船均无错误，其致碰缘由，或因气候之不良，或因异常之情形，法律上所认为不抗力者，按此应判各自担负损失；（乙）两方均有错误，其致碰缘由因对于航行各有缺乏机变者，按此应依何方错误大小之限度，以之比例赔偿多寡之定数；（丙）致碰缘由全在受损失之船航行错误，按此于人无尤，应判自认其损失，而对于他船因碰所受损失，仍应责令赔偿；（丁）致碰缘由全在一方失慎，致他方受损失者，按此应判失慎船之所有者完全赔偿。至本案审问时，对于证据之取舍，可参考军法会审之证据法。现在两方诉讼，各有委任诉讼代理人，招商局方面由法学博士张□云、英国律师马克雷及马斯德等代表，湖北方面由英国律师担文代表，均经理事官照准到庭，执行职务，请法庭依法审问。

许检察长述毕，由招商局代表佑尼干律师起谓，本案开审期促，手续未完，请堂上准延一星期再审。堂上准之，即宣告退庭。

附上海律师公会致司法部两电：

其一

北京司法部总、次长鉴："楚材"、"江宽"肇事一案，现上海总商会登报为"江宽"被难家属及货主代请美籍佑尼干律师行使职务，核与法例不符，且滋流弊，明日即须开庭，乞速商海部电阻。

上海律师公会会长蔡倪培建议，鱼，叩。

其二

鱼电谅达，虞日"江宽"、"楚材"案开庭，非但准许英、美各律师到庭辩论，且由蓝审长允令理事官许继祥用英语陈述，违法丧权，莫此为甚，现正展期一周，乞再速商海部纠正。

上海律师公会会长蔡倪培建议，齐，叩。

（1918 年 10 月 9 日，第 10 版）

"江宽"案证人留沪候讯

招商局"江宽"轮船被"楚材"兵舰撞沉一案，于星期一在海军军械科开始审理等情，已两志前报。兹悉是案有美国证人二人，该美国人系在汉美孚公司为业，对于此事知之甚详，极愿为之佐证。惟此案业已展缓一星期再行开审，该美证人因有要事急须回汉，故昨特面禀美领，即由电话知照交涉公署转致海军审判处，声明离沪原因。旋即接复，谓审讯在即，仍请转商美领知照该美人勿遽往汉，以备佐证。现该美人仍在申候讯云。

（1918 年 10 月 10 日，第 11 版）

招商局来函

十月八日贵报登开审"江宽"被"楚材"撞沉一案，所载访函各节与事实名义均有错误。即如敝局所延律师并非狄君，被告代表亦非许君，特函声明，应请列入来函栏内，以作更正。

商办轮船招商总局启。

（1918 年 10 月 12 日，第 11 版）

"江宽"案延请外籍律师理由

招商局"江宽"轮船被"楚材"兵轮撞沉一案，海军部已委专员来沪，在海军司令公署组织特别法庭，于上星期一第一次开庭，曾经被告律师声请展缓一星期续审，已纪前报。兹悉上海总商会因代遇难搭客之家属及受损失之商人延请美籍律师佑尼干代表出庭，曾接浙江司法协会会长（律师朱鸿远）来函质问，昨由该会函复如下：

> 志瀛先生台鉴：顷承函询，报载为"江宽"被难家属代聘美籍律师有碍国权，是否仅备顾问，抑须出庭代理，即行示复等云。查敝会代"江宽"遇难家属延请律师，视庭上律师为方针。本月七号第一次

开庭，海军部延英国人担文代表毕士华出庭，嗣闻添聘义国人穆安素律师辩护。敝会为被难之家属、受损失之商人延此律师，以期事有归束，且此次所组法庭，有英、美、丹、法四国领事列席，指为内地法庭，恐未尽然云云。

又闻招商局"江宽"方面第一次开庭亦延哈华托、古柏两律师代表英人麦克老、马斯德二氏云。

（1918年10月14日，第10版）

"江宽"案第二次开审纪

昨为海军司令公署组设之特别法庭第二次开审"楚材"兵舰撞沉招商局"江宽"商轮之期，下午二时半，由政府所委海军部及司令处五法官会同理事官许继祥升庭开审。湖北督军代表律师穆安素，招商局代表哈华托、古柏，"楚材"舰长赵进锐代表毕士华等均各出庭，旁听席上有英、法、美、义等国领事。开审时，首由哈华托律师向庭上诘问湖北督军委任穆律师有无凭证，即由穆律师复称，系由王督军委陈少将来沪延请敝律师出庭云云。并由许理事官声称，事诚确实，且向堂上声明湖北督军公署加请穆律师无误（该舰因归湖北差遣，故由王督负责）。穆律师即起而向堂上请求，谓此次王督军所邀见证，汉口美孚煤油公司副总管哈尔斯及该公司小轮船主开恩二人来沪候审多日，今因有事，未便久留，请向该两见证先行询问。堂上准之。遂传哈尔斯、开恩两证人，由毕士华律师盘问。据二证人答称："我两人于四月二十七日晚膳后往门外闲观，即见江中两轮相撞，轰然一声，震惊耳鼓。我等知已肇祸，急令公司中所备之'美明'、'美南'两小轮伙夫生火，由我两人各驾一轮，驶往肇事处施救。即由'美明'救获八十人，'美南'救获一百二十人。获救搭客中，有人抢得'江宽'所备救生圈一个，观之已极破旧。且查碰撞之时，'江宽'系属上水，其在江行驶，确有不照航线之处。而'楚材'因出事地点之江边适为回旋水之处，故下水经过是地，不得不开快车，其咎不在兵舰。且并无开放排枪之事，询之救起之搭客，亦均称未闻枪声。"云云。

述毕，由哈华托律师重行盘问一过，始令休息十五分钟后继续审问。又由穆律师起言，谓两见证既已问毕，应请向原告律师开始审理。于是哈律师起言："敝律师方面亦有一见证西人，业已邀来，惟亦拟即日离沪，请求堂上先向询问。"堂上准即传询。据称名福里帝，乃前乘"江宽"之搭客，"肇祸时我在房中散步，忽睹窗外有一兵舰迎面驶来，直至逼近，尚未避让，致被拦腰猛撞。我急抢救命圈在手，套于身上，其时水尚未入。我向大副云，观此情形，恐水将入内。言未毕，水已着身，只得跳入江内，浮涂①里许，始由福中公司煤船救起。至'江宽'并不改道而行，其咎实在兵舰。且'江宽'之救命圈亦极完好，故能浮于江面"云云。

述毕，复经穆律师向福里帝逐节盘诘良久，问官因时已晚，遂会商散庭。尚有见证华人俟今日续审。又，该舰驾驶大副曾凤祥亦与舰长赵进锐同解来沪就审，昨日在庭候质，未经问及。并闻穆律师现已开出"楚材"损失计银十五万八千三百五十两，若咎在"江宽"，须向招商局索价云。

（1918 年 10 月 15 日，第 10 版）

"江宽"案二次开审之第二日

昨日下午为沪南海军司令处特组之海军军法会审所开第二次审讯"楚材"兵舰撞沉"江宽"商轮一案之第二日，午后二点半钟，仍由海军部所委五法官会同理事许继祥暨各代表律师等出庭审问，旁听席上英、法、美、义等国领事亦皆预焉。开审时，首由原告招商局代表哈华托律师令传"江宽"船大副丹国人亨立生至案，由哈律师令亨声诉一切。

亨立生称："在'江宽'船充任大副，于本年四月二十五日八点钟船过七里河，当由领港照章交代船主驾驶，我轮值六点至十二点一班。肇祸之时，我适在船头上，先见'楚材'桅杆灯，继见红绿灯，遂听见本船放汽声二响。未几，'楚材'放一响。及后，本船又放二响。未及四分钟，即见'楚材'直冲而来。本船已靠左面欲避，讵已不及，即遭'楚材'拦腰猛撞。我知已肇祸，即奔至望台告诉船主，应将本船靠岸行驶。我又往

---

① 涂：tǔn，漂浮。

下舱察看被撞之处，重又奔至船主处，彼应将救生艇放下救人，迟恐不及。言毕，又赴下舱，告诉众搭客，嘱令彼等速往上舱逃生。正在布置间，忽觉船面与船底如脱离状，我即奔入自己房中，取得救命圈，套在身上出外，见两船挤在一处，不久即分离。我知船必沉没，亦即跳入水中逃命，后幸得人救起。"云云。述毕，由穆安素律师逐层盘驳，至三点钟之久。该大副对于失事时间、行驶方向均未记清，不能答复。

继由穆律师问曰："两船相撞时，有无搭客跳过'楚材'？"

亨答："未见。"

穆又问："彼时天气如何？"

答称："极明亮。"

是时，即由穆律师将中国航海袖珍指南交亨查阅，问："四月二十五日太阳几时落山？天色何时黑暗？"

亨答称："书上载六点三十三分落山，七点十八分天黑。"

即由穆律师将书呈堂，证明失事时天气明亮一说之不足为证。并又问亨曰："据尔所述，'江宽'每点钟行七哩，'楚材'行八哩，而失事在末次汽声后四分钟，则失事时两船之距末次汽声时之地点可以推算，应请于图上标明。"

亨答称："不能"。

穆又曰："尔系专门家，应能标出。"

亨乃照办。

旋复经穆律师指出错误，亨言船上罗盘或有错误至一二度者，亦未可知。

穆又问："尔曾否查明罗船究竟错误几度？"

答称："未曾查过。"云云。

直至六时许，始行散庭。法官于离庭时宣告十六、十七两天继续审理，十八日须暂停止，延至二十一日（下星期一）再行开审云。

又一访员报告，昨日续讯"江宽"船被"楚材"兵舰撞沉案，到庭者悉仍其旧，惟旁听人较前日略少。午后二时四十分，宣布开庭。先由理事官许继祥陈述，昨日鄂省代表律师穆安素之翻译译差，"江宽"船向左驶变向右驶，请堂上更正之，并有英、美领事起而作证，昨日确系译差。堂上允为更正。继命证人"江宽"船上之大副西人亨立生上堂，由哈华托代表麦克志律师诘问："尔在船上眼见碰撞否？"

答："因患病在医，上船未几，未碰撞前立在舱面上约五六分钟，到七里滩地方，我立在船上桥梁上，至七点余钟，天色甚明，并无雷电，有三里多路可以望见。"

问："尔在'江宽'船见'楚材'在何处？"

答："在美孚火油池下面。"是时穆律师起而陈述，谓证人言语不甚清楚，应请立正，堂上即命其面立。

麦律师又问："先看见'楚材'何灯？"

答："看见'楚材'桅杆灯，红灯后见绿灯。"

问："尔到底看见'楚材'兵舰在何处？"

答："在美孚火油栈下面，楚材在右边，我立'江宽'船左边。"

问："'江宽'船离开'楚材'有多少路？"

答："约一英里之四一。"

问："'江宽'船系何方向？"

答："船主曾拉回声二响。"

穆律师又起立反对，谓："方向有无改变？"

答："看见在右，其时'江宽'在油栈相近。"

问："听见'楚材'有回声否？"

答："只一极短之回声。"

闻［问］："'楚材'放声后，尔船如何？"

答："只一霎时又听得'江宽'船拉极长之回声二响后，'江宽'仍向左行，看见'楚材'直撞。"

问："尔见撞后有灯否？"

答："看见'楚材'红灯。"

问："撞在何处？"

答："在第二火舱。"

穆律师又起立反对麦律师询证完全引诱。

问："尔在船上桥梁上有无听见电话？"

答："听见有的。"

问："看见红灯之时，尔在何处？"

答："由左往右边。"

问："尔在右边否？"

答："在左边。"

问："尔在右边，看见'楚材'机器快慢否？"

答："不能话。"

问："'江宽'对北江有多路？"

答："约四十余度。"

问："撞后尔如何？"

答："我即跑至桥梁与船主说，叫船主将船驶至岸边（因岸边水浅）。"

问："碰撞之后离开对岸几何？"

答："约五六百尺。"

问："碰时在何地？"

答："在福中公司下邮船之上。"

问："'楚材'撞进有多深？"

答："三四尺，见船首赴北，我即往房间取救命圈，后见势危急，即下舱叫唤客人到舱面。因该船上半系木质，想无妨碍。"

问："当时船掉转方向？"

答："已旋转，由左向右。"

问："'楚材'撞上来有多少时间？"

答："只一霎间。"

穆律师又起立诘问，该大副口供其最关紧要者为"江宽"船方向究在左边，抑在右边？而该大副供"江宽"船始终遵照航线行驶，并未改向，以"江宽"船所行航线其西名西南半西（译音）。

穆律师驳以西南半西不可走。

答："一定可走。"

当讯问时，有"楚材"管带站立观图，麦律师反对，不应在堂指挥。穆律师则谓被告人应当到庭，旋由穆律师问该大副："'江宽'船走多少？"

答："'江宽'一时走七英里，'楚材'走八英里。"此外所供与前相同。

问官以讯理时间规定六时,现已届满,即宣布退庭,并宣布明日续讯,后日停讯,至下星期一再行续讯。

（1918 年 10 月 16 日，第 10 版）

"江宽"案第四次开审记
——继续盘问"江宽"证人

昨日下午二时半,海军军法会审所重行开审"楚材"兵舰撞沉"江宽"商轮一案,仍由各法官会同理事官及代表各律师出庭审理。首由穆安素律师重向"江宽"大副亨立生盘诘,谓:"昨日尔供称'江宽'航行西南之西航路,照招商局所呈原词第八条不符,尔今日欲改正否?"亨答称:"昨日所云'江宽'走西南之西航路,须改为西南之西五十二度。"穆即令其于图上标出此航路。迨亨用铅笔在图上画出后,始自认照此航路确不能行驶。因如在 A 地位须碰及码头,若在 C 地位又须撞及路岸。穆即问曰:"然则此航路实不能行?"亨言:"如船上罗盘无误,此航路实不能行。"

问答毕,乃由哈华托律师向"江宽"第二司机芬兰人某询问出事详细情形,所供与大副大约相同。

供毕,复由穆律师盘诘再三。又由哈律师诘问第三司机人伊立克林,据称"江宽"与"楚材"相碰之后,"楚材"先以锚抛下,及后又将锚抽起,驶过"江宽"船首,再将"江宽"左舷撞伤,其时间约二分钟云云。穆律师待伊述至此,即起而驳称,此说决不能信,因"楚材"与"江宽"互碰后,左右两锚均已失去。伊无词,遂继续供云,"楚材"于碰撞后并不设法救人。穆律师即起而指明,"楚材"船上共有小船五只,左边两只于"江宽"退转时业被损坏无用;其右边两只一系小汽轮,一时不能生火;另一轮则因有兵士三十余人跳入其中,致将一边挂绳压断;至于船尾之小船,仅容二三人,系平时用作洗船之用,故"楚材"彼时实无救人之能力云云。伊又供,初闻"江宽"吹两声,即闻"楚材"答一回声,继又闻"江宽"吹三回声。述至此,穆律师又起而指明此层极关紧要,因"江宽"先吹二回声,系欲显其船上之绿灯,而驶向常行航路之彼一方(即越上行之道而走下行之道)。而"楚材"答一回声者,系欲显其船上之红灯,而仍守其常行之航路（即下行之路）。而"江宽"再发三回声者，即尽其速率之力退后之符号。可见"江宽"误趋航道，以致不及趋避，与其他见证所言"江宽"再发两回声者不同，应请堂上注意。

述毕，即由堂上宣布退庭，候下星期一续行审问。

又一访员报告，昨日为"楚材"撞沉"江宽"案继续审问之期，午后二时三十五分，原、被（告）代表律师及中西证人、旁听人、英美法丹四国领事相继到庭，审判长沈寿堃与各陪审官升座法庭。首由招商局所延哈华托律师代表麦克乐起言："昨日堂上宣布之星期四起停讯，至下星期一继续审讯一则，敝律师以此案悬宕已久，在原告及被难家属方面极愿早日结束，要求堂上准予星期四停讯一天，星期五仍继续审讯。"当由审判长宣言，以此案连讯数天，亟须将连日审讯口供审查一周，俾内部得以会议，此系手续上之停讯，于是否允麦律师请求，仍照星期三宣布停讯为准。麦律师又谓："昨日穆律师反对敝律师询问，似涉引诱。然本律师并不引诱淆混证人之脑筋。"云云。

乃由穆律师接昨盘询"江宽"大副亨立生云："昨日麦律师诘询之航海行轮西名西南半南，实系差误的，问尔船由何处走？"

答："我船由浅沙踅船之中。"

问："此应走否？"

答："不知。"

问："碰船地离岸是否九百五十尺？"

答："不知道。"

问："碰撞后，见'楚材'船否？"

答："未见。"

问："碰撞之后，看见铁锚下否？"

答："只听见练条响声。"

问："船主有领江之本领否？"

答："我晓得船主在'江宽'船已做三年。"

问："向来至七里港是船主自主否？"

答："记得是船主自行。"

问："'江宽'船上之舢板多不好的？"

答："只我所乘者不好。"

问："'江宽'船上有救命器具否？"

答："有，木排十二条、舢板四只、大木排一条及救命圈。"

问："尔曾否将救命排放下？"

答："二副命人放下。"

问："一救命排可登几人？"

答："小木排可登十二人，大木排有丈六尺见方之地位。"

问："二副何时与尔会面？"

答："我自遇救到岸二三日后，各出日记比对。"

问："在何地？"

答："在汉口。"

问："在何时？"

答："不复记忆。"

询至此，审判官谕曰："最要紧系时间。"

理事官许继祥问大副是否六点至十二点。

答曰："是。"

问："'江宽'放声之后，与'楚材'离开多少？"

答："离开一百码左右。"

问："'江宽'离开右岸多少？"

答："温开勃而多（译音）。"

问："'江宽'方向改否？"

答："不改。'楚材'不改方向，不致碰。"

讯至此，理事官起立报告湖北理船厅寄到与本案有关之证言，用英语朗读一过，欲为佐证。麦律师起而反对，谓汉口理船厅报告系听来之言，不能凭信，法律上有规定，证人不到不凭。理事官又起立，谓听凭堂上采择。审判官谓曰，既非目击，当然不能作证。讯至此，命大副退下。又，"江宽"船上之总机器师勃来特（译音）上堂，由麦克乐询。

据答称："在招商局供职二十二年，四月二十五日未碰之前在舱面上，'楚材'未碰'江宽'前，我在左边，离开岸四百尺，其时看见'楚材'在美孚趸船之下（即下码头），曾见'楚材'桅杆灯绿灯甚清楚。后即听见'江宽'二回声，'楚材'一回声后约一分钟，'江宽'又放二回声，'江宽'于回声后遂改向左驶。"

穆律师起而反对，谓麦律师引诱证言。

继又由勃来特曰："迨碰撞后，我即回机器间知照二鬼，俟船主有电话开快车，即开快车。后见势不佳，即回房间取救命圈，无着，重上舱面，船已旋转沉下，被水冲落。"云云。穆律师起而驳诘勃来特谓："尔说'江宽'离岸四百尺，未符，实系二百十尺。"

问："'楚材'是否在美孚码头下面？"

答："是。"

穆律师请堂上发图，命该证人指出地方上下，该证人谓记不清楚。

问："尔看见'楚材'在何边？"

答："在右边。"

问："看见'楚材'之后在右边多少工夫？"

答："一分钟往左。"

问："'江宽'船离'楚材'有多少路，是否四英里？"

答："一英里。"

问："尔见'楚材'船在'江宽'右边，何时尔跑至左边？"

答："碰后跑至左边。"

问："尔想得到碰否？"

答："想不到。"

问："尔为何要跑？"

答："见要碰，遂跑。"

问："尔在右边，见碰有多少工夫？"

答："一二分钟。"

问："尔于碰之后，是否回至房内取救命圈？"

答："没有，被水冲出去。"

问："尔再看见'楚材'否？"

答："没有。"

理事官起立问证人："尔看见'楚材'系多少工夫？"

答："一歇之间。"

问："尔到机器间发有命令否？"

答："我知照二鬼，俟船主有电话即开快车，仍回舱面上。"等语。

（尚有证人"江宽"船二鬼之证言，明日续录）

讯至六时，乃宣布退庭。

补录理事官送达"楚材"舰长等通知书：

　　海军军法会审处为通知事：查招商局轮船"江宽"与湖北官轮"楚材"互撞失事一案，现奉海军部呈准，在上海海军总司令公署按律审判。所有本案两造应即准备书面，以凭开审，除说明事实应各具简明诉讼外，各船对于后开各事项，当时必有纪录，据为报告，应按本国通常航律内两船相撞后最初施行之手续，各依左开条问，照当初之报告逐条答复，成为本案之原词，亦以书面为之：（一）相碰者之船名、国籍，并船长及所有者姓名；（二）相碰之时刻；（三）相碰之地点；（四）风向及风力；（五）气候；（六）潮流方向及速率；（七）最初发见彼船之时刻；（八）最初发见彼船时本船之航向及速率；（九）本船所揭灯火之现况；（十）最初发见彼船时之距离及其方位；（十一）最初发见彼船时，该船灯火之现况；（十二）当相碰前，本船所揭之信号，（十三）当相碰前，所见彼船之信号；（十四）为避碰故，本船所施行之方法；（十五）双方初相碰之部分；（十六）双方之损伤之状况；（十七）本船有无领港；（十八）何者为彼船错误之点。前项原词及诉状包括事实上之诉讼关系，将来当事人口头辩论及引用证据，对于书面中所载不得互相抵触，其余所有人证、物证、书证及应用之鉴定人，不拘国籍，凡认于诉讼上有利者，应由两造各自检齐，听候到场审问。其拟举之公正人，有拒绝到场者，应即函知本法庭，以凭按律票传。至两造诉讼，如拟委任代理人，亦可准行。本案引用法律以前《万国航海避碰章程》、《本国港务章程》、《海军军舰职员勤务令》内对于航船教令及其他航船例案习惯为航术上所公认者，皆通用之。查此案发生已久，现奉部令迅开审判，限本年八月内调集办理，亟应函催两造迅速准备一切。除通知招商局外，相应函知贵船长等一体查照，迅即按照上开各节以及证明证据，并所有主张，准备书面，克期送交上海海军总司令公署，本法庭以凭定期开审。至要，切切！特此通知。

理事官海军上校许继祥、海军部科长郑宝菁，印。

（1918 年 10 月 17 日，第 10 版）

"江宽"案第四次开审记（续）

——盘诘"江宽"第二司机人

昨报载"楚材"兵舰撞沉"江宽"商轮案第四次开审情形，其第二访函中注明"尚有证人'江宽'船二鬼之证言明日续录"，兹特补纪于下：

招商局所延哈华托律师代表麦克乐询，据"江宽"船二司机人答称："芬兰籍，十六岁到招商局，今年四十七岁，名爱斯开林（译音）。"

麦问："尔于'楚材'碰撞'江宽'一事，想必清楚。"

答："极清楚，惟极不愿为证人。今既奉垂询，自应陈述。当碰撞之时，我在舱面上中间，约一分钟遂碰。未碰之前，我在房内，因听见有非比寻常之回声及船主电话声，知必有异故，即走上舱面。先在房内听见二回声，又听见别船一回声，后在舱面又听见三回声后，看见'楚材'离开我船六尺之谱，先看见桅杆灯、红绿灯，后亲见'楚材'碰我船之右边。我因恐惧，走往左边，后又往右边，看见外面撞伤约有六尺，内面撞开四五尺，我急即报告船主曰'船要沉了'。船主曾放救命气笛，'楚材'并不来救，只听搭客喊救。后'江宽'船旋转，'江宽'沉时，'楚材'拔锚抛下去，只二三分钟遂取起转驶。'江宽'在左边，初被碰时，船主命停轮，后再打倒车，惟倒退多少，实不晓得。"等语。

继由穆安素律师起立，向爱斯开林问曰："尔是否听见二回声，然后上舱。"

答："是。"

问："后来听见三声后，约几何时相碰？"

答："自从听见二回声、一回声后，即相碰。"

问："船主吃晚饭否？"

答："不晓得。"

问："适才，尔说'楚材'下锚是否看见的？"

答："听见练条声响。"

问："尔晓得'楚材'是小兵轮否？"

答："晓得。"

问："'楚材'舰多少长？"

答："约一百英尺。"

问："尔说一百尺，系差的。"

答："相去无几。"

问："相碰力大否？"

答："碰力很大。"

问："相碰力大，能否将锚碰下去？"

答："可以碰下。"

问："尔说'楚材'锚抛下又起，确否？"

答："是起的。"

问："'楚材'锚练多长？"

答："一条一百二十番伦，一条九十多番伦。"

问："尔说'楚材'二锚抛入江心，如何又听见起来？"

答："听见练响，理想必是起锚。"

问："尔有航海三十年之经验，照此情形，应否驶岸，抑随流水？"

答："以我意，应冒险救人。"

问："尔船要沉，那时要救人否？"

答："那时慌乱之间，救人为主。"

问："尔晓得'楚材'船上有'江宽'搭客一百二十人否？"

答："除搭客外，不晓得'楚材'船上有多少人员。"

问："尔晓得'楚材'放舢板救人否？"

答："我知'楚材'有二舢板在左，二舢板在右，另有一船在后，备油漆之用。"

问："尔晓得'楚材'二舢板碰碎否？"

答："听见的，所以'江宽'船右边被碰。"

问："'楚材'行驶速否？"

答："一直开快车。"

问："'江宽'被撞，尔被流水冲去，'江宽'何时沉的？"

答："旋转船头先没。"

问："既碰之后，'楚材'何不驶往右岸，必欲转入'江宽'左边？似不近情。"

答："当时如是，尔所问者系尔之理想，我系目睹。"

问："尔说'楚材'有二条舢板、一条汽船，何致不救？"

答："一条已有三十兵士乘之，一条因机损坏，故难行驶。"云云。

补遗：

昨报载理事官送达"楚材"舰长等通知书，其十三条为"当相碰前，本船所揭之信号"。昨为访员漏写，今特补入，所有昨报所列之十三条应改为十四条，以下各条照此递降。

（1918 年 10 月 18 日，第 10 版）

"江宽"案展限续审

昨日（二十一日）海军军法会审处重行开审"楚材"兵轮撞沉招商局"江宽"商轮一案，于下午二时半开庭，仍由各法官会同许、郑两理事官，并湖北督军公署代表律师穆安素、"楚材"舰长赵进锐代表律师毕士华等出庭，英、美等国领事亦仍到庭旁听。各官升座后，因招商局方面所延律师均未到庭，即由理事官许继祥起立向堂上声称，顷接招商局"江宽"船主代表麦克乐、马斯德、张□云等来函，谓现经招商局董事特开会议，指本会审处审理此案颇有偏袒被告之意，办法似欠公允，故反对今日继续审理此案云云。述毕，即将递来原函呈案备核。当经各法官传阅一过，即相继会商，准即作为无定期之展限，并着理事官当庭通告各方面一体遵照。宣告既毕，即行退庭。

又一访员报告：昨为"楚材"撞沉"江宽"案第五次审讯之期，海军部特派之理事许继祥、郑宝菁及"楚材"舰长代表毕士华、湖北督军代表穆安素，并"楚材"舰长赵进锐以及"楚材"方面之旁听人先后到庭，英、美、法、丹四领事亦到庭旁听，惟原告方面各律师均不到庭，午后三时十五分钟宣布开庭，审判长沈寿堃与陪审官就座后，首由理事官许继祥起立陈述，略谓兹有招商局董事会来函，对于本庭"江宽"被撞案指为偏袒之讯理，以故不愿受此偏颇裁判，已电请中央办理，并接原告方面之代表麦克乐、马斯德来函通知暂不出庭等语。旋由审判长宣言，以原告及代表反对本庭审理此案，谓系偏袒，究竟据何理由，应具呈理由书，俾便呈送高级法庭等语。宣言既毕，遂即宣告暂行闭庭，静候中央核示。

《文汇报》云，今日午后"江宽"案继续开讯，时理事官向堂上声明，谓今日接招商局之代表律师来函，其文如下：

> 启者：敝律师等遵当事人即招商局之嘱托，转告阁下，该局迭接股东责言，指摘贵庭之偏袒，彼等已电致政府，请另派高等委员审理此案，不复受贵庭之裁判权。敝律师等遵当事人之嘱，遇此情形，不复到贵庭为当事人辩护，请以此项消息转达堂上为荷。麦克乐、马斯德、张□云同具。

堂上当即宣称，此种责言应附有事由，庶堂上得以考察之，俾于必要时可据复高等法庭。旋嘱理事官函致原告方面，要求原告缮具所指偏袒各理由之文字云。

（1918 年 10 月 22 日，第 10 版）

"江宽"案庭讯中止后之消息

招商局董事会日前议决反对海军军法会审处讯理"楚材"兵轮撞沉"江宽"商轮一案，指法官袒护被告，不服就审，并电呈中央请为核示等情，已纪前报。兹悉该法庭自宣告无期展延后，曾经电呈政府请示遵行，惟该法官等虽知续审无期，而该局尚未呈递明白反对之理由书，致难核复，故仍留处检理各项卷牍，静候政府电令办理。所有湖北督军公署此次特派代表公署参谋陈君来沪，延请穆安素律师出庭辩护以来，现因庭讯中止，续审无期，故陈君已将日前庭讯之供词，详译华文，先行呈报王占元督军备核，伊则仍驻沪地候示云。

（1918 年 10 月 24 日，第 10 版）

"江宽"案审判主任之意见

"楚材"兵舰撞沉"江宽"商轮一案,由海军部奉命派令许继祥、郑宝菁来沪,组织特别法庭,并委沈寿堃、何品璋等五员为审判官,曾经开庭五次。嗣因招商局董事部方面谓系偏袒,不愿受此裁判,并由代表麦克乐律师致函,表示不能到庭,该法庭遂宣告暂停在案。兹悉审判主任沈寿堃以此案正在询问证人,法庭上尚未宣示裁判之基础,何由知其偏袒,故对此主张深为不服,业已备具意见书,呈部请示矣。

(1918 年 10 月 26 日,第 10 版)

"江宽"案停讯后之沉寂

"楚材"兵轮与招商局"江宽"商轮互撞案,经海军部等曾派专员特组军法会审处于沪南海军司令部,业经开庭向双方证人审讯,未毕,由招商局声明反对,不愿就审,详情迭纪前报。兹悉招商局现正向中央交涉,未有解决方法。而被告方面,湖北督军公署代表陈少将自法庭宣告无期展延后,知开审日期尚无把握,滞留沪上无所事事,故于昨日商请代表律师,如有事故,随时通函,陈即乘轮返鄂,向王督军面陈一切。所有"楚材"舰长赵进锐、大副曾凤祥现仍留居公共租界大升旅社,听候传讯云。

(1918 年 10 月 27 日,第 10 版)

审理"江宽"案管辖问题

杭县律师公会总会曾于十月二十七日有人提议"江宽"被撞案聘用外国律师,应协同上海律师公会呈部力争,表决付常任评议会决定。至三十一日,律师公会评议会开会讨论此事,以为照报纸所载,招商局及被难家属多系请求赔偿损失,似为民事诉讼,本应归司法机关管辖,不应由海军部组织特别法庭,拟先函上海总商会及上海律师公会询明,再定办法。其函如下:

致上海总商会函云:

敬启者：海军部审理"江宽"被撞案，用外国律师出庭，关系国权，敝会亦拟协争。惟此案招商局及被难家属如果以刑事告诉人资格起诉，"楚材"系军舰，自当归海军军事审判。如仅请求损害赔偿，提起民事诉讼，即应归普通司法机关管辖，所谓组织特别法庭已属根本错误，似应先就此层解决，而应否用外国律师一节自可迎刃而解。惟报纸登载不甚明了，拟恳贵会将招商局起诉文及贵会为被难人家属参加文抄寄一份，并从速示复为荷。（尚有致上海律师公会函，与此大略相同，不赘录）

（1918 年 11 月 5 日，第 10 版）

"江宽"案定期续讯

招商局"江宽"商轮被"楚材"舰撞沉一案，业在本埠海军司令公署特组海军军法会审处开庭讯理。嗣因该局不服就讯，提出反对理由书，呈请中央核示，乃由该法庭宣告展缓审期等情，已纪前报。兹悉此案经招商局向政府提呈后，已经政府电驳，以查核反对理由不甚充分，即分电饬令该会审处订期继续开审。故该会审处各法官会同许、郑两理事官商议后，决定于本月十八日（星期一）下午二时继续开庭审讯，业于昨日分别通知原、被告暨两造律师一体查照，预备届期到庭就审云。

（1918 年 11 月 14 日，第 10 版）

"江宽"案展期十天再讯

招商局"江宽"轮船被"楚材"兵舰撞沉一案，曾经在海军司令公署组织特别法庭审讯，尚未终结，而招商局董事会以审讯偏颇，电请中央政府，要求改组法庭审讯。而审判长沈寿堃等以案既未终，何由知为偏颇，该局反对殊无理由，亦提出意见书于中央请示。兹政府驳回该局所请，仍由特别法庭继续审讯，业经理事长许继祥通知各方面在案。昨日（星期一）为续讯之期，原告招商局方面与麦克乐律师均不到庭，到庭者"楚材"舰长赵进锐等及代表毕士华律师、鄂省代表穆安素律师，美、法、丹领事（英领事因未接到通知，故未到旁听）。三时许，宣布开庭，审判长沈寿堃等出庭。首由理事官许继祥陈述，谓今日原告方面代表麦克乐未到，招商局方面亦以人证一时均不在沪，须缓期开庭等语。即据穆安素律师起而译称，设原告律师与证人于下次仍不到庭，惟有要求堂上以法定手续办理等语。又据理事官声称，现招商局方面与证人等既不在沪，应责令迅速邀集，展期十天讯理，以资完备。当由审判长沈寿堃谕曰，既因人证未齐，决定展限十天。倘下届原告与人证等再不到庭，惟有以法定手续办理云云。谕毕，宣告退庭。

（1918 年 11 月 19 日，第 10 版）

鲍宗汉对"江宽"案质问

新国会提出质问案云：

为质问事："楚材"兵轮撞沉招商局"江宽"商轮一案，生命财物尽付江流，言者伤心，闻者酸鼻，该局及被难人民呈请政府偿恤，未蒙俞允。由海军部组织审判讯理，此案现时尚未讯结，是非曲直，虽应静候法庭审判，然本员等对于此案窃抱种种怀疑之点，有不能已于言者。轮舟行驶以领港为耳目，断无可以不用领港，贸然行驶之理。兹经本员调查，"楚材"撞沉"江宽"，当时船上并无领港，其肇祸也固宜。况"楚泰"、"楚材"同属湖北练舰，何以"楚泰"有领港，而"楚材"独无领港？此质问者一。舰长为一舰之主脑，全船之命脉系焉。故凡充舰长者，必须由学堂出身、富有行航知识者，方可充任。"楚材"舰长赵进锐系由何处学堂出身？此质问者二。"楚材"虽隶属海军，应由海军审判，然原告"江宽"系属商轮，似非海军范围所及，何以由海军部组织审判，以海军部员承充审判长，终不免有偏袒之嫌疑，无怪该局股东咸抱公愤，啧有烦言。此质问者三。欧美各国对于国内航业或助年金，或许专利，咸采保护主义。今中国航业不振，仅剩区区之一招商局，犹如硕果晨星，方保护之不暇，岂可从而摧折之？究竟我政府对于航业是否采保护主义，抑采摧折主义？此质问者四。谨依法提出质问书，请政府于一星期内明晰答复。

提出者鲍宗汉，联署者洪玉麟等二十余人。

（1918 年 11 月 20 日，第 6 版）

关于"江宽"案之电稿

招商总局接北京招商局代表麦佐之来电云：

> 招商局董事会鉴：商，密、谏^①、筱^②三电奉悉，开审展期事，经向院部详述，不至误会。坚连谒府院，沥陈商局下情，均蒙听纳。主座意极殷拳，并取譬于国宰之抚恤偏灾，以明此案之谊应偿恤，又谓审判系法庭手续，国宰正拟振兴实业，商局此次无论胜诉、败诉，政府均予恤偿，尽可到案等语。至总揆所拟办法，一如张小翁铣^③电所云。信坚，号^④。

（1918 年 11 月 22 日，第 10 版）

"江宽"案续讯前之招商局

招商局"江宽"商轮被"楚材"兵舰撞沉一案，经特组海军军法会审处先后开庭审理。本月十八号庭审，因原告未到，判令展期十天续讯，已纪前报。兹悉招商局各辈自接驻京代表电复，业向府院陈述下情，均蒙听纳，惟审判系法庭手续，自应到案就审等语。当以事关重大，少数人未便决定，且十日之期将届，自应邀集全体局董开会，磋议本届应否到庭就审，俟公决后始函致律师预备出庭手续云。

（1918 年 11 月 24 日，第 10 版）

---

① 在《韵目代日表》中，"谏"指 16 日。
② 在《韵目代日表》中，"筱"指 17 日。
③ 在《韵目代日表》中，"铣"指 16 日。
④ 在《韵目代日表》中，"号"指 20 日。

"江宽"案续讯前消息

招商局"江宽"船被"楚材"兵舰撞沉一案，前经特别法庭于十八号（上星期一）续开审理，因招商局不到，经审判长沈寿堃决定展期十天再讯等情，已志前报。兹悉招商局董事会以审期已届，所有案内人证届期恐难到齐，应如何对付，曾于日昨开董事会议，内容颇秘。探闻其结果，是届审期，因人证未齐，仍难到庭，惟有再请延期，设日内人证齐到，再行通知律师出庭云云。

（1918 年 11 月 26 日，第 10 版）

"江宽"案昨未开审

"楚材"碰撞"江宽"一案，前经海军军法会审处开庭续审，因原告未到，宣告展缓十日再审等情，迭纪前报。昨日届期，该法庭因招商局筹备手续、催集人证尚未完备，故未开审，拟俟原告准备妥贴，致函答复后，始行订期通知被告接续审讯云。

（1918 年 11 月 28 日，第 11 版）

"江宽"案又订续讯期

"江宽"轮船被"楚材"舰撞沉一案，因原告招商局恐审判官办理偏颇，延不到案，经审判官展期十日，至本月二十七日亦已届期，原告方面仍未投质，适海军部来电询问，经审判官派在沪襄办是案之海部军法科长郑宝菁晋京陈述此案之经过，并请示办理等情，已志昨报。兹闻此案该审判处续订十二月四日（即夏历十一月初二日）开讯，已通知原告及两造律师查照，以便预备出庭手续。

（1918 年 11 月 30 日，第 10 版）

"江宽"案尚须展期再讯

招商局"江宽"轮船被"楚材"舰撞沉一案，经海军特别法庭迭次定期审讯，因原告与代表律师均未到庭，致未对席辩论。昨日四号，又逢开庭之期，被告代表律师毕士华与鄂省代表律师穆安素及"楚材"舰长赵进锐相继到庭，招商局方面只派华代表洪成基到庭。午后二时三十分宣布开庭，由沈寿堃审判长讯据洪代表声请展期开庭等语。审判长诘以招商局要请展期几日？洪代表称不能主张，即由理事长许继详声称，再由理事部致函招商局，究系要求展期几日，俟得复再行决定开庭讯判。次由穆律师起而译称，对于原告方面声请展期无甚反对，惟主张不能展缓过长之期等语。译毕，即行闭庭。

英文《沪报》云，"江宽"一案停止审讯几三星期，今日（四日）午后三点十五分又复开讯，当由某面粉厂某君具呈公堂，请再展期，以便招商局搜集散在各处之证据。法官当准其请，展期十日。代表被告之穆安素律师当向公堂陈述，谓招商局已有长久之时间，足以搜集证据，送诸公堂，该局接到开审之第一次通告，应即备齐；并称堂上果□知原告不再呈诉北京，致延审期，则此呈未尝不可允许；又称延审之时间不能逾一星期，因"楚材"炮舰之军官人等羁沪太久，损失甚巨云云。

（1918 年 12 月 5 日，第 10 版）

招商局来函

启者："江宽"被"楚材"撞沉一案，本月四号海军特别法庭又逢开庭之期，敝局代表傅筱庵董事适因感冒，转请洪成基君代表到庭。洪君系傅董事所请代表，并非敝局所派，应请贵报馆即赐声明更正为荷。此颂撰祺。招商总局启。十二月五日。

（1918 年 12 月 6 日，第 11 版）

"江宽"案尚须续订审期

招商局"江宽"轮船被"楚材"兵舰撞沉一案，曾于本月四号在海军军械科开庭审讯，被告方面与律师均到庭，原告方面只有该局董事傅筱庵之代表洪成基到庭，请求展期。旋经沈寿堃审判长依上届成例，展期十日开讯在案。昨日（十四号）又届审期，因招商局方面先期致信，仍难到庭，故未开审，于是此案又须续订审期矣。

（1918 年 12 月 15 日，第 10 版）

"江宽"案又定续讯期

招商局"江宽"船被"楚材"兵舰撞沉一案，迭次定期审讯，因原告与代表律师均未到庭，故未对席辩论。昨日（十八号）又逢开庭之期，鄂省代表律师穆安素、被告代表律师毕士华及"楚材"舰长相继到庭，招商局方面与代表律师仍未到庭，审判长仍为沈寿堃，陪席审判官更易一人，余仍其旧。午后二时三十分宣布开庭，即据鄂省代表穆安素律师起而译称："堂上屡次定期讯理，奈招商局方面依然未到，实为藐视公堂，本案设不督促审讯，各方面多数未便。且鄂省曾经提起反诉，请求反赔问题，亦须讯问。'楚材'人证方有头绪，设如招商局始终不到，万无案牍中断（之理），所以敝律师要求堂上单方审讯'楚材'方面一干人证，俾明事实，请为决定。"云云。当经沈审判长谓理事官曰："穆律师主张单方讯问，有无意旨陈述？"即据理事官许继祥起立陈述，谓："本案双方相撞，究非'楚材'故意行为。今招商局屡不到庭诉讼，似难中断。按照海律意旨，凡航海船舶撞碰系属误失行为，各国海律均有准率规定。本案讯问人证尚未及半，孰曲孰直未分，假如招商局故不到庭，惟有单方审讯当时'楚材'兵舰与'江宽'船如何碰撞情形，援照各国海律下断。"云云。穆律师又起立译称："此刻对于理事官主张法律，敝律师暂时不主张辩论。总之，理事官主张援律下断，抑以敝律师主张单方讯问'楚材'人证，请求堂上决定何种主张进行。且堂上能有权强迫招商局到案。至理事官主张之法律系特别法律，依本国事系普通法律，所以本案无论如何态度，应以急速讯问。因'江宽'方面于前几次审讯极端攻击'楚材'人证，但一讯'楚材'人证，便知'江宽'撞沉与'楚材'兵舰无关缘。"云云。讯至此，沈审判长谕曰："现在最要关键讯问'江宽'船与'楚材'舰之当时碰撞情形，俾分曲直。乃招商局屡次延期，称人证他往，一时未易邀集。堂上准以展期者，亦无非为要讯问本案究因如何碰撞，冀得确凿之证，不图招商局一再以各证人他往未归为辞。但以各方关系，碍难任彼延宕。惟有再展一星期，如'江宽'方面人证再不到庭，准以先行讯问'楚材'方面人证，将来讯结下判，依据前数次'江宽'方面到庭之四证人供词核断。此系'江宽'方面自己抛弃权利，与人何尤？"云云。又据穆律师声称，若展期一星期，是日二十五号系外国冬至休息日，堂上故改定二十六号续讯云。

（1918 年 12 月 19 日，第 10 版）

"江宽"案又定审讯期

招商局"江宽"轮船被"楚材"兵舰撞沉一案，海军部奉令在沪组织特别法庭，选任法官审理。当最初数次开庭时，招商局既委麦克乐代表律师到庭辩论，即被难家属亦均到庭旁听。嗣至第五次开审，招商局及麦克乐律师均以该法庭审讯案证，涉有袒护嫌疑，中途反抗，相率不到，曾迳向部争，尚未得有允准改组明文。昨招商局又接海军审判处公函，已定期本月三十日继续开审，并谓如再不到，须依对造〔照〕请求，单独讯问等语。闻招商局方面，因未接部示，对于此次审讯，仍拟不出庭云。

（1918 年 12 月 29 日，第 10 版）

"江宽"案屡定续讯期

招商局"江宽"商轮被"楚材"兵舰撞沉一案，海军审判处又定期本月二十号续讯等情，已志前报。昨海军审判处仍未开讯，只因招商局方面仍有不及到庭原因，函致法庭，请再展期，经法庭核准，续定民国八年一月九号实行开审云。

（1918 年 12 月 31 日，第 10 版）

"江宽"案又展期审理

"楚材"军舰撞沉"江宽"商轮一案，前定上年十二月三十日开庭续讯，因招商局方面人证未到，不能审讯，展期在案。兹闻此案已由松沪护军使出为调停，电请海军部缓审，俾便和解，业由国务院电知上海审判处准予展期两星期，故此案结束之期须在夏历春间。

（1919 年 1 月 3 日，第 10 版）

"江宽"案近讯

招商局"江宽"商轮被"楚材"兵轮撞沉一案，经海军会审处开审，至中途该局嫌该处袒护被告，屡审未到，详情迭纪前报。兹悉此案现仍无确实审期，闻因该局屡向政府请求，已得允派杨故局董之弟士骢专任办理此事，以期早日结束。故该局对于海军司令署会审处继续审理，拟无期展延，拖缓过去，一面向政府筹商恤偿方法，和平结束。惟闻被告代表律师尚在严催开审云。

（1919 年 1 月 7 日，第 10 版）

"江宽"案被告来沪候讯

海军军法会审处受理招商局"江宽"商轮被"楚材"兵轮撞沉一案，屡展审期未结。此次该庭又订十五号起继续开讯，已纪前报。兹悉被告湖北代表陈中将等前因开庭无期，曾经返鄂，现由代表律师接法庭通告电催去后，业已于昨重行来沪，并向旅沪各证人接洽，以便开庭审理时投案备质。

（1919 年 1 月 14 日，第 10 版）

"江宽"案又展审讯期

招商局"江宽"商轮被"楚材"兵舰撞沉一案，前经沪南海军审判处定期一月九号，嗣又展期至十五号起接续开审等情，已志前报。昨招商局方面以各方人证仍未到齐，此届庭讯尚难到庭，故特函致海军审判处请再展缓审期。昨海军审判处又定期本月二十二日、二十三日下午二时半开始审讯，届时务须严守时限到庭，一面分函英、法、义、丹领事及原、被各律师知照。

（1919 年 1 月 15 日，第 10 版）

傅筱庵因"江宽"案辞职

"江宽"案已订十八日（今日）仍在海军司令部继续开审，而招商局物产部长傅筱庵因抱病未愈，对于此案非常重要，迭经"江宽"遇难搭客各家属诘询，颇形焦急，是以提出辞职书，向招商总局局长及董事会声请辞职，免误事机云。

（1919 年 1 月 18 日，第 10 版）

招商局来函

敬启者：顷见贵报登"傅筱庵因'江宽'案辞职"一节，查傅筱庵系敝局董事，"江宽"一案正在积极进行，所登辞职云云，谅系传闻之误，应请更正。商办轮船招商总局启。一月十八日。

（1919 年 1 月 19 日，第 11 版）

"江宽"案续讯记

——展至星期六再讯

招商局"江宽"船被"楚材"兵舰撞沉一案，经沪南海军审判处迭次传讯，因"江宽"方面屡请展期，致未对席辩论。而湖北省代表律师穆安素曾于上次单方庭讯时，主张鄂省反求赔偿，请求单独审讯"楚材"方面人证，亦经沈审判长谕谓："如招商局始终不到，惟有单独审讯，依据前四庭讯得'江宽'方面之四证言下断。"近闻此案迭经招商局向政府要求赔偿，并由卢护军使转圜，故于昨日实行到庭，计招商局方面到庭者为"江宽"船上之大副、二副以及华人遇难之家属等，并麦克乐代表律师；"楚材"方面赵舰长及代表律师穆安素、毕士华，并"楚材"舰上机师等；外人如英、法、美、丹等领事到庭旁听。午后二时四十五分钟宣布开庭，审判长主任沈寿堃与陪审官何少璋等五人出庭，理事官许继祥、郑宝青亦相继到庭。先由湖北省代表穆安素向堂陈述，请求改期审讯，因鄂省代表不及至庭，鄂省有反求赔偿问题，关系至巨等语。沈审判长谕曰："鄂省反求赔偿问题，暂不置议，法庭目亟欲询问摋撞之趋向。"穆律师起言："如堂上取消湖北省反求赔偿，系何理由？"官谓，现审讯此案目的趋向业已改变。穆谓，自须向政府电话等语。继据麦克乐律师向堂上陈述，今有招商局另一船主，亦系于是日驶过，对于"江宽"船与"楚材"相撞当时情形甚详，特为带堂询问，以资左〔佐〕证。堂上即命该证人上堂站立证人地位，由麦克乐诘，据供称，伊名勒吓（译音），对于"江宽"船下水向左边驶行，格盘无甚错误。穆律师起立诘问他格盘有无错误？

答："未看见。"

官问："究竟船在左边，抑右边？"

答："'江宽'在左边。"

讯至此，理事官许继祥起立陈述理事官之意思，谓现法庭目的，应以航线趋向问题为主，若两方争执赔偿，必濡滞终结。沈审判长谕曰："法庭对于此案，迭奉政府催促讯结，长此迁延，自属非是。现先以航线之趋向为讯理之主。"等语。

穆律师又起言，声请改期，系因欲通知当事人到庭，如其续问下去，请纪录以前之庭讯。麦律师起言，对于穆律师请求改期审讯，并不反对。沈审判长谕曰："星期四、五停讯，展至星期六接续讯理。"谕毕退庭。

（1919 年 1 月 23 日，第 10 版）

"江宽"案续讯纪（二）

——先决何方错误，二月七号再讯

昨日（二十四日），海军审判处续审招商局"江宽"商轮被"楚材"兵舰撞沉一案，于午后二时三刻开庭。到庭者湖北与"楚材"方面只代表律师穆安素、毕士华到庭；招商局方面派有代表到庭，并麦克乐律师，"江宽"船上大副、二副与被难家属等；英、美、法、丹四领事亦到庭旁听；审判长仍为沈寿堃。审讯此案之主旨现已改变趋向，先决公诉问题。据穆安素律师起言："如果堂上欲取消鄂省反求赔偿，直是招商局与政府有关系，招商局是否在政府管辖之下，应先解决。"又谓："如堂上必欲先决公诉，再听政府命令处理私诉，则敝律师亦须得当事人同意，要求延期。"问官谓："法庭急欲询问碰撞情形，决定航行线之错误在于何方，以资解决。"穆律师又起言："堂上如取消鄂省反求赔偿，先决公诉，将来公诉终结，其私诉部分有无继续审理之权？"问官谓："先决何方错误，自有错误者负责。"讯至此，庭上宣告休息三十分钟。四时零五分，重复开讯。沈审判长谕曰："法庭业经评议，公决先决何方错误；何方赔偿损失，法庭自有权衡。"当由问官将评议裁决书朗诵一遍，由理事官译英语宣布。问官又谓："原被对于裁决有无异议？及法庭现定二月五日为续审先决问题，如有意见，请即主张。"即由原告方面律师麦克乐起而译称："堂上所定二月五号续审之期，是日系阴历新正，恐各证人有所不便，请为改迟几天。"又经沈审判长谕曰："改准二月七号下午审理。"谕毕退庭。兹录评议裁决书如下：

现经法庭评议，决定碰船案件应先问何方面担负责任；何方错误、何方赔偿损失，自有强制执行之权。招商所称法庭对于判断反诉不能承受，湖北方面可无庸过虑。法庭并不以招商之声明，减削法庭之权限。既据理事官前于十二月十八日之陈述，又据湖北代理人之答复，下次开庭不妨先问此节云。

（1919年1月25日，第10版）

"江宽"案续讯纪

——湖北方面不到，展期十日再讯

昨日（七日）为招商局"江宽"船被"楚材"兵舰撞沉案续审之期，到各招商局方面代表律师麦克乐，并"江宽"船上之大副、二副、铁鬼以及旁听被难家属；"楚材"方面无人到庭，湖北省代表与律师穆安素亦不到庭。三时零五分宣告开庭，审判长沈寿堃与陪审官三人出庭（向系五人会审，昨缺一席，想系因假未到），即据理事官许继祥起而陈述，现在湖北方面多有误会之处，今接湖北方面来函，大致谓接到二月五号通知开庭，本案法庭取消湖北反求赔偿一节，其中有无其他原因，尚须磋商，要求无限期之展期云云。理事官又谓："这起案子当初第一次开庭审讯时，系对于肇事失事原因何方错误，秉公究办。湖北方面反求赔偿，殊有误会。此案公诉问题，应以航线趋向、何方错误肇事为主，请将原因明白宣布审理。是案系奉大总统命令办理，孰曲孰直，今湖北省以误会延期，阻碍法庭进行，即系抗违大总统命令，请为核夺。"云云。即由沈审判长谕曰："湖北方面如欲无期限之延期，万万不能。且此案系奉大总统命令审理之案，法庭依法讯理，湖北省方面即欲延期，断不能无限期。今要求无期限之延期，实为阻碍法庭。惟招商局方面曾经延期，似不能不量予展一最长之期。倘下次开庭，湖北省方面代表与律师仍不到庭，只得依法开审，将'江宽'方面未讯过之证人，接续讯理，一面将法庭情形函告湖北代表。"云。当由审判长会商之下，决定展期十天，展至二月十七号开审。谕毕退庭。

（1919 年 2 月 8 日，第 10 版）

"江宽"案又讯一次

招商局"江宽"船被"楚材"兵舰撞沉一案，昨（十七日）为续审之期，到庭者招商局方面代表律师麦克乐、马斯德两律师，及总船主、大副、二副等，并华人张沛英、船员被难家属等；湖北方面代表律师穆安素、毕士华，陈代表，"楚材"船员（外传湖北方面因法庭取消反诉，本不愿到庭，嗣以政府迭电王督，嘱该代表如期出庭，内部已疏通就绪）。午后二时四十分宣布开庭，审判长沈寿堃率同陪审官五人出庭，即据麦克乐律师起立陈述："现有招商局总船主到庭，据该总船主称，伊并不在船，于失事相碰情形只从各方面搜集，现已将前之失事图样放大呈验。"审判长诘以此图何处放大，准率与否。答"此图系浚浦局所绘，悉照海关定例放大，该图所列甚详，图中以指南针观河道之方向"等语。经穆安素略诘数语，即命退下。又据麦克乐律师起立，声称现有"江宽"船上之华人带领江张沛英到堂，对于两船相碰情形知之较详，应请询问。堂上即命该证人到庭站立证人地位，问官云："汝既是'江宽'船上职员，对于两船相碰情形可知悉否？"答："晓得的。"问官云："须照实供明，不得以虚伪之证言致干法纪。"即命该证人具一甘结，如有虚言，愿甘处罪。即据麦克乐律师诘，据该证人称，四月二十五日"楚材"碰撞"江宽"船系"楚材"兵舰之船头向"江宽"船第二舱猛撞，后"楚材"舰转至"江宽"左边又撞。问："在何时相碰？"答"其时相碰未晚，船上尚能看得出日报。未碰前，'江宽'先拉二回声，未几又拉三回声，其时伊在船做事，知系有非常事故，颇为惊慌"等语。继据穆安素起立驳诘该证人，问："四月二十五日系星期几？"

答："未曾忆及。"

穆又问："尔对于相碰情形与时间言之甚详，何竟未忆及星期几日？"

穆又诘称："'楚材'碰撞'江宽'时已月出，尔谓尚有日光。"

答："实有日光。"

穆谓："譬如此刻，我看日光，你看是日光抑月光？"

该证人语塞。穆又诘："'江宽'拉二回声后，又拉三回声，中间相隔几何钟点？"

答："一霎时。"

穆谓："方才你说有数分钟。"

答："未说。"

穆向堂上言，如该证人不能承认方才所供之语，应请处置。堂上命洋文速记生读供，该证人确未供过。穆谓："二声至三声，究隔几何？"

答："记不清楚。"

穆谓："是否恐说差前话，故谓忆不清楚。现本律师帮助你，是否相隔五分钟？"

该证人不能答。

"是否四分钟？"

仍不答。

"抑三分（钟）、二分（钟）、一分（钟）？"

该证人谓："一分钟又不止，大约相隔只几句话时间。"

问："放第一声，离开码头几多尺？"

答："三四百尺。"

问："第二声离开多尺？"

答："五六百尺。"

问："第一次回声，你见桅灯否？"

答："在第二次回声，看见红绿灯，打倒车的。"

问："看见红绿灯后，相碰有几多钟？"

答："只一霎时，在平时尚能忆及钟点，至忙乱之时，只好记几句话之光景而已。"

讯至此时，已五时五十分钟，堂上宣布退庭，明日续讯。又据穆安素律师起立声称："明日有事不能到庭，请订期。"又谓如遇星期四、六下午有事，请于上半日开庭。堂上准在星期三上午续讯。又据马斯德律师起立称，伊星期三上午有事，请改下午。堂上乃准于星期三下午续讯。

（1919 年 2 月 18 日，第 10 版）

"江宽"案昨日续讯纪

昨日（星期三）为招商局"江宽"船被"楚材"兵舰撞沉案第十三次续讯之期，双方代表律师及湖北省陈代表、招商局代表傅筱庵及中西证人、被难家属均到庭旁听。午后二时二十分宣布开庭，审判长沈寿堃率同陪审官四人出庭，即据鄂省代表律师穆安素向堂上陈述，请将日前讯问之"江宽"船上大领江华人张沛英仍命到堂诘询。问官命张沛英站立证人地位，即据穆律师询问该证人昨日所供之证言有无错误之处须变更？

答："无。"

问："'楚材'未碰'江宽'之前，尔曾否见有桅灯？"

答："先见绿灯。"

问："除见绿灯之外，亦曾见船身否？"

答："曾模糊见之。"

问："'江宽'既被'楚材'碰撞后，如何能转至左边？是否被流水冲去？"

答："我在长江十六年，怎能流水冲得动船？"

问："'楚材'是否望下水走？"

答："一定下水走。"

穆律师将图展开，命该证人将碰撞时情形指出。经该证人将指出大致情形，作为比例而论。问："照你所指，倘非因流水，如何退法？"

答："倘船打倒车，并不是定照图走的。"

穆谓："此图很正率，究竟'楚材'是否被流水冲得掉转头来？"

答："我不能说。"

理事官讯问该证人英语好否？

答："但能说，不甚佳。"

即据该见证声称，当时相碰之时，照图中形式，相差四十至五十度。

问："未撞前，'江宽'是否往前走？"

答："是。"

问："尔讲将碰未碰之前，当时船主看见红灯否？"

答："我见绿灯。"

问："'楚材'为何调转头来，请你说是否是流水冲转来的？"

答："开机与流水各有。"

问官乃谓穆曰："向前走，能力有误会了。"

问："你可能说一缘故来？"

答："既是能驾船，必不致如是，莫非昏了！"

讯至此，麦克乐律师起而译称："被告律师询证有故意扰乱脑筋，应请堂上谕知关于要点上讯问。"穆律师对原告律师主张不服，询证习惯系帮助该证人供述起见，并非捣乱。问官谓穆律师只须关于切要之点询问之。穆又问该证人："照本律师看来，很能驾船，否则何至能掉转来？"

答："确能驾船，所以能掉转来碰我之船。"

末［穆］问："当时'楚材'船上有锚二只，一碰便下否？"

答："此锚吊在船上，有的一碰即下，有的碰不下的。"

问："'楚材'锚如何下去？"

答："抛下去的，此系有人对我说的。"

问："'楚材'锚既下水，何能行走？"

答："将锚练斩断，亦系有人看见对我说的。"

问："'楚材'是否失二锚，再去转一转？"

答："'楚材'碰过'江宽'后能转身。"

问："'楚材'要开到码头，你见否？"

答："'楚材'因起锚不得，斩断锚练，后到岸，遂出许多人，再开往武昌。"

穆氏又将摄成"楚材"舰之影交见证阅看。答："是的。"

问："'楚材'船头既已撞坏了，如何可以通行，尔还说得来否？"

答："所见如是。"

讯至此，因火炉煤气满哄于室，原、被（告）代表律师请求开窗通气。问官遂宣告休息十分钟，至四时十分钟重复开庭。穆律师起立陈述，讯证已毕。又据被告代表毕士华律师起立向堂上陈述，亦须诘询大领江数语。今概略录下：

毕问："你听见有枪声否？"

答："听见四五枪声。"

问："何时听见？"

答："要逃命，不曾忆及。"

问："你在船看见已救过数十人否？"

答："只见跳过去三四十人。"

问："你见跳过去，奇不奇？"

答："亦无甚奇。"

问："你晓得'楚材'放枪，是否对'江宽'放？"

答："未曾说过对'江宽'放。"

问："你不敢跳过去，是否恐打死不敢跳过去？"

答："是的。"

问："你心中晓得'楚材'因何放枪？"

答："不知。"

问："除你外，别的跳过去的有多少人？其名字知否？"

答："名字实不能忆及。"

问："现在请你说出来两船相碰在哪里？"

答："在后梢。"

问："第二碰在何处？"

答："在美孚码头上。"

问："'楚材'碰'江宽'如何情形？"

答："'江宽'已沉下水，惟烟囱未下。"

问："你在'江宽'船何时走的？"

答："俟'楚材'走开，有几百人把至房间上。"

问："第二碰之后，船身何时沉下？"

答："只半分多钟。"

问："你听见'楚材'有炮声否？"

答："有。"

官谕理事官讯问该证人当时叫命情形。

问："两船相�有多少？"

答："一个开勒尔。"

问："照尔说，相距一迈里路，如何要碰了？"

问官谓："放二声时两船隔多少远？"

答："半迈路"。

问："一迈有多少？"

答："未计及。"

问："当时已未查过，究竟是枪声否？"

答："我船西崽夏明兰跳到兵船见放枪的。"

讯至此，穆律师尚欲诘询该证人数语。问官谕谓下次庭讯再问。

堂上又命招商局总船主西人奈（译音）到堂，询以"江宽"船保险否？答："系本局保的。"穆律师请求命招商局将保险簿呈堂。讯至此，穆安素起立声请，先请判决，声请书业已呈堂，亦已送交招商局代表律师，其声请理由大致系要求招商局负担因前次展期不到，湖北代表来往一切损失，其数目请堂上核断；并请照前次裁决，对于湖北反诉，先研究法律上之主旨。麦律师起而反对，以今日接到对造通知，本须正式答辩，乃被告律师重又主张反诉，则敝律师不能出庭。缘招商局撤回私诉，本律师出庭者，无非为帮助进行公诉起见。今被告代表主张损失与反诉，又一问题，敝律师万难出庭，尚须得当事人之意思云云。

问官论曰："法庭系奉大总统命令审讯公诉，此刻两造争执私诉，如何说法？"穆又谓，此刻非要求堂上审理反诉，先研究反诉法律，且敝律师早将法律陈明。麦谓，敝律师今日接到对造通知，且俟敝律师正式答辩，再行进行。语毕，时已五时三刻，遂宣告退庭，双方同意下星期一下午二时续讯。

（1919 年 2 月 20 日，第 10 版）

"江宽"案昨日续讯纪

—— 定星期三再审

昨日（星期一）为招商局"江宽"轮船被"楚材"兵舰撞沉案续审之期，原、被方面律师均到庭，招商局代表傅筱庵、"江宽"船上大领江瓜得卖司、水手等均到庭；湖北方面，有陈代表等；是日，英、法、美、丹四领事与商会所派之代表未到庭。午后二时许，宣布开庭，审判长沈寿堃率同陪审官四人出庭，即据湖北方面代表律师穆安素声称，上届庭讯，堂上对于湖北省反诉问题及损失是否俟公诉终了接续审理，请堂上先为解决。问官谓，公诉如何，现尚未□揣测，且俟公诉终了，再行进行。招商局代表律师麦克乐起立谓，对造主张，私诉亦已预备对付云云。又据穆律师请命前日未经讯完之大领江张沛英到堂，以资请讯。穆律师问："尔日前所供之语，有无更变？"答："无。"又讯问碰撞情形，与前庭所供无甚上下，从略。

　　迨讯毕，又据招商局代表律师马斯德起立声称，今有"江宽"船上之瓜得卖司对于碰船情形知之较详，请为讯问。据该瓜得卖司称，名陈长国，在招商局已有十年，"江宽"上做四年，"那天晚上只知有一船过，我在房间"。问："可有别船过？"

　　答："没有。"

　　问："有无听见信号？"

　　答："只听见二回声。"

　　问："有未扳司泰把（译音）？"

　　答："扳的，但系船主命，不能不扳。"

　　问："碰船以后，几时出房？"

　　答："船主命我起来，始起来。"

　　问："彼船在哪里？"

　　答："在右。"

　　问毕，穆律师起诘该证人："你当班是否四个钟一班？"

　　答："是的。"

　　问："你是日何时接班？"

　　答："八点少三分。"

　　问："有几班？"

　　答："一班。"

　　问："你交班何人领江？"

　　答："二领江在。"

　　问："你说前边有一白灯？"

　　答："是。"

　　问："船主为何到桥上？"

　　答："他自来的。"

　　问："你八点少三分接手以前在何处？"

　　答："在房间。"

　　问："如何接班？"

　　答："有人呼唤。"

　　问："其时船到何处？"

答："已过沈家矶。"

问："船主在何处接班?"

答："在沈家矶接班。"

讯至此，穆又谓该证人须将前供之话再说一遍。答："次次接班如是。"

问："你说船主见有一白灯?"

答："是。"

问："船主与你说前边有一船来，有无命令?"

答："没有。"

问："是否看见白灯以后叫你转司泰把，有几多钟?"

答："当舵者只知专视司泰把之标灯，不能望别的及钟表。"

问："船主说有一船，其时几多钟?"

答："不能忆。"

问："你终想得出中间相隔几何?"

答："不晓得。"

问："你想堂上要信任证言，终要实说。"

答："实系当舵视一线，不能分心。"

问："你说不能分心，何以船主与你说有一白灯及二回声你能记得?"

答："耳中听见能记，惟目不能视他。"

问："你记性很好，何以中间隔几多记不得?"

答："听见者可记。"

问："一声后又一声，何处放来?"

答："在前边。"

问："有无听见别的船信号?"

答："我们二回声，他答一声，后来又三声。"

问："何以招商局问你不说?"

答："未曾问过，所以不说。"

问："你所供是否系招商局律师叫你供的?"

答："我心里供出的。"

问："第二声后，中间相隔几何?"

答："未记忆。"

问："终能记忆。"

答："倘若说揣测之钟点，岂非被驳，既不见表，何能说定钟点。"

问："你今天到堂之语，很似预先叫你的供。"

答："没有。"

问："船主于第二声至第三声如何？"

答："只见跳脚。"

问："领江在船所司何事？"

答："在舵房司领江事。"

问："碰后有无命令？"

答："无。"

穆谓该证人在堂所供不晓得，钟点不知道，几同游嬉。问官谓该证人三声之后相碰有几多时间？答："只一歇歇。"

穆又谓诘问证言系要证实事之真实，现该证人所供似同教供，所以未教之事遂不能说出，诿称不知；但不知道很易答的，照此证言，多是虚伪教供，请求堂上知照理事官按照法律处以应得之罪，照所供不知道便是藐视公堂。理事官许继祥起立谓，该证人所说"一歇歇"之"一哈哈"，系中国人之土语，照理事官意见，并无违法行为。

穆律师又起立谓，理事官所主张不违法，敝律师但愿如是，将来对于"楚材"证人幸望一体待遇，请公堂先下一判决。又问该证人："你在舵房看见岸上码头否？"

答："在舵房只知看灯等事。"

问："'江宽'离岸有多远？"

答："亦不知多少尺数，因未量过，大约有一只船之长。"

问："船有多长？"

答："亦不晓得。"

问："比方离开多少？"

答："只能指舵，不能向外看。"

问："你如何遇救？"

答："着救命衣赴岸。"

讯至此，问官宣告休息二十分钟（其接续审理之供与审问水手头目戴丰泰之供，因词长明日续录）。五时三刻退庭，并宣布星期三续审云。

（1919 年 2 月 25 日，第 10～11 版）

"江宽"案续讯纪（续昨）

"楚材"舰撞沉"江宽"船案二十四日续讯情形，其前半已志昨报，兹再续纪于下：

穆律师驳诘瓜得卖司陈长国，问："方才所供有无更变？"

答："没有。"

问："你当班，可有镇江开驶？"

答："有之。"

问："镇江开船，如何开法？"

答："因对直岸滩须掉头。"

问："镇江开驶何方向？"

答："汇司脱少四。"

问："到南京或九江、芜湖何方向？"

答："不知。"

问："你看灯表何用？"

答："只知长江应走之向道。"

问："交班，瓜得卖司有未知照？"

答："知照。"

问："你交班下去，有无知照？"

答："忘记。"

问："何以接班晓得知照，交班忘记知照？"

答："接班时因尚未发生事故。"

问："何以到记得八点少三分交班？"

答："在铺内讲过。"

问："几时讲过？"

答："不能记。"

问："在何处？"

答："在汉口。"

问："铺内有多少人？"

答："很多，均是中国人。"

问："你可将姓名写出？"

答："不能写字。"

问："你须说一人出来，俾可传到堂作证。"

答："公会人多，记不出。"

问："一个人多［都］不能讲？"

答："是。"

问："你所记得的向道是否有人叫［教］你？"

答："没有。"

问："桥上有几个瓜得卖司？"

答："有二个，领江二个。"

问："自从你接班，放二声后，有无人出舵房？"

答："没有。"

问："接班时何方向？"

答："烧夫司哈夫司。"

问："你将舵转到何处？"

答："烧好罢会司烧。"

问："此语一定确实的？"

答："是。"

问："有听见放枪？"

答："在舵房听不出。"

问毕，堂上命"江宽"船水手头目戴丰泰上堂，由招商局律师马斯德问做何职。答："水手头目。"

问："在何处做？"

答："在'江宽'船。"

问："在招商局做几年？"

答："十年。"

问："碰船时在何方？"

答："在船头上。"

问："你船到何处？"

答："在沈家矶。"

问："你看见有船否？"

答："有一船。"

问："'江宽'在何处？"

答："在美孚下头。"

问："有无看见他船？"

答："只看见一白灯。"

问："'江宽'船有无信号？"

答："放二声。"

问："听见他船有声否？"

答："只听见一声。"

问："隔几时？"

答："只一歇歇。"

问："一直走，还是改方向？"

答："改左手。"

问："对面一声后，你船有信号否？"

答："又二声，后来遂碰了。"

问："碰之前有无声？"

答："曾放三声。"

问："对面无声？"

答："其时甚快。"

问："看见否？"

答："看见的。"

问："如何碰法？"

答："彼船对直碰来。"

问："有无帮救？"

答："无。"

问："你听见放枪否？"

答："听见的。"

问："你在何处？"

答："在风车上。"

问："放枪的何船？"

答："兵船。"

问："你往何处逃？"

答："穿救命衣泅水。"

问："枪声何时来的？"

答："碰船时。"

问："如何碰法，须将碰时情形说出。"

讯至此，穆律师起立请堂上注意马斯德律师询证多是指引证人，请记录。马答辩此种攻击全是延误公堂时间。穆又谓请堂上命该证将碰船情形用两形似船之模型，依照原碰情形摆出，以资研究云。

（1919 年 2 月 26 日，第 10 版）

"江宽"案第十五次续讯纪

招商局"江宽"船被"楚材"兵舰撞沉一案，昨日（星期三）第十五次续讯。除原、被代表及律师证人均到庭外，英、美、法、丹四领事未到旁听。午后二时二十分宣布开庭，审判长仍为沈寿堃，偕同陪审官四人出庭。首由穆律师起立陈述："今日公堂西文速记因何不到？"

问官谓："有代表。"

穆又谓："能否称职？"

官答："想必能的。"

正在讯问时，适该速记生到庭，穆律师遂向水手头目戴丰泰诘询问："你船二声之后，彼船答一声，中间相隔几何？"

答："一时记不出，让我想想看，大约一分多钟，'楚材'回答一声。"

问："'楚材'有无答声？"

答："只'江宽'又放二声。"

问："其时已看见白灯、绿灯？"

答："是。"

问："第二次放声之后，隔几时再放声？"

答："其时船已相近。"

问："你第二次放声之后，又隔多少时再放气？"

答："让我想想看，我又不带表。"

问："前有一个证人亦说不带表，今你亦说不带表，何以能巧？"

答："约二三秒钟。"

问："彼船回几声？"

答："只一声。"

穆谓："堂上注意口供，第三百二十章供有'楚材'二声之误，实系一声。"

官谓："系印差的。"

问："三声之后，隔几时碰的？"

答："声后遂碰。"

问："碰看见否？"

答："看见的。"

问："你看见碰之所在否？"

答："看见船主跳脚。"

问："船主跳脚，前有一证人供过，你有无跑过去？"

答："没有。"

问："'楚材'撞时，看清楚否？"

答："离我身约五六十尺。"

穆请堂上谕知该证人对于律师询供须答所问之语，不要说别的话。

问："有无看见'楚材'碰？"

答："全只看见。"

问："你船上岂无房间装修遮没？"

答："遮勿没的。"

问："你〈主〉在留心的地方有多少时间？"

答："一直在该处。"

问："碰之后如何?"

答："船主命放舢板。"

问："碰之后有多少钟放舢板?"

答："约一分钟。"

问："船主教你放舢板后做何事?"

答："一直未晤面。"

问："到上头做何事?"

答："舢板等放好,并嘱伙计等一齐放。"

问："放下去几只?"

答："三只。"

问："你放几只?"

答："一人放,共放三只。"

问："司泰把几只?"

答："二只,把三一只。"

问："系何以晓得司泰把放舢板?"

答："看见的。"

问："脚板上有无遮没?"

答："没有。"

问："系放下舢板有无乘下去?"

答："尽是客人。"

问："有无船上别人?"

答："没有。"

问："你如何救起?"

答："船要沉时,穿救命衣跳水。"

问："你从何处跳下去?"

答："把三处跳下。"

问："你见司泰把有人跳下去否?"

答："只见舢板二只。"

问："你船上有一船主说舢板不能放下。"

答："白铜盖的,可以放下。"

问："是否船主说差？"

答："是。"

问："你看见'江宽'沉下有多少时间？"

答："我在水内，不能看见，记忆只见烟囱。"

问："碰之后，你等几时跳下去？"

答："记不出，其时要紧性命。"

问："你保护性命得很好的，岂有记不出？"

答："其时很慌，大约十分钟之谱。"

问："尔为何招商局律师问你讲得很快、很清？"

答："系放声等事，系听见的，故易讲。"

问："实是招商局律师问你系早晓得，故我问你，你回话多无头脑？"

答："我无表如何记得？"

穆向公堂陈述，谓该证人此种证言，即系藐视公堂行为，请堂上明鉴。问官谓证人之语，系中国一种土语，并非故意藐视。穆又谓，请堂上知照该证人要答所问之语。问："现在问你对于招商局律师所供很清楚，为何我问你要想想看？"

答："碰船及诸种情形必定要想想看。"

问："有无将此事与人讲过？"

答："只与律师讲过。"

问："在何处、何时？"

答："在一月后，在上海。"

问："是否阳历五月？"

答："是的。"

问："何处律师，有未在堂？令即指出。"

答："系马斯德律师。"

问："讲过几次？"

答："一次。"

问："讲何事？"

答："碰船事。"

问："何人领你至律师处？"

答："系总理命我去的。"

问："你不懂英文，有无翻译？"

答："有的。"

问："是否在堂？"

答："张先生。"

问："你五月间到律师处去是实否？"

答："实的。"

问："你可赌一誓否？"

该证人沉吟半晌不答。穆谓问："你愿赌誓，你不答，则你到堂作证的缘故，人家都晓得了。"

问："你看见'楚材'否？"

答："看见'楚材'有许多人。"

问："有无看见'楚材'有特别事故？"

答："只见许多人。"

问："'楚材'如何能兜转来？"

答："船之叶子要动便能转动。"

问："你见否？"

答："一定如是。"

问："比方'楚材'在边上，对之流水冲上去，有何结果？"

答："流水能冲下来，不能冲上去。"

穆即取出形似船之模型二个，令该证人于"楚材"被流水冲之情形摆出式样。及休息二十分钟以后所诘询之证人，供词明日续录。至五时三刻宣布退庭，定星期五及下星期一接续审讯。

（1919 年 2 月 27 日，第 10 版）

"江宽"案第十五次续讯纪（续昨）

"楚材"撞沉"江宽"船案第十五次续讯情形，续纪于下：

穆安素律师问水手头目戴丰泰："你摆出之'江宽'在何处，'楚材'在何处，流水如何冲下去？"

答："我不晓得。"

问："流水能冲上去否？"

答："流水汆下来的。"

问："两船相碰有多少时？"

答："一二秒钟。"

问："'楚材'有无抛锚？"

答："撞后并不抛锚。"

问："撞后你是否对'楚材'看，连别的事及自己损失多想不到，专对'楚材'看？"

答："碰后看其掉转。"

问："你说听见枪声，是大枪、小枪，抑炮？"

答："大约枪声。"

问："听见枪声如何？"

答："客人多不敢跳过去。"

问："你之话与早一见证相仿，你在上头何能见跳？"

答："多见的。"

问："跳到'楚材'有百余人？"

答："我看只三十余人。"

问："司泰把救命船有多少人？"

答："不晓得。"

问："你自己之救命船尚不知人数，何能知人家船之多寡？"

答："碰拢分开，只一歇歇，何能多跳人？"

问："碰船在那里？"

答："撞司泰把，碰把三。"

问："'楚材'碰'江宽'，头先碰抑尾先碰？"

答："头先碰。"

穆即将模型令该证人摆碰撞情形。

讯至此，休息二十分，复开庭。穆问该证人："你方才所供有无更变？"

答："无。"

问："舢板既放之下，钩子何人所放？"

答："客人放的。"

问："你以后有无见否？"

答："无。"

问："第一次与第二次碰隔几时？"

答："约数分钟。"

问："照你言，相碰共有三次？"

答："是。"

问："照你说，'楚材'速率较'江宽'为快。"

答："是。"

问："若是，则'楚材'须开极快之车。"

答："不知。"

问："若'楚材'驶极速之车，欲以船尾碰'江宽'，则须打倒车。"

答："不知。"

问："你之救命衣在何处所取？"

答："在房间。"

问："你船上最后何时操舢板？"

答："每到汉口即操。"

问："操时船主发如何命令，抑命你遇危急时救客人否？"

答："是。"

问："船上舢板何人所管？"

答："大副及二副。"

问："你在水中，何人救起？"

答："他人救起。"

讯至此，许理事官起立问该证人："适你说听见枪声，何以知'楚材'所放？"

答："声自东来，'楚材'在东，故知系'楚材'放的。"

讯毕退庭。

（1919 年 2 月 28 日，第 10 版）

"江宽"案第十六次续讯纪

昨日（星期五）为招商局"江宽"船被"楚材"兵舰撞沉案第十六次续讯之期，原、被代表及律师暨"江宽"船上各人证均到庭，领事团仍不到。午后二时二十分开庭，沈审判长率同陪审官四人出庭，即据招商局代表律师马斯德陈述，兹有"江宽"船上之木匠对于碰船情形知之较详，特为带堂诘询。堂上即命该证人上堂，令具证人甘结后，由马律师问："你姓甚名谁？"

答："叫邬财荣。"

问："在'江宽'船上当何职？"

答："木匠。"

问："碰船时你在何处？"

答："在舱面上。"

问："你船到何处地方被碰的？"

答："在美孚码头之下。"

问："如何遇救？"

答："跳入舢板，然后在滩上上岸。"

问："你船放二声之后，彼船有无答回声？"

答："二声之后，隔了一歇答回声的。"

问毕，即据穆律师起而驳诘，问："两船相碰近之时间若干？"

答："约二分钟之五六。"

问："是日礼拜几？"

答："记不得。"

问："日子应该晓得。"

答："晓得的。"

问："是日未碰之前，过了几个口岸？"

答："走过沈家矶及黄州。"

问："有无看见别船？"

答："只见船。"

问："九江有无看见轮船？"

答："有的。"

问："叫何船名？"

答："忘记。"

问："碰船地方在哪里？"

答："美孚码头之下，福中公司对间是碰船所在。"

问："你说前供你船在美孚码头有一船过？"

答："在红灯外边。"

问："现在未曾问过'楚材'船之事。"

答："你说是'楚材'，我并不说的。"

麦律师起立谓，对造律师有误会处。穆谓重复讯问可耳。问："你先过之船在何处？"

答："在美孚离开三四末之下头。"

问："你看两只灯时，你船在哪里？"

答："在沈家矶，过一歇歇。"

穆谓："照你供，实系很费时光，要想想看，一歇歇你终要说明多少。"

问："看见灯时候，你船在哪里？"

答："在美孚下个码头对间。"

问："你看见灯多少路？"

答："约一个半黄浦江光景。"

问："来船是否在亚细亚码头？"

答："看勿出。"

问："是否黑暗？"

答："只能看灯，不能顾他。"

问："你看美孚码头何看得出？"

答："我船近岸，故看出。"

问："你看彼船有无要碰情形？"

答："看见样子甚危险。"

问："其时离开码头多少？"

答："约一点点，船能驶得过。"

问："你想'楚材'能于中走过否？"

答："如走，不碰了？"

问："你心中有无把望？'楚材'走过此道否？"

答："是的。"

问："'江宽'外面面积大否？"

答："外面甚大。"

问："何以'楚材'不走大的河面？"

答："不知。"

问："船主命令有无听见？"

答："瞭望报告船主，拉二回声，即命令。"

问："此时台立白莱夫钟听见否？"

（答）："听见。"

问："你听见台立白莱夫在先，抑在回声之后？"

答："放声以后。"

问："其时有无看见彼船要上前驶？"

答："上下多可？"

问："照你供，你船放二声之后，'楚材'才答一声。"

答："是。"

问："几多时间？"

答："约吃二口饭，约一分钟放声。"

问："二声台立白莱夫钟响？"

答："你问我一声，我答一声，不错的。"

讯至此，麦律师起而反对，谓对造律师问供多所误会。穆律师亦答辩，谓此种询证亦常有之事，相对律师攻击者，盖恐询出破绽，故意反对，使证人得可理会错误处，请堂上注意。理事官亦起立谓，证人内有种种不明白律师所问之意思，实有误会。问官遂谓该证人："以你船放二声之后，'楚材'答一声，中间相隔几何？现在两方多有错误处，不妨再问。"穆又谓，询证每至破绽时，对造律师起而插嘴，帮护指导，何能询得下去？即理事官亦已屡次帮护证人，请堂上注意。问官仍谓双方误会。

穆又谓，放声之后，然后听见钟响，全是第一次之语。官谓公堂现多听得清楚，似系误会，请再问下去。穆谓此第一次放声之事，亦不能问下去，因对律师已指导证人，如对造律师对于证言有不明白之处，尽可复问。穆谓："第一次放二声，有无命令？"

答："无，惟船已走开矣。"

问："你说之意，是否船主无命，老大已转舵？"

答："里头之事我不知。"

问："你有无听见船主下命令，与机器间要开快车？"

答："无听见。"

问："有无听船主骂人跳脚等事？"

答："系外国语，听见的。"

问："你记性很好的，你听见放二声，'楚材'答一声，有多少钟？"

答："约一分钟。"

问："招商局律师问你二声之后长久答一声，是否？"

答："放声之后即答，是回声，长久遂不是回声了。"

问："你一直见绿灯白灯？"

答："此时看见白绿灯。"

问："你下水否？"

答："系跳舢板。"

问："从看见灯后有无见别灯？"

答："要碰时，见红灯。"

问："你说未见别灯。"

答："你问我见灯时系未碰，迨见红灯要碰了。"

闻［问］："第一次声至第二声隔多时？"

答："约一分四秒钟。"

问："第二声至第三声隔几时？"

答："约四秒钟。"

问："你系何处舢板遇救？"

答："在司泰把。"

问："舢板回转否？"

答："我带到上海。"

问："看见'楚材'抛锚否?"

答："看见的。"

问："有无听见'楚材'锚练声?"

答："只听放，不听收，因在长江内。"

问："'楚材'碰之锚何能驶?"

答："船主命伊量水，后来一碰，未见，迨转来始见第二碰。"

穆又将小船模型命该证人将碰撞情形摆出，穆谓照此有横线八十三度。

答："是。"

问："第三次如何碰法?"

答："系戗过的。"

讯至此，宣告休息二十分，至四时三刻复开庭。穆问该证人："方才所供有更变否?"

答："无。"

问："第二次回声之后，与碰船时，中间相隔多少?"

答："只半分钟。"

理事官起立问该证人，问："'楚材'不拉声走过来，能碰'江宽'否?"

答："早已碰着。"

问："两船向导不改，能碰否?"

答："要碰的。"

问："你何以晓得要碰?"

答："照样看来，定要碰，倘不动向导，能可不碰。"

问："你船上舢板操否?"

答："在汉口操的时多，上海操的时少。"

问："救命衣放在何处?"

答："在水台上、房间内。"

问："既有许多救命衣，何至要死许多人?"

答："客人要跳到'楚材'，讵'楚材'开枪，客人又不敢跳，想必其间落水，只听见客人叫'不要开枪'。"

问："大餐问有无西崽落水，死否？"

答："有一小徒。"

问："有一西崽名夏明来，有否？"

答："有的。"

问："何处人？"

答："镇海人。"

堂上即命夏明来到堂，由马斯德律师问："你是否'江宽'做西崽？"

答："是。"

问："碰船时在否？"

答："在。"

问："碰之后如何？"

答："跳至兵船。"

问："在兵船何处？"

答："在后舱。"

问："听见有何事故？"

答："看见兵放枪。"

问："兵船抛锚否？"

答："有抛下去的。"

问："看见别的否？"

答："后来听见斩锚练。"

讯至此，穆律师谓时间不早，请星期一再讯。堂上准之，即宣告退庭。

（1919 年 3 月 1 日，第 10 版）

"江宽"案第十七次续讯纪

"江宽"船被"楚材"兵轮撞沉案昨日（星期一）第十七次续讯，原、被代表律师均到庭，惟旁听英、美、法、丹领事仍未到。午后二时二十分开庭，审判长沈寿堃率同陪审官出庭。据穆律师起而诘问西崽夏明来："尔看见'楚材'放枪，是手枪，抑来复枪，或炮？"

答："是洋枪。"

问："如何放的？"

答："立而向'江宽'放的。"

穆即请求堂上取一空枪，令该证人做一放枪形式。堂上准之。问："你跳到'楚材'，立在何处？"

答："立在油桶上。"

问："照你说，此船舱面上不能站人。"

答："因恐他们做事有碍。"

问："你见彼等在做何事？"

答："见跑来跑去。"

问："有几多时间？"

答："约数分钟。"

问："客人都跑来跑去，惟独你立桶上？"

答："因脚痛。"

问："你立在桶上脚痛否？"

答："仍要痛的。"

问："你是否恐因人家踏到你脚痛处，故而立桶上？"

答："是。"

问："你立桶上，遂看见锚练条放下去？"

答："是。"

问："练条在何处何边？"

答："两面都有的。"

问："练条连住何所？"

答："连住船上的。"

问："你看见练条在桶内拖出来，是否过第二洞？"

答："是。"

问："其船上有电灯否？"

答："无。"

问："你可看得清否？"

答："看得见的。"

穆律师将摄就之"楚材"船影命该证人指出练条所在及所过之洞，该证人指洞在船头上。

问："锚在何处？"

答："在洞外挂的。"

问："究在何洞出练？"

答："洞内出来的，其练根所在，不晓得。"

问："岂有练无根的？"

答："被物遮盖，看不见，不能说。"

问："你于勿遮没时看得出否？"

答："没有看见。"

问："你岂非勿遮没，连眼都闭不成？"

答："亦未留意。"

问："有几个人将练条拖出来的？"

答："约五六人。"

问："你看见搬练条是否在桶内搬出？"

答："没有搬，我只能将看见的说。"

问："你有无看见他们做事？"

答："我亦不留心。"

问："你看见五六人做何事？"

答："我不晓得他们所做的事。"

问："是否吃雪茄烟，抑唱山歌？"

答："我不知，只见他们因拔不起锚，有要斩练的样子。"

问："究竟五六人是否在拖练？"

答："大约拔锚不起，像要斩练的式样。"

问："锚练放出去后，他们四五人在做何事？"

答："只有二三人在做事，惟不知他做何事。"

问："放枪的人你何以晓得是兵？"

答："有军帽、号衣。"

问："他们几个人既不做事，是否亦在看？"

答："我没有看见。"

问："你在看，何以不晓得？"

答："我又不能射住他们看的。"

问："你要堂上信你的话，总要实说。"

问："究竟你看四五人在做何事？"

答："像起锚的样子。"

问："是否一直立在桶上？"

答："船又不到码头，不能起岸。"

问："你立在船上有几多时间？"

答："约数分钟。"

问："你现在所说的话都是假话，'江宽'船被撞后无如许之时光。"

问："'辣待咤'（译音），你从未有此语听见，何以晓得？"

答："常听见的。"

问："你的话完全系听人说的？"

答："我的话都是看见。"

问："可成［曾］听见放枪？"

答："看见的。"

问："你有无将放枪的事与人讲过？"

答："说过的。"

问："与何人说的？"

答："在汉口与船上同事人讲的。"

问："何以要与人讲，岂有人家不知的？"

答："我与人说如何跳到兵船，如何险法，险些打死。"

问："有无打死人？"

答："我没有看见。"

问："你是否将放枪的话尽人都讲过？"

答："客人未说，是船上人讲过的。"

问："何以不与客人说？"

答："客人不认得。"

问："何以要与船上人说放枪的事？"

答:"同事遇面,大家讲讲,亦不妨事的。"

问:"他们听你说放枪事,古怪否?"

答:"他们说亦听见的。"

问:"你想古怪否? 为何他们不先与你讲?"

答:"他人不见,我是先见的。"

问:"你可能说出与讲的人?"

答:"系大领江、水手头目等都说过的。"

问:"你有无将案与人议论?"

答:"我没有,只到了上海,到局内领辛工。"

问:"你此次到堂乘何船来的?"

答:"小火轮来的。"

问:"在船上有无讲过案情?"

答:"未讲。"

问:"是否系小心谨慎?"

答:"系讲的别话。"

问:"〈系〉第一次到堂,系几月几日?"

答:"已忘记。"

问:"你第一次到堂,在审何证人?"

答:"只见两律师说话。"

讯至此,堂上宣告休息二十分钟,尚有理事官诘问证人供词,及麦律师起言:"本律师方面现有三个见证:(一)三领江,(二)水手,(三)瓜得卖司。以马斯德律师与本律师意,免予诘询,如堂上要讯,抑理事官或湖北代表律师要问,请命到堂。"计第一人系水手戴阿来,第二系三领江郑健如,其所讯之供词甚长,明日续录。讯毕宣告退庭。本系星期三续讯,因穆律师无暇,故改下星期三续讯云。

(1919 年 3 月 4 日,第 10 版)

"江宽"案第十七次续讯纪（续昨）

"楚材"撞沉"江宽"船案第十七次续讯情形续纪于下:

许理事官诘询西崽夏明来，问："你看见兵放枪，有无看见兵官？"

答："无。"

问："是否见系对'江宽'放？"

答："是。"

问："空枪抑实枪？"

答："听见枪声甚急。"

问："你看见放几枪？"

答："四五枪。"

问："你每见放枪之后，其枪动否？"

答："动的。"

问："有无见枪门动否？"

答："动的。"

问："你看见有多少兵放？"

答："三四人持枪在手。"

堂上问该西崽："你见他们一人放几枪？"

答："未知。"

问："你既看见，岂有不知放几枪？"

答："未记及。"

问："你在兵之后，抑在旁边？"

答："在旁。"

问："枪对何处放？"

答："'江宽'后面放。"

问："你看见'楚材'练条放下去，有无别人见？"

答："我是见的，不知他人亦见及否。"

讯毕即命水手戴阿来到堂，问："你看见有一船在何处？"

答："在美孚码头。"

问："见灯否？"

答："见灯后即报告船主。"

问："你在'江宽'有多少辛工？"

答："十五元。"

问："你报告后，船主有命令否？"

答："拉二回声。"

问："你后来在何处？"

答："在船头。"

问："你听见二声之后，彼船有无声？"

答："'楚材'放一声。"

问："一声之后有无声？"

答："'江宽'又拉二回声。"

问："第一次放声与第二次放声中间相隔几时？"

答："半分多钟。"

问："其时两船相离多远？"

答："约三四千尺。"

问："'楚材'拉一声，离'江宽'多远？"

答："约两只多'江宽'船之谱。"

问："'江宽'船其时如何思想？"

答："想要离开。"

问："后来如何？"

答："'江宽'又放三回声。"

问："三声之后如何？"

答："'楚材'遂碰了。"

问："'楚材'碰'江宽'在何处？"

答："在'江宽'绿灯后。"

问："红灯何时见的？"

答："在'楚材'一声之后。"

问："你所话实否？"

答："确实的。"

问："碰后你做何事？"

答："船主命我放舢板。"

问："有几只？"

答："四只。"

问："舢板吊下还是掷下？"

答："吊出去三只。"

问："何处舢板？"

答："司泰把二只，把三一只小的。"

问："后来如何？"

答："我去敲钟。"

问："你何时取救生衣？"

答："撞钟后取的。"

问："如何遇救？"

答："在舱下有一桶，可容数十人，与多人一同在桶内汆出。"

问："客人都带救生衣否？"

答："带的多。"

讯至此，穆律师起而诘询："你在美孚码头先见白灯，离开码头有多远？"

答："约三四百尺。"

问："先见绿灯后放声？"

答："先见白灯，后见绿灯。"

问："你说'楚材'放一声，船头向外？"

答："因我船向外，彼亦向外。"

问："第二次放声之后，几分钟碰的？"

答："约半分钟光景。"

讯毕，问官命三领江郑继如到堂。

问："你何处人？"

答："广东。"

问："你在'江宽'做何职？"

答："在'江宽'作三领江。"

问："有领江执照否？"

答："尚在学习。"

问："你船到沈家矶先见何物？"

答："见一白灯及绿灯。"

问："见绿灯之后如何？"

答："我船放二声。"

问："彼船如何？"

答："回一声短气。"

问："第二次放声，两船相隔多少？"

答："约三四百尺。"

许理事官起立问："彼船回一声之时，两船如何地位？"命该证人摆出式样，问："此时'江宽'拉一声，两船可错过否？"

答："不能。"

穆律师问曰："适才有一见证供二次放声之后即见'楚材'红灯，照你言，二次放声，'楚材'尚隔有三百尺，何所见之不同？"

答："各人眼光测量不同。"

问至此，已五时三刻，宣告退庭。

（1919 年 3 月 5 日，第 11 版）

"江宽"案第十八次续讯纪

——招商局证人已讯完，下星期一、三、六再讯

昨日（星期三）为"江宽"船被"楚材"兵舰撞沉案第十八次续讯之期，午后二时许宣布开庭，除双方代表律师到庭外，"楚材"方面无人到庭，招商局方面各证人均到，审判长沈寿堃率同陪审官四人出庭。首由招商局代表律师麦克乐起立陈述："今有'江宽'船上之舵工任三元，对于碰船情形亦甚知悉，特为带堂，请询。"堂上准之，即据任三元具立证人甘结后，由麦克乐诘据，供称在"江宽"船当舵工，已有六年。

问："第一次见白绿灯，'江宽'船在何处？"

答："在美孚码头？"

问："见灯后如何？"

答："即拉二回声。"

问："其时船主有命令否？"

答："令司太把。"

问："舵动否？"

答："向左。"

讯毕，即据穆安素律师诘称："尔在'江宽'当舵工，有无在别船做过？"

答："做舵工计有十六年，'江宽'系做六年。"

问："两船相碰时，尔在何处？"

答："在舵房。"

问："舵房内有几人？"

答："四人。"

问："你听见二声之后，彼船有无回声？"

答："只听'楚材'停一会后放一短声。"

问："回声余船主得拉外，余人可拉否？"

答："可以的。"

问："船主命令司太把后舵动否？"

答："向左。"

问："其时两船相离多少？"

答："三四千尺。"

问："你有无听见枪声？"

答："听见的。"

讯毕，即据理事官许继祥起立陈述，请命招商局总船主到庭问话，即由麦克乐律师知照该总船主上堂，称伊名伦脱（译音），译称伊在招商局当总船主。官问："全船共有多少人？"

答："照买办报六百五十一人。"

问："'江宽'几年分造的？"

答："已三十七年。"

问："三十六年内曾否修过？"

答："早一年（即一九一七年）修的。"

问："'江宽'船有多长？"

答："三百尺。"

问："尔当监督几年？"

答："九年。"

问："'江宽'在三十六年中验看几次？"

答："没有。"

问："'江宽'船有无向外国行保险过否？"

答："未晓得。"

问："可是招商局自己保险？"

答："大约是的。"

问："前次到堂，允将装货账簿呈堂，今带来否？"

答："没有。"

问："船上装货水脚几何？"

答："不知道。"

问："'江宽'有几个水闸？"

答："说不出。"

问："平常应否操练？"

答："未知。"

问："'江宽'搭客由'楚材'救起几人？"

答："系在汉口，须问汉口办事人。"

讯毕，堂上宣告休息二十分钟，至四时三十分重复开庭。即据马斯德律师起立，谓方才总船主答不出全船死多少人，现有汉口招商局管码头洋人曾经记及，现在堂请讯。即据穆安素律师起立反对，谓此证人在堂旁听已久，不能作证，缘当时审讯诸证人，对造律师反对"楚材"舰长在堂旁听，堂上命令回避，今者当然不能充证。官谓只询问死伤人数，无其他问题。穆又谓，请以此例命速记纪录。马律师问该证人，问："'楚材'救起'江宽'搭客几人？"

答："三五人。"

问："如何知悉？"

答："据'楚材'船主报告如是。"

穆谓："问你数目点过否？"

答："点过的。"

问："'楚材'船主何以与你说？"

答：“用英国语说，即‘楚材’领江亦是此说。”

问：“你如何问‘楚材’船主？”

答：“除我问外，即海关河泊司亦问过。”

问：“是否同时问的？”

答：“是。”

问：“三十五人中有无受伤？”

答：“受伤二人。”

问：“曾否问过？”

答：“大家问的，且受伤人能说英语。”

问：“几人问的？”

答：“河泊司理船厅。”

问：“你想奇怪不奇怪，敝律师与‘楚材’舰长交接数月，而‘楚材’舰长不谙英语，你何以与他讲英语？”

答：“我是与他说英语。”

问：“你在何处点的人数？”

答：“在码头上。”

问：“方才你说在船内点的？”

答：“在码头上，一面下小轮，一面点的。”

问：“是否都下小轮？”

答：“是的。”

问：“何处码头？”

答：“亚细亚。”

问：“你讲‘楚材’是否在亚细亚码头？”

答：“在福中公司码头。”

问：“救起人中有妇女否？”

答：“有二人。”

问：“救起客人有无不愿到汉口？”

答：“有一人，因邻近有熟人之故。”

讯毕即据麦克乐律师起立，谓招商局方面证人业已讯完，当由堂上谕“楚材”方面律师将“楚材”方面人证带堂讯问。据穆安素律师起立声称：

"敝律师今日到堂，预料'江宽'方面人证未及讯完，所以敝律师方面人证未曾预备进行，请俟下次堂期讯问。"云云。

继据麦克乐律师起立反对，时光尚早，照时计尚有一时可能审讯。官谓本案延宕已久，急欲讯结，万难再延。穆律师谓："敝律师未曾预备者，亦有原因，缘上次堂上命招商局呈递簿据，俾资审查，讵今招商局仍不呈出，此亦料想不到之事。"述毕即据官宣谕曰："星期五续讯。"穆律师谓，星期五因无暇，请延期。麦律师又谓，前次彼此订定星期一、三、五讯，何以又欲延？则并谓伊下星期可天天到堂。嗣经互商之下，官谕曰："下星期一续讯，下星期三及六上半日亦继续审讯。"云。

（1919 年 3 月 13 日，第 10 版）

"江宽"案第十九次续讯纪

昨日（星期一）为"楚材"撞沉"江宽"船案第十九次续审之期，原告方面代表傅筱庵及中西证人、律师麦克乐均到庭，惟马斯德律师因病未到；被告方面楚材舰长赵进锐与陈代表等及穆、毕两律师均到庭；仍由审判长沈寿堃率同陪审官四人出庭。午后二时二十分宣布开庭，即据原告方面麦克乐律师起立陈述："马斯德律师有病，委敝律师代表。"述毕，穆安素律师起立声称："本案迭讯情形已详言之，不再申述，惟'楚材'方面证人今已到堂，请讯。再，本案敝律师应对付之问题：（一）应谁负责任，（二）专帮助救人，（三）没有放枪。按，两船抛锚在京汉铁路旁边，一系'楚泰'，二系'楚材'。'楚泰'有总理，'楚材'有卫队。'楚泰'先起锚开船，'楚材'迟了一歇开船，'楚材'兜了一大圈子始走。此时彼船（指'江宽'）应见绿灯，'楚材'驶英里三分之一时，'江宽'白灯亦见了，后红灯、绿灯亦见，'江宽'正对面而来，'楚材'见红绿灯，放一汽笛，'江宽'并不理会，'江宽'已不在应走之线。自放二汽声，从此后即碰了。至没有救人一语，'楚材'有锚钩挂住，后来击钩断练锚落，那时遂碰。'楚材'朝前走，力未尽，故仍前走。此时，'楚材'拟退后，'江宽'仍前进，而'楚材'退受流水之影响，以致又互撞一下。惟此撞并不十分有力，且此时'楚材'尚救'江宽'船上一百余人，有证人证明。而'楚材'船头亦打坏，有水冲进。'楚材'舢板有四：左二只，右二只；尚有小舢板排在后面，计有二条，一条打下去，一条打坏；尚有二条，一为汽船，无篙子，须用汽至；至第四只舢板，有三四十个卫队因惊都跳上，乃卫队跳上舢板，吊起绳断，以致不能应用，卫队因此下水。至开枪问题，'楚材'水手都不带洋火，惟军火有的亦封锁，其匙在管带处，所以'楚材'水手决不能放枪，因无军火之故。且'江宽'证人供见开枪者为灰色军衣，故此问题否认，卫队系黄色军衣。后'楚材'自顾地位也危险，因锚不能起，即斩断练，开至福中公司码头。有三问题应请堂上注意：第一问题，在未撞以前，'楚材'已停机；第二问题，'楚材'离岸有一千二百尺；第三问题，一锚尚在碰船处未起，是以证明'楚材'当时如何情形，此刻已看过。"云云。

语毕，继据毕士华律师起立陈述，今有"楚材"舰长赵进锐在堂请讯，即令具证人甘结后，毕问："是否'楚材'舰长赵进锐？"

答："是。"

问："此次你舰由汉开往何处？"

答："送总理。"

问："两船相碰情形你都知道否？"

答："略知。"

问："你听见二回声，还是自己船、他船放的？"

答："系他船放的。"

问："此时你在何处？"

答："跑到船面上了。"

问："你跑到船面看见碰否，还是两船碰，还是一船碰？"

答："没有看见。"

问："有否听见别的船声音？"

答："没有。"

问："碰之后，你做何事？"

答："我赶紧到船头看看。"

问："你有无看见奇怪？"

答："只见两锚落水。"

问："何以要落水，你可想否？"

答："系碰落水的。"

问："你船左边锚如何？"

答："都下去。"

问："右边锚练拖下去有多长？"

答："八十多托。"

问："你看见有别船否？"

答："看见一船往前走。"

讯至此，宣告休息二十分，尚有赵进锐经麦克乐驳诘，供词甚长，明日续录。讯毕已六时许，堂上谕令星期四下午续审。

（1919 年 3 月 18 日，第 10 版）

"江宽"案第十九次续讯纪（续昨）

"江宽"船被"楚材"兵舰撞沉案第十九次续讯情形，续纪于下：

被告律师毕士华诘询舰长赵进锐供词，问："何以晓得有船往前走，抑看见的？"

答："只听见水响。"

问："碰了以后，你跑到船面上看船损伤否？"

答："看见船头碰坏及两边舱板均坏。"

问："你见船进水后，你急不急？"

答："一船性命，何以不急！"

问："你下去堵水后，复上船面，见他船否？"

答："没有听得他船情形。"

问："'楚材'其时如何情形？"

答："只乱跑。"

问："他船其时如何？"

答："他船回转来，靠在我船。"

问："那时，'江宽'第二回碰'楚材'那一部分？"

答："左边。"

问："是否碰左边时，有许多人跳来？"

答："是。"

问："救多少人？"

答："百余人。"

问："你观'江宽'有记号否或灯旗？"

答："没有。"

问："'楚材'船有声音否？"

答："曾拉救命声、打救命钟。"

问："你船上有的兵系何兵？"

答："卫队。"

问："此兵是你管否？"

答："兵官管的。"

问："'楚材'有多少舢板？"

答："四只。"

问："有坏否？"

答："碰坏二个。"

问："还有二只如何？"

答："一系小火轮。"

问："小火轮放否？"

答："因有铅丝扎住，如要放，须点余钟可放下，很费事的。"

问："你如要油漆'楚材'，用何船？"

答："一小舢板。"

问："可救人否？"

答："只能容二三人。"

问："后来'江宽'如何？"

答："退后去，不知道。"

问："'楚材'被锚拖住不能走，你做何事？"

答："欲起锚练，恐震动船，所以斩断练条。"

问："斩断否？"

答："斩断的。"

问："两船相碰时，'楚材'离岸有多远？"

答："一百数十丈。"

问："'楚材'上有枪否？"

答："没有。"

问："你船开枪否？"

答："救人尚不及，何及开枪？"

问："你吩咐否？"

答："没有。"

问："你疏忽不救人，如何办法？"

答："我的舢板多坏，将何救人？"

问："招商局证人说碰了'江宽'，尚兜一转。"

答："我船既被锚拖住，如何能走？"

问："你船斩练后开往何处？"

答："福中码头。"

问："到码头，船上何人管？"

答："领江负责。"

问："到了码头如何？"

答："穿跳板人都就跑①。"

问："你那时可有工夫将他们名姓一一记录否？"

答："无暇及此。"

问："你认识此洋人否（指坐在堂上之招商局汉口码头洋人）？"

答："不识。"

问："你曾亲口与他讲英语，系救起三十五人。"

答："没有。"

问："你平日与该洋人见过否？"

答："未见。"

问："你想将二锚起来否？"

答："未起。"

---

① 原文如此。

问："两条中有一条已起来。"

答："晓得的。"

问："何人所起?"

答："水帽子。"

问："碰船时天气如何?"

答："阴天，且有大风雷电。"

问："现在'楚材'在何处?"

答："在武昌。"

讯至此，取一"楚材"船舰碰后之照片，令该证人阅看。答："是。"又取一"楚材"船所开之修理清单及来往文件案卷一束，令该舰长阅看。

答："是的。"

问："是否欲开湖北，（由）督军修理?"

答："是的。"

问："此项修理工程何人估计?"

答："扬子公司。"

问："多少修费?"

答："十五万三千八百两。"

讯毕，即据原告代表麦克乐律师诘据赵进锐供，问："航海簿子在何处?"

答："已经遗失。"

问："何以晓得遗失?"

答："找不到，想必遗失。"

问："何时找的?"

答："碰船以后。"

问："机器房有无航海簿?"

答："不晓得在何所。"

问："你是管事，离开汉口之后，有无命令?"

答："我在刘家庙吩咐开船。"

问："你除吩咐开船，有别的命令否?"

答："没有。"

问："何时离汉？"

答："八时。"

问："有无叫'楚材'跟'楚泰'走？"

答："我只吩咐开船而已。"

问："有无叫'楚材'如何走法否？"

答："航行有定例，我不干。"

问："你在船招待客人，是否？"

答："是。"

问："适才你说在船舱跑出来看看。"

答："是。"

问："何以要出来？"

答："因我船停机。"

问："你是否料停机有事故？"

答："是。"

问："你上来如何？"

答："已碰了。"

问："两船碰在何时？"

答："我没有看钟表。"

问："未碰以前亦不出来看否？"

答："是。"

问："你未上船，而两船是否已碰？"

答："我在床上已碰。"

问："你碰船以前有无信号？"

答："只一回声。"

问："一声回声有多少时间？"

答："说不出。"

问："你在下官舱未出来以前，听见回声出来有多时？"

答："约二分钟。"

问："你说碰了船曾拉救命回声？"

答："是。"

问："是不是遭难拉的?"

答："是。"

问："救命回声是否系吩咐拉的?"

答："是。"

问："你看见他船情形否?"

答："只见往前走。"

问："你可晓得伤几百人命否?"

答："不晓得。"

问："你船旁岸有见洋人否?"

答："没有。"

问："你从来未见过?"

答："只法庭上看见。"

问："你何以记得清楚?"

答："外国人不注意的。"

问："当时旁岸黑暗否?"

答："小雨。"

问："你有无见仿佛是洋人之人?"

答："没有。"

问："那天晚上,旁码头一个洋人多［都］没有否?"

答："没有。"

问："你现在有无狡赖?"

答："没有。"

问："旁岸以后,真未见洋人?"

答："只见关上有两洋人。"

问："是否一系河泊司等?"

答："我要招呼船上事,没有计及。"

问："有无与人说话?"

答："没有,我不谙英语。"

问："海关洋人能中国语。"

答："我没有说,因参谋在船,无暇。"

问："何以知系关上洋人？"

答："有水手报告我的。"

问："有无楷片与你？"

答："没有。"

问："关上洋人来，你亦不着急，不将碰船事报告关员？"

答："我们须报告督军，与关员无干。"

问："有几个报与督军？"

答："三个。"

讯至此，系休息，尚有审判官诘问供词颇长，明日续录。

（1919 年 3 月 19 日，第 11 版）

"江宽"案第十九次续讯纪（再续）

"江宽"船被"楚材"兵舰撞沉案第十九次续讯情形，再纪于下：

原告代表麦克乐律师诘询舰长赵进锐，问："有无听见'江宽'声音？"

答："没有。"

问："是天晚上全无声否？"

答："有二回声。"

问："其余一声都无？"

答："因大风大雨，很难听的。"

问："你记得'江宽'搭客有二人受伤否？"

答："记得的。"

问："是否一个断腿，一个在颈部？"

答："只知受伤，不能定伤在何处。"

问："此二人在何处？"

答："他们在舵房内睡。"

问："你看见受伤二人在'楚材'右边？左边？"

答："左边。"

问："是否看见抬上码头？"

答："水手报告抬到小火轮。"

讯至此，问官问该舰长："你在'楚材'管带有几年？"

答："七年。"

问："航行事懂不懂？"

答："不懂。"

问："舢板操否？"

答："操的。"

问："礼拜一操何？"

答："操枪。"

问："是否洋枪？"

答："是。"

问："礼拜二操何？"

答："操炮。"

问："有几种炮？"

答："七生半、五生七克林炮，机关炮。"

问："礼拜三做何？"

答："洗船。礼拜五操舢板，礼拜六上半天操枪、下半天洗船。"

问："这个章程何人定的？"

答："老章程。"

问："从前是这样否？"

答："是。"

问："船一月走几次？"

答："不定。"

问："抛锚，平常如何抛的？"

答："用机器抛。"

问："锚练多长？"

答："左边一百三十五丈，右边一百二十五丈。"

问："二锚一碰便下否？"

答："是。"

问："挂锚木头有坏否？"

答："已碰断。"

问："方才你说'江宽'又来碰，在何时？"

答："出来看见。"

问："你船既能开至码头，何不开至'江宽'救人？"

答："恐自船亦要沉，故赶开至码头。"

问："船上卫队何人管的？"

答："杜应堂。"

问："卫队是否北京带来？"

答："是。"

问："有多少？"

答："一百余人。"

问："'楚泰'装多少？"

答："只总理，并无卫队。"

问："你船有多少长官？"

答："参谋三四人，副官、旅长等共三四十人。"

问："碰时一班官长如何？"

答："那时都谓船要沉了，要求生路。"

问："右边舢板绳断否？"

答："那绳形似割断。"

问："当管带对于碰船后应处何种地位？"

答："只有保护自己船上人性命。"

问："碰船后，如你船未沉，应做何事？"

答："我船如无伤，放舢板。"

问："你船进水后，堵水有几多钟？"

答："约三个钟。"

问："方才你说舢板绳断，下去有多人？"

答："我只知有旅长二人。"

问："你平常有日记簿否？"

答："有。"

问："何以遗失？"

答："是日因大风大雷，放在桌上失去的。"

问："以前的日记簿在否？"

答："须回汉找寻。"

问："机器间有日记簿否？"

答："有。"

问："所记何事？"

答："起火、落火、开期、抛锚。"

问："机器走快慢有记否？"

答："那没有记。"

问："日记簿共几人有的？"

答："领江、大副、二副。"

问："何处出身？"

答："水师。"

问："平常开头后何人？"

答："二副后领江。"

问："领江不能一人？"

答："二副替接。"

问："二副当过领江否？"

答："从前在小船及夹板船当过的。"

问："那时二长官救起否？"

答："旅长、连长杨、张二人已死。"

问："你说四十八小时可到上海？"

答："系是由汉到沪。"

问："上水一点钟走多少？"

答："八慢。"

问："下水走多少？"

答："快车十一慢。"

讯毕退庭。

（1919 年 3 月 20 日，第 11 版）

"江宽"案昨日未讯

"江宽"船被"楚材"兵舰撞沉一案，上次开庭，曾定本星期四（二十日）续审。昨因律师患病，未能出庭，故又改期开审。

（1919 年 3 月 21 日，第 11 版）

"江宽"案昨仍未讯

"江宽"船被"楚材"兵舰撞沉一案，海军军法审判长沈寿堃迭奉部令，催即讯结，曾订定星期一、四及六上半天续审。本星期四，因律师患病展期。昨日星期六，又届审期，因该律师病仍未愈，仍未续讯。闻须订至下星期三续讯云。

（1919 年 3 月 23 日，第 10 版）

"江宽"案今日续讯

"江宽"轮船被"楚材"军舰撞沉一案，经海军部特别法庭审讯，已有十九次。本定上星期四、六继续审理，嗣因原告律师马斯德等患病，声请展期。兹闻马律师病体已痊，函请开审，故由法庭订定本星期二（即今日）下午二时接续审理，已由审判处通知两造人证及律师等届时到庭候讯矣。

（1919 年 3 月 25 日，第 10 版）

"江宽"案第二十次续讯纪

招商局"江宽"船被"楚材"兵舰撞沉一案昨日（星期二）第二十次审讯，原、被方面代表律师均到庭，审判长沈寿堃率同陪审官四人出庭。午后二时许宣布开庭，即据麦克乐律师起立陈述："今原告有一证人，其人对于两船相撞情形知之较详，现在堂候讯，惟逆料对造必当反对即讯，俟'楚材'人证讯完始讯。然该证人不能在沪等候，将来离开，恐难到案审讯，要求堂上即为讯问。"云云。穆律师起立谓："本律师对于原告方面证人请讯一节，并不反对。"云云。堂上命该证人出庭，由麦克乐讯，据该证人称，伊名楷拉尔（译音），系职司长江一带巡逻，当时在洋关上曾见有一人受伤，在于腿部。穆律师起而以中国语问该证人，究竟"江宽"搭客死伤多少？该证人盲无头绪，谓实不懂中国语。

穆问："'江宽'出事处离岸有多少远？"

答："约九百五十尺。"

问："在码头有无见过军官？"

答："见过，一穿军衣者，形似舰长。"

穆问："你有无看见'楚材'救起多少客人？"

答："未曾忆及。"

讯毕，堂上命"楚材"方面人证到庭，由穆安素律师起立称："今有'楚材'船上之二副在堂，请为讯问。"堂上命该证人曾凤祥具立甘结。

穆问："你当何职？"

答："二副。"

问："当几年？"

答："三年。"

问："三年以前当何职？"

答："三副。"

问："在'楚材'几年？"

答："二十余年。"

问："那天晚上，'楚材'在何处？"

答："在刘家庙。"

问："第几码头？"

答："第六码头。"

问："'楚材'何时开的？"

答："'楚材'与'楚太〔泰〕'同在八时开的。"

其他所供甚长，与赵舰长彷佛。讯毕，堂上宣谕明日续讯。

又闻海军部因"江宽"案开审以来已将六个月余，法庭费用耗去不赀，故又电令赶为结束，经审判官沈寿堃将律师因病函请展期于昨日续讯各缘由，电复海军部核示矣。

（1919 年 3 月 26 日，第 11 版）

"江宽" 案二十一次续讯纪

昨日（星期三）为"江宽"船被"楚材"兵舰撞沉案第二十一次续审之期，原、被代表均到庭。午后二时二十分开庭，因沈审判长于昨命湖北方面代表律师知照赵舰长到庭，故由穆律师起立陈述，谓赵舰长现在患病，故未到庭，大约星期五可到。述毕，由原告代表律师麦克乐诘问"楚材"二副曾凤祥，问："你于航海经验丰富否？"

答："懂的。"

问："你几岁？"

答："六十七岁。"

问："何年分到'楚材'的？"

答："光绪二十四年。"

问："以前当何职？"

答："瓜得卖司。"

问："'楚材'前在何船？"

答："在夹板船。"

问："行驶何处？"

答："湖北与上海。"

问："当时如何命令交与领江？"

答："我约三四分钟后将所开向导交领江的，后来我到后面去了。"

问："你船与'楚太［泰］'何时开的？"

答："同在八时。"

问："你有无受'楚太［泰］'吩咐？"

答："'楚太［泰］'有两灯，嘱我跟随缓行。"

问："灯在何处？"

答："灯在两边挂起，提高行快车，落下开慢车。"

问："你是开慢车否？"

答："是。"

问："后来有改否？"

答："没有。"

问："慢车一点钟走多路？"

答："十一迈。"

问："快车一点走多路？"

答："十四迈。"

问："扳车一点走多路？"

答："十二迈。"

问："数目不错否？"

答："不错。"

问："'楚太［泰］'在前多少？"

答："约中国水线三四里。"

问："'江'、'楚'两船相碰，'楚太［泰］'何不来救，你可说出缘故否？"

答："我在做事，无暇顾及。"

问："'江宽'受碰后回声颇响，你听见否？"

答："未忆及。"

问："'楚材'吹救命声否？"

答："有的。"

问："你是否聋子？"

答："不是。"

问："有无听见回声钟声？"

答："没有。"

问："是否未留心？"

答："是。"

问："你是否第一次见'江宽'白灯，第二次见红灯？"

答："是。"

问："你是否常记白红灯次序？"

答："长江行船以灯为记号。"

问："你的眼睛看灯的颜色不会变否？"

答："不变的。"

问："你目力很好否？"

答："是。"

问："你说船掉头以后行驶，你在哪里见红灯？"

答："在亚细亚火油公司码头上面。"

麦律师展一图，命证人指证，问："图中所载，你知道否？"

答："不懂。"

问："其他地图懂否？"

答："不懂。"

问："你船靠南岸走，抑当中走？"

答："南岸。"

问："亚细亚火油池码头上面有凸处，何时过的？"

答："八点余钟。"

问："你船离开北岸有多远？"

答："二三十丈。"

问："离开南岸多远？"

答："水大，不敢说。"

问："方才过凸处见何灯？"

答："红灯。"

问："你晓得'江宽'离北岸有多远？"

答："忆不出。"

问："过了多钟，是否见'江宽'绿灯？"

答："约分半钟。"

问："红绿灯多见？"

答："是。"

问："你船走多丈？"

答："不能说。"

问："仍旧慢车？"

答："是。"

问："你船向哪边走？"

答："'江宽'左边。"

问："你看易走否？"

答："我们见'江宽'曾拉一回声。"

问："此声何意？"

答："让灯。"

问："吹汽声时离'江宽'多远？"

答："大半里。"

问："你船拉回声，'江宽'有答声否？"

答："无。"

问："后来你听见'江宽'放汽否？"

答："没有。"

问："你昨天说过'江宽'有放汽二声？"

答："没有听见。"

讯至此，穆律师谓船事证人所供与译供未免错误，请速记注意。问："两船相碰前，'江宽'有无汽声？"

答："有二声。"

问："未碰前你遂打倒车？"

答："是。"

问："打了倒快车，未放汽？"

答："是。"

问："你可使得两船不相碰，有无章程？"

答："我们以红灯为主。"

问："你晓得二声何意？"

答："是让绿灯。"

问："三声系何？"

答："是倒车。"

问："你拉三声否？"

答："打倒车，船已碰了。"

问："那天流水快慢如何？"

答："三海里。"

问："你第一次见红绿灯时两船相离多远？"

答："七八丈。"

问："你先见何灯？"

答："从白灯，（到）红灯、绿灯。"

问："'楚太［泰］'船上两灯，何色？"

答："白的。"

问："你说'江宽'客人跳到'楚材'船上？"

答："是。"

问："其时何样？"

答："因锚练打结，遂被跳来。"

问："有多少？"

答："约百余人。"

问："后来该客人等如何？"

答："齐上码头。"

问："你于那天晚上见一洋人否？"

答："我到下舱去塞漏，未见。"

问："'楚材'前次开差在何处？"

答："严于道地方。"

问："此次开差以前，共约几时？"

答："八阅月。"

问："此次送督军过江之前，当过差否？"

答："小差很多，四十八小时可到上海。"

问："你日记簿可有？"

答："遗失了。"

问："何时失去？"

答："那天晚上风雷时失的。"

问："看见日记簿上末日系何日子？"

答："我不识字。"

讯毕，审判官问"楚材"碰后何时靠岸。答："九时。"

问："到了码头有无用电话报告？"

答："系招'楚安'、'楚兴'送总理。"

问："你何以不叫他救人？"

答："'江宽'已沉，救不及了。"

问："你船上有多少洋枪？"

答："四十余枝。"

问："平时拿枪的有否？"

答："只一个。"

问："洋枪箱锁否？"

答："锁的。"

问："你管带有报告督军，由海军部咨来，你晓得否？"

答："晓得的。"

穆律师谓："堂上所有证据，如本律师未知者，请为宣布。"官谓："只海军部咨来报告。"

问："你见绿灯之后见红灯，中间相隔几何？"

答："十几秒钟。"

问："停车打倒车后，何时停机？"

答："就停的。"

问："两船相碰，你机已停，何能退出？"

答："此时'江宽'有走动的。"

穆律师起立谓："贵公堂所问证人，敝律师尚有几句要问，你船上当瞭头的何人？"

答："吴海卿。"

问："一路多是他？"

答："二点一掉班。"

问："你何人雇用？"

答："舰长惟钱，是公众。"

问："'楚材'驾驶何人管？"

答："是我。"

问："都是你否？"

答："到码头归我，余系领江。"

问："你在长江驾驶用图否？"

答："不用，我未读书，不知图。"

问："你方才说快慢车是英里？华里？"

答："是华里。"

堂上宣告休息二十分钟，四时三刻复讯。麦律师起立陈述："请堂上将'楚材'报告宣布，以便质讯人证。"官谓："现在案未终结，不能宣布，将来案结，当然宣布。"麦律师又谓："将舰长已经供过之部分宣布，俾可驳结。"官谓："现在未结，万难宣布。"麦谓："如公堂不宣布与代表等知晓，实难辩了。"穆律师谓："现在未对付麦律师前，请问此报告何人送来，俾敝律师报告督军，可以注明。"方谓："此报告由舰长报告督军，由海军部咨来。"穆律师谓："此报告是否舰长亲笔？有无签字？既非正式，当然不能为证据。"官谓："所以昨天要叫舰长到堂，请于下次要舰长到的。"穆谓："如病愈，星期五可到，万一不愈，无可如何。"讯毕，堂上谕本星期五续讯。

（1919 年 3 月 27 日，第 11 版）

"江宽"案二十二次续讯纪

昨日为"江宽"船被"楚材"兵舰撞沉案第二十二次续讯之期，原、被代表律师到庭，"楚材"舰长仍未到。午后二时二十分宣布开庭，沈审判长率同陪审官四人出庭。首由穆安素律师陈述，赵舰长因病仍未到，即谓现有"楚材"船上领江冯云山带堂审讯。

问："你在'楚材'船上当领江几年？"

答："六年。"

问："此次开差到何处？"

答："送总理。"

问："那天看见'江宽'白灯后看见红绿灯，中间相隔几时？"

答："约三四分钟。"

问："除彼船灯外，'楚材'有灯否？"

答："有桅灯。"

问："第一次看见白灯有多远？"

答："约中国海里二三里。"

问："除了白灯，看见何灯？"

答："红绿灯。"

问："你看见红绿灯，知道他是何意？"

答："他船向我方向而来。"

问："你船如何？"

答："我船遂偏让。"

问："偏让后如何？"

答："我避不掉，遂碰了。"

问："你当初向外走，有无听见信号？"

答："无。"

问："那天何时听见信号？"

答："只一回声。"

问："何时听见？"

答："八点十二分。"

问："你于如何情形始拉回声？"

答："看见红绿灯拉的。"

问："此刻讲到'江宽'船横转来如何？"

答："他船横转来即碰。"

问："听见放二声在碰船以前抑后？"

答："碰船以前。"

问："那时'楚材'在何处？"

答："在亚细亚码头外面。"

问："离趸船多远？"

答："一百二三十丈。"

问："'楚材'那一部碰'江宽'？"

答："船头。"

问："碰后如何？"

答："船头二锚遂落下去，船尾摆转来了。"

问："司太把一锚如何下去？"

答："因锚练打结，未能全放出去。"

问："打结之练已经出去多长？"

答："未知。"

问："'楚材'头掉转来向那方向？"

答："向上首。"

问："未碰前，你船速率每时走多少？"

答："下水十五迈英里，上水七八迈多里。"

问："碰后，'楚材'何以得掉转来？"

答："被流水冲急之故。"

问："'楚材'有无损伤？"

答："碰了一洞，有水进内。"

问："'江宽'如何？"

答："往前走了。"

问："'江宽'客人跳到你船上有多少人？"

答："约一百余人。"

问："'楚材'开头要到那里？"

答："送总理到南京。"

问："你船有兵否？"

答："卫队。"

问："穿军服否？"

答："穿黄色衣帽。"

问："有无穿灰色军服？"

答："无。"

问："水手穿何色？"

答："蓝色衣。"

问："你那天晚上穿号衣否？"

答："未。"

问："管带等有穿号衣否？"

答："便衣。"

问："当时司太把锚抛下时何不救人？"

答："我船已受打破，自己尚且顾不及，焉能顾人？"

问："你船有几条救命船？"

答："三条。"

问："有汽船否？"

答："一小火轮。"

问："有许多舢板，为何不救人？"

答："'江宽'退下来都将舢板轧坏了。"

问："打坏几只？"

答："二只。"

问："司太把一舢板，尚有小火轮？"

答："司太把一舢板被卫队割断绳了。"

问："你们两条船碰时有无信号？"

答："曾拉救命回声。"

问："那天天气如何？"

答："大雷大风。"

问："碰了，你歇几时并码头？"

答："约一句余钟起锚，不起，遂斩练并码头的。"

问："何处码头？"

答："福中公司。"

问："你在船可听见放枪？"

答："无。"

问："'楚材'船可有瞭头的人？"

答："瞭头的系吴海卿。"

问："当何职？"

答："水手。"

问："你船有无起锚后转一圈子？"

答："我们并码头尚且不及，焉能转圈？"

问："后来两条锚有未起来？"

答："只起一条。"

问："一条仍在彼处？"

答："是。"

问："有无去测量过？"

答："量过。"

问："你船在福中公司码头，有外国人来过否？"

答："有的。"

问："今日公堂上有认识此洋人否？"

答："我不识。"

问："有几人？"

答："三人。"

问："你们船上管带能说英语否？"

答："不懂。"

"这几个外国人到船有无说话？"

答："系用中国话问'楚太［泰］'船上何人，我说总理。"

问："其他话否？"

答："要见'联和'船领江后，从船头船尾走了一周。"

问："你晓得英语否？"

答："只约略懂些船上各件而已。"

问："跳到你船上之客人到了码头如何？"

答："跳上码头。"

问："你与洋人说话，旁有人否？"

答："有几个水手。"

问："有无官长？"

答："只几个卫队。"

讯毕，由原告律师麦克乐起立驳诘该证人。

问："你在'楚材'当几年领江？"

答："六年。"

问："以前当何事？"

答："在瑞记洋行之'瑞太'船上当领江。"

问："为何停歇?"

答："我因调至东洋行做生意。"

问："在何船?"

答："在'大孚'。"

问："东洋行何名?"

答："忆不出。"

问："你这种话,自想能得堂上信你否?"

答："我总在长江驾驶。"

问："东行何时停的?"

答："因借工钱不允,故我自辞的。"

问："你在'楚材'有多少薪工?"

答："六十元。"

问："你船排在汉口,是否住在船上?"

答："住船的。"

问："这一次开差之前,停了几时?"

答："一个多月。"

问："以前开过何差?"

答："前年送蔡锷将军到上海。"

问："后来送何人?"

答："王督军至武穴。"

问："方才你说三洋人问领江是何人?"

答："就是我,是日并未休息。"

讯至五时十分,宣告退庭。堂上谕下星期一续讯。穆安素律师谓:"下星期敝律师要到北京,亦系政府公事。"官问:"此案急于讯结,万难再延,大约要去几时?"穆谓:"须七八日。"麦律师亦起立陈述,本律师亦希望早日讯结,如能于一星期内讯完最好;且伊五月一号起亦无暇到庭。官问穆律师"楚材"方面尚有几证人?答约三四人。官遂判下星期停讯,至再下星期内须将本案讯结。言毕退庭。尚有穆律师反对麦律师不当诘证之词甚长,明日续录。

(1919 年 3 月 29 日,第 10～11 版)

"江宽"案二十二次续讯记（续昨）

"江宽"船被"楚材"兵舰撞沉一案第二十二次审讯情形，续讯于下：

原告律师诘问"楚材"领江冯云山，问："当时三洋人问'联和'领江，有无关系？"

答："因'联和'领江现由关上荐与'楚太［泰］'舰做领江。"

问："因何要用此领江？"

答："未知底蕴。"

问："你奉到命令是否跟'楚太［泰］'走？"

答："是。"

问："何时开？"

答："八时。"

问："'楚太［泰］'何时开？"

答："同时开。"

问："有前后否？"

答："先开二三秒钟。"

问："'楚太［泰］'船可有领江？"

答："不晓得。"

问："'楚太［泰］'是否湖北政府部下？"

答："是海军部的。"

问："你识字否？"

答："不识。"

问："你除在瑞记、太古做领江外，余船做过否？"

答："未做。光复后遂到'楚材'舰，系汉口领江总会内邀去的。"

问："你说太古做过，是否在东洋船前抑后？"

答："你在后。"

问："你此刻不要糊说，做生意你总有先后次序，第一次系何船？"

答："瑞记二次，东洋船三次，汉口怡和。"

问："你招商局船做过否？"

答："未做。"

讯至此，穆律师起言反对，谓："对造律师所询问之证言，如能有的确证据可以证明该证言者，方可讯问；如系无证明方法，本律师极端反对，请堂上注意。"又谓："照对造律师所讯，悉系年久之事，如堂上欲承认此种询证，则堂上似系先存意见，应请诘问对造律师如悉能举出证人否。"麦克乐律师亦起立答辩谓："凡询问证言，如以浅近直接询问，则该证人焉肯吐实？此一定之例。所以敝律师以间接询问者，欲使该证人无隐匿事实之虞。本律师从艰难中得询出原委，所以本律师询证之法很有经验。"官谓："原告律师照此询问，有何意思？"麦谓："无非得案之真相。"

麦问："东洋行如何停歇？"

答："因借薪水不允，故辞职的；太古因请假二月后过期，所以被歇的。"

问："你驾驶经验有无？"

答："有的。"

问："你的眼光有无经医生验过？"

答："未。"

问："怡和当领江几年？"

答："在'瑞泰'当二月。"

问："怡和出来到'楚材'？"

答："是。"

问："在太古做何船名？"

答："'福州'、'杭州'、'芜湖'、'云南'、'卢州'等船。"

问："末次一船何名？"

答："'杭州'。"

问："你说在汉口靠沙滩岸边而驶？"

答："是。"

麦即展开一图，令该证人指出行驶之所在与碰船情形。讵该证人谓不懂图样。

问："你有无用过别图？"

答："我在长江行驶自幼学的。"

问："路表懂否？"

答："懂的。"

问："长江内有一很狭窄的地方？"

答："有的。"

问："水道之中，在南边有一很大沙滩？"

答："是。"

问："水道多少阔？"

答："二百多尺。"

麦取小船模型，令该证人摆出式样。

问："第一次看见'江宽'在何处？"

答："在铁路旁边。"

问："第一次看见'江宽'白灯你在何地？须说明。"

答："只能约略看之。"

问："如何看见红灯？你向堂上说明。"

答："先见白灯，后'楚太〔泰〕'驶开，始见红灯。"

问："'楚太〔泰〕'离你多远？"

答："二里许。"

问："有无看见绿灯？"

答："未。"

问："有一见证说，第一见白灯，二见红灯，三见红绿灯，四见绿灯？"

答："各人所见要有不同。"

问："红灯在左边把脱三？"

答："是。"

问："你船放了一汽声，他船回声否？"

答："他船未回声。"

问："停机否？"

答："转了半个字。"

问："后半如何？"

答："停机的。"

问："你走过此角子，有无要说被流水震动否？"

答："不动的。"

讯毕退庭。

（1919 年 3 月 30 日，第 11 版）

"江宽"案又将审讯

"江宽"被"楚材"撞沉一案，前因穆安素律师北上中止审讯。兹悉穆律师在京事毕，已于前日返沪，当即致函海军署特别法庭，请将"江"、"楚"案订期续审，故该法庭现又重订开审日期，即日通知双方，继续讯理。

（1919 年 4 月 17 日，第 10 版）

"楚材"撞沉"江宽"案旁听人不平之鸣

"江宽"案研讯以来，"楚材"管驾诿以不谙驾驶，问之大副则以当时有病对，问之二副又以"楚材"开碇之后即归大领江冯云山驾驶，是此案关键应研讯大领江一人为最要。旋经调查，该领江冯云山素患目疾，不辨颜色，于一千九百十年七月十三日经太古洋行开除，历历可指。本月十六日，海军审判公堂继续开庭，招商局方面律师即经提出质问，而"楚材"兵轮方面律师起而辩护，即以对面之绿色窗门问以是何颜色，应之曰红，三次穷诘，仍无异词。而该律师又以袖口所装之绿色翠纽示之，冯曰黄色。再问，仍如前答。相距甚近而该领江目力已经如斯，是当时太古洋行以其不辨颜色开除职务，足征尊重人道。乃"楚材"兵舰竟以目不辨色之人假以全权驾驶，草菅人命，实堪发指。照上情形，是审判公堂本可据此判决，无待续讯。乃复燃点红绿桅灯，示以辨别。夫以法庭区区地位，仅隔数步之遥，与两船在江面行驶距离远近迥然不同，若非双目全瞽，则彰明昭著之灯色谁不认别？此种研讯，似不足以定曲直。某等在场旁听，深抱不平，用特登报布告，请留心是案者格外注意，并望审判公堂秉公讯理，使"江宽"被难数百人不至冤沉海底，不胜翘企之至。郑桑晞等谨启。

（1919 年 4 月 18 日，第 1 版）

"江宽"案二十三次续讯纪

招商局"江宽"轮船被"楚材"军舰撞沉一案，经海军部组织之特别法庭审讯二十二次，将次终结，因湖北方面代表律师穆安素有事晋京，声请展期。现在穆律师在京公毕返沪，前日午后又经法庭作第二十三次之庭讯，除两造律师偕同证人到庭候讯外，是日尚有丹麦领事到庭观审。招商局"江宽"被难家属百余人，身穿孝服，拥至总商会，要求恤偿，哭闹不休，故由总商会推举代表四人亦到庭听审。审判长沈寿堃率同陪审官四人于午后二时一刻出庭。原告招商局代表律师麦克乐起言陈述，要求堂上将前次许理事官所交堂上"楚材"舰长赵进锐报告政府之文件当庭宣布，俾本律师办案得有把握。审判长曰："该文件系海军部发下，本公堂虽经阅看，不过系一种参考之件，将来判决不能采用。现在案未终结，无宣布之必要。"穆律师言，该文件虽系赵进锐报告，并非他亲笔签署，不能有效等语。审判长曰："现非宣布文件之时，可毋庸置议。"遂仍命引"楚材"证人冯云山到庭询问，除供词与上次相同，不再冗叙外。

麦律师曰："尔于一千九百十四年七月间由太古公司歇出，是否目力不佳，因而歇出？"

冯答："因我不识字，所以辞退，并非目疾所致。"

麦问："尔之目力究有变异否？"

冯答："无变异。"

审判长曰："尔之目光能识别船灯红绿乎？"

冯答："船上之红绿灯能分别得出。"

审判长即命观看法庭对面门窗之漆究是红色抑系绿色，冯忽言红色，忽言绿色。麦律师言："试验目光须请眼科医士到庭验看，方能鉴定。"穆律师言："冯云山自言能分别看出船灯之红绿，请堂上取船上之灯，当庭试验。"审判长准之，即命参谋至兵舰上取红绿灯，当庭询问。冯云山指说红绿二灯，并不错误。至此时已五点三十分，审判长命翌日午后一时半再审，遂退庭。

（1919 年 4 月 18 日，第 10～11 版）

"江宽"案订期续讯

"江宽"船被"楚材"兵舰撞沉一案,海军审判处昨发出通知,定期四月二十二日续开庭讯,仰原、被当事人代表如期到庭。

(1919 年 4 月 22 日,第 10 版)

驳斥"江"、"楚"互撞案旁听人郑桑晞等之诬蔑

"江宽"与"楚材"互撞一案,经法庭迭次审理,"江宽"方面旋将诉讼撤回,其中驾驶何方不谙其中情形,何方胜败,已可不言而喻。而"楚材"方面反诉仍然依法进行。"江宽"方面忽称领江冯云山目不辨色,试以无关本案之门扉、钮子,称为湖色,因绿色微淡,鄂省土话即名湖色,该旁听人不明土话,以致误会。法庭以江中行船应以红绿灯为准,如能分出红绿灯,即无争执,故审判长亲提红绿灯,当庭令领江远望辨色,并互换试验数次,分辨不爽丝毫,全庭之人均无异言而退。何该旁听人独不满意?该旁听人既有所言,何不当堂申明?可见事后有意诬蔑。矧该旁听人所云门钮对面尚不能辨,何以又言红绿灯?隔数步之遥,辨别明著,足证该旁听人只管诡言耸人听闻,不顾前后词意矛盾。况行船通例,船上专有望头之人(即望来船报告灯色之人,各船皆有),如前有来船,望头人辨明灯色,或白或红或绿,随时报告于领江台上之管理驾驶者,此定例也(管理驾驶者有二副、舵工等,至领江要职,在于熟悉江路之深浅、宽窄、沙淤等事)。本案于四月十七日已将望头人讯明无讹,该旁听人之谬谈本案关键在于领江一人,更无待烦言而解矣。缘行船以航线为要点,则航线之错误与否,为本案之关键。乃该旁听人不明以前事实,竟行妄论,实属有意淆乱是非。其中之黑幕,明眼人自能知之,特此申明。至于本案之是非曲直,自有法庭之公断,勿劳插身多事之旁听人出首扛帮也。观审人王惟允启。

(1919 年 4 月 23 日,第 2 版)

"江宽"案又讯一次

招商局"江宽"船被"楚材"兵舰撞沉一案，昨日（星期二）开第二十五次审讯，原、被代表及律师均到庭，证人冯云山因事未到，许理事官亦因赴京，由郑理事官莅庭。午后一时半宣布开庭，审判长沈寿堃率同陪审官出庭。据穆律师陈述，现有"楚材"舰上瓜得卖司在堂，应请询问。问官当向询问姓名、职司。

答："名钱树阶，向当瓜得卖司，计有十年，'楚材'当二三年。是日晚上，在刘家庙，开头是我当班，在轮盘房内当差。"

问："有别船否？"

答："有'楚太〔泰〕'。"

问："船向上走抑下走？"

答："向上亦可，惟船首系转湾。"

问："鲁衣司向道何人命你？"

答："领江。"

问："你听有声否？"

答："没有。"

问："除鲁衣司向道外，有他命令否？"

答："披路。"

问："是否鲁衣司向道转到裴乐？"

答："是。"

问："后有交代命令否？"

答："鲁衣司哈夫诺。"

问："鲁衣司向道走多时？"

答："一歇歇看见白灯。"

问："后来向道改否？"

答："无。"

问："鲁衣司向道走多少见红灯？"

答："一歇歇。"

问："后来如何？"

答："见红绿灯。"

问："后来向道改否？"

答："鲁衣司哈夫司向道驶一歇歇见绿灯。"

问："后来如何？"

答："听见打倒车、拉救命声等。"

问："有无得到他命令？"

答："无。"

问毕，马斯德律师诘据该证人。

问："你船上自始至终有无放别的信号？"

答："只有救命钟、救命声。"

问："你在刘家庙只放一声？"

答："见红绿灯遂放。"

问："'江宽'有无回声？"

答："二次退下来放了二声。"

问："你初见'江宽'红灯？"

答："白灯。"

问："后来看见何灯？"

答："红灯。"

问："看见绿灯，'江宽'离二三丈？"

答："七八丈。"

问："刚才你说二三丈？"

答："大约有里把路。"

问："你只一声短气，离二三丈？"

答："声亦不长不短。"

讯至此，穆律师起而译称："马斯德律师讯证有误会，方才见证说得很明白的。"马亦起驳称穆律师不应干预马律师诘证。官谓："再问不妨。"

马问："第一次见何灯？"

答："白灯。"

问："多远？"

答:"三四里。"

问:"你见红灯离多远?"

答:"二三里。"

问:"后来两灯?"

答:"一里之谱。"

问:"光看见绿(灯)离多远?"

答:"七八丈。"

官问:"平常走船用路盘否?"

答:"开头即依路盘。"

问:"方才供碰后诺衣司哈夫司后改何向道?"

答:"鲁衣司向。"

问:"你晓得因何要改?"

答:"要非碰船之故。"

问:"有听见放枪?"

答:"没有。"

问:"那天碰船,天气如何?"

答:"黑暗有小雨。"

问:"见'楚太〔泰〕'否?"

答:"见的。"

问:"'江宽'见否?"

答:"不清楚。"

讯毕,穆律师请求改期续讯,因有一大车见证患病在医院,一俟病愈,火速到案。麦律师谓:"星期六领江可到案否?"穆谓:"敝律师很急,希望早结。当时敝律师反对验看领江眼光,尚不知要讯,堂上亦未命留。现领江回家去了,现须专电追到。"官谓:"领江冯云山看灯色虽合,看窗未符,难以决定,着火速到案,下星期一续讯。"

(1919 年 4 月 23 日,第 10 版)

"江宽"案二十六次续讯纪

招商局"江宽"船被"楚材"兵舰撞沉一案，昨（星期一）为第二十六次续讯之期，除原、被代表到庭外，"楚材"舰长赵进锐及领江冯云山仍未到庭。午后一时五十分宣布开庭，审判长沈寿堃率同陪审官四人出庭，即据毕士华律师起立陈述："现有'楚材'舰上证人在庭，请为讯问。"堂上准命该证人具证人甘结后，即据毕律师询以名姓、职业。据供名王得胜，湖北人，在"楚材"舰当头脑。

问："是日何处开头，你当班否？"

答："在刘家庙，我正当班。"

问："你当班在做何事？"

答："在机器间扳车。"

问："是日快车抑慢车？"

答："慢车。"

问："慢车走多时始停？"

答："约三刻始停车。"

问："停车后有何信号？"

答："放一声汽一歇歇，遂碰。"

问："碰时有无震动？"

答："震动甚烈，奉大车命取灯，往船舱及头部等四周察看有无碰损进水。我察看得并无进水。"

问："舱面上有何动静？"

答："我在舱，故不晓得。"

问："后来如何？"

答："遂驶赴码头。"

讯毕，麦克乐律师起而驳诘。

问："汝在机器间除扳车之外做何事？"

答："加油。"

问："车有几部？"

答："二部。"

问："此二部车系作何事？"

答："一系开头，一系倒车。"

问："快车一点钟走多少？慢车走多少？"

答："不知道。"

问："你们船上有一记事簿名'郎谱'，有否？"

答："我不晓得。"

问："平常记事你可知道？"

答："我不识字，故不知。"

问："你船放一声汽时，你在何处？"

答："在机器房。"

问："何时得到命令携灯察看船内有无进水？"

答："在碰后。"

问："碰后隔多少时开赴码头？"

答："一歇。"

讯毕，官谕明日午后续讯。麦律师起立请求："领江冯云山仍未到庭，应请责令湖北方面通知该领江到堂，俾验看目光。"官谕俟到堂时请一机关中医员验视可也。麦又谓："管带赵进锐又不到堂，该管带之报告应请宣布。"官谓："今有穆律师来一洋文信函，系报告，非管带亲书。"堂上命译员朗诵英语（未译）。麦律师又谓："公堂要传到该管带者，无非问他报之日期与前次所供是否相符。今天本律师有请求，湖北方面处处反对，有意抵抗公堂命令，领江既回家，管带又不到，不是抵抗么？"穆谓："招商局律师主张很怪异，何谓抵抗公堂？"官谓："要传管带，无非证明报告而已。"讯毕退庭。

（1919 年 4 月 29 日，第 10 版）

"江宽"案二十七次续讯纪

"江宽"船被"楚材"兵舰撞沉一案，昨（星期二）为第二十七次续审之期，原、被代表律师均到庭，并有英副领事莅庭旁听。午后一时五十分开庭，审判长沈寿堃与陪审官出庭，即据穆安素律师起立陈述："此刻有一见证极明了碰船情形，带堂讯问。"遂问该证人何姓名，该证人译称："名'扑脱勒'（译音），向为扬子江领江，现在为英国海军，〈用〉于长江有二十五年之经验，在英国海军当职十九年。"

问："'江楚'相碰时，有无看见？"

答："走过时看见桅灯。"

问："在何边看见？"

答："在把脱山。"

问："四月间该处水道有多少深浅？"

答："亦不能说，大约十八尺之谱，考得海关报告册亦系十八尺。"

问："该处水道狭抑阔？"

答："狭的。"

问："是否在章程二十五条之内？"

答："是。"

问："比方长江内一船上水、一船下水，那一船驾驶便利？"

答："上水便利，至于下水驾驶，因有流水击动，故难。"

问："上水、下水那一条船应让？"

答："应该右边船让为是。"

问："在沈家矶七里半地方应当归何人驾驶？"

答："船主为监督，驾驶归领江专责。"

穆即展一图，命该证人指证。

问："该处流水如何？"

答："该处浅沙滩冲下来，与流水碰头，遂成转流。"

问："此一转角在何处？"

答："在煤油公司码头。"

问："流水冲击，比方有一船应冲至何处？"

答："约冲到北岸。"

问："比方船沉没处离北岸有多远？"

答："约九百四十尺以外。"

问："碰船时离开北岸有一千二百尺，及至沉船，只九百四十尺，诧异否?"

答:"无甚诧异。"

问:"招商局船在美孚下一码头看见白灯,而'楚太[泰]'船过,相距一里半之谱是否?"

答:"如此量之,约在一英里。"

问:"比方'江宽'船在美孚下一码头一里半光景,可预知来船有错误否?"

答:"相距甚远,难说。"

问:"'江宽'船应向何道走?"

答:"应在司太把。"

问:"照'江宽'方面口供,离开北岸约一个开字(四百尺),可驶进否?"

答:"可以驶进,要无阻碍,可一直行驶,除非有船亦有信号知照。"

问:"照招商局口供,见一英里前有一船,曾放二声汽?"

答:"照此时靠北岸走可无误。"

问:"此刻'江宽'船主已死,姑不论他,照口供事实,忽尔改变方向,有无理由?"

答:"无理由,照章靠北岸走,应放一信号。"

问:"如靠北岸走,可看见何灯?"

答:"红绿灯均可见。"

问:"比方'楚材'靠北岸走,离开六百尺,可要走到岸上去否?"

答:"那一定要驶到岸上的。"

问:"比方'楚材'靠浅沙滩走,有错路线否?"

答:"如遵照路线不错,应当靠司太把走。"

问:"'江宽'向外走,何人违背章程?"

答:"此'江宽'违背的。"

问:"当初相碰四十五度,能掉转头否?"

答:"如被流水击动,则有之。"

问:"比方'楚材'锚练已沉七十五托,用何法起练最速?"

答:"须用最好盘车,四分钟可吊十五托。"

问："'楚材'船见过否？"

答："在英国海军时与长官在武昌会见张之洞时见过的。"

问："比方'楚'船四条舢板已损二条，一条汽船未生火，一条吊起，可救人否？"

答："不能。"

讯毕，麦克乐律师起立陈述："今敝律师先有一很短的请求，'楚材'领江至今没有消息，眼睛颜色不能辨，须要求一满意之决定。"又谓："现有太古洋行关于辞退该领江之证据呈堂，请求照会英领署，转知到堂作证。"又谓："现在有一英国领事在堂，请堂上嘱托转知，更为简单。"官谓："现在此事已电请海军部转知湖北长官，迅令该领江到庭。"麦又谓："现在只一请求，讵又推却。"穆律师亦起立谓："比方要找证据，须用正式手续。至于证言，必须亲自到堂，别的卷牍呈堂，敝律师亦要反对。如果要为证人，可自找到堂，或下星期讯问。至于证人，须眼见为实，断不能以笔记等便可充证。"麦又谓："从前领江自供因眼光不清，所以太古辞退。今招商局到堂，系奉政府电令，帮助公堂进行。"官谓："一俟领江到堂，自当验视眼光。"麦谓："从前公堂曾言此案以五月底结束，此次延搁，殊无理由。"官谓："公堂并没有延误，那是两造耽误。"麦谓："此到公堂，不妨先行审查证据。"官谓："写的证据不能作证，须亲人到堂，俟海军部〈无〉电复照办可也。"麦谓："公堂不准请求？"官谓："亦无不准之谓。"述毕，麦律师诘据该证人指图该处水深十八尺有无诧异？

答："无。"

问："水有验过否？"

答："不但验过，他处亦验过。"

问："验过沙滩有一定的经验否？"

答："一定的。"

问："方才你说流水向北岸流？"

答："我没有说。"

问："流水处离岸多少尺？"

答："九百四十尺。"

问："碰后因何靠岸流，你能说出来否？"

答："长流水平时流动与碰时流动不同。"

问："两船共走七英里，离开半里时如何走法？"

答："照该章程，那时要决定一方法。"

问："你所摆两船之形式都不能合？"

答："不错的。"

讯毕，穆请堂上指示下星期一开庭系何手续，堂上谕开辩论。穆谓："对造证人未到，焉能辩论？"官谓："讯证只一句话而已。"遂定下星期二续讯云。

（1919 年 4 月 30 日，第 10 版）

"江宽"案第二十八次续讯纪

——招商局方面人证退出，星期四续讯

昨日（星期二）为续讯"楚材"舰撞沉"江宽"船案第二十八次开庭之期，到庭者除原、被代表律师外，有英副领事、商会代表、西人某，"楚材"管带与领江仍未到庭。午后一时三十分开庭，审判长沈寿堃率同陪审官出庭。据麦克乐律师陈述，今有太古洋行总船主到庭作证，堂上准之。据该船主称，伊名"乃而升"（译音），前在太古洋行"芜湖"船充领江，因目光关系辞退，现有簿据为证。述毕，穆安素律师起立反对："簿据不能充证，请堂上下谕不采用簿据。"麦律师反对谓："簿据较为有力，请以证据为重。"堂上谓："俟领江到庭再行定夺。"麦克乐律师起立谓："招商局有一语声明，招商局为帮助法庭进行，所有关于领江的事，亦有二陈说，亦不说湖北政府之人证都有受命令，即如管带之报告，先经理事官呈堂，公堂可以作湖北政府证据之一种。且本律师屡有请求，要着[看]报告，公堂未经照准许。理事官与招商局同一帮助进行此事，讵政府将许撤回，显是受湖北政府之请。本律师非为许辩护，招商局始终未达目的，所以本律师只得辞退。"穆律师谓："有一语对付招商局，比方西人俗语'有一物在池，后忽无踪'。此刻敝律师请求堂上，湖北方面应当胜诉，对造既经辞退，当然有权利请求。从前招商局本有不承认公堂说，在中国法庭应当守中国法律。"官谓："今日人证已讯完，理应开始辩论。"麦谓："请

先下谕。"穆律师谓:"先决地位,请招商局方面先开辩论。"麦律师谓:"请堂上准招商局退出本案。"官谓:"本案见证问完,如愿退出,请俟判后退出未晚。"麦谓:"退出本案,尊重起见,请堂上准予退出。"法庭述毕,问官未及对付,而招商局代表傅筱庵暨麦克乐律师、马斯德律师、太古总船主等均自行退出,秩序虽未紊乱,而法庭遂谕暂为退庭。评议阅二十分钟,复开庭。审判长沈寿堃宣布招商局未奉堂准,自行退出,如此举动,殊不合法。惟本案人证均已讯明,招商局方面既经声明退出,本案范围应由湖北方面陈述全案意见,以便法庭延期宣布判决。诵毕,穆律师谓:"今日恐未及陈述,请堂上定期。"堂上遂判星期四续讯。

(1919 年 5 月 7 日,第 10 ~ 11 版)

"江宽"案第二十九次续讯纪

招商局"江宽"船被"楚材"兵舰撞沉一案,上次庭讯招商局方面代表律师麦克乐因对于本案帮助公堂进行,始终未达目的,对当事人亦无以为意,以故自请退出本案范围,而法庭遂决定应由"楚材"方面陈述全案意见,以俾定期宣判。日昨星期四,招商局方面无人到庭,"楚材"方面毕士华、穆安素两律师到庭,湖北方面亦派代表旁听,英副领事带有译员亦列席旁听。午后一时四十分开庭,审判长沈寿堃率同陪审官四人出庭,即据单方穆安素律师起立陈述:"此案已讯问二十八次,今届二十九次,本代表宣达意见证书:(一)对于'楚材'管事之报告;(二)对于领江目光。以上二问题,'楚材'管带报告堂上早已决定,不作为证。实在情形,当许理事官陈述案情,曾声明此种报告一概不能作证。且速记口供第五章,此种报告不能呈堂。敝理事所以不呈堂,与海军部直接磋商。又说,海部有信与公堂,不受此种报告。且'楚材'舰长到堂,招商局代表亦问过此报告问题,其报告内容招商局代表不敢问他,恐有不利益之举动。所以招商局代表不能来了,堂上不准,确是正办。对领江目光,当堂上取红绿灯〈灯〉到堂,实地试验,令该领江远视,而该领江所答红、绿,并无错误,显见该领江目光并无损坏。至招商局代表欲请眼科专家验视领江目光,敝律师极端反对,缘试验目光,必以实地试验为最。何以谓实地试验？即堂上取灯令观。且敝律师查有一九〇十年一月十一日英国有一判例，有一人充二副时，已有二副文凭，后要充大副，人谓其目光有损，嗣涉讼公庭，亦以眼科医生试验目光，谓有目疾，卒至败诉。嗣商船联合会代抱不平，帮助该二副提起控诉，以眼科专家试验目光未有尽善，不如实地试验为愈。经法庭令该二副驾驶，遇有来船，问其灯为红为绿，讵该二副对答无误。判决结果推翻原案，给予大副资格。本案领江试验目光，堂上自有权衡，曾经实地试验无误，此无庸专家验视。现在此案，敝律师对于'楚材'方面证言姑不主张，就'江宽'方面证人供词中择最有关系者提出三种证明，以'江宽'驾驶错走路线。（一）开到碰；（二）不救人；（三）放枪。此三点中，先述开到碰。按，'楚材'舰系一湖北差遣船，并不隶属海军部管辖之下，船上人员亦无海军之资格。此刻要研究二声短汽。照'楚材'证人谓，只放二声。招商局方面证人阿克斯林称：'我在舱内听见二声短汽，跑到舱面听见对面船放一声。'照此供，'江宽'秘放一次二声短汽，正于碰船问题双方信号各执。照招商方面证人供，离开一英里、一英里半；照'楚材'供，拟要抢步上前。所以敝律师只要证实照招商局船上证人阿斯克林之证言，可以证明一声短汽、二声汽、三声汽，均立几秒钟之间，照各人所供，设欲研究，非几天不可，所以本律师择最要、最显然的研究。还有一证人，曾忆贵审长问他离开'江宽'约一英里半遂掉头，所以'江宽'违犯航海避碰章程第二十五条。至第二次违犯章程，已得"楚材"一声之警告。照'江宽'大副口供，放二声汽之后，'江宽'离开一英里，照供词系开司太把向左驶走，且右边很大，尽可行驶。当时离开六百尺时，无甚危急，为何要向左开？照敝律师看来，'江宽'驾驶的人是有脑筋昏乱，致滋错误。何以要开右机，向左驶去？照第二次违犯，所以要拟'楚材'方面胜诉。"

讯至此，堂上宣告休息二十分，复开庭。穆谓："敝律师方才已经研究，现照招商局请来专门证人口供，在违犯一百七十章。问他上水到汉口时，（对）面有一船下水，应当何船避让？虽然招商局叫他来有所未便明说，而该证人谓'照自己方向靠左边走，系应当之道，无论如何要靠左走'，所以招商代表大失所望。迨复问，该证人谓'设避流水，亦应见机看他来船形势转机'，所以招商局不敢请一专门证人到堂作证，证明'江宽'船主所定方向。招商局于一九一八年五月已筹备此案手续，亦有一证在三百四十四章，有一证人戴恭泰，问他与律师磋商过否？答'在碰船后一月后，遂至律师处，询问所以此刻走错路线系最要问题，以各证人证明错误在他'。记得'楚材'证人供在刘家庙，系'楚太〔泰〕'路线走，后来看见'江宽'走错路线，放了一声汽，讵'江宽'仍依错线走，'楚材'避让未及，遂碰。敝律师看各供词，请贵公堂于口供中研究，应当凭何种判决。敝律师系帮助公堂进行，碰船事先紧要问题。第一，'楚材'路线不错，'江宽'走错的，无论如何亦想不到要违反章程。敝律师对于'江宽'船主既已身死，亦深悼惜，姑不评论。第二、第三两问题明日续述。"讯毕，堂上谕今〔明〕日续讯。

（1919 年 5 月 9 日，第 11 版）

"江宽"案辩论终结

日昨（星期五）为"江宽"船被"楚材"兵舰撞沉一案单方继续陈述意见之期，到者湖北方面代表与律师穆安素、毕士华，旁听者英副领事。午后一时三十分开庭，审判长等悉仍其旧，即据穆律师起立陈述："昨日第一款已陈，今日第二、三问题继续陈述。第二问题，曾有人说'楚材'没有救人。至碰后情节，有供词在堂。照口供，'楚'碰'江'；照横线，英六十度，照此层，两造口供均符；照'楚'证，锚钩打断一层，不得不将'江宽'方面证人所供之词证明之。查'江宽'证人夏明来供由'江宽'跳到'楚材'，听见放下之声。此证人敝律师可以推翻此口供，堂上曾记得此供否？此刻敝律师将口供一部分指出，在四百十一章，问他系听见命令放铁锚？答'只听见上头有外国语拉脱可'。问他是否系英语？答'不知'。问他何以知拉脱可为西语？答'我在自己船，常听得下锚等有此语'。问他有无看见？答'我站立桶上，所以能见'。问他锚练长短大小？答'未忆'。显系谎供，敝律师亦不主张。复诵口供，考四百二十一章，复问他锚练是否在脚板底下？讵亦不能答。何谓看见？显系从理想谎供，因此遂系推翻他的谎供。至救人没有帮助，此堂上很明。驾驶'楚材'有四救命船，二条已被'江宽'碰坏；尚有二条，一系汽船，既无桨板,又未生火,不能作用;只有一油漆小船,讵碰之后,'楚材'船上卫队争先逃命,将该船吊绳斩断一半,后江海关理船厅往验,尚吊在那里。假使舢板无用,或放几条绳去下水救人,无如彼时'江宽'船已被流水荡开甚远,'楚材'不被锚所阻。堂上记得有一证人扑脱谓:'那时"楚"船很又能开过去,因自己船已碰损,亦很危险,照此情形,只有斩练开往码头。'而救起人数一层,稍有矛盾。'楚材'方面谓救起一百余人;'江宽'方面谓救起只三十余人。但此事'楚材'并不以救起人数邀功图赏,无庸说谎,所以此供堂上应凭信。敝律师主张专就原告方面口供便可证明。有一证人辩论,谓'救起之人曾经点过';又说'见一小轮载至美孚码头';又在五百十五章内说'曾至"楚材",见有七十余人均不穿军服,除穿军服十余人,约有六十人,两共计有百人';足见非谎。至第三问题放枪,堂上曾记有一证人供听见放枪,而有证人夏明来看见放枪,'江宽'船上领江亦谓看见,是此种人证有意说谎。问他放枪的穿何军服?答'系灰色',在四百章。本律师有一[意]证明其谎,问他戴何帽?答'灰色'。该证人说谎者,系平日见军人都穿灰服,但总理卫队所穿军服系黄色,所以证明看见放枪便是虚话。总之放枪与'楚材'无甚关系,只须该证不说穿蓝,便不负责。在'江宽'何以要用此谎证,亦有原因。缘中国内乱未平,有多数人欲利用此机破坏政府,损坏段总理名誉,招商局亦乘此时机可向政府勒索银洋。此刻公堂讯问此案已很明了,只要研究招商局证人口供,便能证明'楚材'系应走之水道。至于不帮助救人,实出无法。末有一问题,系许理事官主张法律堂上要敝律师亦很预备。"

官谕休息二十分钟,四时复开庭。官谕法律一层,不必陈述,因本案限于时间之局促,全案意见有无陈述完全。穆谓:"敝律帅已详细陈明,敝律师要求公堂判湖北得胜诉,并要求判招商局员担本案全部讼费,尚有二请求:(一)湖北方面对于诉讼濡滞等及一切损失费用;(二)'楚材'碰损之修理费。"官谕一切费用可以开账,湖北损失不能并举开列。谕毕,继由毕士华律师起立陈述:"对于'楚材'管带有一申辩,惟全案已由穆律师陈述意见,不再主张。惟'楚材'管带对于本案居留上海候审,损失颇巨。又原告谓该管带行为不正,又许理事官谓'楚'管与水手不肯救人,所以政府另组公堂讯问。许理事官曾声明'楚材'管带已由湖北政府扣留，但此似'楚'管有极重刑事行为。在该管带应分到堂帮助湖北政府要求损害，逆料公堂将来判决必以刑事罪一概取消，但要复回管带原职，并请求令招商局赔偿诉讼损失。"述毕，官宣谕曰："今日以本案为辩论终结，听候定期宣布判决。"并谕以后有事概用书面。宣毕，退庭。

（1919 年 5 月 10 日，第 11 版）

海军法庭预备结束

招商局"江宽"船被"楚材"兵舰撞沉一案，于上年冬间经海军部委派沈寿堃中将来沪，组织海军军法审判庭，规定组织法庭费银三万两。自开审以来，迄今计阅七月，前项规定费用早已罄尽，且已透用四千余两。迨沈中将第二批向海部请拨用费，海部未允照拨，惟令沈中将迅行结束。于是沈中将遂积极进行，直至上星期四始宣告辩论终结，听候宣布判决。此案得此迅速结束者，实为招商局代表律师请退出本案范围后，单方进行，毫无辩论阻碍之故。兹闻沈中将已谕令各秘书、录事等迅将本案一应人证供词限两星期抄录完全，以便撤销法庭，而资结束，一面将辩论终结情形先行电部核夺。

（1919 年 5 月 12 日，第 11 版）

"江宽"案拟定判词

"江宽"轮船被"楚材"军舰撞沉一案，经招商局委托律师哈华托在海军部提起诉讼，请求赔偿损失及抚恤被难家属等情，由部委派海军中将沈寿堃偕同曾、何、郑、郑四法官，许、郑两理事来沪，组织特别法庭，一再传证集讯。原告代表律师哈华托以赔偿问题，法庭未经提出辩论，审理偏颇，是以不俟终结，声请退出法庭，仅由湖北方面代表律师穆安素单独辩论，已于五月九日宣告辩论终结，听候宣判在案。兹闻此案已经审判长沈寿堃拟定判词草本，交托理事郑宝菁赍呈赴京，呈请海运总长刘冠雄核阅，一俟核定，即可携回上海，再行定期集两造开庭宣判云。

（1919 年 6 月 3 日，第 12 版）

"江宽"案招商方面提起抗告

"江宽"轮船被"楚材"军舰撞沉一案，经海军部派委审判官海军中将沈寿堃来沪，在海军司令公署组织特别法庭，迭次传证审讯，于五月十日第三十次开庭宣告辩论终结。所有原告招商局方面代表律师哈华托，以原审判官对于"江宽"赔偿及死者恤赏问题均示主张辩论，审理似有偏颇，特于第二十七次开庭声请退出法庭，由对造律师穆安素单独辩论。虽原审业已宣告辩论终结，宣布判词在案，惟招商局方面因原审程序尚欠完备，对于原审判决当然不服，是以已将审理偏颇情形提出理由书，委派代表偕同律师晋京，向政府声请抗告，要求再行简派大员，另组高等法庭，重行审判。未识政府能邀准否也。

（1919 年 7 月 1 日，第 11 版）

"江宽"案将订期宣判

招商局"江宽"商轮被"楚材"军舰撞沉一案，自去年六月起，经海军部特别法庭审讯以来，迄今一年零二月，虽于五月间辩论终结，因未宣布判词，其审判手续尚未完备。兹经审判长沈寿堃将拟定判词正本委托理事郑宝菁赍送到京，呈请海军部刘总长核阅。经刘总长批定后，发交部员，分别缮就，盖用部印，仍交郑理事携带回沪，不日即可订期宣判矣。

（1919 年 8 月 13 日，第 11 版）

"江宽"案宣布判决

——赵进锐无罪，招商局赔偿"楚材"损失

招商局"江宽"轮船被"楚材"兵舰撞沉一案，曾由总统特令海军部在沪组织军法审判庭审理，是案早于今春辩论终结，即经沈寿堃审判长暨审判官等制就判词，赴京呈请海军总长核准，着即回沪，传同两造，宣布周知。昨（二十一）为实行宣判之期，午后二时五分开庭，到庭者"楚

1231

材"兵舰管带赵进锐，委任私诉代理人毕士华；湖北省代表程定远、吴文郁，委任代理人穆安素；而原告招商局代表傅宗耀及代理人麦克乐等均不到庭。审判长海军中将沈寿堃、审判官海军少将何品璋、海军少将郑伦，又海军少将郑祖彝，又海军轮机少将王齐辰、理事官海军部科长郑宝菁、书记官龚鸿揆、差遣刘凤文、代理副官军法科员黄仲则、西文速记均到庭。即据沈审判长等起立朗诵："现在'江'、'楚'互撞案已告终结，今日为宣布判决主文，其事实理由再行送达副本（主文）；赵进锐无罪，但对于'江宽'被难人等未经分派援救，应由该管上官予以相当之惩罚；附带私诉部分，招商局之'江宽'商船航行错误，所有此次'楚材'兵船因碰之损失及湖北省代表到案之费用，应令'江宽'所有者之招商局负担。"宣诵毕，又谓两造对于本判决如有不服，应即遵照《海军审判再审条例》，于十天之内提出不服理由书，呈请再审。述毕闭庭。此次开庭，审判长、审判官均御金线大礼服，灿烂异常。

（1919 年 8 月 22 日，第 10 版）

"江宽"案判决

庸

久悬不决之"江宽"案今已宣告判决矣。宣判之结果，则"楚材"胜诉而招商局败诉也。

招商局之败诉事，非出于恒情之外。何则？此案审理者为海军部，而"楚材"舰则鄂省之兵轮，且为段前总理南下时之护舰；招商局中虽不乏显宦，然究为商办公司，以商办公司轮船而与政府兵轮相碰撞，其责任非商轮负之而谁？

呜呼，官民间之诉讼其结果大抵如是。

（1919 年 8 月 22 日，第 11 版）

"江宽"案尚须提起上诉

"江宽"船被"楚材"兵舰撞沉一案，业经沪南海军军法审判处将判决主文宣布，其事实理由，现正在誊清之际，尚未送达副本。兹闻该判决理由，完全依据到案人证供词而下判，对于招商局方面代表律师麦克雷询问"楚材"舰长之证言时，发现该舰长之报告书，麦律师疑有破绽，要求庭上宣布，当时审判长诿为尚须请示海部，终未宣布。又，麦律师要求验看领江冯云山目光，亦未邀准。凡此种种，殊为偏颇，故自请退出法庭。今闻原判由末叙舰长报告，既不采取"例不宣布"等词，于是招商局对于原判更难折服，即须提起上诉云。

（1919 年 8 月 24 日，第 11 版）

"江宽"案之判决书全文

招商局"江宽"商轮被"楚材"兵舰撞沉一案，于二十一号在海军军法特别法庭宣布判决书，全文如左：

被告人"楚材"兵船管带官赵进锐，委任私诉代理人毕士华；附带私诉人上海招商总局委任代表董事傅宗耀，委任代理人麦克雷、马斯德、张箫云；湖北省代表程定远、吴文郁，委任代理人穆安素；证人"欧克音"（英国人）、美孚小火轮船主"哈斯"（美国人）、美孚第二趸船监督"立极雷"（美国人）、"江宽"搭客"亨立生"（丹国人）、"江宽"大副"阿乞蒲监"、"江宽"总机师"恩塞连"（荷兰国人）、"江宽"二副"比朗亮"、北公司"正泰"船主"郎脱"、招商局总船主"张沛英"、"江宽"领港"陈长国"、"江宽"舵工"戴丰泰"、"江宽"头目"邬财荣"、"江宽"木匠"夏明来"、"江宽"大菜间侍者"戴阿来"、"江宽"水手"郑健如"、"江宽"学习领港"任三元"、"江宽"舵工"佛兰伽利"（美国人）、汉口管码头"卡而尔"、海关委员"曾凤祥"、"楚材"二副"冯云山"、"楚材"领港"胡海青"、"楚材"头目"钱树楷"、"楚材"舵工"王得胜"、"楚材"头目"朴得韩脱"（英国人）、英国海军扬子江领港"尼尔逊"（英国人）、太古公司总船主。

右被告人为"江宽"、"楚材"两船相撞时犯有刑事嫌疑，由海军部奉大总统命令派员到沪，按照《海军审判条例》组织军法会审，于海军总司令公署开庭审理，由理事官诉经本法庭审理，判决如左：

1233

主文

赵进锐无罪,但对于"江宽"被难人等未经分派援救,应由该管上官予以相当之惩罚;附带私诉部分,招商局之"江宽"商船航行错误,所有此次"楚材"兵船因碰之损失及湖北省代表到案之费用,应令"江宽"所有者之招商局担负。

事实

缘湖北省"楚材"兵船奉派运载段总理之随员及卫队随同海军"楚泰"军舰东下,于民国七年四月二十五日午后八时自汉口刘家庙启碇转头下驶,以每时八英里速率(流水速率每时三英里在内),先行东北向,后改东北偏东半字,行至土角上游,遇见招商局上水"江宽"轮船。"江宽"行过七里洋,在美孚码头之下由其船主洋员孔雷自行驾驶,以每时七英里速率(流水速率三英里已减去),用西南偏南半字向离北岸六百尺以内上驶。此时适经雷雨,天晚云黑,"江宽"望见"楚材"绿灯,两船相距一英里有奇。"江宽"放汽笛两声,船头转左,"楚材"始望见"江宽"红灯,次见其红绿两灯,放汽笛一声,船头转右,"江宽"复放汽笛两声,加重转左。两船时已迫近,退轮不及,遂于八时零七八分,"楚材"在福中公司对面距北岸约一千尺,以五六十度斜角碰撞于"江宽"右舷第二货舱略后之处,破裂甲板,深入三尺。"江宽"前舱实时入水,"楚材"船头受伤,倒轮退出。"江宽"船头渐没水中,为流水所冲,首转下游,随流而下。"楚材"双锚落水,船身为流水推向下游,迨为锚练牵缀,掉首向上,止于中流。"江宽"流至"楚材"船旁,两船左舷相摩而过,以致"楚材"左边舢舨二艘及其左梯均被摩毁。即于此时,"江宽"舱面乃有多人乘两船摩切之顷,跳过"楚材"船上,同时又有人闻船上汽管爆发声,以为"楚材"船上放枪之声。"楚材"砍断锚练,驶靠码头,将从"江宽"跳过之人送之上岸。而"江宽"立即沉下,其船上被难之人除乘坐"江宽"舢舨及木筏并自行凫水者之外,有美孚小轮船主洋员欧克音、美孚煤油趸船监督洋员哈斯及普庆小轮船等救起多人。"楚材"船上则除两船相摩时由"江宽"舱面自行跳过数十人外,未曾救护一人,亦未施用何种救护手段。是年五月十五日奉大总统令开:"国务总理段祺瑞呈,'此次劳师南下,于四月二十五日由汉口启行,随从人员乘坐"楚材"兵船,与"江宽"商船相撞,"楚材"受伤,"江宽"立沉,溺毙多命,所有肇事失慎原因亟应彻查究办。现"楚材"管带及领港等已由湖北督军王占元看管,请令海军部按照《海军审判条例》秉公审理'等语。着由海军部组织军法会审,传集人证,研究明确,按律拟办。此令。"等因。经海军部遵令派员到沪,按照《海军审判条例》组织军法会审,由理事官以本案涉及刑事嫌疑,诉请公判;并据"江宽"商船所有者之招商局、"楚材"兵船所有者之湖北省,均以各有损失,请求赔偿,附带私诉,即于是年十月七日开始审理。据理事官许继祥宣言,现在两方诉讼,"江宽"之所有者要求"楚材"之所有者赔偿损失,而"楚材"之所有者要求"江宽"之所有者赔偿损失,惟此案之审判,经理事官呈明海军部照饬审判长公平审理,所有各方证据,非经法庭直接讯问,不得资为判决,俾示大公云云。两造均无异辞。旋据招商局代表麦克雷声称两造所有者均应到庭受理,即由理事官电致湖北省经派代表程定远、吴文郁二人及代理人穆安素到庭,随将两造诉状宣布,开始审理。八年一月二十二日及二十四日继续审理,时招商局代表麦克雷当庭再三声明:"敝律师代理招商局,前此在庭控告湖北政府一层,今因事势变更,应请作罢。"(见笔录第十三册第十二页)又于是年五月六日续审宣告进行辩论时(见五十三册三页),又据招商局代表麦克雷当庭声明:"承事主意,兹因招商局方面所有请求未蒙照准,请准退回。"乃未经法庭允准,竟同马斯德、张籥云擅行退出法庭。当令湖北代理人如期到庭,继续辩论终结,予以判决。

以上所述依左列证据证明之:

(甲)关于两船相撞之部分。

(子)比较两造之答词,问相撞时日,"江宽"答民国七年四月二十五日,约在下午八时以后,距八时甚近;"楚材"答民国七年四月二十五日,约在下午八时十三分。问相撞地点,"江宽"答在汉口福中公司之对面;"楚材"答与亚细亚码头并排,相距约一千尺。问气候,"江宽"答墨暗,(有)雷电;"楚材"答天晚云黑。问流水方向及速率,"江宽"答下流之水,约有三英里之力;"楚材"答每时三英里,水往下流,"楚材"顺流,"江宽"逆之。问最初发见他船之时刻,"江宽"答相去八时未久;"楚材"答约在互撞前五分钟。问最初发见他船时两船之距离,"江宽"答相距逾一英里；"楚材"答初见时约距离一英里又三分之一。问双方相撞之部分，"江宽"答"楚材"之船首与"江宽"之右舷稍后及于第二货舱；"楚材"答"楚材"在船首，"江宽"在望台后右边。以上各点，双方答词相符，即为两造所不争，初无待于证明。故证人关于此点之言，勿庸赘引，已足以证明以上各点无误。（未完）

（1919 年 8 月 24 日，第 11 版）

再论"江宽"案

庸

"江宽"案判决后招商局方面提出上诉与否，尚无确闻。虽然，即使上诉，而再审之结果何如，亦不难逆睹。盖一则原、被两方之势力问题，再则海军审判与普通司法不同，普通法庭审判官对于裁判有独立之权，而海军审判则审判官必须将其判决书类呈请海军最高级长官核定，故普通法庭可不受上级官厅之指挥束缚，而军法会审则殊难言也。

"江宽"案之判决书，吾人尚未窥全豹，其判决之理由与所采之证据姑暂勿论，惟有两事不待判决书之披露，而已足引起社会注意：一、辞职之审判官曾兆麟所拟判决书，与审判长所宣告者极端相反；二、大理院最近复海军部函（统字一〇四七号），说明审判案件若在评议以前更换审判官，则须更新一切审理程序，此次"江宽"案曾兆麟去职以后，一切审理程序是否更新实施，而不致如大理院函中所称之不合法判决，此皆令人不无疑问者也。

（1919 年 8 月 24 日，第 11 版）

"江宽"案之判决书全文（再续）

理由

查《海军刑事条例》第四十四条载"非有正当理由，故意将船碰撞者"；第五十六条载"当船舶搁浅触礁及其他危险来请援救，无故不应者"；第一百零八条载"守兵无故发枪炮者"；以上各条均经分别定有处刑标准。本案"楚材"兵船与"江宽"商船相撞之前，"楚材"兵船始终谨守应行航路，其第二次相撞系为流水所推，均经证明无误，其非故意可知。至于他船危险，"楚材"未予援救一节，"江宽"当日虽发求救信号，而"楚材"船头破漏，水已侵入，尚非无故不应者所可比。又，守兵无故发枪之事，"楚材"方面证人均称并无此事。惟"江宽"大菜间侍者夏明来供称视见有人放枪，业经证明其不足信。此外，仅闻放枪之人，均不能提出确据，则其放枪证据，殊不充分。依上所述，"楚材"管带官赵进锐所有刑事嫌疑各点业已审释明白，确无犯罪行为，应予宣告无罪。

至附带私诉部分，应先审明何方航行错误，以期责有攸归。查《航海避碰章程》，自前清光绪十五年中国派员赴美都会议，公同商定于光绪二十三年六月初二日出示通谕，一同举办，并将议定各条款刊印颁发，俾中国行江、行海之洋式兵、商各船周知遍喻，一律举行，历经照章办理无异，本案私诉当然可以适用。按该章程中第二十二条载"凡船须照章程让路者，如无他故阻碍，不得向所避之船前面横驶而过"（如甲当避乙之路，则甲不得向乙船头驶过）；第二十三条载"凡轮船须照章让路者，与来船迫近时，须临机应变，应缓进则当缓进，应停轮则当停轮，应退轮则当退轮"（如甲应让乙之路，而值与乙迫近，甲当相机缓进，或停止，或退轮）；第二十五条载"凡轮船过狭窄港道时，值稳便而无窒碍，应傍船右之港道边行驶"（出入窄港皆傍船右边而行）；第二十七条载"以上各条章程（指自第十七条起）均应谨记遵行，而不可违。然遇船行临危时，有相碰之险，以及变生仓猝之际，致不得已临机应变，则可暂时违例，藉救目前之急"各等语。此案"江宽"初遇见"楚材"时，两船相距一英里有奇，其间既无他项阻碍，又无特别事变，其无仓猝危险可知，自不得以二十七条借口乃不遵守。其应行之船右港道行驶，竟自改向转左，实属违犯《避碰章程》第二十五条之规定。至见"楚材"船头转右时，来船迫近，尚不停轮、退轮，与第二十三条之规定已属不合；况又加重转左，向来船前面横驶而过，是又犯第二十二条之规定。至"江宽"初次所放汽笛两声，"楚材"船上各人均供未曾闻及，惟是"江宽"放汽笛后，船即转左，业已违章，"楚材"之曾否闻及，无甚关系。盖"楚材"守其应行之港道，即使闻有两声号笛，而守章不变，报以一声，亦无不合。故证人"正泰"

船主比朗在本法庭供称："设我往汉口，遇见对面下水轮船，不论如何情形，我应走靠近趸船我自己这边的港，缘该港乃上水独一无二之路也。"（见十三册八、九、十等页）又，证人英国海军扬子江领港朴德韩脱亦称："凡遇窄港，应守右岸，况此中又无第三船插入阻碍行为，鄙见凡在岸边，总以守右为是。"（见五十册六页）足见《避碰章程》为万国航行者独一无二之金科玉律，无论何人均应恪遵，不容违背。故"正泰"船主及英国海军扬子江领港二人之公论亦且云然。此"江宽"此次违背航章，所以不能不负此次航行错误之责也。

"江宽"既应负错误责任，其因此所生之损失，"江宽"所有者自应完全担负，除"江宽"所有损失应由该所有者自理外，"楚材"此次因碰之损失，亦应由"江宽"所有者如数赔偿。即湖北代表人此次到案，亦系由招商局代表之请求，则其因此所生之诉讼费用，亦应归败诉之招商局担负，方足以昭公允。惟当肇事之时，系"江宽"船主洋员孔雷自行驾驶，究竟是何原因，以致失慎，此人已死，无从查考。其第二次相撞，既为流水所推，相摩而过，即属不可抗力，两造均不负责。至救护被难一节，"江宽"船上被难人等遇救之方虽各各不同，而"楚材"未救一人，未施一策，则为"楚材"方面所共认。据因船头破漏，舢舨摧残，无能为力。但船头虽漏，而机舱无水，"江宽"正在沉没之际，两相比较，迥异安危，"楚材"理应一面派人堵塞，一面分派救护，此等情形亦航行中常有之事。盖船头舱位概属迫窄，不能容纳多人工作，"楚材"全船人数断非仅足派令堵塞船头进水而已，尽可分派救护"江宽"船上垂没之人。其左边舢舨虽被摩毁，右边尚有一艘舢舨，一头悬挂，一头落水（原供称卫队不谙放舢舨，用刀割断悬绳，致人倾于水，舢舨之一头尚悬钩上），仍可设法放下，应用小火轮亦可加急生火，洗船边之小舢舨亦可分载数人。乃毫无举动，若不知其为应尽之责也者。良由未受教育，未经训练，致不知人道主义，殊属有亏厥职。其应饬改良之处，所不待言，而应受上级官厅之惩罚处分，实属咎有应得。

至于溺毙人数，经欧克音救起九十二人（见三册七页），哈斯救起八十二人，又二十人（见四册十六页），"普庆"小火轮救起一班人（见五册二十四页），乘"江宽"木筏者五六人（见十册四十八页），乘"江宽"

右边舢版者若干人（见十册四十九页），乘"江宽"左边舢版者约五六十人（见二十二册二、三等页），自行跳过"楚材"者或云百人，或云三四十人，折中计算约七八十人。就中可计者，约二百五六十人；不可计者只"普庆"小火轮救起一班人及"江宽"右边舢版救起若干人而已。该两艘各载人数当与"江宽"左边舢版所载相若，其数约在百人以外，加以被难之"江宽"船主及管轮员并侍者一人，又黄梅县商会函请参加之被难者三人，合计约三百六七十人，核与招商局总船主郎脱所供据报告已登簿记者"江宽"搭客共三百二十二人（见十五册五页），加以"江宽"本船人数四十七人（见二册七页），总共三百六十九人之数约略相符，则溺毙者即为"江宽"船主等数人已无疑义。惟"江宽"诉状据称，更有中国搭客五百人（见二册七页）。其根据何项报告，未经声明，且与簿记数目不符，又恰合五百整数，不多不少，均属疑点。查"江宽"沉没之后，未据报告沉船左近发现多数尸身，至今已逾一年，除黄梅县商会函报之外，并未再有被难家属持有当日被难确据来庭参加诉讼，纵谓尸身漂流，未经发现，难属贫苦未能远来，亦不至相差之数竟逾百人。果有此项百余尸身，断无全数沉没，而被难家属亦肯均安缄默之理。然则郎脱所供簿记登载之人数，信而有征，其又供："予曾闻有五百人之说（见十五册五页），与'江宽'诉状所称更有中国搭客五百人之语，均不足信也。""楚材"领港冯云山色盲问题，当庭试验二次，前后两歧，本法庭特为慎重起见，再令专门眼科考验。该领港假归之后，从不再来。但核此次"楚材"航术并无违章不合之处，即使色盲属实，亦与本案无干，应无庸议。至招商局代理人麦克雷请求宣布海军部抄交之"楚材"管带报告文件一节，因本法庭开始审理之时，经理事官宣言非经法庭直接讯问之证据不得资为判决，故前此汉口河泊司之报告，本法庭曾准招商局之请求，未予采用。"楚材"报告文件事同一律，自亦不能采用，以免前后两歧，是以勿庸宣布。依上理由，特为判决如主文。（完）

（1919 年 8 月 26 日，第 11 版）

"江宽"案招商局不服判决电

致海陆军大元帅电：

北京大总统府海陆军大元帅钧鉴："楚材"撞沉"江宽"一案业由海军军法会审，宣告判决舰长赵进锐无罪，被难不救由该管上官惩罚；招商局因航行错误，应负担"楚材"因诉讼而所生之费用等因。商局对于此次判决，认为极端违法，未能甘服，除将不服理由另行具状分呈，请求另发命令，特派精明法律人员重行组织法庭，再行审理外，谨先在法定期间内提起再审。肃电奉陈，请求察核。

上海轮船招商总局董事会叩，宥。

致国务院海军部等电：

北京国务院、海军部、交通部、农商部、外交部、司法部、大理院钧鉴："楚材"撞沉"江宽"一案业由海军军法会审，宣告判决舰长赵进锐无罪，被难不救由该管上官惩罚；招商局因航行错误，应负担"楚材"因诉讼而所生之费用等因。商局对于此次判决，认为极端违法，未能甘服，除将不服理由另行具状分呈，请求转呈大总统另发命令，特派精明法律人员重行组织法庭，再行审理外，谨先在法定期间内提起再审。肃电奉陈，请求察核。

上海轮船招商总局董事会叩，宥。

(1919 年 8 月 27 日，第 10 版)

关于"江宽"案之消息

招商局"江宽"轮船被"楚材"兵轮撞沉一案，上月间业已宣判，招商局对于原判不服，已提起抗告，曾志前报。此案原审判官海军上校曾兆麟，前年由部简派来沪会审，因与审判长海军中将沈寿堃意见不合，报病辞职，其会审职务由部另派海军少将王齐辰代理。此次宣判之后，曾兆麟将所拟是案未经会核之判决书登报披露，审判长沈中将阅报后以会审官曾兆麟既已因病辞职，对于本案已无发言之权，今擅将未经会核之判稿宣布报端，淆乱听闻，形同儿戏。乃于前日邀集各会审官及理事等会议之下，以曾兆麟玩视公务，实非寻常疏忽可比等词电呈海军部核示。闻海军部接电后，已将此案提交国务会议，一俟取决，再当令知遵办。

（1919 年 9 月 3 日，第 10 版）

"江宽"案上诉后之消息

招商局"江宽"船被"楚材"兵舰撞沉一案，自宣布判词后，招商局不服，提出理由抗告，业已电呈海、交两部，请求另组法庭，依法审理等情，已志前报。兹悉此案原审官行将回避，将来是案闻系参、陆处组织法庭审理，昨理事官郑宝菁已奉电召晋京云。

（1919 年 9 月 5 日，第 10 版）

北京电

招商局电呈院部不服"江楚"案判决，声明上诉。政府以此案关系重大，亦拟准如所请，另组法庭再审。（以上十日）

（1919 年 9 月 11 日，第 3 版）

招商局提起上诉

"江宽"、"楚材"一案判决之后，招商局方面已提起上诉。兹据政界传述，此次该局董事会之来电反对，实系股东会之要求，现在政府方面已拟出补救调剂之法：一方面派员赴沪调查，一方面请孙宝琦暗中为之说合。原判之案判决不能更动，惟关于招商局之损失问题，政府已允为设法为之补偿，大约此案经一度交涉后，总可了结。又闻昨日上海沈审判长寿堃有要电一道到京报告，沪上审理处机关已于三十一日撤销，所有各员仍饬回原职，该中将俟办理收束手续完竣后，当即来京面陈一切经过情形云。

（1919 年 9 月 13 日，第 7 版）

"江宽"案将组高等法庭重审

招商局"江宽"轮船被"楚材"军舰撞沉一案，前经海军部所组特别法庭开庭审讯，辩论终结，宣布判决。嗣因招商局不服原判，备具理由，具呈大总统、国务院、海军部提起抗告，请为再简精明法律大员重行审理等情，迭见前报。现闻此项上诉机关，决由参谋部、陆军部会组高等特别法庭，重行审理。其组织地点拟在北京，或仍上海，尚未确定。所有初审之海军部特别法庭因审判终了，已将各项手续结束，审判长海军中将沈寿堃在沪事毕，于前日偕同陪审各法官及理事起程晋京销差矣。

（1919 年 9 月 14 日，第 10 版）

重审"江宽"案之近闻

招商局之"江宽"轮船被"楚材"军舰撞沉一案，前经海军部所组之特别法庭一再开庭，辩论终结，宣布判决，该法庭旋即撤销。嗣因招商局方面不服判决，备具理由，呈请大总统、国务院、参、陆、海各部提起抗告，请再简派精通法律人员秉公复讯等情，已详前报。北京政府本拟由参、陆二部合组高等法庭审理，只以审判官一时难得其选，以致迟未发表。现经在京国会议员提出质问，大致谓我国审判手续向采三审制度，"楚材"军舰虽隶属于海军部，然招商局完全商办，上海为中外观瞻所系，动关大局，究竟此案孰曲孰直，自非重开审理，秉公核判，不足以昭折服，而示公道云云。兹闻此事已由国务院咨请参、陆、海部速组法庭，重行审理。法庭地点初拟设在北京，因此案人证多半居住上海，若在京开审，恐人证不能到齐，故仍拟在上海组庭开审，以资利便云。

（1919 年 10 月 6 日，第 10 版）

英领事不认"江宽"案判决

　　招商局"江宽"轮船被"楚材"兵舰撞沉一案，前经海军部所组织之军法审判处讯理，判决"江宽"船之所有者完全败诉，曾经审判处将判决书抄送驻沪英、法、美、日各国领事备查在案。兹闻驻沪英总领事对于该判决表示不承认，特函江苏特派交涉员函转沪南海军审判处查照矣。

　　　　　　　　　　　　　　　　　　　（1919 年 10 月 7 日，第 10 版）

北京电

　　"江宽"、"楚材"案因招商局不服判决，将再审，现院定由参、陆、海三部组法庭，即日开审。

　　　　　　　　　　　　　　　　　　　（1919 年 10 月 15 日，第 3 版）

"江宽"案赔偿船价之磋商

　　招商局之"江宽"船被"楚材"兵舰撞沉一案，前经政府命令海军中将沈寿堃等来沪组织海军军法审判处审理，判决"江宽"方面败诉。招商局不服判决，于法定期间内提起上诉，又经驻沪英领对于该判决表示不承认等情，均志前报。兹悉此案迭经招商局要求政府赔偿船价，又经孙宝琦向政府一再调处，闻政府已允孙宝琦之请，将可赔偿招商局公债票八十万，设招商局不允，将来再审后决定胜负，政府不再负责云。

　　　　　　　　　　　　　　　　　　　（1919 年 10 月 22 日，第 10 版）

"江宽"案宣判

　　二十一日海军特别法庭宣判"江宽"案，"楚材"舰长赵进锐无罪，招商局赔"楚材"损失。

　　　　　　　　　　　　　　　　　　　（1919 年 12 月 30 日，第 10 版）

"江宽"案之近讯

——招商局又索偿船本

招商局之"江宽"轮船前被"楚材"兵舰撞沉，溺毙搭客、员司，损失船货甚巨，曾经该局请求政府赔偿。经海部特派沈中将寿堃来沪组织特别法庭，讯理结果，商局败诉。而商局以裁判偏颇，不服上诉，悬案迄今仍未结束。上年闻由孙宝琦向政府陈述原委，已经政府允为赔偿船本，惟已判决之案，不得变更。今事阅年余，闻招商局方面，迄仍未奉发给此项船本。近又电请孙氏，迅向政府索偿云。

(1920年3月7日，第10版)

二十九 "江永"轮爆炸事件

京奉所传之赣省战讯

——南浔路尚有党军，武穴两军有激战

〔北京〕九江联军"江永"船失慎，损失子弹数十万、棉军服二万余套及其他军用品，当局去电慰问。（十七日下午八钟）

（1926 年 10 月 18 日，第 3 版）

公电·九江来电

各报馆均鉴：铣晨六时，"江永"轮船由宁来浔，内载民夫百余名、兵夫棉衣二万余套、棉被一千五百条、炮弹百颗、枪弹四十万粒及卫生材料等件，抵浔后因电门走火，致遭回禄，全船人员均已完全脱险，恐传闻失实，特电奉闻。联军总司令部参谋处叩，铣。

（1926 年 10 月 18 日，第 5 版）

舰轮要讯

〖上略〗

"江永"失事讯

"江永"轮在九江因所载军火炸裂，全船亦付之一炬，此事已纪本报。昨日本埠招商局已接得九江分局来电，仅言"江永"船炸毁，船员等之死伤须查明后再告等语。查该轮载重二千余吨，系长江二等船，其船主系华人充任，名张沛英，张在船上。买办何少寅，自该轮于八月下旬扣作军用

后，并未到船一次，故至今犹在上海。副买办孔某则随轮在九江，其余之茶房、水手均全部在轮。今次全船被炸毁，船员、茶房等恐不免有一部分遭难矣。昨日该局董事会得讯，至下午四时曾开紧急会议，大致谓"江永"已毁，该局尚有其他之"江华"、"江顺"、"江安"、"江新"、"江大"、"江裕"、"江靖"等轮在宁浔间供军运，且各轮之代价平均每艘以三十万元计，尚有二百余万元之船舶在彼，决再请求发还，并讨论"江永"之赔偿问题，以维血本。

（1926 年 10 月 19 日，第 10 版）

"江永"失慎纪详

十六日九江通信。今日（十六日）"江永"抵九江，在黎明五句钟进口时连放汽声，欲驶向招商码头停泊。嗣因停泊江心之"江新"轮（孙联帅所坐）旁有一中国兵舰，不便通过，即在距"江新"轮一丈远之江面抛锚。约五句三刻钟许，该轮又复连放求救汽声，即见黑烟一缕，由该轮后舱冲出，船已起火。该轮放汽声以后，见无船来救，又将救生旗扯上船桅，此时舱内子弹箱已燃着，擘拍之声大起，继以红光一闪，大炮弹炸裂纷飞，各船员见船已无救，即相率泅水逃命。船上兵士从梦中惊起，均系赤身露体，奔至舱外，见船尾起火，即纷纷向船头奔窜。但不久火即延烧及船身，又延烧至船头，众兵士无处逃躲，只得一齐跳水。方该轮将起火时，即将船身驶近"江新"轮，欲靠之取出子弹箱，冀免危险，然"江新"轮已驶向日清公司码头停泊，幸英、日兵轮各派小划一只来援，又九江义渡局亦派救生船来援，始救出兵士三百余人。该轮烧至八句钟，其抛落江心之铁锚已镕断，旋往下游流去，流至九华门江汉边，遂搁浅，然擘拍之枪弹声，杂以轰然之炮弹声，仍震荡不绝于耳，至十二句钟始止。记者于下午四句钟往九华门一观，则见该轮仅剩一躯壳，如小火轮状，及船面之烟囱汽筒而已，余均烧尽。当该轮起火之初，居民一闻枪炮声，惊惶莫可言状；各司令部留守兵亦不悉底蕴，执枪实弹，问涂人敌在何处，间有放枪示威者，嗣得悉系"江永"轮起火，始各归于镇静。查该轮系在浦口运新兵一千五百名、输送队二百名，随开至南京，起运子弹二千箱，内有迫击炮弹若干箱、棉衣军装两万套、灰面一千袋，至此尽遭焚毁，损失约在二三十万元，该轮约值七十万元，共在一百万元上下。兵士仅救出三百余名，输送队亦救出十余名，其余多落水而死，沿江浮尸，遍处皆是，在火里死者居少数。至救出三百余名兵士，全系赤身露体，即送往西门正街豫章银行内居住。联军总司令部张副官长，即着人向各典衣店购买棉衣及棉絮等件，给各兵士服用。此该轮被焚前后之大概情形也。

（1926 年 10 月 20 日，第 5 版）

招商局为"江永"事致浔孙电

——谣传又有一轮被毁之外讯

轮船招商总局昨为"江永"失慎事致孙馨远一电，照录如下：

> 九江孙总司令钧鉴：昨敝浔局急电"江永"失慎，全船灰烬，惊骇万状。适值星期，船员家属已纷集董事私寓探询吵闹；今早到局，各船员家属及各股东早聚候多人，诘责嘲骂，哭叫不已。正在分别劝慰间，大铁柜逃生来沪，报告失慎详情，股东及各家属闻之，尤为愤恨。旋承钧电，举示各股东及各家属。据股东云，船上电线均系直流，有铜皮包裹，断不致走电。大车亦云，船上电灯向章上午五时关闭，下午五时开放，查失慎适在六时，断非走电所致。该船已炸裂无存，究竟因何失慎，仍求钧座详细饬查，以释群疑。各股东言，局船调归军用，兵士众多，弹械丛积，人多不受约束，即多引火之人，弹多易招危险，即多引火之物，各船调用已逾五旬，煤火昼夜不息，停留不肯按航行定章，承载又不允依船吨重量，以致各船均有抬阁压折、机器锈涩、锅炉发热、船身欹斜等情形。而兵士夫役香烟任意乱抛，枪械随地置放，船员时作危言，兵士转斥为谬论。敝董固引为深忧，股东更时用焦虑。现在"江永"既已焚毁，船员生命、船只成本，均责令敝董请求迅速赔偿抚恤，其余七船并责令敝董等迅速设法收回，以免再生事故，词严义正。敝董等对此被难家属，既哭不成声，对此质问股东，更自容无地，愧未曲突徙薪，以致焦头烂额，扪

心清夜，寝馈难安。现善后办法，谨拟分为三节：

（一）打捞尸身。查"江永"船员百余人，生存仅二十五人，其已查明焚溺者八十八人，船主、大副、二副、二车、三车均在内，尸身亟须赶紧打捞，装殓运回，以慰死者而安家属。此项想钧座必委有专员办理，敝局刻派敝皖局长李国楷驰往浔埠，偕敝浔局长晋谒帅座，应请准令会同专办敝局员司打捞事宜，装殓回沪，一切费用概请官为筹付。其抚恤一层，并求分等从优抚恤，克日饬拨现款，即日电汇到沪，以便分给。

（二）"安"、"顺"、"华"、"新"、"裕"、"大"、"靖"七艘机械锅炉船身，在在危险堪虞，亟待修整，勉强供用，亦虑再蹈覆辙，应求即日饬令迅速全数释放回沪，俾便修理。

（三）"江永"船本自应赔偿。钧座渴爱人民，于华商尤切保护，此项船本若无着落，股东决不罢休，敝董等亦难逃责备。虽军需紧急，一时无如许现款，亦应先行指定可靠的款，以副股东企望。昨海员工会有责令敝董保全前线船员生命安全之函，意在鼓动工潮。敝局船员涵濡德化，曾于各报登有启事，期免误会。今才数日，即肇巨祸，悔痛何极！除被难家属外，其余七船中外家属及各工会，现亦同来请求保障凭证，人多口杂，虑生事端。敝董等内无以对股东，外无以对船员，惟求钧鉴，敝董处境困难达于极点，于所请三事，悉予准行，俾收效桑榆，少赎愆咎，企感曷极。鹄候复示！临电不胜迫切之至。

商办轮船招商局董事会叩，巧。

又致皖分局李局长电云：

安庆商局少崖兄鉴："永"在浔失慎，船员死八十八人，公议委托兄至浔禀谒联帅，会商专员办理打捞装运。事关慈善，务勉力一行。除电孙帅外，委状即寄，并函详。潜文。

〖下略〗

（1926年10月20日，第10版）

芜湖快信

〖上略〗

"江永"轮前日装运皖军大批枪弹、棉军服二千套过芜赴九江，乃在安庆上游数十里失慎，全体焚毁，总署秘书长崔庆钧、输送卒八百名均在其上，遇救者闻仅三百余人，又云仅二十余人。

〖下略〗

（1926 年 10 月 21 日，第 9 版）

"江永"脱险者言起火原因

——谓系兵士聚赌打翻洋烛起火

招商局"江永"轮焚烧详情，已志本报，但其起火原因则未言其故。官厅方面谓系走电，或又谓系遗落香烟火屑所致，至于真相，则始终未有切实之证明。兹据脱险来沪者言，该轮在南京装兵一千二百名，又运输民伕三百名，大批子弹、炸弹等二千箱，又有军粮及棉衣两大批，所有子弹等军火，均装入中舱之内，军米与军衣则分装入头二舱及后舱。船到九江，天尚未明，其船主张沛英（粤人，年约四十余岁），即欲将该轮停靠码头，上卸子弹。当因时间尚早，即在江面停抛，与"江新"距离仅一箭之远。其时多数兵夫，均在船内安眠，惟大舱内有兵士一群，约八九名，则尚在赌钱，台上架四支洋烛。船方抛锚，该赌博兵士，忽然因输钱之故，而起口角，继之以殴打，台子上洋烛均被打倒，跌落舱内。内有一烛，系落入一兵士之卧铺上，火即烧着棉絮胎，愈烧愈着。各该兵士等瞥见后，立即抢取此着火棉胎扑灭。讵料火得风力，愈扑愈烧，此棉胎霎时烧作数方，有一方被扑落于下货舱内，该舱内均装子弹、炸弹、炮弹等者，经此火棉之蒸燃，未及十分钟，即见一缕黑烟，穿透舱面，转眼之间，轰然爆发。炸声过后，火即随起，船内总共有船员、兵士、海员、民伕等一千六百四十余人，其未经炸裂而死者，多从梦中惊起，群向船头逃生，欲使吸水射火，而已成燎原。船主间在头舱之上，张沛英闻警，亦急

1249

发求救信号。无如各舰轮咸惧军火之炸裂，不能近船而救。此时有船员水手等多名已抢得救命衣者，均向江中而跳，其他各兵士之跳入江中者，亦不计其数。驻在龙开河口之外舰，当派小轮二艘来江面救援，得救起三百名。当火着之时，有兵士一群拥至船主张沛英处，强令其将"江永"靠近"江新"，逼张速即开往。张以如果将"江永"开至"江新"处，则子弹正在乱乱爆飞，势必使"江新"轮亦完全毁灭，乃坚拒不肯。兵等乃大噪，张氏身衣救命三套，至火逼船头时，张亦欲向江中跳逃，不料为兵士三人强行拖牢，谓"汝既不开船近'江新'，放吾等逃生，今日汝欲一人独逃，万万不可，与尔同死"，致张氏亦葬身于火窟中，此甚惨剧也。查船内船员、水手等，全轮有一百三十余名，其中有二十余名在岸上，尚未上船，在船上之逃出未死者共二十五名，船主以次共烧死、溺死八十八名，兵士与民伕等约溺死、烧死一千一百余名。此次之惨剧，完全出于赌博肇祸。船内二买办孔某，适请假来沪，请三买办去代班，三买办乃亦不幸遭劫。闻船主张沛英与傅筱庵感情甚好，原任"江大"船主，因办事能干，得调此职，今任事未久，即遭斯难，家有一子，年十四岁，阖家二十余口，全赖其一人生活。张妻前日到局探询，得闻死讯时，哭之甚哀。

（1926 年 10 月 21 日，第 14 版）

招商局致交通部电

——请电孙放回其余各轮

轮船招商局董事会，昨为"江永"失慎，请求援照成案恤偿，并放还"江安"等七轮事，致北京交通部一电云：

北京交通部总、次长钧鉴：敝局江轮九艘，八、九月间承孙联帅先后调至前线，留充军事运输，长江华航交通遂完全断绝。敝董前求释放回沪，照常营业，迟之又久，始将"江天"一轮放回，余均未允。兵士众多，枪弹丛杂，最易引火，而重载不依重量，航行不按定章，尤多危险。敝局股东迭责敝董等抗争索还，并将利害详陈，均归无效。昨"江永"果然炸裂，全船灰烬。就船员论，焚溺达八十八人，惨酷万状。昨各被难家属哭求抚恤，现尚供差各船家属哀求保障，各股东怒求赔偿，汹汹累日，应付万难。民五"新裕"局轮被政府扣用装兵，在闽洋失事，恤偿本有成案，昨已援例请求孙帅照办，以安人心，而平众愤。敝局营业以长江为命脉，长江轮船为敝局之精华，"江永"已矣，其"江安"、"江顺"、"江新"、"江华"、"江裕"、"江大"、"江靖"七船，现或抬阁压拆，或锅炉垢积，或机器磨损，或船身敧侧，皆有不可终日之势，倘若再有疏虞，敝局江轮行将绝迹，敝局更难自存。现虽切电孙帅请速释放，能否如愿，殊不可知。连年南北战争，调船运兵，敝局无一役不相从，无一方不相顾，损失已不可数计。今春奉国津沽之战，毕总司令调敝局烟埠"齐烟"小轮至前线，遂致失踪，虽允照赔，尚无款付，烟局营业顿感不便，又无力再购。今兹之役，复毁巨轮，是从前战争仅损毁敝局营业，今竟进而损毁敝局所恃营业之船只；昔所损失在一时，今所损失在永久。敝局为中华航业一线硕果，前清伟人苦心培植而成，今至民国竟摧残若是，岂非必欲逼令敝局停业耶？钧部为航商托命，舍钧部钧长，固无可呼吁者，应请钧部再予切电孙帅，将"江安"等七轮迅予释放，以便修整营业；其"江永"赔恤办法，上年有"新裕"成案可循，并求检案俯赐切电，庶孙帅了然前案，知敝董非故作危词，实非此不足平众怒而慰商情。钧部一言九鼎，当较区区商民呼吁为有效也。迫切陈词，伏祈矜鉴。商办轮船招商局董事会叩，哿。

(1926 年 10 月 22 日，第 10 版)

孙传芳为"江永"事复招商局电

招商局前为"江永"失慎事，由董事会特电浔孙，已志前报。该局昨日午后已得浔来复电，探录如下：

上海招商局董事会诸君□［均］鉴：巧电敬悉。"江永"轮惨遭浩劫，痛何可言！岂仅招商局与弟之不幸，遇难者家属当百倍之。当"江永"到浔，弟已派小轮靠近"江永"，检查所载物品及载乘船人员上陆，讵小轮尚距"江永"丈许，而火已由机舱冲出，此弟在"江新"所目睹者。棉衣为物，最易燃火，故装载时即将该装于第三层货舱之内，衣皆成捆，上盖木板，舱外且加锁轮，由棉衣起火一节，似非实事也。当时火已突起，乘船诸人咸纷集船之两端，盖望救也。火势愈猛，救生各船皆不敢近，乘船诸人望尽援绝，始纷纷下水，以求万一之生，弟立悬重赏，获救者约八百余人。本部损失子弹、粮秣，数亦至巨，物不足惜，人命关天，为之流涕。火势至为迅烈，一发即不可收拾，历五十分钟始闻子弹之声，子弹冲破船板，船始下沉。被难家属悲号惨惶，可想而知。即弟每念及此，亦涕泗沾襟也。应请诸君善为抚慰，俟军事结束，即当量为抚恤，所有一切善后事宜，弟非不明人情者，他时自当研商办理。现正加派专员，打捞尸身，冀使死难家属，稍安哀思之情于万一也。述其概略，与诸公言之。特复。孙传芳，印。

（1926 年 10 月 22 日，第 10 版）

航业杂讯

船员家属请恤。招商局"江永"轮炸毁，船员、水手等共丧亡八十八名，消息至沪后各船员家属闻信后，异常悲怆。昨日下午有被难船员家属男女数十名，群至外滩招商局总局泣请救济，情形甚为凄惨。当由该局主事人一一抚慰，允为转请军事当局优恤，并述明局中必力为争得，至傍晚各被难家属始散去。

〖下略〗

（1926 年 10 月 23 日，第 14 版）

芜湖快信

"江永"轮在九江被焚，芜湖红卍字会救护队获救者仅队长陈茂堂一人，陈跃江遇救，已于二十日返芜。据云同由宁乘该轮赴浔者，共为上海、芜湖、南京、常州、安庆、镇江、铜山会员三十二人，获救者仅六人；夫役三十一人，获救十三人，余均不知下落。安徽总司令公署秘书长崔庆钧，火起时见无可逃生，即以手枪自尽，尸身被焚。高省长以未知详情，昨特电令此间各机关打捞上游流尸，以便辩〔辨〕认崔之尸身。芜埠及南京红会今又派会员并携现银币二千元赴浔办理善后。

（1926 年 10 月 24 日，第 10 版）

芜湖快信

二十二日下午，招商"江大"轮装运伤兵一百数十名，自九江来芜，运送兵站病院就医。又，二十一日有招商轮亦装伤兵三四百名到芜，稍停即驶往南京。

"江裕"轮满载军队军实，二十二日上午九时过芜赴浔，闻系孙军新补充之军队及棉衣、弹药。

此间红卍字会本日接办理"江永"轮出险善后，会员自九江来百万火急电，谓被难者已经陈调元派专轮在湖口一带寻觅尸身，并商准孙总司令，俟查明红会前往救护遇难会员姓名，予以表扬抚恤。

（1926 年 10 月 26 日，第 7 版）

芜湖快信

〖上略〗

芜湖红卍字会接九江红会来电谓，"江永"轮失事落江尸身，该会已捞埋数百，多已□种腐溃，请该会雇船打捞流尸，以洁河流，而慰死者。

〖下略〗

（1926 年 10 月 28 日，第 10 版）

皖闻纪要

〖上略〗

打捞"江永"轮之浮尸

招商"江永"轮在九江失慎详情，迭志本报。皖垣江面日来流下之浮尸甚夥，救生局终日打捞极为忙碌。前数日每天只捞获浮尸一两具，由善局备棺收殓；本月二十四日，救生局竟捞起二十余具之多，皆因浸水日久，浮肿异常，即亲属见之，亦难辨认，其状至惨。闻救生局因浮尸太多，现特备办打鱼之大网，以两船横牵，在江心网取。据闻总司令署秘书长崔庆钧确已在该轮遭难；皖垣博爱医院去医生四人，均系青年，服务红万字会，亦乘该轮上驶，前日仅逃回一人，其余三人皆不知下落，此人系跳入水中遇救而起，亦云幸矣。

〖下略〗

(1926 年 10 月 29 日，第 10 版)

南京快讯

〖上略〗

陈调元之秘书长崔庆钧在"江永"轮船遇难，其灵柩顷已运宁，转运回籍，由安徽总司令部驻宁办公处派人照料。

〖下略〗

(1926 年 10 月 29 日，第 13 版)

招商局再电孙传芳

——请速拨抚恤并放还其余七轮

招商局前为"江永"失事事电致联军总司令孙传芳，请求偿恤，并放还其余七轮。嗣于二十一日接孙氏号日复电，曾志前报。兹该局董会于昨日复去一电，重申前请原文如下：

九江孙联帅钧鉴：号电敬悉，霭然仁者之言，至为钦感。谨查轮公司定章，向不装运炮弹、煤油等危险物品，即虑易生火患。此次"江永"载子弹四百箱、煤油三百桶，益以市井千余人杂居，稍一不慎，肇火甚宜，结果同归于尽，岂非数耶？今最要者，为被难诸人之抚恤。查船主，大、二副，大、二车之外，尚有领江三人及账房人等同罹此难，至今尸身未全查获。该员等供职商轮，碰撞沉溺，尚在分内，死于军事运输，则非其意料，是抚恤不能不优。承谕善为抚慰，具征仁言利溥。然抚慰仅托空言，敝董实穷于应付，将欲责供于敝局，无论商业全停，有无出入，负债累累，敝局本身已岌岌不保，断无余资可以通挪。而股东既受沉船之痛，仍欲责以资斧之伤，敝董受股东付托，抚心自问，理既不可，众目环视，势亦不能。是则抚恤一层，惟有请钧座大发慈悲，立拨现款，未可俟之军事结束后矣。至前调七船，各股东及各船员家属，纷责恳吁释回，情词至为迫切。股东方面，晓以按之前清部章、民国先例，军事运输奉调专轮，水脚费用例须两无亏损，钧座必能援办，股东方面将来未必有巨大损失，股东众多，虽不能尽喻，然犹有可曲喻者。惟船员尽属劳工，且有生命之危险，其家属喧嚣叫号，实无词可以解譬，深虑持之太甚，别生事端，则敝局将内无以对股东，外无以对船员，上且无以对钧座矣。闻"江顺"船身受病最深，与"江华"、"江安"均在武穴前线，此三船价值最巨，设有疏虞，敝局在长江断难立足，揆诸钧座恤商爱国之本怀，想亦未惬。现值运输事简，又适"江永"肇祸之后，务恳饬同"新"、"靖"、"大"、"裕"四船迅赐一并放回，藉安人心，而维商业，感祷无既。除"江永"船本查案另文呈恳外，所有请求抚恤现款及放回各船缘由，谨再电驰渎干，伏候钧示。前承感电，责敝董体谅苦衷，今敝董苦衷百倍钧座，尚求俯谅也。商办轮船招商局董事会叩，勘。

（1926年10月30日，第13版）

海员工会二次被封后之宣言

海员公会以前遭官厅封闭，多数工友以官厅既未宣布发封理由，案情当无关重大，因有自动启封之举，不料又被封闭。惟以工友团结甚坚，虽无公开会所，而会务迄未间断，因发二次宣言，提出最低限度之要求：㊀要求招商局优恤"江永"轮被炸死伤之船员；㊁要求一切船只不作军用；㊂要求上海市民自治；㊃要求集会、结社、言论出版自由云云。

（1926 年 11 月 1 日，第 9 版）

"江永"轮被难家属会议记

"江永"轮船被难家属会昨日午后召集在沪被难家属集议，要求总局从优抚恤之办法，到有二十余人。颜芹香、龚志琛等两代表亦出席，即将报到该轮被难者之报告书详查一过，交给书记抄录备查。继由列席家属报告在沪不能久候之困苦状况，经众讨论良久，决定再推颜芹香、龚志琛两代表速至"江永"买办何少寅处接洽，请顾念被难者苦衷，迅向总局转请抚恤，早日解决，一面另订日期，再行召集被难家属共同讨论。兹将该轮生火夫曹荣华报告摘记如下：

> 该轮于九月初十日晨六时二十分，伊正在值班之时，闻拉救命回声，即至舱面，见前大舱冒烟，轮中兵士均误会，出舱持械。水手十数人，虽取火具，设法灌救，无如火势猛烈，即冒穿大舱。其时兵士等亦弃械逃命，虽有小轮二只来救，因人多拥入江中者颇众。伊见势不佳，只得跳入江中，幸略知水性，虽三次沉入江底，卒被拉住小轮上之绳索，得被救起，然已冻僵，数小时后由小轮中人借给棉袄一件、短裤一条，得能保生云云。

（1926 年 11 月 3 日，第 14 版）

海员工会昨开代表大会

海员工会自被官厅二次封闭后，所属各海员公所及轮船支部俱表示热烈之拥护。昨该会特召集各公所各轮船代表，开会讨论今后工作之进行，到会代表八十余人，并有总工会代表参加，报告最近政治状况。各代表提议，谓：第一，应呈请官厅启封工会，并发表拥护宣言；第二，关于日前"江永"船被炸事，案情重大，凄惨非常，应通电全国请其援助；第三，被难船员，死者固属可伤，而其家属困苦无依，应由工会及公所召集到沪，由该家属等派代表至各界请援，并要求招商局切实规定抚恤办法。结果，将上项提议成为议决案而散，现闻该会已积极进行云。兹将各船业公所为海员工会被封宣言录下：

> 上海海员工会为沪埠全体海员之总团结机关，我各公所所属船员无不受其领导以共谋自身利益之增进，我各公所亦因海员工会过去工作之成绩而一致表示信任，并竭诚予以爱护，冀其永远存在而日益发展。盖吾人既不玩视自身之利害，则凡真实为海员谋利益之机关，吾各公所均当以同样之诚意相报答焉。今海员工会突受本埠当局之封闭矣，当局此举究有何种不可宽恕之原因，以无明文宣示，外界均莫明真相，我各公所同人，尤抱遗憾。查海员工会近来一切主张与行动，均以图谋保障海员之安全与应得利益，初无越轨行动干及例禁者；即或有何不合，亦当先事劝导，劝导不从，再作进一步之惩处，亦未为晚。乃观于二次封闭之事，知当局仍未顾虑及此，尤为我各公所同人莫大之遗憾也。窃念吾沪当局，处事素重宽大，对此当亦不致固执成见，甚愿即日启封该会，以慰全沪海员一致之期望。各界人士倘能一致作公道之呼吁，均可盼感。特此宣言。

(1926年11月4日，第10版)

上海总工会委员会紧急会议纪

上海总工会昨日上午九时召集紧急常务委员会议，到者朱吉安、严申甫、张培钧等二十余人，首由林生安主席，报告开会情形，次即讨论：（一）工会组织问题，略谓最近各工会之组织应由组织科详细统计汇报，以资考查。（二）整顿宣传工作问题，讨论良久，谓上海总工会自成立以来，对于工作上应有之计划尚未向社会各方面努力宣传，因之工作上颇多隔阂，本会今后宣传组织应俱有一精密之统系。（三）"江永"轮问题，决定办法三项：（甲）上海总工会为"江永"轮炸裂惨毙海员发表宣言；（乙）由海员工会召集海员追悼惨毙海员大会；（丙）组织被难家属代表团向各团体请求援助，并派员向商埠公署请愿；（丁）请律师与"江永"轮主起诉；（戊）各轮船公司以后应保障海员生命；（己）要求惨毙海员家属之抚恤金。以上各案由常会议决，命令海员工会切实执行云。（四）因十月革命纪念节将届，本会应与各团体从事筹备，讨论良久，议决交宣传科赶速准备云。议毕散会，已十二时矣。

（1926 年 11 月 5 日，第 14 版）

上海海员工会紧急启事一

招商局"江永"轮因运军火被炸，船员死者含冤无穷，存者惨苦难言，本会一再宣言，为死者争抚恤，为生者求保障，乃迁延多日，未得解决。日昨忽又盛传某方复命某局派轮七艘，供给军用，本会对此愤慨殊甚，特再为我遭难船员提出迫切之要求：（一）对死者家属至少须予以每人一千元之抚恤金；（二）即日尽数撤回在战区之船员；（三）严厉制止续派船只赴战区之情事。万一要求目的不达，本会唯有命令该局船员，在战事未结束前，一律暂行停工。特此紧急启事。

（1926 年 11 月 8 日，第 1 版）

上海海员工会启事二

哀启者：招商局"江永"轮因运军火被炸，我船员之惨死者八十八人，本会深抱哀痛，决于最近举行追悼大会，各团体及我各船工友如赐挽联，请径交本会会所为祷。

（1926 年 11 月 8 日，第 1 版）

海员追悼会之筹备

招商局"江永"轮船前以运载兵械被炸，死伤海员八十八人，昨日已由被害家属起而要求抚恤。此事殊引起社会之注意，本埠各产业总工会昨对此事联名发表宣言，略谓招商局"江永"轮被炸，死伤吾工友八十八人之多，死者尸沉江底，生者惨苦难言，实为二三年来吾工界最酷之惨祸云云。除提出要求三点外，总工会并通告各工会参加海员追悼大会。其通告云：最近"江永"轮被焚，海员死难者八十八人，现上海海员工会一面要求抚恤，一面发起追悼大会，本会所属各工会届期务须一律参加云。

（1926 年 11 月 9 日，第 13 版）

各工会消息

洋服业等十一工会

上海洋服业工会、上海小贩业联合会筹备会、华洋人力车工会、香业职工会、上海水木作工人联合会、篷业工会、茶箱工会、金银工会、地毯工会、信封工人联合会、洋务友谊会等致海员工会慰问函云：

上海海员工会公鉴：此次招商局"江永"轮为供军械运输炸毁，致贵会所属工友八十八人尽遭死难，噩耗传来，诚心痛泪下，悲惨何极。〖中略〗务期贵会加倍努力，敝会等自当一致誓为后盾也。敝会等除致函招商局将前线所余船只悉数驶回，同时促令该局优恤被难家属外，特再函上慰问，并希转知被难各家属，是所至祷云云。

手工业各工会

手工业各工会昨致招商局函云：

招商局董事会公鉴：报载贵局"江永"轮在江西因运输军械被炸，船员罹殃者竟达八十八人之谱，敝同人得悉之下，悼异靡涯。〖中略〗敝会同人为拥护人道、援助同痛，并代贵局设想起见，敢特具函敬告，务望即行酌□的款，优恤死者家属，同时将前方各轮调回，使不致重演二次惨劫，否则贵局应负保障服务前方各轮船员生命安全之责云云。

〖下略〗

（1926 年 11 月 10 日，第 13 版）

海员工会今日提最后要求

上海海员工会对于招商局"江永"轮炸毁问题，迭经该会提出要求，但船主与海员双方条件原则上相去太远。闻海员方面，今日再派代表前往，为最后之要求，若要求不得要领，该会即依照前次之议决案执行云。

（1926 年 11 月 12 日，第 11 版）

海员工会紧急启事

招商局"江永"轮以运兵而被焚，死难船员达八十八人，事后本会代表死难工友及其家属之利益，向该局提出要求五［六］条：（一）抚恤"江永"被难船员家属每人洋一千元；（二）赔偿"江永"轮被难船员生还者之损失费每人三百元；（三）招商局各轮船员一律加工资二成；（四）今后招商局之轮不得再作运兵之用；（五）今后招商局雇用船员时，必须与海员工会签订合同；（六）启封海员工会。本会以为该局遭此惨案，必能觉悟，立予承认，不料交涉再三，毫无诚意。前日（十一日）该局董事会议，本会又派代表前往，不料该局完全不承认所提条件，并代表亦不接见。全体工友愤怒难忍，本会顺应群情，又见彼方既已绝对拒绝交涉，因下紧急命令，全体海员于今日起开始罢工。不过该局在我国航权占重要地位，本会为顾全本国航业，只要该局诚意容纳条件，本会亦无不可让步之处。本会除领率全体会员力争保障工友生命及利益外，即望各界共起援助，以便顺利解决。谨此布告。上海海员工会，十一月十二号。

（1926 年 11 月 13 日，第 1 版）

招商局海员昨日罢工

海员罢工之原因

招商局之"江永"轮在九江失事，被难船员共计八十八名，各该家属迭次向招商局请求抚恤。而海员公会为援助被难之同业起见，亦曾提出六条件，向招商局要求，被难船员无分水手、茶房，每人各恤现洋一千元，另加衣服费三百元，以八十八人计算，约需十万元之谱；至于未经被难之各船员，则须照原薪加百分之二十；又须将被征军用各船，限期撤回等项，责成招商局逐条履行。当由傅筱庵先发给各被难者恤金每名二百元，船员如"泰利"等各发二百八十元，其余则按职递增。傅于酌定恤金后，须往镇海原籍。被难各家属则以要求额相距甚远，由是双方各趋极端。海员工会为援助被难各家属，促进招商局履行要求条件起见，当于十一号议决先从近海各轮起，实行罢工。

昨日已有五艘罢工

昨日上午，广东班轮"广利"号装货已齐，且已结关，正待开出，船中各海员（即水手、生火夫等等）便首先罢工；又有今日出口之汕头班轮"新昌"号、温州班轮"广济"号，此两船之海员亦即加入罢工；至午刻，"嘉禾"轮自汕头回申，到沪后，便一致加入罢工。致客帮已装各轮运入汕粤温州之各货，亦遭阻顿，搭客于昨日已纷纷退票。此风潮发生后，招商局董事会在昨日午后已开紧急大会，讨论此事之救济计划；另急电镇海，促傅回沪，以便商决此事。如此事久延不决，则全部各轮（除军用七轮外）二十余艘陆续进口后，将完全波及，风潮必尤形扩大也。至于昨日在沪已经罢工之船，业有五艘，惟"新江天"尚未加入，昨日因在甬开出，今日到沪后，或亦将取一致的态度也。

海员工会之命令

海员工会罢工命令云：本会为要求招商局抚恤"江永"被难海员家属及不得再以该局轮船运兵事，曾与该局多次交涉，仍不得要领。兹特命令招商局全体工友一律罢工，以促该局之觉悟，并提出条件五项，请其答复。倘无圆满解决，誓不休止，请各工友一律遵行。切切！此令。（东南社）

海员工会之宣言

自湘鄂战起，兵连浔赣，上海招商局执事奉孙传芳命令，以该局所属之"江新"、"江永"等九轮为孙氏运兵载械。我"江永"、"江新"各轮工友，以事起仓卒，未及提出抗议，被迫驶往前线，出入于枪林弹雨之中，当时敝会即向该局提出严重抗议，要求立即撤回前线诸轮，以保障工友生命。未几，九轮中之"江永"轮惨被炸毁，全船工友死难者至八十八人，或葬身火窟，或落水灭顶，至今捞获尸首者占最少数。事后，被难者之家属麇集上海，敝会抚慰安顿，并代表工友与其家之利益，向该局提出要求六条：㈠抚恤"江永"轮死难船员家属每人洋一千元；㈡赔偿"江永"轮遇难而幸得逃还之船员损失费每人三百元；㈢招商局各轮船员一律加资二成；㈣今后招商局之轮船不得再作运兵之用；㈤今后招商局雇用船员，必须与海员工会签合同；㈥启封海员工会。敝会提此六条，深信该局执事自经此变，必能翻然悔悟，而立予承认。不料屡经交涉，信使频繁，而该局执事仍含糊敷衍，毫无切实之答复。船员处境寒素，其家属自遭此难，倍感窘迫，自不待言，今该局如此待遇，公道尚未尽泯，愿听社会公判。该局船员深虑该局以待遇"江永"工友者待遇全体工友，"广利"船工友即自今日起举行罢工，要求该局承认敝会所提六条件。敝会除督率全体会员继"广利"之后，坚决奋斗外，并将事实经过，陈诉于各同胞，敬恳为人道计，为工人生命计，赐与同情援助，则存亡两感矣。谨此宣言，十一月十二日。

海员工会之求援

海员工会昨晨电广州海员总会，汕头、汉口、天津海员支部云："江永"惨案，沪会所提条件全被否认，已下令罢工，望一致行动。上海分会叩。

分派代表接洽

海员工会为郑重起见，特派许泽等二人为代表，前往达述此意。

法捕房之处置

法捕房因招商码头在本租界内，昨日下午三时，特派政治部主任程子卿率探目朱古农，至该码头劝令各工人上工，但各轮海员均已他往，仅由招商局巡丁拘交劝令罢工之厉鸿儒一人，带入捕房。（东南社）

（1926 年 11 月 13 日，第 13 版）

招商海员罢工续讯

招商局轮海员为援助"江永"轮被难船员等家属之恤金给发，并供差各轮船员之增薪起见，自十二日起，"广利"、"新昌"、"嘉禾"等轮之各海员相率罢工，藉以促进该局履行给恤加薪等条件。兹将昨日此事之情形，分志所得消息如下：

傅筱庵返沪

罢工事发生之时，招商局总董傅筱庵因送朱葆三丧而赴宁波，顺便□镇海故里。事起后经局发电致傅，嘱其从速回申，以便处理工潮，解决争点，故昨晨傅于得电后，立即赶乘"新江天"轮还上海。

昨日之形势

当十二号"广利"、"新昌"等轮中各海员宣布罢工之时，连温州班轮"广济"号，亦在金利源码头装货，原拟与"新昌"轮同时离沪者。罢工事起之后，一般温州帮客家颇为恐慌，深虑已经装船之货，因罢工而遭阻迟，当经该局派员与"广济"轮海员接洽，嘱其照常工作。该轮于当日下午结关，昨日下午六时四十分开出上海。昨日北洋班轮"新丰"号从烟津到沪，该轮预定明日赴烟津，昨已通知各客帮。沪甬班轮"新江天"号昨晨进口后，未曾有所表示，当夜仍往宁波。

罢工工人之组织

罢工工人昨日即已组织罢工委员会，昨日下午举行第一次会议，分配职务，计分总务、宣传、组织、交际、交通、文牍六科，并议决如下：㈠推代表向招商局正式提出条件，要求答复；㈡组织纠察、宣传各十大队，纠察队专任维持码头治安及保护工会，宣传队专任往各轮宣传；㈢罢工各轮组织代表会。闻以上各项，昨已组织就绪，计宣传队三十人，纠察队一百二十人。

昨日双方之交涉

海员工会昨日下午二时派代表陈君携条件赴局正式交涉，但局方未予接见。

各团体之援助

海员工会昨派代表携函向本埠各团体要求同情援助，商总会答以愿与援助，惟具体办法须开会经众讨论后，始能答复云；上海总工会除来函表示援助外，并于下午派代表至罢工（工）人处慰问，一面致函招（商局），请其凭良心主张，诚意接受工人条件。此外复有商务工会，纱□总工会、码头总工会、小沙渡工人代表会等派员慰问。

"江永"轮被难家属纷函请援

"江永"轮船被难家属会昨致上海总商会函云：

> 径启者：此次"江永"轮船被毁，实因招商局董事部结欢军事当局，任其满装炮弹各危险物品，以致该轮全船工员惨毙多命。事前该局既经失察，事后又不营救，致死者葬身鱼腹，或掩埋江干，咎有何辞？待至死者家属汇集沪上，穷无所归，到局要求，方酌给丧葬旅费，且备有印刷收据，必欲领款签字，家属等事出无奈，饮鸩止渴，只得权宜。且收据内载明"江永"被征，并非被扣，其为该董事等情愿应征无疑。查该局前有"新裕"轮被难船员抚恤，有案可稽，况此次船员横遭毙命，其情形更惨，该局自不能有所借口推诿延宕。凤仰诸公仗义执言，事重道德，用敢函请准予援助，以慰殁存，毋任企祷之至。此致上海总商会。（又致上海各路商联合会，文同，从略）

工会致各团体函：

> 谨启者：敝会前以抗争"江永"船被炸案，曾与上海招商局执事作多次之交涉，无如该局竟延不答复，故日来招商局轮船众工，愤恨非常，昨日在沪各轮已实行罢工。念此次众工友之罢工，系出于自卫起见，不得已而出。兹将派代表前来，请求援助，使工潮得以早日解决，不胜感荷。

总工会致招商局函：

> 招商局执事先生公鉴："江永"轮因运兵被炸，死我工友至八十八人之多，事之悲惨，勿过于此。海员工会要求贵局从优抚恤，极为正当。不料贵局竟拒其请，以致酿成此次罢工，殊深可惜。尚希有所觉悟，而从海员工会之请，接受其所开条件，俾得了结，免致风潮扩

大，难于收拾为幸。上海总工会启，十一月十三号。

（1926 年 11 月 14 日，第 14 版）

招商海员罢工昨讯

招商局轮海员为援助"江永"轮被难船员等家属之恤金给发，并供差各轮船员之增薪起见，于十二日起罢工。兹将昨日此事之消息，分录如下：

远东社纪傅筱庵之谈话

远东社记者昨据傅筱庵氏谈话云，"广利"轮事已开董事会讨论结果，决将该水手及生火工人等全行调换，新雇用人员已于昨日上午十二时到轮服务，该轮明后日即将照常开赴广东，但闻海员工会则尚在进行抵制云。

各公所昨开代表会

各海员公所昨因招商船员罢工，特于下午七时半开代表大会，到八十余人，由海员工会代表出席，报告此次罢工之真因，上海总工会代表报告工人应互相援助之意义，各公所代表自由发表意见甚多，当议决：㈠分头向工友宣传，一致坚持；㈡各公所联合宣言，拥护工会及罢工条件；㈢各公所互派代表至招商局，请其接受条件。此案因昨日星期，定今日派出代表云。

兹将各公所宣言录下：

"江永"轮被焚，我海员死难者计有八十八人之多，致令各员家属尽失赡养，海员工会请求招商局请优抚恤，实为极正当之动作，可惜该局拒不接纳，致酿成此次罢工。此种罢工责任，应由该局担负，理甚明显。本公所等甚望招商局诸执事，稍本良心，开诚容纳海员工会所提出之六条件，以免工潮扩大，难于收拾。至海员工会所提出之六条件，本公所等一致拥护，以安生而慰死。此（目）的不达，绝不稍懈，神明共鉴。北均安、总焱盈、北义和、鹏程阁等四十余公所。

海员工会之声明书

海员工会因此次罢工，外界尚有不明真相，昨特发表声明书如云：

〖上略〗招商局在我国航业上占重要地位，敝会为顾全我国航业，不欲使该局多所为难，已在前次启事中言之。兹再郑重申言，敝会仍本此旨，如该局诸公捐弃一二人之私见，重视公道与航业，与敝会作诚意之磋商，敝会无不尽可能的让步，以便速了风潮，实深企盼。十一月十四日。

家属会议之结果

前晚□时家属举行会议，全体不满招商局之待遇，议决：㊀与海员工会一致进行；㊁向各团体陈诉，要求援助；㊂向该局要求接受条件，否则要人云。

慰问罢工之踊跃

昨日，由船业等公所派员携函及蛋糕、香蕉等食物，前往罢工工人处致慰问之意。下午复有杨树浦工人代表会、手工业联合会等代表慰问。

各团体之援助

上海手工业联合总会筹备会、上海洋服工会、上海小贩业联合会筹备会、上海水木作工会筹备会、篷业工会、茶箱工会、香业职工会、上海金银工会、地毯工会、洋务友谊会、信封工人联合会、上海华洋人力车工会、煤业友谊会等二十三团体，以及上海学生联合会、印刷工人代表大会、码头总工会、新茶汤社等团体，咋均发表意见，或致函海员工会慰问，或函促招商局容纳要求条件，群情一致，异常热烈，以词冗不及备载。

严厅长之调停

淞沪警察厅严厅长，以招商局海员因"江永"死难恤金问题，酿成工潮，劳资各走极端，殊碍航政，除令督察长钱伯贤调查情形外，拟设法从事调停。严氏表示抚恤死难，要求至为正当，惟招商局年来营业不振，股票跌落，亦属实情，将以公正办法，使劳、资两方和平解决云。

(1926 年 11 月 15 日，第 9 版)

招商海员罢工昨闻

招商局轮海员为援助"江永"轮被难船员家属之恤金给发，并供差各轮船员之增薪起见，于十二日起罢工，迄至昨日，已有四天，迭经各团体向双方调解，语甚恳切，以昨日情状观之，已有缓和之望。兹并载招商局与海员两方面之消息如下：

局方对各轮之应付

傅筱庵由甬返沪后，曾劝各海员上工，免致双方互蒙不利，但海员方面主张甚坚，非达到履行五条件目的，不允上工。招商局乃将"广利"轮内离船海员于昨日一律开除，由局另雇新海员接替。昨日新海员到船上工，一面通知购票之旅客，告以开船在即，作速上轮，当夜便即出口赴粤。又，风潮中联带受阻之"新昌"轮、"嘉禾"轮等之各海员，昨亦各全行复工，而"新昌"定今日赴汕；此外即在上海停留之温州班轮"海晏"号、福州班轮"新济"号，昨亦由该局发出开船命令，今日统可离沪。

远东社之各轮调查

远东通讯社昨调查各轮之情况如下：

"联益"轮：该轮太古、怡和两公司亦有股份，招商局任经理，现有水手十四人，生火工人十二人。该轮伙计云，海员工会方面曾令渠等罢工，惟各工友以该船主权不属招商局一家，故不十分表同情，今明日即将赴长江云。

"新昌"轮：该轮专往来上海、汕头间，原定上海星期六开往汕头，因"广利"等先后罢工，该轮爰亦同情罢工，共有水手十八人，生火工人十四人，仍住船上。据说待今日双方商洽后，再行定夺，如无满意答复，则秉海员工会之意，坚持罢工。

"新丰"轮：该轮专往来津沪间，水手工友较少于"新昌"号，故与"新昌"号取一致态度。

"海晏"号：该轮往来于上海、温州间，抵沪亦已多日，船上有水手十四人，生火工人十人，谓无相当解决前，亦不□程。

"新济"号：该轮前日新由福州开来，抵沪方知各轮正在罢工，现承海员工会命，在交涉无相当满意前，亦暂罢工。该船较大于"海晏"、"新丰"，故船员亦较多。

"广利"轮：前日招商局因船客急待起程，故另雇水手，昨日下午四时，已离码头，昨晚即照常起程。闻此次罢工，该轮船员最为齐心，招商局为去一做百计，故将全船工友撤换云。

各公所致招商局函

总焱盈社、北均安等六公所，为招商海员罢工，特联合致函该局，原函如下：

> 招商局执事先生台鉴，谨启者：贵局所属之"江永"轮，因装运军火，致被炸裂，我工友死难达八十八人之多，或葬身火窟，或落水灭首，迄今尸体尚未捞获，此种惨剧，不独目不忍睹，亦耳不忍闻也。海员工会要求贵局从优抚恤，其理极属正当，不意贵局竟拒绝其请求，以致激成此次罢工，殊为遗憾。敝公所等同属海员，老〔实〕难默视，为特函告贵局，希予诚意接受海员工会所提之条件，俾风潮早日了结，实深盼切。
>
> 总焱盈、北均安、北义和、鹏程阁同启。

工会续派代表出发

海员工会派赴广东、汕头、天津等处代表，已于前日（十二日）动身。昨又派代表任德春赴汉口、九江、温州等处接洽，任君已于昨晚启程。

被难家属向甬同乡会呼吁

"江永"轮船被难家属会昨致宁波旅沪同乡会函云：

> 洽卿会长暨诸董事先生大鉴，径启者：此次招商局"江永"被毁，实因该局董事部结欢军事当局，任其满装炮弹危险物品，以致全轮被毁，伤毙船员八十八人，而甬人实居多数；被难人除水火之外，加以炮弹，惨不忍言。该局事前既失于觉察，事后又不速行营救，致死者葬身鱼腹，冤沉海底，实属咎无可辞。待死者家属□集沪上，一再呼吁，方酌给丧葬、旅费，且备有印刷收据，必须签字领款，家属等迫不得已，忍痛往领。查收据内载明"江永"被征，并非被扣，其为该局情愿应征无疑。即赔恤一层，该局亦曾电请交通部援照"新裕"成案，况被难者皆雇员，一旦死于横祸，该局自应责有攸归，重加抚恤，不得借口垫款，推诿延宕。贵会为同乡托命之所，其对于一

人一家尚肯力为援助，何况"江永"之事，谅不致坐视不救，务乞迅速召集全体同乡，特开大会，仗义执言，向招商局交涉，拨款抚恤，以安孤寡，而慰冤魂，存殁均感。临书不胜迫切待命之至云云。

海员代表被捕

昨日下午二时，海员工会派代表唐云南、陈金根、王阿根、曾鸿寿、蒋银金、殷学飞、陶汗河、韩林玉八人，赴法界金利源码头与"新济"轮海员接洽，致被看船巡工瞥见，报告法巡捕房，派探将唐等八人带往捕房。闻决定明日早晨九时，解送法公堂讯究。

（1926 年 11 月 16 日，第 13 版）

王银贵从宽并释

法租界招商局码头"广利"、"新昌"等各轮船上之海员，前因为"江永"轮船之抚恤问题，激动罢工风潮。当由法捕房探目朱古农等拘获唆使罢工之嫌疑犯王银贵一名，带入捕房，听候解究各情，已志前报。昨将王解送法公堂请究，诘之王供，民人向在"奉天"轮船为西崽，是日闻"新昌"等轮船有罢工之事，故此民人前往观看，不敢唆使罢工，请求查察。中西官判从宽开释。

（1926 年 11 月 16 日，第 15 版）

海员罢工声中之各方消息

招商局董事将返宁

国闻通信社云，自东南战事起后，华商轮船多被军事当局征用，招商局江轮亦被征发，业已两月，迭经该局董事会电请放还，除"老江天"早已放还外，其余各轮均未邀允。其后又有"江永"在浔之惨劫，迭向当局请予偿恤，亦未得有结果。长江航路久停，局务诸多困难。该局组织原系董事制，正、副会长之下，分三科办事，由董事会总其成，傅筱庵君系董事兼科长之一。外间不明该局组织，对傅君责难函件独多。昨日傅君特向该局董事会提出，以江轮久被留用，影响本局营业，引起外界误会，事关局务前途，唯有由本局全体董事赴宁，面向军事当局切陈因难，请其顾全中国航业一线命脉，饬将其余七轮即日放还；又"江永"失火，被难船员因公被征，惨死非命，虽经局暂垫恤款，以济急需，应仍由董事会请求当局从优给恤，以慰死者，而安人心，此事亦应由全体董事赴宁，向□局面为要求，以期早日结束等语。并要求董会于本日开特别会议，专商此事，一俟商定，即当联袂乘专车赴宁。又，盛氏为该局最大股东，休戚攸关，闻盛庄太夫人亦将专派代表偕同各董事赴宁，面向当局请求。

"江永"被难家属之呼吁

"江永"轮船被难家属会昨日再致招商总局董事会函云：

> 径启者："江永"轮在浔焚毁，惨死船员八十八人之多，凡为人群，莫不悲愤。敝会为纯粹被难家属所组织，日前曾陈芜缄①，迄未奉复。正系念间，昨阅报载，有招商局启事一则，不胜骇异。想此次"江永"船员惨死一案，乃招商局应负全责，救还遗尸，圆满抚恤，方足以慰死者而安家属。不料贵局竟以第三者自居，一则曰"请求军事当局，不忍坐待"，再则曰"于无可设法中，暂行垫款"云云，则为蓄□推诿，显然共见。试问船员是否受雇于招商局？是否死于招商局船中？一言可决。且贵局既认不忍坐待，理宜从速，于死者家属不满处赶紧措办，而谓"领款后均表满意，并代表请恤表示感谢"等语，尤觉伤情害理。兹特据情驳诘，总之被难家属希望遗尸还乡，从早优恤，俾死者亦可瞑目，各家属得以生存计耳。尚祈鉴察示复云云。

海员工会之训令

昨日"广利"轮罢工工人闻该轮开赴广东，全体赶赴海员工会，问有何办法，如交涉仍无结果，我等工人有何实力对付云。工会委员当以好语劝慰，告以当由工会好[和]平办理，勿走极端；至"广利"赴粤，工会自有办法，绝不使工友失业。此外并下一紧急训令，劝告工友和平处事云

---

① 缄：jiān，同"缄"。

云。罢工工友们，你们不心焦，工会正在积极进行，与该局磋商，大家不要只逞意气，维持秩序，尤是要紧云。

海员工会将送"广利"工人赴粤

海员工会闻"广利"轮船另招新员赴粤，该会决定将留沪罢工工人送往广东，由工会备函致广东总会，将新员撤退，而使旧员复职云。

工会又下罢工命令

海员工会因见局方无调解余地，于昨日下午开紧急委员会议，当议决下紧急罢工命令。

工会派代表向外请援

海员工会昨日派代表陈春林，往访三北公司经理虞洽卿，由虞君亲自接见，当由代表述此次罢工之原因，虞君允为调解，以免工潮扩大。下午又往访宁绍公司经理袁履敦君，由代表先述来意，谓此次罢工，纯为反对招商轮船运兵及要求死难抚恤而起，并无意外作用，至敝会所提出之条件亦属至低，敝会先后派代表至五六次之多，该局始终拒绝，惟希社会团体，表同情而予援助。袁君表示愿为调停云。

(1926 年 11 月 17 日，第 13 版)

轮船招商总局启事

近日外间纷传本局各轮船员罢工及"江永"被难抚恤问题，均与真相不符。查本局江轮前被军事当局留充军事运输，迭经董会再三电吁发还，除"老江天"轮当蒙放还外，余均未邀允准。不幸"江永"由宁赴浔，突然失火，致遭惨劫，当由董会急电当局，请求偿恤。电中切陈被难家属苦况，请迅拨恤款，以慰遗族。得复允俟军事结束后即行筹商。文电往还，悉经披露报端。嗣以被难家属呼号惨痛，待恤孔殷，而当局恤款一时未能拨给，本局伤死恤生，不忍坐待，爰于无可设法之中筹借款项，暂行垫发，分等散给。计船主一千元，大副、领港、铁轨等各六百元，练习领港三百元，买办手下雇员每人二百八十元，水手、生火、茶房每人二百元，此外并照每人应得薪资发满一月，一并付给，当由各家属分别签领。当发款时，并声明俟军事当局拨下恤款，除还局归垫外，有余即当按额分配，一面仍由局代被难家属向当局吁请从优给恤。各家属领讫后，均表满意，对局中先为筹垫，并代表请恤一层，并表示感谢。至各家属领款，均由船员等所组织之均安会伴同具领，各无异词。此本局垫发恤款之经过也。至此次"广利"轮水手、生火等，突然表示不愿工作，纷纷离船，用意莫测；其他各轮船员现均照常工作，开驶如恒，外间种种传说，或谓全体罢工，或谓续有加入，均非事实，知系各界注念，特此陈明，诸祈公鉴。

（1926 年 11 月 18 日，第 1 版）

"江永"船员被难家属声明

此次"江永"轮船惨遭浩劫，哀痛莫名，环请招商局拨给恤款，先由该局电请军事当局给恤，得复待军事结束后筹商。同人以生事维艰，不能久待，迫请该局设法。嗣由该局先行垫发，分等散给恤款数额，具见各报及该局启事。此外，每人各照原薪发满一月，该局并声明俟军事当局恤款领到，除还局归垫外，有余仍按等分配。此项恤款即经分别签领无误，一面静候军事当局拨款抚恤，并无异词。所有连日报上登载启事各节，同人等实不知情。近闻外间有被难家属会之组织，同人等概未与闻，亦未联络其他团体参加援助。特此声明，藉释误会，惟希公鉴。

"江永"轮被难船员家属：

乐秀银家属、乐才厚家属、李照才家属、傅有根家属、范阿元家属、李品生家属、史兴才家属、曹永棠家属、郑世绍家属、曹何甫家属、袁良才家属、李阿华家属、忻永清家属、王仁才家属、董仁贵家属、少娘家属、安夏生家属、忻阿宝家属、王贤初家属、林富生家属、李爱云家属、戴阿仁家属、徐宝甫家属、俞阿德家属、夏杏生家属、胡炳坤家属、徐全甫家属、忻阿才家属、乐阿浩家属、王连枝家属、徐林生家属、王阿福家属、忻阿棠家属、朱阿银家属、俞阿金家属、俞阿毛家属、周文奎家属等同启。

（1926 年 11 月 18 日，第 1 版）

"江永" 轮被难船员家属会紧要启事

"江永" 轮船在九江被炸, 惨死船员八十八人, 同人等均系被难家属。兹为希望圆满抚恤起见, 特组织被难船员家属会, 进行相当手续, 要求提早抚恤等事。今将已报到之被难家属船员姓名详列于后:

龚志湘、魏彬甫、蒋志成、潘汉臣、张荣棠、颜水富、李逸香、从树林、方阿来、阿顺、沈阿根、沈阿尤、杨少山、邵阿福、陶顺卿、夏阿福、倪阿七、黄大、赵珍林、吴祥宝、曹阿四、陈阿根、张夏友、张阿东、曹荐发、王德林、尹友人、刘林根、王锦才、胡振生、费金生、邓龙正、方建才、朱福生、陆阿祥、李安生、许干卿、湖北人、沈少生、蒋少柳、忻阿宝、林富生、乐阿明、王贤初、余宝富、余全富、李杏顺、戴阿顺、夏杏生、俞阿德、胡炳坤、忻阿才、乐阿浩、范阿元、李炳生、乐秀银、乐才厚、李照才、傅有根、邵廷鸿等, 共计六十人。其尚未来报到者, 希赶速来会报名, 共商妥善办法, 万勿延迟为要。

通讯处: 上海法租界八仙桥德顺里四号。

(1926 年 11 月 18 日, 第 1 版)

商总联会调解海员风潮

各路商界总联合会会长邬志豪、余华龙等, 连日为招商局海员风潮, 竭力奔走调解。嗣悉昨日上午, 邬、余二君及张伯铭等至虞洽卿君处, 代请出而维护。虞君以双方各走极端, 还宜设法疏通, 以便从事调解。邬谓今日傅筱庵君邀请各界, 必有至诚表示, 赴宁请求后, 亦有相当答复。虞君允于今午在宁波同乡会聚餐时, 再行商酌云。

(1926 年 11 月 20 日, 第 13 版)

王士珍等追悼被难红万队员

世界红万字会苏宁皖赣各分会, 组织救护队, 前赴战地, 行至九江,在"江永"轮上惨遭焚毙队员四十人，京师救济联合会王士珍等发起开会追悼，并通电向各界征集诔文、挽联等件。兹将原电录志如下：

> （衔略）钧鉴：准世界红万字会函称，敝会对于近年南北双方战役，从事赈灾救护事业，远至直鲁豫鄂热察苏浙赣皖各省区，各队员出入锋镝，躬冒危险，无岁无之。此次南方江西战起，即由苏宁皖赣各分会组织救护队，陆续出发。乃于十月十六日本队队员乘搭"江永"轮前赴战地，行至九江，该轮失慎起火，本队队员惨遭焚毙者至四十人之多，情形惨怛，为从来所未有。敝会同人哀痛万分，除集款抚恤遗族外，特此奉告，乞赐表扬等因。查万会历年办理救济不遗余力，此次殉难诸君舍其头目脑髓，力救众生，大慈大勇，行菩萨道于修罗劫中，实可为人类永久之纪念。本会各团体谨择于十一月二十八日在北京本会开追悼大会，以表国民公共之哀恸，如蒙尊处惠赐诔文、挽类等件，实所感祷。特电奉闻，希赐察照。京师救济联合会王士珍、赵尔巽、孙宝琦、熊希龄、江朝宗、许兰州等叩，巧，印。

（1926 年 11 月 21 日，第 14 版）

各海员公所代表大会纪

昨晚本埠各海员公所举行代表大会，到总焱盈、北均安、北义和、小轮部等三十四公所代表五十七人，公推海员工会代表主席，首报告此次招商局罢工之经过及此次向局方交涉最低限度之条件，前仅六条，现因罢工延长，须加添二条，计：㈠抚恤"江永"轮被难家属每人洋一千元；㈡赔偿生还者之损失费每人三百元；㈢以后不准再借商轮作运兵之用；㈣由招商局与海员工会签订合同，共维航运；㈤启封海员工会；㈥招商局海员加工资二成；㈦恢复被开除海员工作；㈧赔偿此次罢工期内之损失费。讨论结果，全体认为满意；又讨论实现条件办法，议决由各公所会同海员工会，推派代表，向招商局总董，切实交涉；一面准备实力，倘交涉不得要领，则以实力促成条件之实现。一致通过。最后讨论例案，散会。

（1926 年 11 月 23 日，第 9 版）

"江永"轮被难家属昨日开会纪

招商局"江永"轮全体船员自在浔被难后，本埠各被难家属闻耗异常悲伤，连日奔走呼号，对于抚恤及收尸诸问题尚无妥善办法。昨复要求各团体代表于昨日下午三时在宁波同乡会楼下正厅共同讨论积极援助，计到上海海员工会、法租界商联会、商总会、沪西九路商联会、海员饭业公会等团体代表虞洽卿、邬志豪、王汉良、余化龙、赵安卿、颜芹香、郑德溙、张百铭、周克新、胡凤翔、陈仲眉暨男女老幼全体家属等约六十余人。当推定郑德溙、余化龙、颜芹香、张百铭为家属代表，邬志豪、王汉良、胡凤翔为商总会代表，陈仲眉、赵安卿为同乡会代表，合组援助"江永"被难家属委员会，并举虞洽卿为特别委员。由方沅卿、徐小元报告赴九江寻尸目睹遗骸〔骸〕漂浮水面，其近江边者多被野物啄食，肌肤残缺，惨不忍睹，欲求认尸，颇为不易，迭经众讨论，当议定：（一）先设援助"江永"被难家属办事处，进行一切援助事宜；（二）调查被难人住址、职业、年龄及家属人数等，务求确实详尽，以免要求抚恤时招商局所借口；（三）推定办事员负责进行；（四）派谢炳铨至九江进行收尸事宜。至四时许散会。

又上海各路商界总联合会昨徇"江永"被难家属会之请，致函招商局董事长李伟候云：

> 径启者：准"江永"被难家属会函开，此次"江永"轮船被毁，实因军事当局满装炮弹与危险物品，以致该轮全毁，惨毙多命。事前当局既失于觉察，事后九江轮局又不速行营救，致死者葬身鱼腹，或掩埋江干，咎有何辞？待至死者家属汇集沪上，穷无所归，到局要求，方酌给丧葬、旅费，且备有印刷收据，必欲领款签字，家属等事出无奈，只得权宜。查该局前有"新裕"轮被难船员抚恤有案可稽，况此次船员横遭惨毙，其情更形凶酷，该局自不能有所借口，推诿延宕。凤仰贵会诸公仗义执言，尊重道德，用敢函请准予援助，以慰殁存，毋任企祷。至各等因。又据该家属会代表歆芹香到会面述，略与

函同。据此，节经敝会开会讨论，金以此次"江永"轮被毁，惨毙多命，职责所在，咎有攸归，务希贵局厚与抚恤，寻觅遗尸，使生者有以赡养，而死者得以安葬。兹准前因，相应函请查照为荷。

此致招商局李伟侯先生。

（1926 年 11 月 23 日，第 9 版）

招商局扣轮停业消息

招商局"广利"、"新昌"两轮在汕粤被该埠海员公会扣留，警讯到沪，该局即开董事会议，讨论应付方法，遂有停业辍班之主张，情形已略记昨报。现此事情势渐趋严重，兹将昨日所得续讯分志如下：

南海轮先停班

当扣轮消息到沪以后，其时适有"公平"轮已派定开往汕头，又"新康"轮则派开广州，该局知该二轮前往，亦必被扣，遂即转知装货客家将已经入船人货从〔重〕又起出退装，而将两轮之汕粤班期立即撤除不开，故该二轮暂命停沪候讯矣。

"新华"又被扣

闻昨日该局又接得广州分局发来电报，谓由沪赴粤之"新华"轮抵该埠后，刻亦经海员公会扣留，同时粤海员更将"广利"轮中之新海员全部完全逮捕上岸，情势汹汹，颇为可虑，嘱沪局不可再派轮往粤，以免卷入漩涡。

甬瓯轮仍出口

该局之停业与否，须视五天内粤汕海员公会所扣留之各轮释放与否为标准。故昨日该局已经知照船头部，所有沪甬班内之"新江天"轮仍再继续开航三班（即星期二、四、六班），因之昨日该轮乃照常装货驶出。又，在自温州进口之"海晏"轮亦令本日照旧运货开出。盖全部停业须在二十七日方能决定，犹恐汕粤海员不放扣轮，故该局之于停业问题亦已在预备中。

沪埠现停轮数

查该局现时留停于上海之轮计有"遇顺"号、"图南"号、"新康"

号及"公平"号等，均为汕粤班船，故已令停航。又，"广大"号业从广州开出，明日亦可进口。又，"爱仁"轮则自营口开还。综计在沪轮合在厂修理之"老江天"，共有六艘在浦江。

董事会之两〔四〕电

招商局董事会于前日特开会议，决议拍发四电：一致宁当道；一致粤汕当局；一致皖总司令，请将各船尽一星期内放还，截至本星期六，如无回电、无办法，即宣告各轮全部停驶；同时并电达北京国务院、交通部查照。以上各电均已拍发，原文照录如下：

去电一：

> 北京国务院、交通部钩鉴：孙联帅征用敝局江轮至九艘之多，"江天"放回，"江永"被毁，余船至今未放，敝局长江航路完全中断。敝董为保全中国航权计，南北两洋犹忍痛支撑，而百孔千疮已难应付。昨上海工会藉"江永"事煽惑罢工未遂，竟于"广利"、"新华"、"新昌"三船到粤汕后，将各该船员拘押，致失行动能力。敝局至此，实无法维持，各股东纷函请求停业。敝董无词可对。刻已电请孙联帅及粤政府即日将所扣各船全行放回，截至本月二十七日星期六为止，无回电、无办法，即遵照股东公意，宣告全部停航。从此中国航业一蹶不振，其责任自有攸属，敝会及股东概不任其咎也。谨电汇陈困难苦衷，伏祈查核。
>
> 商办轮船招商局董事会叩，祃。

去电二：

> 南京孙总司令钩鉴：昨晋谒未蒙接见，扣用各船承刘参谋长传谕，允陆续放回，至感。但现在广东工会又因"江永"抚恤事，将敝局驶行粤汕之"广利"、"新华"、"新昌"各船船员于到埠后无故全行拘押，致各船悉失行动能力。大多数股东来局，以敝局完全商股商办，尊处将江轮全作军用，已失命源，今粤汕工会又藉此拘押他船船员，敝局真无路可走，要求即日停业。刻议决分电钩处及粤政府，请将所扣各轮尽一星期内全行放回，截至本月二十七日星期六为止，无

回电、无办法，只有宣告全部轮船一律停驶。从此中国航权一蹶不振，敝董及各股东不任其咎。特此奉闻，鹄候复示。

商办轮船招商局董事会，祃。

去电三：

广州国民政府委员会诸公、汕头何总司令、南昌九江探呈蒋总司令鉴：敝局"广利"、"新华"在粤，"新昌"在汕，无端被工会将船员拘押上岸，致各船只失其行动能力，殊用诧异。前因孙军扣用敝局江轮，营业已感困苦，正在严重交涉放还，甫有希望，今粤汕又拘押船员，敝董至此虽欲忍痛维持，亦不可能。各股东纷函，敝局系完全商股商办，现已到无路可走之时，应即停业。敝董亦无词可对。但从此中国航权一蹶不振，责有攸属。敝董现郑重电告尊处，请饬广州汕头工会即日将该三船船员迅速释放，回船供职。否则，只能遵照敝股东之意，将全部轮船一律停驶。敝董等候至本星期六为止，届时无回电、无办法，即宣告停航，其责任敝会及各股东概不负之。特闻。

商办轮船招商局董事会，祃。

去电四：

安庆陈雪帅钧鉴，并戎司令、王愬生先生鉴：刻以江轮全未放回，因"江永"事，上海海员煽惑罢工，未遂其欲，竟于驶粤汕各船到埠后，拘押船员，致各该船失其行动能力。敝局股东以江轮被征，已失命源，海轮再扣，江难活动，只可停业。刻议决分电尊处及孙联帅并粤政府，无论调扣各船，即日放回，如候至本月二十七日星期六为止，无回电、不放船，即将全部航行一律停止。其责任自有攸属，敝董及各股东概不任咎。"江华"一船系钧处所用，应请顾恤商艰，迅赐放还为叩，免使敝局停航，社会借口于尊处扣船也。

商办轮船招商局董事会，祃。

股东维持会之紧急会议

昨日下午四时招商局股东维持会在黄浦滩本会所召集紧急会议，到会股东百四十余人，当推施省之君为主席，略谓行驶长江各轮前被军事扣用已尽，粤海各轮亦因工会横加干涉，行动不得自由，营业固然停顿，船员生命亦日履危境，应如何办理，请各股东共抒伟论，以救危局。当由董事会会长李伟侯君报告联军扣用船只之经过情形，并近来"广利"、"新昌"、"新华"又发生管押船员情事，经股东纷纷至局责备，要求董事会发电警告联军及粤方，限其本星期六以前将所扣管各船如数发还，否则主张以消极抵制，实行罢航云。旋经到场各股东发表意见，群情异常愤激。多方讨论，均以为军阀摧残实业，直欲置我于死地，本局虽欲为本国航业保一线生机，而国内上下皆不加体谅，处此时局，何法进行？如候至本星期六为止，仍不放还被扣各轮，或竟将去电置之不复，准于星期日下午三点钟邀集董事会开联席会议，取决最后办法云。

（1926 年 11 月 24 日，第 9 ~ 10 版）

上海水手、生火均安会车德芳紧要启事

旧历九月初十日，招商局"江永"轮失慎，本会于十一日得此惊耗，十二日得有确实消息。该轮各职员闻此恶耗，俱来本会探问，本会告以实在，并即陪同各该家属至招商局请其分电九江、安庆、大通各分局局长，查询船员生亡。至十五日招商局接各分局复电云，船员遭难竟有八十余人之众，各家属复来本会要求同向招商局恳求优加抚恤。招商局因正在商议此项问题，约迟数天，当有办法，各家属皆分别散去。殆后数日，仍未得该局确信，而各家属不耐久待，纷来喧扰。本会因念被殃各船员家属之惨苦情况，先将本会照章应自给之恤金每人卅五元，当即提前交给各家属领去，一面仍力向总局交涉，要求从速抚恤。旋于九月二十八日，招商局"江永"轮船遭难各家属向招商局领到抚恤金共洋七千四百元，计由水手二头目□寅生代领到洋四千二百元，当分给各水手家属每人二百元，共二十一名；又生火头目曹万生代领到抚恤洋二千元，当分给各生火家属每人二百元，共十名；又管事李荣宝代领洋一千二百元，当分给各西崽家属每名洋二百元，共六名。以上列抚恤金领到后，即假本会地点分派清楚。当在招商局领款时，有二副及舵工张宝泰

见证，并得招商局董事会声明，俟军事结束，当局所颁之恤金领到，将上列垫发之款除去外，剩余若干，当再秉公结发各该被难家属具领。除船主、大夫、二车及买办所属各员不在本会范围以内者，各径向招商局进行交涉外，兹恐外界不明真相，特将经过情形缕布，以息浮言，而免误会。惟希公鉴。

（1926 年 11 月 25 日，第 1 版）

两海员工会之函件

海员工会函

海员工会以招商局对于罢工工人条件，迄无切实答复，昨特函该局催促，原函略云：

> 径启者：敝会各项要求，皆本诸天理良心，人情国法。不料贵局弗予接纳，激起罢工。敝会为促工潮早决计，自今日起（二十三）至二十五日止，若贵局仍无具体答复，敝会只有求自卫之法矣。特此预告，尚希卓裁。上海海员工会。

中华海员工业联合总会函

> 全国各界同胞均鉴：本会为海员工人利益与爱国运动前途计，誓死力争，除严重向招商局交涉"江永"轮船员损失外，特此电达，愿各界同胞起而援助，不特本会之幸，抑亦全国人民之幸也。希为察之。中华海员工业联合总会执行委员会叩，艳。

（1926 年 11 月 25 日，第 10 版）

"江永"轮船被难船员家属会来函

主笔先生大鉴，谨启者："江永"轮船被难船员多至八十八人，其遗蜕迄未领回，更觉痛伤。倘蒙九江、湖口、芜湖等处各码头救生局及慈善机关捞获尸身，或拍有照片，或衣物字条等可作证品，并掩埋地点，务乞仁人君子详细开明，立即函致宁波旅沪同乡会内，交敝会收转，俾各家属前去认领，功德无量等因。恳即登入贵报"来函门"，以供众览，不胜盼祷之至。专此，即请撰安。

"江永"轮船被难船员家属会启。

（1926 年 11 月 27 日，第 15 版）

"江永"被难家属昨日开会记

"江永"被难船员家属昨下午三时在西藏路宁波旅沪同乡会开会，除被难家属扶老携幼到八十余人外，其团体推代表到会者，如法租界商联会、海员工会、各路商总联合会等，排解人虞洽卿君由屠康侯代表到会，报告与傅筱庵接洽情形，并推周克新纪录。经被难家属一致要求，请虞洽卿君到会，经众议推颜芹香、张伯铭、邬志豪、余华龙等面请虞君始终维持，以免被难家属逗留沪渎。兹将招商局董事会复函录之如下：

> 径复者：昨奉大函，展读凄然。此次"江永"之事，敝会同人亦极感伤，迭向总部援照"新裕"成案，严重要求，迄无确实答复，不得已始由敝董息借代垫，明知杯水车薪，无济于事，然较本局定章，因公致命之抚恤则已加厚。昨全体至宁，面谒当道，声明"新裕"成案，请求照发。当道以无案可查，允俟咨部调查。办理非不力竭声嘶，其如当道任意延宕何。各该家属既以"新裕"成案为口实，"新裕"成案之抚恤出自政府，非出自敝局，此固彰彰在人耳目者。若尊会能代该家属，并向联军总部请恤，证明"新裕"成案，尤见力量。盖不独为该家属请命，亦不啻为敝局助一臂之力也。敝局于总部恤款未核付之先，即先行借垫酌恤，论款数固逊于"新裕"，论办法实已优于"新裕"也。若再求加垫，此实力有未逮耳。总之，值此军事时代，无情理可讲，无法律可绳，扣调之船不止敝局，只以敝董德薄能鲜，遂使敝局命蹇时乖。"江永"船员首受其祸，敝董抚省之余，莫名疚悚。贵会长仰望素孚，一言九鼎，于航业困难尤所谅悉，尚求俯

赐，切实开导，并代向总部陈情，俾可早日发款照恤，至纫公谊
云云。

（1926 年 11 月 28 日，第 14 版）

公电·广东海员工业联合总会电

各报馆均鉴：敝会上海分会，因反对招商局总办傅筱庵包用船只，替
军阀孙传芳运兵运械，以致工会两次被封，职员两次被捕，同时"江永"
船亦因载弹失慎，竟尔爆烈，死我海员工友八十八人，早经敝会提出条
件，要求招商局完满答复在案。惟现经事隔将月，招商局方面尚无何种表
示，不得已遂鼓起我们一九二二年的勇气，对该局船只实行一致罢工，以
谋抵抗而待解决，不达承认条件目的，誓不干休！若该招商局再迁延不
理，置若罔闻，则敝会惟有执行十一月五日在广州之示威大会决议案，取
最后手段，严厉对付之。望各界同胞起而援助，并希我国商民，切勿用该
局船只载货，后悔无及也。谨此电达，希为明察，不胜企祷。中华海员工
业联合总会执行委员会叩，艳。

（1926 年 12 月 1 日，第 5 版）

"江永"被难家属会昨日开会纪

"江永"被难船员家属会昨日假宁波同乡会开会，自上午十时起至下
午三时止，陆续到有被难家属扶老携幼者共有七十余人，而团体推派代表
参预者有海员工会、上海总商联合会、法租界商业联合会等，其他各排解
人虞洽卿、杜月笙、余华龙，家属代表颜芹香等，推余华龙代虞洽卿为主
席。报告开会宗旨后，即由海员工会交到广州海员工业总联合会慰问被难
家属电报一件，次由余华龙代表虞、杜两君报告与招商局傅筱庵接洽经过
情形，已允每一被难船员抚恤大洋五百元等。经众讨论良久，金云被难船
员每名须抚恤洋千元，被难而遇救船员二十八名，每人须赔损失洋三百，
且与此次海员罢工同时解决等情。结果议定，于古历十一月初七日开会
取决而散。

附录广州中华海员工业联合总会执行委员会电如下：

> 海员工会转"江永"船被难工友家属均鉴："江永"船固强被军阀孙传芳运军用品，竟致全船爆裂，毙我亲爱海员工友八十八人一案，现经本会向招商局提出条件，要求从优抚恤，誓要该局于最短期间完全承认，不达目的不止。如该局再次迁延不理，本会惟有出最后手段，严厉对付之，以雪此奇冤。注念特此电达，希即静候解决是幸。中华海员工业联合总会执行委员会，艳叩。

（1926 年 12 月 2 日，第 10 版）

中华海员总会复县商会电

上海县商会昨接广州中华海员总会复电云：

> （衔略）删电悉，敝会对招商船未罢工前曾将粤汕示威大会决议案通电宣言在案。此次"江永"爆炸，八十余船员化为尘烟，数百被难家属生活失靠，案情重大，所请遽难如命。况此事应向招商局负责，与敝会无涉，希为见谅是荷。中华海员总会，皓。

（1926 年 12 月 23 日，第 14 版）

招商海员复工详情

招商海员已于前日复工，略情已纪昨报。兹再纪详情如下：去年九月间，赣浔战起，招商局"江永"等轮船九只供当局作运兵之用，致"江永"船在九江被炸，死难海员八十八人，因引起招商各轮船海员之反对，一致罢工抗争，此事至今已四阅月。前日已由海员工会代表励金富、陈春林及招商局代表杜月笙，并公证人虞洽卿、张啸林等商妥条件，即日双方代表签字解决。兹将其条件照录如下：

（一）"江永"轮船被难家属每人抚恤银大洋一千元，招商局担任五百元，已付二百元，再付三百元，其余由招商局向官厅请求（附领款手续，该款由招商局与海员工会互派代表，放在银行，各家属须先往招商局领取支票，再往海员工会盖章，方得往该银行领款）；

（二）"江永"轮船被难生还海员，由招商局出被难费共银大洋二千五百元（领款手续与第一条同）；

（三）招商局轮船永远不得供军阀用；

（四）招商局轮船海员一律加工资二成（此条保留，后议）；

（五）承认海员工会；

（六）今后招商局所用中国海员皆须用中华海员工会会员，并由中华海员工会介绍；

（七）补海员工会损失费六千元；

（八）恢复罢工工人工作，罢工期内工资一律照发，再加一成。

海员工会复工命令节录如下：

自从去年九月招商局"江永"轮船因供军阀运兵而被炸，我招商轮船海员工友即愤而罢工以抗争，同时并由本会提出反抗运兵、抚恤死者等条件。自罢工以来，艰苦坚持，已阅四月，所以如此者，无非欲使死者少慰幽魂，生者得有保障。目下招商局已相当承认我们的条件，兹从社会上同情于本会者之调停，特命令全体招商局轮船海员工友于明日起一律复工，养精蓄锐，与上海全体工友作共同之大规模斗奋［奋斗］！此令。

（1927年3月7日，第10版）

"江永"轮被难家属函询恤金

"江永"轮船被难家属会昨致招商局委员会函云：

委员先生钧鉴，径启者：去年"江永"因孙逆装兵被毁，焚毙船员八十八人，被难家属麋集沪上，吁求抚恤。当由虞洽卿、杜月笙两先生双方调停，洽议解决，每名酌给恤金一千元，贵局担认五百元，当付二百元为被难家属临时急用，其余三百之数再由贵局协同海员工会将该款存放银行，着被难家属向银行各自走领，详细办法宣布于二月初四日《申》、《新》各报。迄今静候多时，报领无日，家属等迫于穷困，无门借贷，伏祈贵委员审查该款有无拨出，存放何处银行。诸希亮察，以示矜恤，使无告家属得延残喘，则造福无量矣云云。

（1927 年 7 月 21 日，第 15 版）

"江永"被难家属恤金余款有着

"江永"被难船员家属会代表颜芹香、张伯铭等昨致各被难家属函云：

各家属鉴：自去年"江永"被难，我家属推举代表，向招商局领取恤金，迄未解决。今春革命军到沪，傅筱庵退职去国，代表等呼吁无门，虞、杜二君亦无办法，此事几致绝望。其后国民政府设立清查整理招商局委员会，据实答复，方知孙传芳曾经陆续汇来恤洋六万元，交与招商局。今查该局抄账，除去回佣二千元，又均安会用款六千七百五十元，由傅筱庵签字支去，及去年付过恤金工资，共洋二万八千一百七十七元八角。兹因遵照二月初三日议案，该局担任每人抚恤洋五百元，由虞洽卿君协同代表同往招商局领取洋二万三千七百元，暂存上海银行，以便发给，尚余洋四千四百七十七元八角，仍存招商局。为此专函通告，务祈各家属，亲自来会接洽一切，并附调查表一纸，望即详细题明。一俟付款确定日期，当再登报通告，以免冒领之弊。专此，即请台安。

"江永"被难船员家属会代表颜芹香、张伯铭同启。
十六年九月二十六日。

（1927 年 9 月 27 日，第 11 版）

"江永"被难家属昨发紧急通告

"江永"轮船被难船员抚恤问题业由家属会代表颜芹香、张伯铭等奔走呼号，已向招商总局领得恤金。兹为慎重领取恤金起见，除派员详查各被难家属住处及领款人真确外，昨由被难家属会发紧急通告文云：

前承国民政府清查整理委员会函饬敝会向招商局领款，发给被难

1285

船员恤金。当派代表遵照该局二月初三日议案办理,如领过洋二百元者,再给三百元;领过二百八十元者,再给二百二十元;领过三百元者,再给二百元;领过四百元者,再给一百元。各家属亟将调查单详细填明,来会换取正式收条。领款人须觅铺保或殷实商人,以免错误。倘敢冒领,一经觉察,定即按法严究。自阴历九月二十二日起至十月初六日止,各家属务必亲到;否则,其所委领款人是否正确,速来证明,万勿因循自误。特此通告。

办事处在法租界西新桥街德顺里四号。

"江永"轮船被难船员家属处启。

(1927年10月16日,第15版)

"江永"被难家属赠送匾额

"江永"轮船全体被难船员家属,因此次达到向招商局领到抚恤金问题,幸被难家属会代表颜芹香等及调解人虞洽卿等之力,业已制成银盾四座及匾额三方,订于本月阴历二十三日雇用军乐,分别送赠。除颜芹香、张伯铭、余华龙、郑德溱等四君恭送银盾外,其匾额三方,分送:(一)四明同乡会虞洽卿,文为"保我灾黎";(二)杜月笙之匾额,文为"仗义执言";(三)法租界商业联合会叶觊辰之匾额,文为"好行其德"。并拟就感谢文告,略云:

去年"江永"轮船在浔被毁,惨毙我船员八十八人,尸体多未捞着,推代表颜芹香、张伯铭、余华龙、郑德溱等诸君奔走呼号,向招商局要求抚恤,蒙各团体竭力援助,又幸赖虞洽卿、杜月笙等两先生多方调解,始于秋间领款,按户发给家属等,殁存均感。除恭送匾额、银盾外,特此鸣谢。"江永"轮船被难船员全体家属叩。

(1928年1月13日,第15版)

三十 "新济" 轮触礁

"新济" 轮在闽触礁，旅客幸生无恙

招商局之"新济"轮，系走福州班者，此次由沪赴闽，已历一星期有余，而福州尚未驶到，沪局曾发电探询，绝无确切所在，该局颇为焦虑。迨至昨日午刻，福州招商分局忽有电报来沪，报告"新济"轮触礁，原电略谓："新济"轮，离闽口约三百里海面之沙埕地方触礁，人平安，已雇船救客，急请尊处（指沪局）速派船往救，除再派轮驰往肇事地察勘外，特电闻知云云。该局得讯后，立即命今晨出口赴瓯之"海晏"轮，停往温州，并将已下船之货件卸出存栈，一面即于当夜雇定潜海夫、技师、工匠，由该局总船主亲自带领，即乘"海晏"轮，于今晨五时直放到沙埕救护，约明日可到，拟先驳卸存货，再行施救。闻今次"新济"轮失事，系属由沪往闽，及九日上午，在沙埕遇大风浪，以致触礁。现在船底已经触破，而船体尚幸搁在礁石上，未致下沉。船内旅客由沪上船者，闻有四五百名之谱。沙埕海面有灯塔，距福州仅九小时之行程。苟该轮早装无线电，即不致失事后，再经一日夜而上海始得报告也。沪局恐"海晏"轮到迟，昨日已先发一急电到闽局，令先多派驳轮，尽先将"新济"中旅客救上陆地，免得多受惊惶云。

又，该局之长江船"江大"号，今次由汉还沪，在镇江亦遇大风浪，因上下货件之阻误，致该轮延误一天到沪。昨午已进口，卸去来货，便入坞修理，暂停行驶长江云。

（1928 年 11 月 11 日，第 16 版）

"新济"商轮触礁

〔福州〕"新济"商轮八日晚在三都因雾触礁,幸近沙埋,经当地绅商及马江司令部先后派船舰驰救,搭客六百余人暨邮件等均无恙。(十一日下午五钟)

(1928 年 11 月 12 日,第 4 版)

"新济"轮触礁后讯

—— 旅客已由荷轮救出,海军派"江元"舰防盗劫

招商局"新济"轮在福州附近三百里海面沙埋地方触礁,早志本报。现该局已派"海晏"轮往救,而船中旅客,亦全数救起。兹将续闻种种汇志如下:

失事原因

今次"新济"轮系从上海往福州,其触礁处已近闽江口,只三百华里。失事原因,昨据其船主电告,"新济"因雾大风急而触礁,船身搁起,前舱水满,搭客均登岸,请派船来卸货,并带煤油抽水机。查所触之礁地,未载入地图中云云。该轮之前舱底,已经为礁石套进,海水冲入舱内,货尽受渍。今前身在浅岸,而后舱则海中也。

触礁地点

"新济"轮之失事地点,在温州、福建海面交界处。昨据无线电报告,此处名大岛,TAE 搁礁在岛之西首。查"新济"尚在八日夜中遭搁,因船上未装无线电,故无从报警求援,直至十日晨,方遣人冒险乘划子船至福州发电也。

旅客救出

查船内旅客今次由沪赴闽者,共有六百余人,在失事后,即全部移上附近之太岛上暂避,风餐露宿,历两日夜。迨后本埠渣华公司之"芝大隆"轮(荷轮)经过闽海,见有乞救旗号,随即驶上,乃将在太岛之六百余旅客救入该船后,再赴基隆(本应先往基隆者),然后送来上海。闻该批被难搭客,今日可以到上海矣。

军舰保护

"新济"轮出事后，以其邻近瓯界，福州分局电沪，谓鞭长莫及，业于闽分局长李子居派三轮前往协助；又以该处附近之渔船甚多，恐往图劫，乃由李商准福州海军司令部派"江元"舰一艘，载得陆战队一队，驶往保护矣。

邮件卸出

船内所载之信箱及邮袋，已经福州分局，派小轮前往先行驳卸，刻已安抵福州矣。又未着水之货件，亦经卸出一部至闽云。

外轮竞开

英商轮素无行驶福州者，现又值沪闽货拥之际，今次"新济"搁浅后，本埠太古公司及怡和洋行均乘机增派福州班轮。太古昨已令"盛京"号，怡和则派"恒生"号，开赴福州，谋取该路营业矣。招商局得悉，急令南海轮"广利"号，即日调行福州班，以杜航权之旁落，而为外轮之对峙矣。

（1928 年 11 月 13 日，第 16 版）

"新济"轮触礁三志

盗劫——

火焚——

船员旅客失踪者十二人

"新济"轮在福建洋面沙埕触礁，已两志本报。昨日该局又接得确讯，谓船身极为危险，而由荷兰船"芝大隆"号所救出之船员及旅客，昨已抵沪。兹将续讯分志如下：

船被焚劫说

昨日香港电，谓系接到英国军舰之无线电报告，言"新济"轮在失事以后，现已被海盗劫掠，船内之货物尽行掠去；各匪盗在临行时，又放火将全船焚烧，至今已成一空船壳；船上之船员等，已移入"海晏"等语。该局得此消息，以事关重大，但未据闽局电告，认为有可疑之处。当经局中发出急电一商，向福州分局长李子居询问"新济"轮究否已被烧一光，但至晚尚未得到复电也。

船员失踪谈

"新济"失事后，有本轮之二买办陈霭士，因负有保管（船）上信箱之责，当时曾背负信箱一具，与船上之水手、旅客等共十二人，同乘一小舢板船，希图逃命者。讵该舢板船久不应用，多有漏水者，且无橹桨，故入海以后，该十二人即告失踪，至今已历四天，迄未发见，殆系溺毙海中欤。

被难人至沪

由荷轮"芝大隆"号救出之旅客，计为大餐间内之头等客八名，又船上之茶房、水手人等，共计四十余名，昨经该轮载运来申，于上午十时许进口，当即在招商局北栈上陆。据被难人言，船中旅客共四百余名，当"新济"失事后，均移上太岛，在大雨中被淋十三小时，因岛上并无一屋也。嗣后各旅客于福州分局所派之救援船到后，有一部分已先载往福州者，另有一部分及水手等则改乘沙船到温州矣。今船主、账房等尚在该小岛上，而失踪者恐不止此十二人。旅客行李物件以及船员水手等，均未取得，完全损失矣。

被盗之情形

"新济"失事在八日下午三时，天下大雾，及船前发见有山，船主命速退避时，前船舷已为礁石触穿一洞，三分钟内，水进一尺。船主急令将船开入附近太岛浅滩，将船体搁住。而救命号发出以后，助救船则未有到来。附近之渔船则蜂拥而至，争相劫掠，船上银箱货舱以及搭客船员之室门多被毁坏。因渔夫多有枪械，旅客不敢与抗，听其搜刮殆尽也。至后，船上人上山后，海盗往劫，经四五次之多，至今则全船公私货件，将完全抢光，其损失当在百余万元云。

船身极危险

船主昨日又有一无线电到来，谓苟不早救，恐"新济"将沉失矣。前半身各舱水已浸满，本船之抽水帮普不敷用，乃向"芝大隆"借一具，而又不敷用。沪局昨已觅到煤油帮普一具，定今日交"广大"轮载去，至于能否拖救出险，则今尚无把握云。

（1928 年 11 月 14 日，第 14 版）

"新济" 轮无法救援

——"新蜀通" 轮正谋打捞

招商局"新济"轮失事，已三志本报。该轮在出事处遭盗劫火焚，至昨日已完全证实。"新济"触礁地名台山岛，此岛无房屋，为人迹所不到者，故船员等移避在该岛者，多露宿山上，曾断食一日，又为雨淋一日，由"江元"军舰救往福州者，约计四百人，船员、旅客均有，而无一不衣履湿透，由"芝大隆"轮救来上海者亦如是。上海派往台山岛救援该船之"海晏"轮，在驶抵该地时，见"新济"之前身一、二两舱尽陷入海中，船尾□天，人不能上船。而中后舱之未入水者，其中货物除被盗劫而外，余均为匪盗付之一炬。扣至昨日，火势犹甚猛烈，迄未全息。全轮货件与船员、旅客之行李物品，不没于水，即毁于火，可称完全损失，一无可以救起。"海晏"轮见此情形，以绝无救援希望，昨日电沪请示后，业已载得所救之船员等等，开离台山岛，往温州运装客货来沪，"新济"轮将完全牺牲矣。闻该轮之船主等，尚在台山岛未去。此次"新济"轮赴闽所搭之旅客中，有西人五名，仅仅行李等损失，其他已到上海，经向该局索回所纳之船票价云。重庆川江公司之"新蜀通"轮，在上月下旬为三北"醒狮"轮在黄州撞沉，船上货件已出卸一部分，其余在水内者尚未能驳运。今该轮尚透出烟囱在水面，而船身被撞之破洞，计在中舱长六英尺，直径三英尺。现川江公司尚谋拖救，已与东京打捞公司接洽，请其拖捞，现正在协议中。又闻英国驱逐舰在闽海已捕获舢板两艘，内有海盗十九名，与劫抢"新济"案有关，将交闽当局尽法惩治。

(1928 年 11 月 15 日，第 14 版)

"新济" 轮遭难者言

凄绝——惨绝——

溺毙者不知其几人也，

盗去复来者三，不及外人

　　《上海泰晤士报》云，"新济"轮船所载之外国搭客五人，昨均安抵上海，内有教士名巴克莱者，《上海泰晤士报》访员曾往谒之。据称，"新济"船乃于星期二日晨间由上海开往福州，途中为雾所阻，未几，复向前进，但后卒因雾下碇。星期四晨九时，雾更见浓，该船仍停泊海中，旋因搭客表露不宁之象，且有压迫船长杜莱夫森前行之态，船长不得已乃启碇焉。惟驶行甚慎，自上午十时左右至正午，雾气渐消，无何，又转浓，船长即命停驶。少顷，又进，惟极迟缓。午后二时四十分左右，过柴岩后，船底作响，盖已触及暗礁矣。船中搭客大为惊乱，船中执事人役之大部分亦然。旋大副报告水已涌入第一舱，于是人心更乱。船长是时知诸人非言语所能安慰，故急向台岛驶去，群众旋因岛已在望，恐慌稍减。船距岛约四百码许，船长命下碇，搁于浅滩。旋众闻海水涌入益速，恐不能支持数分钟之久，于是复起惊乱。该船首向下倾，抽水机未能工作，旋有百人争往解救生艇之系。半时许，艇落，而底全破。第二艇既解，二买办与其眷属三人及船员三人，争先入内，他客欲入，已不及。艇无桨，随风漂泊，后是艇为人捞起，未见一人，殆随波臣为伍矣。第四艇既降，船客争入，但即沉没，落水者有几人登陆，未易查悉。余二艇下水后，均为人满，船长无法制止，后一艇载客约五十人向荒岛而去。外客五人，均甚镇静，盖知该船纵沉，海水亦不致淹及舵楼，故将行李移往该处，而视群众之争先夺命。未几，天黑，且有大雨，直至夜半始已。是时已抵岛上者，约有二百人，但当逃生之时，未暇计及夜间露宿荒岛之苦，故多仅着寝服。岛上仅一小庙，可容数人，但群众争入，视为琼宫，一时拥入者，达三十五人，力弱者多被践踏。寒夜既过，次晨十时前舱之水已达十尺六寸，船首益向下倾，船长唯余忠诚之助手五人。船长见势不佳，决计将船驶搁岸上，方遣助手二人入机器间，而忽喧传盗至，于是搭客纷纷跃入海中，泅水赴岸。但善泅者不多，恐死者当不在少。未几，有二小船靠近，众复争入，但皆倾覆，恐生者亦无几焉。既而渔船纷集，渔人数百，持各种武器登船，而将船中可携之物，全行劫去，惟余第一舱因水满不能入耳。盗既去，机器间之火夫已将火生着，于是船长乃开足速力，将船驶搁岸上。但盗去复来，此次搜劫，更形周到，而使"新济"船仅余一船身。所奇者，若辈并未扰及船长、船员及外国搭客耳。于是外客决计离船，露宿岛上，冷风寒雨，惨苦异常。船长则暂不肯去，仍留船中。星期五晨盗众又至，但已无物可劫。星期日晨荷船"芝大隆"号驶至，于是人心始定。

（1928 年 11 月 15 日，第 14 版）

"新济"轮触礁纪实

本局之"新济"轮系专走福州班者，此次计装有货物面粉九千袋，纱疋、杂货一万余件，客约六百人，于十一月六日由沪赴闽，为时已历三四日而福州尚未驶到，本局发电至闽分局探询亦无确实消息。迨至本月十日下午福州分局忽有电来沪报告"新济"轮触礁，原电略谓："新济"在离闽口约三百里沙埕地方触礁，人平安，已雇船救客，急请尊处派船救船，除驰往肇事地点视察外，特先电闻，如何情形随时奉达，何船来救盼急电复云云。本局得讯后，立即命十一日出口之赴瓯之"海晏"轮停止赴瓯，一面并将已下船之货物卸出存栈，一面即于当夜雇定潜海夫、技师、工匠，由本局总船主亲自率领，即乘"海晏"轮直放沙埕救护。

失事原因

此次"新济"轮自十一月六日自上海启碇后，因沿途风浪甚大，故船行之速率极缓。至八日未刻，始抵离福州约三百里之沙埕附近东台山，该处为温州、福建海面交界处，浪涌风急，加以大雾。及船前发见有山，船主命速退避时，前船舷已为礁石触穿一洞，三分钟内水进一尺。船主令将船开入附近太岛浅滩，将船体搁住，而救命号发出□后，助救船则未有到来。查触礁之地为地图所未载，故遭此意外之不幸也。

援救情形

闽分局自闻"新济"遇险消息后，当即由该分局长偕同局员工役多人附搭"江元"军舰驰赴"新济"出事地点救护，然风浪至急，屡被折回。该局一而雇用"福兴"、"江门"两船沿山开行，与本局开往之"海晏"轮分途前往援救□客。闻旅客虽饱受虚惊，尚幸无恙。

善后办法

"新济"轮自触礁后，轮之舱底为礁石套进，头舱进水约二三尺，船主、火车以下全部水手、生火俱在船日夜抽水。船内所载之信箱及邮件已经福州分局派小轮前往，先行驳卸，刻已安抵福州，凡未着水之货件亦经卸出一部份至闽矣。

（1928 年 11 月 15 日，第 29 版）

"新济"烧成一铁壳

招商局之"新济"轮失事后，船身已烧成一空壳。昨日福州分局发来一电，略谓据本局所派出之"福兴"、"江门"二轮之载客回局报告，"海晏"轮在十二日午后抵沙城，早驶近"新济"处；查"新济"系十二晨□时，被渔民劫抢，遗火所烧，船上木质料俱焚毁；"新济"员役已乘"海晏"去，现有英舰一艘在"新济"附近等语。至昨午又接到温州来电，谓"海晏"已到瓯，"新济"轮八日尚未遇险，九日离滩，十日沙城派兵往船救客，十一日晨由荷轮救去，辰刻遇劫发火，船全烧，仅剩一壳，货亦全焚去。现有英舰暂驻，"海晏"恐遇盗，即回温州候命。总、林两船主言，如救船壳，则费用巨大。"海晏"在温州装货后，即可载救得之船员等来沪，大约明日可到上海。"新济"船上之账房朱、许二人，失踪多日者。昨日接据电告，该二人已到宁波，即日便来上海云。本埠邮政总局今日接福州无线电云，所装"新济"轮，由申运闽之大宗邮件，已于该轮在台山岛失事时完全被焚。该局接到此电后，特命秘书处通知各报，将此项新闻披露，俾众周知。

（1928 年 11 月 17 日，第 13 版）

"新济"触礁详纪

——渔民掠货，又遭火焚

十四日福州通讯，川走闽沪间之招商轮船"新济"号八日在距闽口三百里沙埕附近之东山洋面触礁遇险，详情如下：

招商局方面消息

福州招商分局于十日早八时得海军公所转来长门海军电话略谓：贵局"新济"商轮八日下午三时驶至沙埕附近，因雾触礁，有一帮搭客逃生渔船中，驶回闽口时向海军报告遇险情形云云。李子居分局长闻耗后，一面急电上海总局报告，并请速派救船来援；一面就近恳请海军派"江元"军舰驶往救济，并自雇"福兴"、"江门"两轮带粮食、药品等物不分昼夜开往营救。十日上午，海军当局除派"吉云"运船先行开驶外，于午刻续派"江元"军舰，而李子居分局长带同局员吴銮荪、卢向荣及工役人等，附乘"江元"舰往救客人。该舰已开出马祖海面十二迈以外，适遇风浪过大，船开空车，风力竟将炮弹打落两枚，势不能再向前开驶，故即折回马祖下锚，停候一夜，意在第二天再开。不料第二天风浪仍大，且"江元"舰上无线电亦被浪击坏，消息不通，不得已只得驶回马江，所幸"福兴"、"江门"两轮已由沿山开去。十日接上海总局电复，即派"海晏"往救。查"新济"轮此次所载货件，计有疋头纱、杂货共一万零数百件，面粉共九十包。船中并有灵柩七具，城内安民巷五十八号林西台宅三具，由江西省运回者；又安民巷五十六号林葆其宅二具；又林蔚华之父母二具。至于搭客数百人，已先救往东台山，转运沙埕，以便载回省城。计十二日有"海邹"轮由沙埕运到搭客百余人，十三日"福兴"轮又续运回百余人。

搭客方面消息

乘客各家属闻"新济"遇险，莫不惊惶万状，东查西问，皆不能得其底蕴。至十二、十三两日，由"海邹"、"福兴"两轮自沙埕运回共二百余人，然未回之客，其家属更属惊疑。据归来之客云，八日下午三时左右，"新济"轮船驶至东台山洋面，因雾极浓，突闻砰然一声，嗣闻"船破了！船破了！"之声，少顷全船哗然，继以呼救之声与妇孺之哭声杂作矣。有迷信者当此危急时，大呼王天君妈祖娘娘菩萨救命不置。船中水手乃放小艇渡救客人，运登山岛上。而各渔船闻讯亦先后赶至，或救人或夺物，秩序甚乱。至是晚渡至山上有三四百人。而"新济"船前舱沉于水中，大概立于前舱者已近〔进〕水，幸中后两舱无恙。是夕"新济"在危险中，船内尚有船员及乘客等数十人，终夜生火抽水。九日沙埕海关闻讯，急封渔船四艘、盐船一艘，赴"新济"船内及东台山往返营救。然八日晚风雨大作，在东台山上之乘客避于一破庙中者百余人，余在庙外站立，受冷尤剧。时有外国籍四人欲雇船先行，众恐外人去，将不来救，大噪乃止。旋该四人又下"新济"，传被海匪劫掠，交涉署亦得此讯，未卜确否。此外搭客，则已全数出险矣。

省府方面消息

闽海军得"新济"遇险消息最早，查系舰长贾某搭附是轮，最先坐舢板赴沙埕，由电报告。当时先派"吉云"运船往救，后由福州招商分局长开"江元"赴援，不幸中途遇风折回。十三日招商局呈文如下：

> 敬呈者：敝局"新济"轮船六日下午六句钟由沪开来福州，于八日午后二点半钟行至沙埕附近东山洋面，因雾重，船头触礁，头舱见水，船长因顾虑人命起见，驶入山坳，以备危急时渡救搭客上山。商局因该船由沪开来，超过往常行驶钟点，不见船到，极为焦虑。嗣于十日清晨得悉该船遇险消息，除经请准海军办事处遴派"江元"军舰驶往救护外，一面另又雇定"福兴"、"江门"两船备办食粮及救急药品各件，驶往"新济"出事地点救护乘客，一面急电总局报告，并请派船救济。局长先偕局员带领工役多名，附乘"江元"军舰赶往照料，后因口外风狂浪大，"江元"军舰屡进不前，于十一傍晚折回省城。商局所雇之"福兴"、"江门"两轮本系行驶内海之船，十日下午启碇，沿山脚而行，昨□想可达到，□未回省。本日午据"新济"理货员到局报告云，该船出事后，船上乘客因见头舱有水，极为恐慌，俱经陆续渡救登山；头舱货件及乘客行李曾被渔船抢劫多次，损失极重；现船上自船长、机长以下，全部水手、生火现尚在工作，日夜抽水，以免船首更往下沉；中、后两舱货件未曾被劫，应请设法保护等情。据此理合具呈报告，敬祈钧夺，并请赐予令饬附近"新济"出事地点之驻在舰船，□近驶往保护，俾免存在之货再为海匪觊觎抢劫，至感德便。谨呈福建省政府。轮船招商局福州分局。

十五日通讯

当该轮触礁时，首舱沉入水中，而中、后两舱固无恙，不幸附近渔民争先劫货，致遗火轮上。自十二早起火至十三早上午"海晏"、"江门"及英舰赶到，火尚未熄，木料货件均被焚。十四下午二时，招商局致沪局电，除报告前情外，并谓该轮员役已乘"海晏"去瓯，现在英舰一艘尚在该轮附近施救。查该轮触礁计已五日，而失踪人数至今尚无确讯。据某报载该轮之买办粤人郑蔼如，理货员粤人杨焕文，检票员沪人陈孟芬、梁贵，福州人倪某等，均失踪不见。至于搭客，如尚干乡林保题之壻某、上街林某之子，由国立中央大学假回，及其同学张某、光复街黄次扬之女，系上海某校学生，均在失踪之列。此次该轮触礁后，又被遗火一炬，其损失约在六十万元以上。又闻福建烟酒局长兼旅沪闽同乡会监察委员史家麟昨电沪云：麟前在沪，同各代表请各轮船装置无线电，经招商局代表到会签允，限期实行，迄未照办，至致"新济"失慎，无从救援，应向负责者严重交涉云云。

（1928 年 11 月 19 日，第 10 版）

"新济"海轮遭难始末记

一乘客

招商"新济"轮自在福州附近失事后，已历多日，各报亦有记载，惟多语焉不详。一昨晤该轮脱难某君，谈及这次遭险始末，某君亲身所历，述语较详，因记之。此次"新济"海轮由港驶回上海时，舟次台岛，忽焉雨雾，初甚薄，继渐鸿蒙，混合莫辨。船主为一瑞士人，即嘱舵工辍轮前进，免蹈险境。惟旅客心理，多属急性，虽旅行万里之遥，亦无一（不）期其朝发即能夕至；且船骤静止，不免多所揣测，群论骚然，坚要前进。船主窥海雾复转空明，遂亦允之。讵行未远，雾再合，船主方欲慎重将事，而轰然一声，船已搁于一浅滩上矣。一时乘众客数百人，均恐怖失色。船主立饬□回轮，亦已出险，即抛锚于一近岛处。船中没水约三四尺，为状殊无大险机。惟船体已老，水以是愈漫愈多，已由三四尺而倍之矣。且处海中，呼吁无路，船中水手等役均争先攫取救身物登岸，而乘客乃益惊恐，喧扰如沸。时有美国旅客五人，独安静如昔，且出具钞币一束，招渔船驶近，一面救客，一面浮至一灯岛近处打召救旗。更由船主拍无线电至福州分局告警，并召兵舰来出事处保护。适有荷兰船驶过，见有旗召，乃绕至难客所登之岛，难客遂悉数得救。而美国旅客五人，亦从容登轮已去。

兹某君于上海招商局探得最近该轮状况，谓自旅客去后，渔人即登船劫取财货。当时船主等留守诸人，亦无力加以干涉。渔人初犹自由拾取，继则组合戮力搜索，至一隙一隅亦加检罗。因遗火焚舟，舟故可救，然兹已余一铁壳矣。招商局已决意放弃，惟厥后英国兵船及中国兵船至出事地点时，曾获有渔人及赃物多种云。

（1928 年 11 月 24 日，第 22 版）

航轮界之恶消息

"图南"损机

招商局之"图南"轮，今次由沪赴牛庄，系运载杂粮，至汕头交卸者。该轮在营口驶出，尚无意外，讵船入闽海，忽生障碍。该局在昨日，始接得"图南"发来无线电报，谓在距离东荣约二十英里处之海面，船中之机器突然损坏，失去行动能力，情形甚觉危险。幸发出求救电讯后，有挪威轮名亚利介 Ayica 者首先接到，便即驶往救援，当将"图南"轮拖带至 Matsa 马组，明日可望入闽云云。沪局得到此电之后，便发急电至福州，令分局长尽量援助"图南"，以免意外。又据该局讯，今"图南"之危机已过，可望平安抵福州矣。"图南"遇险地，名东荣，与马组航道不远。查马组乃闽海中入福州之要线云。

"江新"损机

招商局之长江轮"江新"号，此次由汉下水，应于本日进口。昨日该轮在武穴地方，船内之发动引擎及机件等均遭损坏，船已不能行驶，船内货件、旅客多被阻住。现汉局已决定派"江华"轮在由汉下水时，将"江新"轮拖带来沪，再行入坞大修云。

"新济"全毁

"新济"在沙埕触礁及遇盗放火焚烧，全船尽毁等等，此事已迭志本报。兹招商局又据闽分局电告，言"江元"舰已开回福州，"新济"轮中货件虽遭劫尽，但船内之机器引擎尚完好，而代价亦至巨，恐被匪盗拆去，请总局速定办法。沪局对此，尚无确定主张。今次满船货件，其中十之五六未曾保险，故商界损失至巨。其保有水险者，已要求该局再出副提

单，以便向保险行索赔，该局已照办矣。〖下略〗

（1928 年 11 月 27 日，第 14 版）

福建同乡会与招商局交涉函件

——为"新济"轮失事事

招商局复福建同乡会函：

径复者：顷接贵会来函，关于"新济"触礁失事一节，辱荷殷殷垂教，感泐何可言似。惟对于设备问题，敝处固已早经筹划，如"公平"、"同华"等船，无线电业已装置完竣，即就"新济"而论，其无线电亦正在装设之中，电线房及其地各件均经造就，所差工程只有接线而已。敝处之非故意推□，从此可证。初不料全功将竟，而遽出此意外也。至失踪人员，只有敝局船员数人，全船旅客均庆无恙，犹属不幸中之大幸。至于将来派船航闽，预筹安全诸事，敝处自当尽力筹划，采纳明教，以期无负诸关怀桑梓之至意。专此布复，诸希亮察。此复旅沪福建同乡会。

招商局总管理处启

十七年十一月二十二日

旅沪福建同乡会再致招商局函：

径复者：接贵处来函，关于"新济"失事一节，当经敝会于本月二十五日提交干事会讨论，到会同人对于尊函有未能满意之处，敬陈如下。（一）将设无线电一节，系因闽沪航线迭次遇劫，无线电传报警信为临时救急最关切要之用，且经贵处代表莅会公同议决有案。承示"公平"、"同华"等船无线电业已装置，"新济"正在装设，所差只有搭线等语。查"公平"、"同华"等轮并未出事，贵处已先为装设，而闵［闽］沪迭遭盗劫之航轮，经敝会恳切催请，反迟至数月之久。迨"新济"遇险出事以后，仅以正在装设为词，姑无论事实如何，即如贵总管理处所云，亦不免轻其所重缓其所急，此不可解者一也。

1299

㈡来函所称失踪人员只有船员数人，旅客均庆无恙，犹不幸中之大幸一节。查旅客数百人有无失踪，各方传说不一，尚待调查。敝会所知，因失事时惊慌困苦到家而死者确有其人，而货而行李及家具等件，殆无一人不遭损失。现在据报损失大宗家具，拟开单交敝会转向贵处请求赔偿者已有数起，各商家除大宗货品保险之外，其他损失亦颇不赀，容俟各方汇集齐全另案奉核。贵处来函乃于不幸中引为入幸，然则必待全船搭客悉数淹没方为不幸耶？且贵局船员因船上设备不完全之故而失踪，敝会同人方同深痛惜，而来函反视为无关轻重，此不可解者二也。㈢敝会日前来函所请求者二事：一、对于"新济"遭难之船客如何负责？二、以后之设备方法如何补救？贵处复函对于第三节置之不理，一似此等重大事变可不负责者，不知此事故之延误，实由于事前可以预防，而绝不预防之故，岂亦可以托词卸责乎？对于第二节预筹安全云云，则贵处四月间首次答函早已有此表示，而结果适得其反，此等官样文章敝会实再不敢领教。同人等急切待命，尚祈贵处有种种切实之办法，克日答复，幸勿以烦渎见罪也。此致招商局总管理处。

旅沪福建同乡会谨启

十七年十一月二十六日

(1928 年 11 月 28 日，第 16 版)

"新济"轮船在闽触礁详纪

本局"新济"轮船于十一月八日在福州沙城地方触礁情形已载沪上各报，且亦一度刊载于前期本刊，惟内容各有出入，记述亦略而不详。兹据该船船员回沪来局报告遇险情形，谓该船自十一月六日下午五时由沪开出，七号晨三点二十分即因雾下锚，至六点半始拔锚前进。至八号晨五点五十五分又因雾下锚，至九时四十五分起锚复行，正午十二时许天气犹甚清明，讵一时后复突起浓雾，旋又乍浓乍淡，遂于下午二时二十五分经过台山列岛时忽然触礁，前舱进水。当时该船船长为顾全旅客生命计，乃命机舱开足快车，驶入西台山侧下锚，使旅客各乘舢板上山，一面即令全船船员皆至前舱尽力抽水，以免船身下沉，一面复派专足至沙埕及瓯局两处求救。迄九日八时许，即有海盗渔船纷纷上船劫掠乘客及船员之行李，船主见势濒危迫，复出重资派船员至七星灯山高悬救命旗，以待往来船只之援救。至十号下午一时卅分，南关水上公安局得"新济"遇险之讯，曾派船三艘、巡艇一艘、巡官一人、兵士八人前往救援。是时附近盗匪犹环伺船侧，船员鉴于先日被抢，因请巡艇暂驻保护，一切需要并允供给，而该艇艇长则允翌日晨另派队保护，当即救去旅客数十人扬长而去，以致保护无人，酿成第二次焚劫，此诚令人对该艇不能不无遗憾者也。十一日上午八时，荷兰商船"瑞得隆"号因见灯山救命旗前来相救，又载去搭客西人四名及船员一部分，计四十余人，并代发无线电向各处呼援，兼借给手枪、子弹等物以资防盗。执意该船开去之后，海盗恐再有他船前来相救，遂哑起围攻，各用快枪向船实弹射击，船员初以手枪极力抵抗，终至众寡不敌，为匪攻上，当有数匪持巨斧、利刃追杀，幸各船员跃泅水得免。于是匪众恣意搜抢客货行李，细大不蠲，经过时间亘二昼夜之久。十二日晨八时许，卒为盗匪纵火焚烧，船舱起火，虽经在船员工设尽方法从事灌救，奈风狂火盛，亟未扑灭。直逮十三日上午，乃有香港英国军舰因得荷船无线电驰来援救，其时盗匪犹在前舱抢夺货物，嗣睹兵舰将近，始各回匪船图逃兵舰，英军开枪赶捉，立捕获匪船二艘、海盗十九人。未几，本局派往救护之"海晏"轮船亦适已赶至，全体船员乃齐登"海晏"安置一切，是时"新济"犹烈焰飞腾，势犹不可向。迄延至十四日下午方见我国海军"江元"军舰由福州开到，英舰乃将获盗赃物等移交"江元"舰长而去。及晚十二时，"海晏"亦载船员鼓轮赴温，"新济"因雾触礁被盗劫焚之事至此始告一段落。细察经过情形，似以海雾乍浓乍淡为致触礁之最大原因，而以南关水上公安局巡艇不肯驻留保护，使盗乘机得逞为致劫焚之最大原因，所幸全船乘客均先后救出，未有差失。惟该船理货主任郑蔼如，理货客杨焕文、陈孟芬，看舱梁贤，查票员二人，香宾旅馆接客一人等于船初触礁之际擅自放一舢板下船摇去，顾该舢板实无后舵，及大副瞥见，业随波浪冲远，呼应不及，此七人之生死下落迄今尚无确讯耳。至本局于十日得福州分局急电报告后，即一面急电闽、瓯两分局赶快设法赴援，并派"海晏"轮船驻〔驶〕往接应；一面又赴上海海军总司令部请其派舰驶往巡护。闽局并会于十日晨商请福州海军办事处派"江元"军舰往救，又添沪内海船"江门"、"福兴"两船备办食米、面饼、救急药品等，由局员带领雇工二十人一同出发往救。奈"江元"军舰开出后因风狂浪巨，不克前进，甚至旗杆、无线电柱均被吹断，迫得中途折回，只由"江"、"福"二船循内海前去。而"江元"军舰直至十四日始得成行，与本局所派"海晏"轮船同日到达出险地点。瓯分局于接电后亦派员携款急足赶至沙埕帮同接济，雇备船仍候讯启行。此为本局暨闽、瓯分局设法补救之大概也。至因于设备方面，本局对于海船装置无线电早已积极筹划，惟以局款支绌之故，不得不略分先后，故"公平"、"同华"业已装竣，即"新济"一轮无线电房及其他应有设备亦已建造齐全，所差之处不过架线工程而已，初不虞于此将竣之时而遽遭兹意外也。现该船船员皆经回局，所有善后问题本局正在悉心计议也云云。

（1928 年 12 月 1 日，第 21 版）

招商局"新济"轮被难工友呼吁

轮船招商局之"新济"轮自去年十一月八日在福州附近之沙埕洋面遇雾触礁后，复二次被海盗焚劫，损失不赀，详情屡载本报。当时该轮职员，约有六七人殉难，救回上海者，约百余人之多。该船员抵申后，即向总局要求赔偿损失及抚恤等项，总局当时允准，惟迄今仍无办法。工友方面，因均系家无宿粮之辈，一旦失业，日惟枵腹，夜惟露宿，且绵衣等尽付船中一炬，际此严冬，无衣无食，其情弥惨。故迭函海员工会恳求向资方要求救济，而结果仍无答复。该工友等鉴于长此以往，即不冻毙，亦将成为饿殍，不得已函呈该局赵总办，申述被难以来之苦楚，措辞凄惨，不忍卒读，并历举昔年招商局各轮遇难之善后办法，要求赵总办即日派员，向海员工会接洽救济及安插等问题，务于一星期内得圆满解决，以解倒悬云云。

（1929 年 1 月 14 日，第 16 版）

"新济"轮遇险催还保险款

"新济"轮遇险后，其保险应得之后，迄未收到。闽众商帮昨有电致北三山会馆催询，电云：

> 北三山会馆鉴：来电再展期，群疑弥甚，若不火速解决，此后投报更有戒心，似此断难再缓。刻全国通电，俱已拟就，各代表束装待发，伫候答复，切勿再行展期。闽省众商帮，祃。

(1929 年 1 月 26 日，第 14 版)

"新济" 遇险各受保保险公司公鉴

启者："新济" 遇险将届三月，各保险公司延宕至今，尚无明白表示，各投保人深为不解。查联保水火保险公司亦系 "新济" 受保公司之一，于一月二十四日已经如数照赔，投保人保款十足领到，登报鸣谢。而巴勒、友邦、中美、美□、美亚、美华、保太、保兴、普安、喊厘各保险公司等，尚未照数赔偿，不知是何用意。投保人际此年关在即、百账归结之秋，对 "新济" 保险赔款专候结束，务望各保险公司迅速赔偿，以昭信誉，至盼至祷。此布。三山会馆商帮，"新济" 遇险投保人同启。

(1929 年 2 月 1 日，第 7 版)

"新济" 轮难工恤偿费
——每人二十五元

招商局 "新济" 轮在福州沉没后，其死难工友六名，照 "新华" 轮抚恤前例，分发恤金。兹闻其余难工一百余人，迭经中华全国海员总会向局方交涉赔偿损失。当时因局方不愿有赔偿之名义，致历久未能解决。昨双方又开始交涉，两方均让步，结果每难工发恤偿费二十五元。兹将被恤难工姓名开列于后：

水手部：林北派、王阿毛、陈阿全、何安法、陈亚金、周益顺、陈吉才、王惠清、张惠仁、倪仁根、孙金良、徐仁生、张良根、陈文考、陈阿毛、王考根、陈松年、洪宝有、洪潮发、金向南、张财发。

官事部：翁春发、金瑞昌、郑宝源、郑宝荣、戴大桂、史杏元、余祥桂、桂宝书、阳渭生。

账房：华智荣、姜吉星、许湘波、何荣锦。

理货部：卢吉臣、谭联石、萧金良、汪祝工、谭毅功、张四喜、张锦宝、张荣甫。

生火部：徐顺根、郑崇发、葛纪生、王万富、朱山兴、王根财、忻少毛、叶荣富、郭士红、陈阿荣、徐烦生、郑昌福、王纪生、王渭富、穆林有、谢宝永、李阿福。

看舱部：陈泽、陈敏、唐伟、周阿美、虞英、陈同潮、范阿四、刘春庭、曹芝山、曹富全、曹□隆。

茶房部：张清生、陆蔡生、吴阿宝、钱小弟、蔡阿江、杨阿四、丘锦顺、杨阿大、郭财福、钱阿宝、仇垣贵、郑阿大、袁双福、陆阿□、顾根生、刘志福、柳开荣、陈阿定、王阿奎、张永、吴锦祥、张□、卢荣锦、李仁生。

（1929 年 3 月 15 日，第 14 版）

"新济"触礁后保险赔款案上诉判决
——应责令洋商如额赔偿

前年招商局"新济"轮船触礁沉没，该轮运送福州帮货物约达五千万元，该帮曾向柏林亨堡水陆运输保险公司及上海保兴水火保险公司等洋商，投保有险银三十余万。迨"新济"失事后，福州帮请求赔款，该洋商保险公司，藉端赖赔，经福州帮提起诉追，经临时法院去年三月二十日第一审判决，责令被告等如额赔偿。讵被告不服，上诉于江苏高等法院第三分院，案经传集审理，并已于前日奉到"地字第二零一号"判决开：

两造因赔偿涉讼一案，上诉人不服前上海租界临时法院中华民国十九年三月二十日第一审判决，提起上诉，本院判决上诉驳斥，第二审讼费，由上诉人负担。其判决理由，全文如下：本件被上诉人以装载于招商局"新济"轮船之货物，向上诉人投保水险，由上诉人分别出立保单交执为据。"新济"轮船于民国十七年十一月六日由沪启行赴闽，是月八日下午三时余行抵福州北约百余英里之草石岛附近（即草石岛东边）后触礁受伤，海水由前舱涌入甚急，船长为防沉没海中起见，当将该船驶至距草石岛三英里之岱山岛避险。船中所载货物，除因减轻船身分量，将一部抛弃海中，一部为渔民乘机搬取外，其余亦被火悉数焚毁。当时被上诉人所投保之货物，除信孚之十五件交邮局寄递，未装在"新济"轮船外，余于"新济"轮船避险时，均系装在船中，已有被上诉人提出招商局所发提单及招商局"新济"轮船所发收单，并邮局之包裹收据连同交在"新济"轮船装运之证明函件可证，且经招商局局员到案证明属实。上诉人虽对于提单所载日期间有更改及提单反面图章所载遇雾地点有所攻击，然日期偶有错误，旋又加以更正，实为素所恒有。要难以此借口，即谓招商局与被上诉人有何串通作伪。其反面图章，原系证明货物于"新济"遇险时，确系装在船中，所载遇雾地点，亦系泛称岱山岛附近而言。查岱山岛距草石岛不过三英里，其时两处均属有雾，固有上海江海关之海难证明书及乘客丁先诚并"新济"大副戈鲁文柯在第一审之证可据。上诉人乃抹煞所载"附近"字样，竟指摘该图章登载为虚伪，尤属有所误解。况提单之外，尚有招商局"新济"轮船之收单可证，上诉人对于收单既无争执，更不容以空言攻击提单为不实。其余舱单等件，自无再行调查之必要。又查"新济"轮船所装货物，于触礁后已尽归灭失，已为上诉人所不争；被上诉人之货物，确于触礁时装在船中，又如前述。上诉人对于触礁所发生之损失，应负赔偿责任，亦已明认无异。姑无论保单上英文方面关于海盗除外之记载，上诉人未能证明，被上诉人于订约前或订约时所已明了，基于契约依当事人意思表示合致之原则，无拘束被上诉人之效力。纵令海盗危险确已除外，但渔民乘间搬取货物，与海盗行为，显属有别。而"新济"轮船因触礁避至岱山岛，致货物之一部为渔民所搬取，与单纯海盗之掠劫，尤绝不相同。"新济"轮船苟非触礁，即不至驶往岱山岛，所载货物亦不至被渔民搬取及被火灭失。故渔民搬取以及被火焚毁，纯由于触礁所致，其因果实系直接关系，被上诉人因此所受之损失自应由上诉人负责赔偿，该上诉人何得妄指为海盗行为，与触礁无关，希图免责？至上诉人主张应适用英国法律或习惯一节，不过以上诉人公司另行印就之保单为据。查两造订立之保单，其英文方面，只载有"保险事项应依本公司印就保单内所载条件为准"字样，究竟印就之保单记载若何，既不载在两造订立之正式保单以内，更不能强被上诉人以所不知，何能引以为据？总之被上诉人所受损失，既由于上诉人所担保之危险而发生，故无论适用何国法律或习惯，该上诉人均无卸责之余地。再，上诉人所应赔偿之数额，据被上诉人提出保单发票等件，已足证明属实，上诉人对此亦无争执，原审判令照数赔偿，尚无不合，上诉殊无理由。据上论结，本件上诉为无理由。依《民事诉讼条例》第五百十七条第一百零三条，特为判决如主文。

（1931 年 1 月 15 日，第 14 版）

三十一 "新华" 轮触礁沉没

"新华" 轮失事

路透社十六日香港电

招商局"新华"轮船（载重一九四〇吨）于一月十一日由沪开来香港，今日侵晨将抵香港东口鲤鱼门时，因太迫近华格兰岛北端，致于三时四十分触礁。乃发求救信号，数分钟后，船身离礁，希图驶离海滩，但海水由破处涌入，即于四时四十五分钟沉于距华格兰岛西北三百码处。华人搭客二十名乘一救生艇，由一舢板救起，于今日正午前载入香港。天明后，太古船厂之拖船一艘驶至失事处附近，寻觅遇难之搭客等，共获一人。"新华"之桅杆一枚，仍露海面。按，华格兰岛有显明之灯塔及短波无线电台。续电云，"新华"船遇□诸人，尚有一华人水手头目，今晨语路透访员曰："'新华'船于十五日正午开离汕头，载华人搭客三百名，其中有二十名乃在汕头登船，余悉由沪附乘者。途中曾遇烈风巨浪，但天气甚为晴朗。今晨三时四十分触礁时，内二副华人郭景惠（译音）司舵，该船洞穿甚巨，海水登时涌入。船中共有救生艇六只，仅第三号一只卸下，余艇显皆未及卸下。余与其他船役十五名（均宁波人）及华人搭客四名（内有粤人二名）系救生衣，跃入救生艇，漂浮一小时，始遇舢板得救，时'新华'船方倾侧下沉。余未见船长及其他船员与搭客。"云云。□舢板载诸人抵香港后，现由水警照料。除水手头目外，遇救者有舵手及大餐间侍者各一名，职员买办间两名，火夫两名，火夫之子一名，厨司一名，水手七名，搭客四名。"新华"船船长为丹人琴生，大副为爱□［沙］尼亚人，二副为华人，总机师与二机师均英人，三机师为俄人。按，"新华"船曾于一九二二年遇盗。

路透社十六日香港电

"新华"船大副加柯白生及华人两名今晨为一渔舟救起，三人皆系救生圈。惟浸海多时，双手因冷而僵，渔舟抛绳与彼等时竟不能握，旋由数渔夫鼓勇跃海，举三人登舟。渔舟载之至香港南边某渔村，即送入医院，加氏因受痛苦，不省人事。现仍有船只在"新华"失事处四周觅救遇难者，但迄今未获一人。路透访员曾至医院访晤加柯白生，据称"'新华'船触礁时，余方卧于寝室，闻声跃起，趋登甲板，见诸已纷乱，幸余攫得救生圈一具，适有巨浪击船，将余卷入海中，而'新华'船则渐向下沉。是夜甚黑，余不能辨物，余几遭不测，盖海浪载余浮向海滨，私意如触礁上，则身将粉碎，不料身距礁石数码时，忽为浪卷而倒退。黎明时，遥见数舢板，余吹警笛，希彼等注意，但声为巨涛所掩，竟致失望。余以浸冷水中数小时，力不能支，知觉几失，计浮海六七小时，始遇一渔船获救。诸渔夫甚为仁慈，以毯裹余，载余登岸，觅得病车，送入医院，时为午后一时"云云。

据上海招商局消息，"新华"船共载搭客若干人，未能知其确数。香港路透访员则称共有三百人，上海无大餐间客，船员共约四十五人，此外买办间职员三十一人，侍役二十七人，故该船所载之人约在四百左右。

(1929 年 1 月 17 日，第 10 版)

昨晨招商局"新华"轮在港沉没

——触礁仅一小时，惨死四百余人

招商局昨接香港来电，言"新华"轮在距离香港十二英里之外灯塔触礁，全船沉没，旅客死亡达三百余，船员、水手等之死亡，亦一百余名，为近年罕有之惨剧。兹将昨日所查得之情形分志如下：

失事状况

"新华"轮在上星期五（十一号）由沪赴港，当时因总局中所派视察员搜查船上私货，责令缴费，几致激成风潮。后经营业科调解，结果各水手方允上工开船。迨十五日上午四时，天尚未明，船到香港外灯塔，为二副值班，照例由船主接班，当时因开快车，船身过于靠近灯塔，致触入礁石之上。船主得报，急出外观看，知已肇祸，尚欲谋保全船上旅客、船员之生命，令司机者急打倒车，不料礁石已套入船内，及打倒车，乃将轮腹剖开，海水大进，轮体突然下沉。

旅客惨死

在船主琼生之意，拟开倒车退后，再向右侧浅岸开去，拟照"新济"轮之开上海滩法，则可救出搭客及水手人等，初不料已经不及矣。查当触礁之际，船上旅客悉在睡梦方酣之时，多数旅客，绝命未知。该"新华"轮先至汕头，在汕卸货开港，船上共有搭客三百余名，又有船员、水手、生火等一百数十名，除工作之外，余多安眠，不意死到临头，而尚未知觉，惨哉！此四百余命，在此一小时中，均随轮沉死于海内。

逃出廿一名

在触礁后，搭客中之知觉而得逃出舱外者，只有两人。方到甲板，舱中已全浸海水，"新华"船上共有舢板六艘，其时舱内之大哭，求救，以及吸水溺死之声杂作。船员中有账房内职员二人，水手中有七人，生火有二人，又有舵工一人，西崽一名，水手头目一人，共计十八人，另有大副俄人，均得逃至甲板，将第三号救生艇放下，偕二客上此舢板，下海而去。是时风浪又大，此二十一人，亦几遭沉没，幸遇有一中国船经过，将其救起，得以活命。

电告情形

昨午二时许，上海总局接香港发来第一电，谓"新华"轮于今晨（十六日）四时离港十二海里处完全沉没，仅救起西人一（即大副）、华人二十（即两旅客及水手等），尚有三十余人浮于海面（系舱内旅客、船员在浸水后浮出于外者），已派拖驳小轮往救云云。至下午四时，又续得两电，大致言船主琼生亦已死在轮内，又称三号救生艇中人，被某华轮救起时，见"新华"轮船身，已向一面倾斜，覆翻在海，旋又翻正，计该轮自触礁至沉没，只有一小时，在上午五时，仅露一杆木云云。

货件损失

今次"新华"轮所装货件甚众，其中均系席帮赶装旧历年底所用之货，共有一万数千件，就中有长沙炮竹二千余箱，生油三千余件，棉纱洋布及香烟等甚夥，为本埠永裕祥、广达隆等等所装，总计值洋在四五十万元。昨日招商局已经发出通告，并知照各报关行、各保险行，一面电香港分行，令速打捞船中旅客及船员、水手。

船身造价

"新华"轮造自英国，迄今方及七年，船身之佳，速率之大，为招商局全部各轮中第一，造价成本银五十七万两。业务主任为蔡铭三，此次未下船，此乃大幸，其所用之管事、账房等等均全死矣。该轮即系上次阎百川氏由津来沪所乘而南下者。据闻今次失事之时，虽由二副当班，而责任全在船主，因进港时，应归船主值班也。

招商局讯

招商局南洋班"新华"轮船，于本月十一日由沪开往香港。讵昨日（十六日）下午一时许，忽接香港分局急电报告，谓该轮在十六日早四时驶行至距香港十二英里时，突遇狂风巨浪，因为触礁，全船沉没，当时救起二十人，港局得讯后，已派船前往驰救等语。该局接电后，立发万急电致香港分局，嘱就近迅及善后办法，并报告办理情形。局方则派营业科曾副科长遄往调查，办理一切。按，"新华"轮船自一九二一年由英国格□司谷造成，到局即系常走南洋航线，往来港沪之间，偶而因货客关系，调走北洋航线。此次失事地点，竟系密迩香港，猝遭风浪，实出意外。船主吉生Jensen生死未明。查吉生入局服务，早在一九一七年，调任"新华"船主，则为一九二二年，服务该船，已阅七年有余。船主既属旧人，航线又系惯走，忽告失事，实该局之大不幸也。兹将该局致香港分局急电附录于后：

　　急，香港分局鉴：电惊悉，望竭力拯救。现派曾副科长广顷即来会商善后一切情形及救得人员姓名，着继续电知为要。总，铣，申。

驾驶员会讯

中国商船驾驶员总会消息，招商局行驶沪港粤之"新华"轮，载重一千九百四十吨，本月十一日由沪开港，今早（十六日）预备经里门水道Lyoemun pass入港，讵知于三时四十分顷，过香港外灯山纬伦（Waglan）岛时，因离岛太近，致触于礁石之上，逐渐下沉，急发救命信炮，但数分钟后，船即离开礁石，意欲驶往浅处搁沙，在离纬伦岛西北仅三百码处，全船下沉，时今晨四时三刻也，现仅桅顶露于水面云。

又，中国商船驾驶员总会香港消息，据被救之水手头目云，"新华"于十五日午，由汕头开往香港，沿途风浪甚大，载客三百人，除二十余人，由汕赴港外，其余俱由上海搭船者。今晨（十六）三点四十分，船触礁被撞破，洞甚大，海水立时涌进。船上共有救命舢板六只，仅第三号舢板放入海中，其余似不及放下。该水手头与其他船员十五人及搭客四人，胸围救命衣，跳入舢板，计浮海中约一时，始遇一风船，救往香港，"新华"亦同时沉下矣。至船主、大、二副及其他船员搭客，俱不知下落。又，该会调查，船主系 Dane 人，名金生 Jensen；大副俄人，二副华人郭振□，大、二车系英人，三车俄人；除大副事后被救外，其余尚无下落。"新华"于一九二一年英国 Glasco 船厂所造，为招商局外海船之最新者，船员据该局上次调查，共计九十九人，此次搭客不下二百余人，其沉下处水深计十丈云。

（1929 年 1 月 17 日，第 13 版）

交部申斥赵铁桥

〔南京〕交长王伯群得"新华"轮在香港附近触礁沉没后，十七日电致招商局总办赵铁桥申斥，原电如下：

据报"新华"轮船在香港附近触礁下沉，溺死乘客数百人，损失商货甚巨。查"新华"船身仅有八年，失事由于触礁，足见对于船员人等，用非其人，滥竽充数，平时无严密之考绩，致屡有惨案发生，殊负政府派员整理之初心，复失人民之厚望。该总办抚心自问，能不汗流？该局船务科所司何事，既于船务管理，未具备应有之智识能力，即当遴选专材，以重职责，岂能徒事迁就，致酿变端？该总办管理经年，徒闻整顿之宣传，躬行每多未逮，而船舶之触破毁损，层见叠出，即此足见平日之空言铺张，深负委任。应将该总办及船务科长，先行各记大过，听候查办，仍令负责赶办善后救济事宜，随时详报候夺。（十七日下午十钟）

（1929 年 1 月 18 日，第 6 版）

"新华"轮失事续讯

——公私损失在三百万以上

招商局"新华"轮在香港失事，已志昨日本报。兹将续得消息，再分志如下。

搭客调查

今次"新华"轮中赴港粤之搭客，多至三百余名。盖因"新华"由沪开行之日，太古之"四川"轮亦由是日离沪，太古"四川"轮中之旅客，已经购票上船者有百余名，临时忽因十二名护轮兵之伙食问题，买办与公司发生争执，结果将已上船之旅客完全退票拒乘，致此一百余名搭客，悉数改"新华"轮动身，不意竟遭罹此劫，实出意外也。又有招商局局员陈立之之弟及其家属等，亦乘此船赴粤，至今生死不明。尚有一客，已购得怡和船票，而临时忽更乘"新华"轮，遂遭惨毙。此外又有退伍兵回至两广籍，而乘该轮往者，亦无一生回。今次"新华"失事，旅客在房舱内，欲逃不及，舱门为水激牢，无法出逃，故旅客中之死亡者，十九尸在船内，一时无从打捞安殓。闻搭客之中，妇女有三十余名，幼童小孩有四十余名，均无一人救出。"新华"轮中，全部船员共　百零三人，得以逃出者只十八名，而溺毙者达八十五名。

货物调查

"新华"轮今次装满船货，其中有生仁二千另〔零〕七十二包、石羔〔膏〕二百件、生油二千五百桶、炮竹二千四百五十余件、山查〔楂〕片一百三十件，棉纱、洋布等数百件，此外若药材、香烟、杂货等等，为近来运赴南华出口货最多之一次。其中有保险者，亦有未保险者，招商局已按照报装之各客家，一一通知。"新华"本身，即由本局仁济和所保险，闻保额有近三十万两，计十年中所纳之保费，亦有二十余万，故保险上不生问题。今次"新华"开出，全船船役之薪金四千余元，亦方始领去，今一并沉失。账房之内，尚有大宗船□现金，以及旅客、船员之私人财物，亦属不少。估计"新华"轮中之公私损失，须在三百万□以上。

家属探问

船主强生，迄无下落消息，多分已死。昨日该船主之妻子及老管、大副等各西人船员之家属，均到招商局探问消息。局中将所得到之电出示，各西妇咸悲泣而去。船员水手等家属，多至业务主任蔡铭三处询问。总局所派赴港办善后之曾广顷，现已在准备一切，候船赴香港。该局南海班轮，本为"广大"、"广利"、"泰顺"及"新华"等四艘，今"新华"失事，而南海轮只有三船矣。昨据局中之总船主言，"新华"轮船体新而坚固，不应出此触沉之祸，今"新华"轮而犹发生此一触即沉之不幸事，则将使全局所有之各轮，咸抱无穷之杞忧矣云云。

（1929 年 1 月 18 日，第 13～14 版）

赵铁桥复王伯群电

〔南京〕赵铁桥复电交部王伯群，略谓："'新华'沉没，失察之罪，固不可逭。惟船长西人强生调任'新华'已有七年，既非职所任用，亦非职所调派；船务科长董福开，自蒙钧座委任，颇能谨慎将事。该船在港触礁，不及临时取用沙阻，足见平时练习过少，为招商数十年来腐败症结表曝，短期施治，自难立效。"末谓："感于无米为炊，遇事每多掣肘，祈钧座早定方略，始可言及整个计划。'新华'善后救济，已派曾广顷副科长驰往办理。"（十八日）

（1929 年 1 月 19 日，第 4 版）

"新华"轮搭客又救起一名

路透社十八日香港电，今日有一渔舟在距"新华"轮船失事处二十哩之某岛救起一该船搭客邱善发（驿音）。据称，有十人，内有女子一人，攀一浮木，飘流两夜一日，乃为浪冲至岛上，余人或为浪卷沉，或因力竭而死。

（1929 年 1 月 19 日，第 9 版）

"新华"轮惨祸昨闻

家属泣闻

"新华"失事讯到沪以后,在轮执役之水手、茶房、生火等家属,闻讯后悲痛异常。昨日下午二时,各水手家属,扶老携幼,约有四五十人,纷纷到招商局,泣求维持,并要求给予抚恤。当以事归船务课主办,各被难家属,群至船务课内询问,但其时已无负责人员,仅办事员数人在内。各被难家属,对该课职责,群起责难,质问何故用此不明航务之二副,而以全船人命为儿戏。在局守候二小时之久,嗣因该课之负责人员,迄未见到,各被难家属,于四时许仍号哭而去。

检查改章

此次"新华"失事,与视察团之检查该轮稍包,纠纷半日,亦有间接关系。苟不发生此风潮,则"新华"轮可早开十余时,到香港外灯塔,当不在深夜,而船主亦可以早接送[船],此大祸或可得免;即或失事,亦不致在黑夜中,全部旅客船员尽行淹死也。因此之故,昨天招商局已将检查稍包事,改归沪局局长沈仲毅接办。昨日沈氏已发通告,知照各视察员,以后对于船员水手等所带货件,在检查时,应从和缓,切勿操之过激;又当年终之际,旅客所带行李,不免较常日为多,除旅客贩卖品外,概不收稍包小费,以便行旅而杜纠纷。

无司电员

中华民国全国商会联合会昨电南京国民政府、行政院、交通部云:

> 招商局"新华"轮触礁沉没,溺死乘客船员四百余人。据路透电,该轮设有无线电而无司电员,玩忽业务,致肇巨祸,非记大过所能蔽辜,应请将负责者撤职严办。全国商联会叩,啸,印。

邮件抵汕

"新华"轮船由上海开行时,仅装运汕头邮件,于过汕时,也已卸去。此次因触礁沉没,邮件尚无损失云。

(1929年1月19日,第13版)

蒋尊簋等为"新华"轮事通电

——主张速开股东会定根本计划

蒋尊簋等为"新华"轮沉没事，昨通电云：

南京，国民政府蒋主席、各院院长、各部部长、各省党部、各商会、各团体、各报馆均鉴：窃商办轮船招商局，自部派赵铁桥总办局务以来，劣迹多端，如船舶之毁损、账目之捏造、开支之浮滥、营业之锐减，其已表显于外部者，迭于尊簋等电呈中，陈明大概。兹由政府派员彻查，我股东等咸闻而雀跃，递料种种黑幕，当不能再隐伏于青天白日之下。而平日关心招商局事业者，如商会银钱两公会、航业公会、华侨联合会、中国驾驶员总会以及其他公正团体暨有心人士，亦莫不谓政府此举，必有以恤商艰而保航业。乃不谓彻查之事正待进行，而赵铁桥之穷荒极谬，又发见于"新华"轮船触礁沉没之恶耗。查"新华"船建造不久，即连本年计之，亦仅及八年，居招商局全部各轮中第一。因赵铁桥措置乖方，商局各轮，现仍能走香港者，只有"新华"与"泰顺"两轮。今以久走港沪之船，近灯塔显明之处，在天气晴朗之际，竟至触礁沉没，港电到沪，闻者悲慨。各报记载出事时间，正由二副郭振辉值班。查二副一职，按时轮值，其地位虽不及船主，而利害所关，亦与船主无异，全船生命、巨额货物、股东血本、商局名誉，时系于二副一身。宜如何因事择人，慎重任用。又查国民政府交通部《商船职员证书章程》第六条第三项，在商船上继续服务已满四年，并曾充二副满一年以上者，得给予二副证书。可见二副之选，其难其慎。乃今充二副者，甫于上年夏间考入商局驾驶员养成所，派往各船练习，及十二月即派充"新华"二副，知者无不骇诧，佥谓中国目下百事进步，人才辈出，学问经验，颇多上选，苟能取之有方，即可用之不竭。乃赵铁桥素无航政知识，又不信专门学问，全船生命非所念，巨额货物非所重，股东血本非所关，商局名誉非所虑，竟悍然违背交部定章，以尚无历练之人，躐授重要驾驶之职，偾事肇祸，亦固其所。独怜葬身于此役者，多至四百人，公私损害在三百万以上，而无形之损失，又不知以若干，计即食赵氏之肉，亦不足蔽辜于万一。所有善后救济事宜如何布置？商局已受损害，如何恢复？定何种用人方法，而后使乘客有恃无恐？立何种整理方案，而后使商局不至破产？亟宜官商一心，公同筹议，开股东会，以杜纠纷；定根本计划，以策进行。经纬万端，决非积尤丛谤之赵铁桥所能参预其事。应恳我政府垂念商艰，博采舆论，勿怙整理之虚名，而坐蚀股东之血本，鉴空衡平，虚己以听。庶几一年来迭次肇祸之事，得免再见于他日，而乘华轮之爱国人民，不至牺牲其宝贵之生命，国家幸甚，航业幸甚，我股东亦幸甚。迫切上陈，不胜悲愤待命之至。再呈正缮发间，读报载交通部长发令总办赵铁桥一电，事事明正，该总办之罪，语语均股东所欲言，部长如此贤明，航业前途之福也，股东之幸也。谨当伫待开会新命，详筹整理革新之策，先为八万股股东感谢，合并附陈。蒋尊簋、董康、汪有龄叩，巧①。

（1929 年 1 月 19 日，第 13 版）

来函

径启者：顷阅贵报登载招商局"新华"轮船在港触礁各节，内有"该轮本身由本局仁济和保险，闻保额近三十万两，七年之中，所纳保费，亦有二十余万，故保险上不生问题"等语，确系调查错误。查招商局江海各轮，向由该局自保船险，与敝公司毫不相涉。惟各轮货物水险，间有由敝公司承保者，即此次"新华"货险，敝公司亦仅保至汕头卸货为止。实无丝毫关系，合亟声明，敬希迅予更正为感。此致《申报》编辑部。仁济和水火保险股份有限公司谨启。一月十八日。

（1929 年 1 月 19 日，第 16 版）

---

① 在《韵目代日表》中，"巧"指 18 日。

"新华"失事余波

家属二次求恤

"新华"被难各水手家属，十七日到局索恤，未能得见负责人员。昨日下午三时许，又有三十余人，均系水手妻孥，及家属人等二次至局，向船务科哭询丧亡情形及如何善后办法。局员以究竟死亡及救活若干人，尚难答复，必待电港再询，候复电至沪，再行定夺。各难属言，电报往返极速，明日当可得到回讯矣。局员言，明日为星期休息，须二十一日，始可听回信也。各难属大哗，谓如此大祸，被难人盼复心急，度日如年，尔等尚欲休息，置人生死度外耶？乃哭闹不止。后经人劝解，始各于五时后，号哭而去。

青岛客货停装

现在正值旧历年将届之际，青岛方面，转运南海货，存积甚多，招商局特放"遇顺"、"泰顺"两轮往装。讵昨日青岛急电至沪，言自"新华"轮失事后，青岛客家，已一致议决，对招商局轮，拒绝装货，以免意外之损失。昨日该局得报，只得将未赴青岛之"泰顺"轮，临时改行厦门、广东，但是本街货，亦寥寥无几，多半改装外商船，以防年底受断货之损失也。

乘客各轮减少

"新华"轮失事，招商局在营业上，受打击最重。因该船名虽八年，实则只行六载，轮体较任何轮为佳。旅客方面，亦生戒心，上班之沪甬轮"新江天"出口，搭客已经大减，同时太古、怡和之外洋轮旅客，在近两日内则顿然大增云。

(1929 年 1 月 20 日，第 14 版)

蒋尊簋等昨晚宴新闻界

招商局董事蒋尊簋、董康、汪有龄等，于昨晚六时，假静安寺路三十四号华安八楼，宴请新闻界。席次，由汪有龄致词，述招商局应改善之由，并请舆论界主持公道云云。宾主尽欢，至九时许始散。

(1929 年 1 月 20 日，第 14 版)

招商局股东对"新华"轮事通电

东南通信社云，招商局股东王恭记等，为"新华"轮事，昨通电云：

南京，国民政府蒋主席、各院院长、各部部长、各省商会、各团体、各报馆暨全国同胞钧鉴：航业公司之于船舶，对内则为众股东血本所结合，对外则为乘客财产生命之所托付，经理其事者，于选任驾驶人员，应如何慎重将事。乃招商局总办赵铁桥，莅任瞬经一载，平日之于局务，固知整顿，而于驾驶一项，多以智识幼稚、能力薄弱充数。统计此一年中，船舶之因驾驶不慎出事者，不计其次，恭记等关于此点，业经列入请求查办之一。赵氏为对待股东虚构成绩，一若代表等之陈述，无不构成诬告或伪证之罪者。不意前日又有"新华"轮船，于香港口外触礁沉没一事，乘客死者凡三百余人，货物约及百万，而该轮构造之价为七十万元，且船龄之轻，为本公司第一优美之船。闻驾驶之员，系水产学堂甫经毕业，月修仅八十元，以如此重任，而付之于毫无经历之人，殊不知一经肇事，亏损者为股东。遇害既如此之众，必有殷实绅商、知识优越者在内，则要求赔偿，必赓续而来。其责任表面为招商局，内容则为股东。管理如此腐败，人民怵于闻见，试问何人再敢乘坐？则将来收失败之效果者，又为股东。我股东胡不幸而遇赵氏，致膺巨创，政府又胡不幸而为本公司致失衡鉴也。恶耗传来，众股东痛愤莫名，以利害切己，集议要求代表，请求政府，继续前案，严予惩办。正在起草间，伏读本埠各报，载有交通部将赵氏记过之电，其文云：

据报"新华"轮船在香港附近触礁下沉，溺死乘客数百人，损失商货甚巨。查"新华"船身仅有八年，失事由于触礁，足见对于船员人等，用非其人，滥竽充数，平时无严密之考查，致屡有惨案发生，殊负政府派员整理之初心，复失人民之厚望。该总办扪心自问，能不汗流？该局船务科所司何事，既于船务管理未具备应有之智识能力，即当遴选专材，以重职责，岂能徒事迁就，致酿变端？该总办管理经年，徒闻整顿之宣传，躬行每多未遂，而船舶之触坏毁损，层见叠来，即此足见平日之空言铺张，深负委任。应将该总办及船务科长，先行各记大过，听候查办，仍令负责赶办善后救济事宜，并随时详报候夺。公理未泯，当局措施，一秉大公，凡我同人，同深激涕。窃思赵氏任内，因经理不当而致损失，虽尚未着手清算，即此一役，损失当在数百万元以上。伏乞钧院饬交通、工商等部，并案依法查办，并责令赵氏负完全赔偿之责，以儆偾事而肃官常，无任感激。招商局股东王恭记、郁屏记等叩。

（1929 年 1 月 21 日，第 13 版）

赵铁桥谈"新华"轮事

招商局"新华"轮失事，各方颇为注意，某报记者，昨晤该局总办赵铁桥。

问："'新华'沉没详情如何？"

赵云："'新华'沉没，为本局之大不幸，其失事情形，仅凭电报传来，多未详尽。昨已特派专员二人驰往调查，并办理善后救济事宜。"

问："闻'新华'损失数百万之巨，贵局曾有估计及应负责任至何程度？"

答："截至现在，尚无细数报来。至于说到责任问题，世人多不谙海上情形，故凡船一失事，动谓为总公司或总经理应负最大责任，而不知总公司或总经理所管辖船只，第一只须船体适合于航行，第二船长及以次船员是否合资格与有学识经验，有此二者俱备，则总经理之责已尽。'新华'船为本局海行最新之船，最近又经修验，其船体适合航行，自无疑问。至其船长西人吉生，在局已十一年，任职于该船已七年之久，自无资格不合、经验不足之理。此外尚有一极可靠之证明，'新华'常航南洋线，出入香港，香港英政府理船厅检验最称严厉，凡船体不适航行及船长资格不合，决不许行驶，对于搭客船只，取缔尤烈，稍有常识及惯行海上者，大率知此。'新华'既能常行驶香港，则其船体适于航行，船长资格充足，即可为有效之证明。由此可知本局对于该船必具之两大条件，已完全无缺，而竟至于失事，可推测为力不可抗之天灾也。"

问："善后事如何办？"

答："拟请中外航行专家及法律专家，组织一审查会办理之。"云云。

（1929 年 1 月 21 日，第 13 版）

"新华"轮船粤籍被难家属会通告

径启者："新华"轮船此次由沪驶粤，不幸在香港附近触礁沉没，搭客船员男妇老幼计遭灭顶者达四百余人之多，损失数在五百万以上，噩耗传来，中外惊震。惟被难家属实以吾粤藉〔籍〕居其多数，犹且各有家属在沪，客地异乡，办理交涉殊觉为难，非共筹善后救济办法，势难达到圆满解决。用特组织本会，凡我被难家属请即来会报名登记，共策进行，以便汇齐向招商局提出严重交涉，并呈请国民政府治该局以应得之咎及其他一切救济。事关切肤，幸勿迟延自误。特此通告，诸希公鉴。

报名处暂设英租界四川路三百念五号二楼。

（1929 年 1 月 22 日，第 2 版）

李国杰致王伯群电

——为抚恤"新华"殉难船员事

本埠招商总局董事会会长李国杰氏，为"新华"殉难船员事，昨呈交通部电云：

南京交通部王部长钧鉴：此次"新华"触礁，损失重大，国杰受全体股东付托之重，忝居领袖，目睹惨变，无法救护，痛疚实深。现被难船员家属男女嚎啕，来局泣诉，倘无一种安抚方法，不足以示体恤，尤恐酿成事变，拟恳援照"江宽"、"江永"成案，暂定殉难船员临时抚恤办法，以安众心。敬恳仁慈鉴准，电饬总管理处商同本会迅速妥订执行，实为德便。商办轮船招商局董事长李国杰叩，效。

（1929 年 1 月 22 日，第 14 版）

航业要讯

〖上略〗

五路军士遣竣

江西五路军遣送退伍军官回赴滇桂，朱培德特派罗会文来沪办理，其最后一批，即系乘"新华"轮离沪者，乃不幸遭难。现在罗氏尚留上海，办理未了事件，而同来之遣军委员明绍武、梁国华、罗甫仁、倪岗等，因公事完毕，统于今晨从上海乘轮返九江复命矣。

〖下略〗

(1929 年 1 月 22 日，第 16 版)

"新华" 轮粤籍被难家属后援会成立

"新华"轮惨案发生，粤籍被难者占过半数，约二百余人，故昨日上午十时，由家属代表袁文波、陈杰、欧阳郁、程明甫、陈逵、黄玉英等，召集被难家属，在北四川路新广东街三号，正式成立粤籍家属后援会，公推袁文波为主席，当场通过办法数项：（一）催该局速负责打捞之尸身；（二）公推程君哲回港，办理登记调查被难家属；（三）推派代表赴京请愿，要求惩办赵铁桥；（四）通电全国，请一致援助，主张公道，为死者伸冤；（五）定期召集旅沪同乡大会，讨论进行；（六）聘请法律家办理法律事宜。

登记处暂设福星路大庆里四号，并推举办事职员，文书组陈杰、欧阳郁，宣传组程英、李达氏，调查组程明甫、黄玉英，庶务吴玉葵、朱再光。会议至下午三时散会。

被难者第一次登记者：陆耀章，四十三岁，三水人，政界；陈东海，三十岁，中山人，商界；陈吴氏，二十八岁，中山人；女孩，四岁；程尤，三十五岁，中山人，工界；林玉山，四十五岁，中山人，茶商；李士民，四十岁，南海人，商界；黄威，二十五岁，潘禹〔番禺〕人，政界；□王氏，五十一岁，顺德人；袁崇钊，四十五岁，中山人，檀香山华侨，妻程氏，四十六岁，又子阿全，二十二岁；又许开口，三十五岁，中山人，工界，母程氏，六十岁，妻李氏，二十四岁；欧阳存，四十一岁，中山人，工界。

（1929 年 1 月 23 日，第 14 版）

"新华"惨剧中之种种

退 之

招商局"新华"轮在香港外华舸伦岛附近触礁，一小时中，全船沉没，死亡旅客及船员水手等，凡四百三十余人，为近年航业界罕有之惨剧。其中颇有种种消息，为各报所未记者，爰分志如下：

旅客中生死由命

"新华"轮照例一月十日开离上海，在准备开轮之际，招商局之视察团，忽然大搜其船员水手之私带货件，名为"查稍包"，查出时，视察团强令各水手补纳水脚，各水手不服。以历来成例，水手总可略带一二物件，局中不从大处着想，专在此苦工身上搜刮。同时"新铭"轮，亦发生同等风潮。两船水手，当将视察员扭往总局，禀报营业课。船上水手、生火，亦起而援助，临时宣告罢工。"新华"轮当日即不能开出，有已经上船之旅客二十余名，恐罢工久持，则阻碍赴港之行程，是日即向船上账房退票，自愿折扣，不乘此轮。账房等曾百般慰劝，谓局中总有办法（对罢工事），今夜或可出口，不过略迟数小时而已。此二十余人，坚决不去，毅然各搬行李上岸，致未遭难，可谓幸矣。又有七十余旅客，系太古之"四川"船上者，若"新华"不罢工则已经开出，此七十余人亦不及转乘矣。乃"新华"适延迟半天，此七十余人，到"四川"轮后，忽因"四川"轮发生护船兵十二名之往来伙食归公司供给与归买办供给之争执问题，当因买办不允供食，而公司亦不肯担负，以致两方决裂。此七十余旅客，遂由"四川"轮退票。诸客因年底将到，因急于返港粤，鉴于"新华"未开，逐一致改乘"新华"轮，初不料同及于难也。又有在沪经商之某君，因返粤结婚，其兄已代买怡和船票矣，及送其上轮，而某君以怡和船中无熟人，"新华"内有友人在船，临时坚欲改上"新华"。说者谓生死由命,非可勉强。观于该轮已上船之客,而忽退票;不应乘"新华"者,而临时忽生事故,乃致加入,殆冥冥中有主宰者在欤。

作伪之轨亦罹难

招商局前年有"新大"轮,在北洋失事沉没。彼时局中几次开会商议打捞,其时总船主某英人,力称无从捞获,不必徒耗金钱。时有"同华"船主某英人,力言可以打捞,并自告奋勇。即由"同华"轮,带同工人技师,到失事处施行打捞工程,半个月中,居然将"新大"轮捞起。当场曾拍摄一捞起"新大"之照像,用水泥涂没穿洞,即由"同华"轮拖回上海。不意有一老轨,为总船主接近之人,自念今次"新大"果拖到上海,总船主势必无颜存在,继任者必为"同华"船主,乃斗生恶念,潜入"新大"船中,在拖至半途时,遽将"新大"船底之水洞门塞拔去,致"新大"拖起而复沉,险将"同华"轮亦带沉海内。该老轨从此大为总船主器重,推为心腹(今该总船主早辞职,此事局中人全知者),现任"新华"之老轨职,此次亦同遭溺死。说者为作伪沉船,宜受此溺死之报也。

尸体尽在各舱中

"新华"触礁在夜中三时四十分,旅客多在酣睡之中,其咎在二副某华人无航海经验,船主迟接班五分钟。然而触礁后如不急打倒车,则舱底破洞亦不致有如许大,亦不致六十分钟内沉失,舱内旅客可起身出逃。(一)全船电灯已息;(二)海水已冲入舱内;(三)舱内房门,一经水进,凭有千钧大力,亦推不开矣。故但闻舱内一片号哭之声,与各人在舱水内争夺之声,而终不能逃出一人。故事后虽经三日之侦查,但在海面所发见及拯起与已死之尸体不及四十人,可见四百余人之尸体,仍在船中也。

金钱损失之巨大

闻今次旅客中除有退伍官兵三十余人外,又有从外洋来沪归粤之华侨数十人,均带有巨额之钱币金洋等等。□账房内□去之全船员役薪金以及各旅客之票洋等,亦尽在船中,故此次内损失之公私现款,足有十余万元,各银行之钱票更多,今则将永没海底矣。招商局员陈某全家人员,乘此轮返粤,至今无一得生。其余旅客中之合家全死者,亦不知有若干家也。独此次该轮中竟无西人乘客，除船主、二副、老轨、二轨四西人外，所死者全为华人。

"新华"轮体之优良

招商局船，多系二三十年，独此"新华"轮只有七年。因该轮之建造在伦敦，由傅筱庵时向前北（京）政府取得"江宽"等之赔款以后，特向英国定造，船体十分优良，为全局轮船之冠。"新华"轮因为英厂制造，故得有香港客牌（招商局船中，唯此轮得有香港客牌），因香港当局发给轮船客牌，十分为难，必经种种验察，方始发给，稍有不合，便不给发。今"新华"沉后，该局已无他轮可驶行香港矣。

赵铁桥之用沙阻法

"新华"轮失事后，赵铁桥记大过。赵复电至交部，有"该轮触礁，不及临时取用沙阻"一语，诿为船上少练习。昨日各轮船员，对此言已提出讨论，佥以船身撞到小洞，在航业界之临时救济法中，只有用水泥涂或棉絮塞两种；然而对于极小伤洞而言，若用沙阻，沙为流水品，若用沙，恐船不沉而沉矣。各船员已公同具陈交部，请赵指示沙阻新法，以免将来或有失事，不用沙阻之获咎也。

家属求恤之跳脚

被难家属到该局求恤，局员推托未查明生死数目。各难属中十之九，为甬□人，中有大腹便便将临盆者六七人，到船务课中，大哭大闹大跳其足，楼下为沪局局长室，楼上登登之足声，历三小时不息，至今尚无办法也。

（1929 年 1 月 23 日，第 19 版）

交部派员查"新华"案

〔南京〕交部派双清、殷汝耕调查"新华"轮案，定敬①赴沪。又复沪总局会电，已将该会总办等先予记过，听候查办，并饬赶办善后救济事宜抚慰遇难家属，妥为安置，用期少弥余憾，以谢社会。（二十三日

---

① 在《韵目代日表》中，"敬"指 24 日。

下午十钟)

（1929 年 1 月 24 日，第 4 版）

蒋尊簋等电请召集招商局股东会

招商局股东代表蒋尊簋等，昨电呈政府云：

南京，国民政府蒋主席、各院院长、各部部长、招商局监督处暨各商会、各团体均鉴：窃商办轮船招商局，为我国民办航业最大最久之公司，我政府以其关系国家航权、股东血本，根据交通部组织法民办航业之规定，暂时出而整理，原属一时权宜之计，本无取而自代之心。读上年清查整理委员会暨招商局监督屡次宣言，一则曰公司主权在股东，最高事权在股会；再则曰俟股东会依法开放，董事会完全负责，则监督处亦可撤消，与普通公司受同等之待遇。凡我股东，固不敢致疑政府之别有作用也。顾自政府代为整理以来，弊害丛生，人言啧啧，其腐败症结已表曝于外者，如营业之锐改、船舶之毁损、开支之浮滥，业经尊簋等胪举事实，先后呈明，并迭经呈请召集股东大会，迅筹救济各在案。政府亦明知整理结果，不足以餍国人之望，遂有派员彻查之举。不谓近数日间，"新华"轮船又复有触礁沉没之惨剧。该局负责者，尚屡次文电，竭力宣传其办理该局之努力。讵意墨迹未干，而对于航业及乘客唯一托命之驾驶人员，用非其人，致酿巨变。政府整理航业，得此结果，使人民对国营事业发生极大失望，对本国局轮，不敢绝对信任。迭据报载，自"新华"失事，南洋客货已一致拒装本埠客货，又均改装洋船，洋船水脚本属克己，乘此招揽生意，与各埠客商订立长期合同。近数日来，洋船公司货运拥挤，收入突增，长此以往，商局营业一落千丈，自在意中。南洋既无货可揽，势不能长放空船，必至将该路航线放弃而后已。日就商局营业状况而论，非得有工商界之合作，银钱业之协助，决难期其发展。政府整理经年，成效安在？想各界信仰政府之心，易而为怀疑恐惧，欲其同心合作，不其难乎？政府以整理为职志，而内之不能维持其营业，外之

1325

不能取谅于各界，是亦不可以已耶？抑更有言者，欧美各国政府，对于商办航业公司，只有补助款项，从未闻越俎代谋。招商局本为完全商办之公司，清查委员会既有自身奋起之宣言，招商局监督复有核准开会之成案，信誓旦旦，岂容反汗。尊簋等只知政府之代为整理，系暂时的而非永久的，系美意的而非恶意的。整理而有成效也，固当实践宣言，交还商办，以尽扶持之责任；整理而无成效也，尤不宜久假不归，致失商民之信仰。政府明达，讵不知此。顾尚依回审慎者，殆误于招商局总管理处之宣传耳。今者宣传破产，劣迹昭彰，不特为全国民众所共知，抑为交通部主管机关所公认。官办之成效如此，商局之危险如彼，不知政府果何爱于总管理而不忍撤消？又何憎于招商局而靳予交还？为今之计，非请迅予召集招商局股东大会，彻底公开，不足以谋根本之解决，而救商局之危亡。尊簋等非不知商局损失已巨，挽救不易，徒以血本所关，苟有万一之希冀，宁忍坐视而不救。政府果能实践宣言，交还商办，行见商情融洽，人心镇定。人之爱国，谁不如我，桑榆之收，或当未晚。若犹以彻底为敷衍门面之计，去赵为缓和空气之用，不恤宣言，不顾威信，一意孤行，为德不卒，招商局固陷于万劫不复之地，其他中国之实业公司，将无不人人自危，从此投资灰心，营业解体。是牺牲一招商局，不啻牺牲无数之实业公司，恐非为民众谋幸福之革命政府所宜出此，此则尊簋等所尤引为痛心者也。迫切陈词，固知忌讳，伏乞矜宥。蒋尊簋、董康、汪有龄叩，漾。

（1929 年 1 月 24 日，第 13 版）

"新华" 轮船失事后消息

——招商总局职工会之表示

派员慰问各家属

"新华" 轮此次在港触礁沉没，溺死计四百余人，该船茶役、船员、水手遇害者百数十人。现招商局职工会，以谊属同舟，理宜互济，除函招商局总管理处迅速优加抚恤外，并派马少荃、刘震耿、虞扬三同志，携带大批食品，往均安会慰问诸被难工友家属，并常川驻在该会，以便协同招待一切。且闻该会并拟募捐，以资救济云。

函请优恤郭振晖

职工会致赵铁桥函云：

> 径启者：此次"新华"轮船在香港附近触礁沉没，溺死乘客船员至四百有余，遇救者仅二十余人，惨劫如斯，曷胜痛悼。"新华"为本局最新之船，航行南洋有年，而船主吉生又在船服务至七年以上，驾轻就熟，万不虞有此大变，诚出人意料之外，而为本局之大不幸也。近来局外指摘，辄以二副郭振晖为诟病，不知该员自厦门集美高级水产航海学校毕业，即为集美第二渔轮二副，服务海员已久，绝非□无经验。故此次就职，经过海关认可。至交部执照，□而未行，现时通未发给，事变之来，遂为众矢之的。壮志未酬，葬身鱼腹，其遇固可悲矣，乃复加以恶名，在他人不知借以肆攻击之技则可，若总办亦惑于众论，而谓该员之死有余辜，以夺其矜恤典则不可。敝会会员，谊属同舟，责无旁贷。目击该轮各被难船员之家属日夕痛哭，惨入心脾，皇皇无措。死者长已矣，生者宜早为之计，应请总办迅速查照前例，从优议恤，以瞑死者之目，而安生者之心，实为幸甚。此致轮船招商总局总管理处赵总办。轮船招商总局职工会。

（1929 年 1 月 24 日，第 13 版）

"新华"轮粤籍被难家属后援会消息

"新华"轮粤籍被难家属会成立消息，因登记过于拥挤，为便利计，特增设登记分所三处，一在北四川路十二号三楼，又老靶子路赫克司而路十二号，又虹江路邢家桥路三百十四号中西饼业会内，各家属直往各该处登记可也。又，该会聘请伍澄宇大律师为法律顾问，担任办理本案交涉事宜云。兹将该案第二次被难登记姓名录下：

陈昭台，年三十六，新会人，商界；周德威，年二十三，四会人，商界；吴钧，年二十一，四会人，工界；梁权，年三十一，江门人，工界；徐世光，年十九，新会人，学界；徐玉光，年二十三，新会人，学界；张才，年二十四，东苑［莞］，工界；程添，年二十，南海人，工界；冯耀南，年四十，中山人，政界，妻夏氏，年三十九，女，月娥，年十三，子天赐，年五；何金，年三十，花县人，工界；李阿冈，年二十四，南海，工界；汪少河，年二十八，新宁人，工界。张玉波，年二十一，中山人；福生，年二五，顺德人；夏松，年五十，中山人；孙琼初，年三十二，番禺；以上皆工界。吴周氏，年三十四，惠州人，佣。

（1929 年 1 月 24 日，第 14 版）

招商局新华轮船被难家属会通告二

径启者：本会自成立以来，各家属来会登记者虽已有二百余人，而（未）来报告者为数亦复不少。值此年关在迩，本会决于最短期间为死者谋善后、为生者策安全，用再登报通告，凡未来会登记者，不论省别、性别，请于三日内速来登记，其有远在外埠、无亲友在沪者，请于一星期内用函电报告，以便集合全体被难家属，作整个的团结，用整个的力量，提出整个的要求，俾收事半功倍之效。一俟登记完竣，即行定期召集全体大会，讨论一切进行办法。特此通告，维希公鉴。

报名登记处：上海法租界白尔部路新民里十四号。

（1929 年 1 月 25 日，第 2 版）

"新华"劫后余生述

刘恨我

招商局"新华"轮船，在港外横栏灯塔，遇风触礁，沉没海底，死亡四百余名，损失达数百万。恶耗飞来，社会震动，诚行旅上之创变，航海界之惨闻也。吾友张君服务该轮，同罹浩劫，九死一生，侥幸脱险，劫后归来，缕述经过，惟前后大略，详载各报，爰纪琐屑，则为各报所不及载而未得录者。

触礁前之先兆

当"新华"遇变之前一夕，张君自言，睡梦朦胧中，独处甲板，忽睹其先人随波涛汹涌而来，大声晓谕之，谓速离此，巨变立至，否则同遭于难，必无幸免，言讫遂没，巨浪蹈天，疾卷而来，全船遂倾覆，大惊而醒，时正子夜也。然航行十余载，从未遇变，或心理变态有以致之，遂不复信。翌夕，辗转反侧，不能成寐，下床小遗，陡闻人声鼎沸，灯火尽熄，□出视之，知巨变作，秩序纷乱，不可制止。然此次生还，殊出意外，岂冥冥中果有呵护耶！

死难者之种种

客陈某，少孤，从其兄来沪习银业，节衣缩食，历年五载，仅积千余金。冬间其母自乡来电，速归迎娶，遂欣然挟巨金返，不料竟作波臣，可怜千里外之老母，倚闾而望，未婚妻尚日夕盼良人归也。又港之富商女，于归有日，亲来海上，采办装奁，穷极奢华，达数万金，附轮返港，同沦□底，诚遥遥相对之乐极悲生者。下野政客某，民脂民膏搜刮不少，近以海上绑风甚炽，摒挡行装，阖家返省，侍役如云，箱笼百件，声势赫赫。闻此行现款，亦达五万金以上，豪富可见一斑。十载心血，同归于尽，足见天网恢恢，疏而不漏也。邻居有赵氏子，离乡日久，归家省母，本拟乘他轮往，以与张君素识，遂致就焉，以资照顾，不料赵竟葬身鱼腹，张尚偷生。"我虽不杀伯仁，伯仁由我而死"，午夜思之，能无遗憾？洋货号主周君设支店于羊城，以电召其妇往，并携千金以资周转，初其母拟与之同行，奈为其所阻，未果，则冥冥中又有定数在也。

不幸与幸运者

查"新华"除旅客灭顶者外，而职员同毙者，亦居泰半。除业务主任安居省港，逍遥乐土，其中最令人惨不忍闻，为之酸鼻者，则为叶君是。叶乃一诚朴勤恳之青年，自幼父母双亡，赖祖母抚养，长成入学，而服务社会。旋由戚介绍入"新华"，司收支职，数载于兹，毫无陨越，极得上司之青睐，今若此，良深扼腕。况叶娶妻生子，负担颇重，区区月薪，不足开支，爰出历年所积，益以典质借贷，集洋五百元，往来购货，以博微利，今则全军覆没，生机断绝。惟上有白发祖母，中有红颜娇妻，下有黄口小儿，一家数口，嗷嗷待哺，来日大难，何以善后？苍苍者天，何其酷耶！轮中职员生还者除张君外，尚有厨师张金发与管事李荣宝。据当落水时，仅伏一小艇排上，前后共存十人，飘流历二十小时，卒为一渔船救起，诚不幸中之大幸者。谈次色变，犹有余悸。□李君前服务"江永"轮，南北战争九江一役，"江永"被焚，李居然庆生还，今遭大故，犹未被难，则李更为世界上之最幸运者矣。

滑稽者之论调

"新华"殁后，海上闲谈，多有一种滑稽之说，谓该局"公平"轮船前业务主任刘锦庭氏，甫于上月逝世，刘君生前航海三十余年，为各海轮主任之资格最久者，今将升调入"新华"，故早一月赴玉楼之召。附志于此，以博一粲。

（1929 年 1 月 25 日，第 12 版）

"新华"轮粤籍被难家属后援会消息

"新华"轮粤籍被难家属后援会，昨日决定，将虹口分段，派人宣传，即中虹桥以下派郑来，横浜桥一带派程明甫，虹江路一带派黄玉美，天通庵路一带派陈逵。并推派袁文波、陈杰前赴招商局质问赵铁桥，"新华"轮肇事，已一星期，何以尚未去电港局打捞被难尸身？究竟是何居心？着祈切实答复云。

兹录昨日来会登记者姓名如下：唐杭，年二十五，三水人，工；张君可，年二十，三水人，工；伍玉名，年四十岁，九江人，商；黄遇新，年廿七，顺德人，工；许阿陵，年十九，南海人，学；谭贵，年二十五，南海人，商；许中孚，年二十八，中山人，工；周翰章，年三十一，顺德人，工；陈大地，年十九，番禺人，学；陈域其，年四（十）六，三水人，医生；周莫如，年四十，南通人，在船接客。

（1929 年 1 月 25 日，第 14 版）

首都纪闻

〔南京〕交部派双清、殷汝耕二十四晚赴沪，查办"新华"轮案。兹又派技正杨英，点收同济学校所借商船学校校具。（二十五日下午十钟）

（1929 年 1 月 26 日，第 8 版）

"新华"轮粤籍被难家属后援会开会

中国新闻社云，"新华"船粤籍被难家属后援会，昨（二十五）日下午二时，在福生路大庆里四号召集临时会议，到家属代表二十余人，通过议案：一、决加派陈非雪君返港，进行搜查证据，以刑事控告赵铁桥；二、惩办赵铁桥电报二通；三、如国府对赵氏仍存敷衍态度，决由家属全体赴京请愿；四、决扩大□案宣传，非达到惩凶抚恤目的不休。兹录昨日尸属登记如下：金厚永，四十二，中山，教书；女，十一；周姚焕，好[女]，二十四，东莞；周卫连，两岁，东莞；邓合，二十，东莞；黎耀燊，二十六，番禺；黎启霖，二十一，番禺，泰丰罐头公司职工；林天球，中山，十八，学生。

兹录两电如后：

南京，国民政府蒋主席，行政院谭院长、冯副院长，交通部王部长钧鉴：此次招商局"新华"轮船失事，惨毙数百生命一案，究其罪首，该局主持者实不能辞其咎。查"新华"轮，由英厂建造，船龄甚稚，轮机舰身素称坚固，其所以酿此惨剧，综核其故：一、由于该局总办任用非人，既以毫无航政学识之人任船务科长，复以经验缺如之人充"新华"驾驶，以致触礁于天气无故之时；二、船中装有无线电而不用，司机员生致遇险时无法求救；三、该轮启碇，不依定时，致黑夜涉险洋。凡此皆系管理局之责，无所逃遁者。旅客何辜，遭此荼毒？船员何罪，遘此闵凶？葬身鱼腹，惨绝人道，寡人之妻，孤人之子，谁为为之？孰令致之？此而不惩，国将焉赖？敝会既痛家人之尸骨靡（存），尤念国家之纲纪官常，誓为死者雪沉冤，矢为国家全纪律。用特不辞冒渎，泣血陈辞，仰祈我贤明政府，乾纲独断，毋稍瞻徇，将草菅人命、儿戏航政之招商局负责主犯赵铁桥，拿交法庭，从重治罪，以彰国家法典，而慰死者阴灵。并恳查抄该犯之家产，拍卖充恤，俾死亡家属不致流离，且明致人惨死、累及遗族之责任。夫误伤一命，尚有常刑，何况玩忽国家付托、荼毒数百人民之显明罪犯！

伏乞我政府维持国法之威信，保全航业之令名，俯准迅行，中国幸甚。"新华"船粤籍被难家属后援会叩，有。

全国各报馆转全国同胞公鉴：顷上国府蒋主席一电，（文略）等□。本会同人，泣血椎心，语无伦次，含悲忍痛，莫雪奇冤。伏望各界公团一致声援，毋令首犯逍遥法外，庶国家之法威不堕，世界之公理长存，死者瞑目，生者气伸，不胜感祷之至。"新华"船粤籍被难家属后援会叩，有。

（1929 年 1 月 26 日，第 14 版）

航业公会为"新华"轮事上交部文

上海航业公会，昨日为"新华"轮失事事，电呈交部云：

为保障航业，声明责任，仰祈察核事。窃维我钧长对于招商局，本积极整理之心，负直接监督之责，兴利除弊，不遗余力。此次"新华"轮船失事，责备主持者不嫌其严，具见尽心职务之至意，属在航商，钦佩悚惕，交集五中。惟查轮船行驶于江海，驾驶全责负诸船长，公司任用船长，则一以有否船长证书为标准，大副亦如之；对于二副，如尚未领得证书者，则以其原有之格资［资格］，报经海关许可，并由船长同意为标准，此各轮船公司任用驾驶员之习惯及事实也。故任用之权，虽在公司之主持者，而能否受任，除证书外，则以海关之许可、船长之同意为依据。在公司任用时，既有所依据，则其责任，当然由其所依据之物之人负之也明甚。"新华"船长已充该船船长多年，必有证书可知。其二副闻系水产航海学校毕业，曾在别船服务，任用时亦必经海关许可、船长同意又可知。若因驾驶失事，而责令任用之主持者担负全责，则凡商轮公司及其为经理者，须负范围外之仔肩，不但具有经理资格之商人必视经理职务为畏途，而应者寥寥，且商人既有资本，又复谁何敢营此无限制责任之航业？影响于我国航业前途者，实属重大。况于政府图复航权、奖掖航业之政策，亦将发生障碍。职会原知招商局，现系官方代为整理时代，其对内办法或未能强同商航，然华商轮船众多，此后难保不再失事，倘国人竟以"新华"船案之钧电引为成例，以全责加诸轮船公司及其主持者，甚至有勒令赔偿之主张，将成为航业致命之伤。瞻前顾后，如芒在背。职会对于钧部与招商局间之办法及招商局与各界间之争执，原未便有所表示，但为航商集合之团体，凡与航商利害有关之事，自不能缄默不言。用敢述明习惯，引证事实，为责任界限上之剖别及声明，以杜后患而维航业。伏乞鉴核批示，俾资保障，航商幸甚。临呈不胜迫切待命之至。

(1929 年 1 月 26 日，第 14 版)

招商局"新华"轮船被难家属均鉴

"新华"在香港附近遇险后，敝处对于被难人员善后问题，当即迭电香港分局极力设法，并派专员赴港调查办理，一面对于船员家属除积极拟议抚恤办法，俟订定后再行通告外，并先委托均安会代为接洽一切。特此通告。招商局总管理处启。

(1929 年 1 月 27 日，第 2 版)

各同乡会消息

〖上略〗

上虞

上虞旅沪同乡会常务委员会前晚七时开临时会议，公推王志祥主席，行礼如仪。主席报告开会宗旨；常务兼文书主任刘笑天因病，由叶齐鼎代表，报告受理各案；次方佩臣报告上虞王某捐助公益费六万元，某团体违法私组保管委员会，议决否认少数支配公款；次常委张介寿提议，"新华"轮遭难同乡许有年之母，请求本会代请抚恤。议决：推叶齐鼎负责，加入"新华"轮被难家属代表会，并呈交部，饬令招商局总办赵铁桥迅办抚恤。

〖下略〗

(1929 年 1 月 29 日，第 14 版)

殷汝耕谈交部两大设施

交通部航政司长殷汝耕，以彻查招商局及调查"新华"轮事务，奉命来沪，日日社记者昨访殷于寓处，殷氏谈交通部最近之两大设施，今记其谈话如下：

法规委员会

殷氏谓，近以奉部长之命来沪，调查招商局"新华"轮失事情形，此项调查须根据各国之先例，然后可以入手。吾国对于航行法规，向无规定，故遇航政界发生事故，措置辄形棘手。如从前之"新大明"轮，关于法律之裁判，以向无海内法庭之设备，故只为临时组织一公断之法庭。各国对航行法规，均有严密之组织与完善之法例，吾国以航行事业之不发达，向无此种组织。从前军阀时代，交通部未尝顾及此种事务，故航政司一职，视为一种闲差，数十年来，航政之腐败达于极点。今交通部有鉴于此，故组织一交通法规委员会，业已于前日成立。会中委员，即由部中司长及参事等统任之。法规委员会之任务，包括一切航政、邮务及电气事业，欲订定一完全之法律，使以后有所依据。此项工作，近已在进行之中，并由交通部聘请交通专门人材，以资借镜。从前北平政府，交通部虽亦有类似此项法规会之组织，聘一西洋人为总编纂，亦曾有航行法规之草拟，惟交部并不注意及此，故未能成就。将来法规委员会，拟借以参考而成交通上完善之法律规定也。

收回航行权

又谓，交部现注意于收回航行权，惟吾国航行权之伤失，系不平等条约之规定，故欲收回航行上一切已失之主权，非与取消不平等条约相辅而行。此项计划，现交部正在准备，俟相当时期，即将各项关于航政之意见贡献于外交部，俾与外交部会同进行，收回航行之权利也。

（1929 年 1 月 30 日，第 13 版）

三团体组织 "新华" 惨剧救济会

——被难家属后援会尸属登记之续报

上海广肇公所、粤侨商业联合会、潮州会馆三团体，以此次招商局 "新华" 轮船在香港附近触礁，沉没搭客船员，损失生命者四百余人，诚 为空前未有之惨剧，殊堪痛惜，特于昨日下午开联席会议，议决组织救济 委员会，举定唐少川、罗芹三、陈炳谦、冯少山、劳敬修、唐宝书、叶海 田、郭仲良、郭唯一七 [九] 君为委员。

"新华" 轮粤籍被难家属后援会尸属登记续报如下。

佘厚永，四十二岁，中山人，教书；又女，名未详，十一岁；邓合， 二十岁，东莞 [莞] 人；周姚燠，好 [女]，二十四岁，东莞，字 [子] 卫连，二岁；黎耀燊，二十六岁，番禺人，商；黎启霖，二十一岁，番禺 人，商；林天球，十八岁，中山人；黎北棠，四十四岁，广州人，商；徐 国新，十九岁，赤溪人；易学雄，二十三岁，赤溪人，学；李均松，二十 一岁，南海人，工；李亦轩，二十四岁，南海人，工；张发荣，四十岁， 三水人，跟船；黄北河，二十四岁，中山人，工；王翔，二十四岁，东莞 人，书记；许炳垣，二十八岁，九江人，工；张建民，四十三岁，南海 人，商，妻李氏，三十九岁，子可道，十三岁；简岳欣，二十一岁，中山 人，弟岳培，十七岁，学界；韩贵才，二十四岁，番禺人；陈金汉，二十 岁，新会外海人；梁秀伦，三十四岁，肇庆买立川人；梁简，五十岁，中 山人，船员；黎福荃，五十六岁，新会恩平人；陈慧卿，二十五岁，顺德 人，女界；周云孙，三十二岁，番禺人。

(1929 年 1 月 30 日，第 14 版)

上海粤侨商业联合会、广肇公所、潮州会馆
通告 "新华" 轮船粤籍被难家属

径启者："新华" 轮船此次在香港附近触礁沉没，搭客船员损失生命 者四百人，以吾粤同乡为最多数，殊堪痛惜。现本公所等组织救济委员

会，凡我同乡被难家属请即来所报名登记，以便汇齐，向招商局交涉，幸勿迟延。特此通告。

报名处：宁波路广肇公所。

（1929 年 2 月 1 日，第 7 版）

告"新华"轮被难家属

这次"新华"轮船所遭遇着的变故，乘客船员之惨死者三百余人，恶耗传来，实在使我们非常心痛，非常怆怛。

"新华"轮为本局最新的轮船，而且最近又重加修理；船主吉生在局服务已十余年，在"新华"任船主也有七年，大副、二副又均系出身于航海学校，在别的轮船上服务甚久，且同为海关及香港英政府验船厅之许可。不料，真万不料，在此驾轻就熟之中，竟致出此惨变，诚非人力所能抗之天灾，乘客船员之大不幸，被难家属之大不幸，本局之大不幸。

我们知道你们对此次事变一定较本局更为哀沁心脾，天灾之来，虽属难抗，然在人情上，我们除痛悼此三百余惨死者，痛惜本局遭此意外之巨大损失外，对于痛遭骨肉分离、孤苦无告的诸位，尤其深致不安。不过死者已死了，徒然悲伤又复何益？一切善后事宜，我们当然要尽我们的力量——在我们可能范围以内，负责任替诸位设法的。我们谨以十分的挚意，希望大众在这不幸的遭遇中，节哀顺变，勉抑情怀。

同时，我们更恳切的告诉诸位，关于一切善后事宜，我们希望诸位随时对本局加以指示。传闻日来发生的什么会、什么会，发起的人简直与被难者毫无家属关系，他们别存用意，另有阴谋，想假借我遭难的诸姑姊妹、父老弟兄的躯壳，作个人投机和侔［牟］利的工具。换句话说，他们想利用我们悲苦惨痛的时机，去招谣［摇］撞骗。我们如果不注意，为那些口蜜腹剑的人所操纵，结果抚恤无论如何优厚，恐怕都上了别人的腰包，自己反一无所得。那时你们家属虽知上了大当，无奈他们反颜不相识，或把一切利益都归作他们自己的功劳，硬说是应得的报酬呢！我们是深切同情于我们被难的家属，又何忍视人玩弄，知而不言。

凄风天末，说不尽我们惆怅的心怀，只要是本局力所能及，本局当尽能及的力量，为死者求善后，与生者策安全。家属们，愿你们宽心！

（1929 年 2 月 1 日，第 22 版）

译"新华"轮船大副极可勃生报告

一月十五日下午零十分，"新华"由汕头启碇赴港，搭客约三百人，船上执事者共一百零四人。船过好□角时，东北东［向］狂风，加以大浪，大副于下午□时值班至十二时。当□点零五分钟之时，船经溪伦灯塔，十二时二副郭振晖来接班，大副即示以本轮之地位及驶行之方向，并船主所留之命令，告知何时去唤船主，自后即离舵楼休息。嗣忽闻击碰之声，即披衣出室，驰至舱面方知本轮确已座礁，即至舵楼，见船主正发令，开尽倒车，并发求救信号及放救生艇，检救命衣预备交给旅客及一切人等。未几，忽觉本轮开始离礁浮动，然本轮船尾又触礁石。数分钟后，船长谓车叶尽毁，命速下锚，左右两锚先后抛出，船首渐渐下沉。船首舱内，凡水手头目、木匠、舵工等房间尽为水淹，大副亟驰至船之中部，尚闻船主大呼放舢板救旅客生命也。时船下沉甚速，大风浪依然冲击舱面，大副亦堕入海中。其时□□见船之后部犹在水面，后因随波逐波，暮色苍茫，船影亦不能见矣。未几，大副为渔船救起，至一月十六日晨十一时往本地警署，一月十□日离医院暂移住旅店也。

（1929 年 2 月 1 日，第 22 版）

"新华"失事之责任问题（上）

□［中］国航海界，如不幸而一发生船舶失事，则遇难者家族方面，尤其是自认智识界中人，每每不约而同的群相指摘，一致攻诘，以为公司经理有莫大之过失，一若罹难人被公司经理等推之下海者，众口铄金，是非莫辨。在公司经理方面，于千夫所指之下，忍痛负责，办理善后，筹备救济，牺牲产业，败坏名誉，真是有苦莫说。近日招商局"新华"触礁沉没，港电传来，同深哀悼，在此悲恸声中，当然事同一律，免不了重映上述的一番景况，该局总办科长大受人之谴责。夫同情心之富有，固为社会良好现象。如果被难者确因总办等办理悖谬而致死，罪有攸归，应加相当之处分；如果该船失事，非总办等所能设法预免者，则盲目之诋毁，含有作用之攻击，曷足以昭公允？于此有一最要问题，亟待解决，问题惟何？"新华"失事之责任究竟谁负？

关于此层，觉我国航政上有一缺点，即无完备之航律足以裁制之是也。忆前北平交通部，曾有航律委员会之设立，对于《船东责任条例》、《船员责任条例》业已拟订。改革以后，无形作废。荟萃中西法律航海专家所产生结晶品，今日束之高阁，殊可惜也。惟其间足资吾人借镜参考处颇多，例如会员某英人提出"关于船东责任草律之意见"，其开宗明义第一章，即痛快直言曰：

> 中国无法律以限制中国船东之责任，与航业前途，有极大之恐怖。对于斯问题，设无国内之法规以救济之，则船东似有无限制之责任。任何公司，假定船主中有一人发生错误行为，立时可将船东所有公司之营业全部破坏。

按斯言也，切中目前航业界危难之弊害。外籍客卿，犹代为担忧，不知航业界本身，暨航政当轴亦尝顾念及之否？抑予更欲有所声明者，盖吾非局中人，又非反对政府整理者，又不是官场方面，自审下笔时，初无一种是非存见，梗乎中臆，不过观于近日船只遇险之悲剧，与联带发生之纠纷，不禁有所感触，作为抛砖引玉可耳。

各国对于航律，凡必须统一之事件，例如《航海章程》、《号志章程》等，概由英国商部与其他各国航政机关，作几度之商榷，而主稿划一之。至船东之责任及限制船东之责任，尚未有规定统一办法之举。若英吉利、脑〔挪〕威、瑞典等，其大概办法，系将船东责任缩小至最低限度。又按英国之普通法（亦即美国普通法），凡所遭伤失损害由于：

（一）天灾；

（二）本国的仇敌；

（三）货物本身的劣性所致。

此三项所发生者，在船东方面绝对不负责任。又查前航律委员会起草《船东责任条例》，关于天灾一项，缩小其范围。而根据麦克辣克兰之主义：

（一）此项天然之灾祸，非人之技能谨慎智慧所能避免者；

（二）此项航行之状况，非人之技能谨慎智慧所能避免者；

（三）行政者及国民之禁止；

（四）船上失火；

（五）货物本身之劣性。

观此，凡船舶遇险失事，伤失人命财货，苟由于上述五项中所致者，船东绝对不负责任。又查规模较大之航业公司，必设船务一科，其职务比他科为重，盖以一公司命脉所寄也。而船务科于船舶，须具下列之必要三条件：

（一）船身是否合于航行；

（二）轮机、驾驶二部船员，是否具有资格；

（三）设备是否完善。

按第一项，即指船龄不得过于老大及船身腐旧不堪行驶等言；第二项，即指船主，大、二、三副，轮机长，大、三［二］、三管轮等，是否有相当资格，执有证书或经海关许可等言；第三项，即指《船舶公安法》上所载，应备具救命艇、小艇、浮筏、救圈命［命圈］、救命衣、救命带、救火器具及各种号灯、罗经、经度表、测量器、千里镜等言。在公司方面，对于上列三条件，处置合度，而犹酿祸者，此显然船东方而之过失；而另有其他原因者，或因天灾，或因船员疏忽，或因临时发生特别变故，此非公司经理科长等智慧能力之所可设法挽救或预免者也。良以船舶乃浮动性之物，万里洋洋，驶行在外，一旦祸起仓猝，如上所述之几种原因，而出于必要的三条件之外者，彼相睽千万里之经理也、科长也，非具万能之术，奚有补救之方？若凭几句"措施失当"、"责无旁贷"等等之抽象词，以吹毛求疵，入人以罪，即舍法律而谭常情，宁足以资折服？

论船员方面，受公司之辛资，享公司之各种优遇，自有其对等之义务，如驾驶部分、轮机部分，各上级船员各司其职，责任綦重，而尤以船主为最。船在行驶时，一切事胥归其统辖，有裁判权，有拘留权，有抛弃货物权，发号施令，偏重专制，犹之一船之王。而船东之聘用船员，不啻将全船之生命财货，尽行付托。于航海时，苟不发生力所难以抗避之天灾人事等变祸，而竟至失事者，疏忽错误之咎，其安能辞？易言之，倘因驾驶管轮方面之错失而酿祸者，即船员应负完全之责任也。

以上所述，乃船东与船员责任之区别也。今假定有一船失事，其原因基于船东之疏忽违章，其责任应归船东负之；原因基于船员之疏忽错误，其责任应归船员负之；原因基于力不可抗之天灾变幻等，则尽可学楚人之口吻，"君其问诸水滨"。

从事实方面讲，历据港粤来电及中西报纪载，"新华"于夜间三时四十分许触礁于距港十海哩之浮格兰岛附近。因其时二副值班，风势甚猛，浪高三十尺，船身被巨浪冲激，航向略偏。船主于触撞后，并发救难信号，亟命开倒车，海水涌入，知无救，乃抛锚下艇，而锚链折断，小艇被浪卷沉，越五十分沉没，溺死四百多人，获救者二十余人。此简短之一段惨史，为参证许多消息而较为可信者。

又统观攻诘该局者之论调，其焦点：（一）此时为二副值班，局方不该违背交通部船员证书章程，任用甫经航海养成所毕业之郭某为二副，致酿此变；（二）该船装有无线电机，而无司电员，致失事后，无从发电求援。

我人今本航海之经验常识，而平心静气，参酌复杂之报告，加以评断之，似觉该船之失事，近于天然之灾祸。因在大风巨浪中，船身颠簸，可知驾驶失其效能，遭风浪之冲涌，而触及礁石也。据予见所及，有下列数点，足资研究。

（1929 年 2 月 1 日，第 22 版）

赵总办在纪念周之演词

"新华"触礁沉没，乃本局之大不幸，对于船员生命财产之损失，尤深痛惜。现在善后办法，只能从优抚恤。至于责任问题，外间不明海上情形，率皆归咎于公司方面，黑白混淆，是非颠倒。总之，船只失事，本局有先例，各船公司有先例，世界各国亦有先例，岂能随便归罪于人。余曾与京沪方面熟悉航务之人谈论，金谓轮船失事，公司方面实不负责。不过船身之是否适合航行及船长之是否适合资格，公司方面事前须审慎考查，对于上述两条件，如无问题，即认为责任已完。盖航海时，船长担负全船责任，即有危险，非公司方面能力所可挽回。查"新华"船龄只七八年，船身坚固，航行南洋已久，对于第一点自无疑义。船长在局供职十一年，在"新华"任事亦已七八年，资格亦无不合，对于第二点，亦无问题。故此次在香港附近失事，因狂风大浪而触礁，决是天灾，为人力所不能抗，一切均有事实法理可以根据。外间虽有反对派之从中挑拨，淆混人心，不难纠正，无足为患。日前航业公会上交部呈文，其中措词，深具正理，颇有研究之价值。本局对于被难船员家属善后问题，良心上自应尽力设法优恤。我们要知道现在招商局，问题虽极复杂，而归纳起来，则不外是资本主义与民生主义之斗争。我们本革命牺牲之精神，具百折不回之志愿来此整顿改组，决不如以前北京政府时代，所派人员之专图私利，不顾国家航业而中止者。我等赤手空拳，来此改革，剔除积弊，瓯〔甄〕别人材，无怪受人攻击。办理一年，对外事宜极为复杂，虽应付麻烦，而实际上局务整顿成效卓著。不过性质未定，办事殊难。余绝对主张收回国有，盖交通事业直接关系工商业之发达，运输不利，交通不便，实业何由发展？招商局为我国唯一航运事业，我等常诵总理遗嘱，对于《建国大纲》、《三民主义》，应如何本革命精神，继续努力贯彻主张，当为各同志所急欲明了。交通事业收回国有，即是总理《建国大纲》所主张，我等奔走革命数十年，无非为中国求自由平等，对于此点必须始终如一，躬行实践，以达目的，无论外力如何反抗，决不敷衍从事，半途中止。我们的大本营就是党，一切均应受党的驱使，以贯彻总理之意。党就应该以全力援助我们，我们的失败就是党的政策失败，党的政策失败就是不能达到救中国的目的，就是不能完成革命，天天空读总理遗嘱而已。我们认识了为招商局问题而牺牲力量与精神，完全为党为国，如其不成，决不干休，总要达到目的而后已。如竟获成功，亦决不留恋，不忍舍去，效以前腐化股东之把持。总之，来去可以自由主张，不能不贯彻耳。

（1929 年 2 月 1 日，第 22 版）

应如何确定"新华"海难责任之客观谈

徐明道　投稿

此次"新华"轮船在香港附近触礁沉没，死者三百余人，损失百有余万，从人道、物质两方言之，固皆不胜其悼惜。且在航业幼稚之我国，对此重大海难责任问题，尤宜有公正合理之评判，以作确定海难责任之标准，而使航业界与社会人士举知所适从。顾观于迩来对"新华"失事之言论，一般乘衅因利者，则举一切责任，加诸管理当局，本非平心静气之谈，自无见道中的之处。其属该局自身暨航业公会所发意见，虽对于责任一端，颇能有所阐明，而航业公会呈交部文，剖折危机，尤见剀切，独惜专重目前之事实，过疏将来之补救。再次间有根据《海商法》立论，以推敲责任谁属并绸缪防杜后患者，其深心远识诚足令人倾佩，而表无限同情，惟又觉其对现时航业状况，殊欠精研，致多隔膜，论列责任诸点，颇嫌隔靴搔痒之病。试一归纳诸说，盖皆坐偏信一己主观之失，而不考察或宣布"新华"究竟如何遇险之真情，遂遽凭其个人理想或主张以判断之。充是况也，则纵责难声辩至无纪极，其于事实是非亦永无剖白之时。且无论任何一方占得文字辩难胜利，要皆不足折服航业界及社会人士之心意。而偏胜与混沌之害，非使国人惩经营航业之太危，即损国人对本国航业之信仰，又皆足窒碍国航发展之前途，陷堕航权收回之希望，影响之巨，及于全国后世，决非仅仅招商局之安危利害已也。

（一）"新华"海难在《海商法》上之客观

在法制完备国家，如遇此类"新华"事件，不难立据条文，片言决定，纷呶争执，无自而起。无如我国《海商法》，迄今尚付缺如，致失援证依证，不能为立时确判。然幸世界各国《海商法》，采制虽不无各有微尚，而根本要点，固皆若合符契，殊鲜出入。盖轮舶往来国际，交涉频繁，任何国家绝不容独标异趋，故"新华"海难问题，尽可援引世界通行《海商法》，以为论断，自不致有悬远舛谬。按法、日两国《海商法》，船东对于水上资产，均采委弃制度（轮船公司财产，有水、陆之分，水上财产发生变故时，只能就其生变一部份者处置，绝不能牵连他部，此系各国《海商法》所同）。如轮船在航行时间出事遇险，船东有无责任，必根据下列三种方法，以判明之：（甲）如因轮船本有朽损，不堪航行，或所用船员学历不足，无能驾驶，由是失事者，则他人所受损失，船东或管理者自应绝对负责，无可推诿；（乙）如因驾驶人员之过失或非法行为暨遇盗失火等属于人为的而致损害者，则船东除止于委弃此一船产外，对任何方面胥不负纤毫责任；（丙）如因巨风狂潮或其他自然之变为人不可抵而致危难者，则船东、船员举无责任可言。凡此三者规定，实无丝毫假借，亦不能有所曲解。今欲将"新华"海难责任加诸管理当局，则应对于"甲"说□，则提出确合之证据。若仅如外间指摘之二副值班问题，姑无论失事地点在进港之时，按之《海商法》规定，已在船主亲自照料时间内，不能专据以归咎二副；且该二副资格是否适合，则执行职务之初，船主及沪港海关均须严格审查，而后许其服务，固非管理者一方所能独操用舍之权也。故"新华"如对"甲"项规定而有不合者，则不特管理难辞其责，□上海海关实亦同有重大责任也。否则，学历已合，技能胜任，纵系船员之过失致沉，亦无责在管理当局之理（按，外籍船主均各有正式证书，各船公司并不能随意妄用）。抑予昨闻招商局人言，得救大副报告，谓是夜狂风大浪，以致船行欠准，猛触礁上云云。信如是说，则"新华"之难，乃基于自然，尚何人谋之可责？虽然，凡上所言，不过予个人从法理事实所下之见解，雅不愿举以折屈他人，仍落独信一己主观之窠臼也。

（二）判断"新华"海难责任方法之客观

今"新华"之事，各方均无国家法制之依据，致此一是非，彼一是非，永无确论。窃谓政府此时，为维护国航与昭信民众计，实宜出而作一公正有力之仲裁。所采仲裁方法，可由政府命令交通部、海军部各派专门人员，会同上海海关暨航业公会选出之人，组织一审查"新华"海难委员会，依照《海商法》所举轮船航行要件，逐一审查：（一）"新华"船身是否适于航行；（二）驾驶人员学识经验是否合格；（三）"新华"救生设备是否完全；（四）遇险后是否克尽救生责任。将以上四点，逐一征集确证而研究之，则责任谁属，不难切实辩明。盖今日在政府管理之下，而我国航业设备之未尽周密，或为各公司公同之通病，则此次审查研明之后，对于航业界弱点，未必不可因以发现，而亟图亡羊补牢之策。是所益航业将来者，讵不甚巨、甚大？况近闻香港政府对于"新华"，已在实行审讯失事真相。夫"新华"系中国之船，失事地点又未深入香港管理区域，其滥提审□，已近于越权；有审讯结果，尤未能发生法律上之效力。故我国政府为保持国家体面，尤应急起审查宣布，以免贻笑外人，而让香港政府独专其美。是则审查之意义及需要，宁止区区公司或船员责任之分已耶！

倘政府而尚未注意及此者，则该局管理者尽可自行呈请派员审查，实□见信社会最正之道也。

夫轮船之不能无险难，亦犹飞机、火车之不能无失事，其理一也。设有飞机坠折，或火车倾撞，乃竟不问其原因，而遽责管理当局以大罪，是岂情理之平欤？今"新华"已矣，若徒逞一时意气，哓哓盲攻，适以残贼□航一线生机，而长外国公司之气势，爱国智者，当不一愚至此。然予非谓社会不宜注意是事，实以为兹后补救之道，惟宜矜平释躁，共相研究督责各公司之良法，务使船舶完其设备，航行获有保障，斯为有益之举耳。

编者按，自"新华"遇险后，外间议论，风泼云涌，其中固不乏公正平允，而强词饰非、借故攻击者亦大有人在。惟如此文据法论理、□中窍要、不杂意气者，实为初见，所举审查责任之法，敝处尤为赞同，甚愿政府当局采之实行也。

（1929 年 2 月 1 日，第 22 版）

通告"新华"轮船滇籍被难家属亲友启事

径启者："新华"轮船此次由沪驶粤，不幸在香港附近触礁沉没，搭客船员男妇老幼计遭灭顶者达四百余人之多，损失数在五百万元以上，噩耗传来，中外惊震。惟查滇籍搭客数在四十余人，知其姓名者寥寥，不知者居其多数。且各被难家属远居异地，办理交涉殊觉为难，非共筹善后救济办法，势难达到圆满解决。用特登报通知，凡滇籍被难家属亲友请即来会报名登记，共策进行，以便汇齐向招商局提出严重交涉，并呈请国民政府治该局以应得之咎及其他一切救济办法。事关切肤，幸勿迟延自误。此启。

报名处：福州路怀远里一百〇六号。云南旅沪同乡会启。

（1929 年 2 月 2 日，第 4 版）

"新华"轮惨案昨讯

——家属会今日开会，船员部份业已解决

招商局"新华"轮船在港失事惨案发生，业已旬余，死亡人命部份，闻船员方面业已由该局照向例定章，优给抚恤，完全解决。而搭客方面，因死亡者甚多，该局尚无具体解决办法。被难各家属，搭客较船员为重，应请该局特别优恤，并须负责妥筹善后事宜。故定今日下午一时，在法租界西门路山东会馆开家属代表大会，并请各党部、各团体代表暨各法律专家莅会指导一切。兹录昨日各种消息如下：

（一）白尔部路新民里十四号招商局"新华"轮船被难家属会，因定今日开代表大会，乃于昨日下午二时开会筹备会议，议决大会各项手续，规定大会秩序，并致法总巡捕房公函，谓定于二月二日下午二时假座西门路吕班路口山东会馆开全体家属大会，讨论惨案善后救济办法。

（二）被难家属会发表宣言，其中列五项主张，请各界同胞，赐以同情之援助。㊀招商局总办赵铁桥应即撤职查办，以谢死者而昭炯戒。㊁招商局应负责打捞尸首，由家属认领，俾各得归正首邱，以稍慰地下之亡魂与家属之痛悼。㊂所有被难者身后事宜，如衣衾棺椁、追荐丧葬等等一切费用，应由招商局负担。㊃招商局应赔偿被难者之生命财产损失。㊄招商局应至迟于本年旧历年关内，优恤各被难家属，以维持各家属生活之安全。

（三）被难尸属，昨日续有来会登记报告，姓名如下：施德诚，云南人；杨根生，三十二岁，江苏常熟人；郑张氏，六十四岁，广东中山人；陈郑氏，二十二岁，广东中山人；冯梅芳，九岁，广东开平人；等五人。该会并请各界名流指导，李祖虞、伍澄宇两律师均复函赞同，允尽义务云。

（1929 年 2 月 2 日，第 14 版）

提倡国货会致交通部电

提倡国货会为"新华"轮失事一案，电致交通部，请查办赵铁桥，大致谓"此次□由用人不慎所致。查当时驾驶二副为一速成科之肄业生，既

无学识，又无经验。总管局务者，其平素之滥用冗员不问可知。如斯重大责任，任意付托，总办赵铁桥咎又何辞？致四百余人之生命同遭灭顶。其间之最可痛苦，莫如敝会委员杨镜如君，此次因受敝会委注［托］，赴华南一带调查国货，亦乘该轮至港，同遭惨祸。而杨公因公被难，身后萧条，敝会难安缄默，应请钧座将赵铁桥先行撤职，听候查办，对于被难者速予救济，从优抚恤。无任迫切待命之至"云。

（1929 年 2 月 2 日，第 16 版）

"新华" 轮惨案昨讯

"新华"轮船被难家属会，前日大会公推之八代表，定今日下午至招商局交涉。故该会昨根据大会议决案，致招商局函云：

> 径启者："新华"触礁，荏苒三旬，贵局对于死难者之善后及被难家属之救济，迄无切实表示，坐令死者饮恨于海底，生者含悲于世上，忍心害理，莫此为甚。兹经全体家属大会议决，向贵局提出善后救济办法五项，又附带要求一项（另纸奉呈），请贵局即予容纳；并公推尚慕姜、童理璋、王东海、罗辅仁、沈啸霞、伍澄宇、王仁安、吴筠荪等八君，为全体家属代表，至希台洽为荷。此致轮船招商局赵总办铁桥。

又家属会致各代表函云：

> 径启者：前日全体家属大会，公推先生为代表，向招局提出交涉。兹定于二月四日下午二时，根据大会决议，至招商局接洽，特备函通知，请准于四日下午一时，拨冗莅会，齐集出发。本案解决关键，全视诸代表此行，事关重要，幸勿延迟，是为至盼云云。

至被难家属尚有远道及不明真相之家属，不及登记，故该会将再通告各家属，限于一星期内，径向本会登记，以便汇集审查，向各主管机关备案。若过期仍未向本会登记，将来一切损失等项，本会不负□□责任云。

（1929 年 2 月 4 日，第 13 ~ 14 版）

"新华"轮惨案昨讯

——家属代表昨至招商局交涉

招商局"新华"轮船被难家属会，于昨日下午二时，公推代表伍澄宇等八人，持公函赴招商总局提出交涉，当经赵总办派栈务科长洪雁宾、船务科长王子骞二君为代表，等候各代表莅局接洽。各代表先将公函递上，洪君即宣布该案之经过及船员部分解决之情形，次将各项要求条件，逐一并研究解释。兹将该局容纳限度，纪述如下：

（一）由招商局赵总办负责解决，当然容纳。（二）打捞尸首一层，谓据蔡铭三君回沪报告，自出事后，至今日只有一具尸身捞获，其余或已为风浪飘流，或仍在船中，本局现正在设法打捞，此为本局应尽之责任。（三）所有被难者身后事，如能尸体捞获，理应办理，以尽人道。（四）赔偿被难生命财产之一切损失，此条尚须考量。查船员系本局所雇用，本局已按照向例，从优抚恤，当无赔偿之可言。而搭客方面，因无法律根据可援，若对搭客无一种赔偿办法，则于人道上亦说不过去。故此项赔偿问题，将来可由家属会及本局公请中外航业专家及各机关、各团体等公证人，组织一公断会，并可照依公断会之断决，制定一种规例，使以后中外航海轮船，不幸遇有类似之惨（案），亦可有所依据。（五）对于本年阴历年关内抚恤一节，本局对被难船员业经解决，尚有关于太利（即管货）及茶房职员人等，本局正在审查底细，当然年内可望解决。至搭客给恤一层，尚须与董事会李会长及赵总办等磋商。

至此各被难家属代表起言，谓被难者如系家中稍有富裕，尚可不计，而一般清贫者，为人道计，理应先予给恤，使得度过年关；而关于公断等事重要问题，可以从长计议。局方亦认为应当，此外附带条件一条，即家属会费用一层，局方亦允为斟酌。以上办法，局方已大体表示容纳，但家属代表要求用书面正式答复。洪、王二君认可，允于三日内答复。家属代表要求讨论结果，切勿有所变动。洪君一一认可。至此各代表认为满意。此外关于被难家属之证明问题，由家属会负责，将已登记之家属，详细列表审查，未登记或未加入者，限一并办理，俾作整个之解决。各代表乃兴辞而出。

（1929 年 2 月 5 日，第 13 ~ 14 版）

"新华"轮惨案续讯

招商局"新华"轮船惨案发生以来，业将匝月，因该局为顾惜船员起见，业将船役被难人，首先于阴历年内解决；至于搭客方面，因尚须开一公断会议，故一时未能解决。家属会方面，对于该轮失事后，迭次电呈国民政府交通部，要求惩办肇事人员，厚恤被难尸属。交通部王部长亦有电复，业已转令查办员查办。兹录各方面消息于后：

船员茶役解决之情形

二月八日（即阴历十二月二十九日）下午四时许，招商局为解决船员茶役起见，特邀请各方面代表，在该局三楼，当场解决被难人之优恤问题，计出席者被难家属会代表吴筠荪、海员分会欧文光、海员总会侯民安、江海轮船中舱公所周少亭、均安会车德芳等各代表，招商局洪雁宾、王伯虹二科长，"新华"轮船业务主任蔡铭三。首先由洪君报告经过，次由蔡主任报告出事情形，继讨论优恤死者办法，按照向例，从优抚恤。当经议定，茶房二十名、理货看舱二十名，每名抚恤五百元；接客招待员，每名六百元；二买办梁逻先八百元，三买办梁昂光七百元，账房蔡履初七百元；薪水照给外，再加一个月。议决后由该局特备晚膳，由各代表亲自携带恤金，分往家属按房拨给。但除俸金给现外，恤金则用银行存折，定期支取，并对各家属加意抚慰，皆称满意。至七时后，始完全告竣。由家属会代表吴君，将解决经过情形，于翌日报告会中各代表云。

搭客死伤问题之讨论

该轮船员问题既经全部解决，而被难搭客共有三百余人，关系甚为重大。且据被难家属向家属会登记报告，或有随带钞洋、公文，或有妻儿子女者，种种问题，实非短期间时所能解决。且该局对被难家属会之答复，允船员部分准于阴历年内解决，至搭客部分，因无成例可援，须待双方邀请公断人公断，定一折衷办法，使嗣后有例可援，亦可对此"新华"被难家属稍予告慰。昨日下午，该局科长洪雁宾君，特亲往家属会代表尚慕姜公馆，与尚慕姜、童理璋两代表磋商办法，并报告船员解决经过。洪君称船员解决原为本局内部问题，当按照向来成例，从优给恤。惟搭客方面被难者固甚可惨，是属不幸之至，惟如何赔偿、如何抚恤，无一点成例可援。至本局对搭客被难一无表示，亦于情理上说不过去，且恐将来外商轮船，偶有不幸而发生惨案者，亦将一无办法，于国际民命航权损失尤关重要，故本局拟请中国航业公会邀集各方代表，讨论公断进行办法，请尚君谅解。并向各家属代表磋商，静候公断会之决定，本局无不遵照云。尚、童二君对洪君主张，表示赞成，惟事须积极进行，如因循致误，易生他变。同人等组织家属会，亦无非为谋惨案之公道解决，即所以爱护中国航业之发展，毫无一点私见，亦无受人利用。总之，希望贵局对本案之解决，愈早愈妙，切勿饰词延误。洪君允为向局中磋商，谈至此，洪君遂即兴辞。

交通部对家属会之批示

国民政府行政院交通部王部长，昨日寄奉第一九七号批示：

> 具呈人招商局"新华"轮船被难家属会代电二件，为请派员彻查"新华"轮船失事真象〔相〕，并谋善后事宜，乞示遵照由。敬、艳代电均悉，查此次"新华"轮船失事，业经本部派员驰往查办在案，据呈前情，除将原电发交查办员归案办理外，仰即知照。此批。

（1929 年 2 月 13 日，第 16 版）

"新华"轮船案昨讯

招商局"新华"轮船被难家属会，以招商局对于船员虽已解决，而搭客部分，因尚须待公断会决定赔偿，但公断会各家属是否同意及进行组织手续等等，急待讨论，故该会定于今日下午二时先开一次代表会议，以便决定对付方针。昨日已由该会通告八代表，准时莅席会议。至各省处被难家属报告者：（一）长沙谈纯煳函，谓其兄谈凤生，于一月一日由潮赴粤，在沪时亦搭该轮，惨膺是变。凤生上有老母，中有妻室，下有三岁之孤儿，一家数口，恃凤生以为活。凤生家本非富，在湘省开一小商店，此次赴粤，一则托友谋事，如事不谐，二则就粤贩运广货，尚拟于阴历年内返湘，迄至月余，音信渺然，其遭溺毙，何待龟卜。谈凤生二十八岁，湖南长沙人，住长沙浏城外十字岭三十六号。（二）长沙赖光辉函谓，其兄赖振辉，嫂陈氏，侄阿坚，于一月四日由长沙来沪，随于十一号乘坐招商局"新华"轮回粤度年，携带行李五件，现洋四百余元，不料此轮在香港附近失慎沉没，"致我兄夫妻俱遭灭顶之惨，且绝后嗣矣"。赖振辉现年四十六岁，广东紫金人，陈氏现年二十九岁，广东惠州都支巷人，阿坚年八岁。（三）香港杨鸿干函云，其父杨饶屏年五十岁，广东惠州人，不幸偶搭该轮，致亦被难。（四）青岛胶海关曹伯良函云，有同事周仲涛君，其妻与子搭该轮来港，母子遇难，惨不堪言。

（1929 年 2 月 14 日，第 14 版）

"新华"轮案昨讯

招商局"新华"轮船惨案，昨日消息如下：

家属代表会议

招商局"新华"轮船被难家属会，于昨日下午一时，在白尔部路新民里十四号会所开代表会议，讨论对招商局要求被难人生命财产之赔偿问题。到全体交涉代表，各代表相继报告毕，即讨论救济办法，俾将救济之费，由公断会断定赔偿后扣除之。次讨论本会自发起以来，所用经费已达千余元，现在船员部份，既经解决，照理应担负会中开支。惟本会前曾向该局要求条件，五条之外，又附带条件一条，所有本会一切开支，应请招商局照数拨付，但该局对于此条，并无一点表示，将来垫去之费用，将无从设法偿还。议决：如该局否认此条，则本会一切费用，应由家属代表负责。次童理璋提议，对被难人之登记，应制审查表，详细审查。次王东海提议，关于远道来沪之家属，因有盘费用罄，要求本会救济者，应如何办理。议决：审查表决定制办，要求补救临时费用一节，应即据情转函招商局核办。以上各案议决，交文书科起草办理，乃散会。

各处家属汇报

被难家属，连日外埠来函报告登记者，调查如下。

（一）南京特别市政府何小宋来函云，敝戚林熙运偕妻及女孩等三人，于一月十一号由沪搭"新华"轮回广州，不幸"新华"轮触礁浸没，致遭惨毙。家贫亲老，殊堪痛心，望将有所慰藉于死者，则戚属等未尝不感荷大德也云云。（被难者林熙运，年三十二岁，广东高州人，妻林何氏，年十九岁，广东顺德人，女林骚女，年一岁，住址广州市惠爱西路光孝街八十六号）

（二）湖北振灾会陈人隽来函云，舍亲蒋鹏程君，此次在申，附搭该轮，同遭灭顶。缘蒋君四川永川县人，现年三十八岁，数载以来，均在粤东党政方面工作，渠十月因母逝世，回籍料理丧事之后，重行赴粤。比闻该轮失事，惨耗传来，不胜怆痛。兹特恳将舍亲姓名登记，戴德无既矣云云。

工友恤金已发

被难工友之抚恤金，业已发放。理货主任八百元，理货副手七百元，账房管房每人各六百元，理货、茶房、厨房每人各五百元，惟少数茶房尚未来领。当发给时，有海员总会侯文安、海员上海分会欧文光及各寄宿邝永良、李惠民、周少庭等，在场证明云。

（1929 年 2 月 15 日，第 14 版）

"新华"轮船惨案昨讯

招商局"新华"轮船被难惨案，昨日消息，纪述如下：

（一）被难家属会

自旧历新正初二，已有被难家属，日往该会坐听消息，要求严重交涉。昨日并有男女家属数十人，纷至该会询问交涉意见。据云，因至招商局探听消息，该局指向家属会接洽，故各家属特向家属会要求，请速定办法。当由该会代表王东海等出见，答谓本会与招商局代表，现正在磋商旅客牺牲生命、损失之赔偿问题，但因此项赔偿，据该局云，无法律上之根据，又无先例可援，故须经过公断会之决定，请各家属谅解，应静候公断会之判断云。各家属咸称，吾人固不反对公断会，惟该局对船员已早解决，而对旅客应速定临时办法，或公布公断进行手续，以释群疑。王君谓，此层本会已于昨日开代表会议决，拟准备函询该局意见，如再无诚意答复，本会当另定对付办法。惟据航业公会昨日复招商局函，亦已表示对公断会之进行办法，大约不久对公断会当有一种办法公布，请各家属原谅，应再静候二三天，本会当有切实对付办法云。

（二）家属会致招商局函云：

　　径启者：本会连日迭据各被难家属函面质问，咸称此次贵局"新华"轮船在港失事，责在贵局之用人不当，致酿此大祸，实非天灾所可比拟。自出事后，贵局既不能将被难之尸首捞获，又不能维持被难人之善后，且对本会根据大会议决各项要求，无诚意答复。阴历年内，除贵局内部船员为防范意外风潮起见，借口照向例从优抚恤了事，而对我无辜被难家属，则含糊其词，凭借无例可援，主张公断赔偿。若以公断而论，固为公平之判断，吾被难人当然表示赞同。然公断之办法，与进行之手续，开会之日期，双方之代表，各界公证人，在在必须切实办理。而先决问题，厥为目前贫苦被难旅客家属之临时救济办法。查阴历旧岁，船员抚恤，既经解决，旅客抚恤，亦应从速决定。若借口公断，延不进行，意存不良，则公断遥遥无期，赔偿抚恤置之脑后，被难人死者既死，生者又弱，惟是非公道，人心未泯，党国法纪犹存，社会舆论，当亦不为贵局恕也。况查死者多为党国健儿、革命巨子、工商闻人，人命之重，岂为儿戏。贵局又属我国航业公司之唯一机关，一旦失信于民众，于国家航权、民众实业，必至毁灭殆尽而后已。本会为哀悼死者惨状、生者之痛苦及爱护我国航业计，已一再容忍，以冀贵局之觉悟，共谋诚意之解决，逆料向贵局代表迭次磋商，一则答曰无例可援，再则曰主张公断，答非所问，其中是否故意延宕，殊属令人不解。兹准各家属迭来函面请求之公意，特据情函达贵局，务希根据上述意见，无论主张公断，或照前函要求条件，统希于接函后三日内明白答复。若仍置之不理，或含糊推诿，本会当再召集大会，决定最后办法，幸希贵局总办暨诸董事诸股东注意及之。肃此奉达，敬祈查照见复为荷。〖下略〗

（1929 年 2 月 16 日，第 14 版）

"新华" 轮失事案昨讯

"新华" 轮被难家属，昨日至被难家属会呼吁陈述者，最后谓开会公断，家属决难承认，应请迅即严重交涉等语。家属会职员，允将此意转达各代表，各家属始各含泪散去。又，家属会拟于日内，举行追悼大会，追悼各死难者，现正筹备一切云。

（1929 年 2 月 17 日，第 14 版）

"新华" 轮船惨案昨讯

——家属会拟开会追悼，孔昭瑜主火化尸体

招商局 "新华" 轮船被难家属会，以各家属悲死者之惨状，生者之悲痛，拟开一追悼大会，而前次家属代表大会，经市党部代表陶君百川提议，亦主张开一追悼大会，藉慰幽魂，故该会已决定举行。至进行筹备大会办法，须开一次代表会议决定。至地点问题，已由法租界南阳桥白尔部路晏公禅等主持为清和尚，自愿义务出借，并请僧众超度云。

香港孔昭瑜以 "新华" 轮遭难后，招商局迟迟无法打捞此轮，想舱内遗骸凌乱，难于分辨，日久定必白骨成堆，亦难认领，可照香港火化马棚之例，择一妥善之地，以作公坟，则他日子孙亲友吊祭，亦能得便，以为永久纪念，兼筹的款，而作拜扫之资云。

广州陈永昆函云，此次 "新华" 轮船触礁沉没，家堂兄陈汝明全眷十二人，除剩老母一人、幼孙一人、侍婢一人在粤寄居外，其余九人同罹浩劫，无一生还。弟家居福建，骤闻恶耗，犹冀道路之言，未见深信。迨弟亲自由家到港入粤，沿路调查，已足证实，并附记：（一）现寓广州市卖麻街瑞兰香烟店；（二）被难人陈汝明即陈镜昆，年五十一岁，福建永定人，寄居广州市西关永隆里，妻王氏五十岁，姜吴秀芬三十九岁，长子尚德三十岁，次子尚忠廿七岁，长媳廖氏廿九岁，次媳易氏廿五岁，长孙以贤九岁，婢花姑子十四岁。

1353

又，群治大学学生覃凤侨函云，王蹈厉，号奇男，系广西修仁县人，年三十岁，去年秋间负笈来沪，肆业于群治大学法科三年级。旧历十二月初一，因祖母病危，急须返里，在民国路泰安栈购招商局"新华"轮船房舱位赴港，鄙人曾经亲至该船送行。此次该船在港沉没，报章所载被救搭客姓名，并无王君，当系与船俱沉。鄙人驰函通知伊家，并特函达报名登记，□希贵会一并向招商局严重交涉，以求圆满之解决，而慰亡魂于地下云。

（1929 年 2 月 18 日，第 14 版）

"新华"轮船惨案昨讯

招商局"新华"轮惨案，自发生至今，一月有余，被难家属均有远道来沪，奔走呼号，亦已多日，非特一无抚恤款项得到，甚至耗费川资，悲惨情形，笔难胜述。昨日仍有家属多人，向法租界白尔部路新民里十四号被难家属会要求，金以该局对家属请求，既无明白答复，亦未宣布公断进行办法，似属有意延宕，故使家属流离在沪，迨无力守候时，则任此案久延不决，总至无形消灭而后已。此种刁猾刻毒之恶计，值欲置被难家属至于死地，应请会中竭力反对，以重人道。当经该会代表王东海、童理璋等向各家属解释，请各家属再候一二天，如此一二天中该局仍无确实答复，本会除照大会议决之原定办法进行外，定日内再开一次代表会议，并通告各法律顾问，共同磋商善后办法。

（1929 年 2 月 20 日，第 14 版）

"新华"轮惨案昨讯

招商局"新华"轮船惨案发生，已逾一月，该局对于被难船员，既已解决，而搭客问题，迄无办法。目据航业公会开会议决，以搭客与货物为比例，船东不负赔偿责任，引起各家属之反响。兹将昨日家属会开会情形录下：

招商局"新华"轮船被难家属会，于昨日下午四时，在法租界白尔部路新民里十四号开代表会议，并由各律师等公推代表罗辅仁主席，首先报告办理交涉经过，及招商局对本会三次去函，迄无答复，与前次当面接洽，表示容纳各项要求之态度，完全改变。本会于本案之交涉办法，必须从长计议。当经各代表王东海、童理璋等，互相讨论，归纳议案于后：

（一）对船业公会之主张，由本会去函警告；（二）声明船业公会之组织，原系为保护船东之机关，招商局为该会会员之一，当然偏袒招商局，对该会之言论，应请各界注意；（三）对招商局既已三次去函，迄无切实答复，本会为容忍起见，再致函该局，请表示切实办法，如仍置之不理，则委托律师控诉，并由本会分呈中央党部及国府各院部请求严重办理；（四）定期召集全体被难家属，开第二次代表大会，决定第二步交涉方针，以便严厉对付；（五）各家属痛死者之惨状，生者之困苦，要求举行追荐礼，由本会发起开一追悼大会，并据"新大明"轮被难家属会，要求合作举行，决由两会代表商定会址，分日举行，并通告各家属备办祭礼；（六）（略）；（七）对招商局种种蔑视民命不顾人道之情形，通电全国，请求各界一致声援；（八）呈请国民政府速令交通部首先撤消赵总办职务，一面留局听候查办，并请查办员宣布查办经过；（九）审查被难家属之确数，制订死亡表册，准备依法控诉，要求赔偿民命；（十）粤侨三公所会馆，组织救济会，援助粤籍被难家属，并举行登记，应由本会推举吴筠荪君为代表，前往该会等接洽，以便汇案合作办理。

以上十案，为本会目前应办手续。至于举行向各界、各机关、各团体、各报馆及招商局等大请愿，须开全体家属会后举行。各种议案，仍由各代表负责执行，至六时许宣告散会。

（1929 年 2 月 22 日，第 16 版）

"新华"家属会与粤团体接洽

"新华"轮船被难家属会，昨日下午三时，由代表吴筠荪特赴宁波路广肇公所等三团体接洽，磋商对"新华"被难善后事宜，由该公所秘书徐峙崧接见。当由徐君询问吴君来意，自与谈商，互谋援助。吴君将家属会公函呈与徐君，徐君允为转达各委员，遂兴辞，回将接洽情形报告该会各代表云。

（1929 年 2 月 23 日，第 13 版）

"新华"被难家属会致招商局函

招商局"新华"轮船被难家属会，因招商局对被难旅客，一无办法，特于昨日第四次函该局云：

径启者：自贵局"新华"轮船在港失事，惨案发生，约有月余，对于惨死船员部份，虽经贵局抚恤了案，而对被难搭客，则借口无例可援，迭经敝会三次函请恳求办理，匪特对敝会之要求，置之不理，即书函亦不复一词。□尔则贵局藐视民命，毫无人道，已可概见。又读报载航业公会开会消息，若非丧心病狂者，决不出此。除严函警告该会虞主席外，而敝会仍以君子爱人以德之旨，为谋我国航业发展、航权收回计，及爱护贵局计，用特再行函恳，乞贵局对旅客死亡之善后办法，根据敝会前函要求各节，逐一于三日内予以完美之答复。否则敝会唯有听凭各被难家属之要求，一致前来贵局索命，以慰死者英魂，而谋生者安全。伏希贵局本体天悯人之意，以人道为重，对敝会此函，作何感想？迫切泣陈，敬候佳音。此致招商轮船局总管理处。

（1929年2月24日，第16版）

"新华"轮船案昨讯

招商局"新华"轮船惨案，昨日家属会所接各处来函，汇志如次：

（一）陆军十师司令部驻京通讯处李鹤书来函云：

径启者：敝部副官李忠，于去冬因公赴粤，乘招商局"新华"轮遇难，经向贵会登记在案。惟李忠此次遇难，尚损失随带公款中央银行票币洋四千九百元及公文等件，除死者家属应请贵会据理力争优予抚恤外，所有损失公款，并希向招商局交涉赔偿，至为感祷。

（二）军官学校黄恒珍来函云：

径启者：顷接家信，谓舍弟黄恒琛前于一月十一号，由上海乘"新华"轮来粤云云。舍弟恒琛，现尚未到此处，又无信寄回家中，其遇难无可疑矣。贵会诸君为死者谋善后之荣，大义所申，被难家属，亦当万分感激，以后各种策划，均愿随诸公之后云云。

（三）杭州周运奎来函云：

敬启者：胞兄连城，向在广州状元坊鼎兴茶号为伙友，此次由杭到沪，乘"新华"轮赴粤，不料该轮在途触礁沉没，胞兄自必惨遭浩劫，言之痛心。兹因贵会为"新华"被难家属主持公道，仰见仗义立言，不胜感佩，用将胞兄连城被难情形，函请贵会登记，为死者鸣冤，为生者给恤，无任感戴云云。

（1929 年 2 月 25 日，第 16 版）

滇粤桂"新华"被难家属会议

招商局"新华"轮船惨案中之滇粤桂籍军官被难事，前经滇籍代表王东海赴赣，请示总指挥部，已派国民革命陆军第七师参谋长李真伯来沪，会同办理交涉。该会乃于昨日下午，召集各籍军官家属代表会议，欢迎李参谋来沪。到会军官家属代表，计分南昌第三军云南籍朱德标、樊益孚、郭荣胜、樊桂林、邹洪祺、周子浩、鲁洪林、邓孟仁、高德胜、方为操、华明亮，汉口第七军广西籍唐礼忠、陈仁柱、袁振和、廖相庚、唐权三、包月宝、吴仁标、周象春、钟正标、唐来福、古忠好、邓远振，广东籍叶德珍、邱仁春、谢家金、田厚炳、苏明山、袁家志、廖占春、吴光明、蕉老三、孟荣海、李春柱、何来炎等，共计四十余人。公推罗辅仁主席，首先全体向李参谋长来沪表示欢迎及报告办理交涉经过。次童理璋报告向招商局提出各项要求，招商局初派洪、王二代表接见谈判，表示容纳要求。嗣因二代表声言此项要求，必须赵总办磋商，李董事长同意，方可答复。不料后接该局复函，与前面谈各点完全不符，其唯一借口，谓无法律根据，且三点无成例可援。本会为谋诚意解决起见，从事上言，法律成例，固无据援，而人道主义，应须顾念。且此次"新华"失事责任，在于该局之用人不当，致罹惨祸，非天灾之可比。故溺毙人命四百余名之生命责任，应由该局完全负责。岂料迭经本会三四次去函，该局皆置不答，一面则假借航业公会开会为名，将人命之重要，比照货物损害作并论。此种丧心病狂之主张，出诸上海社会热心公益办理善举商界泰斗前总商会会长之口。本会不避恩怨，除严词责向外，而此公（暂不表姓名）竟亦无可答。今日到者诸位家属，均属我国革命健儿，党国有为军人，而不死于沙场，竟没顶于海底，种种惨状，非可言喻。今日幸蒙李参谋长来沪，协同办理交涉，实为全体家属所最欢迎。但如何进行，请李参谋指示云。当由李参谋发表意见云："此事为我国空前之惨案，凡有人心，莫不同挥悲泪。我革命军人，本来抱牺牲流血拼命主义，但不应惨死于一无名目之海底，尤其是在北伐完成，全国统一，军事收缩，编余遣散之时。鄙人身虽在赣，而每阅报载种种消息，终日难安。今日来沪与贵会接洽，会同办理惨案之善后，一切办法，尚希各代表抱定初衷，努力进行。而余意招商局虽为商办公司，总办由国府交通部任命，应将种种情形，详呈国府交部，从严彻究，以申法纪而重民命。"云云。旋由各家属互相讨论，结果议决办法：（一）由军官家属，呈请国民政府交通部及国民革命军蒋总司令；（二）严函责问招商局，如再不答复，由在沪军人前往该局当面交涉；（三）推举叶华清等各代表，赴京请愿；（四）由军官代表赴各报馆面求主张公道，务将各项消息刊登；（五）对本案消息，向来不载之报馆，真是否与商局有何关系，由代表当面责问。议毕散会。

（1929 年 3 月 1 日，第 14 版）

"新华"轮被难士兵呈文

"新华"轮船被难惨死军官家属，因留沪日久，静候解决，迄未得有办法，家属以流离沪上，生活中断，除派代表赴京请愿国府外，昨日有粤军家属代表叶华清，呈蒋总司令文云：

呈为"新华"轮船在港失事，兄嫂侄女罹难，招商局轻视人命，既不打捞尸首，又不赔偿恤金，反置之不理，静候解决，盘川用罄，流落异乡，束手待毙；仰祈鉴核，迅予严令招商局总办赵铁桥，迅即设法打捞尸首，赔偿搭客生命，抚恤被难家属，以安幽魂，而维生计事。窃士兵幼年丧父，手足两人，家境倩〔清〕寒。胞兄华轩，毕业于韶州讲武堂第一期，充当国民革命军第一军连长。士兵则于民国七年，弃农从军。当陈逆炯明侵犯福建时，士兵在第二军许崇智部下，随军攻克彰州，即在该处驻扎二年余。迨李协和广东失败，陈逆炯明奉孙先大元帅命令，回粤驱逐莫荣新，克复广东，其时士兵在五支队关国雄部机关枪连充当中士班长。民国十年，滇粤赣黔四省联军，讨伐广西，桂军败北。民国十一年，孙先大元帅命兴师北伐，师至江西赣州，陈逆炯明突然叛变，围攻帅府，乃调粤军全部回粤讨陈，孙先大元帅去粤。旋粤军第二军讨伐闽省，士兵因在赣州临阵，被中一弹，故在该处天主堂医院疗治，休息四月，及创愈归连，而福建已克，由赣州至福州。民国十三年，许崇智奉命出发，讨伐陈逆炯明，士兵之队攻潮山〔汕〕，克广州，而陈逆已退回东江，困守年余。当帅座率队攻克惠州时，士兵在第一军四团刘团长部下当军士班长，因惠州之役，爬城冲锋，腹部被敌军流弹所伤，刘团长亦阵亡，而士兵则抬送广东公立医院疗治，医三月始愈，休息二年，出院归队，充一军二师六团中士班长。民国十五年六月间，奉令由粤出发北伐，在湖北汀泗桥一役，又被流弹击伤足部，因尚系轻伤，故在第一军军医院医治，三月即愈，出院回连。六团则奉命调因进攻江西南昌，复调往进攻福建，而进攻山东，在山东徐州一役，腹部又为流弹所伤，在徐州后兵医院医治。兹已南北统一，训政开始，国民政府为减轻人民负担，缩编军队，士兵与胞兄华轩同受遣散，由徐州退伍，计得遣散费四十余元。胞兄乃偕妻女由徐州至南京，因另谋革命工作，致耽搁四五月，本年一月，始携眷由宁来沪，换趁招商局"新华"轮船回籍。士兵陪同兄嫂侄女上船，当时兄嫂嘱士兵同返，而士兵因大丈夫立身社会，应为党国效劳，荣宗耀祖，乃名利两无，有何面目回见故乡父老亲朋，故毅然不返。待船启后，即遄往南京，暂为马路小工，以资糊口，待有机会，另谋服务党国。不意士兵与兄嫂侄士〔女〕在船分袂，即成永诀。盖"新华"轮在港失事，兄嫂侄女亦随船被难，士兵闻耗后，一恸几绝，因念堂上九六老母，何所依靠，始节哀顺变，来沪乘轮赴港。在港沿海附近五六十里内，诘问乡民，在六七天内，有否尸身浮起及招商局有无派人前来打捞。据云，日见有人来海滩恸哭，余均不见。士兵无奈，忍痛回里，拟往该局交涉，因该船被难家属，组织"新华"轮船被难家属会，向该局交涉，故将亡兄嫂侄女姓名、年龄、籍贯，开明前往登记。讵知家属会迭向该局交涉，要求打捞被难尸首，抚恤家属，而该局总办赵铁桥，迄今月余，不知何故，竟忍心置之不理。而士兵所有盘川，现已用罄，积欠栈租累累。幸蒙家属会代表童理璋君，救济临时费用十余元，然杯水车薪，无济于事，长此以往，势将束手待毙。伏念士兵与胞兄华轩，服务革命工作，计十一年，转战数省，达数千里，而士兵临阵中弹，凡四次，所以能保全生命者，上赖先总理在天之灵所呵护，下乃士兵谨守军纪，服从命令，民间草木，秋毫无犯，故能化险为夷，遇难呈祥。孰意胞兄不死于战场，而被难于海底，能不葬身巨鱼之腹乎？士兵则不死于四次中弹，而因料理胞兄善后，乃致流落异乡，束手待毙，不亦冤乎？况查"新华"被难者，都属西南数省同志，或为编遣官佐，或为退伍士兵，其家属均忍痛在沪静候该局妥筹解决办法。但该局总办赵铁桥轻视人命，既不负肇祸责任，更不谋死者善后、生者安全，装聋作哑，任凭被难家属力竭声嘶之呼吁。万一各家属或因逗留沪江，川资用罄，迫于饥定，一旦挺而走险，则影响社会治安，至重且大。故特沥情呈请钧座，迅予严令招商局总办赵铁桥，迅即打捞尸首，俾各家属认领安葬窀穸，及抚恤被难家属，赔偿搭客生命，以安幽魂而维生计，并严惩该总办处置失当，致酿成惨死数百船员搭客，在责任应负相当之罪。伏乞鉴核施行，不特士兵与全体被难家属所感戴总座之德，即数百被难船员搭客九泉有知，亦当结草衔环，以报总座。挥泪呈词，毋任迫切待命之至。谨呈。

（1929 年 3 月 1 日，第 16 版）

"新华"轮惨案昨讯

——航业公会之复函

招商局"新华"轮惨案，昨日航业公会复家属会函云：

径复者：接准大函，以敝会临时会员，全体否决"新华"轮被难搭客家属要求抚恤案，责备敝会虞主席个人，实多误会。（一）虞主席从未曾任或现任招商局之董事。（二）主席系会员之一，依照任何会议章程，对于所议之案，主席无独断之权。（三）船东责任与慈善事业，实为两事，不能并谈。（四）"新大明"船为外轮误走航线所撞沉，曲直已明，责有攸归，与"新华"案事实不同。总之轮船不幸失事，船东对于被难搭客家属之赔偿或抚恤，国家既无成法，航界又无成案，即查东西各国，复无成例可援。目下虽以招商为的，而日后将成为船东负责之恶例，各船东为明确责任起见，故对于此等无成法、无成案、无成例之事件，全体否决，实非虞主席个人所能左右。此外尊函所称类多题外之言，恕不一一纠正，免生意见。准函前由，理合据实奉复，敬希亮察是荷。此复招商局"新华"轮船被难家属会，上海航业公会启。

又闻追悼会决定于三月十日举行云。

（1929年3月2日，第15版）

"新华"轮船惨案昨讯

——家属会对航业公会之表示

"新华"轮船被难家属会，因自航业公会答复函中，声明各点，认为不满，昨特据理声明驳复，其要点为：

（一）此次"新华"轮之失事，在于该局雇用不合资格之郭二副，误走航线，以致礁触沉没。见触礁后，郭二副开倒车，致不数分钟，船身完全下沉，惨案由是发生。而死亡人命之责任，应由招商局完全负担。

（二）"新华"轮此次失事之责任问题，非天灾而人祸，其详细理由，已由中国驾驶员公会详细说明，不待本会所赘述，各界当能洞悉。

（三）招商局对惨案发生后无论失事之为天灾与人祸，关于善后事宜，如设法打捞尸首，安慰被难家属，应尽力办理。而该局对出事后，既不打捞尸首，复不顾念死者之惨苦，除对自雇船员首先解决，对搭客则置之度外，对家属会要求各点，亦久不答复，其蔑视人命也如斯，夫复何言。

（四）航业公会既系由中国各航业公司所组织，对此空前惨剧，为中国航业航权计，应责令招商局速办善后事宜，以慰幽魂于海底，而免尸属之流离。逆料只顾会员利益，偏护一方，不主持公道，反以人命比货物论，代替该负责之招商局强辩。窃谓中国社会之无公道，而莫此为甚矣。我国航业之发展，其可得望乎？

（五）航业公会一再与招商局代辩，谓死者搭客，因无法律根据，复无成例可援。考世界各国亦无此例，须知我国近为革命完成，党治之国，凡事应兴应革者，国人岂不能首先提倡乎？俾世界各国航业上将来一遇惨案之发生，亦可照我国办理，而我国法律之完善成例，则有所依据，将来造福于航旅，其德大焉。而该公会不思补救于万一，反借口为依据，中国商人之无法律创造观念，无革命思想，其可惨亦复可怜。世界航业之无人道，中国航业之无人道，同出一辙，民族、民权、民生云乎哉？可悲也夫！

（六）该会又云，"新大明"轮，因被轮撞沉，曲直已明，责任攸归，与"新华"轮实不同。而不知该局总办雇用私人，不合资格，误入航线，致罹惨剧，按之责任，实较外轮互撞尤过之，岂以事实不同而据云然乎？

总之，航业公会为招商局诿卸责任，希图脱罪，固如吾人意料所及。然该公会只知会员权利，不顾旅行航海之搭客民命，可怜我四百余名之被人祸而死之同胞，在九泉其能冥目乎？我全体被难家属，岂能安心乎？愿我党国伟人、社会领袖、工商闻人、各界同胞，良心不默，同起抗争，否则我国同胞之民命，将比牛马不及也，其共注意之。

（1929 年 3 月 3 日，第 16 版）

滇粤桂 "新华" 轮被难官佐呈文

——请将赵铁桥从严撤职查办

滇粤桂 "新华" 轮船被难惨死军官佐家属代表李广孝（字贞伯）等，李君系国民革命军第一集团军第七师参谋长，兼该师某旅长，新近来沪，昨特呈请国民政府国民革命军总司令蒋介石文曰：

> 具呈人 "新华" 轮船被难家属会滇粤桂籍被难军官佐将士代表李贞伯等，呈为招商局 "新华" 轮船用人不当，以致在港附近，触礁沉没，惨死搭客船员数百，编遣官佐将士，同遭惨毙，招商局总办赵铁桥，轻视人命，置之不理；仰祈严令该局总办赵铁桥，迅即抚恤被难家属，打捞被难尸体，并惩办以过失致人于死之罪，以慰幽魂，而维生计事。窃代表等亲属，生前均为国民革命军帅座麾下第三军、第七军所属官佐将士。民国十三年，随帅座出师北伐以来，转战数千里，迭克名城，效忠党国，努力革命工作。北伐告成，全国训政开始，国民政府为减轻民众负担，缩编军队，代表等亲属同受编遣。退伍后，拟回滇粤桂原籍，故来沪同搭招商局 "新华" 轮船。不意该船驾驶人员，毫无航海经验，乃致在驶至香港附近，触礁沉没。当船触礁将下沉时，虽装有无线电报机，并不拍发无线电，以求救援，任令全船搭客船员，悉数被难，无一得救更生，酿成空前未有之巨大惨案。招商局于该船失事后，既不设法打捞尸体，使各家属认领，又不抚恤被难家属，赔偿搭客生命。代表等痛亲属之惨死，先后来沪组织被难家属会，推举代表，提出五项条件，迭向该局交涉。执意该总办赵铁桥，竟装聋作哑，置之不理，忍令被难家属力竭声嘶之呼吁，反设词为天灾，希图不负责任；尤荒谬者，假借航业公会开会为名，主张将搭客与货物同一例看，船东不负责任。延宕迄今，一月余矣，而代表等因此耽搁，致盘费用罄，生计中断。若招商局再无解决希望，势将束手待毙。踌躇再四，始由滇粤桂三省被难官佐将士家属，公推代表来京，请愿帅座救济，并请迅予严令招商局总办赵铁桥，迅即负责解决

善后办法。伏念被难官佐将士为党国效忠，努力革命，冲锋陷阵，转战数省，或被流弹击伤，或被敌军刺伤，而不死于沙场，马革裹尸，今反惨毙于海底，身葬鱼腹，不亦冤乎？该招商局总办赵铁桥，事前用人不当，致肇巨祸，咎实难辞；事后不谋善后，又复蔑视被难家属代表，丧心病狂。轻视人命等处，若不呈请从严撤职待罪，听候查办，何以慰死者英魂于泉下，而儆官邪？伏乞鉴核申行，存殁均感帅座大德。时机迫切，毋任悚惶待命之至。谨呈国民革命军总司令蒋。具呈人滇粤桂籍官佐将士被难家属代表李贞伯（现任第七师参谋长），云南籍代表第三军编遣士兵朱德标、樊益孚、郭荣胜、樊桂林、邹洪祺、周子浩、鲁洪林、邓孟仁、高德胜、方为操、华明亮，广西籍代表第七军编遣官佐士兵唐礼忠、陈仁桂、袁振和、廖相庚、唐权三、包月宝、吴仁标、周象春、钟正标、唐来福、古忠好、邓远振，广东籍代表第七军编遣士兵叶德珍、邱仁春、谢家金、田厚炳、苏明山、袁家志、廖占春、吴光明、焦老三、孟荣海、李春柱、何来炎等同谨呈。

（1929 年 3 月 4 日，第 14 版）

"新华"被难家属之周荷之函

"新华"轮被难家属会昨接广东大埔理民府周荷之来函，对"新华"失事，有所论列，函略云：

　　径启者：查该"新华"轮，此次遇事，多系人事未尽，实不能诿之命与数也。闻该轮当抵横澜灯塔之时，有五轮紧随在后，如果该轮遇险之时，急号求救，当不致损失如此之巨，而毙人命如此之多也。及五轮之中，太古"苏丹"发见该轮灯火熄灭之时，救援已来不及，因随发无线电至港招商局。及该局不即派船，直至十点派轮前往，既无生者救还，复无尸身捞获，失时误事，该局实不能辞其咎也。闻该轮设有无线电，而无司电人员，是等于无也。且逢设有灯塔之处，显然报明此处危险。况横澜灯塔之灯，火光四射，明亮无比，苟非盲者，亦无驶进之理也。乃该轮径直驶进，竟致触礁，若非醉酒，亦必失眠，该局尤不能辞其咎也。尤可恨者，该局滥用不明航务之二副郭某（见《港华侨报》），即此"不明航务"四字，已可累死全船人命有余矣。痛哉！究此各因，虽云天命，岂非人事哉？该轮既不能先事预防，又无善法以善其后，则生者含冤，死者亦不能瞑目于九泉矣。如何处之，仍希贵会酌斟行之是荷。

（1929 年 3 月 5 日，第 15 版）

"新华"轮被难家属会呈文

"新华"惨案延不解决，被难家属特缮就呈文，邮递中央党部、中政治会、国民政府暨各院部等机关。兹将原呈录下：

〖上略〗"新华"轮船于一月十五日，在港失事，惨毙搭客等四百余人一案，迄今五旬，船东招商局初则设词推诿，继则借口公断，终则置之不理。报载航业公会开会消息，竟将搭客生命与货物同一例看，船东不负赔偿之责，代替招商局强辩，轻视人命，可见一斑。而各被难家属来沪静候该局解决，延宕日久，因而盘川用罄，生计中断，前途危险万分。该局若不即谋善后解决办法，恐各家属迫于生计，一旦挺而走险，影响社会治安至大且巨。查"新华"失事，实因该局雇用不合资格、毫无航海学识之郭二副，误走航线，以致触礁沉没。且触礁后，该船所装置之无线电报机，又不拍发求援，任令全船搭客等悉数被难，无一得拯。如是立即拍发无线电，至各处求援，则当不致悉数被难。在责任上并非天灾可比，招商局应负完全之责。该局总办赵铁桥用人不当，咎实难辞，其详细理由，业经中国驾驶员公会详细剖述，已见报端。除呈请国民政府严令该局总办撤职待罪，听候查办，并令饬迅即打捞被难尸首，抚恤被难家属，以慰死者而维生计外，特再呈请钧部院部会主张人道，迅予严令该总办赵铁桥，速筹解决办法，毋得推诿延搁，以重人命。伏乞鉴核施行，存殁均感。专此请愿。谨呈。

（1929 年 3 月 6 日，第 14 版）

"新华"轮家属呈国府文

招商局"新华"轮船失事，自一月十五日至三月五日止，共计有五十日，该局既不维持善后，复未打捞尸首，种种措置失当，轻视民命各节，除呈请蒋总司令、各院部外，昨日由全体家属代表列名，续呈国民政府，重提五项要求，详述家属惨苦，呈请严办赵铁桥。兹录原呈云：

呈为招商局轻视人民，"新华"轮船被难惨案，延不为死者谋善后、生者策安全，设词推诿，置之不理；仰祈鉴核，迅予严令该局总办，撤职待罪，听候查办，并令负责打捞惨死尸属，抚恤被难家属事。窃招商局"新华"轮船，于一月十五日在港触礁沉没，全船搭客，因雁浩劫，惨毙四百余人一案，惊耗传来，被难家属同深愤痛。而该局于该船失事后，对于被难搭客既不为死者谋善后，又不为生者策安全。家属等乃组织招商局"新华"轮船被难家属会，召集各被难家属开会讨论，公决推举罗辅仁等八人为代表，提出要求条件五项，向该局交涉。（一）惨案善后事宜，应由招商局总办赵铁桥负完全办理解决之责任，以慰死者而安生者。（二）招商局应负打捞尸首，由各家属认领，俾各得归正首邱，以稍慰海底之亡魂，与家属之痛悼。（三）所有被难者身后事宜，如衣衾棺椁、追荐丧葬等等一并费用，应由招商局负担。（四）招商局应赔偿被难者之生命财产一切损失。（五）招商局应至迟于本年阴历年内，优恤各被难家属。孰意迭经交涉，该局初则推诿，继则借口既无法律根据，又无先例可援，终则置之不理。各被难家属，被该局一再延宕，迄今五旬，乃致盘费用罄，典质一空，望眼将穿，生计为难。

该局若不即谋解决办法，何以慰死者幽魂？何以维持家属生计？伏查"新华"轮船失事肇祸之责，在于该局之用人不当，驾驶员毫无航海经验，致雁惨祸，实非天灾可比。故溺毙人命四百余名之生命责任，当然应由招商局完全负责，亦即该局总办赵铁桥应负完全责任也。且查该船当触礁下沉时，而未全沉没时，该船虽装有无线报，并不拍发以求救援，坐令全船搭客，悉数被难，无一得拯，酿成空前未有之惨剧。而该船失事后，该局尚希图不负责任，轻视人命，违背先总理手定之民生主义，该局总办赵铁桥实难辞咎。不意航业公会开会讨论"新华"失事一案，主席虞洽卿先生竟将搭客与货物两相比例，议决船东招商局不负搭客生命赔偿之责等语，更属荒谬。此种丧心病狂、蔑视民命之主张，而出诸上海社会中热心公益商界泰斗前总商会会长之口，家属等曷胜诧异。或曰虞洽卿先生即招商局董事之一也，无怪乃有此代替招商局卸责之议案。然"新华"惨案，招商局应负责任，该局总办赵铁桥今竟置之度外。若不呈请钧府从严处办，何以维法纪而慰幽魂？为特具呈钧府，请将该局总办赵铁桥撤职待罪，听候查办，并令饬负责打捞被难尸体，赔偿搭客生命，抚恤被难家属，以伸法纪而重人命。伏乞鉴核施行，不胜迫切饥寒待命之至。谨呈国民政府主席蒋。〖下略〗

（1929年3月7日，第16版）

"新华"轮惨案昨讯

——熊式辉救济军官家属

招商局"新华"轮惨案发生迄今将近两月，该局对家属要求仍置之不理，家属会连日已分呈南京中央国府各机关，要求严行查办，并请示办法。在沪滇粤桂军官被难家属代表，因久候上海，生活中断，虽由南京国军第七师参谋长李真伯君来沪，酌量救济，但粥少僧多，实难维持。李参谋长因在沪久待，有误要公，业已赴都，面陈朱总指挥，详述军官各家属代表，已于前日群赴龙华，面求淞沪警备司令兼陆军第五师长熊式辉司令，要求救济，并请向招商局交涉各节。当蒙熊司令慷慨解囊，每人给资二元，暂行过渡，一面请备文前来，当代转陈国府总部核夺云。各军官被难家属接领之下，始各称谢而辞云。

（1929年3月8日，第16版）

"新华"被难惨史中之一页

醉痴生

"新华"轮沉没，遇难者达四百余人，冤沉海底，迄今月余，诚为航行界空前之浩劫。余弟驭六供职本埠地方法院，迩接其前同事（现任汕头东区善后委员军法处长）王应杰君来函，谓全家七口，此役亦同及于难，一字一泪，不忍卒读。昨复有粤友来沪，谈及其事，较为详尽，爰缕述于下，以饷阅者。

王君之家庭

王君号君冕，籍隶广州，邃于法学，为人诚朴，和蔼可亲，历任上海地方法院书记官长及检察官，办事精勤，自持廉洁，遇讼有冤抑，辄力为平反，戚友之困于经济者，解囊相助无吝色。家有一妻、二子、一女，又二侄、一侄媳附居焉。女年十七，卒业于本埠某女校，秀外慧中，有璧人之誉；二子均幼稚，活泼可爱；一家之中，融融泄泄，深得天伦之乐。讵曾几何时，同归于尽，所存者只王君孑然一身，碧海茫茫，招魂乏术，其遭遇之惨酷为何如耶！

罹祸前之朕兆

去冬，王君辞法院检察官职，旋赴汕头东区善后委员会任，眷属逗留在沪，嗣以旧历年关将届，乃阖家回广州度岁，又以一侄任"新华"船员，一切较有照拂，遂决搭"新华"轮往。泊轮泊汕头，王君迎之上岸，导至永平饭店，暂为盘桓。当时连开三房间，电灯皆不能明，一若示人以预兆者。是夕，家人欢聚，雀战终宵。翌晨，王君复亲送各人下船，不知自此一别，无异送人枉死城中矣。

函中之血泪语

王君致余弟函，有"回思自娶妻生子，以迄于今，二十余年，竟成一梦，隔宵欢叙，遽成永诀，人生惨痛，至斯为极！自问良心，平生安分，不作非为，家人亦均属良善，是何原因，罹此浩劫？苍苍者天，仆从此不信果报之说矣"云云。词至沉痛，余弟复函慰之，有"世界本是虚空，人生本是幻梦"之句，亦冀其于无可奈何中，稍抑悲怀耳。

脱险之幸运儿

尚有一事，足供谈助。有薛济康者，前在粤中军界任事，失业后来沪，又乏枝栖。当王君眷属之行也，薛丐余弟致函王君，介绍一职，并携函自备川资，乘便伴送王眷回粤，沿途尽力服役。迨舟抵汕，王君德之，即为推荐揭阳县警长之职，翌日即使赴任，薛再三请护送到省，王君不欲其周折，力迫上岸，遂免于难。如薛者，匆遽间谋事既成，而又免于惨死，真可谓幸运儿矣。

(1929 年 3 月 9 日，第 22 版)

"新华"轮惨案昨讯

招商局于八日复"新华"轮被难家属会函云：

径启者：本月四日，接读二月二十三日来函，要求敝局对于"新华"轮船旅客死亡之善后办法，为满意答复，否则听凭被难家属之要求，一致来局索命等语。查敝局为航业机关之一，对于乘客被难，各航业机关应守一致之态度。现航业公会议决案既经洞悉，自敝局应守议决，亦已极易明了。若以"一致前来索命"等词，加以恫吓，则于治安不无关碍，殊属非宜。总之，船局与乘客，实同处于不幸之境，易地以思，当亦为之浩叹。专此奉复，诸希亮察。此致"新华"轮船被难家属诸君。招商总局总管理处，三月八日。

该家属会自接招商局答复后，决定于阴历二月初一日即阳历三月十一日下午二时，召集全体代表及各大律师到会，讨论善后办法云。

(1929 年 3 月 10 日，第 16 版)

"新华"轮被难家属会消息

招商局"新华"轮被难家属会，因招商局此次答复，核与前言大相径庭，故该会决定于今日下午二时，召集各代表、各律师，开会讨论对付办法。各家属以惨案发生迄今，招商局既不负责办理善后，后藉词诿卸责任，咸抱不平（之）慨，并将发表详细宣言，驳斥该局之蔑视人命，要求全国民众，一致声援云。

（1929 年 3 月 11 日，第 14 版）

"新华"轮被难家属代表会议

招商局"新华"轮被难家属会，于昨日下午二时开代表会议，除各代表外，尚有远道来沪之各被难家属。首由代表童理璋报告办理向招商局交涉及分向各党国各机关呈请经过；继由各家属报告困难情形；旋经代表王仁安等提议，本会交涉既无眉目，应由各家属自行向该局要求解决；次由各律师讨论法律手续。议决办法：（一）再行具呈各机关请求批复；（二）定期开全体家属大会，同时举行追悼会；（三）法律手续与对付办法，现经大会议决执行，最后由各家属代表主张，将招商局溺毙人命，不顾人道情形呈请三全大会请愿，众主开大会时提出讨论，遂散会。

（1929 年 3 月 12 日，第 16 版）

"新华"轮被难家属会致家属函

"新华"被难家属会昨答复各被难家属公函云：

本会自经全体家属代表大会议决，提出五项办法，要求招商局切实履行。岂料招商局对本会要求各点，毫无诚意答复，反以借航业公会之议决，推诿责任，不负赔偿与抚恤责任。该局之不顾人道，蔑视同胞民命，诚出吾人意料之外。其最近不合理之主张，竟以乘船搭客之民命与货物之损害作并论，殊不知该轮失事，为该局雇用不合资格之郭二副。本会现除据理呈请中央党部、国民政府各院部、各机关，请求依法查办外，凡我被难家属之善后事宜，理应静候政府当局批示。本会各代表，于日前开会议决，当此中国国民党将举行第三次全国代表大会，我无辜惨遭溺毙，均属党国健儿、优秀同胞，应由提出请求之必要，以期为死者伸雪，为生者谋安全。倘如各家属有何意见，尽可详述理由，条陈本会，自当汇案提呈，俾不负贵家属付托之责也。肃此奉告，敬祈公鉴。

（1929 年 3 月 13 日，第 16 版）

"新华" 轮被难家属续呈国府文

招商局 "新华" 轮船失事一案，经被难家属会，以前呈中央国府等各机关，请为严令招商局，以人命为重，迅予解决，但尚未接到批复。故昨又续呈国府文云：

〖上略〗查 "新华" 触礁沉没，委系驾驶员之不谙航技所致，且已经中国驾驶员公会证明，岂得诿为 "天灾" 两字以了之。自该船失事后，该局告被难家属文中，有 "死者已死，徒然悲伤，又复何益？一切善后，我们当然要尽我们的力量，在我们可能范围之内，负责在替诸位设法的" 云云，尚有人心合理之语。乃自航业公会议决船东不负责任后，该局遽变初衷，对于被难善后及家属抚恤，置之不理，但各家属困难达于极点。用特续呈钧府，恳求迅即严令该局，负责解决，而重人命云云。〖下略〗

（1929 年 3 月 16 日，第 16 版）

"新华" 轮案工商部之批词

招商局 "新华" 轮船被难家属会，因招商局对于惨案置之不理，日前曾分呈中央国府各部院长，请求严行查办。兹悉昨日家属会方面，已接奉工商部长孔祥熙批示，略云：

呈悉，已由本部咨请交通部，准予派员查办。此批云。

（1929 年 3 月 17 日，第 16 版）

"新华"轮被难家属向三全会请愿

招商局"新华"轮船在港失事一案，迄无办法。家属会昨以第三次全国代表大会为中国国民党最高机关，党政万端，咸归处理，"新华"惨案被难者四百余人，关系綦重，特电陈三全大会请愿，请为秉公解决云。

（1929 年 3 月 19 日，第 16 版）

"新华"轮被难家属开会纪

招商局"新华"轮船被难家属会，昨在法租界白尔部路新民里十四号会所开代表会议，报告毕，讨论：（甲）对于本案交涉问题，一面应静候中央国府等各机关批示；（乙）对于家属自寻短见，本会非常关怀伤心，应由本会派员调查，一面设法救济；（丙）各家属救济事，因本会经费，系由各代表热心垫出，自成立以来，已垫用千余元，关于其他救济办法，实属无能为力，只得候开全体代表大会后讨论；（丁）开追悼大会事，决与"新大明"被难家属会全体进行。此外关于法律进行手续，则请各律师讨论决定。议毕散会。

（1929 年 3 月 21 日，第 16 版）

"新华"轮案家属步行赴京请愿

招商局"新华"轮惨案发生以来，两月余矣。有军官家属广西人钟正标、廖相庚二人，寄居沪南高昌庙鸿德小客栈，因拖欠该栈房租，被迫顿起厌世之心，送［遂］于前日本月十八日半夜二时，同时在楼上用绑腿带自缢。迨该栈主妇某氏闻悉，鸣同栈伙，帮同从梁上解下，灌以姜汤，钟正标得庆更生，而廖相庚则已气绝。乃报由该管公安局二区派出所，转请广西同乡会给棺收殓。因之各家属更为痛心，遂决计步行至京，向三全大会及蒋总司令请愿救济云。

（1929 年 3 月 22 日，第 14 版）

"新华"失事后之实地调查

曾广顺

为呈报事，职奉命调查"新华"轮肇事情形及办理善后事宜，于一月二十三日赴香港，即往各方查明真相，后复从事探视肇事地点，前已函电钧鉴。兹特再行汇集经过手续暨办理情形，续为缕呈。

肇事地点与肇事原因

查当日肇事之前，东北风猛烈异常，香港口外，除大轮或特别救援船外，几难航驶。况肇事地点，尤处于横澜灯塔左面两岛之间，其潮流及风势从东北通出西南，更为剧烈。而港地救援船之船员与夫被救者，亦以当日风烈浪大相告，是可见肇事时风浪之一斑。

救援迟缓与寻觅误向

肇事后，在横澜灯塔暨青洲灯塔相互分电各方救援。而救援方面，虽谓收电处误延时间，致救援船出发在该轮沉没之后，且误走上风，无所发现即返。然究其延误，无正当理由，故不能不负应有之责。况横澜灯塔离港埠仅十二海哩，三刻钟可达，谅港政府审查后，对于救援负责者，定有相当之质问。

肇事时船员之施救

当该轮肇事后，船员对于施救方面，而船主见船将处于危险时，即命船员将一切救命器具（舢板、救命衣等）准备，并发放救命号炮。惟天暗风烈，救命艇一时不及全行放下；且以船身侧在一面，有放而不能下者。据得救乘客及船员云，端艇与浮水筒均放入海面，惟以风浪猛烈，潮流湍急，故多流失。当时乘客虽多数入端艇，但转瞬即为浪所卷者颇夥。

肇事后港局之打捞

于肇事后，港分局曾函托东华医院及其他慈善机关，传告各方，如有捞获尸体等情，即行报告。而港政府海事救援处，亦曾每日用小轮行驶梭巡于横澜附近，连续数日，绝无所见。据渔船传说，曾见浮漂海中之尸体，皆缚所服救命衣者，但以风浪过大，不易打捞。苟肇事后，若非风烈浪大，则人之丧失，断不致如斯之多。兹详细考查，除港府接电处迟缓外，余均无不罄其能力，尽法施救。例如船主、大副等，放号炮，下救艇，发救命衣等，于人力之能事可云尽矣。而所难抗者，殆天而已矣。

港政府审查之经过

该轮肇事地，即在港口外，其地为其管辖范围，故不得不受其审查。且该轮领有港政府乘客牌照，而其船员均在香港船务厅签有服务合同（Shipping Article），因此与他轮有所不同。兹核其审查，共计五次。初次及二、三次，均审查陆上施救及无线电等，后二次审查得救船员与夫大副。于第四次审查时，审查官向局方代表询及二副之执照号及其发处。而局方代表，遂于第五次审查时即将其履历及文凭之号码，当堂出示，并将招商局委用驾驶人员之规则，详加说明。

审查后判决之词调

当职等离港后，在途中得港电云，港政审查结果，判定"新华"肇事，实属不幸之凶灾，当风浪交加，黑夜航行，实为有人力所不能抵抗者。该船船主，虽有应负之责，然亦无可如何。且查得该轮离汕埠时，船主所定海线，并未舛误，于当夜十二时大副值更交替时，核对海线经纬，亦合符节。以此推论，该轮为风势潮流激荡，遂致移动方向，驶近石礁。

肇事地潜探之工作

时值冬令，东北风猛烈，海水寒冷，若欲于此时期，即行潜水探视工作，一时亦不易为。肇事地点，水常有九十余尺之深，即使善谙水性者，潜水探视，其工作一日只能为两小时而已。现虽与太古船坞接洽妥定，然须俟风浪稍平，天气晴明，方可往探。设有拯起希望，亦当候至来春方可工作。据被救船员所言，而测度当时沉没情形，其船头先入水，且于肇事后历一小时之久，始行沉没，并于沉没后尚现一桅杆于海面。以此推想，其损坏多在船之前部头、二舱之间，而于打倒车时以东北风猛烈故，遂船尾向右急转，致将船尾撞于暗礁，损坏车轮，失其行驶能力。质而言之，该船入水处，必在前部，可以断定，后部或不致有孔穴也。然不加潜水探视，其详细情形亦难预测。

综核"新华"肇事情形暨港方舆论观察之，本局亟应设法航驶该埠，以维营业，而谋发展。

（1929 年 3 月 23 日，第 22 版）

"新华"失事之责任问题（下）

（一）该船未遇险前已发风告警，船主必出无疑，且距港只十哩，转瞬即至，即无轮班之关系，船将到埠，责任谁属，为船主者安有尚在高卧之中之理？故遇险时，只有二副郭某一人值班之说，似为事实上所必无者。

（二）二副资格，是否相符，为此案之重心所寄，亦为多数人指摘之点。兹据报载，职工会证明二副为厦门集美高级水产〖学〗校毕业，任集美渔轮二副，服务已久；此次就职，并经海关许可，认为胜任此项职务。良以他种事，或可任用私人，惟局方聘用船员，须经交部颁给证书，或经海关考验许可，否则海关有扣留船只之权。刳人非至愚，终不肯以公司命脉之所在、客商生命货殖关系之所寄，而贸然付托于不称职者之手也。

（三）该二副尚未领到交部证书，以为任用者违背部章，是乃误解章程之谈。按交通部《船员证书章程》第六条载"（在商船上继续服务）已满四年，并曾充二副满一年以上者，得给予二副证书"，此明明指任二副一年后，方准发给。如果认为非法，不啻交部命公司作此非法事矣。非然者，不有二副证书，不能充二副，不充二副，不准给证书，则有证书者代谢后，中国将无一及格船员矣。

（四）有无线电而乏司电员，此层似亦不近常理。该局总办科长等，岂皆绝无智识，特设无线电以开顽笑，如独鹤所谓"要它做妆饰品"乎？或者当时变起须臾，司电者自身遇难，不及发电，亦未可知。证诸船上乘客都死于舱中，又安保其非同样遭厄乎？此事究竟如何，还须质之当局。不过中国无线电事业，方在萌芽，船舶不设置者尽多。香港近始通令，中外各轮，一律装配。兹假定某船因不设无线电而致失事，亦不足将其责任尽归之于船东。

基于上所论列，而加以归纳之。"新华"船龄只有七载，近加修葺，合于航行可知。又，香港港务主任，对于船身如何，船员是否有资格，设备是否完善，检验甚为严密，如其不然，早受取缔。在该局方面，所谓必要三条作业已完备，即认"新华"沉没，非尽出于天灾，亦当归咎于驾驶之忽意，于局方似无若何责任可言也。所念死者已矣，生者惨然，办理抚恤，为该局之天责，理当尽力从事。至将来案情大白，谅当轴者必有秉公处断之方。抑予以为此案之争执，不仅一船一局之关系，他如航律问题，亟待编纂，公布施行，以资仲裁海难。不然者，船东方面负无限制之责任，深为航业前途抱杞忧也。故推论之如右，希当世专家一研讨之。

（1929 年 3 月 23 日，第 22 版）

"新大明"、"新华"案追悼会之筹备

"新大明"轮被日轮"厚田丸"撞沉一案，迄今已有年余。"新华"轮一案，业将两月，亦无解决办法。惨死被难家属组织团体，奔走求援，毫无结果。兹闻两被难家属会，痛死者惨状，哀生者之流离，故拟联合举行一大规模追悼大会，征求各机关、各团体及社会各名流巨子，共同赞助。筹备之期，约需一月，地点决定假座法租界白尔路晏心禅寺云。

（1929 年 3 月 24 日，第 16 版）

"新华"轮被难家属呼吁

——请求各同乡会援助

招商局"新华"轮船案发生，业已二月有余，仍无解决办法。国府各机关对于家属会呈请查办一节，亦无明令回批。昨日为各家属代表，仍向家属会要求，速定解决办法，并拟向各同乡会求助。但家属会方面，以被难家属大都粤桂同乡为多数，故拟先行致函广肇公所、潮州会馆、粤侨联合会、中山及四明同乡会、宁波、绍兴等各乡会，征求意见，请予援助，或订期开一联席会议，讨论救济及交涉方针云。

（1929 年 3 月 26 日，第 14 版）

交通部对"新华"轮案之批示

国民政府行政院交通部长王伯群氏，前日据招商局"新华"轮船被难

家属会呈称，招商局用人不当，误走航线，在香港附近洋面触礁沉没，溺毙人命四百余名一案，请求查办，并办理善后，予以救济各节由，"呈悉，查本部前据被难家属会呈请，已批令查办员查办在案。兹据前批，仍令该查办员查报具凭核办可也"等语。被难家属会奉批后，仍拟续呈交部王部长，恳予严令查办惩戒云。

（1929 年 3 月 28 日，第 16 版）

"新华"轮被难家属续呈交部

招商局"新华"轮船被难家属会，以各家属在沪等候消息，实属困难。昨又呈请国民政府交通部，请迅予严令招商局从速解决。其原文云：

> 呈为"新华"轮被难者，尸沉海底，各家属生计困难，仰祈迅严予令招商局速筹善后事。窃招商局"新华"轮船失事惨案发生以来，业已两月有余，船东招商局蔑视人命，延不为死者谋善后、生者策安全，业经具呈钧部，请迅予严令招商局，迅筹"新华"失事案善后办法等情。昨奉钧批第三三四号内开：呈悉，已将原呈发交查办员并案办理矣，仰即知照。此批。等因。奉此。查"新华"惨案，在责任上，该局万无卸责之理，既蒙发交查办员并案办理，业已多日，想早查复。为特续呈钧部，迅即严令招商局速筹善后办法，以慰幽魂，而重民命云。

（1929 年 3 月 29 日，第 15 版）

"新华"惨案代表请愿讯

招商局"新华"轮惨案，发生以来，业已两月余，船东招商局对于应负责任，始终饰词推诿，希图卸责，置之不顾。而被难家属中，尤以滇粤桂三省被编余军官士兵为多，在沪守候该局解决者，为数不下三四十人。前经推举代表叶华清赴京，向三全大会、国民政府及交通部请愿，因往返盘川，无从筹措，致未果行。旋因发生被难军官家属代表廖相庚

1377

被生计所迫，投缳自尽。故叶代表兔死狐悲，遂决计步行赴京请愿。昨日家属会接到叶代表自京来函，报告请愿结果，颇为圆满。兹将原函录下：

> 招商局"新华"轮船被难家属会童代表理璋先生转各代表均鉴：华清日前奉家属会滇粤桂籍被难家属代表之命，来京向各方请愿。自沪步行以来，饱历风霜，廿八日抵京，廿九日适黄花岗烈士纪念会，卅日至三全会，适已闭幕，折至国民政府，请见蒋主席。主席公出，由高等顾问延见，清华当即申述来意，蒙答允转禀蒋主席，无论如何，当请王部长迅予派员调查，并办理抚恤云。清华〔华清〕乃称谢辞出，又至交通部请愿，由王伯群部长面谕，静候三四天，当派员会同清华同回上海，至家属会与各代表，讨论全体被难家属抚恤及一切善后事宜。又至中央党部请愿，由交际科长延见，据云，"新华"惨案如再延不办善后抚恤，决无天理，即将来我国船业信用亦将破产，无人信仰云。现在清华寓太平桥清和旅社，候交通部派员一同回沪。特先函告此次请愿圆满云云。

（1929 年 4 月 1 日，第 14 版）

"新华"轮惨案续讯

"新华"轮船惨案家属会，昨已奉到交部续批，家属会方面，并筹备追悼大会。兹录昨日消息如下：

交通部之批示

国民政府交通部王部长，昨续批家属会呈文云：

> 呈悉，查"新华"轮船善后一案，前据该会吁呈，即经发交查办员并案办理，尚未据复。兹据续呈前情，仰候令饬招商局查核办理可也。此批。云云。

家属会接到此项批复后，即召集代表会议，讨论继续进行，及追悼会方法。

家属会之会议

招商局"新华"轮被难家属会于昨日下午继续开会，童理璋主席，讨论各事如下：

（一）对交通部批，候查办案。议决：该查办委员，迄未得查办原由呈报到部，殊属令人怀疑，应再另行呈请迅速办理，以安家属，而慰幽魂。（二）筹备开追悼大会案。议请起草员，连将应办事项交到本会，以便付印进行。（三）南京请愿代表叶清华迄未返沪，因在京亏负旅资，受困首都，情实可悯，应请各机关救济，以便返沪报告。（四）代表尚慕姜，因此案久无解决办法，有愤而辞职说。佥以尚君热心公益，维持人道，爱护国权民命，本会之进行，赞助尤多，应请尚公继续努力，勉尽天职，惨为死同胞伸冤，为被难家属请命。一致挽留，打消辞意，公推童君当面挽留。（五）请各同乡会援助函。议决：即日发出，以咨联络。议毕散会。

（1929 年 4 月 12 日，第 14 版）

"新华"惨劫中之艳闻

朱秋元

关于"新华"轮惨案之记载，已数见不鲜，特尚有一段可歌可泣之艳史，为一般人所不及知者，敢濡笔记之。

友人杨君，即此案之主角，一翩翩美少年也，学贯中西，负笈海上，与情侣密司梁者，爱好弥笃，花前月下，曲尽缱绻，信誓旦旦，矢以白首。梁丽质清才，不弱于杨，以故析疑问难，且时作学业上之观摩焉。讵知佳景不常，杨忽得父书，促其返粤，但双方爱情正浓，一旦握别，情何以堪？辗转筹思，惟有联袂偕行。盖梁亦粤产，正可借此一游故乡焉。乃鸳鸯被打，一生回而一葬鱼腹。盖彼二人所乘者，适不幸之"新华"轮也。哀哉！

"新华"轮将沉未沉之时，一般搭客莫不争先恐后，攘夺救命之圈，顾人多于圈，普及为难，于是强者安然脱险，弱者终逐伍大夫游。杨于斯时，亦觅得一圈，持献其爱人曰："妹，请以此逃生，余当别图他法。"梁哽咽而言曰："是乌可者，哥前程远大，正当自救，侬一女子，无足轻重，事急矣，速行！前途珍重，毋以薄命人为念也。"不料双方正相推让，此圈已为一暴客夺去。斯时，全船已成泽国，所未被波及者，只杨、梁所立之片地而已。当此千钧一发之秋，忽见一救生板船将去，杨急背负爱人，一跃而登。乃此船又因人数过多，不胜其重而没。杨固孔武有力长于游泳术者，至此，乃拥抱其爱人，与惊涛骇浪相奋斗，作无目的之漂浮，久久力竭，行将灭顶，忽见渔船数艘，缓划而过，杨大声呼救，渔人遂救二人起。杨释手视其爱人，则震骇万状。盖其所救者，非意中人，而系另一女子。女亦不胜讶异，及互相通问，始知女系鸳鸯分飞而来者。盖舢板船沉没时，杨急不暇择，误女为其爱人，而女亦误杨为所欢也。至此一对可怜虫，各以情侣遇险，痛不欲生，女更泣不成声，欲蹈海自尽者屡，卒为杨劝阻而罢。后杨送其回家，独自来沪，前与余不期而遇，语我如此。余略作慰藉言外，并献之曰："老哥艳福不浅，失诸东隅，收诸桑榆，亦不幸中之幸也，尚复何憾？"杨愠然作色曰："是何言！余何人斯，岂得陇望蜀者比，余将终身以鳏，不复作绮思矣。"

（1929 年 4 月 30 日，第 12 版）

"新华"轮被难家属昨向招商局请愿

　　"新华"轮被难家属代表叶清华等，自前次步行至南京，向中央国府各院部请求，迅令招商局办理死者善后，救济被难军官家属等由。经交通部答称，已令行招商局妥为办理，请向招商局直接请求等语。故叶等乃于昨日上午九时许，特往招商局请求，并请该局总办赵铁桥面晤。赵总办不在，由何科长接见。经叶君面递公函，详述家属困难，及滇籍军官家属已有寻死之情形。该局科长，初则藉词推诿，继则须禀承总办办理。经各家属严词质问，并要求于最短期间，须有切实圆满答复，否则全体家属群至招商局宿食，以免流落沪上，成为饿莩。何科长答谓，于二日内当有切实答复，并允为设法救济等语。各家属始分头散去。

（1929 年 4 月 30 日，第 14 版）

"新华"家属昨又向招商局要求

招商局"新华"轮失事，滇粤桂军被难家属代表叶清华，昨日下午四时许，又往招商局催询。局派何扬烈君谓，此案本局初原拟厚恤家属，因航业公会之决议，各船公司不得违抗，应绝对服从，且无先例，故碍难答允，本局不能破坏公会议决，以便引起别种纠纷。卒加慰劝，请叶君暂回，静候局中答复云。

（1929 年 5 月 1 日，第 14 版）

"新华"轮被难家属会之呈文

再呈交通部

招商局"新华"轮船被难粤籍家属，前日特推叶华清为代表，赴京面请同乡胡汉民、古应芬、孙哲生三公救济。而家属会，以交通部前两次批示，交由查办员并案办理，然迄今未闻消息，故再呈交部催请。某呈文交由叶代表面呈交通部长王伯群，其原呈云：

呈为再呈迅予严令招商局解决"新华"轮惨案死者善后、生者安全事。窃招商局"新华"轮船，于一月十五日在港失事，惨罹无辜浩劫，死亡搭客等达四百余名一案，委系招商局用人不当，责任所在，法难宽恕，应亟早赔偿搭客生命损失，抚恤被难家属。讵该局对家属之要求，居然置之不理，其目无法纪、轻视人命等情，业经一再具呈大部，请迅予严令该局，即日依照法理责任，妥筹善后解决，以重民命。先后奉批，交由查办员并案查办，候复核办等因。迄今未蒙该局解决，而各家属生计困难，达于极点，有家属廖相庚，因此自缢轻生，若不解决，我家属中之贫寒者，惟有束手待毙。用特再呈大部，请迅予严令该局，速即为死者谋善后、生者策安全。伏乞鉴核施行。谨呈国民政府交通部部长王。

（1929 年 5 月 6 日，第 14 版）

首都纪闻

〖上略〗

〔南京〕"新华"轮被难家属代表八日抵京，定九日向交部请愿定办法。（八日专电）

〖下略〗

（1929 年 5 月 9 日，第 7 版）

"新华"轮案请愿代表返沪

招商局"新华"轮船被难家属粤籍军官兵士家属代表叶华清，赴京向各院部请愿。叶代表昨日返沪，向家属会报告。

（1929 年 5 月 12 日，第 14 版）

"新华"轮案家属之呈文

——代表叶华清三次步行赴京请愿

招商局"新华"轮船被难家属会，前因粤籍家属颠沛流离，束手待毙，特推定叶华清为代表，一再步行赴京，向中央国府各院部及党国各要人请愿，返会报告等情，业志前报。兹悉家属会昨又备就呈国府行政院文，三派叶代表晋京面呈请愿。叶代表因川资无从筹措，仍步行赴京，已于昨晚动身，随身仅带另用及粮秣耳。兹将该会呈行政院文录下，以觇家属苦况之一斑，原呈云：

> 窃本年一月十五日，招商局"新华"轮船在香港触礁沉没，全船四百余人惨罹浩劫一案，其肇祸原因，委系招商局用人不当所致，业经中国驾驶员公会详细证明责任。而该局对于被难家属交涉之要求打捞尸体，交由家属认领，赔偿死者生命损失，抚恤被难家属等情，置之不理，其蔑视人命之处，不特违背先总理民生主义，且此例一开，

以后旅客，即搭乘外商轮船，如果不幸被难，则外商恐亦将借口援例而置之不理，故嗣后旅客乘轮，行将人人自危。我被难家属等，因候该局解决，久留沪上，莫不赀斧完罄，积欠栈租者有之，生计窘迫者有之，尤其是滇粤桂籍被难军官士兵家属，被遣散军官士兵，益为困难，举目无亲。其中有廖相庚、钟正标两人，因寄居沪南高昌庙鸿德小客栈，积欠房饭钱，致生计中断，于三月十八日午夜二时，相继用绑腿带投环自缢。旋为栈主妇闻楼上唔唔之声，惊疑而会同栈伙，登楼察视见状，当将廖、钟两人解下救治，钟虽得庆更生，廖则因时过久而逝。呜呼惨矣！查廖、钟两人之轻生，直接虽为生计所迫，间接则为招商局之蔑视人命、置之不理，有以致之，故虽不杀伯仁，伯仁实由彼而死。该局若不即谋善后解决，各家属为生计逼迫而轻生者，恐非仅止彼两人也。因是推派代表叶华清，一再步行晋京，向中央国府及蒋总司令，请为慨念袍泽，无辜惨罹灭顶，饬令招商局迅予为死者谋善后、生者策安全，并恳救济，以便在本案未解决前，暂维生计。乃迄今多时，未蒙批示祗遵，赐予救济。为特三派代表叶华清，再步行晋京，向钧院请愿。伏乞垂念被难者冤沉海底，死不瞑目，家属等生计断绝，束手待毙，赐予严令招商局打捞尸骨，交由各家属认领安葬，赔偿被难生命，抚恤被难家属，以安幽魂而重民命，务恳鉴核施行，殁存均感。临呈迫切，不胜饥寒待命之至。谨呈国民政府行政院长谭。

(1929年5月13日，第13版)

"新华"轮惨案续讯

——家属会函请粤籍同乡会援助

招商局"新华"轮船被难家属会，以惨案发生，久无解决希望，被难同胞，粤籍尤多，故于昨日函请广肇公所、潮州会馆、粤侨商业联合会、香山（即中山）同乡会、广西同乡会等，请求援助一致进行，对招商局交涉。原函云：

径启者：招商局"新华"轮船在港失事，溺毙船员搭客四百余人，惨案发生以来，瞬已四月，船东招商局，初对于被难家属，尚有悼惜之意，故船员之被难者，每人抚恤其家属五百元。讵自航业公会开会议决，以搭客与货物并论，船东不负赔偿之责后，招商局态度立变为强硬，对于敝会之屡次要求，借口尊重航业公会决议而推诿，以至置之不理。查敝会于二月二日召集各家属开会讨论，公决要求办法五项。一、惨案善后事宜，应由招商局总办赵铁桥负完全办理解决之责任，以慰死者，而安生者。二、招商局应负责打捞尸首，交由各家属认领，俾各得归正首邱，以稍慰海底之亡魂与家属之痛悼。三、所有被难者身后事宜，如衣衾棺椁、追荐丧葬等一切费用，应由招商局负担。四、招商局应负赔偿被难者之生命财产一切损失。五、招商局应至迟于本年阴历年内，优恤各被难家属等因。完全为各家属之公意，而该局既不谋死者之善后，打捞尸首，又不为生者策安全，抚恤家属。敝会又迭呈中央国府各院部核夺，又无圆满批复。且查"新华"轮之触礁酿成惨案，为该局用人失当，郭二副不谙航术，滥竽充职，误走航线所致，此该局应负责任之一也。又该船当触礁下沉时，并不拍发无线电报求援，坐令全船人员，悉数被难，一若船既沉没，搭客理应殉葬无异，此该局应负责任之又一也。该局在责任上，万难卸责，而不容卸责者也。然各家属全赖被难者生前为商者经商获利，为军者每月饷银，为工者血汗工资，以供父母妻子一家之温饱。乃不幸乘搭该轮，而丧生海底，死者之尸骨未见，生者之一家生计，无人负责，顿成中断。去年夏历年终，虽勉强度过，然今后生计，如何维持，危险特甚。兹因贵会公所为被难家属中粤籍同乡，用敢函陈，请本人道王［主］义，亟起援助，仗义执言，以达解决之目的，仅死者感激于地下，生者拜荷于人间，而人群之正义得伸，天下之公理不灭，其造福岂有涯哉！云云。

（1929 年 5 月 20 日，第 14 版）

"新华"家属昨向招商局交涉

——陈白刚救济家属十元

招商局"新华"轮船，自本年一月十五日，在港失业［事］以来，瞬已七月。招商局迄今并不设法打捞尸体，又不抚恤家属，赔偿搭客生命，致各家属生计困难，势将束手待毙。昨日滇粤桂三省退伍军官兵佐被难家属，特推代表叶华清等于上午十一时，先赴三北公司，请见航业公会主席虞洽卿君。叶代表当即面陈各家属苦况，而云南、广东、广西三省退伍的被难家属为尤苦。虞主席闻言，亦甚惋惜，允设法酌予救济。叶代表当即声谢，虞洽卿复将私人名片交由叶代表，嘱往航业公会，请见该会委员陈白刚，请其偕往招商局。叶代表乃兴辞往航业公会，由陈白刚陪同赴招商局，由该局科长洪雁宾延见。叶代表除申述各家属困苦外，并责问以"新华"轮被难尸体，为何招商局迄未打捞，各家属迄未抚恤，搭客生命损失迄未谈及赔偿？独"新康"轮被难尸体，由贵局打捞，被难家属由贵局救济，同是华人，同是乘搭贵局轮船，同是被难者，何厚此而薄彼？当由陈白刚委员力劝叶代表暂返，容再计议。陈君并出私囊十元，交与叶代表，为各家属救济费，叶代表受而感谢不已云。

(1929 年 8 月 3 日，第 13 版)

首都纪闻

〔上略〕

〔南京〕行政院呈请将"新华"轮失事案，改由司法机关处理，三日国府已指令照准。(三日专电)

〔下略〕

(1929 年 8 月 4 日，第 8 版)

首都纪闻

〔上略〕

〔南京〕招商局"新华"轮失事案，王伯群呈请改由司法机关处理。(五日专电)

〔下略〕

(1929 年 8 月 6 日，第 7 版)

"新华"被难家属请恤未准

〔南京〕"新华"轮案各被难家属代表呈请抚恤，交部以该轮在港失事，系不测天灾，非人力所能抵抗，格于成例，未便照准。惟搭客惨遭覆没，情殊可悯。查各国对于海难事件，均由海事法庭处理。我国现无此项专设机关，又非行政处分所能解决，现已呈奉行政院转呈国府，改由司法机关办理。（十七日专电）

（1929 年 8 月 18 日，第 8 版）

交部对"新华"被难家属会批示

招商局"新华"轮船被难家属会，因失事后招商局迄无解决办法，家属代表屡次函电，呈请各机关，要求救济妥筹善后办法。日前该会又电呈交通部王部长，请迅令招商局核办。昨日该会接待交通部批复云：

> 呈悉，查此案迭据该代表等呈请抚恤，节经令饬招商局总管理处总办赵铁桥妥筹办理，并汇交查办员彻查在案。旋据该总办呈复，"新华"轮船在港失事，实系不测天灾，非力所能抵抗，有香港海事法庭判词可证。至于被难乘客惨遭覆没，情实可矜，但以格于成例，囿于海法，并经航业公会决议，不便轻启例端，贸然处置等情。复据查办员查复情形，亦大致相同。查各国对于海难事件，均由海事法庭处理。我国现尚无此项专设机关，又非行政处分所能解决，本部为慎重起见，当经呈奉行政院转呈国民政府令准，改由司法机关依法办理，以期平亭得当，法理兼顾。除令行招商局知照外，仰即遵照，径向法庭呈诉可也。此批。等云。

（1929 年 8 月 19 日，第 14 版）

"新华"家属请国府救济川资

招商局"新华"轮船被难家属会粤桂滇籍军官兵士家属，据叶君回沪报告代表晋京请愿情形，已于前日召集军官士兵家属，会议结果当场缮就呈文，经到会者广东韶州前第一军第二师四团二营五连中士班长叶华清，云南籍前第三军编遣退伍士兵朱德标、樊益孚、郭荣胜、樊桂林、邹洪祁、周子浩、鲁洪林、邓孟仁、高德胜、方为操、华明亮，广东籍前第七军编遣退伍士兵叶德珍、邱仁春、谢家金、田厚炳、苏明山、袁家志、廖占春、吴光明、焦老三、孟荣海、李春桂、何来炎，广西籍前第七军编遣退伍士兵唐礼忠、陈仁桂、袁振和、唐权三、包月宝、吴仁标、周象春、钟正标、唐来福、古好忠、邓远振等各家属，署名签字，呈请国民政府救济各该家属川资，以便早日回乡云。

（1929 年 8 月 24 日，第 20 版）

"新华" 家属代表晋京返沪报告

招商局 "新华" 轮失事惨案，七月有余，招商局仍属置之不理。家属会于本月十九日，复派代表叶华清赴京请愿。按，叶代表此次晋京为第五次，业于昨日返沪，向家属会报告请愿经过，大致谓 "此次作第五次之请愿，于二十日动身，直至二十九日，始得晋见古文官长。余当即声述 '新华' 轮家属之苦况，尤其是滇粤桂籍三省退伍军官士兵家属、各退伍军官士兵流落沪上，困苦尤甚，要求发给川资回籍，免作异乡饿鬼。当蒙古文官长示以国府训令招商局，着即抚恤家属之训令，谓国府对于贵代表所递呈文，业已呈奉蒋主席批准，令饬招商局总办赵铁桥，迅予抚恤 '新华' 轮案各家属训令已缮就，待监印室盖印官盖印后，即可发出，望贵代表安心返沪云云。故余于今晨设法乘车返沪" 云。

（1929 年 8 月 31 日，第 14 版）

"新华" 轮案被难军人家属代表再请愿

——叶华清七次晋京

招商局 "新华" 轮船被难家属，因案悬八月，招商局迄无诚意谋抚恤或救济之道以求解决，忍令各家属受生计逼迫，而尤以滇粤桂籍三省被难退伍军官士兵家属、退伍军官士兵为最苦。该家属故推派叶华清代表，六次晋京，向中央国府各院部请愿，并恳救济以维生计。直至第六次请愿，始由国民政府文官处古应芬氏，面允令饬招商局妥谋救济，以便军人家属回籍，而免流落异乡各地。叶代表得此良好结果消息，颇为欣忭，当即返沪，向各家属报告请愿情形，静候招商局拨款救济回籍。讵候至旬余，未见音息，各家属又大起恐慌，金主同赴招商局拼命。幸经家属会各代表闻讯，驰往婉劝，勿作轨外行动。该三省家属，群情愤慨，谓与其活活饿死，毋宁一拼生命！语下痛哭流泪，惨不忍闻。各代表复竭力安慰，请各家属勉为隐忍，政府当有救济办法。各家属始含泪而散。旋经各代表议决，复推叶华清代表滇粤桂三省军人家属，再晋京向国府文官处古文官长请愿，迅予拨款救济，俾早回乡。叶代表奉命后，业于昨日第七次晋京。

（1929 年 9 月 16 日，第 16 版）

"新华"轮案军人家属准备请愿

招商局"新华"轮船被难家属三十余人，以天气渐冷，饥寒交迫，故昨又备就呈文，复推叶华清为代表，即晋京向国民政府蒋主席暨文官处古文官长，恳请俯念被难军官士兵家属各退伍军官士兵，当在韶州出师北伐革命，略具征劳，现因南北统一而编遣退伍，又惨遭此不幸，讯予训令招商局速即拨款救济，以便早日回籍而免流落异乡云。

（1929 年 10 月 7 日，第 14 版）

"新华"轮被难家属回乡办法

招商局"新华"轮船被难滇粤桂三省退伍军官士兵家属、退伍军官士兵，前因流落沪上，生计困难，呈请国民政府训令招商局救济，酌给川资回乡等情。兹悉国民政府文官处于九月廿三日致函招商局总管理处迅即核恤，而航业公会临时会员会函复文官处云，是项被难乘客，应由招商局嘱趁行驶港粤班船，免费顺道送往原趁"新华"时之到达目的地。国府文官处当即据函陈奉蒋主席谕，准予照办。故于上月廿八日函知招商局查照办理。事为被难滇粤桂三省军人家属代表叶华清所悉，以被难乘客死于海底久矣，迄今未见招商局打捞尸体，怎能送往原趁"新华"时之到达目的地？航业公会此举，实属滑稽之至。故该家属等昨又致函招商局，请救济酌给川资，以便早日回乡而免流落异乡云。

（1929 年 10 月 16 日，第 14 版）

"新华" 轮案家属致招商局函

——函请迅予救济

招商局"新华"轮被难军人家属等三十余人，昨函招商局总管理处云：

> 径启者：查"新华"轮船失事惨案，迄已九月于兹，我军人家属，旦夕盼望贵局天良发现，酌予抚恤。讵贵局始终置之不理，我家属等守候至会，受尽饥寒，每念前途危险，不寒而栗。迫不得已，乃呈请中央国府交部等机关，恳求饬令贵局救济倒悬，酌给川资，俾资早日回乡，藉免流落冻馁之苦。然亦无批复。为特函请贵局，本人道主义，迅予救济，如荷慨允，请掷交法租界白尔部路新民里十四号家属会，当掣收条，登报鸣谢。但我家属等从未在外有募捐乞求济助等情，如有发现，即是假冒，合并附陈，敬请注意为荷。

（1929 年 10 月 31 日，第 14 版）

拍卖 "新华" 轮船广告

兹有火轮船一艘名"新华"，十七年沉没于香港横澜灯塔附近。兹准期二月十五日将该"新华"船壳、机器、煤炭及船上用具在香港晓士及侯□行（Hughes and Hough Limited）拍卖，价高者得，以香港银币现银交易。但船上行李货物不在拍卖之列，如投得之人，有货客或搭客向其领回货物及余存之行李，应照交还，但得与货客或搭客商议，补回起捞费用。有意承投者，请依期早临是荷。轮船招商总局启。

（1930 年 1 月 8 日，第 16 版）

"新华"轮船之货客搭客注意

启者：本局"新华"轮船前年在横澜灯塔附近海面沉没，经于二月十五日在香港晓士及哈乎拍卖公司当众拍卖，由德辅道中一百三十三号祥和号投得。如有货客及搭客家属欲领回货物行李，祈直接与祥和号接洽商议，查领并补回费用可也。特此通知。

民国十九年三月五日，轮船招商局总管理处启。

（1930 年 3 月 7 日，第 3 版）

三十二　"新康"轮被日船撞沉

前日招商局"新康"轮船被撞沉没

被日轮"龙野丸"所撞，

撞后十四分钟沉没，

船客溺毙五十七人。

昨据招商局方面消息，年来日本轮船在中国内河沿海屡屡不遵航行规则，擅撞船只，如去岁"新大明"轮船被撞，公判结果，咎全在彼，是其一例。该局"新康"轮船前日下午一时四十分，在山东角被（日本邮船会社）"龙野丸"所撞。据该局大连代理处报告，接"龙野丸"电，说明"新康"被撞，而日本邮船会社所发电报则谓因浓雾相冲突。而事实则"龙野丸"轻伤，"新康"乃于十四分钟沉没，其撞力之猛，不言可知；究属谁撞，亦可于此损伤重轻中料知一二矣。据"新康"船长被救后，由日本来电，计溺毙五十七人，招商局已急电烟台分局设法办理善后。该船长亨生，在招商局服务二十余年，现为"龙野丸"救起，带往神户。招商局现为明了出事情形，已聘请在神户之验船师劳氏，于"龙野丸"抵埠时，前往验看，一面函知本埠日本邮船会社转电神户，暂缓修理该轮，一面并派龙霞举前往神户调查。兹录该局致南京交通部王部长电如下：

国急，南京交通部王部长钧鉴：顷接大连代理处来电报称，刻接"龙野丸"无线电云，"新康"在山东角被"龙野丸"撞沉，刻在营救等语。但本局筒日六时半，尚接"新康"无线电报告，航行在北纬三七二一、东经一二二四一等情，并无警耗，颇滋狐疑。因查"龙野丸"系日本邮船会社轮船，即派员向该社查询一切。该社出示"生驹

1391

九"所转之大连来电，据谓："'龙野九'于七月二十一日在山东角附近因浓雾与招商局轮船'新康'冲突，本船损害轻微，对方轮船沉没，与大连汽船公司'天山丸'正在协力救助乘客及船员。"其后复有同上电报云："无派救助船之必要，本轮已向神户航行中"云云。观此，似被撞已经证实，但大连代理处电，系得自"龙野九"，其中"新康"被"龙野九"撞沉一语，及邮船会社所得电中，因浓雾与"新康"冲突一语，均极堪注意。由此推测，似"新康"纯系被撞，而非向撞可知。现正极力电查原因，一面延请海事专家公正裁判，曲直不难立见。再，出事时，既有两船救助，船员乘客，当可无恙。先此奉陈，详情续报。职赵铁桥叩，哿。

该局又致日本邮船会社函云：

径启者：今早九时，敝处接大连代理处来电，谓接贵社"龙野九"所发电报，敝处"新康"轮船在山东角被"龙野九"撞沉。嗣敝处即派船务科曾科长至贵社调查，承示由"生驹丸"转来之电，亦谓"龙野九"因浓雾与"新康"冲突，本船损害轻微，相手沉没等语。此种不幸事件之发生，可谓已经证实。按诸海事法例，贵社对于"龙野九"之损伤，自不至立即修理。兹敝处为求明了当时海难原因起见，已决电请现在神户劳氏验船师，就近到"龙野九"察勘情形，务希迅电神户方面之贵分社，暂缓修理该船，俟劳氏抵船，特赐予接待，并恳即示"龙野九"现停地点，以便通知劳氏验船师为祷。此致日本邮船会社。轮船招商局总管理处总办赵铁桥，一八、七、二二日。

又据中国商船驾驶员总会消息，招商局"新康"轮船于本九日由沪开津，二十一日下午一点十分时，报告船行位置，为纬度三十七度二十一分、经度一二二度四十一分，旋经山东角成山头洋面，与日本商轮碰撞，以致沉没。其时为一点三十八分，载客不及百人，得救者半数，船长，大、二副均无恙，伤亡总数约六十余人。"新康"轮在招商局犹属上选，船长为脑〔挪〕威人翰生。据闻此次肇祸，因于遇雾，详情须调查后方可断定。惟招商局自去年十一月八日"新济"沉失，迄今只八月余，连同"新华"、"新康"，已有三轮之多，开航业界之新纪录。天灾欤？人祸欤？何其肇事之独多也。经此一劫，招商局外洋坚美商轮殆损失尽矣。

（1929 年 7 月 23 日，第 13 版）

"新康"轮船撞沉记详

——损害赔偿，收回航权，应有之要求

招商局北洋班轮"新康"号在山东海角被日船"龙野丸"撞沉一事，已志昨报。兹将关于此事续讯分志如下：

相撞时状况

"新康"轮于二十号之十二时从上海开出，装货五万二千三百十四件，至山东角 N. E. Promentary，在二十一号之午后一时半。该处海面甚阔，且有一百六十一英尺深。山东角有灯塔，即使夜中遇大雾，灯光亦可射到，而且每分钟塔上有放气警号。"新康"在沪，满载货客上驶，其时至烟台，只有六十七海哩便可到达。不意日邮社之一万吨巨轮"龙野丸"迎面驶来，用每小时十九节之猛速率，破浪而下。据闻"新康"得见"龙野"后，其船主急令退让，已经不及。盖"龙野丸"船体四倍于"新康"，而速力更快一倍以上，宁能抵御？砰然一响，"新康"已不幸作"龙野丸"之牺牲品矣。在被撞时，为午后一时三十八分。至一时五十二分，已全船沉没于海底矣。

被难者概况

查"新康"轮在上海开出时，全船有一百八十三人，系包括船员、旅客、水手等全部分人员而言。今所救起之人，尚未到沪，故详情未能明悉。但昨日该局接得船主亨生由"龙野丸"发来一电，谓"新康"被撞后，由"天山丸"、"龙野丸"两船在十四分钟内救起之人，计一百二十六名，其中有五人救到船上即死，而失踪者，计有五十二名云云。昨日各船员水手家属之到局泣询情形者，纷纷不绝。局中允查明实在伤亡后，再行议定办法，各家属始各退去。又据自津来沪之"新铭"轮员言，"新康"被撞之后，在下舱之搭客，因十四分钟即沉，故多不及逃走，此五十余人之死，多为下舱客，而最惨者有十

余人，为"龙野丸"之船头撞成肉饼云。

"新康"之价值

查"新康"为招商局北洋班内第二艘优秀船，一九零六年造，全船毛二千一百四十六吨，净一二六二吨，船之长度为二百七十英尺，阔四十英尺，深二十一英尺六寸，吃水前身十六尺九寸，后身十七尺五寸，马力一千三百匹，内大餐间八，速率每小时十海哩半，官舱九，房舱六十，统舱三百七十，可装货二千一百吨。船身约需四十万两，加以内部布置及船员等行李物件等损失，当在六十万两，在货件等约八十万两云。今次日轮于救出船员等过沪，不令入吴淞，而强送至日本上陆，殊令人不无生疑也。

货物之损失

今次"新康"所装之货，以麦粉、白米居多，满船皆装足，其疋头、杂货无几，今已完全没沉矣。又烟台新编第三师师长刘珍年，特命乃弟锡九来京，向中央领到单军衣二万套，亦装该轮至烟台。锡九幸留上海大东四十号，未曾附船同去。惟财部新委之烟台盐务助办宋德炘氏及随员赵乾斋等，均乘"新康"轮去，至今究否救出，尚无消息，须候"龙野丸"中一百二十一人返申方可得知也。又闻二买办石德熙亦无下落。局中已令调查被沉之货，大致均保有水险者，计损失亦殊巨大也。

局员之赴日

昨日招商局总办赵铁桥以此案关涉甚大，除电请日本神户英人劳氏担任检验"龙野丸"外，又复令营业科科员龙兔庵亲赴日本会同办理此案，并与船主亨生议办救起之一百余人护迎归国等手续。龙氏昨夜即已离沪赴日本去矣。

赵铁桥电

国急。南京蒋主席暨交部王部长钧鉴："新康"船长亨生，昨自日本来电称，马日下午一点三十八分，"新康"与"龙野丸"在山东角雾中冲突，"新康"被撞后，十四分内即沉没。计开溺毙者如下：二车一人、三车一人、无线电员一人、水手五人、生火五人、管事方面四人、业务主任方面二十一人、搭客十九人，有买办尸一具、搭客尸四具，由日船带往神户等语。本日续接"公平"电，谓救起一百二十余人，由日（轮）带往日本。按，该船长被"龙（野）丸"救起，带至神户，言动已失自由。且以昨日大连代理处暨日邮社各电证之，"龙野丸"受伤轻微，"新康"则于十四分内沉没，使非日船横撞，断无如是急速之理。另据本埠《泰晤士英文报》所得消息，直谓"新康"腰部被撞，致不及二十分钟而沉没。似此情形，过失谁属，不难查得确证。现职处一面通知日邮社停止修理该船伤痕，一面电聘神户英籍验船师劳氏亲往该船验勘一切，以备公判之据，并派龙霞举今晨赶往神户，接应得救船员搭客，并调查一切，一面电饬烟分局派员办理善后。总之，此事必须严重交涉，将来全仗中央主持，务得公正判断，始足制其横行霸道，而保国轮海上之安全也。余情续报。职赵铁桥，铣。（废历十六）

航业公会电

南京，分呈中央党部、国民政府暨外交部、交通部钧鉴：招商局"新康"轮船，于箇日下午一时余，在山东角被日轮"龙野丸"撞沉，人命、财产损失甚巨。消息传来，同深骇愤。查"龙野丸"大于"新康"三倍，"新康"被撞又在白昼，虽不敢断为故意行为，而其横冲直撞、目无他船之情形，则已无可遁饰。"新大明"船之被撞沉，即其证也。凡具人心、抱人道之人类，无不义愤填膺。治标办法，应恳钧部、钧府严重交涉，务达惩赔之目的，断不容丝毫迁就，而置我国人生命、商人资产于万劫不复之地。至治本办法，则外轮纵横我国江海，排挤我国商航，实为祸患之源，不谋根本铲除，商航资产、国民生命，实无苟全余地，应恳根据总理遗训，取消不平等条约，收回沿海及江河航权，以保国本。职会为航商团体，瞻念前途，不胜痛哭，为惩前毖后计，迫切陈词，伏乞鉴察施行，无任惶悚待命之至。上海航业公会叩，漾。

均安会电

南京中央党部、国民政府蒋主席、交通部王部长、外交部王部长、招商局总管理处赵总办钧鉴：本月二十一日下午，日本邮船会社之

"龙野丸"在山东角撞沉"新康"轮船。读日本邮船会社之电文及"新康"船主之报告与相撞之地位及伤势，"新康"显系被"龙野丸"所撞。日本人近年横行我国内河，撞损船只，时有所闻。"新大明"之案血泪未干，"新康"之惨案接踵而起，惨无人道，一至于此。即请向日本方面提出严重交涉，务达到收回内河航权、赔偿"新康"之生命财产而后已。敝会全体会员，愿为后盾。谨此电达，不胜迫切待命之至。招商局生火、水手、管事均安会车德芳等叩，漾。

（1929 年 7 月 24 日，第 13 版）

"新康"轮案各方要电
——救起搭客船员一百二十六人

招商局"新康"轮船被日轮"龙野丸"撞沉后，该局现正办理善后。兹将昨日各方来往要电，汇录于下：

赵铁桥呈交部电

南京，交通部王部长钧鉴：漾电奉悉，关于出事地点及船员搭客伤亡人数，经于昨电呈明。本日日邮社沪经理亲自来局慰问，并得先后二函，一许职处敦请之验船师劳氏上"龙（野）丸"察勘，谓已电知神户分社；一称得其总社电，"龙野丸"救起"新康"之搭客船员百二十六人，俟二十五日抵神户时，即交当地中国领事等语。职处对于得救诸人，决由龙霞举负责招待，即日过船，护送回沪。至关于肇祸责任一层，据劳氏复电称，"龙野丸"抵埠时，可任调查及报告损伤程度，并拍照证明，但对于撞船责任，或不能发表意见云云。惟兹事责任，已极明显，沪上各界，如航业工会、商会整委会、各区党部等，均异常愤慨，一致主张严重交涉，务达惩赔目的。其尤可难得者，且已引动世界航业界之公忿。顷据英国伦敦海航公会致"新康"船长及船员电云："碰撞案，余等当出全力援助。"依此情形，将来交涉，似有相当把握。特总仗钧部主持于上，咨请外交部，即日电令驻日公使，照会日本外务省，令知邮社，该轮抵埠后，须俟劳氏查验清楚，始得开行。庶责任及早证明，公判自难狡赖。是否有当，敬祈鉴核。职赵铁桥，敬。

伦敦航海工会来电

"新康"船长及船员鉴：碰撞案，余等当出全力援助。

神户劳氏验船师复电

"龙野丸"可调查，并报告关于损失之程度及拍照，但对于碰撞船或不能发表意见云。

交部复招商局电

招商局赵总办鉴：电悉，此次"新康"被日轮"龙野丸"撞沉，事关重大，当日肇祸情形、出事地点及船员乘客伤亡人数，来电不详，究竟该船现在是否完全沉没，统仰切实详查具报，妥筹救护善后办法，呈候核夺，并应立即搜集各项证据，以为将交涉根据。该局轮船，近年迭生事变，航业前途，影响綦重。该总办办理此案，尤应妥慎将事，毋稍因循，是为至要。交通部，漾。

日本邮船会社来函

招商局鉴：据敝总社消息，谓"龙野丸"所救起之"新康"轮搭客及船员一百二十六名，俟该轮于二十五日抵神户时，即交与驻神户之中国领事云云。据此，即请贵局与神户贵国领事接洽招呼一切。至贵局意思如何，敝社愿为转达敝总社。日本邮船会社启。

招商局决定办法

此事闻招商局业经决定，令已往神户之龙霞举就近办理，俟"龙野丸"抵埠时，如当日有轮开沪，即妥为护送回沪云。

招商局五码头职工会电

各报馆转全国各界均鉴：年来我国商轮之被外轮撞损者，数见不鲜。"新大明"案之血泪未干，而招商局"新康"轮又于簠日下午一时，在山东角被大过三倍之日本邮船会社"龙野丸"撞沉，现闻人命、财产损失颇巨，噩耗传来，同深悲愤。窃以外轮在我领海内横冲直撞，任意孤行，惨无人道，一至于斯。溯原有〔其〕故，无非藉不平等条约之保障也。足见航行权之一日不收回，国轮一日不得安宁，发展航业，更无以言。一方面恳向日本提出严重交涉，不容丝毫迁就，务达惩赔目的；一方面依照总理遗教，以不妥洽精神取消不平等条约，收回沿海及江河航行权，以保国本，实为德便。上海招商局五码头职工会叩，敬。

附"新康"主要船员：亨生，五十九岁，那〔挪〕威人，船长，一九二六年十一月一日派充"新康"船长，一九零六年九月十八日进局，历任"美富"二副、"新裕"大副，"普济"、"新济"等船长；开而银，四十五岁，俄国人，大副，一九二八年五月十日到，一九二一年五月十日进局，任"广大"二副，嗣历任本局各轮大、二副，凡八年；孙黼阁，二十八岁，江苏人，二副，十七年八月到，历任"毓大"船三副一年半、二副二年半，"福康"船二副十一月，"肇兴"船副一年余；霍克，五十九岁，英国人，轮机长，一九二九年四月到，一九零五年三月进局，历任"江裕"、"公平"、"江永"、"江天"、"江新"、"联益"、"广利"二车及轮机长；脱乞可夫司登，四十四岁，俄国人，二车，一九二八年六月十九到，一九二一年五月进局，历任"爱仁"、"江顺"、"新昌"等船二、三车；陈麟甫，四十一岁，浙江人，代理二车，十八年七月十九日到，民国十五年八月进局，历任"江顺"、"江靖"大车；王清照，三车，十七年八月二十七到；凌伯言，无线电报员，十八年三月十日到；乐莲生，五十四岁，管事，民国元年到；贝阿宝，五十八岁，水手头目，光绪三十四年到；黄阿根，四十五岁，生火头目，民国十年到。

（1929 年 7 月 25 日，第 13～14 版）

"新康"轮被难昨讯

招商局之"新康"轮于二十一日在山东角被日邮船"龙野丸"撞沉，

溺毙数十人，惨剧已送志报端。兹将该局所得来电志之如下：

烟台招商分局敬电

略谓：

> 漾电计达钧览，敝局已派员带工人及照相者并驳船、棺材，乘海关拖轮，即晚前往巡察助验捞尸。惟沿海连日大雾，拖轮行驰，恐稍迟滞，容得回报，即行奉闻。焕章，敬。

总局接电后，亦复一电，文曰：

> 敬电悉，"新康"被难人员之尸身，仍着该局尽力设法打捞，并将办理情形，随时电告为要。总局，有。

"新康"船长由神户来电：

> 来电悉，搭客及船员百十人，于今午一时，乘"三笠"船赴沪。船员四人、水手十二人，仍留神户。亨生，有。

"龙野丸"回日讯

神户日本邮船支店发来电报云：

> "龙野丸"昨日夜半到埠，"新康"船员及乘客合计百八十三人，中除不明下落五十二人，现在所收容者，中国人乘客男子三十五人、男孩二人、女子九人，船员中国人三十三人，船长那［挪］威人一人，轮机长 Buazil 人一人，大副 Katuis 人一人，二副中国人一人，买办中国人四十三人，合计百二十六人外，中国人尸体五人，轻伤者三十二人，无重伤者，慰问品已充分供给。并已与中国领事接洽，先将船长、轮机长、大副、二副、船员十二名，搭乘二十七日出发之"上海九"送还；余留全部人员及尸体五人并遭难者名簿，由"三笠"船送上，即希通知招商局，尸体已施防腐手术，收殓坚固棺木，详函由"三笠丸"送上。

> 并闻，"三笠丸"二十八日午后三时许可到，停泊虹口码头；"上海

1399

丸"二十九午后三时许可到，停泊汇山码头云。

（1929 年 7 月 26 日，第 13 版）

"新康"轮失事昨讯

遇救搭客明日到沪

招商局"新康"轮船被日邮船"龙野丸"撞沉后，该轮遇救人员，业经分两批来沪。第一批载一百二十六人，乘"三笠丸"来沪，三［二］十八日上午九时可抵埠；第二批载十六人，由"上海丸"来沪，定二十九日下午三时可抵埠。现赵总办业已指派洪雁宾、王学骞、曾广顷、周世安四人，为专办理乘客等到埠后之设施事宜。故洪等奉谕后，已在集议处置办法。兹将其办法录下：（一）设招待所于招商北栈第八号栈房；（二）总务科办理登报，通知避［被］难家族；（三）茶水膳宿由北栈叶传芳君代办；（四）派临时书记尤广君、汤葆甫、钱铭树、陆久之四人，候船到时，在北栈询问被难人员，记录事务；（五）水手、生火、管事等，由均安会派代表招待；（六）局医随同前往，并责成孙克锦医师至医院接洽救护车，以备万一；（七）由沪局负责派人向海关接洽，提取棺木五具，暂存北栈候领；（八）死者家属之抚慰，由洪雁宾君办理；（九）今日总办条谕之招待人员及局医与书记，均于星期日晨九时前至本局中栈集合。又，二买办石德熙家中，昨日接到日本神户来电，谓石已安抵日本，即日回沪云云。

烟局电告救起一批

据亨生报告，"新康"沉后，失踪之船员旅客为五十二名，此数十人，均认为已死。但昨日该局接得烟台分局来电，略谓：顷闻有四五十人为鱼船救出，均送往山东角附近之岛内，但是否确实，现在分局已设法探听云云。此电系昨日上午之九时至沪，上海总局得报，已急电烟台分局长，火速派员切实调查确凿，即行具报。

损失货物数额甚巨

今次"新康"轮中所装之货，完全为粮食，计有麦粉四万二千包，内中三万包系长江运来，转至天津者；余一万二千包，则从本埠装去；又有白米八千余包；仅此两项粮食，损失在二十余万元。又据业务主任巢少吾君言，账房内之客票款及向各埠栈客之收费账单根册等，亦均在船，同遭沉失在海中，故买办名下损失亦甚巨也。

上海各工会宣言

溯自不平等条约以来，外人乃有所挟持，遂横施侵略，国弱民贫，斯为厉阶，而航权之沦丧，言之尤足痛心。据英文《中国年鉴》所载，一九二四年各国在华出入船舶吨位统计，英国船舶吨数为五五、七一五、九二五；日船为三四、七五九、八八四；较之美、德、法及其他各国，超过十倍有奇。而日本帝国主义者既犯我海权，夺我利益，而其在华商轮，又复不守法则，不依规程，横冲直撞，一意孤行，以是年来国轮之被撞失事者屡见不鲜。"新大明"之惨号未已，"新康"轮之血泪又涌，凶耗传来，全沪八十万工友同深悲愤。查"新康"轮被"龙野丸"冲撞后，十四分钟内即告沉没，其被撞之猛烈可知；且事肇于白昼，其为日轮故意惹祸，更属昭然若揭。如是惨无人道，实属埋没天良，是而可忍，孰不可忍！务希全国各界一致抗争，督促政府严重交涉，并积极收回航行权，撤消领事裁判权，废除不平等条约，我全沪八十万工友誓作后盾。谨此宣言。上海沪甬轮船茶房工会等。（工会名略）

(1929 年 7 月 27 日，第 13 版)

"新康"轮获救人员明日可来沪

——招商总局职工会之呼吁

招商局"新康"轮中救起之人，将由神户转送来沪。昨日该局续接日本来电，言船内所拖获之尸体五具及船员旅客等被难者之名册，以及救起各人之姓名等，先交"三笠丸"轮带运来沪，今日可到上海；至于送回来沪之一百十人，则须于明日来沪之"上海丸"轮载来。"上海丸"准定二十九日下午三时到汇山码头停泊，招商局昨已通告各船员及旅客之家属矣。

轮船招商总局职工会，快邮代电云：

（衔略）均鉴：招商局"新康"轮船，本月二十一日在山东角洋面被日本邮船会社"龙野丸"撞沉，沉殁［没］时，闻仅十余分钟，当时获救者一百二十余人，溺毙者亦有五六十人之多。对方冲撞力之猛速及"新康"受创之剧烈，已昭昭在人耳目，责任问题，已能明显。此次损失，为数至巨，我职工惨罹斯难者，确数犹未查明。如斯浩劫，不独引起中外人民之注意，抑且促成全国人士之反省。盖我国内河领海门户开放已久，外轮行驶，出入自由，摧残我航业，侵夺我主权；近复变本加厉，日轮横行江海，冲突屡见，膜［漠］视民命，惨无人道。其最著者，厥维"新大明"案，至今犹未完全结束。何乃血泪未干，而我"新康"竟又重演惨剧？推其故谁实厉阶，亦曰不平等条约之未取消也。因不平等条约束缚，使我国沿海内河航权无形断送，故收回内河航权、取消不平等条约，实为当务之急。在商局一面办理善后，一面进行交涉，临事处置，倍形匆遽。商局现在虽为我国国家最大航行事业，然充其量亦只能办到索偿损失为止，至于航权收回、取消不平等条约之重大问题，似非本局力之所能及，尚有赖于我政府、团体、民众，具百折不回之精神，抱坚强不屈之毅力，以与周旋，庶或有济。同人等亦当体会总理遗命，恪遵政府民众之意旨，共同奋斗，以求主张之贯彻。再，此次"新康"被撞，责任明显，事实昭彰，然而日人狡狯成性，应请政府与民众一致对外，严重交涉，非达到赔偿全船损失，优恤被难家属，决不干休。谨先布忱，伏维公鉴。轮船招商总局职工会叩，寝。

（1929 年 7 月 28 日，第 13 ~ 14 版）

"新大明"家属昨请伍律师进行交涉

"新大明"轮惨案被难家属，昨以案悬经年，尚未解决，而日轮又发生撞沉招商局"新康"轮惨案，恐交涉进行发生影响，特扶老携幼，哭哭啼啼，齐赴南京路一百零七号伍澄宇律师事务所，要求伍律师积极进行交

涉，俾惨案得能早一日解决，而使各家属得能早一日脱离困苦，不致因
"新康"轮惨案，在交涉上发生困难。当经伍律师派帮办贾耀西，向各家
属一一安慰，允促交涉公署积极单独进行交涉，以期早日解决。各家属闻
言，始含泪称谢而退。

（1929 年 7 月 28 日，第 14 版）

"新康"轮遭难遇救者昨抵沪
——共到船员乘客一百十人

招商局北洋班轮船"新康"号，本月二十日由沪开津，次日午后一时
驶至山东角洋面，遇雾，被日邮船"龙野丸"撞沉，惨遭溺毙者，多至五
六十人，诚为海上浩劫，各情已迭志前报。遇救之乘客船员，昨日下午三
时，搭"三笠丸"由神户到申。被难者之家属、招商局职员、海员工会及
水手均安会者，在埠迎接者，不下五六百人。当时情形及获救者之名单，
分志如次：

到埠迎接

载运"新康"遇救乘客及船员之日邮船〈船〉"三笠丸"，于昨日下
午三时许抵虹口码头。前往迎接及慰问之被难家属及招商局职员等，均绝
早到埠。事前，由招商局赵总办派总务、航务、会计等各科职员办理招待
事宜，故秩序尚佳。该局备有接送之汽车三十二辆，急救伤病之救护车两
辆，预停码头外，以便应用。除招商局职员之任招待者得往浮码头照料
外，家属及慰问者均在岸码头上伫立等待。其时赤日当空，骄阳炙背，而
招待诸人均兴奋异常，不以为苦。

家属鹄候

被难者家属之到埠迎接者，男女老幼，可占半数，莫不忧肠百结，希
望万一，以冀其父子、兄弟、夫妻、戚友得天佑而安然归来。视其面容，
咸极苦戚，更有弱质妇人怀抱婴儿，喃喃向之呢语，以祝夫婿、阿父之平
安回来者。略一俯视，而泪承睫眶者比比皆是，或则幽默不作一言，或则
背人暗泣，广丈之码头上，竟似聚集百数十人之惨遭新丧者，令人不欢
之至。

船将抵埠

离"三笠丸"靠岸之半小时前,已见远处一点,渐行渐近,迎接均伫踵延颈,如候宣判。及至船身离浮码头三四丈,岸上人与船上人均扬巾示意,以庆更生。被难者之家属,远远遥瞩,睛珠几将夺眶而出,如隐约瞥见酷似其深望之人者,均悲喜欲狂,竟有失声而呼者。惟遭难者,有五六十人之多,各人之心中均惴惴欲绝也。

登舟觅人

舟既傍埠,遇救船员大声向下呼喊,并以手作势,示遭难者之人数,闻者咸为戚然。移时,上船者渐众,码头上一片人声,嘈杂异常。被难者之家属均争先登舟,以觅来人,幸而遇见,即紧握不释,喜极而泪下者,不一而足。其找寻无着及呼名不应,莫不失声而号,悲怆号哭。有两妇人因觅夫不见,待下船,眼如胡桃,哭如泪人一般,见者无不心碎。

鱼贯上岸

被难遇救者,由招待者引导上岸,身穿白色西装衬衫裤,腋下挟有绿色纸包一个,内藏衣衫一袭,足穿拖鞋,形容均极憔悴,相对黯然,鱼贯而下,达码头后,由慰问者导登汽车,直赴招商局北栈招待所,以便记录及询问一切。

哭如泪人

被难者家属之得见其家人者,均随汽车赴北站。其不幸而惨遭灭顶者,父哭子,妻哭夫,掩面顿足,痛不欲生。其有自早晨即往码头候望,而结果毫无希望者,为状更惨。幸招待者善言譬解,百方安慰,始唏嘘而行,临走或频频回顾此"三笠丸",心痛如割也。

纪录询问

招商局办理招待事务者,在北栈八号堆栈,布置作招待厅。遇救之乘客、船员,下船后均先至北栈登记,由招商局散发印就之表格填写,家属人等亦均随入,哭声呼声,震耳欲聋。死中得生者,均有万般言语,欲与其家人戚友倾吐而无从说起之概。凡沪上有寓所亲友者,均先后遣归。一百十人中有三十二人由招商局招待,暂寓福州路石路口吉升旅馆。

遭难实况

被难得救者大多精神上受激过甚,未能将遭难时之实在情形,于喘息未定中历述无遗。惟所言遭难经过者，类多相同。某客及某船员言二十一日午饭后约一点四十分左右，驶经山东角，海面重雾，"新康"频鸣汽笛，日船"龙野丸"斜角面驶来，并未回声。及至来舟已近，船上人惊骇异常，一瞬间而船已受撞，震摇欲倾，搭客大惊，呼声震天，群向上面逃生。时有船员六人，奋勇攀上"龙野丸"，将其救生船四艘放下救人。

侥幸获救

船既遭难，搭客神智丧失，惶惶无措，坠水失足者甚众。获救者均系幸运，取得救生衣套式、木块等件，虽入水而尚能漂浮，及至救起，类多知觉尽失。"新康"自受撞以至沉没，为时不过十分钟。因"龙野丸"载重既巨，来势又猛，"新康"之近首处二舱受撞，故船乃下注，船首先下，片刻无踪。

转赴神户

"龙野丸"将被救起者载之赴神户时，在是晚八时许，抵神户时，在二十四日晨九时。船上待遇尚能敷衍，惟以神思丧失，类多颓唐不振。当时由日本邮船公司给以白色衫裤两套，毛巾、肥皂、鞋子等日用品。惟有一事殊出遇救者之意外，即"龙野丸"之船主日人，在船上时，曾以下列诸问题向搭客胡锡炘询问，有关撞沉"新康"者若干则。

所问一斑

据胡抵申后，向招商局职员言，所问者如下：

（一）"你可将相撞之情形告我？"

答："可。"

（二）"'新康'有雾中放汽否？"

答："有，且甚频。"

（三）"你有听见'龙野丸'放汽笛否？"

答："否，全不听见。"

（四）"'新康'是开快车否？"

答："不知道。"

（五）"'新康'有水手在船首看视否？"

答："不知道。"

（六）"你识英文否？"

答："不甚识。"胡又谓："日船主出英文所缮就之纸片一，嘱我签字于其上，我却之，惟似有一客曾签字。"云。

遇救名单

"新康"之船员及搭客昨日乘"三笠丸"来沪者如次，计胡承章、张阿品、沈文良、黄惠芳、史阿光、林志良、黄梅清、黄光裕、朱云宝、何阿福、张明法、杨惠法、沈有生、刘承南、朱金贵、水雨贵、刘宝华、林金梅、胡顺光、绍汜林、应阿二、谢明珊、费得富、彭金明、石德熙、于宝全、于福堂、李小林、蓝魁元、胡辅汉、张福、罗文炳、刘松林、朱金仓、周阿二、张光明、莫登和、蒋阿良、陈富生、周文亭、罗宝建、王耀林、蔡荣泉、罗穆年、祝长遂、古创年、李阿富、金长富、陈美林、何立堂、胡锡炘、古子秋、梁锡成、罗宗洁、胡宝昌、何阿海、石宝珍、高德才、徐凤山、何庆林、曹云生、熊少廷、周莫城、徐阿根（以上船员），吴阿法、彭宝书、宋慰生、刘思波、赵元丰、雪景兴、王立青、鄂鸿寿、陈星福、李文堂、李文藻、杨宝臣、屑家详、黄树长、拥凤山、高建忠、于宝亭、吴林义、李复兴、陈宝林、王晋端、欧阳其昌、赵爱生、徐介清、常文生、曹述崇、卢宜秋、于明达、鞠永启、柴子安、裘松年、张登玺、赵杏松、唐现岳、余汉章、史如曾、潘承福、于樊氏、潘谢氏、郭氏、朱国英、朱树骏、曹刘氏、刘刘氏、夏刘氏、龙静芬（以上乘客），洪金福（男）、张女士、周老四（女）、薛吴氏（女）、无名男子，以上五尸，船上载来，置北栈候认领，曾有家属往认者，抚尸大恸，不忍卒睹。

（1929 年 7 月 29 日，第 13 版）

（《招商局周刊》第三十八期）弁言

久

商局不幸，"新康"轮船又为日本"龙野丸"撞沉，损失在数百万上。航业公会、商整会、各党部、各民众团体均致电政府，大致谓日人恃强，轻视吾国，显系横行无忌所致。至哉斯言。

夫日之强与吾国之弱，固自有其所以然之故。而嫉视他人航业，出不意以摧拆之，此野蛮人类之所为，而道德上、国誉上之损失，较一船为尤重。日本维新以后，非至不得已之时，不肯轻弃其信义。然则谓"龙野丸"之于"新康"，果出于恶意，殆或非欤。乃航业公会、商整会、各党部、各民众团体又均言之，举世亦深信不疑，其故何耶？曰：日人之自取也。盖当未事之先，固未必有是心，既事之后，恐复师其故技，图卸责于他人，遂使无心之错误，绝似有意之阴谋，往事可鉴，尚何言哉。是迩来各方通电所云，系确有见地，不得谓为过甚其辞也。至于收回内河航权，为独立国家当然之事，是又当毅然进行，而不问其横行与否也。

（1929 年 7 月 29 日，第 20 版）

本局"新康"轮船被日轮"龙野丸"撞沉之始末记

比年以来，日本轮船在中国内河沿海屡屡不遵航行规则，擅撞船只，例如客岁"新大明"轮船被撞，公判结果，咎全在彼，是其明证。此次"新康"轮船于本月九日由沪开津，廿一日下午一时四十分在山东角被（日本邮船会社）"龙野丸"所撞。据局大本［本局大］连代理处报告，接"龙野丸"电，说明"新康"轮被撞，而日本邮船会社所发电报则谓因浓雾相冲突。而事实则"龙野丸"轻伤，"新康"乃于十四分钟沉没，其撞力之猛，不言可知；究属谁撞，亦可于此项损伤重轻中料知一二矣。据"新康"船长被救后由日本来电，计溺毙五十七人，招商局已急电烟台分局设法办理善后。该船长亨生，在招商局服务二十余年，现为"龙野丸"救起，带往神户。招商局现为明了出事情形，已聘请在神户之验船师劳氏，于"龙野丸"抵埠时，前往验看，一面函知本埠日本邮船会社转电神户，暂缓修理该轮，一面并派龙霞举前往神户调查，并电交通部王部长报告一切。同时，又致日本邮船会社一函（见另条）。此"新康"轮船被日轮"龙野丸"当日撞沉时，招商局对各方之情形也。至于相撞时之状况，与被难者之概况，及"新康"之价值，与货物之损失，兹分述之于后：

相撞时状况

"新康"轮于二十号之十二时从上海开出，装货五万二千三百十四件，至山东角 N. E. Promentary，在二十一号之午后一时半。该处海面甚阔，且有一百六十一英尺深。山东角有灯塔，即便夜中遇大雾，灯光亦可射到，而且每分钟塔上有放气警号。"新康"在沪，满载货客上驶，其时至烟台，只有六十七海哩便可到达。不意日邮社之一万吨巨轮"龙野丸"迎面驶来，用每小时十九节之猛速率，破浪而下。当"新康"得见"龙野"后，其船主急令退让，已经不及。盖"龙野丸"船体四倍于"新康"，而速力更快一倍以上，宁能抵御？砰然一响，"新康"已不幸作"龙野丸"之牺牲品矣。在被撞时，为午后一时三十八分。至一时五十二分，已全船沉没于海底矣。

被难者概况

查"新康"轮在上海开出时，全船有一百八十三人，系包括船员、旅客、水手等全部分人员而言。今所救起之人，业已于昨日到沪，因旅客船员饱受惊慌，且又值星期，本局除派员慰问外，尚未询及种〔撞〕船事宜，故详情未能明悉。日昨局接得船主亨生由"龙野丸"发来一电，谓"新康"被撞后，由"天山丸"、"龙野丸"两船在十四分钟内救起之人，计一百三十一名，其中有五人救到船上即死，而失踪者，计有五十二名云云。据自津来沪之"新铭"轮员言，"新康"被撞之后，在下舱之搭客，因十四分钟即沉，故多不及逃走，此五十余人之死，多为下舱客。而最惨者有十余人，为"龙野丸"之船头撞成肉饼云。

"新康"之价值

查"新康"为招商局北洋班内第二艘优秀船，一九零六年造，全船毛二千一百四十六吨，净一二六二吨，船之长度为二百七十英尺，阔四十英尺，深二十一英尺六寸，吃水前身十六尺九寸，后身十七尺五寸，马力一千三百匹，内大餐间八，速率每小时十海哩半，官舱九，房舱六十，统舱三百七十，可装货二千一百吨。船身约需四十万两，加以内部布置及船员等行李物件等损失，当在六十万两，在货件等约八十万两云。今次日轮于救出旅客船员，不就近赴大连或威海卫，而强送至日本上陆，殊令人不无生疑也。

货物之损失

今次"新康"所装之货，以麦粉、白米居多，满船皆装足，其疋头、杂货无几，今已完全沉没矣。又烟台新编第三师师长刘珍年，特命乃弟锡九来京，向中央领到单军衣二万套，亦装该轮至烟台。锡九幸留上海大东四十号，未曾附船同去。惟财部新委之烟台盐务助办宋德炘氏及随员赵乾斋等，均乘"新康"轮去矣，至今究否救出，尚无消息，须候"龙野丸"中一百廿六人返申方可得知也。被沉之货，大致均保有水险者，计损失亦殊巨大也。招商局总办赵铁桥以此案关系重大，除电请日本神户英人劳氏担任检验"龙野丸"外，又复令龙霞举亲赴日本会同办理此案，并与船主亨生议办救起之一百余人护迎归国等手续。龙氏亦于当日离沪赴日。现在遇救人员，业经分两批来沪。第一批载一百廿六人，乘"三笠丸"来沪，廿八日下午三时抵埠；第二批载十六人，由"上海丸"来沪，定念九日下午三时可抵埠。本局赵总办业已指派洪雁宾、王子骞、曾广顷、周世安四人，为专办理乘客等到埠后之设施事宜。故洪等奉谕后，已在集议处置办法，其办法如下：（一）设招待所于招商北栈第八号栈房；（二）总务科办理登报，通知避［被］难家族；（三）茶水膳宿由北栈叶传芳代办；（四）派临时书记尤广君、汤葆甫、钱铭树、陆久之四人，候船到时，在北栈询问被难人员，记录事务；（五）水手、生火、管事等，由均安会派代表招待；（六）本局医随同前往，并责成孙克锦医师至医院接洽救护车，以备万一；（七）由沪局负责派人向海关接洽，提取棺木五具，暂存北栈候领；（八）死者家属之抚慰，由洪雁宾办理；（九）今日总办条谕之招待人员及局医与书记，均于昨日晨九时前至本局中栈集合。

综上各种情形观之，招商局"新康"轮船自被日"龙〈轮〉野丸"撞沉之日起，至一周间之久，当局之请求救济，被难者之苦痛惨酷，与日轮"龙野丸"之逍遥法外，酷似病夫之子女被暴客伤害，太息呼号之声满屋，而暴客安然无恙。此种事实于野史上为仅见，不料于现世纪之国际间又复演出，不识中日两国研究航行规则者应作何感想耳？

（1929 年 7 月 29 日，第 20 版）

"新康"撞沉后之各方愤慨

当此中俄宣告绝交、日俄盛倡亲善之际，日本帝国主义者百计挑拨，肆意造谣，以见其乘机攫夺之野心，偷筑吉会铁路，阻止国军进行，最近故意撞沉我"新康"商轮，生命财产损失甚巨。嗟嗟，"新大明"之热血未干，痛心刻骨之惨案又来，我国人再不抗争，则日本帝国主义者将益无忌惮，且将加紧压迫。兹蒋〔将〕社会各方为此案所发表宣言，希望各界一致抗争。兹分录如次：

三区党部宣言

（衔略）查外国轮船在中国航海线内，横冲直撞，屡肇事端，远之且勿论，方"新大明"轮之案血泪未干，"新康"轮又以被撞闻，是诚国人所应严重注意者也。"新康"轮系中国招商局所有，本月廿一日下午一时许，行经山东角洋面，突被日轮"龙野丸"拦腰碰撞，竟于十四分钟内立即沉没，据报告溺毙者已有五十七人之多，未报者当更不止，其他财产损失甚巨。日人且将船长亨生带往神户，希图贿买口供，饰掩事实。消息传来，令人骇愤无已。查"龙野丸"大于"新康"三倍，撞沉"新康"又在白昼，则"龙野丸"故意行为，实已甚明，惨无人道，一至于此。此种行动，不加惩治，国权何在？人道何在？兹特郑重宣言，愿我民众督促外交当局，向日方提出严重交涉：一、赔偿"新康"轮及被撞乘客船员之一切损失；二、惩办"龙野丸"之肇事者；三、保证此后不再发生此项事件；四、向我国道歉。尤有进者，各国商轮在我国江海横冲直撞，我国商船直接受其排挤，危险甚大，苟不亟谋抵制，中国商航资产及国民生命将何所保障？非于最短期间收回各领海及江河航权，并取消一切不平等条约不可。此点尤愿全国民众及外交当局，深切注意及之。特此宣言。

商整会有代电

南京，国民政府外交部、交通部钧鉴：据载报〔报载〕，招商局之"新康"轮在山东角为日邮船"龙野丸"撞沉一事，我国船客、货运损失甚巨。证以相撞适在白昼，而"龙野丸"伤又轻微，使非该船特其体积既巨，速力又大，任意横行，断不致肇此巨祸。查近年以来，日轮在海面内河屡次肇事，迄无一案得有相当解决，是以日轮驾驶人员益无顾忌。我国航轮既受该国经济压迫，又遭此种意外摧残，不图自卫,伊于何底?除此案严重交涉、要求抚恤赔偿为应有之手续外,正本清源之计,应以急图收回领事裁判权,使外国海轮在我国领海内肇祸,服从我国法权裁判;并照国际公约,改订商约,禁止外轮在我国沿海岸航行。庶几海权民命,犹可收之桑榆。谨贡刍荛,伏祈采纳施行。

各工会宣言

溯自不平等条约以来,外人乃有所挟持,遂横施侵略,国弱民贫,斯为厉阶,而航权之沦丧,言之尤足痛心。据英文《中国年鉴》所载,一九二四年各国在华出入船舶吨位统计,英国船舶吨数为五五·七一五·九二五,日船为三四·七五九·八八四,较之美、德、法及其他各国,超过十倍有奇。而日本帝国主义既犯我海权,夺我利益,而其在华商轮,又复不守法则,不依规程,横冲直撞,一意孤行,以是年来国轮之被撞失事屡见不鲜。"新大明"之惨号未已,"新康"轮之血泪又涌,凶耗传来,全沪八十万工友同深悲愤。查"新康"轮被"龙野丸"冲撞后,十四分钟内即告沉没,其被撞之猛烈可知;且事肇于白昼,其为日轮故意惹祸,更属昭然若揭。如是惨无人道,实属埋没天良,是而可忍,孰不可忍!务希全国各界一致抗争,督促政府严重交涉,并积极收回航行权,撤消领事裁判权,废除不平等条约,我全沪八十万工友誓作后盾。谨此宣言。

上海沪甬轮船茶房工会、邮务工会、商务工会、三友社工会、新新职工会、报界工会、华商电气工会、全沪丝厂职工联合会、鸿章纱厂工会、西式木器工会、华洋印刷工会、装订工会、华成烟工会、群益烟工会、永泰烟工会、天成丝职工会、制茶工会、第一织造厂工会、华生厂工会、一新铁厂工会、德泰铁厂工会、花板椅业工会、中国电厂工会、闸北水电工会、华洋布业工会、自来水工会、轮船木业工会、中国皂厂工会、清洁工会、十二丝厂女工会、内河轮船工会、棉织工会、闸北布厂女工会、振华油漆工会、墨色石印工会、浙宁茶食工会、餐务工会、茶点工会、粤华酒楼工会、北站内河招待工会、小炉翻工会、豆腐工会、酒行工会、华商水泥工会、泰康职工会、南货工会、南华招待工会、牌业工会、求新工会、鲜猪工会、新衣工会、宰鸭工会、北洋招待工会、旅栈招待工会、报关工会、丝吐工会、草呢帽工会、酱业工会、驳船工会、建筑工会、浦东篾箩工会、洋泾江划船工会、民船修造工会、花粉工会、派报工会、茶叶工会、制墨工会、法商水电工会、阳伞工会、牛皮工会、红白木业工会、染业工会、南区丝厂职工会、沪南汽车工会、利民火柴工会、成衣工会、《泰晤士报》工会、浴业工会、丝光染织工会等一百余工会。

航业公会电

南京，分呈中央党部、国民政府暨外交部、交通部钧鉴：招商局"新康"轮船，于箇日下午一时余，在山东角被日轮"龙野丸"撞沉，人命、财产损失甚巨。消息传来，同深骇愤。查"龙野丸"大于"新康"三倍，"新康"被撞又在白昼，虽不敢断为故意行为，而其横冲直撞、目无他船之情形，则已无可遁饰。"新大明"船之被撞沉，即其证也。凡具人心、抱人道之人类，无不义愤填膺。治标办法，应恳钧部、钧府严重交涉，务达惩赔之目的，断不容丝毫迁就，而置我国人生命、商人资产于万劫不复之地。至治本办法，则外轮纵横我国江海，排挤我国商航，实为祸患之源，不谋根本铲除，商航资产、国民生命，实无苟全余地，应恳根据总理遗训，取消不平等条约，收回沿海及江河航权，以保国本。职会为航商团体，瞻念前途，不胜痛哭，为惩前毖后计，迫切陈词，伏乞鉴察施行，无任惶悚待命之至。上海航业公会叩，漾。

均安会电

南京，中央党部、国民政府蒋主席、交通部王部长、外交部王部长、招商局总管理处赵总办钧鉴：本月二十一日下午，日本邮船会社之"龙野丸"在山东角撞沉"新康"轮船。读日本邮船会社之电文及"新康"船主之报告与相撞之地位及伤势，"新康"显系被"龙野丸"所撞。日本人近年横行我国内河，撞损船只，时有所闻。"新大明"之案血泪未干，"新康"之惨案接踵而起，惨无人道，一至于此。即请向日本方面提出严重交涉，务达到收回内河航权、赔偿"新康"之生命财产而后已。敝会全体会员，愿为后盾。谨此电达，不胜迫切待命之至。招商局生火、水手、管事均安会车德芳等叩，漾。

招商总局职工会通电

（衔略）招商局"新康"轮船，本月二十一日在山东角洋面被日本邮船会社"龙野丸"撞沉，沉没时，闻仅十余分钟，当时获救者一百二十余人，溺毙者亦有五六十人之多。对方冲撞力之猛速及"新康"受创之剧烈，已昭昭在人耳目，责任问题，已能明显。此此［次］损失，为数至巨，我职工惨罹斯难者，确数犹未查明。如斯浩劫，不独引起中外人民之注意，抑且促成全国人士之反省。盖我国内河领海门户开放已久，外轮行驶，出入自由，摧残我航业，侵夺我主权；近复变本加厉，日轮横行江海，冲突屡见，膜［漠］视民命，惨无人道。其最著者，厥维"新大明"案，至今犹本［未］完全结束。何以血泪未干，而我"新康"竟又重演惨剧？推其故谁实厉阶，亦曰不平等条约之未取消也。因不平等条约束缚，使我国沿海内河航权无形断送，故收回内河航权、取消不平等条约，实为当务之急。在商局一面办理善后，一面进行交涉，临事处置，倍形匆遽。商局现在虽为我国国家最大航行事业，然充其量亦只能办到索偿损失为止，至于航权收回、取消不平等条约之重大问题，似非本局力之所能及，尚有赖于我政府、团体、民众，负百折不回之精神，抱坚强不屈之毅力，以与周旋，庶或有济。同人等亦当体会总理遗命，恪遵政府民众之意旨，共同奋斗，以求主张之贯彻。再，此次"新康"被撞，责任明显，事实昭彰，然而日人狡狯成性，应请政府与民众一致对外，严重交涉，非达到赔偿全船损失，优恤被难家属，决不干休。谨先布忱，伏维公鉴。

码头职工会电

年来我国商轮之被外轮撞损者，数见不鲜。"新大明"案之血泪未干，而招商局"新康"轮又于箇日下午一时，在山东角被大过三倍之日本邮船会社"龙野丸"撞沉，闻人命、财产损失颇巨，噩耗传来，同深悲愤。窃以外轮在我领海内横冲直撞，任意孤行，惨无人道，一至于斯。溯原其故，无非藉不平等条约之保障也。足见航行权之一日不收回，国轮一日不得安宁，发展航业，更无以言。一方面恳向日本提出严重交涉，不容丝毫迁就，务达惩赔目的；一方面依照总理遗教，以不妥洽精神取消不平等条约，收回沿海及江河航行权，以保国本，实为德便。上海招商局五码头职工会叩，敬。

（1929 年 7 月 29 日，第 20 版）

"新康"被难船员昨日到沪

——亨生等十六人

招商局之"新康"轮船被日轮"龙野丸"撞沉，当时"新康"遇救人员，计共一百二十六名，前日第一批一百十名已乘"三笠丸"返沪后，昨日为第二批遇救人员到沪期。兹将到埠情形及该局此次善后办法，分志于左：

"上海丸"抵码头

"上海丸"于昨日下午三时三十分到汇山码头时，预在码头招待者，有招商局洪雁宾、邓燮任、王克生三人，其余均安会、海员工会等均派代表照料。迨"上海丸"靠岸后，各代表纷纷上轮访问，"新康"船长亨生等旋即全体上岸，乘该局预备之汽车，赴外滩总局休息。

二次到沪人员

"新康"遇救人员，昨日续到者十六人，计船长亨生，大车高礼泥，二车雪高司开，二副孙黼阁，舵工包阿善、王永法、鲍阿标，水手头目贝阿宝，水手徐银生、丁金宝、沈阿兴、包顺兴、葛阿兴、袁阿炳、胡成如，及理货苏汉魂十六人。

遭难者之善后

"新康"善后办法，现招商局决设"新康"善后委员会，并推定秦访时、曾广顷、洪雁宾、赵铁桥、俞寰澄、王子骞、陈伯刚、王克生、龙霞举、周世安、邓燹任、李伯申十二人为委员。到沪遇救搭客，亦已议定两办法：（一）理货、茶房中舱部职员，交巢主任处置；（二）乘客遣散事，由洪科长处置，每人发给之另用费，以十元为限度。至遭难者之善后，闻第一次带沪之五棺木，现尚存招商北栈候领。遇救者有三十九人，住在吉升栈，内中十六人，系"新康"水手，余均搭客，饮食起居，均由该局负担。昨日并派医师孙先锦赴吉升栈诊验。盖遇救搭客、水手大部落于海中，故各人皆受伤。传闻一水手在海中约四小时竟不死者，仅持一木箱，虽由"龙野丸"救起，而体肤被撞损已不鲜矣。

水手之谈话

国闻社记者于轮抵码头时，将"新康"被撞情形询诸水手。据云"'新康'被撞时，正二十一日下午一时。未撞之前，余在二舱内，陡闻救命之紧急回声，余即出舱，而撞损处之海水已涌入。'龙野丸'之船首，尚在'新康'船腹，'龙野丸'为自己起见，急打倒车，不退尤可，迨两船脱离后，'新康'亦于七八分钟内下沉。其时余奔至船楼，亦已不及，遂落入海中，几经浮沉海面，幸为'龙野'之舢板救起。海水经引擎爆裂，为煤屑之混合，余等救起时，全身几同黑人。至'龙野丸'当时施救情形，闻共放下四救艇。'龙野丸'撞后，因其船巨身坚，故仅船鼻稍偏，船身毫无损伤。兹肇此惨剧，其责任可云：（一）'龙野丸'雾中行驶仍甚速；（二）'龙野丸'闻汽笛，船仍不停止，乃有此不幸事发生也。'龙野丸'本须至烟台，旋恐至则被扣，故载遇救者直驶神户"云。

证明双方汽笛

"新康"船主为证明双方鸣汽笛事，特请遇救人员证明，并签字以备将来交涉，其证明后之签字证略谓：

> 遇难诸君均鉴："新康"船于遇难前，在雾中每二分钟鸣汽笛一次，请诸君是否闻得？请签于左，以资证明；"龙野丸"在雾中进行，将"新康"撞沉前，毫无发出一声汽笛，此系是否属实？请签字于左；未闻"新康"船汽笛者，亦请签字于左，以示公正为祷。遇难诸君均鉴，"新康"船主谨字。七月二十三号。

其结果闻"新康"鸣汽笛签字者十二人（姓名从略），未闻"新康"船汽笛签字者无；闻"龙野丸"鸣汽笛签字者无，未闻"龙野丸"鸣汽笛签字者十二人。

赵铁桥电交部

招商局赵总办鉴于日人诱搭客签字，特电交部云：

南京，交通部王部长钧鉴：感电奉悉，仰见钧座主持爱护之盛，感戴奚似。"新康"遇难乘客船员，俭日已由"三笠丸"载回一百十六人。职局当即派员招待安顿，并询问被撞情形。众口一辞，均谓"新康"在雾中按照航行规则，勤拉回声，而"龙野丸"则始终未发微响等语，并有船长请各乘客签证为据，与职处依照被撞情形所判断者完全吻合。"龙野丸"于撞沉"新康"后，且不立即尽力拯救人命，遇救诸人，以渔船之力最多。该船长甚竟私制证明单，诱迫被救诸人签字。幸多明大义，拒绝照签，只有一人，为其所愚，签名其上，现将其人扣留，以作诱签之证。足证日人暴戾狡诈，均达极点，不仅草菅人命，直系藐视我国，设不严重交涉，国航皆将消灭。职处现已组织"新康"被撞交涉委员会，派定专员办理，务恳钧部主持指导，俾有遵循。"新康"船长今日可到，详情再续。职赵铁桥叩，艳。

（1929 年 7 月 30 日，第 14 版）

"新康"船主之报告

日轮"龙野丸"并未放汽笛，

"新康"被撞七八分钟即沉。

招商局"新康"轮船被日轮"龙野丸"撞沉一案，据"新康"船主之报告大略如下：

"新康"轮船于七月十九日上午十一时五十分离沪，经由烟台而至塘沽，上载乘客及普通货物。至下午二时三十五分，因有大风，在某处停泊，六时风势渐息，即起碇前行。翌日有轻微之南风，二十一日上午有雾，不能望远，低下之地，难以看见，惟山顶则甚清晰。"新康"作数次测量后，于下午十二时十分停机探测，并审度船身位置，旋又缓缓进行，约每小时八英里。至十二时三十分，自东北前进，向山东角灯塔。至下午一时二十五分，与山东角灯塔之东北相并，距离约二三英里，船行方向为西北偏北，漂浮于两岸之间，在山东角与亚尔山德岛之东北间，能望到陆地。"新康"遵照船行遇雾章程，时拉回声，各救生船，亦均预备。瞭望员在船首之楼上，仔细瞭望亚尔山德岛，见右舷有一轮船向南行，并发出遇雾信号，相距两三英里。一时三十三分，"新康"正拉回声时，见前面又有一轮船，其右舷向"新康"之右舷，相距约一开勃尔，并不发出任何信号。因尔船相去至近，且在"新康"之右舷，当即转航满向右舷，以全速率后退，并拉短回声三次。一时三十五分，日轮"龙野丸"已撞在"新康"右舷辘轳与舵楼之间，与船首成一角度。"龙野丸"与"新康"分开，"新康"船首即下沉甚速。当命船员放救生艇，各乘客、买办间人员群趋救生艇，船副、水手拟将艇举起，而诸人已跃入艇中不肯复出，或助之放救生艇。惟各艇卒经放下，因船首先沉，故船主即取救命圈浮海。此时船之上部均被毁，船向后退，舵楼亦因海水冲入舱中而炸毁，但并非由于锅之炸裂。"新康"自被撞后不到七八分钟即沉没。彼由"龙野丸"之救生艇救起。至于船员乘客，"龙野丸"亦曾尽力施救云。

（1929 年 7 月 30 日，第 14 版）

洪雁宾报告办理"新康"事件

七月二十九日，星期一，招商局纪念周，主席洪雁宾科长报告：

总办因事未能出席，属为代行主席。余近日对于政治上因"新康"事，竟致无暇研究，其重要事件，已详报纸，无待赘言。本局"新康"轮船碰撞案亦甚重要，略为报告可也。昨日"新康"被难人员由日本"三笠丸"轮船载至上海。午后一时，余与邓副科长、周秘书及其他局员同集于中栈，并随邀孙克锦医师带同看护人等同去。局中备有汽车及病车共十余辆，专事载送被难人员由码头至北栈。"三笠丸"轮船于三时到埠，停泊三菱码头，局员均蒙邮船会社特许，在浮码头待候。余与邓科长、孙医师、周秘书及北栈栈长等同上轮船招呼，并查询有无病伤之人，调查结果，知所有负伤染病之人均由同轮"三笠丸"医治。彼船大副日人，表示歉忱于局员，大约为被难人，而非为"新康"轮矣。所有被难人员，均身穿衣裤，足登拖鞋，手持纸扇，上岸后，均由汽车载往北栈八号栈房安顿。再有棺材五具，男二女三，亦停置八号栈房。日邮船会社与本局均各赠送花圈十五个。惟中有一具，系无名男子，尸属认领，殊感困难，其余均有尸属承认。被难人到北栈后，八栈内已先有家属数十人盘据在内，故一时秩序不佳，嘈杂几难问话。旋经陆久之、大贸君、钱铭树、汤葆甫向被难船员、乘客人等询查填表毕，检点人数及姓名，与"三笠丸"所交名单均不甚符合，大约乘客下船后，即行散往他处，其余最苦之人，率多载往北栈。惟据乘客船员声述，纷谓"新康"在雾中拉回声甚频，对方"龙野丸"竟未闻其拉回声，直至驶近"新康"面前，仍未闻对方之回声。而"新康"速发救命信号三声，彼方竟直驶前来，在"新康"头舱侧猛撞，其来势之猛、沉没之速，实在可怕。当下沉时，时间仅六七分钟，货物均浮起，落水之人不死于水，亦有被物击撞而死者。水手有跳往"龙野丸"，请其放舢板，初竟不允，复经察看，自己船身确无伤处，才放舢板拖救，救起之人亦甚鲜少。其余多数之人，均系渔船救起后，复请其运送烟台，亦不之允，彼径直至神户。其时复有乘客李文萱，因同船者报告，谓于"三笠"大副询问时"新康"是否未拉回声，彼竟承认"新康"未拉并签字据明，后来此人交视察处扣留。经余询问，彼谓并未签字据明"新康"未拉回声，因即命其将实在情形重行说明，并亦签字证明，将来即使日人以此为证据，吾方亦无所过虑，可以此据抵制。时有搭客吴锡祺者，竟未允签字。余在北栈时至六时半，见有船员乘客，多无家可归，逗留不去，当与王克生、邓燮任等商量安置吉升栈，共有二十三人，昨日经局发给用费每人三元，以备另用。此次检点被难人名，如船员部分与名册均不符合，恐有替工代庖情事，以后各船办事员，应请船科妥为制就，并请总办组织强有力之机关，专诚办理"新康"事宜云。

（1929年7月30日，第14版）

"新康"轮撞沉案昨讯

招商局"新康"轮被日轮"龙野丸"撞沉，发生惨剧一节，已迭志报端。兹将昨日所得情形，分录如左：

开始交涉

招商局"新康"轮船被日轮"龙野丸"撞沉一案，交通部已咨请外交部向日本严重交涉。兹觅得交通部复招商局赵总办电文曰：

> （衔略）哿、漾、敬各电悉，本部已咨请外交部向日本严重交涉，并电请驻日汪公使照会日本外务省，令知邮船会社任验船师劳氏到船查验，及转知神户中国领事，于龙霞举到神户时，协助一切矣。交通部，感。

遣发搭客

"新康"遇救搭客，因无家可归，暂由招商局招待于吉升栈者，共三十九名，内搭客二十三人，余均水手。但搭客急于回乡，或因事不克久住者，昨日已由该局遣发十人，船票川资，均由该局供给。计已遣发者，史如曾（常熟）、于宝忠（天津）、于樊氏（天津）、赵杏松（扬州）、常文生（天津）、高建忠（天津）、黄树长（广东）、陈星福（海门）、鄂鸿寿（天津）、王立青（天津）十名。尚住吉升栈者，有何庆林、曹云生、胡宝昌、王幼林、于福堂、于宝泉、蓝奎元、李筱林、梁锡成、胡锡恩、陈生、罗杰、古创、周文亭、周奠成、罗穆、李复丙、薛警兴、杨宝成、陶永斌、李文萱、李文汉、权凤山、欧阳其昌、陈宝林、柴子宾、张登玺、刘氏、刘张氏二十九人。

开棺检验

此次"新康"遭难者，除当时救起毙命五人外，约五十余人之多。至毙命五人尸身，业已成殓带沪。但五棺内有一人系无名氏，且在"龙野丸"成殓时,又未拍照,现招商局遭难者之家族,均欲明此无名之男子,故特由招商局函临时法院,恳请开棺验尸,并拍照后,以便登报招领。如仍无人领,闻将异厝会馆。昨日汇山捕房亦曾派西捕河尔、司惠尔赴该局接洽,验尸地点现已定招商北栈码头。兹觅得该局致临时法院函云:

> 径启者:敝局"新康"轮船,于二十一日下午在山东角地方被日本邮船会社之"龙野丸"撞沉,当时救起多人,其中有不识姓名之搭客男子一名,经救起即死。当时既无认识之人,且"龙野丸"成殓时,又未留有照片,虽经日本"三笠丸"将棺木于二十八日下午三时运抵上海,暂存敝局之东百老汇路北栈。日来搭客家属,纷纷探听各关系人之下落,并欲认此无名尸体究系何人,故谨恳贵院特予准许,将该棺提入验尸所拍照,以俟尸属具领,实为德便。并盼先期惠复,不胜感荷之至。此致上海临时法院。

船长报告

"新康"船长亨生返沪后,昨日又会同大副、二副发表一报告,原文谓:

> 本年七月十九日上午十一点五十分,"新康"载有杂货及搭客离沪开行,目的地为塘沽兼湾烟台,船头吃水为十五英尺四寸,后部吃水为十六英尺七寸。下午二点三十五分抵吴淞口 SE Knoll Buory 鸭窝沙浮筒,因风大抛锚,至下午六点风小起锚开行,是日全日微南风。至七月二十一日上午十点,天气浓雾,遥望可见四至五海哩之远近,雾低遮住低地,惟山巅甚清明,量水数次。至下午十二点十分停车,测量海深,并改定方向,审海深与所定方向相符,即开车前行,车头约每小时行八海哩。至下午十二点二十分,听成山灯塔发出之警讯,船上此时方向为 DXWVNNW,即定向为 NIOE。至下午一点二十五分,闻成山灯塔所发出之警讯,即在前面约离所定方向 NNW 二三海哩之遥,船沿成山 N. E. Promontoiy 及小成山 Alceste Gland 行驶。时在雾中,惟时见陆地,本船遵照下雾行驶定章,时放汽笛,救生艇、绳索等均预备妥贴,瞭望水手在船头瞭望,特别注意瞭望为雾所遮之小成

山 Alceote Gland 岸边。在本船右舷见有一轮，向南行驶，发出下雾汽笛，其时两船相离约二三海哩。在下午一点三十三分，方本船吹放汽笛时，急见另有一轮在本轮前面，见彼船右舷在本轮右舷，船头约离六百英尺，并不放汽笛。因彼轮相离至近，且在本轮右舷，立即扳舵，竭力向左让，并同时摇铃，机房快倒车，又同时拉短汽笛二声。至下午一点三十五分，来轮"龙野丸"，直冲入本船右舷前棂及舵楼之间，与本船之头成一三角，相差一分半至二分。"龙野丸"倒退后，本船之头即向下沉没极速。当时立刻发令预备放救生艇下水，船上搭客及业务人员，蜂拥争入救生艇，本船上级船员及水手等方将救生艇拉起，但各艇满坐搭客及业务部人员不肯走出，并帮助举起救生艇，放开即将救命带交出。因本船船头先沉，我即取救命带一条，向右面之量台森出。当时见船之上部为浪卷去及船之车叶仍打倒车就我，我知舵楼倒蹋〔塌〕，系因海水冲入大餐间，非由锅炉炸裂所致。我意本船被撞后，沉没不过七分钟至九分钟之间，我为"龙野丸"救生艇所救起。至救船员及搭客一节，"龙野丸"船员能彼所能竭力搜寻，有数小时之久。附注：撞碰时，在成山周围系大南风，每小时速率约二三海哩。

（1929 年 7 月 31 日，第 13 版）

"新康"被难人数已查明者六十四名

国闻社云，"新康"轮船被日邮船"龙野丸"撞沉，溺毙数十命一案，现招商局正在搜集证据，预备交涉，对遇救之搭客，现已给资遣散。至此次溺毙人数，外间有传六十三或五十七者，尚无确实数目。昨日国闻社记者复赴该局探询，并晤及该局秘书周世安君，所得消息，汇志如下：

周世安之谈话

记者问："'新康'被难搭客，将以何法善其后？"

答："救获返沪者，将陆续遣散。所有行李损失，已由各人开单存局备案。至遭难者，现尚在调查，无确定办法。"

问："派往日本调查之龙霞举氏，近有报告否？大约何时可返沪？"

答："龙氏日内即须来沪，即敝局亦正候彼报告调查经过情形后，始能提向交涉。"

问："交涉事进行如何？"

答："交通部来电，谓已咨外部。"

问："船员将如何处置？"

答："前日返沪船员，每名将发二十元，暂时遣散。遭难船员，应赔偿抚恤，惟此时因交涉未开，故办法亦未定。"

问："一无名氏之尸身，将于何日开棺拍照？"

答："天气炎热，尸身恐已腐化，如开棺仍不能拍照，徒费手续，现此事尚在考虑中。"

问："前闻烟台分局及日轮'天山丸'，曾有'新康'搭客救起，其事证实否？"

答："此事已接烟台复电（原电录后），据称不确。"

问："'新康'被难人数若干？"

答："查有姓名者，已达五十余名。"

烟台分局来电

招商局烟台分局二十八、三十两日来电云：

（一）艳电悉，打捞情形，业于感日电详陈在案，计蒙钧览。至渔船救人事，前托第三师电饬荣城县速查，已接该县回电，以查无其事。

（二）顷据派出局员回称，曾抵"新康"遭难之处勘验，船已完全沉没，并无踪影。该处离山东角灯楼，在东北约四海里，水流甚急，深二十余丈，船不易打捞，遂在附近及龙须山礼村、威海湾沿海一带，尽力设法寻捞尸首，巡找两日，并无所捞，故而旋烟等情。焕庚，感。

遭难人员一览

船员遭难者：陈令富，二车；王清照，三车；凌伯年，无线电员；贝文奎，装灯；乐连发，木匠；黄阿根、任顺余，均生火头目；小根、修金，均生火；徐阿和、王纪才、张阿宝，均水手；郑初，理货员；叶文冕，三买办；张仁礼，三买办；朱芾丞，账房；梁滔、古祺简，均看舱；金邵章、白梅昆，均西人侍者；徐阿金，西人二厨司；乐金仁，侍者；徐生、龚荣根、朱三、华春泉、许阿来、洪金福、严阿四、陈老老、朱贵、姚生、陈森元、高少卿，以上均茶房；万阿二、阿秋、莫生，均账房厨司。

搭客遭难者：周老四，女，镇江；史致祥，男，宜兴；王杨秀珍，女，上海；王弟弟，女孩，上海；王洁齐，女，天津；王麟儿，男孩，天津；周寿喜，男，湖南；黄梁氏，女，广东；陈老者，男，天津；郑梗猷，男，广东；郑兰，女，北平；薛景蕙，男，山东；薛景兴妻，女，山东；薛景兴子，男孩，山东；张选英，男，山西；周枢，男，广东；大朝儿，男孩，天津；何某，男；何，男孩。尚有无名氏搭客五名：（一）男客，身穿青灰罗纺长衫，口操宁波音，年二十余，由沪至烟台；（二）童姓男客，江浙口音，衣白香云纱长衫，年约三十左右，且带眼镜，赴天津；（三）男客，宁波人，衣淡黄府绸长衫，脚着黄皮鞋，年约二十余岁；（四）男客，广东人，穿黑香云纱短衫裤，口镶金牙，年约五十余岁；（五）俞姓男客，湖北籍，穿白直罗长衫。

（1929 年 8 月 1 日，第 13 版）

"新康"被难后之交涉

招商局"新康"轮被撞沉后，连日该局调查证据及交涉诸事，已在积极进行。昨日国闻社记者复赴该局叩询，据云救获返沪之搭客，因近日无船，故仍寓吉升栈者九人，谅不久即可完全遣散。至所失去行李等物，现均开单存局，每人损失平均数约二百元。惟死难之搭客，缘前次"新大明"遭难者，其各家族自组一会，直接由外部向日交涉，故此次须征求各被难家族意见，方能办理云云。兹将该局组织之"新康"交涉委员会第一、二两次会议情形录下：

第一次会议

第一次会议于上月三十日下午举行，到八委员，由俞委员澄寰主席，讨论事项：（一）应注重搜集证据，以便对日本邮船会社交涉案。议决：先搜集证据，交涉事俟龙霞举到后，再定办法。（二）关于本案文件及船长报告，应妥为保护案。议决：通过。（三）由船长将失事情形，电向英国航海公会声明。议决：通过。（四）各证据搜集后，须一一摄影案。议决：照办。（五）向董事会调阅曩时船舶失事案卷案。议决：请孙顾问办理。

第二次会议

第二次会议于卅一日举行，到九委员，仍由俞澄寰主席，议决案计两件：（一）秦联奎提议，在龙霞举未归以前，就船长报告及乘客证明之各情形，通知日邮船会社，声明责任所在，至于赔偿数目及详细情形，另单送往交涉案。议决：由秦起稿，由总办理处函知日邮船会社，并声明赔偿数目及详细情形，另单送往。（二）本案赔偿数目，应如何提出案。议决：赔偿各款应提如下：（1）船身价格；（2）船员损失；（3）船员抚恤；（4）营业收入损失（日自被撞起，所有交涉期间及造船期间一切营业损失，由船、营两科填开）；（5）煤斤材料及生财之损失（由总务科填开）；（6）客货损失，声明保留，另行交涉。

致日邮船会社函

径启者：七月廿一日下午一时卅五分，敝局"新康"轮船在成山周围被贵会社"龙野丸"撞沉一事，凡因而所生一切损失，应请贵会社负责赔偿，容俟查明损害金额另备说明，再行函达外，先此通知，即希查照。此致日本邮船会社。

定期开棺验尸

前救起之无名男尸，现定五日开棺检验。招商局致同仁辅元堂救生局原函，略谓：

敝局"新康"轮船于上月间被撞沉没，有遇难男客灵柩一具，现已运沪，因不知姓名，致尸属无从认领，拟于八月五日下午四时在贵局开棺摄影，以便日后有所稽考。兹派北栈会计主任张从新，持函投谒，即希查照，与之接洽。届时并请贵局将开棺摄影之男尸，重行棺殓，暂厝义冢，标明来历为荷云云。

尚有致地方法院及市公安局两函，请届时派员监视，因辞同不录。

（1929 年 8 月 2 日，第 14 版）

交部为"新康"轮事电驻日汪使

——通知外务省派员勘验"龙野丸"

招商局"新康"轮被"龙野丸"撞沉后，该局已聘神户验船师劳氏亲往"龙野丸"验勘，并电请交部转电驻日汪公使，请照会日本外务省查照。现该局已接交部复电允准照办。兹录交部致驻日公使汪荣宝电如下：

> 东京，中国驻日汪公使勋鉴：据招商总局总办赵铁桥电称，该局"新康"轮船于本月二十一日在山东成山角被日轮"龙野丸"撞沉，溺毙船员、搭客多人，所有捞获尸首数具，救起船员、搭客二百二十余人，由日船带往神户。职局现派龙云〔霞〕举赶往神户，接回得救之船员、搭客，并电聘神户验船师劳氏亲往该船验勘。拟请电请驻日公使，照会日本外务省，令知邮船会社，于该轮抵埠后，须俟劳氏查验清楚，始得开行等情。查"新康"轮船被撞沉没，溺毙多人，现"龙野丸"已回神户，自应查验明晰，以明责任。据电前情，据请查照办理，并请转知神户领事，于招商局所派之龙云举到神户时，协助一切。仍盼见复，至纫公谊。交通部叩。

（1929年8月3日，第13版）

"新康"被难者因请愿发生冲突

——招商局秘书周世安受伤

招商局"新康"轮船被撞沉没，溺毙多命一案，现该局正在调查及办理善后中。闻生、财损失不日即可调查告竣，至被难人员之抚恤赔偿，因交涉尚未开始，故无从讨论。不料昨日忽有百余人至该局请愿，偶因言语不洽，遂生冲突。兹将经过情形分录如下：

请愿情形

昨日下午二时三十分钟，该局来有〔有来〕声称"新康"被难之生

1425

火、水手、管事三部家族一百数十人，内有妇女十余人，到局后即至二楼，求见总办赵铁桥，其时间赵未在，故由周秘书出见。家族方面，亦曾推有代表两人，并说明要求此次"新康"遭难人员之抚恤及赔偿。旋经秘书周世安竭力安慰，并告以抚恤赔偿等问题，当然须积极办理，但此事系整个事件，非一夕所能办了；今"新康"既已发生不幸惨剧，自须详细调查后，方有办法；兹必欲决定一办法，即赵总办恐亦不能实时答复云云。请愿代表聆言，表示不满，且谓："余等代表全体而来，今无办法，何以对付全体？既如此，须请周秘书向全体说明，如全体认可，当无问题也。"周曰善，遂偕二代表出会客厅，至二楼梯口，对众述种种情形，初则人多声杂，继则竟冲突开始矣。

冲突结果

双方冲突时，周因众寡悬殊，故衣服均被撕碎，经该局茶房及守门捕上前护卫，背部、头部略有轻伤，现已入宝隆医院矣。

巡捕弹压

当冲突时，该局办事员见势，立即电话捕房，并狂鸣警笛，须臾来有中西捕二十余人，众见巡捕到来，遂各散去，尚有不及走避者，遂被捕去男子七八人、妇女三四人。

（1929 年 8 月 3 日，第 13 版）

"新康"失事中之小报告

退　安

招商局"新康"轮被日船"龙野丸"撞沉一案，其情形虽见载各报，但其中有种种可纪之事为各报所未道及者，爰分述如次：

六水手跳高

"龙野丸"撞"新康"，系拦腰撞进"新康"，几被其一切两段，仅一面之外舱板未断。当"龙野丸"船首撞进"新康"中舱时，龙野高出"新康"六七尺，在被撞时，有水手六人，自"新康"船首向"龙野丸"轮一跃而上。其时日轮之机器未停，思将船头退出，便逃赴日本。幸有六水手上船，强令日轮停机，方得救起此一百余人之生命。

各茶房重公

"新康"被撞时，舱内各茶房即群集甲板，打开救命衣箱，高声呼旅客，每人发救命马甲一件，尽搭客先取，各茶房宁可自己牺牲，不取一袭，在七分钟内发毕，而茶房自己则未有，重公忘私，有足多者。旅客等方穿上此救命衣，而船已下沉，该处水深一百六十余尺，全船一百八十四人，除六水手跳入日轮外，余均随船沉入海内。

电报员殉职

船上职员最足使人钦敬者，厥为无线电员某君，计自被撞至沉没，始终不离电机，急发 SOS 之求救符号。迨水入电机室，浸至该员腰际，仍手不释机，发求警号。及至水满电机间，而已遭没顶，该电员仍不逃出求生，犹在水中发出最后之 SOS 也，结果遂殉职遭难。

水中打旋转

据救起之某客言，各人入水时，均抱必死之心，虽服救命马甲，无如"新康"、"龙野"两船在相撞时，均未停车，故落水之人，在水中身不由主。盖海水为机器所鼓而打旋螺，人均随其旋转之势而卷入海底，约三四钟之久，始再浮起海面，此皆得力于救命马甲也。

海面尽人头

"龙野丸"停车后，六水手急令日人协同放舢板，助救"新康"船中之员客。据六水手言，"新康"轮自被撞至沉没，仅几分钟耳。舢板放海之际，但见海面上尽是人头，盖落水之人，复又浮出海面也。于是逼令日人，协同救援各人上"龙野丸"，即所救起之一百二十六人是也。此一百二十六人中，有死而复苏者十余人，有不能复活者五人（内中妇女三人），无踪者五十二人。

老虎之吃人

"新康"被沉处，总名曰山东角之乘 [成] 山岛，而其小地名曰老虎石，为山东海湾最深之处，致"新康"沉后，并桅杆亦未透出水面，可见其深矣。该处水流甚急，平日无风浪迷雾，轮行亦须留心。此次"新康"不幸，死亡达五十七人，均葬送入老虎口中矣。

日船惧扣轮

老虎石海面至烟台仅七十一海里，照"龙野丸"之速率，三小时内即可到达。船主亨生及各旅客之意，均请日轮送至烟台上陆，该处并有招商局船可以转载者。而"龙野丸"船主，鉴于上次之"厚田丸"肇祸，曾为我国扣留，今事同一律，日人惧被扣船，乃坚不允至烟台，亦不肯来上海，必远赴日本，所以避扣船也。

不许发电信

船员旅客至日本后，日船员对救起之一百二十一人，派人监视极严，即行动亦不许自由，各人不准登陆。有大副俄人，欲发一平安电报至沪，报告其家属，请日人通融，为日人禁阻。有旅客数人，写就家书数通，欲寄回本国，亦为日人严禁，不准有只字寄发。苟非神户领事周志诚，得招商局之孙棣山等请求援助，由周向日人交涉，亲自上船领此一百余人至领馆，则此辈被难旅客正不知更将感受若何重大之痛苦也。

（1929 年 8 月 3 日，第 22 版）

"新康"被难家属会昨讯

——被拘男妇昨日判决

"新康"轮船被难家属会，以报载招商局有生火、水手、管事家属请愿发生冲突事，查该水手等家属未经登记，该会亦并未派遣代表请愿，特函达招商局，并派员劝导各家属严守秩序，即速到会登记，以正当手续，向当局请愿。该会昨又派员往通利公吉升栈慰问被难家属。又，被难账房朱茝丞及旅客沃瑞章等家属，昨日投该会报告，请求严重交涉。该会现已委托董康、董俞两律师为法律顾问，一俟登记完竣后，即提出交涉云。（戊辰社）

前日午后二时五十分，"新康"轮被难人员家属集合百余人，同赴招商局请愿，纷乱中该局秘书周世安略受微伤。总巡捕房闻讯，派中西探员，率同华捕数名，驰往弹压，拘获男、妇多人，余始退去。昨晨解所拘者至临时法院，捕房以违犯《工部局章程》三十六条提起公诉，周则因在院调治，故未到案。旋由周庭长向被告逐一质讯一过，判决岳林氏、王赵氏、王黄氏、黄李氏四名无罪，其余应阿二、杨渭法、林子良、何阿福、胡成树、王梅情、帅余贵、王永发、沈阿全、徐根生、葛嘉兴、胡顺兴等十二名，为处罚金两元，以示薄惩。

（1929 年 8 月 4 日，第 14 版）

怎样取消不平等条约

华

　　此次招商局"新康"轮于本月二十一日在山东角洋面被日本邮船会社"龙野丸"撞沉，沉没时间闻仅十余分钟，当时获救者一百二十余，溺毙而查明者五十九人，其冲撞之猛速、受创之剧烈与人命财产损失之巨大，殊足骇人听闻。且"龙野丸"大于"新康"三倍，"新康"被撞又在白昼，其责任问题固已昭昭在人耳目。至于当局之办理善后，进行交涉，临事处置，倍形匆遽，固皆治标之善策，然非根本之立论。欲求根本上之立论，须图根本问题之解决，欲谋根本问题之解决，即应遵照总理遗训，取消不平等条约，收回沿海及江河航权，方为长久之良法，航业前途，庶其有豸。盖吾人研究"新康"轮撞沉之善后问题，当推测招商局"新康"轮于我国沿海是否有航行之特权。吾知三尺童子皆将惊而告曰：独立国家于其沿海与内河当然有航行之特权！若然则外国商轮何能在我之沿海航行，反不守法则，不依规程，以撞沉我之船只耶？演此事实，谁为厉阶？斯则不平等条约之赐也。我国受不平等条约之束缚久矣，由不平等条约之束缚，遂使沿海内河航权无形断送。我国沿海内河之航权既无形断送，则我国航轮自不能不受帝国主义经济上之压迫，其遭意外之摧残固意中事耳。故当局于"新康"撞沉后之讲求善后也，严重交涉也，要求被难者之抚恤也，损害者之赔偿也，是皆所以暂救目前。而为正本清源之计，更当急图撤消领事裁判权，收回航行权，务使外国海轮在我国领海内肇祸，听从我国之法权裁判，同时依照国际公约，改订商约，禁外轮于我沿口岸之航行。不平等条约若获废除，海权民命尚可收之桑榆。虽然不平等条约有外交上历史之关系，空谈废除，何补实际？怎样废除之问题，则有赖于我政府与全民众，同心协力，共同奋斗，以百折不回之精神、坚强不屈之毅力、和平之手段与正当之理由，而周旋于国际之间，并力求主张之贯彻，有志竟成，终有成功之日也。

（1929 年 8 月 5 日，第 24 版）

"新康"轮遭难者抵沪

招商局北洋班轮船"新康"号，本月二十日由沪开津，次日午后一时驶至山东角海面，遇雾，被日邮船"龙野丸"撞沉，惨遭溺毙者五十九人，诚为海上浩劫。其遇救之乘客、船员搭"三笠丸"由神户到申，曾由东局职员及被难家属前往迎接，其时虽赤日当空，骄阳炙背，而招待诸人均兴奋异常，不以为苦。及船达码头后，由慰问者直赴招商局北栈招待所内，东局招待员并有详细之询问与记录。获救者之名单，分志如次：

第一次抵沪之遇救名单

计：胡承章、张阿品、沈文良、黄惠芳、史阿光、林志良、黄梅清、黄光裕、朱云宝、何阿福、张明法、杨惠法、沈有生、刘承南、朱金贵、水雨贵、刘宝华、林梅金、胡顺光、绍汜林、应阿二、谢明珊、费得富、彭金明、石德熙、于宝全、于福堂、李小林、蓝魁元、胡辅汉、张福、罗文炳、刘松林、朱金仓、周阿二、张光明、莫登和、蒋阿良、陈宴生、周文亭、罗宝建、王耀林、蔡荣泉、罗穆年、祝长遂、古创年、李阿富、金长富、陈美林、何立堂、胡锡炘、古子秋、梁锡成、罗宗洁、胡宝昌、何阿海、石宝珍、高德才、徐凤山、何庆林、曹云生、熊少廷、周莫城、徐阿根（以上船员），吴阿法、彭宝书、宋慰生、刘思波、赵元丰、雪景兴、王立青、鄂鸿寿、陈星福、李文堂、李文藻。

第二次抵沪之遇救名单

二次续到者十六人，计船长亨生、大车高礼泥、二车雪高司开、二副孙黼阁，舵工包阿善、王永法、鲍阿标，水手头目贝阿宝，水手徐银生、丁金宝、沈阿兴、包顺兴、葛阿兴、袁阿炳、胡成如，及理货苏汉魂十六人。

遭难人员之名单

船员遭难者：陈令富，二车；王清臣，三车；凌伯年，无线电员；贝文奎，装灯；乐连发，木匠；黄阿根、任顺余，生火头目；小根、修金，生火；徐阿和、王纪才、张阿宝，水手；郑初，理货员；叶文冕，三买办；张仁礼，三买办；朱荸丞，账房；梁滔、古祺简，看舱；金邵章、白梅崑，西人侍者；徐阿金，西人二厨司；乐金仁，侍者；徐生、龚荣根、朱三、华春泉、许阿来、洪金福、严阿四、陈老老、朱贵、姚生、陈森元、高少卿，茶房；万阿二，账房厨司所；阿秋、莫生，账房厨司。

搭客遭难者：周老四，女客，苏州；张女士，广东；阿照弟，女孩，苏州；蔡赵氏，女，镇江；史致祥，男，宜兴；王杨秀珍，女，上海；王弟弟，女孩，上海；王洁齐，女，天津；王麟儿，男孩，天津；周寿春，男，湖南；黄梁氏，女，广东；陈老者，男，天津；郑梗猷，男，广东；郑兰，女，北平；薛景蕙，男，山东；薛景兴妻，女，山东；薛景兴子，男孩，山东；张选英，男，山西；周枢，男，广东；大朝儿，男孩，天津；何某，男；何某，男孩。尚有无名氏搭客五名：（一）男客，身穿青灰罗纺长衫，口操宁波音，年二十余岁，由沪至烟台；（二）童姓男客，江浙口音，衣白香云纱长衫，年约三十岁左右，且带眼镜，赴天津；（三）男客，宁波人，衣淡黄府绸长衫，脚着黄皮鞋，年约二十余岁；（四）男客，广东人，穿黑香云纱短衫裤，口镶金牙，年约五十余岁；（五）俞姓男客，湖北籍，穿白布长衫。

（1929 年 8 月 5 日，第 24 版）

航业界对"新康"轮案之呼吁

招商局"新康"轮船被日邮船"龙野丸"撞沉后，本埠航业九公所联合会连日召集紧急会议，讨论要求当局严重交涉，对被难家属与以抚恤赔偿，并按国际公法改订商约，除一面呈请当局采纳施行外，昨特发通电云：

（衔略）招商局"新康"轮船本月二十一日在山东角洋面被日邮船"龙野丸"撞沉，我国船客货运损失甚巨。证以事实，时在白昼，且查"新康"轮被撞后，仅十四分钟内即告沉没，共［其］被撞之猛烈可知，其为故意惹祸者更属昭然。近复据救护人员回沪之报告，该轮船长竟以"'新康'轮未拉回声，舵楼上无人看望，'龙野丸'拉回声，'新康'轮开快车"等四句，强迫"新康"轮乘客签字，想借以掩饬［饰］事实而卸罪责。其居心之卑鄙已极，其天良之埋没已尽，是而可忍，孰不可忍！务希全国同胞一致抗争，督促政府严重交涉，并积极废除不平等条约，收回航行权，我十余万会员誓作后盾。

（1929 年 8 月 5 日，第 24 版）

三区廿五分部为"新康"轮案通电

（衔略）日轮"龙野"久藉不平等条约之护符，航行我国内河，此次在山东角洋面白昼撞沉"新康"轮，溺毙搭客无数，居心险恶，有意摧残我国航业，言之令人发指。查此类事件，日轮在过去曾屡次发生，我国民因无奋斗到底之决心，致交涉终归失败。今者日轮在我境内航行更加肆无忌惮，我国民今若不群起拥护政府，取消内河航行权及废除一切不平等条约，则恐将来我国航业前途将不堪设想，我国家之主权，殆亦将扫地无余矣。深愿全国同胞群起奋斗，始终弗渝。

（1929 年 8 月 5 日，第 24 版）

龙霞举昨日返沪

——赴日调查之结果

招商局前派往日本调查"新康"被撞之龙霞举氏，已于昨日下午三时，乘"上海丸"返沪。国闻社记者闻讯往谒，承龙延见，叩以此次到日调查经过。据龙氏答称："余奉赵总办命，于上月二十三日启程赴日，二十四日到长崎，上岸探悉'新康'遇救人员，由'龙野丸'径载驶神户，在长并不停留，故余于次日亦匆匆转往神户。抵神户，又悉遇救客船员百十人因急欲返沪，已先时乘'三笠丸'离神，于是余即至我国驻神领馆，访见领事周珏，并与船长亨生等会见，即善语安慰。余此次寓日旬日，调查结果，可云撞'新康'者确为'龙野'。至一切详情，与上次'新康'船长到沪时所报告相同。现劳氏验船所检验'龙野丸'后之报告，今日已由余带沪，现呈交总办。其报告内容，系云'龙野'船首五尺下之铁鼻已向左屈。"继询以"龙野"船长会见否？答："未见，惟'龙野丸'船余曾目见。"云。

（1929 年 8 月 6 日，第 14 版）

"新康"被难家属会电请交涉

——并发通告

"新康"轮船被难家属会昨致电外交部，请严重交涉，原电云：

南京，国民政府外交部王部长钧鉴：招商局"新康"轮船于七月二十一日在山东成山角洋面被日轮"龙野丸"撞沉，溺毙搭客、船员数十人，损失货船百余万，言之痛心，思之悲愤。查"龙野丸"大于"新康"轮倍蓰，而肇事时间又在白昼，使非该丸横冲直撞，断不肇此巨祸。年来日轮在我国领海江河，屡肇事端，肆无忌惮，既侵害我航权，复催[摧]残我航业，阴毒险狠，蔑以复加，苟不严重抗争，为患将不知伊于胡底。敝会同人，除被难遇救，得庆生还，损失货物金钱，不计其数，容俟汇齐报告后开单电呈外，所有亲属戚友之惨遭灭顶、葬身海底者，达六十余人之多，航业界之大不幸也。同人等痛定思痛，窃以为治标之计，应恳钧长迅即提出严重交涉，务达赔偿生命船货之损失；至治本之图，则非废除不平等条约，取销外轮航行权不为功。如其不然，一任外轮横行江海，祸患之来，宁有纪极？务恳钧长本大无畏之精神，据理抗争，不挠不屈，不亢不卑，国权民命，实深利赖。迫切陈词，不胜怨愤之至。招商局"新康"轮船被难家属会叩，微。

该会昨又发出通告云：

径启者：招商局"新康"轮船于七月二十一日在山东成山角洋面被日本邮船会社"龙野丸"撞沉，溺毙船员、搭客多人一案，噩耗传来，同深痛悼。同人等痛受创之惨烈，愤日人之横蛮，为谋死难者之善后、受害者之赔偿及其他关于被难家属切身利害问题起见，特组织被难家属会于上海北京路德丰里五三八号，以期集合全体家属之力量，为整个的团结，作外交之后盾；务使赔偿生命货物之损失，并督促政府，积极废除不平等条约，取消外轮航外[行]权。凡我被难家属，请于一星期内来会登记。其外埠家属，因故不能来沪者，可急电或快函来会报告，以便汇案提请政府交涉。事关切肤之痛，幸勿观望延误，自贻伊戚，是为至要。特此通告。

（1929 年 8 月 6 日，第 14 版）

哀凌伯言

刘豁安

"新康"轮沉，陷溺人多遇救，而船中无线电员世好凌伯言君，未共生还。抚今追昔，诚令余不止望洋一哭，而剪纸频招。盖一技成功，方幸故人有后，而前情回顾，那堪惨变横惊也。

伯言，松江阮巷乡人，年才十九，出身中学，系牧师步惠廉氏高足，温良恭俭，毫无恶习，性尤孝友，于父母命无违，待两弟谦和，有儒者气象。当肄业时，乃父止安，与余同舟海上，止安工会计，而嗜痂文字，故竹报多余着墨，余亦深器伯言可造，不惜为借题之乐育。初不料伯言了解，每见余依恋如父子，又间尝问字若师弟然。前年余病目沪南，伯言代父为余伺汤药，余嘉其志愿文章，奖之笔墨，伯言欣壁受，谓胜金钱，想见性灵，迥非庸俗。余与止安有性情道义、风波烽火交情，止安前年谢世，萧条身后。上年伯言毕无线电学之业，今年得此栖枝，非有奥援，虽公道在人，亦力争上流，而有志竟成焉。特不知思入风云，者般变态，悲夫！

虽然，逝者已矣，而母衰弟幼家贫，后死何堪设想？余因挽伯言联云：哭乃父，又哭斯人，两世重哀情，客路缠绵同骨肉；遗衰亲，还遗弱弟，九渊沉痛恨，英魂呜咽溷波涛。纪实而已。

（1929 年 8 月 7 日，第 21 版）

"新康"轮案昨讯

家属会之登记

"新康"轮被难搭客，连日向被难家属会登记者络绎不绝。兹先披露

1434

一部如下:

(甲)遇救者

徐登玺,男,22岁,北平,布厂,损失280元;鄂鸿寿,男,30岁,北平,军医,250元;刘刘氏,女,28岁,天津,800元;刘曹氏,女,51岁,天津,300元;赵爱生,男,13岁,镇江,求学,300元;潘谢振庸,女,43岁,四川,6400元;杨宝臣,男,50岁,天津,商,2000元;薛金星,男,31岁,山东,商,500元;鞠荣起,男,22岁,天津,铁路,600元。

(乙)死难者

陈守义,男,65岁,河间,医,1200元,尸无下落;薛金辉,男,29岁,山东,工,100元,尸无下落;薛吴氏,女,30岁,山东,200元,尸首捞获;薛木儿,男,1岁,山东,尸无下落;刘大七儿,女,7岁,天津,尸无下落;沃瑞章,男,50岁,镇海,商,尸无下落;黄汉樵,男,35岁,湖南,工,150元,尸无下落;李炳如,男,28岁,湖南,纱厂,170元,尸无下落;赵蔡氏,女,35岁,镇江,500元,尸无下落。

交通部之批令

招商总局职工会昨日奉到交通部批令,略谓:

> 代电悉,查此次招商局"新康"轮船被日轮"龙野丸"撞沉一案,前据该局总办先后电呈到部,即经电令该局及东海关监督详细查复,妥筹善后办法,搜集各项证据,以为交涉之根据。又电请驻日汪公使转知神户领事,于招商局所派之龙霞举到神户时协助一切,并据情咨请外交部查照办理各在案。据电前情,合亟知照。此批。

"新大明"家属会之慰问

"新大明"轮船被难家属会致"新康"轮船被难家属会函云:

> 径启者:报载"新康"轮驶经山东洋面,被日轮"龙野丸"撞沉,溺毙同胞数十命,恶耗传来,悲痛万分。查去岁日轮"厚田第二丸"撞沉"新大明",惨毙同胞四百余命,尸骨未寒,交涉未了,事经周年,又重演杀人惨剧,茫茫劫海,人类难填。该日人蔑视我国

权，草菅我民命，横暴残忍，莫此为甚。敝会与贵会被难家属，同为日人所害，敌忾同仇，应具同情。兹特派代表裴节三、王泽民、戴海林三君，前来慰问，并希详告一切，以便声援，誓为后盾。用特专函，即希赐予接见为盼。此致"新康"轮船被难家属会。"新大明"轮船被难家属会启。

（1929 年 8 月 8 日，第 14 版）

"新康"轮被难者登记续录

"新康"轮遇救及死难者调查，曾志昨报。兹悉昨日至被难家属会登记者，又有多人，续录如下：

（甲）旅客遇救者：赵元丰，男，17 岁，山东籍，军界，损失 3000元；宋慰生，男，35 岁，河北籍，军界，损失 120000[①]；龚静芬，女，19岁，合肥籍，损失 3000；吴林义，男，21 岁，合肥籍，商，损失 3000；朱氏，女，28 岁，上海籍，损失 1000；朱氏，女，22 岁，上海籍，损失 1500。

（乙）船员遇救者：费得富，32 岁，扬州籍，茶房，损失 300；徐凤山，35 岁，江苏籍，船员，损失 250；董长富，54 岁，江苏籍，船员，损失 160；曹云生，29 岁，江苏籍，船员，损失 170；高德才，44 岁，江苏籍，船员，损失 400；熊少亭，27 岁，湖北籍，招待，损失 60；冯根泉，37 岁，无锡籍，茶房，损失 160；曹莲芝，42 岁，常州籍，茶房，损失 170；蒋阿良，40 岁，江苏籍，茶房，损失 430；赵升，35 岁，扬州籍，茶房，损失 120；胡辅汉，28 岁，汉阳籍，招待，损失 400；彭金明，53岁，湖南籍，招待，损失 220；何庆林，37 岁，天津籍，船员，损失 160；蓝奎元，27 岁，天津籍，看舱，损失 200；莫登和，41 岁，南京籍，船员，损失 420；于宝全，42 岁，山东籍，看舱，损失 240；李筱林，41 岁，天津籍，看舱，损失 300；朱金仓，30 岁，南京籍，船员，损失 290；王耀林，35 岁，镇江籍，茶房，损失 130 元。

---

① 单位：元。下同。

（丙）旅客死难者：周寿春，男，34 岁，湖南籍，商，尸体无着；王弟弟，女，5 岁，上海籍，尸体无着；王杨秀珍，女，32 岁，上海籍，尸体无着；赵炳森，男，18 岁，吴县，洋货业，尸体无着。

（丁）船员死难者：朱芾丞，42 岁，海盐籍，账房，损失 520；凌伯言，19 岁，松江，无线电员，俟查；陈金才，36 岁，淮安籍，船员，损失 180；朱贵，30 岁，山东籍，船员，损失 240；陈升源，40 岁，常州籍，茶房，损失 270；高孝卿，38 岁，温州籍，茶房，俟查。

（1929 年 8 月 9 日，第 14 版）

首都纪闻

〖上略〗

〔南京〕招商局"新康"轮一案，交部除咨请外部严重交涉，并电请驻日汪公使照会日本外务省，令知邮船会社经验船师劳氏到船查验，及转知神户中国领事，于龙霞举到神户时，协助一切。（九日专电）

〖下略〗

（1929 年 8 月 10 日，第 9 版）

"新康"轮被难者之登记
——惨不忍读之一封书

招商局"新康"轮被难家属会开始登记以来，前往登记旅客船员至本月八日止，已有 53 人，昨日前往登记者，计有 9 人，续录如下：

（甲）旅客遇救者：史如曾，男，29 岁，宜兴，损失 800 元；张光明，男，56 岁，南京，旅馆业，600 元；刘松林，男，33 岁，湖北，旅馆业，500 元；李复兴，男，25 岁，山东，纱厂，300 元。

（乙）旅客死难者（尸身无着）：童梦麟，男，32 岁，宁波，航业，1500 元；史致祥，男，18（岁），宜兴，商，待查。

（丙）船员遇救者：睢阿三，男，25 岁，常州，茶房，200 元；何阿明，男，36 岁，通州，茶房，200 元；祝长遂，男，39 岁，通州，茶房，

1437

200 元。

"新康"轮被难船员凌伯言之母凌曹氏，昨函"新康"轮被难家属会，声述一切，原书凄惨万状，不忍卒读。兹录如下：

> 氏中年伤［丧］夫，仅遗三子，长曰伯言，年方十九岁，次曰仲训，三曰叔良，尚在襁褓之中。家无十亩之桑，地乏一枝之借，先夫在日，宦游半世，清廉自守，两袖清风，一旦西逝，衣棺何来？氏奔走呼号，趾裂声嘶，告贷典鬻，勉为殡葬。从此赖十指针黹，博得蝇头薄利，抚育三儿，心力俱瘁。长子伯言，生性聪慧，自幼即知家庭苦况，是以努力求学，年方十五，由浙江省立中学毕业，旋即考中华无线电学校及青年会无线电学校，予以深造，俾成专门人材。毕业后，就职于"隆顺"商轮，服务半年，成绩优良。因该轮航行北洋，离苏较远，欲便于定省起见，于三月间改就"新康"轮船管理无线电职，月薪所得，赡养全家。氏亦私衷自慰，从此可了余年。讵为期半稔，遽罹惨祸，青天霹雳，噩耗传来。闻于简日，我子因船已被撞，势将沉覆，忠诚尽职，拍电呼救，不料"新康"轮在七八分钟下沉海底，我子惨罹横祸，死于非命。闻警之下，氏何以生存？于是绝食三日，深夜投缳，以求速死。乃为二子所见，呼邻解救，历久更苏，怨愤填膺，欲哭无泪。氏命途舛寋，一至于此，二三两子，环泣床前，氏五中迸裂、肝肠寸断矣。欲生则生计已绝，欲死则二子谁抚？凌氏后裔，端赖于此，将何以慰亡夫而护幼稚？反复思维，存殁两难。不得已，上书贵会，恳求提出交涉，迅赐方针，俾难妇有所遵循。挥泪陈词，不胜迫切待命之至。谨呈"新康"被难家属会。"新康"被难无线电员陵［凌］伯言之母凌曹氏同子仲训、叔良泣呈。

(1929 年 8 月 10 日，第 14 版)

"新康"轮船之损失

招商局之"新康"轮被"龙野丸"撞沉，溺毙数十人一案，该局于被撞后，曾函日邮船会社，声明保留交涉。现闻该局已得到日邮会社复函，略云"敝会社据'龙野'船长报告，并无错误之处"等语，以图卸责。故该局接函后，已将证据搜集齐全，并开会讨论应付方法，俾作进一步之交涉。至"新康"沉没之物质上损失，现该局船务科已调查告竣，闻船价为二十万两，货物及一切船上生、财等损失约三十万两，两共在六十万两左右。但据该局人言，上项损失数目，犹系现时估价，如当初购制价目，尤不止此数云云。

（1929 年 8 月 10 日，第 14 版）

家属会代表与洪科长之谈话

"新康"轮船被难家属会自组织就绪，开始登记以来，连日各被难家属前往报告登记者，已近百人，尚有未登记及不及登记者，统限于七日内前往登记，以便汇齐后，一并提请政府交涉。各家属以"新康"肇事至今，业已二周，交涉善后，尚未有相当办法，昨日上午九时，特公推代表三人，携具公函，来局询问本局对于此案之善后办法，当由栈务科科长洪雁宾延见。寒暄之下，首由各代表陈述被难家属及各受害者之苦况，希望招商局予以相当之安慰；所有将来对日交涉进行，家属会利害切身，自当竭其全力，为交涉后盾，务达赔偿生命船货之损失而后已；至废除不平等条约、取销外轮航行权，尤为全国人士一致之主张，为惩前毖后、国权民命计，家属会除请求政府据理抗争外，又当吁请全国各界，一致主张，督促政府进行；招商局与家属会有共通之利害关系，嗣后一切交涉，希望随时宣示，共策进行云云。洪科长答称，略谓此案责任问题业已明白，"新大明"案尚未决，而"新康"轮又被撞沉，若不严重交涉，则华商航业在在危险，而日人驾驶员益将无所忌惮矣；本局对于轮船损失及死难船员，业向对方提出交涉，遇救船员亦已设法妥为安插；惟被难搭客部分，因未悉其详，声明保留；本局对于被难搭客十分痛悼，一俟查有确数，自当一并提出交涉，希望各家属静待解决，幸勿别生枝节；至此案一切经过，业已在各报披露，嗣后亦当陆续宣布，俾众周知。洪科长又谓非废除不平等条约、取销外轮航行权，不足以保国权而谋航业之发展，望国人对于此点加以注意等语。各代表表示关于被难搭客之死亡人数及受害损失，当于一

1439

星期内由家属会办理登记完竣后，开单送呈，以凭交涉；总望招商局随时加以协助，使此案早日解决，以慰死难者海底之灵，而稍安受害者及被难家属之痛苦。洪科长一一表示容纳，旋即兴辞而出。

（1929 年 8 月 12 日，第 20 版）

"新康"轮被难家属之记登

"新康"轮被难搭客，连日向被难家族［属］会登记者络绎不绝，兹先披露一部如下：

（甲）遇救者

姓名	性别	年岁	籍贯	职业	被难损失（元）
徐登玺	男	22	北平	布厂	280
鄂鸿寿	男	30	北平	军医	250
刘刘氏	女	28	天津		800
刘曹氏	女	51	天津		300
赵爱生	男	13	镇江	求学	300
潘谢振庸	女	43	四川		6400
杨宝臣	男	50	天津	商	2000
薛金星	男	31	山东	商	500
鞠荣起	男	22	天津	铁路	600
赵元丰	男	17	山东	军界	3000
宋慰生	男	35	河北	军界	120000
龚静芬	女	19	合肥		3000
吴林义	男	21	合肥	商	3000
朱 氏	女	28	上海		1000
朱 氏	女	22	上海		1500
费得富	男	32	扬州	茶房	300
徐凤山	男	35	江苏	茶房	250
董长富	男	54	江苏	船员	160
曹云生	男	29	江苏	船员	100
高德才	男	44	江苏	船员	460
熊少亭	男	27	湖北	招待	160

续表

姓名	性别	年岁	籍贯	职业	被难损失（元）
冯根泉	男	37	无锡	茶房	170
曹运芝	男	42	常州	茶房	170
蒋阿良	男	40	江苏	茶房	430
赵　升	男	35	扬州	茶房	120
胡辅汉	男	28	汉阳	招待	400
彭金明	男	53	湖南	招待	220
何庆林	男	37	天津	船员	160
蓝奎元	男	27	天津	看舱	200
莫登和	男	41	南京	船员	420
于宝全	男	42	山东	看舱	240
李筱林	男	41	天津	看舱	300
朱金仓	男	30	南京	船员	290
王耀林	男	35	镇江	茶房	130
史如曾	男	29	宜兴		800
张光明	男	56	南京	旅馆业	600
刘松林	男	33	湖北	旅馆业	500
李复兴	男	25	东山	纱厂	300
睢阿三	男	25	常州	茶房	200
何阿明	男	36	通州	茶房	200
祝长遂	男	39	通州	茶房	200

（乙）旅客死难者

姓名	性别	年岁	籍贯	职业	被难损失	
周寿春	男	34	湖南	商		尸体无着
王弟弟	女	5	上海			尸体无着
王杨秀珍	女	32	上海			尸体无着
赵炳森	男	18	吴县	洋货业		尸体无着
陈守义	男	65	河间	医	200 元	尸无下落
薛金辉	男	29	山东	工	100 元	尸无下落
薛吴氏	女	30	山东		200 元	尸无下落
薛木儿	男	1	山东		元	

续表

姓名	性别	年岁	籍贯	职业	被难损失	
刘大七儿	女	7	天津		元	尸无下落
沃瑞章	男	50	镇海	商	元	尸无下落
黄汉樵	男	35	湖南	工	150 元	尸无下落
李炳如	男	28	湖南	纱厂	170 元	尸无下落
赵蔡氏	女	35	镇江		500 元	尸无下落
童梦麟	男	32	宁波	航业	1500 元	
史致祥	男	18	宜兴	商	待查	

（丙）船员死难者

姓名	性别	年岁	籍贯	职业	被难损失
朱芾丞	男	42	海盐	账房	520
凌伯言	男	19	松江	无线电员	俟查
陈金才	男	36	淮安	船员	180
朱贵	男	30	山东	船员	240
陈升源	男	40	武进	茶房	270
高孝卿	男	38	温州	茶房	俟查

又，"新康"轮被难家属会昨为办理被难船员登记事，致函海员公会及均安会云：

　　径启者：敝会办理登记手续将次就绪，惟恐船员部份或有遗漏之处，致将来交涉进行有所不便，用敢具函前来，请将已在贵会登记之"新康"被难船员名单赐投一份，以便查对而免遗漏。

（1929 年 8 月 12 日，第 20 版）

"新康"轮撞沉案

　　招商局之"新康"轮船被撞沉后，迄已半月，对被难者之善后及交涉诸事，当局正在办理中。兹将所得消息汇志如下：

交涉进行

龙霞举返沪,闻已将得到之证据及调查经过情形,拟缮报告书,不日即可公布。交涉事招商局前已电交通部转咨外部办理,一方由局函日邮船会社声明保留责任,如将来对方有狡猾回避等事,或须请专家公断。

损失调查

"新康"轮船身价生财等损失,招商局已着船务科调查。至被难者及货物等损失,将另行办理。

安置船员

"新康"遇救船员已由招商局拨临时安家费每人三十元,遭难者发五十元。至赔偿费、抚恤金等,须俟交涉后方能确定。

开棺验尸

无名氏尸身五口,业经救生局验过,棺内尸体尚未腐化,服装面貌颇似北方人氏,现已摄成照片。闻当开棺相验时,仅到四家族,结果无人认识,故招商局将登报招领。

交通部之批令

招商总局职工会奉到交通部批令,略谓:

> 代电悉,查此次招商局"新康"轮船被日轮"龙野丸"撞沉一案,前据该局总办先后电呈到部,即经电令该局及东海关监督详细查复,妥筹善后办法,搜集各项证据,以为交涉之根据。又电请驻日汪公使转知神户领事,于招商局所派之龙霞举到神户时协助一切,并据情咨请外交部查照办理各在案。据电前情,合亟知照。此批。

(1929 年 8 月 12 日,第 20 版)

"新康"被难家属讨论善后
——议决进行办法十项

"新康"轮被难家属会于昨日下午召集会议,讨论办法善后及交涉进行办法,到男女老幼一百余人,开会如仪,公推朱希丞家属代表朱晓云主席。由主席报告家属会经过情形,至将来如何进行之处,请众发表意见。

次登记股报告办理登记状况，略谓所有被难者一切损失，均在登记表内填写明确，并另附详细失单；至各报上披露之被难损失，均从整数，不详奇[其]零，将来提出交涉，自当以登记表为准，以后发表，当一并登出，以昭翔实。次各家属相继发言，声泪俱下，金谓父母、兄弟、夫妇、子女惨遭灭顶，葬身海底，事之可痛，孰逾于此？其幸而遇救，出死入生，而箱笼杂物、衣食金钱，随波逐浪，悉遭沉没，精神之苦痛，物质之损失，实属创巨痛深；并有受惊过重，惊悸成疾，入水过久，感受寒邪，而变起仓猝，流血受伤者，亦不一而足，此情此景，怵目伤心；死者冤沉海底，何能瞑目？而一家老幼，恃以为生者，又将何以存活？生还者虽重庆更生，而琴剑飘零，身无长物，穷途落泊，悲怆忍怛，其何以慰死安生，实为目前切要之图；而如何能使此种惨案，永不再有发生，尤为根本之计。经众一致议决如下：（一）电请外交部，迅即向日政府提出严重交涉，务达赔偿生命财物之损失；（二）请求徐交涉员向日本邮船会社交涉，要求先付吊慰金一百万元；（三）请招商局救济被难家属，并将旅客部份之损失，一并提向对方交涉；（四）通电全国各界，一致抗争，并努力进行废除不平等条约、取消外轮航行权运动；（五）请求本埠各级党部及工商农学团体，一致援助；（六）发表宣言，并将宣言译成各国文字，请各国主张公道；（七）被难家属登记日期，延长三日；（八）本会经费，暂由会计科负责筹垫，不向外界募捐，如有假借名义者，依法查究；（九）本会一切对内对外事务，由家属代表朱晓云、陈际程、祝又邨、周剑寒、朱汶滨、王礼贤、平霞蔚等七人负责办理，遇有重大事件时，召集大会商决之；（十）添聘东吴大学法学院教务长盛振为博士为本会顾问。议毕，全体静默三分钟，为死难者志哀而散。

（1929 年 8 月 13 日，第 14 版）

"新康"被难家属通电呼吁

"新康"轮船被难家属会昨通电全国吁请援助文云：

〖上略〗招商局"新康"轮船于七月廿一日下午一点十分在山东

成山角洋面被日本邮船会社"龙野丸"撞沉一案，凡有人心，同深义愤，所有肇事始末及一切经过情形，报载綦详，谅已阅悉。查在大海茫茫中，风平浪静日，而发生撞沉船只事件，不特前此所未有，抑亦事理所必无。且"龙野丸"大于"新康"轮三倍，相撞时又在白昼，使非该丸恃其体积既巨，速率又大，横冲直撞，目无他船，断不肇此巨祸。其是否为摧残我航业之故意行为，虽不敢确断，而证以肇祸后，即欲鼓轮逃遁，希图灭口，阴毒险狠，实属毫无心肝。苟无附近渔船尽力拯救，则此遇救之一百二十余人，早与不幸死难者同船并命，共葬此身于海底矣。该"龙野丸"船长又复以"'新康'轮未拉回声，舵楼上无人看望，'龙野丸'拉回声，'新康'轮开快车"等词，诱迫遇救诸人签字，希冀藉此掩饰事实，诿卸罪恶，居心恶毒，尚堪问乎？同人等劫后余生，哀痛已极，切望各界同胞，为国权民命计，一致抗争，务达赔偿生命财物之损失，以安死者海底之冤魂，而慰生者无涯之悲戚。抑更有进者，年来日轮纵横江海，屡扰事端，漠视人命，惨无人道，谁为为之？孰令致之？不平等条约，实为厉阶。彼日轮既挟其政治势力，以侵害我航权，复肆其经济侵略，以摧残我航业，若不急起直追，迅谋根本之计，则国权民命、商航资产宁有苟全余地？尚望全国各界，一致起来，努力进行废除不平等条约、取消外轮航行权运动，百折不回，坚强不屈，共同奋斗，众志成城，国家前途，庶几有豸。悲愤陈词，诸维公鉴。

(1929年8月14日，第14版)

"新康"被难家属会之工作
——将定期招待各界一致抗争

"新康"轮船被难家属会，连日进行交涉及救济，工作非常紧张。兹将昨日探得消息，分述如下：

登记展期

该会登记股日来办理登记手续，颇为忙碌，本定今日截止登记，惟以尚有少数家属，因远道交通不便，不及准期登记，特再展期七天，以免遗漏。该项登记表，尚须加以整理，俟审查确定后，即行填具一式三纸，一呈外交部作交涉根据，一送招商局交涉委员会交涉，一则存会备查。凡尚未登记之被难家属，限于七日内，前往登记。

救济问题

日前报载招商局办理被难船客临时救济办法，暂定遇救者每人津贴三十元，死难者每名津贴五十元等语。各被难家属见报后，即纷纷至家属会，领取是项津贴。该会当以此事并无知悉，允即向招商局交涉，昨日特推代表至招商局探询，始悉是项办法，系专对船员部分而言，报载云云，实有误会。该会除通告各家属知照外，并以各家属境遇不一，将斟酌情形，请招商局为人道及道义计，设法加以救济。

招待各界

该会以"新康"被撞，关系国家主权、国民生命、商航资产，至重且大，若不严重交涉、据理抗争，则祸患所届，益将不堪设想。惟兹事体大，苟非全国民众一致起来，共同奋斗，不足以达到合理解决之目的，除已通电全国一致抗争外，并拟定期招待本埠党政军各机关、各民众团体领袖暨各报、各通讯社记者，为一致援助，并进一步的作收回航权、废除不平等条约运动云。

（1929 年 8 月 15 日，第 13～14 版）

招商局"新康"轮船被难家属会通告

径启者：招商局"新康"轮船被日本邮船会社"龙野丸"撞沉，溺毙船员、搭客多人一案，噩耗传来，同深痛悼。同人等痛受创之惨烈，愤日人之横蛮，为谋被难者之善后、受害者之赔偿及其他关于被难家属切身利害问题起见，特组织被难家属会于上海北京路德丰里五百三十八号，以期集合全体家属之力量，为整个的团结，作外交之后盾，务达赔偿生命、货物之损失，并督促政府积极废除不平等条约、取消外轮航行权。前经通告各被难家属于一星期内来会登记在案，兹查来会登记者固已甚多，而有外埠家属因路远或他种情形，不及登记者恐亦不少。经同会议决，将登记期限延长三天，凡我被难家属，请即来会登记，以便汇案提请政府交涉。事关切肤之痛，幸勿观望延误，自贻伊戚，是为至要。特此通告。

办事处：上海北京路德丰里五三八号。电话：六二七九二。

（1929 年 8 月 16 日，第 3 版）

"新康"被难家属委员会议议决进行办法十六项

"新康"轮船被难家属会昨开委员会议，委员全体列席，经各人发表意见，议决进行办法十六项。兹录如下：（一）呈请中央，向日方严重交涉；（二）电请全国各级党部暨各团体，一致抗争；（三）请求本埠党政军各机关及各民众团体，一致援助；（四）招待各报、各通讯社记者，请尽量宣传，唤起民众注意；（五）招待各团体代表，共同奋斗；（六）发表对外宣言，切实向国际宣传；（七）编印被难专册，分发中外，以广宣传；（八）聘请中外法学家，组织研究委员会；（九）呈请国府迅拨巨款，扩充航线；（十）呈请立法院，迅订航海法规；（十一）呈请外交部，实行收回外轮航行内河权；（十二）扩大废除不平等条约、取消外轮航行权运动；（十三）定期举行追悼大会，以志哀思；（十四）发表"新康"轮被难之真相文，俾众周知；（十五）忠告日本邮船会社，从速道歉赔偿，以谢天下；（十六）劝告全国各界，勿乘日轮，以示抵制。

（1929 年 8 月 16 日，第 14 版）

"新康"被难家属会之工作

——各团体纷派代表到会慰问

"新康"轮船被难家属会日来工作进行，极为紧张，登记手续将次办竣，所有被难损失，俟登记完毕后，即加以统计，呈请外交部提出交涉，要求对方如数赔偿。至死难者生命损失之赔偿，除"新康"轮无线电员凌伯言家属要求赔偿至少三万六千元外，其他家属均附陈理由，要求十万或五万不等。前日该会慰问者，有九亩地商界联合会、青蓝染业公司、上海染业五工会、草纸业公会、糖果公会、国民法律研究会、爱多亚路商联会、反帝大同盟等各团体代表，均表示一致援助，为被难家属后盾，消极的谋此案之合理解决，积极的共谋废除不平等条约、收回外轮沿海内航行权之实现，庶使类似此种之惨案，永不再有发生，以保国权而重民命云。

（1929 年 8 月 19 日，第 14 版）

这一周的"新康"事件

"新康"事件发生后，本局认为与本局业务及中国航权有重要关系，早组织"新康"交涉委员会，逐日开会讨论，在交涉未公开时，该会经过有秘密之必要，故暂不发表。兹将一周内被难家属之工作载出，以资参阅。

〔中略〕

又一"新康"归客谈（转载）

"新康"不幸以来，各报所载当时惨状及事后琐闻，亦已既详且尽矣。然皆得诸纸上，昨者居停杜氏姻戚周君来，所谈即其身所经历，鸟惊犹似闻弓，牛喘尚如见月，而梅璩与同时闻其言者，亦皆色变过于谈虎焉。爰述之如左：

> 其所说有已见诸家纪载者，皆略而不陈，惧复也。"新康"被撞时（钟点已见各报），周君方与船中同事作方城之战，闻变，弃方城，惊魂随所放之救命号四声而丧过半。及奔出一望，大事已去，急上船主楼，大声疾呼，曰"放舢板！放舢板！"仓遽中亦无应之者。乃登甲板解救命圈，急不得解，反身复入船主房觅刀，又不可得，得一铁称钩，钩断圈绳。然费时稍久，急汗如雨簌簌下。幸水犹未上甲板，负圈于臂，耸身入海。时两轮猛撞，机皆未停，"新康"且以破碎船身，鼓轮如故。北茶山固为海波漩突之所，今为两轮之机所激，荡决更厉。故周君俯仰海中，历四十五分钟之久，始见"龙野丸"所放舢板，又以海面所浮"新康"中杂物所阻，急不能赴救。舢板后放长绳，仅得援而起，衣衫尽湿。迨由舢板猱升"龙野丸"，仅得一毡以蔽身，一杯白兰地以温肠腹。"龙野"不允赴烟台，又不折回上海，远驶日本，以避扣轮之患。而周君与同难诸人，益感困难，其由神户

得转入"三笠丸"而回沪也，途中又受虚惊。盖同事诸人幸免水厄，心皆虚怯，至中途，一人梦中大呼曰"跑跑跑!"同人亦各由迷离惝恍之梦中惊起，不及求衣，各舍命狂跑，全船大扰，良久始定，亦可怜矣。周君亦"新康"之重要职员，其不衣救命马甲，而止套救命圈者，以衣甲让搭客也。周之弟亦入海，见其愈浮远，疑其不虽救，后知得渔船援手，犹不幸中之幸事。周君又言，躯体肥重，泅水尚有工夫，无所惧，只惧海中巨鱼，如鲸鲨之类，设一被吞啮，不逐波臣，且葬鱼腹矣。周君又言，"龙野"将入神户港口时，放汽三响，同人又疑救命号，各惊极如蝼蚁走。一六岁小儿曾于海中见其扳木片得救者，亦在侧告曰"汽止三响，非有他也"，众乃抚膺称天幸。是儿亦矫捷，亦精细，殊不可及。此外周之言尚多，皆已见纪载者。噫!"新大明"曾几何时而又有"新康"，可谓惨矣。

(1929 年 8 月 19 日，第 22 版)

"新康"被难家属准备请愿
——外部复电称已提出交涉

招商局"新康"轮船被日本邮船会社"龙野丸"撞沉一案，迄将一月，尚无具体善后办法。被难家属方面，或痛亲属之葬身海底，或悲本身之感受痛苦，莫不凄惨万状，伫盼交涉之进行，达到赔偿一切损失之目的。各被难家属除极少数外，大多数均系无产阶级，生活上未免大起恐慌，纷纷要求家属会，转请招商局加以相当救济，以昭公允。该会以是项要求，确系实情，决于今日推派代表，至招商局转达各家属意见，希望招商局予以满意之处置，免使各家属怨望。又，该会以此案日复一日，迁延不决，殊不足以慰死安生，除已请求各界一致援助抗争外，拟于日内召集全体家属至特派江苏交涉公署请愿，请求徐交涉员速向日方提出严重交涉，并责令日邮会社先付家属吊慰金一百万元。如仍无具体办法，则拟推派代表赴京，向中央请愿，务达合理解决而后已。该会昨日特派代表征求本埠中外法学界对此案之意见，并定即日召集研究委员会，从事研究讨论，以利交涉进行云。

又，该会前曾致电外部，请向日政府提出严重交涉，赔偿生命财物一切损失。昨得外交部复电云：

据微日代电已悉，此案业经本部电达驻日汪公使，并令行江苏特派交涉员分别交涉，保留要求赔偿矣。

（1929 年 8 月 20 日，第 14 版）

"新康"轮失事后之一幕趣剧

黄影呆

此次"新康"轮失事以后，造成莫大之惨剧，被难之人为数颇多。而松江方面罹此惨剧者，亦有李某一人。自"新康"轮失事之消息传到松江后，李之家属，惊骇异常。盖李亦为"新康"轮搭客之一，乃四出托人，设法探听，俾知李之生死下落。既而知李已惨死，李妻闻之，痛哭不已。翌日，即延道士数名，为之超度，而李妻则披麻带孝，在灵前哭泣，其悲惨之状，虽铁石人见之亦将一堕同情之泪。不料午后道士正诵经之时，忽有消息传来，谓李已遇救，并未死亡，并云是日由上海搭夜车回松，约十二时可抵家中。李之家属，闻讯之下，不免转悲为喜，急饬道士将经堂拆卸，从速回去。而一方则将孝堂灵台等物，尽行拆除，李妻亦脱去白衣，不再哭泣。是晚，全家老小坐于家中，以待李之归来。讵待至深夜，李尚未归，至翌日之晨，亦不见李之踪迹，始知消息之不确，然一时尚不敢断李之必死也。逾时三日，李依然未归，于是李之家属，重复设置灵座，仍延原来之道士，再行诵经超度，真一幕趣剧也。而造谣之人，亦未免太可恶矣。

（1929 年 8 月 23 日，第 21 版）

各团体对"新康"被撞之表示

航业公会

敝会于该轮出事后，即经分电国民政府暨外交部、交通部，恳请严重交涉，以赔偿生命财产为治标办法，以收回沿海航权为治本方针。今读贵会宣言，与敝会微电所陈，当一致奋斗，期达目的。

福建路商联会

接准贵会致各级党部、各团体代电，已转请各县商会，讨请声援。

国民外交后援会

彼日人既恃不平等条约为护符，以侵害我航权，复敢蔑视人道，横冲直撞，以摧残我航业，若不奋起抗争，则我国航业必将陷于万劫不复。敝会天职所在，自当出其全力，与帝国主义作殊死战。

九亩地商联会

"新康"被撞，举国同愤，除一面谋此业之早日满意解决，达到赔偿一切损失之目的外，同时并须当促当局，废除不平等条约，收回外轮沿海及内河航行权，以重民命，而保国权。敝会愿竭棉薄，为贵家属会后盾。

绸布染业工会

敝会同人，本革命精神，为贵会后盾。

该案发生以来，已有月余，尚无具体办法。责任问题，虽甚明显，而日本邮船会社方面，始终巧言推诿，毫无悔祸表示，各团体对此均甚愤激。家属会以长此迁延，殊非慰死安生之道，且关系于国权民命、国计民生，至重且大，除已准备向江苏特派交涉公署请愿，要求徐交涉员迅向日领事署提出严重交涉外，并已电致驻日汪公使（原电录后），请向日政府交涉，令商该邮船会社迅予赔偿一切损失。该会为使此案早日解决起见，又决推派代表至日本驻沪总领事署，探询该国领事对于此案意见之态度，如不得要领，决请求本埠各团体一致作有力之援助，不达目的不止。至关承被难家属，要求先行救济问题，该会曾推代表至招商局，转请该局允予酌量办理。闻招商局对于此案，迭经交涉委员慎重讨论，并搜集要证，已有具体之决定，一俟交通部批示核准后，即照该项决定程序进行，无论日方如何狡猾，必难逃应负之责任云。兹录致汪公使电如下：

〖上略〗招商局"新康"轮船于七月二十一日在山东成山角洋面被日本邮船会社"龙野丸"撞沉一案，船货损失百余万，惨毙船客数十命，凡有人心，同深义愤。查"龙野丸"大于"新康"三倍，肇祸时又在白昼，苟非该丸横冲直撞，目无他船，断不肇此巨祸。乃自惨案发生以来，荏苒月余，该邮船会社别具□□，毫无悔祸之意，是而可忍，孰不可忍！此案谁曲谁直，有事实可以证明，责任明显，决不容掩饰推诿。"新大明"案尚未解决，"新康"轮又沉海底，嗟我商航，宁有噍类。除已电请外交部提出严重交涉，□□赔偿生命财产一切损失，为治标办法，废除不平等条约，收回航行权，为治本之计外，合再电请钧使迅向日政府严重交涉，据理抗争，要求日政府即予令饬该邮船会社，赔偿一切损失，并向我政府及被难家属郑重道歉。敝会当联合全国各界一致为交涉后盾。临电不胜迫切之至。

（1929 年 8 月 24 日，第 20 版）

"新康"被难家属会委员会议

——议定交涉进行办法十项

招商局"新康"轮船被难家属会昨日下午开第二次委员会议，委员全体列席，开会如仪。首由总务委员祝又邨报告会务经过，略谓自本会通电请求全国各界一致援助后，外埠各团体之来电响应及本埠各团体之派员来会慰问者，已有数百起，足征全国各界对于此案，同抱义愤。次经济委员朱晓云报告本会经济〔费〕，全由各委员筹垫，陆续用去，为数不赀；前定星期五招待各团体，因经费不能筹措，未能照预定计划进行。次文书委员周剑寒报告往来函电毕，即讨论交涉进行办法。经众发表意见，议决：（一）电请外交部积极进行交涉，并请宣示交涉经过；（二）定二十六日（星期一）向江苏特派交涉公署请愿；（三）定二十七日（星期二）至驻沪日总领事署，探询日领事对于此案之见解；（四）定期假座商整会议事厅，举行各团体茶话会，由总务科向商整会接洽；（五）请求徐交涉员暨江海关陈监督，于"龙野丸"抵沪时，予以扣留；（六）函请码头工整会，予本会以相当助力；（七）劝告国人勿搭日商轮船，以示抵制；（八）征求本埠中外法学家，发表关于"龙野丸"应负之责任与赔偿限度问题之意见；（九）被难登记表由登记股平霞蔚负责整理，并加以缜密之统计；（十）函请各报局当局尽量披露本会消息，并作舆论上之援助；（十一）委员会议，每星期六举行一次，遇有特别事故时，临时召集之。议毕散会。

（1929 年 8 月 25 日，第 16 版）

"新康"被难家属昨赴交署请愿

交署已奉部令交涉，

家属希望早日解决。

招商局"新康"轮船被难家属会，因自惨案发生以来，迄已一月有余，交涉进行尚无具体办法，前曾致电外交部，请即严重交涉，经奉批示"已令行江苏特派交涉员交涉"等因。当经开会议决，定于昨日，集合全体家属，赴交涉公署请愿。惟因昨日天气炎热，烈日当空，人数过多，匪特往返不便，且恐发生事故，遂临时公推代表朱晓云、周剑寒二人于下午二时携具公函前往。适徐交涉员因公晋京，尚未返沪，由外政科科长张星联接见。二代表陈述此案经过及家属会一切情形，希望徐交涉员为国权民命计，迅即向日本驻沪总领事提出严重交涉，本大无畏之精神，以坚强不屈之毅力，不卑不亢，据理力争，不达赔偿生命财产等一切损失不止，家属等誓为交涉后盾；并当联合全国各界一致对外，消极的为死者谋善后、生者策安全，积极的共谋废除不平等条约、收回航行权，为国家谋富强，为民族争生存云云。当由张科长答称，"新康"被撞一案，关系颇为重大，本署对此极为注意；惟因肇事地点在山东洋面，是否归本署办理，初未奉部令饬遵；自奉部令交涉后，经已向日领提出抗议，保留要求赔偿一切损失，同时致函招商局，将肇事经过及损失数目，详细具报，以凭核办去后；现尚未接该局具报来署，一俟该局报告到后，即当进行交涉，本署职责所在，自当上秉部长命令，下顺民众公意，据理力争，务达满意解决；所有两代表来意，俟徐交涉员回沪后，当代为转达，望转告各家属，静候解决。朱、周两代表对张科长容纳家属意见，极表感谢，末请张科长转请徐交涉员，即行积极进行交涉，俾得早日解决，愈早愈佳，存殁均感。当蒙张科长允予照办，旋即兴辞而出。兹附录该会致徐交涉员函如下：

〖上略〗招商局"新康"轮船被日轮"龙野九"撞沉一案，凡我国人，同深义愤。近年以来，日轮在我国领海内河横冲直撞，屡肇事端，"新大明"案尚未决，"新康"轮又沉海底，嗟我商航，宁有噍类。查"龙野九"大于"新康"轮三倍，肇事时又在白昼，其为摧残我航业、压迫我商轮，已无可疑义。似此横行不法，惨无人道，实人神之所共愤，天地之所不容。家属等利害切肤，痛定思痛，除电请外交部提出严重交涉，责令赔偿生命财产一切损失为治标办法，废除不平等条约、收回航行权为治本之图，并电驻日汪公使向日政府交涉抗议外，经已奉到外交部批示，内开："已训令沪交涉员严重交涉。"等因。奉此，当经开会议决，集合全体家属，齐向钧署请愿，请求积极进行交涉，并恳宣示交涉经过等情。惟因天时过热，火伞高张，用敢公推代表朱晓云、周建安晋谒钧阶，陈述众意，请赐接见，不胜公感。〖下略〗

（1929 年 8 月 27 日，第 14 版）

"新康"轮案之讨论

〔南京〕交部二十八（日）召集外部及招商局等开会，讨论"新康"轮被日轮撞沉案，到交部殷汝耕、外部江华本及招商局代表等。闻结果决定，先由外部照会日政府，保留赔偿损失及交涉权。（二十八日专电）

（1929 年 8 月 29 日，第 7 版）

日领对"新康"惨案力图卸责

一则日系海难问题非外交问题,

再则日不属沪领范围未便过问,

家属会代表探询意见不得要领,

将定期召集会议讨论应付办法。

"新康"轮船被难家属会于昨日上午九时,公推代表朱晓云、周剑寒至黄浦路日本驻沪总领事署,谒见日总领事,探询日领对于此案见解,由田中领事延见。朱、周两代表陈述来意,希望日领署为公理人道及敦睦邦交计,迅予令饬日本邮船会社赔偿关于此案中之一切生命财产损失,以平公愤;并请通告该邮船会社及其他日商轮船公司,严诚驾驶人员,慎重驾驶,不得怠忽,以免再有同样事件发生。田中领事答称,此案系属海难问题,而非单纯的外交问题,且肇事地点又在山东洋面,实不属上海领署管辖范围以内,本领署匪特未便顾问,且亦无权干预;此案曲直是非,应由海事法庭依据《海商法》秉公裁判,《海商法》之在日本已颁订有年,而海事法庭即海事裁判厅,在日本各通商口岸亦均有设置,专理关于海难案件,欧美各国莫不皆然,惟贵国则尚阙如,故遇有此种海难事件时,苦于无所依据,办理颇感困难;至关于赔偿问题,则又属司法问题,应由民事起诉,本署实无权可以办理此案;为贵家属计,似宜向东京起诉为佳,因邮船会社之总店在东京也云云。至此,朱、周两代表又质以诚如斯言,则前次沪领署之办理"新大明"案,又有何说?应请勿必推诿,开诚相见,俾此案不致扩大,早得圆满解决。田中领事答谓,"新大明"案肇事地点,系在沪领署管辖范围以内,与"新康"轮不能等量齐观;闻招商局已在神户调查一切,并已进行诉讼,一俟判决"龙野丸"确有过失后,则被难者方面,可向司法机关提起民事诉讼,要求损害赔偿,此系法定手续;至"新大明"案之中外公断,并非合于法定,手续上殊不得谓为美满,深以为憾等语。双方辩论良久,最后朱、周两代表请沪领署令邮船会社上海支店先行设法办理被难家属之善后,并询以是否接到江苏特派交涉公署之抗议及对于是项抗议之意见。田中领事仍执前说，不能照办；至交署之抗议则称未曾收到，并表示此种海难事件，交署亦必感棘手，而本领署亦无办法等语。朱、周两代表因不得要领，旋即兴辞，决再定期召集会议，讨论应付办法。兹附录该会致日领事函如下：

径启者：招商局"新康"轮船于七月二十一日下午一时二十分许，在山东成山角东面被贵国邮船会社"龙野丸"撞沉一案，损失船货数百万，溺毙搭客、船员数十人，凡有人心，同深悱恻。查"龙野丸"大于"新康"轮三倍，肇事时又在白昼，使非该丸恃其体积既巨，速率又大，横冲直撞，目无他船，断不肇此巨祸。乃自惨案发生以来，迄已月余，贵国邮船会社方面漠不关心，毫无表示，殊令我被难家属及中外人士扼腕叹惜。兹为欲明了贵总领事对于此案之见解，并请贵总领事饬令贵国邮船会社迅予赔偿一切生命财产损失，以维公理而敦邦交起见，特推代表晋谒，乞赐接见，至纫公谊。

(1929 年 8 月 30 日，第 14 版)

"新康"交涉委员会结束

"新康"被"龙野丸"撞沉案件，招商局交涉委员会主张设海军审判法庭，从事审讯，为收回领海裁判权张本。迭次由局陈请交通部，部中甚为重视，特于本月二十八日召集外交部、司法部部员，会同交部航政司长、技师等，招商局代表孙、陆二君，共同商议。座中有沈、秦两技师，颇不以海事法庭为然。复经决议法庭事关系重要，应经过立法手续再办，先从外交方面进行，请外部向日方正式提出交涉。又，局中交涉委员会，因证据均已收齐陈部，并已聘请律师主办，其余事务有各科办理，已陈报结束停止矣。

(1929 年 8 月 31 日，第 14 版)

外部将抗议"新康"轮案

〔南京〕"新康"轮被"龙野丸"撞沉案，经外交、司法、交通三部

会商结果，决由外部向日政府提起抗议。交部航政司现正整理该案报告，一俟整理竣事，即送外部提出抗议。（三十一日专电）

（1929 年 9 月 1 日，第 11 版）

"新康"被难家属昨开大会

——议决请外交当局积极交涉

"新康"轮船被难家属会于昨日下午召集第二次全体家属大会，开会如仪。公推常务委员朱晓云主席，报告日前至驻沪日总领事署探询日总领事对于此案见解之详情毕，各家属一致表示愤慨，金以日领事巧言规避，力图透卸责任，似此情形，实难理喻，若不抗争到底，何以儆日人之凶顽而平国人之公愤？经众议决：（一）电请外交部王部长、驻日汪公使、江苏徐交涉员，本大无畏之精神，积极进行交涉，最低限度，亦当赔偿此次事件中之一切生命财产损失，绝无迁就退让之余地；（二）通电全国各界，并函请本埠各团体，请以国权民命、国计民生为重，一致起来援助，联合对日抗争，谋此案之合理解决，并进一步的谋废除不平等条约、收回航行权；（三）定期召集各团体联席会议，扩大反日宣传，唤起民众注意；（四）函请各外字报纸及外字通讯社，一致主张公道。次讨论关于临时救济问题，当以船员部分业已完全解决，其旅客部分事同一例，亦当向招商局提出交涉，加以救济。议决公推周剑寒、朱晓云、平霞蔚三人至招商局善意磋商。由经济科报告收支，计共用去三百余元，统由各委员筹垫，以后一切进行，需款孔亟。金以各家属遭逢不幸，呼吁无门，仍请各委员继续设法筹垫，以利进行。议毕散会。

（1929 年 9 月 1 日，第 18 版）

"新康"轮撞沉案要讯

招商局"新康"轮撞沉案，前经海员总会呈电中央，分函交涉恤偿难工。现奉中央训练部训令第二零二号开："案查前据该会电呈，关于'新康'轮被日轮撞沉一案，请函外交部提出抗议，交通部严饬该轮买办从优恤偿等情到部。当经分别转函，并指令知照在案。兹准外交部函复，内称，查此案业经本部电达驻日汪公使并令行江苏特派交涉员，分别交涉，保留要求赔偿之权在案。相应函复，即希查照等由，合行令仰该会知照。"等因。该总会业经转电汪公使及江苏交涉员，并饬属查报该轮难工家属姓名、住址，汇转交涉云云。

(1929 年 9 月 1 日，第 18 版)

"新康"家属二次向交署请愿

"新康"轮船被难家属会议决，举行第二次向交涉署请愿，公推朱晓云、祝又邨二人于昨日下午二时，崀谒徐交涉员于交署。适徐交涉员因公晋京未返，仍由外政科科长张星联接见。二代表陈述最近向日领事探询所得之结果，并询交涉署对于是案之交涉步骤。当日张科长答称，徐交涉员对于本案非常注意，俟案卷汇齐后，即行提出严重交涉，务达赔偿目的；所有贵代表来意，俟徐交涉员回沪后，当代转达，望转告各被难家属，静待解决。朱、祝二代表对张科长容纳意见，极表感谢，旋即兴辞而出。(戊辰社)

(1929 年 9 月 7 日，第 16 版)

"新康"被难登记手续办竣

——家属会函请各团体援助

"新康"轮船被难家属会已将登记手续完全办竣，日来正从事整理工作，所有被难登记，均经审查委员会严密审查，总计损失不下一百余万，业经该会登记股缮具一式三纸，除一份留会备查外，其余二份，一呈外交部提出交涉，一送招商局核对存照。该会工作，表面上虽甚沉闷，实际上则极猛进。本外埠各团体之来函，表示声援者亦复甚多。该会以此案非仅被难家属的问题，其关系于国权民命更为重大，苟非全国民众联合一致，努力抗争，用民众的力量，为外交之后盾，决不足以达到胜利目的。故除分别电呈中央党部、国民政府外交部、交通部，请求据理力争、严重交涉外，并分函本埠各团体，请一致起来，作有力之表示。兹录该会昨致各级党部、各团体函如下：

　　径启者："新康"被撞，举国同愤。敝家属等遭此非常惨祸，实属哀痛万分，一月以来，奔走呼号，声嘶力竭，彷徨昼夜，涕泪沾襟。窃以此案关系于国计民生、国权民命，至重且大，敝家属等人微言轻，能鲜力薄，苟非全国民众一致起来，联合抗争，决不足达到美满结果。素仰贵会热忱爱国，当仁不让，用敢专函奉渎，恳对于"新康"惨案，迅作有力之表示。敝家属等颠沛流离，呼吁无门，亦祈鼎力援助，共策进行。兹推代表趋前，面陈种切，怜而教之，幸甚！幸甚！

（1929 年 9 月 12 日，第 13 版）

"新康"被难家属会委员会议
——推定代表三人晋京请愿

　　"新康"轮船被难家属会昨开委员会议，首由主席朱晓云报告最近会务经过及团体来函，次讨论：（一）周剑寒提议，本案发生已将二月，交涉善后尚无办法，交涉署既须秉承中央命令而进行交涉，日领事又复巧言掩饰，力图诿卸责任，是本案前途，极为黯淡。本会为求此案早日解决起见，前拟推派代表晋京，分向中央党部、国民政府外交部、交通部请愿。惟因各委员劳人草草，无暇分身，且旅费无着，不克首途，应如何促其实现，请讨论。公决：推定朱晓云、周剑寒、祝又邨三人为晋京请愿代表，于旧历中秋节后首途，旅费由各人自筹。（二）祝又邨提议，外部与各国签订商约，其关于航权部分，闻有"互惠平等"字样，殊属非是。查事实上只有外轮在我国领海内河行驶，所谓互惠，仍属片面。向使日轮不能在我国领海行驶，则本案决不致发生。本会为国权计，为惩前毖后计，应有表示。议决：通电全国，请一致主张收回航行权，绝对不准外轮在我国领海内河行驶，以保国权。（三）平霞蔚提议，报载国府有停航整理招商局之议，有类因噎废食，且与本会进行，亦有妨碍。议决：致电国府，请取消斯议，以保航权。陈际程（代表）提议，日本邮船会社对于本案，始终未有表示，一若可以置身事外者，实属冥顽已极，应即去函警告。议决：通过。朱汶滨提议，报载驻沪日领事在招待中日新闻记者席上，谓反日抵货运动不久可望消灭，殊足令人汗颜。议决：通电全国，加紧反日工作，在日本帝国主义未改善对华方针、未解决一切悬案以前，始终坚持到底，以免贻笑外人。王祺贤提议，惨案未决，死难者冤沉海底，本会应定期举行追悼，以志哀思而慰亡魂。议决：定期举行，并函请各团体一致参加，由常务委员负责筹备。朱晓云提议，立法院将订航海法规，本会应贡献意见。议决：通过。

（1929 年 9 月 15 日，第 14 版）

"新康"家属请愿代表日内晋京

——家属会反对停航电

"新康"轮船被难家属会，以惨案发生以来，已将二月，交涉进行，迄无具体办法，殊不足以慰死安生。日前经委员会议决，公推朱晓云、周剑寒、祝又邨三人为代表，赴京请愿，使此案早得圆满解决。该请愿代表等，决于日内首途晋京，分向中央党部、国民政府、行政院、外交部、交通部请愿，环请本大无畏之革命外交精神，迅向日政府积极严重交涉，务达赔偿一切损失而后已；并请求收回外轮航行权，反对中日商约内有予日轮以行驶我国领海内河之特权。又，该会昨根据日前决议案致电国民政府，请取销停航整理招商局之议。兹录原电如下：

南京，国民政府蒋主席、行院谭院长暨各院部长钧鉴：轮船招商局为我国唯一之航业机关，有悠久之历史、雄厚之资产，徒以主持者不得其人，遂致日就窳败，不能与外商轮公司相颉颃，有心人士，悉焉忧之。自赵铁桥氏总办以来，兴利除弊，百废俱举，虽不能弊除风清，尽如人意，而盘根错节，要亦环境使然，诚能假以时日，其成积[绩]必大有可观也。乃阅报载，钧府因赵总办之措施，未尽美善，有停航整理之议，果使此说而确，则因噎废食，影响于航业航权者甚大。以一人进退，而忍令数万之职工一旦失业，尤非钧座重视民生之道。且"新康"被撞惨案，迄未有解决希望，如不幸停航而实现，则其足使本案交涉之悬搁，更在意计之中，国权民命，其谓之何！故为国家主权、职工生计及本案交涉计，万无停航整理之理。属会心所谓危，难安缄默，用敢电陈下情，务恳取销停航成议，国权民命，国计民生，实深利赖。临电不胜迫切待命之至。"新康"轮船家属会叩，篠。

（1929 年 9 月 18 日，第 14 版）

"新康"被难损失二百余万元

——家属会要求全数赔偿

"新康"轮船被难家属会日来对外请求各党部、各团体援助，对内办理登记之审查，工作颇为努力。本埠党部以及民众团体，对于此案一致表示愤慨，愿积极援助，务达交涉胜利目的。至被难家属之登记表，亦已审查完竣。所有被难损失，除招商局"新康"轮船估价银二十万两，五金、燃料银七千三百五十两，每日营业损失银一千四百两外，其被难者物质之损失，共计洋四十余万元；死难者之生命损失，旅客部分尚未报齐外，其船员部分计二车夫一万二千元，三车夫八千元，无线电员一人一万二千元，事务员四人，每人六千，共二万四千元，伙夫头一人三千元，下级船员二十九人，每人二千，共五万八千元；船员遇救生还，因之失业者计八十五人，每人每月损失洋一百元，以一年为度，共计洋十万五千元正；总计一切生命财产医□等损失，当在二百万元之上。惟闻肇祸之"龙野丸"估价仅值银九十万两，按诸该国法律，其赔偿限度，由肇祸者直接负责，不得超过其本身之值价；公司方面，可不负抵补责任，如照此办理，则相差倍蓰。家属会现正分向本埠中外法学家研究此项问题，期达全数赔偿目的。又，该会请愿代表已决定于二十二日首途晋京云。

（1929 年 9 月 20 日，第 14 版）

"新康"被难家属会警告邮船会社

"新康"轮船被难家属会，因自惨案发生以来，日本邮船会社始终未有表示，实属蔑视人道，不顾公理，昨特致函该会社警告云：

径启者：贵社邮船"龙野丸"，于本年七月二十一日下午一点十分在山东成山角洋面撞沉招商局"新康"轮船，溺毙船员、搭客六十七人，损失船货物质二百余万，言之可痛，思之伤心。查惨案之发生，实由该"龙野丸"驾驶怠忽，不遵航线，横冲直撞，目无他船所致，断难逃应负之责任。乃自惨案发生以来，迄已二月，贵社始终未有表示，一若可以置身事外者。似此蔑视人道、不顾公理，实出中外人士意料之外。敝会全体家属，痛定思痛，忍无可忍。兹特提出严重警告，务希贵社于短时期内，迅谋此案之适当解决，至少限度，亦当全数赔偿一切生命财产之损失。幸勿假痴假呆，漠不关心，是为至要。特此警告，并盼见复为荷云云。

商务印书馆编辑所职工会昨派代表朱通舟赴该会慰问，并捐助洋五元。

（1929年9月21日，第14版）

"新康"请愿代表明日晋京

——呈国府请愿文

"新康"轮船被难家属会因自惨案发生，已将二月有余，为使此案早日解决起见，经开会议决，公推代表朱晓云、周剑寒、祝又邨等三人晋京，分向中央党部、国民政府、行政院、外交部、交通部请愿。原定昨日动身，惟因今日星期一，各机关举行纪念周，且该三代表亦以私人事务未了，故改期于明日乘沪宁车晋京，预定勾留五日，除向当局请愿外，并顺便吁请首都各界，一致援助。兹录该会向国府请愿呈文如下：

呈为"新康"轮船被撞沉没，被难家属惨痛万状，环恳积极严重交涉，务令赔偿一切损失，并收回外轮航行权，废除一切不平等条约，以保国权而重民命事。窃招商局"新康"轮船于本年七月十九日上午十一时五十分离沪，经由烟台而至塘沽，乃不幸于二十一日下午一时三十五分驶至山东成山角洋面时，突被日本邮船会社邮船"龙野丸"撞沉。由冲撞而迄沉没，为时不满十分钟，计溺毙船员、搭客六十七人，损失货物财产二百余万（详单另纸呈上），被难之惨烈，实属惊心怵目，创巨痛深。窃查该"龙野丸"大于"新康"轮三倍，体积既巨，速率又大，而肇事时间又在白昼，使非该丸驾驶怠忽，不遵航线，横冲直撞，目无他船，断不肇此巨祸。其是否别有用心，以遂其摧残我航业之毒计，虽尚不能确断；而近年以来，被日轮纵横我国领海内河，屡肇事端，迄无一案，得有相当解决，则其心术之恶毒，已可概见。彼日轮既侵害我航权之不足，复进而摧残我航业，得寸进尺，变本加厉，阴毒险狠，蔑以复加，不图自卫，贻患将不知伊于胡底。屈指惨案发生，迄已二月有余，日本邮船会社既漠不关心，毫无悔祸表示；驻沪日领事署又文过饰非，力图诿卸责任；其蔑视人道，不顾公理，丧心病狂，已达极点，是而可忍，孰不可忍！家属等或遭人亡家破之惨，或受颠沛流离之苦，精神物质损害綦重。劫后余生，痛定思痛，窃以为治标之计，应恳钧府、钧部本大无畏之精神，积极严重交涉，理直气壮，言正词严，务达惩戒肇祸船员，赔偿一切生命财产之损失，绝对无丝毫迁就之余地；至正本清源之图，应即遵照总理遗训，废除一切不平等条约，收回外轮航行权及取销领事裁判权，以保立国之大本，永除将来之后患。党国前途，实深利赖。如不此之图，一任外轮横行江海，祸患所届，何堪设想？家属等痛苦切身，哀毁欲绝，事关国权民命，不容安于缄默。用敢具呈陈情，并推代表朱晓云、周剑寒、祝又邨三人趋前请愿，仰祈高瞻远瞩，俯察下情，迅予严重交涉，不达目的不止。匪特家属等之幸，抑亦党国前途之福也。临颖涕泣，伏维钧鉴。谨呈。

（1929 年 9 月 23 日，第 13 版）

"新康"被难家属欢送请愿代表

"新康"轮船被难家属会，因晋京请愿代表定于今日首途，特于昨日下午开欢迎会，公推陈际程主席，报告开会宗旨，略谓本会成立已有二月，一切进行，端赖周、朱、祝三同志之努力；今三同志又被公推晋京请愿代表，所负使命极为重大，同人等益当团结一致，努力奋进；今日开会欢送，一以表同人等感佩之微忱，一以祝三代表此行之美满等语。次朱晓云、周剑寒、祝又邨等三代表相继致词，谓抵京后，当以诸同志全体之意，代陈当局，恳请迅速向日方严重交涉，务达赔偿一切生命财产之损失云云。次各家属平霞蔚、朱汶滨、王礼贤等发言。末呼口号散会。

（1929 年 9 月 24 日，第 14 版）

"新康"请愿代表昨晚晋京

"新康"轮船被难家属会，前推代表朱晓云、周剑寒、祝又邨等三人晋京，分向中央党部、国民政府、行政院、外交部、交通部请愿，并吁请首都各界，一致援助，俾达交涉胜利目的。该代表等已于昨晚（二十四日）乘沪宁夜快车赴宁，被难家属均莅站送行云。

（1929 年 9 月 25 日，第 14 版）

"新康"被难家属代表请愿

〔南京〕"新康"轮被难家属代表朱晓云等二十五晨抵京，即赴中央党部请愿，由谢大祺接见，允将来意转达各常委，并约于次日下午二时再往。旋朱等又至国府请愿，由朱文中代见，允将来意及呈件转呈主席，即予批令外部，向日方严重交涉，并请各代表，转呈各家属，静候解决。（二十五日专电）

（1929 年 9 月 26 日，第 6 版）

"新康"被难家属请愿代表今日返沪

　　"新康"轮船被难家属会，因晋京请愿代表今日返沪，昨特召集会议，到各家属代表四十余人，决议：（一）通告各家属届时齐集会所，赴车站欢迎请愿代表；（二）召开全体大会，请三代表报告请愿经过情形，日期俟代表到沪再定。

（1929 年 9 月 27 日，第 14 版）

"新康"被难家属之请愿

　　〔南京〕"新康"轮被难家属会代表朱晓云、周剑寒、祝又邨等，连日分向中央党部、国府、行政院、外交部、交通部请愿，奉蒋主席谕知，定三十日传见，面询一切。该代表等定十月一日返沪。（二十七日专电）

（1929 年 9 月 28 日，第 7 版）

"新康"家属代表晋京请愿沪讯

——明日离京返沪

　　"新康"轮船被难家属会，前推代表朱晓云、周剑寒、祝又邨三人晋京请愿，各情已志前报。昨据家属会消息，该代表等于二十五成日午抵京后，即至中央党部请愿，适值中政会议，由交际科谢大祺延见；下午至国民政府，蒋主席公出，由秘书朱文中代见；二十六日至行政院，谭院长在沪养疴，由秘书兼第一科长刘泳阁接见；下午至外交部，王部长公出未见；二十七日，再至中央党部，由秘书长陈立夫接见；交通部王部长因公在沪，由第一科长钱宗起接见；下午至外交部，王部长派由亚洲司司长周龙光代见；均接受家属会之请愿及代表等之要求，结果极为美满。该代表等本定于二十八日回沪，嗣以接奉蒋主席谕知，定三十日（即今日）上午传见，该代表等奉谕后，改期于明日离京云。

（1929 年 9 月 30 日，第 14 版）

"新康"家属请愿代表回沪

——家属会今日开会慰劳

"新康"轮船被难家属会，前推代表朱晓云、周剑寒、祝又邨三人晋京，分向中央党部、国民政府、行政院、外交部、交通部请愿。各部院长对于此案，以事关国权民命，均甚注意，一致接受家属会之请愿，训令外交部积极严重交涉，务达赔偿生命财产一切损失，并收回航行权，废除一切不平等条约。该代表等遵奉蒋主席谕知，于三十日至国府晋见。蒋主席对于此案，极深注念，惟因公冗，特派参军长贺耀祖代见。当由贺氏宣示主席关怀此案之注意后，即由代表陈述一切，提出对内、对外二项请求，对内请求令饬招商局迅予救济被难家属，对外请求训令外交部严重交涉，并收回航行权，废除不平等条约，均蒙参军长容纳，允转呈蒋主席核办。该代表等在京事毕，昨日乘沪宁车离京，下午四时抵沪。家属会定今日开会慰劳，并请代表报告经过详情。

（1929 年 10 月 2 日，第 14 版）

首都纪闻

〖上略〗

〔南京〕"新康"轮被日轮"龙野丸"撞沉案，交部再咨外部，严重交涉，俾早解决。（二日专电）

〖下略〗

（1929 年 10 月 3 日，第 8 版）

"新康"家属会慰劳请愿代表

——并议决今日至交署请愿

"新康"轮船被难家属会，因晋京请愿代表已于前日回沪，特于昨日下午开慰劳会。首由主席陈际程致词，略谓惨案发生三月有余，本会为督促外交当局积极严重交涉起见，公推朱晓云、周剑寒、祝又邨三代表晋京请愿；兹三代表已由京回沪，用特开会慰劳云云。次各代表相继报告请愿经过，各家属聆悉详情后，对各长官顾念国权民命、国计民生，诚意接受家属会之请愿，十分感慰。次临时提议，议决：（一）公推朱晓云、周剑寒、陈际程于今日赴交涉公署请愿，请求徐交涉员，仰体蒋主席、王外长重视国权民命之至意，迅向驻沪日总领事提出严重交涉，务令赔偿一切损失；（二）呈请国府蒋主席、行政院谭院长、交通部王部长，令饬招商局救济被难家属；（三）电请王外长，于新任日公使佐分利抵京时，向佐氏提出交涉；（四）通电全国各界，一致援助到底，并努力进行收回航行权、废除不平等条约运动。议毕散会。

（1929 年 10 月 3 日，第 14 版）

"新康"案代表向交涉署请愿

——徐交涉员允据理力争

"新康"轮船被难家属会，自晋京请愿代表回沪后，一切工作益加努力。该会因外部亚洲司长周龙光表示此案已令沪交涉员负责办理，故昨日上午，特推代表朱晓云、陈际程至交涉公署请愿，由徐交涉员亲自接见。首由代表等陈述来意及晋京请愿经过，请求徐交涉员迅予积极严重交涉。徐交涉员谓，此案自奉到外部训令后，即向驻沪日总领事提出抗议，要求赔偿一切损失；兹已接到日领复文，全系推诿之词，本署决再据理抗争，不达目的不止；此案关系极大，本人当于日内赴京一行，向王外长请示机宜；本署本拟函致贵会，推派代表来署，面询一切，将来交涉进行，自以被难家属之意见为依归，望被难家属静候解决，本人自当力争到底等语。代表等旋即兴辞而出。

（1929 年 10 月 4 日，第 14 版）

"新康"轮案交涉近讯

日领事始终饰词推诿，

家属会呈请国府救济。

招商局"新康"轮船被日本邮船会社"龙野丸"撞沉一案,迄今将及三月,尚无解决办法。日本邮船会社始终饰词推诿,不肯负责,被难家属对此极为愤慨。徐交涉员自奉令向驻沪日领馆提出抗议后,已接到该领馆复文,大意谓此案系屡发海难事项之一,其责任之谁属,非俟根据法定手续之审判不能决定等语。徐交涉员据复后,当即征询招商局及被难家属会意见,佥认日领此种措词,全系诿卸责任,应即据理驳复,仍用外交方式解决之。徐交涉员对于此案,决根据被难家属之意见,秉承王部长,据理力争,不达目的不止。又,被难家属以此案解决尚遥遥无期,当此秋凉天气,转瞬即将隆冬,生活益感困难,纷纷要求家属会向招商局交涉,设法加以救济。家属会以此事迭向该局交涉,未得要领,昨已分呈国府蒋主席、行政院谭院长、交通部王部长,请求俯念被难家属之困苦艰难,迅予令饬招商局妥为救济云。

(1929 年 10 月 6 日,第 14 版)

"新康"轮船被难家属会消息

致外交部电

"新康"轮船被难家属会昨致电外交部云:

南京,国民政府外交部王部长钧鉴:日前敝会代表晋京请愿,蒙派周龙光司长代见,接受家属会之请求,采纳代表等之愚见,并示以即令沪交涉员向驻沪日领严重交涉,务达胜利目的,以重国权民命等语。迩听之下,为之破涕。惟查驻沪日总领事对于此案,始终抱不负责任态度,虽经徐交涉员据理抗争,家属代表善意访问,彼日领一味以事关海难案件相答复。似此不顾公理,蔑视人道,实天下所未有,旷古所未闻,如果仍以驻沪日领为交涉对手,则旷日持久,解决无期,势必又成悬案,殊非被难家属所乐闻,亦非钧座重视国权民命之至意也。兹者,新任日本驻华公使佐分利氏,即将于虞日入京觐见,敢请将"新康"惨案,即向该公使提出交涉,务令于最短期间,赔偿生命财产一切损失，以慰死者于地下，而安生者于人间。党国前途，实际利赖。临电不胜迫切待命之至。"新康"轮船被难家属会叩，鱼。

交通部批示

被难家属会昨奉交通部批示云：

呈暨被难人名册、损失简明统计表均悉，查此案前据招商局呈报，业于本月十二日，检同各项证据咨请外交部，正式交涉，议定切实办法在案。据呈前情，除再咨外交部外，合亟批示知照。此批。

复交涉署函

被难家属会昨复交涉公署函云：

谨复者：日前敝会代表朱晓云、陈际程晋谒崇阶，垂询"新康"轮案交涉进行之意见，具仰钧座博采群言，至公无我。逖听之下，曷胜钦感。窃查此案曲直是非，极为明显，彼日人为欲诿卸责任，不惜巧言文过，其纡回曲折，亦固其宜；惟我方理直气壮，自当仍用外交方式，据理抗争，决不可堕其术中，反致棘手。应请钧座本革命外交之精神，据理力争到底，敝会同人，誓为后盾。一得之愚，幸垂鉴焉。此复特派江苏交涉公署徐交涉员。

(1929 年 10 月 7 日，第 14 版)

外部令交涉员交涉"新康"案

"新康"轮船被难家属会日前具呈外部，请向日方严重交涉，昨奉外部批云：

呈及附件均悉，查本案责任问题，迭准交通部来咨，业经令由转派江苏交涉员一切向日领交涉，所呈表册各件，应候令发江苏交涉员就地与招商局商洽，汇案办理。仰即遵照。

(1929 年 10 月 15 日，第 13 版)

"新康"惨案之交涉沉滞

关于招商局北洋班"新康"轮船被日船"龙野丸"撞沉，溺毙船员、搭客数百人一案，迭经该轮被难家属会，向党军政各机关奔走呼号。以际此天时日冷，饥寒交迫，投奔无门，曾有因愤自缢者，而日人藉词延宕，是其惯技，观乎"新大明"惨案延宕年余，迄尚无诚意的表示。故向外交部呈请迅向日方严重交涉，奉批候令发特派江苏交涉员，向日领交涉在案。兹昨探得交署方面，对于此案之交涉方针，亦曾向外交部请示机宜，现尚未奉外部指示进行步骤，一俟部令到沪，即当向驻沪日本总领事严重交涉，务达惩凶偿恤而后已云。

（1929 年 10 月 18 日，第 14 版）

工商团体关怀"新康"轮案

——电王外长迅予交涉

招商局"新康"轮被日轮"龙野丸"撞沉一案，迁延三月，迄未解决。昨日，上海青蓝等五染业工会及鲜药同业公会等特电王外长，请求从速交涉。兹录两团体电文如下：

五染工会电

国民政府外交部王外长电鉴：查"新康"轮惨遭日轮"龙野丸"撞沉以来，迁延至今，已将三月。彼日本邮船会社，一任吾被难家属之惨号呼吁，彼竟置不一顾，日人之狡狯，良堪痛恨。乃在天气渐寒，被难家属与失业船员饥寒问题，将何以解决？敝工会等为人道公理计，容敢电恳部长，本革命外交之主旨，迅饬沪交涉员，从速与日方交涉，以达圆满胜利之目的。是不将被难家属受赐良多，国权民福，均所利赖。

上海青蓝染业工会、上海绸布染业职工会、上海绸绫染业工会、上海净色染业工会、上海印花染业工会同叩，宥。

鲜药业公会等电

国民政府外交部王部长钧鉴：中日航商条约，不日正式签订，此次订约之关键，实为吾国航业之生死关头。窃念从前日轮敢在我国领海内河横冲直撞，目无余航，皆恃其不平等条约为护符。查招商局"新康"轮被日轮故意撞沉一案，损失生命财产在百余万以上，交涉尚无结果。在中日航约签订之前，"新康"案交涉胜利与否，实为签订航约之先决问题。况保护吾国商船与救济被难家属，均为刻不容缓之问题。为此电达部长，关于"新康"案，恳即转饬上海交涉员与日方政商从速交涉，以达惩赔之目的，是不但"新康"被难家属当九叩首以谢，吾国航业前途庶有一线之希望。临电不胜迫切待命之至。

上海鲜药同业公会、上海饼干糖果同业公会、上海青蓝染业同业公会叩，宥。

(1929年10月27日，第14版)

"新康"被撞交涉案近闻

——家属会工作加紧

招商局"新康"轮船被日轮"龙野丸"撞沉一案，迄已三月有余，交涉尚无进展。招商局方面早已将各项有关文件，呈请交通部核办在案。被难家属会自晋京请愿代表回沪后，以中央党部、国民政府、行政院、交通部、外交部均表示事关国权民命，决予力争到底，故正静待政府解决。该会表面上虽消息沉闷，无甚表示，而实际上进行工作，始终如一。各被难家属，以天时渐寒，冻馁堪虞，日来至家属会探询交涉进行状况及要求设法救济者，不下百余人，一种凄惨之状，非笔墨所能形容。该会各委员除告以一切经过，慰令稍安毋躁外，决再呈请国府二事：（一）迅向日方严重交涉，并将交涉经过，详为宣示；（二）即予令饬招商局救济被难家属。日内并拟面见徐交涉员及招商局赵总办，作同样请求，如仍不得要领，则再向国府蒋主席请愿云。

(1929年10月28日，第14版)

"新康"家属会之进行

戊辰社云,"新康"轮船被难家属会成立以来,迭向当局呼吁,虽尚无具体结果,但已引起各界之同情,时有向该会询问一切者。该会常委朱晓云君,为免逐一答复起见,发表问答式之谈话如下:

问:"贵会近来进行如何?"

答:"敝会最近工作虽不向外活动,然内部进行不懈,决不以时间延长而放松。"

问:"贵会前次晋京,向各机关请愿有无表示?"

答:"外交、交通两部已有批示到会,准予据理力争,嘱为静候解决。中央、国府及行政院尚无批复,预料当已转饬主管机关核办矣。"

问:"贵会需用之经济如何办法?"

答:"敝会一切开支由各委员量力分担,鄙人已垫去百余元,其他各委,莫不尽力筹垫,从不向外界求募。"

问:"全部损失究有若干?"

答:"旅客之财产损失二十一万四千六百余元,生命赔偿及医药费六十余万元,船员财产损失、生命赔偿、补助、津贴、抚恤等费二十八万一千余元,招商局之船身及承装之货物尚不在内。"

问:"被难者之现况如何?"

答:"被难者之家属类多毫无积蓄,生活艰难。例如族兄苇丞,任该轮账房,平时薪水所入,勉敷一家之用,横遭此劫,其七旬老母及寡嫂稚子,顿失所依。其他被难之类于此者不在少数,遇救者财物尽失,经济上感受打击,船员因此失业,谋生不得而流离失所,情殊可悯。"

问:"招商局对被难者有何办法?"

答:"招商局对被难及遇救船员已有抚恤及相当津贴,而旅客方面迄无切实表示,被难家属深为不满。敝会经已电请国府,饬令招商局予以同样救济。"

问:"将来交涉,取何种方式?"

答:"敝会一再请外交部及沪徐交涉员。"

（问）："对此案作何表示？"

答："敝会代表曾三次晋谒徐交涉员，对本案甚为注意，并允上秉部令、上顺民情，办理此案。"云云。

问："交涉如无结果，贵会作何表示？"

答："万一交涉无相当结果，敝会当再推代表晋京作第二次请愿，并请求各级党部、各民众团体，予以切实援助。"

问："先生对于航行权意见如何？"

答："收回航行权，为总理遗训中急切要图之一，鄙人以国民党党员及被难家属之两重资格，目击被难家属之惨痛及日人之蛮横，起而组织本会，奔走呼号，一方为被难家属争达目的，一方即为收回航行权运动。前此日轮之敢在吾国领海内河横冲直撞，目无余船，皆藉其不平等条约为护符，迭肇事端，显有意摧残吾国航业。此次中日订约，日人仍欲维持其原有条约之精神，倡言航业互惠，是明知我国航业能力薄弱，国内普遍尚属不易，决无余力扩充至海外。是日人欲藉此口角春风，以达其偏面之目的，鄙人等绝对反对，誓不承认。"

谈话至此，记者乃兴辞而出。

（1929年10月29日，第16版）

"新康"被难家属会致国府电

——请向日方严重交涉

"新康"轮船被难家属会昨电国府，请求对外迅向日方严重交涉，对内令饬招商局救济被难家属，原电如下：

南京，国民政府蒋主席、谭院长钧鉴：招商局"新康"轮船被日轮"龙野丸"撞沉一案，荏苒数月，迄无解决希望，一日复一日，迁延复迁延，坐令死者冤沉海底，生者含痛人间，惨苦之情，匪言可喻，凡有人心，同深痛悼。前次属会代表晋京请愿，既示以即令外交部积极严重交涉，复嘱以转告各家属，静待政府解决，德意殷渥，慰诲勤勤，仰企德威，能不知感。惟本案曲在日方，有事可以证明，决不容日人饰词推诿，无论外交环境如何困难，国际形势如何紧张，果能本革命外交之精神，作继续不断的努力，必可以达到胜利之目的。究未审外交部交涉之经过如何，对于本案是否积极抗争，请详为宣示。如果日人一味狡展，尚无相当结果，则请严令外交部，积极严重交涉，不达目的不止，以重国权民命。抑更有进者，目下天时渐寒，米珠薪桂，各家属之生活益感万分困难，招商局似应加以援手。用敢迫切电陈，敬祈迅赐饬令饬招商局，即予设法救济，以免流离而示公道。临电不胜待命之至。"新康"轮船被难家属会叩，艳。

（1929 年 10 月 30 日，第 14 版）

"新康"家属会讨论交涉进行

"新康"轮船被难家属会于昨日下午开代表会，到八十余人，开会如仪。首由常务委员朱晓云报告一切会务经过，次各家属代表相继报告被难后之生活困难状况，佥谓由今之势，非请招商局予以救济，不足以维持被难家属之生活；非积极向日方严重交涉，不足以保全国家主权与民族人格。经众一致议决，除已致电国府外，再电请王外长积极交涉，不稍迁就；至交涉经过，亦请详为宣示。次公推朱晓云、周剑寒面谒徐交涉员及招商局赵总办，代表陈请一切。末议决，发表宣言，主张绝对收回日轮内河航行权及对口惠而实不至之互航。议毕散会。

（1929 年 10 月 31 日，第 14 版）

"新康"家属会对《海商法》之建议

——祝又邨致招商局赵总办函

"新康"轮船被难家属会常委祝又邨昨函招商局赵总办云：

铁桥先生总办勋鉴：兹国府为谋我国收回航权起见，令立法院制订《海商法》暨委先生为调查航业商情关于海法内之各船公司各轮章则习惯及关系各要点，以备起草海法之原则，闻之不胜欣幸。迩来海难事情，迭有发生，久感缺如之我国海法，而今行将创立，从此国权民命，得有保障。而政府只征集航业本身意见，对于我旅客、船员生命上之保障与安全，未蒙鉴及，实深遗憾。先生总理航业，对于海法当有伟大建议。兹值调查征集之际，鄙人鉴于旅客、船员生命保障及安全，痛定思痛，为将来永久计，难安缄默，管见所及，为特函达台端，仰祈于调查征集建议政府时，应将旅客、船员之安全保障办法参述在内。庶几海权民命，得藉法律以保障，外轮侵略，免蹈前案之瞙［瀵］视。事关重大，惟先生赖焉。掬诚布臆，无任依驰，祗颂勋祺，诸希垂察。"新康"轮船被难家属会常委祝又邨叩。

(1929 年 11 月 3 日，第 14 版)

"新康"被难家属会收回航权宣言

"新康"轮船被难家属会昨为收回日轮航行权事，宣言云：

前读上海航业公会宣言，激昂慷慨，痛切陈词，语重心长。慨乎言之，凡我国人，自当予以绝对的同情，而共起作一致之努力。良以航行权一日不收回，我中国航业即一日不能发达，其影响于国家政治、社会经济，至重且大。此次中日新约，关于航权部分，为惩前毖后、尊重国权计，宜如何本革命精神，剑及屦及，毅然收回。乃竟以相互的空惠平等之虚名，仍令日轮纵横我江海，为日人经济压迫之工具、政治侵略之先锋。呜呼，何其谬也！夫日本蕞尔小邦，人稠地狭，举国上下，金认对华侵路为其惟一出路，故航行之相互，在日本因万分需要，大有利益，而于我国则既不需要，更无利益之可言。矧其尚为不可能之事实乎！此种似是而非之平等，实较不平等为害尤烈，有来无往相互，殊非我国民所乐闻。同人等为受日轮直接蹂躏者，颠沛流离，无可告诉，精神物质损害綦重。向使日轮无行驶我国江海之权，则此种惨案，未由发生；反之，如日轮航行权而不能收回，则其变本加厉，畅所欲为，自在意计中人［之中］，其害可胜言哉？尚望全国国民一致奋起，反对不适合国情、不迫切需要、不实沾利益、不均等机会之片面相互，务达根本收回日轮航行权而后已。同人等痛定思痛，誓当为力所能及之努力，邦人君子，其其鉴诸。谨此宣言。

（1929 年 11 月 4 日，第 14 版）

"新康"家属会致外交电

——请向日使直接交涉

"新康"轮船被难家属会昨致电外交部，略谓：

"新康"轮船被日轮"龙野丸"撞沉一案，三阅月来，迭经属会同人函电呼吁，奔走号呼，初未得有效果。前奉钧部批示，内开："已令江苏特派交涉员切向驻沪日领交涉。"等因。奉此，除公推代表谒见该交涉员，请为严重交涉外，合再电请钧座，迅予令行该交涉员本大无畏之精神，积极进行交涉，务达目的而后已。为交涉前途计，似以径向日本驻华公使提出交涉为佳。刍荛之见，幸采择焉。

（1929 年 11 月 5 日，第 14 版）

"新康"被撞案交涉争进

——家属代表晋谒徐交涉员

"新康"轮船被难家属会前奉外交部批示，略称"本案责任问题，迭准交通部来咨，业经令由特派江苏交涉员切向日领交涉。所呈表册各件，应候令发江苏交涉员，就地与招商局商洽，汇案办理"等语。该会奉批后，除请招商局积极进行，共促外交当局严重交涉外，并经日前代表会议决，公推朱晓云、周剑寒二人面谒徐交涉员，请示并陈述一切。该代表等原定昨日赴交涉公署，嗣以徐交涉员因公晋京，故改期于今日前往面见，对于交涉进行有所陈述云。

（1929 年 11 月 7 日，第 16 版）

"新康"惨案候部令交涉

——家属代表与张星联谈话

"新康"轮船被难家属会昨日上午九时，公推代表朱晓云、周剑寒赴江苏特派交涉公署，晋谒徐交涉员，陈述对于本案交涉之意见，并请示交涉进行之情形。徐交涉员于日前因公晋京，尚未回沪，由外政科长张星联延见。

代表等陈述来意后，并问："本案近曾提出交涉否？"

张答："本署前自奉到部令后，即向日领提出交涉。嗣据日领答复，词极圆滑，未得要领。徐交涉员除将交涉经过报告外部，并请示交涉方针外，又复征询招商局及家属会意见，一并呈报外部。现尚未奉到部令，将来提出交涉，自当根据部令指示及受害人意见办理。"

问："徐交涉员对本案交涉之意见如何？"

答："本案关系重大，自当力争到底，一切交涉，当秉承部长办理。徐交涉员此次晋京，对于本案交涉，必有所决定也。"

问："徐交涉员何日回沪？"

答："二三日内当可回沪。"

问："外部何以尚未有指令到署，其故可得闻乎？"

答："闻外部据本署呈报后，即转咨交通部有所协商，现尚未接交部咨复。"

问："交署行将裁撤，本案能否在裁撤前解决？"

答："此则未可逆料。"

问："如延不解决，则交署裁撤后，仍将由徐交涉员继续负责交涉乎？"

答："恐将移归外部亚洲司办理。"

问："日领毫无诚意，敝会主张径向日公使交涉，未识以为何如？"

答："主张甚是，但不知外部意见若何耳。"

彼此互谈良久，代表等旋即兴辞。闻徐交涉回沪后，该代表等尚须前往面谒云。

（1929 年 11 月 9 日，第 14 版）

"新康"被难家属会消息

救济被难家属之设法，

函请外交讨论会讨论。

"新康"轮船被难家属会，迭据各家属来会声称，现届冬令，天气渐寒，米珠薪桂，度日维艰；惨案交涉迄已四月，悬而未决，不知何日可了，转瞬严冬，生活益将不堪设想，瞻念前途，实深忧惧；应请家属会，积极的谋本案交涉之速决，消极的谋被难家属之救济，以免死者含冤于海底、生者受苦于人间等语。家属会各委员，除将一切交涉经过详为报告各家属外，并决定再请外交当局，迅向日方交涉，同时并请国民政府体会被难家属生活之困苦，即予令饬招商局拨款救济。如果招商局仍无切实表示，则决自动的向社会各局筹募临时救济金，或举行筹款游艺会，以期集腋成裘，作杯水车薪之助。又，该会以本案交涉，延不解决，殊非政府重视国权民命之意，除一面仍向民众团体方面呼吁，一致援助力争外，并已函请交涉讨论会，讨论应付办法云。

(1929 年 11 月 18 日，第 14 版)

"新康"案之部批与进行

——家属会拟继续请愿

"新康"轮船被难家属会，昨奉外交部第一三二号批示云："鱼日代电悉，此案迭经令由该交涉员切向日领交涉，前据该员呈报办理情形，业由本部商由交通部召集有关系各部局会商办法，赓续进行。此批。"又，该会各委员以奔走四月，迄无眉目，不日召集全体执委会议，筹商款项，推定代表赴京，向国府各部作第二次之请愿。

(1929 年 11 月 21 日，第 14 版)

"新康"案之交涉

——家属会函请外交委员会讨论

招商局"新康"轮船被日轮"龙野丸"撞沉一案，迄已四月有余，尚未解决。昨被难家属会函外交讨论委员会，请加以讨论，原函云：

〖上略〗日人侵略手段，无所不用其极，年来吾国航业失败，俱为日人侵害所致；近则更形变本加厉，藉不平等条约之法宝，每在我国领海及内河横冲直撞，屡肇巨祸，而交涉则多无结果，日人之横暴与狡狯，可恨可痛。查"新大明"案尚未彻底解决，而我"新康"轮又于本年七月二十一日下午一时，在山东成山洋面惨遭日轮"龙野丸"撞沉。其所受损失甚巨，被难身死者六十七人之多，旅客之财产损失计二十一万四千六百余元，生命赔偿及医药费计六十余万元，船员之生命财产及补助、津贴、抚恤等费计二十八万一千余元，招商局之船身及承载货物尚不在内。死者冤沉海底，生者含痛人间，凡有人心，莫不痛心。敝会迭次奔走呼号，屡呈政府，请求向日方交涉，恳予家属之救济，虽声泪俱下，迄无相当办法。长此迁延，非特被难家属将有生机断绝之虞，即外交方面，未免示人弱点。深悉诸委员均系党国要人，关怀国权民命，用特将"新康"被难经过，缕陈前来。伏乞贵会付诸讨论，附具意见，转呈政府，催向日方交涉，俾早解决，存殁均感。〖下略〗

(1929 年 11 月 22 日，第 14 版)

"新康"家属会执委会议

——再推代表晋京请愿

"新康"轮船被难家属会昨日下午二时在事务所开执行委员会，首由主席朱委员报告最近工作状况及外部批示交涉署接洽经过、各家属来会要求设法救济情形。继由王委员提议，本会应于最近期内再推代表晋京，向国府各院部作第二次请愿。公决通过，并推定朱、周、祝三常委为晋京请愿代表，日期另定。平委员提，本会应发表第二次宣言，请求各民众团体，切实援助。公决通过，宣言推陈委员起草，交常委签行发表。祝委员提，本会四月工作应编统计，报告各家属。公决通过，着黄书记编置。陈委员提，本会对于各家属之救济办法，应即□行。公决救济问题，俟第二次晋京请愿代表回沪后再议办法。周委员提，在未晋京作第二次请愿前，本会应派代表至交涉公署及招商局探询情形。公决通过，并拟朱、平二委员前往。议毕散会。

（1929 年 11 月 23 日，第 14 版）

"新康"轮案继续交涉

〔南京〕"新康"轮被日轮"龙野丸"撞沉案，迭经外部交涉，日方均诿卸责任。现已由外交、交通、司法三部及招商局代表开会讨论，决定应付办法。（二十三日）

（1929 年 11 月 24 日，第 8 版）

"新康"案近讯

"新康"轮船被难家属会根据执委会议决，推定代表，不日晋京，向中央、国府、行政院，交通、外交等部，作第二次请愿，特于昨（二十三日）下午一时由朱、平二代表携带公函，晋谒徐交涉员，探询该案交涉之最近情形。徐交涉员在京未回，由外政科副科长汪成阶接见。首由二代表陈述来意，并咨询交署对于本案交涉近况及日方有何表示。汪科长答称，本署对于"新康"一案，万分注意，徐交涉员随时策划，条陈部长；前次本署呈请王部长，主张一切公断，迄未批复；本月十五日第二次函致日领，要求转咨日本邮船会社，负责赔偿；旋于本月二十一日接准日领复函，依然藉词推诿，并声明此案应由招商局与邮船会社直接办理；本署一俟徐交涉员回署后，即行致复。汪科长又云，本署对于本案交涉，将来赔偿一切招商局损失与旅客损失，一并提出，同时办理。代表等复询将来贵署裁撤后，本案移归何种机关办理。汪科长答称，本案非地方交涉，本署裁撤后，当移外交部直接办理。汪科长末称："贵代表等今日来此，所有陈述，鄙人当转禀徐交涉员。综之，本署办理本案，上秉部长命令，下顾家属会意旨。"谈话至此，该代表等兴辞而出。

（1929 年 11 月 24 日，第 16 版）

"新康"家属会请迅制《海商法》

"新康"轮船被难家属会昨致电立法院，请迅予制定《海商法》，略谓：

> 海通以还，轮舶往来，日增月盛，海难事件遂不免因之而发生。泰东西各国，均有《海商法》之颁订，遇有发生海难事件，均根据《海商法》，以判断曲直是非。年来我国商轮，常有不幸被日轮撞沉或撞坏之事实，大通公司之"新大明"案，迁延已达二年之久；招商局之"新康"轮案，迄今亦将五月；最近政记公司之"元利"轮船、招商局之"公平"轮船，又先后被日轮撞沉、撞坏，其能否得有圆满解决，均在不可知之数。为今之计，惟有迅制《海商法》，即日颁布施行，以遏止日轮之凶焰，严防日人之野心，一劳永逸，莫善于此。伏祈采核施行，不胜待命之至。

（1929 年 11 月 26 日，第 14 版）

"新康"代表二次晋京请愿

"新康"轮船被难家属会，以惨案交涉行将半载，尚无解决希望，而天时渐寒，被难家属之生活，莫不大起恐慌。经日前执委会议决，公推代表朱晓云、周剑寒、祝又邨三代表晋京，作第二次请愿，其任务：（一）请求中央党部、国民政府、行政院、外交部、交通部、司法部等各有关系院部，积极向日方交涉，早达惩赔目的，并收回日轮航行权，反对中日新约之互惠航行；（二）请求国民政府、行政院、交通部，令饬招商局救济被难家属；（三）请求立法院迅制《海商法》，以利交涉进行，而保商航利益。闻该代表等已定于明日首途晋京，预定五日后，即行回沪。

（1929 年 11 月 27 日，第 14 版）

今日"新康"家属会代表晋京

——向国府各院部作第二次请愿

"新康"轮船被难家属会根据本月二十三日执委会之决议，推定朱晓云、周剑寒、祝又邨三人为代表，晋京向中央党部、国民政府、行政院、外交部、交通部等作第二次请愿，并向立法院请求迅制《海商法》，以便交涉时有所根据。朱、周、祝三代表携带请愿呈文，于今日（二十八日）上午，乘京沪快车晋京。其呈府院文略谓：

> 招商局"新康"轮船被日轮"龙野丸"在山东洋面撞沉，计溺毙船员、旅客有六十七人之多，财产货物之损失在一百万元以上，迭经家属等奔走呼号，函电纷驰，而日方始终无诚意解决。前次属会代表晋京请愿，蒙钧会、府、院、部，赐予传见，允向日方严重交涉，仰见德意殷渥，隆情可感。惟迁移至今，已阅五月，旷日持久，解决无期，而天气则逐渐寒冷，家属等处此饥寒侵迫、生活难于维持之际，不获已，谨将艰苦情形，具文陈请鉴核，并推代表朱晓云等作第二次之请愿。仰祈钧会、府、院、部，俯念下情，迅予向日方严重交涉，务达赔偿一切损失之目的，并恳设法救济。是不特死者得雪沉冤，生者得维生命，而航业前途，尤所利赖。

其呈立法院文，略谓：

> 自海通以来，各国轮舶往来吾国领海，日益繁密，于是海难事件不免因之发生。查东西各国处理海难事件，均有《海商法》之依据，故海面虽有不幸之事故发生，寻即解决，不若吾国每遇海难发生，必纠纷扰攘，而终无圆满解决之结果。在狡猾之日轮，更乘吾之隙，屡在吾国海面，横冲直撞，若大通公司之"新大明"，招商局之"新

1482

康"、"公平"，政记公司之"元利"，均被日轮非撞沉即撞破，一而
再，再而三，而交涉则终无结果，不特生命财产之损失，航业前途尤
受巨大之影响。为此，属会前曾电达钧院，恳为迅制海商法规，颁布
施行。兹再专推代表朱晓云等，赍呈面请钧院，迅予制颁海商法规，
以利航海，而制日轮之蛮横，实为德便云云。

（1929 年 11 月 28 日，第 13 版）

"新康"家属会二次请愿

〔南京〕招商局"新康"轮船被难家属会代表朱晓云、周剑寒、祝又
邨三人，二十八（日）来京，向各机关作第二次请愿，请求向日方严重交
涉，并设法救济被难家属。二十九日至中央党部、国府、行政院，外交、
交通两部请愿，均允接受其要求，结果颇为圆满。该代表等定三十日至立
法院，请求迅予颁布《海商法》，以便该案交涉时，我方有所根据。（二十
九日专电）

（1929 年 11 月 30 日，第 9 版）

修订《海事法》之慎重

中国无《海事法》，故历次外轮撞沉华商船后，无法审理，若"厚田
丸"之撞沉"新大明"轮，而由外人审断等事。自"新康"被日轮"龙
野丸"撞沉以后，中央立法院即开始议订《海事法》，为博采周访起见，
特函请上海航界条陈意见，送院参考。赵铁桥已先翻成日本《海事法》送
阅，而航业公会亦参照英、美两国《海事法》，纂译成帙，业已脱稿，日
来已在校勘条文字句中，一俟校毕，即可送交立法院，参订海法矣。

（1929 年 11 月 30 日，第 13 版）

首都纪闻

〔南京〕"新康"轮被难家属会代表朱晓云等三人，来京作第二次请

1483

愿，任务已毕，二日返沪，向该会报告请愿结果。（一日）

〖下略〗

(1929 年 12 月 2 日，第 8 版)

"新康"家属请愿沪讯

"新康"轮船被难家属会上月三十日下午接晋京请愿代表电云：

> 上海，北京路海丰里"新康"被难家属会鉴：代表等于检日（二十八日）乘京沪特快晋京，住国府路行安旅社。艳日（二十九日）上午，向中央党部、国民政府及行政院请愿，中央由秘书处周钟南同志接见，国府由秘书朱文中接见，行政院由刘泳阁接见；下午至外交部、交通部，外部由亚洲司周龙光按〔接〕见，交部由航政司秘书张秉之接见；往立法院请求速制《海商法》，并静候府院定期传见，详情续报。朱晓云、周剑寒、祝又邨同叩，东。

(1929 年 12 月 2 日，第 14 版)

"新康"家属代表谈《海商法》

招商局"新康"轮船被难家属会昨接晋京请愿代表朱晓云等来电，略谓：

> 东电谅悉，代表等于三十日上午至立法院，由《海商法》起草委员楼桐荪接见。首由晓云发言，略称敝会鉴于我国《海商法》尚付缺如，因之外轮在我领海内河横冲直撞，毫无忌惮，每遇海难事件发生，交涉终无结果；曾于本月二十六日电请钧院，迅制《海商法》，即日颁布施行；此次再度晋京，向国府院部请愿，应请贵委员对于船员、旅客生命财产之保障与安全，予以注意，列入专条云云。旋据楼委员答称，贵代表等今日来此贡献《海商法》意见，鄙人极诚欢迎；我国向无《海商法》之制定，因之海难发生，解决无所依据，甚为遗憾；贵会日前来电，请求本院迅制《海商法》，所云甚是；此项法规，

现由鄙人起草告竣，计有五百二十条，对船员与旅客，有强制保险之规定，此即贵代表所称之保障船员旅客之办法也；惟保险费是否由被保者担任，抑或由船公司分半担任，刻尚未曾确定；该法不日将付审查，年内定可由国府公布施行；嗣后海难事件，均可依据本法解决。楼委员因另有会议，代表等即兴辞而出。特此电闻。

（1929 年 12 月 3 日，第 14 版）

"新康"案尚无切实办法

家属代表昨日回沪，

交署宣布交涉经过，

日领表示不负责任。

"新康"轮船被难家属会为求交涉速了起见，于上月二十八日公推朱晓云、周剑寒、祝又邨等三委员晋京，作第二次请愿，各情已略志前报。该代表等本拟静候国府蒋主席传见及各院部批示，惟因本身职业关系，不能久留首都，故已于乘昨晨夜快车回沪，向家属会报告一切。该会拟定今日召集全体家属会议，由三代表详细报告请愿情形。但该代表等因风尘仆仆，身体稍感不适，决休养数日后，再行继续进行工作云。

江苏特派交涉公署昨致函家属会，宣示交涉经过。兹为照录如下：

径启者：关于"新康"被日轮"龙野丸"撞沉一案，迭经函请日领，转致日本邮船会社，将船货、生命损失负责赔偿。嗣接复函，以决定本案冲突之责任，须根据法定手续之审判等由。兹奉外交部训令，准交通部咨开，此案冲突地点，在中国领海成山角附近，按国际通例，凡国际船舶冲突事件，得由原告选择裁判所，提起诉讼。兹据招商局呈称，拟在冲突地之裁判所起诉等情，咨请查照，转知日方等由，令仰遵照办理等因到署。除函日领转告日本邮船会社知照，并函招商局外，相应附录日领复函两件，函达贵会查照。此致"新康"轮船被难家属会。

译日领馆来函（十一月十九日）：

径复者：关于"龙野丸"与"新康"号冲突一案，贵署本月十五日来函业已阅悉。日本邮船会社对于本案之态度，于九月二十四日致贵交涉员函中，业经表明，即其责任之孰归，应依照关于此种海难事件决定责任之常例，俟海法上法定之手续而决定，此种办法自属当然。若不经何等手续，而一面云其责任之所在，本总领事碍难承认。此案既如上述，应速由招商局照上述之办法，与邮船会社按〔接〕洽，以便从速解决。至邮船会社，对于此种正当之指示，无论何件，均愿与商也。此颂日祉。

译日领馆二十四日来函大意云：

来函当即转知邮船会社，该会社以为冲突责任之在谁，虽非俟依海法上法定之手续判定之后，不能明了。然据该会社自身调查之结果，"龙野丸"并无冲突之责任。总之，从速进行上述之正当法定手续，并无异议。原来此案，系屡发海难事项之一，其责任之孰在，非俟根据法定手续之审判，不能决定。且其性质上，认为应据上述之手续，由当事间解决之。即祈将上述日本邮船会社之意旨，转知招商局，以便与邮船会社直接交涉，而期从速解决。相应函复。

（1929年12月4日，第14版）

"新康"轮案诉讼手续

〔南京〕"新康"轮被难家属会前请援照国际通例，凡船舶冲突事件，得由原告选择裁判所提起诉讼，今拟在冲突地管辖之法院起诉，请交部咨由外部，通知日方到案，并请饬招商局救济被难家属，已由交部照办。（四日专电）

（1929年12月5日，第8版）

"新康"家属函请航业公会援助

"新康"轮船被难家属会昨致函航业公会,请予援助,略谓:

招商局"新康"轮船惨遭日本邮船会社"龙野丸"撞沉一案,一切经过,谅所洞悉。前荷贵会主张公道,通电力争,仗义执言,同深感佩。惟肇事以来,匆匆已将五月,虽经同人奔走呼号,并蒙国内外各民众团体,力持正义;复经外交当局,提出抗议;乃日人狡滑成性,置若罔闻,以及交涉数月,迄未得有丝毫之效果,瞻念前途,曷胜悲愤。当此天气严寒,米珠薪桂,交涉停顿,悬而不决,被难家属莫不惨痛万状。窃查本案意义极为重大,根本之图,自宜毅然决然,收回日轮航行权;治标之计,当谋本案交涉之速决。同人等心所谓危,难安缄默,深望贵会诸公,高瞻远瞩,主持公道,谋本案交涉之速决,即所以防同样惨案之发生。同人不敏,自当竭其棉薄,努力前驱。贵会领袖航商,一言九鼎,务恳鼎力援助,不吝赐教为幸。

(1929年12月5日,第14版)

"新康"家属慰劳请愿代表

"新康"轮船被难家属会昨日下午召集在沪家属,开慰劳二次晋京请愿代表会。首由主席陈际程代表全体家属致感谢词毕,即由晋京代表朱晓云起谓:"鄙人与周君剑寒、祝君又邨经本会公推二次晋京请愿,催促本案迅速交涉,并要求设法救济,此乃应尽之责,开会慰劳,实不敢当。"继将晋京请愿情形报告一过。继有家属张君起言,本会救济问题,今日应加讨论。经众表决,关于救济一项,交由执委会负责办理。旋即散会。

(1929年12月6日,第14版)

"新康"案将依法起诉

"新康"轮船被难家属会前推代表二次晋京，向中央、国府、行政院、交通部、外交部等各院部请愿，请向日方严重交涉，并恳令饬招商局设法救济，昨奉交通部第二三七四号批示云：

呈悉，查此案前据招商局呈称，援照国际通例，凡船舶冲突事件，得由原告选择裁判所，提起诉讼，今拟在冲突地管辖之法院起诉，请转咨外交部，通知日方遵照到案等情到部，业经咨请外交部查照办理在案。至所请令饬招商局救济被难家属一节，除据情令行该局知照办理外，合亟批示知照。此批。

(1929 年 12 月 8 日，第 16 版)

航业公会呈请交涉"新康"案

上海航业公会昨呈外交部、交通部文云：

呈为"新康"轮船惨遭日轮撞沉，生命财产迄未赔偿，仰祈迅赐交涉（咨请交涉）① 赔惩，以保国权而障人道事。窃自"新康"轮船惨遭日轮"龙野丸"撞沉以来，已阅五月，虽经被撞船东之索赔、被难家属之索偿、政府官厅之交涉、团体民众之声援，而日人以狡猾心肠、延宕手段相对付，致迄今竟无丝毫结果。国权航业，人道民命，蹂躏无遗，岂仅损失甚巨，抑亦耻辱实甚，瞻念前途，后患正亟。至被难家属，奔走呼号，固已半载流离，冻馁更难卒岁，斯又为最堪伤心者。职会为航业团体，鉴于前事，如芒在背，为国权航业、人道民命计，爰敢备文呈请，迅赐与日本严重交涉（咨请外交部与日本严重交涉）②，赔偿生命财产之全部损失及惩办任意肇

---

① 此括号内容为原文所有。
② 此括号内容为原文所有。

祸之日船人员，不达目的不止，以保国权而障人道。临呈不胜迫切待命之至。谨呈。

（1929 年 12 月 10 日，第 14 版）

"新康" 案之外部批示

"新康" 轮船被难家属会昨奉外交部第一四零号批示云：

呈悉，查此案迭经本部令饬江苏交涉员，切向日领交涉，并经商准交通部即照招商局，拟在冲突地之裁判所起诉办法，令由该交涉员遵照办理矣。此批。

（1929 年 12 月 13 日，第 14 版）

"新康" 轮案昨讯

关于 "新康" 轮交涉一案，上海航业公会昨接外交部复电云：

来呈已悉，查 "新康" 轮船被日轮撞沉一案，迭经本部令饬江苏交涉员，切向日领交涉赔偿。现已商准交通部，即照招商局所拟办法，在冲突地方之裁判所起诉办法，令由该交涉员遵照办理。外交部，铣，印。

又，该会复 "新康" 被难家属会函云：

前接大函，并附名册，当经呈催外交、交通两部，请予迅赐交涉赔偿，并经抄录呈底，函复贵会各在案。兹奉交通部指令第五一六号内开："呈悉，查此案前据招商局呈称，援照国际通例，凡船舶冲突事件，得由原告选择裁判所提起诉讼，今拟在冲突地管辖之法院起诉等情，当经咨请外交部转知日方遵照办理在案。兹据前情，除咨请外交部查照办理外，仰即知照。此令。" 等因。合亟备函奉达，即祈查照是荷。

（1929 年 12 月 22 日，第 15 版）

交部批答"新康"轮案救济问题

——招商局谓不能开例

招商局"新康"轮船被难家属会昨奉国民政府交通部第四一九七号训令，内开："为令行事，前据该会呈请令饬招商局设法救济被难家属等情，当经令行该局知照办理去后。兹据该局呈复前来，合行抄录原函呈，令仰知照。此令。"等因。

附抄招商局呈复交通部文云：

为呈复事，案奉十二月五日钧部第三九三二号训令，内开："据'新康'轮船被难家属会呈称，被难家属痛苦万分，生活维艰，请令饬招商局设法救济等情，照录原呈，令仰知照办理，具复。"等因。奉此，谨查职局"新康"轮船不幸于七月二十一日在山东成山角海面，惨遭日本邮船会社之"龙野丸"猛撞沉没，计其船货之毁灭，以及船员乘客之伤亡，创巨痛深，言之可慨！故自出事以来，认定曲在彼方，责有攸归，遂引起各界义愤，一致对外，严重交涉，必达到赔偿抚恤而后已。至于被害船东之与搭客，对外之地位虽取同一方针，对内之关系则系不相联络。关于救济一层，国家既无成法，航界又无成例，即如"新华"一案，被难家属要求抚恤，至再至三，曾经航业公会开会集议，佥以无例可援，一致否认，因船东对于搭客不负一切损失责任，并将复函批露报章及呈报在案。兹者，"新康"被难家属因交涉停顿，饥寒交困，奔走呼号，情固可悯，只以救济问题，攸关航业全体，职局不敢开其先例，贻人口实。奉令前因，理合查案具复，仰祈鉴赐核转，实为公便。〖下略〗

(1930 年 1 月 1 日，第 22 版)

"新康"被难家属准备诉讼

招商局"新康"轮船被日轮"龙野丸"撞沉一案，迭经外交当局提出交涉，迄无相当结果。招商局方面，以长此迁延，殊非办法，已决定提起诉讼，控告日本邮船会社，要求损害赔偿，现正准备一切，拟即于最短期间内进行。兹悉被难家属会以交涉既无办法，自宜追求法律救济，日来由各委员召集会议，讨论诉讼进行计划，已有具体决定，一俟与法律顾问交换意见后，即与招商局同时进行诉讼，务达赔偿目的云。

（1930 年 1 月 7 日，第 14 版）

"新康"被难家属之困状

"新康"被撞惨案交涉数月未得解决，现被害人招商局暨被难家属会，已决定提起诉讼，务达赔偿目的。惟诉讼进行，颇需时日，何日解决，尚在不可知之数。现下天气严寒，米珠薪桂，且阴历年关，迫于眉睫，各被难家属生活痛苦，日迫一日，纷纷至被难家属会要求设法救济，并有至特别市社会局呼吁，请施棉衣以御严寒者，凄惨万状，难以言喻。惟家属会以会中经费尚不能维持，且彼此均系被难家属，实属爱莫能助，当将此意分别告知，莫不失望而去。该会以各家属困苦确系实情，决于可能范围内设法救济，以尽人类互助之责任云。

（1930 年 1 月 9 日，第 14 版）

"新康"案将在沪起诉

〔南京〕招商局总办赵铁桥，以"新康"案前拟在冲突地管辖之法院起诉，兹因冲突地之法院在山东省，其离双方当事人太远，拟改定上海地方法院起诉，呈由交部咨请外部，转知日方遵照。（二十六日）

（1930 年 2 月 27 日，第 8 版）

"新康"案准备起诉

招商局"新康"轮船被日轮"龙野丸"撞沉一案，迭经外交当局提出交涉，毫无效果。招商局暨被难家属会以迁延不决，殊不足以彰公道而儆将来，兹决定提起诉讼，控告日邮会社，求法律上之解决，务达科"龙野丸"以应负之责任。原拟在肇事地点之法院起诉，兹以肇事地点远在山东，诸多不便，故决就近在上海法院起诉，所有一切法律手续，均已准备齐全。闻被难家属会方面，已委托美国法学博士、东吴法学院教务长盛振为律师代表办理一切诉讼手续云。

（1930 年 2 月 28 日，第 14 版）

"新康"轮被撞案起诉

——要求赔偿损失一百万元

招商局"新康"轮船上年被日邮船会社"龙野丸"在山东撞沉后，屡次交涉，均无效果。现由该局呈准交通部，提起诉讼，要求赔偿损失一百万元；起诉地点亦经呈准交部，在上海临时法院呈递诉状，已由交通部咨请外交部，通知日方到案质讯。

（1930 年 3 月 11 日，第 14 版）

"新康"船主告退

被日邮社"龙野丸"在山东成山角撞沉之招商局"新康"轮，现经提起控诉，至今犹未解决。船主亨生，为脑［挪］威人，拟欲归国，向招商局提出告退书，要求给予退职金、船票费及船内所受之损失费等，合计洋二万零六元，并称如果"新康"案开审，仍可到来作证云云。此事昨经招商局讨论结果，以"新康"控案未结，未便告退离沪，须俟全案结束，方准告辞。

（1930 年 4 月 12 日，第 14 版）

"新康"轮讼案已起诉

招商局"新康"轮船被日轮撞沉后，交涉多时，迄无解决办法。该局呈准交部，在上海特别区地方法院起诉后，当即委托律师向法院进状，提起诉讼，要求被告日邮船会社赔偿损失一百万元。此项诉状，前因法院改组，未能受理，现已正式接受，准于审理。一方由外部照会日使，转令该社到庭候审。原告预缴讼费，转由航业公会虞洽卿担保云。

（1930 年 4 月 22 日，第 14 版）

"新康" 轮案在交涉中

〔南京〕"新康" 轮被日船撞沉案，招商局请改在沪法院起诉，经外部函日公使馆，饬知该邮船会社遵照。乃日方迄无表示，交部现又咨请外部向其交涉，并询该邮船会社究依何种手续办理。（六日专电）

（1930 年 5 月 7 日，第 7 版）

"新康" 家属会准备起诉

——手续完竣，经费无着

招商局 "新康" 轮船被日轮 "龙野丸" 碰沉一案，行将一载，尚无切实办法。招商局方面，遵照部令，已向特区法院提出诉讼。被难家属会亦早经聘定盛振为博士为法律顾问，由该会检同各项表册报告等，移送盛律师，缮具诉状，递呈法院，要求责令日方赔偿一切损失；手续方面，均已就绪，惟关于诉讼上应需经费，尚无着落，故尚在耽滞中。该会常委朱、祝、周三君，连日奔走，筹划款项，提状控诉，以免功亏一篑，而各被难家属，日有至该会探询云。

（1930 年 5 月 9 日，第 14 版）

沪航会重要议案，注意中日航权

今日本埠航业公会，为下列各事，极关重要，特开全体执行委员会，以期讨论决定实行之各案。兹分志如下：

〖上略〗

结束航业保险公司

去年沪航商，受 "新康" 被日轮撞沉案之激刺，乃发起设立航业保险公司，其业务除保各华轮之平安险外，更创立各船船员及海员之储金保险，使一旦遇险，则其身后亦可得一笔赔款之用途。但筹备以来，已将年余，兹因依据公意，对于此案，拟暂缓进行，俟将来航海法规颁布完善后，再行创办。故决将已筹备而未成立之航业保险公司，讨论结束办法。

〖下略〗

（1930 年 5 月 16 日，第 14 版）

"新康"家属会通告各家属

——为延缓诉讼事

招商局"新康"轮船被难家属会，昨为延缓进行起诉问题，通告各家属云：

〖上略〗本会成立迄今，行将一载，同人等受全体家属之付托，负兹重大之使命，是故一年以来，奔走呼吁，未敢或懈，虽经济上、精神上、时间上备受损失，从不敢言劳言怨。只以种种关系，迄无切实办法，死者含冤，生者流离，不无遗憾。现在招商局已遵照部令，向特区法院提出诉讼，本会本亦早经聘定盛振为博士为律务顾问，担任本会全部诉讼事宜，关于各种表格、簿册及一切证物，概交盛律师检阅，诉状已由盛律师拟就，手续统告就绪。惟诉讼上应需费用，尚无着落，致迟迟进行。各家属先后函质，理所固然。本会业经责任朱、祝、周三常委，限日筹措，以便早日投状。兹恐各家属怀念，用再函告。〖下略〗

（1930 年 5 月 22 日，第 14 版）

"新康"轮案决定起诉

〔南京〕招商局"新康"轮被日轮"龙野丸"撞沉案，迭经交涉赔偿，以日方借故延宕，迄未解决。现该局依照万国海法第一条规定，在上海临时法院起诉，并呈由交部转咨司法行政部，训令上海地方特别法院，

对于该案依照我国法律迅予进行。（二十二日专电）

（1930 年 7 月 23 日，第 6 版）

"新康"轮案之法律问题

〔南京〕"新康"轮船被日邮船"龙野丸"撞沉案，经招商局按美国海法规定，在上海法院起诉。乃日方声明不便应诉，托词规避。复经该局呈请交部转咨司法行政部，训令上海特区地方法院，对于该案依照我国法律迅予进行，如果不应诉，应照我国《民诉条例》，依一造之辩论判决。刻已由交部转咨办理。（三日专电）

（1930 年 8 月 4 日，第 7 版）

"新康"轮案之交涉

——务须办到归案讯办

"新康"轮被日轮"龙野丸"撞沉一案，经招商局依万国海会法规，在上海临时法院起诉。乃日本邮船会社上海支店称，此项冲突事件，"龙野丸"方面并无任何过失，如招商局对于该会社有所要求，应按正式诉讼手续，向日本法院起诉等语。交部以日方不明责任，特咨请外部，速行知照日方，务须归案办理，俾早解决。

（1930 年 9 月 3 日，第 14 版）

"新康"被撞交涉近讯

——家属会前日开会

招商局"新康"轮船于去年七月二十一日在山东成山角洋面被日本邮船会社"龙野丸"冲撞沉没，溺毙多人，损失财货数百万元一案，迄今已一年有余，迭经招商局及被难家属会，电请国府严重交涉，因日人毫无诚意，未有丝毫结果。嗣招商局以外交方式，既未能解决，爰呈奉交部核准，按照国际惯例，改用法律进行，业已向上海特区地方法院提起诉讼，

1495

被难家属会亦取同一步骤，以期早日达到慰死安生目的。经已聘任盛振为律师为诉讼代理人，向特区法院起诉。惟因讼费关系，尚未递状，现正在声请救济中。前日，该被难家属会特为诉讼问题，召开委员议会。首由常委朱君报告会务毕，次讨论进行诉讼问题，金谓所有一切诉讼手续及证据、表册等项，均已齐备，惟因诉费无着，不克进行，事关国权民命，当请求法院救济。议决通过，并推朱、周两委与盛律师洽商一切。次讨论贫困家属生计艰难，请求救济一案。议决商由招商局拨款救济。末讨论家属会经费问题，当以经费困难，有碍会务进行，由各委设法维持。末议其他会务问题而散。

（1930 年 10 月 8 日，第 16 版）

"新康"家属会开会纪

——议决三要案

招商局"新康"轮船被难家属会于昨日下午二时半，在德丰里会所开执行委员临时紧急会议，到全体委员，由朱常委主席，行礼如仪。首由主席报告，略称今日召集临时会议，问题有三：（一）各被难家属代表纷纷来会要求设法救济案；（二）诉讼进行手续案；（三）本会二月以来积欠一切开支案。以上三案，关系至巨，且须于最短期间予以解决，否则于本案交涉方面大有妨碍，如何处置，请诸君详加讨论云云。复由陈、祝、周诸委员先行发表意见，对于三问题，有深切之办法。后主席依次表决如下：（一）救济问题，表决定期召集全体被难家属，晋谒招商局李总办，商借现款，先行发给，再行呈请交通部拨款缴还；（二）诉讼问题，表决依照前定手续办理，并责成三常委与盛律师随时商酌；（三）本会积欠开支案，表决依照预算，尽力筹措。议毕散会。

（1930 年 10 月 21 日，第 9 版）

"新康"家属会请求救济

招商局"新康"轮船被难家属会根据本月二十日执委会之议决，公函招商局李总办，呈请交通部王部长，赐予物质救济，俾各被难人及被难家属免受饥寒。兹分录函呈如下：

致李总办函：

〖上略〗谨启者：案据十月二十日委员会议，佥以被难家属，生计困难，度日维艰，纷纷来会要求设法救济，情殊可悯，风雨同舟，难安袖手，议决请求贵局贷借款项，藉资救资〔济〕。是项贷款，俟交涉解决，即行如数归还。至数目多少，则请贵局量力拨借，多多益善。用敢据案上陈，至希亮察，千恳体恤矜全，允如所请，枯林穷鸟，受惠无涯，高谊隆情，存殁均感。专此敬请，顺颂钧安。

呈交通部文：

呈为请求救济，准予备案事。窃查招商局 "新康" 轮船被日邮会社 "龙野丸" 撞沉一案，荏苒经年，迄未解决，死者既含冤于海底，生者复抱痛于人间，沉冤未白，抑郁难伸，天下至可惨至可痛之事，孰逾于是？兹者，一年容易，秋尽冬来，一般旅沪被难家属，莫不有寸金尺地长安难居、薪桂米珠糊口匪易之慨，用是纷纷来会，要求设法救济。经开委员会议讨论，佥以被难家属，度日艰难，呼吁无门，穷途苦况，确系实情，议决向招商局贷借款项，藉资救济。是项贷款，俟将来交涉解决，如数归还，决不延误。贷款多少，则请招局量力行之，综之多多益善。除函请招商局李总办外，理合呈请大部，备案核准，转令招商局允如所请，立予施行，不胜感祷之至。谨呈交通部部长王。

(1930 年 10 月 27 日，第 10 版)

"新铭" 轮茶房纠纷解决

招商局 "新康" 轮失事后，该轮工友辍业日久，生活渐益困难，遂赴海员工会请求安插。当得该工会准予所请，即召集各委员讨论安插被难工友办法，议决用抽签式，分别安插。有茶房卢荣锦抽得至 "新江天" 工作后，因"新江天"一时无位置，乃改上北洋"新铭"轮服役。该轮上次抵埠后，该茶房奉派上轮工作，当被该轮一部份之茶房拒绝，双方互起争执，虽能随轮北往，但未能正式服务。前日星期六，该轮又由津来申，双方报告海员工会上海分会。该会于昨日上午派殷君赴"新铭"轮调解，在轮邀集该轮中舱部各组长会议，当议决将卢荣锦派在后统舱工作。该茶房表示满意，遂即解决矣。

（1930 年 10 月 28 日，第 12 版）

日轮撞失"新丰"案续讯

招商局"新丰"轮在塘沽口卢子庄地方被日轮"景山丸"撞损，已志本报。兹将续闻种种，分记如下：

〖上略〗

航界宣言

上海航业九公所联合办公处，因日轮"景山丸"撞坏招商局"新丰"轮，特发表宣言云：

报载，招商局"新丰"轮于八日晚载货、乘客，驶抵距津二十里芦庄子①地方，被由津出口之日轮近海汽船会社"景山丸"，不遵守航海章程，行驶猛撞，致"新丰"轮受伤，损害极重。现招商局李总办已于昨日正式函知该公司交涉，保留该轮一切损失赔偿云云。消息传来，读之令人发眦欲裂。查日轮年来航行我国河海，屡屡横冲直撞，以人命为儿戏。前年"新大明"轮被难，交涉至今，尚未解决，其家属等逗留沪滨，号寒啼饥；去岁又有"龙野丸"撞沉"新康"轮之事，伤害工友至六十余人之多；乃不旋踵而"新丰"之祸又作。是其一种强暴之行为，已毫无我国人在目；且我服务各轮之工友生命，亦无所保障。除呈请李总办严行交涉，并转呈中央提出抗议，本处誓率全体工人为之后盾，务达赔偿损失及保证以后不得再有此种情事发

---

① 前为"卢子庄"。

生，以为工友生命保障外，尚希航界同人一致奋起，共相援助，使帝国主义者知所警戒，庶此后暴行得以稍戢，无任激切盼祷之至。谨此宣言，伏希公鉴。

（1930年11月12日，第14版）

"新康"被难会积极进行

——议决八案

"新康"轮船被难家属会于昨日下午开委员会议，讨论进行办法。首由朱委员报告，本案对日交涉，因外交方式未得要领，诉讼进行又诸多困难，致案悬两年，迄未解决；痛定思痛，莫名愤慨，应如何进行之处，请讨论。经各委员相继发表意见，佥谓本会进行对内、对外两点，对外求交涉之速决，对内谋家属之安全；本会同人应本此两点努力做去，百折不回云云。次议决：（一）致电国民政府、行政院、外交部，请以国权民命为重，继续向日政府提出严重交涉，务令赔偿生命财产损失；（二）通电全国，一致进行废除中日间一切不平等条约，并收回领海航行权；（三）全体委员定期至招商局，谒见李总办，请宣示该局对本案进行之最近经过及将来交涉之确定方针；（四）本会除原有法律顾问盛振为律师外，拟添聘吴经熊律师为本会法律顾问，公推朱、周两委员接洽；（五）贫寒家属要求救济问题，除函请招商局酌量设法外，并由各委员分头筹划，以尽同舟互助之谊；（六）诉讼进行仍请法律顾问全权代理，切实进行；（七）诉讼费救济问题，由本会径请杨院长体念情形特殊，准予救济；（八）定期至日本邮船会社，访问该社社长，善意忠告，勿再文过饰非。议毕散会。

（1931年2月6日，第10版）

"新康"被难会进行步骤

"新康"轮船被难家属会昨为诉讼问题，特由常委朱君与法律顾问盛振为大律师作长时间之讨论，谈话结果：（一）各种起诉之人证物证，均已齐全；（二）诉状亦已撰就；（三）诉讼救济问题，决定再由家属会呈请司法行政部，准予特别救助；（四）定期与招商局代表律师谈话；（五）定期召集全体委员会议。

（1931 年 3 月 4 日，第 14 版）

"新康"被难会积极进行

——吴经熊律师已慨任顾问，家属会代表将三次晋京

招商局"新康"轮船于十八年七月二十一日在山东成山角海面被日本邮船会社"龙野丸"冲撞沉没一案，迭经被难家属会吁请国府交涉，迄今将及二年，尚无切实解决办法。各家属呼号奔走，含苦茹辛，痛苦之情，不可名状。招商局方面业已向上海特区地方法院提起诉讼，曾经法院一度传讯。惟日本邮船会社则未遵传到案，结果如何，尚难逆料。被难家属会以案悬未决，殊不足以慰死安生，除已聘任盛振为律师为法律顾问外，昨并正式添聘吴经熊律师为诉讼代理人。吴律师法学湛深，中外仰镜，此案进行当于最短期间有新的发展。各家属对于吴律师之慨任法律顾问，莫不一致感佩。家属会以此案虽已在法律进行中，为求早日解决起见，仍拟请求国府继续向日政府提出严重交涉，务达赔偿生命财产之损失，同时吁请全国各农工商学团体一致抗争援助，不达目的不止。闻该会将于日内再推代表晋京，向国府、行政院、外交部、交通部等各机关作第三次请愿云。

（1931 年 3 月 13 日，第 10 版）

航界要讯

〔上略〕

"新康"轮案续讯

日轮"龙野丸"撞沉"新康"一案，经沪特区法院接受后，本月二日二次开讯，由法官传询该轮船石德兴甚久，证明责任全由日人担负。兹法庭因尚须加以侦查，故定本月三十一日继续开审。

（1931 年 3 月 14 日，第 14 版）

"新康"被难家属会续向国府请愿

——昨日全委会议决

"新康"轮船被难家属会于昨日下午开全体委员会议，首由朱委报告最近会务经过及与各方接洽情形。经各委发表意见，佥以本案现虽在法律进行中，然领判权未废，恐彼方难以就范，解决之期将不知在何年何月何日何时；为求早日解决起见，同时宜用外交方式继续积极严重交涉，俾双管齐下，或可易于解决。当议决：（一）呈请国府、行政院、外交部、交通部，请以国权民命为要，继续向政府提出交涉，务达赔偿一切损失；（二）公推代表晋京，向国府、行政院、外交部、交通部请愿，请求积极严重交涉，废除一切不平等条约，撤废领事裁判权，取销外轮领海航行权；（三）公推朱晓云、祝又邨、陈际程为第三次晋京请愿代表，即日晋京请愿；（四）诉讼进行随时与法律顾问吴经熊、盛振为两律师接洽办理；（五）通电全国各界，一致抗争援助。议毕散会。

（1931 年 3 月 21 日，第 14 版）

"新康"被难家属会请愿代表晋京

——呈请严重交涉

"新康"轮船被难家属会因案悬两年，迄未解决，除延请吴经熊、盛振为两律师进行法律手续外，并于日前议决公推朱晓云、祝又邨、陈际程三委员晋京，向国府、行政院、外交部、交通部三次请愿，请求继续向日政府提出严重交涉，务达赔偿一切损失，并废除不平等条约，撤废领判权，取消外轮航行我国领海权。该代表等已于前晚搭京沪夜快车晋京。兹录该会请愿呈文如下：

呈为"新康"轮船被撞沉没，迁延不决，将及两年，被难家属痛苦万状，恳求体恤下情，继续向日本政府提出严重交涉，务令赔偿一切损失，以维国体，而重民生事。窃招商局"新康"轮船于十八年七月二十一日在山东成山角洋面被日本邮船会社"龙野丸"冲撞沉没，溺毙船员、搭客六十七人，损失货物财产二百余万，所有一切详情节经呈请钧座在案。查"龙野丸"恃其体积既大，速率又高，遂致驾驶忽忽，不遵航线，摧残我航业。若竟长此迁延，悬而不决，匪特死者含冤于海底，生者抱痛于人间，而狼子野心益将肆无忌惮，封豕长蛇，贻害更不知伊于胡底。国权民命，其谓之何？现此案虽已在法律进行中，而领判权未废，日人固有恃无恐，解决之期诚不知何年月日。家属等含苦茹辛，痛定思痛，用敢不避冒昧，续推代表朱晓云、祝又邨、陈际程三人，诚惶诚恐，趋谒崇阶，赤诚赤心，提出请愿。务恳钧座俯察下情，迅予继续向日政府积极严重交涉，务令赔偿生命财产一切损失，以安死者海底之冤魂，而慰生者无涯之悲感；并祈遵奉总理遗教，俯顺全国舆情，本大无畏之精神，废除国际上一切不平等条约，撤废领判权，取消外轮航行我国领海权。党国前途，实深利赖。临电不胜迫切待命之至。〔下略〕

（1931 年 3 月 23 日，第 10 版）

"新康"惨案交涉，蒋拟接见请愿代表

〔南京〕"新康"轮被难家属会请愿代表朱晓云等，连日赴府院部各机关请愿，蒋主席定二十五日上午九时在国府接见，交、外两部对该案均允继续交涉，外部已列入对日交涉案内积极进行。（二十四日专电）

（1931 年 3 月 25 日，第 6 版）

"新康"被难家属请愿

〔南京〕"新康"被难家属会代表朱晓云等，二十五日至国府请愿，由参军长贺耀组代见，当接受请愿意见，允即转陈主席，令饬主管机关切实交涉。该代表等当晚回沪报告。（二十五日专电）

（1931 年 3 月 26 日，第 6 版）

"新康"被难会请愿代表回沪

——结果圆满

"新康"轮船被难家属会因案悬不决，特于日前公推代表朱晓云、祝又郢、陈际程等三次晋京请愿。兹悉该代表等已于昨日回沪，请愿结果颇为圆满。蒋主席对于此案极为关怀，特谕参军处贺军长于二十五日上午九时代见请愿代表。当由代表陈述一切，请求国府消极的谋本案之迅速解决，积极的废除不平等条约，撤废领裁权，取消外轮航行我国领海权。贺参军长一一接受，允转呈主席核办，静候解决。外交部由亚洲司长胡世泽接见，胡司长宣示中日间交涉案不下二十余件，对于本案决上遵国府命令，下顺招商局及被难家属意见，积极严重交涉，务求满意解决；关于诉讼问题，因招商局未曾呈报到部，其经过情形无从知悉，容当令行该局具报，以凭核办。又，交通部航政司长蔡培对请愿代表表示，交部对于本案决仍照前定交涉方针，积极进行，务求贯彻；至取销外轮航行我国领海权，当与外交部协商进行。闻该会定于日内召集大会，报告一切，并讨论交涉进行办法云。

（1931 年 3 月 28 日，第 10 版）

交通部对"新康"案批示

"新康"轮船被难家属会日前呈请交通部继续向日方交涉，责令赔偿一切损失，并取销外轮内河航行权。昨奉交通部第三七七号批示云：

> 呈悉，查此案前由招商局向上海特区地方法院提起诉讼，已属司法范围，业经检同副呈咨请司法行政部，转饬上海特区地方法院知照。至关于取消外轮内河航权各节，本部亦经会同外交部详细筹议，合行批仰知照。此批。

（1931 年 4 月 1 日，第 12 版）

"新康"被撞案交涉近讯

——交通部训令家属会

"新康"轮船被撞一案，迭经被难家属会呈请国府，向日方严重交涉，责令赔偿一切损失。日前曾奉交通部批示，谓该案前由招商局提起诉讼，已属司法范围等因。昨被难家属会又奉到交通部第一二九六号训令云。

（1931年4月14日，第12版）

"新康"被难会诉讼进行

少数家属踪迹不明，

登报广告来会报告。

"新康"轮船被难家属会于昨日下午开委员会议，首由常委朱君报告一切会务经过及与法律顾问吴经熊、盛振为两律师接洽情形。次讨论关于诉讼问题，一切手续均已由吴、盛两律师准备齐全；惟因各被难家属人数既多，籍贯各别，被难以后因案悬不决，或回原籍，或处穷乡，或迁居别地，或谋生他方，其仍在上海或上海附近，来函催询进行，或亲来接洽会务者虽有大半，而尚有一部份被难家属则踪迹莫名，音讯不达；律师代理诉讼，应由全体被难家属个别签具委托者［书］；兹查签名委托者虽逾半数以上，而少数家属因迁居关系，尚未具备此项手续，致律师诉状为顾全全体法益起见，迄未进递；但诉讼法定有效期间行将届满，自应积极进行，以免自贻伊戚。经各委员讨论之下，议决即日遍登各报广告，限在外埠及迁居异地之各家属于三星期内来会报到，备办签具委托律师手续，以一资成，而免偏颇。末议其他进行事宜而散。

（1931年6月10日，第14版）

"新康" 轮船被难家属会紧要通告

为通告事：本会前因本案交涉事实上非外交方式所能解决，故决定与招商局取一致行动，改用法律手续与对方相周旋，并经延聘吴经熊、盛振为两律师为法律顾问，委托代表全体被难家属，代理一切诉讼，向上海特区地方法院提起控诉，依法请求判令赔偿损失。惟查律师代理诉讼，应由全体被难家属个别签具委托书，其已签名委托者虽逾半数以上，但尚有少数家属或回原籍，或处穷乡，或迁居别地，或谋生他方，音讯不通，函电莫达，殊与本身利益有绝大影响。兹因诉讼法定有效期间行将届满，本会为顾全全体被难家属法益起见，为特登报紧急通告，务望远在外埠或迁居异地之各家属，限于三星期内来会报到，备办签具律师委托手续，以便即日进递诉状。事关本身利益，幸勿迟延自误，是为至要。特此通告。

会所：上海北京路德丰里五三八号。电话：六三八五二。

（1931 年 6 月 11 日，第 6 版）

"新康" 被撞案将有发展

招商局 "新康" 轮船被日轮 "龙野丸" 撞沉一案，迄今将及二年，交涉毫无进展。被难家属会自延聘吴经熊、盛振为两律师为法律顾问兼诉讼代理人后，关于法律上一切事宜，早经吴、盛两律师准备齐全，惟因被难家属人数过多，籍贯各别，致委托律师手续迟未能齐备，诉讼进行因之未见积极。日前该被难家属会登报广告，知照迁移住址及踪迹莫明之家属限期来会报告后，连日各家属纷纷亲向该会报到，共计被难者有二百零五人之多，均已分别签具委托书，委托吴、盛两律师即速依法向上海特区法院起诉，请求判令赔偿损害。被难家属会对于一切进行，会议多决，讨论再三，亦已有具体决定，日来办理各事异常忙碌。闻吴、盛两律师对于此案，因案关国权民命，决依法力争。该案沉寂已久，内将有特别发展，解决之期亦不在远云。

（1931 年 6 月 23 日，第 14 版）

"新康"被难家属已向特区法院呈诉

招商局"新康"轮船被日本邮船会社"龙野丸"撞沉一案，迄今已及二年。招商局方面，早已依据部令，向上海特区地方法院提起损害赔偿之诉。被难家属会以共同利害关系，亦经延聘吴经熊、盛振为律师为法律顾问兼代理诉讼，惟因各家属散居各地，代理律师不能一一咨询详明，故诉状迟来递进。兹悉各家属自接到家属会紧急通告后，业已先后来沪，与吴、盛两律师面洽，一切手续均已就绪，诉状及声请状业已送进。兹录诉状原文如下：

为船被撞沉，原告等惨遭伤亡，提起损害赔偿之诉事。兹将事实、请求开具如后：

（甲）事实：缘招商局"新康"轮船，于民国十八年七月十七日由沪开津，二十一日下午一时三十五分左右，"新康"轮船驶经山东角成山角洋面，被被告船"龙野丸"猛撞，约五分钟后，"新康"船即沉没。原告等为"新康"船之船员及旅客，碰撞后均被落入海中，几经浮沉海面，幸而高德才等一百三十八名旋为救起，而朱芾丞等六十七名已惨遭没顶矣。所有遭难损失清单等，另由交状附呈。

（乙）请求：为特状请钧院判令被告赔偿损失，合计洋一百十万一千八百六十二元二角七分，及担负诉讼费用，实为公德两便。谨状。云云。

（1931 年 7 月 17 日，第 14 版）

"新康"轮被撞案诉讼讯

——特区法院定期审理

招商局"新康"轮船被日轮"龙野丸"撞沉一案，迄已二年有余，交涉毫无进展，死者冤沉海底，生者抱痛人间，长此延悬，殊非慰死安生之道。招商局对于此案，早已向上海特区法院提起损害赔偿之诉，曾经数度传讯，因对方未到，案情尚无发展。全体被难家属，亦经委托吴经熊、盛振为两律师具状法院，请求判令赔偿损害，共计国币洋一百十万一千八百六十二元二角七分，并负担讼费。法院据状后，以事关重大，兹已定于本月十五日上午开庭审讯云。

（1931 年 8 月 7 日，第 14 版）

各团体关心"新康"轮被撞案

——被难家属召集紧急会议

"新康"轮船被难家属诉日本邮船会社赔偿损害一案，上海特区法院已定于本月十五日上午八时，在第九法庭传集原、被两造讯问。各被难家属，以两年以来一切善后毫无眉目，物质上、精神上所感受之痛苦非言语笔墨所能形容其万一。今幸吴经熊、盛振为两大律师，以国权民命为重，慨任义务代理人，特区法院不日即将开审，本案至此，始告一小段落。将来关于慰死安生各项问题，胥赖法院之秉公审判，严厉执行；同时并须全国民众一致奋起援助，始可令日人就范。旅沪被难家属，已定于十二日下午一时召集紧急会议，讨论进行。闻本埠各工商学团体对于此案极为注意，法院开审之期，届时亦将派代表观审云。

（1931 年 8 月 10 日，第 14 版）

"新康"轮被撞案昨开审

被告日邮社未到，

诉讼救助具保证。

招商局"新康"轮船前年被日商"龙野丸"撞沉一案，其被难家属高德才、朱晓云等二百零五人，诉日本邮船会社赔偿损害一百十万一千八百六十一元二角七分一案，上海特区法院于昨日上午八时，由李谟推事，开第九法庭讯问。被告方面无人到案，原告延吴经熊、盛振为律师代表，各家属及各团体出庭傍［旁］听者，为数甚众。首由盛律师陈述一过，次传原告朱晓云等讯问。关于讼费问题，原告及代理律师以各被难家属自遭逢不幸以来，死难家属之生活几已陷于绝境，其幸而遇救者，完全财物飘流，仅以身免，现在且大多失业无依，日常生活维持尚感困难，实无余力可以筹措讼费，请求体恤下情，准予诉讼救助。推事当谕本案性质，非普通民事可比，中日条约虽已期满无效，但事实上颇有问题，救助一点，自可照准，惟须另具妥切保证，证明各被难家属，确系无力缴纳讼费全部或一部，判令被难家属负担时，担保其设法措缴。原告及代理律师允即遵谕办理。至此宣告退庭，定期再讯。闻各被难家属，拟请上海航业公会主席虞洽老保证一切云。

（1931 年 8 月 16 日，第 20 版）

"新康"被难会委员会议

"新康"轮船被难家属会于昨日下午开委员会议，常委祝君主席，讨论：（一）倭兵大举侵略，暴戾恣睢，令人发指。本会同人为日帝国主义经济侵略下惨被蹂躏者，对于抗日救国运动，尤应格外努力，誓死反抗。议决：（甲）通告全体家属，并转告各亲友；（乙）不买卖日货，不运乘日船；（丙）不服务日人；（丁）不通用日币。（二）本案诉讼，自传讯一次后，迄无动静。议决：向法院催讯。（三）本案诉讼救助应加保证问题。议决：公推朱、陈两委，向虞洽老接洽。（四）本会职员朱汶滨，散布流言，破坏会务。议决：即行停职，倘再不知悛悔，查有不利于本会之言行，当依法究办，以儆刁顽。（五）中国旅行社代理日本邮船会社船票，有类为之推广营业。议决：函请该社，停止代理，并撤销《旅行杂志》内日邮及其他日商广告。（六）各家属请求组织义勇军，以备为国前驱，杀敌致果，同仇敌忾，具见义愤。议决：通知各该家属，径向抗日会义勇军报名加入，本会因事实关系，不另组织。（七）日舰来华示威，形势颇为严重。议决：电请国府，用必要准备，勒令日舰离华。孤寒家属，要求救济问题。议决：向各慈善机关设法。议毕散会。

（1931 年 10 月 13 日，第 15 版）

来函

径启者：本月十三日贵报本埠新闻，刊有"'新康'轮船被难会委员会议"新闻一则，内有"（四）本会职员朱汶滨，散布流言，破坏会务。议决：即行停职，倘再不知悛悔，查有不利于本会言行，当依法究办，以儆刁顽"一节，阅之不胜骇异。鄙人为名誉计，除向各方声明外，用特具函来前，伏乞贵主笔登入来函栏内，代为更正，不胜铭感之至。此致《申报》本埠新闻大主笔先生。朱汶滨鞠躬。十三日。

（1931 年 10 月 14 日，第 16 版）

"新康"轮惨案近讯

招商局"新康"轮船于十八年七月二十日下午一时许，行经山东成山角洋面，被日本邮船会社"龙野丸"冲撞沉没一案，迄今将及三年，毫无解决希望。近自一·二八沪变发生以后，中日问题，愈形纠纷，此案解决更遥遥无期。被难家属方面，因闻外间有放弃交涉之说，殊与被难家属有莫大不利，前日下午特召集全体大会，讨论此后进行办法。

（1932 年 7 月 9 日，第 16 版）

航政会议决设海事法庭

先在沪津汉粤各地，

附设在各处法院内。

各国航轮发达，组织故亦完备，遇有船舶发生重大纠纷，均由海事法庭处理之，我国尚无此审理船舶之司法机关。近年沪、汉、津、粤各地航政局，虽有船舶碰撞公断委员会之设立，然仍只限于碰撞一部分事宜，而遇航轮上发生重大事故，依然无合法机关之审理，致历年来搁置之重大惨案，若"新康"轮之为日船撞沉，死丧人命数百；"图南"轮为"长春丸"撞沉，亦溺毙旅客船员百余人；肇祸者不负责任，丧身者无由雪冤，损害者常受损失，来日方长，后患堪虑，海事法庭之组织，实为不容再缓者。此次航政会议讨论议案中，其最重要者，除收回内河航权、确定航政基金等案外，以组织海事法庭为最急切。当由大会提出，议定办法，系在上海、天津、汉口、广州、青岛等各通商口岸之重要商埠，组织海事法庭各一处。其海事法庭，决附设在各该地之法院内，庭长一职系选任熟知法律之航业专家，曾任船主五年以上者充任之；至于推事、书记等职，亦以深谙航政之法学选任之。其详细组织法则，由交通部会同司法行政部商定之。此案因急于实现，业经大会议决，呈请交部从速进行，决先在沪、汉、津、粤各地，先行组织成立云。

（1934 年 3 月 29 日，第 10 版）

三十三 "图南" 轮被日船撞沉

日轮"长春丸"昨晨撞沉招商局"图南"轮

在山东北佘山洋面，

船员乘客救往大连，

死亡员客尚未明了。

招商局"图南"轮船，行驶营口、上海间，昨晨在山东海面被日轮"长春丸"撞沉，旅客死亡颇多，详情探志如下：

日轮肇祸

"图南"轮从营口装载豆饼等回沪，先赴烟台，兼载货客，九日下午五时五十分由烟台驶出，十日上午三时十五分行抵山东海面，绕过成山角，行抵北佘山洋面时，日商大连汽社"长春丸"由上海开赴大连，适亦经过青岛，两船同航在一线内。据日轮"长春丸"船主电告，海面有雾，未能瞥见"图南"轮，仍行快车。"图南"船主姜长庆发现"长春丸"轮迎头驶来，急切避让，顾日轮速率大而又开快车，不顾前方有轮，只管开来，致"图南"轮船身猛受碰撞，遂致立即沉没。

"图南"沉没

"图南"轮载重一千四百八十二吨，船龄已有五十二年，"长春丸"载量三千余吨，且为新船，猛撞之下，"图南"船体即行破裂，海水狂冲入船；且又时值深夜，船员、旅客除工作者外，余均在安睡中，突然被撞，祸起意外，更以撞处破坏其巨，无法抵御，船身立时下陷，甚至船上无线电员竟不及发电求救，即行下沉。闻被撞至下沉，为时仅数分钟。

救起员客

"图南"轮被祸后，日轮"长春丸"即协同助救，当被救出者为船主姜长庆、大副孙作人、二副叶金泰，以及轮机长、大车等；高级船员中，仅一、二车陈某失踪，大致已经丧亡；海员方面，火夫救起十人，水手救起十一人及西崽二人；业务部方面，救起二十人；旅客方面，共救起十八人。以上救起之人，统由"长春丸"轮载赴大连，再行设法回沪。

无线电讯

上海海岸无线电台，昨接无线电消息，招商"图南"轮船被日轮"长春丸"撞沉，电文如下：

今晨（十日）三时五十分，"图南"轮船被日轮"长春丸"所撞，"图南"于上午九时二十分沉没。闻救出水旅客共七十人，死一人。"图南"现已沉入成山头附近水底，该处在威海卫附近，距青岛约一百五十英里。

死亡未明

"图南"轮此次由营口经烟台来沪，除满装客货之外，两处所乘来沪之旅客亦不少，但总数若干，沪上尚未能得悉。所可知者，除当场救出之十八人外，其中不及逃生而随船溺毙者，旅客中亦有不少。昨日，招商局在十二时以后，只接到"长春丸"船主发来无线电一通，报告"图南"在雾中为"长春丸"撞沉，并述救起之人数。该电由本埠法租界顾家宅无线电台接得，而转送至局中者。至下午，船主姜长庆亦有一电报告招商局，报告"图南"在北佘山十七号处为日轮撞沉及救起之人数，现赴大连，并未述旅客丧亡数额。

局方电询

昨日午后，局方得报，已发出电报多通，分向烟台、大连分局探询，并命设法协助救护。至三时以后，又委托顾家宅电台代发无线电，探询姜长庆，命报"图南"失事之详情，至深晚犹未得复，今晨当可有详细报告来沪也。关于"图南"失事事，已令船务科负责办理。

"图南"历略

查"图南"轮载重一千四百八十二吨，长二百五十二尺四寸，阔三十六尺一寸，深十九尺二寸，造自一八八一年 Newcastle 之 Palmers 厂，至今已历五十二年。此次船中载货颇多，均为豆饼等项，船货等项之损失至少在五十万元以上，而船壳则向肇泰保有平安险三万六千两。昨日，该局已报告保险公司矣。关于船员、海员等被难损失，将依历届成例办理。

（1933 年 7 月 11 日，第 12 版）

"图南"轮乘客、船员百余人无下落

〔大连〕昨晨"图南"船在山东海滨外与"长春丸"互撞沉没，现恐丧失生命甚多。"长春丸"已于今日驶入本港，左舷有一巨洞。据最近检点，仅救起八十九人，尚有搭客与船员一百六十八人不知下落。"图南"船唯一外人为南斯拉夫女子赫里巴克夫人，年三十三岁，今日在医院中语路透访员，谓渠初攀于一已覆救生艇，继易一浮水之门，卒乃攀于"图南"船之梯，处水约十小时，始遇救；渠尝见一中国船员，挟二救生圈，渠图分得其一，该船员竟欲击之；又称，两船乃在浓雾中相撞，渠为"长春丸"救起时，气力已竭云。（十二日路透社电）

（1933 年 7 月 12 日，第 8 版）

"图南"撞沉续报

船员、旅客救出八十七名，

现洋二十万元随船沉海。

招商局"图南"轮被日轮"长春丸"在山东成山角海面撞沉，船员、旅客丧亡甚众，已志昨报。昨得续讯，再志如下：

被难船员

"图南"轮被撞，正在深夜，而下沉又快，故船员中多有不及逃出，因而随船溺毙者，亦属不少。死亡船员，昨据该局确切证明者，计为二车郑金生，管事赵永基，余为舵工一人，管事部西崽六人，海员部水手五名，生火六名。以上二十名尸体，尚未据报捞到。此外茶房、旅客丧亡总数，亦未接报告，恐搭客被难较船员尤多也。

获救名单

经"长春丸"轮当场救起之船员、旅客，昨经姜长庆电报到沪者，计有八十七人，内船员部为船主姜长庆、大二副孙作人、陈福沄、黄宝才、孔信贵、陈国雄等六人；水手部为张孝全、余炳生、周兴才、傅阿生、袁燕子、孙阿渭、王云根、周根富、孙阿廷、袁二号、王宝才、明照、杨日凤等十三人；生火部为应炳生、邱福顺、张福昌、郑雨顺、周子成、钱中华、胡保福、陈长根、张阿发、陈阿小等十人；干事陈阿毛、孙梅堂等二名；业务部为邵景尧、周鸿禧、王玉苏、李阿法、李阿明、何阿庆、王怀炳、杜同义、陈荣聊、王福全、王升夫、李志成、徐阿章、罗文夫等二十二名。搭客之救起者，计为西人海伦、Hribar、Hel；华人邱志英、孔孝三、唐氏、杨氏、钟惠新、姜国基、刘孝福、马照荣、李福梓、唐子平、叶阿毛、范宣衡、葛顺福、谢石干、爱四、戴顺定、修仑、李昌奎、王鸿先、刘牲根、杨志宇、李哲民、郭嘉衡、胡景泉、赵洪德、苏如林、陆相林、杨凤池、曹鸿宾、梁鳌芝、高瑞寨、董传贤、娄茂桐等三十四名。

派船捞救

招商局昨已急电烟台分局，迅令在烟台就近派轮两艘，赶赴北佘山海面一带附近，搜查有无落水后待救之船员、旅客；并轮中之溺毙者尸体，或有浮出海面，统令代为打捞，摄影待认；如有续救之员客，即由烟分局设法资送来沪。昨日烟台分局复电，已经遵办矣。

邮件沉失

"图南"此次沉没，因时间甚速，船内物件悉未取出，甚至船员亦仅逃一光身。在烟台开出时，该处邮局有普通平信邮袋七十三件、快信邮件四袋，另有印刷品邮件两袋，共七十九袋，一并随轮沉没。昨日局中得报，已将此意函告本埠邮务管理局查照矣。

货物损失

"图南"轮船在营口所装来货，杂粮一千四百六十余件，大豆饼一千四百件，豆油三篓，另外不少杂货。烟台加装来沪货亦不少，全行沉没。该处海底甚深，打捞甚为不易，该局昨已函告本埠提货各客家矣。

巨款沉海

九日，"图南"轮从烟台开出时，该埠某银行分行，有现洋十九万五千元，分装三十九箱，每箱五千元，交"图南"装运来沪。讵料船被撞沉，此批巨额现洋，亦随船沉入海底。沪上某银行得讯，已急电东北海军，派舰前往沉轮处保护，一面商议设法打捞，将该款从海底起出，以免损失。

去函交涉

"图南"为"长春丸"撞沉，救出船员、旅客，昨日已安抵大连。该局昨日去电，令船主姜长庆率领各船员、旅客等，速即来沪，即命乘大连汽船动身。局方又致函大连汽社，述明"图南"中救起之员客，速令乘贵社船回沪，但各人之旅费等项，应由贵社担负云。预计被难救出之船员、乘客，约二日内即可□□。

善后问题

据该局负责人语记者，船员□亡者，仅有一部份查悉，究竟丧亡若干，尚未得知，即旅客运□被难者，局中亦未详悉，须俟姜长庆返沪后，方可明白。关于被难之善后，如抚恤等项，局中有成例可援，届时当不生问题，而撞船之责任问题，最关重要，候船员返沪讯明后，再定交涉步骤。局中已将"图南"沉失状况，电京报告交部矣。

日轮修理

"长春丸"与"图南"猛撞，其船头部亦已损坏。昨日该轮特发电报来沪，谓"长春丸"轮在大连卸去货客之后，便即入坞修理，不能即时开航，预计须停班三次，约二十一天，方可修理竣事，始得再开。"长春丸"有四千二百六十吨，速率又巨，去年此时，该轮在烟台口外曾触礁横倒，经两个月之捞救及五个月之大修，方克重行复班，乃行驶未久，而又肇巨祸也。

（1933 年 7 月 12 日，第 12 版）

"图南"轮被撞案

旅客百五十一人中仅三十五人得救，其失踪之百六十八人现尚不知下落。

〔大连〕据"长春丸"某职员称，"图南"轮失事后，该轮水手百零六人中有半数遇救，而旅客百五十一人中得救者，仅三十五人而已；其失踪之百六十八人，尚不知下落，或有一部份为前往失事地点寻觅失踪者之三日轮所救起亦未可知。（十二日路透电）

〔大连〕今日此间对外传"长春丸"与"图南"轮相撞时，日水手五人被抛入水中之说，已加否认。据日本官方宣称，当两轮相撞时，日船中所有人员并无失踪者云；至于"图南"轮上失踪之旅客及水手等百六十八人，仍无下落；"长春丸"所救起之八十九人，已于日昨抵大连，其中有"图南"轮之船长、大二副、电报司机生及外籍旅客赫里巴克夫人云。（十二日路透电）

（1933 年 7 月 13 日，第 3 版）

"图南"轮遇救人员转"新丰"轮来沪

十五日可到

日轮"长春丸"遇雾后，即开快车，及驶至山东成山角地方，向"图南"轮猛撞，当时"图南"轮仅二十分钟，引擎间等即下沉，及至九时二十分，完全沉没。高级船之遇救，因"图南"自遇雾后，高级船员均在舱面预防。至于舱内之船员，如中舱、理货等工人及旅客，大都不及逃出，致多溺毙。至于船员之遇救及生死不明者，兹经探录如下：中舱部共二十二人，遇救者李志成、王福兴、王生福、程山、沈吉林、顾银宝、徐阿祥、沈章文等八人，生死未明者庄阿宝、夏阿毛、唐忠志、孙阿唐、张阿元、张宝林、许正元、戚芝生、严南生、蒋贵荣、王福、沈永泉、叶光荣等十四人；管事部共九人，遇救者陈阿毛、孙梅堂两人，未有下落者赵永基、陆庆华、徐庆和、王瑞兴、王炳南、陆阿祖、汤华成等七人；生火部共十四人，遇救者应炳生、邱福顺、张福昌、郑雨顺、周子成、钱中华、胡宝福、陈长根、张阿发、陈阿小等十人，未明者桂阿毛、萧阿有、李阿才等四人；理货部共十九人，遇救者李阿明、李阿发、杜月义、王怀斌、陈英庆、何阿庆六人，失踪者陈志义、王根甫、周达顺、虞宝连、张荣甫、傅吉林、顾守元、裘和尚、高才顺、孙玉发、章瑞鹤等十三人；水手部共二十一人，遇救者张孝金、杨阿义、毛金堂、俞良友、孙阿定、孙即会、周根富、袁燕子、俞炳生、傅阿生、周新财、张阿新等十二人，不明生死者贺月定、张阿新、郑德贵、庄文德、韩阿四、金才甫、龙山等十人；驾驶员全体商船轮机员，遇救者大副孙哲人、轮机长黄宝财、二管轮孔信贵及火夫十人，未明者大管轮郑任生及火夫六人。总计不明生死者六十四人。

汇款救济

招商局总局昨晨接大连汽船会社函称，"长春丸"于七月十一日上午十时半抵大连，船上带有被救"图南"搭客三十六人、船员五十三人、尸首一具。前晚接大连代理处电告遇救旅客、船员抵达情形，已派员照料，速由沪汇款前往照办，招待等一切费用。总经理刘鸿生于昨晨电汇大连代理处接济，并饬将遇救之旅客、船员设法赶速转沪。

转轮来沪

招商局以"新丰"轮于本月十二日由天津驶沪，总经理刘鸿生于昨晨拍无线电与"新丰"，饬速湾大连，将"图南"遇救之船员及旅客转载来沪。奈因山东洋面适遇大风，深恐被阻，于下午一时，再拍有线电至天津分局及大连代理处，饬转载"新丰"轮来沪。至于"新丰"轮定本月十五日午后抵沪，停泊金利源码头。又一消息谓搭"天津丸"来沪，十六日可到。

（1933 年 7 月 13 日，第 13 版）

航政司长来沪彻查"图南"轮案

详查该案责任问题，

再向日方严重交涉。

招商局"图南"轮被日本大连会社"长春丸"撞沉后，交通部方面，昨日特派航政司长高廷梓来沪，彻查该案发生之责任问题，俾向日方提出严重交涉。昨据高氏对人表示，此次"图南"轮被撞沉，在轮船本身损失固尚有限，而船员、乘客等生命及今后中国航轮之安全等，实为一极严重问题；故交部方面特派本人来沪，彻底调查，如责在日轮，决定招商局提出严重交涉，以重海航生命；至被难船员之姓名人数，刻已调查清楚，共计船员五十六人，失踪者为二十九人；搭客死亡人数及损失，刻尚无从估计，须俟"天津丸"到沪后，方可确知；此次不幸事件，就现在调查所得，应由日轮"长春丸"负责；盖"图南"轮被撞地点，系在离青岛不远之山东洋面，当时"图南"轮对天津航线为一直线，而"长春丸"则为斜行线，其为"长春丸"错行航线所致无疑；至详细情形，亦须俟被难船员到沪询问后，方可明了云。

派员照料

"图南"轮救出被难船员及旅客八十九名，准乘大连汽社之"天津丸"轮来沪。该轮于昨日午后一时从大连开出，先湾青岛，再来上海。昨得电讯，"天津丸"定明晨七时至上海，被难人员均在黄浦码头上岸。昨日招商局已派定局员等八人，于明晨到码头照料，同时又令均安会设法暂行收容各水手、生火，旅客则由钱铭树等照料，届时统须到埠候接。

打捞沉款

船内三十九箱银块及元宝，价值在二十余万元，系本埠交通银行在烟台装来，不幸亦沉没海中。惟该项银宝等均保有平安水险，现在承保之保险各公司，已经议定进行打捞手续，并查询"图南"失事处之海面约深五十至六十尺，故于打捞银箱，尚可进行。

（1933 年 7 月 15 日，第 13 版）

"天津丸"载"图南"员客今晨七时可到

——停泊黄浦码头，局方派员照料

招商局"图南"轮被"长春丸"撞沉后，遇救船员、旅客由大连搭"天津丸"，定今晨七时抵沪，招商局派定专员赴码头招待。兹志详情如下：

今晨抵沪

"图南"轮遇救船员五十三人、旅客三十六人，由大连搭大连汽船会社"天津丸"来沪。昨据大连汽船会社发表，"天津丸"准今晨七时抵沪，停泊杨树浦路黄浦码头。招商局总经理刘鸿生，已指定均安会励瑞根及局员徐福生等八人，赴码头照料，并发维持费，暂行安置。中华海员工会，已派王永盛等赴码头招待。

严重交涉

招商局自"图南"轮为"长春丸"撞沉后,即派汪秘书向大连汽船会社初步交涉,讵大连汽船会社竟函复不负责任。今交部高司长已抵沪,决俟今日船主姜长庆详细报告后,将于星期一(即明日)再提出严重交涉。至于溺毙船员总数,今日可明了,但旅客总数,仍无法查明。

工会表示

中华海员工会筹备委员会昨日举行第三次委员会议,对于"图南"轮此次在山东洋面为日轮"长春丸"撞沉一案,迭据调查科及上海海员工会临时指导委员会报告,认为案情重大,异常愤慨,当决定下列五项办法。㊀函招商局,关于被难人员及死难家属之一切善后处理问题,应由该局派正式代表与该会会商办法,其救济办法约有四点:(1)被难死者,应根据国家法令,从优抚恤;(2)被难死者子女教育费,应津贴至中等学校毕业为止;(3)被难船员,生还者应按名照损失数目优予赔偿,在失业期间,每月工资仍须照给,中舱、茶房一律待遇;(4)被难失业船员,应设法安插位置,各轮遇有缺额,应尽先录用。至此次到沪被难人员之招待事宜,应由该局妥慎办理。㊁电外交部,提出严重交涉,应达到赔偿损失及保证以后不再有同样事件之发生,以维航权。㊂派调查科主任王永盛代表该会,至码头宣慰抵沪被难员工。㊃通令本市各海员团体,关于本案,现已由该会负责办理,不得再有单独行动,以一事权而利进行。㊄通告被难工友及死难工友家属,即日来会登记,以便总计损失数量,根据交涉。又,该登记处即日业已组织,为便利进行起见,仍附设外滩路六十号航海联义会该会临时办公处。

党部要电

海员特别党部筹委会致交通部、外交部函云:

> 径启者:查招商局北洋线"图南"轮在山东洋面被日轮"长春丸"撞毁沉没,变起仓卒,损失綦巨,旅客航员丧生至夥。依照海上公约以及航海惯例规定,应由海难之造祸者负责赔偿一切损失,"图南"事件自不能例外。为此函达贵部,迅予查明损失实况,立向日方

提出严重交涉，责成赔偿，俾明责任，并利善后。特此函达，即希查照办理见复为荷。此致交通部、外交部。

（1933 年 7 月 16 日，第 13 版）

"图南"轮遇救船员、旅客昨晨抵沪

"天津丸"载来六十五人，

溺毙人数一百十七名。

招商局"图南"轮被日轮"长春丸"撞沉后，救起之船员、旅客，已于昨晨搭"天津丸"抵沪。招商局总经理刘鸿生、航政局长朱耀庭、交部航政司司长高廷梓等均到码头照料，昨日共到船员五十四人、旅客十一人。兹将记者与船主姜长庆会晤时所述遇险经过，分志如下：

派员照料

大连汽社"天津丸"，于昨晨上午七时许驶抵黄浦码头。招商局方面，在码头接待照料者，计有总经理刘鸿生，船务科正、副主任赵云台、周厚坤，招待人员钱树铭、黄旭初、朱志霖、史维俊、徐嵩岳；均安会方面，有管事丁康荣、总务主任励载臣、生火水手部主任励瑞根，并秘书顾蓉腮、徐慎卿等及业务主任徐友赓等二十余人；另有航政局长朱耀庭、交部航政司长高廷梓等亦到码头视察一切。

码头哭声

"图南"各船员、水手、生火以及中舱部人员眷属并旅客家族人等，得闻被难员客可以到沪，故破晓即到黄浦码头守候。及至"天津丸"到埠，靠停码头，时已八时，普通旅客及接客各人，先经巡丁等禁止入内，而令"图南"被难船员及旅客六十五人先行上岸，有水手周志成，因逃生时足部轧伤，不能行动，由人背扶登陆，生火部应炳生等十人，水手部张孝金等十四人，管事部两人，船员六人，中舱部二十二人及旅客十一人。上陆后，其家属一见生还，无不惊喜；其余被难未归者，其家属知已绝望，即在码头放声大哭，斯时一片哭声，惨入心脾，即一般往迎者亦多为之堕泪。

慰问船员

各船员等上陆后，除船主姜长庆及大、二副等六人由总经理刘鸿生派车接到其家，询问"图南"轮失事原因，高廷梓、赵云台等同往外，生火、水手等二十六名，由均安会派卡车四辆接到会内，各发纸烟、手巾、扇子等项，并由励瑞根一一为之登记。九时半，共摄一影永留纪念。十时十四分，刘鸿生偕高廷梓，又同到均安会，亲自向各海员慰问，并由刘每人发给洋六十元，以作暂行费用。十时半，各人回家。中舱部被难工友三十二人，由业务主任沈友赓接往亚洲旅社。今日上午，各人仍须到会，磋商善后办法。关于被难死亡船员等抚恤问题，均安会将照以前成例，每人请局方抚恤五百元，存储银行，至确实证明死亡时，即予支领。

会议善后

刘鸿生昨晨在本宅，与高司长、船务科正、副主任，并被难高级船员姜长庆等六人，于听取姜等报告后，即协议此案善后办法及向日方交涉进行手续，至十二时半始散。姜船主等当赴驾驶会午餐，记者亦在座。姜君言"图南"轮今次被难，其迅速与惨状，实为前所未有，一撞之下，即两段下沉，三四分钟，船即没海，不但救济工作不及施行，即欲逃生，亦所不及，诚航界罕有之大惨剧也。

撞船状况

据"图南"船主姜长庆、大副孙作人语记者，"图南"轮于本月十日清晨一时半开过山东最危险、最难驶之成山角海湾，海面有雾，但本船并无事故发生；稍顷雾亦稍退，至三时许，雾露又重；三时四十分，船到山东半岛石岛外，约十六码海面；"图南"早开，慢车缓行，依照航海定例，速率极小，并放雾笛，亦闻彼别轮笛声；至三时五十分，在相距"图南"船首，有两字以外，"图南"船主立发回声，令"长春丸"侧让；顾日轮来如飞奔，"图南"汽笛方拉，而日船红灯已发见，"长春丸"船头已向"图南"右舷第二舱突然猛撞，但闻轰然一响，"图南"已被日轮从船主楼起切成两段，立时沉没。据姜、孙二人言，历来撞船未有如此之速快，而一撞两段者，其惨状更有不堪陈述也。

被难惨剧

船上全部船员及旅客，共有二百人以上，撞碰时，多数旅客已入梦乡，水手及中舱部人员亦皆安睡。当被撞成两段之际，姜长庆从船楼上跌下，压入船楼之下，大副孙作人与水手、生火等，在舱面者共有二十人。"图南"被撞断后，自船头至第二舱切为一段，立向海内下沉，仅三分钟，便即沉失。其船头部沉下海内时，被海浪冲卷，片刻船底向天；"图南"之后半身，自第三舱至后尾一段，霎时稍尾直立向天。此时"长春丸"轮，仍向前进，并未停车止开。惟在掉〔撞〕船之时，日轮与"图南"成一线并行势，船主姜长庆与大、二副等，均不顾死活，奋向日轮跃去。姜则两手扳住"长春丸"之船洞，大、二副及生火、水手等十九名，则跳上"长春丸"，跌在甲板上者有之，扳住巴门边者有之，故无一人不受伤。又有在上层台甲之搭客八人，亦在相撞后，冒险跃入日轮内。各人在"长春丸"回视"图南"，已经沉没，盖距撞碰，不过四五分钟也。

监视救援

其不及逃出舱面及在卧室内各船员、旅客眼见其随轮下沉，"长春丸"此时并未停车，但姜长庆等要求，请其放舢板，救捞被难员客，日人始令"长春丸"停航，放舢板多艘，由姜等监视下，驶往助救。其时满海均抛满船内散篓之水果、破桶之油与盐鱼。追舢板至石岛海面，"图南"已无形踪，有多数船员、乘客，在海面扳住木板及其他物件而飘流于海浪中者，乃得陆续捞上舢板，送入"长春丸"船上。在海面捞起之人，个个赤体无衣，盖在卧室内落水者；又个个受伤，系在海内被涛浪挟卷之木板零物等击伤也；内有理货部一人因受伤过重，救起后即死，刻已在大连收殓矣。

死亡人数

记者复询姜船主究竟丧亡员客若干，据姜君言，船员内救出五十四名，死者二车一人、生火四人、水手九人、管事六人，中舱部共死三十二名；旅客方面，据买办部分报告，购票搭客之可以查考者，计一百零一人，而救起者共三十六人，则溺死者为六十五名；其他未购船票，而为茶房等私带黄鱼之客（即不买票之乘客，为茶房生意之一种，曰"带黄鱼"）共有若干，今茶房多数死亡，更无从查知矣；按报告死亡总数，则为一百十七人也；而由"长春丸"救到大连者，共计船员五十四人，旅客三十六人，合计为九十人云。

拒绝签字

"长春丸"载此被难救起员客九十人往大连时，该船主在途中，忽代姜长庆拟就两船相撞之报告书，计一分［份］为"长春丸"报告，一分［份］为"图南"轮报告，其报告书用日文写。拟就后，"长春丸"船主乃令姜长庆签名，盖预备送交大连海关及海事法庭与大连汽社者。姜船主以此事关系重大，岂可由日人片面代拟报告，当即拒绝签字，谓本人不识日本文字，对于报告中作何语，均所不知，未便贸然签字。日人一再要求，姜乃绝对不允，结果未签。及十一日上午十时，到大连后，即由招商大连分局代觅一小客栈，命此九十人居住。各人在被救脱险时，均衣履不全，旅客、水手，至有赤体者。姜乃向分局磋商借款，至十二日始凑得六百元，遂由姜氏分发每高级船员三十元，水手、生火各给五元，旅客各给三元，为购买衣履之资；同时又电沪局请汇三千元到连，以便购票回沪。

旅客四散

救起旅客三十六名，到大连后，有多数不欲到上海，即在大连给资遣散，当有二十一人自大连赴牛庄，又有一人赴烟台，另有三人则留居大连，不再来沪。姜船主因十二日晚，沪局电汇二千元款项已到，即行发给，每名川资三元，另用三元，送各人上轮而去。至于随同来沪之十一人旅费，统由局方购买。姜长庆在大连与日轮社磋商，讵大连汽社不允免费送沪，结果以一千四十元，购得船票六十五张，乘来上海。此十一客中，有女客两名，昨晨抵沪后，经局方各给每人川资两元，令其自行归家。姜船主在大连下轮时，又补给生火、水手等各船员，每人费用十六元。

二车被难

又据被难救起某船员言，二车郑金生，本可逃生，渠仗自身熟谙游泳，乃于"图南"撞成两截后，渠因卧室内有现款、衣服等尚未取出，故重又入船；初不料一入船内，竟无法再出，盖沉轮时，水有吸力，总［纵］能游泳，亦难脱逃，遂致断送生命，言之可痛。

旅客姓名

"图南"此次由大连驶沪，载货载客，较往次特别多。货物有盐七八百包，咸鱼七八百件，水果二千余件，交通银行现洋二十万元，以及其他豆饼、粮食、杂货甚多，今连船下沉。人客方面，船员约一百零四五名，获救五十三名，搭客二百十余名，遇救三十六人，除营口登岸十五名小工，其他有受伤尚在大连医院者外，昨日到沪搭客只十一名，兹查得姓名：（一）张素林，（二）刘产根，（三）陆湘林，（四）叶恩元，（五）戴松廷，（六）秦鼎臣，（七）郭元表，（八）钟惠彰，（九）夏四，（十）林氏女性，（十一）邱氏女性。总计死难在二百三十名以上。

（1933 年 7 月 17 日，第 10 版）

"图南"轮船员善后问题，招商局议决依法办理

招商局"图南"轮船被"长春丸"撞沉后，总局昨晨开会，决定船员抚恤办法，并向船主、大副等询明被撞真相，以便向大连汽船会社提出交涉。兹志详情如下：

部令办法

招商局总经理刘鸿生自"图南"轮撞沉后，即电交部报告，并请示对被难船员抚恤办法。交部曾派航政司长高廷梓来沪彻查，前日得船主姜长庆报告后，即于当晚十一时三十分搭京沪夜快车返京报告。招商局前日奉交通部训令，对于被难之船员抚恤，如法有规定，则依法办理；如法无明文规定，则照历来习惯办理。

要求抚恤

招商局均安会昨晨九时，派生火、水手两部主任励瑞根，管事部主任丁康永，总务励载臣等，要求总经理刘鸿生对于被难之生火、水手、管事三部船员，依照习惯，予以抚恤；同时轮机公会派冯玉明赴招商局，要求依法给予被难轮机船员抚恤；"图南"业务主任沈友赓，于上午九时三十分，与刘总经理接洽理货、中舱等部船员抚恤问题；均由刘总经理接见，允提交上午十时之会议决定之，并饬列席共同讨论。

决定善后

招商局于昨日上午十时举行会议，专讨论关于"图南"轮案，出席者总经理刘鸿生、秘书戚福铭、船务科长赵云台及黄旭初等，列席者业务主任沈友赓，均安会励瑞根、丁康永，轮机公会冯玉明，由总经理主席，戚

1524

秘书纪录。首由均安会、轮机公会、业务主任等陈述要求抚恤意见，当即议决：㈠对于被难之船员，生火、水手、管事、轮机等四部，依照《海商法》第六十七条规定"船员不论其为按月或按航给薪，如在受雇期内死亡者，自死亡之日起，比照原薪加给三个月薪金；如因执行职务致死亡者，应自死亡之日起，比照原薪加给一年薪金"；㈡理货、中舱两部船员，均系业务主任所雇用，应由业务主任负责办理，但为体恤业务主任计，由局给业务主任一年薪金，计洋二千四百元；㈢遇救之船员，生火、水手、管理、轮机等部，除已发给维持费外，一律再发给一个月薪金。直至上午十一时始散。

办理交涉

新声社记者昨晤总经理刘鸿生氏，据称"图南"轮遭猛撞后，立即分裂下沉，为时仅四五分钟，以致溺毙船员、旅客，甚为遗憾；今已奉部令，决照《海商法》规定办理；至于办理交涉事宜，船主姜长庆虽已报告，为明了事实计，已由船务科长赵云台等分别审讯船主姜长庆、大副孙作人等，一俟审讯完竣，再向大连汽船会社提出交涉云。

巨款打捞

交通银行所装三十九箱现银，内有五千两一箱者，有二千五百两一箱者，兹经查明，共计值洋十六万元，现已由保险公司会同银行设法打捞。又，烟台邮局所寄快信、印刷品、平信等邮件七十九袋，其中重要汇单与款洋汇票以及公文等项甚夥，亦决计进行打捞。

西妇谈话

路透社十七日大连电。为日轮"长春丸"撞毁之"图南"轮上唯一外籍旅客赫里巴克夫人，自"图南"轮被撞后，彼即堕于海内，经十小时之颠沛，始为日轮"长春丸"所救起，但膝骨已断，刻在大连本地医院治疗中。路透社记者特走访之，据彼对路透记者称："余已不能追忆受伤时之情况，惟当'图南'轮被撞时，余正由梦中醒来，其时约晨间四时，当时闻有猛烈之撞声，由其声即知船已被撞。'图南'轮下沉时极速，当余越入海内时，海水已达水槽之处。当时余并无恐惧之意，仅盼亟速离开该行将沉没之船，愈远愈妙，尽力游泳，凡海内飘浮之物，均思持之，但以风浪太大，未能如愿。其后乃攀得一沉覆之救生艇，其时余恐已失知觉，一任波浪吹动；其后又攀得浮于海面之木门，但其后均为浪所卷去。当余卧于救生艇时，有一欧亚混血儿，亦攀于船侧，但不久即为浪卷去。最后有'图南'轮之吊桥为风吹至，余与一中国青年乃攀登其上。至于如何受伤，则不能记忆，但知当时浮沉时之奋斗，一似有神力相助焉。"云云。按，赫巴里克夫人现仍在大连医院中治疗，须待其在烟台之兄弟赶来后，再为决定行止。此次赫夫人系于假期内赴烟台晤其弟，然后取道上海返国，不意竟遇此变，亦云不幸矣。

发薪一月

自招商局议决发给遇救船会（水手、生火、管事、轮机等部）一个月薪金后，昨日下午一时，由各部主任向会计科具领转发，生火、水手两部由主任励瑞根在金利源码头均安会发给，管事部由主任丁康永在大沪饭店发给，轮机部在轮机公会发给。惟中舱、理货两部，因局方认为系业务主任所雇用船员，不在此例。

航业会等

中华航业互助会（即业务主任团体）于昨日下午三时，邀集关系者开联席会议，出席者航业互助会沈华庭等、招商局理货公所傅文彬、海员分会卢荣植、"图南"业务主任沈友赓，列席者招商局戚福铭。首由沈友赓报告招商局议决善后之办法，继即讨论议决：㊀要求招商局从速解决"图南"轮被难人员抚恤赔偿等事项；㊁关于管理各船员役，报据管理原案，由局方会同有关系团体，从长计议整顿办法，解决悬案，确切实行。

均安表示

招商局均安会对于被难生火、水手、管事三部船员抚恤，要求照"新康"成例，每人五百元。今局方议决，照《海商法》一年薪水，以三部船员工资每月约三十四元八角给予一年，为四百十七元六角，与五百元相差八十二元四角；而头目、木匠等船员工资，每月约四十二元，给予一年，为五百零四元，与五百元反增四元。故决要求局方仍照成例五百元办理，否则由均安会贴足每人五百元。昨晚已派主任励瑞根，向正、副会长王晓籁、金廷荪请示办法。

海员工会

中华海员工会筹备委员会对"图南"轮案，除一面负责办理善后，一面电请外交部提出严重抗议，务达赔偿损失及保证以后不再发生同样事件外，兹悉该轮回沪被难员工暨中舱、理货各公所管事、水手、升〔生〕火各头目，以此次惨遭意外，损失重大，纷纷推出代表，向该会请求救济。该会为明了当时肇祸经过暨彻底统计损失数量起见，特于今日（十八）上午十时，假城内薛弄底果育堂巷南均安公所召集各代表谈话，综合各代表报告情形，再行根据交涉云。

轮机总会

本埠中国轮机员联合总会，自招商局 "图南" 轮被日本大连会社 "长春丸" 撞沉后，曾召集临时执委会，议决：㊀呈请交通部彻查该案发生之责任问题；㊁电请外交部对日方提出严重交涉；㊂欢迎会员黄宝才、孔信贵及各救起船员、旅客等；㊃函请招商局，抚恤死亡船员及救济救起船员；㊄通电各团体一致援助对日方交涉。前日救起船员及旅客抵沪时，该会特派代表前往码头欢迎，因错记码头及时间，未达目的。故于今日由该会常委冯玉明、蔡榆樟，委员毛锦生、黄祖更等，同赴各救起船员及会员黄宝才、孔信贵家中，分别慰问。

（1933 年 7 月 18 日，第 12 版）

"图南" 被难船员昨日付给恤金

——计船员、生火、水手、管事等，共付六千五百六十四元

招商局 "图南" 轮被难船员水手、生火、管事等，昨日已经局方发给抚恤费，令被难各职工家族具领。惟西崽中因有数人局内未列名册，且无照片，故不予给领。兹将情形分记如后：

议定付恤办法

被难船员、生火、水手、管事等之付恤办法，除经局务会议，决定照《海商法》每人给薪一年作为抚恤费外，惟于领取人员，其中是否证实死亡抑或失踪在外，日后得以生回者，应如何处理。今此事由刘鸿生召集赵云台等议定，凡除 "天津丸" 轮载来五十四名以外，其他概作死亡论，一律付予恤金；即使日后有经人救起而生回者，倘目前领取此款者，以后不准再向招商局复职。当场一致通过，即照此办理。

给恤船员名单

昨日上午，经船务科查明，死亡船员、水手、生火、管事等十六名，按照各人月薪，开单付恤一年工薪，其名单云："图南"被难船员，照"天津丸"载来无此人者为标准；高级船员、二车郑经生，月薪一百二十元，给恤金一千四百四十元；水手部舵工贺月庭，月薪四十二元，给恤五百零四元；水匠徐阿明，月薪四十二元，给恤五百零四元；水手韩阿四，月薪三十八元八角，给恤四百六十五元六角；管灯郑德宝，月薪三十二元四角，给恤三百八十八元八角；水手张阿兴、庄文德，月薪各三十四元八角，各给四百十七元六角；生火桂阿毛、徐姚法，月薪各三十七元二角，各给恤金四百四十六元四角；生火下〔水〕手李根才，月薪三十三元六角，给恤四百零五元二角；管事赵永基，月薪二十元二角，给恤二百四十二元四角；大厨司王炳夫，月薪三十元，给恤三百六十元；二司务陆阿祖，月薪十二元，给恤一百四十四元；船主西崽陆庆华，月薪十五元，给恤一百八十元；二台间西崽王瑞新，月薪十二元，给恤一百四十四元；浜达利汤华成，月薪五元，给恤六十元。以上船员一、生火部三、水手部六、管事部六，共计月薪五百四十二（元），总付出恤金六千五百六十四元，由会计处分发。

补发一月工薪

"图南"轮各船员、水手人等，无论被难与救起者，在工作上已做二十天，故要求将本月工薪补发。局方允多付十天，此事为刘总经理批准，由姜船主在上午到局，亲自开单，向局内领取。不论已死及未死之船员、生火、水手、管事，统统补发，其中死亡之船员工薪，则交给其家属领去。惟有西崽三名死亡者，因船务科所存"图南"船员名册上并无其人，亦无照相片粘存，以无法查考取证，只得不给恤金，以杜冒领之弊。

查询三人获救

据一部报载，"图南"失事后，日轮"济通丸"亦救起船员三人，已带到朝鲜云云。但局方并未有此报告，亦未据船主等陈述此事，故完全不明。昨日，二车郑经生之弟见此报载，恐其乃兄尚在人世，或救往朝鲜，犹冀将来回局复职，故不敢贸然领此一千四百四十元恤金。但询问姜船主及孙大副与其它各船员，均称未知有三人为"济通丸"救起之事。姜又对记者言，如果"济通丸"真有三人救起，势必电告"长春丸"，今大连汽社亦不知有此事，恐全出传闻。唯当时日轮"东岗丸"确救起本轮理货部职员一人，送到大连业已身亡。"济通丸"事，局方已发电查询，迄无回音，此事大致不确。

理货部抚恤费

此次"图南"轮内理货部人员，若二买办、三买办、太利梅等均完全死亡，合茶房被难者，达三十二名。局方以理货部归业务主任包办，故不允给恤，经沈友赓一再磋商，刘鸿生乃亦照业务主任薪金二百元一月给发一年，其余不敷之款则由沈自理。沈友赓现经局方改任长江"建国"轮买办，俟此事理清，便即接事，故于中舱部职员恤金，已自愿补发矣。

均安会之办法

招商局均安会励瑞根、丁康荣、励载臣三主任，自局方议决照《海商法》规定发给后，认为办理棘手，于昨晨十时向正、副会长王晓籁、金廷荪、李祖夔报告经过，并请示办法。当蒙允即视与总经理刘鸿生磋商，如不达到五百元抚恤目的，决由三会长解囊补足之，以全均安会声誉。惟所补之款，须下星期一二发给，但将来不能援例。均安会昨已正式通知生火、水手、管事三部被难船员矣。

轮机总会要求

中国轮机员联合总会对于"图南"轮被难之会员，曾要求招商局依照《海商法》办理，给一年薪水，每月一百二十元，全年为一千四百四十元，今已经总局通过。惟遇救之轮机船员，衣服行李损失，当再派员向招商局交涉，要求赔偿，并电外交部向日方提出严重交涉。昨日派常委冯玉明、蔡榆樟等，向救起之会员慰问。

工筹委会抗议

中华海员工会筹备委员会得被难船员家属之要求，主持正义，负责向局方交涉优恤，以慰死者。该会于昨日再公函向招商局严重抗议，仍请参照前议，推出正式代表与会，共同协商善后办法，以顺舆情，而慰众望。至招商局方面，昨日已派营业科栈务股五栈总稽查徐福生，一度前往该会秘书后大椿接洽。惟正式代表，尚未派出。

工筹组善后会

中华海员工会筹备委员会除向招商局提抗议外，于昨日上午十时，假城内果育堂街南均安水手公所，召集上海各海员团体暨被难、遇难家属工友各代表开联席会议，共策进行方针，计到有中舱公所代表周篋庭、卫燮生，理货公所代表马仲昆，理货部联合会代表曾善仁，怡和理货俱乐部代表王正馥，被难工友代表应炳生，被难家属代表桂德荣等，当由中华海员工会筹备委员会常委张剑白主席。议决：㊀组织"图南"轮被难工友死难家属善后委员会，推马仲昆、周篋庭、张福昌、张礼富、应炳生、张伯雅等十七人为委员，并假南市均安联善会为办公处，即日开始办公；㊁根据被难船员报告，电外交部，向日政府严重交涉；㊂对于"图南"轮一切善后问题之解决，绝对听从中华海员工会筹委会之意志，不得自由单独行动；㊃接受中华海员工会筹委会第三次会议议决案内之四项办法，进行交涉。

工指委会表示

上海海员工会临时指委会自得到"图南"失事消息后，即派员分投调查，办理善后救济事项。兹悉该会于第六次常会，即提出标准办法，去函招商局交涉，原函如下：

查"图南"轮此次在山东洋面被撞沉后，各部工友生死不明者，几及全船之半。本会负责保障领导整个海员之责，势难缄默，曾经函请贵局将该轮各部工友姓名、职务开具清单，连同拟定抚恤赔偿办法，送会参考，尚未准复在案。惟报载贵局经理谈话，对船员生死善后事宜，概由均安会登记，而死者抚恤每名亦仅五百元而已。夫各船员因迫于生计，不得已远违父母，抛离妻子，服务怒涛骇浪之中，等生命于鸿毛，一旦临幸失事，举家赖以薪资生活者，顿失凭依，悲惨情景，能不令人心伤？是以本会秉总理抚老不幼、慈祥博爱之遗志，与夫慰藉因公殒命之员工，爰于第六次委员会议决善后办法五项：㊀已死之员工，应各优给抚恤金一千元；㊁死者子女，应贴教育费至十六岁为止；㊂生还之员工，应各贴损失费洋二百元；㊃凡该局现行各轮有缺额时，应由生还者补充，嗣后如有新轮开驶，亦须尽先录用；⑤生还者在未得工作以前，应每月照给原有工资，中舱工友部亦须另给津贴（纪录在卷）。至于登记被难船员事宜，似不应交甫经党政机关明令撤销之均安会办理，而置本会于不顾，直接违背党政功令，间接摧残总理手创之海员团体。事属创闻，本会绝对不能承认，应予即日撤销，并依本会议决五项办法，妥为办理。嗣得招商局函覆，语意含糊。闻该会又在起草严厉驳复。海员工会临时指委会，除依议决向招商局交涉外，并刊登通告于该会办公处，内附设"图南"轮被难员工及家属登记处，办理登记，一面商借南市薛弄底体育堂街南均安水手联善会，为被难家属及生还员工无住所者膳宿之所，其一切费用概由该会供给。

兴华船员不幸

营口兴华轮船公司，近因在上海新购一船，行驶北洋各口岸，兹已经付给船价，特由船东委派船主及驾驶、轮机、生火、水手等各部分船员、海员等共四十人，由营口乘"图南"来沪，预备领船，回至东北。不意途中被难，全部船员、海员悉行落海，结果只救起十八名，大部分尽行溺毙〈此项〉；救起船员到大连后已折还牛庄，报告公司，候船东二次再派船员来沪领轮。

日轮拒绝摄影

"长春丸"抵大连时，招商局电令大连分局，到该轮码头，摄取"长春丸"相撞后船头破坏之照相，备交涉之根据。讵大连分局摄影时，为日轮拒绝，结果未能摄得。现由局方另行设法，已觅到"长春丸"船首撞破龙筋湾［弯］曲之照像，准备与该社进行交涉之根据。

（1933 年 7 月 19 日，第 12 版）

"图南"轮被难船员恤金昨已续发具领

——不满五百元当由均安会补足

招商局"图南"轮被"长春丸"撞沉后，总局昨日续发被难生火、水手、管事三部船员抚恤，并由均安会补足，每名五百元。

（1933 年 7 月 20 日，第 15 版）

"图南"轮善后会昨提八项条件

——理货部抚恤昨日由买办发给

招商局"图南"轮为"长春丸"撞沉后，被难船员抚恤，水手、管事、理货三部，均已领取。惟中舱、生火两部，认为不满而拒领，善后会提出条件。兹志详情如下：

提出条件

"图南"善后委员会于昨日提出善后办法八条，呈请中华海员工会筹备委员会，转向招商局交涉：一、被难死者，应根据国家法令，按照习惯人情，一律从优抚恤一千元，并加给工资三个月，以示体恤；二、被难死者，应一律赔偿损失三百元；三、被难死者子女教育费，应一律津贴至中等学校毕业为止；四、被难船员生还者，应一律赔偿损失费三百元，在失业期间，每月工资仍须照给，中舱、经货、伙夫及各部侍者，一律待遇；五、被难失业船员，应迅予设法安插，各轮遇有缺额时，须尽先录用；六、死者尸身，无论在何口岸发现，应由局方负责办理衣棵棺木，送回原籍；七、曾经党政机关撤消之均安会及破坏本会决议之励瑞根、丁康荣、王渭生，应由招商局负责撤消及停止工作；八、改良各轮设备，以固安全，并限期实现。该会据此项办法后，一面派干事张耀明、钟西桥、曾善仁持赴该局，会同协商，一面电请中央备案，并转行交通部饬令该局，克日接收遵办，以慰群望而安孓遗。

公会训令

中华海员工会筹备委员会昨训令各海员团体云：

为令遵事：查"图南"轮被难工友及死难家属善后诸事宜，本会现已负责着手办理，并经召集各代表举行联席会议决定进行步骤，组织善后委员会积极从事交涉，务达目的而已。所有本市各海员团体，应绝对遵循本会意旨，服从本会办理，以期力量集中，进行顺利，不得越权单独自由行动，致滋〔纷〕岐，而碍进行。除分令外，合再令仰该会遵照，勿违为要。切切！此令。常务委员杨虎、张剑白、林荫生。

（1933 年 7 月 21 日，第 12 版）

海工筹委会报告"图南"轮被撞经过

——昨日招待沪报界，"长春丸"错走航线

招商局"图南"轮为"长春丸"撞沉后，中华海员工会筹备委员会昨晚招待报界，报告办理经过，再派员向总局交涉船员抚恤。兹志情形如下：

交涉抚恤

"图南"轮被难船员抚恤，招商局照《海商法》办理，发给一年薪金，由均安会补足每名五百元，水手、管事二部已具领，理货部由买办发给每人五百元，亦已具领，惟生火、中舱、饭业三部拒绝领取。善后委员会于昨日下午三时，派干事张耀明、钟西桥、曾善仁等三人赴招商局，提出八项条件，由总经理刘鸿生接见，对于提出之条件，允先交常务理事审查，再提交理事会讨论，请示交通部再行答复。

招待报界

中华海员工会筹备委员会于昨下午六时，在大西洋西菜社招待各报社记者。首由常务委员张剑白报告办理"图南"轮惨案经过云：招商局"图南"轮在山东成山角北佘山海面被日轮"长春丸"撞沉后，消息传来，曷胜惨痛！敝会成立伊始，即遇此重大事件，诚属不幸之至；对此惨案发生，异常悲愤，以职责所在，遂负责办理被难员工之一切善后事宜；此案办理经过，已电呈中央及函交通部；至于详细情形，从略。

责任问题

中华海员工会发表云：兹为明了肇事详情起见，特绘图并说明之。招商局为"图南"轮，由烟台开上海，日"长春丸"则由青岛赴大连，其航线成工形。讵知"长春丸"贪走近路，并不依照规定航线行驶。至北佘山附近灯塔，用回声警告，"长春丸"为避免危险计，即掉头向东行驶，适"图南"轮于此由北向南，被拦腰截断，乃告失事。则知此案日轮应负完全责任，果"长春丸"依规定航线行驶，"图南"轮绝不致遭此惨案也。

至本会办理此案，可分二大步骤：㈠关于善后问题，待与招商局商酌办理；㈡督促外交当局，严重与日政府交涉，不能再蹈"新大明"惨案交涉之覆辙云。

（1933 年 7 月 22 日，第 13 版）

"图南"轮撞沉后招商局暂停沪营线

并与专家研究交涉步骤，

均安会昨日追悼死难船员。

"图南"轮为"长春丸"撞沉后，总局将提出交涉，沪营线暂停，均安会追悼死难船员，详情如下：

准备交涉

招商局总经理刘鸿生，对于"图南"轮被撞沉案，得船主姜长庆报告后，已收集各项关系材料与法律专家研究责任问题及理由，准备向日商大连汽船会社提出交涉。至于"图南"轮行驶之上海、营口线，决暂停驶。惟船员之抚恤，系根据交通部训令办理，今善后会之要求，决由理事会请示交部核夺。

追悼三天

招商局均安会于昨日起，在虹口通州路心安寺为"图南"轮死难船员作水陆道场三天，至二十四日截止，以追悼亡魂，并通知死难船员家属前往参加。至于拒绝之生火部船员四名之抚恤金，总计洋二千元，已暂存银行保管，待家属领取，同时登报通知前往领取，俾早结束。

（1933 年 7 月 23 日，第 14 版）

"图南"轮被难旅客呼吁

——呈请当局设法救济，严惩船主玩忽业务

招商局"图南"轮被"长春丸"撞沉后，被难船员及工友，业已分别领到恤金；对于旅客之救济，毫未计及。现闻有该轮被难旅客庄稣林、秦鼎臣、夏四、陆香林等，以虽得生还，然损失已属不赀，作客他乡，举目无亲，爰具呈船票业同业公会，代向当局呼吁，请求设法救济。当"图南"失事后，船主姜长卿及大副毫不顾及善后事宜，不将救命圈、救生衣分给旅客应用；船被撞后，前舱四五分钟，后舱约十分钟左右沉下，在被撞一刹那，该船主、大副即纵身跳入开快车之"长春丸"，显系玩忽业务；并呈请航政当局，从严惩处，以安航旅云。

（1933 年 7 月 24 日，第 10 版）

"图南"轮撞沉案当局决定处置步骤

——办理善后完竣即提严重交涉，沪、青两海员会昨均通电力争

招商局由烟台开往大连之"图南"轮，前在山东海面被日商大连邮船株式会社之"长春丸"撞沉后，即由招商局迅办善后，救济被难。兹悉交部对于此事，现已决定处置步骤两项；又，中华海员特别党部及青岛海员工会，昨均通电力请当局严行交涉，并厚恤被难。兹分志详情如下：

决定处置步骤

"图南"轮被"长春丸"撞沉后，交部据报，即派航政司长高廷梓来沪调查真相，业已将失事经过情形返部详报。兹悉交部对于此事处理办法，已决定二项步骤：第一步即令招商局办理被难搭客及船员善后，如发给抚恤等等；俟第一步完竣后，即开始第二步交涉手续，先由局方向大连公司交涉赔偿，如该公司推诿或交涉不果，则由部咨请外部向日方提出交涉。至于该轮所载货物，则当依照《海商法》规定办理，决不使客家受损失云。

海员党部通电

中华海员特别党部上海区党部筹备处昨通电云：

各级海员工会、各报馆、各团体均鉴：报载国营招商局"图南"轮在山东洋面被日轮"长春丸"撞沉，全体员工多数溺死，为状之惨，不言而喻。窃思航业同仁，服务惊涛骇浪中，遭此不幸，事实上固属无可避免。惟招商局当轴对此不幸事件之发生，理应与我领导海

员之团体机关，共筹善后，始为合法。乃该局竟将被难员工之善后事宜，完全付托已经明令撤销之均安会办理，对于死者之抚恤、生者之赔偿，复援引"新康"成例，希图敷衍塞责，似此薄待海员，草菅人命，不仅航业同仁闻之寒心，即社会舆论亦皆深抱不平。本处基于党的立场，除呈请上级党部：㈠函上海市社会局采有效方法，制止均安会非法活动；㈡函外交部向日严重交涉赔偿损失，并保证以后不发生同样事件；㈢函交通部请饬招商局从优抚恤被难员工家属外，特此通电，誓死反对招商局敷衍了事，望我全国各界，一致声援，以重民命。

中华海员特别党部上海区党部筹备处叩，马①，印。

青岛海员来电

上海中华海员工会昨接青岛海员工会临时指导委员会来电云：

上海中华海员工会均鉴：月之十日，我招商局"图南"轮船被日轮"长春九"撞沉，为时不满四分钟，死亡员客二百余人，损失在七十万以上；虽有少数人员得庆生还，狼狈余生，未获相当救济，凄情惨况，闻者寒栗。窃我年来内战连绵，外患频仍，民命几同蝼蚁，国土任人宰割，此次"图南"撞沉，造成空前未有之奇惨，未尝不因国弱民窘有以致之也。际兹境况之下，若不急图完满处置，不但死者已矣，即我生者亦将为"图南"之续。为此本会抚痛之余，敢陈办法三端：㈠请求当局查明真相，严重交涉；㈡抚恤死者家属；㈢救济生者生计，并赔偿其损失。总之，务求死者瞑目，生者安全，损失者得相当之赔偿；反之，本会谨领全体青市海员，在钧会领导之下，誓为本案后盾，一日不了，奋斗一日，务乞达到圆满目的。临电迫切，翘首待命。

青岛海员工会临时指导委员会，效②，叩。

(1933 年 7 月 25 日，第 10 版)

---

① 在《韵目代日表》中，"马"指 21 日。
② 在《韵目代日表》中，"效"指 19 日。

海员工会今日派员讨论"图南"恤金案

"图南"被难海员家族要求局方增加抚恤一事，屡次交涉，迄未解决。自局方派员与海员工会筹备会协议解决方策后，而各难友家属，亦到会内，请求援助。昨日，海员工会筹备会已经推定委员王永常、后大椿、刘劲草三人，定今日上午赴局，与刘鸿生讨论解决办法。但工会方面，仍以前提之八条为原则云。

（1933 年 7 月 28 日，第 13 版）

"图南"沉银捞运到沪

招商局"图南"轮沉没现银十六万两，已由承保该款保泰保险公司委托日本东京打捞公司设法捞起。七月十六日起，即开始打捞，后因飓风不绝经过其地，故进行甚为困难。直至二十八日，方始全数由东京打捞公司捞起，运赴烟台，已经装船来沪，今日可以抵上海全数交与交通银行。当时保泰公司，特派代表黑丁顿前往监视打捞。

（1933 年 8 月 4 日，第 14 版）

"图南"轮工友善后已告圆满解决
——海筹会拟具办法，交通部指令批准

久悬不决之"图南"轮工友善后问题，经中华海员工会筹备委员会多方交涉，于上月廿九、卅一两日，会同招商局，依遵交通部意旨，在情理、事实不抵触国家法令范围内，作具体协商。旋海筹会复拟具善后办法六条，呈请交通部核示。顷闻此项办法，极为部方嘉纳，该会昨已奉到交部第一四四五号指令批准，当即据情函达招商局遵办；一面并通知各家属及生还工友，再领恤时非由该会发给凭证，不能生效，以昭郑重，藉防混冒。兹志各情如下：

通告家属

查"图南"轮被难工友、死难家属善后办法，兹经本会拟具，呈奉交通部核准，计死难家属，每名抚恤洋六百六十元，所有损失、埋葬等费包括在内；被难工友，每名赔偿损失洋一百六十元，所有物件及失业之损失包括在内。凡已向招商局领得一部份恤金之家属仰即来会补行登记，以凭根据，发给领款证，持向招商局补领应得恤金；其未领各家属及工友，均在善后会登记，仍由该会汇行呈报，再行发给。但为慎重起见，凡非经本会发给领款证，概不能向局领取恤金。特此通告。

交部核示

查所陈办法大致尚属妥洽，兹分别改订如左：㈠船员因执行船务致死亡者，其家属抚恤应依《海商法》第六十七条之规定办理，但其工资全年不及六百六十元者，准照六百六十元支给，所有损失、埋葬等费应包括在内；㈡遇难生还船员，给予损失费一百六十元，所有物件及失业之损失包括在内；㈢遇难船员，该局遇有缺额时，准予优先录用。

（1933年8月8日，第11版）

"图南"轮交涉讯

——组织仲裁机关，进行公断责任

日船诿卸责任

招商局之"图南"轮自被日轮"长春丸"撞沉后，"长春丸"已早修竣，将船名亦改为"青岛丸"。"长春丸"船主之报告大连海事局与大汽总社，诿称"图南"轮误行航道，而图卸去肇事之责，对于撞沉"图南"死亡百数十人一案，抱定不理主义。招商局数次函致该社，总不答复，一如"龙田［野］丸"之撞沉"新康"，而以延缓手续，置之不睬，欲使无形搁置。今招商局对于"图南"沉轮，已决定放弃打捞沉失之邮件等物，已知照邮务管理局，自行设法捞取。

招商请求公断

招商局以"图南"被撞沉失，经各方面之切实调查，其责任确应由日船"长春丸"完全负担。惟鉴于"新康"归案之往事，该局决计将"图南"轮之交涉进行，归交通部办理。局中已将全案一切情形，呈送到部。兹又陈请交部，迅将"图南"被撞沉没一案，组织仲裁机关，聘请航业专家对于撞碰之责任问题，根据事实，实行公断，俾日船可昭折服；而此案公断确定之后，便得向日轮社追索全部损失。一俟交部批准，即进行组仲裁委员会。

（1933 年 8 月 23 日，第 14 版）

日轮"长春丸"撞沉"图南"轮进行公断

——理事会已呈请交部组公断庭秉公仲裁

招商局"图南"轮被"长春丸"撞沉后，日人置不理睬，而大连方面之海事法庭，且有宣判"图南"轮沉失，其咎不在日轮云云。招商局以此案久延不决，日人抱不理主义，则局方损失巨大。兹经磋商结果，决议呈请交部，将"图南"案提交公断，以明责任而谋解决。其请求公断之呈文，业经理事会呈请交部矣。兹将该案情形，分述如下：

日方片面判断

大连海事法庭现已宣布，谓"长春丸"与"图南"轮撞碰案，审讯结果，其咎不在日轮云云。此项判词已通告大连汽社，但该海事庭根据片面之声请，而便贸然宣判，在事实上殊属不合法理，当然不生效力。

迭次交涉无效

招商局在"图南"沉失以后，即调查此案之真相，经详细查究，知肇祸之责纯在日轮"长春丸"之过失，且□取得确切证据。当由该局根据理由事实，函致大连汽社，切实交涉。但数次去函，而日人乃置之不答。现在"长春丸"撞破之船头部且已修理竣事，更名"青岛丸"，照常来沪行驶大连、青岛及上海之间，而近更藉词大连海事局之片面判断，置撞沉"图南"之死亡员客沉失轮货等重大责任于不顾。

呈请举行公断

总经理刘鸿生已将此案之经过呈报理事会，要求将此案提请公断。当由理事会通过，即具呈交部，略称"图南"轮在山东成山角被"长春丸"撞沉一案，经本局切实调查，肇祸之责，应归日轮；惟该汽船会社对于本局迭次交涉置之不理，若向法庭提出控诉，不特有领判权之关系，而证于上次日邮社"龙野丸"撞沉"新康"轮案之置不理会，使法律亦难于处置；如向日本法庭起诉，更觉形隔势禁，难得良好效果；惟有举行公断，聘请公正人员，秉公仲裁，俾肇祸者负全部责任，庶损失得令赔偿。该项呈文，已经送部，俟批复即可进行。

拟在上海进行

关于公断进行，经记者向该局探询，大致在上海组织公断委员会，其委员则由招商、大汽互聘航海专家公正人若干名，组成公断庭。惟中日双方，均不得加入委员，以昭大公。由公断庭传集两造之船主、船员，秉公讯问，以断定此案之责任之所在。局方俟部批到来，便函请大连汽社即会同商聘专家并协议公断委员之名额，然后将全案移付公断庭仲裁之。

（1933 年 9 月 23 日，第 10 版）

"图南"轮船员抚恤办法

〔南京〕"长春丸"撞沉"图南"轮，交部核定伤亡抚恤办法：一、船员因执行业务以致死亡者，其家属抚恤应依照《海商法》第六七条之规定办理，但其工资不及六百六十元者，准照此条支给，损失医药等费包括在内；二、遇难生还船员，给予损失费一百六十元，物件及失业损失包括在内；三、遇难生还船员，该局如有缺额时，准予优先录用。昨令饬招商局遵办。（三十日专电）

（1933 年 10 月 1 日，第 12 版）

"图南"轮案将付公断

〔南京〕招商局经理刘鸿生将"图南"案经过提请理事会，要求交部将"图南"案办理公断。经理事会公决通过，公呈交部，谓"图南"轮被日轮"长春丸"撞沉，损失巨大，并溺毙员客数百，业经本局详细清查，证明其肇祸责任全在日船；曾屡函大连汽船会社，该社置之不理，若向普通法庭起诉，则格于领判权，有日邮社"龙野丸"撞没"新康"之前车可鉴；设向日本法庭控诉，则形格势禁，其袒护更在意中；兹经属会决议，准即组织公断委员会，以仲裁此案，使肇事之祸首不能逃其责，而损失应由其赔偿。（三十一日专电）

（1933 年 11 月 1 日，第 11 版）

日船撞沉"图南"案，日方拒绝进行公断

招商局"图南"轮被日轮"长春丸"撞沉后，置之不睬，我方请求公断，今亦正式拒绝。亟将此事经过，查纪如下：

部令准办公断

招商局在上月即呈请交部将"图南"轮被日轮撞沉一案进行公断，使此案之肇祸责任，得双方公聘之公正专门人员，讯究两造船主，俾是非得以大白，如此最为平允，以免久延不决。呈文至部后，业经交部转令天津航政局，调查"图南"轮在成山角被撞时之一切事实真相，并取具证据，为公断时之参考材料；一面批复招商局，候津航局查复到部后，准予进行公断事宜。

日人严词拒绝

招商局对于该案之进行，已委托古沃律师办理一切关于公断之进行手续，由双方同时聘定第三国之专门人员组织公断庭，以资讯问。古沃受招商之委托，已向日商大连汽船会社口头声明，请日人同意公断，使该案早日解决。讵日人严词拒绝，谓"图南"撞沉，"长春丸"不负其咎，借口大连海事法庭之判决，不受公断之进行。

报告局方请示

古沃与日人交涉，毫无结果，昨日已将此事之经过向招商局报告。现闻总经理刘鸿生对于此案办理亦感棘手，只得将交涉情形具呈理事会候提出会议，再行决定如何办法。

（1933 年 11 月 15 日，第 12 版）

交通调集文件，准备交涉"图南"案

——日商反索七万四千元，全案移送外交部办理

招商局"图南"轮被日轮"长春丸"撞沉，损失甚巨，事后，日人既拒绝公断，反提出索偿。交部已训令该局，将全部手续送京，准备对日方进行交涉，追索赔款。亟将情形，查记如下：

日方提反要求

自招商局呈准交通部，将"长春丸"撞沉"图南"轮提付公断，在上海组公断法庭，由双方各聘公证人讯断，招商局委托古沃律师代表与大连汽社接洽，讵遭严拒。近日该社对于"长春丸"撞沉"图南"轮，诬称咎在华轮，故对招商局提出反要求，以"长春丸"之各项损坏修理等，共索赔款七万三千九百九十六元有奇，特由大连汽社函致招商局索取。

交部已咨外部

一月二十六日，招商局即具呈交通部，请中央迅速与日方严重交涉，将被撞"图南"轮全部损失，责令大连汽社从速赔偿，以免此案久悬。交部已据招商局呈报，咨请外交部，正式向日使署交涉。该局昨已接奉交部指令云，日船"长春丸"撞沉"图南"轮一案已咨请外部，向日方提出严行交涉矣。

调集全案文件

交部又发一八九二号训令至招商局，着将"图南"撞沉案中，关于委托古沃律师与日商大连汽社往来交涉函件，并日商反要求等来函，着令全部调集，移送至京，以备交涉时查考。昨午，招商局遵将关于"图南"案双方往来文件十五分〔份〕，备文粘附，呈送交部矣。

（1934 年 2 月 4 日，第 16 版）

"图南"被撞一周年

日方判词决再驳辩，

日方反来要求损失，

我方再驳严厉交涉。

招商局"图南"轮上年在山东海面被日轮"长春丸"撞沉以来，至前日适为一周年。当"图南"被撞后，我方主张在沪组织公断庭讯理，而大连汽社竟行拒绝，且更进一步，函致招商局索取"长春丸"各项损失七万余元，如果不付，须实行扣留我方船只。招商局得此消息，遂查明"图南"全部损失，连同客货沉没代价等，开具细数，呈外交部正式提向日本外务省交涉，请责令大连汽社从速赔偿损失。时阅四月，大连汽社始行具复，谓此案已由大连关东厅海事裁判所判决，咎在华轮，与"长春丸"绝无责任可言，并对我要求赔偿。该判决书系由上年九月十二日，经关东厅船舶惩戒委员长冈本诚、委员江原干三、关西四男谷等所承审，对于"长春丸"船主樗木八郎等所作，谓"长春丸"航行无误，不受惩戒处分。其所根据即纯取"通济丸"、"东冈丸"、"吾妻丸"等日籍船员及"长春丸"之二等转运士今野、二等机关手松山等所言，而于我国"图南"船船员之报告，概行抹煞，偏面为断，无怪与事实不符。闻招商局将就该判决文，切按事实，逐细加以驳辩，再呈中央，请严厉交涉，务达赔偿目的，加以明是非而彰公道云。

（1934 年 7 月 15 日，第 15 版）

日本政府拒赔"图南"损失

——政府交涉已半年，不认"长春丸"肇祸

招商局"图南"轮，廿二年七月十日，由天津回沪，航至山东成山角，被日商大连汽船会社"长春丸"撞沉，船员、旅客死亡者共一百十七名，船体、货物损失至百余万元。此事发生后，虽经招商局一再向日商交涉，大连会社置之不理。经该局呈请中央，要求外部正式向日本提出交涉，直至今日始得复文，对于赔偿责任，根本拒绝云。

（1935 年 1 月 17 日，第 11 版）

三十四 "海闽"轮与"伏波"舰相撞

福建海面舰轮互撞惨剧

——"伏波"号炮舰沉没，官兵百六十余均遭灭顶

〔中央社厦门二十日电〕海军"伏波"号炮舰，于十九（日）晨黎明前，与招商局"海闽"轮在距厦一百海里左右之龟屿海面互撞，"伏波"舰当即沉没，全舰官兵一百六十余人，均遭灭顶，仅上尉轮机官焦德宥于黎明后获救，罹难者有少校舰长姜瑜、上尉副舰长王安人及尉官何世恩、朱崇信、孙逢滨、陈桂山、张松青、赵玉琪及调台中校科长陈柏等。按，"伏波"舰系由沪经榕前往台湾，"海闽"轮系由厦开榕。"海闽"轮船头受创，已折回厦门。

(1947 年 3 月 21 日，第 2 版)

"伏波"舰被撞沉没，将组特委会处理

〔本报讯〕"伏波"舰与"海闽"轮互撞，全舰沉没后，招商局得报，极为重视，昨已电陈交通部。闻将组织特别委员会处理是项事件。

(1947 年 3 月 22 日，第 4 版)

"伏波"舰被撞沉没，公断会即将调查

——"海闽"轮尚未返沪

关于招商局"海闽"轮撞沉海军炮舰"伏波"号一事，招商（局）业将经过详情呈报交部暨海军司令部，并由交部与海军司令部会同组织碰

撞公断委员会，俟"海闽"轮抵沪后，即实行查讯工作，并根据实在情
形，决定其责任问题。现"海闽"轮尚未返沪。

（1947 年 3 月 24 日，第 4 版）

"海闽"轮今午可到，沉舰案秉公处理

〔本报讯〕在厦门外龟屿海面与"伏波"舰互撞之招商局"海闽"
轮，今午已可抵沪，预定停泊董家渡浦面八、九号浮筒。据悉，该轮船头
左舷受伤甚重，返沪后须加修理。

〔中略〕

〔另讯〕据招商局负责人谈：按照国际航海避碰章程，向有明晰规定，
若甲、乙两船在夜间相遇时，乙船显示右舷绿灯于甲，而甲船显示左舷红
灯于乙，则乙船应负避让甲船之责，即乙船看见甲船红灯时，应将船首偏
右显示红灯；反之，甲船看见乙船显示右舷绿灯时，则甲船保持原来船
向，如是则甲、乙两船红灯互照，平行相遇，断无碰撞之虞；此次"海
闽"与"伏波"号在夜间相遇，"海闽"显示左舷红灯，"伏波"显示右
舷绿灯，则"伏波"应有避让责任，"海闽"应保持原向责任；如"伏
波"舰将船首偏右，显示红灯于"海闽"，则红灯与红灯互照，平行相过，
如此当不致造成大祸；至此一不幸事件之责任问题，待"海闽"轮抵沪
后，海军司令部、交通部以及航海专家多人所组织之碰撞公断委员会，自
当秉公处理。

（1947 年 3 月 26 日，第 4 版）

"海闽"轮受创修复后抵沪，沉舰惨案进行调查

——乘客力诋船长失职，唯一生还之"伏波"轮机长谈肇祸经过

〔本报讯〕在厦门附近海面与海军炮舰"伏波"号互撞，致使炮舰沉
没之"海闽"轮，已于昨日下午五时抵沪，停泊董家渡三泰码头附近江
心。该轮仅船首水舱撞破，已在厦门修复。本市海军第一基地司令部代
表、招商局代表、交通部代表及航海专家等十余人，于该轮停泊后即行上

船，召集船长及乘客代表等调查关于此次惨案发生之经过。记者亦于斯时登轮分访船长戴儒林、乘客郑桂仁及"伏波"舰上唯一获救生还之轮机长焦德孝上尉。

焦上尉体格强壮，但精神尚现疲惫，渠当时在水面飘浮达四小时之久，始得获救。据谈出事经过情形如下：十八日与十九日间之午夜，渠于睡梦中闻轰隆一声，初尚以为系触礁，急忙取起救生带开出房门，跑至甲板上，看到舰尾已在开始下沉。

全部官兵惨遭灭顶

是时全舰官兵均已纷集甲板，船长一面打信号向"海闽"号求救，一面开始放下救生小舢版，舰身则继续下沉，舰尾于一分钟后已全部沉没，至船首部份下沉更速，瞬息间海水已将近顶。渠拟自驾驶台下走出，跃入海中，但水已没顶矣。幸熟谙水性，挣扎一分钟后，得以飘浮水面，然已饮水两口。是时风浪甚大，海面飘浮之其他官兵甚多，纷纷呼救，如是约经半小时后，"海闽"轮上有探照灯射来，但距离甚远，未能即来营救，仅见其缓缓行驶，亦不知是否图谋靠拢施救，所能确定者，此后该轮即未远离。经过约又半小时后，有一浮筒飘至渠身边，此一浮筒实为渠之救命恩人。斯时，海面飘浮之其他官兵因时间过久，体力不支，已先后沉没溺毙矣。最后，渠扶持之浮筒为"海闽"轮所发现，遂幸得而为此次惨案中之唯一生还者。"伏波"号上共载官兵一百六十余人，其中有见习生二十人，均系新近考取之二十岁上下之高中毕业生，学业未成，而身已先殉，诚属不幸。

船上乘客均表不满

记者旋晤乘客郑桂仁，系交通部上海材料处职员。渠力诋"海闽"轮船长之失责，据称在出事前发现"伏波"舰挡路，虽在午夜极为清楚，但船长不肯煞停，及至碰撞后，郑至船头观看，但见军舰被撞翘起，高入半空，逐渐下沉。但"海闽"轮当时并不立即停驶行救，反继续前进逃走，船上客人有问为何不救者，则答以别管闲事。直至清晨二时，始行折回至出事地点，尚见两三人飘浮水面呼救，但船长尚不肯立即营救，致耽误时机，仅救起焦德孝一人。渠最后并称，所有船上乘客对船长均极不满。即"海闽"轮此次驶沪时，原本于前日即可抵达，但驶至离沪一百二十度处，竟又驶错航线，致延至昨日傍晚始能抵达。

船长一纸书面报告

船长戴儒林，精神萎靡，见记者时嗫嚅而言，仅将其呈与招商局之书面报告出示，内称：

> "海闽"轮于十八日下午三时正由厦门开往上海，于十九日晨零时七分依真针路五十八度正横经过灯塔 Ocksen Light House 时，见一轮之一桅灯及绿舷灯在木〔本〕轮左舷约四十度处。当时本轮以该轮显示绿灯，从西北向东南而行，依照海上避碰章程，本轮无避开航路之责任，故乃守原针路航行。至零时十二分，见该轮未曾避让航路，且愈行逼近，故本轮遂即鸣汽笛一声，并用极右舷，同时开快倒车，因该轮仍横冲而来，遂致于零时十五分该轮全部被撞于本轮头部。该轮受伤惨重，不数分钟即告沉没。本轮当即停留巡行该地，多方竭力营救，工作至四时廿分，救起该轮轮机长焦德孝一人。本轮仍继续搜索，直至十九日十二时正，因觉出事地点四面周围并无发现任何在水面漂流之人及物件，而本轮船尖水舱破裂，漏水达十七呎余，故为本轮安全计，乃决意开近厦门，以为临时修补。据救起之该轮轮机长焦德孝云，该轮即为中国海军军舰"伏波"号，由福州开往台湾云。

（1947 年 3 月 27 日，第 4 版）

沉舰惨案责任问题，海军部派员调查

——今邀集各方谈话，获救轮机长晋京陈述经过

〔本报讯〕厦门附近海面"伏波"舰与招商局"海闽"轮互撞，致使炮舰沉没之责任问题，上海海军第一基地司令部定今日邀集航政局、招商局及"海闽"轮船长戴儒林及该轮乘客多人，在该部作初次调查式谈话，并讨论对于沉没官兵一百五十余人之善后及家属抚恤问题。"伏波"号上唯一获救生还之轮机长焦德孝上尉，已奉海军总部电令，于昨晚九时乘车晋京，面陈出事经过，将不克参加斯会。此次轮舰互撞惨剧发生后，台湾海军基地司令部曾就近派"太平"舰，前往出事地点访查，该"太

平"舰可于今日抵沪。海军总部并派海事科长梁同怡，于前日来沪，与上海基地司令部参谋吕叔奋会同调查案情。据上海航政局负责人表示，此次惨剧远在厦门，该局仅能将在沪调查结果，呈报交通部核办；对"海闽"轮船长在未确定其责任前，自不能予以行动上之拘束。招商局负责人表示，此次互撞事件，牵涉技术及当时情形问题颇广，须聘请海事专家及社会公正人士作详细研究，不可单凭一面之辞；如将来确定该船长应负刑事责任，当由法院判定之。据海军司令部及"海闽"轮一船乘客表示，认为姑无论撞沉责任谁属，按照《海事法》规定，"海闽"轮于出事以后四小时，始回船营救遭难人员，且于一百五十余人中，仅救护一人生还，已有不可诿卸之责任。"海闽"轮乘客郑桂仁并愿到法院作证。闻招商局昨日曾召集郑桂仁等谈话。

（1947 年 3 月 28 日，第 4 版）

沉舰惨案责任问题，有关各方交换意见

——罹难官兵家属办理登记

〔本报讯〕海军炮舰"伏波"号沉没案之责任问题，海军总部派员来沪，除已于二十七日邀同航政局、招商局及新闻界前往抵沪之"海闽"轮作实地勘查外，该部并于昨日下午二时半与各有关方面作非正式交换意见之谈话会，到海军总部海事科长梁同怡、基地司令部参谋吕叔奋、科长吴建毓，招商局船长陈天骏、范仑，"海闽"轮二副吴坎、三副李文蔚及船长戴儒林等八人。对于廿七日勘查不足之处，予以详细询问，并一一纪录在卷。谈话会于四时五十分完毕。

又，海军总部于惨剧发生后，派往出事地点访查之"太平"舰，已于昨日下午二时五十五分抵沪。据该舰舰长赖士尧称，该舰于二十五日下午四时驰到出事地点龟屿岛，除见一渔船外，一无所获。

又，沉没炮舰之遭难官兵家属，昨日上午九时假海军司令部集议，决定成立被难家属通讯处，作初步登记，并将晋京向海军总部请愿，要求惩办祸首、赔偿、抚恤。

（1947 年 3 月 29 日，第 4 版）

"伏波"炮舰沉没后，传有十余人获救

——罹难家属中止晋京请愿

〔本报讯〕本月十八日午夜，"伏波"舰在厦门附近因互撞沉没，发生惨剧。"海闽"轮业已抵沪，海军总部先后派员来沪彻查真相。该部第一次所派海事科长梁同怡，经向各有关方面作初次调查后，已与〔于〕前日返京复命。该部复派第二处处长阮成章来沪继续作详尽调查，并代表海军部慰问死难家属。据悉，"伏波"舰死难官兵家属善后办事处已有十余人登记，渠等原拟即日晋京向海军总部请愿，现以阮氏劝慰，暂行中止，静候调查解决。外传"伏波"舰惨剧发生后，曾有渔船救起十余人生还，此说尚未证实。据事后奉命前往出事地点查访之"太平"舰舰长麦士尧称，出事地点除少数渔船及临时建置之灯台外，白浪滔滔，一无所见。该舰长已将上述情形呈报海军总部。

（1947 年 3 月 31 日，第 4 版）

"伏波"炮舰沉没惨案罹难官兵名单公布

——海军总部积极办理善后

〔本报讯〕"伏波"炮舰在厦门附近海面被撞沉没，死难官兵一百三十名之名单，昨晨九时海军总部副参谋长高如峰在海军联欢社招待记者席上公布。在沪登记之死难官兵家属王瑞清等三十余人亦列席旁听。高氏并发表书面谈话，略称"伏波"舰惨案之噩耗传来，官兵震惊，桂代总司令尤为哀痛；当即采取各种必要措施，分途进行；先令厦门要港司令部及台湾基地司令部，派遣厦门炮舰及"太平"军舰，前往出事海面及附近岛屿搜索调查，结果一无所获；继于"海闽"轮三月廿六日抵沪后，部派科长梁同怡来沪，会同有关方面作初步调查；关于撞舰责任部分，因"伏波"舰生还者仅轮机官焦德孝一员，且渠系机舱人员，对当时航行情况不明，可供研究者仅"海闽"轮一面提出之资料；至救生部分，则根据该轮乘客讲述亲见当时情形，皆谓该轮未致力救生，其见死不救系属事实；至于家属之抚慰及其善后之处理，总部至为重视，已先后派员在京、沪两处，分向遇难家属作个别慰问；并由总部成立专责机构积极办理善后事宜，望散居各地家属，速将住址函南京海军总司令部第一署人事处，以便随时联络。遇难官兵名单志后：

官佐十四名：姜瑜、王安人、朱崇信、何世恩、陈桂山、孙逢滨、金文孙、张国润、赵玉瑛、萧之鲲、游全官、徐林奎、张松青、张严。

士兵九十四名：马长逵、赵菊森、刘良库、罗启源、张镇华、陈家璋、林善春、李贵春、林天苞、苏青川、谭联章、邵□利、蒲长芝、林永藩、吴增元、陈金海、张胜利、魏法根、董承长、王长钦、陈锦贵、郑济香、任双旺、林学溪、赵永林、赵家清、汪道淦、王褆芳、李志超、刘云涛、陈卫镜、孙益顺、洪履恒、周正钧、王洋、沈杭生、陈振声、林必枢、游叔仁、赵升明、郑依兆、林志明、叶国茂、郑秋如、黄可智、李知恩、李义真、郭长荣、郑文峰、俞见贤、吴清波、沈鸥、姚豪良、尹志雄、卢明义、江松友、黄启兴、舒焕敏、吕德森、吴培华、徐百川、王子祥、吴庆银、王自修、胡福林、陈越新、沈德华、魏云芳、董承倚、陈金山、申文彬、杨德保、杨清、丁正贵、章奎南、戴承森、李楚卿、杨际春、杨诗海、陈岚峰、管康、张祖德、刘春华、骆子飞、陈赛成、郑文龙、李维升、姚孝林、杨增华、刘沈同、陈凯、赵伟凤、朱光义、余子屏。

见习生十八名：华成流、王建国、田海中、郑云天、林今、王沛森、王聪□、李华容、胡腾骐、王维庆、李鸿桢、赵世华、徐礼安、周猷范、朱绪沛、乔德骐、邓昌琳、涂怀舒。

又，海军总司令部第五署供应处派赴台湾工作在"伏波"舰上遇难人员四名：中校科长陈泽民、中尉科员高国义、中尉科员覃遵栋、中尉科员钟遂运。

（1947 年 4 月 7 日，第 4 版）

撞沉炮舰之"海闽"船长戴儒林遭拘押

〔本报讯〕在厦门附近撞沉"伏波"炮舰之肇事"海闽"轮船长戴儒

林，经海军总部检举有见死不救之罪嫌，已于昨日下午五时被地方法院拘押。

"伏波"炮舰遇难舰长 船舰经历先后十年

〔本报讯〕"伏波"号炮舰惨案，有关方面决遵循法律途径，觅致合理解决。海军总部新闻处负责人王瑞海，为使各界明了遇难舰长姜瑜经历起见，昨发表姜舰长任职"伏波"号经过如下：

姜舰长瑜，四川邻水县人，现年三十五岁，海军雷电学校航海科毕业，曾留学德国，学习鱼雷快艇，并在英国格林威治皇家海军大学毕业，历任"自由中国"号练习舰枪炮副，江防司令部快艇大队"文九三"艇艇长，"岳三七一"艇艇长，广东江防快艇"岳三七一"及"文三"艇艇长，船舰经历先后十年。三十二年奉派赴英练习，并参加法国诺曼底登陆战役。三十五年接收"伏波"号炮舰，由前军政部海军处派充"伏波"号上尉副舰长，旋率领该舰由英经地中海、印度洋回国。三十五年十一月，该舰舰长柳鹤图调升台湾左营造船厂厂长，该员以副舰长坐升原舰舰长。

（1947 年 4 月 10 日，第 4 版）

"伏波"舰沉没惨案，检察官等一行登"海闽"轮查勘
——今晨传讯有关船员等

"伏波"号炮舰撞沉惨案，海军总部以肇事之"海闽"轮，依据《海商法》，两船相撞，有互救之责，该轮见危不救，使炮舰海军员兵惨遭灭顶，依据《海商法》一二八条及《刑法》第三百七十条，报请地检处依法究办"海闽"轮船长戴儒林。前晚十一时，地检处乃派法警拘获，押往地检处，当由曹鸿检察官升座侦讯，至十二时退庭。以该案情节重大，被告戴儒林当晚羁押于地院看守所。据悉，侦审时，被告对见危不救一点矢口否认，曹鸿检察官为慎重侦查起见，昨日下午三时，偕陈债颜书记官、许少勇翻译官，由海军总部黄参谋长承鼎、军法官陈书茂及海军造船厂工程师杨元墀等陪同，赴龙华海军造船厂，由海军总部备汽艇，驶近"海闽"轮，审视该轮撞毁之身尾部份。旋即登轮，由该轮代理船长俞止祥，

领赴船头及夹舱、驾驶台等地侦察，由杨工程师解释，详细研究，并视察该轮之救生设备。至五时许始离轮北返。

又，该案地检处定今晨九时三十分继续开庭侦查，并传讯关系人"海闽"轮大副吴念祖，当值船员吴侃，舵工邬富卿、刘芬法，瞭望水手马富根，该轮乘客郑桂仁、孙隽华、江继新、罗潜尊。传票业于昨日发出。

（1947 年 4 月 11 日，第 4 版）

"伏波"舰惨案，地检处传证人与戴儒林对质

——遇难官兵家属控招商局

〔本报讯〕招商局"海闽"轮撞沉"伏波"舰一案，"海闽"轮船长戴儒林自经地检处扣押后，曹鸿检察官曾往"海闽"轮实地勘察。该案昨晨在地检处初度侦讯，传到证人"伏波"舰惟一生还之轮机长焦德孝，"海闽"轮乘客郑桂仁，大副吴念祖，二副吴堪，航工邬富卿、刘芬德，水手马富根等多人。曹检察官对各证人询问出事经过甚详，并与戴儒林对质，侦讯完毕，证人饬回，被告还押。闻该案最近二三日内，即可侦查终结，提起公诉。

"伏波"号遇难官兵家属，已正式向司法机关控诉招商局，认为该局应负重要责任，因招商局不应任用轻率从事之船长戴儒林。彼等要求：（一）严惩"海闽"轮船长；（二）赔偿遇难官兵家属之全部损失，并予抚恤；（三）保证以后不发生同样事件；（四）打捞尸身及建立公墓；（五）开追悼会。

公断委会日内开会

〔中央社南京十一日电〕关于"伏波"舰与"海闽"轮碰撞事，交通部主管方面至为关切，对于该舰之沉没以及舰上官佐与实习学生之遇难，尤深惋惜。至于肇事责任问题，正组织公断委员会会商公断，并已由该部指定高级职员四人为代表，另聘请著名海事专家徐祖藩、胡熙元、魏文翰、陈干青、周启新等五人，会同国防部所派代表四人，日内即将在京开会，共同商讨公断。

（1947 年 4 月 12 日，第 4 版）

"伏波"舰官兵家属呼吁，要求惩凶赔偿抚恤

——如不获具体答复，将联合晋京请愿，招商局请释戴儒林遭驳回

〔本报讯〕"伏波"舰死难官兵家属联络会，昨日下午招待新闻界呼吁，认为"海闽"轮船长戴儒林于出事后不立即停轮营救，反图逃逸，实同故意杀人，实已触犯《海商法》第一二八条及《刑法》第二七一条第一项。是故吁请社会人士主持公道，予以声援。该会并表示，已提出三项要求：

（一）惩凶：戴儒林见死不救，罪不容诛。"海闽"轮撞沉"伏波"舰后，仍续航行，企图逃逸，此事询诸该轮乘客，众口一词。又征诸事实，"伏波"舰官兵百余人，仅一人获救，亦彰彰明甚。应请司法当局处以极刑，以申法纪，而平公愤。

（二）赔偿："伏波"殉职官兵，系国家在艰苦中所培育，且为吾家属老幼所依据。遇难后吾等痛不欲生，而招商局以肇事人之立场，迄无丝毫表示。且该招商局总经理徐学禹于吾等奔走啼号之时，竟优游西湖，置百数十人命案于不顾，其漠视人道，无过此者。兹吾家属孤儿寡母生活已陷绝境，该肇事之招商局，实应即负赔偿责任。

（三）抚恤：我"伏波"舰官兵因公枉死，海军总司令部除派员慰问家属外，尚不明其办理抚恤之步骤。但鉴于一般抚恤手续之烦难，时间之拖延，海军当局应特别赶办优恤，切不可敷衍了事云云。

联络会代表余一屏等并谓，短期内如不获具体答复，将采取联合行动，晋京向有关方面请愿。

〔又讯〕海军总部副参谋长高如峰，以撞沉"伏波"炮舰之"海闽"轮船长戴儒林，业经上海地检处拘押，依法究办，劝请所有各地被难官兵家属，速在原地与南京海军总司令部第一署所得书面联络，以凭抚恤，不必辗转来沪，致耗费用。

〔又讯〕"伏波"号惨案罹难官兵家属所组织之联络会王瑞清等二十一人，昨日联名具呈地检处，要求严办"海闽"轮船长戴儒林，并请继续拘押，弗准交保，以免增加侦查时之困难。同时，招商局总经

理徐学禹亦呈文请求保释戴儒林。经承办检察官曹鸿核定，将徐学禹之请求驳回。

（1947 年 4 月 13 日，第 4 版）

戴儒林杀人罪嫌，地检处提起公诉

——罹难官兵家属向多处请愿

〔本报讯〕"伏波"舰惨案被告"海闽"轮船长戴儒林，业经地检处曹鸿检察官侦查终结，认为"伏波"舰被撞沉没时，"海闽"轮置之不顾，对落水官兵竟不施救，企图逃遁，致使全舰百余官兵惨遭没顶，实已构成《刑法》上之杀人罪。戴儒林既为"海闽"轮之船长，自应负全部刑责，核于《刑法》第五十五条、第二百七十一条第一项、第十五条及《海商法》第一百二十八条之罪嫌，合依《刑事诉讼法》第二百卅条第一项提起公诉。

又，"伏波"舰罹难官兵家属四十六人，组织请愿团，于昨晨十时半赴地检处请愿。当由该案承办检察官曹鸿接见，加以安慰，表示法院必公正办理。请愿团继又至蒋主席官邸及监察使署、海军司令部、律师公会请愿，最后又至地方法院，由查院长接见，表示法院决不受任何影响，公正审判。

（1947 年 4 月 15 日，第 4 版）

"海闽"船长戴儒林，轮机业请保不准

"伏波"案主角"海闽"轮船长戴儒林，自经地检处扣押，依过失杀人罪提起公诉后，本市轮机业公会，特具呈上海航政局，转咨地院，拟请准予暂行交保。惟地院以戴对惨案责任重大，在未正式开庭前，不允交保。

（1947 年 4 月 17 日，第 4 版）

"伏波"炮舰罹难官兵家属昨招待新闻界报告呼吁

〔本报讯〕"伏波"炮舰遇难官兵家属王杭曼筠、朱蔡秀章、陈成莉侠等，昨日下午三时假民政处招待记者，发表书面报告一件。兹录志如下：

关于"伏波"军舰被招商局"海闽"轮撞沉一案，近日报章均不断有报导与评说。吾等舰上军官之眷属，系本案被害人之直系亲属，虽然在极度哀伤悲苦之中，但于本案未明之前，决不愿公开表示意见。嗣经月余奔走探询，并奉读上海地方法院检察处对"海闽"轮主戴儒林起诉书后，认为案情已极明朗。而此际传说纷纷，要皆别有用心，希乱社会视听。同时，今日社会钱能通神，仍属难免，吾等已得见种种迹象，诚不禁兴人间何世之感。兹幸本案公审在即，爰伸数义，吁请舆论督促本案进行，务须求得公正之结果：

（一）撞沉"伏波"，继续前驶

"海闽"轮船主戴儒林曾在上海地检处检察庭上供认，撞船后停轮只数分钟仍继续前驶，此点地检处起诉书内业已叙明，再证诸"海闽"轮乘客所述，已确凿无疑。"伏波"官兵斯时待救水面，而"海闽"轮鼓浪向前，推进板击动波浪益剧，致百数十海军官兵悉遭灭顶。仅此一点，已足构成戴儒林犯《海商法》第一百二十八条之罪责。

（二）救生器具，多未动用

"海闽"轮碰撞"伏波"后前驶图逃，经乘客责难，始回航施救，往返已费数小时。迨遇"伏波"轮机员焦德孝先生时，亦竟不作有效之营救。当时"海闽"轮众乘客群情愤激，除责詈船长戴儒林外，并鼓励水手马富根下水施救，幸得救起此唯一生还之焦德孝先生。此项在作证之乘客中业已有书面之证明。再，地检处查勘"海闽"轮，其救生器具，除救生圈两只、救生板两块，在当时抛下海面外，其余皆未动用。而抛下救生圈、救生板时，亦竟未系绳索，或系而不牢（有乘客证明）。如此，招商局之船长，显有杀人灭迹之故意，其必应受

《刑法》第二百七十一条规定之制裁，以儆效尤，殆无疑义。

（三）见死不救，罪责难掩

撞船责任与戴儒林见死不救系截然两事，不能混为一谈，将来碰撞责任难〔谁〕属，自有断明之日，但戴儒林见死不救一事，当必仍由上海地方法院审讯处罪。今日有人欲以前一事遮掩后一事，其用意至为明显。盖本案之处理，以人证为主，时日拖延一久，则人证必有困难。

（四）证人处境，将感困难

此次上海地方法院于廿九日开庭公审本案，消息发布，竟将证人姓名列入，此种举动，将引起证人处境之困难。证人自本公正之立场，但今日竟难免恶势力之影响。前此开检察庭时，少数证人即曾遇各种不同方式之烦扰，现在更堪虞虑。

（五）语云"道高一尺，魔高一丈"。吾等请求社会公正人士，随时本正义之立场赐予援助。

（1947 年 4 月 28 日，第 4 版）

"伏波"舰沉没惨案，地院定今晨开审

〔本报讯〕"伏波"舰撞沉惨案刑事部份，经本市地检处提起公诉后，地方法院定于今日上午九时半开庭审理。各地死难官兵家属，咸以初审关系重大，纷纷由各地来沪，参加法院公审旁听。渠等以此次惨剧，死亡达一百三十人之多，公私损失巨重，深望法院能秉公审判，对肇事之"海闽"轮船长戴儒林，予以应得之处分。

〔又讯〕海军总部为评断"伏波"舰撞沉案，与交通部合组之公断委员会，已在京成立。

在京请愿，要求四点

〔本报南京廿八日电〕"伏波"舰罹难官兵学生在京家属，决于二十九日下午四时携同日昨议决之善后措置办法意见书，赴海军总部向桂代总司令请愿。兹将意见书要点录后：（一）派舰偕同家属代表前往出事地点及附近岛屿沿海岸予以搜索寻救；（二）通电沿海各地长官转饬各县市饬令

各村镇，如有获救人员从优招待，如有浮尸设法打捞；（三）抚恤问题；（四）救捞沉船等。

（1947 年 4 月 29 日，第 4 版）

"伏波"舰惨案开审

遗属包围戴儒林，

号哭詈骂要偿命，

被告供碰撞后曾搜寻遇难官兵，

谕候勘察"海闽"轮后再审。

〔本报讯〕"伏波"炮舰沉没惨案，地检处侦查结果，认为"海闽"轮于碰撞后不努力抢救"伏波"舰官兵，致使该舰海军一百卅人葬身海底，对"海闽"轮船长戴儒林依杀人罪嫌起诉。昨晨九时半在地院刑庭由钟显达推事初次审理，除提讯被告戴儒林外，并传到焦德孝（"伏波"舰唯一得救者）、吴念祖、吴侃（"海闽"轮大副、二副）、邬富卿、刘芬法、马富根、郑桂仁、郑国荣、李修明、孙隽华、罗潜等人作证。审讯至中午退庭，钟推事谕令，于五月六日上午九时召集双方至"海闽"轮勘察，然后定期再审，并决定由地院方面会同被告辩护人魏文达律师、焦德孝及海军部代表二人共往勘察。

昨日"伏波"舰死难官兵家属四十五人，清晨即齐集地院等候开庭。刑二庭钟推事升座后，官兵家属即列队入庭，据旁听席前排静坐。另有本市法学院生数十人亦来听审，一时法庭极形拥挤。

戴儒林供肇事经过

庭上首提被告戴儒林，据供：四十二岁，福建籍，系"海闽"轮船长，任职仅三月，以前曾任其他海轮船长。"海闽"轮最高航行速率为每小时十三浬，三月十九日午夜零时发生互撞时之速率为九浬半。零时零分海面一片漆黑，风浪甚大，在轮左发现一白灯。零时七分又见一绿灯，知有船驶近。"海闽"轮即拉汽笛一声，并立即开倒车，但已不及避让，发生互撞，但未有巨大震荡，当时亦未知有船舰沉失。

至此，庭上转询证人"海闽"轮二副吴侃，据称：该日轮值夜班，零时发现前面白灯后，船长即上甲板探视。互撞时约略见"伏波"舰向右角驶去。撞后戴船长即命停船，令我打灯号，并用无线电与"伏波"舰呼应询问，但无回音。停船约十余分钟后仍一无动静，乃缓缓行驶搜寻，约一小时后始闻呼救声，用探海灯探照，发现焦德孝后，即将船驶近。因一时风浪凶猛，施救近二小时，始将焦救起。

继讯"海闽"轮大副吴念祖，据称：互撞时已入睡，惊醒后上甲板观看，遇船长，命检查本轮受创情形，余无所见。

余如"海闽"轮舵工等人所供证词，大致与前二人无甚差异。

焦德孝称舰沉甚速

惟据"伏波"舰上唯一得救之焦德孝陈述：任舰上轮机长，现年三十一岁，互撞发生时已入睡，被巨声惊醒，舰身震荡极大，知已出事，即披衣上甲板，见有七十余人齐集甲板上，舰长正指挥拍发紧急呼救电及用灯光打信号给"海闽"轮，一面准备救生艇、救生带、浮筒等逃生工具。不料舰沉甚速，约二三分钟即已沉没，本人亦随舰下水，因有救生带，复浮至海面，拉着一浮筒。其时浮于海面官兵为数极众，但闻一片凄厉呼救声，但眼见"海闽"轮仍继续前驶，与风浪挣扎约近一小时，始见有船驶近，乃设法接近，至被救上船时，已昏迷不知人事矣。

旁听席上一片泣声

焦德孝供述时，旁听席上死难官兵家属中传出一片抽咽声，法警即上前劝止。钟推事又讯"海闽"轮乘客郑国荣，据称：出事时已睡觉，但觉船身仍在行走，惟方面不辨，隔十分钟仍不见任何动静，当时乘客皆议论纷纷，因在下舱，未见戴儒林行动如何。至午夜二时许，发现焦德孝在海中，遂由船上水手施救，将其拖起。

再讯戴儒林，据称：互撞后照航海规则，应先检查本轮有无沉没危险，故停驶约十分钟，同时令二副用灯光及无线电拟与"伏波"通讯，但并无回音。因冲撞前，本轮系开倒车，而"伏波"舰仍未停驶，故本轮停驶后与"伏波"舰距离实已甚远。本轮于检查毕后，即徇"伏波"舰航路缓缓行驶寻觅，因此得以发现焦德孝。

夜黑浪高，施救困难

庭上追询何以救焦德孝如此费时，是否存心不良，企图灭口？戴答称：于昏黑之大海中救人，不比陆上，且轮船行驶时，风浪更大，虽不溺毙，亦有被浪涛击毙可能，故必须特别小心，此事航海专家可以解释。又讯救焦德孝上船之"海闽"轮水手马富根称：因见海中仅焦一人，故未放救生艇，曾抛救生圈五次。其时风浪险恶，施救困难，第五次抛圈始告成功。

其余证人供词亦无何新发现。退庭后戴还押途上，死难官兵家属老幼妇孺全体上前将戴包围，号哭叫骂，一片杂乱，要求偿命，经法警努力驱散，戴始脱围入狱。

（1947 年 4 月 30 日，第 4 版）

"伏波"舰案家属来信

编辑先生：

现在举个例：

今天法院初审"伏波"、"海闽"案时，戴儒林所请的魏文达律师出庭。当"伏波"舰大难生还的焦德孝轮机官讲述被难经过时，曾提到在水上飘泊待救的大概有六七十人，呼救声惨不忍闻。此时律师忽问焦轮机官："你怎么知道是六七十人？"这意思就是想把"伏波"仅存的证人的话都要推翻，那么戴儒林的官司不用打，自然是胜诉。

魏律师当庭诘责骂"海闽"旅客郑桂仁君作证的话完全无据，实属武断。

当"海闽"二副吴侃申述撞船经过时，魏律师竟说吴二副的话也不对，并且替吴二副说出许多理由，难道在陆上的魏律师能比吴二副亲身经过的事实更丰富、更具体吗？法官的眼睛明亮的很，只说了一句"我在问他，没有问你"。于是魏律师无味的坐下来。

初审只是调查庭，照理用不到辩论的，魏大律师为要对被告表示格外卖力，竟把我们是被难家属的理由完全驳去。谨把旁听的经过，公诸社会，请社会公评。

"伏波"舰被难家属王杭曼筠、朱蔡秀章、陈成莉侠。四月廿九日。

（1947 年 5 月 3 日，第 7 版）

地院钟推事勘察"海闽"轮，作审理"伏波"案参考

"伏波"舰撞沉惨案刑事部份，业经地院开庭初审。承审该案之钟显达推事，为慎重审理该案起见，于昨晨九时冒雨偕陈炳华书记官，由海军总部军法官陈书茂及招商局海事科科长范仑等陪同，前往"海闽"轮勘视该轮撞毁部份，作审理该案之参考。

(1947 年 5 月 8 日，第 4 版)

我们为"海闽"戴船长请求和抗议

查"海闽"与"伏波"碰撞一案，其碰撞责任及救护尽力与否，均属技术问题，而迄今五旬，不见任何技术判断，实为不解。为此登报请求交通部、海军部，迅予举行公断，判明责任，俾不致戴船长身受不必要之拘押。今既未根据技术鉴定，长此拘禁，实于人权保障毫无依据，会员群情愤激，本会慰勉已尽最大努力，特此宣言！

中国商船驾驶员总会、中国航海驾驶员联合会、中国轮机员联合会同启。

(1947 年 5 月 9 日，第 1 版)

钟推事履勘"海闽"轮

——救生衣箱无动用迹象，全船损坏尚轻，无沉失之虞

〔本报讯〕"伏波"军舰沉没惨案，地院承审推事钟显达，为明了"海闽"轮互撞受损情形及救生设备之使用程度，特于昨晨会同地检处曹鸿检察官、海军基地司令部陈军法官、杨参谋及被告戴儒林之辩护人杨滋荣、魏文达两律师，前往高昌庙龙华港履勘"海闽"轮，由该轮船员领导察看。首至驾驶甲板及舭舨甲板上，见置有救生衣箱各一，但均无动用迹象。全船共有救生木筏四只，其中放置船首二只，已空余木架二具，据说互撞后因施救"伏波"号海军，抛入海中，已被飘失。关于损毁情形，则

尚轻微，全船无沉失之虞，仅前水窗上层有六呎长、五分阔裂口一道，下层有一呎长、六吋阔之三角形穿洞一个，帽钉因撞击已告松脱，龙筋卷曲，后层隔水板等均属完好。钟推事等一行于午后一时许始察勘完毕。因此次履勘，互撞情形已大致明了，该案即将开言词辩论庭，如再无其他新证据或新事实发现，下周内当可结案。

（1947 年 5 月 13 日，第 4 版）

"伏波"案传讯证人

> 被告律师质询疑点，
> 旁听席上嘘声四起，
> 家属退庭时大哗，
> 欲与律师拼命。

〔本报讯〕"伏波"舰与"海闽"轮互撞后，"伏波"舰因而沉没一案，上月廿九日地院曾开庭调查，本月十二日承办该案之推事钟显达又亲往"海闽"轮查勘，昨日上午十时在地院刑二庭传讯证人"海闽"轮乘客林汝文、李春鎯、刘永年三人，林未到。昨据李春鎯证称：彼系自汕头经厦门转赴上海，出事之夜，彼已就寝，突然觉有震动，急出舱探视，但见红光一闪，呼救之声顿起；彼在甲板上逗留约一小时，并未见"海闽"轮有任何救人之准备与行动，故乘客皆怒骂不止。继讯刘永年称：彼系自厦门来上海，因孩子有病，故深夜未睡，听见打警钟两下，又觉震动，即上甲板探视，见"伏波"舰已沉没三分之二，有人漂浮海面，但"海闽"轮依然向前开驶，轮中高级职员皆未出舱，乘客议论纷纷，一小时以后，始折返原地。被告戴儒林昨未提案，仅由被告辩护律师魏文达代表出庭，听取证言，并请求庭上质询可疑之点，因发言过多，引起旁听席上死难家属之不满，嘘声四起，经庭上饬警制止。迨讯问完毕，宣告退庭时，旁听席上突然大哗，哭闹之声不绝，欲与被告律师拼命，经法警竭力劝阻，魏文达律师自法庭后门潜出。

又，"伏波"舰死难官兵家属前登记者已有四十五人，请求地院判令被告戴儒林赔偿国币三百七十亿零零八百万元；现续又有十二人登记，故又具状请求追加赔偿国币一百十亿零七千九百万元，合并总数为国币四百八十亿零八千七百万元。其理由为"海闽"轮见死不救，于肇事后，未将救生艇放下救人；前次侦查时"海闽"轮玻璃均未破碎，此次履勘时，竟发见玻窗破碎颇多，显属事后故意造成云。

（1947 年 5 月 18 日，第 4 版）

"伏波"案公断委会开会地点在南京

〔本报南京十九日电〕"伏波"号案公断委会开会公断地点，现已得各方之同意，决定在南京举行。至公断日期，须俟二十日海军总部派赴上海察看"海闽"轮受伤情形人员专机返京后方可决定。

（1947 年 5 月 20 日，第 4 版）

戴儒林反诉桂永清理由不足，判决驳回

〔本报讯〕"伏波"舰惨案被告、招商局"海闽"轮船长戴儒林，被控过失杀人罪，刻正在地院审理。惟在审讯期间，戴儒林亦曾具状反控海军代总司令桂永清，应负过失碰撞责任，并要求赔偿损失。经地院汪伟成推事审核被告反诉理由，并不充分，不能使桂永清负刑事上之责任，遂判决驳回，其主文为"原告之诉驳回，诉讼费用由原告负担"。

（1947 年 6 月 1 日，第 4 版）

"伏波"炮舰惨案罪责问题，三团体请举行技术公断

中国商船驾驶员总会、中国航海驾驶员联合会、中国轮机员联合总会，以"伏波"号撞沉事件，海部未经举行技术公断，即肯定"海闽"轮船长戴儒林触犯《海商法》第一百廿八条第四项之罪及《刑法》第二百七十一条之罪，表示不解，并感惶惑，昨特联呈海军总司令部请"迅予定期举行技术公断，以至公无私之精神、合情合法之程

序，判白此案"。

（1947 年 6 月 3 日，第 4 版）

"伏波"舰案传证人，十七日讯问乘客

〔本报讯〕"伏波"舰惨案除已一度提审被告戴儒林外，兹复定本月十七日上午九时半，在刑二庭再度开审，被告戴儒林将不提讯，仅传"海闽"轮乘客罗潜、李春林、江继新、李修明、林汝文等五人到庭作证，传票已于昨日上午送出。

（1947 年 6 月 6 日，第 4 版）

"伏波"舰遇难官兵家属招商局门外露宿一宵

——五项要求，一饭而散

〔本报讯〕"伏波"号炮舰遇难官兵家属四十五人，为要求紧急救济，前日向招商局请愿，由该局副总经理沈仲毅接见，尽夜商谈，未获结果。家属等意欲入局，未获局方同意，前晚通宵露宿该局大门外，警察多人前往维持秩序，僵持至昨日上午。吴市长闻讯，派参事葛克信到局调解。几经磋商，家属坚持以下数点要求：（一）招商局总经理徐学禹应登报向家属道歉；（二）要求行政公断及司法判决迅速进行；（三）在上项问题未解决前，要请招商局最低限度须比照海军总司令部四月二十日临时救济办法（官兵家属一百万元，士兵家属六十万元），按照目前物价指数发给临时救济金；（四）自九日起至今日止，各家属在沪之食宿费用，均由招商局负担；（五）以后家属访晤招商局负责人，不得拒见。

葛氏与沈副总经理允与徐总经理会商后，定今日中午答复。至昨晚九时，招商局并招待全体请愿家属晚餐后散去。

（1947 年 6 月 14 日，第 4 版）

"伏波"舰惨案今日讯证人，招商局对被难家属目前不应有所表示

〔本报讯〕"伏波"舰惨案今日上午十时半在地院续开调查庭，传"海闽"轮乘客罗潜、李春林、江继新、李修明、林汝文等五人到庭作证。被告戴儒林曾提出一叶姓参政员作证。据钟推事称：此次不及传讯，下次开庭时将票传叶参政员到庭证明。该案再开一次调查庭后，即将开辩论庭审结。

公断结果日内发表

招商局日昨接奉南京交通部长途电话谓，"伏波"、"海闽"碰撞一案，现决由国防部白部长、陈总长主持公断，积极进行，以期早日判明责任；该局应俟将来公断判明责任后，依照公断结果，负责履行；在此之前，该局在法理上无根据对被难家属作任何表示。由国防部、海军部、交通部合组之"伏波"号事件公断委员会，现正进行调查工作中，公断结果，于三数日内可发表。

招商答复拒绝要求

〔本报讯〕"伏波"号遇难官兵家属四十五人，目〔日〕前集体向招商局请愿，要求发给临时救济金，并附带其他四项要求。经市政府参事葛克信出面调解后，其中关于家属来沪请愿之膳宿费用一项，招商局副总经理沈仲毅已允予担负外，其他四项要求，沈氏允于昨日下午答复。届时各家属代表接获葛参事电话谓，招商局对于家属所提之四项要求，均不答应，即前已允予代募之五千七百余元救济金亦不付给。葛氏至此并声明自动退出调解。各家属闻讯不满，决俟今日地院调查庭续开后，再作决定行动。

（1947年6月17日，第4版）

"伏波"舰惨案续审，证人陈述失事经过

〔本报讯〕"伏波"舰惨案昨晨在地院续开调查庭审讯，遇难官兵家属

四十余人，清晨即坐于刑二庭旁听席上，守候开庭，秩序颇佳。钟显达推事升座后，即传"海闽"轮乘客五人作证，惟昨日到庭者仅有李修明一人。据李证称：广东人，住成都南路六十一弄一号，业进出口；三月十九日由汕头乘"海闽"轮来沪，于深夜十二时十分左右，觉船身震动甚烈，即上甲板察看，此时已看不见"伏波"舰，惟于黑暗中见海面中人声嘈杂，有"救命"呼声，"海闽"轮仍继续向前驶行；后因乘客纷纷向戴船长责问，何以见死不救，始折回原处打捞；惟自碰撞至救人已距离约有四个半钟点，故仅救起焦德孝一人。证人供毕，即由被告律师请求庭上传讯证人参政员叶道渊。庭谕改期审理，并云下月将开辩论审庭结。

（1947 年 6 月 18 日，第 4 版）

"伏波"案公断在即，招商局派员出席，航政局长亦被邀参加

〔本报讯〕关于"海闽"轮与"伏波"舰互撞之责任问题，现由国防部主持公断。昨据有关方面消息，公断在即，招商局派船务处海事课长范伦，船长陈天骏，偕大副吴念祖、二副吴侃及舵工等，携带案卷，于昨午一时半乘车晋京，听候公断。本市航政局长黄慕宗亦被邀出席，昨与范伦等同车晋京。闻公断日期在一二日内即可实行。

（1947 年 6 月 18 日，第 4 版）

白部长对"伏波"案曾邀集双方质询

〔本报讯〕"伏波"舰沉没案，其责任问题，现正由国防部主持公断。招商局于本月十七日奉命派船务处海事课长范伦，驻局船长陈天骏，"海闽"轮大副吴念祖、二副吴侃及舵工等，携带案卷，随本市航政局长黄慕宗晋京参加。兹悉上项八员业于前晚夜半离京，昨晨抵沪。据关系方面称，白部长曾邀双方人员质询一次，对该案尚无具体解决办法，将来或再举行公断。

（1947 年 6 月 22 日，第 4 版）

"伏波"案下月四审，函厦门录取证言

〔本报讯〕"伏波"舰惨案于第三次开审时，被告"海闽"轮船长戴儒林曾请求法院传证人厦门市参议员叶道渊，顷地院已函厦门市地院，请录取叶之证言寄沪参考。该案并定七月廿四日第四次开审。

（1947 年 6 月 29 日，第 4 版）

论船东之责任

魏文翰

"伏波"兵舰与"海闽"商轮碰撞后，"海闽"船长被押；"伏波"被难家属除向各方呼吁外，并直接向"海闽"所有人国营招商局请求救济。利济实业公司，因雇用海员纠纷，其经理人被殴流血。"中亚"轮船在九江附近失火，被难家属结群殴打代理行号。上开种种事件，屡在各报以显明地位刊登，引起一般人对船东责任问题之注意。按轮船事业，亦与其他事业相等，同受国家法律上合法保障。然论其性质，系一种含有冒险性之事业。例如风浪、潮汛、雨、雾、暗礁，以及其他一切难于避免之碰撞、搁浅情事。故对于货物之运送，自古代运送业开始以来，船货双方之权利义务均有规定。如货物系包装性质者，则有租船合同之规定；如货物系零碎装运性质者，则有载货证券之规定。是项规定，基于世界各海商国家之公约。最近一次会议，于一九二二年在比国巴拉苏市举行。根据是项规约，英国于一九二四年制定并公布施行《货物海运法》。兹附抄第四节第二项之规定如左：

运送人或船舶对于下列各项所发生之灭失损害不应负责：

甲：因管理船舶或使船舶航驶之船长、海员、引港人或运送人之雇员所为之一切不经意或过失之行为；

乙：火烧，但系运送人之实际过失或参加所致者，不在此限；

丙：海中或可航行水中之一切海难危险及事变；

丁：天灾（人力不可抗力者）；

戊：战事；

己：公敌；

庚：君王、人民之拘捕制止或合法之扣留；

辛：因防除疾病传染所受之拘束；

壬：托运人、货主或其代理人或代表人之一切行为或不为；

癸：无论任何原因发生之工潮，全部的或局部的一切罢工、阻工、滞工、禁工等情；

子：骚扰及民众暴动；

丑：在海中对于生命财物所为之救护或意图救护之行为；

寅：因货物本身原有瑕疵性质腐败所发生整装重量之损坏或其他灭失损害等事；

卯：包裹之瑕疵；

辰：记号之瑕疵或不充分；

巳：暗藏之瑕疵，虽用慎重方法而不能发现者；

午：无论任何原因，其发生并非运送人之实际错误，或参加或其代理人雇员之实际错误过失所致者。但欲取得本段免责利益之人，应负举证之责，证明其灭失损害并非运送人之实际错误，或参加或其代理人雇员之实际错误或不经意所致者。

上开各项规定，系各海商国家所奉行者，我国当不容例外。

其次，关于旅客之运送及生命之伤亡，船方与被难方因无类似载货证券之规定，双方权利义务，殊费解释。然船舶运送，究系冒险事业，若干因素均非人力所可绝对控制，失事及过失，均在所难免。在原则上，应按上述货运规定办理。倘一经发生死亡情节，而船长即遭拘禁，被处以杀人之罪；而船东即有被殴打之威胁，则重要之运输事业，将被视为畏途，诚非国家社会之福。故我国必须采取各海商国家公允之法规，执法衡情，作合理之处置。船长均领有执照，执行职务，决无逃亡之虞。而船东既有船舶行驶，亦有充份担保资产，不应遇事羁押，妨害执行职务，有碍交通。再，船东对因船舶而发生之赔偿责任，亦有限度。我国《海商法》第廿三条第一项明白规定（按，该条渊源于一九一五年《万国海事公约》）。船东所负之最大责任，为船舶本身价值、该次航行运费及因蒙损害而收受之赔偿金额。

至关于船员受雇事，船东应有自由雇用权，不受任何方之强迫威胁。按，工会之组设，本系合法之组织。推其原意，应以自身团结、增进服务效能为宗旨，对雇主原无强迫受雇之意。即使工会所争者为介绍权，亦应本身加强组织，增进服务效能，使雇主愿意接受其介绍，而增进雇佣关系之密切合作。

当此全国轮船业联合会召开成立大会，全国人士瞩视航运之时，切盼我国行政及司法当局效法各海商先进国家之精神，勿令船东作过重之负荷。复盼海员工会领导海员，循入正轨，以达到船东与雇员之精诚合作。

（1947 年 7 月 10 日，第 7 版）

"伏波"舰案昨续审

——戴儒林否认曾遭乘客责骂，地院将开合议庭郑重处理

〔本报讯〕"伏波"舰撞沉惨案，昨晨在地院议审，钟显达推事升座后，提被告"海闽"轮船长戴儒林讯问，庭上诘以据证人陈述，当两轮相撞后，被告未下令船员救人，故遭乘客责骂，是否属实。据戴供称：于出事时正在驾驶台上指挥大副，饬船员准备救生用具，从事□救工作；渠身为船长，遇此非常事件发生，惟有镇静处理，不应慌张；至于乘客责骂之说，渠在驾驶台上，未见有任何乘客上驾驶台责问，故非事实。□传证人"海闽"轮乘客林汝文，所陈述情形，与上次证人证言相同。次传另一乘客黄光□作证，据称：系复旦大学学生，该轮与"伏波"舰相撞时，渠在睡眠中感受震动；至船主曾否命令船员救人，则不知道，惟见舱外有人拿手电筒探照；迨起身出外观望，隐约见一白色之物，旋即消失。继由被告辩护律师请求庭上函请厦门地院传讯有关证人叶道渊参政员，录取证言参考。末庭谕本案改期再审，被告戴儒林仍予还押。闻地院为郑重审办该案起见，开辩论庭时将由朱念慈庭长，钟显达、谢志英两推事，开合议庭审理。

（1947 年 7 月 25 日，第 4 版）

"伏波"号罹难家属，经婉劝一部退去

"伏波"号死难官兵浙籍家属数十人，前日下午冲入招商局沈副总经理办公室后，即不肯退出。幸经警局等人员劝导后，始退入该局饭厅内，并由招商局款以晚膳，饭后又全部睡于饭厅内。昨日沈副总经理又婉言劝告，其中三分之一即离招商局外出，余者至下午七时许，仍留居饭厅中。招商局拟于今日再度会同治安当局劝导彼等外出，以免妨碍该局办公。

（1947 年 8 月 11 日，第 4 版）

"伏波"案抚恤问题已商获解决办法

"伏波"号死难官员家属，前因生活困苦，要求招商局救济，发给抚恤费等。该局以肇事责任尚未判决之前，实无负担抚恤费之义务，乃电呈交通部请示种切①。兹悉交通部已与国防部商得解决办法，将通知各家属去京面示，招商局一俟正式公文来沪，即转知各家属。

（1947 年 8 月 24 日，第 4 版）

"海闽"轮改名"海辽"，应差驶往葫芦岛

〔本报讯〕招商局"海闽"轮自在厦门海面撞沉"伏波"舰停航以来，迄今已逾五月。现因奉命应差，改名"海辽"号，已于本月二十四日驶葫芦岛。

（1947 年 8 月 27 日，第 4 版）

国防部、交通部通告

查"伏波"舰与"海闽"轮互撞沉没一案，迁延已久，爰经决定每户

---

① 种切：旧书信中的常用语，意即"一切"。

发给一次慰藉金一千五百万元，在南京、上海、杭州三地分别发放。自即日起难属务须体会时艰，接受政府规定，毋得再向任何关系一方有越规行动与要求为要。兹规定发放慰藉金手续、日期、地点如左：

一、难属受领慰藉金者以直系亲属为限（如父母、妻、子女），其中一人受领后，其任何关系人不得再行请领。

二、如确无直系亲属者，则其继承人有权受领，惟亦以一人受领为限。

三、难属受领慰藉金后，不得再向任何关系当局有所要求及纷扰。

四、慰藉金由本部等会同派员，分期于南京、上海、杭州三地放发，南京自三十六年九月十一日至九月十七日止，于海军总司令部发放；上海自三十六年八月二十六日至九月三日止，于上海海军联欢社发放；杭州自三十六年九月四日至九月十日止，于杭州市政府转发放。

五、难属因故未及如期于上开三地具领者，限于三十七年二月二十八日以前，径赴上海黄浦路海军第一基地司令部洽领，逾期不再发放。

六、难属请领该项慰藉金，必须填缴保证书二份。

七、保证人资格以发放慰藉金当地殷实铺保，或有海军及其他政府机关职员二人以上担保。

八、该项慰藉金须待保证书对保后始可具领。

中华民国三十六年八月二十六日。

（1947 年 8 月 28 日，第 3 版）

"伏波"惨案审结候判

——"海闽"水手到案指旅客证言错误，律师主张应适用《海商法》

〔本报讯〕迁延已久之"伏波"舰撞沉惨案，昨晨十时由朱念慈庭长，偕同钟显达、谢志英两推事及检察官曹鸿升座刑一庭开合议庭审结。被告除"海闽"轮船长戴儒林提到外，并到有证人"海闽"轮掌舵邬富卿、水手马富根、大副吴念祖，其他证人许祖琛等十人未到庭。首由曹检察官宣读起诉要旨，谓被告犯有过失杀人罪嫌。嗣提戴儒林讯问，供称：

"两轮相撞是在三月十九日午夜零时十五分,'海闽'轮由厦门开至上海,相撞主因,由于'伏波'舰违反航海规章,当我发现前面有危险时,马上命开倒轮,但已来不及。撞后继续打倒轮,即命大副检查本船有无损伤,发现船头受伤,一面命人测量该处水位,一面用探照灯找寻海上撞船,并用无线电通话,均无结果。当时不知是'伏波'舰沉没,亦未听见人呼救,碰撞后十小时内我在失事地点搜寻,结果仅救起焦德孝一人。彼时我忙于指挥船员,命大副转命全体水手准备救生工具,至于旅客行动如何,未予注意。"继据邹富卿证称:"午夜十二时许我在驾驶台掌柁,见有灯光之'伏波'舰迎面驶来,碰撞后我立刻叫大副,先实行本船检查。我有时开慢轮,有时停轮,并以探照灯在海面照射,仍无动静。"马富根证称:"我的工作是在甲板上观察海面动静,出事时我刚在班上,看见对面有船驶来,曾打两下警钟,打钟时船已碰撞,我被撞倒在甲板上。此后大副即检查全船,并命我们全体准备救生工作。旅客作证说出事后船向前驶行,是错误的。因旅客无航海智识与经验,在深夜中如何能辨别船行方向?"吴念祖证称:"出事以后,我立刻命令全体人员,一方面检查,一方面准备救护工作。依我航海经验判断,当时船的移动方向距离约在出事地点一海浬左右,假使船向前开,我不相信焦德孝游泳的速度能和船相比。"至此,曹检察官起立论告,请依过失杀人治罪。被告辩护律师魏文达则称,该案应适用《海商法》,而不应用普通《刑法》,并以两船模型,表演碰撞时之情形。朱庭谕辩论终结,定二十六(日)宣判。被告请求交保,谕具状□请候裁。

(1947 年 9 月 21 日,第 4 版)

"伏波"舰撞沉惨案,戴儒林判处徒刑

——船舶碰撞后未尽救助义务

〔本报讯〕"伏波"号军舰与"海闽"轮碰撞沉没案,"海闽"轮船长戴儒林,因有杀人及过失致死案嫌疑,被提起公诉,昨晨在地院刑八庭由朱念慈庭长率同谢志英、钟显达二推事宣判:"戴儒林于船舶碰撞后未尽应行救助之义务,处有期徒刑一年二月,其余部分无罪。"被告律师呈

1571

请交保不准。时旁听之"伏波"舰少数死难官兵遗属，犹嫌判刑不重，当庭大哭大闹，并将请求检察官再度提起公诉。

（1947 年 9 月 27 日，第 4 版）

驾驶员紧急会议讨论所得税问题，戴儒林判刑认为不合

〔本报讯〕轮船船员所得税，于上年十二月停征，现各轮公司接奉财部令，定九月份起，重复征收百分之十，轮公会业于上月二十七日理监联席会议议决，由各船员负担。驾驶员总会得悉后，以所入菲薄，不胜负祖，特定今晚召集临时业急会议。又，关于"海闽"轮船长戴儒林被判徒刑一年二月，亦认为未合，将于同时提出讨论。

（1947 年 10 月 2 日，第 4 版）

本市简讯

〖上略〗

"伏波"舰沉没惨案，"海闽"轮船长戴儒林经地院判徒刑一年二月后，被难官兵家属以判刑太轻，状请上诉。

（1947 年 10 月 16 日，第 4 版）

"海闽"轮船长出狱

〔本报讯〕"海闽"轮撞沉"伏波"舰案，船长戴儒林经判处徒刑一年二个月，刑期届满，昨日自上海监狱释出。

（1948 年 6 月 20 日，第 4 版）

三十五　　"江亚" 轮沉没

沪甬线 "江亚" 轮遇险，昨晚在里铜沙下沉

——招商局接电派 "飞祥" 轮驰救

〔本报讯〕招商局轮船公司沪甬线班轮 "江亚" 号，昨晚八时许，在吴淞口外里铜沙洋面遇险下沉。交部上海海岸电台昨晚十时接获 "华孚" 轮发来告急呼援电报称，"江亚" 轮遇险，在沉没中，速转知招商局轮船公司援救等语。招商局接电，当即派 "飞祥" 号快轮驰赴出事地点援救。据悉，"江亚" 轮为前日商东亚海运株式会社 "兴亚丸" 接收后所改，载重 2099 吨，可搭客 1186 人，系昨日下午四时半开出，离埠驶往宁波，载客数字未详。

（1948 年 12 月 4 日，第 4 版）

"江亚" 轮起爆炸沉没

三千旅客大半失踪，

生还约千人，

正查失事原因。

〔本报讯〕招商局沪甬线班轮 "江亚" 号前日下午四时自沪驶甬，晚七时许，行至吴淞口外里铜沙洋面，突然爆炸沉没，全船三千旅客死伤大半。当晚迄昨日经各方协力援救，至昨晚止被救出抵沪者约有千人，葬身海底者确数尚无从统计。根据该局出售船票总数及可能外加之 "黄鱼" 乘客数估计，丧生者约在二千人左右。至于出事原因，各方传说纷纭，究属如何，尚在调查中。

"江亚"轮系招商局接收日商东亚海运株式会社"兴亚丸"所改，为该局沪甬线班轮中最宏大之一艘，速率每小时十四里，船长三百四十尺四，阔五十尺，载重二千零九十九吨；原有客位特等二十八，头等三十六，二等四十六，三等五百五十五，四等五百七十一，共可容一千一百八十六人，经改装后，航政局客牌可容二千二百五十人。

船尾突起巨响，三分钟内下沉

此次自沪驶甬，共售出船票二千二百零七张，船员一百九十一人。前日下午四时启碇，七时左右驶经横沙西南白龙港东首之水道（东经三一·一五度，北纬一二一·四七度），船尾部份突然起轰然巨响，右侧第三舱附近发生极度强烈之爆炸，电达后部三层台格，瞬息间船中直灯熄灭，马达停止，尾部开始急遽下沉，三分钟内即没入水中，船身中部及船头亦继之逐渐沉沦。船员发觉失事，已无从挽救，且因电台已毁，无法拍发求救信号。是时船中近爆炸部份之三等舱旅客大部已无法逃出，头、二等舱，特等舱及甲板上四等旅客，为巨大爆炸声所惊起，悉船已出事，目睹船身逐渐为浪潮所吞噬；茫茫大海，漆黑一片，顿时惊惶失措，哭喊惨呼，混乱中或纷纷跳入海中，或争夺救生船逃命，或拥集船头桅杆烟囱部份，而为海浪卷去者不计其数。至最后关头，全船仅余前部最高台格尚露出水面，此时幸有华孚公司之"华孚"轮驶经该处，但黑暗中初尚未能发现"江亚"失事，旋经"江亚"轮上急用手电筒照发求救信号，始驶近援救，一面并由"华孚"轮代发求救信号。

接获电报，派轮援救

招商局于当晚九时许接获此项电报后，立即调派"秋瑾"、"济安"、"江静"、"海津"等四轮前往营救，并商请我国海军派"峨嵋"号舰暨美国海军亦派舰两艘往救，同时更有"金源利"、"茂利"等轮以及渔轮、风帆船等驶经该处者，闻讯亦均前往援救。昨晨该局复派海事课课长范伦率领"国强"、"国山"两拖轮拖带大铁驳两艘，带同潜水夫及工人五十余人赶往出事地点继续捞救。

船员失踪，六十余人

截至昨晚止，经各轮救出送沪之旅客约计千人，其中伤者已由该局分送公济、仁济、中美等医院施救。高级船员中获救者有船主沈达才、大副朱津昌、轮机长胡彩扬、三管轮张庆芳、业务主任郑守业、报务员王钲；失踪者大管轮汪闻潮、二管轮张福宝、主任报务员韩于成，低级船员失踪者约六十余人。

失事原因，猜测纷纭

关于失事经过情形，昨已由该轮船主呈报局方转呈航政局，将予彻查失事原因。据船主称，当驶抵出事地点时，在正前方航线上发现小型民船两艘，当时用信号嘱其离开，最初该两船置之不理，继再拉一次信号后，始遵命驶开，而此时，爆炸即发生矣。但该两船究与爆炸有无关系，殊难解释。至爆炸发生地点，据称并非在锅炉间以内，故锅炉爆炸之说，并不可靠。又，外传轮上如奸徒置有定时炸弹，或谓船上乘有携带军火之某部士兵数十人，系军火爆炸所致，然此均为推测之词，未足征信。总之，失事原因尚须调查研究。

招商局前，一片哭声

自该轮惨剧发生后，一般乘客家属闻讯均惊惶莫名。昨日赴招商局探问消息者达数百人，更有不少妇女在该局门口痛哭流涕，惨不忍睹。据该局负责人表示，善后问题，公司当局最近曾向保险公司保有旅客安全险，伤者之医药费将由公司负担；获救乘客中如愿继续赴甬者，可免费乘明日该局"江静"轮离沪，否则可退还船票费；该局对于今后航行安全问题自当更为注意；此次损失总数，现尚无法估计。

被难家属，要求三点

〔又讯〕本报昨接一读者名傅其钊者来函，谓其母亦乘该轮，直至昨晚存亡莫卜，并谓拟请招商局办理下列诸事：（一）继续设法营救；（二）赶速打捞尸体；（三）有为过路船只营救者，请速设法查究。

（1948 年 12 月 5 日，第 4 版）

"江亚"轮惨剧善后

招商局派船捞尸，

遇难者家属三百余人随同前往，

宁波同乡会理监事今午召开紧急会议。

〔本报讯〕招商局沪甬班轮"江亚"号三日晚在吴淞口外里铜沙白龙港附近失事，各情连志本报。昨日星期，该局客票课为"江亚"轮善后事宜，照常办公，遇难家属三百余人清晨即至该局探听消息，哭泣悲痛，其情甚惨，并要求该局派轮载往出事处寻捞尸体，一时人多言杂，发生纷扰。后该局即派才由津返沪之"海沪"轮，于昨晨十一时许，载三百余遇难家属前往出事处，同时并派"济安"轮带报务员数名，以便随时通报。至下午五时左右，又有少数乘客家属忽称在该局警务部室内发现已捞回银盾、皮货等件，全部家属卅余人一时均麇集往观，并责询招商局为何尸体未见，而物件已捞回运沪。据各乘客家属表示，招商局前派"秋瑾"轮往口外捞尸，返沪一尸未获，则此项物件究于何时运来上海，殊表怀疑。渠等并谓皮货水渍未干，足证必为被难乘客之物；至银盾上镌有"同春钱庄霞轩先生荣任之喜"字样，此"霞轩先生"是否亦为被难乘客之一，各家属亦要求招商局查明公告。当时因招商局无负责人员在场，嘈嚷多时，未有结果。

来本报呼吁，决提三要求

晚七时，被难乘客家属推派代表李祖安、吴文龙、朱汉根、任金震四人来本报，声述出事后渠等全体悲愤心情，呼吁主持正义，并表示决向招商局提出三点要求：（一）四日晚乘客家属被驱散时，招商局允诺五日（星期日）各部决照常办公，处理此事，但昨并未实行；招商局应即日指派专人，与各家属洽办善后事宜。（二）由各家属陪同赴出事地点打捞尸体；招商局应每日切实履行，直至各家属认可为止，同时每日打捞情形应分上、中、下午三次电沪，由招商局公告。（三）此次出事原因及在尸体未捞获前已发现遇难乘客衣服运沪一点，招商局应负责彻查公告。

该局船务处顷已决定于今晨九时，再派"海黔"轮载彼等赴出事处。遇难家属将于今晨九时至第三码头登轮。

遇难者登记，昨有千余人

另方面，部份遇难乘客家属昨复假宁波同乡会集会商讨，决即日先开始办理遇难乘客登记，迄昨晚止，已登记者有1020人。今日午后三时，宁波旅沪同乡会方面并将召开紧急理监会议，遇难家属代表届时均将参加，对有关善后救济及交涉等事宜，当有重要决定。

公司当局声明，决全力办善后

昨晚记者复赴招商局，访该局副总经理沈仲毅，据谈："'江亚'轮出事后，本局即以全力办理善后，当夜急调船只多艘前往营救，并承各同业之船只奋勇抢救，计共救出乘客、船员在千人左右，全部名单已正式公告。四日晨即已赶派打捞船只前往日夜积极打捞，昨晨复派专轮载运遇难家属前往出事地点实地视察，并定再继续三天，每日上午九时派一专轮运送家属前往视察（因潮水关系每日只能开行一次，否则当日不及赶回）。另已成立善后委员会专门负责办理善后事宜。昨日下午，全局高级职员开会商讨，由徐总经理亲自主持，切实叮嘱本公司同人务必以全副心力竭诚办理此事，自今日起决定在福州路三十三号由善后委员会设立接洽处，指派专人驻处负责与各位家属接洽一切。至于出事原因，经多方研讨，决非锅炉爆炸或其他船只本身之缺陷所致，至于究系水雷或定时炸弹之类，刻仍在继续研究中，不日将有详细报告发表。然而此次意外，虽非本公司所能防范，但本公司对于遇难乘客及船上员工实抱莫大同情，自当尽力之所能及、妥为办理。惟望各位遇难家属共体时艰，勉抑哀痛，慎静应付，俾克办理妥善。"云。

（1948 年 12 月 6 日，第 4 版）

"江亚"罹难客尸体昨日捞回十八具

——招商局查究失事原因，邀航海专家前往勘察

〔本报讯〕"江亚"轮失事原因，招商局正严密研究中，为求得真相起见，邀请航海专家及新闻界前往察勘，被邀者计交通大学轮机系主任王超，航政局技员林国勇、宋金麟，轮机师总会理事长陆良炳，美籍专家 Mr. E. F. Gretton、K. K. Booth，民生公司总工程师叶在馥暨其他专家二十余人，由该局船务部经理黄慕宗、海事组主任范仑等陪同，今晨派轮载往"江亚"轮出事地点。

至该轮遇难乘客尸体之打捞工作，业于前日开始。该局五日晨应乘客家属要求，特拨派"海沪"轮一艘，载运遇难者家属三百余人，于十一时启碇，下午三时驶抵出事地点。在波涛汹涌中，但见"江亚"轮仅露出最

高层之甲板，家属代表触景生悲，齐声嚎啕大哭。"海沪"轮在距沉船二百码处停泊后，即由拖驳载各家属接近勘察，打捞水手亦潜水开始打捞，因打捞工具只有五副，故直至天黑，仅捞出尸体十八具，内男九具、女八具、孩尸一具，即装于三八五号铁驳上。下午六时许，"海沪"号回航返沪，以海面浓雾密布，无法行驶，遂在海上抛锚，至昨晨始再启航，上午十时返抵金利源码头。载尸之铁驳，由"国山"拖轮拖来，十一时许到达金利源码头。麇集码头之乘客家属千余人，一时哭声大起，纷纷争往辨认。招商局事前已洽妥同仁辅元堂暂殓尸体，故尸体起岸后即全部车送辅元堂。

乘客家属组善后会

惟全体乘客家属以招商局打捞工作进行过慢，且指责捞获之尸体中有一具手指上戒指印显明，而戒指已不见，另有衣箱一只，已被打破。再若干尸体久经水浸，打捞人员以扎钩钩出，致尸体模糊，难以辨认，似太惨酷。故推出应诗福、胡根林、周甫章、张福宝、柴国钧、邵志铭、何聿新、张之光、王耐寒、吴文鳌、吕雄、汪荣斌、史久章、郭景德、黄体安等十六人为代表，决与宁波旅沪同乡会合组善后委员会，即日向招商局交涉改善，并予彻查。

四具尸体姓名查明

昨日捞获运沪十八具尸体中计检出姓名四人：胡昌良、徐阿炳无住址；刘志良，住普安路五十二号；张善庆，住徐家汇瑾记路和平新村五〇号。至昨日载第二批遇难者家属之"海黔"轮，昨晚尚未返沪。

该局现已成立"江亚"轮善后委员会，专办"江亚"轮失事被难善后事宜，由人事室副主任张立三担任办理，并假该局四马路三十三号旅运服务所为办公室，昨已开始办公。被难家属代表向该会请求三项：（一）多派人前往打捞；（二）派机务人员前往修理五日派出之"济安"轮电报机；（三）另派铁驳二只前往，供打捞员工住宿。业已一一照办。

宁、绍两同乡会进行办理善后

宁波旅沪同乡会，以此次"江亚"轮肇事，遭难者多为宁波同乡，特于昨日召开理监事暨参议紧急会议，决议组织"宁波旅沪同乡会'江亚'轮惨案善后委员会"。当接开委员会议，推定各组主任，展开工作，并推刘鸿生、蒉延芳向招商局交涉经济及其他一切责任问题。并于七日起同乡会下半旗（会旗）三日，为遭难同乡志哀。

宁波旅沪同乡会"江亚"轮惨案善后委员会登记股即日起与其他各股同时在同乡会开始办公，该股希望（一）已生还上海者，（二）已由其他船只救往他地者，前往登记。又，各地人士如有捞获遇难尸体，希望前往该会报告，一切费用由该会照给。

又，绍兴七县旅沪同乡会昨日亦举行常务理事紧急会议，当决议办法五项：（一）遭难及受伤同乡之调查登记；（二）遭难同乡家属及受伤同乡之慰问及协助；（三）会同宁波同乡会向招商局交涉解决遭难同乡之善后问题；（四）约请同乡律师研究失事责任问题，并代表遭难同乡家属办理交涉；（五）推定岑志良等七人组织善后委员会。

（1948 年 12 月 7 日，第 4 版）

专家勘察"江亚"轮

——断定非锅炉爆炸，爆炸物之内在抑系外来尚待探索

〔本报讯〕招商局为期彻底明了此次"江亚"轮失事原因，昨特邀请本市航业界专家及新闻记者，拨派"民字三〇九号"专轮一艘，驶赴出事地点详细勘察。应邀前往之专家，计有中国油轮公司副总经理顾久宽，轮机师总会理事长陆良炳，中国造船工程学会理事长杨俊生，中国油轮公司总工程司朱天秉，交大造船系主任叶在馥，交大机械系教授柴志明，新任上海航政局长洪瑞涛，美籍航政专家戈饶登、鲍斯，商船联合会总干事姜克尼，航政局技术员林国勇、宋金麟，船长周启新等十三人；招商局船务部经理黄慕宗，总工程司辛一心，总轮机长张令法，海事组主任范仑，"江亚"轮船长沈达才、轮机长胡彩扬等亦均随同前往。专轮于上午十时半启碇，下午一时十分抵达，当由该局停泊该处进行打捞工作之"国泰"号驳轮，转载全体人员登"江亚"轮露出水面部份实地勘查。"江亚"轮虽已沉没，但尚有驾驶台顶全部露出水面，船首朝南偏东，船身并不倾侧，烟囱及其周围之风筒亦未倒塌，在距离烟囱约九十尺处尾部右舷有极厚之角铁翘起，木板碎片不断由此飘出，据专家断定此处确系爆炸所由

起。至船顶前后桅间之电线、牵引缆等俱已震断，前后桅并略有倾折，足证出事时爆炸力极大。

船长追述出事情形

据随行之"江亚"船长沈达才谈，"江亚"设备远较其他商船为优，锅炉气压部份每日并有专人轮值看守，出事当日该轮行驶速度极低，根据气压未逾限度一点推论，锅炉决不致爆炸。各专家在勘察烟囱并未倒塌之实际情形后，亦认为"江亚"轮失事原因，确非由于锅炉爆炸。嗣据沈追述出事时情形称，该轮尾部爆炸声起时，渠正在船首船长室内预备就寝，只闻霹雳一声，宛如雷鸣，渠即由床边拌出室外，爬起后电灯已熄，无线电亦告全毁，未及二三分钟船身即完全下沉，故渠判断，此项爆炸物炸力极大，但爆炸声音又不似鱼雷。

适值涨潮，无法潜视

专轮上各专家原拟即派潜水夫入水探视爆破所在之边缘究系内卷或外翻，以决断此爆炸物是否外来，抑自内发。惟因适值涨潮，危险性大，潜水夫无法工作，故专轮先行回航返沪，全体专家即在轮上发表共同报告，略谓：七日下午一时许到达"江亚"轮失事地点查看，当时适逢涨潮，看到"江亚"驾驶台顶全部露出水面约五尺，烟囱及其周围各风筒、舢板吊杆、淡水柜、太平桶等亦露出水面，可以看清，全部完整，毫无损伤迹象。后桅稍向后弯，并在后桅贴近右前方，有角铁数根，错综向上竖起，该处似系二副卧室及报务员室之房顶横梁受爆炸所致。以上所见情形，断定绝非锅炉爆炸，而推测爆炸地点，当在第三货舱后部右舷，距离烟囱约九十尺（锅炉即在烟囱下面），至于爆炸物之内在或外来，须待潜水夫探索破坏情形后方可推断。

（1948 年 12 月 8 日，第 4 版）

"江亚"罹难客登记近三千

昨又捞回尸体百零七具，
善后委会指责招商局应负过失责任，
家属情绪激昂，呼吁主持正义。

〔本报讯〕"国山"轮拖五十号铁驳，载"江亚"轮沉没处捞获之尸体一百零七具来沪，预定在第三码头起岸，因第三码头遇难家属麇集三千余，恐发生意外，临时改泊第一码头，将尸体舁往同仁辅元堂，然后任家属认领。又，该局昨日下午接吴淞电话，谓海军码头发现漂尸十具，该局即派"飞康"拖轮，拖带木驳，前往打捞，至晚尚未返沪，预计今晨可返。

〔本报讯〕"江亚"轮善后事宜，本市宁波同乡会对招商局措施迟缓，深表不满，已组织"江亚"轮惨案善后委员会，分设法律、宣传、总务、登记、打捞、治丧等组，自动积极进行。该会法律组连日更搜集生还者目击情形之报告，认为惨案发生真相与各方传闻多有不符，昨午后特由虞舜、夏功楷、郑麟同三律师代表招待记者，报告一切。渠等首先指出"江亚"轮之定额客位，据招商局发表只限一千六百人，但失事后该会正式登记之遇难乘客，迄昨晚止已有二千九百余人，足证招商局对防范载额逾量之工作事前过于疏忽，故应负过失责任。至爆炸场所问题，渠等亦指责专家仅凭表面勘察即断定非锅炉爆炸之说，不足置信。同时并由在场之生还乘客唐盛松、夏文炳等，提出目击事实数点，证明爆炸系内发而非外来：（一）爆炸时无火药气；（二）最后逃出者曾见爆破处系向外翻而非内卷；（三）"江亚"轮上报务员亦被炸殒命，报务员室位于轮上较高层，决非水雷之类威力所能及；（四）爆炸声音并不连续，爆炸时求救汽笛发音异常短促，且爆炸后下沉极速，凡此皆可谓锅炉爆炸之征象。嗣又由生还乘客之一，新光药厂某化验师解释锅炉爆炸可能性，谓普通锅炉内层之"水垢"危险性极大，苟有一处破裂至〇·五厘阔，一百公分长时，此水垢缝隙即可进入二 CC 之水，而变成四立升之气体，在一八〇度温度下，即产生四一五四〇磅之压力，此种压力已足可使锅炉爆炸。且渠称，据渠所知，"江亚"轮今年应届修理，而招商局迄未加修缮，锅炉内水垢缝隙不能谓为必无。渠并谓锅炉有一种"卧式"者，即爆炸后其上层烟囱亦可不倒，故根据烟囱、风筒无恙，决不能谓为非锅炉爆炸。

该会表示，为彻底解决此一疑窦，今日决邀各有关当局及各界代表，乘船赴出事地点，自雇潜水夫入水探索，以视爆炸所在之实际情形，将来公诸社会，俾决定责任问题。昨招待会席上，各代表发言否定前日专家勘察结果时，旁听之被难乘客家属均情绪激昂，金以招商局在"江亚"轮失事前后措施失当，对善后事宜又一再延宕，故呼吁各界主持正义，督策该局迅速进行，借以此空前惨痛教训作为航业界之殷鉴，而加强今后我国航海安全云。

部份获救乘客平安到达定海

〔本报讯〕招商局顷接宁波分公司来电，"江亚"轮失事后，曾由某民船救护旅客十四名载赴定海，其中八人已至宁波分公司报到。脱险者名单已查悉者，计有张钊华（男）、徐庆林（男）、金文德（男）、乐林琴（男）、徐永财（男）、张菊清（住址为南市花烟街竹巷街一九五号三楼张有根转）、徐陈氏（女，住址为虹口东有恒路八四二号赵孝林转）、诸永年（住河南中路西前街四十号加记纸号）。

又，据宁波同乡会"江亚"轮惨案善后委员会于昨日傍晚得大世界后面糕□店报告，谓其主人亦系"江亚"轮乘客之一，业已遇救，现在定海大公医院治伤；同时遇救生还者，尚有八十余人，均已在定海上岸。现该会已急电定海县长，请其即为查明姓名电复，以慰家属。

（1948 年 12 月 9 日，第 4 版）

"江亚"轮爆炸处裂口铁板外翻

——招商局昨接潜水探索后报告

〔本报讯〕"江亚"轮爆炸原因及实况，现已成为善后问题中重心之一，继招商局各专家勘察结果发表后，乘客家属组织之善后委员会于日前又提出反驳。昨招商局接获留驻"济安"轮上监督打捞工作之海事组主任范仑发出一电，对该轮爆炸情形报告颇详，此电可能成为将来双方解决争执之重要参考。原电谓：

七日下午五时半派潜水夫探索"江亚"轮爆炸处，查得结果如下：（一）右舷后部有大裂口一处，前后自卅八档起至四十八档止，上下自护舷木起至向下八尺处止，约廿尺长，八尺高；（二）裂口处铁板均向外翻；（三）裂口附层舱甲板及主甲板已毁；（四）裂口下铁板约廿尺长，八尺高，向内凹约尺许；（五）顶层甲板损坏情形经遇难家属邱星一、李镇民、邬宝荣、顾福奎等证明。兹为谨慎起见，明晨拟续派日籍潜水夫下水复查，余续闻。

（1948 年 12 月 10 日，第 4 版）

尸体又一批，一百卅三具

〔本报讯〕打捞"江亚"轮尸体工作，昨由招商局及善后会打捞组合力进行，续获一三三具，已于深夜载返本市。

（1948 年 12 月 10 日，第 4 版）

地检处验尸，查惨案责任

〔本报讯〕"江亚"轮惨案，地检处将开始侦查，以明责任谁属。日前运到溺毙尸体三批，共一百八十一具，先舁入同仁辅元堂，由地检处派检察官及法医前往验尸，昨日前往检验者为黄达平检察官。

（1948 年 12 月 10 日，第 4 版）

"江亚"罹难者尸体昨日捞起百余具
——遇救赴宁波、定海两地者姓名查明

〔本报讯〕"江亚"轮遇难乘客尸体，昨日午前又经捞起一百五十二具，另棺材一口。

宁波旅沪同乡会"江亚"轮惨案善后委员会宣称，昨（十日）接报告，"江亚"轮失事后，由民船救起旅客廿二名，其中十四名已送往定海，另八名送往宁波。兹将送往宁波之八名姓名录后：（一）张钊华；（二）徐永财；（三）徐庆林；（四）张菊清（南市花烟街竹巷街一九五号）；（五）金文德；（六）徐陈氏（虹口有恒路八四二号）；（七）乐林发；（八）潘永年（河南路西前街四○号）。

又据报告，刻有"茂利"轮协理胡以忠报告称，该轮前次救出之"江

亚"轮旅客，除驳至"江静"轮外，尚有十一人，因自愿去宁波定海，故随该轮去定海，再由该轮设法免费送往宁波（内二人受伤在定海医愈，已随该轮返沪），其姓名住址如后：（一）金辅榕（法大马路东自来火街）；（二）陈渭庆（宁波中山路一六五号）；（三）陈尚明（上海中山东路一六七号）；（四）金寅初（上海余姚路五三七弄三民电料行）；（五）永文甫（宁波江北岸一横街廿三号）；（六）王鑫尧（上海中山北二路一八一号）；（七）戎善昌（宁波东乡李冶镇）；（八）潘碧辉（宁波江东百丈街）；（九）徐孝球（上海霞飞路四明里七〇号）；（十）吕德正；（十一）吕吴氏（吕姓二人系在定治愈后乘"茂利"轮返沪，住虬江支路廿八号）。

川沙沿岸发现尸体

又，招商局"济安"轮于八日晚派往川沙南北沿岸及岸上探捞尸体，已于十日晨回沪。据报告，该地共发现尸体十四具，其中孩尸一具已经运沪，其余因驻军须具证放行，故未运来，决于今（十一）日再派轮携带证件前往运回，俾被难家属领回。

（1948 年 12 月 11 日，第 4 版）

"江亚"轮惨案责任，地检处进行彻查

——捞起尸体已达七九三具

〔本报讯〕"江亚"轮惨案发生后，地检处首席检察官张毓泉对此案至为重视，昨派检察官虞炳铨、曹鸿，开始对此案着手侦查。虞、曹二检察官于昨日上午十时半驱车前往宁波同乡会作初步之调查证据，当由该会法律组虞舜、郑麟同二律师接待，对检察官提供极重要之证据，以供侦查上之参考。

地检处昨派全匋、徐定戡二检察官前往四明公所，检验"江亚"轮溺毙尸体二百九十四具。

〔本报讯〕"江亚"轮失事后沉尸打捞工作，经招商局及善后委员会合力积极进行，自十二月七日起至昨晚止，已捞获七九三具。计七日十八具，八日五十六具，九日一〇七具，十日一三三具，十一日二九八具，今日尚有一八一具可于午前运来上海。

甬方反响，不满措施

〔本报宁波十一日电〕"江亚"惨案甬善后会昨开首次筹备会，到被难旅客家属及地方耆绅赵芝宝等百余人，经讨论结果，对招商局于出事后之善后问题，咸表不满，决吁请各机关首长，予以公平支援，并推定委员，今假参会开会，讨论一切事宜。

（1948 年 12 月 12 日，第 4 版）

"江亚"轮捞尸工作五六日内可完成

——捞起行李即日办理登记手续

宁波旅沪同乡会"江亚"轮惨案善后委员会昨日宣称：（一）本会打捞组十日捞得尸体计男女六十七具，十一日上午十二时止，捞得尸体八十八具，又灵柩二具。（二）白龙港沿海被掩埋尸体十六具，亦由打捞组工作人员发掘出土，殓装来沪。（三）"江亚"沉船内走廊，尽为行李杂物所阻塞，致打捞工作极为困难，泅水工人必须先将行李杂物逐步肃清；日内工作情形极为良好，自本会打捞组参加打捞后，已由每日只捞起十余具而增至每日三百余具，如天气无变化，不妨碍工作进行，约五六日内可以完成打捞任务。（四）本会为便利家属就近领尸起见，已将登记、监查、治丧三组迁至四明公所办公（桃源路）。（五）善后委员会定十二月十三日（星期一）下午八时召开第四次全体委员会议，商讨善后事宜。（六）善后委员会为处理捞起行李，特订定登记行李须知办法如下：一、宁波同乡在本处取表格填就后缴入本处；二、绍兴同乡请至绍兴同乡会，其他各地家属，请至福州路卅三号招商局办理登记；三、登记自即日起开始办理；四、登记表格编有号数，不得故意涂毁；五、如一纸不够，可分二纸填写；六、表格填就后，一联交本处保管，一联由登记人收执，凭此认看行李；七、认看行李日期地点，另行登报公告。

惨案善后会成立救济组

宁波旅沪同乡会"江亚"轮惨案善后委员会救济组已于十日成立，由蔡荣章担任组长，蔡云屏、周小舟担任副组长，初步救济，以在"江亚"轮受害之本人为限。凡在脱险时或脱险后，受伤患病及返乡缺乏船资与生活急须救济者，皆可赴宁波同乡会四楼该组办事处请求救济。闻连日向该组请求救济者，已有四千余人。

想发死人财，九窃犯被捕

宁波同乡会"江亚"轮惨案善后委员监查组于昨日下午于招商局"国泰"轮拖返尸体时，查获发死人财窃犯九名，名单及查获物款如下：程水芳、张泉根、张九弟、张金根、盛秋生、姚阿方、林阿开、汪毛根、江阿才；计查出绒线三大团，肥皂十条，马裤呢大衣、西装大衣各一条，毛呢料十余块，阴丹士林布二块，又被面、锡箔、胭脂、雅霜、热水瓶、中山装等甚夥，及金圆券五千余元。当经该会押解警备部查办云。

台州同乡会招待张翰庭

台州旅沪同乡会全体理监事，昨日下午三时在会所茶点招待该会常务监事张翰庭，并对张氏此次亲自指挥"金源利"全体船员救助"江亚"轮乘客表示敬意。出席屈文六（姚式训代）、张晓崧、应永玉、罗廉臣、丁子书、许兰芳等二十余人，当由张监事报告抢救经过，继即讨论如何办理台州遇难同乡善后事宜。经即席推定负责人员驻会办理，凡遇难同乡家属尚未登记者，希向民国路六九六号该会登记，以便集中交涉。闻台州同乡乘"江亚"轮遇难，已登记者有八十余人。

（1948 年 12 月 13 日，第 4 版）

罹难者家属代表投函指责招商局

〔中央社本市讯〕"江亚"轮惨案三千余被难家属代表吕雄、黄震宁，昨日具函宁波旅沪同乡会"江惨善后委员会"暨社会各界，报告彼等多方实地调查结果，指责招商局于该轮失事前既载重逾额，而于惨案发生后，复未曾出力营救打捞，对失职率先逃生之船主、船员亦故意庇护，并不扣押移送司法机关。凡此种种失职，被难家属代表均认为招商局应负此一空前大惨案之最高责任，要求"江惨善委会"暨监察院、司法机关、社会人士及舆论界予以密切注意，迅予弹劾制裁，以维正义。

（1948 年 12 月 14 日，第 4 版）

地院派两检察官今晨履勘"江亚"轮

〔本报讯〕"江亚"轮惨案，地检处正在侦查中，昨日下午派曹鸿暨虞炳铨二检察官前往招商局调查，对该轮出事情形、爆炸部位、载客有未逾量，询问至为详尽。今日上午九时，曹、虞二检察官将再赴招商局，由该局特备专轮，驶往吴淞口外出事地点实地履勘。招商局将派航海专家偕往。

（1948 年 12 月 14 日，第 4 版）

检察官履勘"江亚"轮

——风浪中未暇细看，将定期再往查勘

〔本报讯〕"江亚"轮惨案责任问题，地检处特派曹鸿、虞炳铨二检察官侦查。昨日曹、虞二检察官前往吴淞口外"江亚"轮沉没处履勘，招商局特备"济安"轮送往，偕行者有宁波同乡会"江亚"轮惨案善后委员会法律组虞舜、郑麟同、夏功楷、郦鳌奎，纠察组卓子尧，打捞组周启范，被难家属吕尚正、张复生，脱险人朱志承、王利铨等。招商局派人事室主任张立三、海事科长范仑、"江亚"轮业务主任郑守业等陪同前往。上午十时开船，下午二时出吴淞口，抵"江亚"轮失事地点，因昨日风浪太大，预定侦查工作无法进行，仅绕"江亚"轮视察一周，由曹、虞二检察官略加察看，并由"江亚"轮业务主任郑守业暨脱险人说明当时轮船爆炸沉没情形，即鼓轮归来，六时许抵招商局码头。并闻俟风浪稍平，检察官将再定期前往查勘。

（1948 年 12 月 15 日，第 4 版）

"江亚"轮出事地点因潮汛暂缓勘察

"江亚"轮沉没惨案，地检处曾派曹鸿、虞炳铨两检察官赴该轮出事地点勘察。惟因当时波涛汹涌，无法执行检验搜集等工作，两检察官已于

昨日备文呈报张首席检察官核夺。并悉，两氏本拟昨日继续前往执行工作，但连日适值大潮汛，水位过高，须待数日后方能继续前往执行工作云。

（1948 年 12 月 16 日，第 4 版）

"江亚"罹难者家属免费乘船事洽妥

宁波同乡会"江亚"轮惨案善后委员会救济组核发之免费乘船证明书，因招商局方面日前未曾预留船位，致引起骚扰，经交涉后，已由该局票务组主任李庆章允为竭力设法。又，定海朱尖乡乡公所日前电甬同乡会，谓有叶姓浮尸于该处经渔民捞获，请家属前往收殓；经救济组访得其家属叶韩杏林，当发予救济费一千五百元，并免费乘船证明书前往收殓。

南汇泥城乡发现一女尸

宁波旅沪同乡会"江亚"惨案善后委员会昨据浦东南汇县《大汇报》采访课顾自豪及本市东法华镇五八号应友春、孙金福、朱阿大报称，"江亚"轮有一女尸，浮到南汇县泥城乡第二保地方，现已被埋。据乡人来沪告称，该女尸内衬红棉毛衫，外穿黑色套旗袍，脚穿高统丝绒棉鞋，烫头发，手染红指，年约二十岁。故该会定今明二日内派员前往掘运来沪。

（1948 年 12 月 16 日，第 4 版）

履勘"江亚"轮今再度出发，遇难乘客家属代表委托律师建议四点

〔本报讯〕地检处定于今日再由曹鸿、虞炳铨两检察官前往吴淞口外"江亚"轮沉没处勘察失事原因，宁波同乡会方面仍由法律组夏功楷、郑麟同、虞舜三律师会同专家技术人员同往，定于拂晓七时在招商局集合，八时乘"济安"轮出发。至陈列于四明公所捞获之尸体，迄昨日止，尚有男尸四十八具、女尸二十七具、孩尸八十六具无人认领，因日多即将腐臭，善后会乃于昨日先予收殓，并特为拍摄照片，以便家属将来辨认具领。"江亚"轮遇难乘客家属代表李柏贤等，昨委萧振铠律师，致函各善

后救济机关及同乡会，建议四点：

一、对于彻查肇祸原因，主张邀集著名海事家、造船工程师、验船家、轮机技师、航政主管官署、地方公正绅士、招商局代表暨罹难家属代表等，合组一委员会，实地履勘，秉公裁断此次毁沉责任，但尸属代表人数不得少于出席总数十分之四。

二、尸属非提供确证，不准领尸，以防奸徒冒领图利。

三、尸体上检出财物，应妥为保存，但如经尸属指认物证无讹者，可令觅保领回，勿予留难，以维物权。

四、在损害赔偿及海难抚恤未依法给付前，对于尸属家境贫惨无依者，或所遗寡孽孤婴老弱，一旦失恃，无力自谋存活者，应查明实情，酌拨临时急救费，以延残喘。

（1948 年 12 月 17 日，第 4 版）

交带邮件全部沉失

"江亚"轮于本月三日失事，上海邮局交带鄞县□本转口邮件，信函十八袋，新闻纸及印刷品十九袋，暨各包裹十五袋，已由招商局查明转知邮局，已全部沉失。

（1948 年 12 月 17 日，第 4 版）

甬同乡会悬义士像

市商会以此次"江亚"惨案，张翰庭义士奋勇救人，功在不朽，特函宁波旅沪同乡会，将张君肖像悬诸该会礼堂，以示馨香尸祝，并将其他专捞行李、袖手旁观之不宵船只，予以检发。兹闻宁波同乡会已函复商会，遵照指示，悬奉孙［张］君之道范，以作同乡人士墨墙之瞻；至其他不肖船只，如查有实据，自当分别检发。

（1948 年 12 月 17 日，第 4 版）

再度履勘"江亚"轮

——两法官深夜始归，潜水夫报告爆炸似系由内向外

〔本报讯〕"江亚"轮惨案责任问题，地检处特派检察官曹鸿、虞炳铨侦查，曹、虞二检察官曾于十四日上午乘招商局"济安"轮赴吴淞口出事地点履勘，因风狂浪急，无所获而返。昨日再度前往勘查，偕行者有宁波同乡会法律组虞舜、郑麟同、夏功楷、王培基四律师，打捞组周启范，招商局总轮机长张金德、海事科长范仑、业务主任胡家鑫，绍兴同乡会法律组郦鳌奎律师，苏浙监委行署代表曹良卿暨轮机驾驶公会代表、各报记者一行三十余人，于上午八时十分乘"济安"轮出发，十二时许驶抵"江亚"轮出事地点。由潜水夫入水在沉船四周摸索，据潜水夫报告，船底完整，爆破处在船尾，似由内向外爆炸者。检察官并登露出海面之"江亚"轮甲板上实地勘察，嗣又在水中捞起船上爆开之铁板两块，以作为侦查之参考。迄四时许始毕，一行于昨晚九时许返抵招商局码头。据检察官表示，日内将开庭侦讯该案之各关系人，以明该轮肇事真相，并极盼该轮生还旅客能提供目击材料，以便侦查。

（1948 年 12 月 18 日，第 4 版）

两日未捞获尸体，原来潜水夫歇工

〔本报讯〕"江亚"轮沉尸打捞工作，原由招商局及惨案善后委员会共同雇用潜水夫一百五十人担任，酬金甚丰。惟口外时逢涨潮，打捞工作不免进行较缓，因此颇受各方指责。日前全体潜水夫突表示本市电台筱快乐之广播中，有谓渠等以受监视过严，无法获得非分"外快"，因而故意怠缓等语；渠等认为蓄意侮辱，故实行停止打捞，并要求招商局及善委会代为交涉湔雪，十五日、十六日本市因此未见沉尸载到。

（1948 年 12 月 18 日，第 4 版）

昨自动恢复工作，运到尸体四三具

消息传出后，本市遇难乘客家属焦虑不堪，金以船底沉尸为数尚多，倘再羁延时日，恐均将腐烂，乃纷纷转请善委会派员前往，设法劝导。同时招商局方面亦多方进行劝慰，并晓以潜水夫应具之道义责任，全体潜水夫深为感动，昨日上午乃自动恢复工作。昨竟日打捞结果，招商局方面捞获九具，善委会打捞组方面捞获十一具；此外尚有帆船在沿海捞获飘尸廿三具，计共四十三具。迄晚已全部装运来沪，在三号码头卸下后，即车送四明公所招认。

（1948 年 12 月 18 日，第 4 版）

四明公所地藏会超荐"江亚"轮亡灵

四明公所地藏法会为超荐"江亚"轮遇难旅客亡灵起见，特定二十三日举行地藏佛七七超荐遇难亡灵，由法藏寺僧二十五众，每日上午读诵《地藏菩萨本愿经》全部，下午虔念地藏菩萨圣号，每晚五时三十分，并由兴慈老法师、如三大法师设放大蒙山施食全堂。所有经费由该会发起人担认，凡遇难家属欲超荐设位者，可于即日起赴林森东路四五号四明公所，将死亡者姓名登记，不取任何费用云。

（1948 年 12 月 18 日，第 4 版）

日工程师、潜水夫将来华参加打捞

据悉，日本工程师二人及潜水夫六人，短期内将离东京来上海，参与打捞十二日失事之"江亚"轮，渠等系由我招商局雇用。该局已向外交部及盟总办理手续，东京招商局经理称，日籍工程师及潜水夫抵沪后，首将视察，并决定"江亚"轮是否可予打捞，若该轮可予打捞，则将自日本加派潜水夫，随同打捞船及打捞设备前往工作。渠谓，设能如期获得盟总及我外交部之准许，彼等将搭下周来日之"海辽"

轮赴沪。

(1948 年 12 月 18 日，第 4 版)

"江亚"轮案责任谁属

——须俟专家判断决定，罹难者家属控告招商局

〔本报讯〕"江亚"轮惨案发生后，地检处特派曹鸿、虞炳铨二检察官侦查责任问题。检察官曾于前日亲赴吴淞口外"江亚"轮沉没地点履勘，并检〔捡〕回爆炸铁板两块，刻检察官正在研究该项爆炸系属于船之何种部位。本月二十一日，交通部航政局将派专家检验该项爆铁，并传该轮生还之船长、大副等讯问，以明真相。据地检处负责人称，此项铁片决非出自锅炉，可以断言，大概系属于货舱部位；船底平滑完整，证明并非遭遇水雷；惟在此时认定责任谁属，尚嫌太早，须俟专家判断后始可决定。又，"江亚"轮被难家属昨日联名具呈地检处，控告招商局董事长刘鸿生、总经理徐学禹、船长沈达才有过失杀人罪嫌，请求地检处本人道立场，予以侦查起诉，以慰数千屈死冤魂。地检处首席检察官张毓泉对此案至为重视，已面谕曹、虞二检察官加紧侦查。

(1948 年 12 月 19 日，第 4 版)

两日续获尸体男女四十九具

宁波旅沪同乡会"江惨□委员会"息：（一）十七日捞起尸体四十三具，计男二十一具、女十一具、孩童十具，另有一具尸体已破碎，厥状尤惨；上项尸体经载运至桃源路四明公所陈列，已有十一具由家属认出领去。（二）照昨日陈列尸体推断，在轮舱中尚未捞出尸体均将腐败，善后会特代同乡尸属呼吁，请打捞夫迅速加紧工作，使此辈无辜死难旅客早获出水，实属莫大功德。（三）此次"江亚"轮沉没，乃系空前惨剧，全国同胞咸表震悼，该会于上次委员会议决，特代南京各院部会请对本案予以重视。又，昨日捞起尸六具，由招商局二〇八号登陆艇自小洋山载运来沪，今晨当可到达，运入桃源路停尸场所陈列，供家属认领，此外又捞起

行李五十余件。

（1948 年 12 月 19 日，第 4 版）

"江亚"轮脱险旅客抵定者姓名查明

"江亚"轮惨案发生后，一部旅客由行驶沪定（海）线之"茂利"轮搭救脱险抵定，其姓名曾由本埠宁波同乡会徇各被难家属之请，致电定海县参议会询问。兹悉复电业于昨日送达该会，略称遇救者有金辅镕、赵谓庆、陈尚民、余寅初、水文甫、王鑫尧、戎善昌、吕德正、吕吴氏、潘碧辉、徐孝球等十一人，多系甬镇籍，罹难者有沈家门人王德茂及不知姓名之高亭籍三人云。

〔又讯〕镇海县参议会对"江亚"失事，除电请交通部从速彻查失事真相并妥办善后外，又电请宁波同乡会"江亚"惨案善后委员会积极雪冤云。

（1948 年 12 月 20 日，第 4 版）

川、南海边发现"江亚"飘尸，招商局得报派轮载运

据招商局消息，本月二十日晨，川沙、南汇海边又发现"江亚"轮飘浮男尸两具、女尸一具，已由三甲港保长陈季鸣冒雨专程来沪向招商局报告。其中男尸一具已发现系住上海云南路十八弄十三号，已由招商局通知其家属；另一男尸梳西发，年约三十余，着格子呢紫红色袍、白条子衬衣、黑毛葛裤、豆沙色袜、黑皮鞋，该尸现放南汇畅塘；女尸年约三十余，穿白洋布短衫、丝呢驼绒旗袍、灰单衫，带嵌宝耳圈，黑皮鞋，藏金圆五元，现放三甲港，由朱尚明护管。招商局自获悉上项消息后，对报信及护管尸体各乡民深为感激，并定廿一日晨由"国康"轮驶往载运。上次招商局及宁波同乡会赴白龙港打捞尸体时，亦由该保长陈季鸣多方协助，其急公好义精神，殊属难得。

又，据宁波旅沪同乡会"江惨善后委员会"消息，昨日江外大雾弥漫，打捞工作受妨害，仅在沿轮附近之大洋山海面捞起尸体十具，已装轮

来沪，今日可载赴桃源路尸场陈列，供家属认领。

（1948 年 12 月 21 日，第 4 版）

航政局会同地检处今日检验捞获铁片

〔本报讯〕"江亚"轮沉没后，地检处检察官曾前往出事地点履勘，在该处捞获爆炸碎之铁片两块。今日交通部航政局专家将会同检察官检验该项铁片，究属于船之何种部位，以明爆炸真相。

（1948 年 12 月 21 日，第 4 版）

关切商轮航行安全，高级船员决议数点

"江亚"轮失事以来，各高级船员团体对于航行安全关怀殷切。据商船高级船员团体联合会某负责人谈，"江亚"惨案，死伤人数之多，实为空前，该会等除对被难旅客及船员表示万分同情与哀悼外，对其他可能威胁航行安全之各项因素，拟请有关方面协助改善。兹悉各该团体于今日发出紧急通告，略称本会等为明确船员责任并促进航行安全，特决议凡一切客货轮船，在开航以前，必须由船东将下列证件备齐交付船长后，方可开船：（一）旅客表（应包括姓名、籍贯、住址、职业及照片）；（二）行李表（须由检查机关出具检验证，证明并无危险物品）；（三）货物表（须经海关出具证明，并无夹带危险物品）。自即日起，上述决议请各船长遵行为要。

（1948 年 12 月 21 日，第 4 版）

失事真相调查委会今晨举行首次会议

绍兴七县旅沪同乡会推定黄燕堂、郦鳌奎、郑文同为代表，出席交通部上海航政局组织之"江亚"轮失事真相调查委员会。该会首次会议定今日上午九时举行。

宁、绍两同乡会于明（廿二）日下午一时于宁波同乡会中正厅召开

"江亚"轮被难家属善后会议,绍兴七县旅沪同乡会已分函各被难家属准时出席云。

浙江温岭县旅沪同乡会对该会常务理事张翰庭此次救护"江亚"乘客,见义勇为,为表示敬意起见,特定廿六日举行公宴,凡该县同乡欲参加者,可至四川中路二六一号联合银行与该会常务理事应永玉接洽登记。

(1948 年 12 月 21 日,第 4 版)

"江亚"轮上生还追记

钟学礼

十二月三日,余奉院方(按,作者为红十字第一医院内科医师)之命,暂遣往余姚阳明医院任内科工作,下午三时半登"江亚"轮,四时启程,五时半晚餐于膳厅,六时许返舱位,与同舱顾、秦两君谈天,怡怡然未料大难之将临也。

谈笑间,忽闻轰然一声,全舟震动,继而电灯全灭。金属物破裂而互击声,杂物倒摊声,下层舱位中呼救声,小儿之惊啼声,喧成一片。余情知有变,遂与秦、顾两君于昏暗间夺门而出,觅梯于人丛中,随二白衣船员登甲板。时秩序更乱,无线电已炸毁,汽笛拟作求救声,仅鸣一声半而哑。

舟中人大呼,汽锅已爆炸

旋又闻舟中人大呼:"汽锅已爆炸,希镇静待救。"于是人心更慌乱。玻璃窗、木板为群众挣扎时所击破,黑暗间纷纷误入大海中。且"江亚"已开始下沉,诸多三、四等旅客,皆于片刻间惨遭灭顶。同时蜂涌而登甲板者,亦不计其数,一时互相践踏,余倒而挣起者数度,俄而争上救生艇、抢夺救生圈等等,于黑暗间作最后求生之挣扎,斯情斯景,一似鬼国。斯时吾力持镇静,遥顾四方,静待船只,凡见闪闪灯光,即群策群力,全声呼救,或鸣警笛,或以手电遥射,以谋一线生机。而该时行经之某二大轮及数小帆船,竟置之以不睬,扬长而去,群众怒骂不绝,惨痛尤加。

"金源利"到达,救出数百人

待至九时许,遥见一大机帆船疾驶而来,称"金源利"号,奉船主命作义勇之救生，于是群众兴奋莫名，群往该帆船与"江亚"接近处奔跳，一时间数百人得以生矣。然斯时之混乱情况，更甚于前，强者争先，失足者不知凡几，老弱被挤入海者亦不计其数，最后大批旅客空悬于该帆船之救生索上，为数众多，索断而又入海者更不计其数。于此生死关头，余以舟小人多，不免过重，深恐将遭二次之灾，且念一舟去后，必电告他舟来救生，于是静待救生艇中，再待生机之降临。

更一时许，复有数舟行经"江亚"附近，其中另有一大轮径驶远处，亦无丝毫同情与援助。

"茂利"轮救出旅客二三百

其后，乃有驶往舟山之"茂利"一轮闻声而来，徘徊数度，似有所踌躇者。时甲板上旅客为数仅二三百，且海水已上涨，浸及甲板大部，遂由某船员遥呼求救，且告以生者约数。"茂利"轮又以极强之电光数度探照，然后送来小舢板二艘，将船员某接去就商，经以实情相告后，"茂利"乃允予以小舢板来回救生，往返达数十次，初救妇孺，继救男子，余亦终于得救。登"茂利"后约半小时，遥望海中"江亚"，仅旗杆及烟囱之一部尚浮露水面，不禁悚然。"茂利"所救者为数约二三百人，搭救后，"茂利"轮又以过重搁浅于沙难，抛锚待他轮援助。午夜后一时许，"海津"轮驶到，遂以吾等难客用小汽艇接往，始告脱险。当在"茂利"轮中时，环顾被难群中，大都衣衫尽沾，泥血不辨，或以同行罹难，或以妻儿尽失，或仅寡妇生还，一时悲痛，惨不成声，但见面目黧黑，相顾而怜。由"海津"轮送回第七号招商码头，复搭渡轮至第三码头，又见千万家族亲友引颈以待，大都以未见生还而哀号不已，泪如泉涌，实为人间无比惨剧。

船员无公德，仅自顾逃命

生还之余，追怀"江亚"惨剧，——犹在目前，请以下列诸点，贡献于招商局及航业界，以期日后勿遭覆辙也：

（一）海轮逾量载客载货，亟宜避免。

（二）海轮上无线电设备须有断电后其他补救之设备，以便总电讯损坏后呼救之用。

（三）海轮上海员应有搭救自身及旅客之救生训练。此次"江亚"轮惨剧中，大部旅客未得救生圈，以致互相争夺，救生艇之悬索亦迄未解下，旅客大声疾呼，亦竟无人顾问。海员大部仅顾一己逃命，更非公德。

（四）登轮之前，宜从事检查行李，视有无危险品之携带。

（五）轮机各部于行驶前宜——审查，确属无问题后，方可离埠。

（六）航运人员道德，宜如何提倡；遇难而不救之自私船只，宜如何惩处。

（1948 年 12 月 21 日，第 4 版）

"江亚"轮失事原因调查会议认定两点：
并非锅炉爆炸，航线亦无错误

〔本报讯〕交通部为彻底明了此次"江亚"轮失事真相，并听取各方面对该案之意见，特派该部参事王辅宜来沪，会同上海航政局长洪瑞涛，于昨晨九时，邀集廿一有关团体，在招商局六楼举行调查会议。应邀出席者有绍兴七县旅沪同乡会、苏浙监委行署、上海地院检察处、上海港口司令部、中国航海驾驶员联合会、中华海员总工会上海分会、上海铜沙引水公会、中国验船协会、造船工程学会、招商局、中国海事建设学会、海军第一区司令部、中国轮机师总会、淞沪警备司令部水上统一检查所、海军第一军区司令部、中国商船驾驶总会、宁波同乡会、淞汉运输学会、全国轮船业联合会及航政局、交通部，计廿一单位。"江亚"轮船长沈达才及大副等亦均列席参加。会议重心在研究两点，即：㊀"江亚"轮之爆炸原因；㊁"江亚"轮出事时之航线是否错误。开始讨论后，各单位代表均热烈发言，宁波同乡会法律组与"江亚"轮船长间之辩论尤为剧烈。对爆炸原因一点，各方面意见互殊。海军方面代表认为根据迹象观察，"江亚"轮爆炸情况可能系由遭遇飘雷而起，惟表示亦无法遽作肯定论断。研究结果，因宁波同乡会方面始终未能提出否定之反证，故对以上两点，"初步决定"为：㊀"江亚"轮失事并非由于锅炉爆炸；㊁"江亚"轮于出事时之航线并无错误。

又，据航政局洪局长称，关于"江亚"轮之失事原因，该局仍当会同地检处、宁波同乡会及其他有关机关，派员前往"江亚"轮沉没处，继续实地察勘云。

（1948 年 12 月 22 日，第 4 版）

尸身上摸得支票，兑现时巧被窥破

〔本报讯〕南京西路一五四五号某木器号主胡周纯，昨午至愚园路永大银行提存时，适有一陈隆裕者，亦往取款，持有水渍支票两纸，一纸系一万三千元，另一纸为二千元，出票人系张桂芳，为胡所见。胡与张系属知友，确知张已在"江亚"轮上罹难，对是项支票，顿感疑窦，乃乘行员审视之际，即向该员告密，转报静安寺警分局派员到来，将陈带局。据供支票系住林森东路黎陈阿娥所有，旋将阿娥传案，供称系由其子黎三里在外拾回，复传其子到案，始称系向四明公所"江亚"轮罹难尸体衣袋中摸得云云。

（1948 年 12 月 23 日，第 4 版）

"江亚"轮案善后会举行家属座谈会，从速处理发还遗物，促招商局继续捞尸

宁波旅沪同乡会"江亚"轮惨案善后会昨日下午召集家属座谈会，到罹难者家属一千余人，情绪悲壮。由黄振世主席，报告召开意义毕，由刘鸿生阐明以同乡及同乡会理事长立场，决为死难家属谋昭雪，继由法律、保管、打捞各组报告工作情形，嗣由死难家属代表分别发表意见，继即表决：（一）责令善后会继续督促招商局办理一切善后事宜；（二）由招商局派船尽速赴沿海各小岛搜索尸体；（三）从速处理发还遗物；（四）全权委托善后会法律组办理责任问题及损害交涉；（五）如无良好结果，家属作后盾，不达目的不止。最后议决定廿七日继续举行座谈会。

〔又讯〕据中国商船高级船员团体联合会某负责人称，"江亚"惨案，死伤旅客、船员甚众，各该团体深为痛惜，昨日曾致函宁波同乡会善后会及各死难船员家属，表示慰问。

（1948 年 12 月 23 日，第 4 版）

办理"江亚"轮惨案善后,市长劝双方和衷共济

〔本报讯〕吴市长于昨日午后四时,曾召集招商局副总经理沈仲毅、商船、轮机、航海、淞汉引水、无线电等五海员团体代表毛佩卿、姜克尼、冯古风、桂静庵、闻德彰及宁波同乡会代表黄延芳、夏功楷、虞舜等在市府谈话。市长表示"江亚"轮惨案发生后,各方均能合作致力善后事宜,深感快慰。末劝导各代表和衷共济,尽最短期间内将一切善后事宜赶办完成,俾死者瞑目,生者亦可各得其所。

十七天捞尸一二七六具

据"江亚"轮善后委员会发表,该会对沉尸打捞工作,自五日起至昨日止,计捞获一二七六具,均已运沪交由家属认领。计五日十八具,六日五十六具,七日四十九具,八日一二〇具,九日九十二具,十日二七八具,十一日二五七具,十二日一九九具,十三日一〇一具,十四日一具,十六日二三具,十七日廿具,十八日卅具,十九日十具,廿一日十二具,廿二日五具,廿三日五具,廿四日无。

(1948 年 12 月 25 日,第 4 版)

招商局董事长刘鸿生辞职

——徐学禹昨晋京请示

招商局轮船公司董事长兼宁波旅沪同乡会理事长刘鸿生,以招商局"江亚"轮此次不幸失事沉没,死难乘客数千人,造成我国航业史上空前惨剧;复以乘客中多系甬籍同乡,故由宁波同乡会主办善后事宜,刘氏兼为两方负责人,处境颇感困难;最近更为王培基律师事,引起招商局船员与宁波同乡会两方之误会;刘氏乃向招商局董事会正式提出辞职,俾免左右为难。兹悉招商局总经理徐学禹已于廿四日晋京,向交通部俞部长报告最近业务情形,并对刘氏辞职事,向交部有所请示。

(1948 年 12 月 25 日,第 4 版)

"江亚"轮载客总数交部正分令催报，罹难尸体续有捞获

〔本报南京廿五日电〕交通部息，"江亚"轮失事后，该部已派简任技正王世铨，前往彻查。关于失事原因，该部已组织失事调查委员会，并分函各有关机关及团体，指派代表或专家参加。对该轮载客总数及罹难与脱险遇救人数，正分令催报中。

宁波旅沪同乡会"江惨善后委员会"消息，连日有雾及下雨与冬至潮汛等关系，打捞工作，颇受妨害。昨日天气较佳，当经捞起死尸九具、行李八十七件，已载运抵沪，陈列四明公所，供家属认领。

甬地善后委会派员来沪

宁波"江亚"惨案善后会主委赵芝宝昨函宁波旅沪同乡"江惨善后会"主任委员黄延芳略云：

> 兹经常会议决，公推常委李子瑜君来沪，调查肇事真相，并与招商局协商宁波部份被难家属善后办法，尚乞指示一切，为死者伸冤。

宁波旅沪同乡会"江惨善后委员会"顷接各方慰问信多起：（一）绍兴七县旅沪同乡会慰问王培基受胁事件；（二）交通部长俞大维对该会办理善后事宜表示钦佩，并请代为慰问遇难乘客之家属；（三）宁波旅杭同乡会慰勉该会办理善后及慰问家属；（四）上海市木商业同业公会慰问王培基被侮辱，并愿作该会后盾。

绍同乡商进行法律程序

绍兴七县旅沪同乡会理事长王延松暨该会"江亚"轮惨案善后委员会主任委员黄燕堂，日前相偕访问橘子船主张翰庭，适值张氏赴杭，未获谋面。昨日张氏父子答访，谓打救"江亚"乘客，为船员应尽责任。王氏即索张氏照相题悬会所，当承允纳。又，该会"江亚"轮善后委员会昨开第五次会议，讨论被难家属对招商局进行法律程序问题。

刘鸿生离职　交部决挽留

宁波旅沪同乡会理事长刘鸿生请辞招商局董事长职消息发表后，航业

界甚表关怀。另据关系方面息，交通部与招商局董事会决定对刘氏之请辞一致挽留。

〖下略〗

（1948 年 12 月 26 日，第 4 版）

"江亚"轮善后委会募得棉衣裤百套
——脱险者可向该会申请

宁波同乡会"江亚"轮惨案善后委员会救济组，以天时已入严冬，被难脱险之同乡多衣履散失，仅以身免，无法御寒，爰募得棉衣裤一百套，凡需要是项棉衣裤，可向该组申请，一经调查属实后，即予发给。

（1948 年 12 月 27 日，第 4 版）

"江亚"轮捞获尸体已验七百九十具

〔本报讯〕"江亚"轮惨案中捞获尸体，经地检处检察官验尸者，前后共达七百九十具。其中九具系被爆炸毙命者，余七百八十一具则系溺毙。至"江亚"轮失事原因，检察官正侦查中。

宁波旅沪同乡会"江惨善后委员会"昨日发布消息如左：

家属座谈会昨议定六点

昨日下午一时举行第二次家属座谈会，到被难家属八百余人，招商局副总经理沈仲毅亦应邀列席。会场情绪虽极悲愤，但极力抑制感情，讨论结果：（一）"江亚"轮船长沈达才应由招商局保证不得任其逃避；（二）打捞漂流尸体，经渔帆船捞起，加重赏金，以资激励；（三）对贫寒被难家属在沪者，筹谋临时紧急救济；（四）尚未捞起尸体之家属，如欲往海外视察，可先向总务组登记，由招商局再派船送往察看；（五）沪甬航线促招商局迅速派船恢复航行；（六）定一月三日下午一时召开第三次座谈会。

又，该会全体委员以橘子船主张翰庭援救同乡旅客，义勇可嘉，特定一月二日在该会举行招待会；同时对最先拍发营救电报之中国渔业公司管理之"华孚一号"船长王世堂、"华俘〔孚〕二号"船长张德庆，亦定是日招待慰劳。

（1948 年 12 月 28 日，第 40 版）

招商局今晨派轮赴"江亚"出事地点，载家属视察打捞工作

招商局今晨九时派"海航"轮专运"江亚"被难家属赴"江亚"出事地点视察打捞工作，已在宁波同乡会登记之被难家属，可于今晨九时前集中该会，乘车出发，至三号码头乘轮前去。

（1948 年 12 月 29 日，第 4 版）

"江亚"案打捞不辍，两日获尸体三具

〔本报讯〕据"江亚"轮善后委员会发表，打捞工作连日仍在积极进行，前、昨两日计捞获尸体三具、行李三十件。今晨十时，该会将派民字三〇六号轮驶往装运来沪。

受雇日员来沪获准

〔中央社东京廿九日电〕我国外交部及此间盟军总部均已批准受雇于中国招商局之日本技术人员八名赴沪，进行"江亚"轮之打捞事宜，一行可望于下周启程。

（1948 年 12 月 30 日，第 4 版）

电请中央彻查"江亚"爆炸真相

公用委员会，由江浩然主席，审查提案结果如下：（一）《电车公共汽车站应加调整，以利交通而便行旅案》，审查意见，"送请市府参考"；（二）《为请恢复长寿路大自鸣钟至曹家渡一段十六路无轨电车之行驶以利交通案》，审查意见，"请市府迅即办理"；（三）《为咨请市府令饬南市闸北水电公司改善断电手续，免致影响社会安全案》，审查意见，"送请市府妥谋改进办法"；（四）《请公用局切实执行第七次大会议决，接通龙华镇

交通线，借以疏散市区人口并繁荣郊区案》，审查意见，"函请公用局迅速执行"；（五）《请电请中央彻查"江亚"轮爆炸真相，以明责任案》，审查意见，"待招商局总经理徐学禹招待参议员饭宴后再予讨论"；（六）《为电力公司对工业电费涨价漫无标准，拟由大会函请市府暨公用局切实依据一般物价倍数修正核减以维工业案》，审查意见，"函请市府对工业用电价格于调整时尽量核低"；（七）《请公用局责令公共交通公司从速增加各路车辆，减少拥挤，以利交通案》，审查意见，"拟请大会照案通过"；（八）《拟请公用局、警察局对本市公共汽车、电车等主要车站限制搭客排队，挨次上车以策安全案》，审查意见，"原则通过，函市府会同警备部切实办理"；（九）《为请恢复沪南区全日用电，勿采轮流停电，并减轻电费以利市民案》，审查意见，"本案与第三案性质相同，已合并讨论"。

（1948 年 12 月 31 日，第 4 版）

参议员临时动议，请查办"江亚"船长

〔本报讯〕虞舜、虞如品、周学湘、黄振世等五十余人昨向大会提出临时动议，"江亚"惨案死亡数千人，船长沈达才见死不救，首先离船，罪责难卸，拟请大会函请上海地方检察署迅将该船长拘押侦查，提起公诉，以维法纪而慰幽魂案；并附被难家属所提出四点办法：（一）请参议会主持正义，支援"江亚"轮受难者家属；（二）继续加紧打捞工作；（三）严办失职船长；（四）从优赔偿死者家属损失。

（1949 年 1 月 5 日，第 4 版）

侦查"江亚"轮惨案，善后会提供意见

〔本报讯〕"江亚"轮惨案，地检处正在侦查中。宁波同乡会组织之"江亚"轮惨案善后委员会昨有公函致地检处，提出意见四项：（一）扣押船主沈达才，以便侦查。（二）从速打捞"江亚"轮中尸体及货物。（三）公开检查并研究该轮锅炉是否发生爆炸。（四）赔偿罹难者损失，其中包括：一、死者家属之抚恤；二、生还者之各种损失。检察官对于该会所提供之意

见，已作为侦查该案时之重要参考。

（1949 年 1 月 6 日，第 4 版）

航政局等团体明勘察"江亚"轮

〔本报讯〕"江亚"轮失事真相，上海航政局前曾邀集廿一有关团体召开调查会议。该局兹为作进一步之实地调查，决于明晨会同廿一团体代表，乘招商局三一六号轮赴"江亚"轮出事地点实际勘查。

〔又讯〕江海关顷发出公告称，"江亚"轮沉没于扬子江口南水道内，有碍航行，应由本关照章处理，凡有关起除该轮及其所载货物之合同，应先经本关核准后方能生效云。

（1949 年 1 月 7 日，第 4 版）

受聘打捞"江亚"轮日技术人员来沪

〔中央社东京七日专电〕招商局为打捞"江亚"轮所聘请之日本技术人员八人，定本晚经由神户，搭乘中国轮船"海辽"号赴沪，渠等将留沪两周，就打捞工作作初步勘测。

（1949 年 1 月 8 日，第 4 版）

"江亚"轮中捞起行李，昨日会商处理办法

〔本报讯〕"江亚"轮遭难旅客行李，经已〔已经〕打捞起之一部份。现由宁波、绍兴等同乡会，两路警务处、社会局、警察局等机关组织一行李处理委员会，于昨日上午十时假招商局六楼开会商讨处置办法。

（1949 年 1 月 11 日，第 4 版）

"江亚"轮尸体续捞获九具

——日打捞专家首途来沪

〔本报讯〕招商局"江亚"轮打捞尸首及行李工作，日前因风浪猛

烈，曾停顿数天，近日天气晴朗，仍复继续工作。据该局消息，十一日捞获尸体三具、行李多件。昨又据"济平"轮来电报告，复捞获尸体六具、行李七十三件，装五十号铁驳由"国强"轮拖运来沪。又，该局为打捞"江亚"轮船身事，已在日雇日籍打捞专家八人，乘"海辽"轮来沪，预计周末周初抵沪。闻该批日本打捞专家，即为前中日战事中捞起沉没于洋泾浜浦面之意邮船"康脱浮第"号人员。该局雇来后，当先事察看，如有捞起可能，即委托彼等从事打捞云。

（1949 年 1 月 13 日，第 4 版）

打捞"江亚"轮暂可告段落

〔本报讯〕宁波同乡会"江亚"轮惨案善后会派驻"江亚"轮出事地点，负责监督打捞工作之代表朱定荣、曹国海，昨由"海平"轮上致电该会，谓近日打捞工作无重要进展，潜水夫昨已入货舱及其他各部摸索，仅捞起镌有"理货部"三字之木板一块，根据情形推测，打捞事宜或即可暂告段落。一切勘察及次一步工作，当俟日籍打捞人员抵此研究后决定。

（1949 年 1 月 15 日，第 4 版）

"江亚"轮旅客尸体六百具尚待打捞

据"江亚"轮惨案善委会息，根据该会罹难旅客登记，"江亚"轮特等舱中尚有旅客尸体一百六十具，其他舱中尚有旅客尸体四百具，总计约有六百左右尚未寻获。报载船内已无尸体，全非事实，该会并积极设法继续打捞。

（1949 年 1 月 17 日，第 4 版）

打捞"江亚"轮八日人抵沪，连日捞获飘尸六十具

〔本报讯〕招商局为打捞"江亚"轮，前托我国驻日代表团在东京邀

聘之日籍打捞人员一行八人，搭"海辽"轮于昨上午十一时抵泊黄浦码头。该局特派客运部业务主任范廷玉接待，并同赴该局浦东机器厂宿舍休息。该批人员为松元满次、林勇、岩屋三男、田子仁三、猪塚胜、伊藤保、寺整胜美、塚尾太等八名，其中松元及林勇二人为研究打捞之专家，曾在沪设计捞起意邮船"康脱凡第"号，其余则系潜水夫，经验均甚丰富。招商局方面今将与渠等先作初步会商，然后定期赴出事地点作实际勘察，视条件及环境如何，再定沉船或沉尸之打捞技术问题。

〔又讯〕招商局"江亚"轮善后会搜尸组，近在口外沿海各岛屿连续捞获飘尸计达六十具，其中廿六具昨已由华字二〇八号轮载返本市。该□尸体是否悉系"江亚"轮中之罹难乘客，尚须待辨认后始能确定。

（1949 年 1 月 18 日，第 4 版）

打捞"江亚"轮日人明日起开始工作

——汪文孝家属移恤金救难

应聘来沪协助打捞"江亚"轮之日籍打捞专家八人，十八日曾谒招商局船务部经理黄慕宗，商谈一切。据黄经理谈，有关"江亚"轮之建造行驶及失事前后之一切材料，均已交彼等加以研究。渠等定二十日起开始工作，其第一阶段之工作为入水摸查"江亚"轮之破损情况，然后根据其破损情形，研究出事主因及如何着手打捞云。

据市救济会消息，有服务于本市中华烟厂之职工汪文孝，不幸在此次"江亚"轮中罹难，其亲属昨特将该厂产业工会所发之抚恤金二千二百五十金圆，捐作冬令救济赈款。该会主委吴市长认为此项捐款，精神极为可贵，令筹募委员会特别函谢云。

（1949 年 1 月 19 日，第 4 版）

研究打捞"江亚"轮

——八日人出口勘察，遇难者家属获得年关安家费

〔本报讯〕招商局邀聘来沪打捞"江亚"沉船工作之日籍专家八人，

昨竟日与该局各高级人员商讨研究，就实际技术问题交换意见。该局定今晨拨派"济安"轮载运渠等赴出事地点勘察，此项勘察工作闻可能连续数日，故八日籍人员将留驻轮上，待全部工作完竣后返沪整理，提出报告，然后再决定实施打捞之方法。又，"江亚"遇难乘客家属向招商局要求之年关安家费，该局已决自今日会同宁波同乡会，照登记表按户分发，每户五千元。闻已登记之遇难家属共有一千户，全部款额需五百万元。

（1949 年 1 月 20 日，第 4 版）

捞获廿余具浮尸是否"江亚"轮客尚待家属辨认

〔本报讯〕招商局为打捞"江亚"轮溺毙之尸首事，除雇潜水夫在"江亚"轮内打捞外，复派轮赴沿海附近寻觅。兹悉该局于本月十一日派民三〇六号轮，赴浙江洋面如黄龙、泗礁、大洋山等海面找寻，日前曾寻获浮尸二十余具，已由华字二〇八号轮于昨日载回上海。该民字三〇六号轮亦已于昨日返沪，又捞获女尸二具，是否为"江亚"罹难之客，则尚待家属认辨。至由日雇来打捞专家八人，业于前（二十）日由该局海事课派员陪同乘"济安"轮赴"江亚"轮失事地点察勘，昨日尚未返沪。闻须经一星期之考察，始有结论。

（1949 年 1 月 22 日，第 4 版）

"江亚"罹难船员家属要求增发抚恤费

——招商局副总经理室玻璃窗等被众捣毁

〔本报讯〕"江亚"轮罹难船员家属，前因对招商局发给渠等之抚恤费表示不满，曾屡次要求增发。昨又有任阿二、徐阿树、王林才、劳中兴等之家属十五人，以年关逼近，聚集该局重复提出要求。惟历久未获结果，一时愤激，竟相率冲入该局副总经理室将玻璃窗等捣毁。经黄浦警分局闻讯派警赶来，将肇事人查明带局，各家属均自承错误，并表后悔。黄浦分局当晚即通知海员公会具保，分别释回。

（1949 年 1 月 25 日，第 4 版）

各界钦敬张翰亭，筹资建亭永资景仰

本市各界人士，以"江亚"轮船遇难时张翰亭之救人，实系仁者之所为，群众钦敬，不可无纪念，以为之倡。乃由吴市长、徐学禹、潘公展、徐寄庼、刘鸿生、李思浩、徐大统等发起，拟集资于本市斜桥新林路台州公所内建一翰亭，俾永资景仰，并定于即日起至四月五日止，收集各方赞助捐款，四月中旬即可动工建立云。

（1949 年 1 月 26 日，第 4 版）

日人打捞"江亚"轮

——察勘四天无结果，昨乘原轮由出事处返沪

〔本报讯〕招商局为打捞"江亚"轮事，雇日籍打捞专家八人来沪，于本月二十日由该局海事课主任范仑陪同乘"济安"轮往出事地点察勘，预定在出事处视察一星期，始可得结论。但近日天气不佳，江面风水较大，工作不便，故上项人员已于昨午乘原轮返沪。在出事处察看虽已四天，尚未获得结果，一俟天时良好，再往考察。

（1949 年 1 月 26 日，第 4 版）

打捞"江亚"轮尸体年初二恢复工作

〔本报讯〕打捞"江亚"轮乘客尸体之潜水夫、轮驳等，前数日因天气恶劣，江面风水甚大，无法工作，乃撤回上海，业将一周。近日天气转佳，昨据招商局海事组消息，对于"江亚"轮打捞尸体工作即将恢复，并定本月底（即农历正月初二）继续前往打捞，已派定民三一四号轮，拖曳三〇二号铁驳，"国青"轮拖九号铁驳，前往"江亚"轮出事地点工作。

（1949 年 1 月 28 日，第 4 版）

打捞"江亚"轮日人再赴失事处勘察

〔本报讯〕招商局由日雇来之打捞专家八名，前一度察勘"江亚"轮，因遇风浪未能工作。闻昨日由该局海事组主任范仑陪同，乘"济安"轮再赴"江亚"轮失事处继续勘察。

（1949 年 2 月 3 日，第 4 版）

察勘"江亚"轮受阻

——八专家再去复归，尸体又有二具捞获

〔本报讯〕察勘"江亚"轮之八日籍打捞专家，前日由海事组主任范仑陪同，乘"济安"轮赴出事地点工作。兹悉八专家等昨日已乘原轮返沪，因海面风浪甚大，工作不便进行，故暂时返沪，俟天气良好，再往察勘。又悉打捞尸体工作仍进行不辍，兹又有二具捞获，不日可运沪。

（1949 年 2 月 4 日，第 4 版）

"江亚"善后会库房罹难者饰物被窃盗一空

〔本报讯〕西藏路四八〇号宁波同乡会楼下"江亚"轮惨案善后委员会库房储有旅行袋十八只，分置金圆约三万，各式金戒六十八只，金锁片二只，金链三根，宝石戒六只，小钻戒二只，金镯四只，脚镯一只，钢笔十五支，手表卅一只，金耳环廿七只，挂表七只，银洋三元，白金戒一只，均系"江亚"沉轮中捞得之罹难者物件。昨晨八时许，茶房杨全宏突发觉库房上巨锁两柄被人割断，复经清道夫王祖本发现，是批旅行袋移置于扶梯后小间内，袋中尚留剩余挂表、钢笔等数件，其余均被窃去，乃即报告保管组组长傅隆善，转报该管老闸警分局。当派股员唐志良、警长刘宗桐驰往调查，当场带走茶房等数名到局侦讯，是否有监守自盗嫌疑，现正侦查中。

（1949 年 2 月 6 日，第 4 版）

"江亚"罹难者家属群赴招商局请愿

〔本报讯〕"江亚"轮惨案发生后，罹难者家属曾组织委员会数度向招商局要求赔偿损害。去年废历年底，每一家属曾由局方各拨救济费五千圆，前日该会复推代表赴招商局提出三项条件：㈠每一遇难旅客由局方给付赔偿费白米一百石；㈡安葬费白米廿五石；㈢对于未捞获尸体之家属，棺木及衣殓费仍应折算照拨。经局方允于昨午四时答复。各家属于上午八时，先在林森东路四明公所停尸场集合，九时许抵达宁波同乡会二楼等候，直至下午四时，由局方派人答复，仅允再付救济费每名五千元，至赔偿问题暂不考虑，迨查明责任后，再行磋商云云。经代表向各家属报告后，认为数字细微，均表不满，一致议决前往招商局请愿，由宁波同乡会分批出发。警务当局据报后，除由老闸警分局加派大批员警外，总局方面亦出动飞行堡垒，随同保护。

(1949 年 2 月 9 日，第 4 版)

坐索抚恤金，停棺招商局

——"江亚"死难者家属冒雨交涉无结果

失事已逾二月之"江亚"轮罹难旅客家属，昨日集合数百人，抬死难者棺枢赴招商局坐索抚恤金。昨日午前，若干家属即赴招商局进行交涉，至则该局负责方面已获讯息，大门紧闭，拒绝家属入内，致一般家属态度激昂。午后愈聚愈众，并抬死难者棺枢四具赴该局，在该局广东路大门口暨外滩侧门口各置二具，一般家属均鹄候门外雨中，满脸悲愤，形势紧张，迄晚尚在僵持中。据家属代表谈称，自"江亚"轮失事后，为时已有二月，该局对抚恤费一再推诿，宁波同乡会所组之善后委员会方面，亦无具体办法，被难家属生活多已无法维持，故此次自组赔偿委员会，坚决要求赔偿云。

〔又讯〕中央社记者接该局徐总经理电话告称，该局为死难家属及无理群众所包围，致影响办公，所有客货运业务均被阻挠，故十日起彼等如仍包围胡闹，则该局各线客货运均将被迫停航，死难乘客家属应负阻碍交通运输之责任；至于抚恤及赔偿问题，在"江亚"轮失事责任尚未判明前，该局实无法予以考虑云。又，招商局职工已在警察保护下于昨晚六时半突出包围，该局以群众包围情况未见松弛，已决定今日停止办公。

（1949 年 2 月 10 日，第 4 版）

"江亚"轮沉没案正商再发恤金

堵门棺柩木中无人，

被难者家属遣归。

〔本报讯〕招商局"江亚"轮被难者家属数百人，因要求抚恤，提出每一死者之家属发给白米一百二十五石，该局只允每户五千元，以致不满，前（九日）晨赴该局请愿，当被拒绝，大门紧闭。复推代表赴徐学禹私邸，则已迁移，均不得要领。各家属全天在该局门外守候，并以恶作剧对付，于三时半运来棺柩二卡车，家属则带孝执香，啼啼哭哭，将该局广东路正门、后门及外滩边门等，以棺堵塞门口，造成阴森森恐怖景象，出入交通一时断绝。至五时三刻，局内职员欲下班返家，见门口被棺柩所阻，一部职员即冲出大门，不料有棺柩一具突被推翻，棺盖开启，发现棺空无尸。斯时警备部及警局飞行堡垒，均已在场弹压，见系空棺，即行搬去。各家属亦即由该局派车送归，警军宪同时撤退，一场风波暂告段落。至抚恤事，昨据该局副总经理沈仲毅语记者，对"江亚"轮被难家属非常同情，至赔偿一节，该局不能负责，但为体念家属困苦起见，再与同乡会商讨，作最后一次抚恤，托同乡会办理，对同乡会协办之处，深为感激。另闻最后抚恤金约二千至三千万元之数，每人约可得一万，昨晚该局与同乡会商讨，结果未详。

（1949 年 2 月 11 日，第 4 版）

"江亚"案恤金三千万托宁波同乡会分发

——日打捞专家今日返国

〔本报讯〕招商局"江亚"轮罹难乘客家属,九日赴该局请愿,该局见人数众多,深恐发生事故,乃闭门拒绝。各家属因遭拦阻,愤怒之余,报以恶作剧,用空棺堵塞门口,结果空棺由警移去,家属经该局遣送返家。关于抚恤金问题,经该局与宁波旅沪同乡会于前、昨二日两次讨论,该局允最后一次抚恤三千万元,托同乡会分发。对技术问题,正商讨中。又,该局所雇日籍打捞专家八人,来沪已有一月,察勘二次,尚无具体报告,定今日乘辽轮返日;对"江亚"轮打捞问题,须俟返日详细研究后,始有结论。

(1949 年 2 月 12 日,第 4 版)

"江亚"轮打捞费需十九万美元,日专家定下月中旬再度来沪

招商局顷决定打捞"江亚"轮,日籍打捞专家定下月中旬再度来沪,参加打捞工作。据悉该轮全部打捞费,预算需十九万美元之巨。

〔本报讯〕"江亚"轮沉没惨案,地检处因等候日籍打捞专家之调查报告,迁延迄今未能开庭侦查。顷据有关方面探悉,日籍打捞专家已对"江亚"轮之失事原因,调查完毕,报告书已送至地检处,刻正在翻译中,俟译毕即将开庭侦查。

(1949 年 2 月 19 日,第 4 版)

"江亚"轮死尸昨捞获五具

〔本报讯〕招商局"江亚"轮打捞工作,继续进行中。据悉昨日有五尸捞获,其中为四女一男,因日久面貌模糊,由"国康"轮拖驳运沪,预定下午五时可到,因值大雾,恐不易进口。

(1949 年 2 月 22 日,第 4 版)

招商局派轮出口续寻捞"江亚"浮尸

〔本报讯〕招商局对"江亚"轮罹难尸体，迄今尚继续打捞中。现又派华字二〇八号登陆艇，载同乡会代表多人，并带空棺三十具，昨晨出口赴浙东洋面寻捞浮尸，并驶黄龙、泗礁等处探访，所带棺木，以便随时寻获尸体时收殓之用。

（1949 年 3 月 3 日，第 4 版）

"江亚"罹难客家属起诉宣判不受理

〔本报讯〕鄞县人朱向太，以其女朱兼英及其女之子韩汉、韩珏，于去年十二月三日"江亚"轮沉没时身死，对"江亚"轮所属之招商局总经理徐学禹及该轮船长沈达才，向本市地院提起过失致人于死之自诉，并附带民诉，请求赔偿。昨经地院王亢侯推事宣判，本件自诉不受理，附带民事诉讼，原告之诉驳回。其判决理由称，本案起诉程序违背规定，得不经言词辩论谕知不受理之判决。

（1949 年 3 月 6 日，第 4 版）

徐学禹将飞东京，商打捞"江亚"事宜

招商局董事长徐学禹将于月内由沪飞东京，与盟总当局洽商打捞"江亚"轮事宜。盖如以时价计算，建造"江亚"同型轮船，需美金三百万圆，故招商局决不惜工本予以打捞，并可藉此察勘该轮之爆炸原因，以明失事责任。据估计，"江亚"轮之打捞费需美金十九万五千元，修理费约三十余万美金。

（1949 年 3 月 9 日，第 4 版）

冒领"江亚"案救济费，依诈欺罪被提公诉

〔本报讯〕向无正当职业之甬人张令德，于"江亚"轮惨案发生后，在本市宁波同乡会帮助维持秩序。上月廿四日下午二时许，在该会拾得罹难者叶惠顺、叶星培之被难家属救济审核单一纸，乃用毛笔将单上罹难者叶惠顺、叶星培改为严运顺、严奎根，单上号码改为一六二四及一六一八号，同时复将该会联络、登记、法律、监察各组审核后所编之号码及尸体之号码悉数涂改，持单向该会领得四明银行支票一纸，计一万八千元。当日下午五时结账时，被该会发觉，报由警局派员在张身上搜获原□支票，移交地检处侦查终结，顷以诈欺罪嫌，提起公诉。

（1949 年 3 月 11 日，第 4 版）

"江亚"死难客家属今午举行座谈会
——商是否放弃打捞等问题

前捞获之"江亚"轮被难旅客尸体一具，昨已由法院检验，因尸体腐败，即由"江惨会"治丧组予以收殓。昨日因风雨交作，打捞工作暂停，派在江外监视打捞工作之"济安"轮，昨亦驶回外滩，一待天气放晴，当继续前往工作。又，死难旅客家属定今日下午二时，假宁波同乡会举行座谈会，讨论事项计有：（一）未捞起尸体是否放弃打捞，而由招商局给付按照捞起尸体所需殡殓费同值之恤金；（二）继续请市政府转请交部拨给救济费；（三）集团装运尸柩回甬转籍等案。

（1949 年 3 月 21 日，第 4 版）

"江亚"死难旅客家属定期追悼

"江亚"轮惨案家属七百余人，昨日午后在宁波同乡会举行善后会议，由黄振世主席，表决事项如下：（一）定四月一日举行"江亚"轮死难旅客追悼大会；（二）同日在宁波同乡会礼厅内上□一方，详序死难事迹，

永志悼念；（三）定四月四日集团运送死难旅客灵柩赴甬转籍。最后讨论尚有尸体一千三百余具之打捞问题，家属意见分歧，迄散会时止，意见尚未一致，待再度开会取决。

（1949 年 3 月 22 日，第 4 版）

宁波旅沪同乡会追悼"江亚"罹难客

宁波旅沪同乡会昨午二时在该会举行"江亚"轮被难旅客追悼会，到市政府、地方法院、航业等机关团体代表暨该会理事刘鸿生、黄延芳、黄振世、水祥云、叶□□等一千余人。全体举行公祭仪式后，到会家属并讨论运柩及其他善后问题，至六时始散。

（1949 年 4 月 2 日，第 4 版）

"江亚"轮惨案家属座谈会议决三点

"江亚"轮惨案家属昨举行座谈会，议决：一、请招商局公布该轮失事真正原因暨日籍水手勘测报告；二、催请地检处迅速开庭侦查控告船主沈达才故意杀人案情；三、死难家属赔偿问题。上项决议由家属转请"江惨会"向招商局及法院提出云。

（1949 年 4 月 3 日，第 4 版）

"江亚"轮惨案尸柩九七九具昨运籍

"江亚"轮惨案淹毙捞起之尸体棺柩，其属宁波籍者，共九百七十九具，已于昨日装轮启运赴甬，一部份尸属亦附轮前往，家属代表三十人，则随轮照料，除其中五十一具灵柩在镇海起岸外，余均载至宁波江北岸四明公所略事停放，然后由尸属转运原籍。

（1949 年 4 月 5 日，第 4 版）

交部召集有关机关商讨"江亚"赔偿问题

——惨案善委会提两项要求

〔本报讯〕交通部驻沪办事处昨奉部令,在沪召集各有关机关商讨"江亚"轮惨案赔偿问题,出席交通部参事王辅宜,市府秘书黄天佑,警备司令部科长朱逸竞,宁波旅沪同乡会代表贾延芳、虞舜、黄振世等,招商局副总经理沈仲毅,航政局局长洪瑞涛等十余人。由王辅宜主席,阐明召开会议意义后,由虞舜等代表"江亚"轮惨案善后委员会提出二项办法:(一)请交通部拨发每户被难家属白米十担,查被难总数计一四二八户,应拨白米一四二八〇担;(二)查此次被难之甬籍同乡计达二六八五人,请拨发被难者之抚恤米每人一二五担。王参事当允即日将上项意见转呈交通部请示后,再行函复。

日籍专家打捞,合同业已签订

又悉,"江亚"轮打捞工作,招商局已与日籍专家签订合同,计需打捞费美金十九万五千元,俟招商局筹划妥当后,打捞工作即可开始。闻"江亚"轮价值总数为美金二百万元。

(1949 年 4 月 8 日,第 4 版)

徐学禹飞日签订打捞"江亚"轮合同

招商局董事长徐学禹,定今搭机赴日,与前来沪勘察"江亚"轮之日籍打捞专家签订打捞"江亚"轮之合同。据悉,此项打捞费用已经决定,约十九万美元左右,须时四月至五月,一俟捞起后,招商局即将设法加以修理,修理费预计约须五十万美元,惟该轮之总值原为三百万美元云。

(1949 年 4 月 16 日,第 4 版)

"江亚"惨案善后委会召罹难客家属开会

〔本报讯〕"江亚"轮惨案善后委员会及宁波同乡会全体理监事,昨下午二时在该会中正厅召开"江亚"被难乘客家属大会，报告数点：㊀被难乘客之棺柩运抵宁波后，其家属中如确系无力迁回原居住地安葬者，招商局方面已允另付津贴资助；㊁交通部允专案拨付家属之救济金，将来不能并入招商局应付之赔偿费内扣算；㊂对"江亚"失事责任问题，决催促司法当局尽速侦查；㊃浮尸打捞工准［作］应由招商局继续负责，照向例办理，不得交义冢掩埋。昨开会前警局得讯，深恐人多滋事，临时特派大批员警到场维持秩序，惟群众秩序甚佳，并未发生事故。

（1949 年 4 月 21 日，第 4 版）

编后记

　　轮船招商局是一家有历史的大企业，也是一家注重历史研究和史料整理的大公司，国内外史学界与该局有着良好的合作，结出许多学术成果。2015 年我有幸承担该局的一项史料收集与整理课题，题目是自拟的，名曰"《申报》招商局史料整理"，以期将中国近代名报《申报》关于招商局的各类报道、评论、重要广告等进行专题选编，并计划陆续进行其他名报大刊关于该局史料的相应整理，分别作为后续工程，俾能全面展示招商局的社会记录，这也是招商局历史书写，从"自我"向"他者"的重要转变。

　　作为系列工程的第一项，本课题设计容量大约百万字。但实际操作之中，仅晚清相关内容即达 130 余万字。而民国部分更倍于晚清，据我电脑中的初稿统计，超过 300 万字。如此规模，给编校出版带来较大困难。于是只得先编完晚清部分，再进行民国卷的工作。由于民国部分体量太大，仅"公司治理"与"航行安全"两个专题，字数就已超过晚清部分，遂先将其结项付梓，其他部分再徐图整理。

　　同晚清卷一样，民国卷不仅包括《申报》中的各类消息、报道、文电、评述、专论，而且包括各类广告。前几项固不必论，单就企业广告而言，以往并未受到学界重视。《申报》中的招商局广告有些较为醒目，有些则纯为"报眼""报屁股"，版面小、字迹模糊，辨识困难，但只要与招商局有关且重要的内容，均加以收录。

　　当初设计这个课题，是想利用《申报》全文数据库。实际工作中，爱如生和青苹果两大《申报》全文数据库确实为文本收集提供了较大便利。但接下来的文字点校工作就讨不了便宜了。因电子版识别率有限、版本模糊，许多文字不得不反复比对，有些即使进行多次的"本校"与"理校"，仍然无法确定。《申报》的版面设计、行文风格均与现在不同，选编与点校过程中，除了将异体字改为当今通行字，并将错讹字改正之外，还对部分行文格式略予调整，以利今人阅读。

这两百多万字的史料，消耗了我这四五年不少时光，眼镜度数也增加了不少。课题文本主要由我收集，除了利用各种关键词进行检索之外，我还进行了逐日查阅，即使这样，仍不免有所遗漏。这项费力不讨好的工作，得到我指导的一些学生的帮助，他们即使已经毕业，仍乐于给老师帮忙，他们对部分文本的初步整理和校阅，为我减轻了一些劳动，特予鸣谢。他们是：杨尚华、段金萍、高天舒、胡中升、黄河、李婕、李鸿敏、林柏耀、林彩娟、聂庆艳、彭思婕、秦蓓、石永程、孙程程、张丽娜、魏晓锴、徐家贵、薛化松、靳铁军、肖宗建、闫存庭、杨向昆、张文俊、李有福、陶仁人等。招商局历史博物馆樊勇馆长、曹桢馆员，社会科学文献出版社杨群总编辑、徐思彦首席编辑，以及历史学分社总编辑宋荣欣等师友对于本课题时加督促，多方关心，一并致谢。

李玉

2019 年 8 月 8 日

图书在版编目（CIP）数据

《申报》招商局史料选辑. 民国卷：全三册 / 李玉
主编. -- 北京：社会科学文献出版社，2021.4
（招商局文库. 文献丛刊）
ISBN 978 - 7 - 5201 - 7906 - 5

Ⅰ.①申… Ⅱ.①李… Ⅲ.①轮船招商局 - 史料 - 中
国 - 民国 Ⅳ.①F552.9

中国版本图书馆 CIP 数据核字（2021）第 025138 号

招商局文库·文献丛刊

《申报》招商局史料选辑·民国卷（全三册）

主　　编／李　玉

出 版 人／王利民
责任编辑／宋荣欣
文稿编辑／汪延平　李蓉蓉

出　　版／社会科学文献出版社·历史学分社（010）59367256
　　　　　地址：北京市北三环中路甲 29 号院华龙大厦　邮编：100029
　　　　　网址：www. ssap. com. cn
发　　行／市场营销中心（010）59367081　59367083
印　　装／三河市东方印刷有限公司

规　　格／开　本：787mm × 1092mm　1/16
　　　　　印　张：108　字　数：1710 千字
版　　次／2021 年 4 月第 1 版　2021 年 4 月第 1 次印刷
书　　号／ISBN 978 - 7 - 5201 - 7906 - 5
定　　价／780.00 元（全三册）

本书如有印装质量问题，请与读者服务中心（010 - 59367028）联系